제6판

민사집행법

전병서

Civil Execution Act

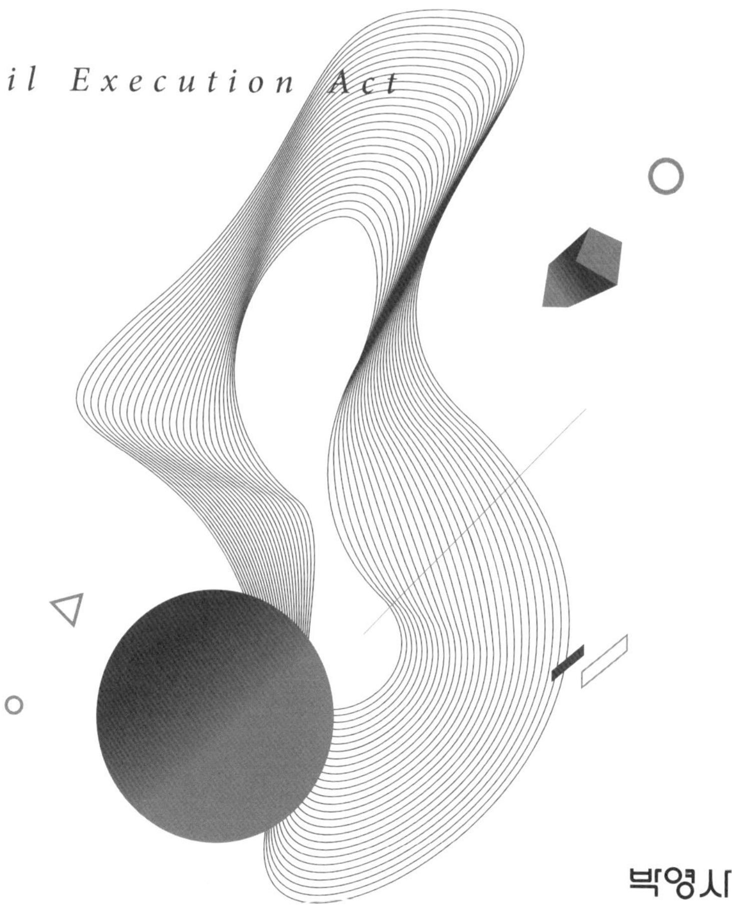

박영사

[QR코드]

☞ 유스티치아(Justitia) Law Center 플랫폼(justitia.kr 또는 walaw.kr)이나 유튜브 채널('와로'로 검색)에서 강의 동영상 및 최신 판례를 볼 수 있습니다.

제6판 머리말

한참 부족한 본인을 후학(後學)이자, 제자로 지도하여 주시고 아껴주신 민사절차법의 대가(大家) 고(故) 이시윤 선생님께 애도와 추모의 마음을 바칩니다(2024. 11. 9. 별세. 향년 89세).

…

학습자 스스로가 항시 민사집행 절차 전체를 의식하면서, 해당 부분을 심층 이해할 수 있도록 여러 가지 배려를 하면서 본서의 체계 및 내용을 구성하였는데, 그 때문인지 본서가 학습자로부터 좋은 평가를 받아 짧은 기간 내에 개정의 기회를 가지면서 제6판을 출간하게 되었다.

내용적으로 부족한 부분을 충실하게 보완하였으며, 확인된 오자나 오류를 수정하였고, 종전과 마찬가지로 최근 판례까지 해당 부분에 소개하였다. 그리고 다음과 같은 민사집행법 최근 동향을 반영하였다.

2025. 1. 31. 개정 민사집행법 제246조의2에서 채무자의 한 달간 생계유지에 필요한 예금을 보다 실효성 있게 보장하기 위하여, 1인당 1개의 생계비계좌를 개설할 수 있도록 하고, 법 제246조 제8호에서 이 계좌에 예치된 예금의 청구권은 압류하지 못하도록 하는 규정이 신설되었는데(2026. 2. 1. 시행), 해당 부분에 반영하였다.

2025. 1. 15. 유아인도심판 등에 따른 집행관의 강제집행 시 유아의 안전과 복리를 고려한 집행이 이루어질 수 있도록 집행관이 준수하여야 할 의무와 권한, 집행보조자로서의 유아 관련 전문가의 역할과 조력 등을 구체적으로 규정한 '유아인도를 명하는 재판의 집행절차에 관한 재판예규'가 개정되었는데(2025. 2. 1. 시행), 해당 부분에 반영하였다.

…

한때 경제적 상황에 따라 경제 주체 사이에 부동산 경매 열풍이 분 적이 있고, 현재도 부동산 경매 시장에 관심이 큰 것으로 보인다. 무미건조한 민사집행법을 본격적으로 학습하고자 하는 것은 아니겠지만, 필요에 의하여 민사집행을 현실적 · 실무적으로 이해할 유인이 되고 있다.

또한 연예계에서는 최근 기획사 '어도어'와 걸그룹 '뉴진스' 사이에 '기획사 지위보전 및 광고계약 체결 등 금지' 가처분이 뉴스가 되고 있고, 그리고 정치권에서도 정당 내에서의 '대선 후보 지위'를 둘러싸고 가처분이 관심을 끌었으며, 심지어 탄핵소추 등을 둘러싸고 '헌법재판'에서의 가처분도 주목받은 바 있다. 이러한 실제 사례를 통하여 민사보전의 하나인 임시의 지위를 정하기 위한 가처분에 대한 이해도가 높아졌을 것이다.

의도한 바는 아닐 수 있겠지만, 민사보전을 포함한 민사집행에 대하여 일반인도 쉽게 접근하면서 그 중요성을 인식할 수 있는 계기가 되었으리라 생각한다.

…

제6판을 원활하게 출간할 수 있도록 편집 작업을 맡아준 이수연 대리 및 박영사 관계자 등에게 감사드린다.

2025. 6.

전병서

머 리 말

본서는 민사집행(보전처분 포함)에 관한 종전 파일럿 버전의 『민사집행법』을 바탕으로 하여 그로부터 좀 더 완성도를 높인 체계서이자, 새로운 다음(new & next) 세대의 학습자를 위한 민사집행법 교과서이다.

민사집행법은 상당히 기술적이고 난해한 내용의 법으로 이해하기에 쉽지 않다. 그리하여 집행절차 전체를 의식하면서, 해당 내용을 심층적으로 이해할 수 있도록 여러 가지 배려를 하였다. 조문을 제시하기도 하고, 절차에 관한 흐름도, 구체적 예, 일람표, 서식 등을 되도록 많이 이용하여 절차의 전체상을 이해하기 쉽도록 꾸몄다.

실무상은 물론이고 이론상으로도 중요성이 크지만, 그다지 관심을 기울이지 못하고 있는 민사집행에 관하여 본서 『민사집행법』이 나름의 역할을 할 수 있다면 본인으로서는 큰 기쁨이라고 할 것이다.

본서를 출간함으로써 민사소송법, 민사집행법, 도산법 등 민사절차법에 관한 체계서 시리즈를 완결하고자 하는 본인과의 약속을 형식적 의미에서는 지킨 셈이 되었다고 중간점검을 할 수 있다. 계속하여 발생하고 있는 현실적 문제를 판례 등을 통하여 확인하면서 그에 대한 견해를 나타내고, 잠복하고 있는 장래의 과제를 발굴하여 외국법제와의 비교법적 연구를 통하여 그에 대한 시사점을 반영하는 등 앞으로 본서의 내용을 충실히 하여 본서가 완성도를 갖춘 체계서가 되도록 하고자 한다. 그리하여 형식적이 아닌, 실질적 의미에서도 민사절차법 시리즈의 완결이 되도록 진력할 것을 다짐한다.

본서 파일럿 버전의 저술 당시 가르침과 감수를 통하여 본인의 부족함을 메꾸어 주신 이호원 대한상사중재원장님(당시 연세대 교수), 손흥수 변호사님(당시 천안지원 부장판사), 송달룡 변호사님, 그리고 파일럿 버전을 읽고 교정의 도움을 준 정유경 변호사, 홍사빈 서울고등법원 재판연구원에게 감사의 마음을 표하고자 한다.

또한 본서 출간에 있어서 기획 단계부터 도움을 준 박영사의 조성호 출판기획 이사 및 편집을 맡아준 정수정 씨 등 주위 여러분에게 고마움을 전한다.

2019. 2.

전병서

목　　차

제1편 서 론

제1장 총　설 / 3

제2장 민사집행의 주체 / 26

제3장 절차에 관한 총칙 / 37

제 2 편 강제집행

제2-1편 강제집행 총론

제 1 장 총 설 / 48

제2장 강제집행의 요건 / 65

제3장 강제집행의 진행 / 115

제4장 강제집행에서의 구제 / 147

제2-2편 금전채권에 기초한 강제집행

제 1 장 총 설 / 208

제2장 집행준비절차 / 215

제3장 부동산에 대한 강제집행 / 232

第4장 선박 등에 대한 강제집행 / 373

第5장 유체동산에 대한 강제집행 / 381

제6장 채권과 그 밖의 재산권에 대한 강제집행 / 405

제2-3편 금전채권 외의 채권에 기초한 강제집행

제 1 장 총 설 / 498

제 2 장 물건의 인도집행 / 500

제3장 형식적 경매 / 564

제4편 보전처분

제1장 총 설 / 575

제2장 가 압 류 / 610

제3장 가 처 분 / 693

참고문헌

[기본문헌] [인용약어]

강대성, 민사집행법[제5판], 탑북스, 2011 강대성

김상수, 민사집행법[제2판], 법우사. 2010 김상수

김　연, 민사보전법, 법문사, 2010 김연

김일룡, 민사집행법강의, 오래, 2014 김일룡

김홍엽, 민사집행법[제7판], 박영사, 2024 김홍엽

박두환, 민사집행법, 법률서원, 2002 박두환

오시영, 민사집행법, 학현사, 2007 오시영

오창수, 로스쿨 민사집행법, 한국학술정보, 2011 오창수

이시윤, 신민사집행법[제8개정판], 박영사, 2020 이시윤

이시윤·조관행, 민사집행법[제9개정판], 박영사, 2025 이시윤·조관행

[전문실무서]

김능환/민일영 편집대표, 주석 민사집행법(Ⅰ)~(Ⅶ)[3판], 한국사법행정학회, 2012

민일영 편집대표, 주석 민사집행법(Ⅰ)~(Ⅶ)[4판], 한국사법행정학회, 2018

법원실무제요 민사집행[Ⅰ]~[Ⅴ], 사법연수원, 2020

권창영, 민사보전법, 유로, 2012

윤경/손흥수, 민사집행(부동산경매)의 실무, 육법사, 2013

손진홍, 부동산집행의 이론과 실무, 법률정보센터, 2015

손천우, 민사집행법 －이론과 사례해설－, 진원사, 2014

손천우, 보전소송 －이론과 사례해설－, 진원사, 2014

손흥수, 채권집행의 실무, 육법사, 2015

[일본문헌]

浦野雄幸, 条解民事執行法(1985)

中野貞一郎/下村正明, 民事執行法(2016)

中野貞一郎/下村正明, 民事執行法[改訂版](2021)

松本博之, 民事執行保全法(2011)

瀬木比呂志, 民事保全法(2014)

山本和彦/小林昭彦/浜秀樹/白石哲 編, 新基本法コンメンタル 民事執行法[第2版](2023)

山本和彦/小林昭彦/大門匡/福島政幸 編, 新基本法コンメンタル 民事保全法(2014)

伊藤眞/園尾隆司 編集代表, 条解民事執行法[初版](2019)

伊藤眞/園尾隆司 編集代表, 条解民事執行法[第2版](2022)

[독일문헌]

Baur/Stürner/Bruns, Zwangsvollstreckungsrecht(13. Aufl. 2006)

Brox/Walker, Zwangsvollstreckungsrecht(9. Aufl. 2011)

Gaul/Schilken/Becker−Eberhard, Zwangsvollstreckungsrecht(12. Aufl. 2010)

Jauernig, Zwangsvollstreckungs− und Insolvenzrecht(21. Aufl. 1999)

Münchener Kommentar zur Zivilprozessordnung(4. Aufl. 2012)

Münchener Kommentar zur Zivilprozessordnung(6. Aufl. 2020)

Saenger, Kommentar zur Zivilprozessordnung(7. Aufl. 2017)

Stein/Jonas, Kommentar zur Zivilprozessordnung(22. Aufl. 2002~)

Stein/Jonas, Kommentar zur Zivilprozessordnung(23. Aufl. 2020)

Zöller, Zivilprozeßordnung(22. Aufl. 2001)

제 1 편 서 론

제 1 장

총 설

Ⅰ. 민사집행의 의의

1. 민사집행의 필요성

법원의 민사판결은 사적 분쟁의 공적인 해결방법인데, 판결에서는 권리나 법률 관계 존부의 관념적 선언에 머무른다(권리의 **관념적 형성절차**). 예를 들어 원고가 피고에게 대여금 1억 원의 반환을 구하는 소를 제기하여 '피고는 원고에게 1억 원을 지급하라'고 하는 승소판결을 받았더라도, 피고가 원고에게 자발적으로 1억 원을 지급하지 않으면 그것은 한낱 휴지조각(그림의 떡이라는 속담도 있다)에 불과하다. 여기에 민사소송의 한계가 있다. 그래서 국가는 판결로 확정(확인)된 권리를 실현하기 위한 수단으로 민사집행을 마련하고 있다(권리의 **사실적 형성절차**). 즉, 판결절차에 의하여 이행명령을 받은 피고가 그 명령대로 이행을 하지 않을 경우에 원고가 국가의 힘을 빌려 그 이행을 강제적으로 실현하는 절차가 민사집행이다(다만, 형성판결이나 확인판결의 경우에는 해당 판결로 분쟁이 종국적으로 해결되므로 집행의 문제는 남지 않는다). 1-1

◈ **민사집행권과 집행청구권** ◈ 민사상의 권리에 대응하는 의무를 그 의무자가 임의로 이행하지 않는 경우에 권리자를 위하여 그것을 강제적으로 실현하게 하는 권한을 **민사집행권**이라고 한다. 역사적으로는 민사집행권을 권리자가 사적으로 스스로 행사한 시대도 있었으나, 근대사회에서는 권리자의 자력구제(Selbsthilfe)는 금지되고 민사집행권은 국가의 통치권의 일부인 민사사법권에 속하여 국가가 독점적으로 행사하는 것으로 보고 있다.[1)] 집행할 권리를 가지는 것은 국가만이고, 권리자는 민

1) 이시윤, 6~7면; 이영섭, 19면. 집행은 일반적 권리보호의 구성 부분으로 국가가 독점한다.

사상 의무의 불이행이 있은 때에 집행을 구할 각개의 권리를 가지는 것에 지나지 않는다. 권리자가 국가에 대하여 민사집행권의 발동을 구하는 권리가 **집행청구권**(Vollstreckungsanspruch)으로, 그것은 국가에 대한 공법상의 청구권이다.

2. 판결절차, 집행절차, 보전절차의 유기적 관계

1-2 민사에 관한 분쟁의 해결을 위한 절차를 민사절차라고 하는데, 권리자의 관점에서 민사절차는 민사상의 권리를 실현하기 위한 절차로 볼 수 있다. 그래서 민사절차는 판결절차, 강제집행절차, 보전절차로 이루어지고(나아가 도산절차도 포함), 서로 유기적 관계를 맺고 있다.

우리는 일상생활에서 돈을 빌려주거나, 매매 등의 거래행위를 하거나 또는 경우에 따라 교통사고 등에 의해 손해배상청구권을 취득하기도 한다. 이렇게 거래행위(가령 매매 등)나 사고의 발생(가령 불법행위 등)에 의해 한 쪽이 사법상의 권리를 취득하고, 다른 쪽이 그것을 실현할 의무를 지는 형태로 양자 사이에 법률관계가 발생하고, 또한 그것이 소멸 내지는 변동하는데, 이에 대하여는 「민법」을 비롯한 실체법이 그 법적 근거를 규율하고 있다. 그런데 채무자가 된 사람이 자기 채무에 대하여 채권자에게 임의로 이행하면, 그 당사자 사이에 특별히 분쟁이 생기지는 않는다. 오히려 이러한 경우가 대부분일 것이다. 이렇게 임의이행으로 권리관계가 종료할 수 있다면, 재판절차 등은 필요하지 않게 된다. 그러나 현실사회에서의 실상은 반드시 그렇지는 않다. 임의로 이행하는 것을 지체하는 경우도 있고, 나아가 채무자 가운데에는 자기의 의무의 범위를 채권자와 다투거나 의무의 존재 자체를 부정하는 경우도 있다. 이 경우에 근대국가에서는 자력구제를 금지하고 있으므로(권리의 실행이라도 사회통념상 허용되는 범위를 넘으면 형법상 공갈죄 등이 될 수 있다) 채권자로서는 우선 위 실체법상의 권리를 확정하기 위하여 채무자를 상대로 법원에 민사소송 등을 제기하고, 그 수소법원에서의 판결절차를 거쳐 자신의 권리를 확정할 필요가 있다. 이것이 **민사소송**이다.

그런데, 가령 판결이 확정된 뒤, 즉 권리가 확정(확인)된 뒤라도 채무자인 피고가 판결 주문에 따라 임의로 이행하지 않으면, 채권자인 원고는 그 단계에서도 자력

Gaul/Schilken/Becker-Eberhard, Zwangsvollstreckungsrecht, S. 5.

으로 권리실현을 하는 것이 금지되므로 국가권력에 의하여 그 채권의 실현을 도모할 수밖에 없다. 이렇게 국가의 집행권력으로 권리자를 위하여 그 권리의 실현을 도모하는 제도가 **민사집행**이다.[2)]

한편, 소송 등의 판결절차에 의하여 권리가 확정되기까지 또는 권리가 확정된 뒤, 그것이 실현되기까지에는 상당한 시간이 걸릴 것이라고도 예상된다. 통상의 소송사건이라도 여러 복잡한 쟁점을 포함한 경우가 있는데, 이를 위하여 긴 시간 동안의 심리가 필요하기도 하다. 이 때문에 판결 등의 절차에 의한 권리의 확정과 그에 기한 장래의 민사집행을 준비하여 채무자의 재산을 확보하거나(가압류에 의한 처분금지 등) 재산의 현상을 고정하거나(가처분에 의한 다툼의 대상의 처분·점유이전금지 등) 잠정적인 일정한 법률적 지위를 창설하여(임시의 지위를 정하기 위한 가처분) 권리실현을 위한 잠정적 조치를 취하는 절차가 **민사보전**이다.

이렇게 민사에 관한 분쟁의 해결을 위하여 민사보전, 민사소송, 민사집행의 각 절차가 이용되는 것이다.

나아가 채무자에게 파산·회생 등의 도산절차가 개시된 경우에는 채권자의 개별적 권리실현이 금지되고, 채권자 전체의 포괄적 권리실현만이 허용되게 된다.

Ⅱ. 민사집행에 관한 법제

민사집행법[3)] 제1조(목적) 이 법은 강제집행, 담보권 실행을 위한 경매, 민법·상법, 그 밖의 법률의 규정에 의한 경매(이하 "민사집행"이라 한다) 및 보전처분의 절차를 규정함을 목적으로 한다.

제23조(민사소송법의 준용 등) ② 이 법에 정한 것 외에 민사집행 및 보전처분의 절차에 관하여 필요한 사항은 대법원규칙으로 정한다.

민사집행규칙 제1조(목적) 이 규칙은 민사집행법(다음부터 법이라 한다)이 대법원규칙에 위임한 사항, 그 밖에 법 제1조의 민사집행과 보전처분의 절차를 규정함을 목적으로 한다.

2) 독일 보통법 시기에는 권리확정(확인)기관과 권리실현기관이 분리되지 않았고, 권리의 확정도 권리의 실현도 모두 수소법원이 담당하였다. 권리확정을 목적으로 하는 판결절차에서 이행판결이 선고된 것을 전제로 판결이행소송제도(acito judicati)에 의하여 이루어졌다. 즉, 강제집행절차는 원고가 이행판결에 대한 판결의 이행을 구하는 소를 상대방 피고에게 제기함으로써 개시하였다.

3) 이하에서 따로 법명을 표시하지 않으면, 그것은 민사집행법 조문이다.

1. 민사집행법의 제정

민사집행에 관한 기본법은 민사집행법이다.

1-3 연혁적으로 보면, 1960. 4. 4. 법률 제547호로 공포되어 1960. 7. 1.부터 시행된 (구)민사소송법 안에 강제집행에 관한 규정이 포함되어 있었다. 즉, (구)민사소송법 제7편 강제집행에서 제1장 총칙, 제2장 금전채권에 관한 강제집행, 제3장 금전채권 외의 채권에 대한 강제집행, 제4장 가압류와 가처분에 관한 규정을 두고 있었다.4)

한편 저당권, 질권, 유치권, 전세권 등의 실현을 위한 임의경매절차에는 위 (구)민사소송법이 적용되지 않았다. 대신 그 절차를 규율하기 위하여 별도로 「경매법」이 1962. 1. 15. 법률 제968호로 제정되어 시행되었고, 경매절차에 관한 이러한 강제경매와 임의경매의 이원적 체계는 1990년까지 지속되었다.

그런데 경매절차를 강제경매와 임의경매로 따로 규율하지 않고 통일할 필요성에서 위 「경매법」을 폐지하고, 1990년 민사소송법 개정에 의하여 담보권 실행 등을 위한 경매절차가 (구)민사소송법 제7편 강제집행에 제5장 담보권의 실행 등을 위한 경매로 편입되었다.5)

위와 같은 민사소송법상 강제집행절차에 관한 규정은 1960년에 민사소송법이 제정된 후 위 경매법을 흡수하기 위하여 개정한 것을 제외하고는 약 40년간 개정이 이루어지지 않아 사회·경제적 발전에 따른 신속한 권리구제의 필요성에 부응하지 못하고 있다는 지적이 있었다. 이에 따라 채무자 등의 제도남용에 의한 민사집행절차의 지연을 방지하고 불량채무자에 대한 철저한 책임추궁을 통하여 효율적이고 신속한 권리구제방안을 마련함으로써 정의로운 신용사회를 이룩하는 한편, 법률용어를 국민의 법감정에 맞도록 순화하고자, 결국 2002. 1. 26. 민사소송법 개정 시 '제7편 강제집행'에서 규정하고 있는 집행절차편을 민사소송법에서 분리·독립하여 총 312개의 조문을 가진 별도의 민사집행법을 제정하여 2002. 7. 1.부터 시행하고 있

4) 강제집행편이 속한 민사소송법은 1948년 12월 20일 법전편찬위원회가 기초에 착수하여 1960. 7. 1. 시행에 이르기까지 대략 11년 반 이상의 오랜 시간이 걸려서 완성된 것이다. 관련하여 1960년에 이영섭, 신민사소송법(하), 1964년에 방순원, 민사소송법(하) 등이 간행되었다.

5) **일본**에서는 1890년(明治 23년) 민사소송법 제6편(구 강제집행법)에 (구)경매법을 통합한 새로운 민사집행법이 1979. 3. 20. 성립하였다(1980. 10. 1.부터 시행). 이 새로운 민사집행법 제정에 의하여 일시적으로 가압류·가처분의 집행절차도 같이 민사집행법으로 옮겼는데, 이후 1989년에 보전명령절차와 보전집행절차의 양쪽을 대상으로 하는 단행법으로 민사보전법이 제정되었다(1991. 1. 1.부터 시행).

다.[6] 강제집행편이 소송절차를 규율하는 민사소송법의 일부로 되어 있는 것은 체제상 맞지 않으며, 집행절차를 민사소송법에서 분리하여 단행법으로 제정하는 것이 타당하고, 또한 소송절차와 집행절차는 그 기본원리와 불복방법 등을 달리하여 하나의 법률로 규율하기에는 적절치 않다는 입장이 반영되어,[7] 민사집행에 관하여 별도의 독립된 법률인 민사집행법으로 제정하게 된 것이다.[8]

그리고 민사집행법이 정하는 기본적 사항을 보완하고 구체적 절차사항을 정하는 것으로 민사집행규칙도 제정되어 있다.

◈ 민사집행법 제정 이후의 주요 개정 내용 ◈ [2005. 1. 27. 일부 개정] 엄격한 채무자재산 조회요건을 완화하여 도피 중인 채무자에 대하여도 재산추적이 가능하도록 하는 등 재산조회제도의 활성화를 도모하고, 최저생계비에 대한 압류를 금지하여 저임금근로자들의 생계를 보장하며, 부당한 가압류·가처분에 대한 취소재판을 판결에서 결정으로 변경하여 간이한 방식으로 취소를 할 수 있도록 함으로써 신속한 권리구제를 받을 수 있도록 하려는 것임(2005. 7. 28.부터 시행)[9]

[2005. 3. 24. 법원조직법 제54조 개정(사법보좌관제도 신설)] 법원의 업무폭증으로 인하여 법관의 업무부담이 과다하게 됨에 따라 사법 인력을 보다 효율적으로 활용하기 위하여 실질적 쟁송에 해당하지 아니하는 부수적인 업무와 공증적 성격의 사법업무 등에 대하여는 상당한 경력과 능력을 갖춘 사법보좌관이 처리하도록 함(2005. 7. 1.부터 시행)

[2010. 7. 23. 일부 개정] 경매절차에서 법원이 매수인 명의의 소유권이전등기를 촉탁하기 이전에는 매각대금 중 잔금 대출을 위한 저당권을 설정할 수 없으므로 매수인이 금융기관 등으로부터 자금 대출을 받을 경우 금융기관 등은 당일 소유권이전등기 및 저당권등기를 마칠 것을 전제로 대출을 하고 있는데, 이 과정에서 당일 저당권등기를 마치기 위하여 법원직원에 대한 신속한 소유권이전등기 촉탁의 청탁 등 부

6) 이에 대하여는 조관행, "민사집행법 개관 : 구 민사소송법 중 강제집행편 개정내용", 민사소송(2002), 208면 이하 참조.

7) 당시 입법과정에서, 민사소송법에서 집행절차를 분리하여 단행법으로 제정하는 것에 대하여 소송절차편과 집행절차편을 같은 법으로 규율하더라도 특별히 불합리하거나 불편한 점이 없고, 오히려 법을 분리하여 양쪽으로 규율하면, 보전처분에 관한 규정을 민사소송법, 민사집행법 가운데 어느 쪽에 위치시킬 것인지가 애매하게 되며, 그 결과 보전처분에 관한 규정을 분리하여 단일법으로 제정하여야 하는(이는 일본법의 입법 방식이다) 문제가 제기될 수 있다고 지적하며, 민사소송은 판결절차뿐 아니라 집행절차까지 포괄하는 것으로서 양 절차를 하나의 법률에서 규율하는 것이 이론적으로도 타당하다는 입장도 있었다.

8) 한편, **독일**은 강제집행을 판결절차와 함께 민사소송법(ZPO) 제8편에서 규율하고 있다. 다만, 강제경매와 강제관리는 1897년에 제정된 별도의 법률인 Gesetz über die Zwangsversteigerung und die Zwangsverwaltung(강제경매와 강제관리에 관한 법률. ZVG라고 약칭)이 규율한다.

9) 이에 대하여는 김경욱, "민사집행법의 개정내용과 그 방향", 민사소송(2005. 5), 246면 이하 참조.

작용이 발생할 수 있으므로 등기촉탁 전에 안심하고 잔금 대출할 수 있는 제도를 마련하는 한편(2010. 10. 24. 시행), 세계적인 금융위기와 이로 인한 경제 불황이 지속되면서 임차인의 유일한 재산이다시피 한 임대차보증금에 대한 강제집행도 빈번히 이루어지고 있는 점 등을 고려하여 「주택임대차보호법」 제8조에 따라 우선변제를 받을 수 있는 임대차보증금을 압류금지채권에 추가하여 임차인의 주거안정을 도모하려는 것임(2010. 7. 23. 시행)

[2011. 4. 5. 일부 개정] 생명과 장애를 보장하는 보험의 보험금과 채무자의 최소한 생계유지에 필요한 예금금액을 압류금지채권에 포함하고, 압류금지채권의 금원이 채무자의 계좌에 이체된 경우 그에 해당하는 부분의 압류명령을 취소할 수 있도록 함으로써 채무자의 기본적인 생계가 가능하도록 최소한의 인간답게 살 권리를 보장하려는 것임(2011. 7. 6. 시행)

[2014. 5. 20. 일부 개정] 외국법원의 확정판결뿐만 아니라 이와 동일한 효력이 인정되는 재판도 국내 승인·집행 대상에 포함토록 함(2014. 5. 20. 시행)

[2015. 5. 18. 일부 개정] 「자동차 등 특정동산 저당법」에 따라 저당권의 대상에 포함되는 항공기와 경량항공기에 대한 민사집행절차를 마련하려는 것임(2015. 11. 19. 시행)

[2025. 1. 31. 일부 개정] 채무자의 한 달간 생계유지에 필요한 예금을 보다 실효성 있게 보장하기 위하여, 1인당 1개의 생계비계좌를 개설할 수 있도록 하고 이 계좌에 예치된 예금의 청구권은 압류하지 못하도록 하는 등 현행 제도의 운영상 나타난 일부 미비점을 개선·보완함(2026. 2. 1. 시행)

2. 민사집행법의 구조

1-4 위와 같이 민사소송법에서 분리·독립한 민사집행법은 제1편 총칙을 시작으로 제2편 강제집행(제1장 총칙, 제2장 금전채권에 기초한 강제집행, 제3장 금전채권 외의 채권에 기초한 강제집행), 제3편 담보권 실행 등을 위한 경매, 제4편 보전처분으로 구성되어 있다. (구)민사소송법 제7편 강제집행의 총칙의 규정 중 판결의 확정과 집행정지에 관한 규정은 민사소송법 '제7편 판결의 확정 및 집행정지'라는 편별 아래에 그대로 존치시키고, 강제집행과 담보권 실행 등을 위한 경매에 함께 적용될 수 있는 규정(집행기관, 즉시항고, 집행이의, 집행비용의 예납, 담보, 재판적 등)을 모아 민사집행법 '제1편 총칙'에 배치하되, 그 조항이 민사집행절차 전반에 적용되는 것임을 명시하기 위하여 '강제집행'이라는 문구를 '민사집행' 또는 '집행'으로 변경하였으며, 담보권 실행 등을 위한 경매절차와는 관계가 없는 규정(집행권원, 집행문, 집행개시의 요건, 청구이의의 소, 제3자이의의 소, 강제집행의 정지·취소, 채무자의 사망, 집행비용의 부담 등)을 모아 '제2편 제1장 총칙'에 배치하였다.[10]

그리고 민사집행규칙에서 민사집행법의 일반적 위임(23조 2항)에 기하여 또는 개별적 규정에 의한 위임(가령 항고이유에 관한 15조 4항)에 기하여 구체적 절차사항을 정하고 있다.

제1편 총칙(1조 내지 23조)에서는 강제집행, 담보권 실행을 위한 경매, 「민법」·「상법」, 그 밖의 법률의 규정에 의한 경매 및 보전처분의 집행 등에 함께 적용될 수 있는 조항들을 모아 배열하였다.

제2편(24조 내지 263조)은 강제집행절차를 규정하고 있다.

제3편(264조 내지 275조)은 담보권의 실행 등을 위한 경매절차를 규정하고 있다. 저당권, 질권 등 담보권의 실행 등을 위한 경매를 임의경매라 하는데, 임의경매는 강제경매와 달리 집행권원이 요구되지 않지만, 양자는 사권의 강제적 실현이라는 공통점이 있고, 특히 부동산경매에서는 거의 절차적 차이가 없으므로 담보권의 실행 등을 위한 경매도 민사집행법에서 규율하고 있다.

제4편(276조 내지 312조)은 보전처분 재판절차와 집행절차를 규정하고 있다. 가압류·가처분명령을 일컬어 보전처분이라고 하는데, 보전처분도 강제력을 행사하는 것이므로 민사집행절차에 포함시켜 민사집행법에서 규율하고 있다. 다만, 보전처분은 소송절차와 집행절차의 양면을 포괄하고 있어서 집행절차에 관한 총칙의 규정들을 소송절차를 포함한 보전처분절차에 그대로 적용할 수는 없기 때문에 민사집행법 1조는 강제집행, 담보권 실행을 위한 경매, 「민법」·「상법」, 그 밖의 법률의 규정에 의한 경매만을 협의의 '민사집행'으로 정의하고 있다.

〈민사집행법의 편제〉

<table>
<tr><td colspan="4">제1편 총칙 (제1조 이하)</td></tr>
<tr><td rowspan="5">제2편 강제집행
(제24조 이하)</td><td colspan="3">제1장 총칙 (제24조 이하)</td></tr>
<tr><td rowspan="4">제2장 금전채권에
기초한 강제집행
(제61조 이하)</td><td colspan="2">제1절 재산명시절차 등 (제61조 이하)</td></tr>
<tr><td rowspan="3">제2절 부동산에
대한 강제집행
(제78조 이하)</td><td>제1관 통칙</td></tr>
<tr><td>제2관 강제경매</td></tr>
<tr><td>제3관 강제관리</td></tr>
</table>

10) 주석 민사집행법(Ⅰ), 70면[이원 집필].

<table>
<tr><td rowspan="6"></td><td rowspan="5"></td><td colspan="2">제3절 선박 등에 대한 강제집행
(제172조 이하)</td></tr>
<tr><td rowspan="4">제4절 동산에 대한
강제집행
(제188조 이하)</td><td>제1관 통칙</td></tr>
<tr><td>제2관 유체동산에
대한 강제집행</td></tr>
<tr><td>제3관 채권과 그
밖의 재산권에 대한
강제집행</td></tr>
<tr><td>제4관 배당절차</td></tr>
<tr><td colspan="3">제3장 금전채권 외의 채권에 기초한 강제집행 (제257조 이하)</td></tr>
<tr><td colspan="3" rowspan="2">제3편 담보권 실행 등을 위한 경매 (제264조 이하)</td><td>담보권 실행절차</td></tr>
<tr><td>형식적 경매</td></tr>
<tr><td colspan="4">제4편 보전처분 (제276조 이하)</td></tr>
</table>

3. 민사소송법 · 민사소송규칙의 준용

제23조(민사소송법의 준용 등) ① 이 법에 특별한 규정이 있는 경우를 제외하고는 민사집행 및 보전처분의 절차에 관하여는 민사소송법의 규정을 준용한다. ② 이 법에 정한 것 외에 민사집행 및 보전처분의 절차에 관하여 필요한 사항은 대법원규칙으로 정한다.

민사집행규칙 제18조(민사소송규칙의 준용) 민사집행과 보전처분의 절차에 관하여는 특별한 규정이 없으면 민사소송규칙의 규정을 준용한다.

1-5 민사집행법에 특별한 규정이 있는 경우를 제외하고는 민사집행 및 보전처분의 절차에 관하여는 **민사소송법의 규정을 준용**한다(23조 1항). 준용되는 규정으로는 예를 들어 민사소송법 51조 이하의 능력에 관한 규정, 민사소송법 165조 이하의 기일 · 기간에 관한 규정 등이 있다.[11)]

11) 위 법 23조 1항은 민사집행절차에 관하여 민사집행법에 특별한 규정이 없으면 성질에 반하지 않는 범위 내에서 민사소송법의 규정을 준용한다는 취지인데, 집행절차상 즉시항고 재판에 관하여 변론주의의 적용이 제한됨을 규정한 법 15조 7항 단서 등과 같이 직권주의가 강화되어 있는 민사집행법하에서 법 16조의 집행에 관한 이의의 성질을 가지는 강제경매 개시결정에 대한 이의의 재판절차에서는 민사소송법상 재판상 자백이나 의제자백에 관한 규정은 준용되지 않는다(대법원 2015. 9. 14.자 2015마813 결정).

한편 송달에 관하여는 민사집행법이 민사소송법의 규정을 준용하기는 하지만, 민사집행법 나름대로의 특칙이 있다. 가령 채무자가 외국에 있거나 있는 곳이 분명하지 아니한 때에는 집행행위에 속한 송달이나 통지의 생략(12조), 외국송달의 경우에 대한민국 안의 송달받을 장소와 영수인의 신고의무(13조), 주소 등이 바뀐 경우의 신고의무(14조) 등이다(자세히는 ☞3-3).

그리고 민사집행법에 정한 것만으로 충분하지 않거나, 구체적인 사정을 고려하여 탄력적으로 정하는 것이 상당한 사항은 대법원규칙으로 정하도록 하고 있는데(23조 2항), 민사집행규칙에서는 민사집행과 보전처분의 절차에 관하여는 특별한 규정이 없으면 **민사소송규칙의 규정을 준용**하도록 하고 있다(민사집행규칙 18조).

4. 민사집행법의 이상 및 신의성실의 원칙

민사소송법 제1조(민사소송의 이상과 신의성실의 원칙) ① 법원은 소송절차가 공정하고 신속하며 경제적으로 진행되도록 노력하여야 한다. ② 당사자와 소송관계인은 신의에 따라 성실하게 소송을 수행하여야 한다.

민사집행의 궁극적 목적은 적정·공평한 집행에 의한 권리의무관계의 실현에 1-6
있는바, 한편 그 집행이 간이·신속·저렴하게 이루어지지 않는다면 재판의 실효성의 확보가 충분하지 않다는 문제가 생기게 되므로 집행절차가 공정하고 신속하며 경제적으로 진행되어 효율적 권리보호가 이루어져야 하며,[12] 집행당사자와 이해관계인은 신의칙을 준수하여 집행절차를 진행하여야 한다. 이와 관련하여, 민사집행법 23조에 의하여 민사소송법 1조가 준용되는데, 이 규정은 민사절차법의 이상과 일반원칙을 천명한 것이므로, 그 이상 및 신의성실의 원칙이 여전히 민사집행법에서도 작동하게 된다.[13] 결국, 민사집행에 있어서 '**집행채권자의 권리실현**'과 '**집행채무자의 보호 필요성**'이라는 문제 사이에서 생기는 긴장관계를 어떻게 조정할 것인가를 생각하여야 하는데, 이때에 '채권자를 위해서는 가장 실효성이 있고, 채무자에 대하여는 가장 고통이 적은 집행'이라는 집행제도의 취지가 충분히 고려되어야 한다.[14] 집행저항에의 대책 등 집행채권자의 집행실효성의 확보에 중점을 두는

12) 관련하여 정영환, "민사집행제도의 이상에 관한 소고", 민사집행법연구(2007), 13면 이하 참조.
13) 김홍엽, 11면, 이시윤; 27면, 35면. **독일법**에서도 금전채권에 기초한 강제집행 총칙에서 집행의 원칙(Grundsätze der Vollstreckung)으로 집행관은 신속하고 완전하며 경제적 집행을 위하여 노력한다고 규정하고 있다(ZPO §802a (1)).

단계에서 나아가 집행채무자에게의 과혹한 집행의 방지라는 부분에도 많은 관심을 가져야 할 것이다. 가령 압류와 같이 채무자에게 알리지 않고 행하여지는 집행처분에 있어서 채무자의 지위는 집행을 수인하는 수동적인 것이지만, 채무자에게 집행의 적정성을 다툴 기회를 줄 필요가 있다.15)

Ⅲ. 민사집행의 종류

1-7 법 1조에서 민사집행법은 강제집행, 담보권 실행을 위한 경매, 「민법」·「상법」, 그 밖의 법률의 규정에 의한 경매 및 보전처분의 절차를 규정함이 그 목적이라고 밝히고 있다.

◈ **민사집행의 성질** ◈ 민사집행의 성질이 소송사건인가, 아니면 비송사건인가의 대립이 있다. 이해가 서로 상반하는 두 당사자가 대립적으로 절차에 관여하고, 중립적 입장의 국가기관인 법원이 법적 판단을 한다는 점에서 넓은 의미의 **소송사건**으로 보는 것이 타당할 것이다.16) 이에 대하여 이미 확정되어 있는 사권을 강제적으로 실현시킬 것을 목적으로 하는, 이른바 법규의 사실적 형성절차이므로 그 본질은 **비송사건**이라는 입장도 있다.17)

1. 강제집행

1-8 민사상의 권리의 강제적·종국적 만족을 위하여 집행권원에 기해 행하여지는 민사집행의 방법이다. 민사집행법에서 중핵을 이루는 절차로, 총 312개 민사집행법 조문 가운데 제2편에서 240개 규정(24조부터 263조)으로 규율되어 있다.

---

14) 강대성, 42면.

15) **독일**에서는 강제집행에서도 그 수단과 목적의 관계에서 합리적이어야 한다는 비례성(Verhältnismäßigkeit) 내지는 상당성 원칙이 인정되어야 하므로 강제집행도 일정한 제한을 받아야 하는 것으로 풀이하는 견해가 있다. 구체적으로는 집행권의 남용 내지는 무익한 집행의 금지, 집행대상재산 선택의 자유의 제한, 집행채권액이 극히 소액인 사건의 강제집행의 금지 등이 논의되고 있다. 가령 Wieser, Der Grundsatz der Verhältnismäßigkeit in der Zwangsvollstr eckung, ZZP 98(1985).

16) 김홍엽, 3면; 이시윤, 20면.

17) 강대성, 38면.

2. 담보권 실행을 위한 경매(임의경매)

저당권 등 실체법상 담보권을 가지는 사람에 의하여 행하여지는 집행권원에 의하지 않은 강제적 권리실행방법이다. '경매'라는 표현이 사용되는데, 협의의 경매(매각절차) 이외의 실행방법(채권 및 그 밖의 재산권에 대한 담보권의 실행 등)도 포함한다. 실무상으로는 1990년 폐지된 「경매법」상의 표현대로 여전히 임의경매라고 부르기도 한다(당사자가 임의로 설정한 담보권 실행의 경매이기 때문이다). 민사집행법 제3편 264조 이하에서 규율하고 있다. 1-9

〈강제집행과 비교〉

	강제집행	담보권 실행을 위한 경매
절차개시	집행권원+집행문	담보권의 존재를 증명하는 서류 등(부동산) 또는 목적물의 점유(동산)
대상재산	일반재산	담보목적재산
채권자 관계	평등	담보권자 우선

3. 형식적 경매(현금화를 위한 경매)

유치권에 의한 경매 및 「민법」·「상법」, 그 밖의 법률에서 (채권의 만족에 이르는 것은 아닌) 현금화만을 위하여 경매를 인정하는 경우이다. 근거가 되는 실체권이나 현금화의 목적은 여러 가지이므로 이러한 것을 통일적으로 파악하는 것은 곤란한데, (소유자의 의사에 반하더라도) 법원의 공적 수단에 의하여 강제적으로 현금화하는 것에서 민사집행의 일종으로 규정한 것이다. 다만, 그 절차에 대하여 획일적으로 규율하는 것은 곤란하므로 민사집행법은 단순히 담보권 실행을 위한 경매의 예에 의하는 것으로(274조 1항) 각각의 현금화절차의 성질에 따라 준용되는 규정의 범위나 내용에 대하여 해석의 여지를 인정하고 있다. 1-10

4. 보전처분

보전처분은 좁은 의미의 민사집행에는 포함되지 않지만, 민사집행법은 제4편 276조 이하에서 보전처분에 관한 규정을 두고 있다. 민사보전은 법원에서의 권리확정절차에 상당한 시간이 걸리는 것을 전제로 그러한 시간차 때문에 강제집행 등이 1-11

곤란하게 되는 사태를 방지하기 위해 마련된 제도이므로 민사집행과 밀접한 관계를 가진다. 민사집행이 실효적으로 기능하기 위해서는 민사보전은 없어서는 안 될 존재라고 할 것이다.

Ⅳ. 민사집행 관련 · 유사 절차

1-12 여러 면에서 민사집행과 관계가 있거나 유사한 제도가 있는데, 그 주요한 것은 아래와 같다. 그 밖에도 공장 및 광업재단 저당법에 의한 경매, 행정심판법 50조의2 행정청에 대한 간접강제, 행정대집행법상 행정의무의 이행확보에 관한 대집행 등이 있다.

1. 도산절차

1-13 현재 파산절차를 포함한 도산절차는 총 660개 조문의 「채무자 회생 및 파산에 관한 법률」이라는 단일 법률 속에서 파산절차, 회생절차, 개인회생절차, 국제도산 등으로 규율되고 있는데, 개별집행인 강제집행과 공통성을 가진다. 가령, 채무자의 재산상태가 악화되어 채권자에 대한 채무를 완제할 수 없는 경우에 국가권력에 의하여 강제적으로 채무자의 총재산을 관리 · 현금화하여 채권자에게 공평한 금전적 만족을 주고자 하는 목적의 파산절차는 민사집행에서의 강제집행절차와 비슷하다. 그러나 **강제집행절차**에서는 채권자 측에서 채무자의 어느 일정한 재산을 특정하여 강제집행을 하여야 한다. 가령, 채권자가 채무자에 대하여 1억 원의 집행권원을 가지고 있다면, 부동산집행을 할 것인가, 동산집행을 할 것인가, 또는 채권집행으로 나아갈 것인가 등과 관련하여 우선 재산의 종류에 따라 집행절차를 선택하여야 한다. 그리고 부동산집행의 경우에도 건물만으로 한정할 것인가, 아니면 토지도 집행할 것인가 하는 재산의 특정이 채권자의 책임이다. 이렇게 채무자의 개개의 재산에 강제집행을 하는 것이기 때문에 이를 **개별집행**(Einzelvollstreckung)이라고 한다. 반면, **파산절차**의 경우에는 절차가 개시되면, 채무자의 총재산 전부가 현금화(환가)의 대상이 된다는 의미에서 개별집행과 구별하여 일반집행 내지는 **포괄집행**(Gesamtvollstreckung)이라고 한다.

2. 체납처분절차

국세, 지방세, 그 밖의 특정한 공과금이나 변제책임에 관하여는 민사집행법에 의한 경매신청을 할 수 없고, 「국세징수법」에 의한 체납처분 또는 그 예에 의하여 권리의 강제적 실현이 행하여진다(국세징수법 24조 이하, 지방세징수법 33조 이하, 관세법 26조, 공익사업을 위한 토지 등의 취득 및 보상에 관한 법률 90조, 감사원법 31조 5항 등). 절차에 있어서 현금화를 위하여 **공매**(公賣)를 행하는데, 한국자산관리공사(영문 약자로 KAMCO라고 한다)로 하여금 공매를 대행할 수 있게 하였다(국세징수법 61조 등). 1-14

그런데 민사집행절차는 **사법상 청구권**의 실현을 목적으로 하고, 체납처분절차는 **공법상 채권**인 조세채권의 실현을 목적으로 하는 점에서(가령 압류선착주의의 적용) 서로 다르고,[18] 따라서 양 절차는 각기 다른 법령과 집행기관에 의하여 별도의 독립한 절차로 진행된다. 동일한 채무자의 목적물에 대하여 체납처분절차와 민사집행절차가 경합하게 되어 양 절차를 조정할 필요가 생길 수 있는데, 양 절차 사이의 관계를 조정하는 법률의 규정이 없어,[19] 양 절차가 경합하는 경우에는 한쪽의 절차가 다른 쪽의 절차에 간섭할 수 없다. 가령 체납처분에 의하여 압류된 채권에 대하여도 민사집행법에 따라 압류 및 추심명령을 할 수 있고, 그 반대로 민사집행법에 따른 압류 및 추심명령의 대상이 된 채권에 대하여도 체납처분에 의한 압류를 할 수 있다. 그리고 가령 부동산에 관하여 체납처분압류가 되어 있다고 하여 경매절차에서 이를 그 부동산에 관하여 경매개시결정에 따른 압류가 행하여진 경우와 마찬가지로 볼 수 없다.[20]

3. 가사소송법상의 권리실현절차

양육비, 부양료 등의 가사채권의 집행에 있어서는 일반 민사집행에서와 같은 재판기관과 집행기관을 분리하는 것이 절차의 간이화와 처리의 신속화에 어긋난다고 보아 「가사소송법」 제5편에서 재판기관인 **가정법원**이 직접 양육비 등의 **집행** 1-15

---

18) 강제집행절차가 경합하는 일반채권에 대한 할당변제에 의한 사법적 해결을 그 본지로 함에 반하여 체납처분절차는 행정기관에 의한 조세채권의 신속한 만족을 위한 절차이다(대법원 1998. 12. 11. 선고 98두10578 판결).

19) **일본**은 위와 같은 문제를 해결하기 위하여 1957년 양 절차 사이에 가교적인 역할을 하는 「체납처분과 강제집행 등의 절차 조정에 관한 법률(滞納処分と強制執行等との手続の調整に関する法律)」을 제정함으로써 이를 입법적으로 해결하였다.

20) 체납처분압류가 되어 있는 부동산에 대하여 경매절차가 개시되기 전에 민사유치권을 취득한 유치권자가 경매절차의 매수인에게 유치권을 행사할 수 없다고 볼 것은 아니다(대법원 2014. 3. 20. 선고 2009다60336 전원합의체 판결).

까지 일괄 처리하는 별도의 절차로 **특별한 이행확보제도**를 두고 있다.[21] 다만, 「가사소송법」에 이러한 별도의 절차가 있더라도 가사채권과 관련된 판결, 심판 등과 같은 집행권원에 의한 일반 민사집행을 할 수 없는 것은 아니다. 그렇지만 위 특별한 이행확보가 실현된 뒤에는 다시 일반 민사집행에 따른 신청은 그 신청이익이 소멸된다고 할 것이다. 위 이행확보제도는 가정법원의 전속관할이다.

〈2021년 처리내역〉

	접수	처리				
		합계	인용	기각	취하	기타
사전처분	4,490	4,464	1,414	773	1,748	529
이행명령	3,444	3,170	2,180	187	547	256
가압류, 가처분	10,185	10,191	7,771	474	1,117	829
양육비직접지급 및 직접지급취소	304	308	246	11	32	19

(1) 사전처분

가사소송법 제62조(사전처분) ① 가사사건의 소의 제기, 심판청구 또는 조정의 신청이 있는 경우에 가정법원, 조정위원회 또는 조정담당판사는 사건을 해결하기 위하여 특히 필요하다고 인정하면 직권으로 또는 당사자의 신청에 의하여 상대방이나 그 밖의 관계인에게 현상을 변경하거나 물건을 처분하는 행위의 금지를 명할 수 있고, 사건에 관련된 재산의 보존을 위한 처분, 관계인의 감호와 양육을 위한 처분 등 적당하다고 인정되는 처분을 할 수 있다. … ⑤ 제1항의 처분은 집행력을 갖지 아니한다.

1-16 가사사건의 소의 제기, 심판청구 또는 조정의 신청이 있는 경우에 가정법원, 조정위원회 또는 조정담당판사는 사건을 해결하기 위하여 특히 필요하다고 인정하면 직권으로 또는 당사자의 신청에 의하여 상대방이나 그 밖의 관계인에게 현상을 변경하거나 물건을 처분하는 행위의 금지를 명할 수 있고, 사건에 관련된 재산의 보존을 위한 처분, 관계인의 감호와 양육을 위한 처분 등 적당하다고 인정되는 처분을 할 수 있다(가사소송법 62조). 이를 **사전처분**이라고 한다.[22] 가령 본안판결이 있

21) 자세히는 김연, "가사소송상 효율적인 이행확보방안 마련에 관한 연구", 민사소송(2006. 11), 367면 이하 참조.

22) 본래 사전처분제도는 가사비송사건에서 민사보전처분과 유사한 효과를 갖는 보전적, 임시적

기 전이라도 부인은 남편을 피신청인으로 하여 본안이 종료될 때까지 자녀의 양육비를 지급하라는 사전처분신청을 할 수 있고, 남편 또한 부인을 피신청인으로 하여 본안이 종료될 때까지 면접교섭을 허용하라는 사전처분신청을 할 수 있으며, 당사자의 신청이 없더라도 가정법원이 자녀의 복리를 위해 필요하다고 인정되면 직권으로 위와 같은 사전처분을 할 수 있다. 이러한 사전처분은 집행력이 없는 점(가사소송법 62조 5항)이 특색이다.

◈ **기재례** ◈ 양육비에 관련된 사전처분의 경우 "피신청인은 신청인에게 사건본인들의 양육비로서 20 . . .부터 ○○○ 이혼 등 사건의 판결 확정시까지 사건본인 1인당 OOO원을 매월 △△에 지급하라"라는 형식으로, 면접교섭에 관한 사전처분의 경우 "신청인은 20 . . .부터 ○○○ 이혼 등 사건의 판결 확정시까지 매월 첫째 및 셋째 주의 토요일 12:00부터 그 다음날 오후 3:00까지 신청인이 원하는 장소에서 사건본인들을 면접교섭할 수 있다(다만 면접교섭의 장소와 방법 등에 대해 자세한 적시도 가능)"라는 형식으로 결정이 내려진다.

(2) 가압류 · 가처분

가사소송법 제63조(가압류, 가처분) ① 가정법원은 제62조에도 불구하고 가사소송사건 또는 마류 가사비송사건을 본안사건으로 하여 가압류 또는 가처분을 할 수 있다. 이 경우 「민사집행법」 제276조부터 제312조까지의 규정을 준용한다.

가정법원은 위 사전처분에도 불구하고 가사소송사건 또는 마류 가사비송사건 1-17
을 본안사건으로 하여 가압류 또는 가처분(가사보전처분)을 할 수 있다. 가령 이혼을 원인으로 한 위자료청구권이나 양육비청구채권 등을 피보전권리로 하여 배우자 명의의 재산에 가압류를 하거나 재산분할청구권을 피보전권리로 하여 배우자 명의의 재산에 처분금지가처분신청을 하는 경우를 들 수 있다. 이러한 경우에 민사집행법 276조부터 312조까지의 규정을 준용한다(가사소송법 63조 1항). 그런데 이러한 가사보전처분은 민사사건을 본안으로 하는 일반 민사보전처분과 차이가 없으므로 그 관계를 어떻게 포착할 것인가가 문제이다.[23)]

처분을 할 수 있게 하려는 취지에서 고안된 제도인데, 현행 사전처분제도는 사전처분제도의 가사비송사건뿐만 아니라 가사조정신청사건과 가사소송사건에까지 확대된 것이다.

23) 이시윤, 41면은 일반민사보전처분과 차이가 없다고 보아 **통상보전처분설**을 취한다.

〈사전처분과 가사보전처분의 비교〉

	사전처분	가사보전처분
신청	본안제기 후, 사건종료 전	본안제기 전후 불문
직권 신청 여부	직권으로도 가능	신청에 의하여만 가능
본안사건	가사소송 및 비송사건, 조정신청사건	가사소송, 마류 가사비송사건
발령대상	상대방, 기타 이해관계인	본안사건의 상대방
불복방법	즉시항고	이의신청, 그 밖의 절차
집행력	없음(과태료)	있음
손해담보	없음	임의적

(3) 양육비 직접지급명령

가사소송법 제63조의2(양육비 직접지급명령) ① 가정법원은 양육비를 정기적으로 지급할 의무가 있는 사람(이하 "양육비채무자"라 한다)이 정당한 사유 없이 2회 이상 양육비를 지급하지 아니한 경우에 정기금 양육비 채권에 관한 집행권원을 가진 채권자(이하 "양육비채권자"라 한다)의 신청에 따라 양육비채무자에 대하여 정기적 급여채무를 부담하는 소득세원천징수의무자(이하 "소득세원천징수의무자"라 한다)에게 양육비채무자의 급여에서 정기적으로 양육비를 공제하여 양육비채권자에게 직접 지급하도록 명할 수 있다. ② 제1항에 따른 지급명령(이하 "양육비 직접지급명령"이라 한다)은 「민사집행법」에 따라 압류명령과 전부명령을 동시에 명한 것과 같은 효력이 있고, 위 지급명령에 관하여는 압류명령과 전부명령에 관한 「민사집행법」을 준용한다. 다만, 「민사집행법」 제40조제1항과 관계없이 해당 양육비 채권 중 기한이 되지 아니한 것에 대하여도 양육비 직접지급명령을 할 수 있다.

1-18 가정법원은 양육비를 정기적으로 지급할 의무가 있는 사람이 정당한 사유 없이 2회 이상 양육비를 지급하지 아니한 경우에 정기금 양육비채권에 관한 집행권원을 가진 채권자의 신청에 따라 양육비채무자에 대하여 정기적 급여채무를 부담하는 소득세원천징수의무자에게 양육비채무자의 급여에서 정기적으로 양육비를 공제하여 양육비채권자에게 **직접** 지급하도록 명할 수 있다(가사소송법 63조의2 1항). 이 양육비 직접지급명령은 민사집행법에 따라 압류명령과 전부명령을 동시에 명한 것과 같은 효력이 있어 압류명령과 전부명령에 관한 민사집행법을 준용한다. 다만, 해당 양육비채권 중 **기한이 되지 아니한 것**에 대하여도 양육비 직접지급명령을 할 수 있다는 점에서 기한이 지난 뒤에 강제집행을 개시할 수 있다는 민사집행법 40조 1항의 특칙이라 할 수 있다(동조 2항).

(4) 담보제공명령

가사소송법 제63조의3(담보제공명령 등) ① 가정법원은 양육비를 정기금으로 지급하게 하는 경우에 그 이행을 확보하기 위하여 양육비채무자에게 상당한 담보의 제공을 명할 수 있다. ② 가정법원은 양육비채무자가 정당한 사유 없이 그 이행을 하지 아니하는 경우에는 양육비채권자의 신청에 의하여 양육비채무자에게 상당한 담보의 제공을 명할 수 있다. ... ④ 제1항이나 제2항에 따라 양육비채무자가 담보를 제공하여야 할 기간 이내에 담보를 제공하지 아니하는 경우에는 가정법원은 양육비채권자의 신청에 의하여 양육비의 전부 또는 일부를 일시금으로 지급하도록 명할 수 있다.

가사소송법 제68조(특별한 의무 불이행에 대한 제재) ① 제63조의3제4항 또는 제64조의 명령을 받은 사람이 다음 각 호의 어느 하나에 해당하면 가정법원은 권리자의 신청에 의하여 결정으로 30일의 범위에서 그 의무를 이행할 때까지 의무자에 대한 감치를 명할 수 있다. ... 3. 양육비의 일시금 지급명령을 받은 사람이 30일 이내에 정당한 사유 없이 그 의무를 이행하지 아니한 경우

가정법원은 양육비를 정기금으로 지급하게 하는 경우에 그 이행을 확보하기 위하여 양육비채무자에게 상당한 담보의 제공을 명할 수 있고(가사소송법 63조의3 1항), 양육비채무자가 정당한 사유 없이 그 이행을 하지 아니하는 경우에는 양육비채권자의 신청에 의하여 양육비채무자에게 상당한 담보의 제공을 명할 수 있는데(동조 2항), 이를 **담보제공명령**이라고 한다. 1-19

나아가 양육비채무자가 담보를 제공하여야 할 기간 이내에 담보를 제공하지 아니하는 경우에는 가정법원은 양육비채권자의 신청에 의하여 양육비의 전부 또는 일부를 일시금으로 지급하도록 명할 수 있도록 하고 있고(동조 4항), 이 명령을 받은 사람이 30일 이내에 정당한 사유 없이 그 의무를 이행하지 아니한 경우에는 가정법원은 30일의 범위에서 감치를 명할 수 있다(동법 68조 1항 3호). **간접강제**라고 볼 수 있다.

(5) 양육비부담조서

민법 제836조의2(이혼의 절차) ⑤ 가정법원은 당사자가 협의한 양육비부담에 관한 내용을 확인하는 양육비부담조서를 작성하여야 한다. 이 경우 양육비부담조서의 효력에 대하여는 「가사소송법」 제41조를 준용한다.

가사소송법 제41조(심판의 집행력) 금전의 지급, 물건의 인도, 등기, 그 밖에 의무의 이행을 명하는 심판은 집행권원이 된다.

1-20 양육비용의 부담에 관하여 판결 또는 심판으로 정한 경우와 달리 협의상 이혼절차에서 당사자 사이의 협의로 양육비용의 부담에 관하여 정한 경우에는 그 자체로는 집행력 등이 인정되지 않았는데, 양육비의 확보방안으로, 2009. 5. 8. 「민법」과 「가사소송법」이 개정되어 양육비부담조서제도가 도입되었다. 법원이 협의이혼확인 시의 양육비부담조서를 집행권원으로 하여 강제집행을 할 수 있다(민법 836조의2 5항).

(6) 이행명령

가사소송법 제64조(이행명령) ① 가정법원은 판결, 심판, 조정조서, 조정을 갈음하는 결정 또는 양육비부담조서에 의하여 다음 각 호의 어느 하나에 해당하는 의무를 이행하여야 할 사람이 정당한 이유 없이 그 의무를 이행하지 아니하는 경우에는 당사자의 신청에 의하여 일정한 기간 내에 그 의무를 이행할 것을 명할 수 있다. 1. 금전의 지급 등 재산상의 의무 2. 유아의 인도 의무 3. 자녀와의 면접교섭 허용 의무

가사소송법 제67조(의무 불이행에 대한 제재) ① 당사자 또는 관계인이 정당한 이유 없이 제29조, 제63조의2제1항, 제63조의3제1항 · 제2항 또는 제64조의 명령이나 제62조의 처분을 위반한 경우에는 가정법원, 조정위원회 또는 조정담당판사는 직권으로 또는 권리자의 신청에 의하여 결정으로 1천만원 이하의 과태료를 부과할 수 있다.

가사소송법 제68조(특별한 의무 불이행에 대한 제재) ① 제63조의3제4항 또는 제64조의 명령을 받은 사람이 다음 각 호의 어느 하나에 해당하면 가정법원은 권리자의 신청에 의하여 결정으로 30일의 범위에서 그 의무를 이행할 때까지 의무자에 대한 감치를 명할 수 있다. 1. 금전의 정기적 지급을 명령받은 사람이 정당한 이유 없이 3기(期) 이상 그 의무를 이행하지 아니한 경우 2. 유아의 인도를 명령받은 사람이 제67조제1항에 따른 제재를 받고도 30일 이내에 정당한 이유 없이 그 의무를 이행하지 아니한 경우 3. 양육비의 일시금 지급명령을 받은 사람이 30일 이내에 정당한 사유 없이 그 의무를 이행하지 아니한 경우

1-21 가정법원은 판결, 심판, 조정조서, 조정을 갈음하는 결정 또는 양육비부담조서에 의하여 금전지급의무, 유아의 인도의무, 자녀와의 면접교섭 허용의무 등을 이행하여야 할 사람이 정당한 이유 없이 그 의무를 이행하지 아니하는 경우에는 당사자의 신청에 의하여 일정한 기간 내에 그 의무를 **이행할 것을 명할** 수 있다(가사소송법 64조 1항). 이행명령은 권리의 존부를 확정하는 기관과 확정된 권리를 실현하는 기관을 엄격히 분리시키지 않고 권리의 존부를 확정한 판단기관 자신이 의무의 이

행을 촉구하는 것이다.[24] 가정법원 등은 정당한 이유 없이 위 사전처분이나 위 명령 등을 위반한 경우에는 직권으로 또는 권리자의 신청에 의하여 1천만 원 이하의 **과태료**를 부과할 수 있고(동법 67조 1항),[25] 금전의 정기적 지급을 명령받은 사람이 정당한 이유 없이 3기(期) 이상 그 의무를 이행하지 아니한 경우나 유아의 인도를 명령받은 사람이 위 과태료의 제재를 받고도 30일 이내에 정당한 이유 없이 그 의무를 이행하지 아니한 경우, 양육비의 일시금 지급명령을 받은 사람이 30일 이내에 정당한 사유 없이 그 의무를 이행하지 아니한 경우에는 가정법원은 30일의 범위에서 그 의무를 이행할 때까지 **감치**를 명할 수 있다(동법 68조 1항). **간접강제**라고 볼 수 있다.[26] 관련하여 「양육비 이행확보 및 지원에 관한 법률」도 참고가 된다.

(7) 금전임치제도

가사소송법 제65조(금전의 임치) ① 판결, 심판, 조정조서 또는 조정을 갈음하는 결정에 의하여 금전을 지급할 의무가 있는 자는 권리자를 위하여 가정법원에 그 금전을 임치할 것을 신청할 수 있다. ② 가정법원은 제1항의 임치신청이 의무를 이행하기에 적합하다고 인정하는 경우에는 허가하여야 한다. 이 경우 그 허가에 대하여는 불복하지 못한다. ③ 제2항의 허가가 있는 경우 그 금전을 임치하면 임치된 금액의 범위에서 의무자의 의무가 이행된 것으로 본다.

판결, 심판, 조정조서 또는 조정을 갈음하는 결정에 의하여 금전을 지급할 의무 1-22
가 있는 사람은 권리자를 위하여 가정법원에 그 금전을 임치할 것을 신청할 수 있다(가사소송법 65조 1항). 가정법원이 허가하여 그 금전을 임치하면 임치된 금액의 범위에서 의무자의 의무가 이행된 것으로 본다(동조 3항). 이행확보제도 자체는 아니다.

24) 다만, 권리의 존부를 확정하기 위한 절차가 아니라 이미 확정되어 있는 권리를 실현하기 위한 절차의 일부라는 점에서는 민사집행법에 따른 강제집행과 다르지 아니하다. 따라서 이행명령으로 판결, 심판, 조정조서 등에 따라 확정되어 있는 의무의 내용을 변경하거나 의무자에게 새로운 의무를 창설할 수 있는 것은 아니다(대법원 2016. 2. 11.자 2015으26 결정).

25) 사전처분 위반을 주장하면서 과태료 부과를 신청하였으나 불처벌결정된 경우에 과태료재판 신청인도 즉시항고를 할 수 있다. 이를 특별항고로 볼 것은 아니다(대법원 2022. 1. 4.자 2021정스502 결정).

26) 이행명령은 판결 등에 따라 확정되어 있는 의무의 내용을 변경하거나 새로운 의무를 창설하는 것은 아니지만 재산상의 의무 등 일정한 가사채무를 과태료·감치를 통한 간접강제의 수단을 통하여 실현하는 것을 목적으로 하고 있는 「가사소송법」상의 이행확보제도이다(대법원 2017. 11. 20.자 2017으519 결정).

(8) 재산명시 및 재산조회

가사소송법 제48조의2(재산명시) ① 가정법원은 재산분할, 부양료 및 미성년자인 자녀의 양육비 청구사건을 위하여 특히 필요하다고 인정하는 경우에는 직권으로 또는 당사자의 신청에 의하여 당사자에게 재산상태를 구체적으로 밝힌 재산목록을 제출하도록 명할 수 있다.

가사소송법 제48조의3(재산조회) ① 가정법원은 제48조의2의 재산 명시 절차에 따라 제출된 재산목록만으로는 재산분할, 부양료 및 미성년자인 자녀의 양육비 청구사건의 해결이 곤란하다고 인정할 경우에 직권으로 또는 당사자의 신청에 의하여 당사자 명의의 재산에 관하여 조회할 수 있다.

1-23 민사집행법상 재산명시, 재산조회는 이미 집행권원을 확보한 당사자가 강제집행의 실효성을 확보하기 위하여 집행법원에 제기하는 독립된 신청사건인 반면에(☞9-2, 9-13), 여기에서의 재산명시, 재산조회는 사건이 계속 중인 가정법원이 아직 집행권원을 받지 않은 채, 사건 당사자의 재산내역을 파악하기 위한 방법이라는 점에서 차이가 있다. 즉 재산분할, 양육비심판 등 집행권원을 받은 뒤가 아니고, 사건이 계속 중에 직권으로 또는 당사자의 신청에 의하여 재산명시 및 재산조회를 할 수 있다.

V. 민사집행의 과제[27)]

1. 집행 ADR

1-24 권리를 확정하는 과정에서는 ADR(대체적 분쟁해결제도)이 주목을 받고 있는데, 권리를 실현하는 과정인 집행절차에서도 채권자와 채무자 사이의 재조정의 교섭과정을 중시하여 현실적 관점에서 ADR을 설정하려는 시도를 검토할 가치가 있다. 권리확정과정(판단과정)과 권리실현과정(집행과정)을 분리하여 집행기관은 집행에 전념하는 현행 절차형식은 신속하면서 효율적인 권리의 구제를 위한 측면에서 의의가 있다. 그러나 그 반면, 집행기관에게 채권자와 채무자의 관계 등 구체적 분쟁에 관한 정보가 없는 경우가 많다. 가령 집행증서나 지급명령 등이 집행권원인 경우는 권리확정과정에서 분쟁의 해결이 제대로 이루어졌다고 볼 수 없는 경우가 많으므로 오히려 집행기관에 의한 집행착수를 계기로 비로소 분쟁해결의 필요성이 높아졌다

27) 이에 대하여 자세히는 전병서, "민사집행에서의 실효성 확보 연구", 민사집행법연구(2011), 13면 이하 참조.

고 생각할 수 있다. 그렇다면 권리실현과정에서도 ADR의 설계가 의미를 가질 수 있다. 또한 집행권원의 유무에도 불구하고, 채무자의 임의이행에 의한 권리실현이 가장 바람직하다는 것은 너무나 당연하므로 강제집행절차의 개시 뒤라도 일정한 경우에는 임의이행의 여지를 인정하는 것이 합리적일 것이다.[28] 결국 집행절차에 있어서 타협적 계기를 높일 수 있는 가능성을 찾아 집행과정의 유연화를 꾀하는 것은 강제집행에 있어서 강제이행 못지않게 집행절차의 효율적 수행을 도모하게 될 것이다. 다만 집행절차 단계에서의 재조정의 기회를 부여함으로써 그 한계로 점유꾼이나 항고꾼 등에 의한 집행방해가 유발될 수 있는 측면도 있으므로 절차 관여자의 윤리성의 확립과 법원의 후견적 관여 등을 전제로 집행 ADR 전체의 절차적 기반을 정비하는 것이 요구될 것이다.

2. 집행형태의 다양화

다양한 집행형태를 두는 것에 의하여 효율적 집행을 기할 수 있으므로 간접강제 1-25
의 적용범위의 확대 등 다양한 집행을 가능케 하는 여러 가지 집행수법을 개발하여 나가야 할 것이다. 가령 임금채무에 대하여 간접강제에 의한 집행을 인정하는 것을 생각할 수 있다. 근로자의 미지급 임금은 근로자의 생활을 유지하기 위해 꼭 필요한 것으로 소액인 경우가 많은데, 직접강제의 방법에 의하면 시간과 비용의 점에서 권리의 효과적 실현을 기대하기 어려운 반면, 자금력이 있음에도 지급하지 않고 있는 사용자에 대하여는 간접강제의 방법에 의한 것이 효과적일 수 있기 때문이다.

3. 소액채권집행의 특례

판결절차에서는 소액의 민사사건을 간편한 절차에 따라 신속하게 처리하기 위 1-26
하여 민사소송법에 대한 특례를 규정한 「소액사건심판법」을 마련함으로써 상당한 성과를 거두고 있음에 비하여, 그 집행절차에 대하여는 민사집행법이나 「소액사건

28) 관련하여 **독일**에서는 1999. 1. 1.부터 시행된 제2차 강제집행법(Zweites Gesetz zur Änderung zwangsvollstreckungsrechtlicher Vorschriften)에 의하여 동산집행의 경제성을 높이기 위하여 집행관에 의한 분할변제절차의 도입을 하였다(§806b ZPO). 즉, 집행관은 강제집행절차의 여러 상황에 있어서 화해적 및 신속한 종료를 지향하여야 하고, 집행관이 압류 가능한 대상을 찾지 못하였지만, 채무자가 채무를 단기간에 분할변제에 의해 변제할 것이 신뢰할 수 있다면, 집행관은 채권자의 동의가 있을 시에 분할변제금을 받을 수 있고, 변제는 원칙적으로 6월 이내에 이루어져야 한다. MüKoZPO/Gruber, ZPO §806b Rn. 1~25. 이후 §806b는 삭제되고 2013. 1. 1.부터 §802b로 대체되었다.

심판법」 등에서 아무런 특례규정을 마련하고 있지 않으므로 소액사건의 경우에도 집행에 있어서는 일반 민사집행절차와 동일한 절차에 의하여야 한다. 그런데 소액채권에 대하여 집행권원을 취득한 사람은 집행절차의 복잡성·비효율성, 고액의 집행비용 등으로 인하여 집행의 실효성에 의문을 가진 나머지, 그 집행을 포기하고 채무자가 임의변제하기만을 무작정 기다리는 경우가 많으므로 소액채권의 집행에 있어서 집행의 간이화와 우선화의 방향으로 특례규정을 마련할 필요성이 있다.[29)] 가령 일정 금액 이하의 소액채권에 있어서 채무자가 생계에 필요한 비용을 제외하고, 채무를 변제할 수 있는 자력을 가지고 있다고 인정될 경우에 법원은 채권자의 신청에 의하여 채무자에게 일정 기간 내에 이를 변제하도록 명령한 뒤, 이를 위반하면, 과태료를 부과하거나 감치에 처할 수 있도록 하는 변제명령 및 그 불이행 시의 감치제도를 도입하는 것을 검토할 수 있다. 다만, 소액채무자의 보호도 소홀히 할 수 없는 등 이에 반대하는 입장도 상당하리라 생각되므로 신용금융업 등의 영업적 채권자의 남용을 제한하는 방법도 강구하여, 소액채무자에게 위 특례가 불리하게 작동할 수 있다는 점을 고려에 넣어 특례를 마련하여야 할 것이다.

4. 민간경매제도

1-27 우리는 부동산경매의 실시를 전부 법원이 담당한다. 한편, 미국에서는 민간경매가 많이 이용되고 있다고 하는데, 가령 저당권 실행과 관련하여 미리 채권자·채무자 사이의 합의로 정한 민간기관이 저당권 실행의 각 단계의 절차를 개시에서 종

29) 진성규, "소액심판제도의 집행제도에 관한 개선책", 재판자료(제1집, 1979), 271면. 종전에 민사집행법 제정 시에 이미 일정액 이하의 소액채권에 대하여는 법원이 채무자에게 일정한 기간 내에 변제하도록 명령할 수 있게 하고, 그 위반 시에는 그 채권액의 2분의 1 이하의 제재금을 부과하거나 30일 이내의 감치에 처할 수 있도록 함으로써, 채무자에게 재산이 없는 경우나 재산을 은닉한 것으로 의심되는 경우에도 채권의 신속하고 간이하게 변제를 받을 수 있도록 하는 내용의 소액채권의 강제집행에 관한 특례(채무자의 감치제도, 제한적 우선주의를 통한 배당의 우대 등)의 방안이 검토되었으나(법원행정처, 민사소송법(강제집행편) 개정착안점(1996), 38면 이하 참조), 이러한 제도가 도입되면 채무자에게 불리하게 소액을 넘는 금액은 차용 또는 거래할 수 없게 되고, 다액을 거래하는 경우에도 채권자는 이를 수차례로 나누어 거래함으로써 소액채권으로 만들려고 하며, 소액채권에 일부 우선적으로 배당함으로써 가장채권에 의한 압류를 통한 채무면탈이 더욱 용이해지는 등 제도의 악용 소지가 많고, 또 거래규모가 작은 상인이나 영세민과 같이 금전거래의 규모가 작은 채무자의 경우에는 항상 소액집행을 당하게 됨으로써 다액의 채무자보다 소액의 채무자가 더 큰 집행상의 제재를 받는 것이 평등하지 못한 점과 그 밖에 채권자들 사이의 형평의 문제도 있어서 결국 이 제도에 대하여는 '소액채권자를 우대하는 제도'로서보다는 '소액채무자를 박대하는 제도'로 기능할 가능성에 대한 우려가 제기되었고, 최종적으로 법무부에서 국회에 제안한 민사집행법안과 민사집행법에서 채택되지 않은 바 있다.

료까지 실시하는 방식으로, 통상 법원의 관여가 많지 않지만, 방해배제에 대하여는 적절히 개입한다고 한다. 다만, 앞으로 민간경매의 도입 여부는 현행 부동산경매제도가 원활히 기능하고 있는지 여부를 확인하여 그 방향을 잡아야 할 것이다.[30)]

5. 법원경매의 online화 및 민간경매의 도입

경매정보는 이미 대법원 법원경매 사이트(courtauction.go.kr)에서 확인 및 검색 1-28
할 수 있는데, 나아가 법원경매의 online화와 더불어 민간경매의 도입도 검토하여야 한다. 관련하여 한국자산관리공사(KAMCO)의 전자경매(Onbid)는 경매비용이 저렴하고 신속진행인 점에 비추어 참고할 것이다.

6. 민사집행의 국제화

기업 활동이 국제화되고 사인의 섭외적 교류가 빈번하여 국제적 투자나 자산의 1-29
국제적 분산이 나타나고 있는 상황에서 국제민사집행의 문제도 관심을 끌고 있다.

다수 외국국가에서는 일정한 요건하에 외국판결 및 외국중재판정의 효력을 승인하고, 자국에서의 그 집행을 허용하여 왔다.

한편 우리나라에서 받은 판결은 영토주권의 한계로 인하여 외국에서 곧바로 강제집행을 할 수 없다. 금전채권의 유동화와 국제화에 따라 채권자가 채권회수를 도모할 때 채무자가 외국에 두고 있는 은행계좌에 있는 예금 등 채무자의 해외자산을 고려하지 않으면 안 되는 경우도 많다.

또한 국제민사집행관할의 문제도 있다(☞4-24, 13-5).

30) **미국**에서는 담보권자가 소를 제기하여 판결을 받아야 비로소 사법경매를 할 수 있으므로 상당한 시간이 걸려 어쩔 수 없이 민간경매가 이용되는데, 우리는 저당권 실행과 관련하여 집행권원이 필요하지 않고 신속하므로 민간경매의 도입이 필요하지 않다는 지적도 있을 수 있다.

제 2 장

민사집행의 주체

민사집행은 실체상의 이행청구권의 강제적 실현으로서(강제집행), 또는 담보권에 내재하는 환가권능의 발현으로서(담보권의 실행), 국가(사법기관)가 채권자를 위하여 채무자의 재산을 강제로 환가 등을 하여 채권의 변제에 충당하는 제도이므로 그 절차에 관여하는 주체로서는 당사자로부터의 신청을 받아 실제로 민사집행을 실시하는 국가기관인 **집행기관**, 그 기관에 대하여 집행의 신청을 하고, 절차에 능동적으로 관여하는 **당사자**, 집행의 상대방으로서 절차에 수동적으로 관여하는 **당사자**의 3자가 존재하고, 거기에 3면적인 집행절차상의 법률관계가 성립한다.

2-1 민사집행의 주체로 국가기관인 **집행기관**과 집행절차에 관여하는 **집행당사자** 등이 있다. 한편 민사집행의 객체(대상)인 책임재산에 대하여는 후술한다(☞4-8).

Ⅰ. 집행기관

제2조(집행실시자) 민사집행은 이 법에 특별한 규정이 없으면 집행관이 실시한다.

2-2 집행기관은 민사집행의 실시를 직무로 하는 국가기관을 말한다. 집행절차는 신속한 것이 중요하므로 공정 · 신중하게 (대립하는 2당사자에게 주장 · 증명의 기회를 주는 구술변론을 거쳐) 권리관계를 판정하는 재판기관으로 하여금 그 절차를 담당하게 하는 것이 적당하지 않을 수 있다. 집행기관이 스스로 이행청구권의 존재 여부를 심리 · 판단하는 것은 기관의 구성상 적당하지 않고, 또 강제집행의 신청에 있어서 실체적 심리 · 판단을 거쳐 이를 긍정한 뒤에 비로소 강제집행을 실시하는 것은 물론

이행청구권 실현의 관점에서 집행절차 진행 중에도 집행행위 시에 문제가 될 때마다 이행청구권이 현존하는 것을 확인하여야 한다고 하면, 강제집행의 진행은 그때그때 정지되어 지연을 초래하고 신속, 확실을 생명으로 하는 강제집행의 기능은 마비의 양상을 띠고, 그 가치는 현저하게 깎일 것이다(실체적 심사의 금지). 따라서 민사집행법은 민사집행의 실시를 담당하는 국가기관인 집행기관을 재판기관과 분리하여 별도로 두고 있다(판결기관과 집행기관의 분리원칙(Prinzip der organisatorischen Trennung des Vollstreckungsverfahrens vom Erkennis verfahren) 내지 형식주의(Formalisierungsgrundsatz)라고 한다). 이러한 집행기관에는 각각 관할사항을 달리하는 집행관, 집행법원, 제1심법원(수소법원), 그 밖의 집행기관이 있다. 집행기관에 있어서 단일한 기관에 집행권능을 집중 내지 총괄시킨 일원적 구성이 아닌, 다른 종류의 여러 기관에 집행권능을 분담시킨 **다원적 구성**을 취한 것이다. 가령 실력행사가 필요하지 않고 법률판단이 필요한 채권집행의 경우에는 집행법원이 집행기관이 되고, 집행할 청구권과 집행방법 사이에 상당한 재량판단이 필요한 작위 · 부작위 청구권에 대한 집행기관은 제1심법원(수소법원)으로 한다.

1877년 제정된 독일 민사소송법도 집행기관은 집행관(Gerichtsvollzieher), 집행법원(Vollstreckungsgericht), 제1심의 수소법원(Prozessgericht des ersten Rechtszuges)의 3원적 구성이었고, 우리는 일본법을 통하여 이를 받아들인 것이다. 한편, 일본 1979년 제정 민사집행법에서는 제1심의 수소법원이 집행법원으로 통합되어, 집행을 담당하는 기관은 집행관과 집행법원의 이원적 구성이 채택되었다(동법 2조). 다만, 2004년 창설된 소액소송채권집행제도에서는 법원서기관이 집행기관이 되도록 하였다.

〈집행의 종류와 집행기관〉

집행관	집행법원	제1심법원
실력행사 수반 사실행위	관념적 재판인 채권집행 담당	본안을 고려하여 집행방법 결정
복잡하지 않은 동산집행 담당	복잡한 부동산집행 담당	대체집행 · 간접강제

1. 집행관

제5조(집행관의 강제력 사용) ① 집행관은 집행을 하기 위하여 필요한 경우에는 채무자의 주거·창고 그 밖의 장소를 수색하고, 잠근 문과 기구를 여는 등 적절한 조치를 할 수 있다. ② 제1항의 경우에 저항을 받으면 집행관은 경찰 또는 국군의 원조를 요청할 수 있다.

제20조(공공기관의 원조) 법원은 집행을 하기 위하여 필요하면 공공기관에 원조를 요청할 수 있다.

2-3 민사집행법에 특별한 규정이 없으면 집행관이 집행을 실시하도록 하고 있으므로(2조) **원칙적 집행기관**은 집행관(Gerichtsvollzieher)인데, 집행관은 지방법원 및 그 지원에 소속되어 집행을 실시하는 **단독제** 국가기관으로(법원조직법 55조 2항, 민사집행법 2조),[1] 소속 지방법원장 등이 감독하기는 하지만(집행관법 7조) 자기의 판단과 책임하에 **독립**하여 권한을 행사한다는 점에서 법원이나 법관의 단순한 보조기관이 아니고, 또한 채권자의 대리인도 아니다.

집행법원과 집행관은 각각 독립한 집행기관으로 상하관계는 아니다. 각각 특성의 차이에 따라 양자가 협력하는 경우도 있으며, 한편 집행관의 집행처분에 대한 감독을 집행법원이 한다는 점에서 상대적 독립기관이라고 본다.[2] 현재 집행관은 10년 이상 법원주사보, 등기주사보, 검찰주사보 또는 마약수사주사보 이상의 직급으로 근무하였던 사람 중에서 지방법원장이 임명하는데(집행관법 3조),[3] 사건 당사자가 지급하는 수수료로 수입을 충당하며(집행관법 19조 1항), 임기는 4년 단임제이다(집행관법 4조 2항). 집행관의 직무집행구역은 원칙적으로 임명받은 지방법원 본원

1) 연혁적으로 1961. 8. 31.「집달리법」에 의하여 집달리제도가 도입되었는데, 1981. 1. 29.「법원조직법」 및「집달리법」의 개정(집달리법은 집달관법으로 됨)으로 집달리를 집달관으로 명칭을 변경하였고, 이후 1995. 12. 6.「법원조직법」 및「집달관법」을 다시 개정하여(집달관법은 집행관법으로 됨) 집달관의 명칭을 집행관으로 변경하였다. 이는 일본의 영향을 받은 것으로 보이는데, 일본에서는 1890년 당시 독일법상 Gerichtsvollzieher를 본떠 집달리제도가 민사소송법 및 재판소구성법에 마련되었고, 1966년 집행관법을 제정하여 종래의 집행리(그 이전에는 집달리)제도를 근대화하였다.

2) 이시윤, 51면.

3) 최근 집행관의 경력임명제의 개선 및 시험에 의한 선발 등 제도개선의 필요성도 제기되고 있다(이시윤, 53면 참조). 한편, **독일**에서는 집행관제도를 권한위임모델(Beleihungsmodell)로 전환하여 **민영화**하는 것을 검토하고 있다. 강제집행은 국가권력적 행위이므로 이를 담당하는 집행관은 국가기관이어야 하는 것이 당연하다고 생각할 수 있으나, 한편 강제집행은 국가권력의 행사라고 하더라도 반드시 국가공무원이 아닌, 자유전문직에게 담당시킬 수 있다는 발상의 전환도 필요할 것이다.

또는 지원에 한정된다(집행관규칙 4조 1항). 집행관의 직무집행의 공정을 도모하고, 이에 대한 국민의 신뢰를 확보하기 위하여 집행관에게 일정한 사유가 있는 때는 법률상 당연히 그 직무를 행할 수 없는 제척되는 것으로 하고 있다(집행관법 13조). 이 제척의 규정은 법관 및 법원사무관등(민사소송법 41조, 50조)와 마찬가지 취지이다. 한편 기피, 회피에 관한 규정은 두고 있지 않다.

① 집행관의 가장 고유한 집행업무는 **유체동산**에 대한 강제집행이고(189조), 또한 동산·부동산·선박의 **인도집행**도(257조, 258조) 집행관의 직무이다. ② 더하여 집행관은 **집행법원의 집행절차의 부수적 행위**로, 부동산경매에서 미등기건물의 조사(81조 4항), 부동산의 강제경매, 강제관리 등에서 목적물의 현황조사(85조, 163조, 268조), 유체동산의 청구권에 대한 집행에서 목적물의 수령 및 현금화(243조) 등의 직무를 행한다. ③ 그리고 집행관은 **집행 이외에도** 문서의 송달 등을 직무로 하고 있다(법원조직법 55조 2항, 민사소송법 190조).

집행관은 집행을 하기 위하여 필요한 경우에는 채무자의 주거·창고 그 밖의 장소를 수색하고, 잠근 문과 기구를 여는 등 적절한 조치를 할 수 있다(5조 1항).[4] 현재 집행관은 집행 시에 저항을 받으면[5] 경찰 또는 국군의 원조를 요청할 수 있지만(동조 2항. 국군의 원조는 법원에 신청. 동조 3항), 그 밖에 공공기관에 대하여는 직접 원조를 요청할 수 없고, 집행법원이 집행을 하기 위하여 필요하면 공공기관에 원조를 요청할 수 있다(20조). 그런데 집행관이 집행법원을 통하여 원조요청을 요청할 시간적 여유가 없는 경우도 많다. 또한 실제 집행을 행하는 집행관이 공공기관 등에 직접 찾아가 협력을 요청하는 쪽이 보다 구체적 원조의 필요성 등을 설명할 수 있다는 점에서 앞으로 민사집행법을 개정하여 위 법 20조(공공기관의 원조) 원조를 요청할 수 있는 주체에 집행관을 추가하여야 할 것이다. 가령 부동산인도집행에 있어서

---

4) 참고로 보면, 현행법상 통상집행은 평일의 주간에 한정되고, 공휴일과 야간에는 법원의 허가가 있어야 하는데(8조 1항), 가령 법원의 허가가 필요하지 않은 통상집행을 오후 8~9시 정도까지 연장하는 것을 검토할 필요가 있다. 사회 전체의 생활방식이 야간형으로 변화하고 있는 것에 대응하여 야간집행방식의 검토 및 집행현장의 상황에 따라 집행관의 판단에 따라 유연한 대응이 이루어질 필요가 있다고 생각한다(가령, 낮에 집행에 착수하였어도 집행의 목적물이 여럿이라 한 번에 집행을 종료하기 위하여는 야간에까지 걸치는 경우가 있기도 하다).

5) 집행관이 적법한 강제집행을 실시하면서 그에 대한 방해행위를 배제하기 위하여 유형력을 행사한 경우에, 그것이 명백한 권한남용에 해당된다고 볼 만한 특별한 사정이 없는 한, 그러한 유형력의 행사는 형법 20조의 정당한 행위로 평가하여 옹호하는 것이 올바르고 마땅하다(헌법재판소 2006. 3. 30. 선고 2005헌마186 전원재판부 결정). 한편, **일본** 민사집행법은 저항을 받은 때에 그 저항을 배제하기 위하여 위력을 사용할 수 있다고 규정하고 있다(동법 6조 1항).

채무자가 고령자, 장애인, 환자인 경우에는 사안에 따라 시·군·구청 담당부서 등과 제휴하여 이용 가능한 시설에 대한 정보제공 및 해당 서비스의 알선, 나아가 직권으로 관련 시설에의 입소조치 등을 생각할 수 있다.[6]

한편 집행관이 그 직무를 수행함에 있어 고의 또는 과실에 의하여 위법하게 손해를 가했을 때는 국가가 이를 배상할 책임을 진다(국가배상법 2조).[7]

2. 집행법원

제3조(집행법원) ① 이 법에서 규정한 집행행위에 관한 법원의 처분이나 그 행위에 관한 법원의 협력사항을 관할하는 집행법원은 법률에 특별히 지정되어 있지 아니하면 집행절차를 실시할 곳이나 실시한 곳을 관할하는 지방법원이 된다.

제21조(재판적) 이 법에 정한 재판적은 전속관할로 한다.

2-4 집행법원은 민사집행에 관하여 법원에 맡긴 권한, 즉 집행행위의 실시와 집행행위에 관한 법원의 협력사항 등을 그 직분으로 하는 법원을 말하는데, 집행법원이 되는 것은 원칙적으로 지방법원으로(3조 1항), 대부분의 사무를 **사법보좌관**의 업무로 하고 있고(그렇다고 사법보좌관이 고유의 집행기관이 되는 것은 아니다),[8] 예외적으로 재산명시신청절차, 강제관리 등의 업무는 **단독판사**가 담당한다. 앞에서 보았듯이 민사집행은 원칙적으로 집행관이 실시하나(2조), 가령 실력행사가 필요하지 않고 관념적 집행처분인 채권집행의 경우에는 집행법원이 집행기관이 된다(223조).

집행법원의 토지관할은 법률에 특별히 지정되어 있지 않으면 집행절차를 실시

6) 참고로 보면, 2021. 3. 22. 제정(같은 해 4. 1.부터 시행)된 부동산 등의 인도집행절차 등에 있어서 업무처리지침(대법원재판예규 제1773호)은, 집행관이 채무자 등의 인권을 존중하여야 하고, 아동 등 인도집행으로 인하여 인권침해를 받을 가능성이 큰 사람에 대하여 그 특성에 따라 세심한 배려를 하여야 하며(3조), 노약자 등의 안전·인권 등에 대한 위해요소를 충분히 배려하고 그 침해가 최소화되도록 노력하여야 한다(5조)라고 하여, 노약자, 장애인, 임산부, 중환자 등을 비롯한 채무자 측의 인권을 존중할 의무를 규정하였다.

7) 만일 집행관으로서 당연히 알아야 할 관계 법규를 알지 못하거나 필요한 지식을 갖추지 못하였고 또한 조사를 게을리 하여 법규의 해석을 그르쳤고 이로 인하여 타인에게 손해를 가하였다면 불법행위가 성립한다(대법원 2003. 9. 26. 선고 2001다52773 판결).

8) 이시윤, 64면. 「법원조직법」의 개정(2005. 3. 24. 법률 제7402호)에 따라 사법보좌관제도가 도입되어 2005. 7. 1.부터 시행되고 있다. 사법보좌관제도를 도입한 취지는 사법 인력을 보다 효율적으로 운용하기 위한 것으로서 법원의 업무 중 상대적으로 쟁송성이 없거나 희박한 비송적·형식적 절차 업무를 법관이 아닌 자로서 법원일반직 공무원 중 일정한 자격을 갖춘 사법보좌관에게 맡기는 것이 법관의 업무를 경감시킴과 아울러 전체적인 사법 서비스를 향상시킬 수 있다는 측면에서이다. 헌법재판소 2009. 2. 26. 선고 2007헌바8, 2007헌바84 결정 참조.

할 곳이나 실시한 곳을 관할하는 지방법원이 된다(3조 1항). 이는 전속관할이다(21조). 법률에 특별히 지정되어 있는 경우의 예로서는 부동산집행에 있어서 부동산이 있는 곳을 관할하는 지방법원이 집행법원이 되는 것(79조 1항)을 들 수 있다.

한편 시 · 군법원의 관할에 대한 특례가 있다(22조). 가령 화해 · 조정 및 지급명령에 관한 집행문부여의 소, 청구이의의 소 등으로서 그 집행권원에서 인정된 권리가 소액사건심판법상의 소액사건 범위 내인 경우는 **시 · 군법원**에서 관할하나, 소액사건심판법의 적용대상이 아닌 사건은 시 · 군법원이 있는 곳을 관할하는 **지방법원** 또는 **지방법원 지원**의 관할로 하고 있다(22조).

집행법원의 재판은 결정의 형식에 의하는데, 변론 없이 할 수 있다(3조 2항). 그러나 집행처분을 하는 데 필요한 때에는 이해관계인 그 밖의 참고인을 심문할 수 있다(민사집행규칙 2조).

3. 제1심법원

민사집행을 실시할 권한을 가진 집행기관은 원칙적으로 집행관 및 집행법원이고, 특별한 경우에 한하여 제1심법원(집행에 따라 실현될 청구권의 존부를 확인하고 집행권원을 형성하는 소송절차를 담당하는 법원으로 종래 수소(受訴)법원이라고 하였다)도 집행실시권을 가진다. 현행법은 판결절차와 집행절차를 제도적으로 분리하고 있으므로(권리의 판단기관과 집행기관의 분리원칙 ☞4-23) 판결기관인 제1심법원이 집행기관이 되는 것은 예외적으로, 가령 비금전채권집행에 있어서 대체집행(260조), 간접강제(261조) 등이 그 예외로 제1심법원의 직분이다. 비금전채권집행에서의 구체적 집행방법의 결정에 대하여는 최적의 집행이라는 실효성의 관점에서 판결기관(권리의 판단기관)과 집행기관이 연계하여 가장 적절한 방법을 찾고자 한 것이다.[9] 그 이유는 이미 제1심법원이 앞에서 소송을 맡았으므로 사건내용도 잘 알고 있고, 소송기록도 갖고 있는 법원이어서 신중하게 그 집행방법을 결정할 수 있기 때문이다. 2-5

한편 집행기관으로서의 직분이 아니라 판결기관으로서의 직분이지만, 청구이의의 소와 같은 집행소송도 제1심법원이 관할한다(44조 1항).

9) 엄격하게 본다면 집행기관인 수소법원(제1심법원)은 집행법원에 포함되지 않고(주석민사집행법(Ⅰ), 141면[이원 집필]), 원칙적으로 지방법원이 집행법원이 되나, 민사집행법 3조 1항의 해석상 대체집행이나 간접강제에 대하여는 집행권원이 되는 확정재판 등을 한 법원도 (집행기관일 뿐만 아니라 나아가) 집행법원이 된다고도 할 수 있다.

4. 그 밖의 집행기관

(1) 등기관

> **제293조(부동산가압류집행)** ① 부동산에 대한 가압류의 집행은 가압류재판에 관한 사항을 등기부에 기입하여야 한다. ② 제1항의 집행법원은 가압류재판을 한 법원으로 한다. ③ 가압류등기는 법원사무관등이 촉탁한다.
>
> **제305조(가처분의 방법)** ③ 가처분으로 부동산의 양도나 저당을 금지한 때에는 법원은 제293조의 규정을 준용하여 등기부에 그 금지한 사실을 기입하게 하여야 한다.

2-6 부동산가압류의 집행은 법원의 촉탁에 의하여 가압류의 재판을 등기부에 기입하는 것이 집행방법이므로(293조 1항) 등기관이 그 한도에서 넓게 보아 집행기관이 된다. 부동산의 처분(양도나 저당 등)금지의 가처분에 관하여서도 마찬가지이다(305조 3항).

(2) 집행공조기관

> **제5조(집행관의 강제력 사용)** ② 제1항의 경우에 저항을 받으면 집행관은 경찰 또는 국군의 원조를 요청할 수 있다.

2-7 집행사건에 있어서 집행기관은 아니지만, 법률 등에 의하여 집행에 협력하는 공공기관 또는 공무원을 공조기관이라고 한다. 예를 들어 집행문을 내어주고 등기촉탁을 하는 법원사무관등(32조, 94조), 집행을 할 때의 저항에 있어서 원조요청을 받은 경찰관(5조 2항) 등이 이에 해당한다.

Ⅱ. 집행당사자 등

1. 집행당사자

2-8 ① 민사집행에서의 절차상 법률관계는 채권자와 국가 및 채무자와 국가 사이의 공법상 관계임에도 불구하고, 민사집행법에 의하여 채권자와 채무자 사이의 당사자절차, 즉 **당사자대립절차**(ein kontradiktorisches Verfahren)로 구성되어 있다. 다만, 판결절차와는 달리, 집행절차는 집행채권의 만족 내지는 보전을 목적으로 하므로 양 당사자의 절차상 지위도 능동·수동의 구별이 분명하고, 절차 진행은 집행기관의 채무자(재산)에 대한 강제적 침해행위의 실시를 주요한 내용으로 한다.[10]

10) 中野貞一郎/下村正明, 民事執行法, 21면. 이는 민사집행의 성질이 소송사건인가, 비송사건인가의 대립과도(☞1-7) 관계한다.

대립당사자의 호칭은 경우에 따라 통일적은 아니지만, 통상 민사집행을 구하는 능동적 당사자를 **채권자**, 민사집행의 상대방이 되는 수동적 당사자를 **채무자**라고 부르는 것이 일반적이다. 양자를 합쳐서 집행당사자라고도 한다. 그런데 여기서의 채권자, 채무자는 (민사소송에서의 원고, 피고와 같이) 단순히 절차법상 명칭에 그치고, 실체법상 채권자, 채무자를 지칭하는 의미를 가지는 것은 아니다. 가령 실체법상 채권이 없는 사람도 집행권원이 있으면 집행법상으로는 채권자가 될 수 있고, 또한 담보권 실행에서는 원칙적으로 목적물의 소유자가 집행당사자로서의 채무자가 된다.

② 강제집행에 있어서 **당사자의 확정**, 즉 누가 채권자이고, 채무자인가를 확정하는 기준에 대하여 다툼이 있는데, 일반적 입장은 **집행정본의 표시**에 의하여 정하여진다고 본다(표시설. 29조 2항, 39조 참조).[11] 집행정본은 원칙적으로는 집행문이 부여된 집행권원의 정본이지만, 집행문이 필요하지 않은 집행권원의 정본을 포함한다. 강제집행은 집행정본에 기하여 실시되기 때문이다(28조). 이에 대하여 판결절차에서 당사자의 확정이 소장의 기재를 기준으로 하는 것과 마찬가지로 집행절차에서 당사자의 확정도 집행신청서의 기재에 의하여야 한다는 입장도 생각할 수 있다. 한편, 담보권 실행을 위한 경매에서는 당사자의 확정이 집행신청서의 기재에 의하여 정하여진다.

③ 또한 집행절차에서도 일반적으로 당사자에게 당사자능력, 소송능력(☞2-10) 및 당사자적격(☞4-16)이 요구되는데, 그 판단기준은 나중에 각각의 절차적 요건 부분에서 설명한다.

(1) 채권자

민사집행의 개시는 원칙적으로 채권자에게 맡겨져 있다(23조, 민사소송법 203조. 2-9
처분권주의). 즉, 채권자는 민사집행절차의 개시를 신청하는 사람이다. 이행판결에 기하여 강제집행이 신청되는 경우에는 판결절차의 원고, 즉 실체적 권리를 가진다고 인정된 사람이 그대로 집행절차에서도 채권자가 되는데, 반드시 실체법상 권리자가 집행절차상의 채권자가 되는 것은 아니다. 가령 주주대표소송(상법 403조)에서 승소한 원고인 주주가 피고인 이사에 대하여 해당 판결로 강제집행을 하는 것은 실

11) 집행의 채무자가 누구인지는 집행문을 누구에 대하여 내어 주었는지에 의하여 정하여지고, 집행의 채무자적격을 가지지 아니한 사람이라도 그에 대하여 집행문을 내어 주었으면 집행문부여에 대한 이의신청 등에 의하여 취소될 때까지는 그 집행문에 의한 집행의 채무자가 된다(대법원 2016. 8. 18. 선고 2014다225038 판결).

체법상 채권자(회사) 이외의 제3자(주주)가 채권자로서 집행을 행하는 경우이다(☞4-19 제3자의 집행담당 참조).[12] 그러므로 실체법상 채권자·채무자와 구별하기 위하여 집행채권자·집행채무자라고 부르기도 한다.

◈ **주주대표소송의 경우** ◈ 주주대표소송에서 원고가 승소한 경우에 판결 주문에는 주주가 원고로, 상대방인 이사가 피고로 각 표시되고, 주문에서 "피고는 소외 주식회사에게 ○○○원을 지급하라."는 형태로 피고에게 원고인 주주가 아닌 회사에게 급부할 것을 명하게 된다. 주주대표소송의 경우에는 판결에 원고인 당사자로 표시되는 사람과 주문에서 급부수령권의 주체로 표시되는 사람이 다르게 되므로 원고인 주주와 급부수령권의 주체인 회사 가운데 누구에게 집행력이 미친다고 볼 것인가에 관하여 논의가 되고 있다(☞4-19).

채권자는 단독인 경우 이외에 집행절차의 처음부터 또는 도중에 **경합**하는 경우(공동의 집행신청, 이중압류 등)도 있을 수 있고, 한편 집행개시 뒤 채권자의 **승계**가 있는 경우도 있을 수 있다(민사집행규칙 23조. ☞4-22).

(2) 채무자

2-10 채무자는 민사집행절차의 신청에서 상대방이 되는 사람이다. 채무자에 대하여도 실체법상의 채무의 귀속주체와 집행절차상의 채무자가 일치하지 않는 경우가 있다. 가령 저당권 실행을 위한 경매의 신청에서는 집행절차상의 채무자가 되는 사람은 목적부동산의 소유자이므로, 물상보증인은 실체법상은 채무자는 아니지만 집행절차상은 채무자가 된다. 한편, 저당권실행을 위한 경매와 달리, 강제집행절차에서는 책임과 채무는 일치하므로 이러한 분리는 생기지 않는다.

◈ **권리능력과 집행능력** ◈ 집행당사자가 될 수 있는 일반적 능력을 집행능력이라고 한다. 집행절차에 있어서는 특별한 규정이 있는 경우를 제외하고는 민사소송법의 규정을 준용하므로(23조 1항) 따라서 집행능력에 관하여도 민사소송법 51조 및 52조의 당사자능력에 관한 규정이 적용된다. 원칙적으로 민법상 권리능력이 인정되는 자연인, 법인에 대하여는 집행능력이 인정되게 된다.[13] 또한 권리능력 없는 단체에 대

12) 주주대표소송의 주주와 같이 다른 사람을 위하여 원고가 된 사람이 받은 확정판결의 집행력은 확정판결의 당사자인 원고가 된 사람(주주)과 다른 사람(회사) 모두에게 미치므로, 주주대표소송의 주주는 집행채권자가 될 수 있다(대법원 2014. 2. 19.자 2013마2316 결정).

13) 한편 동물, 식물 등 자연 그 자체의 당사자능력과 관련하여, **판례**는 터널공사착공금지가처분 사건에서 **도롱뇽**의 당사자능력을 **부정**하였다(대법원 2006. 6. 2.자 2004마1148, 1149 결정).

하여도 집행능력이 인정된다. 한편 「민법」상의 조합의 집행능력에 대하여는 논의가 나뉘는데, 실무는 부정한다.14)

◈ **집행절차에 있어서 소송능력** ◈ 채권자는 집행의 신청 또는 배당요구를 하는 관계에서 항상 소송능력이 있어야 한다. 소송능력이 없는 미성년자, 제한능력자라면 법정대리인에 의해서만 집행행위를 할 수 있다(민사소송법 55조). 반면, 채무자에게도 소송능력이 필요한지 여부에 대하여는 견해가 나뉘고 있다. **통설**은 채무자는 집행을 수인하여야 할 지위에 있지만, 반드시 집행법상 행위를 하는 것은 아니므로(가령, 집행관이 사실적 처분에서 하는 동산집행의 채무자) 그 한도에서 소송능력이 필요하지 않다고 한다.15) 그러나 집행절차는 적법하게 행하여지지 않으면 안 된다는 점에서 단지 수인하는 것이든, 적극적 및 소극적 관여하는 것이든 집행절차를 항상 감시할 수 있어야 하므로 채무자도 소송능력은 항상 필요하다고 할 것이다.16)

2. 대리인

민사소송과 마찬가지로 당사자는 민사집행절차에서도 대리인을 선임하여 집행 2-11
절차에 관여할 수 있다. 그리고 판결절차에서 선임된 각 심급의 소송대리인은 특별수권이 없어도 그 판결에 따른 강제집행 및 가압류·가처분에 있어서 당연히 대리권을 가진다(민사집행법 23조 1항, 민사소송법 90조 1항).17)

한편 판결절차에서는 **변호사대리의 원칙**(민사소송법 87조)이 작동하고 있는데,

14) 민법상 조합의 당사자능력을 부정하는 취지에서, **판례**는 민법상 조합에서 조합의 채권자가 조합재산에 대하여 강제집행을 하려면 조합원 전원에 대한 집행권원을 필요로 하므로 조합원 중 1인만을 가압류채무자로 한 가압류명령으로써 조합재산에 가압류집행을 할 수 없다고 한다(대법원 2015. 10. 29. 선고 2012다21560 판결).

15) 김홍엽, 31면; 박두환, 66면; 오시영, 164면; 이시윤, 77면 등.

16) 松本博之, 民事執行保全法, 60~61면; 中野貞一郎/下村正明, 民事執行法, 118면. 독일에서는 Brox/Walker, Zwangsvollstreckungsrecht, Rn. 25; Jauernig, Zwangsvollstreckungs－und Insolvenzrecht, §1 Ⅶ.

17) 판결 등 집행권원에 대리인으로 표시가 되어 있으면 별도로 대리권을 증명할 필요가 없다. 그런데 위 규정은 소송절차의 원활·확실을 도모하기 위하여 소송법상 소송대리권을 정형적·포괄적으로 법정한 것에 불과하고 변호사와 의뢰인 사이의 사법상의 위임계약의 내용까지 법정한 것은 아니므로, 본안소송을 수임한 변호사가 그 소송을 수행함에 있어 강제집행이나 보전처분에 관한 소송행위를 할 수 있는 소송대리권을 가진다고 하여 의뢰인에 대한 관계에서 당연히 그 권한에 상응한 위임계약상의 의무를 부담한다고 할 수는 없고, 변호사가 처리의무를 부담하는 사무의 범위는 변호사와 의뢰인 사이의 위임계약의 내용에 의하여 정하여지므로 수임받은 사건에 있어서 변호사가 의뢰인에게 처분금지가처분절차의 필요성을 설명하여 그 절차를 취해야 할 선량한 관리자로서의 주의의무를 위반했다는 이유로 변호사에게 손해배상책임을 인정하려면 별도로 보전의 필요성 등 구체적 사정을 살펴보아야 한다(대법원 1997. 12. 12. 선고 95다20775 판결).

민사집행절차에서의 (임의)대리인의 자격제한은 판결절차에서와 같이 엄격한 것은 아니라고 볼 것이다. 반대입장이 있지만, 단순하고 정형적 업무처리인 집행관에 의한 집행절차에서는 누구나 대리인이 될 수 있다 할 것이고, 나아가 소송에 속하는 절차가 아니라면, 집행법원이 관할하는 집행절차도 이미 확정된 권리관계를 전제로 집행기관이 정형적으로 집행행위를 실시하는 절차인 만큼 그 집행절차는 판결절차처럼 엄격한 변호사대리의 원칙으로 일관할 필요는 없고, 변호사(또는 법무법인) 이외의 사람도 대리인이 될 수 있다고 할 것이다.[18)]

그리고 경매사건 등에서 법무사는 매수신청 또는 입찰신청의 대리를 할 수 있고(법무사법 2조 1항 5호). 또한 법원에 등록을 하고 그 감독을 받는 개업공인중개사도 권리분석 및 매수신청 또는 입찰신청의 대리를 할 수 있다(공인중개사법 14조 2항, 3항).[19)]

3. 이해관계자

2-12 금전채권에 기초한 강제집행이나 담보권 실행 등을 위한 경매에 있어서는 집행당사자 이외에도 여러 이해관계자가 집행절차에 등장한다. 이해관계자는 일정한 요건하에 위 절차에 관여하여 자기의 이익을 옹호할 수 있다. 집행목적재산에 대한 담보권자, 배당 등에 이해관계를 가지는 경합채권자, 채권집행에 있어서 제3채무자[20)] 등이 그 예이다.

---

18) 오창수, 41면; 이시윤, 85~86면. 반면, 집행법원이나 제1심법원 관할의 집행절차에서는 원칙적으로 변호사만이 대리인이 될 수 있다는 입장으로는 김상수, 30면; 김일룡, 57면; 김홍엽, 35~36면. 법무사에게 매수신청 또는 입찰신청의 대리권을 인정한 2003. 3. 12. 법무사법 일부개정 전에, **판례**는 경매 신청행위는 소송행위이긴 하나, 민사소송법 87조 1항에 규정된 재판상 행위에 해당하지 않으므로 변호사가 아니라도 대리할 자격이 있다고 한다(대법원 1985. 10. 12. 자 85마613 결정). 참고로 보면, **일본** 종전 민사집행법은 우리와 마찬가지로 분명한 규정을 두고 있지 않았으나, 현행 민사집행법 13조에서는 민사소송법상 변호사대리의 원칙과 관련하여 소송대리인이 될 수 있는 사람 이외의 사람은 집행법원의 절차에서는 소 또는 집행항고에 속하는 절차를 제외하고 집행법원의 허가를 얻어 대리인이 될 수 있다고 규정하고 있다.

19) 중개업자가 법원에 등록 없이 매수신청대리업을 하면서 수수료를 지급받기로 약정하는 것은 강행법규에 위배되어 무효이고, 약정에 따른 수수료를 지급할 의무가 없다. 서울동부지방법원 2015. 4. 13. 선고 2014가단24540, 2014가단24557 판결 참조.

20) 채권집행절차에 있어서 제3채무자는 집행당사자가 아니라 이해관계인에 불과하여 그 압류 및 전부명령을 신청하기 이전에 제3채무자가 사망하였다는 사정만으로는 채무자에 대한 강제집행 요건이 구비되지 아니하였다고 볼 수 없다(대법원 1998. 2. 13. 선고 95다15667 판결).

제 3 장

절차에 관한 총칙

I. 신청의 통칙

1. 신청주의

민사집행은 국가가 실시하는 절차이지만, 사인의 권리를 실현하기 위한 절차이므로 민사집행에서도 **처분권주의**가 타당하다. 집행절차는 집행기관에 대한 신청에 의하여 개시된다. 집행절차에 있어서도 처분권주의는 판결절차와 마찬가지로 중요한 의의를 가진다. 3-1

◈ **집행제한계약** ◈ 민사집행법은 각종의 집행방법과 집행목적물에 관하여 원칙적으로 채권자 및 채무자의 처분의 자유에서 시작한다. 일정한 범위에 있어서 채권자와 채무자는 집행의 방법과 대상에 관하여 합의를 할 수 있다. 그런데 집행대상을 계약에 의해 제한하는 것(집행제한계약)은 유효하나, 반면 압류금지재산에 대해 집행을 허용하는 합의(가령 급료의 1/2이 아니라, 전액을 합류할 수 있다는 합의) 등과 같이 채무자에게 불리하게 집행대상을 확장하는 합의(집행확장계약)는 부적법하다.[1)]

2. 서면주의

제4조(집행신청의 방식) 민사집행의 신청은 서면으로 하여야 한다.

민사집행의 신청은 **서면**으로 하여야 한다(4조). 민사집행은 국민의 재산권에 3-2

1) 김홍엽, 20면; 이시윤, 44면. 이에 대하여 집행제한계약은 집행법상의 효과를 목적으로 하는 집행법상의 계약으로 무효로 보는 입장으로는 강대성, 163면.

직접 · 중대한 영향을 미치고, 신청의 내용상으로도 정확한 수치의 표시가 요청되기 때문이다. 민사소송에서의 구술변론이라든지 구술주의와 대비된다.

Ⅱ. 송 달

3-3 일반적 용어로, 송달은 상대방에게 서면을 도달하는 것, 통지는 상대방에게 알리는 것을 말하는데, 송달이란 법원이 재판에 관한 서류를 법정의 방식에 따라 당사자, 그 밖의 절차관계인에게 교부하여 그 내용을 알리거나 알 수 있는 기회를 부여하고, 이를 공증하는 행위를 말한다. 따라서 송달은 재판권의 작용으로 행하는 명령적 · 공증적 통지행위이다.

민사집행법에서는 특별한 규정이 있는 경우를 제외하고는 민사소송법의 규정을 준용하므로(23조 1항) 송달도 또한 민사소송절차에 따르고 있다.[2] 그런데 민사집행법은 채권자 · 채무자뿐만 아니라 여러 이해관계인을 관여시켜 절차를 신속하면서 안정적으로 진행하기 위하여 송달에 관한 특례 규정을 두고 있다.[3]

① 송달 · 통지의 생략으로, 채무자가 외국에 있거나 있는 곳이 분명하지 아니한 때에는 집행행위에 속한 송달이나 통지를 하지 아니하여도 된다(12조). 이는 채무자의 불이익을 무시하고 집행의 신속을 기하기 위하여 집행행위의 효력에 거의 영향을 미치지 않는 집행행위에 속한 송달이나 통지에 한하고, 강제집행개시의 요건인 집행권원 · 집행문의 송달이나(39조) 경매개시결정, 채권압류 및 전부명령 등 집행행위에 해당하는 재판을 고지하는 방법으로서 하는 송달은 여기서의 집행행위에 속한 송달에 포함되지 않고, 일반적 규정에 따라 반드시 송달을 하여야 한다.

② 송달할 장소가 외국인 경우에 신속한 진행에 어려움이 있으므로[4] 외국송달의 특례로, 집행절차에서 외국으로 송달이나 통지를 하는 경우에는 제1회의 경우는 통상의 방법에 의하여 실시하되, 그 송달이나 통지와 함께 대한민국 안에 송달이나

---

2) 채권압류 및 전부명령의 송달에 관하여 채무자의 주소지로 한 번도 송달된 적이 없고, 수차례의 특별송달에도 모두 실패한 사안에서, 다만 채무자가 집행권원 관련 사건에서 승계집행문을 송달받은 사실이 있더라도 공시송달의 요건인 채무자의 소재를 알 수 없는 경우라고 볼 수 있다(대법원 2024. 5. 9.자 2024마5321 결정).

3) 나아가 예를 들어 한국자산관리공사가 채권자로부터 대출금의 회수를 위임받아 담보권 실행을 위한 경매를 신청하는 경우에는 「한국자산관리공사 설립 등에 관한 법률」에 의하여 통지, 송달 등의 특례가 적용된다. 나중에 해당 부분에서 설명할 것이다(☞17-1).

4) 외국송달과 관련하여 우리는 이른바 송달조약(민사 또는 상사사건에 관한 재판상 및 재판외의 문서의 외국에 있어서 송달 및 고지에 관한 헤이그 조약)에 가입하였다.

통지를 받을 장소와 영수인을 정하여 상당한 기간 이내에 신고하도록 명할 수 있다(13조 1항). 위 기간 이내에 신고가 없는 경우에는 그 이후의 송달이나 통지를 하지 아니할 수 있다(동조 2항).

③ 주소 등이 바뀐 경우의 신고의무로, 집행에 관하여 법원에 신청이나 신고를 한 사람 또는 법원으로부터 서류를 송달받은 사람이 송달받을 장소를 바꾼 때에는 그 취지를 법원에 바로 신고하여야 한다(14조 1항). 위 신고를 하지 아니한 사람에 대한 송달은 달리 송달할 장소를 알 수 없는 경우에는 법원에 신고된 장소 또는 종전에 송달을 받던 장소에 대법원규칙이 정하는 방법으로 발송할 수 있다(동조 2항). 위 규정에 따라 서류를 발송한 경우에는 발송한 때에 송달된 것으로 본다(동조 3항).5)

◈ **전자집행 및 전자송달** ◈ 「민사소송 등에서의 전자문서 이용 등에 관한 법률」, 「민사소송 등에서의 전자문서 이용 등에 관한 규칙」부칙 2조 1항 별표2에 따라 2015. 3. 23. 이후 제1심에 최초로 접수되는 민사집행사건에 대하여도 **전자소송**이 확대 시행되고 있다. 따라서 신청채권자는 법원을 방문하지 않고도 전산정보시스템을 이용하여 부동산경매나 채권압류 및 추심명령 등 신청서 제출을 할 수 있으며, 이해관계인 역시 채권계산서를 제출할 수 있다. 임차인도 권리신고·배당요구서를 편리하게 제출할 수 있고, 교부권자의 교부청구서 제출도 마찬가지다. 채권집행절차의 이해관계인, 교부권자 등도 전산정보시스템을 이용하여 서류를 제출할 수 있다. 그리고 사건기록에 대하여 전자열람을 신청할 수 있고, 법령상 열람권자는 전자적인 방법으로 기록조회도 할 수 있다. 또한 **전자적 송달 또는 통지도** 할 수 있다. 즉, 법원사무관 등은 미리 전산정보처리시스템을 이용한 민사집행의 진행에 동의한 등록사용자, 전자문서를 출력한 서면 등을 송달받은 후 등록사용자로서 전산정보처리시스템을 이용한 민사집행의 진행에 동의한 자, 국가나 지방자치단체 등에게 전자적으로 송달할 수 있도록 하고(동법 11조 1항), 송달할 전자문서가 전산정보처리시스템에 등재된 사실을 송달받을 자에게 전자적으로 통지하도록 하며(동조 3항), 송달받을 자가 등재된 전자문서를 확인한 때에 송달된 것으로 보되, 등재사실을 통지한 날부터 1주 이내에 확인하지 아니하는 때에는 등재사실을 통지한 날부터 1주가 지난 날에 송달된 것으로 본다(동조 4항).

5) 한편, 집행에 있어서 집행채무자의 주소 또는 거소(소재지)가 불명인 경우에 집행의 실효성을 위하여 집행채권자가 집행채무자의 소재지를 스스로 찾아내야 하는데, 그 조사가 쉽지 않다. 가령 당초부터 피고의 주소 또는 거소를 알지 못한 채 공시송달 등에 의하여 확정판결을 얻은 채권자만이 그 권리실현을 위하여 채무자의 소재지를 조사하는 것이 적절한가의 문제가 있다. 한편 **독일**에서는 2013. 1. 1. 시행된 강제집행에서의 사안해명의 개혁에 관한 법률(Gesetz zur Reform der Sachaufklärung in der Zwangsvollstreckung (ZwVollStrÄndG), 29. 07. 2009 BGBl. I S. 2258)에 의하여 새롭게 채권자의 신청에 기하여 집행관에 의한 채무자 소재지의 조사가 민사소송법에 추가되었다(ZPO §755). MüKoZPO/Heßler ZPO §755 Rn. 1-8.

Ⅲ. 즉시항고와 집행에 관한 이의

제15조(즉시항고) ① 집행절차에 관한 집행법원의 재판에 대하여는 특별한 규정이 있어야만 즉시항고를 할 수 있다.

제16조(집행에 관한 이의신청) ① 집행법원의 집행절차에 관한 재판으로서 즉시항고를 할 수 없는 것과, 집행관의 집행처분, 그 밖에 집행관이 지킬 집행절차에 대하여서는 법원에 이의를 신청할 수 있다.

3-4 민사집행법은 집행기관이 집행절차에서 준수하여야 할 여러 규정을 두고 있다. 이러한 규정에는 채권자 및 채무자의 이익보호를 위한 것이 있는데, 그 규정이 준수되지 않은 경우에 채권자 및 채무자 등은 그 **위법**을 주장하여 시정을 구할 수 있다. 즉 **집행법원의 집행처분**(집행절차에 관한 재판)에 대한 **불복방법**에 관하여 법은 즉시항고에 의하여 불복할 수 있는 것과 그렇지 않은 것으로 구분하여, **즉시항고**로 불복할 수 있는 것은 **특별히 규정이 있는 경우**에만 허용하고(15조 1항. ☞7-2), 그러한 특별한 규정이 없는 경우에는 **집행에 관한 이의신청**(줄여서 집행이의라고 한다)에 의하여 불복하도록 하였다(16조 1항. ☞7-12).

〈즉시항고와 집행이의의 비교〉

	즉시항고(15조)	집행이의(16조)
대상자	채권자 · 채무자 · 이해관계인	왼쪽과 같음
내용	집행절차에 관한 집행법원의 재판에 대한 상급심에의 불복신청	* 즉시항고를 할 수 없는 경우의 집행법원에의 불복신청 * 집행관의 집행처분, 그 밖에 집행관이 지킬 집행절차에 관한 잘못 * 집행관의 집행위임 거부나 집행행위 지체 또는 집행관 수수료의 다툼
재판의 형식	결정	결정

여기에서의 즉시항고에 관하여는 민사집행법에 특별한 규정이 있는 경우를 제외하고는 민사소송법상 즉시항고에 관한 규정이 준용되는데(15조 10항), 집행을 정

지시키는 민사소송법 447조에서의 즉시항고의 효력과 달리, 집행절차에 관한 즉시항고에는 원칙적으로 집행정지의 효력이 없다(15조 6항 본문). 용어사용으로 민사소송법에서의 즉시항고와 구별하여 집행에서의 즉시항고는 **집행항고**라고 부르는 것이 바람직하다는 입장도 있다.6)

한편 집행법원의 집행절차에 관한 재판으로서 즉시항고를 할 수 없는 것 이외에, **집행관**의 집행처분, 그 밖에 집행관이 지킬 집행절차에 대하여서는 법원에 이의를 신청할 수 있다(16조 1항).

Ⅳ. 집행비용의 예납

제18조(집행비용의 예납 등) ① 민사집행의 신청을 하는 때에는 채권자는 민사집행에 필요한 비용으로서 법원이 정하는 금액을 미리 내야 한다. 법원이 부족한 비용을 미리 내라고 명하는 때에도 또한 같다. ② 채권자가 제1항의 비용을 미리 내지 아니한 때에는 법원은 결정으로 신청을 각하하거나 집행절차를 취소할 수 있다. ③ 제2항의 규정에 따른 결정에 대하여는 즉시항고를 할 수 있다.

민사집행을 신청하고 실시하기 위해서는 수수료, 그 밖의 집행비용(가령 경매실시를 위한 감정료, 신문공고료, 집행문부여 신청비용 등. 자세히는 후술 ☞6-37)이 필요하며, 이 비용은 종국적으로는 **채무자**(소유자)의 부담으로 되지만(53조 1항. 집행비용 채무자부담의 원칙), 그 절차 내에서는 회수될 수 없는 경우 등을 대비하여 법원은 신청인으로 하여금 일단 예상되는 소요경비를 미리 내게 한 뒤, 배당 등의 절차 단계에서 이를 청산하는(채권자는 그 집행에 의하여 우선적으로 변상을 받는다. 53조 1항, 275조) 집행비용 **예납제도**를 두고 있다. 집행절차의 신속한 처리의 필요성, 직권진행의 원칙에서 필요한 개개의 행위 시마다 개별적으로 집행비용을 예납시키는 것은 오히려 집행절차의 원활한 진행을 해하므로 법원이 집행신청 시에 미리 통상의 절차에 따른 집행종료 시까지 필요하다고 예상되는 비용액을 판단하여 신청인에 대하여 그 일괄납부(집행절차의 진행 중에 부족이 생기거나 생길 가능성이 있는 경우의 추가 예납을 포함)를 하도록 한 것이다. 즉 민사집행의 신청을 하는 때에는 채권자는 민사집행에 필요한 비용으로서 법원이 정하는 금액을 미리 내야 하고, 법원이 부족한 비용을 3-5

6) 이시윤, 202면.

미리 내라고 명하는 때에도 또한 같다(18조 1항).

채권자가 위 비용을 미리 내지 아니한 때에는 법원은 결정으로 신청을 **각하**하거나, 개시결정 뒤에 예납하지 않을 때는 집행절차를 **취소**할 수 있다(동조 2항). 위 각하·취소 결정에 대하여는 즉시항고를 할 수 있다(동조 3항).

절차보장의 관점에서 상당한 기간을 정하여 예납하도록 하여야 할 것이다. 다만, 예납을 할 기간이 지났더라도 신청을 각하하거나 집행절차를 취소하기 전에 예납을 한 때에는 신청을 각하하거나 절차를 취소할 수 없다고 보아야 한다. 그리고 예납의 불이행에 대한 제재로 신청 각하·절차 취소의 가능성이 있음을 고려하여 예납의 고지방법은 송달에 의할 것이다.

한편 집행채권자가 소송구조를 받은 때(민사소송법 129조 준용) 또는 집행에 있어서 채권자의 신청에 의하여 법원이 미리 채무자에게 집행비용을 지급할 것을 명한 때(260조 2항)에는 예납을 할 필요가 없다.

위 예납규정은 법원에 집행을 신청하는 경우이고, **집행관**에게 집행위임을 할 때에도 **집행관수수료규칙**에서 집행관은 수수료 기타 비용의 계산액을 위임자에게 예납시킬 수 있고, 예납하지 아니하는 때에는 위임에 응하지 아니할 수 있다. 다만, 강제집행 신청인이 소송구조를 받는 자인 경우에는 그러하지 아니하다고 하고 있다(동규칙 25조).

Ⅴ. 담보제공·공탁법원

제19조(담보제공·공탁 법원) ① 이 법의 규정에 의한 담보의 제공이나 공탁은 채권자나 채무자의 보통재판적이 있는 곳의 지방법원 또는 집행법원에 할 수 있다. ② 당사자가 담보를 제공하거나 공탁을 한 때에는, 법원은 그의 신청에 따라 증명서를 주어야 한다. ③ 이 법에 규정된 담보에는 특별한 규정이 있는 경우를 제외하고는 민사소송법 제122조·제123조·제125조 및 제126조의 규정을 준용한다.

3-6 민사집행법상 **담보**는 당사자 또는 제3자가 집행을 실시하거나 또는 집행을 정지·취소함으로 말미암아 상대방에게 주는 손해를 담보하기 위하여 제공되는 것이고(아래에서 보듯이 이는 보증과 구별하여야 한다), **공탁**은 채무자, 제3채무자 또는 집행관이 상대방에 대한 손해담보를 위해서가 아니라, 이행의 강제를 면하기 위하여 혹은 손해를 피하기 위하여 또는 절차의 완결을 위하여 집행의 목적물이나 이에 대신하

는 금전을 공탁소에 공탁하는 것을 말한다. 민사집행법 규정에 의한 담보의 제공이나 공탁은 채권자나 채무자의 보통재판적이 있는 곳의 지방법원 또는 집행법원에 할 수 있다(19조 1항). 당사자가 담보를 제공하거나 공탁을 한 때에는, 법원은 그의 신청에 따라 증명서를 주어야 한다(동조 2항). 여기에서의 담보에는 특별한 규정이 있는 경우를 제외하고는 민사소송법 122조 · 123조 · 125조 및 126조의 규정을 준용한다(동조 3항).

한편 위에서 본 손해의 배상을 전보하기 위한 담보와 구별할 것으로 보증이 있다. 부동산의 강제경매에 있어서 남을 가망이 없는 경우에 압류채권에 대하여 요구되는 보증(102조 3항), 매각에 있어서 매수신청인이 제공하여야 하는 보증(113조), 선박집행 등에 있어서 일정한 요건하에 강제경매취소를 위하여 인정된 보증(181조 1항) 등이다. 이는 필요에 따라 매각대금에 산입, 충당되거나 배당의 재원이 되어 집행의 목적에 직접적 관련이 되는 것으로, 보증이라는 단어로 표현하고 있다.

Ⅵ. 전속관할

제21조(재판적) 이 법에 정한 재판적은 전속관할로 한다.

민사집행법은 각각의 절차의 성질이나 특질로부터 관할에 관한 여러 규정을 두어, 소정의 법원에 관할이 있는 것으로 하고 있다. 예를 들어 부동산집행은 그 부동산이 있는 곳의 지방법원이 집행법원으로서 관할하도록 하고 있는데(79조 1항), 이는 해당 부동산의 현금화는 소재지 법원에서 취급하는 것이 적절 · 타당하다는 고려와 함께 집행당사자 이외의 관계자(가령, 배당요구를 하려는 채권자)의 집행참가의 기회를 보장하기 위해서는 해당 부동산 소재지 법원에서 관할하는 것이 타당하다는 고려에 따른 것이다. 3-7

법 21조에서 그러한 관할에 관한 규정(직분관할, 사물관할, 토지관할)은 **전속관할**이라는 것을 분명히 하고 있다. 이에 의하면 사물관할, 토지관할에 대하여 합의관할(민사소송법 29조), 변론관할(민사소송법 30조)을 인정할 수 없는 것으로 풀이할 수밖에 없다.[7]

---

7) 박두환, 43면; 이시윤, 62면도 마찬가지 입장이다.

관할권이 없는 법원에 집행신청을 한 경우에 직분관할의 잘못은 각하하고, 토지관할의 잘못은 관할법원에 이송하여야 한다(23조, 민사소송법 34조 1항). 한편, 집행법원으로부터 집행관에, 또는 집행관으로부터 집행법원에의 직분관할 위배를 이유로 한 이송은 인정되지 않는다고 할 것이다.

제 2 편 강제집행

제 2-1 편

강제집행 총론

제1장

총　　설

4-1 강제집행은 특정의무자에 대한 사법상의 청구권을 강제적으로 실현하기 위하여 집행력 있는 정본에 기하여 집행을 구하는 사람(집행채권자)의 신청에 따라 집행기관이 실시하는 민사집행이다. 사법상의 청구권에 대한 실현을 목적으로 하는 점에서 강제집행은 행정상 강제집행과 다르고, 집행권원이 필요하다는 점에서 담보권 실행을 위한 경매와 구별된다.

Ⅰ. 집행채권

4-2 본래 청구권 이외의 권리(가령 물권, 그 밖의 지배권, 형성권, 인격권 등) 그 자체는 그 내용을 실현함에 있어서 강제집행이 필요하지 않으므로 집행채권이 되지 않지만, 이러한 권리에서 파생하는 물건의 반환청구권, 방해배제청구권, 방해행위의 금지청구권 및 권리의 침해를 이유로 하는 손해배상청구권 등은 강제집행에 의한 실현이 필요하다. 따라서 채권적 청구권에 한정되지 않고, 이러한 청구권도 집행채권에 포함된다.

Ⅱ. 강제집행의 방법 내지는 형태

1. 집행의 효력에 의한 구별

4-3 본집행과 가집행이 있다. 본집행은 채권자에게 종국적 만족을 주는 집행이며, 가집행(민사소송법 213조 참조)은 채권자에게 가정적, 잠정적 만족을 주는 데 불과한

집행으로서 상급심에서 가집행의 선고 또는 본안판결이 취소, 변경되면 바뀌는 한도에서 그 효력을 잃는다(동법 215조 1항). 다만, 본집행이나 가집행이나 모두 집행의 만족적 단계까지 도달(만족집행)함에는 차이가 없고 이 점에서 보전집행과 구별된다.

2. 집행의 방법에 의한 구별

민법 제389조(강제이행)[1] ① 채무자가 임의로 채무를 이행하지 아니한 때에는 채권자는 그 강제이행을 법원에 청구할 수 있다. 그러나 채무의 성질이 강제이행을 하지 못할 것인 때에는 그러하지 아니하다. ② 전항의 채무가 법률행위를 목적으로 한 때에는 채무자의 의사표시에 갈음할 재판을 청구할 수 있고 채무자의 일신에 전속하지 아니한 작위를 목적으로 한 때에는 채무자의 비용으로 제삼자에게 이를 하게 할 것을 법원에 청구할 수 있다. ③ 그 채무가 부작위를 목적으로 한 경우에 채무자가 이에 위반한 때에는 채무자의 비용으로써 그 위반한 것을 제각(除却)하고 장래에 대한 적당한 처분을 법원에 청구할 수 있다. ④ 전3항의 규정은 손해배상의 청구에 영향을 미치지 아니한다.

민사집행의 방법으로는 직접강제, 간접강제, 대체집행의 방법이 있다. 이는 민 4-4
사집행에 사용되는 강제수단에 의한 구별이다. 이른바 '주는 채무' 이외의 작위 또는 부작위를 목적으로 하는 이른바 '하는 채무'에 있어서는 직접강제로서 그 목적을 달성할 수 없으므로 대체성이 있는 경우에는 법 260조에 의한 대체집행의 방법을, 대체성이 없는 경우에는 법 261조에 의한 간접강제의 방법을 사용하게 된다.

(1) 직접강제

직접강제(Zwangsvollstreckung mittels direkten Zwangs)는 집행기관이 그 집행력 4-5
에 의하여 채무자의 의사에 구속되지 않고 집행행위로 직접 권리의 내용을 실현하는 집행방법이다. 직접강제는 금전채권에 기초한 강제집행이나 물건인도의무의 강제집행에 적당하다.

1) 국가의 힘에 의하여 강제적으로 채권의 내용을 실현하는 것을 민법학에서는 강제이행 내지는 이행의 강제라고 부르고, 위 「민법」 389조는 **채권의 효력**으로 그 이행의 강제에 대하여 규정한 것이다. 이에 대하여 강제집행은 **집행**이라는 절차면에서 본 용어이다. 위 「민법」 389조는 강제집행에 관한 절차법 규정인데 실체법과 절차법이 분화된 근대법의 틀에서는 본래 절차법에서 취급될 성질의 조문이다. 앞으로 실체법상 개념으로 위 「민법」 389조에서와 같이 강제이행에 관한 규정을 두고 있는 것이 적절한지 여부에 관하여 검토할 필요가 있다.

(2) 대체집행

제260조(대체집행) ① 민법 제389조제2항 후단과 제3항의 경우에는 제1심 법원은 채권자의 신청에 따라 민법의 규정에 의한 결정을 하여야 한다. ② 채권자는 제1항의 행위에 필요한 비용을 미리 지급할 것을 채무자에게 명하는 결정을 신청할 수 있다. 다만, 뒷날 그 초과비용을 청구할 권리는 영향을 받지 아니한다.

4-6 대체집행은 채무자의 **대체적 작위**(☞16-3) · **부작위의무**(☞16-14)에 대한 강제집행을 할 때에 채무자가 채무를 이행하지 아니하면, 채권자가 법원의 판결을 얻어 채권자 또는 제3자로 하여금 의무내용을 실현케 하고, 채무자로부터 그에 관한 비용을 금전으로 추심하는 방법을 말한다(260조 1항).

의무내용을 채무자 자신에게 하도록 시키지 않더라도 채권자에게 동일한 만족을 줄 수 있는 대체적 작위의무(가령 건물철거, 차량수리 등)의 집행에 적당한 방법이다.

한편 채권자는 채무자가 부작위의무에 위반하여 행한 행위의 결과를 제거하고 장래에 대한 적당한 처분을 법원에 청구할 수 있다(민사집행법 260조 1항, 민법 389조 3항 전단). 대체집행의 대상이 되는 것은 부작위채무 그 자체는 아니고, 부작위채무로부터 파생하는 별개의 채무로서 그 변형물에 대한 **작위채무의 집행**이라고 할 수 있다. 가령 乙이 자기 토지에 甲이 통행하는 것을 방해하지 않을 의무(수인의무)를 단순히 위반하는 것이 아니라, 甲이 통행하지 못하도록 길을 막아 놓은 경우에는 그 위반한 결과를 제거하는 문제가 생기기 때문에, 이와 같은 경우에 간접강제가 아니라 대체집행에 의할 수 있다.

(3) 간접강제

제261조(간접강제) ① 채무의 성질이 간접강제를 할 수 있는 경우에 제1심 법원은 채권자의 신청에 따라 간접강제를 명하는 결정을 한다. 그 결정에는 채무의 이행의무 및 상당한 이행기간을 밝히고, 채무자가 그 기간 이내에 이행을 하지 아니하는 때에는 늦어진 기간에 따라 일정한 배상을 하도록 명하거나 즉시 손해배상을 하도록 명할 수 있다.

4-7 간접강제(Zwangsvollstreckung mittels indirekten Zwangs)는 법원이 채권자에 대하여 일정한 기간 내에 그 채무를 이행할 것을 명하고 그 채무를 이행하지 아니할 경우에는 그에 대한 손해배상 또는 벌금을 과하는 등의 심리적 압박을 가하여 채무를 이행하게 하는 것으로, 채무불이행에 대한 제재를 고지함으로써 그 제재를 면하

기 위하여 채무를 이행하도록 동기를 부여하는 것을 목적으로 하는 집행방법이다. 채무 성질상 **부대체적 작위**(☞16-10) · **부작위의무**(☞16-14)의 집행에 어울린다. 민사집행법은 간접강제를 채택하되 벌금의 부과나 구금 등의 방법을 사용하지 않고, 다만 손해배상을 명하도록 하고 있다(261조 1항). 간접강제의 방법은 채무자의 인격을 존중한다는 의미에서 다른 강제집행이 불가능할 때에만 허용된다고 본다(간접강제의 보충성).[2)]

〈집행사건 종류별 접수건수〉

	합계	경매		배당 절차	채권과 그 밖의 재산권	강제 관리	대체 집행	간접 강제	기타
		강제	담보권 실행 등						
2019년	1,109,849	37,489	66,929	22,137	938,236	12	1,390	170	43,486
2020년	1,279,977	35,748	57,040	23,693	1,110,037	10	1,395	203	51,851
2021년	1,261,272	34,896	43,989	24,506	1,105,594	29	1,443	230	50,585
2022년	1,225,850	34,955	42,504	24,448	1,083,154	13	1,276	179	39,321
2023년	1,224,610	35,964	65,181	24,242	1,057,980	14	1,254	193	39,782

Ⅲ. 책임재산

민사집행의 객체라는 항목을 두어 책임재산에 관하여 설명하기도 하지만, 여기에 4-8
서는 강제집행의 대상(객체 내지는 목적물)이라는 측면에서 강제집행 총론에서 다루기로 한다. 법 64조 2항에서 '강제집행의 대상이 되는 재산'이라는 표현을 사용하고 있다.

1. 의 의

강제집행의 대상으로 청구권의 만족에 이용되는 재산을 책임재산이라고 한다. 4-9
재산이어야 하므로 채무자의 신체나 노동력은 집행의 대상이 되는 책임재산이 될

2) 그런데 2003년 **일본**은 민사집행법 173조 1항에서 간접강제의 보충성에 대한 개정을 하였다. 즉, 물건의 인도채무에 대한 강제집행은 직접강제의 방법 이외에 간접강제의 방법을 이용할 수 있고, 대체집행의 방법에 의하여 강제집행을 할 수 있는 작위채무 또는 부작위채무에 대하여도 대체집행의 방법에 추가하여 간접강제의 방법을 이용할 수 있다고 하여, 채권자는 어느 쪽의 방법에 의할 것인가를 선택할 수 있다.

수 없다(즉, 인적 집행의 불인정). 책임재산은 강제집행의 기본이 되는 집행권원에 의하여 결정된다. 가령 물건의 인도청구권에 기초한 강제집행에서는 집행대상이 될 재산은 집행권원에 표시된다. 반면 작위·부작위청구권에 기초한 강제집행과 같이 재산을 목적으로 하지 않는 강제집행에서는 책임재산을 생각할 수 없다. 다만, 대체집행의 비용이나 간접강제금의 추심 등과의 관계에서는 금전집행과 마찬가지로 책임재산을 생각할 수 있다.

2. 책임재산의 범위

(1) 채무자의 일반재산

4-10 책임재산이 되는 것은 원칙적으로 채무자의 일반재산, 즉 **채무자에게 속하는** 일체의 재산이다. **금전집행**에 있어서 책임재산은 원칙적으로 채무자에게 속하고, 금전으로 현금화(환가)할 수 있는 재산으로(따라서 인격권이나 신분권은 책임재산이 아니다), 그중 압류금지재산이 아닌 것이다(☞12-16, 13-22). 한편, **특정물의 인도청구권의 강제집행**의 경우에는 채무자의 총재산이 아니라, **채무자가 점유하고 있는 해당 특정물**이 집행의 대상이 되므로 특별히 문제될 것이 없으나, 다만 이러한 청구권도 채무불이행에 의해 손해배상청구권으로 바뀔 수 있는데, 그렇다면 위 경우도 최종적으로는 채무자의 일반재산이 책임재산이 된다고 할 수 있다.

(2) 시간적 기준

4-11 책임재산은 **집행개시 당시**에 채무자의 재산에 속하는 재산이어야 한다. 가령 청구권의 성립 당시에 채무자에게 속하더라도 집행개시 시에 이미 채무자가 유상(有償)으로 처분하여 거래 상대방인 제3자에게 귀속한 재산은 책임재산이 아니다. 다만, 그 처분이 사해행위인 때에는 채권자는 사해행위취소권(민법 406조)을 행사하여 해당 재산의 책임재산에의 회복을 도모할 수 있다.

(3) 형식적 외관만으로 집행 허용

4-12 책임재산상에 제3자가 법적으로 보호되는 지위를 가지고 있어서 강제집행에 의하여 그 제3자의 권리를 침해하게 되어 강제집행이 실체법상 허용되지 않는 경우도 있다. 그러나 이러한 집행대상에 관한 강제집행의 실체적 당부의 정확한 판정을 위해서는 나름의 판단자료의 수집과 신중한 심사가 필요하여 이를 집행개시 전에 집행기관에게 요구한다면, 강제집행의 원활한 실시가 힘들게 된다. 그래서 민사집

행법은 이러한 문제를 단계적으로 구성하여, 우선 형식적 외관만으로 집행을 허용하는 것과 함께 외관이 진실한 권리관계와 달라 외관에 따른 집행이 제3자를 해치는 경우에는 그 다음 단계로 제3자가 주도하여 소를 제기하여 법원의 판결을 얻어 강제집행의 배제를 구할 수 있는 **제3자이의의 소**를 두고 있는데(48조), 그 내용에 대하여 자세히는 후술한다(☞7-52).

◈ 강제집행면탈죄의 구체적 예 ◈ 강제집행면탈죄는 강제집행을 면할 목적으로 재산을 은닉, 손괴, 허위양도 또는 허위의 채무를 부담하여 채권자를 해한 경우에 성립되는 범죄이다(형법 327조). 그러므로 강제집행면탈죄가 성립하기 위해서는 주관적으로 강제집행을 면할 목적과 객관적으로 강제집행을 면탈할 상태에 있어야 한다. 판례를 보면 '강제집행면탈죄는 강제집행을 당할 구체적인 위험이 있는 상태에서 재산을 은닉, 손괴, 허위양도 또는 허위의 채무를 부담하여 채권자를 해할 때 성립된다 할 것이고, 여기서 집행을 당할 구체적인 위험이 있는 상태란 채권자가 이행청구의 소 또는 그 보전을 위한 가압류·가처분신청을 제기하거나 제기할 기세를 보인 경우를 말한다.'라고 하였으며,[3] '강제집행면탈죄에 있어서 허위양도라 함은 실제로 양도의 진의가 없음에도 불구하고 표면상 양도의 형식을 취하여 재산의 소유 명의를 변경시키는 것이고, 은닉이라 함은 강제집행을 실시하는 자가 채무자의 재산을 발견하는 것을 불능 또는 곤란하게 만드는 것을 말하는바, 진의에 의하여 재산을 양도하였다면 설령 그것이 강제집행을 면탈할 목적으로 이루어진 것으로서 채권자의 불이익을 초래하는 결과가 되었다고 하더라도 강제집행면탈죄의 허위양도 또는 은닉에는 해당하지 아니한다고 보아야 할 것이며, 한편 허위양도행위로 인하여 채권자를 해할 위험이 있으면 강제집행면탈죄가 성립하고 반드시 현실적으로 채권자를 해하는 결과가 야기되어야만 강제집행면탈죄가 성립하는 것은 아니다.'라고 하였다.[4] 예를 들어 乙에게 공사비로 3,000만 원을 대여하면서 乙이 시공하고 있는 공사가 끝난 뒤 건축주로부터 공사대금을 받게 되면 즉시 상환하겠다는 각서를 받았으나 乙이 공사완료 전 공사대금채권을 자기 형인 丙에게 양도한 경우 乙은 강제집행면탈죄가 성립되는가. 이 경우에 乙은 대여금의 변제기가 도래하지 않은 상태에서 채권양도를 한 것이므로, 객관적으로 강제집행을 면탈할 상태에 있었다고 볼 수 없어 강제집행면탈죄는 성립하지 않는다 할 것이며, 만약 이미 변제기가 도달하여 소를 제기할 태세를 보인 상태에서 乙이 丙에게 채권양도를 하였다고 하더라도 그것이 허위양도가 아닌 진정한 양도라면 역시 강제집행면탈죄가 성립하지 않을 것이다. 한편 乙이 丙에게 공사대금채권을 양도한 것이 통정하여 허위로 한 것이라는 것을 증명할 수 있다면 그 채권양도는 무효이고, 따라서 공사대금채권은 여전히 乙이 가지고 있는 것이므로 민사소송을 통하여 구제받을 수 있을 것이다.

3) 대법원 1986. 10. 28. 선고 86도1553 판결; 대법원 1999. 2. 9. 선고 96도3141 판결.
4) 대법원 1998. 9. 8. 선고 98도1949 판결; 대법원 2001. 11. 27. 선고 2001도4759 판결.

3. 유한책임

4-13 원칙적으로 채무자의 재산 전부가 책임재산이 되지만, 예외적으로 유한책임, 즉 특정한 채권에 있어서 채무자의 재산 중의 특정한 물건 또는 재산만이 책임재산이 되는 경우도 있다. 채무자가 상속의 한정승인을 한 경우(민법 1028조), 유언집행자, 파산관재인 등 재산의 관리인이 그 관리재산에 한하여 책임을 지는 경우 등이 그 예이다. 이러한 책임의 한정은 특정한 채권이 가지는 특수한 성질에 기한 실체법상 속성에 따른 것으로, 집행채권과 관계없이 집행의 대상이 될 재산의 성질에 기한 집행법적인 제한(가령, 법률에 의한 압류금지)과 다르다.

4. 압류금지재산

4-14 집행대상이 유체동산 또는 채권인 때, 즉 유체동산에 대한 강제집행과 관련하여 법 195조에서 압류가 금지되는 물건이, 채권에 대한 강제집행과 관련하여 법 246조에서 압류금지채권이 규정되어 있다. 그 밖에 사회경제적 약자 보호 등의 취지에서 특별법 등에 압류금지규정을 두고 있는 경우가 적지 않다. 이에 대하여는 별도로 해당 부분에서 후술한다(☞12-16, 13-22).

5. 재산명시절차 등

4-15 채권자는 원칙적으로 집행의 대상이 되는 채무자의 재산을 특정하여 강제집행을 신청할 필요가 있다. 그러나 채권자가 채무자의 재산에 관하여 충분한 정보를 가지고 있지 않다면 집행권원을 취득하더라도 집행절차에 의한 권리의 실현을 도모하는 것이 쉽지 않게 된다. 그리하여 민사집행법은 재산명시(61조 이하), 채무불이행자명부등재(70조 이하), 재산조회(74조 이하) 등의 절차를 두고 있다. 이에 대하여는 별도로 해당 부분에서 후술한다(☞9-1 이하).

Ⅳ. 집행당사자적격

1. 의 의

제25조(집행력의 주관적 범위) ① 판결이 그 판결에 표시된 당사자 외의 사람에게 효력이 미치는 때에는 그 사람에 대하여 집행하거나 그 사람을 위하여 집행할 수 있다. 다만, 민사소송법 제71조의 규정에 따른 참가인에 대하여는 그러하지 아니하다. ② 제1항의 집행을 위한 집행문을 내어 주는데 대하여는 제31조 내지 제33조의 규정을 준용한다.

① 자기 이름으로 절차를 진행하는 절차수행권은 집행절차에서도 갖추어져야 하는데, 특정한 청구권의 집행에 있어서 집행당사자가 될 수 있는 자격을 **집행당사자적격**이라고 하고, 채권자가 될 수 있는 자격을 집행적격(채권자적격), 채무자로 될 수 있는 자격을 피집행적격(채무자적격)이라고 부른다. 4-16

법 25조는 집행당사자적격에 관하여 규정함과 동시에 판결에 표시된 당사자 외의 사람으로서 집행력이 미치는 사람에 대한 집행문의 부여절차를 규정하고 있다.[5] 즉 승소한 당사자를 위하여, 패소한 당사자에 대하여 집행력이 인정되는 것은 물론, 민사소송법 218조에 의하여 판결에 표시된 원고와 피고 이외의 사람에게도 판결의 효력이 미치는 경우에는(아래. 3. 4. 등) 그 사람을 위하여 또는 그 사람에 대하여도 집행력이 미친다. 한편, 보조참가인에 대한 참가적 효력(민사소송법 77조)은 통상 그 성질을 기판력이 아니라고 보는데, 따라서 보조참가인에게는 집행력이 미치지 않는다(25조 1항 단서). 강제집행은 집행권원에 의하여 실시되므로 집행당사자적격은 집행권원의 **집행력의 주관적 범위**에 의하여 정하여지고, 그 범위는 **원칙적으로** 판결의 기판력의 주관적 범위(민사소송법 218조 참조)와 일치한다(다만, 기판력과 집행력은 제도의 취지가 다르므로 당연히 완전히 일치한다고 볼 수 없다).[6]

② 한편 **판결**에 대한 집행력의 주관적 범위에 대하여는 위와 같은 법 25조가 있지만, **집행증서**에 관하여는 명문의 규정이 없다. 원칙적으로 위 집행력의 주관적 범위의 해석에 따르면 될 것이므로 집행증서는 당사자 이외에도 집행증서가 작성된 후에 해당 법률행위에 관하여 당사자의 승계인이 되거나, 당사자 또는 그 승계인을 위하여 목적물을 점유하는 사람에 대해서도 효력이 있다고 할 것이다. 다만 확정판결 등의 집행력의 주관적 범위와 달리, 집행증서의 경우는 소송담당의 경우의 이익

---

5) **일본**도 애초에는 위와 같이 **판결**에 대한 집행력의 주관적 범위만을 규정하였으나, 현행 민사집행법 23조에서는 집행력의 주관적 범위에 대하여 **모든 집행권원**을 망라하는 **포괄적 규정**을 마련하였다. 또한 이는 민사집행법에서는 집행력이 미치는 사람의 범위에 대해서 민사소송법 218조와 별개로 어느 범위의 사람이 집행에 있어서 집행당사자적격자가 되는 것이 타당한 것인가를 고려하여 입법된 것으로 어느 사람에게 기판력이 미치므로 집행력이 미친다는 입장을 전제로 하고 있지 않음을 나타내는 것으로 보고 있다.

6) 한편, 기판력과 집행력은 그 제도의 취지와 작용을 달리하므로 기판력의 주관적 범위와 집행력의 주관적 범위는 별개의 것으로 해석하여야 한다는 입장으로는 김상수, 61면 참조. 일본에서도 기판력의 범위와 집행력의 범위 사이에 필연적 연동의 관계가 없다는 입장으로 中野貞一郎/下村正明, 民事執行法, 165면 이하. 판례도 채권자대위소송에서 기판력이 채무자에게도 미치는 경우가 있다 하더라도 집행력만은 원·피고 사이에 생기는 것이고 원고와 채무자 사이에는 생기지 않는다고 하는데(대법원 1979. 8. 10.자 79마232 결정), 다만 이는 채무자와 피고 사이의 집행력을 언급한 판례는 아니다.

귀속주체에게의 집행력 확장은(다른 사람을 위하여 당사자가 되는 경우는 없음) 인정되지 않는다고 할 것이다.

③ 그리고 집행증서를 제외한 다른 집행권원의 집행력의 주관적 범위도 명문의 규정은 없으나, 통설은 판결의 그것과 동일한 것으로 풀이하고 있다.7)

④ 집행당사자적격의 유무는 집행권원에 집행문을 부여함에 있어 집행문부여기관이 조사하는 것을 원칙으로 하며, 적격을 인정할 때는 집행적격자를 위하여, 또는 피집행적격자에 대하여 집행문을 부여한다(적격 여부는 집행문부여 시 조사하는데, 적격을 인정하지 않을 때는 집행문부여를 거절한다).

2. 집행권원에 표시된 당사자

4-17 집행권원에 표시된 집행채권자 · 집행채무자가 집행채권의 실체법상 귀속주체인 채권자 · 채무자와 일치하는 경우에 해당 집행채권자와 집행채무자가 집행당사자적격을 가진다(고유의 집행당자사적격). 즉, 집행권원에 원고(또는 채권자 · 신청인)로 표시된 사람이 집행법상으로도 채권자가 되고, 마찬가지로 피고(또는 채무자 · 상대방)로 표시된 사람이 집행법상으로도 채무자가 되는 것은 당연하다. 만약 단일한 집행권원으로 동일한 집행채권에 있어서 여럿의 권리자 또는 의무자가 공동의 당사자로 표시된 경우에는 그 집행력은 여럿의 공동권리자를 위하여 또는 여럿의 공동의무자에 대하여 공동하므로 집행문부여 또는 집행신청도 공동으로 하여야 한다.

3. 변론종결 뒤의 승계인

4-18 민사소송법 218조 1항에서 변론을 종결한 뒤의 승계인(변론 없이 한 판결의 경우에는 판결을 선고한 뒤의 승계인)에게도 판결의 효력이 미치는 것으로 규정하고 있는데, 이 경우에 집행력의 주관적 범위도 확장되는 것이므로(25조 1항) 그 사람에 대하여 또는 그 사람을 위하여 **승계집행문**을 부여받아(25조 2항, 31조 1항) 집행을 할 수 있다(☞5-25). 만약 집행을 위하여 그 승계인에 대하여 새롭게 집행권원이 필요하다고 한다면, 채권자가 이미 얻어낸 지위가 상실되어 채권자에게 가혹하게 되므로 이러한 당사자 사이의 공평을 해치는 결과를 피하기 위해 전주(前主)의 법적 지위에 기하여 자기의 법적 지위를 취득한 사람, 즉 승계인에게 집행력을 확장하고 있는 것이다. 여기에서 승계의 원인은 상속, 합병 등 포괄승계(일반승계)에만 한정되

7) 주석 민사집행법[Ⅱ](2018), 66면[이원 집필].

지 않고, 채권양도, 목적물의 매매와 같은 특정승계의 경우까지 포함하는데, 특정승계의 경우에 다음과 같이 그 승계인의 범위가 문제된다.

◈ **승계인의 범위와 소송물이론** ◈ **구소송물이론**에서는, 반환청구에 있어서 예를 들어 소유권에 기한 반환청구와 같은 **물권적 청구권**에 기한 경우에는 제3자에게 판결효가 미치고(물권의 대세적 효력), 반면 계약관계의 종료에 기한 반환청구와 같은 **채권적 청구권**에 기한 경우에는 제3자에게 판결효가 미치지 않는다(채권의 대인적 효력)고 한다. 반면, 소송물을 실체법상의 개념에서 해방시킨 **신소송물이론**에서는, 물권적 청구권인가, 채권적 청구권인가로 구별하지 않은 채, 일률적으로 제3자에게 판결의 효력이 미친다고 한다. 이와 관련하여 임대인이 토지(또는 건물)의 소유자인 경우에는, 실무적으로는 물권적 청구권으로 소유권의 주장을 하는 것이 유리할 것이다. 판결(변론종결) 뒤에 토지의 점유자가 교체되었더라도 소유권에 기한 토지인도청구의 경우는 그 새로운 점유자에게 판결의 효력을 주장할 수 있기 때문이다(☞5-25. 승계집행문 참조).

〈물권적 청구권인 경우에 甲→丙 건물철거집행 가능〉[8]

〈물권적 청구권인 경우에 甲→丙 소유권이전등기말소 집행 가능〉

〈물권적 청구권이라도 승계인이 되지 못하는 경우로 甲→丙 동산인도 집행 불가 – 승계인 丙이 甲의 권리주장에 대항할 수 있는 자신의 고유한 법률상의 지위를 갖고 있기 때문(☞5-26)**〉**

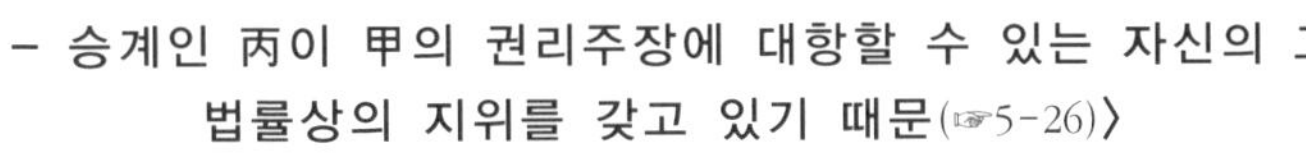

〈채권적 청구권인 경우에 甲→丙 소유권이전등기 집행 불가 – 전소의 소송물이 채권적 청구권인 소유권이전등기청구권일 때에는 전소의 변론종결 뒤에 전소의 피고인 채무자(乙)**로부터 소유권이전등기를 경료**

8) 오창수, 35면.

받은 사람(丙)은 전소의 기판력이 미치는 변론종결 뒤의 제3자에 해당한다고 할 수 없다.[9] 甲이 등기하지 않은 이상, 그 전에 등기를 완료한 丙에게 대항할 수 없기 때문(물권법상의 원칙)〉

4. 제3자의 집행담당

① 의 의

4-19 민사소송에서 실체적 권리귀속주체에 대신하여 제3자가 그 사람의 권리의무관계에 대하여 자기의 명의로 소송을 수행하여 판결을 받는 자격이 인정되는 경우를 **제3자의 소송담당**이라고 하는데, 여기에서 확정판결에 기하여 집행신청을 할 수 있는 사람은 해당 소송담당자인가 아니면 실체적 권리귀속주체인 피담당자인가, 또는 쌍방 모두인가가 문제된다.

② 소송담당자 명의의 이행명령의 경우

가령 A가 乙에게 가지는 금전채권에 있어서 소송담당자 甲이 乙을 피고로 하여 이행의 소를 제기하여 甲 명의의 이행을 명하는 확정판결을 취득한 뒤에(제3자의 소송담당소송이 선행) 스스로 해당 확정판결에 기하여 강제집행을 할 수 있다. 이러한 경우로 파산관재인은 집행권원에 표시된 당사자로 **단순집행문**을 부여받을 수 있는 집행채권자이다.

③ 이익(권리)귀속주체 명의의 이행명령의 경우

그리고 이익귀속주체 명의의 이행명령의 경우도 소송담당자는 집행권원에 표시된 당사자로, 그 이익귀속주체를 위하여 또는 그 이익귀속주체에 대하여 집행을 할 수 있다. 가령 제3자의 소송담당자인 주주대표소송의 주주,[10] 또는 선정당사자

---

9) 대법원 1993. 2. 12. 선고 92다25151 판결.

10) 주주대표소송의 주주는 집행채권자적격이 있다는 대법원 2014. 2. 19.자 2013마2316 결정 참조. 여기에서 확정판결에 기하여 집행신청을 할 수 있는 사람은 해당 소송담당자인가 아니면 피담당자인가, 또는 쌍방 모두인가가 문제되는데, 주주의 집행채권자적격 이외에 회사는 승소판결의 집행력을 받게 되므로 집행채권자적격을 갖고 또한 회사는 주주로부터 판결정본을 받아 승계집행문을 부여받아 스스로 강제집행절차를 수행할 수 있다고 본다(이에 대한 평석으로는

를 당사자로 하는 집행권원은 각각 해당 주식회사, 선정자를 위하여 집행력이 생기므로(25조 1항) 소송담당자는 이익귀속주체를 위하여 집행을 할 수 있다.[11] 이 경우는 위 소송담당자 명의의 이행명령의 경우와 다르다. 다만, 이익귀속주체인 해당 주식회사, 선정자가 소송담당자 명의의 집행권원에 있어서 **승계집행문**을 부여받은 경우에는 이 사람을 채권자·채무자로 하는 집행을 할 수 있고, 주주, 선정당사자는 더 이상 집행당사자가 아니게 된다.

◈ 위탁관리업자가 건물의 관리단을 대신하여 관리비를 추심하기 위하여 직접 자기 이름으로 관리비에 관한 재판상 청구를 한 경우(제3자의 소송담당) ◈ 관리비 부과·징수에 있어서 집합건물의 관리단과 관리위탁계약에 따라 포괄적인 관리업무를 위탁받은 위탁관리업자가 집행당사자적격을 가진다. 건물 관리단으로부터 부여받은 관리비 채권에 관한 재판상 청구 권한을 근거로 확정판결을 받은 이상 위탁관리업자가 **집행당사자 적격을 가지고 있다고 할 것**이고, 건물 관리단이 확정판결에 관하여 승계집행문을 부여받지 않는 한 위탁관리업자의 **집행당사자 적격이 소멸한다고 보기도 어렵다**.[12]

④ 임의적 집행담당

한편, 위와 같은 제3자의 집행담당 이외에 판결 등 **집행권원이 성립한 뒤에** 집행권원에 표시된 권리귀속주체가 **제3자에게 그 명의로 집행하도록 하는 취지의 수권**을 하여 그 제3자에게 집행을 담당시키는 **임의적 집행담당**을 생각할 수 있으며, 이를 소송담당에서 파생된 것이 아니라는 의미에서 이른바 **단절적** 또는 **독립적 집행담당**(isolierte Vollstreckungsstandschaft)이라고 하는데, 이는 부적법하다고 할 것이다.[13]

김상수, "주주대표소송과 강제집행—대법원 2014. 2. 19.자 2013마2316결정", 법과 기업 연구(2015. 12), 167면 이하 참조). 그런데 집행채권자인 주주가 배당수령권을 가지는지 여부가 문제될 것이다.

11) 이시윤, 82면. 한편 판례는 채권자대위소송에서 기판력이 채무자에게도 미치는 경우가 있다 하더라도 집행력만은 원·피고 사이에 생기는 것이고 원고와 채무자 사이에는 생기지 않는다고 하는데(대법원 1979. 8. 10.자 79마232 결정), 이는 채무자와 피고 사이의 집행력을 언급한 판례는 아니다.

12) 대법원 2024. 9. 12. 선고 2023다225979 판결 [미간행].

13) 이시윤, 82면. Baur/Stürner/Bruns, Zwangsvollstreckungsrecht, §12 Rn. 12; Gaul/Schilken/Becker— Eberhard, Zwangsvollstreckungsrecht, §23 Rn. 32. 한편, 일본의 中野貞一郎/下村正明, 民事執行法, 141면은 이를 허용하여도 무방하다고 한다.

◈ **그 밖의 경우의 집행력** ◈ ① **청구의 목적물을 소지한 사람**: 위 집행권원에 표시된 당사자나 변론종결 뒤의 승계인을 위하여 **청구의 목적물을 소지한 사람**에게도 집행력이 확장된다(민사소송법 218조 1항 참조). ② **소송탈퇴자**: 소송탈퇴의 경우에 탈퇴자에게도 판결의 효력이 미치는데(민사소송법 80조 단서, 82조 3항), 위 효력에 집행력이 포함된다고 보는 입장이 일반적이다(승계집행문 관련 ☞5-30 참조). ③ **법인격부인의 경우**: 집행권원에 표시된 당사자에게 법인격부인의 법리를 적용하여 그 배후에 있는 개인이나 법인에게 법 25조 1항 '그 판결에 표시된 당사자 외의 사람'으로 피집행적격을 인정할 것인지 여부에 대한 논의가 있다(승계집행문 관련 ☞5-31 참조).

5. 집행개시 뒤 당사자의 사망

4-20 강제집행이 **개시된 뒤**에 채권자 또는 채무자에 대하여 집행당사자적격의 승계가 있은 경우에 (집행절차가 중단되지는 않지만) 집행의 속행을 구하는 **채권자**는 원칙적으로 **다시 승계집행문을 부여**받지 않으면(31조 1항) 집행을 속행할 수 없다. 판결절차에서와 같은 절차를 수계하는 제도(민사소송법 233조 이하)가 여기에는 없다. 한편, 당사자가 **집행절차개시 전**에 이미 사망한 경우에는 그 **신청은 부적법**하고, 그 신청에 따른 결정이 있더라도 그 **결정은 당연무효**라고 할 것이다(집행절차를 개시하기 위하여 이 경우에도 원칙적으로 상속인에 대한 승계집행문이 필요).14)

(1) 집행개시 뒤 채무자 사망의 경우의 특칙

제52조(집행을 개시한 뒤 채무자가 죽은 경우) ① 강제집행을 개시한 뒤에 채무자가 죽은 때에는 상속재산에 대하여 강제집행을 계속하여 진행한다.

4-21 다시 승계집행문을 부여받아야 하는 위와 같은 원칙에 대하여 **채무자가 사망**한 경우에는 예외적으로 민사집행법에 특칙을 두고 있다. 즉, 집행의 개시 뒤에 채무자가 사망하여도 승계집행문 없이 그대로 상속재산에 대하여 집행을 속행할 수 있다(52조 1항). 이미 집행이 개시된 **그 상속재산**에 대한 집행절차에 한하고, 상속

14) 한편, **저당권의 실행을 위한 부동산경매**에서 경매법원이 이미 사망한 등기부상의 채무자나 소유자와의 관계에서 그 절차를 속행하여 이루어진 경락허가결정을 무효라고 할 수는 없다고 하고(대법원 1998. 10. 27. 선고 97다39131 판결), 이러한 당사자표시의 잘못은 경정결정에 의하여 고칠 수 있는 성질의 것에 지나지 않는다고 보고 있다(대법원 1966. 9. 7.자 66마676 결정). 이렇게 당사자표시의 오류로 보아 경정결정에 의할 수 있다고 보는 것은 문제라는 지적으로 이시윤, 76면 참조.

재산에 속하는 다른 재산·재산권에 대하여는 그러하지 않다. 그 상속재산이 집행대상이 되는 한해서는 승계인과 그 승계의 비율을 심사, 판단할 필요가 생기지 않기 때문이다(상속인이 한정승인, 상속포기 등의 절차를 밟았을 때에도 상속재산에 대한 집행이 허용되지 않게 되는 것은 아니다). 그리고 상속인이 상속을 승인하기 전이라도 상관없는데, 상속인은 상속재산관리의무를 부담하므로(민법 1022조 본문) 숙려(고려)기간 중이라도 속행을 방해하지 않기 때문이다.

위 경우에 사망한 채무자의 상속인 등에 대하여 집행절차에 있어서 송달, 통지 등을 할 필요가 있는데, 상속인이 없거나 있는 곳이 분명하지 않을 때에는 상속재산 또는 상속인을 위하여 특별대리인이 선임된다(52조 2항). 절차가 진행되지 못하는 경우를 피하기 위함이다. 특별대리인은 본인의 의사에 기한 대리인이 아니므로 그 성질은 일종의 법정대리인이다. 특별대리인에 관하여는 민사소송법 62조 2항부터 5항까지의 규정을 준용한다.

위 채무자의 사망의 경우에 반하여 채무자의 특정승계가 있는 때에는 승계인에 대한 강제집행은 종전 구채무자에 대한 강제집행과는 책임재산도 다른 전혀 별개의 집행절차이므로 승계집행문이 필요한 것은 물론이다.

(2) 집행개시 뒤 채권자의 사망

민사집행규칙 제23조(집행개시 후 채권자의 승계) ① 강제집행을 개시한 후 신청채권자가 승계된 경우에 승계인이 자기를 위하여 강제집행의 속행을 신청하는 때에는 법 제31조(법 제57조의 규정에 따라 준용되는 경우를 포함한다)에 규정된 집행문이 붙은 집행권원의 정본을 제출하여야 한다.

한편 강제집행을 개시한 뒤, 신청채권자가 승계된 경우에 승계인이 자기를 위하여 강제집행의 **속행을 신청**하는 때에는 승계집행문이 붙은 집행권원의 정본을 제출하는 등의 당사자변경의 절차를 취할 필요가 있다(민사집행규칙 23조 1항). 이 경우에 본래의 절차를 다시 실시하려면, 승계집행문 및 승계를 증명하는 서면의 등본을 채무자에게 송달하게 되는데(39조 2항), 이미 종전 채권자에 의해 강제집행이 개시되어 채무자는 어쨌든 집행을 받을 입장에 있으므로 이러한 절차를 다시 실시할 필요성은 인정되지 않는다. 그리하여 법원사무관등 또는 집행관은 채무자에게 그 취지를 통지할 것을 규정하는 것에 머무르고 있다(민사집행규칙 23조 2항). 4-22

위 민사집행규칙 23조는 신청채권자의 승계인이 집행절차의 속행을 신청하는 경우를 규정하고 있는 것으로, 강제집행개시 뒤에 채권자에게 승계가 있고 그것이 집행기관에게 판명되었음에도 불구하고, 채권자의 승계인이 위 민사집행규칙 23조 1항의 수단을 취하지 않는 경우에 집행기관이 어떠한 조치를 취할 것인가에 대한 것까지는 규정하고 있지 않다. 집행기관은 절차를 정지시켜 위 민사집행규칙 23조 1항의 승계인으로 당사자를 변경하는 절차를 밟도록 촉구할 것이라는 입장이 있다.[15)]

Ⅴ. 강제집행을 위한 요건의 규율

1. 권리의 판단기관과 집행기관 분리

4-23 강제집행은 국가기관(사법작용)에 의하여 채무자의 의사를 무시하여 강제적으로 사법상의 권리의 실현을 도모하는 것으로, 그 권리에 관한 판단을 잘못하면 채무자의 재산권을 부당하게 침해하는 것이 되는 한편, 채무의 이행을 면하려는 채무자는 그 책임재산을 처분하여 집행을 회피할 우려가 없지 않으므로 신속하게 실행할 필요가 있다. 그래서 집행기관이 사법상의 권리에 관한 요건에 대하여 실질적으로 판단하는 것은 적당하지 않으므로 실체적인 권리의 존부 및 내용을 판단한 기관이 그 권한에 기하여 권리관계를 증명한 형식적 문서에 의하여 간접적으로 요건의 존재를 확인하는 틀을 채택하고 있다(이른바 분리원칙으로, 집행기관은 집행권원에 기재된 실체적 권리의 존부에 관한 확인이나 재도의 심사를 하지 않는다는 의미. ☞2-2). 권리의 판단기관(집행권원작성기관)과 집행기관은 분리되어 실질적 심사와 형식적 심사를 각각 분담하는 것에 의하여 권리의 신속한 실현이 제도상 확보되어 있는 것이다.

2. 소송요건 및 집행요건

(1) 소송요건

4-24 집행기관이 조사하여야 하는 사항으로 우선 일반적 소송요건, 즉 절차적 적법요건(Verfahrensvoraussetzung)이 있다. 강제집행은 집행기관 앞에서 2당사자가 대립하는 구조를 채택하고 있는데, 절차에 관여하는 사람의 권리를 부당하게 침해하지 않도록 절차적인 사항에 대하여도 배려하여 적정한 절차하에서 진행을 도모할 수 있도록 절차적 적법요건에 대하여 민사집행법 및 민사집행규칙에 상세한 규정을 두고 있다. 집행신청이 있어야 하고, 그것이 서면에 의하고 적식일 것, 우리나라 법원

15) 이시윤, 84면.

이 재판권을 가질 것,[16] 집행기관이 관할권을 가질 것, 집행당사자가 당사자능력, 소송능력, 당사자적격이 있을 것, 권리보호의 이익이 있을 것[17] 등이 그 예이다.

<table>
<tr><th>일반 소송요건</th><th colspan="2">일반 집행요건</th><th>특별 집행요건</th></tr>
<tr><td rowspan="3">▸ 적식의 집행신청
▸ 재판권의 존재
▸ 관할
▸ 당사자능력 · 소송능력
▸ 소송수행권
▸ 소송대리권
▸ 권리보호의 이익</td><td>강제집행의 요건</td><td>▸ 집행력 있는 집행권원 정본
－집행권원
－집행문</td><td rowspan="2">▸ 기한의 도래
▸ 담보의 제공
▸ 반대급부의 이행</td></tr>
<tr><td colspan="2">▸ 송달
－ 집행권원의 송달
－ 조건성취집행문, 승계집행문의 송달(☞6-5)</td></tr>
<tr><td colspan="3">강제집행개시의 요건</td></tr>
</table>

(2) 집행요건

또한 **일반적 집행요건**의 구비가 조사되어야 한다. 이에 속하는 것은 집행력 4-25

16) 당사자 및 강제집행의 대상인 재산에 대하여 우리나라의 민사재판권이 미칠 수 있어야 한다. 집행채무자가 외국국가인 경우에 그 집행권원에 기한 강제집행에 있어서 그 국가의 재산이 책임재산이 될 수 있는지 여부가 문제될 수 있다. 외국국가의 사법적 행위에 대하여는 우리나라의 재판권이 미치므로 그에 관한 판결에 기한 집행은 허용할 것이나, 외교특권이 인정되는 외국공관의 재산은 집행의 대상으로 할 수 없다고 본다(이시윤, 105면). 한편 **판례**는 미합중국이 고용원에게 부담하는 임금 등의 피압류채권이 외국의 사법적 행위를 원인으로 하여 발생한 것이고 그 사법적 행위에 대하여 해당 국가를 피고로 하여 우리나라 법원이 재판권을 행사할 수 있다고 하더라도, 우리나라 법원이 **미합중국을 제3채무자로 한 채권압류 및 추심명령을 발령할 재판권을 가지는지 여부**에 대하여, 해당 국가가 압류 기타 우리나라 법원에 의하여 명하여지는 강제집행의 대상이 될 수 있다는 점에 대하여 명시적으로 동의하였다거나, 우리나라 내에 그 채무의 지급을 위하여 재산을 따로 할당해 두는 등 우리나라 법원의 압류 등 강제조치에 대하여 재판권 면제 주장을 포기하였다고 볼 아무런 자료가 없다면, 결국 우리나라 법원은 **재판권을 가지지 못하고**, 따라서 위 채권압류 및 추심명령은 재판권이 없는 법원이 발령한 것으로 무효라고 보았는데(대법원 2011. 12. 13. 선고 2009다16766 판결), 이는 주권의 **상대적 면제주의**와 일관되지 않는다는 지적이 있다(이시윤, 105면). 관련하여 **일본**에서는 2009년 「外国等に対する我が国の民事裁判権に関する法律」이 성립하였다.

17) 소송행위와 마찬가지로 집행기관의 행위도 그것을 구하는 사람에게 권리보호의 이익이 있을 것을 요건으로 한다. 채권자로서는 권리보호의 이익은 보통 집행권원의 존재로부터 분명하게 된다. 극히 소액의 채권의 추심에도 원칙적으로 권리보호의 이익을 부정할 수 없다. 이시윤, 107면.

있는 집행권원의 정본의 존재와 집행권원의 송달이다. 나아가 집행권원상 청구권이 확정기한부 채권인 경우, 채권자에 의한 담보의 제공, 채권자의 반대급부의 이행에 걸려 있는 경우에는 확정기한이 도래한 것, 담보제공의 증명이 있는 것, 채권자에 의한 반대급부가 있은 것은 **특별한 집행요건**을 이룬다.

이러한 특별한 집행요건을 집행권원의 송달 등과 합쳐서 **강제집행개시의 요건**이라고 부르고, **강제집행의 요건**과 구별하는 입장이 일반적이다. 강제집행개시의 요건은 강제집행을 개시할 때에 집행기관이 그 구비를 판단하도록 민사집행법에서 정하고 있는 요건으로, 집행력 있는 집행권원의 정본의 존재와 같은 강제집행의 요건이 이론상의 개념인데 대하여, 집행권원의 송달과 같은 강제집행개시의 요건은 실정법상 개념이라고 할 수 있다(☞6-2).

3. 집행장애사유

4-26 한편 민사집행법은 각종의 개별집행의 장애가 되는 사유 및 강제집행의 정지 또는 부적법을 가져오는 장애사유를 정하고 있는데(☞6-11), 집행기관은 이러한 집행장애사유가 없는가도 조사하여야 한다.

제2장

강제집행의 요건

강제집행은 청구권의 강제적 실현, 즉 국가권력이 채무자의 재산관계에 개입하여 청구권을 실현하는 것을 목적으로 하고 있는데, 채무자의 사적 영역을 침해하는 이러한 국가권력의 개입을 정당화하는 근거를 **강제집행의 요건**(Voraussetzungen der Zwangsvollstreckung)이라고 한다. 강제집행의 요건으로, ① 강제집행이 요구되는 해당 청구권이 존재하고, ② 해당 청구권이 무조건이라든지 이행기가 도래한 즉시 청구할 수 있는 상태이며, ③ 채권자가 해당 청구권을 행사할 수 있고, ④ 채무자가 해당 청구권에 대하여 책임을 부담하고 있는 것을 들 수 있다. 이는 어떠한 강제집행인가를 막론하고 우선 **집행권원**(Schuldtitel 또는 Vollstreckungstitel)이 있어야 하며, 그 밖에 집행권원이 집행당사자에 대한 관계에서 집행력을 갖고 있다는 공적 증명서인 **집행문**이 있어야 한다는 것이다. 즉, 강제집행은 집행문이 부여된 집행권원의 정본(줄여서 **집행정본**)에 기하여 실시된다(28조 1항). 결국 강제집행의 요건으로 집행권원과 집행문을 들 수 있다. 이러한 요건을 갖추지 못하면, 해당 강제집행이 채무자에 대하여 부당집행(ungerechtfertigter Vollstreckungsbetrieb)이 된다. 집행법원과 집행관은 강제집행의 신청이 있은 때에는 위 요건을 구비하였는지 여부를 직권으로 조사하여야 하고, 구비되어 있지 않은 경우에는 집행신청을 각하하여야 한다. 5-1

Ⅰ. 집행권원

집행기관이 강제집행을 개시하는 것이 정당화되기 위해서는 집행채권이 존재하 5-2

여야 할 필요가 있는데, 청구권의 존부의 판단은 집행기관(권리실현기관)과 별도인 권리확정기관이 행하기 때문에 권리확정기관의 판단의 결과가 집행기관에 전달될 필요가 생긴다. 이를 전달하는 수단의 역할을 집행권원이 하는 것이다. 강제집행에 집행권원이 필요한 것은 집행기관과 권리확정기관의 분리라는 틀을 채택한 결과이다. 한편, 담보권 실행절차에 있어서는 집행권원의 존재가 필요하지 않고, 담보권의 존재를 증명하는 서류가 요구된다(264조 1항. ☞18-2).

1. 의 의

5-3 강제집행을 할 수 있는 권리를 인정하여 주는 공적인 문서가 집행권원(종래에는 채무명의라고 하였다)이다. 대표적인 것이 가령 '피고는 원고에게 1억 원을 지급하라'와 같은 이행명령이 기재된 확정된 승소판결이다. 집행권원에는 일정한 사법상의 청구권이 표시되어, 이 청구권이 강제적 실현의 대상(집행채권)이 된다. 집행권원에는 이렇게 강제적으로 실현되어야 할 청구권 외에 집행의 당사자와 집행의 대상재산 내지는 책임의 한도가 기재되므로 집행권원은 집행하여야 하는 내용 및 범위를 정하는 기준이 된다.

원칙적으로 집행기관은 집행채권인 사법상의 청구권의 존부에 대한 실체 판단을 따로 하지 않는다. 그것은 집행권원의 존부에 의해 대체되어 집행채권이 존재하지 않으면 집행기관은 강제집행을 개시하지 않고, 집행권원이 존재하면 집행기관은 집행에 착수한다. 집행권원은 강제집행의 근거가 되는 것으로 이것이 존재하지 않으면 집행을 할 수 없다(다만, 집행비용에 대해서는 집행권원이 없이도 추심할 수 있다고 본다. ☞6-41). 이렇게 집행권원인 문서가 존재하면 강제집행을 할 수 있는 것을 문서의 효력의 측면에서 집행력이라고 한다.

한편 채무자가 특정한 집행권원에 있어서 그것에 표시된 청구권의 존재 · 내용에 대하여 이의 또는 재판 이외의 집행권원(가령 집행증서)에 있어서 그 성립에 대하여 이의를 주장하여 집행을 불허하는 판결에 의한 집행력의 배제를 구하는 소를 청구이의의 소라고 하는데(44조), 자세히는 후술한다(☞7-24).

2. 각종의 집행권원

제24조(강제집행과 종국판결) 강제집행은 확정된 종국판결이나 가집행의 선고가 있는 종국판결에 기초하여 한다.

제26조(외국재판의 강제집행) ① 외국법원의 확정판결 또는 이와 동일한 효력이 인정되는 재판(이하 "확정재판등"이라 한다)에 기초한 강제집행은 대한민국 법원에서 집행판결로 그 강제집행을 허가하여야 할 수 있다.

제56조(그 밖의 집행권원) 강제집행은 다음 가운데 어느 하나에 기초하여서도 실시할 수 있다. 1. 항고로만 불복할 수 있는 재판 2. 가집행의 선고가 내려진 재판 3. 확정된 지급명령 4. 공증인이 일정한 금액의 지급이나 대체물 또는 유가증권의 일정한 수량의 급여를 목적으로 하는 청구에 관하여 작성한 공정증서로서 채무자가 강제집행을 승낙한 취지가 적혀 있는 것 5. 소송상 화해, 청구의 인낙 등 그 밖에 확정판결과 같은 효력을 가지는 것

제57조(준용규정) 제56조의 집행권원에 기초한 강제집행에 대하여는 제58조 및 제59조에서 규정하는 바를 제외하고는 제28조 내지 제55조의 규정을 준용한다.

〈집행권원의 종류〉[1)]

<table>
<tr><th>근거법률</th><th>분류</th><th>종류</th></tr>
<tr><td rowspan="9">민사소송법
민사집행법</td><td rowspan="3">판결</td><td>확정된 종국판결</td></tr>
<tr><td>가집행선고가 있는 종국판결</td></tr>
<tr><td>외국법원의 확정재판등의 집행판결</td></tr>
<tr><td rowspan="6">판결
이외</td><td>항고로만 불복할 수 있는 재판(가령, 소송비용액 확정결정)</td></tr>
<tr><td>확정된 지급명령</td></tr>
<tr><td>재판상 화해조서, 확정된 화해권고결정</td></tr>
<tr><td>청구의 인낙조서</td></tr>
<tr><td>집행증서(공정증서)</td></tr>
<tr><td>가압류명령, 가처분명령</td></tr>
</table>

1) 집행권원을 ① 종국적 집행권원과 일시적 집행권원, ② 본집행의 집행권원과 보전적 집행권원, ③ 기판력 있는 집행권원과 그렇지 않은 집행권원, ④ 조건부 집행권원과 기한부 집행권원 등의 유형으로 나누기도 하고(강대성, 59면; 박두환, 112~114면), 또는 ① 증서의 형식, ② 기판력의 유무, ③ 청구권 또는 집행력이 조건부·기한부인지의 여부, ④ 집행권원으로서의 확정력의 유무에 의한 분류를 하기도 한다(김상수, 57~58면).

근거법률	분류	종류
그 밖의 법률		중재판정에 대한 집행결정
		파산채권자표, 회생채권자표, 회생담보채권자표, 개인회생채권자표
		조정조서, 조정을 갈음하는 결정
		확정된 이행권고결정
		배상명령
		양육비부담조서
		주택임대차보호법상 조정서
		검사의 명령

5-4 집행권원에 관하여는 확정된 종국판결을 중심으로 규정하면서(24조, 28조), 그 밖의 집행권원에 기초한 강제집행에 대하여는 판결의 규정을 준용하고 있다(57조). 민사집행법에 하나의 조문으로 통합되어 있지 않고, 여러 곳에 흩어져 규정되어 있는데, 하나의 규정으로 통합하는 것이 바람직할 것이다.[2] 하여튼 여러 곳에서 언급하고 있는데, 집행권원에는 그 대표적이라고 할 수 있는 확정된 종국판결 이외에 가집행선고가 붙은 미확정판결(24조), 외국법원의 확정재판등의 집행판결(26조), 이행권고결정(소액사건심판법 5조의7 1항), 화해권고결정(민사소송법 231조), 인낙조서, 화해조서, 조정조서(민사조정법 29조), 확정된 지급명령(56조 3호), 집행증서(56조 4호) 등이 있다. 보전집행에도 그 기초로 가압류명령·가처분명령이 있다. 그리고 민사집행법에서 규정하는 것이 아닌 집행권원으로 유죄판결의 선고와 동시에 하는 배상명령(소송촉진 등에 관한 특례법 34조 1항), 양육비부담조서, 주택임대차보호법상 조정서(동법 27조) 등도 집행권원이 된다.

(1) 확정된 종국판결

5-5 확정된 종국판결(Endurteil)은 가장 중요한 집행권원인데(24조), 그 가운데 집행권원으로는 이행판결이 문제된다. 이행판결(Leistungsurteil)은 통상의 상소의 방법에 의하여 다툴 수 없는 상태에 이른 때에(민사소송법 498조 참조) 확정되고[3] 집행력이

2) 이시윤, 116~117면. **일본**은 종래 우리와 마찬가지로 규정하였었지만, 현행 민사집행법 22조에서는 각 집행권원을 통일하여 규정하고 있다.

3) 판결의 일부에 대하여만 상소를 한 경우에도 원칙적으로 판결 전부에 대하여 이심의 효력이

생기므로 이 확정판결이 집행권원의 전형적 예가 된다. 외국법원의 판결은 따로 집행판결이 필요하므로(☞5-8) 여기에서 말하는 판결은 국내판결을 말한다. 한편, 확인판결은 권리관계를 확정하고, 형성판결은 권리관계를 변동시키는 효력을 가지지만, 집행기관에 대하여 이행청구권의 실현을 구하는 지위를 당사자에게 준 좁은 의미의 집행력을 가지는 것이 아니므로 집행권원이 될 수 없다.

판결의 확정은 판결확정증명서에 의하여 증명된다. 원고 또는 피고는 제1심법원의 법원사무관등에게 확정증명신청을 할 수 있고, 소송기록이 상급심에 있는 때에는 상급법원의 법원사무관등이 그 확정 부분에 대하여만 확정증명서를 내어준다(민사소송법 499조 1항, 2항).

(2) 가집행선고가 붙은 미확정판결

1) 의　의

가집행(vorläufige Vollstreckbarkeit)선고는 미확정의 종국재판에 집행력을 부여 5-6
하는 형성적 재판이다. 가집행선고는 **재산권의 청구**에 관한 판결을 선고하는 경우, 이를 붙이지 아니할 상당한 이유가 없으면 당사자의 신청이 없더라도 법원이 직권으로 붙이는 것으로(민사소송법 213조) 판결 확정 전에 승소채권자가 미리 집행할 수 있게 함으로써 소송지연 및 남상소를 억제하는 기능을 한다. 확인판결이나 형성판결에서는 가집행선고를 할 수 없다고 본다.[4] 가집행선고 있는 판결에 의한 강제집행은 가압류·가처분과 같은 집행보전에 그치는 것이 아니라, 종국적 권리의 만족에 이르는 집행인 점에서 확정판결에 의한 본집행과 다를 바 없다.

생기므로 판결 전부의 확정이 차단된다. 가령 제1심에서 원고가 일부패소한 경우에 그 부분에 대하여만 상소를 하였다 하더라도 피고는 변론종결시까지 부대항소를 제기할 수 있으므로 원고의 일부승소 부분은 독립하여 확정되지 않는다. 그렇다면 상소하지 않은 나머지 청구는 구체적으로 언제 확정되는가에 대하여 **판례**는 상소심**판결의 선고와 동시에 확정**된다고 보았다(대법원 2001. 4. 27. 선고 99다30312 판결 등). 반면 학설 가운데에는 상대방 당사자의 부대항소가 허용될 수 없는 시기에 이르면 불복이 되지 않은 부분은 확정된다고 보아 항소심에서는 항소심의 **변론종결시**, 상고심에서는 **상고이유서 제출기간의 도과시**가 각기 확정시라는 견해도 있다(이시윤, 118면).

4) 이혼소송과 병합하여 재산분할청구를 하여 법원이 이혼과 동시에 재산분할을 명하는 경우에 가집행선고를 붙일 수 없다. 민법상의 재산분할청구권은 이혼을 한 당사자의 일방이 다른 일방에 대하여 재산분할을 청구할 수 있는 권리로서 이혼이 성립한 때에 그 법적 효과로서 비로소 발생하는 것이므로, 당사자가 이혼이 성립하기 전에 이혼소송과 병합하여 재산분할의 청구를 하고, 법원이 이혼과 동시에 재산분할을 명하는 판결을 하는 경우에도 이혼판결은 확정되지 아니한 상태이므로, 그 시점에서 가집행을 허용할 수는 없다(대법원 1998. 11. 13. 선고 98므1193 판결).

2) 효 력

5-7 ① 가집행선고 있는 판결은 확정을 기다리지 않고(나중에 본안판결 또는 가집행선고가 취소·변경될 것을 해제조건으로), 선고 즉시 **집행력이 발생**한다. 따라서 곧바로 집행권원이 된다(24조. 한편 판결이 아닌 결정에 의하여 가집행을 선고하는 경우는 56조 2호에 의하여 집행권원이 된다). 가집행의 집행력의 배제를 위해서는 청구이의의 소를 제기할 것이 아니라, 그 판결에 대한 상소를 제기하면 된다. 그 집행을 정지하기 위하여 공탁 등 담보제공 등을 하면서(민사소송법 501조, 500조), 상소장, 가집행정지신청서를 제출하여야 한다. 그런데 가집행선고 판결이 있기 전에 미리 공탁하는 것을 인정한다면, 원고는 판결 후 즉시 판결금을 임시로 받을 수 있게 되므로 보다 신속하게 가집행선고부 판결의 취지를 실현할 수 있게 되고, 또한 가집행으로 말미암아 사업활동이 지장을 받거나 사회적 이미지가 추락하게 될 피고로서도 예측 불가능한 상황에서의 대응이나 필요 이상의 손해의 염려가 해소될 수 있다. 그리하여 가집행선고에 있어서 공탁절차의 유연화 등을 검토할 필요성이 있다고 할 것이다.

② 집행할 수 있다는 취지가 적혀 있는 경우라도 가집행선고 있는 판결에 의하여 집행을 하기 위해서는 집행문이 필요하다. 가집행의 선고가 있는 판결정본을 붙여 집행문의 부여를 신청하면 된다. 그런데 가집행선고 있는 판결이 상소심에서 그대로 확정되었다면, 집행절차가 계속 중일 때에는 새롭게 집행문을 부여받을 필요는 없으며, 그 확정판결을 집행기관에 제출함으로써 가집행은 본집행으로 전환된다.

③ 담보의 제공을 조건으로 가집행선고를 한 경우에 담보의 제공은 집행력 발생의 조건이 아니고, 집행개시의 요건이다(40조 2항). 따라서 담보를 제공하기 전이라도 집행문을 내어 줄 수 있다(30조 2항 단서).

◈ 가집행으로 인한 집행의 효력 ◈ 제1심판결에서 승소한 채권자가 제1심판결 선고 뒤, 해당 사건이 항소심 계속 중에 가집행선고 있는 제1심판결을 집행권원으로 채무자의 재산을 일부 집행하여 일부 또는 전부 만족을 얻었다고 하자. 항소심 법원이 청구의 당부를 판단함에 있어서 이를 참작하여야 하는가. 가령 피고가 가집행을 면하기 위하여 제1심판결 선고 뒤, 1억 원을 변제하였으나, 제1심판결에 불복하여 항소심에서 지급의무를 다툰다고 하자. **항소심**은 위 1억 원 변제사실을 고려하지 아니하고 피고의 원고에 대한 1억 원 **지급의무에 대하여 심리**하여야 한다. 즉 피고에게 1억 원 지급의무가 있다고 판단되면, 제1심판결 선고 뒤, 1억 원을 변제하였음에도 피고의 항소를 기각하여야 한다. 위 1억 원의 변제는 **항소심 변론종결 뒤**, 제1심판결의 **집행으로 변제된 것으로 보는 것**이다. 항소심 계속 중에 가집행선고 있는 판

결에 터 잡아 지급한 것은 그 판결이 확정된 때에 비로소 변제효과가 발생하므로 변론종결 뒤에 변제한 것이 되기 때문이다. 여기서 원고가 위 1억 원을 변제받았음에도 다시 집행을 하려고 하는 경우에 피고는 **청구이의의 소**를 제기할 수 있다. 결론적으로 가집행으로 인한 변제의 효력은 확정적인 것이 아니고 어디까지나 상소심에서 그 가집행의 선고 또는 본안판결이 취소되는 것을 **해제조건**으로 하여 발생하는 것에 지나지 않으므로, 제1심 가집행선고부 판결에 기하여 피고가 그 가집행선고금액을 지급하였다 하더라도 항소심법원으로서는 이를 참작함이 없이 해당 청구의 당부를 판단하여야 한다.5)

④ 위 가집행선고의 효력은 확정적인 것이 아니고, 상소심에서 그 가집행의 선고 또는 본안판결을 바꾸는 판결이 선고되면, 그 바뀌는 한도에서 당연히 효력을 잃는다(민사소송법 215조 1항). 다만, 가집행선고의 실효는 기왕에 소급하는 것이 아니므로 그 이전에 이미 집행이 종료되었으면 그 효력에 영향이 없다.

◈ 상소심에서 가집행선고의 효력이 소멸되거나 집행채권의 존재가 부정되는 경우에 이에 기한 경락인의 소유권취득의 효력 ◈ 丙은 甲이 乙을 상대로 제기하여 승소한 대여금청구사건의 가집행선고부 판결에 기한 부동산강제경매사건의 매수인으로서 그 부동산에 대한 매각대금을 완납하고 소유권까지 자신 명의로 이전하였으나, 만약 위 판결이 상소심에서 뒤집혀 번복된다면 丙이 경매절차에서 매수한 위 부동산의 소유권에 어떤 영향이 있는가. 가집행선고 있는 판결에 기한 강제집행에 있어서 패소자가 상소를 하였더라도 그 사람이 담보를 제공하고 강제집행정지결정을 받아 강제집행을 정지시키지 않는 한, 그 강제집행절차는 그대로 진행되게 되므로 위 사안과 같은 경우가 발생할 수 있다. **판례**는 가집행선고 있는 판결에 기한 강제집행은 확정판결에 기한 경우와 같이 본집행이므로 상소심의 판결에 의하여 가집행선고의 효력이 소멸되거나 집행채권의 존재가 부정된다 하더라도 그에 앞서 이미 완료된 집행절차나 이에 기한 경락인의 소유권취득의 효력에는 아무런 영향을 미치지 않는다고 본다.6) 따라서 비록 상소심에서 판결이 변경되더라도 그 소송의 당사자 간에 손해배상 문제가 발생됨은 별론으로 하고, 특별한 사유가 없는 한 경매절차에서의 매각으로 인한 부동산의 소유권취득에는 아무런 영향이 없을 것이다.

---

5) 대법원 2009. 3. 26. 선고 2008다95953, 95960 판결; 대법원 1993. 10. 8. 선고 93다26175, 26182 판결.

6) 다만 강제경매가 반사회적 법률행위의 수단으로 이용된 경우(가령 이중매매의 매수인이 매도인과 직접 매매계약을 체결하는 대신에 매도인이 채무를 부담하고 있는 것처럼 거짓으로 꾸며 가장채권에 기한 채무명의를 만들고 그에 따른 강제경매절차에서 매수인이 경락·취득하는 방법을 취하는 경우 등)에는 그러한 강제경매결과를 용인할 수 없다. 대법원 1993. 4. 23. 선고 93다3165 판결; 대법원 1991. 2. 8. 선고 90다16177 판결.

만약 가집행선고부 판결의 상소심에서 본안판결의 일부 또는 전부가 실효된 경우에 가집행채권자는 그 지급일 이후의 지연손해금으로 「민법」이 정한 연 5%의 비율로 계산한 지연손해금을 지급하여야 한다.

> **◈ 상소심에서 본안판결 일부 또는 전부가 실효된 경우, 가집행채권자가 가지급금과 그 지급일 이후의 지연손해금을 지급하여야 하는지 여부(적극) ◈** 가집행선고부 판결에 기한 집행의 효력은 확정적인 것이 아니고 후일 상소심에서 본안판결 또는 가집행선고가 취소·변경될 것을 해제조건으로 하는 것이다. 즉, 가집행선고에 의하여 집행을 하였다고 하더라도 후일 본안판결의 일부 또는 전부가 실효되면 이전의 가집행선고부 판결에 기하여는 집행을 할 수 없는 것으로 확정된다. 그리고 추후 상소심에서 본안판결이 바뀌게 되면 가집행채권자는 가집행의 선고에 따라 지급받은 물건을 돌려줄 것과 가집행으로 말미암은 손해 또는 그 면제를 받기 위하여 입은 손해를 배상할 의무를 부담하게 된다. 그런데 **이 원상회복 및 손해배상의무는 본래부터 가집행이 없었던 것과 같은 원상으로 회복시키려는 공평의 관념에서 나온 것**으로서 그 가집행으로 인하여 지급된 것이 금전이라면 특단의 사정이 없는 한 가집행채권자는 그 지급된 금원과 그 지급된 금원에 대하여 **지급된 날 이후부터 법정이율에 의한 지연손해금을 지급하여야 한다.**[7] 다만, 가집행선고의 실효에 따른 원상회복의무는 상행위로 인한 채무 또는 그에 준하는 채무라고 할 수는 없으므로 그 지연손해금에 대하여는 **민법 소정의 연 5%의 법정이율에 의하여야 하는 것이고 상법 소정의 법정이율을 적용할 것은 아니다.**[8] 한편, 위와 같은 가지급물 반환신청은 가집행에 의하여 집행을 당한 채무자가 별도의 소를 제기하는 비용, 시간 등을 절약하고 본안의 심리절차를 이용하여 신청의 심리를 받을 수 있는 간이한 길을 터놓은 제도로서 그 성질은 **본안판결의 취소·변경을 조건으로 하는 예비적 반소**에 해당한다.[9]

(3) 집행판결 및 집행결정

5-8 외국법원의 확정판결 또는 이와 동일한 효력이 인정되는 재판(확정재판등. 판결뿐만 아니라 여러 형태의 결정 등 그밖의 재판도 대상에 포함)에 기초한 강제집행은 우리나라 법원에서 **집행판결**로 그 강제집행을 허가하여야 할 수 있다(26조 1항). 외국법원의 확정재판등은 일정한 요건(승인요건)하에 우리나라에서 효력이 인정되나(민사소송법 217조, 217조의2), 그 효력은 재판의 내용을 우리나라에서 강제적으로 실현하는 것까지 승인된 것을 의미하지 않는다. 우리나라에서 강제적으로 실현하려면 외국법원

7) 대법원 2012. 4. 13. 선고 2011다104130 판결[미간행].
8) 대법원 2004. 2. 27. 선고 2003다52944 판결 등.
9) 대법원 2011. 8. 25. 선고 2011다25145 판결.

의 확정재판등이 위 승인요건을 충족하고 있는지 여부를 판단하여야 하는데, 그 판단내용이 반드시 용이하지 않고, 증거 등에 기하여 신중한 판단이 요청되는 것, 그리고 강제집행이 채무자에게 직접적이고 중대한 영향을 주는 것 등을 고려하면, 이 판단을 집행기관에 맡기는 것은 적당하지 않다고 보고, 그래서 민사집행법은 이러한 승인요건이 충족되는지 유무를 통상의 법원에 의한 소송절차에 의하여 확정하는 것으로 하고 있다. 이렇게 승인요건의 충족 유무 등에 대하여 판단한 판결을 **집행판결**이라고 한다.[10)]

또한 확정재판등 이외에 중재판정에 기초한 강제집행도 **집행결정**으로 그 강제집행을 허가하여야 할 수 있다(중재법 37조 2항).[11)]

위 집행판결 및 집행결정은 집행력을 갖추게 하기 위한 소송법상 **형성의 재판**이라고 할 것이고,[12)] 외국법원의 확정재판등(중재판정)은 집행판결(집행결정)과 합체되어 집행권원이 된다고 할 것이다(**합체설**).[13)]

1) 집행판결이 있는 외국법원의 확정재판등

제26조(외국재판의 강제집행) ① 외국법원의 확정판결 또는 이와 동일한 효력이 인정되는 재판(이하 "확정재판등"이라 한다)에 기초한 강제집행은 대한민국 법원에서 집행판결로 그 강제집행을 허가하여야 할 수 있다. ② 집행판결을 청구하는 소는 채무자의 보통재판적이 있는 곳의 지방법원이 관할하며, 보통재판적이 없는 때에는 민사소송법 제11조의 규정에 따라 채무자에 대한 소를 관할하는 법원이 관할한다.

---

10) 여기서 정하여진 집행판결제도는, 재판권이 있는 외국의 법원에서 행하여진 판결에서 확인된 당사자의 권리를 우리나라에서 강제적으로 실현하고자 하는 경우에 다시 소를 제기하는 등 이중의 절차를 강요할 필요 없이 외국의 판결을 기초로 하되 단지 우리나라에서 판결의 강제실현이 허용되는지만을 심사하여 이를 승인하는 집행판결을 얻도록 함으로써 권리가 원활하게 실현되기를 원하는 당사자의 요구를 국가의 독점적·배타적 강제집행권 행사와 조화시켜 그 사이에 적절한 균형을 도모하려는 취지에서 나온 것이다(대법원 2017. 5. 30. 선고 2012다23832 판결).

11) 종래 이를 집행판결에 의하도록 한 것을 2016. 11. 30. 시행의 「중재법」 개정으로 집행결정으로 법원이 허가하여야 할 수 있도록 하였다. 즉, 중재판정의 집행절차를 판결절차에서 결정절차로 변경하였다. 이에 대하여는 전병서, "중재판정의 집행결정절차에 관한 검토", 사법(2019. 9), 127면 이하 참조.

12) 김홍엽, 53면; 이시윤, 126면. 독일에서의 Gaul/Schilken/Becker－Eberhard, Zwangsvollstreckungsrecht, §12 Rn. 5; MüKoZPO/Gottwald ZPO §722 Rn. 1. 그 밖에 외국재판이나 중재판정에서 확정된 실체법상 청구권에 기하여 다시 이행청구를 하는 것이라는 **이행소송설**, 우리나라에서 집행력의 존부 확정을 구하는 것이라는 **확인소송설**, 승인요건의 존재를 기판력으로 확정하는 확인기능과 더하여 해당 외국재판 등에 우리나라에서도 강제집행을 할 수 있는 자격을 부여한다는 형성기능을 함께 갖는 판결을 구하는 것이라는 **구제소송설** 등이 있다.

13) 김홍엽, 53면; 이시윤, 127면.

제27조(집행판결) ① 집행판결은 재판의 옳고 그름을 조사하지 아니하고 하여야한다. ② 집행판결을 청구하는 소는 다음 각호 가운데 어느 하나에 해당하면 각하하여야 한다. 1. 외국법원의 확정재판등이 확정된 것을 증명하지 아니한 때 2. 외국법원의 확정재판등이 민사소송법 제217조의 조건을 갖추지 아니한 때

5-9 외국법원의 확정재판등에 기초한 강제집행을 하려면 집행판결을 청구하는 소를 제기하여 집행판결이 있어야 한다. 즉 외국법원의 확정재판등은 그 자체로 집행권원이 되지 못하고, **집행판결**을 갖추어야 비로소 집행권원이 되어 집행을 할 수 있다(**합체설**).

법 26조 1항이 외국법원의 확정판결 또는 이와 동일한 효력이 인정되는 재판(확정재판등)으로 규정하고 있으므로 외국법원의 판결뿐만 아니라 결정 등 그 밖의 재판도 집행의 대상에 포함되는데, 다만 비송이나 대심구조에 의하지 않은 재판까지 집행의 대상으로 확대된 것은 아니다.14)

집행판결을 청구하는 소는 채권자가 강제집행을 하고자 하는 상대방(채무자)을 피고로 하여 채무자의 보통재판적이 있는 곳의 지방법원에 제기한다. 만약 보통재판적이 없는 때에는 민사소송법 11조 재산권이 있는 곳의 특별재판적의 규정에 따라 채무자에 대한 소를 관할하는 법원이 관할한다(26조 2항).

심리의 대상은 기본적으로 해당 외국법원의 확정재판등이 확정되었는지 여부 및 민사소송법 217조 1항 각 호의 요건을(가령, 그 확정재판등의 승인이 대한민국의 선량한 풍속이나 그 밖의 사회질서에 어긋나지 아니할 것) 충족하는지 여부이고(27조 2항), 확정재판등의 옳고 그름을 조사할 수 없다(동조 1항). 집행판결을 청구하는 소는 외국재판등의 우리나라에서의 집행력의 존부 및 그 범위를 심리판단하는 것을 목적으로 하는 것이므로 외국재판등의 내용, 즉 사실인정이나 법령의 적용에 관하여 다시 심사하는 것은 그 목적에 어긋나기 때문이다(**실체재심사의 금지**).15)

14) 위 집행판결제도의 취지에 비추어 보면, 위 규정에서 정하는 '외국법원의 확정재판등'이라고 함은 재판권을 가지는 외국의 사법기관이 그 권한에 기하여 사법상의 법률관계에 관하여 대립적 당사자에 대한 상호 간의 심문이 보장된 절차에서 종국적으로 한 재판으로서 구체적 급부의 이행 등 강제적 실현에 적합한 내용을 가지는 것을 의미한다(대법원 2017. 5. 30. 선고 2012다23832 판결).

15) 한편, 외국판결에 표시된 청구권이 그 변론종결 뒤, 즉 표준시 뒤에 소멸, 기한유예 등의 변경사유가 생긴 경우에는 본래 청구이의의 소로 주장하는 것이지만, 위 집행판결청구소송에서 항변으로 주장할 수 있다(**항변설**로, 김홍엽, 55면; 이시윤, 134면). 마찬가지로 일본 東京地方裁判所 平成25(2013)·4·26 판결은 집행판결을 구하는 소송 중에 (상계)항변으로 주장할 수 있

2) 집행결정이 있는 중재판정

중재법 제37조(중재판정의 승인과 집행) ② 중재판정에 기초한 집행은 당사자의 신청에 따라 법원에서 집행결정으로 이를 허가하여야 할 수 있다.

중재법 제38조(국내 중재판정) 대한민국에서 내려진 중재판정은 다음 각 호의 어느 하나에 해당하는 사유가 없으면 승인되거나 집행되어야 한다. 1. 중재판정의 당사자가 다음 각 목의 어느 하나에 해당하는 사실을 증명한 경우 가. 제36조제2항제1호 각 목의 어느 하나에 해당하는 사실 나. 다음의 어느 하나에 해당하는 사실 1) 중재판정의 구속력이 당사자에 대하여 아직 발생하지 아니하였다는 사실 2) 중재판정이 법원에 의하여 취소되었다는 사실 2. 제36조제2항제2호에 해당하는 경우

중재법 제39조(외국 중재판정) ①「외국 중재판정의 승인 및 집행에 관한 협약」을 적용받는 외국 중재판정의 승인 또는 집행은 같은 협약에 따라 한다. ②「외국 중재판정의 승인 및 집행에 관한 협약」을 적용받지 아니하는 외국 중재판정의 승인 또는 집행에 관하여는「민사소송법」제217조,「민사집행법」제26조제1항 및 제27조를 준용한다.

중재판정은 양쪽 당사자 간에 법원의 확정판결과 동일한 효력을 가진다(중재법 35조). 그렇다면, 중재판정은 집행력도 인정되어 단독으로 집행권원이 될 수 있을 것 같다. 그러나 중재판정을 내린 사람은 중재인으로 국가기관이 아닌 사인(私人)이다. 반드시 그 절차나 판정이 적정하게 내려졌다는 보장은 없다. 일정한 사유(중재법 36조 2항)가 있으면 중재판정은 취소되기도 한다(가령 해당 중재절차에 의한 당사자의 절차적 권리에 대한 침해 정도가 현저하여 용인할 수 없는 경우). 그래서 중재판정에 통용력을 인정할 수 없는 사유(집행거부사유)가 있는지 여부를[16] 국가기관인 법원이 판단하여 그러한 사유가 없는 경우에 한하여 집행권원이 되는 것이다. 즉 중재판정은 그 자체로는 집행권원이 되지 못하고 법원의 허가에 의한 **집행결정**을 갖춘 경우에(중재법 37조 2항) 비로소 집행권원이 되어 집행을 할 수 있다(**합체설**). 5-10

그러한 사유는 대한민국에서 내려진 **국내 중재판정**의 경우는「중재법」38조에 따른다.

한편「외국중재판정의 승인 및 집행에 관한 UN협약(The United Nations Convention on the Recognition and Enforcement of Foreign Arbitral Awards. 약칭으로 뉴욕협약이라고 하고, 우리도 1973년에 가입)」을 적용받는 **외국 중재판정**의 집행은 위 협

다고 풀이하는 것이 타당하다고 보았다.

16) 한편, 단지 중재판정취소의 소가 제기된 것만으로는 집행결정을 구하는 신청을 저지할 수 있는 사유가 되지 못한다(대법원 2001. 10. 12. 선고 99다45543 판결).

약에 따르고(중재법 39조 1항),[17] 반면 **위 협약을 적용받지 않는**[18] 외국 중재판정의 집행에 관하여는 집행결정절차가 아닌 위 외국법원의 확정재판등에 대한 집행판결절차인 민사소송법 217조, 민사집행법 26조 1항 및 27조를 준용한다(중재법 39조 2항).

(4) 집행증서

공증인법 제56조의2(어음 · 수표의 공증 등) ① 공증인은 어음 · 수표에 첨부하여 강제집행을 인낙(認諾)한다는 취지를 적은 공정증서를 작성할 수 있다. ... ④ 제1항에 따른 증서는 「민사집행법」 제56조에도 불구하고 그 어음 또는 수표에 공증된 발행인, 배서인 및 공증된 환어음을 공증인수(公證引受)한 지급인에 대하여는 집행권원으로 본다.

공증인법 제56조의3(건물 · 토지 · 특정동산의 인도 등에 관한 법률행위의 공증 등) ① 공증인은 건물이나 토지 또는 대통령령으로 정하는 동산의 인도 또는 반환을 목적으로 하는 청구에 대하여 강제집행을 승낙하는 취지를 기재한 공정증서를 작성할 수 있다. 다만, 임차건물의 인도 또는 반환에 관한 공정증서는 임대인과 임차인 사이의 임대차 관계 종료를 원인으로 임차건물을 인도 또는 반환하기 전 6개월 이내에 작성되는 경우로서 그 증서에 임차인에 대한 금원 지급에 대하여도 강제집행을 승낙하는 취지의 합의내용이 포함되어 있는 경우에만 작성할 수 있다. ... ③ 제1항에 따른 공정증서는 「민사집행법」 제56조에도 불구하고 강제집행의 집행권원으로 본다.

5-11 공증인이 일정한 금액이나 대체물 또는 유가증권의 일정한 수량의 급여를 목적으로 하는 청구에 관하여 작성한 공정증서로서, 채무자가 강제집행을 승낙한 취지가 적혀 있는 것은 집행권원이 될 수 있다(56조 4호). 그리고 어음 · 수표에 부착하여 강제집행을 인낙하는 취지를 기재하여 작성한 공정증서도 집행권원이 될 수 있다(공증인법 56조의2 1항). 나아가 공증인은 토지나 건물 또는 **대통령령으로 정하는 동산**의[19] 인도 또는 반환을 목적으로 하는 청구에 대하여 강제집행을 승낙하는 취

17) 외국 중재판정에 민사소송법상 재심사유에 해당하는 사유가 있을 경우 청구이의사유를 인정하여 뉴욕협약상 공서양속위반을 이유로 집행을 거부할 수 있다(대법원 2018. 12. 13. 선고 2016다49931 판결).

18) 우리는 위 뉴욕협약에 가입할 때 상호 체약국인 경우에 한하여, 그리고 우리법상 상사관련 분쟁에 한하여 이 협약을 적용한다는 유보선언을 하였다. 한편, 국제조정에 있어서 우리는 2019년 8월 7일 국제조정의 집행 가능성에 관한 싱가포르협약(United Nations Convention on the International Settlement Agreements Resulting from Mediation)에 서명하였다.

19) 대통령령으로 정하는 동산이란 「민법」 99조 2항의 동산 중, 「선박법」에 따라 등록된 선박, 「건설기계관리법」에 따라 등록된 건설기계, 「자동차관리법」에 따라 등록된 자동차, 「항공안전법」에 따라 등록된 항공기, 「공장 및 광업재단 저당법」에 따라 공장재단이나 광업재단으로 등기된 기업재산, 그 밖에 다른 법령에 따라 등기되거나 등록된 동산에 해당하지 아니하는 것을 말한다(공증인법 시행령 37조의2).

지를 기재한 공정증서를 작성할 수 있다(공증인법 56조의3 1항 본문).[20] 다만, 임차건물의 인도 또는 반환에 관한 공정증서는 임대인과 임차인 사이의 임대차 관계 종료를 원인으로 임차건물을 인도 또는 반환하기 전 6개월 이내에 작성되는 경우로서 그 증서에 임차인에 대한 금원 지급에 대하여도 강제집행을 승낙하는 취지의 합의 내용이 포함되어 있는 경우에만 작성할 수 있다(공증인법 56조의3 1항 단서).

집행증서(vollstreckbare Urkunde)는 공증제도가 강제집행제도와 연결된 것으로, 집행증서라는 용어를 관련 법률에서 명문으로 정식으로 사용하고 있지는 않지만,[21] 공정증서 가운데 집행력을 가지지 않는 공정증서와 구별하기 위하여 위와 같은 공정증서를 특히 집행증서라고 부른다.

① 집행증서는 공증인 자신이 스스로 작성한 증서이어야 한다. 공증인의 인증만이 있는 사서증서는 집행증서가 될 수 없다.

② 그리고 공증인의 권한 내에서 법정의 방식에 따라 작성한 증서이어야 한다. 당사자, 그 밖의 관계인의 촉탁에 의하여 증서를 작성하였을 것, 직무집행구역 내에서 공증인이 취급한 사건일 것, 공증인에게 제척사유가 없을 것, 증서의 작성절차에 관한 규정에 따라 법정의 형식을 구비할 것, 국어를 사용하여 작성된 증서일 것 등의 요건을 갖추어야 한다(공증인법 16조, 21조, 26조 1항 참조).

③ 채무자가 강제집행을 승낙한 취지가 적혀 있어야 한다. 이를 집행수락문언이라고 한다.[22] 공증인에 대한 채무자의 단독의 **소송행위**이다(따라서 판례는 민법상

20) 집행증서의 대상범위가 종래에는 일정한 금액이나 대체물 또는 유가증권의 일정한 수량의 급여를 목적으로 하는 청구에 한정되었고, 유체동산의 인도청구라든지 토지인도청구와 같은 비대체성의 특정물의 급부를 목적으로 하는 청구에 관하여는 집행증서가 인정되지 않았으나, 2013. 5. 28.「공증인법」을 일부 개정하여(2013. 11. 29. 시행) 56조의3에서 위와 같이 **건물이나 토지 또는 대통령령으로 정하는 특정동산의 인도·반환을 구하는 경우도 집행증서의 대상범위에 추가**하였다.

21)「민사집행법」56조 4호는 "공증인이 ... 작성한 공정증서 ..."라고 하여「집행증서」라는 용어를 사용하고 있지 않다. 또한「공증인법」56조의2 1항은 "강제집행을 인낙하는 취지를 기재한 공정증서", 동조 5항은 "집행권원으로 보는 증서" 등의 용어를 사용하고 있을 뿐이다. 다만,「근로기준법」44조의3 1항 2호에서 "... 하수급인의 근로자에게 하수급인에 대하여 임금채권이 있음을 증명하는 같은 법 56조 4호에 따른「집행증서」..."라고 규정하여 집행증서라는 용어를 사용하고 있다.

22) 공정증서작성의 촉탁에 관한 일반적인 위임장만으로 집행수락조항까지 넣을 수는 없으나, 어음·수표에 작성하는 공정증서는 법률상 즉시 강제집행할 것을 기재하는 증서로 되어 있으므로 자기가 발행한 어음이나 수표에 공정증서를 작성할 것을 위탁하게 되면 그것은 특별한 사정이 없는 한 위 법률의 규정에 의하여 즉시 강제집행할 것을 기재한 증서로 작성하여 주라는 것으로 볼 수 있으므로, 대리인에 의하여 그 증서의 작성을 촉탁하는 경우 위임장에 공증할 어음 또는 수표를 명시하고 그 어음 등에 공정증서 작성을 촉탁하는 권한을 위임한다는 기재만 있으면, 집

표현법리에 소극적).[23)]

④ 집행증서상 집행할 청구권의 금액, 수량 등이 일정하여야 한다(다만, 공증인법 56조3의 토지 등이나 대통령령으로 정하는 동산의 인도집행증서는 별도). 즉, 증서상 금액 또는 수량이 명기되어 있든가 증서 자체로부터 이를 산출할 수 있어야 한다(가령, 이자에 관하여 이율과 기간이 결정되어야 한다). 일정한 금액, 수량이 표시되어 있다면, 그 청구권이 조건부·기한부 또는 반대급부에 관련된 것이라도 무방하고, 장래의 청구권(취소권·해제권의 행사에 의하여 생기는 청구권, 보증인·연대채무자가 취득할 구상권 등)도 기본인 법률관계가 확정되어 금액·수량이 일정하다면 정지조건부 청구권과 구별할 이유는 없다고 본다.

◈ 집행권원에 지연손해금채권에 대하여 아무런 표시가 없는 경우 지연손해금채권에 대한 강제집행 청구 가부(소극) ◈ 강제집행에 있어서 채권자가 채무자에 대하여 가지는 집행채권의 범위는 집행권원에 표시된 바에 의하여 정하여지므로, 집행권원, 즉 집행력 있는 공정증서정본상 차용원금채권 및 이에 대한 그 변제기까지의 이자 이외에 변제기 이후 다 갚을 때까지의 지연손해금채권에 대하여는 아무런 표시가 되어 있지 않는 한, 그 지연손해금채권에 대하여는 강제집행을 청구할 수 없다.[24)] 그런데 이자부 금전소비대차에 있어서는 채무자는 원금 이외에도 차용일로부터 약정된 변제기까지 이자를 지급할 채무를 지고, 채무자가 변제기를 도과하였을 때에는 그 변제기 이후 다 갚을 때까지의 지연이자 또는 지연손해금을 지급하여야 하므로 **이자부 금전소비대차**에 관한 공정증서정본상 지연손해금채권에 대하여 아무런 표시가 없는 경우라도 당연히 원금에 변제기 이후 채권압류 및 전부명령 신청일까지의 지연손해금을 부가하여 강제집행을 청구할 수 있는 것이 아닌가의 논의가 있을 수 있다.

집행증서가 위와 같은 요건을 갖추면 집행권원으로서 집행력을 가진다.[25)]

한편 외국법원의 판결에 준하여 **외국의 집행증서**를 우리의 집행권원으로 인

행수락의 의사표시를 대리할 권한까지 부여한 것으로 추정하여도 무방할 것이다.

23) 적법한 대리권 없이 공정증서작성의 촉탁을 한 사안에 있어서 즉시 강제집행을 하여도 이의가 없다는 강제집행수락의 의사표시는 **소송행위**라 할 것이고, 이러한 소송행위에 민법상의 **표현대리규정이 적용 또는 유추적용될 수는 없다**고 보았다(대법원 1983. 2. 8. 선고 81다카621 판결).

24) 대법원 1994. 5. 13.자 94마542, 543 결정.

25) 다만, 집행증서는 집행력이 있을 뿐이고, 기판력이 없기 때문에 기판력 있는 판결을 받기 위하여 집행증서의 내용과 동일한 청구를 소로 제기할 이익이 있다(대법원 1996. 3. 8. 선고 95다22795 판결). 그리고 법 59조 3항에서는 '청구에 관한 이의의 주장에 대하여는 그 이유가 변론이 종결된 뒤(변론 없이 한 판결의 경우에는 판결이 선고된 뒤)에 생긴 것이어야 한다는 44조 2항의 규정을 적용하지 아니한다'고 하고 있으므로 집행증서에 기재된 청구가 애초부터 불성립 또는 무효인 경우에도 기판력이 없고, 청구이의의 소를 제기할 수 있다.

정할 것인지 여부가 문제되는데, 앞으로 조약 내지 입법에 의하여 집행력을 인정하는 방향이 검토되어야 할 것이다.

(5) 항고로만 불복할 수 있는 재판

제56조(그 밖의 집행권원) 강제집행은 다음 가운데 어느 하나에 기초하여서도 실시할 수 있다. 1. 항고로만 불복할 수 있는 재판 ...

결정 또는 명령은 고지에 의하여 성립과 함께(민사소송법 221조) 곧 집행력이 생기는 것이 원칙인데, 민사집행법은 항고(특별항고는 제외)로만 불복할 수 있는 재판은 집행권원이 된다고 규정하고 있다(56조 1호). 결정, 명령은 판결에 비하여 보다 간단한 절차로, 이행을 명하는 재판은 대부분 판결의 형식에 의하고, 결정, 명령의 형식에 의한 경우는 많지 않다. 여기의 결정, 명령은 그 내용이 집행에 적합한 **구체적 청구권을 선언**하는 결정 또는 명령이어야 하는데, 이에 해당하는 것으로서 소송비용액의 확정결정(민사소송법 110조. 또한 재판예규 재민 80-2 참조),[26] 무권대리인에게 소송비용액을 상환하도록 명한 결정(민사소송법 107조 2항, 1항), 부동산인도명령(민사집행법 136조 1항, 3항), 간접강제의 금전지급결정(261조 1항)[27] 등이 있다. 「가사소송법」 41조는 금전의 지급, 물건의 인도, 등기, 그 밖에 의무의 이행을 명하는 심판은 집행권원이 된다고 규정하고 있는데, 이 경우도 위 경우에 해당한다고 할 수 있다.[28] 5-12

(6) 확정된 지급명령 · 이행권고결정

제56조(그 밖의 집행권원) 강제집행은 다음 가운데 어느 하나에 기초하여서도 실시할 수 있다. ... 3. 확정된 지급명령 ... 5. 소송상 화해, 청구의 인낙 등 그 밖에 확정판결과 같은 효력을 가지는 것

26) 실무는 소송비용액확정결정문의 주문에 지연이자를 명시하지 않고 있다. 다만 판례는 소송비용액확정결정의 집행력은 그 결정에서 확정한 소송비용액과 그에 대한 변제기 이후의 지연손해금 및 강제집행비용에 미친다고 하고 있다(대법원 2008. 7. 10. 선고 2008다10051 판결[미간행]).

27) 부대체적 작위의무의 가처분결정에서 정한 의무이행기간이 경과하면 그 효력이 소멸하여 가처분결정에 기초하여 간접강제결정이 발령되어 확정되었더라도, 간접강제결정은 무효인 집행권원에 기초한 것으로서 강제집행의 요건을 갖추지 못하였으므로, 간접강제결정에서 정한 배상금에 대하여 집행권원으로서의 효력을 가질 수 없다(대법원 2017. 4. 7. 선고 2013다80627 판결).

28) 이시윤, 147면.

5-13 지급명령이 확정되면 집행력이 있는데(민사소송법 474조 참조), 이는 집행권원이 된다(56조 3호). 확정된 이행권고결정(소액사건심판법 5조의7, 5조의8)도 마찬가지이다(56조 5호).

(7) 확정판결과 같은 효력을 가지는 것

> **제56조(그 밖의 집행권원)** 강제집행은 다음 가운데 어느 하나에 기초하여서도 실시할 수 있다. ... 5. 소송상 화해, 청구의 인낙 등 그 밖에 확정판결과 같은 효력을 가지는 것

5-14 재판상 화해조서와 청구인낙조서(민사소송법 220조. 확정판결과 같은 효력을 가진다), 화해권고결정(민사소송법 231조. 재판상 화해와 같은 효력을 가진다. 그리하여 확정판결과 같은 효력을 가진다), 민사조정법상의 조정조서(민사조정법 29조. 재판상 화해와 같은 효력이 있다), 조정을 갈음하는 결정(민사조정법 30조, 32조)도 집행권원이 된다.

(8) 가압류 · 가처분명령

5-15 가압류 · 가처분과 같은 보전처분의 절차는 보전명령을 받기까지의 보전명령에 관한 절차와 보전명령을 집행권원으로 하여 그 내용을 실현하기 위한 보전명령의 집행에 관한 절차로 나뉜다. 가압류 · 가처분의 집행에는 강제집행에 관한 규정이 준용되므로(291조, 301조) 가압류 · 가처분명령은 집행권원이 된다. 다만, 가압류 · 가처분에 대한 재판은 발령과 동시에 집행력이 생기므로 당사자의 승계가 없는 한 원칙적으로 별도로 집행문을 부여받을 필요는 없다(☞20-45).[29]

(9) 파산채권자표 등

5-16 파산채권자표, 회생채권자표, 회생담보채권자표,[30] 개인회생채권자표는 확정판결과 동일한 효력이 있으므로(채무자 회생 및 파산에 관한 법률 535조, 548조 1항, 255조 1항, 292조, 603조 4항 등) 각각 집행권원이 된다.[31] 법인 파산절차 또는 회생절차

29) 그런데 **보전처분 절차에서 이루어진 화해권고결정**은 가압류 · 가처분에 대한 법원의 재판이라고 할 수 없으므로 가압류 · 가처분에 대한 재판과 달리, 집행문을 받아야 집행할 수 있다(대법원 2022. 9. 29.자 2022마5873 결정).

30) 회생절차개시 이전부터 회생채권 또는 회생담보권에 관하여 집행권원이 있었다 하더라도, 회생계획인가결정이 있은 후에는 채무자 회생 및 파산에 관한 법률 252조에 의하여 모든 권리가 변경 · 확정되고 종전의 회생채권 또는 회생담보권에 관한 집행권원에 의하여 강제집행 등은 할 수 없으며, 회생채권자표와 회생담보권자표의 기재만이 집행권원이 된다(대법원 2017. 5. 23. 선고 2016마1256 판결).

31) 파산채권자표의 기재는 집행권원이 되는데, 면책된 파산채권에 기하여는 강제집행을 할 수 없지만, 비면책채권에 해당하면 강제집행을 할 수 있다(자세히는 전병서, 도산법[제4판], 14-36, 14-37 부분 참조).

에서 법인의 이사 등에 대한 출자이행청구권 또는 그 이사등의 책임에 기한 손해배상청구권의 조사확정재판도 마찬가지이다(채무자 회생 및 파산에 관한 법률 354조, 117조).

(10) 검사의 집행명령 등

과태료의 재판에 대한 검사의 집행명령(60조), 벌금, 과료, 몰수, 추징, 과태료, 소송비용, 비용배상 또는 가납의 재판에 대한 검사의 명령(형사소송법 477조)도 집행권원과 같은 효력이 있다. 5-17

3. 집행권원의 집행력 배제

청구이의의 소는 채무자가 특정한 집행권원에 표시된 청구권의 존재·내용 등에 대한 이의를 주장하여 집행을 불허하는 판결에 의하여 그 집행권원이 가지는 집행력의 배제를 구하는 소인데(44조 등), 자세히는 따로 후술한다(☞7-24). 5-18

Ⅱ. 집행문

집행권원을 취득하면 곧바로 강제집행을 신청할 수 있는 것은 아니고, 그 밖에 집행권원이 집행당사자에 대한 관계에서 집행력을 갖고 있다는 공적 증명서인 집행문(Vollstreckungsklausel)이 있어야 강제집행을 할 수 있다(분리된 판결절차와 집행절차의 가교 역할). 결국 강제집행을 함에 있어서 일반요건으로는 앞에서 본 **집행권원**과 여기에서의 **집행문**이라는 두 가지 서류가 있어야 하고, 이는 강제집행신청서의 첨부서류가 된다. 5-19

1. 의 의

제28조(집행력 있는 정본) ① 강제집행은 집행문이 있는 판결정본(이하 "집행력 있는 정본"이라 한다)이 있어야 할 수 있다. ② 집행문은 신청에 따라 제1심 법원의 법원서기관·법원사무관·법원주사 또는 법원주사보(이하 "법원사무관등"이라 한다)가 내어 주며, 소송기록이 상급심에 있는 때에는 그 법원의 법원사무관등이 내어 준다.

제29조(집행문) ① 집행문은 판결정본의 끝에 덧붙여 적는다.

제36조(판결원본에의 기재) 집행문을 내어 주는 경우에는 판결원본 또는 상소심 판결정본에 원고 또는 피고에게 이를 내어 준다는 취지와 그 날짜를 적어야 한다.

5-20 집행문은 집행권원에 집행력이 현재 있다는 것과 누가 집행당사자인가를 집행권원의 끝에 덧붙여 적는 공증문서이다. 가령, 판결이 집행권원이 되는 경우에는 사건기록이 있는 법원의 법원사무관등이 판결문 뒤에 "위 정본은 피고 ○○○에 대한 강제집행을 실시하기 위하여 원고 ○○○에게 부여한다"는 취지를 부기하고 법원사무관등이 이에 기명날인하여 내어주는 것(29조)이 집행문이다. 이와 같은 집행문이 있는 판결정본을 '집행력 있는 정본(줄여서 집행정본. Vollstreckbare Ausfertigung)'이라고 한다(28조 1항. 단순히 '집행권원의 정본'이 아니라, '집행력 있는 집행권원의 정본'이 요구되는 것이다).

◈ **집행문의 연혁** ◈ 집행문은 본래 프랑스에서 발전된 제도라고 한다. 프랑스 혁명기에 집행권원인 판결이나 집행증서를 프랑스 국내 전역에서 집행할 수 있게 하기 위하여 집행문의 부여가 필요하게 되었다. 한편, 독일에서는 19세기 중엽까지의 프로이센법 시기에서는 판결기관과 집행기관이 분리되지 않고, 강제집행의 지위는 오로지 판결법원에 의하여 행하여져 왔다. 1877년 독일 제국민사소송법(CPO)을 제정함에 있어서 프랑스법의 집행사제도를 모범으로 집행관제도를 도입하는 것과 함께 집행관을 집행기관으로 하는 것을 정하고, 판결기관과 집행기관을 분리하여 직접이고 신속한 집행이 기대하였으나, 당시 집행관의 능력상 문제가 있어서, 한편으로는 집행관의 직무권한을 한정하여 법원과 분담시켜, 집행기관의 다원적 구성을 택하였다. 다른 한편으로는 집행기관의 심사권한에 관하여 적법성의 심사권한을 부정하여 집행의 형식성만으로 한정하였다. 그리고 집행기관에 의한 집행권원의 집행력에 관한 심사권한을 부정한 것의 대응조치로 집행문제도를 도입하여 판결기관과도 다르고, 집행기관과도 다른 집행문부여기관에 집행권원에 집행력이 있는지 여부를 심사시켜 집행력의 존재가 긍정되는 때는 이를 집행문이라는 형태로 집행기관에 부기시키는 것으로 하였다.

2. 집행문의 필요성과 그 예외

5-21 일반적으로 집행권원을 취득하여 그를 바탕으로 강제집행을 하기까지는 상당한 시간적 간격이 생길 수밖에 없으며, 그 사이에 권리관계 주체의 변동, 조건부 청구권의 조건성취, 상고·재심 등에 의한 판결의 취소·변경 등의 사유가 생길 수가 있다. 사건기록도 가지고 있지 않은 집행기관이 이러한 것까지 조사하여 집행기관에 제시된 집행권원이 집행력이 있는가를 판단하도록 하는 것은 적당하지 않고 또한 신속한 집행을 저해한다. 따라서 현재 기록을 보관하는 기관으로부터 해당 집행권원에 의한

강제집행을 실시하는데 아무런 문제가 없다는 점을 공권적으로 확정 · 보충받도록 하려는 취지에서 집행문제도가 생겼다. 이에 의하여 집행기관은 집행권원과 집행문을 형식적으로 심사하는 것만으로 신속하게 집행행위를 할 수 있게 된다.

그리하여 강제집행을 실시함에 있어서 집행권원에는 원칙적으로 집행문이 필요하다. 예외적으로 아래와 같이 집행문이 필요하지 않은 경우를 제외하고, 집행문이 없이 행하여진 강제집행은 당연무효가 된다.

가집행선고 있는 종국판결, **집행증서**와 같이 집행할 수 있다는 취지가 그 자체에 적혀 있는 집행권원인 경우에도 집행문이 필요하다. 그런데 모든 집행권원에 집행문이 필요할 것 같으나, 한편 집행의 신속 · 간이성의 요청 때문에 확정된 **지급명령**(58조 1항 본문), 확정된 **이행권고결정**(소액사건심판법 5조의8 1항), **가압류 · 가처분명령**(다만 승계의 경우는 292조, 301조 참조) 등은 원칙적으로 집행문부여의 **예외**가 된다(☞20-45).[32]

그리고 부동산이전등기이행판결과 같이 **의사의 진술을 명하는 판결**도 따로 **집행문이 필요하지 않다**. 판결이 확정된 때에 채무자가 그러한 의사표시를 한 것으로 보는데(263조 1항), 판결이 확정되면 이로써 그 시점에서 집행이 종료되기 때문이다.[33] 그러나 채권자 측의 금전지급을 조건으로 하는 소유권이전등기이행판결과 같이 반대의무가 이행된 뒤에 의사의 진술을 할 것인 경우에는(동조 2항) 법 30조와 32조에 의한 집행문이 필요하다(☞5-24).

3. 집행문의 종류

집행문에는 집행문부여의 요건을 기준으로 하여 아래와 같은 3가지가 있다.[34] 5-22

---

32) 한편, 민사집행법이 적용 또는 준용되지 아니하는 법률의 규정에 의하여 재판상의 화해와 동일한 효력이 있는 문서에 대한 집행문의 부여절차에 관하여는 「각종 분쟁조정위원회 등의 조정조서 등에 대한 집행문부여에 관한 규칙」이 마련되어 있다.

33) 단순하게 의사의 표시를 명하는 경우에 판결 확정 시에 의사표시가 있는 것으로 간주되는데, 의사표시 간주의 효과가 생긴 후에 등기권리자의 지위가 승계된 경우에는 「부동산등기법」의 규정에 따라 등기절차를 이행할 수 있을 뿐이고 원칙적으로 승계집행문이 부여될 수 없다(대법원 2017. 12. 28.자 2017그100 결정).

34) **일본** 민사집행법에서는 부동산의 인도 또는 명도를 명하는 집행권원에 대하여 채무자(점유자)의 승계가 있는 경우에 그 채무자를 특정하는 것이 곤란한 특별한 사정이 있는 때는 이를 본안으로 하는 점유이전금지가처분, 민사집행법에 의한 **매각을 위한 보전처분**, 담보부동산경매개새결정 전의 보전처분이 집행된 것 등의 일정한 요건하에 채무자를 특정하지 않은 채 승계집행문을 부여할 수 있는데(27조 3항), 이 경우의 집행문을 **채무자불특정집행문**이라고 한다. 특수집행문의 하나라고 할 수 있다.

집행권원 성립시(판결의 경우는 그 기준시인 변론종결시)와 그 뒤의 권리·의무의 주체 및 그 내용의 변동의 유무 및 형태를 고려한 것으로, 권리관계에 변동이 없으므로 집행권원에 표시된 이행청구권의 주체 및 내용을 그대로 공증하면 충분한 경우인 단순집행문과 권리관계에 변동이 있으므로 표시된 이행청구권의 주체 및 내용의 변경을 집행문에 반영시켜야 하는 경우인 조건성취집행문과 승계집행문이 있다. 그리하여 **단순집행문** 이외에 조건성취집행문과 승계집행문과 같은 **특수집행문**의 부여에 대하여는 일반요건 이외에 특수집행문의 종류에 따라 별도의 요건이 필요하다.

(1) 단순집행문

5-23 통상의 강제집행의 경우에 집행권원에 표시된 당사자가 집행권원에 표시된 당사자를 상대방으로 집행권원에 기재된 내용 그대로 강제집행을 구한다. 이 경우에는 집행권원의 집행력만 확인될 수 있다면, 그대로 강제집행을 개시하여도 되므로 집행문부여의 일반요건만 구비되어 있으면 집행문은 부여된다. 이는 집행권원의 집행력이 현재 살아 있음을 공증하는 것에 지나지 않으므로 단순집행문이라고 부른다. 사실관계상 집행문의 부여에 특별한 법적 문제가 생기지 않는 경우에 부여되는 이러한 단순집행문의 경우가 실무상 대부분을 차지한다.

◈ 기재례 ◈

이 정본은 OOO에 대한 강제집행을 실시하기 위하여 OOO에게 내어 준다.
2016. 3. OO.
O O 법 원
법원사무관 인

(2) 조건성취집행문

제30조(집행문부여) ② 판결을 집행하는 데에 조건이 붙어 있어 그 조건이 성취되었음을 채권자가 증명하여야 하는 때에는 이를 증명하는 서류를 제출하여야만 집행문을 내어 준다. 다만, 판결의 집행이 담보의 제공을 조건으로 하는 때에는 그러하지 아니하다.

① 정지조건의 성취, 불확정기한의 도래, 선이행관계의 반대의무의 이행 등이 이루어졌음을 증명책임이 있는 채권자가 증명한 경우에 한하여 내어 주는 것이 조건성취집행문이다(30조 2항 본문). 가령, '乙은 甲으로부터 이행의 촉구를 받은 때에 그로부터 10일 이내에 1억 원을 지급하라'는 조건이 붙어 있는 경우에 甲에 의한 이행의 촉구사실이 금전지급청구권의 정지조건으로 집행력 발생의 요건에 해당하고, 그러한 조건의 성취가 확인되어야 비로소 집행문을 부여하고 강제집행의 개시를 할 수 있게 된다. 여기에서의 '조건'은 「민법」상의 개념보다는 넓은 개념이지만, 일반적으로 이러한 집행문을 **조건성취집행문**(titelergänzende Vollstreckungsklausel)이라고 하는데, 한편 조건성취 등을 증명하는 서류가 보충되어야 한다는 의미에서 **보충집행문**이라고도 할 수 있다. 조건 등이 성취되었음의 확인은 종종 그리 간단하게 이루어질 수 없으므로 그 확인을 집행기관에 맡기는 것은 적당하지 않다. 따라서 채권자가 조건 등이 성취되었음을 증명하는 서류를 제출하여야만 집행문부여기관이 집행문을 부여하게 된다. 한편, 해제조건은 청구권 소멸사유이므로 집행을 면하려는 채무자가 그 성취를 증명할 사항으로 여기에서의 집행문부여의 요건과는 상관없다. 5-24

◈ 과태(過怠)약관 내지는 기한의 이익 상실약관(실권약관) ◈ 甲과 乙은 A건물의 소유권을 둘러싸고 소송에서 다투다가 소송상 화해가 성립하였다. 그 내용은 A건물의 소유권은 甲에게 속하는 것으로, 乙은 A건물을 甲으로부터 월 100만 원에 임차하는 것으로 하였다. 또 화해의 내용에는 乙이 2개월 이상 차임의 지급을 게을리 하면, 당연히 임대차계약은 해지되고, 乙은 甲에게 A건물을 인도한다는 취지의 조항이 있었다. 그런데 그 뒤, 乙은 2개월간 차임의 지급을 하지 못하여 임대차계약이 해지된 경우에 건물인도집행을 위하여 甲은 어떠한 집행문의 부여를 구하여야 하는가. 또한 乙은 이에 대하여 차임을 지급하였다고 주장하여 甲의 강제집행을 다툴 경우에 어떠한 방법을 취하여야 하는가. 위와 같은 화해조항의 약정을 과태약관 내지는 기한의 이익 상실약관이라고 부른다. 위 당연해지특약은 법 30조 2항 채권자가 증명하여야 하는 때에 해당하지 않으므로 甲은 조건성취집행문의 부여를 구할 필요가 없고, **단순집행문의 부여**를 구하면 된다. 신속하면서 복잡하지 않은 집행을 확보하려는 과태약관의 취지 등을 중시한다면 이렇게 처리하는 것이 타당할 것이다. 단순집행문이 부여된 경우에 채무자인 乙이 이를 다툼에 있어서는 단순집행문에 대한 이의이므로 집행문부여에 대한 이의의 소는 인정되지 않고, 乙은 차임의 지급을 이유로 하는 실체관계상 다툼으로 **청구이의의 소**(44조)에 의하여야 한다(☞7-34).[35] 이에 대하여 채무불이행에 의하여 청구권이 현재화한 것을 집행문부여의 요건으로 하면

35) 김홍엽, 69면; 박두환, 149면; 이시윤, 158면.

서, 집행문부여절차에서 채무자에게 채무이행을 증명할 기회를 주고자 하는 입장도 있다.[36] 양쪽 입장 모두 과태사실의 부존재를 채무자에게 주장시킨다는 점에서는 일치한다고 생각되지만, 그것을 사전의 집행문부여 시에 행할 것인가, 아니면 사후의 청구이의의 소에서 충분하다고 할 것인가의 점에서 대립하고 있다고 볼 수 있다.

② 그런데 집행을 함에 있어서 집행의 요건에 해당하는 사실이라고 하여 그 모든 것을 **집행문부여기관**에게 조사 · 판단시킬 필연성은 없다. 그 가운데 채권자의 증명을 기다릴 필요 없이 **집행기관**에게 그 사실의 존재를 판단시키더라도 집행의 실시에 문제를 일으키지 않는 것도 있다. 이러한 사항을 **집행개시의 요건**이라고 한다. 조건성취집행문에서의 집행의 요건에 해당하지 않는다고 법정되어 있는 것이 있는데, 가령 확정기한의 도래는 달력으로 기한의 도래를 쉽게 알 수 있으므로 여기의 집행문 단계에서 문제되지 않고, 집행개시의 요건이 된다(40조 1항. ☞6-7).

집행문부여요건	집행개시요건
▸ 정지조건의 성취 ▸ 불확정기한의 도래 ▸ 선이행관계의 반대의무의 이행(30조 2항 본문) * 해제조건의 성취는 청구권의 소멸사유이므로 상대방이 주장 · 증명책임	▸ 확정기한의 도래(40조 1항) ▸ 상환이행판결에 있어서 채권자의 반대의무의 이행 또는 이행의 제공(41조 1항) ▸ 대상청구의 집행에 필요한 본래의 청구권의 집행불능(41조 2항)

③ 그리고 **상환이행판결**에서는 채권자가 반대의무의 이행 또는 이행의 제공을 한 것을 증명하여야만 집행을 개시할 수 있는 **집행개시의 요건**으로(41조 1항. ☞6-9), 이후 반대의무의 이행이 증명되면 즉시 강제집행을 개시할 수 있는데, 반대의무의 이행 등과 관련하여 이를 집행개시의 요건으로 하지 않고 아래와 같이 집행문부여요건으로 하는 경우가 있다는 것을 주의하여야 한다.

제263조(의사표시의무의 집행) ② 반대의무가 이행된 뒤에 권리관계의 성립을 인낙하거나 의사를 진술할 것인 경우에는 제30조와 제32조의 규정에 따라 집행문을 내어 준 때에 그 효력이 생긴다.

---

36) 과태조항의 존재를 의미 없는 것으로 보아 즉시 집행문부여를 하는 것은 타당하지 않다는 中野貞一郎/下村正明, 民事執行法, 257~258면도 참조. 일본 민사집행법 174조 3항을 유추적용하여 채무자에게 사전에 과태의 부존재를 증명하는 문서를 제출하도록 기간을 정하여 최고하고 그 문서가 제출되지 않은 경우에 집행문을 부여하는 것을 주장하고 있다.

④ 가령, 잔대금의 이행제공을 받음과 동시에 소유권이전등기의무의 이행을 명하는 판결(의사의 진술을 명하는 판결)에 있어서는 의사표시의 간주가 이루어진다는 특수성에서 그 판결이 확정된 뒤에 채권자가 그 반대의무를 이행한 사실을 증명하고 재판장 또는 사법보좌관의 명령에 따라 집행문을 받았을 때 의사표시의 효력이 생기므로(263조 2항. ☞16-18) 이 경우에 반대의무의 이행제공은 집행개시의 요건이 아니라, **집행문부여의 요건**이다.[37] 위 집행문을 받으면 집행절차는 그대로 종료하고(즉, 의사의 진술효과가 발생), 채권자는 이를 가지고 등기를 신청하면 된다.

일반 상환이행판결	의사의 진술을 명하는 상환이행판결	선이행판결
강제집행개시요건	집행문부여요건	집행문부여요건
가집행 가능	가집행 불가능	가집행 불가능
피고는 원고로부터 ~을 인도받음과 **동시**에 원고에게 1억 원을 지급하라.	피고는 원고로부터 1억 원을 지급받음과 **동시**에 원고에게 ~말소등기절차를 이행하라.	피고는 원고로부터 1억 원을 지급받은 **다음** 원고에게 ~말소등기절차를 이행하라.

(3) 승계집행문

1) 의 의

제31조(승계집행문) ① 집행문은 판결에 표시된 채권자의 승계인을 위하여 내어 주거나 판결에 표시된 채무자의 승계인에 대한 집행을 위하여 내어 줄 수 있다. 다만, 그 승계가 법원에 명백한 사실이거나, 증명서로 승계를 증명한 때에 한한다.

37) 소유권이전등기청구권에 대한 압류나 가압류는 채권에 대한 것이지 등기청구권의 목적물인 부동산에 대한 것이 아니고, 채무자와 제3채무자에게 그 결정을 송달하는 외에 현행법상 등기부에 이를 공시하는 방법이 없는 것으로서, 당해 채권자와 채무자 및 제3채무자 사이에만 효력이 있을 뿐 압류나 가압류와 관계가 없는 제3자에 대하여는 압류나 가압류의 처분금지적 효력을 주장할 수 없게 되므로, 청구권의 목적물인 부동산 자체의 처분을 금지하는 대물적 효력은 없고, 또한 채권에 대한 가압류가 있더라도 이는 채무자가 제3채무자로부터 현실로 급부를 추심하는 것만을 금지하는 것이므로 채무자는 제3채무자를 상대로 그 이행을 구하는 소송을 제기할 수 있고 법원은 가압류가 되어 있음을 이유로 이를 배척할 수는 없는 것이지만, 소유권이전등기를 명하는 판결은 의사의 진술을 명하는 판결로서 이것이 확정되면 채무자는 일방적으로 이전등기를 신청할 수 있고 제3채무자는 이를 저지할 방법이 없게 되므로 이와 같은 경우에는 **가압류의 해제를 조건으로 하지 않는 한** 법원은 이를 인용하여서는 안 되는 것이며, 가처분이 있는 경우도 이와 마찬가지로 그 **가처분의 해제를 조건으로 하여야만 소유권이전등기절차의 이행을 명할 수 있다**(대법원 1999. 2. 9. 선고 98다42615 판결).

5-25 집행권원에 표시된 당사자 이외의 사람을 채권자 또는 채무자로 하는 강제집행에 있어서 그 승계가 법원에 명백한 사실이거나 승계사실을 증명서로 증명한 때에 한하여 법원사무관등이나 공증인이 집행문을 내어 주는 것을 승계집행문이라고 한다(31조 1항). 위 승계가 재판상 현저한 사실이거나 소송기록상 인정되는 사실인 경우 등과 같이 **법원에 명백한 사실**인 때에는 채권자가 제출한 증명문서에 의하지 않고 법원에 명백하다는 취지를 집행문에 적으면 된다(동조 2항). 승계집행문은 실제로 승계의 경우에 한정되는 것은 아니므로 그 명칭을 **명의변경** 내지는 **명의이전 집행문**(titielübertragende Vollstreckungsklauseln)이라고 부르기도 한다.

승계집행문의 전제가 되는 승계인의 범위에 관한 문제는 원칙적으로 집행력의 주관적 범위의 해석에 따르면 될 것이다(☞4-18).

승계집행문은 주로 집행권원이 생긴 뒤에 집행당사자의 지위가 다른 사람에게 넘어간 경우에 문제된다. 승계는 일반승계는 물론 특정승계도 포함하고, 또한 권리의 승계이건 의무의 승계이건 상관없다. 가령 甲은 乙에 대한 대여금반환청구의 소를 제기하여 확정승소판결을 받았는데, 마침 甲이 해외로 이민가면서 동생인 丙에게 위 **채권을 양도**한 경우에 채권을 양수한 丙이 집행에 나아가기 위해서는 양도증서 등의 채권양도의 원인증서 및 채무자인 乙에 대한 채권양도의 대항요건을 증명하는 서면, 즉 채무자인 乙의 승낙서 또는 양도인인 甲이 채무자인 乙에게 통지한 내용증명(민법 450조 1항 참조) 등을 가지고 승계집행문을 부여받아야 한다. 한편 **채무를 승계**한 경우에 **중첩적** 채무인수의 경우는 당사자의 채무는 그대로 존속하며 이와 별개의 채무를 부담하는 것에 불과하므로 새로 채무의 이행을 소구하는 것은 별론으로 하고 판결에 표시된 채무자 이외의 사람에게 확장하여 승계집행문을 부여할 수 없으나, 채무자의 채무를 소멸시켜 당사자인 채무자의 지위를 승계하는 **면책적** 채무인수의 경우는 법 31조 1항의 승계인에 해당한다.[38)]

◈ 구체적 예 ◈ 甲은 乙이 빌려간 금원을 갚지 않자 소를 제기하여 승소판결이 확정되었으나, 당시 乙의 재산을 파악하지 못하여 강제집행을 미루고 있던 중, 乙이 사망하였고 상속인 또한 별다른 재산이 없어 강제집행을 못하고 있었다. 만약, 상속인에 대하여 집행을 하려면 판결문에 표시된 원·피고와 실제 집행을 당하는 사람이 다르기 때문에 상속인임을 알 수 있는 가족관계증명서 등을 첨부하여 승계집행문을 부여받아야 한다. 한편, 최근 乙 명의로 된 토지를 발견하여 강제집행을 하려고 하

38) 대법원 2016. 5. 27. 선고 2015다21967 판결.

는데, 아직 상속인 앞으로 소유권이전등기가 되어 있지 않은 상태이다. 이 경우에 상속인에 대하여 강제집행의 요건을 구비한 뒤에 강제집행을 하여야 한다. 상속인에 대한 승계집행문을 부여받아야 하는데, 가령 이를 간과하고 甲이 그대로 강제집행을 신청하여 개시결정이 난 뒤 乙의 사망사실이 밝혀지면, 그 개시결정은 취소되고 강제집행의 신청은 각하되게 된다. 甲은 乙의 상속인을 상대로 승계집행문을 부여받고, **채권자대위권**에 기하여 乙 명의의 부동산을 상속인의 명의로 **대위상속등기**를 한 뒤(민법 404조, 부동산등기법 23조 4항, 28조), 그 부동산에 대하여 강제집행을 하여 채권의 만족을 얻을 수 있다.

◈ 채권자의 승계가 있는 경우의 기재례 ◈

이 정본은 재판장(사법보좌관)의 명령에 의하여 피고 OOO에 대한 강제집행을 실시하기 위하여 원고 OOO의 승계인 OOO(OOOOOO－OOOOOOO)에게 내어 준다. 2016. 3. OO. O O 법 원 법원사무관 인

2) 문제가 되는 경우

① 승계인의 고유한 방어방법

가령 甲의 乙에 대한 통정허위표시에 기한 이전등기말소청구소송의 변론종결 뒤에 소유권을 양수한 제3자 丙이 「민법」 108조 2항에 기한 선의의 제3자라는 취지의 주장을 할 때에 丙을 승계인으로 취급할 것인지 여부에 대하여 견해가 대립한다. 집행권원에 표시된 청구권이 동산인도청구권인 경우에 선의취득(민법 249조)하였다는 취지의 주장을 하는 경우도 마찬가지이다. 5-26

실질설에서는 제3자에게 고유의 실체법적 지위가 인정될 수 있는지 여부에 따라, 제3자에게 고유한 실체법적 지위가 인정될 수 없는 경우에는 그 제3자는 승계인이 된다고 봄으로 승계집행문을 부여받아 제3자에 대하여 강제집행을 할 수 있고, 만약 제3자에게 **고유의 실체법적 지위가 인정되는 경우**에 그 제3자는 전주(前主)의 상대방으로부터의 청구를 거절할 수 있는 이상 **애초부터 승계인이 아니라고 본다**(만약, 승계집행문부여 단계에서 집행문이 부여되지 않으면, 채권자는 부여기관을 상대로 집행문부여 거절에 대한 이의신청을 하거나 또는 제3자를 상대로 집행문부여의 소를 제기하게 된다). 이에 의하면 제3자를 보호할 것인지 여부가 기판력을 확장할 것인가의 판단 중에 행하여지므로 이 입장에서는 제3자의 지위를 실질적으로 심리한 뒤에 기판력의 확장을 결정한다는 의미에서 실질설이라고 부르는 것이다.

한편 **형식설**에서는 제3자의 고유한 실체법적 지위와는 관계없이 전래성(傳來性)이 인정된다면, 제3자는 **당연히 승계인**이 되고 기판력이 확장되므로 승계집행문을 부여받아 제3자에 대하여 강제집행을 할 수 있다(즉, 승계인의 요건만 충족되면 그것으로 기판력은 미친다고 형식적으로 기판력의 확장을 우선 판단하므로 형식설이라고 한다). 다만, 제3자로부터 선의의 제3자라든지 선의취득자라는 등의 고유한 공격방어방법이 집행단계에서 제출된다면(집행문부여에 대한 이의신청, 집행문부여에 대한 이의의 소 또는 청구이의의 소), 집행을 할 수 없게 되므로 기판력의 확장과 집행력의 확장은 일치하지 않고 어긋나게 된다.

◈ **구체적 예** ◈ 토지소유자 甲이 **임대인의 지위**에서 임대차종료를 원인으로 한 원상회복청구의 일환으로 乙을 상대로 건물철거 및 대지인도청구의 소를 제기하였고(토지소유권에 기한 반환청구 및 방해배제청구로 토지인도 및 지상건물철거를 구할 수도 있지만), 2018. 10. 31. 변론을 종결하고, 청구인용판결은 그 무렵 확정되었으나, 乙이 2018. 11. 11. 이 사건 건물을 丙에게 **임대**해 주었다는 사실을 뒤늦게 알게 되었다. 甲이 강제집행을 함에 있어서 건물임차인 丙을 퇴거시키기 위해 취할 수 있는 수단을 생각할 때에 쟁점은 변론을 종결한 뒤의 승계인에게 기판력, 집행력이 미치는지 여부이다. 확정판결의 기판력이 丙에게 미친다면(민사소송법 218조 1항 참조) 丙에 대하여 승계집행문을 부여받아 강제집행을 할 수 있게 되며, 반면 기판력이 미치지 않는다면 丙에 대하여 별소(가령 건물퇴거청구)를 제기하여 승소판결을 받아 강제집행을 하여야 한다. 우선 丙은 승계인에 해당하는가. 변론종결 뒤의 승계인은 전소의 **소송물 자체**를 승계한 사람에 한한다는 **의존관계설**에 의하면 丙은 승계인이 아니라고 볼 수 있다. 한편 점유의 승계에 의해 丙은 건물철거 및 대지인도의무의 일부인 건물퇴거의무의 귀속주체인 지위, 즉 **당사자적격**을 승계한 것이므로 丙은 승계인에 해당한다고 볼 수 있다. 이에 대하여 건물을 임차한 丙은 어떠한 의미에서도 당사자적격의 이전을 받은 사람이라고 할 수 없고, 한편 해당 건물에 대한 점유권원의 전제로 丙은 乙이 토지에 대한 건물의 점유권원을 가지고 있다는 것을 원용할 수 없다는 점에서 **분쟁주체인 지위의 이전**이 있다고 할 수 있어서 승계인의 범위에 포함된다고 볼 수 있다. 나아가 승계인의 범위가 소송물인 권리관계의 실체법적 성격에 의하여 좌우되는가. **구소송물이론**에 의하면, 전소의 소송물이 물권적 청구권이면 점유승계인, 등기승계인에게 기판력이 미치나, 채권적 청구권이면 미치지 않는다고 본다. 그러나 **신소송물이론**을 취하는 견해에 의하면, 전소의 소송물의 실체법상 성질을 묻지 아니하고 기판력이 미친다고 보고 있는데, 관련하여 채권적 청구권의 배후에

물권이 있는 경우에 한하여(환수청구권이라고 하고, 교부청구권의 반대 개념) 기판력의 확장을 인정하는 견해도 있다. 구소송물이론을 취하는 **판례**에 의하면, 사안에서 전소의 소송물이 **채권적 청구권**(**임대차종료를 원인으로 한 원상회복청구**)이므로 확정판결의 기판력이 미치지 않아서 丙에게 집행력을 미칠 수 없고, 따라서 승계집행문을 부여할 수 없고, 丙을 퇴거시키기 위해서는 甲은 별도로 丙을 상대로 **소유권에 기하여** 퇴거청구의 소를 제기하여 승소확정판결을 받아야 한다. 그런데 만약 丙이 승계인에 해당하여 승계집행문을 부여할 수 있다는 입장을 취하면서, 가령 丙이 실체법상 대항할 수 있는 고유한 방어방법을 갖고 있다면, 丙은 집행문부여에 대한 이의의 소(45조)를 제기하는 등 강제집행을 저지할 수 있는지 여부에 대하여 위와 같은 실질설과 형식설의 대립이 있게 된다.

② 당사자의 사망과 소송절차의 중단

소송계속 중 당사자의 사망에 의한 소송절차의 중단을 간과하고 선고된 판결이 형식적으로 확정된 경우(확정되지 아니한 가집행선고부 판결 포함)에 이미 사망한 사람이 당사자로 표시된 판결문에 기하여 승계인이 강제집행을 하거나 승계인에 대하여 강제집행을 하기 위해서는 망인의 사망으로 인하여 그 소송상의 지위를 당연승계한 당사자(승계인)의 명의로 집행문을 부여받지 않으면 안 되는데(한편, 집행개시 뒤 당사자의 사망과 구별. ☞4-20), 그 방법에 대하여 바로 승계집행문을 부여받을 수 있다는 견해(**승계집행문설**)와[39] 우선 판결의 경정결정(민사소송법 211조 참조)에 의하여 판결문상 당사자표시를 승계인으로 시정한 후, 승계인의 명의로 통상의 집행문을 부여받아야 한다는 견해(**판결경정설**)로 나뉘어 있다. 5-27

판례는 사망자가 당사자로 표시된 판결에 기하여 사망자의 승계인을 위한 또는 사망자의 승계인에 대한 강제집행을 실시하기 위하여는 **승계집행문을 부여함이 타당**하다고 보았다.[40] 판례는 소송절차 중단 중에 선고된 판결의 효력에 관하여는 당연무효가 아닌 **위법설**의 입장을 취하는 한편,[41] 그 집행에 관하여는 승계

---

39) 김홍엽, 73면; 이시윤, 160면.

40) 대법원 1998. 5. 30.자 98그7 결정. 한편, (가령 소송계속 중 회사인 일방 당사자의 합병에 의한 소멸로 인하여 소송절차 중단사유가 발생하였음에도) 소송대리인이 선임되어 있는 경우에는 민사소송법 95조에 의하여 그 소송대리권은 당사자인 법인의 합병에 의한 소멸로 인하여 소멸되지 않고 그 대리인은 새로운 소송수행권자로부터 종전과 같은 내용의 위임을 받은 것과 같은 대리권을 가지는 것으로 볼 수 있으므로, (민사소송법 238조에 의하여 234조 중단의 예외) 법원으로서는 당사자의 변경을 간과하여 판결에 구 당사자를 표시하여 선고한 때에는 소송수계인을 당사자로 경정하면 될 뿐이다(대법원 2002. 9. 24. 선고 2000다49374 판결). 즉, 승계집행문이 필요한가 하는 문제까지 나아갈 필요는 없다.

41) 당사자가 사망하여 실재하지 아니한 자를 당사자로 하여 소가 제기된 경우와 달리, 일응 대립당사자구조를 갖추고 적법히 소가 제기되었다가 소송 도중 어느 일방의 당사자가 사망함으로 인

집행문설의 입장을 취한 것이다.

생각건대 소송계속 중 당사자가 사망한 경우에는 소송수계절차를 기다리지 않고 그 상속인이 당연히 당사자의 지위를 승계하는 것이므로(당연승계) 단순히 당사자를 사망자로 잘못 표시한 것에 불과하다고 보아 **판결경정**으로 이를 시정한 뒤, 승계인 명의의 통상의 단순집행문을 부여받는 방법이 타당할 것이고, 따라서 위 통설·판례에 반대한다.

③ 점유승계와 가처분

5-28 토지·건물인도청구는 궁극적으로 점유자에 대한 인도집행에 의하여 그 목적을 달성하는데, 잘못하여 점유자 아닌 사람을 피고로 삼아 토지나 건물인도청구의 소를 제기하여 판결을 취득한 경우나 본안소송의 변론종결 전에 계쟁 건물의 점유가 제3자에게 이전하였음에도 불구하고 소송인수(민사소송법 82조)가 이루어지지 않고 판결에 이른 경우에는 판결의 효력이 점유자에게 미치지 않기 때문에 인도집행을 할 수 없다(한편, 변론종결 뒤의 승계인에 대하여는 기판력이 미치므로(민사소송법 218조 1항) 승계집행문을 부여받아(민사집행법 31조 1항) 그 승계인에게 집행을 할 수 있다).

그리하여 토지·건물인도청구에서는 피고가 될 사람, 즉 계쟁물건의 점유자를 특정하는 것이 중요하게 된다. 예를 들어 건물의 점유자가 누구인가를 둘러싸고 여러 가지 판단이 필요한 경우가 있으므로 건물의 인도를 청구하는 소송을 하기 전에는 건물의 점유 상태를 조사할 필요가 있는데, 조사에도 불구하고 점유자가 불분명한 경우에는 우선 점유자라고 보이는 사람을 상대로 점유이전금지가처분명령(300조 1항)을 받아 집행관이 이를 집행하는 기회에 점유자를 파악하는 것도 하나의 방법이다.[42] 또한 소송 도중에 건물의 점유자가 교체되더라도 후의 점유자에게 판결의 효

해서 그 당사자로서의 자격을 상실하게 된 때에는 그 대립당사자구조가 없어져 버린 것이 아니고, 그때부터 그 소송은 그의 지위를 당연히 이어 받게 되는 상속인들과의 관계에서 대립당사자구조를 형성하여 존재하게 되는 것이고, 다만 상속인들이 그 소송을 이어 받는 외형상의 절차인 소송수계절차를 밟을 때까지는 실제상 그 소송을 진행할 수 없는 장애사유가 발생하였기 때문에 적법한 수계인이 수계절차를 밟아 소송에 관여할 수 있게 될 때까지 소송절차는 중단되도록 법이 규정하고 있을 뿐인바, 이와 같은 중단사유를 간과한 판결은 소송에 관여할 수 있는 적법한 수계인의 권한을 배제한 결과가 되는 **절차상 위법은 있지만 그 판결이 당연무효라 할 수는 없고**, 다만 그 판결은 대리인에 의하여 적법하게 대리되지 않았던 경우와 마찬가지로 보아 대리권흠결을 이유로 상소(민사소송법 424조 1항 4호) 또는 재심(민사소송법 451조 1항 3호)에 의하여 그 취소를 구할 수 있을 뿐이며, 이 경우에 민사소송법 424조 2항을 유추하여 볼 때 당사자가 판결 후 명시적 또는 묵시적으로 원심의 절차를 적법한 것으로 추인하면 위의 상소사유 또는 재심사유는 소멸한다고 보아야 한다(대법원 1995. 5. 23. 선고 94다28444 전원합의체 판결).

력을 미치게 하기 위해서는 건물인도청구의 소(본안소송)를 제기하기 전에 점유이전금지가처분명령(300조 1항)을 받아 이를 집행하는 것에 의하여 당사자를 법률상 고정(=항정)시킬 필요가 있다. 점유에 대한 조사 결과, 점유이전이 이루어질지도 모르는 상황이 예상되는 경우에는 점유이전금지가처분을 신청하여 당사자를 항정(=고정)하는 것이 중요하다. 점유이전금지가처분명령을 받아 두면, 그 후에 채무자가 제3자에게 점유를 이전한 경우, 점유를 이전받은 제3자는 가처분권자에게 대항할 수 없다(자세히는 ☞22-28). 당사자가 항정(=고정)되므로 가처분권자는 채무자를 상대로 한 인도청구소송에서 승소한 뒤, 이를 집행권원으로 하여 제3자에 대하여 승계집행문을 부여받아(31조 1항) 제3자에 대하여 인도집행을 할 수 있다.[43]

한편 점유자를 순차로 바꾸는 방법 등에 의한 집행방해에 대처할 수 있도록 **일본**은 2003년 (승계집행문은 집행권원에 표시된 당사자 이외의 사람인 채무자를 그 이름 등을 특정하여 부여하는 것이 원칙이지만) 채무자를 특정하지 않고 승계집행문을 부여할 수 있는 **채무자불특정 집행문제도**를 도입하였는데(27조 3항 내지 5항), 참고할 가치가 있다.

④ 제3자의 소송담당

가령 선정당사자, 파산관재인이 받은 판결의 효력은 선정자, 파산자에게 미치므로(민사소송법 218조 3항) 선정당사자, 파산관재인이 받은 판결을 집행권원으로 하여 선정자, 파산자를 위하여 또는 선정자, 파산자에 대하여 승계집행문을 부여받아(25조 2항, 31조 1항) 강제집행을 할 수 있다(☞4-19). 5-29

42) 1차 가처분에 의하여 집행에 나아갔으나 목적물의 점유자가 달라 집행을 하지 못하고, 최초 가처분에서 점유자를 잘못 지정하였다며 다른 채무자를 상대로 동일한 가처분을 구하는 경우가 실무상 자주 발생하는데, 이에 대하여 이는 순전히 당사자의 편의를 위한 것으로서 당사자항정효라는 점유이전금지가처분의 목적을 일탈하는 것이므로 채권자가 먼저 선행 가처분의 집행취소신청을 하는 등의 절차를 밟지 않는 이상 이를 허용하여서는 안 된다는 견해가 있으나, 1차 가처분이 실제 점유자를 상대로 한 것이 아니라면, 그 가처분의 집행은 불능이 되었을 것이므로 별도의 집행취소절차가 의미가 없고, 점유이전금지가처분의 특성상 점유자 아닌 사람을 상대로 한 1차 가처분과 점유자를 상대로 한 2차 가처분이 경합할 여지도 없으므로 실무상으로는 별도의 조치 없이 실제 점유자를 상대로 한 점유이전금지가처분을 내리고 있다고 한다.

43) 점유이전금지가처분은 그 목적물의 점유이전을 금지하는 것으로서, 그럼에도 불구하고 점유가 이전되었을 때에는 가처분채무자는 가처분채권자에 대한 관계에 있어서 여전히 그 점유자의 지위에 있다는 의미로서의 당사자항정의 효력이 인정될 뿐이므로, 가처분 이후에 매매나 임대차 등에 기하여 가처분채무자로부터 점유를 이전받은 제3자에 대하여 가처분채권자가 가처분 자체의 효력으로 직접 퇴거를 강제할 수는 없고, 가처분채권자로서는 본안판결의 집행단계에서 승계집행문을 부여받아서 그 제3자의 점유를 배제할 수 있을 뿐이다(대법원 1999. 3. 23. 선고 98다59118 판결).

◈ 임의적 소송담당인 선정당사자(민사소송법 53조)가 받은 집행권원의 집행력 ◈
가령 선정당사자 甲에 의한 이행명령에 있어서 선정당사자 본인 및 선정자 A 명의의 이행을 명하는 승소의 확정판결을 받은 선정당사자가 선정자 A 명의의 이행을 명하는 부분에 관하여도 강제집행을 하는 경우에 선정당사자 甲에게 집행채권자적격이 인정되는가, 집행력이 확장되는 선정자 A에게 어떠한 집행문을 부여할 수 있는가에 대하여 논의가 있다(☞4-19). 소송담당자 甲에게 단순집행문을 부여하거나, 선정자 A에게 승계집행문을 부여하는 것을 긍정하는 입장이 일반적이지만,[44] 한편 선정자 A에게 단순집행문을 부여하여야 하고, 선정당사자 甲에게는 어떠한 집행문도 부여하여서는 안 된다는 입장도 있을 수 있다.

⑤ 소송탈퇴자

5-30 소송탈퇴의 경우에 탈퇴자에게도 판결의 효력이 미치는데(민사소송법 80조 단서, 82조 3항), 위 판결의 효력의 내용 및 법적 성질에 대하여 집행력이 포함된다고 보는 입장이 일반적이다. 그렇다면 탈퇴자에 대한 집행에 있어서 승계집행문이 필요하다(25조 2항, 31조 1항).

⑥ 법인격부인의 법리

5-31 가령 B회사와 A회사가 기업의 형태 · 내용이 실질적으로 동일하고, B회사는 A회사의 채무를 면탈할 목적으로 설립된 것으로서 B회사가 A회사의 채권자에 대하여 A회사와는 별개의 법인격을 가지는 회사라는 주장을 하는 것이 신의칙에 반하거나 법인격을 남용하는 것으로 인정되는 경우에 실체법상 법인격부인의 법리가 인정되고 있는데, 한편 나아가 소송법률관계에 그 법리의 적용을 인정할 것인지 여부가 기판력 · 집행력의 주관적 확장의 장면에서 논의되고 있다. 집행권원에 표시된 당사자에게 법인격부인의 법리를 적용하여 그 배후에 있는 개인이나 법인에게 법 25조 1항 '그 판결에 표시된 당사자 외의 사람'으로 피집행적격(채무자적격)을 인정할 것인지 여부에 대하여, **판례**는 권리관계의 공권적인 확정 및 그 신속 · 확실한 실현을 도모하기 위하여 절차의 명확 · 안정을 중시하는 집행절차에 있어서는 그 절차의 성격상 그 배후에 있는 자(개인이나 법인)에게 판결의 효력(기판력 및 집행력)을 확장하는 것은 **허용되지 않는다**고 본다.[45] 즉 판례는 승계집행문을 내어 줄 수 있는지 여부

44) 이시윤, 162면.
45) 대법원 1995. 5. 12. 선고 93다44531 판결.

에 대하여 이를 부정하나, 위와 같은 경우에 제3자를 당사자와 마찬가지로 취급하여 집행력을 확장할 수 있고 승계집행문을 부여하여야 한다고 본다.46)

4. 집행문부여절차

(1) 신 청

강제집행을 신청하려는 채권자가 집행문부여기관에게 집행문부여신청을 한다. 5-32
신청은 말로도 할 수 있으나(28조 3항), 대부분 서면으로 한다. 확정되어야 효력이 있는 재판에 관하여 집행문부여 신청을 하는 때에는 그 재판이 확정되었음이 기록상 명백한 경우가 아니면 신청서에 그 재판이 확정되었음을 증명하는 서면을 붙여야 한다(민사집행규칙 19조 2항).47)

승 계 집 행 문 부 여 신 청

사　　건　2025가단111호 대여금
신 청 인　○ ○ ○
　　　　　서울시 성북구 ...
피신청인　○ ○ ○
　　　　　서울시 강동구 ...

위 당사자 사이 귀원 2025가단111호 ○○청구사건에 관하여, 선고된 원고 승소 판결은 이미 확정되었으나, 피고가 ○○○○. 1. 23. 사망하고 그 상속인 ○○○, ○○○가 그 지위를 승계하였으므로, 위 승계인들에 대하여 강제집행할 수 있는 집행력 있는 정본 부여를 신청합니다.

첨 부 서 류

1. 가족관계증명서(상속인) 및 사본　　2통
2. 제적등본(피상속인) 및 사본　　2통

2025. OO. OO.

---

46) 이시윤, 74면은 법인격남용의 경우와 법인격형해화 경우를 구별하여 전자의 경우는 집행력의 확장을 부정하나, 후자의 경우는 확장을 긍정한다. 반면, 김홍엽, 29~30면은 어느 경우나 집행력의 확장을 부정한다.

47) 신청서에 ① 채권자·채무자와 그 대리인의 표시(1호), 집행권원의 표시(2호), 법 30조 2항, 법 31조, 법 35조(법 57조의 규정에 따라 이 조항들이 준용되는 경우를 포함한다) 또는 법 263조 2항의 규정에 따라 집행문을 내어 달라는 신청을 하는 때에는 그 취지와 사유(3호), 집행권원에 채권자·채무자의 주민등록번호등이 적혀 있지 않은 경우에는 채권자·채무자의 주민등록번호등(4호)을 밝혀야 한다(민사집행규칙 19조 1항).

위 신청인 ○ ○ ○ (인)

○○ 지방법원 귀중

(2) 집행문부여기관

1) 일반적 경우

제28조(집행력 있는 정본) ② 집행문은 신청에 따라 제1심 법원의 법원서기관·법원사무관·법원주사 또는 법원주사보(이하 "법원사무관등"이라 한다)가 내어 주며, 소송기록이 상급심에 있는 때에는 그 법원의 법원사무관등이 내어 준다.

제59조(공정증서와 집행) ① 공증인이 작성한 증서의 집행문은 그 증서를 보존하는 공증인이 내어 준다.

5-33 집행문은 사건기록이 있는 법원의 **법원사무관등**이 내어준다(28조 2항).

한편 **집행증서**의 경우에는 그 증서원본을 보존하고 있는 **공증인**에게 신청하면 된다(59조 1항). 집행증서 가운데 특히 인도 등에 관한 집행증서는 그 공증인의 사무소가 있는 곳을 관할하는 지방법원 단독판사의 허가를 받아 내어 준다(공증인법 56조의3 4항 1문). 이 경우에 허가 여부를 결정하기 위하여 필요하면 당사자 본인이나 그 대리인을 심문할 수 있다(동법 동조 동항 2문). 공증인 등은 공정증서를 작성한 날부터 7일이 지나지 아니하면 집행문을 부여할 수 없는데, 특히 인도 등에 관한 집행증서 중 건물이나 토지의 경우에는 1개월이 지나지 아니하면 집행문을 부여할 수 없다(공증인법 56조의4 1항). 그리고 집행증서에 채무의 전부변제나 계약의 전부해소 사실이 부기되어 있는 때에는 집행문을 부여할 수 없다(동조 2항, 35조의2 1항).

2) 조건성취집행문 및 승계집행문의 경우

제32조(재판장의 명령) ① 재판을 집행하는 데에 조건을 붙인 경우와 제31조의 경우에는 집행문은 재판장(합의부의 재판장 또는 단독판사를 말한다. 이하 같다)의 명령이 있어야 내어 준다.

법원조직법 제54조(사법보좌관) ② 사법보좌관은 다음 각 호의 업무 중 대법원규칙이 정하는 업무를 할 수 있다. 1. 「민사소송법」(같은 법이 준용되는 경우를 포함한다) 및 「소송촉진 등에 관한 특례법」상의 소송비용액·집행비용액 확정결정절차, 독촉절차, 공시최고절차, 「소액사건심판법」에 따른 이행권고결정절차에서의 법원의 사무 2. 「민사집행법」(같은 법이 준용되는 경우를 포함한다)상의 **집행문부여명령절차**, 채무불이행자명부 등재절차, 재산조회절차, 부동산에 대한 강제경매절차, 자동차 · 건설기계에 대한 강제경매절차, 동산에 대한 강제경매절차, 금전채권 외의 채권에 기초한 강제집행절차, 담보권 실행 등을 위한 경매절차, 제소명령절차, 가압류 · 가처분의 집행취소신청절차에서의 법원의 사무

사법보좌관규칙 제2조(업무범위) ① 「법원조직법」 제54조제2항 각 호의 업무 가운데 사법보좌관이 행할 수 있는 업무는 다음 각 호와 같다. ... 4. 「민사집행법」 제32조 및 제35조(동법 제57조의 규정에 따라 「민사집행법」 제32조 및 제35조의 규정이 준용되는 경우를 포함한다)의 규정에 따른 집행문부여명령에 관한 법원의 사무

단순집행문과 달리, 조건성취집행문 및 승계집행문의 경우에는 법원사무관등의 집행문부여에 앞서 **재판장의 명령**이 있어야 한다(32조). 그런데 재판장의 명령으로 부여하게 한 법 32조의 규정을 그대로 둔 채, 「법원조직법」 54조 2항의 개정으로 사법보좌관제도를 신설하면서 2005년 7월부터는 **사법보좌관**이 집행문부여명령을 할 수 있는 규정을 두었다. 양쪽의 관계를 정비하지 않아 집행문부여명령의 관할기관을 둘러싼 논의의 여지가 있게 된다.[48] 5-34

(3) 집행문부여요건

어느 강제집행이라도 집행권원이 집행력을 가지는 것이 강제집행의 전제가 된다. 따라서 집행권원이 집행력을 가지는 것이 집행문부여의 가장 기본적 요건인데, 구체적으로 ① 판결이라면 확정될 것이라든지, 가집행선고가 붙어 있을 것과 같이 집행권원이 될 수 있는 성질의 문서가 존재하는 것, ② 강제집행에 친한 청구권이 기재되어 있을 것, ③ 그 집행력이 유효하게 발생하고 또한 존속하고 있는 것(가령 확정판결이라면 재심에 의하여 취소되지 않은 것) 등을 그 요건으로 들 수 있다. 따라서 가령, 피고가 이미 사망하였음에도 이를 간과한 채 판결이 선고된 경우와 같이 집행력이 발생하지 않는 당연무효의 판결에 대하여는 그 상속인에게 집행문을 부여할 수 없다. 5-35

채권자는 집행문을 부여받지 못한 때에는 강제집행을 신청하여서는 안 되는데, 그럼에도 채권자가 집행에 착수한 때에는 채무자가 집행에 관한 이의신청을 할 수 있다(16조). 이 경우는 집행기관의 처분에 대한 이의신청으로, 집행문부여 자체를

48) **일본**에서는 재판소서기관이 집행문 부여기관이다(민사집행법 27조, 28조). 조건성취집행문 및 승계집행문의 부여의 경우에 재판장의 명령이 있어야 한다는 우리 법 32조는 일본 구법을 답습한 것인데, 일본 현행 민사집행법은 재판소서기관의 조건성취집행문 및 승계집행문의 부여에 있어서 재판장의 명령을 요하지 않고 재판소서기관이 부여할 수 있는 것으로 구법을 개정하였다.

둘러싼 다툼이 아니다.

집행문을 내어 주는 경우에는 판결원본 또는 상소심판결정본에 원고 또는 피고에게 이를 내어 준다는 취지와 그 날짜를 적어야 한다(36조).

(4) 집행문의 여러 통 또는 재도(再度) 부여

> 제35조(여러 통의 집행문의 부여) ① 채권자가 여러 통의 집행문을 신청하거나 전에 내어 준 집행문을 돌려주지 아니하고 다시 집행문을 신청한 때에는 재판장의 명령이 있어야만 이를 내어 준다. ② 재판장은 그 명령에 앞서 서면이나 말로 채무자를 심문할 수 있으며, 채무자를 심문하지 아니하고 여러 통의 집행문을 내어 주거나 다시 집행문을 내어 준 때에는 채무자에게 그 사유를 통지하여야 한다. ③ 여러 통의 집행문을 내어 주거나 다시 집행문을 내어 주는 때에는 그 사유를 원본과 집행문에 적어야 한다.

5-36 동일한 집행권원에 기하여 집행기관의 관할을 달리하는 여러 지역에서 또는 여러 가지 집행방법으로 집행하지 않으면 채권의 완전한 변제를 받을 수가 없는 경우에는(38조 참조) 여러 통의 집행문을 신청하거나(실무상 수통(數通)부여신청이라고 한다) 또는 전에 부여한 집행문을 반환하지 아니하고 다시 집행문을 신청할 수 있다(실무상 분실을 이유로 재도부여를 신청하여 오는 경우도 적지 않다). 이 경우에는 여러 통 또는 재도부여를 필요로 하는 사유에 대한 소명이 필요하다.[49]

채권자가 여러 통의 집행문을 신청하거나 전에 내어 준 집행문을 돌려주지 아니하고 다시 집행문을 신청한 때에는 **재판장의 명령**(사법보좌관규칙 2조 1항 4호에 의하여 **사법보좌관**의 명령)이 있어야만 이를 내어 준다(35조 1항). 재판장은 그 명령에 앞서 서면이나 말로 채무자를 심문할 수 있으며, 채무자를 심문하지 아니하고 여러 통의 집행문을 내어 주거나 다시 집행문을 내어 준 때에는 채무자에게 그 사유를 통지하여야 한다(동조 2항).[50] 집행문 부여의 경우애는 판결원본에 부여의 취지와 그 날짜를 적어야 하는데(36조), 이는 나중에 위 재도 부여의 신청에 대비하여 그

49) 채권자가 집행문을 부여받아 채무자의 월급 등 장래채권에 대하여 압류 및 전부명령을 받았다면 그 전부명령이 무효가 되지 않는 한, 그 집행권원에 기한 집행은 이미 종료되었다고 할 것이므로, 채무자의 월급 등의 장래 채권이 발생하지 않는다거나 채권자가 변제받아야 할 채권액의 일부만에 한정하여 압류 및 전부명령을 받았다는 등의 사정이 주장·증명되지 않는 한, 같은 내용의 집행력 있는 판결정본을 채권자에게 다시 내어 주는 것은 허용되지 않는다(대법원 1999. 4. 28.자 99그21 결정).

50) 그러나 위 통지규정은 **훈시규정**이므로 통지하지 않았다고 하더라도 그 이후의 집행절차의 효력에는 아무런 영향이 없고, 상대방에게 통지서를 발송하였으나 주소불명 등으로 반송되었을 경우에는, 다시 공시송달까지 할 필요는 없다(대법원 1980. 10. 8.자 80마394 결정).

판단에 필요한 정보를 기록하여 재도 부여의 능률적 처리를 하기 위한 것이다.

그런데 특칙으로, 확정된 **지급명령**에서 위 경우에는 재판장의 명령을 받을 필요 없이 담당 **법원사무관등**이 이를 부여하고 그 사유를 원본과 정본에 적으면 되며(58조 2항), **소액사건**에서의 확정된 이행권고결정의 경우에도 마찬가지이다(소액사건심판법 5조의8 2항). 이 특칙을 둔 것은 법원의 업무효율을 제고하기 위함이다.

한편 **집행증서**의 경우에는 그 증서를 보존하는 공증인이 집행문을 내어 주며, 여러 통의 집행문을 내어 주거나 새로 내어 주는 때에도 재판장의 명령을 받을 필요가 없다(59조 1항). 다만, 인도 등에 관한 집행증서의 경우에는 관할 지방법원 단독판사의 허가를 받아야 공증인이 여러 통 내지 재도의 부여를 할 수 있다(공증인법 56조의3, 민사집행규칙 22조 2항 3호, 19조 1항 3호).

5. 집행문부여와 구제절차

집행문부여를 위하여 채권자가 할 수 있는 구제수단에는 집행문부여를 거부한 5-37
처분에 대한 이의신청(34조 1항, 59조 2항)과 집행문부여의 소(33조, 59조 4항)가 있고, 집행문부여에 대한 채무자의 구제수단으로는 집행문부여에 대한 이의신청(34조 1항, 59조 2항)과 집행문부여에 대한 이의의 소(45조, 59조 4항)가 있다.

절차의 종류	구제 대상자	내용
집행문부여거절에 대한 이의신청 (34조 1항, 59조 2항) * 단순집행문도 대상	채권자	집행문을 내어 주기를 거절한 때에 그 거절처분에 대한 이의하는 절차
집행문부여의 소(33조, 59조 4항) * 조건성취집행문, 승계집행문에 대하여만 인정	채권자	집행문부여요건의 기초되는 사실이 존재함에도 그것을 증명할 문서가 없는 등 집행문부여가 불가능한 경우에 채권자가 집행문부여를 구하기 위한 소
집행문부여에 대한 이의신청 (34조 1항, 59조 2항) * 단순집행문도 대상	채무자	집행문부여요건이 구비되어 있지 않음에도 집행문이 부여된 경우에 채무자가 그 시정을 구하여 불복하는 절차
집행문부여에 대한 이의의 소 (45조, 59조 4항) * 조건성취집행문, 승계집행문에 대하여만 인정	채무자	집행문부여요건의 기초되는 사실이 존재하지 않음에도 집행문이 부여된 경우 또는 부여될 경우에 채무자가 집행문부여의 배제를 구하는 소

(1) 채권자의 구제절차

1) 집행문부여거절에 대한 이의신청

> **제34조(집행문부여 등에 관한 이의신청)** ① 집행문을 내어 달라는 신청에 관한 법원사무관등의 처분에 대하여 이의신청이 있는 경우에는 그 법원사무관등이 속한 법원이 결정으로 재판한다.

① 의 의

5-38 법원사무관등이나 공증인이 집행문을 내어 주기를 거절한 때에는 채권자는 그 거절처분에 대하여 이의신청을 할 수 있다(법원사무관등의 경우에는 34조 1항, 공증인의 경우에는 59조 2항). 법 34조, 59조 2항은 집행문을 내어 준 처분만이 아니라, 집행문을 내어 달라는 신청을 거절한 처분에 대하여도 이의신청의 대상으로 삼는 것으로 규정하고 있다.

한편 재판장 또는 사법보좌관의 명령(단순집행문과 달리, 조건성취집행문 및 승계집행문의 경우에 사법보좌관이 집행문부여명령을 할 수 있다)을 얻지 못하여 집행문부여기관이 집행문을 내어 주기를 거절한 경우에도 집행문부여 주체는 그 부여기관인 법원사무관등이므로 그 거절처분에 대하여 이의신청을 할 것이지, 사법보좌관이 명령을 내리지 않은 데 대하여 불복할 것이 아니다.[51)]

소의 제기가 아닌 신청의 방식이다. 다만, 민사집행의 신청은 아니므로 서면으로 하여야 한다는 법 4조의 적용은 없고, 서면 또는 말로 할 수 있다(23조 1항, 민사소송법 161조 1항).

② 관 할

5-39 이의대상인 처분을 한 주체에 따라 관할법원을 정하고 있다. 즉, **법원사무관등**의 거절처분에 대하여는 그 소속 법원에(34조 1항), **공증인**의 거절처분에 대하여는 그 사무소가 있는 곳을 관할하는 지방법원 단독판사에(59조 2항) 이의신청을 하여야 한다.[52)] 집행법원의 관할이 아니다.

51) 법원실무제요[I], 316면.

52) 집행문은 제1심법원의 법원사무관등이 부여하되 소송기록이 상급심에 있는 때에는 그 법원의 법원사무관등이 부여하는 것이므로, 제1심법원의 법원사무관등은 그 법원에서의 소송절차가 종료되고 상소에 의하여 소송기록을 상급심법원에 송부한 후에는 집행문부여의 권한을 잃게 되고, 따라서 제1심법원의 법원사무관등이 한 집행문부여거절처분에 대한 이의신청은 이와 같이 그 거절처분을 한 법원의 법원사무관등이 집행문부여의 권한을 잃은 뒤에는 특별한 사정이 없

③ 심리와 재판

이의신청에 대하여 법원은 변론을 거치지 않고 심판할 수 있으며(임의적 변론), 결정으로 재판한다(34조 1항, 59조 2항). 이의신청이 이유 없으면 신청기각의 결정을 한다. 한편, 이의신청이 정당하면, 법원은 거절처분을 취소하고 부여기관에 대하여 집행문을 내어 줄 것을 명하게 되는데, 가령 아래와 같은 주문을 내게 된다. 그 결과 법원사무관등은 부여요건을 조사하지 않고, 또한 채권자의 새로운 집행문부여의 신청을 기다리지 않고, 즉시 집행문을 부여하게 된다. 5-40

◈ 주문 기재례 ◈

원고와 피고 사이의 OO지방법원 2017가합1234 대여금사건 판결에 대하여 같은 법원 법원사무관 OOO가 2017. 11. 1. 한 집행문부여거절처분은 이를 취소한다. 같은 법원 법원사무관등은 위 판결에 대하여 집행문을 내어주라(부여하라).

④ 재판에 대한 불복

신청을 기각한 결정에 대하여 채권자는 특별항고(민사소송법 449조)의 방법 이외에는 항고로 불복할 수 없다.[53] 즉시항고를 할 수 있다는 규정이 없고, 집행 단계에서의 재판이므로 통상항고도 할 수 없기 때문이다. 그리고 집행법원의 재판이 아닌, 판결법원의 재판이므로 집행에 관한 이의신청(16조)도 할 수 없는데, 그 대신 채권자는 집행문부여의 소를 제기할 수 있다. 5-41

한편 신청이 인용된 경우의 결정에 대하여는 이에 대하여 채무자가 불만을 가질 수 있는데, 그러나 채권자가 법원사무관등에게 이의한 것으로, 이의의 당사자가 아닌 채무자에게 이에 대한 불복방법이 없다. 결국 집행문이 부여되면 채무자는 집행문부여에 대한 이의의 소 또는 집행문부여에 대한 이의신청을 하면 된다.[54]

는 한 신청의 이익이 없어 부적법하다(대법원 2000. 3. 13.자 99마7096 결정).

53) 승계집행문부여거절에 대한 이의신청에 관한 재판에 대해서는 민사소송법 449조 1항에 정한 특별항고만이 허용되는데, 따라서 법원의 결정이 법률에 위반되었다는 사유는 재판에 영향을 미친 헌법 위반이 있다고 할 수 없어 특별항고 사유가 아니다(대법원 2017. 12. 28.자 2017그100 결정).

54) 집행문부여거절처분에 대한 채권자의 이의신청을 인용하여 그 집행문의 부여를 명하는 결정에 대하여는 그 채무자는 직접 항고할 수 없고, 다만 그 결정에 터잡은 법원주사의 집행문부여에 대한 이의로서만 다툴 수 있다(대법원 1977. 11. 23.자 77마348 결정).

2) 집행문부여의 소

제33조(집행문부여의 소) 제30조제2항 및 제31조의 규정에 따라 필요한 증명을 할 수 없는 때에는 채권자는 집행문을 내어 달라는 소를 제1심 법원에 제기할 수 있다.

① 의 의

5-42 채권자가 집행문을 부여받기 위하여 증명서류로 조건의 이행, 승계 또는 집행력이 미치는 사유(30조 2항, 31조 1항, 25조 1항)를 증명하여야 할 필요가 있는 경우에 이를 **증명서류로써 증명할 수 없는 때**에(그렇지만 이미 집행권원을 가지고 있는 채권자를 구제할 필요에서) 채권자가 채무자를 상대로 증명서류의 제출에 **대신하여** 집행문부여를 받을 수 있는 판결을 구하는 소이다(33조). 이를 집행문부여의 소(Klage auf Erteilung der Vollstreckungsklausel)라고 하는데, 소를 제기하여 그 증명을 판결절차에서 행하고 그 판결에 따라 집행문부여를 받을 수 있다.[55] 재판에 의하여 집행문을 부여하는 경우이다.

이 소는 집행문을 내어 줄 것을 신청하여 거절된 때에도 제기할 수 있고, 아예 이를 신청하지 않고 곧바로 직접 이 소를 제기할 수도 있다. 다만, 여러 통의 집행문부여, 재도의 집행문부여신청을 하여 거절된 경우에는 사항이 실체상의 사실에 관한 것이 아니므로 집행문부여신청을 거쳐야 하고, 바로 이 소를 제기할 여지가 없고,[56] 거절처분에 대한 이의신청(34조)으로 다투어야 한다.

한편 위 집행문부여의 소를 제기할 수 있는 경우에 승계인을 상대로 별도의 이행의 소를 제기할 이익이 인정되는지 여부가 문제이나, 위 집행문부여의 소의 판결은 청구권에 대하여 기판력이 생기지 않고, 이행소송이 인정되어도 채무자에게 특별한 불이익은 없으므로 소의 이익을 긍정하여도 무방할 것이다.[57]

55) 그런데 파산절차에서 비면책채권에 해당하여 강제집행을 할 수 있더라도 집행문부여의 소를 제기하는 것은 허용되지 않는다(일본 最高裁判所 平成26(2014)·4·24 판결). 파산채권자표에 기재된 확정파산채권이 비면책채권에 해당하는 것의 심리판단을 구하는 것은 본소가 예정하고 있는 것은 아니다. 그렇다면 비면책채권에 대하여는 파산채권자표에 집행문부여가 가능하므로 채권자는 이미 집행권원을 가지고 있으므로 단순집행문의 부여를 신청하고, 비면책채권인 것이 인정되면 집행문이 부여될 것이다.

56) 김상수, 98면.

57) 김상수, 98면; 이시윤, 167면도 마찬가지 입장이다. **판례**도 피고가 시종 원고가 등기말소를 명한 확정판결의 원고와는 동일성이 인정되지 않는다고 다투고 있을 뿐만 아니라 원고가 위 확정판결의 원고와 동일성이 명확하다고 보이지 아니하여 승계집행문을 부여받기는 어려운 것으로 보이고 또 승계집행문부여의 소를 제기하더라도 패소될 경우도 생길 수 있고 그와 같은 경우라면 원고가 피고를 상대로 한 별도의 소송으로 피고 명의의 등기의 말소를 구할 권리보호의

소 장

사 건 집행문부여의 소
원 고 ○ ○ ○
서울시 서초구 서초동
소송대리인 변호사 ○ ○ ○
서울시 서초구 서초동
피 고 ○ ○ ○
서울특별시 강남구 개포동 14-5

청 구 취 지

1. 원 · 피고 사이의 ○○지방법원 ○○○○가합122호 ○○ 청구사건의 확정판결에 관하여, ○○지방법원 법원사무관은 피고에 대한 강제집행을 위하여 원고에게 집행문을 부여할 것을 명한다.
2. 소송비용은 피고가 부담한다.

라는 판결을 구합니다.

청 구 원 인

1. 원고는 피고에 대하여 ○○지방법원 ○○○○가합122호 ○○청구사건의 확정판결에 기한 집행권원을 가지고 있습니다.
2. 그런데, 피고가 위 채무의 이행을 하지 않아 원고는 강제집행을 하려고 하나 위 판결은 ○○의 사유로 조건에 걸리는 경우에 해당하는 바, 원고는 그 조건을 이행하였음에도 불구하고 피고가 이를 다투고 있으므로, 필요한 증명을 하기 위하여 이 사건 소를 제기합니다.

첨 부 서 류

1. 위 입증방법 각1통
2. 소송 위임장 1통
3. 소장부본 1통

2025. OO. OO.

원 고 소송대리인
변호사 ○ ○ ○

○○ 지방법원 귀중

이익을 부정할 수 없다고 보았다(대법원 1994. 5. 10. 선고 93다53955 판결).

② 소의 법적 성질

5-43 집행권원에 표시된 청구권에 대하여 이행을 구하는 이행소송으로 보는 입장, 집행문부여를 받을 수 있는 지위를 형성하는 형성소송(Gestaltungsklage)으로 보는 입장도 있으나, 집행문부여의 요건이 존재한다는 **확인소송**(Feststellungsklage)으로 보는 입장이 일반적이다.[58] 한편, 집행권원이 집행문이 부여될 수 있는 상태에 있는 것을 확정하는 측면에서 확인소송으로 풀이할 것이나, 증명서류가 필요하지 않은 채 집행문부여를 받을 수 있는 지위를 형성하는 측면, 즉 형성소송의 성질도 겸유한다고 보는 입장도 있다.[59]

③ 당사자적격

5-44 원고적격자는 채권자이고, 피고적격자는 채무자이다. 집행문부여기관이 피고가 되는 것이 아니다.

④ 관 할

5-45 집행문부여의 소의 관할법원은 집행권원의 종류에 따라 다른데,[60] 원칙적으로 **제1심법원**(33조. 확정판결과 같은 효력이 있는 소송상 화해조서, 인낙조서, 조정조서의 경우는 제1심 수소법원)의 **전속관할**(21조)에 속한다. 여기서 시·군법원에서 성립된 화해·조정 또는 확정된 지급명령에 관한 집행문부여의 소로서 그 집행권원에서 인정된 권리가 소액사건심판법의 적용대상이 아닌 사건은 시·군법원 소재지를 관할하는 **지방법원 또는 지방법원지원**이 관할하고, 소액사건 범위 내인 경우에만 **시·군법원**에서 관할한다(22조 1호).

한편 **집행증서**의 경우에는 종전의 소송절차가 없으므로 채무자의 보통재판적이 있는 곳의 법원이 관할하고, 그러한 법원이 없는 때에는 민사소송법 11조의 규정에 따라 채무자에 대하여 소를 제기할 수 있는 법원, 즉 청구의 목적 또는 담보의 목적이나 압류할 수 있는 채무자의 재산이 있는 곳의 법원이 관할한다(59조 4항).

---

58) 김홍엽, 77면; 이시윤, 168면. 일본, 독일에서도 확인소송설이 다수설이다. 中野貞一郎/下村正明, 民事執行法, 267면. Gaul/Schilken/Becker-Eberhard, Zwangsvollstreckungsrecht, §17 Rn. 17; MüKoZPO/Wolfsteiner ZPO §731 Rn. 4.

59) 김상수, 98면.

60) **일본** 민사집행법 33조는 집행권원의 종류에 따라 관할법원을 세분화하여 규정한 뒤, 이를 집행문 부여에 대한 이의의 소, 청구이의의 소에서 준용하고 있다.

⑤ 심리와 재판

집행문부여의 소의 심리는 통상의 판결절차와 마찬가지이다. 따라서 변론이 열리고, 사실의 증명에 있어서 집행문을 내어 달라는 신청절차에서와 같은 증명서에 한하지 않고, 여러 가지 증거방법을 제출할 수 있다. 5-46

청구원인사실로 집행력의 존부의 대상이 되는 특정한 집행권원이 존재하는 것이 필요하다. 해당 집행권원에 강제집행을 할 수 있는 청구권이 표시되어 있는 것 등의 집행문부여의 일반적 요건의 구비에 다툼이 없으면 단지 집행권원이 존재한다는 취지의 주장으로 충분하지만, 다툼이 있다면 요건 구비를 기초짓는 사실을 주장하게 될 것이다. 그리고 조건의 성취 또는 승계를 기초짓는 사실이 청구원인사실로 주장되어야 한다.

채무자는 조건의 성취나 당사자의 승계의 사실에 관한 항변은 물론 집행문부여를 위한 형식적 요건의 흠 등 집행문부여를 위법하게 하는 모든 사유를 방어방법으로 주장할 수 있다.

한편 채무자가 청구이의의 소의 이의사유를 집행문부여의 소에서 주장할 수 있는지 여부가 문제되는데, 민사집행법이 강제집행의 실체적 요건에 있어서 집행권원과 집행문이라는 2단계 구조를 취하면서 집행문부여의 요건이 청구권의 존부와 분리되어 있는 점에서 집행문부여의 소에서 청구이의사유의 주장을 인정할 수 없다고 할 것이다.[61]

집행력이 발생하지 않는 당연무효의 판결에 대하여는 집행문을 부여할 수 없고, 이러한 법리는 집행문부여의 소를 제기한 경우에도 마찬가지로 적용된다 할 것이다. 가령, 피고가 사망하였음에도 이를 간과한 채 판결이 선고된 경우와 같은 당연무효의 판결에 대하여 그 상속인에게 승계집행문의 부여를 구하면, 그 청구는 받아들일 수 없다.

소가 정당하다고 인정되면, 판결로써 부여기관에 대하여 집행문부여를 명하게

61) 민사집행법이 집행문부여의 소와 청구이의의 소를 각각 인정한 취지에 비추어 보면 집행문부여의 소에 있어서 심리의 대상은 조건의 성취 또는 승계 사실을 비롯하여 집행문부여의 요건에 한하는 것으로 보아야 한다. 청구이의의 소에서의 이의사유를 집행문부여의 소에서 주장하는 것은 허용되지 않는다(대법원 2012. 4. 13. 선고 2011다93087 판결). 위 판례해설로는 호제훈, "청구이의의 소의 이의 사유를 집행문부여의 소에서 주장할 수 있는지 여부", 대법원판례해설 91호, 392면 이하 참조. 일본 最高裁判所 昭和52(1977) · 11 · 24 판결도 청구이의사유를 반소가 아닌 단지 항변으로 주장하는 것은 위 양소를 각각 인정한 취지에 반하여 허용되지 않는다고 보았다. 반소로 주장하는 것은 별도로 하고, 항변으로 주장할 수 없다고 **소극설**의 입장을 분명히 한 것이다.

되고, 그 주문은 아래와 같이 된다. 이렇게 재판에서 집행문부여가 명하여진 경우에는 집행문부여 등에 관한 이의신청과 달리, 승소판결이 부여요건인 사실의 증명에 대신하는 것이고, 그대로 집행문에 대신하는 것이 아니어서 채권자는 판결정본을 부여기관에 제출하고 별도로 집행문부여신청을 하여 집행문부여를 받게 된다. 집행문부여기관은 판결내용에 구속되어 집행문을 부여하여야 한다.

◈ 주문 기재례 ◈

원고와 피고 사이의 OO법원 2017가합1234 대여금사건의 판결에 관하여 이 법원 법원사무관등은 피고에 대한 강제집행을 위하여 원고에게 집행문을 내어주라(부여하라).

(2) 채무자의 구제절차

1) 집행문부여에 대한 이의신청

제34조(집행문부여 등에 관한 이의신청) ① 집행문을 내어 달라는 신청에 관한 법원사무관등의 처분에 대하여 이의신청이 있는 경우에는 그 법원사무관등이 속한 법원이 결정으로 재판한다. ② 집행문부여에 대한 이의신청이 있는 경우에는 법원은 제16조제2항의 처분에 준하는 결정을 할 수 있다.

① 의 의

5-47 **집행문부여요건의 흠**을 이유로 하여 집행문의 취소를 구하는 채무자의 신청을 말한다(34조 1항, 59조 2항). 재판장 또는 사법보좌관의 명령에 따라 법원사무관등이 집행문을 내어 주었다든가, 또는 집행문부여의 거절처분에 대하여 채권자가 이의신청을 한 결과 법원의 명령에 따라 부여된 경우라도 상관없다. 이 이의신청은 집행문을 내어 준 뒤면 언제든지 할 수 있는 것이며, 집행의 개시 여부와는 상관없다. 그러나 그 집행권원의 내용이 완전히 실현된 뒤(전체로서의 집행이 끝난 뒤)에는 이의신청을 할 수 없다. 한편 집행기관의 처분에 대한 이의신청(16조)과는 구별하여야 한다(☞7-12).

② 이의사유

5-48 집행문부여를 위법으로 하는 모든 사유, 즉 부여 시에 조사하여야 할 **부여요건의 흠**은 모두 이의사유가 된다. 집행권원이 형식상의 이유에서 무효인 것(가령 판결

의 선고가 없었다든가, 명의를 모용당한 집행증서),[62] 그 집행력이 발생하지 않은 것(가령 판결의 미확정 또는 가집행의 선고가 없는 것),[63] 정당한 이유 없이 여러 통 또는 재도의 집행문을 부여한 것, 집행문에 대한 방식의 위배(가령 증명서의 부존재, 승계가 명백하지 아니한 것, 재판장의 명령을 필요로 하는 경우에 그 명령의 부존재, 사망한 사람에 대하여 집행문을 부여한 것), 조건의 불성취 또는 승계사실의 부존재와 같은 것(45조 단서) 등이 이의사유가 된다.[64]

한편 집행권원에 표시된 청구권에 대한 채권의 소멸, 변경 등 **실체상의 이의사유**는 집행문부여기관으로서는 이를 심사할 권한이 없으므로 **청구이의의 소**(44조)에 의하여야 한다. 서로 이의사유로 삼고 있는 점이 다르다. 가령, 금전지급의 판결이 확정된 뒤에 피고가 해당 금액을 지급한 경우에 가령 채권자인 원고로부터 집행문부여신청이 있으면 그 사정을 모르는 법원사무관등은 집행문을 부여하게 된다. 원고의 실체적 청구권은 변제에 의하여 소멸하였는데, 변제의 사실은 소송기록상 분명하지 않으므로 해당 집행권원이 집행력이 없다는 것이 법원사무관등에게 분명하지 않기 때문이다. 이 경우에 채무자인 피고는 별도 청구이의의 소로 해당 집행권원이 집행력이 없다는 것을 다투게 된다(☞7-28).

③ 관 할

관할법원은 법원사무관등의 처분이면, 집행문을 부여한 **법원사무관등이 속한 법원**이다(34조 1항). 한편, 공증인이 작성한 **집행증서**의 경우에 관할법원은 그 공증 5-49

62) 대법원 1999. 6. 23.자 99그20 결정. 이 경우에 집행권원의 무효에 따른 집행문이 무효라고 볼 수도 있으면서, 한편 집행권원에 표시된 청구권의 무효원인이라고 볼 수도 있는 경우는 청구이의의 소(☞7-35)에 의하여 불복할 수 있다(권창영, "집행문부여에 대한 이의제도와 청구이의의 소의 상호관계", 법조(2018. 6), 366면 이하 참조).

63) 「환경분쟁 조정법」에 의한 재정의 경우 그 재정문서의 송달은 공시송달의 방법으로는 할 수 없고, 그렇다면 적법하게 송달되었다고 볼 수 없고, 재정문서에 의한 강제집행이 완료되기 전이라면 집행문부여 등에 관한 이의신청 등으로 다툴 수 있을 것이다(대법원 2016. 4. 15. 선고 2015다201510 판결).

64) 부대체적 작위의무에 관한 가처분결정에서 정한 의무이행기간이 경과하면, 가처분의 효력이 소멸하여 가처분결정은 더 이상 집행권원으로서의 효력이 없으므로 가처분결정에서 정한 의무이행기간이 경과한 후에 이러한 가처분결정에 기초하여 간접강제결정이 발령되어 확정되었더라도, 간접강제결정은 무효인 집행권원에 기초한 것으로서 강제집행의 요건을 갖추지 못하였으므로, 간접강제결정에서 정한 배상금에 대하여 집행권원으로서의 효력을 가질 수 없다. 이때 채무자로서는 **집행문부여에 대한 이의신청**으로 무효인 간접강제결정에 대하여 부여된 집행문의 취소를 구할 수 있다(대법원 2017. 4. 7. 선고 2013다80627 판결). 판례해설로 양진수, 대법원판례해설(2017년 상), 126면 이하 참조.

인의 사무소가 있는 곳을 관할하는 **지방법원 단독판사**이다(59조 2항). 토지관할은 전속관할이다(21조).

④ 심리와 재판

5-50 법원은 임의적 변론을 거쳐 결정의 형식으로 재판한다. 집행문부여의 요건은 형식적 사유가 중심을 이루고 있으므로 실무에서는 변론을 거치는 예는 거의 없고, 통상은 심문도 거치지 않는데, 다만 조건성취, 승계 등의 실체적 요건의 심사가 필요한 경우에는 변론에 갈음하여 심문을 여는 것이 일반적이라고 한다.

이의사유의 존부의 판단은 집행문이 부여된 시점이 아니고, 이의신청에 대하여 판단하여야 하는 시점을 기준시로 한다.

이의의 이유가 정당하다고 인정하는 때에는 집행문을 취소하고 나아가 그 집행력 있는 정본에 기한 집행을 허가하지 아니한다는 취지(그렇다고 집행력 있는 정본의 반환을 명하는 것은 아님)의 결정을 한다. 반면 이의에 정당한 이유 없으면 기각결정을 한다.

재판에 대한 불복과 관련하여, 인용결정이든, 기각결정이든 **즉시항고를 할 수 있다는 규정이 없다.**[65] 집행 단계에서의 재판이므로 통상항고도 할 수 없다. 만일 항고장이 접수되었다면, 특별항고(민사소송법 449조)로 취급한다.[66] 그리고 집행법원의 재판이 아닌, 판결법원의 재판이므로 집행에 관한 이의신청(16조)도 할 수 없다. 그 대신 채무자는 집행문부여에 대한 이의의 소, 채권자는 집행문부여의 소를 제기할 수 있다.

⑤ 잠정처분

제34조(집행문부여 등에 관한 이의신청) ② 집행문부여에 대한 이의신청이 있는 경우에는 법원은 제16조제2항의 처분에 준하는 결정을 할 수 있다.

5-51 한편 이의신청이 있다고 해서 강제집행이 당연히 정지되는 것은 아니다. 법원은 직권으로 채무자(신청인)에게 담보를 제공하게 하거나 제공하게 하지 아니하고

65) **일본** 현행 민사집행법 32조 4항에서는 불복신청을 할 수 없다는 명문의 규정을 두고 있다.
66) 집행문부여에 대한 이의에 관한 재판에 대하여는 특별항고만 허용될 뿐이라고 해석되며, 이러한 결정에 대한 불복은 당사자가 특별항고라는 표시와 항고법원을 대법원이라고 표시하지 아니하였다 하더라도 그 항고장을 접수한 법원으로서는 이를 특별항고로 취급하여 소송기록을 대법원에 송부함이 마땅하다(대법원 1997. 6. 20.자 97마250 결정).

집행을 일시정지하도록 명하거나, 채권자에게 담보를 제공하게 하고 그 집행을 계속하도록 명하는 등 **잠정처분**을 할 수 있다(34조 2항, 16조 2항. ☞7-22).

2) 집행문부여에 대한 이의의 소

제45조(집행문부여에 대한 이의의 소) 제30조제2항(조건성취집행문)과 제31조(승계집행문)의 경우에 채무자가 집행문부여에 관하여 증명된 사실에 의한 판결의 집행력을 다투거나, 인정된 승계에 의한 판결의 집행력을 다투는 때에는 제44조의 규정을 준용한다. 다만, 이 경우에도 제34조의 규정에 따라 집행문부여에 대하여 이의를 신청할 수 있는 채무자의 권한은 영향을 받지 아니한다.

① 의 의

집행문부여의 경우에 채무자가 증명된 **조건의 성취** 또는 **당사자의 승계**라는 5-52
사유를 다투어 집행문부여의 위법을 주장함으로써(증명문서 등에 의하여 집행문이 부여되었더라도 그것이 사실이라고 할 수 없다) 강제집행을 막기 위한 소이다(45조). 채권자의 집행문부여의 소(33조)에 대응하는 것이다. 강제집행이 종료된 뒤에는 본소를 제기할 이익이 없다.[67]

◈ 의사의 진술을 명하는 판결에 반대급부의 이행이라는 조건이 붙은 사례에서 동시이행 등의 조건이 이행되지 않았음에도 집행문이 잘못 부여되어 그에 따른 등기가 경료된 경우 그 등기의 유효 여부 및 채무자의 구제방법 ◈ 강제조정결정에 기하여 이 사건 토지에 관하여 소유권이전등기절차를 마치기 위하여는 그와 동시이행관계에 있는 이 사건 강제조정결정상의 반대의무인 금전지급채무가 이행되었음을 증명하여 집행문을 부여받아야 할 것인데, 이 사건 강제조정결정의 반대의무를 이행하지 않았고 재판장의 명령이 없었음에도, 이 사건 강제조정결정정본에 집행문을 부여하여 소유권이전등기가 경료되었다. 경료된 이전등기에 대하여 등기원인이 무효임을 이유로 소유권이전등기의 말소를 구하는 소를 제기한 사안에서, 집행문부여절차에 하자가 있는 경우에 집행문부여에 대한 이의신청이나 이의의 소를 통해서 집행문의 취소나 그 강제집행의 불허를 구하지 아니하고 바로 원인무효임을 내세워 등기의 말소를 구할 수는 없다는 피고의 주장에 대하여, **판례**는 집행권원상의 의사표시를 하여야 하는 채무가 반대급부의 이행 등 조건이 붙은 경우에는 채권자가 그 조건 등의 성취를 증명하여 재판장의 명령에 의하여 집행문을 받아야만 의사표시 의제의 효과가 발생한다. 따라서 반대급부의 이행 등 조건이 성취되지 않았는데도 등기신청의 의사표시를 명하는 판결 등의 집행권원에 집행문이 잘못 부여된 경우에는 그 집행문부여는 무효라 할 것이나,

67) 대법원 2003. 2. 14. 선고 2002다64810 판결.

> 이러한 집행문부여로써 강제집행이 종료되고 더 이상의 집행 문제는 남지 않는다는 점을 고려하면 집행문부여에 대한 이의신청이나 집행문부여에 대한 이의의 **소를 제기할 이익이 없으므로**, 채무자로서는 집행문부여에 의하여 의제되는 등기신청에 관한 의사표시가 무효라는 것을 주장하거나 그에 기초하여 이루어진 **등기의 말소 또는 회복을 구하는 소를 제기하여야 한다**고 보았다(피고의 주장을 배척한 것은 정당).[68]

② 소의 법적 성질

5-53 확인소송으로 보는 입장, 집행권원이 집행문이 부여될 수 있는 상태에 없다는 것을 확정함과 함께 부여된 집행문의 효력을 잃게 한다는 측면에서 확인소송과 형성소송의 성질을 겸유하고 있는 것으로 볼 수 있다는 입장 등이 있는데, 집행문부여의 요건에 흠이 있어 집행문의 효력을 잃게 하는 판결을 구하는 **형성소송**으로 볼 것이다.[69]

③ 이의사유

5-54 이의사유는 집행권원에 표시된 **조건의 불성취**나 당사자에 관한 **승계의 부존재**이다. 그 밖의 사유만으로 집행문부여의 위법함을 주장하는 경우에는 집행문부여에 대한 이의신청만 할 수 있다.[70] 다만, 조건의 성취나 당사자의 승계를 다투는 이상, 그것과 동시에 집행문부여에 관한 형식적 요건의 흠도 아울러 주장할 수 있다. 따라서 실체상의 이의사유가 없는 것으로 판명되더라도 형식적 요건에 흠이 있으면 본소를 인용한다.

조건의 성취나 당사자의 승계를 집행문부여에 대한 이의신청으로 다툴 수도 있으므로(제45조 단서), 이 경우에는 채무자는 본소와 이의신청 가운데 **어느 쪽을 선택하여도 상관없다**(다만, 기판력 있는 판단을 얻기 위하여는 본소에 의할 필요가 있다).

---

68) 대법원 2012. 3. 15. 선고 2011다73021 판결.

69) 오시영, 131면은 확인소송으로 보는 입장이고, 김상수, 101면은 확인소송과 형성소송을 겸유하는 것으로 보는 입장이나, 김홍엽, 79면; 이시윤, 170면은 형성소송으로 본다. 형성소송설이 일본, 독일에서도 다수설이다. 中野貞一郎/下村正明, 民事執行法, 270면. MüKoZPO/Schmidt/Brinkmann ZPO §768 Rn. 6.

70) 집행권원의 채무자인 이 사건 관리단과 그 명칭이 변경된 동일한 단체라고 보아 **집행문을 다시 내준 경우**에 집행권원에 관하여 이미 집행문을 내어 주었다가 다시 내어 달라는 신청을 받고 다시 내어 준 것일 뿐 집행권원에 붙은 조건이 성취되었음을 이유로 집행문을 내어 준 경우 또는 집행권원의 채권자 또는 채무자의 승계인에 대하여 집행문을 내어 준 경우가 아니므로 **집행문부여에 대한 이의신청을 할 수 있을 뿐** 집행문부여에 대한 이의의 소를 제기할 수 없다(대법원 2016. 8. 18. 선고 2014다225038 판결).

또한 집행문부여신청에 대한 이의신청이 기각된 뒤에도 그 결정에 기판력은 없으므로 동일한 사유로 본소를 제기할 수 있다. 그러나 반대로 본소의 판결이 확정된 경우에는 기판력이 생기므로 같은 이유로 이의신청을 할 수 없다.[71)]

④ 당사자적격

집행문에 표시된 채무자가 원고이고, 집행문에 표시된 채권자가 피고이다. 5-55

⑤ 관 할

집행권원이 판결인 경우에는 **제1심 판결법원**에 소를 제기하여야 한다(45조, 44조 1항). 청구이의의 소의 관할과 마찬가지인데, 여기서 '제1심 판결법원'이란 집행권원인 판결에 표시된 청구권, 즉 그 판결에 기초한 강제집행에 의하여 실현될 청구권에 대하여 재판을 한 법원을 가리킨다.[72)] 한편 집행권원이 소송상 화해조서, 인낙조서, 조정조서인 경우에는 **제1심 수소법원**이(57조, 45조, 44조 1항),[73)] 확정된 지급명령, 제소전 화해조서, 조정조서에 관하여는 소송목적의 값에 따라 그 절차를 실시한 **지방법원 단독판사 또는 합의부**가 관할한다(45조, 58조 4항, 5항). 그리고 **집행증서**에 관하여는 그전의 소송절차가 없으므로 채무자의 보통재판적이 있는 곳의 법원 또는 그러한 법원이 없을 때에는 민사소송법 11조 재산이 있는 곳의 특별재판적의 규정에 따라 소를 제기할 수 있는 법원의 관할에 속한다(59조 4항). 5-56

이는 **직분관할**로서 성질상 **전속관할**이다(21조). 시·군법원의 관할에 대한 특례(22조 1호)는 집행문부여의 소와 마찬가지이다(☞5-45).

⑥ 심리와 재판

이 소에 관하여는 **청구이의의 소에 관한 규정이 준용**된다(45조). 이의사유가 여러 가지인 경우에는 **동시에 주장**하여야 한다(45조, 44조 3항). 심리는 일반 판결절차와 다르지 않다. 이의권의 발생원인사실로는 조건성취집행문 또는 승계집행문이 첨부된 집행권원의 존재가 주장·증명되면 충분하고, 이것이 청구원인사실이 된다고 할 것이다. 이의권의 발생원인사실로서 조건의 성취 또는 승계사실 등의 실체 5-57

71) 이시윤, 171면.

72) 대법원 2017. 4. 7. 선고 2013다80627 판결; 대법원 2020. 10. 29. 선고 2020다205806 판결.

73) 수소법원인 지방법원 합의부가 한 조정을 대상으로 한 집행문부여에 대한 이의의 소는 이를 처리한 지방법원 합의부의 전속관할에 속한다(대법원 2022. 12. 15.자 2022그768 결정).

적 요건의 부존재를 원고인 **채무자가 증명**하여야 한다고 **볼 것은 아니다**(다만, 조기에 사안의 쟁점을 밝히고 적정·신속한 심리를 실현한다는 실무적 견지에서는 집행권원의 존재뿐만 아니라, 이와 관련된 중요한 사실로서 조건의 성취 등 실체적 요건의 부존재를 기초짓는 사실을 적극적으로 주장하는 것이 바람직하다). 오히려 조건의 성취, 승계사실의 **증명책임**은 **채권자**인 피고에게 있다.74) 이의사유는 사실심의 변론종결(변론 없이 한 판결의 경우에는 판결선고)시에 존재할 것이 필요하고, 또 그 때에 존재하면 충분하다.

청구가 정당하면 해당 집행력 있는 정본에 기초한 집행의 불허를 선언하는 판결을 한다. 그 주문은 아래와 같다.

◈ 주문 기재례 ◈

피고의 원고에 대한 이 법원 2017가합○○○ 대여금 사건의 판결에 대하여 이 법원 법원사무관 ○○○가 2017 . . 내어 준 집행력 있는 정본에 기초한 강제집행은 이를 불허한다.

이 판결에는 직권으로 법 46조에 정하여진 명령을 하거나 이미 한 명령을 취소·변경 또는 인가하여야 하며 또 이에 대하여는 반드시 가집행선고를 붙여야 하고, 가집행선고의 재판에 대하여는 불복하지 못한다(47조).

이 판결이 확정되면 채무자는 그 판결정본을 집행기관에 제출하여 집행의 정지와 취소를 구할 수 있다(49조 1호, 50조 1항).

⑦ 잠정처분

제46조(이의의 소와 잠정처분) ① 제44조 및 제45조의 이의의 소는 강제집행을 계속하여 진행하는 데에는 영향을 미치지 아니한다. ② 제1항의 이의를 주장한 사유가 법률상 정

---

74) 강제집행절차에 있어서는 권리관계의 공권적인 확정 및 그 신속·확실한 실현을 도모하기 위하여 절차의 명확·안정을 중시하여야 하므로, 그 기초되는 채무가 판결에 표시된 채무자 이외의 자가 실질적으로 부담하여야 하는 채무라거나 그 채무가 발생하는 기초적인 권리관계가 판결에 표시된 채무자 이외의 자에게 승계되었다고 하더라도, 그 자가 판결에 표시된 채무자의 포괄승계인이거나 그 판결상의 채무 자체를 특정하여 승계하지 아니한 이상, 그 자에 대하여 새로이 그 채무의 이행을 소구하는 것은 별론으로 하고, 판결에 표시된 채무자에 대한 판결의 기판력 및 집행력의 범위를 그 채무자 이외의 자에게 확장하여 승계집행문을 부여할 수는 없으며(대법원 2002. 10. 11. 선고 2002다43851 판결 등 참조), 승계집행문부여에 대한 이의의 소에서 승계사실에 대한 증명책임은 채권자인 피고에게 있다(대법원 2015. 1. 29. 선고 2012다111630 판결). 반면, 집행채무자에게 증명책임이 있다는 Gaul/Schilken/Becker-Eberhard, Zwangsvollstreckungsrecht, §17 Rn. 40; MüKoZPO/Schmidt/Brinkmann ZPO §768 Rn. 10.

당한 이유가 있다고 인정되고, 사실에 대한 소명이 있을 때에는 수소법원은 당사자의 신청에 따라 판결이 있을 때까지 담보를 제공하게 하거나 담보를 제공하게 하지 아니하고 강제집행을 정지하도록 명할 수 있으며, 담보를 제공하게 하고 그 집행을 계속하도록 명하거나 실시한 집행처분을 취소하도록 명할 수 있다.

제47조(이의의 재판과 잠정처분) ① 수소법원은 이의의 소의 판결에서 제46조의 명령을 내리고 이미 내린 명령을 취소·변경 또는 인가할 수 있다. ② 판결중 제1항에 규정된 사항에 대하여는 직권으로 가집행의 선고를 하여야 한다. ③ 제2항의 재판에 대하여는 불복할 수 없다.

㉮ 본소가 제기되더라도 당연히 해당 집행문이 부여된 집행권원의 정본에 기한 **집행의 실시를 막을 수 없는데**(46조 1항. 즉, 당연히 집행정지의 효력이 생기는 것은 아니다), 그리하여 집행문부여에 대한 이의의 소가 계속 중인 수소법원(직분관할로서 성질상 전속관할)은[75] 판결이 있을 때까지 강제집행의 일시정지 등의 **잠정처분**을 명할 수 있다. 즉 이의를 주장한 사유가 법률상 정당한 이유가 있다고 인정되고, 사실에 대한 소명이 있을 때에는 신청에 따라 판결이 있을 때까지 집행을 정지하도록 명할 수 있으며(46조 2항), 급박한 사정이 경우에는 재판장도 이러한 처분을 명할 수 있다(동조 3항). 5-58

㉯ 수소법원은 위 선행의 잠정처분이 없었으면 집행문 부여에 대한 이의의 소의 본안판결에서 **직권**으로 잠정처분의 명령을 내리고(청구기각의 경우는 제외), 이미 내린 선행의 잠정처분이 있으면 그 명령을 취소·변경 또는 인가할 수 있다(47조 1항. ☞7-51).

⑧ 청구이의의 소와의 관계

본소에서 조건의 성취 또는 당사자의 승계라는 실체상 사유가 이의사유로 되어 공통점이 있으므로 청구이의의 소에 있어서의 이의사유와의 관계가 문제된다. 집행문부여에 대한 이의의 소에서 청구이의의 소에 있어서의 이의사유를 함께 주장할 5-59

75) 수소법원인 지방법원 합의부가 한 조정을 대상으로 한 집행문부여에 대한 이의의 소는 이를 처리한 지방법원 합의부의 전속관할에 속하고, 이에 부수한 잠정처분의 신청도 집행문부여에 대한 이의의 소가 계속 중인지방법원 합의부의 전속관할에 속한다. ... 수소법원인 창원지방법원 마산지원 합의부가 한 조정을 대상으로 한 승계집행문부여에 이의의 소는 창원지방법원 마산지원 합의부의 전속관할에 속하고, 급박한 사정이 없는 이상 이에 부수한 잠정처분의 신청도 마찬가지라고 할 것이다(대법원 2022. 12. 15.자 2022그768 결정).

수 있는가, 반대로 청구이의의 소에서 조건의 성취 또는 당사자의 승계를 다투는 사유를 함께 주장할 수 있는가의 문제에 대하여 **소권경합설**,[76] **법조경합설**, 양쪽의 이의사유를 동일한 소송에서 주장하는 때에는 1개의 소로 보아야 하지만, 한쪽 소송에서 다른 쪽 소의 이의사유를 주장하지 않더라도 실권하지 않는 것으로 원고의 선택권을 긍정하는 **절충설**이 있다.[77] 집행문부여에 대한 이의의 소는 **집행문의 효력의 배제**, 청구이의의 소는 **집행권원의 집행력의 배제**를 각각의 목적으로 하고, 주장할 수 있는 사유도 기본적으로 차이가 있는 등 강제집행의 실체적 요건에 관한 2단계 구성이라는 실정법적 근거에서 볼 때 **소권경합설이 타당**할 것이다.[78]

76) 양쪽을 별개의 소로 보는 **소권경합설**로는 김홍엽, 81면. 청구이의의 소에서의 이의사유를 **집행문부여의 소**에서 주장하는 것은 허용되지 않고, 승계집행문부여의 소에서 집행채무자가 청구에 관한 이의사유를 청구이의의 반소를 제기하지 않은 채 단순히 항변으로만 주장하는 것은 허용될 수 없다는 대법원 2012. 4. 13. 선고 2011다93087 판결의 취지도 소권병합설의 맥락이다. **일본**에서도 最高裁判所 昭和43(1968) · 2 · 20 판결을 비롯하여 판례는 소권경합설을 취한다.

77) 이의사유의 동시제출은 강제되지 않으며, 청구이의의 소에서 집행문부여의 이의사유를 하나라도 주장하여 패소되었으면 그 이의사유 전부가 실권된다는 **절충설**은 이시윤, 171면.

78) 中野貞一郎/下村正明, 272면.

제3장

강제집행의 진행

강제집행의 **개시** 또는 **개시의 시점**은 딱 잡아 말하기 어렵고, 집행의 신청 또는 그 수리를 의미하기도 하는데, 일반적으로 강제집행의 실시로서 현실의 강제집행을 개시하는 것, 즉 집행기관이 채무자에 대하여 강제집행의 최초의 단계의 집행처분에 착수하는 것을 의미한다. 가령 금전집행에 있어서 집행법원이 강제경매개시결정 등 압류명령의 발령, 부동산인도청구의 집행에 있어서 채무자의 점유배제의 착수 등이다. 6-1

위와 같이 개시된 강제집행은 채권자가 청구 및 집행비용에 대하여 완전한 만족을 얻은 때에 **종료**하는 것이 원칙이지만, 가령 특정물인도청구의 집행에서 목적물이 멸실한 경우와 같이 집행채권의 만족이 절대적으로 불능이 된 경우도 집행은 종료된다. 또한 특정물에 대하여 개시된 개개의 집행절차는 그 절차에 정하여진 마지막 단계에 해당하는 행위가 완료된 때에 종료하는 것이 원칙이지만, 채권자의 집행신청의 취하, 채무자 또는 제3자의 신청 혹은 집행기관의 직권으로 집행이 취소된 경우에도 집행은 그 한도에서 종료된다.

Ⅰ. 강제집행개시의 요건

처분권주의(Dispositionsmaxime)는 강제집행절차에서도 타당하므로 집행의 개시에는 채권자가 소정의 사항을 적은 신청서에 집행력 있는 정본을 첨부하여 집행을 신청하여야 한다. 그렇지만 채권자의 신청과 동시에 강제집행이 개시되는 것은 아니다. 집행기관이 현실로 강제집행을 개시하는 데에는 그 존재 또는 부존재(가령 6-2

집행장애사유)가 필요한 여러 요건이 있는데, 이를 강제집행개시의 요건이라고 한다. 이는 집행기관이 그 구비 여부를 판단하지 않으면 안 되는 것으로 민사집행법상에서 정하고 있는 요건이다. 이러한 집행개시요건은 집행기관이 직권으로 조사하여야 하고, 결여된 경우에는 강제집행을 개시할 수 없다.

> **◈ 강제집행의 요건에 대한 강제집행개시의 요건의 의의 ◈** 강제집행개시의 요건은 강제집행의 이론적 정당화 근거인 강제집행의 요건에 대응한다. 강제집행의 요건을 판단하는 권한은 대체로 집행기관이 아니라, 권리확정기관이나 집행문부여기관에 주어져 있는데, 강제집행의 요건을 구비하고 있는 것에서 (권리확정기관 등이 내린 문서의 존재로) 대부분의 강제집행개시의 요건의 구비가 대체되어 있다고 할 수 있다. 그러나 강제집행개시에 있어서 확정기한의 도래, 담보의 제공, 반대급부 또는 그 제공이 있은 것 등은 강제집행의 요건인 '즉시 청구의 가능성'에 대응하는 요건으로, 고도의 법적 판단은 필요하지 않다는 점 내지는 권리확정기관이나 집행문부여기관에 판단시키는 것이 합리적이지 않다는 점 등의 이유에서 집행기관이 직접 그 존부(확정기한의 도래, 담보의 제공, 반대급부 또는 그 제공이 있은 것)를 판단하는 것으로 하고 있다.

1. 적극적 요건

제39조(집행개시의 요건) ① 강제집행은 이를 신청한 사람과 집행을 받을 사람의 성명이 판결이나 이에 덧붙여 적은 집행문에 표시되어 있고 판결을 이미 송달하였거나 동시에 송달한 때에만 개시할 수 있다.

(1) 집행당사자의 표시

6-3 강제집행은 이를 신청한 사람과 집행을 받을 사람의 성명이 판결이나 이에 덧붙여 적은 집행문에 표시되어 있어야 개시할 수 있다(39조 1항). 모두가 소송수행에 관여하지 않으면 소송수행권이 없게 되는 고유필수적 공동소송의 경우에는 집행의 신청에 있어서도 모두가 공동으로 하여야 한다.[1]

(2) 집행권원의 송달

6-4 집행권원은 **집행 전 또는 늦어도 집행개시와 동시**에 채무자에게 송달하여야

1) 민법상 조합에서 조합의 채권자가 조합재산에 대하여 강제집행을 하려면 조합원 전원에 대한 집행권원을 필요로 하므로 조합원 중 1인만을 가압류채무자로 한 가압류명령으로써 조합재산에 가압류집행을 할 수 없다(대법원 2015. 10. 29. 선고 2012다21560 판결).

한다(39조 1항). 집행권원의 송달(Zustellung des Titels)은 채무자에게 집행의 내용을 알려 채무자가 집행에 대처할 수 있게 하기 위함이다.[2] 송달하여야 하는 것은 집행권원 그 자체이며 집행정본(집행권원+집행문)이 아니다.

그런데 **판결**이나 **지급명령**과 같이 이미 해당 절차에서 송달된 경우에는(민사소송법 210조 1항에 의한 판결의 송달 및 민사소송법 469조 1항에 의한 지급명령의 송달) 다시 송달할 필요는 없고, 송달증명서가 있으면 되는데, **집행문부여신청을 할 때에 동시**에 송달증명신청을 하여 송달증명서를 교부받아 집행신청 시에 제출한다. **집행개시와 동시**에 송달할 수 있는 경우는 송달실시기관이기도한 **집행관**(민사소송법 176조 1항)이 집행기관인 경우에 한정된다. 송달의 방법은 민사소송법의 일반원칙에 따른다.

그리고 **화해, 인낙 또는 조정조서** 등도 그 정본을 직권으로 송달하도록 되어 있다(민사소송규칙 56조, 민사조정법 33조 2항).

예외적으로 **가압류 · 가처분명령**의 집행에는 간이 · 신속한 실시를 위하여 집행권원의 송달이 필요하지 않다. 채무자에게 보전명령이 송달되기 전이라도 집행할 수 있다는 의미이다(292조 3항, 301조).

한편 **집행증서**의 송달에 관하여는「공증인법」56조의5, 민사집행규칙 22조의2에 특칙이 있는데, 일반적으로 공증인이 공정증서를 작성하면서 채권자에게는 정본을, 채무자에게는 등본을 교부하고 그 취지를 공정증서 원본과 정본에 부기하고 있고, 이 경우에는 그 송달이 있는 것으로 보므로(공증인법 56조의5 1항 단서), 그 정본은 집행권원과 그 송달증명서를 겸하는 것이 된다. 만일 공정증서정본과 등본을 교부하지 않았다면, 신청에 의하여 별도로 집행권원인 공정증서정본을 송달하여야 한다.[3]

집행권원의 송달이 없는 사이에 개시된 집행의 효력이 문제가 되는데, 채무자

2) 채무자의 법적 심문청구권을 보장하기 위한 것이다. BGH, DGVZ 2007, 60=NJW 2007, 3357.

3) 위 송달은 우편으로 하거나 대법원규칙으로 정하는 방법으로 한다(공증인법 56조의5 1항 본문). 우편에 의한 송달은 신청을 받아 공증인이 수행한다(위 동조 2항). 우편송달에 의하여 그 목적을 달성할 수 없거나 송달과 동시에 강제집행을 할 것을 위임하는 경우에는 채권자는 집행관에게 송달을 위임할 수가 있고(민사집행규칙 22조의2 2항), 송달을 한 집행관은 그 송달에 관한 증서를 위임인에게 교부하여야 하며(위 동조 3항), 외국에서 할 공정증서정본 등의 송달은 공증인의 직무상 주소를 관할하는 지방법원에 채권자가 이를 신청할 수가 있고(위 동조 4항), 공시송달 역시 채권자가 공증인의 직무상 주소를 관할하는 지방법원에 신청하여 할 수 있다(위 동조 5항).

의 집행이의신청(16조), 즉시항고(15조)에 의하여 취소되지 않는 한 유효하며 취소될 때까지 송달이 있으면 그 흠은 치유되는 것으로 풀이할 것이다.[4)]

(3) 집행문 및 증명서등본의 송달

1) 집행문의 송달

제39조(집행개시의 요건) ② 판결의 집행이 그 취지에 따라 채권자가 증명할 사실에 매인 때 또는 판결에 표시된 채권자의 승계인을 위하여 하는 것이거나 판결에 표시된 채무자의 승계인에 대하여 하는 것일 때에는 집행할 판결 외에, 이에 덧붙여 적은 집행문을 강제집행을 개시하기 전에 채무자의 승계인에게 송달하여야 한다.

6-5 통상의 경우에 위 집행권원의 송달만으로 충분하고 집행문은 원칙적으로 채무자에게 송달할 필요가 없으나, 조건성취집행문(30조 2항), 승계집행문(31조)이 부여된 경우, 즉 판결의 집행이 그 취지에 따라 채권자가 증명할 사실에 매인 때 또는 판결에 표시된 채권자의 승계인을 위하여 하는 것이거나 판결에 표시된 채무자의 승계인에 대하여 하는 것일 때에는 집행할 판결 외에, 이에 덧붙여 적은 집행문을 강제집행을 개시하기 전에 채무자의 승계인에게 송달하여야 한다(39조 2항). 이러한 경우에는 집행권원의 집행력이 집행문에 의하여 뒷받침되기 때문에, 즉 집행문이 집행권원의 내용을 보충하는 역할을 하기 때문에 채무자에게 방어의 기회를 주기 위하여 집행 전에 송달하여야 한다는 취지이다.

강제집행을 개시하기 위하여 미리 송달을 의뢰하여 송달이 마쳐진 뒤에 그 송달증명서를 취득할 필요가 있다. 집행문이 법원사무관등에 의하여 부여된 경우에는 채권자의 신청이 있는 경우에 한하여 그 기록을 보관하고 있는 법원사무관등이 그 등본을 작성하여 송달한다. 집행문이 공증인에 의하여 부여된 경우에는 기본적으로 채권자의 신청을 받아 공증인이 송달사무처리자로서 우편에 의한 송달을 수행한다(공증인법 56조의5 2항).

송달이 없는 사이에 개시된 집행의 효력은 위 집행권원의 송달에서와 마찬가지이다.[5)]

---

4) 김홍엽, 86면; 오시영, 187면; 이시윤, 174면. 다만, 대법원 1987. 5. 12. 선고 86다카2070 판결은 집행권원인 판결이 **허위주소로 송달**되었다면 그 송달은 부적법하여 **무효**이고 상대방은 아직도 집행권원의 송달을 받지 않은 상태에 있다 할 것이므로 그에 기하여 행하여진 집행은 집행개시의 요건으로서의 집행권원의 송달 없이 이루어진 것으로서 무효라고 보았다. 대법원 1973. 6. 12. 선고 71다1252 판결도 마찬가지 취지이다.

2) 증명서등본의 송달

제39조(집행개시의 요건) ③ 증명서에 의하여 집행문을 내어 준 때에는 그 증명서의 등본을 강제집행을 개시하기 전에 채무자에게 송달하거나 강제집행과 동시에 송달하여야 한다.

채권자가 증명서로서 조건의 성취사실 또는 승계사실을 증명한 경우에는 그 증명서의 등본도 아울러 집행개시 전이나 집행개시와 동시에 채무자에게 송달하여야 한다(30조 2항, 31조 1항, 39조 3항). 6-6

(4) 이행기의 도래

제40조(집행개시의 요건) ① 집행을 받을 사람이 일정한 시일에 이르러야 그 채무를 이행하게 되어 있는 때에는 그 시일이 지난 뒤에 강제집행을 개시할 수 있다.

확정기한부 급부	불확정기한, 정지조건부 급부	상환적 급부
피고는 원고에게 2019. 4. 1. 까지 1억 원을 지급하라.	1. 피고는 원고에게 **소외 갑이 사망한 때에** 1억 원을 지급하라. 1. 피고는 원고에게, **소외 갑으로부터 1억 원을 받으면** 즉시 1억 원을 지급하라.	피고는 원고로부터 **1억 원을 지급받음과 동시에** 원고에게 별지목록 기재 건물을 인도하라.[6]
확정기한의 도래는 달력으로 기한의 도래를 쉽게 알 수 있으므로 그 판단을 집행기관에 맡김	* 판단이 용이하지 않으므로 법원의 판단이 필요하여 집행문부여의 요건으로 함 * 집행채권자가 조건성취를 증명하면 재판장의 명령으로 집행문을 부여	* 상환적 급부를 조건처럼 보아 집행문부여의 요건으로 하면, 채권자에게 1억 원을 선이행하도록 하는 결과가 되어 부당하므로 상환적 급부는 집행개시를 위한 요건으로 한 것임 * 반대의무 있는 의사의 진술을 명하는 판결은 예외
강제집행개시요건	집행문부여요건	강제집행개시요건

5) 집행권원인 판결이 **허위주소로 송달**된 경우에는 절대적 무효라고 보았지만(앞의 대법원 1987. 5. 12. 선고 86다카2070 판결 등), 한편 채무자의 승계인에 대하여 집행문을 부여한 뜻을 부기한 화해조서정본을 송달한 증명 없이 화해조서정본에 따른 강제집행에 의하여 소유권이전등기가 행하여졌다면 이는 **위법**이지만 이로써 곧 위 소유권이전등기가 **무효라고는 할 수 없다**고 보았다(대법원 1980. 5. 27. 선고 80다438 판결).

6-7 채무의 이행이 집행권원상 **확정기한의 도래**에 달린 때에는, 즉 집행을 받을 사람이 일정한 시일에 이르러야 그 채무를 이행하게 되어 있는 때에는 그 시일이 지난 뒤에 강제집행을 개시할 수 있다(40조 1항). 가령 정기금채권이라면 집행개시는 이미 기한이 도래한 부분의 강제집행에 한하게 된다.[7] 그런데 확정기한의 도래는 달력에 의하여 쉽게 확인할 수 있으므로 집행기관의 판단에 맡겨 **집행개시의 요건**으로 하고 있고, 집행문부여기관에 의한 조건성취집행문의 부여가(30조 2항) 필요한 것으로 하고 있지 않다(☞5-24).

한편 확정기한과 달리, **불확정기한의 도래**는 집행개시의 요건이 아니고, 조건의 성취와 마찬가지로 **집행문부여의 요건**이다. 가령, 사망 뒤 2주일 내에 지급하라는 집행권원에 있어서 언제 사망하였는가 하는 사실의 도래는 그 판단이 용이하지 않으므로 집행기관이 아닌, 법원의 판단이 필요하고, 따라서 집행문부여의 요건이다(30조 2항. ☞5-24).

(5) 담보제공증명서의 제출과 그 등본의 송달

제40조(집행개시의 요건) ② 집행이 채권자의 담보제공에 매인 때에는 채권자는 담보를 제공한 증명서류를 제출하여야 한다. 이 경우의 집행은 그 증명서류의 등본을 채무자에게 이미 송달하였거나 동시에 송달하는 때에만 개시할 수 있다.

6-8 집행이 채권자의 담보제공에 매인 때에는 채권자는 담보를 제공한 증명서류를 제출하여야 한다. 이 경우의 집행은 그 증명서류의 등본을 채무자에게 이미 송달하였거나 동시에 송달하는 때에만 개시할 수 있다(40조 2항). 가령, 채권자의 담보제공을 조건으로 한 가집행선고 있는 종국판결에 의한 집행에 관하여서는 채권자가 담보를 제공하였다는 증명서류를 제출하여야 하고, 또 그 등본을 집행 전에 또는 적어도 집행과 동시에 채무자에게 송달하지 않으면 집행을 개시할 수 없다. 위 이행기의 도래와 마찬가지로 담보를 제공한 것도 집행기관에 의해 용이하게 판단할 수 있으므로 이를 집행문부여의 조건으로 하지 않고(30조 2항 단서 참조), 위와 같이 집행개시의 요건으로 한 것이다.

6) 그런데 위 주문을 가지고 피고가 원고에게 1억 원의 지급을 강제로 집행할 수는 없다. 집행력은 원고(반소에서는 반소원고) 측에게 생기는 것이기 때문이다.

7) 다만, 양육비채권 중 기한이 되지 아니한 것에 대하여도 예외적으로 양육비 직접지급명령을 할 수 있다는 「가사소송법」 63조의2 2항의 특칙이 있다.

담보를 제공한 것을 증명하는 서류의 제출이 없는 채 이루어진 강제집행은 무효이다.

(6) 반대의무의 이행 또는 이행의 제공

제41조(집행개시의 요건) ① 반대의무의 이행과 동시에 집행할 수 있다는 것을 내용으로 하는 집행권원의 집행은 채권자가 반대의무의 이행 또는 이행의 제공을 하였다는 것을 증명하여야만 개시할 수 있다.

① 집행권원상 채무자의 이행이 반대의무의 이행과 상환으로 하여야 하는 경우에 그 집행은 채권자가 **반대의무의 이행** 또는 **이행의 제공**을 하였다는 것을 증명하여야만 개시할 수 있다(41조 1항). 가령, 집행권원에 '乙은 甲으로부터 1억 원을 지급받음과 동시에 甲에게 건물을 인도하라'고 되어 있는 경우에 甲은 1억 원의 지급의무의 이행 또는 그 제공을 한 것을 증명한 것에 한하여 집행기관은 해당 집행권원에 기한 강제집행을 개시할 수 있다(참고로 반대급부에는 집행력이 없으므로 乙은 甲에게 1억 원의 지급을 집행할 수 없음). 반대의무의 이행 또는 그 제공은 법 30조 2항에 기한 집행문부여의 요건으로 하는 것도 입법상 불가능한 것은 아니지만, 그렇게 하면 채권자의 반대의무의 선이행을 강제하는 것이 되어 동시이행을 정한 실체법의 취지로부터 벗어나게 되므로 이를 집행기관이 조사·판단하여야 할 **집행개시의 요건**으로 한 것이다.[8] 가급적 동시이행관계를 유지하기 위하여 반대의무의 이행의 시점을 이행강제의 시점에 근접시키려는 취지라고 할 수 있다. 또한「반대의무의 이행」뿐만 아니라,「반대의무의 이행의 제공」, 즉 채무자의 반대의무의 수령지체를 상환이행판결의 개시요건으로 한 것은[9] 채무자가 반대의무를 수령거절하는 것과 같은 사태에 대비한 것이라고 할 것이다. 증명의 방법은 한정되어 있지 않으므로 공문서뿐만 아니라 사문서에 의할 수 있고, 집행관이 집행기관인 경우에는 집행관 앞에서 변제의 제공을 하는 방법도 무방하다. 반대의무의 내용이 특정되지 아니하여 반대의무의 이행 또는 그 이행제공을 증명할 수 없는 경우에는 강제집행을 할 6-9

8) 반대의무 이행 또는 이행제공은 **집행개시의 요건**으로서 집행개시와 관련된 **집행에 관한 이의신청** 절차에서 주장·심리되어야 할 사항이지, 집행권원이 가지는 집행력의 배제를 구하는 청구이의의 소에서 심리되어야 할 사항은 아니다(대법원 2024. 6. 13. 선고 2024다231391 판결).

9) **독일** 민사소송법(ZPO) 756조 1항(상환이행에서의 강제집행)에서도 집행이 채무자에게 채권자의 상환이행에 걸려 있을 때는 집행관은 채무자가 받아야 할 급부를 채권자가 **수령지체**를 생기게 하는 방법으로 제공하기까지는 강제이행을 개시하여서는 안 된다. 다만, 채무자가 만족을 얻거나 수령지체에 있는 것이 공적 증서나 공적인 인증증서에 의하여 증명되고, 그 사본이 사전에 또는 동시에 송달된 경우는 그러하지 않다고 규정하고 있다.

수 없게 되어 결국 채권자는 강제집행을 위하여 동일한 청구의 소를 다시 제기하여야 한다. 동시이행판결을 하는 법원으로서는 반대의무의 내용을 명확하게 특정하여야 하고 자칫 이를 가볍게 여겨 강제집행에 지장이 생김으로써 무익한 절차의 반복을 하게 하는 것은 아닌지 여부 등을 확인할 필요가 있다.[10] 반대급부의 이행 또는 이행의 제공의 증명이 없음에도 개시된 집행은 무효이다.

② 한편 상환이행의무에 있어서 채권자가 채무자에 대한 다른 채권으로의 **상계**가 이행 내지는 이행의 제공에 해당하는지 여부에 대하여 논의가 있으나, 상계는 그 요건, 의사표시의 존부 및 효력 등에 대하여 실체적 판단이 필요한 것이므로 **해당하지 않는다**고 할 것이다.[11]

◈ **구체적 예** ◈ 甲이 乙로부터 乙 소유의 카메라를 100만 원에 매수하였는데 乙은 위 카메라를 계속 점유하면서 넘겨주지 않고 있으므로 甲은 乙에 대하여 카메라의 인도청구의 소를 제기하였다. 이 소송에서 乙은 위 카메라 대금을 받지 못하였다고 동시이행의 항변을 하였다. 그 결과, 피고는 원고로부터 100만 원을 지급받음과 동시에 원고에게 위 카메라를 인도하라는 판결이 선고되었다. ① 甲이 위 판결에 기해 강제집행을 하는 경우에 어떠한 종류의 집행문을 취득하여야 하는가. ② 또한 위 경우에 만약 甲이 乙에게 100만 원의 대여금채권을 가지고 있다면, 이 대여금채권과 위 대금채권을 상계하여 대금을 지급하지 않고 강제집행을 할 수 있는가. ① 상환이행판결의 경우에도 조건이 붙어 있는 경우라고 못 볼 바가 아니므로 조건성취집행문이 필요하다고 생각할 수 있으나. 그러나 엄밀하게 말한다면, 상환급부이므로 甲은 먼저 100만 원을 지급할 필요가 있는 것은 아니다. 즉, 甲에게 선이행의무가 있는 것은 아니다. 이 경우에 조건성취집행문을 요구하는 것은 사실상 채권자가 선이행하지 않을 수 없는 상황이 되므로 조건성취집행문이 필요하지 않다고 보는 것이 합리적 해석이 될 수 있다. 그리하여 甲은 단순집행문을 부여받아 강제집행에 착수하면 충분하게 된다(41조 1항 참조). ② 한편 甲이 100만 원의 대여금채권으로 카메라 대금과의 상계를 주장하여 카메라 대금을 지급하지 않은 채 카메라 인도의 강제집행을 하는 것은 특별한 사정이 없는 한 인정되지 않는다.

10) 대법원 2021. 7. 8. 선고 2020다290804 판결.

11) 이시윤, 177면. 일본 東京高等裁判所 昭和54(1979) · 12 · 25 결정은 상계는 집행채무자의 상계를 인정하는 서류의 제출 등 특별한 사정이 없는 한, 집행개시요건으로서의 상환이행의무의 이행 내지 이행의 제공을 증명할 수 있는 사유가 되지 않는다고 한다. 강대성, 151면도 집행개시의 요건이 될 수 없으나, 채무자가 상계를 인정한다는 취지의 서면을 제출한 경우에는 반대의무의 이행에 대한 증명이 있었다고 보아 집행을 개시하여도 무방하다고 본다. 추가로 일본에서의 학설로는 ① 집행기관이 상계를 확실히 인정할 수 있는 한, 집행을 개시하여도 무방하다는 입장, ② 상계에 대하여는 일종의 조건성취로 집행문부여 단계에서 심사하여야 한다는 입장 등이 있다.

③ 이에 대하여 **의사표시를 구하는 청구권**의 집행에 대하여는 반대의무의 이행 또는 그 제공이 있기까지는 의사표시의 간주에 의한 강제집행이 종료하지 않도록 반대의무 또는 그 제공은 **집행문부여의 요건**으로 하고 있다(263조. 자세히는 앞 집행문 부분에서 설명. ☞5-24).

주택임대차보호법 제3조의2(보증금의 회수) ① 임차인이 임차주택에 대하여 보증금반환청구소송의 확정판결이나 그 밖에 이에 준하는 집행권원에 따라서 경매를 신청하는 경우에는 집행개시요건에 관한 「민사집행법」 제41조에도 불구하고 반대의무의 이행이나 이행의 제공을 집행개시의 요건으로 하지 아니한다.

④ 한편 참고로 보면, 임차인의 **보증금반환청구권**의 집행은 설령 판결의 주문에서 **건물(임차주택)인도를 상환급부**로 하고 있더라도 건물인도를 **집행개시의 요건으로 하고 있지 않으므로**(주택임대차보호법 3조의2 1항) 건물인도가 필요하지 않다.[12] 다만, 배당금을 수령할 때까지 건물인도를 마쳐야 하고, '인도확인서'로써 이를 증명하여야 한다.[13]

(7) 대상청구의 집행에 필요한 본래의 청구권의 집행불능

제41조(집행개시의 요건) ② 다른 의무의 집행이 불가능한 때에 그에 갈음하여 집행할 수 있다는 것을 내용으로 하는 집행권원의 집행은 채권자가 그 집행이 불가능하다는 것을 증명하여야만 개시할 수 있다.

채무자의 의무가 다른 어떤 의무의 집행불능 시에 이에 갈음하여(대상청구) 하여야 할 경우에는 채권자가 그 어떤 의무의 집행이 불가능하다는 것을 증명하여야만 집행을 개시할 수 있다(41조 2항). 가령, '乙은 甲에게 丙회사의 주식 1,000주 분 6-10

12) 그런데 위 조항은 임차주택에 대한 경매신청이라고 한정하여 규정하고 있을 뿐이므로, 임차주택의 이전등기청구권에 관한 일반 강제집행절차로서의 압류에까지 위 조항을 유추하여 적용할 것은 아니다(대법원 2000. 3. 15.자 99마4499 결정).

13) 그런데 주택임대차보호법의 취지에 비추어 볼 때 우선변제권이 있는 임차인은 임차주택의 가액으로부터 다른 채권자보다 우선하여 보증금을 변제받음과 동시에 임차목적물을 인도할 수 있는 권리가 있으며, 따라서 동법 3조의2 3항에서 임차인은 임차주택을 양수인에게 인도하지 아니하면 경매 또는 공매시 임차주택의 환가대금에서 보증금을 수령할 수 없다고 한 것은 경매 또는 공매절차에서 임차인이 보증금을 수령하기 위하여는 임차주택을 인도한 증명을 하여야 한다는 것을 의미하는 것이고, 임차인의 주택인도의무가 보증금반환의무보다 선이행되어야 하는 것은 아니다(대법원 1994. 2. 22. 선고 93다55241 판결).

의 주권을 인도하라. 그 집행이 목적을 달할 수 없는 때에는 그에 대신하여 5,000만 원을 지급하라'는(집행불능을 조건으로 하는 대상청구는 장래이행의 소로, 현재이행의 소인 본래의 이행의 청구와 단순병합의 관계에 있다) 판결에 기하여 강제집행을 할 때에는 주권인도의 집행이 불능인 것을 증명한 경우에 한하여 5,000만 원의 지급의무에 대한 집행을 개시할 수 있다.[14] 본래의 청구에 있어서 집행불능인 사실에 대한 심사가 보충적으로 필요하게 되지만, 집행불능인지 여부는 집행기관이 쉽게 판단할 수 있으므로 이를 집행문부여의 요건으로 하지 않고, **집행개시의 요건**으로 한 것이다.

집행불능의 조건이 성취한 것을 집행기관에 증명하여야 한다. 증명의 방법은 규정상 아무런 제한이 없는데, 집행이 제대로 이루어지지 못하였다는 취지의 집행기록등본, 집행불능조서 등을 제출하는 방법에 의하여 할 수 있다.

◈ **대상청구** ◈ 원고가 물건의 인도를 청구하면서 **변론종결 뒤**의 집행불능을 염려하여 대상(代償)청구권에 관하여도 미리 이행판결을 구하는 경우가 있다. 대상청구는 인도청구의 목적물이 멸실하는 등에 의하여 강제집행시에 집행이 주효하지 않을 경우를 대비하여 미리 목적물의 시가 상당액의 금전의 지급을 청구하는 것을 말한다. 대상청구의 소송물은 소유권침해의 불법행위에 기한 손해배상청구권이다(민법 750조). 소유권침해의 불법행위에 기한 손해배상청구권이 발생하는 것은 변론종결 뒤의 집행이 주효하지 않게 된 시점이므로 대상청구의 소는 장래이행의 소가 된다. 장래이행의 소의 소송요건인 「미리 청구할 필요가 있는 경우」(민사소송법 251조)는 대상청구의 경우에는 유형적으로 충족되고 있는 것으로 풀이한다. 현재이행의 소인 「동산인도청구의 소」와 장래의 이행의 소인 「대상청구의 소」는 논리상 양립할 수 있고, 양쪽 청구가 모두 인용되어야 비로소 원고의 목적을 달성할 수 있는 성질이므로(물건인도청구가 인용되는 경우에 대상청구에 대하여도 별도의 주문을 내야 한다) 양자의 관계는 **단순병합**의 관계가 된다(물건인도청구가 기각될 것을 조건으로 대상청구에 대하여 심판을 구하는 예비적 병합이 아니다). 양쪽의 청구 모두를 인용하는 판결을 선고할 수도 있다. 한편, 특정물의 인도를 구하면서 변론종결 전에 피고가 그 물건을 매도하거나 훼손·멸실시켜, **변론종결시** 현재 이행불능이 될 것을 염려하여 대상청구로서 그 전보배상을 구하는 경우에는 인도청구가 변론종결 시점에서 이행불능임을 이유로 기각될 것에 대비하여 그 청구에 전보배상을 구한 것이므로 이는 단순병합이 아니라, **예비적 병합**에 속한다. 불특정물에 대해서는 이행불능의 문제가 생기지 않으므로 이러한 예비

14) 가집행선고부 판결의 집행력은 후일 본안판결 또는 가집행선고가 취소·변경될 것을 해제조건으로 그 선고 즉시 발생하므로, 본래적 급부의 이행과 함께 대상적 급부의 이행을 명한 판결이 확정되기 전에 그 가집행선고부 판결에 기하여 한 본래적 급부에 대한 강제집행이 집행불능에 이른 경우에도 이후 위 판결 또는 가집행선고가 취소·변경되지 않는 한 그 집행불능의 시점에 대상적 급부청구권이 발생한다(대법원 2024. 7. 25. 선고 2021다239905 판결).

적 병합은 보통 특정물에 한하여 생긴다. 따라서 법원으로서는 먼저 제1차적 청구인 물건인도청구를 심리하여 변론종결 당시를 기준으로 그 이행이 가능하다고 판단하여 청구를 인용할 경우에 제2차적 청구인 전보배상에 관하여는 판단할 필요가 없으나, 만일 변론종결 전에 이미 이행불능에 이르렀음이 판명되면 제1차적 청구인 물건인도 청구를 기각하고, 제2차적 청구인 전보배상에 대하여 심리 · 판단하여야 한다.

2. 소극적 요건 – 집행장애

집행장애는 어느 사유의 존재가 특정한 집행권원에 의한 집행의 개시 또는 속행을 막는 요건(소극적 요건)이라는 뜻인데, 특히 집행기관이 **직권**으로 그 존부를 조사하여야 할 사유이다(다만, 미리 조사가 필요한 것은 아니고, 제출된 문서나 공고 등에 의하여 그 존재를 알게 된 때에 대응하면 충분하다). 집행개시 전부터 그 사유가 있는 경우에는 집행의 신청을 **각하** 또는 **기각**하여야 하며, 만일 집행장애사유가 존재함에도 간과하고 강제집행을 개시한 다음 이를 발견한 때에는 이미 한 집행절차를 **직권**으로 **취소**하여야 한다.[15] 그리고 집행개시 당시에는 집행장애사유가 없었더라도 집행종료 전 집행장애사유가 발생한 때에는 만족적 단계에 해당하는 집행절차를 진행할 수 없고, 이 경우도 집행절차를 직권으로 취소하여야 한다.[16] 물론 집행장애사유의 존재 자체와 그에 기하여 집행기관이 강제집행의 개시 · 속행을 저지하는 조치인 집행의 정지 및 집행처분의 취소 등과는 구별하여야 한다.[17] 6-11

◈ **신탁재산의 경우** ◈ 신탁 전의 원인으로 발생한 권리 또는 신탁사무의 처리상 발생한 권리에 기한 경우를 제외하고는 신탁재산에 대하여는 강제집행 또는 경매를 할 수 없다(신탁법 22조 1항). 가령 신탁자가 신탁하기 전에 압류, 저당권 설정 등을 하여 두지 않은 채권자는 신탁설정 후에 신탁자에 대한 채권에 기하여 수탁자 소유의 부동산에 대하여 강제집행을 할 수 없고 배당요구도 할 수 없다.

(1) 채무자에 대한 파산절차 등

강제집행의 대상 재산이 다수 채권자의 공통의 만족에 제공되는 도산절차에 관한 경우가 집행장애사유의 대부분을 이룬다. 가령, 채무자에 대하여 파산선고가 있 6-12

15) 대법원 2000. 10. 2.자 2000마5221 결정; 대법원 2016. 9. 28. 선고 2016다205915 판결.

16) 그리하여 전부명령이 제3채무자에게 **송달되었으나 확정되기 전 즉시항고 절차 단계**에서 집행채권이 압류되는 등으로 집행장애사유가 발생한 경우 특별한 사정이 없는 한 항고법원은 전부명령을 **직권으로 취소**하여야 한다(대법원 2023. 1. 12.자 2022마6107 결정).

17) 中野貞一郎 · 下村正明, 民事執行法, 150면.

으면,[18] 개개의 파산채권자는 파산재단에 속하는 재산에 대하여 강제집행 등을 개시할 수 없다(채무자 회생 및 파산에 관한 법률 424조 참조. 따라서 파산절차에 참가하여야만 파산재단으로부터 비례적 만족을 받게 된다). 채무자에 대하여 회생절차, 개인회생절차가 개시된 경우도 마찬가지이다(동법 58조 1항, 600조 1항).[19] 파산채권에 기하여 파산재단에 속하는 재산에 대하여 **이미 개시된** 강제집행 · 가압류 또는 가처분은 당연히 그 효력을 잃는다(동법 348조 1항 본문).[20] 실효에 따른 절차상의 대응은 집행절차의 종류와 진행 단계에 따라 동일하지 않다고 할 것이다. 또한 가령 동시파산폐지의 경우는(동법 317조) 위 348조 실효의 효과도 동시에 소멸하고, 해당 절차는 그대로 진행하므로 다음과 같이 그 뒤의 면책절차 중에 개별집행 등을 금지 및 중지

18) 파산선고가 있기 전, 즉 파산신청을 하여 현재 그 절차가 진행 중인 때에는 파산신청이 있다는 사정만으로는 집행에 장애사유가 된다고 할 수 없다(대법원 1999. 8. 13.자 99마2198, 2199 결정).

19) 한편, **파산절차**에서는 그 필요성이 그다지 부각되지 않았는지 포괄적 금지명령제도를 도입하지 않았지만, **회생절차 및 개인회생절차**에서는 그 개시신청에 대한 결정이 있기 전의 단계에서 개시의 신청이 있는 경우에 개시결정이 있을 때까지 포괄적 금지명령제도를 도입하여 일정한 요건하에 법원이 포괄적 금지명령을 할 수 있도록 하였다(채무자 회생 및 파산에 관한 법률 45조, 593조 5항). 그리하여 회생절차개시신청을 하여 채무자에 대하여 포괄적 금지명령이 있는 때와 회생절차개시결정이 있는 때에는 채무자의 재산에 대하여 **이미 행한** 회생채권 또는 회생담보권에 기한 강제집행, 담보권 실행을 위한 경매절차는 중지되고(채무자 회생 및 파산에 관한 법률 45조 3항, 58조 2항. 그런데 개개의 강제집행절차가 종료된 후에는 그 절차가 중지될 수 없다), 회생계획인가결정이 있은 때에는 중지된 강제집행, 담보권 실행을 위한 경매절차는 그 효력을 잃는다(동법 256조 1항). 가령 채무자 소유 부동산에 관하여 경매절차가 진행되어 부동산이 매각되고 매각대금이 납부되었으나 배당기일이 열리기 전에 채무자에 대하여 **회생절차가 개시**되었다면, 그 집행절차는 **중지**되고 만약 이에 반하여 그 집행이 이루어졌다면 이는 **무효**이다(대법원 2018. 11. 29. 선고 2017다286577 판결). 포괄적 금지명령과 채권압류 및 전부명령의 우열이 문제된 사안으로, 채권압류 및 전부명령은 포괄적 금지명령의 효력 발생 전에 발령되어 강제집행이 개시되고 제3채무자인 피고에게 발송되었으나, 위와 같은 발송만으로는 압류명령 등의 효력이 발생한다고 볼 수 없고, 채권압류 및 전부명령이 제3채무자 등에게 송달되어 압류명령 등의 효력이 발생하기 전에 포괄적 금지명령이 채무자에게 송달되어 효력이 발생함으로써 채무자의 재산에 대하여 이미 행하여진 강제집행 절차는 바로 중지되고, 포괄적 금지명령 효력 발생 이후 채권압류 및 전부명령이 제3채무자 등에게 송달되었다고 하더라도, 이는 포괄적 금지명령의 효력에 반하여 이루어진 것이어서 무효이며, 이후 채무자에 대한 회생절차폐지결정이 확정되었으나, 회생절차폐지결정에는 소급효가 없으므로, 포괄적 금지명령에 반하여 무효인 강제집행은 여전히 무효이므로 채권압류 및 전부명령은 효력이 없다(대법원 2023. 5. 18. 선고 2022다202740 판결).

20) 채무자에 대한 파산선고 결정이 확정된 경우, 가압류결정은 그 효력을 상실하므로 파산관재인은 집행기관에 대하여 파산선고 결정 등본을 취소원인 서면으로 소명하여 가집행의 집행취소신청을 하여 집행처분의 외관을 없앨 수 있고, 따라서 가집행에 대한 채무자의 이의신청은 그 이익이 없어 부적법하다(대법원 2002. 7. 12. 선고 2000다2351 판결). 그런데 여기서의 실효는 파산재단에 대한 관계에서만이고, 파산관재인에 의한 속행의 여지도 있으므로(동법 348조 1항 단서) 집행기관은 집행처분을 즉시 취소할 것은 아니고, 직권으로 절차를 정지하는 것이 원칙이라는 입장으로는 中野貞一郎 · 下村正明, 民事執行法, 151면, 325면.

하고 있다.[21]

파산절차 종료 뒤에도 면책신청에 대한 재판이 확정될 때까지 파산채권을 집행채권으로 채무자의 재산에 대한 강제집행은 개시할 수 없고, 채무자의 재산에 대하여 파산선고 전에 이미 행하여지고 있던 강제집행은 중지된다(동법 557조 1항).

(2) 집행정지 또는 취소 서류의 제출

가령 확정판결을 재심에 의하여 취소하는 경우에 있어서 그 확정판결에 의한 6-13
집행을 정지하고자 집행정지 또는 취소의 서류를 제출한 경우에(49조), 이는 집행장애사유가 된다. 이에 대하여는 항을 바꾸어 별도로 설명한다(☞6-15).

(3) 집행채권의 압류 · 가압류

집행채권자의 채권자가 집행권원에 표시된 집행채권을 압류 또는 가압류, 처분 6-14
금지가처분을 한 경우에는 압류 등의 효력으로 집행채권자의 추심, 양도 등의 처분행위와 채무자의 변제가 금지되고, 이에 위반되는 행위는 집행채권자의 채권자에게 대항할 수 없게 되므로 집행기관은 위 압류 등이 해제되지 않는 한, 집행을 할 수 없고, 따라서 이는 **집행장애사유**에 해당한다고 할 것이다. 다만, 이는 압류 등의 효력에 반하여 채권자를 해하는 처분을 할 수 없기 때문이고 집행채권자는 압류 등을 한 채권자를 해하지 않는 한도 내에서는 집행채권을 행사할 수 있고, 강제집행의 3단계, 즉 압류, 현금화, 배당의 모든 단계에서 집행채권의 압류 등이 집행장애사유가 되는 것은 아니다. 즉, 이는 가령 채권집행에서 집행절차가 추심명령이나 전부명령 등 만족적 단계로 나아가는 것을 저지할 수 있을 뿐이고, 집행채권자는 **채권압류명령은 신청할 수 있다**(☞13-14).

---

21) 2009. 1. 15. 압류 및 추심명령이 있었고, 채무자는 이에 대하여 이의신청을 하였고, 제1심법원은 2009. 4. 7. 사법보좌관의 결정을 인가하고, 이의신청사건을 항고법원으로 송부함으로써 항고심절차가 개시되었다. 항고심은 2009. 4. 14. 항고가 이유 없다며 이를 기각하였다. 한편, 채무자는 2009. 2. 19. 인천지방법원에서 면책결정을 받았다. 채무자에 대한 면책신청이 있는 경우에 파산채권에 기한 채권압류 및 추심명령도 「채무자 회생 및 파산에 관한 법률」 557조에 따라 제한되므로 위 경우에 채무자가 파산신청을 하여 파산폐지결정이 확정되었는지 여부, 면책결정이 확정되었는지 여부, 나아가 면책결정으로 채권자에 대한 채무에 관하여 그 책임이 면제되었는지 여부를 심리하여 위 압류 및 추심명령의 효력을 정하여야 한다(대법원 2010. 7. 28.자 2009마783 결정[미간행]). 집행법원이 면책절차 중의 집행신청임에도 간과하고 강제집행을 개시한 다음 이를 발견한 때에는 이미 한 집행절차를 직권으로 취소하여야 한다(대법원 2013. 7. 16.자 2013마967 결정[미간행]). 관련하여 김상철 · 장지용, "도산절차가 민사집행절차에 미치는 영향", 인권과 정의(2018. 6), 25면 이하 참조.

◈ 집행채권에 대한 압류가 집행채권자가 채무자를 상대로 한 채권압류명령에 대하여 집행장애사유가 되는지 여부(소극) ◈

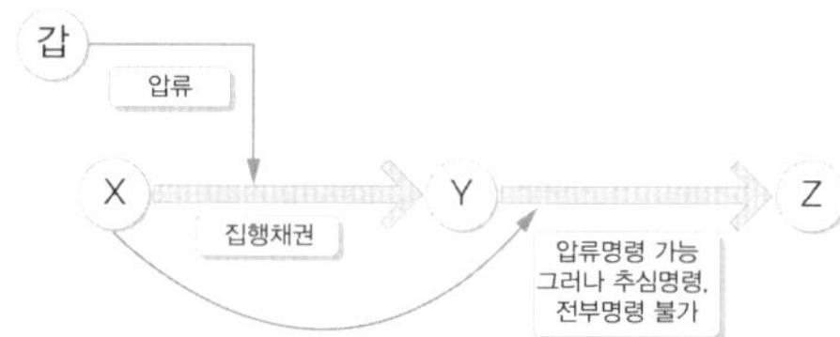

집행채권이 압류된 경우에도 그 후 추심명령이나 전부명령이 행하여지지 않은 이상, **집행채권자**(X)는 여전히 집행채권을 압류한 채권자(갑)를 해하지 않는 한도 내에서 **그 채권을 행사할 수 있다고 할 것인데**, **X의 압류명령**은 비록 강제집행절차에 나아간 것이기는 하나, **전부명령과는 달리**, 집행채권의 현금화나 만족적 단계에 이르지 아니하는 보전적 처분으로서 집행채권을 압류한 채권자(갑)를 해하는 것이 아니며, **집행채권에 대한 X의 압류의 효력에 반하는 것은 아니므로** 가령 집행채권자(X)는 채무자(Y)의 제3채무자(Z)에 대한 채권을 압류할 수 있고, 그 한도에서 채권자(갑)의 집행채권의 압류는 집행장애사유가 될 수 없다.22)

Ⅱ. 강제집행의 정지 · 취소

1. 집행의 정지

(1) 의 의

6-15 집행의 **정지**는 집행기관이 법률상 사유에 의하여 특정한 집행권원에 기한 전체로서의 강제집행의 개시 · 속행을 할 수 없고, 이미 개시된 개개의 집행절차를 그 시점에서 계속할 수 없는 상태를 말한다. 한편, 집행의 **취소**는 집행기관이 이미 행한 집행처분의 전부 또는 일부를 제거하는 것을 말한다.

집행정지는 청구권의 실체관계가 변동되거나 집행권원 또는 집행문의 효력에 변동 가능성이 있는 경우, 외관상의 명의 또는 점유가 실체상의 권리와 불일치하는 경우 등에 위와 같은 변동과 불일치 등을 집행에 반영시키기 위한 준비로서, 일정한 조건하에 집행을 일단 정지하게 함으로써 채무자 또는 제3자의 권리침해를 방지하려는 데 그 목적이 있다.

한편 의사의 진술을 명하는 재판은 그 확정과 동시에 의사를 진술한 것과 같은 효력이 발생하므로(263조 1항) 현실적인 집행절차가 존재할 수 없으며 따라서 집행

---

22) 대법원 2000. 10. 2.자 2000마5221 결정; 대법원 2016. 9. 28. 선고 2016다205915 판결. 이는 국가가 국세징수법에 의한 **체납처분**으로 체납자의 채무자에 대한 집행채권을 압류한 경우에도 마찬가지이다(대법원 2023. 1. 12.자 2022마6107 결정). 이시윤, 180면은 완전한 집행장애사유라기 보다는 **제한적 장애사유**일 뿐이라고 한다.

정지도 인정되지 않고,[23] 나아가 청구이의의 소의 대상도 되지 않는다. 다만, 의사의 진술을 명하는 재판이라 하더라도 반대채무의 이행을 조건으로 하는 판결(선이행판결 또는 동시이행판결)은 집행문을 내어 준 때에 그 효력이 생기므로(263조 2항) 집행문부여 전까지는 집행정지를 할 수 있다.

〈의사의 진술을 명하는 재판의 경우〉

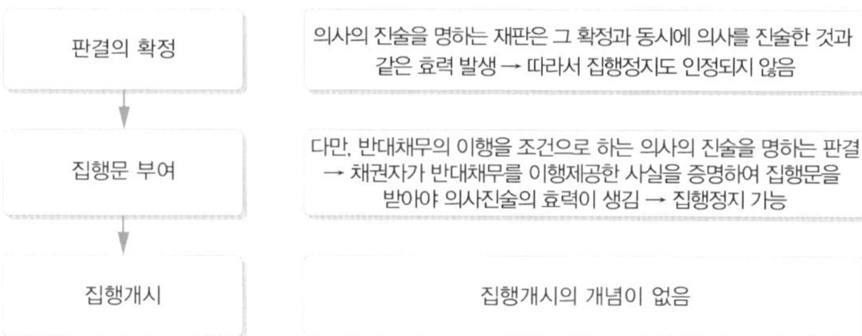

(2) 집행정지의 원인

정지의 원인에는 크게 **집행정지서류의 제출**과 **법정사실의 발생**의 두 가지 6-16
형태로 나눌 수 있다. 한편 통상적 가처분으로는 집행을 정지시킬 수 없다.[24]

1) 집행정지서류의 제출

第49조(집행의 필수적 정지·제한) 강제집행은 다음 각호 가운데 어느 하나에 해당하는 서류를 제출한 경우에 정지하거나 제한하여야 한다.	
1	㉮ 집행할 판결을 취소하는 또는 ㉯ 그 가집행을 취소하는 취지를 적은 집행력 있는 재판의 정본이나, ㉰ 강제집행을 허가하지 아니하거나 ㉱ 그 정지(**변제유예의 종기까지**)를 명하는 취지를 적은 집행력 있는 재판의 정본 또는 ㉲ 집행처분의 취소를 명한 취지를 적은 집행력 있는 재판의 정본
2	강제집행의 일시정지를 명한 취지를 적은 재판의 정본 → [잠정처분] → **불복재판의 결론이 날 때까지 잠정적으로 정지하는 처분**
3	집행을 면하기 위하여 담보를 제공한 증명서류

23) 조건부 의사진술을 명하는 재판은, 그 조건이 성취되어 집행문이 부여될 때 의사를 진술한 것과 동일한 효력이 발생하고, 집행기관이 관여하는 현실적인 강제집행절차가 존재할 수 없으므로, 강제집행의 정지도 있을 수 없으니, 등기공무원은 강제집행정지결정에 구애됨이 없이 등기신청을 받아들여 등기기입을 할 수 있다(대법원 1979. 5. 22.자 77마427 결정).

24) 강제집행의 정지는 오직 강제집행에 관한 법규 중에 그에 관한 규정이 있는 경우에 한하여 가능한 것이고, 이와 같은 규정에 의함이 없이 일반적인 가처분의 방법으로 강제집행을 정지시킨다는 것은 허용할 수 없다(대법원 1986. 5. 30.자 86그76 결정).

4	집행할 판결이 있은 뒤에 채권자가 변제를 받았거나, 의무이행을 미루도록 승낙한 취지를 적은 증서 → 예) 변제증서, 유예증서
5	집행할 판결, 그 밖의 재판이 소의 취하 등의 사유로 효력을 잃었다는 것을 증명하는 조서등본 또는 법원사무관등이 작성한 증서
6	강제집행을 하지 아니한다거나 강제집행의 신청이나 위임을 취하한다는 취지를 적은 화해조서의 정본 또는 공정증서의 정본

6-17 법 49조 각 호 소정의 법정서류의 제출이 있은 때에는 집행기관은 강제집행을 정지하거나 제한하여야 한다. 여기서 집행의 정지가 1개의 집행권원에 기한 전체로서의 집행 또는 개개의 집행절차의 전부에 미치지 않고, 집행의 범위를 감축하는 것에 지나지 않은 경우를 **집행의 제한**이라고 한다.

강제집행은 원칙적으로 채권자, 채무자 또는 제3자가 위 서류를 제출하여 정지를 구한 경우에만 비로소 정지된다. 예외적으로 가령 집행장애사유가 있는 경우에는 직권으로 집행을 정지한다(☞6-11).

6-18 ① 집행할 판결 또는 그 가집행을 취소하는 취지나 강제집행을 허가하지 아니하거나 그 정지를 명하는 취지 또는 집행처분의 취소를 명한 취지를 적은 집행력 있는 재판의 정본(49조 1호)

여기의 '집행력 있는 재판'은 넓은 의미의 집행력을 가지는 재판을 의미하고, 확정되어야 효력을 가지는 것에 대하여는 확정되어야 하는데, 집행문의 부여는 필요하지 않다.

㉮ **집행할 판결을 취소하는 재판**이라 함은 가집행의 선고 있는 판결을 상소심에서 취소하는 판결이나[25] 재심에 의하여 확정판결을 취소하는 판결을 말한다. 예를 들어 준재심에 의하여 화해조서를 취소하는 재판과 같이, 판결 이외의 집행권원을 취소하는 재판도 이에 속한다(57조, 49조). 위 재판을 제출하여 집행정지를 신청한다.

㉯ **가집행을 취소하는 재판**이라 함은 본안판결의 당부를 심판하기 전에 가집행의 선고만을 취소하는 판결을 말한다.

25) 가집행선고부 제1심판결 중 항소심판결에 의하여 취소된 부분의 가집행선고는 항소심판결의 선고로 인하여 그 효력을 잃게 되어 피고로서는 이 부분의 강제집행을 정지하기 위하여는 항소심판결의 정본을 집행법원에 제출하기만 하면 되는 것이므로 별도로 강제집행정지신청을 할 이익이 없어 이 부분 신청은 부적법하다(대법원 2000. 7. 19.자 2000카기90 결정).

가집행의 선고는 위 ㉮에서 언급한 바와 같이 본안판결(가집행 주문을 포함한 전체 주문)을 바꾸는 판결의 선고로 바뀌는 한도(가령 항소심에서 가집행 붙은 1심판결의 전부 취소 또는 일부 취소)에서 (즉시) 그 효력을 잃는 경우 이외에 항소심에서 가집행 주문만 취소하는 판결로 (즉시) 그 효력을 잃는 경우도 생각할 수 있는데(민사소송법 215조 1항), 다만 이는 실무상 거의 사용하지 않는다고 한다.26) 대부분의 경우는 위 ㉮와 같이 항소심에서 가집행 붙은 1심판결의 전부 취소 또는 일부 취소이다. 하여튼 이러한 가집행 주문만 취소하는 항소심판결을 집행기관에 제출한 때에는 강제집행은 정지하여야 한다.

㉰ **강제집행을 허가하지 아니하는 재판**이라 함은 집행문부여에 대한 이의신청을 인용한 결정(34조 1항), 즉시항고 또는 집행에 관한 이의신청을 인용한 결정(15조, 16조), 청구에 관한 이의의 소·집행문부여에 대한 이의의 소·제3자 이의의 소를 인용한 종국판결(44조, 45조, 48조)과 같이 집행 또는 집행행위의 위법을 확정하고 그 **종국적 불허**를 선언하는 취지의 재판을 말한다. 한편 청구이의의 소에서 집행을 불허한다는 취지의 **화해권고결정**이 확정된 경우는 여기에 해당하지 않는다.27)

㉱ **강제집행의 정지를 명하는 재판**이라 함은 위 ㉰의 재판 중에서 집행의 **일시적 불허**를 선언한 재판을 말하며, 변제기한의 일시적 유예를 이유로 한 청구이의의 소를 인용한 판결, 기한도래 전의 집행개시를 이유로 한 집행이의신청을 인용한 결정 등이 이에 속한다.

㉲ **집행처분의 취소를 명한 재판**이라 함은 청구에 관한 이의의 소, 집행문부여에 관한 이의의 소, 제3자이의의 소에 부수하여 행하여지는 **잠정처분**(46조, 47조, 48조)이나 재심 또는 상소의 추후보완신청이나 상소제기에 부수하여 행하여지는 **집행정지**에 관한 재판 가운데 이미 실시한 집행처분의 **취소를 명하는 재판**(민사소송법 500조, 501조)을 말한다.

---

26) 가집행선고의 재판에 대하여는 본안의 재판에 대한 상소의 전부 또는 일부가 이유 있다고 판단되는 경우에만 가집행선고의 재판에 불복이유가 있다 할 것이므로, 본안과 더불어 상소된 가집행선고의 재판에 비록 잘못이 있다 하더라도 본안에 대한 상소가 이유 없다고 판단되는 때에는 가집행선고의 재판을 시정하는 판단을 할 수 없다(대법원 2010. 4. 8. 선고 2007다80497 판결).

27) 위 내용은 형성소송인 청구이의의 소의 재판대상으로 당사자가 자유롭게 처분할 수 있는 사항이 아니므로, 그 문구 그대로 확정되더라도 이 사건 집행권원에 기한 강제집행을 허가하지 않는 효력은 생기지 않고, 이 사건 집행권원이 확정판결로서 갖는 집행력은 여전히 남아 있기 때문이다(대법원 2022. 6. 7.자 2022그534 결정).

② 강제집행의 일시정지를 명한 취지를 적은 재판의 정본(49조 2호)

6-19 위에서 본 잠정처분 또는 집행정지에 관한 재판 가운데 집행의 **일시적 정지**를 명한 취지를 적은 재판을 말하는데, 실무에서 주로 많이 활용된다. 가령, 재심 또는 상소의 추후보완신청으로 말미암은 집행정지(민사소송법 500조), 가집행의 선고가 붙은 판결에 대하여 상소를 한 경우 또는 정기금의 지급을 명한 확정판결에 대하여 변경의 소(민사소송법 252조)를 제기한 경우의 집행정지(민사소송법 501조, 500조), 청구이의의 소 또는 제3자이의의 소 등의 제기로 말미암은 집행정지(46조 2항, 48조 3항), 회생절차 · 개인회생절차의 개시 전의 중지명령(채무자 회생 및 파산에 관한 법률 44조 1항 2호, 45조 3항, 593조 1항 2호) 등이 그것이다.

◈ 가집행의 선고가 붙은 판결에 대하여 상소를 한 경우의 집행정지 ◈ 판결문을 송달받은 후 2주일 내에 상소(항소, 상고)를 제기하면 판결은 확정되지 않는다. 또한 판결의 내용이 소유권이전등기절차를 이행하라는 등의 가집행선고가 없는 판결은 판결이 확정되기 전에는 강제집행을 할 수 없다. 그러나 판결에 가집행선고가 붙은 경우에는 상소가 제기되어 판결이 확정되지 않았더라도 채권자는 집행문을 부여받아 집행을 실시하여 목적을 달성할 수 있기 때문에 이 경우 채무자는 **강제집행정지신청**을 하여 판결 선고시(또는 판결 확정시)까지 강제집행을 일시정지시킬 수 있다. 강제집행정지신청을 하려면, 항소장을 원심법원에 접수하고, 접수증명서를 교부받아 강제집행정지신청서에 첨부하여 항소장 제출법원에 제출하면, 불복하는 이유로 내세운 사유가 법률상 정당한 이유가 있다고 인정되고, 사실에 대한 소명이 있는 때에는 법원은 **강제집행의 일시정지를 명하는 결정**을 하게 된다.

강제집행정지명령신청

신 청 인 ○○○
○○시 ○○구 ○○동 ○○(우편번호 ○○○-○○○)
전화 · 휴대폰번호:
팩스번호, 전자우편(e-mail)주소:

피신청인 ◇◇◇
○○시 ○○구 ○○동 ○○(우편번호 ○○○-○○○)
전화 · 휴대폰번호:
팩스번호, 전자우편(e-mail)주소:

신 청 취 지

신청인과 피신청인 사이의 ○○지방법원 20○○. ○. ○. 선고 20○○가단○○○ 대여금청구사건의 집행력 있는 가집행선고가 있는 판결에 의한 강제집행은 항소심판결 선고시(또는 본안판결 확정시)까지 이를 정지한다.
라는 재판을 구합니다.

신 청 이 유

1. ○○지방법원은 신청인과 피신청인 사이의 같은 법원 20○○가단○○○ 대여금청구사건에 있어서 20○○. ○. ○. 신청인 패소의 가집행선고가 있는 판결을 하였고, 피신청인은 그 집행력 있는 판결정본에 기하여 20○○. ○. ○○. 신청인 소유의 유체동산에 대하여 강제집행 중에 있습니다.
2. 그러나 신청인은 위 판결에 승복할 수 없으므로 20○○. ○○. ○. 귀원에 대하여 항소를 제기하였으므로 위 강제집행을 항소심판결 선고시(또는 본안판결 확정시)까지 정지시키고자 이 사건 신청서를 제출합니다.

소 명 방 법

1. 항소제기증명 1통
1. 판결문사본 1통
1. 송달료납부서 1통

20○○. ○. ○.

위 신청인 ○○○ (서명 또는 날인)

○○지방법원 귀중

③ 집행을 면하기 위하여 담보를 제공한 증명서류(49조 3호)

법원이 가집행의 선고를 하면서 채무자에 대하여 채권 전액을 담보로 제공하고 가집행을 면제받을 수 있다는 것을 선고한 경우(민사소송법 213조 2항)는 담보제공증명서(19조 2항)를 제출하면 집행정지를 한다. 6-20

◈ 담보 제공 가집행의 면제선고가 있는 가집행선고 판결의 예 ◈

제1항은 가집행할 수 있다. 다만, 피고가 담보로 5,000만 원을 공탁하면 위 가집행을 면제받을 수 있다.

④ 집행할 판결이 있은 뒤에 채권자가 변제를 받았거나 의무이행을 미루도록 승낙한 취지를 적은 증서(49조 4호)

변제수령증서(변제를 받았다는 취지를 적은 증서)나 변제유예증서(의무이행을 미루도록 승낙하였다는 취지를 적은 증서)와 같은 사유에 기하여 강제집행을 종국적으로 저지하기 위해서는 청구에 관한 이의의 소(44조)에 의할 것이지만, 채권자가 작성한 위와 같은 6-21

증서가 있으면 채무자를 보호하기 위하여 일단 집행을 정지하도록 한 것이다. 집행권원이 성립한 뒤에 청구채권이 변제되었다고 하더라도 그 변제에 의하여 즉시 해당 집행권원의 집행력이 배제되는 것이 아닌 바, 변제를 한 채무자가 그 집행력의 배제를 구하여 청구이의의 소를 제기하고 아울러 강제집행의 정지 등을 명하는 재판을 받기 위해서는 상당한 시간이 필요하므로 위와 같이 간편한 방법에 의하여 단기간에 한하여 강제집행을 정지하는 것으로 하여 채무자의 편의를 도모하기 위한 취지이다.

제51조(변제증서 등의 제출에 의한 집행정지의 제한) ① 제49조제4호의 증서 가운데 변제를 받았다는 취지를 적은 증서를 제출하여 강제집행이 정지되는 경우 그 정지기간은 2월로 한다. ② 제49조제4호의 증서 가운데 의무이행을 미루도록 승낙하였다는 취지를 적은 증서를 제출하여 강제집행이 정지되는 경우 그 정지는 2회에 한하며 통산하여 6월을 넘길 수 없다.

집행정지는 잠정적인 것으로 집행절차의 신속처리 등의 관점에서 집행정지효가 제한되어 있다. 변제수령증서의 제출에 의한 집행정지기간은 2월에 한한다(51조 2항). 2월이 지나면 집행절차를 속행한다. 2월이 아닌 종국적인 취소를 하려면 청구이의의 소에 의하여야 한다. 변제유예증서의 제출에 의한 집행의 정지는 동일한 집행절차에서 2회에 한하며 또 통산하여 6월을 넘길 수 없다(동조 2항). 채권자와 채무자 사이에 3회 이상 변제를 유예하거나 6월을 넘겨 변제를 유예하는 합의는 실체상 유효하므로 위 규정의 제약에 의한 변제유예증서로서의 집행정지를 할 수 없더라도 변제유예를 이유로 청구이의의 소를 제기하여 집행정지결정을 받는 것은 가능하다.

그런데 동산집행에서의 매각과 같은 집행처분이 변제수령문서의 제출에 의한 집행정지기간 중에 이루어진 것이라 하더라도 그로 인하여 해당 집행처분이 **당연무효가 되는 것이 아니고**, 즉시항고나 집행에 관한 이의신청에 의하여 **취소**되는 것에 머무른다.[28]

⑤ 집행할 판결, 그 밖의 재판이 소의 취하 등의 사유로 효력을 잃었다는 것을 증명하는 조서등본 또는 법원사무관등이 작성한 증서(49조 5호)

6-22 가령 가집행의 선고가 붙은 판결의 선고 후에 상소심에서 소의 취하가 있는 때에는 그 소취하증명서를 제출하면 가집행의 선고가 붙은 판결은 실효된다.

28) 일본 最高裁判所 令和5(2023) · 3 · 2 판결.

⑥ 강제집행을 하지 아니한다거나 강제집행의 신청이나 위임을 취하한다는 취지를 적은 화해조서의 정본 또는 공정증서의 정본(49조 6호)

강제집행을 하지 않겠다는 부집행합의나(☞7-33) 강제집행신청을 취하하기로 한 합의가 화해조서나 공정증서에 명백히 되어 있을 경우에는 청구이의의 소를 제기하거나 또는 집행에 관한 이의를 신청할 것도 없이(이 경우는 위 ① 49조 1호의 재판이 될 것이다) 바로 집행정지신청을 할 수 있다. 조정조서도 화해조서에 준하여 이에 포함된다고 할 것이다. 6-23

2) 법정사실의 발생

집행기관이 집행을 당연무효로 만드는 집행요건의 흠 또는 집행정본의 무효, 채무자의 파산선고, 회생절차의 개시 등과 같은 집행장애사유가 있는 것을 발견한 때에는 직권으로 집행을 정지한다. 6-24

(3) 집행정지의 방법

1) 집행정지기관

실제로 강제집행을 실시하고 있는 집행기관이 집행을 정지할 수 있는 기관이다. 부동산·자동차·건설기계 및 채권, 그 밖의 재산권에 대한 경매절차에 있어서는 집행정지·취소가 사법보좌관의 업무이다. 집행기관이 아닌 집행법원이나 수소법원은 집행정지명령을 발하여 집행기관으로 하여금 집행을 정지할 의무를 지게 할 수는 있으나, 스스로 집행을 정지할 수는 없다. 6-25

2) 집행정지의 신청

법정서류의 제출에 따른 정지는 법 49조에 정한 서류를 집행기관에 제출하여 정지를 구한 경우에 비로소 이루어지는 것이고,[29] 정지명령 또는 정지의 효과가 수 6-26

29) 무효인 집행증서에 기하여 경매절차가 진행될 때에 그 집행채권자를 상대로 청구이의의 소를 제기하고 강제집행정지결정을 받았음에도 이를 집행법원에 제출하지 아니하였다 하여도 그러한 사정만으로는 위 집행증서가 유효라는 신뢰를 경락인에게 보인 것이라고 할 수 없다. 무효인 집행증서에 기한 경매임을 이유로 경매절차가 무효라고 주장하여 경락인을 상대로 그 경매목적물에 관한 소유권이전등기의 말소를 청구하는 경우에 그 말소 주장이 금반언의 원칙 및 신의칙에 위반되는 것이어서 허용될 수 없다고 하려면 무효인 집행증서상에 집행채무자로 표시된 자가 그 집행증서를 집행권원으로 한 경매절차가 진행되고 있는 동안에 집행증서의 무효를 주장하여 경매절차를 저지할 수 있었음에도 불구하고 그러한 주장을 일체 하지 않고 이를 방치하였을 뿐만 아니라 오히려 집행증서가 유효임을 전제로 변제를 주장하여 경락허가결정 등에 대한 항고절차를 취하하고 경락허가결정 확정 후에 경락대금까지 받았다든지 배당기일에 자신의 배당금을 이의 없이 수령하고 경락인으로부터 이사비용을 받고 부동산을 임의로 인도하였다든지 하여 경

반되는 재판의 성립이나 그 확정과 동시에 당연히 정지되는 것은 아니다.[30]

법 49조 문언상으로는 그 소정 서류만 제출하면 정지하도록 되어 있으므로 반드시 정지를 구하는 취지의 서면을 함께 제출하여야 하는 것은 아니며, 비록 신청서가 제출되었다 하더라도 강제집행의 정지를 촉구하는 의미 이상은 없으나,[31] 실무상 집행정지신청서를 제출한다.

3) 집행정지서류 등의 제출시기

민사집행규칙 제50조(집행정지서류 등의 제출시기) ① 법 제49조제1호 · 제2호 또는 제5호의 서류는 매수인이 매각대금을 내기 전까지 제출하면 된다. ② 매각허가결정이 있은 뒤에 법 제49조제2호의 서류가 제출된 경우에는 매수인은 매각대금을 낼 때까지 매각허가결정의 취소신청을 할 수 있다. 이 신청에 관한 결정에 대하여는 즉시항고를 할 수 있다.

6-27 부동산강제경매를 정지 · 취소시키려면 법 49조 1호, 2호, 5호의 서류는 매수인의 대금납부 전까지 제출하여야 한다(민사집행규칙 50조 1항). 가령, 매각허가결정이 있은 뒤에 법 49조 2호의 서류가 제출된 경우에는 매수인은 매각대금을 낼 때까지 매각허가결정의 취소신청을 할 수 있으므로(동 규칙 50조 2항) 매각허가결정이 있은 뒤에도, 대금납부 전이면 채무자는 채무를 변제하고 청구이의의 소를 제기하면서 이를 본안으로 하여 법 46조에 의한 강제집행 일시정지를 명하는 결정을 받아 법 49조 2호의 서류를 제출하여 경매절차를 취소하는 신청을 할 수 있다. 이러한 경우는 매수신고인의 동의는 필요하지 않다.

한편 법 49조 3호, 4호, 6호의 서류는 원칙적으로 매수인이 매각대금을 내기 전까지만 제출하면 되나, 매수신고가 있은 뒤에 위 서류를 제출하는 경우에는 최고

락인에 대하여 객관적으로 그 집행증서가 유효하다는 신뢰를 부여하는 경우라야 할 것이다(대법원 2000. 2. 11. 선고 99다31193 판결).

30) 강제집행정지결정이 있으면 결정 즉시로 당연히 집행정지의 효력이 있는 것이 아니고, 그 정지결정의 정본을 집행기관에 제출함으로써 집행정지의 효력이 발생함은 법 49조 2호의 규정취지에 비추어 명백하고, 그 제출이 있기 전에 이미 행하여진 압류 등의 집행처분에는 영향이 없다. 따라서 이 사건에서 채무자가 2009. 5. 29.자로 강제집행정지결정을 받았다고 하더라도 이를 집행법원에 제출하지 아니한 사이에 이 사건 채권압류 및 추심명령이 내려졌으므로 그 명령은 유효하고, 다만 위 강제집행정지결정이 사법보좌관에게 제출된 2009. 6. 10. 이후에는 장래에 대하여 이 사건 조정조서 정본에 기한 강제집행이 정지되어 추심금지의 결정 등 그때그때의 상황에 적합한 조치가 취하여질 수 있는 것이다. 그럼에도 불구하고 원심은 강제집행정지결정이 내려졌으나 그것이 집행법원에 제출되지 아니한 사이에 내려진 이 사건 채권압류 및 추심명령이 위법하여 취소되어야 한다고 판단하고 말았으니, 원심결정에는 강제집행정지결정의 효력에 관한 법리를 오해하여 재판 결과에 영향을 미친 위법이 있다고 할 것이다(대법원 2010. 1. 28.자 2009마1918 결정).

31) 대법원 1983. 7. 22.자 83그24 결정.

가매수신고인 또는 매수인과 법 114조의 차순위매수신고인의 동의를 받아야 그 효력이 생긴다(93조 3항).

4) 집행정지 시의 조치

집행정지는 실제로 강제집행을 실시하고 있는 집행기관이 사실상 집행을 정지하는 것으로 나타나는데, **집행관**이 집행기관인 경우에는 압류나 경매절차를 사실상 실행하지 않음으로써, **집행법원**이 집행기관인 경우에는 정지를 선언하는 재판, 채권자의 집행신청의 각하 또는 집행완결을 막는 조치를 하거나 절차를 속행하지 않음으로써 정지한다. 6-28

(4) 정지된 집행의 속행

채권자는 집행정지사유가 소멸한 것을 증명하여 집행의 개시 또는 속행을 신청할 수 있다. 가령, 상소심의 판결선고시까지 집행을 정지한다는 결정에 따라 집행이 정지되어 있는 경우에 채권자가 상소심판결이 선고되었다는 것을 증명한 때에는 절차를 속행하여야 한다. 이와 같은 경우에 집행기관이 우연히 상소심판결이 선고되었음을 알게 되었더라도 채권자로부터 증명이 없는 한, 절차를 속행할 수 없다. 6-29

2. 집행의 취소

집행의 취소는 집행절차진행 중에 이미 실시한 집행처분의 전부 또는 일부의 효력을 잃게 하는 집행기관의 행위를 말한다. 가령, 집행이 개시되기 전에는 집행의 취소가 있을 수 없고, 또한 집행절차가 완전히 끝난 뒤에는 실시한 집행처분을 취소할 여지가 없다. 6-30

(1) 집행취소의 사유

<table>
<tr><td colspan="2">제50조(집행처분의 취소 · 일시유지) ① 제49조제1호 · 제3호 · 제5호 및 제6호의 경우에는 이미 실시한 집행처분을 취소하여야 하며, 같은 조 제2호 및 제4호의 경우에는 이미 실시한 집행처분을 일시적으로 유지하게 하여야 한다. ② 제1항에 따라 집행처분을 취소하는 경우에는 제17조의 규정을 적용하지 아니한다.</td></tr>
<tr><td>취소</td><td>① 제49조
제1호(집행권원을 취소(정지)하는 재판)
제3호(가집행면제를 위한 담보제공)
제5호(소취하 등으로 집행권원 효력 소멸) 및</td></tr>
</table>

	제6호(강제집행 취하 등으로 집행하지 아니하기로 합의)의 경우에는 이미 실시한 **집행처분을 취소**하여야 하며,[32)
일시 유지	제2호(본재판에 부수하는 잠정처분 [일시유지 필요]) 및 제4호(변제증서, 유예증서(정지기간 법정))의 경우에는 이미 실시한 집행처분을 **일시적으로 유지**하게 하여야 한다.

1) 집행취소서류의 제출

6-31 집행정지사유가 발생한 경우에 그 사유에 따라 이미 실시한 집행처분을 취소하여야 할 경우가 있는데, 법 50조는 정지서류의 내용에 따라 집행의 종국적 정지 등에 해당하여 집행처분을 취소하여야 하는 경우와 그렇지 않고 일시적으로 집행처분을 유지하여야 하는 경우를 나누어 규정하고 있다. 전자의 취소는 법 49조 1호, 3호, 5호, 6호에 정한 법정서류를 제출한 경우이다. 한편, 법 49조 2호, 4호의 서류가 제출된 경우에는 집행이 정지될 뿐, 이미 실시한 집행처분은 그 효력이 유지된다(일시유지). 가령, 변제증서(49조 4호)가 제출되더라도 법 51조에 의하여 2월의 집행정지의 효과가 있음에 그칠 뿐, 그 이상으로 경매절차의 진행이나 효력을 저지 또는 부정하는 사유가 될 수 없다.

---

32) 청구이의의 소에서 강제집행 불허를 구하는 청구취지 그대로 화해권고결정이 확정된 사안에서, 그 내용은 당사자가 자유롭게 처분할 수 있는 사항이 아니므로 집행을 허가하지 않는 효력은 생기지 않고, 집행력은 여전히 남아 있으므로 위 내용의 화해권고결정 정본은 위 1호의 집행취소서류에 해당하지 않고, 6호에 해당할 여지가 있을 뿐이다(대법원 2022. 6. 7.자 2022그534 결정).

2) 그 밖의 경우

그 밖의 개별적 취소사유로는 집행비용을 미리 내지 아니한 경우(18조 2항), 부동산의 멸실 등(96조), 남을 가망이 없을 경우(102조 2항, 188조 3항, 규칙 140조 2항), 부동산의 수익으로 전부 변제를 받은 경우(171조), 선박에 대한 압류 당시의 관할위반(180조), 보증의 제공(181조 1항) 등이 있다. 6-32

3) 집행신청의 취하

채권자는 신청한 강제집행을 그 종결 전에 취하할 수 있으며, 강제집행절차는 채권자의 취하에 따라 당연히 끝나므로 법원이 집행기관인 경우에는 별도로 집행절차의 취소결정을 할 필요가 없다. 6-33

(2) 집행취소의 효과

취소의 구체적인 방법은 집행의 종류에 따라 다른데, 가령 유체동산의 압류를 취소하는 경우에 집행관은 압류물을 수취할 권리를 갖는 사람에게 압류취소의 취지를 통지하고 그 압류물이 있는 장소에서 이를 수취권자에게 인도하여야 한다(민사집행규칙 142조 1항). 6-34

집행취소에 의하여 집행행위의 효과가 소멸한다. 가령 채무자는 압류물에 대한 처분권을 완전히 회복하고, 제3채무자는 채무자에 대하여 유효한 변제를 할 수 있다. 한편, 집행취소가 있더라도 이미 완결된 집행행위의 효과는 소급하여 소멸하지 않고 그대로 유효하며, 실체법상의 효과가 뒤집히는 것은 아니므로 원상회복을 하여야 하는 것도 아니다. 가령 부동산집행에서 매수인이 대금을 납부한 뒤에 집행취소서류의 제출이 있더라도 매수인의 부동산취득의 효과는 소멸하지 않는다(135조).

해당 집행절차 또는 집행처분은 종료하므로 집행정지의 경우와 달리, 다시 집행의 속행을 구할 수 없다.

따라서 가령 취소를 명한 재판이 불복신청에 의하여 취소되어 집행취소의 사유가 없어진 경우라도 원상회복이 되는 것이 아니고 채권자는 다시 집행신청을 하여 집행을 개시할 수밖에 없다.

(3) 집행취소에 대한 불복

집행처분을 취소하는 재판은 원칙적으로 확정되어야 효력이 발생하고, 이에 대한 즉시항고가 허용된다(17조 1항, 2항). 그러나 법 49조 1호, 3호, 5호, 6호의 집행 6-35

취소서류의 제출에 따라 취소하는 경우에는 재판이 고지되면 곧바로 효력이 발생하고 즉시항고도 허용되지 않는데(50조 2항), 다만 집행에 관한 이의신청의 방법으로 불복할 수 있다(16조 1항).

> **◈ 집행취소서류의 제출에 의하여 집행처분을 취소하는 재판에 대한 불복 방법(=집행에 관한 이의) ◈** 제1심에서 가집행선고부 판결을 받은 채권자가 항소를 제기한 다음 위 판결정본에 기하여 집행법원에 채무자 소유 부동산에 대한 강제경매신청을 하였고, 그 후 항소심법원이 조정에 갈음하는 결정을 하여 확정됨에 따라 채무자가 그 결정정본을 집행법원에 제출하였는데, 집행법원 사법보좌관이 위 결정의 확정으로 가집행선고부 판결은 효력을 잃었다는 이유로 강제경매절차를 취소하는 결정을 하자, 채권자가 이에 불복하여 즉시항고를 제기하였고, 집행법원이 사법보좌관의 처분을 인가하는 결정을 한 후 기록을 원심법원에 송부한 사안에서, 집행취소서류의 제출에 의한 집행처분을 취소하는 재판에 불복이 있는 경우에는 **집행에 관한 이의를 제기**하여야 하므로, 비록 집행법원에 제출한 서면이 '즉시항고장'이라고 기재되어 있다고 하더라도 이를 집행에 관한 이의신청을 한 것으로 보아 기록을 다시 집행법원에 송부하여 신청의 당부를 판단하도록 하였어야 하는데도, 채권자의 불복을 즉시항고로 보아 항고각하결정을 한 원심의 조치에는 법리오해의 위법이 있다.[33]

Ⅲ. 강제집행의 종료와 집행비용

1. 강제집행의 종료

6-36 강제집행의 종료는 전체로서의 강제집행의 종료와 개개의 강제집행의 종료의 2가지 의미를 가진다.

전자는 채권자가 집행채권과 집행비용의 완전한 만족을 받은 때를 말한다. 즉, 배당이 끝났을 때이다(다만, 이는 단일한 집행절차에 의하여 달성되는 경우도 있지만, 여러 종류의 절차의 복합에 의한 경우도 있다). 그리고 집행채권의 만족이 절대적으로 불능이 된 경우, 가령 특정물인도청구의 집행에 있어서 목적물이 멸실한 경우도 마찬가지로 집행이 종료된다.

이에 대하여 **후자**는 가령, 어느 부동산을 대상으로 한 강제경매에 있어서 매각대금으로 채권자에게 변제금이 교부되거나 또는 배당을 종료한 시점 등 개시된 개개의 절차의 최종 단계에 해당하는 소정의 행위가 완료한 것을 말한다.[34] 따라서

---

33) 대법원 2011. 11. 10.자 2011마1482 결정.

34) 부동산에 대한 금전집행은 매각대금이 채권자에게 교부 또는 배당된 때에 비로소 종료한다.

구하는 강제집행의 내용에 의하여 그 종료 시점은 다르다. 가령 채권집행에서 전부명령을 구하는 경우는 그 명령이 확정한 시점이 된다.

이러한 분류는 집행법상의 구제방법을 어느 시점에서 이용할 수 있는가를 판단할 경우에 의미가 있다. 구체적 예로, 청구이의의 소는 전체의 집행절차가 종료하는 시점까지 제기할 수 있음에 대하여,[35] 제3자이의의 소는 개개의 강제집행이 종료하는 시점까지 제기할 수 있다.[36]

그 밖에 강제집행신청이 취하된 때, 집행취소서류의 제출에 의하여 집행처분이 취소된 때 등에도 강제집행이 종료된다.

2. 집행비용

제18조(집행비용의 예납 등) ① 민사집행의 신청을 하는 때에는 채권자는 민사집행에 필요한 비용으로서 법원이 정하는 금액을 미리 내야 한다. 법원이 부족한 비용을 미리 내라고 명하는 때에도 또한 같다. ② 채권자가 제1항의 비용을 미리 내지 아니한 때에는 법원은 결정으로 신청을 각하하거나 집행절차를 취소할 수 있다. ③ 제2항의 규정에 따른 결정에 대하여는 즉시항고를 할 수 있다.

제53조(집행비용의 부담) ① 강제집행에 필요한 비용은 채무자가 부담하고 그 집행에 의하여 우선적으로 변상을 받는다. ② 강제집행의 기초가 된 판결이 파기된 때에는 채권자는 제1항의 비용을 채무자에게 변상하여야 한다.

민사집행규칙 제24조 (집행비용 등의 변상) ① 법 제53조 제1항의 규정에 따라 채무자가 부담하여야 할 집행비용으로서 그 집행절차에서 변상받지 못한 비용과 법 제53조 제2항의 규정에 따라 채권자가 변상하여야 할 금액은 당사자의 신청을 받아 집행법원이 결정으로 정한다.

가령, 회생절차개시결정이 있으면 강제집행절차가 중지되는데(☞6-12), 개개의 강제집행절차가 종료된 후에는 그 절차가 중지될 수 없다(대법원 2018. 11. 29. 선고 2017다286577 판결).

35) 청구이의의 소에 의하여 집행력이 배제되지 아니한 채 확정판결에 기한 강제집행절차가 적법하게 진행되어 종료되었다면 강제집행에 따른 효력 자체를 부정할 수는 없고, 강제집행이 이미 종료된 후 다시 확정판결에 기한 강제집행이 권리남용에 해당하여 허용될 수 없다는 등의 사유를 들어 강제집행에 따른 효력 자체를 다투는 것은 확정판결의 기판력에 저촉되어 허용될 수 없다(대법원 2024. 1. 4. 선고 2022다291313 판결).

36) 제3자이의의 소는 강제집행의 목적물에 대하여 소유권이나 양도 또는 인도를 저지하는 권리를 가진 제3자가 그 권리를 침해하여 현실적으로 진행되고 있는 강제집행에 대하여 이의를 주장하고 집행의 배제를 구하는 소이므로, 당해 강제집행이 종료된 후에 제3자이의의 소가 제기되거나 또는 제3자이의의 소가 제기된 당시 존재하였던 강제집행이 소송계속 중 종료된 경우에는 소의 이익이 없어 부적법하다(대법원 1996. 11. 22. 선고 96다37176 판결).

(1) 의 의

6-37 집행비용(Kosten der Zwangsvollstreckung)이라 함은 민사집행에 **필요한 비용**을 말한다(또한 102조 1항에 절차비용이라는 용어가 나온다). 집행에 관한 비용은 민사소송비용법상 규정에 준하여 산정한다(동법 10조 1항).

집행절차는 사권을 실현하기 위하여 이루어지는 것이므로 원칙적으로 그 비용은 당사자가 부담하는데(유상주의), 채권자는 집행신청 시에 법원이 정하는 금액을 집행비용으로 미리 내야 하고(18조), 이를 최종적으로는 **채무자가 부담**한다(53조 1항. 집행비용은 변제비용으로 민법 473조에 따르면 다른 의사표시가 없으면 채무자의 부담으로 한다). 집행 도중에 실제 비용을 지급하는 것은 통상은 채권자로, 채권자가 이를 미리 내지만, 마지막에는 집행이 필요하게 된 원인을 작출한 채무자에게 그 비용을 부담시키는 것이다.

(2) 집행비용의 종류 및 범위

6-38 비용에는 **공익비용**(102조 절차비용)과 특정한 채권자의 이익을 위하여서만 지출된(가령 집행권원에 의한 배당요구채권자가 배당요구를 함에 필요한 비용) **비공익비용**이 있는데, 집행비용에 해당하는 것은 모든 채권자를 위하여 체당한 공익비용에 한한다고 본다.[37] 한편, 채권자가 현실적으로 지출한 비용이더라도 해당 집행과 무관하거나 채권자의 책임으로 돌릴 사정에 의하여 부가된 비용이나 결과적으로 쓸데없는 행위로 필요하였던 비용은 집행비용에 해당하지 않는다(결국 채권자의 부담이 된다).

집행에 필요한 비용은 **집행준비비용**과 **집행실시비용**으로 나눌 수 있다. 집행준비비용은 집행문의 부여를 받기 위한 비용 등 집행실시 이전에 집행의 신청을 준비하기 위하여 필요한 비용이며(한편 집행권원의 성립까지의 비용은 소송비용이다), 집행실시비용은 집행신청수수료(가령 부동산 강제경매의 신청은 5천원의 인지. 민사소송 등 인지법 9조 3항 1호), 압류등기비용, 집행관의 수수료와(집행관수수료규칙 참조) 같이 집행신청 이후에 집행절차에서 필요한 비용이다. 집행종료 뒤의 비용은(가령 등기절차를 명하는 판결의 확정 뒤의 등기비용) 집행비용이 아니다. 그리고 집행비용은 넓은 의미에서는 소송비용에 속하지만, 좁은 의미의 소송비용과는 구별되므로 집행과 관련

37) 집행비용이란 각 채권자가 지출한 비용의 전부가 아니라 배당재단으로부터 우선변제를 받을 집행비용만을 의미하며, 이에 해당하는 것으로서는 당해 경매절차를 통하여 모든 채권자를 위하여 체당한 비용으로서의 성질을 띤 집행비용(공익비용)에 한한다(대법원 2011. 2. 10. 선고 2010다79565 판결). 김홍엽, 96면; 이시윤, 190면.

하여 제기된 항고나 소송 등의 재판비용은 집행비용이 아니다.

집행을 위한 비용은 채무자의 부담이 되는 것이므로 최소한의 범위, 즉 집행을 위한 비용 중에 필요한 것만이 집행비용이 된다.[38] 그 필요성에 대하여는 개별 사건에 따라 다투어질 여지가 있다.[39]

(3) 집행비용의 예납

채권자는 집행신청 시에 법원이 정하는 금액을 집행비용으로 미리 내야 한다 (18조 1항. ☞3-5). 채권자는 집행비용을 예납하고, 추후 배당 등의 절차 단계에서 이를 청산할 수 있다. 채권자가 비용을 예납하지 않은 때에는 집행법원은 결정으로 신청을 각하하거나 집행절차를 취소할 수 있다(동조 2항). 이 결정에 대하여는 즉시 항고를 할 수 있다(동조 3항). 한편 집행관이 행하는 민사집행에 대하여는 집행관수 수료규칙 25조에 비용의 예납에 관한 규정이 있다. 6-39

(4) 집행비용의 부담

집행비용은 **채무자**가 부담한다(53조 1항). 집행은 채무자가 채무를 이행하지 않은 것에 의한 것으로, 그 원인을 야기한 사람이 집행비용을 부담하는 것은 당연하기 때문이다. 여기서 위 조문의 문언이 강제집행이 신청의 취하나 절차의 취소로 인하여 그 목적을 달성하지 못하고 종료한 경우까지 그 집행비용의 부담에 대해서 규정하고 있는가는 분명하지 않다. 6-40

그런데 적식으로 개시된 집행이 채권자의 만족에 이르지 못한 경우나, 개시 뒤에 집행채무자가 임의로 채무를 변제한 경우까지도 위 규정과 같이 채무자의 부담으로 보는 입장이 없는 것은 아니지만,[40] 한편 **집행이 그 목적을 달성하지 못하고 종료된 경우**에 해당 집행이 종료하기까지의 사정을 고려하지 않고 일률적으로

38) **독일** 민사소송법(ZPO) 788조 1항도 강제집행의 비용은 그것이 필요한 것(notwendig)인 한 채무자가 부담하고, 집행채권과 동시에 추심한다고 규정하고 있다.

39) 사해행위취소 소송에 의하여 사해행위의 목적이 된 재산이 채무자의 책임재산으로 원상회복되고 그에 대한 강제집행절차가 진행된 사안에서, 사해행위취소소송을 위하여 지출한 소송비용 등은 우선적으로 변상받을 수 있는 강제집행에 필요한 비용에 해당하지 않는다(대법원 2011. 2. 10. 선고 2010다79565 판결). 경매신청 전에 부동산의 소유자가 사망하였으나 그 상속인이 상속등기를 마치지 않아 경매신청인이 경매절차의 진행을 위하여 부득이 상속인을 **대위하여 상속등기**를 마쳤다면 그 상속등기를 마치기 위해 지출한 비용은 그 경매절차의 준비 또는 실시를 위하여 필요한 비용이고, 나아가 그 경매절차에서 모든 채권자를 위해 체당한 **공익비용**이므로 집행비용에 해당한다(대법원 2021. 10. 14. 선고 2016다201197 판결).

40) 中野貞一郎/下村正明, 民事執行法, 106면.

그 집행비용을 채권자 또는 채무자 어느 한쪽에게 부담시키는 것으로 풀이하는 것은 형평에 비추어 타당하다고 할 수 없다. 이러한 경우에는 민사집행법에 특별한 규정이 없는 것으로 보아 민사소송법의 규정을 준용하여(23조) **재량적·개별적 판단**을 하여야 할 것이다. 최근 **판례**도, 이미 이루어진 집행처분의 취소 등에 의하여 강제집행이 목적을 달성하지 못하고 종료한 경우의 집행비용에 대하여 법 53조 1항의 적용 범위가 아니지만, 그 비용을 일률적으로 채권자에게 부담시키는 것은 형평에 반하여 부당할 때는 민사집행법 23조가 준용하는 민사소송법 114조에 근거하여 당사자는 그 집행이 끝날 당시에 집행이 계속된 법원에 집행비용의 부담 및 집행비용액 확정 재판을 신청할 수 있고, 법원은 당사자의 신청에 따라 해당 비용이 지출된 시기, 채권자가 이를 지출할 필요성, 강제집행과의 관련성 및 강제집행이 끝나게 된 원인이나 경위 등 여러 사정을 종합하여 집행비용을 부담할 당사자와 그 부담액을 정할 수 있다는 새로운 법리를 나타냈다.[41]

(5) 집행비용의 추심

6-41 집행비용은 궁극적으로 채무자의 부담이지만, 채권자가 이를 일단 지출하지 않으면 안 되므로 채권자는 이를 예납하고(18조 1항), 추후 채무자로부터 추심할(변상을 받을) 수 있다.

① 동시 추심

추심의 방법, 즉 채권자가 절차에서 어떻게 채무자에게 집행비용을 부담시키게 되는가는 민사소송의 소송비용액확정절차(민사소송법 110조)를 통한 비용의 추심과 달리, 별도의 **집행권원의 필요 없이**[42] 해당 집행절차에서 집행채권과 **동시에 집행비용을 추심**할 수 있다. 여기서 동시에 추심할 수 있다는 것은 집행채권에 관한 집행권원이 동시에 집행비용의 집행권원이 된다는 의미이고, 반드시 본안의 청구에 대한 집행과 동시에 집행비용을 추심하여야 한다는 의미는 아니며, 집행권원을 가지고 있는 한, 집행비용만을 별도의 시기나 기회에 추심할 수 있다고 본다. 즉 집행채권에 관한 집행권원이 동시에 집행비용의 집행권원이 된다는 의미이다. 집행비용

41) 대법원 2023. 9. 1.자 2022마5860 결정. 같은 취지의 일본 판례로, 이미 행하여진 집행처분의 취소 등에 의하여 강제집행이 목적을 달성하지 못하고 종료된 경우에 있어서 집행비용의 부담은 집행법원이 민사소송법 73조(우리 민사소송법 114조)의 규정에 기하여 정하는 것으로 보는 것이 타당하다는 일본 最高裁判所 平成29(2017)·7·20 결정 참조.

42) **일본** 민사집행법 42조 2항은 집행권원이 없이 동시에 추심할 수 있다고 규정하고 있다.

을 위하여 별도의 집행권원이 필요하다고 한다면 그 추심을 위한 비용의 문제가 생겨 종국적인 해결을 할 수 없기 때문이다. 이 경우에 집행비용 가운데 공익비용은 성질상 당연히 매각대금 등의 배당절차에서 최우선적으로 배당(변상)받는다(53조 1항). 한편 집행비용 중 비공익비용은 최우선순위가 아니고, 해당 배당수령자격이 되는 청구채권과 같은 순위로 상환된다.

② 집행비용액확정결정에 의한 집행

그런데 채무자가 부담하여야 할 집행비용으로서 그 집행절차에서 변상(배당)받지 못한 비용에 대하여는(가령 부동산인도집행의 경우는 그 절차에서 변상받을 수 없으므로) **소송비용액확정절차**를 **준용**하여 채권자의 신청에 의하여 집행법원(사법보좌관)으로부터 **집행비용액확정결정**을 받아[43] 이를 집행권원으로 하여 채무자의 다른 재산에 대하여 집행을 한다(민사집행규칙 24조). 다만 집행비용액확정절차에서는 변상할 집행비용의 수액을 정할 수 있을 뿐이고, 그 변상의무 자체의 존부를 심리·판단할 수는 없다. 위 집행비용액확정절차를 취하지 않거나 또는 그 절차와 중복하여 **별소**로(가령 가령 불법행위에 기한 손해배상으로) 이를 청구할 수 있는지 여부에 대하여는 부정할 것이다.[44]

집행비용 중 비공익비용에 대하여는 그 비용의 상환을 청구할 수 있는 채권자로부터 청구가 있는 때에 기본이 되는 청구채권과 같은 순위로 상환된다.[45]

(6) 집행비용의 변상

재심의 소에 의한 확정판결의 취소, 가집행선고부 판결의 상소심에서의 취소 6-42

43) 집행비용액확정 결정은 집행종료 후의 재판으로서 법 15조 1항의 '집행절차에 관한 집행법원의 재판'에 해당하지 아니하고, 그 결정에 대하여는 민사집행규칙 24조 2항에 의하여 준용되는 민사소송법 110조 3항에 따라 **민사소송법상의 즉시항고가 허용될 뿐**이다(대법원 2011. 10. 13.자 2010마1586 결정).

44) 따라서 부동산인도집행의 집행비용에 대하여 해당 집행절차에서 변상을 받지 못한 때에 집행법원의 집행비용액확정결정이 없는 경우, 그 집행비용을 위 부동산인도집행의 집행권원인 확정판결에 기한 강제경매절차에서 추심할 수 없다(대법원 2006. 10. 12. 선고 2004재다818 판결). 또한 유체동산에 대한 집행을 위하여 집행관에게 지급한 수수료를 집행절차에서 변상을 받지 못하였을 경우에는 별도로 집행법원에 집행비용액확정결정의 신청을 하여 그 결정을 집행권원으로 삼아 집행하여야 하고, 수수료 상당의 금원을 채무자에게 지급명령신청의 방법으로 지급을 구하는 것은 허용되지 않는다(대법원 1996. 8. 21.자 96그8 결정). 일본 最高裁判所 令和2(2020)·4·7 판결도 채권자가 채무자에 대한 불법행위에 기한 손해배상청구에서 해당 집행에 필요한 비용의 항목을 손해로 주장하는 것은 허용되지 않는다고 부정설을 취하였다.

45) 中野貞一郎/下村正明, 民事執行法,103면.

등, 강제집행의 기본이 되는 집행권원(집행증서를 제외)을 취소한다는 취지의 재판 또는 집행권원에 관련된 화해 · 청구의 인낙 · 조정조서 등이 준재심의 소에 의하여 취소된 때에는 채권자는 이미 지급받은 집행비용에 상당하는 금전을 채무자에게 변상(반환)하여야 한다(53조 2항). 위 경우는 필요 없거나 부당한 집행으로 필요한 비용을 채무자의 부담으로 하려는 근거를 잃으므로(즉 채권자에게 부담시켜야 하므로) 채권자가 지급받은 집행비용에 상당하는 금원을 채무자에게 반환하여야 한다는 취지이다. 그리고 집행권원을 취소하는 판결은 집행권원 자체를 소급적으로 취소하는 재판이어야 하므로 장래를 향하여 집행권원의 집행력을 잃게 하는 재판은 위 경우에 포함되지 않는다. 가령 청구이의의 소에 의하여 집행이 불허된 경우는 소급효가 없으므로 위 집행권원이 취소된 경우에 해당하지 않는다. 채무자가 변상청구권을 행사하는 간단한 방법으로 채무자는 집행권원 없이 소송비용액확정절차에 준하여 집행비용액확정결정을 신청하여 집행법원(사법보좌관)의 집행비용액확정결정을 집행권원으로 집행을 할 수 있다(민사집행규칙 24조). 이는 위 ② 채권자의 신청에 의한 집행비용액확정절차와는 별개로 이루어지는 것으로,[46] 채권자가 집행비용액확정결정을 집행권원으로 하여 추심할 수 있는 것과의 균형상 채무자가 변상청구권을 행사하는 간단한 방법을 규정한 것이다.

(7) 가압류의 집행비용

6-43 가압류의 집행에 대하여는 강제집행에 관한 규정이 준용되므로(291조) 가압류 집행의 비용은 채권자가 가압류의 집행 후 집행권원을 얻어 본집행을 하게 되면 본집행의 집행비용의 일부로서 변상받을 수 있고, 어떠한 이유로든 동시에 집행비용이 변제되지 않는 경우에는 법 53조 1항, 민사집행규칙 24조에 기하여 변상받지 못한 그 비용을 집행법원에 집행비용확정신청을 하여 변상받을 수 있다.

46) 대법원 2009. 3. 2.자 2008마1778 결정[미간행].

제 4 장

강제집행에서의 구제

민사집행절차에 있어서 당사자에게 인정되는 구제 수단의 하나의 형태로서는, 집행절차가 절차법에 위반하고 있는 경우에(이를 위법집행이라고 한다) 즉시항고(15조)와 집행에 관한 이의신청(16조)이 인정되고 있다. 사법보좌관의 처분에 대하여는 법관에 대한 이의신청제도가 있다. 7-1

또 다른 하나의 형태로서는, 집행절차가 절차법상 문제가 없지만, 실체법상의 근거를 결한 경우에(집행채권이 집행권원의 존재에도 불구하고 실체법상 존재하지 않는 경우나 집행대상이 된 재산이 채무자의 책임재산에 속하지 않는 등이 그 예인데, 이를 부당집행이라고 한다) 청구이의의 소(44조)와 제3자이의의 소(48조)가 민사집행법상 인정되고 있다.

◈ **위법집행과 부당집행** ◈ 집행절차는 집행권원에 기하여 진행되는데, 집행권원을 작성하는 절차와 집행절차가 단절되어 있으므로 집행절차에 있어서는 일반적으로 실체법상의 사유에 기한 불복신청은 인정되지 않는다. 그 결과, 집행권원에 표시된 청구권이 실체법상 존재하지 않거나, 그 뒤 소멸하거나, 권리내용에 변화가 생기거나 한 때에도 집행절차의 요건을 충족하는 한, 민사집행법상 적법한 것이 된다는 점은 이미 언급하였다. 이와 같이 집행절차상으로는 적법하지만, 그 실체법상의 근거를 결여한 집행을 '부당집행'이라고 한다. 이에 대하여, 집행기관의 집행행위가 그 절차규정에 위반하여 민사집행법상 위법이라고 평가되는 집행을 '위법집행'이라고 한다.

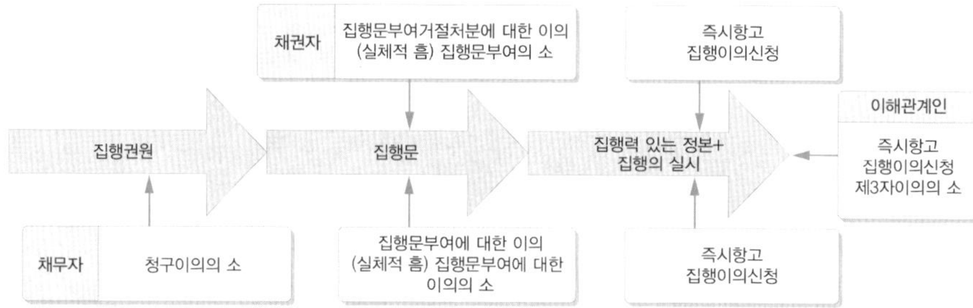

여기에서는 위 경우에 관련 당사자가 어떻게 구제를 받는지를 살펴보고자 한다.

한편, 집행권원의 형성기관과 집행기관 사이를 연결하는 집행문과 관련한 구제절차로 집행문부여 등에 관한 이의신청(34조), 집행문부여의 소(33조), 집행문부여에 대한 이의의 소(45조) 등에 관하여는 앞에서 설명한 바 있다(☞5-37 이하).

I. 위법집행에 대한 구제

1. 즉시항고

제15조(즉시항고) ① 집행절차에 관한 집행법원의 재판에 대하여는 특별한 규정이 있어야만 즉시항고를 할 수 있다. ② 항고인은 재판을 고지받은 날부터 1주의 불변기간 이내에 항고장을 원심법원에 제출하여야 한다.

(1) 의 의

7-2 원래 항고는 판결 이외의 재판인 결정과 명령에 대한 독립한 불복신청방법으로서, 불복신청기간에 정함이 없는 통상항고와 기간에 정함이 있는 즉시항고(sofortige Beschwerde)로 구별되는데, 집행절차에 관한 집행법원의 재판에 대하여는 **특별한 규정이 있어야만** 즉시항고를 할 수 있다(15조 1항). 한편 집행법원의 집행절차에 관한 재판으로서 즉시항고를 할 수 없는 것에 대해서는 법원에 집행에 관한 이의를 신청할 수 있다(16조 1항).

◈ 집행에 관한 이의신청(줄여서 '집행이의'라고 한다)과의 차이 ◈ 민사집행법은 집행기관이 행한 재판 또는 집행처분에 위법이 있는 경우에, 그 시정을 구하기 위한 불복신청방법으로 즉시항고와 집행이의를 규정하고 있는데, 불복대상인 집행처분 등

의 효과와 그 중요성에 비추어 불복방법에 차이를 둔 것이라고 할 수 있다. 양쪽 모두 위법이 있을 경우에 이를 시정하기 위한 것이라는 점에서 공통되지만, 즉시항고는 항고심에서 심판이 행하여지는 데에 대하여, 집행이의는 같은 심급에서 심판이 행하여지는 것에 차이가 있다. 그리고 불복대상은, 즉시항고는 집행법원의 재판 가운데 특별한 규정이 있는 경우에 한하여 인정되는 데에 반하여, 집행이의는 즉시항고를 할 수 없는 집행법원의 재판이나 집행관의 처분 등에 대하여 인정되는 차이가 있다. 그 밖의 차이는 해당 부분을 참조하라(☞3-4).

〈즉시항고와 집행에 관한 이의신청의 비교〉

	관 할	제기기간	방 식	불복	잠정처분
즉시항고 (15조. 특별한 규정이 있어야 가능)	항고법원	• 1주 불변기간 • 10일 이내에 항고이유서 제출	서면 (항고장 제출)	재항고	• 집행정지효 X • 잠정처분 O
집행이의 (16조)	집행법원	기간의 제한 없음	서면 (다만, 기일에 출석하여 가능)	원칙적으로 불복 허용 안 됨	

(2) 즉시항고를 할 수 있는 재판

1) 집행법원의 재판일 것

즉시항고의 대상은 집행절차에 관한 집행법원의 재판이어야 하는데(15조 1항), 7-3
사법보좌관이 처리한 처분에 대하여는 즉시항고의 **선행절차**로서 먼저 소속 법원 단독판사등(단독판사 또는 합의부)에게 사법보좌관의 처분에 대한 **이의신청**을 거쳐야 한다(법원조직법 54조 3항, 사법보좌관규칙 4조). 사법보좌관의 처분에 대하여 곧바로 즉시항고로 제2심법원인 항고법원으로 올라가게 되면 제1심에서 「법관에 의한 재판을 받을 권리」를 잃게 되어 위헌의 문제가 생기기 때문이다.[1] 사법보좌관에 대한 이의신청은 그 처분을 고지받은 날부터 7일 이내에 하여야 하며, 이 기간은 불변기간이다(사법보좌관규칙 4조 3항). 사법보좌관이 이의신청을 받은 때에는 사건을 지체 없이 단독판사 또는 합의부에 송부하여야 한다(동조 5항). 송부받은 단독판사등은 이의신청이 이유 있다고 인정되는 때에는 사법보좌관의 처분을 경정하고(동조 6항 3호), 이의신청이 이유 없다고 인정되는 때에는 사법보좌관의 처분을 인가하고

1) 이시윤, 201면.

사건을 항고법원에 송부하는데(동조 동항 5호), 사건을 송부받은 항고법원은 단독판사 등이 한 인가처분에 대한 즉시항고로 보아 절차를 진행한다(동조 동항 9호).

그런데 법 15조 1항은 '집행법원의 재판'을 그 대상으로 규정하고 있지만, '제1심법원의 집행절차에 관한 재판'도 즉시항고를 할 수 있다는 명문의 규정을 둔 경우는(대체집행의 신청에 대한 재판(260조 3항), 간접강제의 신청에 대한 재판(261조 2항) 등이 그 예) 여기의 즉시항고의 대상에 포함된다고 할 것이다.[2)]

2) 집행절차에 관한 재판일 것

7-4 민사집행을 신청한 뒤, 신청에 의하여 개시되는 구체적 절차에 관하여 한 집행법원의 재판에 대하여만 즉시항고할 수 있다. 집행력 있는 정본의 유무와 그 송달 여부, 집행개시요건의 존부, 집행장애사유의 존부 등과 같이 집행법원이 조사하여 준수할 사항에 관한 흠을 이유로 즉시항고를 할 수 있을 뿐이고, 집행채권의 소멸 등과 같은 실체상의 사유는 이에 대한 적법한 항고이유가 되지 않는다.[3)] 한편, 집행준비를 위한 재판(가령 집행문부여에 관한 재판)이나 집행종료 뒤에 한 재판에 대하여는 즉시항고를 할 수 없다.

3) 즉시항고를 할 수 있다는 특별한 규정이 있을 것

7-5 집행법원의 재판 중에서 '즉시항고를 할 수 있다'고 개별적으로 명문의 규정이 있어야만 즉시항고가 허용되고, 그러한 규정이 없는 재판에 대하여는 집행에 관한 이의로 불복할 수 있을 뿐이다(16조). 대체로, 강제집행신청의 기각·각하결정 등과 같이 집행절차를 종료시키는 재판(가령 법 17조의 집행절차를 취소하는 대부분의 결정), 집행관계인에게 중대한 이해관계를 미치는 재판(가령 부동산의 매각허가결정, 채권압류·추심·전부명령·인도명령 등)에 대하여 즉시항고를 인정하고 있다.

---

2) 김일룡, 42면; 박두환, 51면.

3) 가령 추심명령이 발령되어 후속절차가 진행되지 않은 상태에서 채무자에게 파산선고가 있었다면, 그 추심명령에 대한 즉시항고 사건을 다루는 법원은 즉시항고를 인용하는 것이 타당하다(박광선, 도산절차와 관련된 채권압류 및 추심·전부명령에 대한 즉시항고의 처리방안에 대한 연구, 법조(2020. 6), 275면). 한편, 「채무자 회생 및 파산에 관한 법률」에 의한 면책결정의 확정은 면책된 채무에 관한 집행력 있는 집행권원 정본에 기하여 그 확정 후 비로소 개시된 강제집행의 **집행장애사유가 되지 않으므로** 면책으로 채무를 변제할 책임이 면제되었다는 것은 면책된 채무에 관한 집행력 있는 집행권원 정본에 기하여 그 확정 후 신청되어 발령된 채권압류 및 추심명령에 대한 **적법한 항고이유가 되지 않는다**. 이는 **청구이의의 소**를 통하여 그 집행권원의 집행력을 배제시킬 수 있는 실체상의 사유에 불과하다(대법원 2013. 9. 16.자 2013마1438 결정). 채권압류 및 추심명령 이전에 면책이 확정되었음을 들어 한 즉시항고는 실체상의 사유를 토대로 하는 것이어서 부적법하다고 본 것이다.

그런데 특별한 규정이 없는 경우에도 해석상 위와 동일하게 취급되어야 한다고 인정되는 때에는 즉시항고가 허용된다고 할 것이다.[4)]

(3) 심리 및 재판

1) 항고권자와 상대방

7-6 항고권자는 불복을 신청할 재판에 따라 불이익을 받을 채권자, 채무자, 그 밖의 이해관계인이다. 매각허부결정에서의 매수인 · 매수신고인, 채권압류명령에서의 제3채무자 등도 이에 포함된다. 한편, 절차의 안정성을 고려하여야 하므로 채권자가 채무자에 대위하여 항고를 할 수 없다고 풀이할 것이다.[5)]

항고의 절차는 편면적 절차로서 상대방을 필요로 하는 것은 아니다. 항고장에 반드시 상대방의 표시가 있어야 하는 것은 아니고, 또한 항고장을 반드시 상대방에게 송달하여야 하는 것도 아니다. 다만 실무에서는 부동산인도명령(136조 5항), 압류물의 인도명령(193조 5항), 금전채권의 압류명령(227조 4항) 등과 같은 재판에 대하여 항고를 하여 서로 이해관계가 대립되는 때에는, 원재판이 바뀔 경우에 서로 이해가 대립되는 사람을 상대방으로 정하여 심리에 참여시키고 결정문에 이를 표기하며 재항고의 기회를 주기 위하여 결정문을 송달하는 예가 적지 않다고 한다. 한편 매각허부결정에 대한 항고심절차에는 항고법원은 필요한 경우에 반대진술을 하게 하기 위하여 항고인의 상대방을 정할 수 있다는 명문의 규정을 두고 있다(131조 1항).

2) 항고장의 제출

제15조(즉시항고) ③ 항고장에 항고이유를 적지 아니한 때에는 항고인은 항고장을 제출한 날부터 10일 이내에 항고이유서를 원심법원에 제출하여야 한다. ④ 항고이유는 대법원규칙이 정하는 바에 따라 적어야 한다. ⑤ 항고인이 제3항의 규정에 따른 항고이유서를 제출하지 아니하거나 항고이유가 제4항의 규정에 위반한 때 또는 항고가 부적법하고 이를 보정할 수 없음이 분명한 때에는 원심법원은 결정으로 그 즉시항고를 각하하여야 한다. ⑧ 제5항의 결정에 대하여는 즉시항고를 할 수 있다.

7-7 즉시항고는 재판을 고지받은 날부터 **1주의 불변기간** 이내에 항고장을 **원심법원**(즉, 집행법원)에 제출하여야 한다(15조 2항).[6)] 서면으로 하여야 하고, 말로 할 수

4) 대법원 1995. 1. 20.자 94마1961 전원합의체 결정.

5) 법원실무제요[I], 86면.

6) 판결과 달리 선고가 필요하지 않은 결정이나 명령과 같은 재판은 원본이 법원사무관등에게 교부되었을 때 성립한 것으로 보아야 하고, 일단 성립한 결정은 취소 또는 변경을 허용하는 별도

없다. 즉시항고를 할 수 있는 사람이 재판을 고지받아야 할 사람이 아닌 경우에 즉시항고의 제기기간은 그 재판을 고지받아야 할 사람 모두에게 고지된 날부터 진행한다(민사집행규칙 12조).

항고이유는 원심재판의 취소 또는 변경을 구하는 사유를 구체적으로 적어야 한다(민사집행규칙 13조 1항). 그런데 남용적인 즉시항고를 막기 위하여 항고장에 항고이유를 적지 아니한 때에는 항고인은 **항고장을 제출한 날**부터 **10일** 이내에(불변기간이 아님)[7] 항고이유서를 원심법원에 제출하여야 하고(동조 3항), 이를 제출하지 아니한 때에는 원심법원이 결정으로 즉시항고를 각하하여야 하고(동조 5항), 원심법원이 각하하여야 할 즉시항고를 각하하지 아니한 채 사건을 항고법원에 송부한 때에는 항고법원이 그 즉시항고를 각하하여야 한다. **항고이유서 제출강제주의**를 채택하였다.

그리고 위 항고이유서 부제출 이외에 즉시항고가 부적법하고 이를 보정할 수 없음이 분명한 때, 항고이유의 기재가 민사집행규칙 13조에 정한 기재방법을 위반한 때에도 즉시항고를 각하한다(15조 5항).[8]

원심법원의 각하결정에 대하여는 다시 즉시항고에 의하여 불복할 수 있다(15조 8항. 재도의 즉시항고).

한편 가압류·가처분신청을 기각·각하하는 결정, 가압류·가처분 이의·취소신청에 대한 재판은 모두 보전소송에 관한 재판으로서 여기의 '집행절차에 관한 집행법원의 재판'이 아니므로 여기의 즉시항고가 아닌, 민사소송법상 즉시항고에 관한 규정이 적용된다(☞21-46, 21-58).[9]

의 규정이 있는 등의 특별한 사정이 없는 한 결정법원이라도 이를 취소·변경할 수 없다. **이미 성립한 결정에 대하여는 결정이 고지되어 효력을 발생하기 전에도 결정에 불복하여 항고할 수 있다**(대법원 2014. 10. 8.자 2014마667 전원합의체 결정).

7) 항고장 제출기간과 달리 항고이유서 제출기간을 불변기간으로 명시하는 법률 규정은 없으므로 불변기간이라 할 수 없으므로(대법원 2009. 4. 10.자 2009마519 결정 등 참조) 추후보완은 항고이유서 제출기간에 적용되지 않으나, 민사소송법 172조 1항에 의하면 법원은 불변기간을 제외한 법정기간을 늘리거나 줄일 수 있으므로, 항고이유서 제출기간을 늘리는 것은 가능하다. 한편 불변기간의 추후보완을 할 수 있는 것과의 균형상 항고인이 책임질 수 없는 사유로 말미암아 항고이유서 제출기간을 지킬 수 없었던 경우 법원은 제출기간이 지난 후에라도 위 민사소송법 172조 1항에 의하여 항고이유서 제출기간을 늘릴 수 있다(대법원 2024. 6. 27.자 2024마5813 결정).

8) **일본** 1998년 개정 민사집행법은 이유 없는 즉시항고를 하여 절차를 지연시켜, 명도의 연기나 수수료 명목의 부정 이익을 취득하는 등 남항고가 횡행하고, 절차지연 목적의 부당한 즉시항고에 의한 폐해가 생기는 것을 고려하여 즉시항고가 민사집행절차를 부당하게 지연시키는 것을 목적으로 이루어진 것일 경우를 각하사유로 새롭게 추가하였다.

3) 심 리

항고법원은 원칙적으로 항고장 또는 항고이유서에 적힌 이유에 대하여서만 조사한다. 다만, 원심재판에 영향을 미칠 수 있는 법령위반 또는 사실오인이 있는지에 대하여 직권으로 조사할 수 있다(15조 7항). 7-8

그 밖에 심리절차는 일반의 항고절차에 관한 규정(민사소송법 443조 이하)에 따른다(15조 10항). 가령 재도의 고안(민사소송법 446조), 사건의 항고법원에의 송부 등이 그러하다.

항고법원은 항고이유와 직권조사사항을 심리하기 위하여 필요하다면 변론을 열 수 있고, 변론을 열지 않으면 당사자와 이해관계인, 그 밖의 참고인을 심문할 수 있으며(민사소송법 134조), 서면심리로 그칠 수도 있다.

4) 재판의 형식

항고법원은 원재판에 대한 항고인에 의한 불복의 당부에 대하여 재판을 하는데, 항고법원의 재판은 결정으로 한다(3조 2항). 7-9

항고가 이유 있다고 인정될 때에는 항고법원은 제1심결정을 취소함과 동시에 제1심법원과 같이 집행에 관한 처분을 할 수 있다.[10] 다만, 매각허부결정에 대한 즉시항고의 경우에는 항고법원이 집행법원의 결정을 취소하는 경우에 항고법원은 제1심인 집행법원에 사건을 환송하여 집행법원이 그 매각허가 여부의 결정을 한다(132조).

(4) 즉시항고와 집행정지

제15조(즉시항고) ⑥ 제1항의 즉시항고는 집행정지의 효력을 가지지 아니한다. 다만, 항고법원(재판기록이 원심법원에 남아 있는 때에는 원심법원)은 즉시항고에 대한 결정이 있을 때까지 담보를 제공하게 하거나 담보를 제공하게 하지 아니하고 원심재판의 집행을 정지하거나 집행절차의 전부 또는 일부를 정지하도록 명할 수 있고, 담보를 제공하게 하고 그 집행을 계속하도록 명할 수 있다.

---

9) 따라서 민사소송법은 항소이유서의 제출기한에 관한 규정을 두고 있지 아니하므로 가령 가압류이의신청에 대한 재판의 항고인이 즉시항고이유서를 제출하지 아니하였다거나 그 이유를 적어내지 아니하였다는 이유로 그 즉시항고를 각하할 수는 없다(대법원 2008. 2. 29.자 2008마145 결정).

10) 항고법원이 제1심결정을 취소하는 때에는 특별한 규정이 없는 한 사건을 제1심법원으로 환송하지 아니하고 직접 신청에 대한 결정을 할 수 있고, 이 경우 그 사건이 항고법원에 계속 중인 때에는 항고법원은 당해 항고사건에 견련되는 사건의 관할법원도 될 수 있다(대법원 2008. 4. 14.자 2008마277 결정).

① 즉시항고의 효력

7-10 일반적으로 즉시항고는 집행을 정지시키는 효력이 있으나(민사소송법 447조), 집행절차에서의 즉시항고는 절차의 지연을 방지하기 위하여 **집행정지의 효력을 인정하지 않는다**(15조 6항 본문).[11] 즉시항고를 하더라도 집행절차는 정지되지 않는다.

그런데 이와 같이 일괄적으로 집행정지의 효력을 인정하지 않으면, 항고인에게 돌이킬 수 없는 손해를 입힐 염려가 있으므로 민사집행법은 집행절차상 재판에 대하여 **즉시 효력이 생기는 재판**과 **확정되지 않으면 효력이 생기지 않는 재판**으로 나누어, 재판의 내용이 당사자, 그 밖의 이해관계인에게 중대한 이해관계가 있는 것에 관하여는 **즉시 집행력**이 생기는 것을 **부정**하여 재판이 확정되어야 효력이 생기도록 하였다.

② 확정되어야 효력이 생기는 재판

확정되어야 효력이 생기는 재판으로는, ㉮ 집행절차를 취소하는 결정, 집행절차를 취소한 집행관의 처분에 대한 이의신청을 기각·각하하는 결정 또는 집행관에게 집행절차의 취소를 명하는 결정(17조 2항), ㉯ 매각허가 여부의 결정(126조 3항), ㉰ 선박운행허가결정(176조 4항), ㉱ 전부명령(229조 7항), ㉲ 채권의 특별한 현금화명령(241조 4항) 등이 있다. 이러한 재판은 항고제기기간 동안 및 그 기간 내에 즉시항고가 된 경우에는 그 항고에 대하여 각하 또는 기각의 재판이 있을 때까지는 집행력이 발생하지 않는다.

③ 잠정처분에 의한 집행정지

한편 위에서 보았듯이 확정되어야 효력이 생기는 재판이 아닌 경우의 재판에 대하여는 즉시항고를 하더라도 **당연히 집행이 정지되지는 않는데**(15조 6항 본문), 다만 항고법원(재판기록이 원심법원에 남아 있는 때에는 원심법원)은 즉시항고에 대한 **결정이 있을 때까지** 담보를 제공하게 하거나 담보를 제공하게 하지 아니하고 원심재판의 집행을 **정지**하거나 집행절차의 전부 또는 일부를 **정지**하도록 명할 수 있고, 담보를 제공하게 하고 그 집행을 **계속**하도록 명할 수 있다(동조 동항 단서. 이 결정에 대하여는 불복할 수 없다. 동조 9항). 정지 이외에 이미 실시한 집행처분의 **취소**를 명하는 재판은 허용되지 않는다.

11) **일본** 민사집행법은 위 집행절차에서의 즉시항고를 민사소송법의 즉시항고와 구별하여 **집행항고**라고 부른다는 것은 이미 설명하였다(☞3-4).

(5) 재항고

항고법원의 결정에 관하여는 헌법 · 법률 · 명령 또는 규칙의 위반을 이유로 드는 때에만 재항고할 수 있다(민사집행규칙 14조의2 1항). 재항고에 관하여는 법 15조 즉시항고의 규정을 준용한다(동규칙 동조 2항). 가령 재항고장에 재항고이유를 적지 않은 때에는 재항고장을 제출한 날로부터 10일 이내에 재항고이유서를 제출하여야 한다(15조 3항).[12] 이는 민사소송법상 20일 이내에 재항고이유서를 제출하는 것(민사소송법 443조, 427조)과 다르다. 7-11

2. 집행에 관한 이의신청

제16조(집행에 관한 이의신청) ① 집행법원의 집행절차에 관한 재판으로서 즉시항고를 할 수 없는 것과, 집행관의 집행처분, 그 밖에 집행관이 지킬 집행절차에 대하여서는 법원에 이의를 신청할 수 있다.
② 법원은 제1항의 이의신청에 대한 재판에 앞서, 채무자에게 담보를 제공하게 하거나 제공하게 하지 아니하고 집행을 일시정지하도록 명하거나, 채권자에게 담보를 제공하게 하고 그 집행을 계속하도록 명하는 등 잠정처분을 할 수 있다. ③ 집행관이 집행을 위임받기를 거부하거나 집행행위를 지체하는 경우 또는 집행관이 계산한 수수료에 대하여 다툼이 있는 경우에는 법원에 이의를 신청할 수 있다.

민사집행규칙 제15조(집행에 관한 이의신청의 방식) ① 법 제16조제1항 · 제3항의 규정에 따른 이의신청은 집행법원이 실시하는 기일에 출석하여 하는 경우가 아니면 서면으로 하여야 한다. ② 제1항의 이의신청을 하는 때에는 이의의 이유를 구체적으로 밝혀야 한다.

(1) 의 의

집행절차에 관한 집행법원의 재판으로서 즉시항고를 할 수 없는 것과 집행관의 집행처분, 그 밖에 집행관이 지킬 집행절차에 관한 잘못을 이유로 **집행법원**에 대하여 그 시정을 구하는 불복신청방법이 집행에 관한 이의신청(=줄여서 집행이의)이다(16조 1항). 7-12

(2) 이의신청의 대상이 되는 행위

이의사유가 형식적 절차상 흠인 것은 즉시항고와 공통이다(☞7-2). 집행권원의 내용인 청구권의 부존재 · 소멸, 집행권원의 집행력의 흠 등 집행기관에게 조사권한이 없는 실체상의 사유는 청구이의의 소나 제3자이의의 소, 집행문부여에 대한 이의의 소 7-13

12) 대법원 2015. 4. 10.자 2015마106 결정[미간행].

(또는 집행문부여에 대한 이의)에 의할 것이며, 여기에서의 집행에 관한 이의사유가 되지 않는다.

1) 집행법원의 집행절차에 관한 재판으로서 즉시항고를 할 수 없는 것

7-14 집행처분을 한 **해당 집행법원에 대한 불복신청**으로 민사소송법 446조 재도의 고안의 신청과 유사하다.

재판에 한하므로 법원의 사실행위(가령 매각물건명세서 작성, 공과금 주관 공공기관에 대한 최고, 강제관리인의 감독 등)는 반대견해도 있지만, 이의신청의 대상이 되지 않는다고 할 것이다.

집행처분으로서의 성질을 가진 재판에 대하여 집행에 관한 이의신청을 할 수 있음은 물론이고, 집행처분의 성질을 가지지 않더라도 집행절차에 관련된 재판(가령 공휴일·야간 집행의 허가 등)에 대하여도 집행에 관한 이의신청을 할 수 있다.

즉시항고가 허용되는 집행법원의 재판에 대하여는 집행에 관한 이의신청을 할 수 없다.

2) 집행관의 집행처분, 그 밖에 집행관이 지킬 집행절차

7-15 집행처분은 집행관이 집행기관으로서 하는 법률효과를 수반하는 처분을 말한다. 그리고 집행관이 지킬 집행절차는 집행관의 집행처분 외에 집행관이 집행절차에서 조사, 판단하여 지켜야 하는 절차를 말한다.[13] 가령 법률효과를 수반하지 않는 집행관의 사실행위가 위법인 경우, 집행관이 당사자의 신청을 각하하는 경우, 집행관이 집행기록의 열람을 거부하는 경우, 집행권원에 집행장소·집행대상이 명확히 기재되지 않았음에도 집행관이 객관적으로 확인되는 특정 집행장소나 집행대상 이외의 장소나 대상을 상대로 집행을 한 경우[14] 등이 이의신청의 대상이 된다.

한편 집행관이 집행법원의 보조기관으로서 하는 행위(가령, 매각의 실시, 현황조사 등)에 대하여는 이의신청의 대상이 된다는 견해도 있지만,[15] 대상이 되지 않는다고 할 것이다.[16]

---

13) 집행권원인 **동시이행판결**의 반대의무 이행 또는 이행제공은 청구이의의 소에서 심리되어야 할 사항은 아니고, 집행개시의 요건으로서 집행개시와 관련된 **집행에 관한 이의신청 절차**에서 주장·심리되어야 할 사항이다(대법원 2024. 6. 13. 선고 2024다231391 판결).

14) 대법원 2022. 4. 5.자 2018그758 결정.

15) 김상수, 40면은 당사자의 절차보장권을 위해 이의할 수 있다고 한다.

16) 김홍엽, 104면; 박두환, 59면; 이시윤, 211면.

3) 집행관의 집행위임 거부, 집행행위 지체, 집행관이 계산한 수수료에 대한 다툼

이러한 사유도 이의신청의 대상이 된다(16조 3항). 7-16

(3) 이의권자와 상대방

이의(Erinnerung)를 신청할 수 있는 사람은 집행처분 또는 그 지체 등에 의하여 자기의 법적 이익을 침해된 사람으로, 채권자, 채무자, 이해관계 있는 제3자이다. 7-17

한편 이의절차는 2당사자대립구조를 전제로 반드시 상대방이 필요한 절차는 아니나, 이의의 내용에 따라 신청인과 대립하는 이해관계를 가지는 사람이 특정될 수 있으면, 그 사람을 상대방으로 할 수 있다. 집행관의 집행처분에 대한 이의의 경우라도 집행관은 그 상대방이 되지 않는다.

(4) 관할법원

집행법원이 관할법원이 된다. 집행관의 집행행위에 대하여는 그 집행절차를 실시할 곳이나 실시한 곳을 관할하는 지방법원이 집행법원이 된다(3조 1항). 여기서 토지관할은 **전속관할**이다(21조). 7-18

(5) 이의절차

이의신청에 대하여 특별히 **기간의 제한은 없으나**, 절차가 완료된 뒤에는 이미 집행처분을 취소할 여지는 없으므로 이의신청은 각하된다.[17] 다만, 집행관의 수수료의 계산에 대한 이의신청은 집행종료 뒤에도 할 수 있다. 7-19

이의신청은 기일에 출석하여 하는 경우를 제외하고는 서면으로 하며 이의의 이유를 명시하여야 한다(민사집행규칙 15조).[18]

(6) 심리 및 재판

이의에 대하여는 변론을 거친 여부에 관계없이 **결정**으로 재판한다(3조 2항). 재판에서 이의사유의 존부를 판단하는 기준 시점은 심리종결 시까지이다.[19] 변론을 열지 아니하는 경우에는 법원은 이의신청인을 **심문**할 수 있다(민사소송법 134조 2항). 민사소송법상 재판상 자백이나 자백간주에 관한 규정은 준용되지 않는다.[20] 7-20

---

17) 대법원 1987. 11. 20.자 87마1095 결정 등.

18) 집행취소서류의 제출에 의한 집행처분을 취소하는 재판에 불복이 있는 경우에는 집행에 관한 이의를 제기하여야 하는 것이고, 따라서 비록 집행법원에 제출한 서면이 '즉시항고장'이라고 기재되어 있다고 하더라도 이는 집행에 관한 이의신청을 한 것으로 보아야 할 것이다(대법원 2011. 11. 10.자 2011마1482 결정).

19) 대법원 2022. 6. 30.자 2022그505 결정.

이의신청이 부적법하면 **각하의 결정**을 하고, 이의가 이유 없으면 **기각의 결정**을 한다. 한편, 이의가 정당하다고 인정되는 때에는 **집행관**에 대한 경우에는 그 취지에 따라 그 집행을 하여야 할 것 또는 집행을 불허한다는 것을 선언하여야 하며, **집행법원**의 집행행위의 경우에는 이를 스스로 취소하거나 바꾼다.

이의신청인은 집행 불허의 재판정본을 집행기관에 제출하여 집행처분의 취소를 구할 수 있다(49조 1호, 50조). 다만 집행법원이 집행기관인 경우에는 따로 제출할 필요가 없다.

◈ 주문 기재례 ◈

[집행관에게 집행의 실시를 명하는 경우]

○○ 지방법원 소속 집행관 ○○○은 위 법원 2024타경○○○ 부동산 인도명령의 정본에 기초한 신청인의 위임에 따라 별지 목록에 적힌 건물에 대한 인도집행을 실시하라.

[집행행위를 취소 또는 불허하는 경우]

신청인과 상대방 사이의 ○○법원 2024카단○○○ 유체동산 압류명령신청 사건의 결정정본에 기초한 상대방의 위임에 따라 위 법원 집행관이 별지 목록에 적힌 동산에 대하여 실시한 압류집행은 이를 취소(불허)한다.

[집행관에게 특정의 집행을 명하는 경우]

○○지방법원 소속 집행관 ○○○은 공증인 ○○○ 작성의 2024증제○○호 집행력 있는 공정증서 정본에 기초한 신청인의 위임에 따라 2024. ○. ○. 압류한 별지 목록에 적힌 동산에 대하여 경매를 실시하라.

(7) 불복신청

제17조(취소결정의 효력) ① 집행절차를 취소하는 결정, 집행절차를 취소한 집행관의 처분에 대한 이의신청을 기각·각하하는 결정 또는 집행관에게 집행절차의 취소를 명하는 결정에 대하여는 즉시항고를 할 수 있다. ② 제1항의 결정은 확정되어야 효력을 가진다.

7-21 해당 심급에 한한 불복신청절차이므로 이의신청에 관한 결정에 대하여는 원칙적으로 **불복이 허용되지 않는다**. 다만 ① 집행절차를 취소하는 결정,[21] ② 집행

20) 대법원 2015. 9. 14.자 2015마813 결정.

21) 집행절차를 취소하는 재판이지만, 예외적으로 가령 집행정지문서(49조 1호·3호·5호·6호 및 266조 1항 1호 내지 3호)가 제출되었음을 이유로 집행처분을 취소하는 재판(50조 2항, 266조

절차를 취소한 집행관의 처분에 대한 이의신청을 기각·각하하는 결정, ③ 집행관에게 집행절차의 취소를 명하는 결정에 대하여는 즉시항고를 할 수 있다(17조 1항).[22] 위 세 경우 모두 집행절차를 취소하는 취지의 중대한 결과를 생기게 하는 결정이므로 예외를 인정한 것이다.[23] 이러한 즉시항고를 할 수 있는 재판은 확정되어야 효력을 가진다(동조 2항). 위 집행절차를 취소한 결정에 대하여 즉시항고기간을 도과하면 해당 결정은 더 이상 상소에 의하여 공격할 수 없고, 재판은 확정되고 형식적 확정력을 가진다. 다만 이의신청의 재판에 기판력은 없다고 본다.[24] 이에 대하여 집행절차를 취소한 결정에 관한 한, 이의신청인과 심문을 받은 상대방과 사이에서는 민사소송법 216조 1항을 유추적용하여 기판력을 긍정하여야 한다는 입장도 있을 수 있다.[25]

(8) 잠정처분

제16조(집행에 관한 이의신청) ② 법원은 제1항의 이의신청에 대한 재판에 앞서, 채무자에게 담보를 제공하게 하거나 제공하게 하지 아니하고 집행을 일시정지하도록 명하거나, 채권자에게 담보를 제공하게 하고 그 집행을 계속하도록 명하는 등 잠정처분을 할 수 있다.

이의신청이 있더라도 집행은 당연히 정지되지 않는다. 즉, 이의신청은 집행의 속행에 영향을 미치지 않는다. 그러나 즉시항고와 마찬가지로 집행법원은 **직권**으로 **그 재판 전에** 집행정지 또는 집행속행명령(이른바 잠정처분)을 할 수 있고(16조 2항), 이 결정에 대하여는 불복을 신청할 수 없다(15조 9항 또는 47조 유추). 신청인이 잠정 7-22

3항)은 즉시항고를 인정하지 않는다.

22) 그 즉시항고에 따른 항고심의 결정에 대하여는 법 23조 1항에 의하여 준용되는 민사소송법 442조에 따라 재항고로 불복할 수 있다고 보아야 한다(대법원 2004. 11. 26.자 2004그107 결정 참조). 이에 대하여 민사소송법 442조에 따른 재항고가 아니라, 민사집행규칙 14조의2에 따라 법 15조를 준용하여 재항고할 수 있다는 입장으로는 김홍엽, 106면; 이시윤, 212면.

23) 한편, 집행에 관한 이의 재판 중 위 법 17조 1항에 해당하는 결정 이외의 결정에 대하여는 즉시항고를 할 수 없다고 할 것인바, 이 사건 원심결정은 불복을 신청할 수 없는 결정이라고 할 것이고, 이와 같이 불복이 허용되지 않는 결정에 대한 항고는 당사자가 특별항고라는 표시를 하지 아니하였어도 원심법원은 이를 **특별항고**로 다루어 기록을 대법원에 송부함이 마땅하다 할 것인데 …(대법원 2005. 7. 12.자 2005마477 결정).

24) 이시윤, 212면. 일본에서의 中野貞一郎/下村正明, 93면.

25) 일본에서의 松本博之, 民事執行保全法, 360면. 독일에서의 Gaul/Schilken/Becker-Eberhard, Zwangsvollstreckungsrecht, §37 Rn. 75; MüKoZPO/Schmidt/Brinkmann ZPO §766 Rn. 59.

처분의 정본을 집행기관에 제출하면 집행정지가 된다. 다만, 집행법원이 집행기관인 경우에는 이를 따로 제출할 필요가 없다.

3. 사법보좌관의 처분에 대한 이의신청

법원조직법 제54조(사법보좌관) ③ 사법보좌관은 법관의 감독을 받아 업무를 수행하며, 사법보좌관의 처분에 대하여는 대법원규칙이 정하는 바에 따라 법관에 대하여 이의신청을 할 수 있다.

사법보좌관규칙 제4조(즉시항고 등의 대상이 되는 처분에 대한 이의신청) ① 제2조제1항의 규정에 따른 사법보좌관의 처분중 단독판사 또는 합의부(다음부터 "단독판사등"이라 한다)가 처리하는 경우 항고·즉시항고 또는 특별항고의 대상이 되는 처분에 대하여는 제2항 내지 제10항에서 규정하는 절차에 따라 이의신청을 할 수 있다.

7-23 집행법원의 여러 사무 중 사법보좌관이 중요한 업무를 담당하고 있는 경우가 있는데, 가령 사법보좌관의 경매개시결정과 같이 사법보좌관이 한 집행법원의 집행절차에 관한 재판으로서 **즉시항고를 할 수 없는 것**에 대하여 법원에 이의신청을 할 수 있다. 이는 앞에서 설명한 집행에 관한 이의신청(16조 1항)과 마찬가지로 그 절차에 따르면 된다.

그리고 집행법원의 결정으로서 **즉시항고의 대상**이 되더라도, 사법보좌관이 처리한 처분은 **즉시항고의 선행절차**로서 먼저 소속 법원 단독판사등(단독판사 또는 합의부)에게 사법보좌관의 처분에 대한 이의신청을 거쳐야 한다는 것은 앞에서 설명하였다(☞7-3).

Ⅱ. 부당집행에 대한 구제

1. 청구에 관한 이의의 소

제44조(청구에 관한 이의의 소) ① 채무자가 판결에 따라 확정된 청구에 관하여 이의하려면 제1심 판결법원에 청구에 관한 이의의 소를 제기하여야 한다. ② 제1항의 이의는 그 이유가 변론이 종결된 뒤(변론 없이 한 판결의 경우에는 판결이 선고된 뒤)에 생긴 것이어야 한다. ③ 이의이유가 여러 가지인 때에는 동시에 주장하여야 한다.

(1) 의 의

청구에 관한 이의의 소(Vollstreckungsgegenklage/Vollstreckungsabwehrklage. 청구이의의 소라고도 한다)는 채무자가 집행권원의 내용인 사법상의 청구권이 현재의 실체상태와 일치하지 않는 것을 주장하여 그 집행권원이 가지는 집행력의 배제를 구하는 소이다(44조, 57조, 58조 3항, 59조 3항). 이 소를 규정한 것은 **부당한 집행**이 행하여지지 않도록 하려는 것으로 가령, 변론이 종결된 뒤(변론 없이 한 판결의 경우에는 판결이 선고된 뒤)에 생긴 이유에 의하여 확정판결의 집행력을 장래에 향하여 배제하고, 이에 기하여 강제집행을 저지하고자 할 경우에 본소를 제기할 수 있다(44조). 7-24

집행권원의 성립절차와 집행절차를 분리(절차의 적정과 신속을 도모하기 위하여 실현하여야 할 청구권의 존부를 판정하는 기관과 집행을 실시하는 기관을 분리. 이를 판결기관과 집행기관의 분리원칙 내지 형식주의라고 한다)하고 있는 민사집행제도에서 청구이의의 소는 실체적 권리상태가 제대로 반영되지 않은 집행권원의 집행력을 배제하여(집행권원 자체를 배제하는 것은 아님) 그 집행을 막는 목적을 가지는 채무자의 구제방법이다(제소책임의 전환).

한편 민사집행법은 확정판결을 집행권원의 전형적 형태로 보고, 이를 중심으로 규정을 설정한 후, 그 밖의 집행권원에 이를 준용하는 형식을 취하면서(57조가 그 밖의 집행권원에 기초한 강제집행에 대하여는 58조 및 59조에서 규정하는 바를 제외하고는, 28조 내지 55조의 규정을 준용한다고 하고 있다) 집행증서 등 다른 집행권원의 특수성에 대한 배려를 소홀히 하고 있는 측면이 있다.[26]

(2) 법적 성질

청구이의의 소는 재심과 같이 집행권원 자체의 취소·변경을 목적으로 하는 것이 아니고, 또한 개개의 재산에 대한 개별적 집행의 배제를 목적으로 하는 것도 아닌데, 그렇다면 본소의 **성질**을 어떻게 볼 것인가에 관하여 여러 입장이 있다. **이행소송설**(집행권원에 표시된 청구권의 불행사를 구하는 소송이라든가, 집행권원의 반환을 구하는 소송 7-25

26) 참고로 보면, **일본**은 민사집행법을 제정함에 있어서 그 35조에서 청구이의의 소의 이의원인에 있어서 청구권의 존재 또는 내용에 대한 본래형의 청구이의에 덧붙여 집행권원을 구별하여 '재판 이외의 채무명의의 성립'에 대한 이의를 같이 규정하였다. 확정판결 그 밖의 재판절차를 거쳐 성립한 집행권원은 엄격한 사법절차에 의하여 규율되어 재판의 형성과정이 재판기록상 분명하므로 그 성립과정에 흠이 있는 상황은 그리 흔하지 않다. 그러나 집행증서와 같은 집행권원의 경우에는 반드시 위와 같은 절차보장이 없고, 또한 집행권원의 성립과정의 흠은 집행문부여기관이 기존의 기록으로 부터 쉽게 인정할 수 없으므로 채무자가 그와 같은 사유를 주장하는 경우에는 흠의 유무를 판결절차인 청구이의의 소에서 심리·판단하는 것이 타당하기 때문이다.

이라든가, 집행기관에 대한 집행금지명령을 구하는 소송 등이라는 입장), **확인소송설**(집행력 또는 실체상의 청구권의 부존재확인을 구하는 소송이라고 하는 설), **형성소송설**(집행력의 배제 또는 변경을 생기게 하는 소송법상의 형성권인 **이의권**을 소송물로 하는 소송법상의 형성소송이라는 설) 등이 있는데, 여기서는 일단 **통설 · 판례**인 청구권에 관한 실체법상 사유에 터 잡아 집행권원의 집행력을 배제하고자 하는 **소송법상 형성소송**(prozessuale Gestaltungsklage)이라고 보는 **형성소송설**의 입장을 취한다.[27] 이 입장에서는 실체적 청구권이 발생하지 않았거나 소멸하였더라도 일단 집행권원의 집행력에는 영향이 없고, 청구이의의 소의 인용판결에 따라 비로소 집행력이 배제된다고 본다.

그리고 청구이의의 소의 소송물은 그 법적 성질과 연결되는데, 위 형성소송설의 입장에서는 집행력의 배제를 구하는 **포괄적인 1개의 이의권**이 **소송물**이라 할 것이다. 따라서 이의사유가 여러 개 있더라도 소송물은 1개라고 보고, 이의사유는 공격방법에 지나지 않는다고 본다.[28] 이에 대하여, 이의사유마다 소송물이 다르다고 풀이하는 입장도 있는데, 이 입장은 여러 이의청구, 나아가 소의 변경의 여지를 인정하나, 만약 소의 변경의 요건을 구비하지 못한 새로운 청구에 대하여는 이의사유 **동시주장 강제**에 의하여(44조 3항), 즉 별소가 금지되고, 따라서 소의 변경의 방법에 의할 수 없는 새로운 청구(항변사유에 대한 이의사유의 주장)를 할 수 없게 되는 불합리가 생겨서 타당하지 않다고 할 것이다.[29]

(3) 소의 대상

7-26 이 소는 원칙적으로 모든 종류의 집행권원에 대하여 인정된다. 다만 가집행선고 있는 판결에 대하여는 상소로 다툴 수 있으므로 판결이 확정된 뒤가 아니라면 본소를 제기할 수 없다.[30] 또한 보전집행의 집행권원인 **가압류 · 가처분 명령**에 대

27) 김홍엽, 110면; 이시윤, 217면. 대법원 1971. 12. 28. 선고 71다1008 판결. 법률관계의 변경 · 형성을 목적으로 하는 형성소송인 청구이의의 소는 집행권원이 가지는 집행력의 배제를 목적으로 하는 것으로서 그 판결이 확정되더라도 당해 집행권원의 원인이 된 실체법상 권리관계에 기판력이 미치지 않는다(대법원 2023. 11. 9. 선고 2023다256577 판결). 한편, 그 법적 성질을 순수한 이행소송, 형성소송 또는 확인소송으로 구성하는 각각의 입장의 설명하기 어려운 점에 대한 지적으로는 김상수, 77~78면 참조. **독일**에서도 소송법상의 형성소송설이 통설이다. Gaul/Schilken/Becker-Eberhard §40 Rn. 13; MüKoZPO/Schmidt/Brinkmann ZPO §767 Rn. 3.

28) 이시윤, 217면.

29) 中野貞一郎 · 下村正明, 民事執行法, 224면.

30) 확정 전에는 별소인 청구이의의 소의 이익이 없다. 그런데 일본 東京高等裁判所 平成25(2013) · 11 · 27 판결은 가집행선고부 판결이 미확정이라도 상고심에서 이의사유가 주장할 수 없게 된 때에는 항소심 변론종결 뒤에 생긴 실체적 이의사유로 청구이의의 소를 제기할 수 있다고 보았다. 이의사유의 대체적 주장 가능성에 따른 결론을 이끌어 낸 것이다. 한편, 채무자는

하여는 별도로 이의신청이나(283조, 301조) 사정변경에 따른 취소신청이(288조, 301조) 인정되므로 **본소로 다툴 수 없다**. 그리고 부대체적 작위의무의 간접강제결정은(261조 1항) 본소의 대상이나, 대체집행의(260조 1항) 수권결정(기본 집행권원에 대하여 다투어야 함), 「형사소송법」 477조에 의한 검사의 집행명령에 대하여는(형사소송법 489조에 별도 규정) 이론상 본소의 적용이 부정되고 있다. **의사의 진술을 명하는 재판**도 반대의무의 이행과 같은 조건이 붙어있지 않는 한, 확정되면 그것으로 집행이 종료하기 때문에 본소의 대상이 되지 않는다.

◈ 의사의 진술을 명하는 판결이 확정된 경우 ◈

피고는 원고에게 별지목록 기재 부동산에 관하여 2010. 1. 6. 매매를 원인으로 한 OO아파트 수분양자대장상의 수분양자명의변경절차를 이행하라.

대지에 대한 수분양자 명의변경절차의 이행을 소구함은 채무자의 의사의 진술을 구하는 소송으로서 그 청구를 인용하는 판결이 선고되고 그 소송이 확정되었다면, 그와 동시에 채무자가 수분양자 명의변경절차의 이행의 의사를 진술한 것과 동일한 효력이 발생하는 것(즉시 '**의사표시의 의제**' 효과)이므로 위 확정판결의 강제집행은 이로써 완료되는 것이고 집행기관에 의한 별도의 집행절차가 필요한 것이 아니므로(☞16-18), 특별한 사정이 없는 한 위 확정판결 이후에 집행절차가 계속됨을 전제로 하여 그 집행권원이 가지는 집행력의 배제를 구하는 **청구이의의 소는 허용될 수 없다**.[31)]

한편 담보권 실행경매는 집행권원이 없이 간이한 방법으로 경매절차가 개시되므로 담보권이 없거나 소멸된 경우 등과 같은 실체법상 요건의 흠에 대하여 본소에 의한 구제가 적용될 수 있는지 여부의 논의가 있는데, 담보권실행경매에서도 본소를 준용하고 있다(275조).[32)] 이에 대하여는 후술한다(☞18-4).

(4) 이의사유

청구에 관한 이의사유가 되는 사항의 대부분은 이행소송에서의 항변사유에 해 7-27

상소로써 채권의 존재 여부나 범위를 다투어 판결의 집행력을 배제시킬 수 있고 집행정지결정을 받을 수도 있으므로, 청구이의의 소를 제기할 수 없다고 하여 채무자가 이러한 판결의 정본을 가진 채권자에 대하여 채권의 존재 여부나 범위를 다투기 위하여 배당이의의 소를 제기할 수 있는 것도 아니다(대법원 2015. 4. 23. 선고 2013다86403 판결).

31) 대법원 1995. 11. 10. 선고 95다37568 판결.

32) 그러나 **일본**에서는 담보권의 실행은 집행권원을 전제로 하지 않으므로 그에 따라 민사집행법 194조가 제3자이의의 소는 준용하지만, 본소는 준용하지 않고 있다.

당한다. 이의사유로 고려될 항변은 원칙적으로 집행권원에 표시된 청구권의 전부 또는 일부를 소멸케 하거나(**권리소멸항변**), 영구적 또는 일시적으로 그 효력을 잃게 하는 것이고(**권리저지항변**), 한편 대리권의 흠, 불공정한 법률행위, 통정허위표시와 같은 청구권의 발생을 부정하는 **권리장애항변**은 확정된 지급명령, 집행증서와 같은 **기판력이 없는** 집행권원에 대하여만 청구이의사유가 된다(☞7-35). 다음과 같이 나누어 볼 수 있다.

1) 청구권의 전부 또는 일부의 소멸사유

7-28 변제, 대물변제, 경개, 소멸시효의 완성, 면제, 포기, 상계, 공탁, 화해, 채무자의 책임 없는 사유로 말미암은 이행불능, 청구권이 부작위를 목적으로 하는 경우에 작위를 할 수 있는 권리의 취득 등이 이에 해당한다. 일부 변제의 경우에는 그로 말미암은 청구권의 일부 소멸 부분에 대하여 본소를 제기할 수 있다.

2) 청구권의 내용에 관한 사유

① 청구권 귀속(주체)의 변동사유

7-29 청구권의 양도,[33] 청구권에 대한 전부명령의 확정, 면책적 채무인수 등이 이에 해당한다. 채권자의 집행적격을 상실시키는 이유도 이의이유가 될 수 있다.

② 청구권의 효력정지 또는 제한

7-30 기한의 유예, 합의에 따른 연기, 이행조건의 변경, 유치권, 동시이행항변의 주장[34] 등이 이에 해당한다. 가령, 공정증서가 작성된 약속어음의 **원인채권**에서 정

33) 한편, 집행권원상의 청구권이 양도되어 대항요건을 갖춘 경우 집행당사자적격이 양수인으로 변경되고, 양수인이 승계집행문을 부여받음에 따라 집행채권자는 양수인으로 확정되는 것이므로, 승계집행문의 부여로 인하여 양도인에 대한 기존 집행권원의 집행력은 소멸된다고 할 것이므로 그 후 **양도인을 상대로 제기한 청구이의의 소**는 피고적격이 없는 자를 상대로 한 소이거나 이미 집행력이 소멸한 집행권원의 집행력 배제를 구하는 것으로 **권리보호의 이익이 없어** 부적법하다(대법원 2008. 2. 1. 선고 2005다23889 판결).

34) 집행증서상 청구권은 의무의 단순 이행을 내용으로 하는 것인데 그 청구권이 반대의무의 이행과 상환으로 이루어져야 하는 **동시이행관계**에 있으므로 집행증서에 기한 집행이 불허되어야 한다는 주장은, 집행증서상으로는 단순 이행의무로 되어 있는 청구권이 반대의무와 동시이행관계의 범위 내에서만 집행력이 있고 그것을 초과하는 범위에서의 집행력은 배제되어야 한다는 것을 의미한다. 따라서 이러한 사유는 본래 집행권원에 표시된 청구권의 변동을 가져오는 청구이의의 소의 이유가 된다(대법원 2013. 1. 10. 선고 2012다75123, 75130 판결). 한편 집행권원인 **동시이행판결**의 반대의무 이행 또는 이행제공은 집행개시의 요건으로서 집행개시와 관련된 집행에 관한 이의신청 절차에서 주장·심리되어야 할 사항이지, 집행권원에 표시되어 있는 청구권에 관하여 생긴 이의를 내세워 그 집행권원이 가지는 집행력의 배제를 구하는 청구이의의 소

한(2019. 10.까지는 이자로 100만 원씩, 2019. 11.부터는 원금 및 이자로 200만 원씩 매월 20일에 지급하고, 위반 시 기한이익을 상실한다고 약정하였고, 차용액과 같은 액수로 일람출급식 약속어음을 발행, 교부) 이행기가 도래하지 않았다는 사유도 본래 집행권원에 표시된 청구권의 변동을 가져오는 것으로 이의사유가 된다.[35)]

책임의 제한 또는 소멸사유인 면책결정, 한정승인에 대하여는 아래에서 별도로 설명한다.

◈ **면책결정이 있었으나, 면책 주장이 없는 경우** ◈ 「채무자 회생 및 파산에 관한 법률」에 의한 면책결정은 면책된 채무에 관한 집행권원의 효력을 당연히 상실시키는 사유는 되지 않고, 다만 **청구이의의 소**를 통하여 그 집행권원의 집행력을 배제시킬 수 있는 실체상의 사유에 불과하다.[36)] 파산채권자가 제기한 소송의 사실심 변론종결시까지 면책사실을 주장하지 않는 바람에 면책된 채무이행을 명하는 판결이 선고되어 확정된 경우에도 특별한 사정이 없는 한 그 후 면책된 사실을 내세워 청구이의의 소를 제기할 수 있다. 채무이행을 구하는 소송에서 면책결정은 소송물인 채무의 존부나 범위 확정과는 직접적인 관계가 없다. 채무자가 면책사실을 주장하지 않는 경우에는 책임 범위나 집행력 문제가 현실적인 심판대상으로 등장하지도 않아 주문이나 이유에서 그에 관한 아무런 판단이 없게 된다. 이 경우에 면책결정으로 인한 책임 소멸에 관해서는 **기판력이 미치지 않는다**.[37)]

③ 한정승인(유한책임)

일반적인 채무이행소송에서는 채무의 존부를 중심으로 변론이 전개되고 책임 7-31
의 존부는 심판의 대상으로 등장하지 않는데, 상속채무이행소송에 있어서도 통상의 소송에서처럼 채무의 존부에만 매달리다가 한정승인에 따른 책임제한의 주장을 소홀히 하기 쉽다. 그래서 책임제한의 문제는 현실적으로 강제집행의 단계에서 비로소 부각되는 경우가 드물지 않은데, 한정승인의 경우가 이의사유가 되는지 여부에 대하여는 견해의 대립이 있다.

한편 채무자가 **상속포기**를 하였으나 소송에서 사실심 변론종결시까지 이를 주

에서 심리되어야 할 사항은 아니다. 따라서 동시이행판결의 채무자로서는 그 집행력의 배제를 구하는 청구이의의 소에서 채권자가 반대의무의 이행 또는 이행제공을 하지 않았다는 주장을 청구이의의 사유로 내세울 수 없다(대법원 2024. 6. 13. 선고 2024다231391 판결).

35) 대법원 2022. 4. 14. 선고 2021다299372 판결.

36) 대법원 2013. 9. 16.자 2013마1438 결정.

37) 대법원 2022. 7. 28. 선고 2017다286492 판결.

장하지 않은 경우도 문제될 수 있는데, 기판력에 의한 실권효 제한의 법리는 채무의 상속에 따른 책임의 제한 여부만이 문제되는 한정승인과 달라, **상속에 의한 채무의 존재 자체가 문제**되어 그에 관한 확정판결의 주문에 당연히 기판력이 미치게 되는 상속포기의 경우에는 적용될 수 없다.[38] 즉, 상속포기는 상속에 의한 채무의 존재 자체가 문제되는 것으로 기판력이 미치게 되므로 **청구이의의 사유가 되지 못한다**.

㉮ 한정승인을 하였으나, 판결 주문에 그 취지가 반영되지 못한 경우

참고로, 집행권원인 확정판결의 주문에 한정승인의 취지가 반영된 구체적 예는 다음과 같다.

◈ 주문 기재례 ◈

1. 원고에게, 피고들이 **망 이채무**(401111－1111111)**로부터 각 상속한 재산의 범위 내에서**,
   가. 피고 김월매는 21,725,652원 및 그 중 13,756,108원에 대하여 2019. 9. 1.부터 다 갚는 날까지 연 12%의 비율에 의한 금원을,
   나. 피고 정몽룡, 정춘향은 각 14,483,767원 및 그 중 9,170,738원에 대하여 각 2019. 9. 1.부터 다 갚는 날까지 연 12%의 비율에 의한 금원을 각 지급하라.
2. 원고의 나머지 청구를 각 기각한다.

㉠ 기판력 저촉 여부

가령 상속인에 대한 상속채무의 이행소송에서 피고 측이 이미 한정승인 심판청구를 하여 법원으로부터 그 수리심판을 받았음에도 소송에서 사실심 변론종결시까지 그 사실을 주장하지 않는 바람에 책임의 범위에 관하여 아무런 유보가 없는 원고 청구인용판결이 선고되어 그대로 확정된 경우에(판결은 확정되면 기판력, 집행력 등이 생긴다) 우선 문제되는 것은 **강제집행 단계에서 피고가 한정승인을 한 사실을 내세워 자신의** 고유재산에 대한 강제집행을 거부할 수 있는지 여부가 기판력의 존부와 관련된다.

◈ 상속채무의 이행에 관한 구상금청구소송에서의 구체적 예 ◈ X(구상금청구소송에서는 원고이지만, 청구이의의 소에서는 피고)는 … 구상금청구의 소를 제기하였다. 위 소송의 진행과정에서 피고들(구상금청구소송에서는 피고들이지만, 청구이의의 소에서는 원고들)은 위와 같은 한정승인 수리심판이 있었음을 주장하지 아니하였고, 이에 위 법원

38) 상속포기의 사유는 위 확정판결의 변론종결 이전에 생긴 것이어서 적법한 청구이의의 사유가 되지 못하고, 상속인의 책임의 범위를 한정하는 것에 불과한 한정승인에 관한 사안의 법리는 상속포기에 관한 사안에 적용될 수 없다(대법원 2009. 5. 28. 선고 2008다79876 판결).

> 은 20OO. OO. OO. 위 구상금청구에 관하여 피고들의 책임재산에 관한 유보 없이 "피고 Z-1(배우자)은 구상금 총 175,145,040원 중 상속지분에 따른 75,062,160원 및 그에 대한 지연 손해금을, 피고 Z-2(직계비속), Z-3(직계비속)는 위 175,145,040원 중 상속지분에 따른 각 50,041,440원 및 그에 대한 지연손해금을 각 지급하라"는 취지의 판결을 선고하였고, 위 판결은 그 시경 확정되었다.

학설은 **기판력 부정설**과 **기판력 긍정설**로 나뉜다.[39] **기판력 긍정설**은 상속인이 한정승인의 항변을 기판력의 표준시인 변론종결시에 제출하지 않았으면. 기판력의 시적 범위에 관한 일반법리에 따라 뒤에 표준시 전의 한정승인을 주장하는 것이 차단·실권된다는 입장이다. 그런데 **판례**는 다음과 같이 **기판력 부정설**과 마찬가지의 입장에서 청구이의의 소를 제기할 수 있다고 한다. 한정승인에 의한 책임의 제한은 상속채무의 존재 및 범위의 확정과는 관계가 없고, 다만 판결의 집행대상을 상속재산의 한도로 한정함으로써 판결의 집행력을 제한할 뿐이다. 특히 채권자가 피상속인의 금전채무를 상속한 상속인을 상대로 그 상속채무의 이행을 구하여 제기한 소송에서 채무자가 한정승인사실을 주장하지 않으면, 책임의 범위는 현실적인 심판대상으로 등장하지 아니하여 주문에서는 물론 이유에서도 판단되지 않는 것이므로 그에 관하여는 기판력이 미치지 않는다. 그러므로 채무자가 한정승인을 하고도 채권자가 제기한 소송의 사실심 변론종결시까지 그 사실을 주장하지 아니하는 바람에 책임의 범위에 관하여 아무런 유보가 없는 판결이 선고되어 확정되었다고 하더라도, 채무자는 그 후 위 한정승인사실을 내세워 청구에 관한 이의의 소를 제기하는 것이 허용된다고 봄이 옳다고 한다.[40] **생각건대**, 한정승인에 의한 책임제한은 집행대상을 제한하는 것으로 채무의 존재 범위의 확정과는 관계가 없고, 이를 변론과정에서 주장하지 아니하였다고 하여 그 뒤 확정판결에 의한 집행단계에서는 이를 주장하지 못한다고는 할 수 없다 할 것이므로 위 판례의 입장에 따른다.

㉡ 청구이의의 소로 집행력의 배제를 구할 수 있는지 여부

결국 피고는 집행 단계에서 한정승인을 한 사실을 내세워 집행력의 배제를 주장할 수 있다고 할 것인데, 그렇다면 나아가 제3자이의의 소에 의할 것인지, 아니면

39) 김홍엽, 40면은 부정설이고, 이시윤, 225면은 긍정설이다. 한편, 김상수, 83면은 한정승인을 이의사유로서 인정하는 것이 아닌, 해당 집행 자체를 신의칙위반 내지 권리남용으로서 이의사유를 인정하는 것이 타당하다고 한다.

40) 대법원 2006. 10. 13. 선고 2006다23138 판결.

청구이의의 소로 집행력의 배제를 구할 수 있는지 여부가 문제된다. **생각건대**, 채무와 책임을 분리시키는 효력을 지닌 한정승인에 따른 상속인의 책임제한의 범위에 관한 판단은 실체법상 문제로서 **청구이의의 소**에서 주장할 수 있는 사유 중 하나라고 봄이 타당하다. 급부청구권의 전부 또는 일부가 소멸 내지는 변동되었다는 것뿐만 아니라 집행력의 범위를 제한하는 사유가 있을 때에도 집행력의 배제를 구하는 청구이의의 소를 제기할 수 있고, 그렇다면 상속인으로서는 상속채무의 이행을 구하는 소의 변론과정에서 한정승인사실을 주장하지 아니하였더라도 집행단계에서 한정승인에 의한 책임재산의 제한을 주장하여 청구이의의 소로서 집행권원에 대한 책임재산 제한을 구할 수 있다. 결국 제3자이의의 소에 의할 것이 아니라, 청구이의의 소에 의할 것이다. 즉, **책임재산을 제한하지 않은 집행권원의 주문을 변경할 것을 구하는** 청구이의의 소를 제기할 수 있다.

㉯ 집행권원이 **성립한 뒤**에 상속인이 한정승인을 한 경우에 채무자의 고유재산에 대한 집행

이 경우에 채무자가 집행 단계에서 한정승인에 의한 책임제한을 주장할 수 있다는 점에는 이론이 없지만, 그 주장방법에 대하여는 청구이의의 소에 따라야 한다는 견해, 제3자이의의 소에 따라야 한다는 견해, 집행문부여에 관한 이의 또는 이의의 소에 따라야 한다는 견해의 대립이 있다.

㉰ 집행권원인 판결에 한정승인의 취지가 반영된 경우에 채무자(상속인) **자신의 고유재산**(주문에 따른 책임재산 이외의 것)에 대한 집행

이 경우에 채무자(상속인)는 제3자이의의 소를 제기할 수 있다.[41)]

41) 상속채무의 이행을 구하는 소송에서 피고의 한정승인 항변이 받아들여져서 원고 승소판결인 집행권원 자체에 '상속재산의 범위 내에서만' 금전채무를 이행할 것을 명하는 이른바 유한책임의 취지가 명시되어 있음에도 불구하고, 상속인의 고유재산임이 명백한 임금채권 등에 대하여 위 집행권원에 기한 압류 및 전부명령이 발령되었을 경우에, 상속인인 피고로서는 책임재산이 될 수 없는 재산에 대하여 강제집행이 행하여졌음을 이유로 제3자이의의 소를 제기하거나, 그 채권압류 및 전부명령 자체에 대한 즉시항고를 제기하여 불복하는 것은 별론으로 하고, **청구에 관한 이의의 소에 의하여 불복할 수는 없다**고 보아야 하고, 나아가 만약 그 채권압류 및 전부명령이 이미 확정되어 강제집행절차가 종료된 후에는 집행채권자를 상대로 부당이득의 반환을 구하되, 피전부채권 중 실제로 추심한 금전 부분에 관하여는 그 상당액을 반환을 구하고, 아직 추심하지 아니한 부분에 관하여는 그 채권 자체의 양도를 구하는 방법에 의할 수밖에 없다(대법원 2005. 12. 19.자 2005그128 결정).

3) 청구권의 행사에 관한 이의사유

① 신의칙 위반 또는 권리남용

특정한 집행권원에 기한 강제집행 그 자체가 신의칙 위반 또는 권리의 남용에 해당하는 경우에(민사소송법 1조 2항 참조) 채무자의 구제방법으로서 청구이의의 소를 제기할 수 있는지 여부에 대하여 **부정설**과 **긍정설**이 대립되어 있으나,[42] **판례**는 확정판결에 의한 권리라 하더라도 신의에 좇아 성실히 행사되어야 하고 판결에 기한 **집행이 권리남용이 되는 경우**에는 허용되지 않으므로 집행채무자는 청구이의의 소에 의하여 집행의 배제를 구할 수 있다고 하고 있다.[43] 가령 편취된 집행권원으로 강제집행에 나서는 경우와 같이 사회생활상 용인되지 아니하는 경우는 본소에 따른 집행력의 배제를 인정한다. 7-32

> **◈ 점유자가 제기하여 승소한 본소 확정판결에 대한 본권자의 청구이의의 소 ◈** 점유권에 기한 본소에 대하여 본권자가 본소청구 인용에 대비하여 본권에 기한 예비적 반소를 제기하고 양 청구가 모두 이유 있는 경우, 법원은 점유권에 기한 본소와 본권에 기한 예비적 반소를 모두 인용해야 하고 점유권에 기한 본소를 본권에 관한 이유로 배척할 수 없다. 본소청구와 예비적 반소청구가 모두 인용되어 확정된 경우, 점유자가 본소 확정판결에 의하여 집행문을 부여받아 강제집행으로 물건의 점유를 회복할 수 있다. 본권자의 반소청구는 본소의 의무 실현을 정지조건으로 하므로, 본권자는 위 본소 집행 후 **집행문을 부여**받아 비로소 반소 확정판결에 따른 강제집행으로 물건의 점유를

42) 김홍엽, 112면; 이시윤, 223면은 긍정설의 입장이다.

43) 그러나 법적 안정성을 위하여 확정판결에 기판력을 인정한 취지 및 확정판결의 효력을 배제하려면 재심의 소에 의하여 취소를 구하는 것이 원칙적인 방법인 점 등에 비추어 볼 때, 확정판결에 따른 강제집행이 권리남용에 해당한다고 쉽게 인정하여서는 안 되고, 이를 인정하기 위해서는 확정판결의 내용이 실체적 권리관계에 배치되는 경우로서 그에 기한 **집행이 현저히 부당하고 상대방으로 하여금 집행을 수인하도록 하는 것이 정의에 반함이 명백하여 사회생활상 용인할 수 없다고 인정되는 것과 같은 특별한 사정이 있어야** 한다. 그리고 이때 확정판결의 내용이 실체적 권리관계에 배치된다는 점은 확정판결에 기한 강제집행이 권리남용이라고 주장하며 **집행 불허를 구하는 자가 주장·증명**하여야 한다(대법원 2017. 9. 21. 선고 2017다232105 판결). 확정판결의 내용이 실체적 권리관계에 배치되는 경우 그 판결에 의하여 집행할 수 있는 것으로 확정된 권리의 성질과 그 내용, 판결의 성립 경위 및 판결성립 후 집행에 이르기까지의 사정, 그 집행이 당사자에게 미치는 영향 등 제반 사정을 종합하여 볼 때, **그 확정판결에 기한 집행이 현저히 부당하고 상대방으로 하여금 그 집행을 수인하도록 하는 것이 정의에 반함이 명백하여 사회생활상 용인할 수 없다고 인정되는 경우에는 그 집행은 권리남용으로서 허용되지 않는다**고 할 것이다(대법원 1997. 9. 12. 선고 96다4862 판결; 대법원 2001. 11. 13. 선고 99다32899 판결). 그리고 위와 같이 권리남용에 해당하여 청구이의의 소에 의하여 집행의 배제를 구할 수 있는 정도의 경우라면 그러한 판결금채권에 기초한 다른 권리의 행사, 예를 들어 판결금채권을 피보전채권으로 하여 채권자취소권을 행사하는 것 등도 허용될 수 없다고 보아야 한다(대법원 2014. 2. 21. 선고 2013다75717 판결).

회복할 수 있다. 다만 점유자의 점유 회수의 집행이 무의미한 점유상태의 변경을 **반복하는 것에 불과할 뿐 아무런 실익이 없거나** 본권자로 하여금 점유 회수의 **집행을 수인하도록 하는 것이 명백히 정의에 반하여** 사회생활상 용인할 수 없다고 인정되는 경우, 또는 점유자가 점유권에 기한 본소 승소 확정판결을 장기간 강제집행하지 않음으로써 본권자의 예비적 반소 승소 확정판결까지 조건불성취로 강제집행에 나아갈 수 없게 되는 등 **특별한 사정이 있다면** 본권자는 점유자가 제기하여 승소한 본소 확정판결에 대한 **청구이의의 소**를 통해서 점유권에 기한 강제집행을 저지할 수 있다.[44]

② 부집행의 합의

7-33 부집행의 합의란 당사자 사이에 일정한 채권에 있어서 강제집행을 하지 않겠다는 내용의 계약을 말하는데, 이 경우에는 그 채권은 소구력, 집행력 등이 인정되지 않는다(**책임 없는 채무**). 이러한 부집행의 합의가 존재하는 채권에 대하여 채권자가 이를 무시하고 강제집행을 신청하는 경우에 위 합의의 존재는 **청구이의사유**가 된다.[45] 부집행의 합의는 채권의 효력의 하나인 강제집행력을 배제 또는 제한하는 것으로 청구채권의 효력을 정지 또는 한정하려는 청구이의사유와 실질을 같이 하는 것으로 볼 수 있기 때문이다. 다만, 집행권원이 확정판결과 같은 경우에 있어서 부집행의 합의가 이의사유가 되는 것은 해당 판결절차의 변론종결 뒤에 이루어진 부집행의 합의에 제한되는지 여부, 즉 변론종결 전에 이루어진 경우까지 부집행의 합의를 이의사유로 할 수 있는지 여부가 검토되어야 할 문제로 남는다.

③ 과태약관

7-34 집행권원에 이른바 과태(過怠)약관(기한의 이익 상실약관)이 붙어 있는 경우가 있다. 즉, 집행권원이 '임대료 지급을 2회 이상 연체하면 즉시 건물을 인도한다'와 같은 경우이다. 이러한 집행권원에 의하여 강제집행을 하는 경우에 일반적 입장은 채권자는 의무이행의 과태사실을 증명할 필요가 없이 집행문의 부여를 받을 수 있다고 한다. 그리고 채무자는 청구이의의 소에 있어서 과태사실의 부존재를 증명하여

44) 대법원 2021. 2. 4. 선고 2019다202795, 202801 판결. 관련하여 송방아, "집행 과정에서의 불합리를 제거하기 위한 수단으로서의 청구이의의 소". 법조(2023. 8), 179면 이하 참조.

45) 부집행의 합의는 실체상의 청구의 실현에 관련하여 이루어지는 **사법상의 채권계약**이라고 봄이 상당하고, 이것에 위반하는 집행은 실체상 부당한 집행이라고 할 수 있으므로 법 44조가 **유추적용 내지 준용**되어 청구이의사유가 된다(대법원 1996. 7. 26. 선고 95다19072 판결). 일본 最高裁判所 平成18(2006)·9·11 판결도 마찬가지 입장이다. 이에 대하여 소송계약이라고 본다면 이에 위반한 집행은 위법이 되고 집행에 관한 이의신청으로 그 구제를 구할 수 있다고 볼 것이다.

집행력의 배제를 구하여야 한다고 본다(앞의 집행문 부분 참조. ☞5-24).[46)]

4) 청구권의 발생을 부정하는 사유

확정판결과 달리, 기판력이 없는 집행증서, 확정된 지급명령, 확정된 이행권고 결정(소액사건심판법 5조의8 3항) 등의 경우에는 가령 사회질서 위반, 대리권의 흠, 불공정한 법률행위 등의 사유도 이의사유가 된다(후술하듯이 이의사유의 발생시기에 제한이 없다).[47)] 7-35

(5) 이의사유 주장의 시적 제한

1) 집행권원이 판결인 경우

판결에 대한 이의는 그 이유가 **변론이 종결된 뒤(변론 없이 한 판결의 경우에는 판결이 선고된 뒤)에 생긴 때에 한하여** 할 수 있다(44조 2항). 가령, 매매대금채무에 무효원인이 있는 경우에는 매매대금지급청구소송 단계에서 주장하여야 하고, 집행 단계에서 이의사유로서 주장하는 것은 허용되지 않는다. 판결의 기판력은 사실심 변론종결시(변론 없이 한 판결의 경우에는 판결선고시)를 표준으로 하여 정하여지고 그 전에 생긴 이유는 판결절차에서 주장할 수 있기 때문에 그 뒤에 새삼 다시 주장할 수 없게 한 것이다.[48)] 7-36

① 변론종결 전에 생긴 이의사유

그것이 비록 채무자가 그 발생사실을 과실 없이 알지 못하여 판결절차에서 주장하지 못하였다 하더라도 판결의 기판력에 의하여 배제되어 청구이의사유로 주장할 수 없다.[49)] 7-37

---

46) 김홍엽, 111면; 박두환, 149면; 이시윤, 226면.

47) 집행법원이 채권압류 및 추심명령의 결정을 함에 있어서는 채무명의의 유무 및 그 송달 여부, 선행하는 압류명령의 존부, 집행장해의 유무 및 신청의 적식 여부 등 채권압류 및 추심명령의 요건을 심리하여 결정하면 되고, 비록 그 집행권원인 집행증서가 **무권대리인의 촉탁**에 의하여 작성되어 당연무효라고 할지라도 그러한 사유는 형식적 하자이기는 하지만 집행증서의 기재 자체에 의하여 용이하게 조사·판단할 수 없는 것이므로 **청구이의의 소**에 의하여 그 집행을 배제할 수 있을 뿐 적법한 항고사유는 될 수 없다(대법원 1998. 8. 31.자 98마1535, 1536 결정).

48) 대법원 2023. 4. 27. 선고 2019다302985 판결. 한편 변론종결 전에 소멸시효가 완성되어 있었음에도 불구하고 이를 주장하지 않다가 변론종결 뒤에 이를 주장하고 이 소를 제기할 수 있는가에 관하여, 소멸시효완성의 효과에 관한 학설의 대립 때문에 설명이 나뉘나, 일반적으로 **소극적**이다. 대법원 1966. 1. 31. 선고 65다2445 판결은 당사자의 원용이 없어도 시효완성의 사실로서 채무는 당연히 소멸한다는 입장인데, 그렇다면 소멸시효주장은 기판력에 의하여 **차단**된다.

49) 청구이의소송에서 이의의 대상이 되는 집행권원이 확정판결인 경우에는 그 이유가 당해 소송의 사실심 변론종결 이후에 생긴 것이어야 하고, 이보다 앞서 생긴 사정은, 가령 채무자가 그러한 사정이 있음을 과실 없이 알지 못하여 변론종결 전에 이를 주장하지 못한 것이라 하여도, 청

항소심 계속 중에 가집행선고 있는 판결에 터 잡아 지급한 것은 그 판결이 확정된 때에 비로소 변제효과가 발생하므로 변론종결 뒤에 변제한 것이 되고, 따라서 원고가 해당 금액을 변제받았음에도 다시 집행을 하려고 하면 그 경우는 청구이의 사유가 된다.

> ◈ **구체적 예** ◈ 가집행선고부 판결에 대하여 피고가 가집행을 면하기 위하여 1심판결이 선고된 뒤, 해당 다툼 금원을 변제하면서도, 1심판결에 불복하여 항소심에서 지급의무를 다투는 경우에 **항소심**은 **위 변제사실을 고려하지 아니하고 피고의 원고에 대한 해당 다툼 금원의 지급의무에 대하여 심리**하여야 한다.[50] 그리하여 피고에게 그 금액의 지급의무가 있다고 판단되면, 해당 다툼 금원을 변제하였음에도 피고의 항소를 기각한다. 즉, 위 금원의 변제는 항소심 변론종결 뒤, 1심판결의 집행으로 변제된 것으로 보아, 원고가 위 금원을 변제받았음에도 다시 집행을 하려고 하면 피고는 청구이의의 소를 제기할 수 있다.

② 변론종결 뒤에 생긴 이의사유

7-38 그것이 비록 채무자가 항소를 제기하여 주장할 수 있었더라도 항소하지 않고 판결이 확정된 이상, 채무자는 청구이의로써 이를 주장할 수 있다.

> ◈ **새로운 사유가 발생하여 사정변경이 있은 경우** ◈ 변론종결 후에도 원고가 피고 소유의 이 사건 각 토지를 점유하는 것이 변론종결 당시 확정적으로 예정되어 있다는 이유로 이를 인도할 때까지 지료 지급 또는 사용이익 상당의 부당이득 반환을 명하는 판결을 하였다. 그러나 변론종결 후 원고가 이 사건 교회건물을 소유하지 않고 이 사건 각 토지를 점유하지 않았음이 객관적으로 판명된 이상 이 사건 제1판결 변론종결 당시의 예측은 어긋나게 되었고, 이는 이 사건 제1판결 확정 후에 새로운 사유가 발생하여 사정변경이 있은 경우에 해당한다고 할 수 있다. 따라서 원고가 이 사건 교회건물을 소유하지 않고 이 사건 각 토지를 점유하지 않는다는 사유를 주장하면서 이 사건 제1판결의 변론종결 이후 금전지급을 명한 부분의 집행배제를 구하는 것은 가능하다.[51]

구이의의 이유로 삼을 수 없다(대법원 2005. 5. 27. 선고 2005다12728 판결[미간행]).

50) 가집행으로 인한 변제의 효력은 확정적인 것이 아니고 어디까지나 상소심에서 그 가집행의 선고 또는 본안판결이 취소되는 것을 해제조건으로 하여 발생하는 것에 지나지 않으므로, 제1심 가집행선고부 판결에 기하여 그 가집행선고 금액을 지급받았다 하더라도 항소심법원으로서는 이를 참작함이 없이 당해 청구의 당부를 판단하여야 한다(대법원 2000. 7. 6. 선고 2000다560 판결).

51) 대법원 2023. 4. 27. 선고 2019다302985 판결[미간행].

③ 형성권이 기판력의 표준시 이전에 이미 존재하고 있었으나, 그 뒤에 형성권을 행사하여 이를 이의사유로 하여 이 소를 제기할 수 있는지 여부

㉮ 취소권, 해제권 7-39

변론종결 전에 취소, 해제의 원인이 있었으나, 변론종결 뒤에 취소,[52] 해제의[53] 의사표시를 한 경우에는 이의사유가 변론종결 전에 생긴 것으로 보아 확정판결의 기판력이 미치고, 본소로서 주장할 수 없다고 하는 입장이 일반적이다.

㉯ 백지보충권

약속어음의 소지인이 어음요건의 일부를 흠결한 이른바 백지어음에 기하여 어음금청구소송을 제기하였다가 위 어음요건의 흠결을 이유로 청구기각의 판결을 받고, 위 판결이 확정된 후, 위 백지 부분을 보충하여 완성된 어음에 기하여 다시 전소의 피고에 대하여 어음금청구소송을 제기한 경우에 백지보충권 행사의 주장은 특별한 사정이 없는 한, 전소판결의 기판력에 의하여 차단되어 허용되지 않는다.[54]

㉰ 상계권

변론종결 전에 상계적상에 있었으나 상계의 의사표시를 하지 않고 변론종결 뒤에 집행채무자가 그 의사표시를 한 경우에 본소의 이의사유가 되는지 여부에 관하여 적극설, 절충설(상계권이 있음을 알고 행사하지 않은 경우에는 이의사유), 소극설로 나뉘나, **판례**는 적극설을 취한다.[55] 즉, 상계의 의사표시를 언제 하는가는 채무자의 자유이고, 상계적상은 청구권 존재의 확정으로 배제될 성질이 아니라고 하여 상계의 의사표시를 한 때에 이의사유가 생긴 것으로 보는 것이다.

---

52) 확정된 법률관계에 있어 확정판결의 구두변론종결 전에 이미 발생하였던 **취소권**을 그 당시에 행사하지 않음으로 인하여 취소권자에게 불리하게 확정되었다 할지라도 확정 후 취소권을 뒤늦게 행사함으로써 동 확정의 효력을 부인할 수는 없게 되는 것이다(대법원 1979. 8. 14. 선고 79다1105 판결).

53) **해제**의 주장이 전소의 변론종결 후(1969. 6. 27)라고 하더라도 매매계약상의 잔금지급기일이 1968. 4. 15인 이상, 전소의 변론종결 전에 주장할 수 있었던 방어방법이라 할 것이어서 기판력이 미치는 효력에 대하여는 소장이 없다(대법원 1981. 7. 7. 선고 80다2751 판결).

54) 대법원 2008. 11. 27. 선고 2008다59230 판결.

55) 대법원 1998. 11. 24. 선고 98다25344 판결; 대법원 2005. 11. 10. 선고 2005다41443 판결[미간행]. 판례의 입장은 문제가 있다며 이시윤, 228면은 **절충설**을 취하고 있고, 한편 **소극설**은 원고로서는 승소판결에 의하여 강제집행을 할 수 있는 지위를 획득하였으므로 피고의 상계권의 행사 및 그에 기한 청구이의의 소에 의하여 원고의 이러한 지위 내지는 기대가 무너지게 되는 것은 부당하다고 한다. BGH, NJW 2009, 1671(실권설에 의하여 청구이의의 소를 기각하였는바, 같은 이유로 채무부존재확인의 소를 제기하자 확인의 이익이 없는 것으로 소를 부적법 각하하였다) 등 독일 판례의 입장이다.

㉣ 건물매수청구권

건물의 소유를 목적으로 하는 토지임대차에 있어서, 임대차가 종료함에 따라 토지의 임차인이 임대인에 대하여 건물매수청구권을 행사할 수 있음에도 불구하고 이를 행사하지 아니한 채, 토지의 임대인이 임차인에 대하여 제기한 토지인도 및 건물철거청구소송에서 패소하여 그 패소판결이 확정되었다고 하더라도, 그 확정판결에 의하여 건물철거가 집행되지 아니한 이상, 토지의 임차인으로서는 건물매수청구권을 행사하여 별소로써 임대인에 대하여 건물매매대금의 지급을 구할 수 있다는 **판례**에 따르면,[56] 이의사유가 된다고 볼 것이다.

2) 집행권원이 집행판결 또는 집행결정인 경우

7-40 (합체설을 전제로) 외국법원의 확정재판등에 대한 집행판결이 집행권원인 경우(☞5-8)에는 그 확정재판등의 기판력의 표준시 뒤에 생긴 사유를 이의사유로 주장할 수 있는지 여부에 관하여 견해의 대립이 있다.

확정재판등의 기판력의 표준시 뒤가 아니라, **집행판결의 기판력의 표준시 뒤에 생긴 사유**로 이의사유가 한정된다는 입장에 대하여,[57] 집행판결은 「민사소송법」 217조에 정한 요건의 존부만을 심사의 대상으로 하고 있고, 청구권의 존부는 심사의 대상이 되지 않으므로 **확정재판등의 기판력의 표준시 뒤에 생긴 사유**는 모두 청구이의의 소에서 주장할 수 있다는 입장도 있다.[58]

한편 2016. 11. 30. 시행의 「중재법」 개정으로 중재판정의 집행절차가 판결절차에서 결정절차로 변경되었는데,[59] 이 집행결정이 집행권원인 경우도(합체설을 전

56) 대법원 1995. 12. 26. 선고 95다42195 판결(아울러 전소인 토지인도 및 건물철거청구소송과 후소인 매매대금청구소송은 서로 그 **소송물을 달리하는 것**이므로 확정판결의 기판력에 의하여 건물매수청구권의 행사가 차단된다고 할 수도 없고, 뒤늦게 건물매수청구권을 행사하는 것이 권리남용이거나 신의칙에 위배되지 않는다고 보았다).

57) 따라서 집행판결이 있기 전에 외국판결만을 대상으로 청구이의의 소를 제기함은 소의 이익이 없어 부적법하다(주석 민사집행법(Ⅱ), 238면[이승영 집필]).

58) 법원실무제요[Ⅰ], 340면.

59) 참고로 보면, 개정 전의 판례로, 집행판결은 외국중재판정에 대하여 집행력을 부여하여 우리나라 법률상의 강제집행절차로 나아갈 수 있도록 허용하는 것으로서 그 변론종결시를 기준으로 하여 집행력의 유무를 판단하는 재판이므로, **중재판정의 성립 이후 채무의 소멸과 같은 집행법상 청구이의의 사유가 발생**하여 중재판정문에 터잡아 강제집행절차를 밟아 나가도록 허용하는 것이 우리 법의 기본적 원리에 반한다는 사정이 **집행재판의 변론과정**에서 드러난 경우에는, 법원은 외국 중재판정의 승인 및 집행에 관한 협약(뉴욕협약) 제5조 제2항 (나)호의 공공질서 위반에 해당하는 것으로 보아 **그 중재판정의 집행을 거부할 수 있고, 이와 같이 해석하는 것이 집행판결의 확정 이후에 별도의 청구이의소송을 통하여 다투도록 하는 것보다 소송경제에 부합**할 뿐만 아니라, 변론을 거친 판결의 형식에 의하여 집행판결을 하도록 정한 우리 법제

제) 위와 마찬가지로 볼 것인가에 대하여 검토의 여지가 있다.[60)]

3) 집행권원이 항고로만 불복을 신청할 수 있는 재판, 청구의 인낙조서, 화해조서인 경우

그 재판 · 조서가 성립한 뒤에 생긴 이의사유만을 주장할 수 있다. 7-41

4) 집행권원이 확정된 지급명령, 확정된 이행권고결정, 집행증서 또는 배상명령인 경우

제58조(지급명령과 집행) ③ 청구에 관한 이의의 주장에 대하여는 제44조제2항의 규정을 적용하지 아니한다.

제59조(공정증서와 집행) ③ 청구에 관한 이의의 주장에 대하여는 제44조제2항의 규정을 적용하지 아니한다.

소액사건심판법 제5조의8(이행권고결정에 기한 강제집행의 특례) ③ 청구에 관한 이의의 주장에 관하여는 민사집행법 제44조제2항의 규정에 의한 제한을 받지 아니한다.

소송촉진 등에 관한 특례법 제34조(배상명령의 효력과 강제집행) ④ 청구에 대한 이의의 주장에 관하여는 「민사집행법」 제44조제2항에 규정된 제한에 따르지 아니한다.

이의사유의 발생시기에 관하여 확정판결을 집행권원으로 하는 경우와 같은 제한이 없으므로(58조 3항, 59조 3항, 소액사건심판법 5조의8, 소송촉진 등에 관한 특례법 34조 4항) 가령 지급명령 등의 성립 전에 이미 청구권이 존재하지 않았다는 등의 사유도 이의원인이 될 수 있다.[61)] 지급명령, 이행권고결정, 배상명령, 공증인이 작성한 집행증서 등에는 기판력이 인정되지 않기 때문이다. 가령 집행권원이 집행증서인 경우는 그 이의의 원인이 집행증서 작성 이전에 생긴 것이건 그 이후에 생긴 것이건 7-42

에 비추어 타당하기 때문이라고 한다(대법원 2003. 4. 11. 선고 2001다20134 판결). 대법원 2018. 11. 29. 선고 2016다18753 판결도 같은 취지.

60) 양쪽 어느 쪽도 판결절차이었던 경우와 달리, 이제 집행결정절차는 청구이의소송절차와 그 성질을 달리하므로 집행결정절차에서 청구이의사유를 주장할 수 없다고 보아야 할 것이다(관련하여 전병서, "중재판정의 집행결정절차에 관한 검토", 사법(2019. 9), 152면). 한편, 중재판정만에 대하여 불복하는 경우에는 「중재법」 36조에 따라 법원에 중재판정취소의 소를 제기하여야 할 것이다. 참고로 일본 東京高等裁判所 平成29(2017) · 5 · 18 판결은 확정된 집행결정이 있는 중재판정은 중재판정과 집행결정이 결합된 복합적 집행권원이라는 입장을 전제로, 중재판정 자체는 청구이의소송의 대상이 되지 않는다고 보았다. 다만, 사안은 중재판정의 성립에 대한 이의사유로 중재합의의 부존재를 주장한 것으로, 중재판정의 성립 뒤의 사유가 문제된 것은 아니다.

61) 지급명령에 대한 청구에 관한 이의의 주장에 관하여는 법 44조 2항의 규정을 적용하지 아니한다고 규정하고 있으므로, 지급명령 발령 전에 생긴 청구권의 불성립이나 무효 등의 사유를 그 지급명령에 관한 이의의 소에서 주장할 수 있다. 이러한 의미에서 지급명령에는 기판력은 인정되지 아니한다(대법원 2009. 7. 9. 선고 2006다73966 판결).

상관 없이 이의사유로 삼을 수 있다.[62]

(6) 이의사유의 동시 주장

7-43 채무자는 이의사유가 여럿인 때에는 이를 동시에 주장하여야 한다(44조 3항). 집행이 늦어지는 것을 막고 소송경제를 도모하기 위함이다. 그런데 여기서 '동시에' 라고 함은 '동일한 소송에서'라는 의미이므로 이의의 주장은 청구이의의 소의 변론 종결시까지(항소심이 열린 경우는 항소심 변론종결시까지) 추가하거나 바꿀 수 있다.

(7) 소송절차

7-44 청구이의의 소는 일반 민사소송과 마찬가지로 필수적 변론을 거쳐 판결 등에 이르게 된다.[63] 처분권주의나 변론주의가 당연히 적용된다.

1) 소의 제기

7-45 본소는 이의 있는 청구권에 관하여 집행권원이 성립하고 유효하게 존속하고 있는 이상, 집행문부여 전이라도 제기할 수 있다. 그런데 가령 미확정 상태에 있는 지급명령은 유효한 집행권원이 될 수 없으므로 이에 대하여 본소를 제기할 수 없다.[64] 한편 전체로서의 강제집행이 끝나 채권자가 권리의 만족을 얻은 뒤에는 청구이의의 소를 제기할 이익이 없다. 가령 집행증서가 무효라도 그에 따른 집행이 이미 끝났다면, 그 뒤에는 본소를 제기할 소의 이익이 없다.[65] 부당이득반환청구 또는

---

62) 확정된 개인회생채권에 관한 **개인회생채권자표**의 기재에 **기판력이 없는 이상** 그에 대한 청구이의의 소에서도 기판력의 시간적 한계에 따른 제한이 적용되지 않으므로 심리에서는 개인회생채권 확정 후에 발생한 사유뿐만 아니라 **확정 전에 발생한 청구권의 불성립이나 소멸 등의 사유**도 심리·판단하여야 한다(대법원 2017. 6. 19. 선고 2017다204131 판결).

63) **독일** 보통법 시대에는 채무자는 집행법원에 구술 또는 서면으로 집행의 항변(Einrede)을 제출하여 실체법상 부당한 강제집행에 대하여 방어할 수 있는 형식이었는데, 독일 민사소송법 제정 시에 실체적 청구권의 문제에 대한 실질적 심리의 필요성이 고려되어 현재와 같이 필수적 변론에 기한 판결에 의한 심리를 보장하는 '소'의 형식이 채택되었다.

64) **지급명령**이 채무자에 송달되었는데 같은 날 채무자에 대하여 회생절차개시결정이 내려졌고, 이후 당사자가 독촉절차에서 수계절차를 밟지 않은 사안에서, 소송절차가 중단되고, 위 지급명령은 이의신청기간이 정지되어 미확정 상태에 있으므로 이에 대한 본소가 허용되지 않음에도, 지급명령이 확정됐음을 전제로 본소의 본안판단에 나아간 원심판결을 파기하고 소를 각하하였다(대법원 2012. 11. 15. 선고 2012다70012 판결). 또한 「**환경분쟁 조정법」에 의한 재정**의 경우 그 재정문서의 송달은 재판청구권을 보장의 점 등에서 공시송달의 방법으로는 할 수 없고, 그렇다면 적법하게 송달되었다고 볼 수 없고, 따라서 그 재정문서는 유효한 집행권원이 될 수 없으므로 이에 대하여 집행력의 배제를 구하는 본소는 허용되지 않는다. 이러한 경우 강제집행이 완료되기 전이라면 집행문부여 등에 관한 이의신청 등으로 다툴 수 있을 것이다(대법원 2016. 4. 15. 선고 2015다201510 판결).

65) 공정증서가 무권대리인의 촉탁에 기하여 작성된 것으로서 무효인 때라도 위 공정증서에 기한

불법행위에 의한 손해배상청구를 할 수 있을 뿐이다(청구이의의 소에 있어서 소의 변경으로도 대처할 수 있을 것이다).[66]

2) 당사자

원고는 집행권원에 **채무자**로 표시된 사람 및 그의 승계인, 그 밖의 원인에 의하여 집행권원의 집행력이 확장되어 채무자 대신에 집행력을 받는 사람이다(25조). 그리고 이러한 사람의 채권자도 채권자대위권에 기하여 청구이의의 소를 제기할 수 있다.[67] **피고**는 집행권원에 **채권자**로 표시된 사람 및 그의 승계인, 그 밖의 원인에 의하여 채권자에 대신하여 강제집행을 신청할 수 있는 사람이다.[68] 집행문이나 승계집행문의 부여 여부를 묻지 않는다. 따라서 장차 승계집행문을 받는다면 집행을 할 수 있는 사람도 피고가 될 수 있다. 본소의 대상인 판결의 소송절차에서 소송대리인이었다고 하여 당연히 청구이의의 소의 소송대리권이 있는 것은 아니므로 당사자는 소송대리인을 새로이 선임하여야 한다. 7-46

3) 관　할

제44조(청구에 관한 이의의 소) ① 채무자가 판결에 따라 확정된 청구에 관하여 이의하려면 제1심 판결법원에 청구에 관한 이의의 소를 제기하여야 한다.

제58조(지급명령과 집행) ④ 집행문부여의 소, 청구에 관한 이의의 소 또는 집행문부여에

강제집행이 일단 전체적으로 종료된 후에는 그 강제집행이 압류가 경합된 상태에서 발하여진 것이라든가 혹은 피전부채권이 존재하지 아니하는 등 다른 사유로 무효로 된 경우 이외에는 채권자가 위 공정증서가 당초부터 무효이었기 때문에 이에 기한 강제집행이 무효가 되어 집행이 끝나지 않았다는 이유를 내세워 다시 강제집행에 착수할 수는 없는 노릇이므로 청구이의의 소는 소의 이익이 없다(대법원 1989. 12. 12. 선고 87다카3125 판결). 대법원 1997. 4. 25. 선고 96다52489 판결도 마찬가지 취지이다.

66) 한편 부당취득(편취)판결에 의한 집행이 있은 경우에 재심의 소를 거칠 필요 없이 실체법적 구제방법으로 직접 손해배상청구나 부당이득반환청구를 할 수 있는가의 논의가 있다. 편취된 판결이 소송법적 구제수단에 의하여 취소된다면 모르지만, 일단 형식적으로 확정되면 통상의 판결과 같이 기판력이 발생하고 소송물의 존재를 확정하는 효력이 있으므로 기판력에 의하여 쉽사리 손해배상청구나 부당이득반환청구를 인정함에는 어려움이 있기 때문이다.

67) 대법원 1992. 4. 10. 선고 91다41620 판결. 한편 채권자가 배당이의를 하면서 배당이의 사유로 **채무자를 대위**하여 집행권원의 정본을 가진 **다른 채권자의 채권의 소멸시효가 완성되었다는 등의 주장**을 한 경우에 청구이의의 소를 제기할 것이 아니라, 배당이의의 소를 제기하여야 한다(대법원 2023. 8. 18. 선고 2023다 234102 판결).

68) 한편 청구이의의 소에서 청구인용판결이 확정되면 집행권원의 집행력을 잃게 되므로 이에 대비하여 피고인 채권자가 다시 집행권원을 취득하기 위하여 동일한 집행권원을 얻기 위한 이행소송을 청구이의의 소에 대한 예비적 반소로 제기하는 경우를 생각할 수 있는데, 이러한 반소는 어떠한 집행권원상의 청구에 대한 어떠한 이의사유가 주장되는 것에 대하여 어떠한 청구권에 기하여 제기된 경우인가를 둘러싸고 그 적법성을 검토하여야 할 것이다.

대한 이의의 소는 지급명령을 내린 지방법원이 관할한다. ⑤ 제4항의 경우에 그 청구가 합의사건인 때에는 그 법원이 있는 곳을 관할하는 지방법원의 합의부에서 재판한다.

제59조(공정증서와 집행) ④ 집행문부여의 소, 청구에 관한 이의의 소 또는 집행문부여에 대한 이의의 소는 채무자의 보통재판적이 있는 곳의 법원이 관할한다. 다만, 그러한 법원이 없는 때에는 민사소송법 제11조의 규정에 따라 채무자에 대하여 소를 제기할 수 있는 법원이 관할한다.

7-47 집행권원이 확정판결인 경우에, 해당 소송의 **제1심 판결법원**이 관할한다(44조 1항). 제1심 판결법원이란 집행권원인 판결에 표시된 청구권, 즉 그 판결에 기초한 강제집행에 의하여 실현될 청구권에 대하여 **재판을 한 법원**을 가리키고, 이는 **직분관할**로서 성질상 **전속관할**에 속한다(21조. 다만 소송목적의 값에 따른 사물관할은 임의관할로 볼 것이다).[69] 확정판결상의 실체적 권리에 관한 다툼을 집행절차 밖에서 별도의 소송절차인 본소로 처리되도록 하는 한편, 이를 다툼의 대상이 된 판결의 **제1심 판결법원**이 관할하도록 하고 있다(반면, 제3자이의의 소는 **집행법원**이 관할한다). 판결 이외의 그 밖의 집행권원의 경우에는, 가령 지급명령에 대한 것은 지급명령을 내린 지방법원(58조 4항), 집행증서(공정증서)에 대한 것은 채무자의 보통재판적이 있는 곳의 법원(59조 4항)이 관할한다. **시 · 군법원**의 관할에 대한 특례(22조 1호)가 있다(☞5-45 참조). 한편, 파산채권자표, (개인)회생채권자표에 대한 청구이의의 소는 파산계속법원, (개인)회생계속법원의 관할에 전속한다(채무자 회생 및 파산에 관한 법률 255조 3항, 603조 5항).[70]

〈변제의 경우의 소장〉

소 장
원 고 ○○○ ○○시 ○○구 ○○동 ○○(우편번호 ○○○－○○○) 전화 · 휴대폰번호: 팩스번호, 전자우편(e－mail)주소:

69) 대법원 2017. 4. 7. 선고 2013다80627 판결; 대법원 2024. 7. 11.자 2024그613 결정.

70) 이는 회생채권자표의 효력과 관련이 있는 사건을 회생채권자표를 작성하였던 회생계속법원에 집중시켜 관련 사건의 신속하고 적정한 진행을 도모하고자 하는 데 있다(대법원 2019. 10. 17. 선고 2019다238305 판결).

피 고 ◇◇◇
○○시 ○○구 ○○동 ○○(우편번호 ○○○-○○○)
전화 · 휴대폰번호:
팩스번호, 전자우편(e-mail)주소:

청구이의의 소

청 구 취 지

1. 피고의 원고에 대한 귀원 20○○. ○. ○. 선고 20○○가합○○○ 대여금사건의 판결에 기한 강제집행은 이를 불허한다.
2. 소송비용은 피고가 부담한다.

라는 판결을 구합니다.

청 구 원 인

1. 피고의 원고를 상대로 한 20○○가합○○○ 대여금사건의 판결이 20○○. ○. ○○. 확정되었습니다.
2. 원고는 20○○. ○○. ○. 피고에게 위 확정판결에 표시된 채무전액을 변제하였습니다.
3. 그런데 피고가 돌연 귀원 소속 집행관에게 강제집행을 위임하여 원고 소유의 유체동산에 대하여 강제집행을 개시하였으므로, 위 판결에 기한 강제집행의 불허를 구하기 위하여 이 사건 청구를 하는 것입니다.

입 증 방 법

1. 갑 제1호증 판결정본
1. 갑 제2호증 영수증

첨 부 서 류

1. 위 입증방법 각 1통
1. 소장부본 1통
1. 송달료납부서 1통

20○○. ○. ○.
위 원고 ○○○ (서명 또는 날인)

○○지방법원 ○○지원 귀중

〈집행증서에 기한 집행에서의 소장〉

소 장

원 고 ○○○
○○시 ○○구 ○○동 ○○(우편번호 ○○○-○○○)
전화 · 휴대폰번호:

팩스번호, 전자우편(e-mail)주소:
피 고 ◇◇◇
○○시 ○○구 ○○동 ○○(우편번호 ○○○-○○○)
전화·휴대폰번호:
팩스번호, 전자우편(e-mail)주소:

청구이의의 소

청 구 취 지

1. 피고의 원고에 대한 공증인가 ○○합동법률사무소 20○○년 증 제○○○호 집행력 있는 공정증서정본에 기한 강제집행은 이를 허가하지 아니한다.
2. 소송비용은 피고가 부담한다.

라는 판결을 구합니다.

청 구 원 인

1. 피고는 원고에 대하여 금 5,000,000원의 채권이 있다고 주장하며 20○○. ○. ○.에 원고에 대하여 공증인가 ○○합동법률사무소 작성 20○○년 증 제○○○호 집행력 있는 공정증서정본에 기하여 원고 소유의 유체동산을 압류하였습니다.
2. 사실 위 공정증서는 당시에 냉장고, 오디오, 비디오 각 1대를 담보로 제공하고 원고가 피고로부터 금 3,000,000원을 차용하였던 바, 피고는 20○○. ○. ○○. 위 냉장고등을 전부 임의로 처분하여 자기의 위 채권에 충당하여 원고의 피고에 대한 모든 채무가 소멸되었습니다.
3. 그런데 피고는 집행권원인 위 공정증서를 여전히 소지하고 있는 것을 기화로 20○○. ○○. ○. 원고 소유의 유체동산을 경매하려고 하므로, 원고는 부득이 청구취지와 같은 판결을 구하고자 이 사건 소를 제기하기에 이른 것입니다.

입 증 방 법

1. 갑 제1호증 압류집행조서등본

첨 부 서 류

1. 위 입증방법 1통
1. 소장부본 1통
1. 송달료납부서 1통

20○○. ○. ○.
위 원고 ○○○ (서명 또는 날인)

○○지방법원 귀중

4) 심 리

7-48 심리의 절차는 보통의 민사소송과 다르지 않다. 다른 청구와 병합도 가능하며, 소송계속 중 집행이 종료된 경우에 채무자는 본소를 부당이득반환청구의 소 또는 손해배상청구의 소로 변경할 수 있다.

이의사유의 증명책임의 분배에 대하여는 집행권원의 존재는 거기에 표시된 청구권에 대한 증명책임의 전환을 수반하는 것이 아니므로 청구권의 발생 · 변경 · 소멸에 관한 사실의 당사자 사이에서의 증명책임의 분배는 원고 · 피고의 지위가 바뀌었음에도 그 청구권에 대한 이행소송(집행권원의 생성 단계)에서와 마찬가지로, 일반 민사소송에서의 증명책임 분배의 원칙에 따라야 한다(채무부존재확인소송과 마찬가지 구조). 그리하여 집행권원에 표시된 청구권의 발생원인사실의 **주장 · 증명책임**은 채권자인 **피고**에게 있다. 만약 해당 청구권이 존재한다면, 채무자인 원고는 책임재산에 대한 집행의 가능성 내지는 위험성을 받아들여야 하는데, 따라서 원고가 집행권원에 표시된 청구권에 대하여 이의한 경우에 **피고**는 **항변**으로 집행권원에 표시된 청구권의 발생을 주장할 수 있고, 이에 대하여 **원고**는 청구권의 소멸, 저지사유 등의 이의사유를 **재항변**으로 주장할 수 있다.[71] 그런데 집행권원이 **확정판결인 경우**에는 본래 항변사실인 청구권의 존재가 엄격한 소송절차를 거쳐 그 기판력에 의해 분명한 것이 되므로 재항변사실인 청구권의 소멸, 저지사유 등도 미리 원고가 **청구원인**으로 주장 · 증명할 필요가 있다고 할 것이다.[72]

◈ 이의사유의 주장 ◈ 어느 날 갑자기 乙로부터 甲의 재산에 대한 압류가 있었다. 甲이 놀라 압류명령을 찬찬히 보니 1년 전에 자식인 丙이 乙로부터 1천만 원을 빌리면서 甲이 연대보증인이 된 내용의 집행증서가 작성된 듯한 상황을 알게 되었다. 그러나 자신은 전혀 기억이 나지 않으므로 丙에게 상황을 확인한바, 丙이 乙로부터 1천만 원을 빌린 사실과 그때에 丙은 마음대로 甲의 인감 등을 가져가 甲의 대리인으로 丙 자신의 채무를 甲이 연대보증하는 계약을 체결하고 그 연대보증채무에 대한 집행증서가 작성된 것이라고 한다. 그러나 丙은 1천만 원을 이미 乙에게 갚았다고 한다. 이 경우에 甲은 어떠한 법적 수단을 취할 수 있는가. 청구이의의 소를 제기하여 ① 집행증서가 무권대리이므로 무효인 것(집행권원 성립상의 흠), ② 실체법상으로도 무권대리이므로 연대보증계약이 성립하지 않은 것(청구권의 불성립), 나아가 설사 연대보증채무가 발생하였다고 하더라도 ③ 주채무의 변제에 의하여 소멸한 것(청구권의 소멸)을 주장하는 것 등을 생각할 수 있다. 이러한 주장은 청구이의소송에서 동시

71) 김홍엽, 112면; 이시윤, 222면. 판결 이외의 집행권원인 **지급명령에 대한 청구이의소송**에서 **판례**도 원고가 피고의 채권이 성립하지 아니하였음을 주장하는 경우에는 **피고**에게 채권의 발생원인사실을 증명할 책임이 있고, 원고가 그 채권이 통정허위표시로서 무효라거나 변제에 의하여 소멸되었다는 등 권리 발생의 장애 또는 소멸사유에 해당하는 사실을 주장하는 경우에는 **원고**에게 그 사실을 증명할 책임이 있다고 보았다(대법원 2010. 6. 24. 선고 2010다12852 판결).

72) 위 증명책임의 분배는 주로 집행권원이 집행증서인 경우에 채권의 성립 및 증서의 작성촉탁과 집행수락의 의사표시라는 요건사실을 염두에 두고 논의된 것인데, 집행권원이 확정판결인 경우에도 마찬가지인가에 대하여는 좀 더 논의의 여지가 있을 수 있다.

에 주장하지 않으면, 나중에 별도 청구이의의 소를 제기하여 주장할 수 없게 된다(44조 3항). ①과 ③은 재항변의 주장, ②는 항변의 부인이다. 다만, 乙이 丙과 乙 사이의 금전소비대차계약의 체결 및 甲(대리인 丙)과 乙 사이의 연대보증계약의 체결과 집행증서의 형식요건구비(甲의 丙에게의 대리권 수여 포함)를 항변으로 주장할 것이 분명하므로 甲은 어느 주장도 처음부터 재항변의 주장 및 항변의 선행부인을 하는 쪽이 좋을 것이다. 또한 甲으로부터 丙에게의 기본대리권의 수여 등이 있다면 ①의 주장에 대하여 乙로부터 표현대리가 주장될 것도 생각할 수 있다. 집행증서의 작성에 표현대리의 적용이 있는지 여부에 대하여 논의가 있는데, **판례**는 집행수락의 의사표시는 공증인에 대한 채무자의 단독의 소송행위라고 보아, 이를 부정한다(☞5-11).[73]

5) 판 결

7-49 이의사유가 인정되지 않은 경우 또는 소의 이익을 비롯한 소송요건이 인정되지 않는 경우 등에 청구기각 또는 소각하의 판결이 있는 것은 통상의 민사소송과 다르지 않다.

이의를 인용할 때, 즉 청구가 이유 있을 때에는 법원은 채권자에 대해 문제된 집행권원에 기한 집행의 일시적 혹은 영구적 불허, 집행의 일부 내지 전부의 불허를 선언하는 재판을 한다. 만약, 집행권원상의 청구권과 **동시이행관계에 있는 반대의무**의 존재가 인정되는 경우, 법원으로서는 본래의 집행권원에 기한 집행력의 전부를 배제하는 판결을 할 것이 아니라 집행청구권이 반대의무와 동시이행관계에 있음을 초과하는 범위에서 집행력의 **일부 배제를 선언하는 판결**을 하여야 한다.[74] 여기로 가령, 집행권원상의 청구권에 변제기의 존재가 인정되는 경우, 법원으로서는 집행권원의 집행력 전부를 배제하는 판결을 할 것이 아니라 변제기가 도래할 때까지만 일시적으로 배제하는 판결을 하여야 한다.[75]

◈ 판결 주문 기재례 ◈

"피고의 원고에 대한 ○○법원 2024. 10. 15. 선고 2024가합○○○ 판결에 기초한 강제집행은 이를 불허한다."
또는
"... 판결에 기초한 강제집행은 2024. 12. 31.까지(또는, ○○○원을 넘는 부분에 한하여) 이를 불허한다."

73) 대법원 1983. 2. 8. 선고 81다카621 판결.
74) 대법원 2013. 1. 10. 선고 2012다75123, 75130 판결(☞7-30).
75) 대법원 2022. 4. 14. 선고 2021다299372 판결(☞7-30).

이의를 인용한 판결이 확정되면, 집행권원의 집행력이 소멸되므로 해당 집행권원에 대한 집행문부여를 막을 수 있고, 또한 채무자가 그 판결정본을 집행기관에 제출하여 집행의 개시·속행을 막을 수 있을 수 있을 뿐만 아니라, 이미 실시한 집행처분의 취소를 구할 수 있다(49조 1호, 50조). 그러나 이의를 인용한 판결이 확정되기 전에는 이로 인하여 당연히 집행절차가 정지하는 것 등은 아닌데(46조 1항), 이와 관련하여 잠정처분에 대하여는 항을 바꾸어 후술한다.

한편 판결이 확정되더라도 해당 집행권원의 원인이 된 실체법상 권리관계에 기판력이 미치지 않는다.[76]

◈ **정기금판결과 변경의 소** ◈ 민사소송법 252조에서 정기금의 지급을 명한 판결이 확정된 뒤에 그 **액수산정의 기초가 된 사정이 현저하게 바뀜**으로써 당사자 사이의 형평을 크게 침해할 특별한 사정이 생긴 때에는 그 판결의 당사자는 장차 지급할 정기금 액수를 바꾸어 달라는 소를 제기할 수 있다고 규정하고 있다. 이러한 변경의 소는 특수한 소송법상의 형성의 소라는 것이 일반적 입장이다. 정기금의 지급을 명한 판결에 있어서 액수산정의 기초가 된 사정과 현실적으로 발생한 사실관계가 달라진 경우에 재검토를 허용한다는 발상이 변경의 소에 깔려 있다. 이러한 변경의 소에서 정기금의 **감액청구**는 기판력의 변경을 목적으로 하는데, 또한 집행력의 일부 배제(청구권의 부분적 소멸)를 구하는 점에서 **청구이의의 소와 그 실질을 같이 한다**고 할 수 있다.[77]

(8) 잠정처분

1) 이의의 소의 제기에 따른 잠정처분

제46조(이의의 소와 잠정처분) ① 제44조 및 제45조의 이의의 소는 강제집행을 계속하여 진행하는 데에는 영향을 미치지 아니한다. ② 제1항의 이의를 주장한 사유가 법률상 정당한 이유가 있다고 인정되고, 사실에 대한 소명이 있을 때에는 수소법원은 당사자의 신청에 따라 판결이 있을 때까지 담보를 제공하게 하거나 담보를 제공하게 하지 아니하고 강제집행을 정지하도록 명할 수 있으며, 담보를 제공하게 하고 그 집행을 계속하도록 명하거나 실시한 집행처분을 취소하도록 명할 수 있다.

청구이의의 소가 제기되더라도 강제집행의 개시, 속행에 아무런 장애가 되지 7-50
않는다(46조 1항). 즉 당연히 집행정지의 효력은 생기지 않는다. 그런데 판결 시까지

76) 대법원 2013. 5. 9. 선고 2012다108863 판결; 대법원 2023. 11. 9. 선고 2023다256577 판결.
77) 다만, 이시윤, 220면은 변경의 소는 기판력까지 변경하는 것임에 대하여, 청구이의의 소는 집행력을 배제시키는 것에 그치는 차이가 있다고 한다.

집행을 그대로 내버려 두면 집행이 종료될 수 있으므로 청구이의의 소를 제기한 뒤, 그 이의를 주장한 사유가 법률상 정당한 이유가 있다고 인정되고, 사실에 대한 소명이 있을 때에는 **청구이의의 소가 접수된 법원**은(수소법원. 이는 직분관할로서 성질상 전속관할)[78] 채무자 보호의 견지에서 **잠정처분**으로 당사자의 **신청에 따라 판결이 있을 때까지** 담보를 제공하게 하거나 담보를 제공하게 하지 아니하고 강제집행을 **정지**하도록 명할 수 있고,[79] 담보를 제공하게 하고 그 집행을 계속하도록 명하거나 실시한 집행처분을 **취소**하도록 명할 수 있다(46조 2항). 급박한 사정이 있는 경우에는 재판장도 위 명령을 할 수 있다(동조 3항). 일반 가처분의 방법에 따른 강제집행 정지는 허용되지 않는다.[80]

위 잠정처분을 위해서는 **청구이의의 소가 계속 중**이어야 한다. 청구이의의 본안소송을 제기하지 않은 채 잠정처분만을 신청하는 것은 부적법하다. 채무부존재 확인의 소를 제기하는 것만으로는 이에 해당하지 않는다.[81]

수소법원에 신청할 여유가 없는 급박한 사정이 있는 경우에는 **집행법원**도 위 명령을 할 수 있다(46조 4항 후단). 이 경우에는 **청구이의의 소가 이미 제기되었는지 여부와 상관없다.** 이러한 집행법원에 의한 잠정처분은 수소법원에 의한 잠정처분의 전 단계에서 이루어지는 잠정적 조치이므로 집행법원은 명령 시에 상당한 기간 이내에 수소법원의 잠정처분의 재판서를 제출하도록 명하여야 하고(동조 4항 후단), 그 기간을 넘긴 때에는 채권자의 신청에 따라 강제집행을 계속하여 진행한다(동조 5항).

잠정처분의 신청에 대하여 법원은 변론을 열지 않고 결정으로 재판한다(46조 3항). 위 잠정처분 또는 그 신청을 기각한 결정에 대하여는 불복할 수 없고(민사소송법 500조 3항의 유추), 민사소송법 449조의 특별항고만 할 수 있다.[82]

---

78) 대법원 2024. 7. 11.자 2024그613 결정.

79) 집행권원상의 채무자가 집행권원에 대한 강제집행정지를 위하여 공탁한 담보는 그 강제집행정지로 인하여 채권자(피공탁자)에게 생길 손해를 담보하기 위한 것이므로, 강제집행정지의 대상인 집행권원에 기한 기본채권 자체를 담보하지 않는다(대법원 2017. 4. 28. 선고 2016다277798 판결).

80) 대법원 2004. 8. 17.자 2004카기93 결정.

81) 잠정처분은 청구에 관한 이의의 소가 계속 중임을 요하고, 이러한 집행정지요건이 결여되었음에도 불구하고 제기된 집행정지신청은 부적법하다(대법원 2004. 8. 17.자 2004카기93 결정). 그런데 승소하더라도 강제집행을 최종적으로 불허할 수 있는 효력이 인정되지 않는 **채무부존재 확인의 소를 제기한 것만으로는** 위 조항에 의한 잠정처분을 할 요건이 갖추어졌다고 할 수 없다(대법원 2015. 1. 30.자 2014그553 결정).

82) 대법원 2005. 12. 19.자 2005그128 결정. 일반적으로 원심법원이 항고를 이유 있다고 인정하

채무자는 위 잠정처분을 집행기관에 제출하여 집행의 일시적 정지를 구할 수 있다(49조 2호. ☞6-19).

◈ **담보제공을 조건으로 집행정지를 명하는 처분의 주문 기재례** ◈

"신청인이 담보로 2억 원을 공탁할 것을 조건으로[83] 위 당사자 사이의 이 법원 2017가합○○○ 청구이의 사건의 본안판결 선고시까지[84] 이 법원 2017가합○○○ 판결의 집행력 있는 정본에 기초한 강제집행은 이를 정지한다"와 같은 방식이 됨	본안판결 선고 후 확정 전까지 집행정지의 효력이 지속되지 않음 → 따라서 추후 본안판결에서 다시 집행정지를 명하는 취지의 주문 필요(이를 법 47조에서 '인가'한다고 표현)

◈ **잠정처분에서의 집행정지의 정지·취소 가능 여부** ◈ 집행문부여에 대한 이의신청, 집행에 관한 이의신청, 즉시항고에 있어서는 직권으로 집행처분의 정지만 가능하고, 취소는 할 수 없다(☞7-10). 반면 청구이의의 소, 집행문부여에 대한 이의의 소, 제3자이의의 소에 따른 집행정지 등의 재판에 있어서는 신청으로 집행처분의 **취소**도 할 수 있다.

2) 종국판결에 의한 잠정처분

제47조(이의의 재판과 잠정처분) ① 수소법원은 이의의 소의 판결에서 제46조의 명령을 내리고 이미 내린 명령을 취소·변경 또는 인가할 수 있다. ② 판결중 제1항에 규정된 사항에 대하여는 직권으로 가집행의 선고를 하여야 한다. ③ 제2항의 재판에 대하여는 불복할 수 없다.

수소법원은 법 46조 선행의 **잠정처분이 없는 경우**에는 청구이의의 소의 판결에서 **직권**으로 법 46조의 명령을 내리고(청구기각의 경우는 제외), 이미 법 46조 선행의 **잠정처분을 한 경우**에는 그 명령을 취소, 변경 또는 인가할 수 있다(47조 1항). 재량적으로 규정을 하고 있으나, 반드시 하여야 한다. 7-51

만약 **본안판결 선고시까지** 강제집행정지처분을 한 경우에는 본소의 원고 승

는 때에는 그 재판을 경정할 수 있으나 통상의 절차에 의하여 불복을 신청할 수 없는 결정이나 명령에 대하여 특별히 대법원에 위헌이나 위법의 심사권을 부여하고 있는 특별항고의 경우에 원심법원에 반성의 기회를 부여하는 **재도의 고안을 허용하는 것은 특별항고를 인정한 취지에 맞지 않으므로** 특별항고가 있는 경우 원심법원은 경정결정을 할 수 없고 기록을 그대로 대법원에 송부하여야 한다(대법원 2001. 2. 28.자 2001그4 결정).

83) 담보액은 잠정처분의 내용에 따라 담보의 목적을 고려하여 법원이 재량에 따라 정한다.

84) 본안판결 확정시까지의 잠정처분도 가능하다(대법원 1977. 12. 21.자 77그6 결정).

소판결에는 인가의 주문을 반드시 붙여야 하고(만약 인가 및 가집행 주문을 하지 않을 경우에 판결선고 뒤 그 확정시까지 집행이 부당하게 계속되는 결과가 된다), **본안판결 확정시까지** 강제집행정지처분을 한 경우에는 본소의 원고 패소판결에는 취소의 주문을 반드시 붙여야 한다(만약 취소 및 가집행 주문을 하지 않을 경우에 단지 '소명'에 의한 잠정처분이 '증명'으로써 집행정지의 효력이 부정[증명에 의한 청구이의 본안판결]되었음에도 계속 유효하게 되는 결과가 된다).

위 재판은 종국판결의 내용을 이루므로 고지에 의하여 효력이 생기는 결정과는 달리, 당연히 집행력이 없으므로 판결의 확정 전에 즉시 효력이 생기게 하기 위하여 수소법원은 **직권으로 가집행선고**를 붙여야 한다(47조 2항. 가령, 인가 주문에 가집행선고를 붙임으로써 그 선고와 동시에 인가의 효력이 생김). 다만, 이 재판은 종국판결 중에 행하여진 것이지만, 부수적 성격을 가지는 재판임에는 변함이 없으므로 이 가집행선고의 재판에 대하여는 불복하지 못한다(동조 3항).

◈ 본안판결 선고시까지 집행정지, 원고 본안승소 주문 기재례 ◈

1. 피고의 원고에 대한 OO법원 2017. . . 선고 2017가합 OOOO 판결에 기초한 강제집행을 불허한다. 2. 이 법원이 2017카기○○○○ 강제집행정지 신청사건에 관하여 2017. . . 한 강제집행정지결정을 인가한다. 3. 소송비용은 피고가 부담한다. 4. 제2항은 가집행할 수 있다.	← 이미 내린 명령의 인가 ← 가집행선고

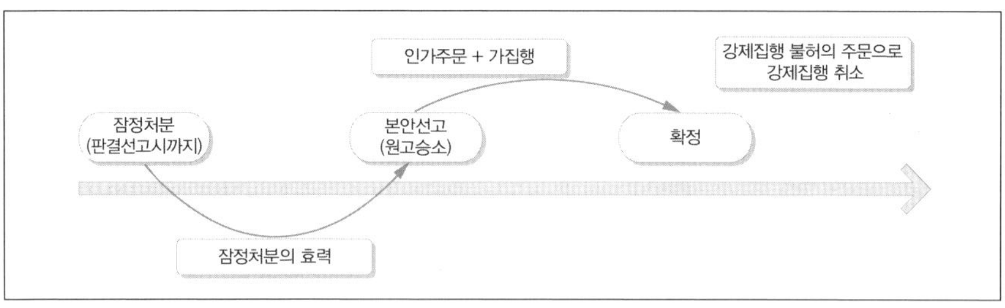

◈ 본안판결 확정시까지 집행정지, 원고 본안패소 주문 기재례 ◈

1. 원고의 청구를 기각한다. 2. 이 법원이 2017카기○○○○ 강제집행정지 신청사건에 관하여 2017. . . 한 강제집행정지결정을 취소한다.	← 이미 내린 명령의 취소
3. 소송비용은 원고가 부담한다. 4. 제2항은 가집행할 수 있다.	← 가집행선고

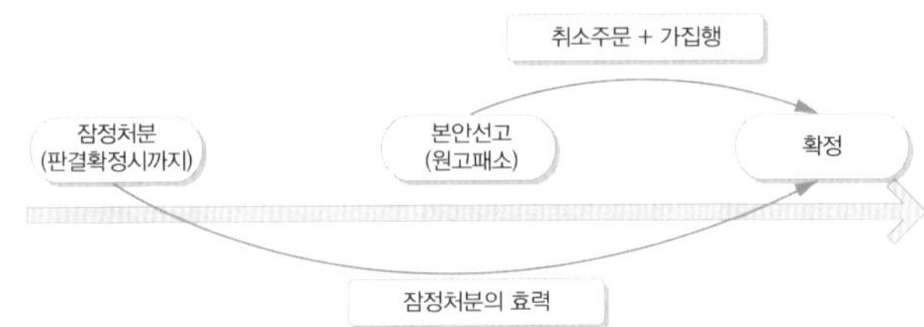

2. 제3자이의의 소

제48조(제3자이의의 소) ① 제3자가 강제집행의 목적물에 대하여 소유권이 있다고 주장하거나 목적물의 양도나 인도를 막을 수 있는 권리가 있다고 주장하는 때에는 채권자를 상대로 그 강제집행에 대한 이의의 소를 제기할 수 있다. 다만, 채무자가 그 이의를 다투는 때에는 채무자를 공동피고로 할 수 있다.

(1) 의 의

제3자이의의 소(Drittwiderspruchsklage)는 제3자가 집행의 목적물에 대하여 소 7-52
유권 또는 목적물의 양도·인도를 막을 수 있는 권리를 가진 때에 이를 침해하는 강제집행에 대하여 이의를 주장하여 집행의 배제를 구하는 소이다(48조 1항).

강제집행의 대상이 되는 재산은 **집행개시 당시 시점**에서 **채무자에게 속하고 있는 재산**이다. 즉, 채무자의 책임재산만을 강제집행의 대상으로 하여야 하는데, 집행기관은 집행의 대상이 되고 있는 재산이 채무자에게 속하고 있는지 여부를 등기나 점유와 같은 외관에 따라서만 그 여부를 판단하고, 그 실체적 심사를 할 권한이나 의무가 없다. 가령 동산집행의 경우에 채권자가 채무자의 재산(동산)이 있는 장소를 특정하고, 집행관이 스스로 집행할 동산을 선택하여(민사집행규칙 132

조 참조) 목적물을 압류하는 것으로 집행이 개시된다. 그러나 집행관은 압류한 재산이 채무자에게 속하고 있는지 여부를 판단할 수 없다. 본래 집행관은 권리관계를 판단하는 권한을 가지고 있지 않기 때문이다. 따라서 이러한 상황하에서는 집행관은 압류의 대상이 되는 재산을 외형적으로 판단하는 것으로 집행절차를 실시하게 된다.

◈ **외형에 따라서만 책임재산 여부 판단** ◈ [**유체동산**] 채무자가 점유하는 물건, 채무자의 재산으로서 채권자가 점유하는 물건 또는 제3자가 점유하는 물건으로서 제출을 거부하지 않는 물건이면 압류 가능. [**부동산, 선박**] 등기사항증명서의 제출, 만일 채무자의 소유로 등기되지 아니한 경우에는 채무자 명의로 등기할 수 있다는 것을 증명할 서류의 제출이 있으면 압류 가능. [**채권 그 밖의 재산권**] 그것이 채무자에게 속한다는 취지의 채권자의 진술만으로 압류 가능.

따라서 외관을 기준으로 집행이 이루어지는 한, 책임재산 외의 물건에 대하여 집행이 행하여지더라도 당연히 위법이 되는 것은 아니므로 집행에 관한 이의(16조)나 항고(15조)로 불복할 수 없는 것이 보통이다. 집행에 관한 이의신청이나 즉시항고는 민사집행법상의 절차규정의 위반에 대한 구제수단이기 때문이다.

제3자이의의 소는 이와 같이 실체적으로 부당한 집행에 의하여 권리 침해를 받는 제3자를 구제할 목적으로 인정된 것이다. 판결기관과 집행기관의 분리원칙 내지 형식주의(Formalisierungsgrundsatz)에 의하여, 집행문이 부여된 집행권원이 강제집행의 기초가 되고(실체법상 청구권 그 자체가 기초가 되는 것이 아니다), 금전집행 시의 채무자 재산에 대한 집행요건(집행대상적격의 조사)은 형식적에 그친다. 만약, 제3자의 재산에 집행하는 경우에 여기의 제3자이의소송이 문제가 된다. 마찬가지로 집행요건의 형식화에 의하여 이미 보았듯이 청구권의 소멸 등에 관한 실체법상 다툼은 집행절차가 아니라 판결절차인 청구이의소송에서 이루어지게 된다.

〈제3자이의의 소와 청구이의의 소의 비교〉

	제3자이의의 소	청구이의의 소
이의사유	제3자가 집행의 목적물에 대하여 소유권 그 밖의 목적물의 양도나 인도를 막을 수 있는 권리를 가지는 것	집행권원 기재의 청구권의 불발생 · 변경 · 소멸
관할법원	집행법원	제1심 판결법원 등
제기시기	원칙적으로 강제집행개시 뒤~종료 전 예외적으로 특정물의 인도청구권의 경우는 집행이 개시 뒤 즉시 종료되므로 강제집행의 우려가 있으면 가능	집행권원 성립 뒤~집행종료 전 강제집행개시 전이라도 가능
원고적격	목적물에 가지는 권리를 침해당한 제3자	이의 있는 채무자
피고적격	집행채권자	* 집행권원에 채권자로 표시된 사람 * 집행권원에 기하여 강제집행을 신청할 수 있는 사람

(2) 법적 성질

제3자이의의 소의 성질에 관하여는, 청구이의의 소에서와 마찬가지로, **이행소송설**,[85] **확인소송설**,[86] **구제소송설**(집행의 대상인 재산이 채무자의 책임재산이 아니라는 실체적 권리관계의 **확인작용**과 함께, 외관적 징표에 의하여 실시된 집행을 배제시킨다는 **형성작용**을 동시에 목적으로 하는 특수한 소송)[87] 등의 입장의 대립이 있으나, 일반적인 입장은 소송상의 **형성소송설**이다.[88] 제3자이의의 소는 실질적으로는 책임재산 7-53

85) 제3자이의의 소는 연혁적으로 소유권의 보호를 목적으로 한 방해배제의 소에서 생성·발전한 것도 고려하여, 집행채권자에게 해당 목적재산에 대하여 집행을 하여서는 안 된다는 부작위를 구하는 소로 본다. 다만, 집행은 채권자가 아닌, 집행기관에 의해 실시되는 것이므로 집행배제의 과정을 매끄럽게 설명하지 못하는 문제점이 남게 된다.

86) 집행의 목적물이 해당 집행채권의 만족할 자원에 충당될 책임재산에 속하지 않는다는 것의 소극적 확인 또는 이것이 제3자의 집행을 막을 권리에 기인하는 경우는 그 권리의 적극적 확인을 구하는 것으로 보는 입장이다.

87) 구제소송설의 입장으로는 김상수, 106면.

88) 김홍엽, 118면; 이시윤, 231면. 독일에서도 소송법상의 형성소송설이 통설이다. Gaul/

이 아닌 재산에 대하여 행하여지고 있는, 일단 적법·유효한 집행에 대하여, 이를 다시 판결에 의하여 부적법으로 하기 위한 것이고, 집행의 목적물에 관한 집행 불허를 선언하는 청구인용판결의 확정에 의하여 집행을 위법으로 하는 집행법상 효과(형성적 효력)를 생기게 하는 것을 본체로 한다는 점에서, 일단 형성소송으로 보고자 한다. 다만, 주의할 것은 제3자이의의 소의 판결은 제3자의 **집행이의권**의 존부를 확정하는 것이고, 제3자의 **소유권**에 대한 존부를 확정하는 것이 아니라는 점이다.[89]

(3) 소의 대상

7-54 제3자이의의 소는 제3자의 재산에 대한 침해의 가능성이 있는 한, 금전채권의 집행이건 비금전채권의 집행이건, 본집행이건 가집행이건 상관없다. 담보권의 실행을 위한 경매절차에서도 제3자이의의 소를 제기할 수 있다. 그러나 제3자이의의 소로써 집행권원 자체의 집행력의 배제를 구할 수는 없다.[90]

(4) 이의사유

7-55 제3자이의의 소는 제3자가 강제집행의 목적물에 대하여 소유권이 있다고 주장하거나 목적물의 양도나 인도를 막을 수 있는 권리를 가지는 경우에 인정되고 있다(48조 1항). 양도나 인도를 막을 수 있는 권리는 가령 채무자 자신이 집행 목적물을 양도하거나 인도하면 제3자의 권리 영역을 위법하게 침해하는 것이 되므로 제3자가 채무자에 의한 양도나 인도를 저지할 수 있는 경우를 말한다. 이의사유가 되는 제3자의 권리 가운데 중요한 것은 다음과 같다.[91]

Schilken/Becker－Eberhard §41 Rn. 9; MüKoZPO/Schmidt/Brinkmann ZPO §771 Rn. 3.

89) 대법원 1959. 11. 12. 선고 4292민상296 판결.

90) 강제집행에 대한 제3자이의의 소는 집행목적물에 대하여 채무자 이외의 제3자가 소유권 기타 목적물의 양도나 인도를 저지하는 권리를 주장하여 강제집행의 배제를 구하는 것이기 때문에 그 소의 원인이 되는 권리는 집행채권자에게 대항할 수 있는 것이어야만 하는바, 강제집행 개시결정 후 소유권을 취득한 제3자는 집행채권이 변제 기타 사유로 소멸된 경우에도 청구에 관한 이의의 소에 의하여 집행권원의 집행력이 배제되지 아니한 이상, 그 경매개시결정은 취소될 수 없고 그 결정이 취소되지 않는 동안에는 집행채권이 변제되었다는 사유만으로 소유권을 집행채권자에게 대항할 수 없으므로 제3자이의의 소에 의하여 그 강제집행의 배제를 구할 수 없다(대법원 1982. 9. 14. 선고 81다527 판결).

91) 법인격부인의 항변과 관련하여 일본 最高裁判所 平成17(2005)·7·15 판결은 일반론으로서 판결 당사자로 표시되지 않은 회사에 판결의 기판력과 집행력을 확장하는 것은 허용되지 않는다고 하면서도 여기의 제3자이의소송에서는 해당 원고의 법인격이 채무자에 대한 강제집행을 피하기 위하여 남용되는 경우에 법인격부인의 법리를 긍정하고, 원고가 채무자와 별개의 법인격임을 주장하여 강제집행의 불허를 구하는 것은 허용되지 않는다고 보았다. 법인격부인의 경우의 집행당사자적격에 관하여는 ☞5-31 참조. 한편, 집행문부여의 소에 있어서는 법인격부인

1) 소유권

물권 변동에 관하여 성립요건주의(형식주의)를 취하는 우리 민법에서는 등기 또는 인도가 없으면, 소유권을 주장하여 이 소를 제기할 수 없다. 따라서 소유권이전등기청구권자는 본소를 제기할 수 없으며, 명의신탁에 있어서 대외적으로 소유권이 수탁자에게 귀속하여 명의신탁자는 소유권을 주장할 수 없으므로 이 본소를 제기할 수 없다.92) 7-56

한편 소유권이 있더라도 본소의 이의사유가 되지 않는 경우가 있다. 예를 들어 지상권에 기한 토지인도청구에 관한 집행에서, 토지소유권자는 토지소유권이 침해를 받는 것은 아니므로 소유권을 근거로 본소를 제기할 수 없다. 또한 압류의 효력이 생긴 뒤에 그 부동산에 대한 소유권이전등기를 한 사람은 집행채권자에 대하여 그 소유권을 대항할 수 없으므로(92조 1항. 압류의 처분금지효) 본소를 제기할 수 없다. 다만 압류가 반사회적이거나(집행권원의 형성 및 그에 기한 압류가 전체적으로 보아 반사회적인 행위로 평가될 경우 등)93) 사망자를 상대로 한 것이어서 **무효**인 경우나94)

의 법리의 적용을 부정한다(대법원 1995. 5. 12. 선고 93다44531 판결; 일본 最高裁判所 昭和 53(1978)·9·14 판결).

92) 「부동산 실권리자명의 등기에 관한 법률」 8조 1호에 의하면 종중이 보유한 부동산에 관한 물권을 종중 이외의 자의 명의로 등기하는 명의신탁의 경우 조세포탈, 강제집행의 면탈 또는 법령상 제한의 회피를 목적으로 하지 아니하는 경우에는 같은 법 4조 내지 7조 및 12조 1항·2항의 규정의 적용이 배제되어 종중이 같은 법 시행 전에 명의신탁한 부동산에 관하여 같은 법 11조의 유예기간 이내에 실명등기 또는 매각처분을 하지 아니한 경우에도 그 명의신탁약정은 여전히 그 효력을 유지하는 것이지만, 부동산을 명의신탁한 경우에는 소유권이 대외적으로 수탁자에게 귀속하므로 명의신탁자는 신탁을 이유로 제3자에 대하여 그 소유권을 주장할 수 없고 특별한 사정이 없는 한 신탁자가 수탁자에 대해 가지는 명의신탁해지를 원인으로 한 소유권이전등기청구권은 집행채권자에게 대항할 수 있는 권리가 될 수 없으므로 결국 명의신탁자인 종중은 명의신탁된 부동산에 관하여 제3자이의의 소의 원인이 되는 권리를 가지고 있지 않다고 할 것이다(대법원 2007. 5. 10. 선고 2007다7409 판결).

93) 부동산의 양도인이 제3자와 공모하여 가장채권에 의한 채무명의를 이용하여 강제경매를 하고 있는 경우 위 부동산의 양수인은 강제집행절차에서 그 무효를 주장하고 제3자(소유권자)로서 그 **집행의 배제를 구할 수 있다**(대법원 1988. 9. 27. 선고 84다카2267 판결). 일반적으로 가압류 후의 소유권취득자는 그 가압류에 터 잡아 한 강제경매의 집행채권자에게 대항할 수 없는 것이고, 그 강제집행의 기초가 되는 집행권원의 허위, 가장 여부를 다툴 적격이 없는 것이나, 그 집행 후에 취득한 권리라 할지라도 특별히 권리자가 이로써 집행채권자에게 대항할 수 있는 경우라면 그 권리자는 그 집행의 배제를 구하기 위하여 **제3자이의의 소를 제기할 수 있다** 할 것인바(대법원 1988. 9. 27. 선고 84다카2267 판결 참조), 피고의 행위에 의한 이 사건 가압류 집행은 형식적으로는 그 채권 확보를 위한 강제집행절차에 따른 것이라고 하여도 법이 보호할 수 없는 반사회적인 행위에 의하여 이루어진 것이어서 무효라고 할 것이고, 원고는 강제집행절차에서 그 무효를 주장하고 제3자(소유권자)로서 그 **집행의 배제를 구할 수 있다**(대법원 1996. 6. 14. 선고 96다14494 판결). 아파트에 대한 가압류집행이 형식적으로는 채권 확보를 위한 집행절차라고 하더라도 그 자체가 법이 보호할 수 없는 반사회적 행위에 의하여 이루어진 경우(소

가압류 뒤에 제3취득자가 변제한 경우는 **피보전권리가 소멸**(→**가압류 효력의 소멸**)되고, 그 제3취득자는 집행채권자에게 대항할 수 있어 본소를 제기할 수 있다.95)

◈ **집행권원인 판결에 한정승인의 취지가 반영된 경우** ◈ 피고의 고유재산은 주문에 따른 책임재산 외의 것이므로 피고는 "제3자이의의 소"로써 대항할 수 있다.

◈ **집행권원의 존재 여부(본압류와 가압류의 차이)에 따른 비교** ◈ 본집행을 위한 집행권원이 존재하지 않는 경우와 달리, 이미 판결 등 종국적 만족을 얻을 수 있는 집행권원에 기한 강제집행(즉, 압류)이 실시된 경우 제3취득자는 단순히 변제로써 집행권원의 집행력을 부인할 수 없으므로 제3자이의의 소에 의하여 그 집행의 배제를 구할 수 없고, 청구이의의 소를 제기하여 집행력을 배제하여야 한다. 다만, 청구이의의 소의 원고적격은, 집행권원에 채무자로 표시된 사람 또는 승계, 그 밖의 원인으로 집행력을 받는 사람, 그 밖에 이러한 사람의 채권자(채권자대위권에 기하여)에게 있으므로 제3취득자는 원래의 소유자를 대위하여 청구이의의 소를 제기하여야 한다. 아직까지 본집행을 위한 집행권원이 존재하지 않는 가압류집행 상태에서 변제로 피보전권리가 소멸되면 가압류의 효력도 소멸되어 그 뒤 개시된 강제집행절차에서 제3취득자는 그로써 집행채권자에게 대항할 수 있으나(즉, 제3자이의의 소를 제기할 수 있으나), 이미 본압류가 집행된 뒤에는 변제만으로 집행권원의 효력에 아무런 영향이 없으므로 제3취득자로서는 채무자를 대위한 청구이의의 소를 통하여 집행력을 배제시키지 않는 이상, 집행채권자에게 대항할 수 없다.

2) 공유권

제190조(부부공유 유체동산의 압류) 채무자와 그 배우자의 공유로서 채무자가 점유하거나 그 배우자와 공동으로 점유하고 있는 유체동산은 제189조(채무자가 점유하고 있는 물건의 압류)의 규정에 따라 압류할 수 있다.

유권이전등기사무를 위임받은 자의 배임행위에 의한 가압류) 그 집행의 효력을 그대로 인정할 수 없으므로, 위 가압류집행 후 본집행으로 이행하기 전에 위 아파트의 소유권을 취득한 원고는 그 가압류집행에 터 잡은 강제집행절차에서 제3자이의의 소로서 그 **집행의 배제를 구할 수 있다**(대법원 1997. 8. 29. 선고 96다14470 판결).

94) 가압류결정시까지 이 사건 부동산에 관하여 원고 명의의 소유권이전등기가 경료되지 않았으나, 피고의 가압류신청이 사망자를 상대로 한 것이라면 사망자 명의의 그 가압류결정은 무효라고 할 것이고 따라서 무효의 가압류결정에 기한 가압류집행에 대해서는 그 집행 이후 소유권을 취득한 원고도 그 집행채권자인 피고에 대하여 그 소유권취득을 주장하여 대항할 수 있다고 할 것이므로 원고는 제3자이의의 소에 의하여 위 집행의 배제를 구할 수 있다(대법원 1982. 10. 26. 선고 82다카884 판결).

95) 앞의 대법원 1982. 9. 14. 선고 81다527 판결.

공유권자 중 1인에 대한 집행권원으로써 공유물 전부에 대하여 집행이 행하여질 때는 다른 공유자는 이 소를 제기할 수 있다. 다만, **부부공유**인 **유체동산**은 예외로(190조), 이 소를 제기할 수 없다(221조에 의해 해당 유체동산의 매각대금에서 자기의 지분 상당액을 지급하여 줄 것을 요구할 수 있다). 7-57

3) 점유권

제3자(점유권자)가 강제집행에 의하여 목적물의 점유권을 침해당하는 경우에는, 가령 집행채권자에 대하여 집행을 수인하여야 할 이유가 없다면(집행방해의 수단으로 이용될 가능성 때문), 직접점유, 간접점유와 상관없이 점유가 방해되는 한, 본소를 제기할 수 있다. 7-58

◈ **구체적 예** ◈ 소유권유보부 매매의 매수인(X)가 매도인인 乙에 대한 할부금이 잔존한다. 매수인(X)이 소유권유보부 매매의 목적물을 다른 사람(甲)의 직접점유를 통하여 간접점유하던 중, 그 다른 사람의 채권자(Y)가 그 채권의 실행으로 그 목적물을 압류한 사안에서(소유자는 乙이므로 X는 Y에 대하여 자신의 소유권을 주장할 수 없으나) 매수인은 그 강제집행을 용인하여야 할 별도의 사유가 있지 않는 한, 정당한 권원 있는 간접점유자(또는 소유권유보매수인)의 지위에서 '목적물의 인도를 막을 수 있는 권리'를 가진다고 할 것이어서 제3자이의의 소를 제기할 수 있다.[96)]

이의사유가 되는지 여부는 주로 유체동산집행에서 문제가 되며, 한편 부동산 강제경매는 제3자의 점유(관리·이용)를 방해하지 아니하므로(83조 2항) 점유권을 본소의 이의의 원인으로 할 수 없다. 제3자가 점유하는 유체동산의 압류는 제3자의 승낙을 얻어야 하므로(191조) 그 승낙 없이 압류가 이루어진 때에는 제3자는 집행에 관한 이의도 할 수 있다(16조 1항).

◈ **구체적 예** ◈ 전동셔터 제조업체인 甲은 2013. 11. 30. 소외 S주식회사(이하 '소외 회사'라 한다)로부터 이 사건 금형을 1억 원에 매수한 다음, 전동셔터 부품 사출임가공업을 하는 P와 부품임가공위탁계약을 체결하고, 이에 따라 P에게 그 부품 제작에 필요한 이 사건 금형을 인도하여, P에게 이를 보관시키고 전동셔터 등 제품을 만들게 하였다. P는 이 사건 금형을 점유하면서 이를 이용하여 제작한 부품을 甲에게 납품하여 왔다. 그런데 乙이 소외 회사로부터 이 사건 금형을 甲보다 앞선 2011. 10. 4. 양수하였으니 자신의 소유라고 주장하면서 P를 상대로 가처분신청을 하여

96) 대법원 2009. 4. 9. 선고 2009다1894 판결.

2015. 2. 28. 이 사건 금형에 관한 점유를 풀고 이를 채권자가 위임하는 집행관에게 그 보관을 명하고 집행관은 현상을 변경하지 아니할 것을 조건으로 하여 채무자에게 사용을 허가하여야 하며 채무자는 그 점유를 타에 이전하거나 또는 그 점유를 변경하여서는 아니 된다는 내용의 유체동산점유이전금지가처분 결정을 받고 2015. 3. 4. 이 사건 금형 등에 대하여 가처분집행을 하였다. 위 내용의 점유이전금지가처분은 가처분집행 당시의 목적물의 현상을 본집행시까지 그대로 유지함을 목적으로 하여 그 목적물의 점유이전과 현상의 변경을 금지하는 것에 불과하다. 점유이전금지가처분의 대상이 된 목적물의 소유자가 그 의사에 기하여 가처분채무자에게 직접점유를 하게 한 경우에 그 점유에 관한 현상을 고정시키는 것만으로는 소유권이 침해되거나 침해될 우려가 없고 소유자의 간접점유권이 침해되는 것도 아니다. 甲이 소유자로서 제3자이의를 할 수 있으려면, 甲이 이 사건 가처분집행 당시에 이 사건 금형을 소유하고 있다는 점만이 아니라, 甲이 이 사건 금형에 대하여 직접점유를 하고 있다는 점도 인정되어야 한다. 위와 같이 甲이 P와의 부품임가공위탁계약이라는 점유매개관계에 의하여 이 사건 금형을 P에게 점유하게 한 것이라면, 甲은 간접점유자에 불과하다고 볼 여지가 있다. 甲이 간접점유자라면, P에 대한 이 사건 가처분의 집행만으로 이 사건 금형에 대한 甲의 소유권 또는 목적물의 양도나 인도에 대한 권리가 저지된다고 볼 수 없어 제3자이의의 사유가 없다. 결론적으로 간접점유자에 불과한 소유자는 직접점유자를 가처분채무자로 하는 점유이전금지가처분의 집행에 대하여 제3자이의의 소를 제기하지 못한다.[97]

4) 물건의 점유·사용을 내용으로 하는 제한물권

7-59 지상권, 지역권, 전세권(존속기간이 만료되지 않은 경우), 대항력 있는 임차권 등 부동산의 관리·사용을 목적으로 하는 권리는 강제경매로 **부동산에 대한 권리행사가 방해 받는 것은 아니므로**(83조 2항) **이의사유가 되지 않는다.** 반면, 목적물의 사용·수익을 목적으로 하는 집행인 강제관리에서는 위와 같은 용익물권이 침해되는 경우가 있으므로 이의사유가 될 수 있다.

---

97) 목적물에 대한 채무자의 점유를 풀고 채권자가 위임하는 집행관에게 그 보관을 명하며 집행관은 현상을 변경하지 아니할 것을 조건으로 하여 채무자에게 그 사용을 허가하도록 하는 내용의 점유이전금지가처분은, 가처분집행 당시의 목적물의 현상을 본집행시까지 그대로 유지함을 목적으로 하여 그 목적물의 점유이전과 현상의 변경을 금지하는 것에 불과하여, 이러한 가처분결정에도 불구하고 점유가 이전되었을 때에는 가처분채무자는 가처분채권자에 대한 관계에서 여전히 그 점유자의 지위에 있는 것으로 취급되는 것일 뿐 가처분집행만으로 소유자에 의한 목적물의 처분을 금지 또는 제한하는 것은 아니므로, 점유이전금지가처분의 대상이 된 목적물의 소유자가 그 의사에 기하여 가처분채무자에게 직접점유를 하게 한 경우에는 그 점유에 관한 현상을 고정시키는 것만으로 소유권이 침해되거나 침해될 우려가 있다고 할 수는 없고 소유자의 간접점유권이 침해되는 것도 아니라고 할 것이며, 따라서 간접점유자에 불과한 소유자는 직접점유자를 가처분채무자로 하는 점유이전금지가처분의 집행에 대하여 제3자이의의 소를 제기할 수 없다(대법원 2002. 3. 29. 선고 2000다33010 판결).

5) 가등기담보권

가등기담보 등에 관한 법률 제14조(강제경매등의 경우의 담보가등기) 담보가등기를 마친 부동산에 대하여 강제경매등의 개시 결정이 있는 경우에 그 경매의 신청이 **청산금을 지급하기 전**에 행하여진 경우(청산금이 없는 경우에는 청산기간이 지나기 전)에는 담보가등기권리자는 그 **가등기에 따른 본등기를 청구할 수 없다**.

[반대해석] 경매의 신청이 청산금을 지급한 뒤에 행하여진 경우에는 가등기에 따른 본등기를 청구할 수 있다. 경매채권자보다 우월한 지위에 있으므로 제3자이의의 소를 제기할 수 있다.

가등기담보권이 설정된 부동산에 대하여 설정자의 일반채권자가 강제경매등의 집행을 한 경우에, 강제경매등의 신청 전에 가등기담보권자가 이미 소정의 절차를 거쳐 청산금을 지급한 때(청산금이 없는 경우에는 청산기간이 지난 뒤)에는 가등기담보권자는 가등기에 기초한 본등기를 마치기 전이라도 본소를 제기할 수 있다. 청산금을 지급한 때(청산금이 없는 때에는 청산기간이 지난 때)에는 가등기담보권자는 가등기에 기초한 본등기를 청구할 수 있기 때문이다(가등기담보 등에 관한 법률 14조 참조). 다만, 가등기담보권자보다 선순위의 저당권자 등이 담보권 실행을 위하여 경매신청을 한 경우에는 (가등기에 의하여 순위보전이 된다 하더라도 선순위 저당권자에 대하여는 대항할 수 없으므로) 본소를 제기할 수 없다. 7-60

한편 강제집행의 신청이 청산금을 지급하기 전에 행하여진 경우에는 가등기담보권자는 채권신고에 따라 매각대금의 배당 또는 변제금의 교부를 받을 수 있고(동법 16조 2항), 가등기담보권은 그 부동산의 매각으로 소멸하므로 이 경우에는 가등기담보권자는 본소를 제기할 수 없다.

6) 양도담보권

양도담보권자는 대외적으로 제3자에 대하여 소유권을 주장할 수 있으므로 그 목적물에 대하여 설정자의 일반채권자가 집행을 한 경우에는 본소를 제기할 수 있다는 입장이 일반적이다.[98] 다만 부동산양도담보의 경우에는 양도담보권자에게 소유 7-61

98) 집행증서를 소지한 동산양도담보권자는 특별한 사정이 없는 한 양도담보권자인 지위에 기초하여 제3자이의의 소에 의하여 목적물건에 대한 양도담보권설정자의 일반채권자가 한 강제집행의 배제를 구할 수 있으나, 그와 같은 방법에 의하지 아니하고 집행증서에 의한 담보목적물에 대한 이중압류의 방법으로 배당절차에 참가하여 선행한 동산압류에 의하여 압류가 경합된 양도담보권설정자의 일반채권자에 우선하여 배당을 받을 수도 있다(대법원 2004. 12. 24. 선고 2004

권이전등기가 되어 있으므로 설정자의 일반채권자가 그 부동산에 대하여 집행을 하는 일은 생기지 않을 것이다. 따라서 주로 동산의 양도담보의 경우가 문제된다.

7) 채무자에 대한 채권적 청구권

7-62 해당 목적물에 있어서 채무자에 대하여 그 인도를 구하는 채권적 청구권을 가지는 것에 머무르는 사람은 제3자이의의 소에 의한 강제집행을 배제할 수 있는가. 아래와 같이 경우를 나누어 생각할 수 있다.

① 목적물이 채무자에게 속하지 않는 때

7-63 제3자이의의 소의 이의원인은 소유권에 한정되는 것이 아니고 집행목적물의 양도나 인도를 막을 수 있는 권리이면 충분하므로 집행채무자와의 사이의 계약관계에 기하여 집행채무자에 대하여 목적물의 반환을 구할 채권적 청구권을 가지고 있는 사람은 물건의 소유자가 아닌 경우라도 집행목적물이 **채무자에게 귀속하지 않은 것을 주장하여** 제3자이의의 소를 제기할 수 있다.[99] 가령 (소유권자가 아닌 임차인인) 전대인은 전차인에 대하여 계약기간의 만료 뒤, 전대인으로서 임대목적물의 반환청구권을 갖는데, 목적물에 대하여 전차인의 채권자가 압류를 하였을 때에 목적물의 반환청구권을 주장하여 제3자이의의 소를 제기할 수 있다.

② 목적물이 채무자에게 속하는 때

7-64 이에 대하여 제3자가 채무자와 사이에 매매, 증여, 임대차계약 등에 기하여 채무자에 대하여 인도나 이전등기를 구할 수 있다 하더라도 (등기나 인도의 성립요건을 갖추지 못하여 집행목적물이 채무자에 속하는 경우) 이러한 채권적 청구권만으로는 집행채권자에게 대항할 수 없으므로 제3자이의의 소를 제기할 수 없다.[100] 가령 甲이 乙로부터 부동산을 매수하였는데, 아직 등기를 경료하지 않은 상태에서 乙의 채권자 丙이 그 부동산을 압류한 경우 아직 소유권을 취득하지 못한 甲은 丙에게 대항할 수 있는 대세적 권리를 취득하지 못하였으므로 제3자이의의 소를 제기할 수 없다.

다45943 판결).

99) 김홍엽, 128면; 박두환, 97면; 이시윤, 238면. 집행에 의한 양도나 인도를 막을 이익이 있으므로 그 채권적 청구권도 이의원인이 될 수 있다(대법원 2003. 6. 13. 선고 2002다16576 판결).

100) 김홍엽, 129면; 박두환, 96~97면; 이시윤, 238면. 대법원 1980. 1. 29. 선고 79다1223 판결.

8) 처분금지가처분

처분금지가처분의 대상이 된 재산에 대하여 다른 채권자로부터 강제집행이 있을 때 가처분권리자가 그 가처분의 존재를 이유로 하여 이 소를 제기할 수 있는지 여부에 관하여 견해의 대립이 있다. 7-65

적극설(가처분우위설)은 강제집행절차에 따른 양도도 임의의 양도와 마찬가지로 가처분채권자에게 대항할 수 없으므로 가처분권리자는 그 실체법상의 권리 여하를 묻지 않고 위 강제집행의 목적물의 양도를 막을 수 있는 권리를 가지고 있고 따라서 이 소를 제기할 수 있다는 입장이고, 반면 **소극설**(강제집행우위설)은 가처분명령이 있다는 사실만으로 가처분권리자에게 이 소를 제기할 자격을 인정한다면, 가처분의 본안소송에서 피보전권리의 존부가 확정되지 아니한 단계에서 피보전권리가 인정된 것과 동일한 효과를 내어 주는 것으로 되어 부당하다는 입장이다.

이론적으로는 소극설(강제집행우위설)이 타당하나, 이에 의하더라도 최선순위 가처분의 경우에 가처분권리자가 본안소송에서 승소판결을 받으면 강제집행의 결과를 부인할 수 있기 때문에, 실무에서는 일단 강제집행을 개시하여 압류절차까지만 진행하고, 나머지 절차는 가처분의 본안소송의 결과를 기다리면서 가처분의 운명이 최종적으로 결정될 때까지 사실상 정지하여 이를 해결하고 있다고 한다.[101)]

〈부부 일방 소유 증명 가능 동산〉

소 장

원 고 ○○○
○○시 ○○구 ○○동 ○○(우편번호 ○○○-○○○)
전화·휴대폰번호:
팩스번호, 전자우편(e-mail)주소:

피 고 ◇◇◇
○○시 ○○구 ○○동 ○○(우편번호 ○○○-○○○)
전화·휴대폰번호:
팩스번호, 전자우편(e-mail)주소:

제3자이의의 소

101) 법원실무제요[Ⅰ], 362면.

청 구 취 지

1. 피고가 소외 ◇◇◇에 대한 ○○지방법원 20○○가단○○○호 집행력 있는 판결정본에 기하여 20○○. ○. ○. 별지목록 기재 동산에 대하여 한 강제집행은 이를 불허한다.
2. 소송비용은 피고가 부담한다.

라는 판결을 구합니다.

청 구 원 인

1. 피고의 소외 ◇◇◇에 대한 ○○지방법원 20○○가단○○○호 집행력 있는 판결정본에 의하여 같은 법원 집행관에 의하여 ○○시 ○○구 ○○동 ○○에서 별지목록 기재 유체동산 경매사건이 진행되었습니다.
2. 원고는 소외 ◇◇◇와 비록 부부관계에 있기는 하나, 결혼 전부터 조그만 옷가게 등을 운영하며 부부의 재산관계에 대하여 별도로 재산을 관리하여 왔고, 위 경매사건이 20○○. ○. ○. 11:20부터 같은 일자 13:00에 종료되고 별지목록 기재 유체동산은 원고가 낙찰을 받았으므로 별지목록 기재 유체동산의 소유권은 원고에게 있다 할 것입니다.
3. 그런데 피고는 별지목록 기재 유체동산에 대하여 20○○. ○. ○○. 다시 같은 집행관 20○○타기○○○호에 의하여 동산압류신청을 하여 유체동산을 경매하고자 하고 있으므로, 원고는 별지목록 기재 물건에 대하여 정당한 소유자로서 피고로부터 집행을 당할 하등의 이유가 없으므로 청구취지와 같은 판결을 구하고자 이 사건 청구에 이르렀습니다.

입 증 방 법

1. 갑 제1호증 동산압류조서등본
1. 갑 제2호증 유체동산 경매조서

첨 부 서 류

1. 위 입증방법 각 1통
1. 소장부본 1통
1. 송달료납부서 1통

20○○. ○. ○.
위 원고 ○○○ (서명 또는 날인)

○○지방법원 귀중

〈자녀의 채권자가 집행한 경우〉

소 장

원 고 ○○○
○○시 ○○구 ○○동 ○○(우편번호 ○○○－○○○)
전화 · 휴대폰번호:
팩스번호, 전자우편(e－mail)주소:
피 고 ◇◇◇
○○시 ○○구 ○○동 ○○(우편번호 ○○○－○○○)
전화 · 휴대폰번호:
팩스번호, 전자우편(e－mail)주소:

제3자이의의 소

청 구 취 지

1. 피고가 소외 ◇◇◇에 대한 공증인가 ○○법률사무소 20○○증서 제○○○○호 집행력 있는 공정증서에 기하여 별지목록 기재 동산에 대하여 20○○. ○. ○. 한 강제집행은 이를 불허한다.
2. 소송비용은 피고의 부담으로 한다.

라는 판결을 구합니다.

청 구 원 인

1. 별지목록 기재 동산에 대하여 피고의 소외 ◇◇◇를 상대로 한 공증인가 ○○법률사무소 20○○증 제○○○○호 집행력 있는 공정증서에 기하여 20○○. ○. ○. 귀원 소속 집행관이 압류집행을 하고 매각기일이 같은 해 11. 3. 10시로 지정되었습니다.
2. 그런데 소외 ◇◇◇는 원고의 아들로서 소외 성명불상인 여자와 동거하면서 원고와 별개의 세대를 구성하여 살다가 소외 성명불상인 여자가 도망가자 몸만 원고의 집에 들어와 원고와 함께 살게 되었습니다. 그러므로 이 사건 별지목록 기재 동산 중 소외 ◇◇◇ 소유의 동산은 하나도 없고 모두 원고가 평생 동안 모은 재산들입니다.
3. 그럼에도 20○○. ○. ○. 11:55에 소속 집행관은 별지목록 기재 동산을 원고가 부재중일 때 소외 ◇◇◇의 동산으로 오인하여 집행하였던 것입니다.
4. 따라서 이 사건 별지목록 기재의 동산은 원고의 소유임이 명백하여 피고의 소외 ◇◇◇에 대한 동산압류집행조서등본에 기한 별지목록 기재의 동산에 대한 집행은 부당한 것이므로 청구취지와 같은 판결을 구하고자 이 사건 청구에 이른 것입니다.

입 증 방 법

1. 갑 제1호증 동산압류집행조서등본
1. 갑 제2호증 동산매각기일통지서

첨 부 서 류

1. 위 입증방법 각 1통
1. 소장부본 1통
1. 송달료납부서 1통

20○○. ○. ○.
위 원고 ○○○ (서명 또는 날인)

○○지방법원 ○○지원 귀중

(5) 소송절차

1) 소제기의 시기

7-66 제3자이의의 소는 목적물에 대하여 강제집행이 개시된 뒤(강제집행이 개시되지 않으면, 집행대상이 특정되지 않으므로), 그 종료 전에 한하여 제기할 수 있음이 원칙이다. 강제집행이 행하여질 우려만으로는 일반적으로 본소를 제기할 필요가 있다고 할 수 없다. 다만, 예외적으로 특정물의 인도 또는 부동산인도청구의 집행(257조, 258조)에서는 집행권원에 의하여 집행 대상물과 그 내용을 알 수 있고, 또 이에 대한 집행은 개시 뒤 즉시 종료되므로 집행권원의 성립과 동시에 제기할 수 있다고 하여야 한다.

강제집행이 종료된 뒤에 본소가 제기되거나 또는 본소가 제기된 당시 존재하였던 강제집행이 (집행정지가 되지 않아) 소송계속 중 종료된 경우에는 소의 이익이 없어 부적법하다 할 것이다. 한편, 가압류, 가처분의 경우는 그 집행이 종료되었다 하더라도 이는 보전집행에 불과할 뿐 본집행이 아니므로 해당 가압류, 가처분의 효력이 존속하는 한, 본소를 제기할 수 있다. 또한 경매목적물의 경락인이 유효하게 소유권을 취득하는 경우에는 경매절차에서 집행관이 영수한 매각대금은 경매목적물의 대상물로서 제3자이의의 소에서 승소한 사람이 그 대상물에 대하여 권리를 주장할 수 있다고 할 것이므로 매각절차가 종료되었다고 하더라도 배당절차가 종료되지 않은 이상, 제3자이의의 소는 여전히 소의 이익이 있다고 하여야 할 것이다.[102]

102) 대법원 1997. 10. 10. 선고 96다49049 판결.

2) 당사자적격

① 원고적격

집행의 목적물에 대하여 소유권이나 목적물의 양도 또는 인도를 막을 수 있는 권리가 있다고 주장하는 사람으로 해당 집행절차의 **당사자 이외의 제3자**, 즉 집행권원 또는 집행문에 채권자, 채무자 또는 그 승계인으로 표시된 사람 이외의 사람이 원고가 된다.[103] 실제로는 동일성이 없는 사람이라고 하더라도 그에 대하여 집행문을 내어 주었으면 집행문이 취소될 때까지는 그 사람이 집행의 채무자로, 제3자이의 소를 제기할 수 있는 제3자라 할 수 없다.[104] 7-67

또한 그러한 권리의 귀속자를 위하여 권리를 관리하는 제3자(가령 파산관재인, 유언집행자)도 이에 해당하여 본소를 제기할 수 있고, 위 이의를 주장할 수 있는 제3자의 채권자도 채권자대위권(민법 404조)의 요건을 충족하면 그 사람을 대위하여 본소를 제기할 수 있다. 한편 파산관재인을 채무자로 한 집행권원에 터 잡아 파산관재인 개인 재산에 집행이 개시된 때에는 파산관재인은 그 자격을 떠나 제3자로서 본소를 제기할 수 있다.

여러 사람의 공유에 속하는 물건 또는 권리에 대하여는 공유물의 보존에 필요한 때에 각 공유자는 단독으로 본소를 제기할 수 있다(민법 265조 단서).

원칙적으로 채무자는 그 목적물이 제3자의 재산인 것을 이유로 이의를 주장할 수 없으나, 채무자라도 집행권원에 표시된 책임의 범위를 넘는 압류 등의 집행처분이 있은 경우에는 제3자로 본소를 제기할 수 있다. 가령 한정승인을 한 상속인이 자기의 고유재산에 대하여 집행을 받은 경우에 유한책임이 있다는 것이 집행정본상 분명한 때에는 본소를 제기할 수 있다.

② 피고적격

본소의 피고는 목적물에 대하여 집행을 하는 **채권자**이며, 집행관을 비롯하여 그 밖에 집행기관은 피고가 되지 않는다. 7-68

집행채권이 양도된 때에는 승계집행문의 부여에 따라 채권자의 승계인이 피고

103) 대법원 1992. 10. 27. 선고 92다10883 판결.

104) 집행의 채무자가 누구인지는 집행문을 누구에 대하여 내어 주었는지에 의하여 정하여지고, 집행권원의 채무자와 동일성이 없는 사람 등 집행의 채무자적격을 가지지 아니한 사람이라도 그에 대하여 집행문을 내어 주었으면 집행문부여에 대한 이의신청 등에 의하여 취소될 때까지는 그 집행문에 의한 집행의 채무자가 된다(대법원 2016. 8. 18. 선고 2014다225038 판결).

가 된다(31조). 그러나 승계집행문이 부여되지 아니한 동안은 원래의 채권자에게 피고적격이 있다.

본소는 집행채권자에 대한 관계에서 집행불허의 선언을 구하는 것이기 때문에 채무자를 피고로 할 필요가 없으나, 채무자가 집행목적물의 귀속 또는 목적물에 대한 제3자의 권리의 존부를 다툴 때에는 제3자는 채권자와 채무자를 공동피고로 할 수 있다(48조 1항 단서). 이 경우 채무자에 대한 소는 실체법상 권리에 기한 이행의 소 또는 확인의 소가 될 것이다.

3) 관 할

> 제48조(제3자이의의 소) ② 제1항의 소는 집행법원이 관할한다. 다만, 소송물이 단독판사의 관할에 속하지 아니할 때에는 집행법원이 있는 곳을 관할하는 지방법원의 합의부가 이를 관할한다.

7-69 본소는 **집행법원**의 전속관할에 속한다(48조 2항, 21조). 즉, 집행행위가 있은 곳이 관할한다. 개별 재산에 대한 강제집행의 불허를 구하는 소이므로 강제집행이 실시된 곳의 법원을 관할법원으로 하여 신속·적정한 심리·판결을 하게 하려는 것이다. 시·군법원에서 한 보전처분의 집행에 대한 제3자이의의 소는 시·군법원이 있는 곳을 관할하는 지방법원 또는 지방법원지원이 관할한다(22조 2호). 사물관할은 소송목적의 값에 따라 결정된다. 즉, 소송물이 단독판사의 관할에 속하지 아니할 때에는(현재 소송목적의 값 5억 원 초과) 집행법원이 있는 곳을 관할하는 법원의 합의부가 이를 관할한다(48조 2항).

4) 심 리

7-70 본소의 심리절차는 보통의 판결절차와 마찬가지이다. 본안의 심리는 제3자가 주장하는 이의사유의 존부에 한정되며, 집행의 적부에는 미치지 아니한다. 증명책임도 일반원칙에 따라 원고인 제3자가 부담하며, 피고는 제3자의 권리취득의 불성립, 무효, 소멸 등을 항변으로 제출할 수 있다.[105] 이의사유인 실체적 권리는 변론종결시에 존재하여야 하며, 소송계속 중에 소멸한 때에는 청구가 배척된다.

105) Gaul/Schilken/Becker-Eberhard §41 Rn. 144; MüKoZPO/Schmidt/Brinkmann ZPO §771 Rn. 61.

◈ **구체적 예** ◈ 甲은 1천만 원의 대여금채권의 집행권원에 기하여 乙이 소지하는 A동산에 대하여 동산집행을 신청하였다. 집행관이 위 동산을 압류한바, 乙로부터 위 동산을 증여받은 丙이 이미 점유개정에 의한 인도가 있었다고 주장하여 제3자이의의 소를 제기하였다. 이 소송에서 甲은 乙과 丙의 증여계약이 사해행위로 이를 취소한다는 취지의 반소를 제기하였다. 사해행위가 인정되는 경우에 본소인 제3자이의의 소는 어떻게 되는가. 점유개정에 의한 인도에 의하여 乙이 현실의 점유를 가진 채, 丙이 점유를 취득한 것이다. 위 동산에 대하여 소유권을 가지는 丙의 제3자이의의 소가 인정될 수 있다. 그런데 제3자이의의 소 계속 중, 乙로부터 丙에게의 위 동산의 증여가 사해행위라고 甲이 반소를 제기하였는데, 가령 이 반소가 인정되면 증여계약은 효력을 잃게 되고, 丙은 소유권을 가지는 제3자가 아니게 된다. 다만, 본소 및 반소가 동일한 법원에 동시에 심리된 결과, 변론종결 당시의 상황에서 甲에게 사해행위취소권이 존재한다고 판단되고, 丙의 위 동산의 소유권취득이 부정되어야 하는 것이 법원에 분명한 경우에는 丙 주장의 소유권은 이의사유에 해당하지 않는 것으로 풀이할 수 있다.[106] 따라서 丙의 제3자이의의 소는 인정되지 않게 된다.

5) 판 결

원고의 청구가 이유가 없으면 청구가 기각된다. 이의사유가 되는 실체권은 변론종결시에 존재하여야 한다. 소송계속 중에 가령 원고가 이의사유인 소유권을 잃은 때는 청구는 기각된다. 7-71

심리한 결과, 이의가 정당하다고 인정될 때에는 그 목적물에 대한 피고의 강제집행의 불허를 선언한다. 이 판결은 제3자의 집행이의권의 존부를 확정하는 것이고, 제3자의 소유권에 대한 존부를 확정하는 것이 아니다. 원고 승소의 집행을 불허하는 판결이 확정되더라도 집행이 당연히 효력을 잃는 것이 아니고, 그 재판의 정본을 집행기관에 제출하여야 비로소 집행은 종국적으로 끝을 맺게 된다(49조 1호, 50조).

판결에 대한 불복신청은 통상의 방법에 의한다.

---

106) 사해행위취소권은 소송상으로의 형성권의 행사이므로 어디까지나 판결의 효력이 생기는 단계에서 취소의 효과도 발생한다고 본다면, 소송종료 전에 취소의 효과를 인정하고자 하는 판단을 할 수 없다고 생각할 수 있고, 제3자이의의 소에 취소를 반영하는 것은 곤란할 것이다. 그러나 일본 最高裁判所 昭和40(1965)·3·26 판결은 위와 같이 사해행위취소권이 존재한다고 판단되어 제3자의 동산소유권 취득이 부정될 것이 법원에 분명한 경우에 있어서는 제3자 주장의 소유권은 제3자이의의 소의 이의사유에 해당하지 않는다고 보았다.

◈ 원고 승소판결 주문 기재례 ◈

1. 피고가 ○○○에 대한 ○○법원 2012 . . 선고 2012가합○○○판결의 집행력 있는 정본에 터 잡아 2012 . . 별지 목록에 적힌 물건에 대하여 한 강제집행은 이를 불허한다.
2. 이 법원이 2012카기○○ 강제집행정지신청사건에 관하여 2012 . . 한 강제집행정지결정은 이를 인가한다.
3. 소송비용은 피고가 부담한다.
4. 제2항은 가집행할 수 있다.

(6) 잠정처분

第48조(제3자이의의 소) ③ 강제집행의 정지와 이미 실시한 집행처분의 취소에 대하여는 제46조 및 제47조의 규정을 준용한다. 다만, 집행처분을 취소할 때에는 담보를 제공하게 하지 아니할 수 있다.

7-72 ① 본소가 제기되더라도 이미 개시된 강제집행이 당연히 정지되지는 않는다. 그러나 그렇다고 한다면 그 사이에 자칫 강제집행이 종료하고 본소의 목적이 달성될 수 없는 사태가 생길 우려가 있으므로 본소의 원고를 보호하기 위하여 법 46조, 법 47조의 규정을 준용하여 **청구이의의 소에서와 마찬가지로**(☞7-50) 신청에 따라 강제집행의 **정지**와 집행처분의 **취소**를 할 수 있도록 하고 있다(48조 3항 본문). 다만 청구이의의 소 등에 의한 경우와 달리 **집행처분**을 **취소**할 때에는 **담보를 제공하게 하지 않을 수 있다**(동조 동항 단서. 그 이유는 제3자의 재산이 잘못 압류된 경우에 항상 담보를 제공하지 않으면 취소할 수 없게 하는 것은 제3자에게 가혹하다는 점에 있다).[107]

정지 · 취소의 대상이 원고가 주장하는 피압류재산에 대한 집행에만 한정되고, 집행권원에 기한 집행의 일반적 정지 · 취소는 허용되지 않는다는 점도 청구이의의 소와 다르다.

집행법원(급박한 경우에는 재판장)은 신청에 의하여 위 잠정처분을 할 수 있다. 한편 제3자이의의 소는 청구이의의 소와 달리 집행법원이 관할법원이 되므로(48조 2항) 법 46조 4항의 준용에 의하여 집행법원의 잠정처분을 인정하는 의미는 없다고 보인다(48조가 46조 및 47조의 규정을 준용). 그러나 급박한 사정이 있는 때에는 제3자이의의 소를 제기하기 전에 집행법원이 신청에 의하여 잠정처분을 할 수 있을 것이다.

107) 종전 **일본법**은 우리와 마찬가지이었으나, **현행법**은 본소의 제기에 따른 경우에도 그 특례를 두지 않고, 다른 집행관계소송과 마찬가지로 집행처분의 취소를 명함에 담보를 제공하도록 하고 있다.

본소가 계속되지 아니한 상태에서 한 잠정처분의 신청은 부적법하다. 이 재판에 대하여 불복을 할 수 없다. 또한 그 신청을 기각한 결정에 대하여도 마찬가지이다. 다만 특별항고는 할 수 있다. 채무자는 위 잠정처분을 집행기관에 제출하여 집행의 일시적 정지를 구할 수 있다(49조 2호).

② 수소법원은 위 선행의 잠정처분이 없었으면 제3자이의의 소의 본안판결에서 **직권**으로 잠정처분의 명령을 내리고(청구기각의 경우는 제외), 이미 내린 선행의 잠정처분이 있으면 그 명령을 **취소·변경** 또는 **인가**할 수 있다(48조 3항, 47조. ☞7-51).

제 2-2 편 금전채권에 기초한 강제집행

제 1 장

총 설

I. 개 관

8-1 금전채권(Geldforderung)에 기초한 강제집행(금전집행)은 채무자의 재산을 강제적으로 환가(현금화)하여 그 대금을 채권자에게 교부 또는 배당하여 채권자의 금전채권의 만족을 도모하는 강제집행을 말하는데, 금전집행(Geldvollstreckung)은 금전채권 외의 채권(가령 인도청구권)에 기초한 강제집행(비금전집행)에 대비되는 개념이다.

금전채권은 일정액의 금전을 지급할 것을 청구하는 채권, 즉 집행권원이 일정액의 금전의 급여를 목적으로 하는 것이다. 내국통화의 급여를 목적으로 하는 경우뿐만 아니라 외국통화의 급여를 목적으로 하는 경우도 상관없다. 한편, 특정물로서의 금전, 가령 임치, 운송의 목적이 된 대금의 인도를 청구하는 채권, 이른바 특정금전채권은 특정물의 인도청구채권이며 금전채권이 아니다.

현대의 경제생활에서 금전채권의 중요성에 비추어 금전집행은 강제집행사건의 대부분을 차지한다. 채권회수의 가장 중요하면서 확실한 수단이라고 할 수 있다.

그런데 금전집행의 대상이 되는 재산의 종류는 다양하다. 재산의 종류에 따라 민사집행법은 부동산집행(Immobiliarvollstreckung), 선박 등 준부동산집행, 유체동산집행, 채권 및 그 밖의 재산권에 대한 집행 등으로 구별하여 집행절차를 규정하고 있다. 채권자는 그 선택에 의해 집행하여야 할 재산의 종류에 따라 각각의 집행절차에 대하여 권한을 가지는 집행기관에 집행의 신청을 하고, 또한 유체동산에 대한 집행(민사집행규칙 132조 참조)을 제외하고는 집행의 대상인 재산을 특정하여 집행의 신청을 하여야 한다.

위와 같이 금전집행에 있어서는 원칙적으로 채무자의 개별적 재산을 구체적으로 특정하여 집행을 신청하여야 하는데, 채권자로서는 채무자의 재산에 관한 충분한 정보를 가지고 있지 않은 경우에는 승소판결을 받더라도 그 강제적 실현을 도모하기 어려울 수 있다. 그리하여 민사집행법은 금전채권의 권리실현의 실효성을 향상시키기 위하여 재산명시절차, 채무불이행자명부등재제도, 재산조회제도 등의 절차를 마련하고 있다.

한편 여기서의 금전집행은 채무자의 개별 재산을 현금화(환가)하여 채권자의 만족을 도모하는 것이므로 개별집행이라고 하는데 대하여, 원칙적으로 채무자의 재산 전체를 대상으로 하는 파산은 포괄집행 내지는 일반집행이라고 한다.

◈ 용어의 사용 ◈ 민사집행법은 종래 사용하던 용어를 다음과 같이 바꾸어 사용하고 있다. 예를 들어, '경매' 또는 '경락'은 '매각'으로, '경매기일'은 '매각기일'로, '경매물건명세서'는 '매각물건명세서'로, '최저경매가격'은 '최저매각가격'으로, '경매장소'는 '매각장소'로, '경락기일'은 '매각결정기일'로, '경락대금'은 '매각대금'으로, '경락(불)허가'는 '매각(불)허가'로, '경락인'은 '매수인'으로, '경매가격'은 '매각가격'으로, '신경매'는 '신매각'으로, '재경매'는 '재매각'으로, '일괄경매'는 '일괄매각'으로, '과잉경매'는 '과잉매각'으로 바꾸었다.

Ⅱ. 금전집행의 구조

금전집행은 크게 보면, 압류 → 현금화(환가) → 만족(배당)의 3단계를 거친다. 8-2
다만 압류를 어떠한 방법으로 하고, 현금화를 어떠한 방법으로 하는가에 관하여는 압류의 대상이 된 채무자의 재산이 유체물인가 무체물인가, 나아가 유체물이라도 그것이 부동산인가 동산인가에 따라 달라진다.

1. 제1단계 – 압류

압류(Pfändung, Beschlagnahme)는 제1단계의 집행처분으로서, 금전채권의 만족 8-3
을 얻기 위하여 채무자가 소유하는 특정 재산을 국가의 지배하에 두고 그 채무자의 처분권을 사실상 또는 법률상 금지하는 국가의 집행기관의 강제적 행위(공권적 행위)이다. 재산을 현금화(환가)하기까지 어느 정도 시간이 걸리므로 그 사이에 그 재산의 가치가 감소하지 않도록 사실상태나 법률관계를 가능한 한 고정하려고 하는 것이다. 압류의 주체, 방식은 대상 목적물에 따라 다르다.

압류의 주체는 유체동산인 경우에는 집행관이고, 그 밖의 경우에는 집행법원이다.

압류의 방식은 유체물에 대한 금전집행에서는 권리이전의 성립요건(등기, 등록, 점유)을 강제적으로 실행하는 형태로 행하여진다. 즉, 부동산, 선박, 자동차, 건설기계, 항공기에 대하여는 채무자의 동의 없이 압류의 취지를 등기 또는 등록하는 방법으로 압류가 행하여지고, 유체동산에 대하여는 집행기관이 점유를 현실로 취득하는 방법으로 행하여진다. 반면 무체재산(채권 그 밖의 재산권)에 대한 금전집행에서는 권리이전의 성립요건으로서 등기 내지 점유라고 하는 외형적인 표시가 존재하지 않기 때문에, 압류는 채무자에게 그 권리행사를 금지시키고 제3채무자에 대하여는 집행채무자에 대한 변제를 금지시키는 재판을 하여 그 효과로서 압류의 목적을 달성하는 방법으로 행한다.

압류는 형법상 보호되어, 채무자에 의한 목적재산의 사실적 처분은 형법의 적용대상이 된다.

2. 제2단계 – 현금화(=환가)

8-4 현금화(환가=Verwertung)는 압류된 채무자의 재산을 현금으로 바꾸는 것을 말한다. 현금화의 방법은 유체물인가 무체물인가에 따라 다르다. 유체물이 집행의 대상인 경우에는 집행기관이 그 대상물을 양도(매각)하여 그 대금을 취득하는 형태로 현금화한다. 무체재산은 추심권을 채권자에게 내어 주는 방법, 전부명령(또는 양도명령) 등 다양한 방법으로 현금화한다.

3. 제3단계 – 만족(=배당)

8-5 현금화된 것을 채권자에게 교부하여 채권자가 만족(Befriedigung)을 얻으면 금전집행은 목적을 달성하며, 해당 집행절차에서 집행채권자와 경합하는 사람이 없으면 그것으로써 집행은 종료한다(남는 것이 있으면 채무자에게 반환한다). 그러나 집행채권자 외에 다른 채권자가 집행에 참가한 경우에는 현금화한 금원을 집행채권자에게만 교부하는 것은 허용되지 않고, 집행에 참가한 모든 채권자 사이의 권리관계를 조정하고 그 순위에 따라 만족을 주는 배당절차(Verteilungsverfahren)를 실시하여야 한다.

Ⅲ. 금전집행의 경합(채권자의 경합)

1. 우선주의와 평등주의

동일 재산에 대한 금전채권의 집행절차에서 채권자가 경합하는 경우에 그 처리 를 어떻게 할 것인가, 바꾸어 말하면 각 채권자의 채권 전부를 만족시키는 것이 충분 하지 않은 경우, 최초의 압류채권자와 그 집행절차에 참가한 다른 채권자에 대하여 각각 어떠한 지위를 줄 것인가. 즉, 서로 우선권을 가지지 않는 여러 채권자 사이에 서 현금화한 금전을 어떻게 분배할 것인가에 대하여는 세 가지 방식(입법례)이 있다. 8-6

(1) 우선주의(Prioritätsprinzip, Präventionsprinzip)

우선주의(우선배당주의, 압류우선주의)는 압류의 시간적 선후에 따라 현금화한 금원으로부터 만족을 얻는 순위를 달리하여, 압류를 먼저 행한 채권자가 우선적으 로 채권의 변제를 받고, 늦게 집행절차에 참가한 채권자에 대하여는 나머지 현금화 한 금원만을 주는 방식이다. 독일이 채택하고 있는 입장이다.[1) 8-7

(2) 평등주의(Ausgleichsprinzip)

평등주의(평등배당주의, 압류평등주의)는 특히 실체법상 우선권이 인정되지 않는 채권자를 평등하게 취급하여 압류채권자 및 집행절차의 일정 단계까지 집행에 참가 한 채권자는 모두 그 채권액에 비례하여 현금화한 금원을 배당하여 주는 방식이다. 프랑스가 채택하고 있는 입장이다. 8-8

가령, 채무자 소유의 토지를 경매로 9천만원에 매각하였고, 채권자로서는, ① 집행채권자 甲, ② 절차개시 뒤에 참가한 乙 및 ③ 乙보다 늦게 참가한 丙의 3인이 있고, 채권액이 각각 6천만원이라고 하자. 이 경우에 우선주의에서는 절차에 참가 한 순서로 우선하는 것이 되므로 배당금액은 甲에게 6천만원, 乙에게 3천만원, 丙 에게는 0원이 된다. 이에 대하여 평등주의에서는 절차에 참가한 순서는 고려하지 않고, 채권자는 모두 평등하게 취급되어 甲, 乙, 丙 전원이 3천만원씩의 배당을 받 게 된다.

(3) 군단우선주의(Gruppenbevorzugung)

군단우선주의(집단우선주의, 수정평등주의, 집단집행주의)는 집행에 참가한 기간 8-9

---

1) Gaul/Schilken/Becker-Eberhard, Zwangsvollstreckungsrecht, §5 Rn. 84.

을 기준으로 하여, 앞선 일정한 기간 안에 배당을 요구한 채권자 사이에 우선 평등하게 배당하고, 그 뒤의 기간에 참가한 채권자는 앞에 참가한 채권자가 배당받고 남은 금원에 한하여 평등하게 배당을 받도록 하는 원칙으로, 우선주의와 평등주의를 절충한 방식이다.[2)]

가령 스위스의 군단우선주의에서는 30일마다 차례차례로 기간을 나누므로 최초 30일 사이에 절차에 참가한 채권자 사이에서는 평등하지만, 그 채권자는 다음 30일 사이에 참가한 채권자보다도 우선하게 된다. 위의 예에서 만약 甲과 乙이 처음 30일 사이의 채권자이고, 丙만이 그 30일을 지난 뒤에 참가한 채권자이었다고 하면, 배당금액은 甲과 乙이 각각 4천 5백만원, 丙은 0원이 된다.

(4) 평등주의의 채택

8-10 채권자 사이에서의 공평이라는 관점에서 우선주의를 지지하는 쪽은 열심인 채권자나 보다 빨리 집행절차에 참가한 자를 그만큼 보호하는 것이 채권자 사이에 공평하다는 것이고, 이에 대하여 평등주의를 지지하는 쪽은 집행착수나 참가가 빨라는가, 늦었는가만으로 부지런하다는 것을 반드시 반영하는 것은 아니라고 할 것이고, 오히려 실체법상 인정되고 있는 채권자평등주의라는 원칙을 중시하여야 한다고 한다. 우리는 **평등주의**를 기본으로 하고 있다.[3)] 다른 채권자의 이중압류와 배당요구를 인정한다. 1990. 1. 13. 민사소송법 개정 시에 군단우선주의를 도입하려고 하였으나,[4)] 실제 채택되지 않았고, 평등주의 방식을 그대로 유지하였다. 현행 2002년 민사집행법도 배당요구채권자의 범위에 대하여는 원칙적으로 1990년 민사소송법의 입장을 따랐으며, 다만 종래의 매각결정기일까지 배당요구를 할 수 있었던 규정을 폐지하고, 절차의 안정을 도모하기 위하여 **배당요구종기제도**를 새로이 도입하였다.

---

2) 군단우선주의는 1889년에 제정된 스위스의 "금전채권의 강제징수와 파산에 관한 연방법률[Bundesgesetz über Schuldbetreibung und Konkurs vom 11. April, 1889]"이라는 특별법에서 채택한 것이라고 한다. 이에 대하여는 김경욱, "민사집행에 있어서 압류채권자에 대한 평등주의와 우선주의", 민사집행법연구(2012. 2), 108면 이하 참조.

3) **일본**의 1890년(明治 23년)에 제정되어 1891년에 시행된 민사소송법은 극단적 평등주의를 채택하였고, 이후 1979년에 제정되어 1980년에 시행된 민사집행법에서 대폭적 개정이 이루어졌으나, 여전히 평등주의에 기울어진 특징을 가지면서도(中野貞一郎 · 下村正明, 民事執行法, 35면), 실질적으로는 우선주의에 가깝다고 할 수 있다.

4) 당시 국회에 제출되었던 개정안은 금전채권집행에서 군단우선주의를 채택하여 최초의 압류일로부터 일정기간 내에 배당에 참가한 채권자군은 그 다음 일정기간 내에 배당에 참가한 채권자군보다 우선하여 배당을 받을 수 있도록 하는 규정을 마련하였으나, 국회의 심의과정에서 이 안이 채택되지 아니하고, 그 대신 배당요구권자를 제한하는 방향으로 변형되었다.

그 취지는 다수의 채권자가 집행에 참가하여 집행절차가 복잡하고 지연되기도 하며, 한편 가장채권자의 난립으로 채권자가 집행채권액보다 과도한 압류를 신청하는 경향이 나타나 채무자의 보호에도 미흡하다는 점을 보완하기 위함이나, 여전히 배당요구 종기일 및 배당요구를 할 수 있는 채권자의 범위도 정하여야 하는 등 절차가 번잡하게 될 수밖에 없고, 또한 다수의 이해관계인이 집행절차에 참가하게 되어 배당문제도 복잡하게 되는 등 문제가 있으므로[5] 앞으로 평등주의에 대한 입법적 검토 및 유익한 논의의 전개 및 바람직한 방향을 모색하는 시도를 하여야 할 것이다.

2. 공동압류, 이중압류 및 배당요구

여럿의 채권자가 동일한 집행 목적재산에 대하여 집행절차에 관련하는 형태는 다음 세 가지로 구별할 수 있다. 자세히는 나중에 다시 살펴본다(가령, 부동산에 대한 강제집행에서는 ☞10-45, 10-155). 8-11

(1) 공동압류

집행기관이 채무자의 동일 재산을 여럿의 채권자를 위하여 동시에 압류하는 것이다. 여기에는 공동신청에 의한 경우와 별개의 집행신청을 집행기관이 병합하는 경우가 있다. 이러한 경매절차에는 단독으로 경매신청을 한 경우를 준용한다(162조). 8-12

(2) 이중압류

이미 압류되어 있는 재산을 다른 채권자를 위하여 집행기관이 그 사람의 신청에 기하여 다시 압류하는 것이다(압류의 경합). 이중으로 경매의 신청이 있는 때에는 법원은 다시 경매개시결정(이중개시결정이라고 한다)을 하고, 먼저 경매개시결정을 한 집행절차에 따라 경매한다(87조 1항). 배당요구의 종기까지 이중압류를 신청한 채권자는 배당채권자가 된다(148조 1호). 8-13

(3) 배당요구

배당요구는 이미 개시된 집행절차에서 압류채권자 이외의 채권자가 자기의 채권의 만족을 위하여 집행기관에 대하여 배당 등을 구하는 신청이다. 배당요구는 다른 채권자의 집행절차에 편승하는 종속적 행위라는 점에서 이중의 경매신청과 차이 8-14

---

5) 그 문제점에 대하여는 전원렬, “민사집행법상 평등주의의 재검토”, 법조(2020. 6), 7면 이하; 강구욱, “민사집행법상 채권자평등주의의 허상과 실상”, 민사집행법연구(2022. 8), 366면 이하 참조.

가 있다(이중압류에 비하여 배당요구는 절차가 간단하다). 다만 다른 채권자는 선행경매의 취하 시의 절차나 정지된 절차의 속행신청권 등의 이유로 배당요구보다는 이중의 경매신청을 선호할 수 있다.

제 2 장

집행준비절차

I. 개 관

금전채권에 채권에 기초한 강제집행, 즉 금전집행에서는 압류 → 현금화 → 만족(배당)의 순서를 밟게 되는데, 집행을 신청하는 경우에 채권자는 원칙적으로 집행 대상이 되는 채무자의 재산을 특정하여 신청을 하여야 한다. 그런데 채권자는 채무자 소유의 재산을 수색·탐지할 수 있는 강제력을 수반한 조사권한이 없으므로 채무자가 스스로 자기의 재산 내역과 소재를 채권자에게 알려주지 않는 경우나 집행을 면탈하기 위하여 재산을 숨기거나 거짓 양도한 경우에는 채권자로서는 채무자의 재산을 찾아낼 방도가 없어 힘들여 얻은 판결 등 집행권원이 무용지물이 될 수 있다. 그리하여 채권자의 강제집행을 쉽게 하기 위한 집행준비절차(집행보조절차)로 **재산명시절차** 및 **재산조회제도**와 **채무불이행자명부등재절차**가 마련되어 있다.[1] 9-1

한편 가사소송에서는 별도로 가사소송법 48조의2 및 48조의3에서 집행권원이 없는 상태에서 할 수 있는 재산명시 및 재산조회에 대하여 규율하고 있다(☞1-23).

1) 한편, 집행에 있어서 집행채무자의 주소 또는 거소(소재지)가 불명인 경우에 집행의 실효성을 위하여 집행채권자가 집행채무자의 소재지를 스스로 찾아내야 하는데, 그 조사가 쉽지 않다. 가령 당초부터 피고의 주소 또는 거소를 알지 못한 채 공시송달 등에 의하여 확정판결을 얻은 채권자만이 그 권리실현을 위하여 채무자의 소재지를 조사하는 것이 적절한가의 문제가 있다. 한편 **독일**에서는 2013. 1. 1. 시행된 강제집행에서의 사안해명의 개혁에 관한 법률(Gesetz zur Reform der Sachaufklärung in der Zwangsvollstreckung (ZwVollStrÄndG), 29. 07. 2009 BGBl. I S. 2258)에 의하여 새롭게 채권자의 신청에 기하여 집행관에 의한 채무자 소재지의 조사가 민사소송법에 추가되었다(ZPO §755). MüKoZPO/Heßler ZPO §755 Rn. 1-8.

〈처리내역〉[2)]

	2021년				
	접수	처리	인용	기각	기타
재산관계명시	168,333	169,265	57,358	576	111,331
재산조회	27,439	26,784	26,247	35	502
채무불이행자명부등재	119,511	120,517	106,575	1,237	12,705

Ⅱ. 재산명시절차

제61조(재산명시신청) ① 금전의 지급을 목적으로 하는 집행권원에 기초하여 강제집행을 개시할 수 있는 채권자는 채무자의 보통재판적이 있는 곳의 법원에 채무자의 재산명시를 요구하는 신청을 할 수 있다. 다만, 민사소송법 제213조에 따른 가집행의 선고가 붙은 판결 또는 같은 조의 준용에 따른 가집행의 선고가 붙어 집행력을 가지는 집행권원의 경우에는 그러하지 아니하다.

제62조(재산명시신청에 대한 재판) ① 재산명시신청에 정당한 이유가 있는 때에는 법원은 채무자에게 재산상태를 명시한 재산목록을 제출하도록 명할 수 있다. ② 재산명시신청에 정당한 이유가 없거나, 채무자의 재산을 쉽게 찾을 수 있다고 인정한 때에는 법원은 결정으로 이를 기각하여야 한다.

제63조(재산명시명령에 대한 이의신청) ① 채무자는 재산명시명령을 송달받은 날부터 1주 이내에 이의신청을 할 수 있다.

제64조(재산명시기일의 실시) ① 재산명시명령에 대하여 채무자의 이의신청이 없거나 이를 기각한 때에는 법원은 재산명시를 위한 기일을 정하여 채무자에게 출석하도록 요구하여야 한다. 이 기일은 채권자에게도 통지하여야 한다.

제65조(선서) ①채무자는 재산명시기일에 재산목록이 진실하다는 것을 선서하여야한다.

제66조(재산목록의 정정) ① 채무자는 명시기일에 제출한 재산목록에 형식적인 흠이 있거나 불명확한 점이 있는 때에는 제65조의 규정에 의한 선서를 한 뒤라도 법원의 허가를 얻어 이미 제출한 재산목록을 정정할 수 있다.

제67조(재산목록의 열람·복사) 채무자에 대하여 강제집행을 개시할 수 있는 채권자는 재산목록을 보거나 복사할 것을 신청할 수 있다.

---

2) 위 제도가 제대로 활용되고 있는지 여부는 전체 민사소송사건과 대비하여 살펴보아야 할 것인데, 위 제도를 이용하기 위한 근거가 되는 집행권원을 얻는 방법이 여러 가지이므로 각 제도의 활용에 대한 평가를 내리기는 것이 쉽지 않다.

第68조(채무자의 감치 및 벌칙) ① 채무자가 정당한 사유 없이 다음 각 호 가운데 어느 하나에 해당하는 행위를 한 경우에는 법원은 결정으로 20일 이내의 감치에 처한다. 1. 명시기일 불출석 2. 재산목록 제출 거부 3. 선서 거부

第69조(명시신청의 재신청) 재산명시신청이 기각·각하된 경우에는 그 명시신청을 한 채권자는 기각·각하사유를 보완하지 아니하고서는 같은 집행권원으로 다시 재산명시신청을 할 수 없다.

1. 의 의

재산명시절차는 강제집행을 개시할 수 있는 채권자가 금전채무를 이행하지 않 9-2
은 채무자에 대하여 재산명시를 요구하여 재산목록을 제출할 것을 법원에 구하는 제도를 말한다(61조). 이는 법원이 채무자로 하여금 강제집행의 대상이 되는 재산과 일정기간 내의 그 재산의 처분상황을 명시한 **재산목록을 제출**하게 하고, 그 진실성에 관하여 **선서**하게 함으로써 그 재산상태를 공개하는 절차로, 1990. 1. 13. 민사소송법 개정에 의하여 채권자의 권리행사의 실효성 확보를 위하여 도입한 제도이다(같은 때에 다음 Ⅳ. 채무불이행자명부제도도 도입).[3]

재산명시신청 → 명시명령 → 명시기일의 지정 → 명시기일의 실시(진실함에 대하여 선서)의 순서로 진행된다.

---

3) 재산명시제도는 **독일**에서의 재산의 개시보증제도(Offenbarungsversicherung)를 수정·변형하여 도입한 것이다. 재산개시절차는 채무자가 그 재산에 대한 정보를 신고하고, 그 내용의 정확성 등에 관하여 선서를 대신하는 보증(eidesstattliche Versicherung)을 하는 방법으로 행하여지므로(ZPO 802조의c 3항) 종전에는 '선서를 대신하는 보증'이라고 불렸다. 그런데 2009. 7. 29. 성립한 강제집행에서의 사안해명의 개혁에 관한 법률(Gesetz zur Reform der Sachaufklärung in der Zwangsvollstreckung(ZwVollStrÄndG), 29. 07. 2009 BGBl. I S. 2258)에 의하여 재산개시나 재산목록제도 등이 대폭 개정되었다(일부 규정을 제외하고 시행일은 2013. 1. 1.부터). 가령 집행절차 초기부터 재산개시절차를 신청할 수 있게 되었다. 그리고 **미국**의 각 주(州)에서는 채무자를 공개의 법정에 소환하여 채무자 보유재산의 전부를 개시하도록 하는 보조절차(supplemental proceedings)를 가지고 있다. 채무자가 출석을 거부하는 경우에는 강제적으로 출석시키고, 진술 등의 거부에 대하여는 법원모욕죄(comtempt of court)에 의한 제재를 가할 수 있다. 또한 채무자나 채무자의 책임재산의 소재에 대한 정보를 가지는 제3자에게 질문 등을 하는 판결 후 디스커버리(post-judgement discovery)가 있다. 한편 **일본**은 입법 당초부터 독일의 재산개시제도를 계수하지 않았다가, 우리보다 늦게 2003년의 법개정에 의하여 집행법원이 채무자에 대하여 재산의 개시를 명하는 절차, 즉 재산개시절차를 창설하였다(민사집행법 196조~203조).

2. 신청자

9-3 원칙적으로 법원의 직권으로 하지 않고, 채권자의 신청이 필요하다(61조 1항). 금전채권의 만족을 위한 강제집행을 개시할 수 있는 집행권원을 가진 모든 채권자는 재산명시신청을 할 수 있는데, 다만 가집행선고부 집행권원(가집행선고부 판결, 가집행선고부 배상명령 등)은 그렇지 않다(61조 1항 단서). 이를 제외한 취지는 가집행선고부 집행권원은 아직 확정되지 않아 취소의 가능성이 있는데, 이를 기초로 감치까지 할 수 있는 재산명시절차를 개시하는 것은 자칫 채무자에게 회복 불가능한 손해를 입힐 우려가 있다고 본 것이다.

3. 신청요건

(1) 금전의 지급을 목적으로 하는 집행권원 중 가집행의 선고가 붙어 집행력을 가지는 집행권원을 제외한 집행권원에 기초할 것

9-4 금전의 지급을 목적으로 하는 집행권원(즉, 확정판결, 화해·조정조서, 확정된 지급명령, 확정된 이행권고결정 등. 한편, 가집행선고부 집행권원이 제외되는데, 그 취지는 위에서 이미 설명)[4]에 의한 금전채무를 채무자가 임의로 이행하지 아니하는 때에는 채권자는 그 집행력 있는 정본과 강제집행을 개시함에 필요한 서류를 붙여(61조 2항) 법원에 채무자의 재산명시를 요구하는 신청을 할 수 있다. 여기서 채권자가 강제집행을 개시할 수 있는 상태에 있어야 하므로 그 요건의 존재를 소명하기 위하여 채권자는 재산명시신청에 집행력 있는 정본과 함께 강제집행을 개시함에 필요한 문서를 붙이도록 한 것이다(이는 다른 강제집행절차에 선행하거나 부수하는 절차가 아니라 그 자체 독립적 절차로 본 것이다).

(2) 채무자는 소송능력이 있을 것

9-5 채무자는 재산목록을 작성하고, 명시기일에 출석하여 그 재산목록을 제출하고(64조 2항) 진실함을 선서하여야 하는(65조 1항) 등 일정한 소송행위를 하여야 하므로 채무자는 소송능력이 있어야 한다. 소송능력이 없는 경우라면 법정대리인에게 출석의무 등을 부담시켜 재산명시절차를 개시할 수 있다. 다만 선서는 대리에 친하

---

4) **일본** 민사집행법은 집행증서 및 확정판결과 동일한 효력을 가지는 지급독촉 등도 재산개시신청을 할 수 없다고 규정하였으나(이러한 집행권원에 기하여 재산개시가 있으면 사후적으로 집행증서나 지급독촉이 무효가 되는 경우에 해당 정보를 개시 전의 상태로 회복할 수 없으므로), 이를 2019년 개정 민사집행법 197조에서 없앴다.

지 아니한 행위로 채무자가 소송무능력자라도 자신이 선서하여야 하고, 법정대리인이 있어도 대리인에 의하여 대리될 수 없다. 선서무능력자에 대하여는 선서 없이 절차를 진행할 수밖에 없다고 본다.5)

(3) 채무자의 재산을 쉽게 찾을 수 없을 것

채무자의 재산을 쉽게 찾을 수 있다고 인정한 때에는 법원은 재산명시신청을 9-6
기각하여야 한다(62조 2항). 채권자가 약간의 노력만 하면 집행대상재산을 쉽게 발견할 수 있는 경우가 이에 해당한다. 그 **증명책임**은 채무자에게 있으므로 채무자의 재산을 쉽게 찾을 수 있다고 인정할만한 사유가 뚜렷이 나타나 있지 않거나 채무자가 그 사실을 소명하지 아니하면 법원은 재산명시신청에 대한 발령 단계에서는 일단 명시명령을 발하여야 한다.

(4) 채무자가 채무를 이행하지 않을 것

이 요건은 집행권원에 표시된 채권이 소멸하지 않았다는 것을 의미하는 소극적 9-7
요건이다. 채권자가 재산명시신청을 하면서 특별히 이 요건을 소명하여야 하는 것은 아니고, 채무자가 이의를 신청하여 채무를 이행하였다는 사실을 주장할 수 있을 뿐이다.

또한 재산명시신청 전에 먼저 강제집행에 착수하여야 하는 것이 반드시 필요한 것은 아니다(즉 보조적 절차가 아니라 독립적 절차).6)

재 산 명 시 신 청

채권자 (이 름)
(주 소)
(연락처)

---

5) 이시윤, 254면.

6) **독일**은 본래 개시보증제도가 보충적 절차이었는데, 보충성이 강제집행의 실효성을 저해하므로 2009. 7. 29. 성립한 강제집행에서의 사안해명의 개혁에 관한 법률(Gesetz zur Reform der Sachaufklärung in der Zwangsvollstreckung(ZwVollStrÄndG), 29. 07. 2009 BGBl. I S. 2258)에 의한 민사집행법 개정에 의하여 재산개시와 동산집행을 연계하지 않고, 집행권원을 가진 채권자는 동산집행을 신청하지 않더라도 재산개시를 집행관에게 신청할 수 있게 되었다(ZPO 802조의c).

채무자 (이 름)
(주 소)

집행권원의 표시: OO지방법원 20 . . . 선고 20 가합 손해배상 사건의 집행력 있는 판결정본
채무자가 이행하지 아니하는 금전채무액: 금 원

신 청 취 지

채무자는 재산상태를 명시한 재산목록을 제출하라.

신 청 사 유

1. 채권자는 채무자에 대하여 위 표시 집행권원을 가지고 있고 채무자는 이를 변제하지 아니하고 있습니다.
2. 따라서 민사집행법 제61조에 의하여 채무자에 대한 재산명시명령을 신청합니다.

첨 부 서 류

1. 집행력 있는 판결정본 1부
1. 송달증명원 1부
1. 확정증명원 1부
1. 송달료납부서 1부

20 . . .
채권자 ○○○ (서명 또는 날인)

OO지방법원 귀중

4. 심리 및 재판

9-8 채무자의 **보통재판적이 있는 곳의 지방법원**이 관할한다(61조 1항. 채무불이행자명부등재절차나 재산조회절차와 달리 사법보좌관의 업무가 아니고, 지방법원 **단독판사**의[7] 업무이다). 이는 **전속관할**이다. 채무자의 권리방어, 출석의 편의를 고려한 것이다.[8] 신청에 대한 재판은 채무자를 심문하지 아니하고 한다(62조 3항).

7) **독일**은 재산명시절차를 1970년 이후 사법보좌관이 담당하다가, 1997. 12. 17. 제2차 강제집행법 개정법(2. Zwangsvollstreckungsnovelle)에 의하여 집행관의 권한으로 하여 동산집행과 재산개시의 관할을 일원화하였다. 그리고 앞에서 보았듯이 2009. 7. 29. 성립한 강제집행에서의 사안해명의 개혁에 관한 법률(ZwVollStrÄndG)에 의하여 집행권원을 가진 채권자는 동산집행을 신청하지 않더라도 재산개시를 집행관에게 신청할 수 있게 되었다.

8) 재산명시절차는 우리나라 내에서 적용되는 것인데, 장소적 적용범위에 관련하여 국제집행관할의 문제가 생길 수 있다.

요건을 갖추어 재산명시신청에 정당한 이유가 있는 때에는 법원은 채무자에게 재산상태를 명시한 **재산목록을 제출하도록 재산명시명령**을 한다(62조 1항). 위 결정은 신청한 채권자 및 채무자에게 송달하여야 하고, 채무자에 대한 송달에서는 결정에 따르지 아니할 경우 법 68조에 규정된 감치 및 벌칙을 받을 수 있음을 함께 고지하여야 한다(동조 4항). 재산명시명령은 위 감치나 벌칙으로 이어질 수 있는 등 중대한 이해관계가 있으므로 재산명시신청에 대한 법원의 결정은 오직 교부송달, 보충송달, 유치송달 등 통상의 송달방법으로만 채무자에게 송달할 수 있고, **우편송달**이나 **공시송달**에 의할 수 없다(동조 5항). 공시송달에 의할 수 없으므로 의도적으로 주소 등을 불명으로 하는 등의 폐해가 있을 수 있다.[9] 재산명시명령이 송달할 장소에서 채무자에게 송달되지 않는 경우가 있을 수 있는데, 이 경우에는 법원은 채권자에게 주소보정명령을 하고(62조 6항), 보정명령을 이행할 수 없는 때에는 재산조회사유가 된다(74조 1항 1호. ☞9-14). 채권자가 위 주소보정명령을 받고도 이를 이행하지 않은 때에는 법원은 재산명시명령을 취소하고 재산명시신청을 각하하여야 한다(62조 7항). 이에 대하여는 즉시항고를 할 수 있다(동조 8항). 채무자는 재산명시명령을 송달받은 날부터 1주 이내에 이의신청을 할 수 있다(63조 1항). 즉시항고는 허용되지 않는다. 재산명시명령의 요건을 갖추지 못하였다는 점이 이의사유가 된다. 이의신청에 정당한 이유가 있는 때에는 법원은 결정으로 재산명시명령을 취소하여야 한다(동조 3항). 이에 대하여는 즉시항고를 할 수 있다(동조 5항).

한편 재산명시신청에 정당한 이유가 없거나, 채무자의 재산을 쉽게 찾을 수 있다고 인정한 때에는 법원은 결정으로 이를 기각하여야 한다(62조 2항). 이에 대하여는 즉시항고를 할 수 있다(동조 8항).

◈ **재산명시명령과 시효중단사유인 최고로서의 효력** ◈ 甲은 乙을 상대로 대여금청구소송의 승소확정판결을 받은 뒤, 10년이 경과하려는 상황에서 乙의 강제집행할 재산을 파악하기 위하여 재산명시신청을 하였고, 법원의 재산목록제출명령은 乙에게 송달되었고, 乙로부터 재산목록이 제출되었으나 마땅히 집행할만한 재산이 없었다. 그런데 재산목록제출명령이 乙에게 송달된 뒤 1개월, 위 판결의 확정시로부터 10년이 경과된 시점에서 甲이 시효중단을 위하여 다시 대여금청구의 소를 제기하면, 대여금채권의 소멸시효가 중단되는가. 재산명시신청에 대한 결정이 채무자에게 송달된 경우에 「민법」 174조의 시효중단사유인 '**최고**'로서의 효력을 인정할 수 있는지 여부에 관하여 **판례**는 이를 긍정하였다.[10] 따라서 위 사안에서 甲은 재산명시결정이 乙에게

9) **일본**은 공시송달의 규정이 적용되지 않는다는 명문의 규정이 없다.

송달된 뒤, 6월 내에 소를 제기하면 소멸시효가 중단될 것이고, 다시 시작되는 소멸시효기간은 그 판결의 확정시로부터 10년이 될 것이다. 한편, **판례**는 재산명시절차는 어디까지나 집행목적물을 탐지하여 강제집행을 용이하게 하기 위한 강제집행의 보조절차 내지 부수절차 또는 강제집행의 준비행위와 강제집행 사이의 중간적 단계의 절차에 불과하다고 볼 수밖에 없으므로, 「민법」 168조 2호 소정의 소멸시효중단사유인 **압류 또는 가압류, 가처분에 준하는 효력까지 인정될 수는 없다**고 보았다.[11)]

5. 재산명시기일의 실시

9-9 재산명시명령에 대하여 채무자의 이의신청이 없거나 이를 기각한 때에는 법원은 재산명시를 위한 기일을 정하여 채무자에게 출석하도록 요구하여야 한다. 이 기일은 채권자에게도 통지하여야 한다(64조 1항). 채무자는 위 기일에 강제집행의 대상이 되는 재산과 재산명시명령이 송달되기 전 **1년 이내**에 채무자가 한 부동산의 유상양도, 재산명시명령이 송달되기 전 **1년 이내**에 채무자가 배우자, 직계혈족 및 4촌 이내의 방계혈족과 그 배우자, 배우자의 직계혈족과 형제자매에게 한 부동산 외의 재산의 유상양도, 재산명시명령이 송달되기 전 **2년 이내**에 채무자가 한 재산상 무상처분(다만, 의례적인 선물은 제외)의 사항을 명시한 **재산목록을 제출**하여야 한다(동조 2항). 그리고 채무자는 재산명시기일에 재산목록이 진실하다는 것을 선서하여야 한다(65조 1항). 선서에 관하여는 민사소송법 320조(위증에 대한 벌의 경고) 및 321조(선서의 방식)의 규정을 준용한다(동조 2항).

위 기일에 출석한 채무자가 3월 이내에 변제할 수 있음을 소명한 때에는 법원

---

10) 소멸시효중단사유의 하나로서 「민법」 174조가 규정하고 있는 '최고'는 채무자에 대하여 채무이행을 구한다는 채권자의 의사통지(준법률행위)로서, 이에는 특별한 형식이 요구되지 아니할 뿐 아니라, 행위 당시 당사자가 시효중단의 효과를 발생시킨다는 점을 알거나 의욕하지 않았다 하더라도 이로써 권리행사의 주장을 하는 취지임이 명백하다면, '최고'에 해당하는 것으로 보아야 할 것이므로, 채권자가 확정판결에 기한 채권의 실현을 위하여 채무자에 대하여 **재산관계명시신청을 하고 그 결정이 채무자에게 송달이 되었다면 거기에 소멸시효중단사유인 '최고'로서의 효력을 인정하여야 한다**(대법원 1992. 2. 11. 선고 91다41118 판결).

11) 대법원 2001. 5. 29. 선고 2000다32161 판결; 대법원 2012. 1. 12. 선고 2011다78606 판결. 이에 대하여 최근 부산지방법원 2018. 8. 22. 선고 2018나40461 판결은 재산명시절차를 단순히 강제집행의 부수절차로 규정하여 잠정적인 시효중단사유로서 **최고의 효력만 갖는다고 보는 것은 타당하지 않다**고 하여 관심을 끌었는데, 상고심인 대법원 2018. 12. 13. 2018다266198 판결[미간행]은 피고가 원고를 상대로 재산명시신청을 하여 그에 따른 결정이 채무자인 원고에게 송달되었다고 하더라도, 이는 소멸시효의 중단사유인 '최고'로서의 효력만이 인정될 뿐이므로, 피고가 그로부터 6개월 내에 다시 소를 제기하거나 압류 또는 가압류를 하는 등 민법 174조가 정한 절차를 속행하지 않은 이상 그로 인한 소멸시효 중단의 효력은 상실되었다고 보아야 한다고 하여 위 부산지방법원 2018나40461 판결을 파기하였다. 결국 기존 입장이 재확인되었다.

은 그 기일을 3월의 범위 내에서 연기할 수 있으며, 채무자가 새 기일에 채무액의 3분의 2 이상을 변제하였음을 증명하는 서류를 제출한 때에는 다시 1월의 범위 내에서 연기할 수 있다(64조 4항).

6. 재산목록정정제도

채무자가 재산명시기일에 제출한 재산목록에 형식적인 흠이 있거나 불명확한 점이 있는 때에는 이미 제출한 재산목록을 정정할 수 있다(66조 1항). 채무자에게 스스로 재산목록을 정정할 수 있는 기회를 부여하여 채권자의 집행을 용이하게 하기 위함이다. 또한 이는 채무자가 허위의 재산목록을 제출함으로 인하여 받게 되는 형사벌을 피할 수 있도록 하기 위한 측면도 있다. 9-10

7. 재산명시명령 불이행자에 대한 감치 및 벌칙

채무자가 재산명시절차에서 정당한 사유 없이 재산명시명령을 이행하지 아니하는 경우의 제재수단으로 감치제도를 두고 있다(68조 1항. 2002. 1. 26. 민사집행법 제정 시 신설). 즉 채무자가 정당한 사유 없이 **명시기일에 불출석**하거나, **재산목록의 제출을 거부**하거나, **선서를 거부**할 경우에는 20일 이내의 **감치**에 처할 수 있도록 하고, 감치의 집행 중이라도 채무자가 재산목록을 제출하고 선서를 하거나 채무를 변제한 때에는 법원의 명령에 의하여 즉시 석방하도록 하였다.[12] 감치는 법원의 직권사항으로, 감치재판개시결정 → 감치재판기일 → 감치결정의 과정을 거친다. 9-11

한편 채무자가 **허위의 재산목록을 제출**한 때에는 감치가 아닌, 3년 이하의 **징역** 또는 500만 원 이하의 **벌금**에 처한다(68조 9항). 허위의 재산목록이 제출되었

12) 위 법 68조 위헌확인사건에서 헌법재판소 2014. 9. 25. 선고 2013헌마11 전원재판부 결정은 ① 구 민사소송법에서 형사처벌하던 것을 재산명시의무를 간접강제하기 위한 민사적 제재로 전환하였고, ② 심판대상조항의 '정당한 사유'는 법관의 보충적 가치판단에 의한 합리적 해석이 가능하고, 일반인도 큰 어려움 없이 의미내용을 파악할 수 있으므로, 명확성 원칙에 위반된다고 할 수 없으며, ③ 법원은 감치재판기일에 재산명시명령을 이행하지 아니한 채무자를 소환하여 감치사유를 고지하고 변명할 기회를 주며, 감치결정에 대한 불복절차도 마련되어 있으므로 심판대상조항은 적법절차원칙에 위반되지 아니하고, ④ 재산목록을 제출하고 그 진실함을 법관 앞에서 선서하는 것은 개인의 인격형성에 관계되는 내심의 가치적·윤리적 판단에 해당하지 않아 양심의 자유의 보호대상이 아니고, 감치의 제재를 통해 이를 강제하는 것이 형사상 불이익한 진술을 강요하는 것이라고 할 수 없으므로 심판대상조항은 청구인의 양심의 자유 및 진술거부권을 침해하지 않는다고 보았다.

는지 여부는 재산명시절차가 종료된 뒤에 밝혀지게 되므로 이에 대한 제재는 재산명시절차의 일부로 하지 않고, 형사벌에 의하도록 한 것이다.

8. 재산명시신청의 재신청

9-12 재산명시신청이 기각·각하된 경우에는 그 재산명시신청을 한 채권자는 기각·각하사유를 보완하지 아니하고서는 같은 집행권원으로 다시 재산명시신청을 할 수 없다(69조). 한편 채무자가 새로운 재산을 취득하거나 취직 등 재산상황에 중대한 변화(Wesentliche Veränderung der Vermögensverhältnisse)가 있는 경우라면 다시 재산명시신청을 할 수 있는지 여부가 논의되고 있다. 채권자와 채무자의 이해관계를 균형있게 조정하기 위하여 긍정할 것이다.13)

Ⅲ. 재산조회제도

제74조(재산조회) ① 재산명시절차의 관할 법원은 다음 각호의 어느 하나에 해당하는 경우에는 그 재산명시를 신청한 채권자의 신청에 따라 개인의 재산 및 신용에 관한 전산망을 관리하는 공공기관·금융기관·단체 등에 채무자명의의 재산에 관하여 조회할 수 있다. 1. 재산명시절차에서 채권자가 제62조제6항의 규정에 의한 주소보정명령을 받고도 민사소송법 제194조제1항의 규정에 의한 사유로 인하여 채권자가 이를 이행할 수 없었던 것으로 인정되는 경우

제75조(재산조회의 결과 등) ② 제74조제1항 및 제3항의 조회를 받은 기관·단체의 장이 정당한 사유 없이 거짓 자료를 제출하거나 자료를 제출할 것을 거부한 때에는 결정으로 500만원 이하의 과태료에 처한다.

제76조(벌칙) ① 누구든지 재산조회의 결과를 강제집행 외의 목적으로 사용하여서는 아니된다.

13) 이시윤, 260면은 긍정한다. 이에 대하여 법원실무제요[I], 417면은 채무자가 압류할 재산을 새로이 취득하였다는 것을 채권자가 소명할 수 있다면 채무자의 재산발견이 용이하다고 볼 수 있는 경우에 해당하고 재산목록의 멸실 등은 채무자가 책임질 사유가 아니므로 이 경우에도 채무자를 형사처벌하거나 재산조회를 통하여 채무자 보유재산을 밝히는 것은 별론으로 하고 재산명시명령을 재신청할 수는 없다고 본다. 독일의 2009. 7. 29. 성립한 강제집행에서의 사안해명의 개혁에 관한 법률(ZwVollStrÄndG)에 의한 개정 민사소송법(ZPO) 802조의d는 채무자는 재정상황에 중대한 변화가 없는 경우에도 2년 뒤에는 새로 재산정보제출의무가 있고, 재산상황에 중대한 변화가 있는 경우는 예외로 추가로 재산정보제출의무가 있다고 규정하고 있다.

1. 의 의

재산명시를 신청한 채권자의 신청에 따라 법원은 개인의 재산 및 신용에 관한 전산망을 관리하는 공공기관·금융기관·단체 등에 **채무자 명의의 재산**에 관하여 조회를 할 수 있다(74조 이하). 2002. 1. 26. 민사집행법 제정 시에 도입한 제도로,[14] 채무자가 악의적으로 재산을 은닉하는 등의 경우에 채무자 명의의 재산에 관한 조회를 할 수 있게 함으로써 채권자가 채무자의 재산을 쉽게 발견할 수 있도록 한 것이다. 재산명시절차가 채무자의 협조를 얻어 강제집행할 재산을 찾는 절차인 반면, 재산조회제도는 채무자의 협조 없이 공공기관 등의 전산망 조회를 이용하여 채무자의 재산을 적극적으로 찾는 절차이다. 9-13

2. 신청요건

재산조회는 **재산명시신청을 한** 채권자만이 신청할 수 있다(74조 1항). **일본**은 제3자로부터의 정보취득절차의 실효성 강화를 위하여 그 대상 가운데 채무자의 예금채권 등의 정보의 취득(동법 207조)에서는 (채무자에 의한 처분·은닉의 용이성에 비추어) **재산개시절차의 전치를 요구하지 않았다**. 따라서 곧바로 재산조회를 할 수 있게 되었는데, 우리에게 시사하는 바가 있다. 9-14

재산조회를 신청하기 위해서는, 재산명시절차에서 채무자가 재산명시명령을 받았음에도, ① 재산명시명령이 채무자의 도주 등 송달불능으로 채권자가 주소보정명령을 받고도 채무자의 주소불명으로 인하여 채권자가 이를 이행할 수 없었던 것으로 인정되거나(74조 1항 1호),[15] ② 채무자가 제출한 재산목록상의 재산만으로는

---

14) **프랑스**에서는 채권자가 채무자의 재산을 특정하기 위한 수단으로 채권자로부터 위탁받은 집행관의 신청에 의하여 검사가 국가나 금융기관에 대하여 채무자의 재산에 관한 정보의 제공을 요구할 수 있는 제도가 있다. 그리고 **독일**은 2009. 7. 29. 성립한 강제집행에서의 사안해명의 개혁에 관한 법률(Gesetz zur Reform der Sachaufklärung in der Zwangsvollstreckung(ZwVollStrÄndG), 29. 07. 2009 BGBl. I S. 2258)에 의하여(일부 규정을 제외하고 2013. 1. 1.부터 시행) 개정된 민사소송법(ZPO) 802조의l에서 채권자의 집행신청이 있으면 집행관은 채무자의 고용주의 정보, 은행 계좌 등에 대한 정보, 채무자가 소유자로 등록된 차량에 대한 차량 및 소유자 정보를 요청할 수 있고, 수집된 정보 중 집행에 불필요한 데이터는 즉시 삭제해야 하는데, 최근 3개월 이내에 수집된 정보는 다른 채권자에게도 제공될 수 있다고 규정하였다. 또한 **일본**은 2019년 개정 민사집행법 205조 이하에서 '제3자로부터의 정보취득절차'를 신설하였다.

15) 재산명시신청에 대한 법원의 결정은 우편송달이나 공시송달에 의할 수 없으므로(62조 5항), 처음부터 채무자에게 재산명시결정 자체가 송달될 수 없는 상황에서는 아예 재산조회제도를 이용할 수 없게 된다. 그리하여 2005. 1. 27. 개정 민사집행법은 신청사유에 위 법 74조 1항 1호의 경우를 추가하였다. 악의적 채무자에 대한 재산조회요건을 완화하는 방향에서, 채권자가 채무자

집행채권의 만족을 얻기에 부족하거나(동조 동항 2호), ③ 정당한 이유 없는 채무자의 명시기일 불출석·재산목록 제출거부 또는 선서거부(68조 1항), 채무자의 허위재산목록의 제출(68조 9항)의 경우(74조 1항 3호) 가운데 어느 하나에 해당하는 사유가 있어야 하고, 그 사유는 채권자가 소명하여야 한다(민사집행규칙 35조 2항 전단).

3. 신청절차

9-15 (재산명시절차를 선행절차로 하므로) 관할법원은 재산명시절차를 실시한 법원이고 (74조 1항), 이는 전속관할이다(21조).

채권자는 신청사유를 소명하여 서면신청을 하는 것이 원칙이다(민사집행규칙 35조). 조회할 기관·단체를 특정하여야 하며 조회에 드는 비용을 미리 내야 한다(74조 2항).

해당 기관·단체의 장에게 채무자의 재산 및 신용에 관하여 그 기관·단체가 보유하고 있는 자료를 한꺼번에 모아 제출하도록 요구할 수 있다(74조 3항). 다만, 예금채권에 관한 재산조회는 해당 금융기관에 일괄조회할 수는 있으나, 모든 금융기관에 모든 예금채권을 포괄조회할 수는 없다. 조회할 기관·단체를 특정하여야 하기 때문이다(74조 2항).

재 산 조 회 신 청 서

채 권 자	이름 : 주민등록번호 : 주소 : 전화번호 : 팩스번호: 이메일 주소 : 대리인 :
채 무 자	이름 : (한자 :) 주민등록번호 : 주소 : (사입자등록번호)
조회대상기관 조회대상재산	별지와 같음
재산명시사건	지방법원 20 카명 호
집행권원	
불이행 채권액	
신청취지	위 기관의 장에게 채무자 명의의 위 재산에 대하여 조회를 실시한다.

의 주소를 알 수 없는 경우에도 재산조회신청을 할 수 있는 길을 마련함으로써 재산조회제도의 활성화를 도모한 것이다.

신청사유	채권자는 아래와 같은 사유가 있으므로 민사집행법 제74조 제1항의 규정에 의하여 채무자에 대한 재산조회를 신청합니다. (해당란 □에 ∨표시) □ 명시기일 불출석 □ 재산목록 제출거부 □ 선서 거부 □ 거짓 재산목록 제출 □ 집행채권의 만족을 얻기에 부족함 □ 주소불명으로 인하여 명시절차를 거치지 못함
비용환급용 예금계좌	
첨부서류	
(인지 첨부란)	20OO . . . 신청인 (날인 또는 서명) **지방법원 귀중**

4. 조회실시

채권자의 조회신청이 그 요건을 갖추고 사실이 소명되어 이유 있다고 할 경우에는 법원은 조회할 기관장·단체장에게 그 기관 또는 단체가 전산망으로 관리하는 채무자 명의의 재산에 관하여 조회를 실시한다(민사집행규칙 36조 1항). **사법보좌관**의 업무이다(법원조직법 54조 2항 2호, 사법보좌관규칙 2조 1항 6호). 9-16

5. 조회의 결과

법원은 조회한 결과를 채무자의 재산목록에 준하여 관리하여야 한다(75조 1항). 9-17
한편, 재산조회의 남용에 따른 여러 문제점을 방지하기 위하여 누구든지 재산조회의 결과를 강제집행 외의 목적으로 사용하여서는 안 되고(76조 1항), 재산조회결과를 강제집행 이외의 목적으로 사용하는 사람에 대하여는 2년 이하의 징역 또는 500만 원 이하의 벌금에 처한다(동조 2항).

Ⅳ. 채무불이행자명부제도

제70조(채무불이행자명부 등재신청) ① 채무자가 다음 각호 가운데 어느 하나에 해당하면 채권자는 그 채무자를 채무불이행자명부에 올리도록 신청할 수 있다. 1. 금전의 지급을 명한 집행권원이 확정된 후 또는 집행권원을 작성한 후 6월 이내에 채무를 이행하지 아니하는 때. 다만, 제61조제1항 단서에 규정된 집행권원의 경우를 제외한다. 2. 제68조제1항 각호의 사유 또는 같은 조제9항의 사유 가운데 어느 하나에 해당하는 때

제71조(등재신청에 대한 재판) ① 제70조의 신청에 정당한 이유가 있는 때에는 법원은 채무자를 채무불이행자명부에 올리는 결정을 하여야 한다. ② 등재신청에 정당한 이유가 없거나 쉽게 강제집행할 수 있다고 인정할 만한 명백한 사유가 있는 때에는 법원은 결정으로 이를 기각하여야 한다. ③ 제1항 및 제2항의 재판에 대하여는 즉시항고를 할 수 있다. 이 경우 민사소송법 제447조의 규정은 준용하지 아니한다.

제72조(명부의 비치) ① 채무불이행자명부는 등재결정을 한 법원에 비치한다. ... ④ 채무불이행자명부나 그 부본은 누구든지 보거나 복사할 것을 신청할 수 있다.

제73조(명부등재의 말소) ① 변제, 그 밖의 사유로 채무가 소멸되었다는 것이 증명된 때에는 법원은 채무자의 신청에 따라 채무불이행자명부에서 그 이름을 말소하는 결정을 하여야 한다. ... ③ 채무불이행자명부에 오른 다음 해부터 10년이 지난 때에는 법원은 직권으로 그 명부에 오른 이름을 말소하는 결정을 하여야 한다.

1. 의 의

9-18 가령 빌려준 금원에 대한 소송에서 승소판결문까지 받았으나, 채무자가 재산 전부를 다른 사람 명의로 빼돌려 강제집행을 하지 못한 채 어느 정도 시간이 흘렀을 때 채무자는 다른 사람 명의로 사업을 계속하면서도 자신은 재산이 없다는 상황에서 그 채무자를 제재하는 방법의 하나로 채무불이행자명부 등재를 생각할 수 있다. 채무불이행자명부는 일정한 금전채무를 일정 기간 내에 이행하지 않거나 재산명시 절차에서 감치 또는 벌칙 대상이 되는 행위를 한 채무자에 관한 일정사항을 법원의 재판에 따라 등재한 후, 일반인의 열람·복사에 제공하는 명부를 말한다(70조 이하). 위와 같이 채무를 이행하지 않는 불성실한 채무자의 인적 사항을 공개함으로써 명예와 신용의 훼손과 같은 불이익을 통하여 채무의 이행을 가져올 수 있는 간접강제의 효과와 함께 일반인으로 하여금 거래 상대방에 대한 신용조사를 용이하게 하여 거래의 안전을 도모함에 그 목적이 있다.[16)]

2. 등재신청의 요건

9-19 채권자는 ① 금전의 지급을 명한 집행권원이 확정된 뒤 또는 집행권원을 작성한 후 6월 이내에 채무를 이행하지 아니하는 때(다만, 가집행의 선고가 붙은 판결 등은 제외),[17)] ② 재산명시기일 불출석, 재산목록 제출 거부, 선서 거부, 거짓의 재산목록

16) 대법원 2010. 9. 9.자 2010마779 결정 참조.

17) 단순히 위 6월 이내에 채무를 이행하지 않은 것으로 충분한지, 아니면 채권자가 강제집행을 개시

을 낸 때의 어느 하나에 해당하는 경우에 등재를 신청할 수 있다(70조 1항).[18] 한편 소극적 요건으로 쉽게 강제집행을 할 수 있다고 인정할 만한 명백한 사유가 없어야 하는데(71조 2항), 이는 채무자가 보유하고 있는 재산에 대하여 많은 시간과 비용을 투입하지 아니하고서도 강제집행을 통하여 채권의 만족을 얻을 수 있다는 점이 특별한 노력이나 조사 없이 확인 가능하다는 것을 의미하고, 그 사유의 존재에 관하여는 채무자가 이를 증명한다.[19]

3. 등재신청의 절차

등재신청은 채권자·채무자와 그 대리인의 표시, 집행권원의 표시, 채무자가 9-20 이행하지 아니하는 금전채무액, 신청취지와 신청사유를 기재한 서면으로 하여야 한다(민사집행규칙 31조, 25조 1항).

관할법원은 ① 금전의 지급을 명한 집행권원이 확정된 후 또는 집행권원을 작성한 후 6월 이내에 채무를 이행하지 아니하는 때에는 채무자의 보통재판적이 있는 곳의 법원이 관할하고, ② 재산명시기일 불출석, 재산목록 제출거부, 선서거부, 거짓의 재산목록을 낸 때에는 재산명시절차를 실시한 법원이 관할한다(70조 3항).

4. 신청에 대한 재판

등재신청이 ① 정당한 이유가 없거나, ② 강제집행이 용이하다고 인정할 명백 9-21 한 사유가 있는 때에는 결정으로 신청기각결정을 하고(71조 2항), 이유가 있는 경우에는 법원은 '채무자를 채무불이행자명부에 등재한다'는 결정을 하여야 하고(동조 1항), 법원의 결정에 대하여는 즉시항고로 불복할 수 있으나, 이 경우의 즉시항고는 집행정지의 효력이 없다(동조 3항). 등재결정에 대한 즉시항고는 절차적 사유에 한정되지 않고, 가령 집행권원상 채권의 소멸 등 실체적 사유도 그 사유에 포함된다.[20] 이 경우는 등재결정 이전에 변제된 사안이지만, 즉시항고 중에 이루어진 채

할 수 있는 요건까지 구비하여야 하는지 논의의 대립이 있다. 이시윤, 264면은 후자의 입장이다.

18) 위와 같이 우리는 반드시 재산명시절차를 거쳐야 하는 것은 아닌데, **독일**은 재산명시(선서를 대신하는 보증)와 연계하는 제도로서 채무자목록(Schuldnerverzichtnis)이라는 제도를 두면서, 재산명시절차를 그 선행절차로 하고 있다는 점에서 우리와 다르다(ZPO 882조의c).

19) 대법원 2010. 9. 9.자 2010마779 결정.

20) 채무소멸 등의 실체적 사유는 채무불이행자명부 등재결정 이전에는 신청의 소극적 요건에 해당하고, 등재결정 확정 이후에는 그 말소 요건에 해당하는 점에 비추어 그러하다(대법원 2022. 5. 17.자 2021마6371 결정).

무 변제로 인한 채무의 소멸도 이에 포함된다고 볼 것이다. 여기에서의 법원의 사무는 **사법보좌관**이 행할 수 있는 업무에 해당한다(법원조직법 54조 2항 2호, 사법보좌관규칙 2조 1항 5호).

그리고 채무불이행자명부 등재결정이 있는 때에는 **법원사무관등**은 바로 채무자별로 채무불이행자명부를 작성하여야 하고, 채무불이행자명부에는 채무자의 이름·주소·주민등록번호 등 및 집행권원과 불이행한 채무액을 표시하고, 그 등재사유와 날짜를 적는다(민사집행규칙 32조 1항, 2항).

채무불이행자명부는 등재결정을 한 법원에 비치한다(72조 1항). 법원은 채무불이행자명부의 부본을 채무자의 주소지(채무자가 법인인 경우에는 주된 사무소가 있는 곳) 시(구가 설치되지 아니한 시를 말함)·구·읍·면의 장(도농복합형태의 시의 경우 동지역은 시·구의 장, 읍·면지역은 읍·면의 장)에게 보내야 한다(동조 2항). 또한 법원은 채무불이행자명부의 부본을 한국신용정보원의 장에게 채무불이행자명부의 부본을 보내거나 전자통신매체를 이용하여 그 내용을 통지하여 채무자에 대한 신용정보로 활용하게 할 수 있다(동조 3항. 민사집행규칙 33조 1항). 채무불이행자명부나 그 부본은 누구든지 보거나 복사할 것을 신청할 수 있다(동조 4항).[21]

5. 등재의 말소

9-22 등재의 말소사유에는 다음과 같이 법 73조에 두 가지 경우가 있는데, ① **채무소멸**을 이유로 하는 경우는 채무자의 **신청**에 의하고, ② 채무불이행자명부에 오른 다음 해부터 **10년이 지난 때**를 이유로 하는 경우는 법원의 **직권**에 의한다.

① 변제, 그 밖의 사유(공탁, 면제, 상계, 포기, 소멸시효의 완성 등)로 채무가 소멸되었다는 것이 증명된 때에는(채무자가 증명하여야 함) 법원은 채무자의 신청에 따라 채무불이행자명부에서 그 이름을 말소하는 결정을 하여야 한다(73조 1항). 그 증명하는 방법에는 제한이 없으므로 채무의 **소멸사유가 생긴 것을 증명하는 것으로 충분**하고, 등재신청의 기초가 된 확정판결 등 집행권원에 대하여 청구이의의 소를 제기하여 승소 확정판결을 받아야 하는 것은 아니다.[22] 신청에 정당한 이유가 있는 때에는 채무자를 채무불이행자명부에서 말소하는 결정을 하여야 하고, 신청에 정당

21) 위 법 72조 4항은 과잉금지의 원칙에 반하여 채무불이행자명부에 등재된 청구인들의 개인정보자기결정권을 침해하지 않는다(헌법재판소 2010. 5. 27. 선고 2008헌마663 결정).

22) 대법원 2023. 7. 14.자 2023그610 결정.

한 이유가 없는 때에는 결정으로 신청을 기각하여야 한다. 채권자는 위 말소결정에 대하여 **즉시항고**를 할 수 있다(동조 2항). 한편 말소신청을 기각하는 결정에 대하여 통상항고의 대상이 되는가, 아니면 집행에 관한 이의신청을(16조) 할 수 있는가에 다툼이 있을 수 있는데, 민사소송법상의 통상항고로는 불복할 수 없고 집행에 관한 **이의신청**만 할 수 있다고 보고 있다.[23)]

② 그리고 채무불이행자명부에 오른 다음 해부터 10년이 지난 때에는 법원은 직권으로 그 명부에 오른 이름을 말소하는 결정을 하여야 한다(73조 3항).

채무불이행자명부에의 등재는 징벌적 의미가 있는 것이지만, 이는 금전채무의 불이행이 전제된 것으로, 채무가 소멸되면 더 이상 채무불이행자명부를 유지할 필요가 없게 되고(위 ①의 경우), 한편 판결 등에 의하여 확정된 채권의 소멸시효기간은 10년이므로 채무불이행자명부에 등재된 때로부터 10년이 지나면 등재제도의 나름의 목적달성을 하였다고 볼 수 있기 때문에(위 ②의 경우) 위와 같이 말소사유로 한 것이다.

23) 법원실무제요[I], 430면.

제 3 장

부동산에 대한 강제집행

Ⅰ. 개 관

10-1 금전채권에 기초한 강제집행(금전집행)에 있어서 채무자의 여러 가지 재산이 집행의 대상이 되는데, 여기서의 부동산(unbewegliche Vermögen)에 대한 금전집행(줄여서 부동산집행이라고 한다)은 금전채권의 만족을 얻기 위하여 채무자 소유의 부동산 자체에 대하여 하는 강제집행으로, 부동산을 목적으로 하는 채권(부동산의 인도청구권)에 대한 집행(244조)과 다르고, 금전채권의 만족을 목적으로 하는 점에서 특정한 부동산의 인도를 목적으로 하는 집행(258조)과 다르다.

부동산은 일반적으로 채무자의 자산의 근간을 이루고, 물적 신용의 기초를 이루는 경우가 많으므로 이에 대한 강제집행은 채권회수의 가장 중요·확실한 수단으로(강제집행의 목적물은 원칙적으로 채무자의 총재산이지만, 그 목적물의 가치가 높다는 점에서 본다면 부동산에 대한 강제집행이 가장 효과적) 민사집행 전체의 중심을 이루고 있고, 따라서 여기서의 부동산에 대한 금전집행의 절차규율이 민사집행절차의 중심을 이룬다고 볼 수 있다(민사집행 전체의 중핵적 위치).[1] 한편, 집행권원에 의하지 않은 부동산담보권 실행에서도 집행법원이 부동산을 압류하여 금전채권자의 만족을 도모하는 것에서 부동산집행의 대부분의 규정이 준용되고 있다(268조).

1) **독일**에서는 민사소송법(ZPO)에 부동산집행에 관하여 약간의 규정만 두고 있고, 상세한 규정은 별도의 법률인 강제경매와 강제관리에 관한 법률(Gesetz über die Zwangsversteigerung und die Zwangsverwaltung. 1897년에 제정되었고, ZVG라고 약칭)이 규율한다(ZPO 869조). 그 이유는 부동산집행은 민법에서 특히 소유권과 저당권 규정을 어떻게 만드느냐에 결정적으로 좌우되는데, 민사소송법 제정 당시에는 통일된 독일 민법전이 제정되지 않아서 각 주의 입법으로 넘길 수 밖에 없었고, 민사소송법에는 강제저당에 관한 규정만을 두었다. 그 이후 민법전 편찬하면서 ZVG도 그에 맞추어서 함께 제정하게 된 것이다. ZVG는 강제경매와 강제관리는 특별법으로 규율한다는 ZPO 869조에 따라 ZPO의 특별법으로서의 성격을 가진다(호문혁, "독일강제집행법에 관한 연구", 법학(2001. 2), 125－126면).

1. 집행의 대상

집행의 대상이 되는 부동산의 범위는 기본적으로 「민법」 99조 1항에 의한 것이지만, 민사집행법은 부동산집행의 관점에서 독자적으로 부동산의 개념을 생각하므로 「민법」상의 부동산과 민사집행법상의 반드시 일치하지 않고 그 범위가 제한되기도 하고, 확장되기도 한다. 그리고 토지의 정착물도 「민법」상으로는 부동산이지만, 건물과 「입목에 관한 법률」상의 입목 이외의 것은 토지와 일체로 취급되든지, 동산집행의 대상이 될 수 있을 뿐 독립적으로 집행의 대상이 되지 않는다. 10-2

한편, 가령 경제적 약자 보호의 취지 등에서 유체동산에 대한 강제집행에서의 압류금지재산과 같이(195조 참조. ☞12-16), 부동산집행에서 거주권 보장 등의 취지에서 채무자 소유의 토지·건물에 대한 압류금지제도는 마련되어 있지 않으나, 한편 「신탁법」 22조 1항과 같이 신탁재산에 대하여는 강제집행 등을 할 수 없다는 특별법상 명문의 규정이 있거나, 압류할 수 없는 전통사찰(전통사찰의 보존 및 지원에 관한 법률 14조 참조), 그리고 학교부지와 같이 양도성을 결여하므로 집행의 대상이 될 수 없는 경우가 있다.[2)]

관련하여 집행순서의 제도도 없으므로, 즉 집행대상재산 선택의 자유가 있으므로 동산이나 채권을 가지고 있는 채무자에 대하여 단번에 부동산에 대한 강제경매를 신청할 수도 있다(다만, 집행권의 남용 등을 검토할 수 있다).

(1) 토지·건물 등

1) 토 지

부동산에 토지가 포함되는 것은 말할 필요가 없다. 토지의 공유지분도 독립하여 부동산집행의 대상이 된다. 다만, 집합건물의 구분소유자는 규약으로써 달리 정한 경우가 아닌 한, 그가 가지는 전유부분과 분리하여 대지사용권을 처분할 수 없으므로(집합건물의 소유 및 관리에 관한 법률 20조 2항) 공유지분을 건물과 분리하여 집행의 대상으로 할 수 없다. 한편, 토지에 정착된 공작물 가운데 독립된 부동산으로 볼 수 없는 것(가령 돌담, 구거 등)은 독립하여 부동산집행의 목적물이 될 수 없으므로 토지와 함께 집행된다. 만약 미등기 토지라 하더라도 채무자의 소유이면, 즉시 10-3

2) 사립학교의 교육에 직접 사용하는 교지, 교사 등 재산의 매도금지는 비단 그것이 매매계약의 목적물이 될 수 없다는 데에 그치는 것이 아니고 매매로 인한 소유권이전 가능성을 전부 배제하자는 것으로서 강제경매절차에 의한 매도금지도 포함한다(대법원 1972. 4. 14.자 72마 330 결정).

채무자 명의로 등기할 수 있다는 것을 증명할 서류를 붙여서 경매를 신청할 수 있다(81조 1항 2호 본문).

2) 건물 등

10-4 건물은 토지의 정착물이지만, 항상 토지로부터 독립된 부동산으로 취급되므로 집행의 대상이 된다. 건물과 토지는 별개의 집행대상이 되지만, 건물 부지와 지상건물의 관계에서 일정한 경우에는 일괄매각이 인정되고 있다(98조).

① **건축 중인 건물**은 최소한의 기둥과 지붕 그리고 주벽이 이루어져야 독립된 부동산으로서의 건물이 되므로 그러한 정도에 이르기 전의 단계에서는 부동산집행의 목적물이 될 수 없지만, 완공되지 아니하여 보존등기가 경료되지 않았거나 아직 사용승인을 받지 못한 건물이더라도 채무자의 소유로서 건물로서의 실질과 외관을 갖추고 건물의 지번·구조·면적 등이 건축허가 또는 건축신고의 내용과 사회통념상 동일하다고 인정되는 경우에는 이를 부동산경매의 대상으로 삼을 수 있다.[3]

② **미등기건물**이라도 그 실체를 인정하여 부동산집행의 방법으로 강제집행을 할 수 있도록 하였다. 즉, 건물이 완공되면, 비록 등기가 되지 아니하였더라도 그 건물이 채무자의 소유임을 증명할 서류, 그 건물의 지번·구조·면적을 증명할 서류 및 그 건물에 관한 건축허가 또는 건축신고를 증명할 서류를 제출하여 부동산경매를 신청할 수 있다(81조 1항 2호 단서, 민사집행규칙 42조).

집합건물의 소유 및 관리에 관한 법률 제1조(건물의 구분소유) 1동의 건물 중 구조상 구분된 여러 개의 부분이 독립한 건물로서 사용될 수 있을 때에는 그 각 부분은 이 법에서 정하는 바에 따라 각각 소유권의 목적으로 할 수 있다.

집합건물의 소유 및 관리에 관한 법률 제1조의2(상가건물의 구분소유) ① 1동의 건물이 다음 각 호에 해당하는 방식으로 여러 개의 건물부분으로 이용상 구분된 경우에 그 건물부분(이하 "구분점포"라 한다)은 이 법에서 정하는 바에 따라 각각 소유권의 목적으로 할 수 있다. 1. 구분점포의 용도가 「건축법」 제2조제2항제7호의 판매시설 및 같은 항 제8호의 운수시설일 것 2. 삭제 <2020. 2. 4.> 3. 경계를 명확하게 알아볼 수 있는 표지를 바닥에 견고하게 설치할 것 4. 구분점포별로 부여된 건물번호표지를 견고하게 붙일 것

---

3) 대법원 2005. 9. 9.자 2004마696 결정.

③ **1동의 건물의 일부분**이 **구분소유권**의 객체가 될 수 있으려면 그 부분이 **구조상으로나 이용상으로 다른 부분과 구분되는 독립성**이 있어야 할 것인데, 구분소유권의 객체로서 적합한 물리적 요건을 갖추지 못한 건물의 일부는 집행의 대상이 될 수 없다.[4] 특히 '**구분점포**'(이른바 오픈상가)의 경우가 문제되는데, 구조상 및 이용상 독립성을 상실하게 되었다고 하더라도, 그 독립성의 기준을 **일시성**과 **복원 가능성**에(구분건물로서의 복원을 전제로 한 일시적인 것일 뿐만 아니라 그 복원이 용이한 것) 두고 있다고 볼 수 있다.[5]

(2) 공장재단, 광업재단

공장재단이나 광업재단을 구성하는 기계·기구 등에 대해서는 유체동산에 대 10-5
한 집행의 대상이 될 수 없다. 공장재단 및 광업재단은 1개의 부동산으로 보므로(공장 및 광업재단 저당법 12조 1항, 54조) 그 재단 자체가 부동산 강제집행의 대상이 되기 때문이다.

---

4) 구분소유권의 객체로서 적합한 **물리적 요건을 갖추지 못한 건물의 일부**는 그에 관한 구분소유권이 성립될 수 없는 것이어서, 건축물관리대장상 독립한 별개의 구분건물로 등재되고 등기부상에도 구분소유권의 목적으로 등기되어 있어 이러한 등기에 기초하여 경매절차가 진행되어 이를 낙찰받았다고 하더라도, 그 등기는 그 자체로 무효이므로 **낙찰자는 그 소유권을 취득할 수 없다**(대법원 1999. 11. 9. 선고 99다46096 판결; 대법원 2008. 9. 11.자 2008마696 결정 등). 관련하여 한애라, "구분건물의 구조상 독립성 판단기준과 경매절차－최근 판례를 중심으로－", 민사집행법연구(2019. 2), 93면 이하 참조.

5) 각 점포를 구획하던 시설이 제거됨으로써 현재 1개의 점포로 사용되어지고 있는 경우에 인접한 구분건물 사이에 설치된 경계벽이 일정한 사유로 제거됨으로써 각 구분건물이 구분건물로서의 구조상 및 이용상의 독립성을 상실하게 되었다고 하더라도, 각 구분건물의 위치와 면적 등을 특정할 수 있고 사회통념상 그것이 구분건물로서의 **복원을 전제로 한 일시적인 것일 뿐만 아니라 그 복원이 용이한 것이라면**, 각 구분건물은 구분건물로서의 실체를 상실한다고 쉽게 단정할 수는 없다(대법원 1999. 6. 2.자 98마1438 결정). 비록 경매개시 당시를 기준으로 구분점포가 경계벽 또는 집합건물법 제1조의2에서 정한 경계표지를 갖추지 못하고 있는 상태라 하더라도, 집합건물법이 구분점포에 관하여는 반드시 소관청의 현황조사를 거쳐 그 구조상의 독립성을 갖춘 것으로 인정될 때에만 집합건축물대장에 등록하고 그에 따라 구분등기가 마쳐지도록 정하고 있으므로, 집합건축물대장의 등록이 이루어지고 그에 따라 구분등기가 마쳐진 구분점포에 대해서는, 그 등록 및 등기가 마쳐질 당시(준공 당시) 경계표지 등 집합건물법 제1조의2에서 정한 **구분소유권의 요건을 갖추고 있었다고 추정**할 수 있고, 따라서 그 추정을 번복할만한 그와 다른 사정은 이를 다투는 측에서 주장·증명하여야 한다. … 이 사건 각 점포가 인근의 점포들과 통합하여 각각 하나의 통합점포로 이용되면서 현재 경계표지 등이 설치되어 있지 않더라도, 이 사건 각 점포의 집합건축물대장에 첨부된 평면도 및 건축물현황도에 의하면 점포별로 위치와 면적이 명확히 나타나 특정할 수 있고, 이를 기초로 이 사건 각 점포의 경계를 확인하고 경계표지 등을 설치하여 구분건물로서 용이하게 복원할 수 있다고 볼 여지가 있다(대법원 2022. 12. 29.자 2019마5500 결정).

(3) 광업권, 어업권

10-6 광업권, 어업권은 「민법」 중 부동산 또는 토지에 관한 규정이 준용되므로(광업법 10조, 수산업법 16조 2항) 부동산 강제집행의 대상이 된다. 다만, 공동광업권자의 지분은 다른 공동광업권자의 동의 없이는 양도하거나 저당권 등의 목적으로 할 수 없으므로(광업법 30조 2항) 그 지분은 독립하여 부동산 강제집행의 목적물이 될 수 없다.

(4) 소유권보존등기된 입목

10-7 토지 위에 있는 미등기 수목은 본래 토지의 구성 부분으로서 특별한 사정이 없는 한 토지와 함께 집행되나, 소유권보존의 등기를 받은 입목은 부동산으로 보게 되므로(입목에 관한 법률 2조 1항, 3조 1항) 독립하여 거래의 객체가 되고, 따라서 부동산 강제집행의 대상이 된다(명인방법을 갖춘 수목도 마찬가지이다).

(5) 용익물권 등

10-8 금전채권에 기초한 강제집행에서 **지상권**(Erbbaurecht)과 그 공유지분은 부동산 그 자체는 아니지만, 부동산으로 보므로(민사집행규칙 40조) 부동산 강제집행의 대상이 된다.

지역권은 요역지의 소유권에 부종하며(민법 292조 1항), 요역지와 분리하여 처분할 수 없으므로(동조 2항) 독립하여 부동산집행의 대상이 되지 않는다.

한편 **전세권**의 경우는 전세권을 부동산으로 간주하는 규정도 없고, 전세권은 전세목적물을 사용할 수 있는 용익물권의 성격과 전세금반환채권을 담보하는 담보물권의 성격을 모두 가지고 있어서 문제가 된다. 전세권 가운데, 존속기간이 만료되지 않은 전세권에 대하여는 전세권 자체에 대하여 그 밖의 재산권에 대한 집행방법(251조 1항)에 의하고, 존속기간이 만료되거나 합의해지된 전세권에 대하여는 전세금반환채권(전세권부 채권)에 대하여 압류 및 추심명령 또는 압류 및 전부명령을 받아 집행한다.[6] 반면 전세권에 대하여 설정된 저당권의 실행방법과 관련하여서는 ① 전세권의 존속기간이 만료되지 않은 경우에는 부동산매각절차에 따라야 하지만, ② 전세권의 존속기간이 만료된 경우에는 전세권의 용익물권적 권능이 소멸하기 때문에 더 이상 전세권 자체에 대하여 저당권을 실행할 수 없게 되고, 이러한 경우는 민법 370조, 342조 및 민사집행법 273조 2항에 의하여 저당권의 목적물인 전세권에 갈음하여 존

6) 법원실무제요[Ⅱ], 26면.

속하는 것으로 볼 수 있는 전세금반환채권에 대하여 압류 및 추심명령 또는 압류 및 전부명령을 받는 등의 방법으로 자신의 권리를 행사할 수 있을 뿐이다.7)

2. 집행의 방법

제78조(집행방법) ② 강제집행은 다음 각호의 방법으로 한다. 1. 강제경매 2. 강제관리 ③ 채권자는 자기의 선택에 의하여 제2항 각호 가운데 어느 한 가지 방법으로 집행하게 하거나 두 가지 방법을 함께 사용하여 집행하게 할 수 있다.

부동산에 대한 강제집행(Zwangsvollstreckung in das unbewegliche Vermögen)에 10-9
는 강제경매(Zwangsversteigerung)와 강제관리(Zwangsverwaltung)의 2종류가 있는데(78조 2항), 법은 강제경매에 대하여 상당한 수의 조문을 두고, 강제관리는 대체로 강제경매규정을 준용하는 방식으로 규율하고 있다.

강제경매는 채무자 소유의 부동산을 강제적으로 매각하여 그 대금으로 채권만족을 얻으려는 목적의 강제집행방법의 하나이고, 한편 **강제관리**는(☞10-217) 법원이 선임한 관리인이 부동산을 관리하여 생기는 수익금을 집행의 목적으로 하는 강

7) 대법원 1995. 9. 18.자 95마684 결정; 대법원 2008. 12. 24. 선고 2008다65396 판결.

제집행방법의 하나이다. 강제경매는 매각으로 채무자가 집행목적물의 소유권을 잃게 되나 매각 때까지는 사용수익권을 가지고 있는데 반하여, 강제관리는 채무자가 그 소유권을 가지고 있는 대신에 그 사용수익권을 잃는다. 강제경매의 장점으로는 강제관리에 비하여 절차가 간단하고 신속하게 끝날 수 있어 일시에 채권을 충족시킬 수 있다는 것이다.

그런데 위 두 가지 집행방법 사이에는 근본적인 차이가 있으므로 그 이용 가능성도 경우에 따라 다르겠지만, 예를 들어 우선 강제관리를 하여 부동산의 가격의 증가를 도모하고, 이와 동시에 또는 그 뒤에, 강제경매를 하는 방식으로 두 가지 방법을 다 이용하는 것이 집행채권자의 채권변제에 도움이 되는 경우도 있을 것이므로 채권자는 양자를 병용하여 신청할 수 있다(78조 3항).

3. 집행기관

제79조(집행법원) ① 부동산에 대한 강제집행은 그 부동산이 있는 곳의 지방법원이 관할한다. ② 부동산이 여러 지방법원의 관할구역에 있는 때에는 각 지방법원에 관할권이 있다. 이 경우 법원이 필요하다고 인정한 때에는 사건을 다른 관할 지방법원으로 이송할 수 있다.

10-10 부동산집행은 **부동산이 있는 곳의 지방법원**이 집행법원으로서 집행기관이 되는데, 이는 **전속관할**이다(79조 1항, 21조). 부동산집행은 유체동산에 대한 집행의 경우에 비하면 집행의 대상이 상당히 비싸고 중요한 재산으로 여러 사람의 이해관계가 복잡한 경우가 많다는 점을 고려하여 절차를 보다 신중하게 다루기 위하여 집행기관을 집행관이 아닌, 지방법원으로 한 것이다.

토지관할은 부동산이 있는 곳이다. 법률 또는 민사집행규칙에 따라 부동산으로 보거나 부동산에 관한 규정이 준용되는 것에 대한 강제집행은 그 등기 또는 등록을 하는 곳의 지방법원이 관할한다(민사집행규칙 41조). 집행의 대상인 부동산이 여러 지방법원의 관할구역에 있는 때에는 각 지방법원에 관할권이 있다(79조 2항 전문). 이렇게 관할이 경합하는 경우에 법원이 필요하다고 인정한 때에는 재량에 의하여 사건을 다른 관할 지방법원으로 이송할 수 있다(동조 동항 후문). 민사소송법 35조의 이송과 달리, 당사자에게 신청권을 명문으로 주고 있지 않으므로 법원의 직권으로 이송결정을 하게 된다.

직분관할은 지방법원 단독판사에 있다. 그런데 사법보좌관제도가 실시된 뒤,

강제경매는 법관의 감독을 받아 **사법보좌관**이 행한다(사법보좌관규칙 2조 1항 7호). 그러나 강제관리는 여전히 지방법원 단독판사가 담당한다.

4. 준부동산집행

선박 · 항공기 · 자동차 · 건설기계는 권리의 이전, 변동을 등기부 · 등록부에 공시하는 점에서 부동산과 유사하므로 부동산집행에 준하여 집행한다(준부동산집행이라고도 한다. ☞11-1). 다만, 등기 · 등록되지 않은 것은 유체동산집행에 의할 것이다. 10-11

Ⅱ. 강제경매

1. 의 의

강제경매(Zwangsversteigerung)는 채무자 소유의 부동산을 **압류**(Beschlagnahme) 한 다음, 이것을 채무자의 의사와 관계없이 강제적으로 **매각**하여 그 대금으로 채권자의 **채권만족**을 얻으려는 목적을 가지는 강제집행방법이다(강제경매는 원물 그 자체를 매각하려는 것이므로 원물집행이라고도 한다). 10-12

그 성질에 관하여, **사법상 경매설**은 경매를 소유자인 채무자와 매수인 사이의 매매라고 보는 견해이고,8) **공법상 처분설**은 집행기관이 경매처분을 하여 사법상 권리관계를 설정하는 것이라고 보는 견해로 경매를 공용징수와 비슷한 것으로 취급하여 매수인은 목적물을 원시취득한다고 본다.

강제경매는 금전집행의 일반적 3단계인, 채무자 소유의 부동산을 **압류** → **현금화**(환가) → 그 매각대금으로 채권자의 금전채권에 **만족**(배당)이라는 단계를 밟는데, 절차의 흐름은 다음과 같다.

① 먼저 채권자의 **강제경매신청**이 있고(민사집행에 필요한 비용으로서 법원이 정하는 금액을 미리 내야 한다), 집행법원(사법보좌관)은 집행개시의 요건이 구비되었다고 판단되면 **경매개시결정**을 하여 목적부동산을 **압류**하고(경매개시결정은 곧 압류를 뜻한다. 83조 1항), 법원사무관등은 관할 등기소에 경매개시결정의 기입등기를 촉탁하여 등기관으로 하여금 등기기록에 기입등기를 하도록 한다. 그리고 법원사무관등은

8) 민법 578조는 경매의 경우에 매도인의 담보책임을 규율하고 있다. 이시윤, 401면은 일반 매매와 본질에서 차이가 없으나, 처분권을 장악한 법원이 중간에 서서 매수인에게 소유권을 이전시키는 열린 매매라고 한다.

이 경매개시결정을 다른 이해관계인에게는 송달할 필요는 없지만, 반드시 **채무자에게 송달**하여야 한다. 채권자에게는 경매개시결정을 상당한 방법으로 고지하면 된다. 압류의 효력은 채무자에게 그 결정이 송달된 때 또는 경매개시결정의 기입등기가 된 때 가운데, 앞선 때에 생긴다(83조 4항).

강제경매개시	• 채권자 - 강제경매의 신청 • 집행법원 - 강제경매개시결정/압류명령 • 법원사무관등 - 압류등기의 촉탁 • 압류채권자 - 매각을 위한 보전처분의 신청
매각의 준비	• 집행법원 - 배당요구의 종기결정 및 공고 • 채권자 - 이중개시결정의 신청/배당요구 • 집행법원 - 부동산의 현황조사명령/감정인의 선임/감정인의 평가/최저매각가격의 결정/매각물건명세서의 작성
매각의 실시	• 집행법원 - 매각기일 및 매각결정기일의 지정 및 공고 • 집행관 - 매각의 실시 • 이해관계인 - 이의신청 • 집행법원(사법보좌관) - 매각허부결정 • 이해관계인 - 매각허부결정에 대한 이의신청/즉시항고
대금의 납부	• 매수인 - 대금납부/소유권이전 • 법원사무관등 - 등기의 촉탁
배당기일의 실시	• 집행법원 - 배당표의 작성 • 채권자·채무자 - 배당이의 • 법원사무관등 - 배당의 실시

② 경매개시결정에 따른 압류의 효력이 생긴 때에는 집행법원은 절차에 필요한 기간을 고려하여 **배당요구를 할 수 있는 종기를 첫 매각기일 이전**으로 정하여, 경매개시결정을 한 취지 및 배당요구의 종기를 공고하고, 법 91조 4항 단서의 전세권자 및 법원에 알려진 법 88조 1항의 채권자에게 이를 **고지**하여야 한다(84조 1항, 2항). 또한 법원사무관등은 첫 경매개시결정등기 전에 등기된 가압류채권자, 저당권·전세권, 그 밖의 우선변제청구권으로서 첫 경매개시결정등기 전에 등기되었고 매각으로 소멸하는 것을 가진 채권자 등에 대하여 채권의 유무, 그 원인 및 액수 등을 배당요구의 종기까지 법원에 신고하도록 최고하여야 한다(동조 5항, 148조 3호, 4호).

③ 다음으로 현금화의 준비절차로서 법원은 집행관에게 부동산의 현상, 점유관계, 차임 또는 보증금의 액수, 그 밖의 현황에 관하여 조사를 명하고(이를 **현황조사명령**이라고 한다. 85조 1항), 감정인을 선임하여 감정인에게 부동산을 평가하게 하여 그 평가액을 참작하여 **최저매각가격**을 정하여야 한다(97조 1항). 참고로 보면, 여러 개의 부동산의 경우에는 집행법원이 동일하면 동시에 경매신청을 할 수 있고, 또한 채무자가 동일하지 않더라도 주채무자와 보증인과 같이 서로 관련 있다면 절차의 신속을 해치지 않으면서 하나의 절차로 진행하는 것이 소송경제에 부합하므로 여러 개의 부동산에 대하여 경매신청을 할 수 있다.

④ 매각준비작업이 종료되고 매각조건이 정하여지면 강제경매의 본래 목적인 매각이 실시된다. 매각방법에는 호가경매, 기일입찰, 기간입찰 등의 방법이 있는데, 법원이 정한 매각방법에 따른다(103조 1항). 법원은 매각기일(기간입찰의 경우에는 그 기간)과 **매각결정기일**을 정하여 이를 공고한다(104조 1항). 매각기일에 매수신청인이 없는 경우에는 법원은 최저매각가격을 상당히 낮추고(실무에서는 보통 20% 저감) 새 매각기일을 정하여 다시 매각을 실시한다(119조). 법원은 매각결정기일에 매각허가에 관한 이해관계인의 의견을 들은 뒤(120조 1항), 매각의 허부를 결정한다.

⑤ 매각을 허가하거나 허가하지 아니하는 결정은 선고하여야 한다(126조 1항). **매각허가결정**이 확정되면, 법원은 대금지급기한을 정하여 매수인에게 대금을 낼 것을 명한다(142조). 매수인이 정하여진 기일까지 대금을 내지 않은 경우, 만약 차순위매수신고인이 있는 때에는 그에 대하여 매각의 허부를 결정하고(137조 1항), 차순위매수신고인이 없는 때에는 재매각(종전에 정한 최저매각가격, 그 밖의 매각조건을 적용)을 명한다(138조 1항). 매수인은 대금을 다 낸 뒤에는 6월 내에 부동산의 인도명령을 신청할 수 있고(136조 1항), 인도를 할 때까지 매각부동산의 관리명령을 신청할 수 있다(동조 2항).

⑥ 매수인이 대금을 다 낸 경우(매각대금이 지급되면) **배당절차**를 밟아야 하고(145조 1항), 매각대금으로 배당에 참가한 모든 채권자를 만족하게 할 수 없는 때에는 「민법」, 「상법」, 그 밖의 법률에 의한 우선순위에 따라 배당하여야 한다(동조 2항).

◈ **강제경매와 매도인의 담보책임** ◈ 甲은 乙을 채무자로 乙 소유의 지상권부 A건물에 대하여 강제경매를 신청하였다. 매각물건명세서에도 지상권이 존재한다는 취지의 기재가 있고, 丙이 그 내용을 믿고 A건물을 매수하였다. 그런데 실제로는 지상권이 존재하지 않고, A건물은 그 부지인 B토지상에 권한 없이 존재하는 것이었다. B토지의 소유자는 丁이고 丁은 丙 사이에서 토지이용권을 설정할 의사는 없고, 丙에게 A건물을 철거하고 B토지를 인도하라고 요구하고 있다. 현재 乙은 무자력이다. 이 경우에 丙은 어떠한 법적 수단을 취할 수 있는가. 지상권이 존재하지 않는다면 B토지를 이용할 권한이 없고, 丙은 A건물을 철거하여야 한다. 일반적으로 위 매수가 통상의 매매계약이라면 매수인은 매도인에게 무엇인가의 담보책임을 추급하고자 할 것이다. 그러나 丙은 매매계약에 의하여 A건물을 취득한 것이 아니라, 강제경매에 의하여 매수한 것이다. 그래서 강제경매에서 매각절차가 사법상 매매계약과 마찬가지 법적용을 받는지 여부가 문제가 된다. 그 성질을 소유자인 채무자와 매수인 사이의 매매라고 보는 입장(사법상 경매)에서는 강제경매에서의 매수인에 대하여도 「민법」 578조에 따른 매도인의 담보책임의 규정이 적용된다고 할 수 있다. 한편, 하자담보책임에 대하여는 「민법」 580조 2항이 경매의 경우에는 적용하지 않는다고 일부러 규정하고 있다.[9] 그런데 「민법」 578조에 따라 민법상 매도인의 담보책임을 묻고자 할 때에 지상권이 존재하지 않았던 경우에 대한 담보책임의 직접적 규정은 없다. 그렇지만, 「민법」 578조 1항, 2항 및 575조 1항, 2항(지역권이 없거나 그 부동산에 등기된 임대차계약이 있는 경우에 준용)의 유추적용에 의하여 매수인이 매매의 목적이 된 부동산을 위하여 존재할 지상권이 없다는 것을 알지 못하고, 이로 인하여 계약의 목적을 달성할 수 없는 경우로 매수인은 계약을 해제할 수 있고, 매매대금의 배당을 받은 채권자에게 그 대금의 반환을 청구할 수 있다고 풀이할 수 있다.[10] 즉, 丙은 계약의 한 목적을 달성할 수 없으며 또한 채무자인 乙이 무자력인 때는 강제경매에 의한 매매계약을 해제하고 매각대금의 배당을 받은 채권자 甲에게 그 대금의 반환을 청구할 수 있다.

---

9) 「민법」은 570조부터 584조까지 매도인의 담보책임을 규정하면서 578조와 580조 2항에서 '경매'에 관한 특칙을 두고 있다. 「민법」이 특칙을 둔 취지는 경매의 사법상 효력이 매매와 유사하다고는 하나, 매매는 당사자 사이의 의사합치에 의하여 체결되는 것인 반면, 경매는 매도인의 지위에 있는 채무자 의사와 무관하게 국가기관인 법원에 의하여 실행되어 재산권이 이전되는 특수성이 있고, 이러한 특수성으로 인해 경매절차에 관여하는 채권자와 채무자, 매수인 등의 이해를 합리적으로 조정하고 국가기관에 의하여 시행되는 경매절차의 안정도 도모할 필요가 있으므로, 일반 매매를 전제로 한 담보책임규정을 경매에 그대로 적용하는 것은 부당하다는 고려에 따른 것이다. 따라서 「민법」 578조와 「민법」 580조 2항이 말하는 '경매'는 **민사집행법상의 강제집행**이나 **담보권 실행을 위한 경매** 또는 「국세징수법」상의 **공매** 등과 같이 국가나 그를 대행하는 기관 등이 법률에 기하여 목적물 권리자의 의사와 무관하게 행하는 매도행위만을 의미하는 것으로 해석하여야 한다. 상법상의 위탁매매인으로서 출하자의 판매 위탁에 따라 여러 매매방법 중 하나인 경매는 이에 해당하지 않는다(대법원 2016. 8. 24. 선고 2014다80839 판결).

10) 일본 最高裁判所 平成8(1996) · 1 · 26 판결 참조.

2. 경매신청

부동산강제경매신청서

채 권 자 OOO

채 무 자 OOO

청구금액 금 원 및 이에 대한 20 . . .부터 20 . . .까지 연 %의 비율에 의한 지연손해금

집행권원의 표시 채권자의 채무자에 대한 지방법원 20 . . . 선고 20 가단(합) 대여금 청구사건의 집행력 있는 판결정본

신 청 취 지

별지 목록 기재 부동산에 대하여 경매절차를 개시하고 채권자를 위하여 이를 압류한다.
라는 재판을 구합니다.

신 청 이 유

채무자는 채권자에게 위 집행권원에 따라 위 청구금액을 변제하여야 하는데, 이를 이행하지 아니하므로 채무자 소유의 위 부동산에 대하여 강제경매를 신청합니다.

첨 부 서 류

1. 집행력 있는 정본 1통
2. 집행권원의 송달증명원 1통
3. 부동산등기사항전부증명서 1통
4. 부동산 목록 10통

20 . . .
채권자 ○○○ (서명 또는 날인)

○○지방법원 귀중

(1) 신청의 방식

제80조(강제경매신청서) 강제경매신청서에는 다음 각호의 사항을 적어야 한다. 1. 채권자·채무자와 법원의 표시 2. 부동산의 표시 3. 경매의 이유가 된 일정한 채권과 집행할 수 있는 일정한 집행권원

강제집행에서도 처분권주의가 타당하다. 그래서 강제경매는 채권자가 서면으로(4조), 관할이 있는 집행법원에 신청한다. 또한 채권자는 원칙적으로 신청을 임의로 취하할 수 있다(93조). 집행권원의 채무자에게의 송달, 집행권원에 집행문의 부 10-13

여 등이 있은 뒤에 채권자는 신청서에 의하여 강제경매의 신청을 한다. 신청서에는 다음 사항을 적어야 한다(80조).

① 채권자 · 채무자의 이름과 주소의 표시: 채권자와 채무자를 특정할 수 있도록 그 이름과 주소를 표시하되, 그 표시는 원칙적으로 집행권원 및 집행문의 기재와 일치하여야 한다. 채무자의 표시에 대하여는 원칙적으로 채무자의 책임재산인 것을 증명하는 등기사항증명서상의 표시와 일치하여야 한다. 일치하지 않은 때에는 그 양쪽을 기재하고, 그 동일성을 증명하는 주민등록등본, 기본증명서 등의 첨부도 필요하다.

② 집행법원의 표시: 집행법원을 표시한다.

③ 집행의 목적인 부동산의 표시: 객관적으로 보아 해당 부동산의 동일성을 인식할 수 있을 정도로 특정하여 표시한다. 참고로 보면, **여러 개의 부동산**의 경우에는 집행법원이 동일하면 동시에 경매신청을 할 수 있고, 또한 채무자가 동일하지 않더라도 주채무자와 보증인과 같이 서로 관련 있다면 절차의 신속을 해치지 않으면서 하나의 절차로 진행하는 것이 소송경제에 부합하므로 여러 개의 부동산에 대하여 경매신청을 할 수 있다.

④ 경매의 이유가 된 일정한 채권: 청구하는 금액 전부를 적어야 한다. 나중에는 청구금액을 확장할 수 없고, 청구금액의 확장으로 잔액청구를 하였다고 하더라도 배당요구의 효력밖에 없다.

⑤ 집행할 수 있는 집행권원: 판결, 화해조서, 집행증서 등을 사건번호 등에 의해 특정하여 기재한다.

◈ 강제경매에 있어 경매개시 결정 후 청구금액확장신청과 그 이전에 소유권이전등기를 경료한 제3취득자에 대한 대항력 ◈ 집행채권자가 집행권원상의 채권 3,000만 원 가운데 1,000만 원만을 청구금액으로 하여 경매신청하여 강제경매가 진행 중, 청구금액확장신청을 하였고, 한편 A는 경매목적부동산을 매수하여 자신 명의로 소유권이전등기를 경료한 뒤, 위 청구금액 1,000만 원에 경매절차비용을 더하여 적법하게 변제공탁하고, 위 집행권원 중 위 변제공탁한 금액 상당 부분의 집행력 배제를 구하는 청구이의의 소를 제기하여 승소판결이 확정되자, 동 판결정본을 경매법원에 제출한 사안에서, **판례**는 강제경매절차의 개시 후에는 청구금액확장은 허용되지 않으므로(배당요구의 종기까지 행하여진 경우라면 배당요구의 효력밖에 없다) 집행채권자의 청구금액확장신청 이전에 경매목적부동산에 대하여 소유권이전등기를 경료한 제3취득자인 A는 경매신청 당시의 청구금액을 대위변제하였고, 이에 따라 위 집행권원 중

위 청구금액 부분의 집행력을 배제하는 판결이 제출되었다면, 이는 민사집행법상의 강제집행을 허가하지 아니하는 집행력 있는 재판의 정본(49조 1호)으로 보아야 할 것이므로 위 경매개시결정은 취소되어야 한다고 판단하였다.[11] 한편, 원금 외에 이자, 지연손해금 등의 부대채권을 경매신청서에 개괄적으로 적었다가 추후 금액을 특정하는 것은 청구금액의 확장이 아니어서 허용된다.

(2) 첨부할 서류 등

제81조(첨부서류) ① 강제경매신청서에는 집행력 있는 정본 외에 다음 각호 가운데 어느 하나에 해당하는 서류를 붙여야 한다. 1. 채무자의 소유로 등기된 부동산에 대하여는 등기사항증명서 2. 채무자의 소유로 등기되지 아니한 부동산에 대하여는 즉시 채무자명의로 등기할 수 있다는 것을 증명할 서류. 다만, 그 부동산이 등기되지 아니한 건물인 경우에는 그 건물이 채무자의 소유임을 증명할 서류, 그 건물의 지번·구조·면적을 증명할 서류 및 그 건물에 관한 건축허가 또는 건축신고를 증명할 서류

강제경매신청서에는 집행권원의 집행력 있는 정본과 강제집행개시의 요건을 갖추었음을 증명하는 서류, 즉 집행권원의 송달증명서, 집행문 및 증명서의 송달증명서, 반대의무의 이행 또는 제공을 증명하는 서면(41조 1항, ☞6-9), 집행불능증명서(41조 2항)를 제출하여야 하고, 부동산등기사항증명서(81조 1항 1호)나[12] 이에 갈음할 수 있는 서류 등(81조 1항 2호)을[13] 붙여야 한다. 10-14

신청인이 법인일 경우에는 대표자의 자격을 증명할 자격증명서(가령 법인등기사항증명서), 대리인을 통하여 신청할 경우 대리인의 자격을 증명할 위임장을 제출할

---

11) 대법원 1983. 10. 15.자 83마393 결정. 또한 담보권의 실행을 위한 경매에서도 경매신청서에 피담보채권 중 일부만을 청구금액으로 기재하였을 경우에는 다른 특별한 사정이 없는 한 배당을 받을 금액이 그 기재된 채권액을 한도로 확정되고, 채권계산서를 제출하는 방법에 의하여 청구금액을 확장할 수 없다(대법원 1997. 2. 28. 선고 96다495 판결).

12) 부동산의 소유권의 귀속은 등기에 의하여 공시되므로 소유권의 등기명의자가 채무자라면 등기사항증명서를 첨부하는 것만으로 채무자의 책임재산인 것을 밝힐 수 있으나, 한편, 소유권의 등기명의인이 채무자 이외의 자인 경우에는 다른 증거에 의하여 채무자의 소유에 속하는 것을 증명하더라도 강제경매를 개시할 수 없는 것이 원칙이다. 절차의 안정을 위하여 등기명의에 의하여 일률적으로 판단하는 것이 적합하고, 그래서 이 경우에는 가령 채권자는 채권자대위권을 행사하여 집행권원상의 채무자에게의 소유권이전등기절차를 거친 뒤에 이전등기 후의 등기사항증명서를 제출하여야 한다.

13) 위 2호에서 말하는 '채무자의 소유로 등기되지 아니한 부동산'이라고 함은 미등기부동산을 말하는 것으로서 제3자 명의로 등기가 마쳐진 부동산은 이에 해당하지 않는다(대법원 2007. 5. 22.자 2007마200 결정[미간행]). 그리고 위 2호의 즉시 채무자 명의로 등기할 수 있다는 것을 증명할 서류로는 토지(임야)대장, 소유권확인판결, 수용증명서 등을 예로 들 수 있다.

필요가 있다.

그리고 송달료, 감정료, 현황조사료, 신문공고료, 집행관수수료 등의 비용을 대략 계산한 금액도 미리 내야 한다(18조 1항). 다만, 소송구조를 받은 사람은 예납의무를 지지 않는다.

(3) 심리의 방식 및 대상

10-15 강제경매신청이 접수되면, 집행법원의 사무를 처리하는 **사법보좌관**이 신청서의 기재와 첨부서류에 따라 강제집행의 요건, 집행개시요건 및 강제경매에 특히 필요한 요건(부동산이 채무자의 소유일 것, 압류금지 부동산이 아닐 것) 등에 관하여 형식적 심사를 하여, 그것이 구비되었다고 판단되면, 강제경매절차를 개시하는 결정을 한다.

◈ 등기청구권의 대위행사의 경우 ◈ 채권자는 채권자대위권에 기하여 채무자가 가지는 등기신청권을 대위행사할 수 있다(부동산등기법 28조). 가령, 채무자가 부동산을 단독상속하였음에도 불구하고 해당 부동산의 등기명의가 피상속인으로 되어 있는 경우에는 채권자는 본래형의 채권자대위권의 행사로서 채무자가 가지는 상속등기의 신청권(단독신청. 부동산등기법 23조 4항)을 대위행사할 수 있다. 실제로 이러한 본래형의 채권자대위권에 기한 등기신청권의 대위행사가 되는 것은 대위채권자가 채무자명의가 아닌 채무자 소유의 부동산을 압류하는 전제로, 그 부동산을 채무자명의로 하려는 경우가 대부분일 것이다. 가령, 채무자가 부동산을 단독상속하였음에도 불구하고 해당 부동산의 등기명의가 피상속인으로 되어 있는 경우에는 채무자를 당사자로 하여 해당 부동산에 대한 강제집행의 신청을 하더라도 그대로는 집행절차에 있어서의 당사자와 목적 부동산의 등기기록상 소유자가 다르므로 법원사무관등이 압류등기를 촉탁하여도 압류등기의 촉탁서에 기재된 등기의무자와 등기기록상 소유자(압류등기의 등기의무자)가 다르다고 하여 압류등기가 기입되지 않게 된다. 그 때문에 이 경우에는 집행법원에 의한 강제집행의 개시결정도 행하여지지 않는다. 그래서 채권자로서는 채무자가 가지는 등기신청권을 대위행사하여 목적 부동산을 채무자 명의로 하여 둘 필요가 있다. 이 경우의 구체적인 순서는 다음과 같다. 즉, 우선, ① 채권자는 집행법원에 해당 부동산의 상속등기가 안 된 상태에서 해당 부동산에 대하여 채무자를 당사자로 하는 강제집행의 신청을 한다. 그러면 집행법원은 상속등기가 안 된 상태라도 채무자를 당사자로 하는 강제집행의 신청을 수리한 뒤, 채권자의 신청에 의하여 신청수리의 증명서를 발급한다. 다음으로 ② 채권자는 등기관에게 집행법원으로부터 발급받은 위 신청수리의 증명서를 대위원인증명정보로 첨부한 뒤에, 채무자에 대위하여 상속등기의 신청을 한다. 그러면 등기관은 해당 신청수리의 증명서를 확인한 뒤, 대위에 의한 상속등기의 신청을 수리하고, 해당 부동산에 대하여 상속등기를 한다. 마지막으로 ③ 채권자는 집행법원에 대하여 상속등기를 마친 해당 부동산의 등기사항증명서를 제출한다. 그러면 집행법원은 해당 부동산에 대한 강제집행의 개시결정을 하게 된다. 등기관은 위 ②의 단계에서 집행법원이 발행한 신청

수리의 증명서를 확인함으로써 채무자를 당사자로 하는 강제집행의 신청이 수리된 사실을 확인하는 한도에서 민법 404조의 '자기의 채권을 보전하기 위하여'라는 요건에 대한 심사를 하게 된다. 일반적으로 등기관은 등기신청이 형식상의 요건을 구비하고 있는지 여부의 형식적 심사를 할 권한을 가지는 것에 불과하므로 이러한 실체적인 요건의 심사라고 하더라도 위 한도에서 할 수밖에 없다.

(4) 각하 · 기각결정에 대한 즉시항고

제83조(경매개시결정 등) ⑤ 강제경매신청을 기각하거나 각하하는 재판에 대하여는 즉시항고를 할 수 있다.

강제경매신청을 **각하**(신청서가 부적식인 때 포함)하거나 **기각**하는 재판에 대하여는 신청인은 즉시항고를 할 수 있는데(83조 5항), 이에 앞서서 사법보좌관의 처분에 대한 이의신청을 할 필요가 있다(사법보좌관규칙 4조). 강제경매신청을 **인용한 개시결정**에 대하여는 이의신청으로 불복할 수 있고, 이의의 재판에 대하여는 다시 즉시항고로 불복할 수 있도록 하면서(86조), 신청을 각하하거나 기각하는 결정에 대하여는 즉시항고로 불복신청을 하도록 하여 불복방법을 달리 규정하고 있는 이유는, 각하나 기각의 경우에는 절차가 집행법원으로부터 이탈하게 되므로 그 시정을 상급법원으로 하도록 한 것인데 반면, 인용한 경우에는 굳이 바로 즉시항고를 할 수 있도록 하지 않더라도 권리구제에 미흡한 점이 없고(위 개시결정에 대한 이의신청, 매각허가에 대한 이의신청(121조, 122조), 매각허가 여부의 결정에 대한 즉시항고(129조) 등이 마련되어 있음), 바로 즉시항고를 인정하면 절차가 집행법원을 벗어나게 되어 집행방해의 수단으로 이용될 우려가 있기 때문이다. 10-16

3. 경매개시결정 및 압류

경매개시결정 → 기입등기의 촉탁 → 개시결정의 송달이 이루어진다. 10-17

(1) 경매개시결정

제83조(경매개시결정 등) ① 경매절차를 개시하는 결정에는 동시에 그 부동산의 압류를 명하여야 한다.

제84조(배당요구의 종기결정 및 공고) ① 경매개시결정에 따른 압류의 효력이 생긴 때(그 경매개시결정전에 다른 경매개시결정이 있은 경우를 제외한다)에는 집행법원은 절차에 필요한 기간을 고려하여 배당요구를 할 수 있는 종기(終期)를 첫 매각기일 이전으로 정

한다. ② 배당요구의 종기가 정하여진 때에는 법원은 경매개시결정을 한 취지 및 배당요구의 종기를 공고하고, 제91조제4항 단서의 전세권자 및 법원에 알려진 제88조제1항의 채권자에게 이를 고지하여야 한다.

10-18 집행법원(사법보좌관)은 경매신청을 배척할 이유가 없으면(신청서 접수일부터 2일 내에)[14] 경매개시결정을 하고(집행권원에 표시된 채권의 존재는 강제집행개시의 요건이 아니고, 집행법원(사법보좌관)은 채권의 존재 여부에 관하여 심사할 권한을 가지지 않는다) 동시에 채권자를 위하여 그 부동산을 **압류한다는 취지**를 선언하게(명하게) 된다(83조 1항). 여기서 경매개시결정은 곧 경매대상에 대한 압류를 뜻하지만, 경매개시결정과 압류명령은 서로 다르다는 것을 주의하여야 한다.

〈경매개시결정〉

○ ○ 지 방 법 원

결 정

사 건 20 타경 부동산강제경매
채 권 자 ○○○
○○시 ○○구 ○○로 ○○
채 무 자 ○○○
○○시 ○○구 ○○로 ○○
소 유 자 채무자와 같음

주 문

별지 기재 부동산에 대하여 경매절차를 개시하고 채권자를 위하여 이를 압류한다.

청 구 금 액

10,000,000원 및 위 돈에 대한 20○○. ○. ○.부터 다 갚는 날까지 연 5%의 비율에 의한 지연손해금.

이 유

위 청구금액의 변제에 충당하기 위한 ○○지방법원 20○○가합○○○○ 대여금 청구사건의 집행력 있는

14) 부동산경매사건의 진행기간 등에 관한 예규(재민 91-5) 참조.

판결정본에 의한 채권자의 신청은 이유 있으므로 주문과 같이 결정한다.

20 . . .

판사(사법보좌관) 홍 길 동 (인)

그리고 경매개시결정의 부수처분으로, 경매개시결정에 따른 압류의 효력이 생긴 때(그 경매개시결정 전에 다른 경매개시결정이 있은 경우를 제외)에는 집행법원은 절차에 필요한 기간을 고려하여 **배당요구를 할 수 있는 종기**를 첫 매각기일 이전으로 정하고(84조 1항),[15] 경매개시결정을 한 취지 및 배당요구의 종기를 공고하고, 법원에 알려진 배당요구를 할 수 있는 채권자 등에게 이를 고지한다(동조 2항).

(2) 기입등기의 촉탁

제94조(경매개시결정의 등기) ① 법원이 경매개시결정을 하면 법원사무관등은 즉시 그 사유를 등기부에 기입하도록 등기관에게 촉탁하여야 한다. ② 등기관은 제1항의 촉탁에 따라 경매개시결정사유를 기입하여야 한다.

제95조(등기사항증명서의 송부) 등기관은 제94조에 따라 경매개시결정사유를 등기부에 기입한 뒤 그 등기사항증명서를 법원에 보내야 한다.

법원이 경매개시결정을 하면 **법원사무관등**은 즉시 그 사유를 등기기록에 기입할 것을 등기관에게 **직권으로 촉탁**하여야 한다(94조 1항).[16] 등기관은 위 촉탁에 따라 경매개시결정의 기입등기를 하여야 한다(동조 2항). 등기원인은 경매개시결정이며, 그 연월일은 그 개시결정을 한 일자이다. 가령, 「2024. 5. 1. 부동산 강제경매개시결정」이라고 적는다. 등기관은 경매개시결정사유를 등기기록에 기입한 뒤(갑구에 적는다), 등기사항증명서를 작성하여 이를 집행법원에 보내야 한다(95조). 미등기 부동산에 대하여는 등기관이 보존등기를 하고, 압류의 등기를 하는 특칙이 있다(부동산등기법 66조 1항). 10-19

경매개시결정에 따른 압류의 효력은 개시결정이 **채무자에게 송달된 때**에 생

15) 부동산 등에 대한 경매절차 처리지침(재민 2004-3) 6조는, 배당요구종기를 특별한 사정이 없는 한 배당요구종기의 결정일로부터 2월 이상 3월 이하의 범위 안에서 정하도록 규정하고 있다.

16) 실무상 집행법원에서 등기를 촉탁하는 경우와 관련하여 집행법원의 등기촉탁에 관한 업무처리지침(재민 2013-1)에 따른다. 해당 법원과 등기소 사이에 연계된 서버를 이용하여 전자적 방식으로 촉탁한다.

기는데, 만약 채무자에게 송달 전에 경매개시결정의 등기가 된 경우에는 등기가 된 때에 생긴다(83조 4항).

(3) 부동산의 멸실 등으로 말미암은 경매취소

제96조(부동산의 멸실 등으로 말미암은 경매취소) ① 부동산이 없어지거나 매각 등으로 말미암아 권리를 이전할 수 없는 사정이 명백하게 된 때에는 법원은 강제경매의 절차를 취소하여야 한다. ② 제1항의 취소결정에 대하여는 즉시항고를 할 수 있다.

10-20 경매개시결정 뒤, 집행부동산이 없어지거나(가령 건물의 소실) 매각 등으로 말미암아(가령 제3자가 압류채권자에게 대항할 수 있는 소유권을 취득하여) 권리를 이전할 수 없는 사정이 (기입등기를 촉탁받은 등기관으로부터의 통지 등에(95조) 의하여) 법원에 명백하게 된 때에는 법원은 그 경매절차를 취소하여야 한다(96조 1항). 부동산소유권을 이전할 수 없으므로 절차를 속행할 의미가 없기 때문이다.17)

> ◈ **구체적 예** ◈ 甲이 乙에 대한 1억 원의 집행권원에 기하여 乙이 소유하는 X건물에 대하여 강제경매를 신청하였다. 그런데 X건물이 매각(현금화)되기 전에 X건물이 불에 탄 경우에 이 경매절차는 어떻게 되는가. 목적물이 멸실하면 매각을 할 수 없고, 절차를 진행할 의미가 없다. 그리하여 경매절차는 집행법원의 직권으로 취소된다.

경매절차의 취소(주문의 예는 '별지 목록 기재 부동산에 대한 강제경매절차를 취소한다'와 같다)는 법원이 직권으로 하며 당사자에게는 신청권이 없다.18) 법원이 경매절차를 취소할 수 있는 것은 매수인이 대금을 지급할 때까지이다. 대금지급 시점에서 매수인은 부동산의 소유권을 취득하고, 위험을 부담하기 때문이다. 위 취소결정에 대하여는 즉시항고를 할 수 있다(96조 2항). 취소결정은 확정되어야 효력이 있다(17조 2항). 취소결정이 확정되어 효력이 생긴 때에는 법원사무관등은 경매개시결정 기입등기의 말소를 등기관에게 촉탁한다(141조).

---

17) 한편, 경매에 있어서 목적물의 하자로 인하여 경락인이 경락의 목적인 재산권을 완전히 취득할 수 없을 때에 매매의 경우에 준하여 매도인의 위치에 있는 경매의 채무자나 채권자에게 담보책임을 부담시키고 있다(민법 578조).

18) 집행법원이 강제경매의 절차를 직권으로 취소한다. 이해관계인이 집행법원에 대하여 경매절차의 취소신청을 하였다고 하더라도 그 취소신청은 집행법원의 경매절차취소를 촉구하는 의미를 가질 뿐이나, 집행법원이 절차를 취소하여야 할 사정이 명백함에도 불구하고 취소결정을 하지 아니할 때에는 16조에 정한 집행에 관한 이의에 의하여 불복을 신청할 수 있다(대법원 1997. 11. 11.자 96그64 결정).

(4) 개시결정의 송달

제83조(경매개시결정 등) ④ 압류는 채무자에게 그 결정이 송달된 때 또는 제94조의 규정에 따른 등기가 된 때에 효력이 생긴다.

1) 채무자에 대한 송달

경매개시결정은 압류의 효력을 생기게 할 뿐만 아니라 경매절차의 기초가 되는 재판으로 (절차개시에 대하여 가장 중대한 이해관계를 가지는 채무자에게 개시결정을 확실하게 알 수 있는 기회를 주기 위하여) **채무자에게 송달되어야 효력이 생기므로**[19] 개시결정은 채무자에게 송달하여야 한다(83조 4항). 실무상 경매개시결정의 송달은 원칙적으로 그 기입등기가 경료된 뒤에 실시한다고 한다.[20] 이는 등기경료 전에 집행을 방해하고자 하는 행위를 방지하기 위함이다. 한편 채무자가 아닌 **다른 이해관계인**에게는 경매개시결정을 송달할 필요가 없다. 송달의 방법은 민사소송법의 일반적인 규정에 따른다(다만 민사집행법상의 특례가 있다). 송달의 흠은 매각허가결정에 대한 항고이유가 된다.[21] 10-21

그런데 공유물의 지분에 관하여 경매개시결정을 하였을 때에는 상당한 이유가 있는 경우를 제외하고 다른 공유자에게 경매개시결정이 있다는 것을 통지하여야 한다(139조 1항). 공유자는 그 공유지분을 임의로 처분할 수 있지만, 다른 공유자에게 영향을 주게 되는 점 등 특수한 사정을 감안하여 법 140조에서 다른 공유자에게 우선매수권을 인정하고(☞10-112), 위와 같이 경매개시결정이 있는 것을 다른 공유자에게 통시하도록 한 것이다.

2) 채권자에 대한 송달

경매개시결정은 일반의 결정·명령의 경우와 마찬가지로 당사자에게 상당한 방법으로 고지하면 효력을 가지므로(민사소송법 221조) **채권자**에게는 개시결정을 10-22

---

19) 경매개시결정의 기입등기에 의하여 따로 압류의 효력이 발생하였는지 여부에 관계없이 경매개시결정의 고지 없이는 유효하게 경매절차를 속행할 수 없으므로 이를 채무자에게 송달하지 않고 경매절차를 진행하여 매각대금을 납부받은 경우, 이는 위법하고, 매수인(경락인)의 소유권 취득도 부정된다(대법원 1994. 1. 28. 선고 93다9477 판결).

20) 그런데 집행법원에서 사법보좌관의 개시결정 뒤에 전산에 의한 등기촉탁을 실시하는 현재에는 사실상 이러한 구분은 큰 의미가 없다고 생각된다. 다만, 우리 실무의 입장도 '촉탁등기 자체에 형식적 흠이 있어 각하되는 경우'와 같이 예외적인 사례가 있을 수 있기 때문에 일본과 같이 압류기입등기를 먼저 경료한 것을 확인한 뒤 송달하여야 한다는 반론이 우세하다.

21) 대법원 1997. 6. 10.자 97마814 결정.

적당한 방법으로 고지하여도 무방하다. 그런데 고지나 통지의 방법으로 실무상 경매개시결정정본을 송달하는 방법을 취한다고 한다.

(5) 개시결정에 대한 이의신청

제86조(경매개시결정에 대한 이의신청) ① 이해관계인은 매각대금이 모두 지급될 때까지 법원에 경매개시결정에 대한 이의신청을 할 수 있다. ② 제1항의 신청을 받은 법원은 제16조 제2항에 준하는 결정을 할 수 있다. ③ 제1항의 신청에 관한 재판에 대하여 이해관계인은 즉시항고를 할 수 있다.

1) 의 의

10-23 경매(매각)절차의 **이해관계인**은 매각대금이 모두 지급될 때까지 경매개시결정을 한 집행법원에 **경매개시결정**에 대한 이의로 불복신청을 할 수 있다(86조 1항). 이러한 이의는 법 16조의 **집행에 관한 이의의 일종**이므로 경매신청요건의 흠, 경매개시요건의 흠 등 절차상 흠을 이유로 하는 경우에만 이의신청을 할 수 있다. 집행채권의 부존재, 소멸 등과 같은 실체적인 흠을 이의사유로 삼아 이의신청을 할 수 없고(한편 담보권실행의 경매에서는 이와 달리 실체법상 이유도 이의사유로 할 수 있다, ☞18-4),[22] 이는 청구이의의 사유(44조)가 될 뿐이다.[23]

2) 신 청

10-24 이의신청은 경매개시결정을 한 집행법원에 한다. 이의신청에 대한 재판은 사법보좌관이 아닌, 지방법원 **단독판사**가 담당한다(사법보좌관규칙 2조 1항 7호).

신청권자인 이해관계인의 범위는 **법 90조**에서 규정하고 있다(이에 대하여는 후술 ☞10-38). 가령 점유권자 등 부동산 위의 권리자는 그 권리를 증명함과 동시에 개시결정에 대한 이의신청을 할 수 있다(90조 4호). 신청권자의 채권자가 신청권자를 대위할 수 없다.

신청은 매각대금이 모두 지급될 때까지 할 수 있다(86조 1항).[24] 한편 이의신청

22) 이의신청은 경매개시결정에 관한 형식적인 절차상의 하자에 대한 불복방법이기 때문에 실체적 권리관계에 관한 사유를 경매개시결정에 대한 이의의 원인으로 주장할 수 없다(대법원 2004. 9. 8.자 2004마408 결정).

23) 김홍엽, 173면; 이시윤, 304면.

24) 경매법원의 경매개시결정에 대한 이의신청을 하였으나 집행정지결정(잠정처분)을 받지 않아서 경매가 계속 진행되는 바람에 매각허가결정이 선고되어 그대로 확정되고 그 매수인이 매각대금을 모두 지급한 이상, 경매개시결정에 대한 이의신청을 기각하는 결정에 대하여 즉시항고가 있었다고 하더라도 경매개시결정을 취소할 수는 없다(대법원 2005. 4. 7.자 2004마901 결정[미간행]).

은 그에 대한 재판이 있기 전까지만 이를 취하할 수 있다고 할 것이다.

3) 이의사유

이의사유는 경매개시결정 당시의 사유에 한하므로, 경매개시결정이 있은 뒤에 생긴 절차상 흠(가령 최저매각가격의 결정, 매각기일의 지정·공고의 흠)은 경매개시결정에 대한 이의사유가 될 수 없고,[25] 이는 집행에 관한 이의신청으로(16조) 다투어야 한다. 10-25

4) 잠정처분

이의신청에는 집행정지의 효력이 없다. 다만, 집행법원은 재판 전의 잠정처분으로 채무자에게 담보를 제공하게 하거나 제공하게 하지 아니하고 집행을 일시정지하도록 명하거나, 채권자에게 담보를 제공하게 하고 그 집행을 계속하도록 명할 수 있다(86조 2항, 16조 2항. ☞7-22). 위 잠정처분은 이의신청에 대한 재판을 하기 전에만 허용된다. 이 결정에 대하여는 불복할 수 없다. 10-26

5) 심리 및 재판

이의의 재판은 변론을 열거나 열지 아니하고 결정으로 한다(3조 2항). 민사소송법상 재판상 자백이나 자백간주에 관한 규정은 준용되지 않는다.[26] 이의신청이 정당하면 이를 인용하고(경매개시결정을 취소하고, 경매신청을 각하 또는 기각한다), 부당하면 이의신청을 기각한다. 위 재판은 상당한 방법으로 고지한다(민사소송법 221조 1항). 통상 결정정본을 송달하는 방법으로 고지하고 있다. 10-27

6) 즉시항고

이해관계인은 이의신청을 인용 또는 기각한 재판에 대하여 즉시항고를 할 수 있다(86조 3항). 즉시항고는 재판을 고지받은 날로부터 1주의 불변기간 이내에 하여야 하며(15조 2항), 집행정지의 효력이 없다(동조 6항). 10-28

---

25) 이시윤, 304면.

26) 법 23조 1항은 민사집행절차에 관하여 민사집행법에 특별한 규정이 없으면 성질에 반하지 않는 범위 내에서 민사소송법의 규정을 준용한다는 취지인데, 집행절차상 즉시항고 재판에 관하여 변론주의의 적용이 제한됨을 규정한 법 15조 7항 단서 등과 같이 직권주의가 강화되어 있는 민사집행법하에서 법 16조의 집행에 관한 이의의 성질을 가지는 강제경매 개시결정에 대한 이의의 재판절차에서는 민사소송법상 재판상 자백이나 의제자백에 관한 규정은 준용되지 않는다(대법원 2015. 9. 14.자 2015마813 결정).

7) 경매개시결정등기의 말소

10-29 이의신청에 의하여 경매개시결정이 취소되고 그 취소결정이 확정되면, 법원사무관등은 직권으로 경매개시결정등기를 말소하도록 등기관에게 촉탁하여야 한다(141조).

(6) 압류의 효력

> 제83조(경매개시결정 등) ② 압류는 부동산에 대한 채무자의 관리 · 이용에 영향을 미치지 아니한다. ④ 압류는 채무자에게 그 결정이 송달된 때 또는 제94조의 규정에 따른 등기가 된 때에 효력이 생긴다.

10-30 경매절차에서는 해당 부동산의 환가가 완료되기까지 부동산의 교환가치가 채무자의 처분행위에 의하여 훼손되지 않도록 할 필요가 있다. 그리하여 채무자에 의한 부동산의 처분행위를 금지하는데, 압류의 효력은 채무자에 대한 **처분금지효**를 중심으로, 채무자 본인의 금지되는 행위의 종류와 범위, 압류의 대상이 된 부동산 자체를 넘어서 압류의 효력이 어디까지 미치는가 하는 **객관적 범위**, 해당 압류의 효력을 채무자 이외의 어느 범위의 사람이 원용할 수 있는가 하는 **주관적 범위**의 여러 측면에서 검토되어야 한다.

1) 효력발생시기

10-31 경매개시결정에 따른 압류의 효력은 경매개시결정이 채무자에게 **송달**된 때 또는 경매개시결정의 **기입등기**가 된 때에 생긴다(83조 4항). 목적 부동산에 대한 처분금지효가 생기는 것을 분명히 하기 위함인데, 양쪽 가운데 먼저 이루어진 때가 효력발생시기이다.

〈효력 발생〉

경매개시결정	강제경매개시결정은 채무자에게 송달하여야 함(83조 4항 참조) 즉, 경매개시결정+채무자에게 송달(개시결정의 기입등기는 경매개시결정 자체의 효력발생시기와 관계없음)
압류	압류의 효력은 그 결정이 채무자에게 송달된 때 또는 경매개시결정의 기입등기가 된 때에 생김(83조 4항) 즉, 경매개시결정+채무자에게 송달 또는 개시결정의 기입등기

2) 처분금지효

압류는 부동산에 대한 채무자의 관리·이용에 영향을 미치지 아니한다고 규정 10-32
되어 있는데(83조 2항), 이에 대하여 그 반대해석으로 압류에 의하여 금지되는 것이 관리·이용이 아닌 것 이상으로 무엇인가는 확실하지 않다(관련하여 92조는 압류목적물을 취득한 제3취득자는 압류에 대항하지 못한다는 취지를 규정하고 있다. ☞10-34). 그런데 압류의 본질적 효력은 해당 부동산을 국가의 지배하에 두는 셈인데, 압류의 효력이 생기면 집행법원은 해당 부동산을 압류 당시의 상태로 현금화할 수 있는 권능을 취득하고, 채무자는 처분행위의 제한을 받는다. 채무자는 자기가 소유하는 그 부동산을 다른 사람에게 양도하거나 담보권 또는 용익권을 설정하는 등을 할 수 없다(압류의 소극적 효력).[27] 채무자가 처분을 하여도 그 효력은 제한·부정되어 압류채권자에게 대항하지 못한다(압류의 적극적 효력). 이를 압류의 **처분금지효**라고 한다.

그런데 이러한 처분금지효는 **상대적**이다. 압류는 본래 집행절차에 있어서 현금화(환가)의 실효성을 확보하고, 채권자의 만족을 도모하는 것을 목적으로 하는 것이므로, 절대적 무효로 하는 것은 집행을 한 채권자만을 위하여 일반의 거래안전이 침해되는 결과가 되고, 압류의 목적을 넘어서는 것이 된다. 그리하여 압류 뒤에 이루어진 채무자의 처분행위는 **당사자 사이에서는 유효**하며, **압류채권자에게 대항할 수 없음**에 지나지 않을 뿐인 **상대적 무효**이다.[28] 가령 압류가 있은 뒤에 채무자가 해당 부동산을 양도하거나 저당권을 설정하더라도 그 양도, 저당권설정이 모든 관계에서 무효가 되는 것이 아니라, 채무자와 처분의 상대방 사이에서는 유효이어서 양도에 의한 소유권이전이나 저당권설정에 대한 등기신청이 있으면, 등기관은 그것을 수리하여 이전등기나 설정등기도 행한다. 또한 상대적 무효설에 따르면, 집행신청이 취하되거나 경매절차가 취소되는 경우는 집행절차가 소멸(즉 처분금지효 소멸)되므로 다른 압류채권자가 없는 한 채무자가 한 처분행위는 완전히 유효하게 된다.

---

27) 한편 유치권에 대하여 **판례**는 인수주의가 적용되는 범위를 **제한적**으로 풀이하여 경매개시결정등기가 된 뒤에 비로소 부동산의 점유를 이전받거나 피담보채권이 발생하여 유치권을 취득한 경우에 그와 같은 점유의 이전은 목적물의 교환가치를 감소시킬 우려가 있는 처분행위에 해당하여 처분금지효에 저촉되므로 점유자로서는 경매절차의 매수인에 대하여 유치권을 행사할 수 없다고 보고 있다. 대법원 2005. 8. 19. 선고 2005다22688 판결; 대법원 2006. 8. 25. 선고 2006다22050 판결 참조(☞10-81).

28) 양도소득세 등 부과처분취소 사건이지만, 상대적이라고 본 취지의 다음과 같은 판결이 있다. 경매신청기입등기로 인한 압류의 효력은 부동산 소유자에 대하여 압류채권자에 대한 관계에 있어서 부동산의 처분을 제한하는 데 그치는 것일 뿐 그 밖의 다른 제3자에 대한 관계에 있어서까지 부동산의 처분을 금지하는 것이 아니다(대법원 1992. 2. 11. 선고 91누5228 판결).

여기서 위와 같이 압류의 상대적 효력을 전제로, 나아가 압류에 의하여 금지되는 처분이 있으면, 그 처분은 집행절차에서 어떠한 의미를 가지는가가 문제되고 있다. 즉, 이러한 상대적 무효의 개념에서, 처분행위가 누구에 대한 관계에서 상대적으로 무효인가 하는 점에 관하여(주관적 범위) 다음과 같은 두 가지 입장이 있다. 즉, 압류 뒤에 채무자가 행한 처분의 상대방은 ① 압류를 한 사람 및 이에 기한 절차에 이미 참가한 사람에 대하여만 그 처분의 효력을 주장할 수 없고, 즉 그 처분 뒤에 이중압류나 배당요구로 집행절차에 참가한 채권자에게는 그 효력을 주장할 수 있다는 입장과(**개별상대효설**)29) ② 압류의 처분금지효의 상대성을 절차 단위로 보아 압류채권자뿐만 아니라, 나중에 그 집행절차에 이중압류나 배당요구로 참가한 채권자, 즉 그 집행절차에 관련된 모든 채권자에게 그 효력을 주장할 수 없다는 입장이(**절차상대효설**. 상대효를 절차 전체의 관계에서 바라보므로 절차상대효설이라고 부른다. 일본 민사집행법이 취하는 입장이다)30) 있다. 현재의 **실무**는 **개별상대효설**의 입장이나,31) 이 입장에서는 본래 채권자 사이에 모든 채권자는 실체법상으로 평등함에도 집행절차의 배당 시에는 모든 채권자를 평등하게 취급하지 않게 된다는 점이 문제가 된다고 보기도 한다.32)

그런데 여기에서의 논의와 또 다른 입법론상의 문제인, 절차에 참가한 일반채권자 사이에서의 배당의 구조를 둘러싼 우선주의 · 평등주의의 논의를 혼동하여서는 안 된다.

◈ **소유권이전의 경우** ◈ 가령, 甲이 乙의 부동산에 대하여 강제경매절차를 개시하고, 그 뒤에 乙이 丙에게 위 부동산의 소유권을 매매나 증여 등에 의하여 양도(이전)하고 그 취지의 등기를 한 경우를 보자. 우선, 乙이 丙에게 소유권을 이전한 뒤에 乙에 대한 다른 채권자 丁은 배당요구를 할 수 있는가. 개별상대효설에서는 丙은 소유권의 취득을 丁에게 대항할 수 있으므로 丁은 배당요구를 할 수 없게 된다. 이에 대하여 절차상대효설에서는 丙은 甲의 경매절차에 들어온 丁에게 소유권을 대항할 수 없으므로 丁은 배당요구를 할 수 있게 된다. 또한 丁이 없는 상황에서 경매에 의하여 얻어진 매각대금 가운데 甲에게 甲의 채권액분을 교부하고, 대금이 남게 된 경우에 개별상대효설에서는 소유자로 인정된 丙에게 잉여금을 주어야 하지만, 절차상

29) 박두환, 289면.
30) 김상수, 139면.
31) 법원실무제요[Ⅱ], 65면.
32) 이시윤, 274면은 가압류의 경우는 개별상대효설에 따르고, 본압류의 경우는 절차상대효설을 취한다.

대효설에서는 丙의 소유권취득은 그 경매절차에서는 무시되므로 잉여금도 채무자인 乙에게 반환되게 된다.

◈ **저당권설정의 경우** ◈ 가령, 채권자 甲이 채무자 乙의 토지에 대하여 강제경매절차에 의한 압류를 한바, 채무자 乙이 丙을 위하여 저당권설정등기를 하고, 그 후 丁이 甲의 강제경매절차에서 배당요구를 하였고, 甲, 丙, 丁의 채권액은 각각 6천만 원이고, 위 토지의 경매에 의한 매각대금은 9천만 원이라고 하자. 이 경우에 丙을 위한 저당권설정은 甲의 압류의 효력에 의하여 금지되는 처분이므로 상대효설을 전제로 하면, 乙·丙 사이에서는 저당권설정이 유효하더라도, 丙은 그 저당권을 甲에게 대항할 수 없게 된다. 나아가 개별상대효설은 丙은 甲에게는 대항할 수 없지만, 한편 丙보다 시점상 늦은 丁에게는 丙은 그 저당권을 주장할 수 있다고 보는 입장이다. 이 개별상대효설에 따르면 위 예에서 매각대금 9천만 원 중 우선 甲이 6천만 원의 배당을 받고, 다음으로 丙이 3천만 원의 배당을 받고, 丁은 배당을 받지 못하게 된다. 다만, 실무는 丙의 정식의 배당요구 여부를 분명히 하지 않은 채, 평등주의와 관련하여 甲 3천만 원, 丙 3천만 원, 丁 3천만 원으로 일단 안분하고, 丙의 저당채권 6천만 원을 채우기 위하여 丁의 3천만 원을 丙이 흡수하여, 결국 甲 3천만 원, 丙 6천만원의 배당이 된다고 본다(**안분후 흡수설**. ☞10-178). 이에 대하여 절차상대효의 입장에서는 丁은 배당요구로 甲의 경매절차에 올라탄 것으로 丙은 그 저당권을 甲에게 대항할 수 없을 뿐만 아니라, 甲의 절차에 참가하는 丁에게도 대항할 수 없다고 본다. 이 입장은 丙의 저당권은 丁에게도 대항할 수 없는 정도의 약한 것으로, 즉 압류의 처분금지의 효력을 개별상대효설보다도 강한 것으로 보게 된다. 절차상대효설에 의하면, 위 예에서 甲의 경매절차상 丙은 그 저당권으로 아무런 주장을 할 수 없으므로 배당을 전혀 받지 못하고, 매각대금 9천만 원은 甲과 丁에게 4천5백만 원씩 배당되게 된다. 丙의 저당권은 甲이 경매신청을 취하한 경우나 甲의 경매절차가 취소된 경우에 비로소 의미를 가지는 것에 지나지 않게 된다.

3) 객관적 범위

압류의 효력이 미치는 대상의 범위에 대하여 민사집행법상 명문의 규정은 없지만, 원칙적으로 그 부동산상의 저당권의 효력이 미치는 범위(민법 358조)와 마찬가지이다. 따라서 압류의 효력은 법률에 특별한 규정이 없는 한, 목적부동산 외에도 그 부합물(가령 주유소 지하의 유류저장탱크)과 종물(가령 본채와 떨어져 있는 연탄창고)에 미친다. 10-33

4) 제3자효

제92조(제3자와 압류의 효력) ① 제3자는 권리를 취득할 때에 경매신청 또는 압류가 있다는 것을 알았을 경우에는 압류에 대항하지 못한다. ② 부동산이 압류채권을 위하여 의무를 진 경우에는 압류한 뒤 소유권을 취득한 제3자가 소유권을 취득할 때에 경매신청 또는 압류가 있다는 것을 알지 못하였더라도 경매절차를 계속하여 진행하여야 한다.

10-34 압류의 효력과 관련하여 채무자에게 **경매개시결정의 송달 뒤, 그 기입등기 전**에 제3자가 목적부동산에 대한 권리를 취득한 경우에 다음과 같은 규정을 두고 있다. 즉 압류의 등기가 공시되기 전이라면, 제3자가 권리를 취득할 때에 경매신청 또는 압류가 있다는 것을 **알았을 경우**에는 압류에 대항하지 못하지만(92조 1항), 이를 **알지 못하였을 경우**에는 압류의 처분금지효가 부정되어 제3자는 압류채권자에게 대항할 수 있으므로[33] 취득한 소유권을 내세워 제3자이의의 소(48조)나 채무자에게서 제3자 명의로 소유권이 넘어간 것을 이유로 경매절차를 취소시킬 수 있다(96조 1항). 다만, 부동산이 압류채권을 위하여 의무를 진 경우에는 압류한 뒤 소유권을 취득한 제3자가 소유권을 취득할 때에 경매신청 또는 압류가 있다는 것을 알지 못하였더라도 경매절차를 계속하여 진행하여야 한다(92조 2항).

한편 **경매개시결정의 등기 뒤**에는 압류의 **처분금지효**에 의하여 제3자의 선의, 악의를 묻지 않고 압류채권자에 대항할 수 없고, 경매절차에 영향이 없으므로 일반원칙상 경매절차를 속행할 수 있음은 당연하고 위 규정을 언급할 필요도 없다.

먼저 경매개시결정의 기입등기를 완료하고, 그 뒤에 경매개시결정을 송달하는 것이 실무이므로 위 규정의 적용은 특별히 예외적인 경우 외에는 일반적으로 문제되지 않는다.

5) 채무자의 관리 · 이용 및 침해행위 방지를 위한 조치

제83조(경매개시결정 등) ② 압류는 부동산에 대한 채무자의 관리 · 이용에 영향을 미치지 아니한다. ③ 경매절차를 개시하는 결정을 한 뒤에 법원은 직권으로 또는 이해관계인의 신청에 따라 부동산에 대한 침해행위를 방지하기 위하여 필요한 조치를 할 수 있다.

---

33) 한편 경매개시결정의 기입등기가 경료되어 압류의 효력이 발생한 후에 부동산의 점유를 이전받아 유치권을 취득한 채권자는 그 기입등기의 경료사실을 **과실 없이 알지 못하였다는 사정**을 내세워 그 유치권으로 경매절차의 매수인에게 대항할 수 없다(대법원 2006. 8. 25. 선고 2006다22050 판결). 즉 이 경우에 과실이 있는지 여부는 아무런 영향이 없다.

① 부동산의 관리 · 이용

압류는 목적부동산의 교환가치를 파악하는 것에 그치고, 부동산의 점유를 빼앗은 것은 아니므로 부동산에 대한 채무자의 관리 · 이용에 대하여 아무런 영향을 미치지 않는다(83조 2항). 즉, 채무자가 **통상의 방법**에 따라 거주, 영업 등으로 사용하거나 임대차 등 수익하는 것은 상관없다.[34] 한편, 관리인의 관리 · 이용을 내용으로 하는 강제관리에서는 원칙적으로 압류재산에 대한 채무자의 관리 · 이용권을 인정하지 않는다. 10-35

② 침해행위 방지조치

> ◈ **구체적 예** ◈ 甲이 乙에 대한 1억 원의 집행권원에 기하여 乙이 소유하는 X건물에 대하여 강제경매를 신청하였다. X건물의 압류 뒤에, X건물에 乙의 친척이라는 丙(이른바 폭력단체에 속하는 인물)이 살면서 X건물에 불을 지르겠다고 공공연하게 말하는 등 甲 및 경매관계자에 대하여 위협적 행위를 반복하는 경우에 甲은 어떤 수단을 취할 수 있는가. 목적부동산이 압류가 되더라도 이는 어디까지나 압류대상재산의 재산적 가치를 감소시키려는 처분행위를 제한하는 것으로, 채무자의 해당 부동산의 점유를 빼앗은 것은 아니다. 매수인의 대금납부까지는 부동산의 점유 · 이용에 대하여 채권자는 간섭할 수 없는 것이 원칙이다. 그러나 이러한 원칙을 관철하면 경매절차의 원활한 수행이 저해되는 경우가 있다. 채무자 또는 압류부동산의 점유자가 해당 부동산을 멸실시키거나 부동산의 가격을 감소시키는 행위를 하려는 경우에는 이를 방지할 필요가 있다. 이를 위한 규정이 아래와 같은 보전처분이다.

위와 같이 목적부동산에 대한 채무자의 통상의 용법에 따른 관리 · 이용이 종전대로 허용되기는 하나, 채무자 또는 부동산의 점유자가 부동산에 대한 침해행위, 즉 부동산의 가격을 **현저히**[35] 감소시키거나 감소시킬 우려가 있는 행위를 하는 때에는,[36] 법원은 매각허가결정이 있을 때까지 담보를 제공하게 하거나 담보를 제공하 10-36

---

34) 그런데 일반 임대차는 별론으로 하되, 「주택임대차보호법」 · 「상가건물 임대차보호법」상 임대차계약의 체결은 압류채권자와 관계에서 무효라는 입장으로는 이시윤, 270면.

35) 이렇게 민사집행규칙 44조 1항에서 감소의 정도에서 「현저히」를 「매각을 위한 보전처분」의 발령요건으로 하고 있는데, 한편 **일본** 민사집행법에서는 집행방해행위의 대책 강화의 관점에서 2003년 개정에 의하여 그 요건을 완화하여 감소의 정도에서 「현저히」를 삭제하였다.

36) 점유를 통하여 집행을 방해하는 경우를 대비하여 민사집행규칙상 보전처분의 상대방의 범위를 채무자(소유자)뿐만 아니라 부동산의 점유자도 포함시켰다. 나아가 참고로 보면, **일본** 민사집행법 2003년 개정에서 55조의2를 신설하여 상대방을 특정하기가 곤란한 특별한 사정이 있는 때에는 법원은 상대방을 특정하지 않고 집행시에 부동산을 점유하는 자를 상대방으로 보전처분을 발령할 수 있도록 하였다. 생각건대 부동산의 불법점유자의 특정은 자력집행금지의 원칙하에서 국가와 일반인(부동산소유자) 사이의 역할분담의 문제로, 제1차적으로는 부동산소유자가

게 하지 아니하고 그 행위를 하는 사람에 대하여 이를 금지할 것을 명하거나(금지명령) 일정한 행위를 할 것을 명할(작위명령) 수 있고(83조 3항, 민사집행규칙 44조 1항),[37] 나아가 채무자 또는 부동산의 점유자가 위 금지명령이나 작위명령을 위반한 때에는 담보를 제공하게 하고 부동산의 점유를 풀고 집행관에게 보관할 것을 명할(집행관보관명령) 수 있다(동규칙 동조 2항).[38]

6) 압류의 부수적 효력 – 시효중단

민법 제168조(소멸시효의 중단사유) 소멸시효는 다음 각호의 사유로 인하여 중단된다. 1. 청구 2. 압류 또는 가압류, 가처분

10-37 집행절차는 신청채권의 확정을 목적으로 하는 것은 아니지만, 개별적으로 신청채권의 강제적 행사가 이루어지고 있다고 볼 수 있으므로 압류에 의하여 집행채권의 **소멸시효중단효**가 생긴다(민법 168조 2호. 시효중단효의 발생요건으로 압류의 효력이 생겨야 한다).[39] 시효중단의 효력은 **경매신청시**(즉, 압류신청시)**로 소급**한다(압류의 효력발생이 시효기간의 만료 후라도 무방). 다만, 경매신청이 취하된 경우에는 특별한 사정이 없는 한 압류로 인한 소멸시효 중단의 효력은 소멸한다.[40] 압류에 의한 시효중단의 효력은 집행절차가 종료될 때까지 계속되고, 시효가 중단된 때에는 중단까지에 경과한 시효기간은 이를 산입하지 아니하고, 중단사유가 종료한 때로부터

상대방을 특정할 일이다. 다만, 소유자가 아무리 노력하여도 점유자의 성명·주소 등을 알 수 없는 상황에서는 점유자를 특정하는 절차를 국가가 국민에게 제공하여 권리를 실현할 수 있는 길을 열어주어야 할 것이다.

37) 민사집행규칙상, 금지명령 또는 작위명령을 발령하기 위해서는 압류채권자 또는 최고가매수신고인의 신청이 있어야 한다. 여기서 말하는 압류채권자란 강제경매 또는 담보권실행을 위한 경매의 신청을 한 압류채권자를 말하고, 배당요구의 종기 후에 강제경매 또는 담보권실행을 위한 경매를 신청한 자는 제외된다. 위 보전처분은 부동산의 가격이 현저히 감소됨으로써 충분한 배당을 받지 못하게 되는 압류채권자를 보호하기 위한 것이므로, 배당을 받을 수 없는 배당요구 종기 후의 압류채권자에게 신청권을 부여할 필요가 없기 때문이다. 최고가매수신고인도 그 부동산에 대한 가격감소행위 등을 막을 이익이 있으므로, 신청권이 있다. 법원실무제요[Ⅱ], 95면.

38) 보전처분의 구체적 내용을 민사집행 본법이 아닌 민사집행규칙에 규정하고 있는 것에 대한 부정적 지적은 이시윤, 317면.

39) 시효의 중단은 보증인에 대하여 그 효력이 있는데(민법 440조) 압류를 보증인에게 통지하여야 중단의 효력이 발생하는 것은 아니다(대법원 2005. 10. 27. 선고 2005다3554, 35561 판결). 한편, 점유로 인한 부동산소유권의 **시효취득**에 있어 그 중단사유는 종래의 점유상태의 계속을 파괴하는 것으로 인정될 수 있는 사유이어야 하는데, **압류**에 의하여 계속이 파괴되었다고는 할 수 없으므로 이는 시효취득의 중단사유가 될 수 없다(대법원 2019. 4. 3. 선고 2018다296878 판결).

40) 대법원 2015. 2. 26. 선고 2014다228778 판결.

새로이 시효기간이 진행한다(민법 178조 1항).[41)]

4. 경매(매각)절차의 이해관계인

(1) 의 의

제90조(이해관계인)	제88조(배당요구)
경매절차의 이해관계인은 다음 각호의 사람으로 한다. 1. 압류채권자와 집행력 있는 정본에 의하여 **배당을 요구한 채권자** 2. 채무자 및 소유자 3. 등기부에 기입된 **부동산 위의 권리자** 4. **부동산 위의 권리자**로서 그 권리를 증명한 사람	① 집행력 있는 정본을 가진 채권자, 경매개시결정이 등기된 뒤에 가압류를 한 채권자, 민법·상법, 그 밖의 법률에 의하여 우선변제청구권이 있는 채권자는 배당요구를 할 수 있다.

10-38 경매절차와 관련하여 그 부동산에 이해관계를 가진 사람은 경매가 적절하게 실시되는 것에 대하여 이해관계가 크다. 그리하여 민사집행법은 그중 특히 보호할 필요가 있는 사람을 이해관계인으로 규정하여(90조) 그 사람에게 경매절차 전반에 걸쳐 관여할 자격을 주고 있다.

(2) 이해관계인의 권리

10-39 이해관계인은 자기의 권리를 보호받기 위하여 절차에 대하여 아래와 같은 권리를 가진다. 이해관계인에게 인정되는 권리는 ① 집행에 관한 이의신청권(16조), ② 압류의 경합 또는 배당요구가 있으면 법원으로부터 그 통지를 받을 권리(89조), ③ 합의로 매각조건을 바꿀 수 있는 권리(110조), ④ 매각기일에 출석할 수 있는 권리(116조 2항), ⑤ 매각결정기일에 매각허가에 관한 의견을 진술할 수 있는 권리(120조), ⑥ 매각허가 여부의 결정에 대하여 즉시항고를 할 수 있는 권리(129조), ⑦ 배당기일에 출석하여 배당표에 관한 의견을 진술할 수 있는 권리(149조 2항) 등이 있다. 이러한 권리는 자기를 위해서 행사할 수 있는 것이므로 다른 이해관계인의 권리에 관한 이유를 들어 행사할 수 없다.

한편 채무자 아닌 이해관계인에게는 경매개시결정을 송달할 필요는 없고, 가령 경매개시결정 뒤에 이해관계인이 사망하여 절차에 관여할 수 없게 되더라도 그 때

41) 대법원 2017. 4. 28. 선고 2016다239840 판결(중단의 효력은 압류가 해제되거나 집행절차가 종료될 때 중단사유가 종료한 것으로 볼 수 있고, 그때부터 시효가 새로이 진행한다).

문에 경매절차가 중단되지는 않는다.

(3) 이해관계인의 범위

10-40 이해관계인은 법 90조에 규정된 사람만으로 한다. 이 규정은 제한적 열거규정으로 여기에 속하지 않는 사람은 그 매각절차에 무엇인가 이해관계가 있더라도 매각절차에서 이해관계인으로 취급되지 않는다.[42]

1) 압류채권자와 집행력 있는 정본에 의하여 배당을 요구한 채권자(90조 1호)

10-41 압류채권자라 함은 경매신청을 한 채권자를 말한다. 이중압류채권자도 포함된다. 한편 경매개시결정등기 전에 등기된 가압류채권자는 배당요구를 하지 않았더라도 당연히 배당요구한 것과 동일하게 취급되지만(148조 3호) 여기의 이해관계인은 아니다. 그리고 문언의 반대해석상, 배당을 요구한 채권자 가운데 집행력 있는 정본 없이 배당을 요구한 채권자와 배당을 요구하지 않은 집행력 있는 정본을 가진 채권자는 여기의 이해관계인에 해당하지 않는다.

2) 채무자 및 소유자(동조 2호)

10-42 여기서 채무자는 집행채무자를 말하고, 소유자는 경매개시결정등기 당시의 소유자를 말한다. 경매개시결정등기 뒤에 소유권이전등기를 마친 사람은 여기서 말하는 소유자에는 해당하지 않으나, 그 권리를 증명하면 법 90조 4호의 이해관계인이 된다. 가압류등기 뒤 본압류에 의한 경매신청 전에 소유권이전등기를 받은 사람은 여기의 소유자에 해당한다.

강제경매에서는 채무자와 부동산소유자가 일치하는 것이 보통이나, 임의경매에서는 물상보증인의 부동산이 경매되는 경우와 같이 채무자와 소유자가 다른 경우도 상당히 많다.

3) 등기부에 기입된 부동산 위의 권리자(동조 3호)

10-43 경매개시결정 시점이 기준이 아니다. 경매개시결정기입등기 당시에 이미 등기가 되어 등기부에 나타난 용익권자(지상권자, 전세권자, 임대차등기를 한 임차권자), 담보권자(저당채권에 대한 질권자, 저당권자), 가등기권리자(가등기담보 등에 관한 법률 16조 3항) 등이 그 예이다. 등기하지 않은 임대차는 제3자에게 대항할 수 없으므로 그 임

42) 경매절차에 관하여 사실상의 이해관계를 가진 자라 하더라도 위 조항에서 열거한 자에 해당하지 아니한 경우에는 경매절차에 있어서의 이해관계인이라고 할 수 없으므로, 가압류를 한 자는 위 조항에서 말하는 이해관계인이라고 할 수 없다(대법원 2004. 7. 22. 선고 2002다52312 판결).

차인은 여기에서의 이해관계인이 아니다.[43)]

가령 공유물 지분 경매 시 다른 공유자도 마찬가지로 취급된다.[44)] 한편 가압류권자·가처분권자는 여기의 이해관계인에 포함되지 않는다.

4) 부동산 위의 권리자로서 그 권리를 증명한 사람(동조 4호)

여기의 '부동산 위의 권리자'는 경매개시결정기입등기 전에 매각 부동산에 대 10-44
하여 등기 없이도 제3자에게 대항할 수 있는 물권 또는 채권을 가진 사람으로 점유권자, 유치권자, 특수지역권자, 건물등기 있는 토지임차인(민법 622조), 인도 및 주민등록을 마친 주택임차인(주택임대차보호법 3조) 등이 있고, 또한 압류채권자에게 대항할 수 있는 권리를 가지지 못한 사람이라도 매각절차에 상당한 이해관계를 가지는 경매개시결정기입등기를 한 뒤에 소유권을 취득하거나 용익권, 담보권설정등기를 한 사람 등도 이에 해당한다. 그런데 집행법원은 이러한 사람의 존재를 알 수 없기 때문에 부동산 위에 위와 같은 권리를 가지고 있다는 것만으로 당연히 이해관계인이 되는 것은 아니고, 집행법원에 스스로 그 **권리를 증명**(권리신고라고 한다)한 사람만이 비로소 이해관계인이 된다('등기되지 않은 권리증명자'라고 한다).[45)] 가령 유치권 신고자가 위 그 권리를 증명한 사람'에 해당하기 위해서는 신고서 접수 이후 매각허가결정이 있을 때까지 유치권의 취득·존속에 관한 사실을 집행법원에 증명하여야 한다.[46)] 권리증명 이외의 사유로 집행법원이 알게 된 경우, 가령 집행관의 현황조사의 결과 이해관계인으로 판명되었다는 사실 또는 압류가 경합된 후행의 강제 경매신청기록에 이해관계인으로 표시되었다거나 다른 권리자가 제출한 등기사항증명서에 권리자로 등재되어 있다는 사실만으로써는 스스로 집행법원에 권리를 증명하여 신고한 것이라고는 볼 수 없으므로 이해관계인이 될 수 없다.[47)] 이해관계 여부에 대한 증명은 매각허가결정이 있을 때까지 할 수 있으므로 매각허가결정이 있은

43) 낙찰허가결정에 대한 항고는 원칙적으로 그 경매절차의 이해관계인만이 할 수 있고, 임차권의 등기를 하지 아니한 토지의 임차인은 이해관계인이라고 볼 수 없다(대법원 1996. 6. 7.자 96마548 결정).

44) 경매법원은 공유물의 지분을 경매함에 있어 다른 공유자에게 경매기일과 경락기일을 통지하여야 하므로 경매부동산의 다른 공유자들이 그 경매기일을 통지받지 못한 경우에는 이해관계인으로서 그 절차상의 하자를 들어 항고를 할 수 있다(대법원 1998. 3. 4.자 97마962 결정).

45) 비록 경매부동산에 관하여 소유권회복등기를 할 수 있는 확정판결이 있다 하더라도 이에 터잡아 소유권회복의 등기를 갖추고 집행법원에 권리신고를 하여야만 이해관계인이 될 수 있다(대법원 1991. 4. 18 자 91마141 결정).

46) 대법원 2024. 4. 5.자 2023마7896 결정.

47) 이시윤, 303면. 대법원 1994. 9. 14.자 94마1455 결정.

후 즉시항고를 제기하면서 그 권리를 주장한 사람은 이해관계인이 될 수 없다.48)

그런데 여기의 권리신고와 집행절차에 참가하여 변제(배당)를 받겠다는 의사표시인 배당요구는 구별하여야 한다. 권리신고를 한 것만으로 당연히 배당을 받게 되는 것은 아니다.

5. 집행경합

(1) 공동경매

제162조(공동경매) 여러 압류채권자를 위하여 동시에 실시하는 부동산의 경매절차에는 제80조 내지 제161조의 규정을 준용한다.

10-45 동일한 채무자에 대하여 각기 집행권원을 가지고 있는 여러 채권자가 공동으로 동시에 경매신청을 할 수 있다. 이렇게 동시에 경매신청을 하는 경우뿐만 아니라, 아직 경매개시결정이 이루어지지 않고 있는 사이에 같은 부동산에 대하여 다른 채권자가 경매신청을 하면 집행법원이 그 여러 경매신청을 병합하여 하나의 경매개시결정을 하여야 하고, 그리하여 동일한 절차로 진행하는 경우도 공동경매에 해당한다. 공동경매절차에는 단독으로 경매신청을 한 경우를 준용하면 된다(162조). 각 채권자는 독립하여 그 이익을 받으며, 채권자 1인에 대한 집행정지 · 취소사유 또는 취하는 다른 채권자에게 아무런 영향을 미치지 않는다.

(2) 이중압류(압류의 경합)

제87조(압류의 경합) ① 강제경매절차 또는 담보권 실행을 위한 경매절차를 개시하는 결정을 한 부동산에 대하여 다른 강제경매의 신청이 있는 때에는 법원은 다시 경매개시결정을 하고, 먼저 경매개시결정을 한 집행절차에 따라 경매한다.

10-46 이미 다른 채권자가 신청한 강제경매 또는 담보권 실행을 위한 경매절차의 개시결정이 있은 부동산에 대하여 다른 채권자가 취할 수 있는 대응에는 ① 이중의 경매신청이나 ② 단순한 배당요구, ③ 만약 집행권원을 가지지 않은 채권자는 가압류를 한 뒤에 배당요구를 하는 세 가지 방법을 생각할 수 있다. 선행 경매절차에 참가하기를 원하는 채권자로서는 위 이중의 경매신청과 배당요구의 가부 · 득실을

48) 대법원 1988. 3. 24.자 87마1198 결정 등.

따져 그 가운데 어느 쪽을 선택하면 된다.

1) 이중의 경매개시결정의 의의

강제경매(또는 담보권 실행을 위한 경매절차)를 개시하는 결정을 한 부동산에 대하여 압류채권자 외의 다른 채권자로부터 다시 경매의 신청이 있는 때에는 집행법원은 그 요건이 구비되었다고 인정되면 다시 경매개시결정을 한다. 이를 **이중개시결정**이라고 한다. 이 경우에 먼저 경매개시결정을 한 집행절차에 따라 경매한다(87조 1항). 10-47

이중의 경매신청을 할 수 있는 시기에 관하여 명문의 규정은 없으나, 매각대금완납시의 입장을 전제로 하고 있다고 본다.[49] 실무상으로도 매각허가결정선고 뒤에도 대금완납시까지 먼저 한 경매신청이 취하되거나 그 절차가 취소되는 경우도 있을 수 있고, 목적부동산이 채무자의 소유로 남아 있는 동안 하나의 절차로 진행하는 것이 간편하다는 이유로 매각대금완납시의 입장을 따르고 있다.

2) 이중의 경매개시결정의 요건

경매개시결정을 함에 있어서 필요한 일반적 요건 이외에 이중개시결정의 특별한 요건은 다음과 같다. 10-48

① 선행 경매절차의 존재

이미 경매개시결정이 있는 경우라야 한다. 만약, 경매신청만 있고 아직 경매개시결정이 없는 경우라면, 법원은 2개의 경매개시신청을 병합하여 1개의 개시결정을 할 수 있고, 이 경우는 공동경매(162조)에 해당하고 이중개시결정의 문제가 되지 않는다. 10-49

② 부동산이 채무자의 소유일 것

채무자의 책임재산에 대하여 강제집행을 신청하는 것이므로 대상 부동산이 신청 당시 채무자의 소유에 속한 것이어야 한다. 10-50

3) 이중의 경매개시결정의 효력

① 먼저 한 경매개시결정이 효력을 보유하고 있는 경우

이중개시결정이 있더라도 먼저 한 경매개시결정이 유효하고, 이에 터 잡아 경매절차가 진행되는 동안에는 이중개시결정에 따른 별도의 경매절차는 진행하지 않 10-51

49) 김홍엽, 181면; 이시윤, 309면.

는다. 다만, 이중개시결정에 따른 기입등기의 촉탁(94조)과 채무자에 대한 이중개시결정의 송달(83조 4항)을 하여야 한다. 그리고 이중의 경매신청사유를 먼저 개시결정을 한 경매절차의 이해관계인에게 통지하여야 한다(89조). 그 취지는 배당받을 사람의 범위가 변경됨을 소유자, 채무자 및 집행절차에 참가하고 있는 해당 배당요구채권자 이외의 다른 채권자에게 알려주어 채권의 존부와 액수를 다투는 등의 대책을 강구할 기회를 부여하여 이들 이해관계인을 보호하려는 데 있다.

먼저 개시한 경매절차가 순조롭게 진행되어 현금화가 마무리되면, 그 경매절차의 배당요구의 종기까지 이중의 경매신청을 한 채권자는 압류채권자의 자격으로 배당을 받을 수 있다(148조 1호).

② 먼저 경매개시결정을 한 경매신청이 취하되거나 그 절차가 취소된 경우

10-52 이중개시결정이 된 뒤, 먼저 개시결정을 한 경매신청이 취하되거나 경매절차가 취소된 때에는 집행법원은 법 91조 1항의 우선권을 해하지 아니하는 한도 안에서 뒤의 개시결정에 따라 절차를 계속 진행하여야 한다(87조 2항). 이 경우에 뒤의 경매개시결정이 배당요구의 종기 이후의 신청에 의한 것인 때에는 집행법원은 새로이 배당요구를 할 수 있는 종기를 정하여야 한다. 이미 법 84조 2항 또는 4항의 규정에 따라 배당요구 또는 채권신고를 한 사람에 대하여는 같은 항의 고지 또는 최고를 하지 않는다(동조 3항).

③ 먼저 경매개시결정을 한 절차가 정지된 경우

10-53 먼저 개시결정을 한 경매절차가 정지된 때에는 집행법원은 신청에 따라 뒤의 개시결정(배당요구의 종기까지 행하여진 신청에 의한 것에 한한다)에 기초하여 절차를 계속하여 진행할 수 있다(87조 4항 본문). 그 신청에 대한 재판에 대하여는 즉시항고를 할 수 있다(87조 5항).

다만 먼저 개시결정을 한 경매절차가 취소되는 경우 법 105조 1항 3호의 기재사항(등기된 부동산에 대한 권리 또는 가처분으로서 매각으로 효력을 잃지 아니하는 것)이 바뀔 때에는 뒤의 개시결정에 따라 절차를 속행하여서는 안 된다(87조 4항 단서). 왜냐하면 앞의 경매개시결정과 뒤의 경매개시결정에 터 잡아 경매절차가 집행되는 도중에 앞의 개시결정이 취소되면, 위 용익권 또는 가처분은 법 105조 1항 3호의 이른바 매각으로 그 효력이 소멸하지 아니하는 권리 또는 가처분으로 되는 때가 있는

데, 이와 같이 집행정지 중인 앞의 경매절차가 나중에 취소되는지 여부에 따라 매수인의 지위에 중대한 영향을 미치기 때문이다(즉, 매각조건의 변동을 초래한다). 따라서 이러한 경우에는 먼저 개시한 절차가 정지되더라도 뒤의 개시결정에 터 잡아 즉시 절차를 속행할 것이 아니라, 먼저 개시한 절차의 집행정지사유가 소멸하거나 먼저 한 개시결정이 취소될 때까지 기다려야 한다.

그러나 앞의 개시결정과 뒤의 개시결정 사이에 제3자가 저당권을 취득한 경우에는 앞의 개시결정이 나중에 취소되더라도 그 저당권이 소멸하는 것은 마찬가지이므로 이는 매각조건의 변동은 아니어서 뒤의 개시결정에 터 잡아 절차를 속행하여야 한다. 다만, 이 경우에도 남을 가망이 있는가는 뒤의 압류채권자를 기준으로 다시 살펴보아야 한다.

6. 매각의 준비

경매개시와 매각절차를 연결하는 절차로, 해당 부동산을 매각하기 위하여 필요 10-54
한 매각준비절차가 이루어진다. 즉, 경매개시결정에 의한 압류의 효력이 발생하면, 집행법원은 **집행관**에게 매각부동산의 **현황조사**를 명하고(85조), **감정인**으로 하여금 목적물을 **평가**하게 하여 최저매각가격을 정하게 된다(97조). 최저매가가격으로 우선채권자의 채권을 변제하면 남을 것이 없겠다고 인정되는 때에는 매각절차를 취소하며(102조), 남을 가망이 있으면 직권으로 매각기일과 매각결정기일을 지정, 공고, 통지하고(104조) 절차를 진행한다.

매각준비절차	
채권관계확정절차	매각대금으로부터 배당을 받을 채권자, 그 채권액, 변제순위를 파악
권리관계확정절차	해당 부동산의 현황, 담보권, 용익권과 같은 권리관계 등을 파악
매각조건확정절차	위 조사결과를 토대로 매각조건을 확정

(1) 배당요구의 종기결정 및 공고

제84조(배당요구의 종기결정 및 공고) ① 경매개시결정에 따른 압류의 효력이 생긴 때(그 경매개시결정전에 다른 경매개시결정이 있은 경우를 제외한다)에는 집행법원은 절차에 필요한 기간을 고려하여 배당요구를 할 수 있는 종기를 첫 매각기일 이전으로 정한다.

1) 의 의

10-55 경매개시결정에 따른 압류의 효력이 생긴 때에는 (물론 배당요구 자체는 압류의 효력이 생긴 때부터 할 수 있다) 집행법원은 절차에 필요한 기간을 고려하여 **배당요구를 할 수 있는 종기를 첫 매각기일 이전**으로 정하여,[50] 경매개시결정을 한 취지 및 배당요구의 종기를 공고한다(84조 1항, 2항). 위 배당요구(이는 채권자평등주의를 채택한 귀결이다)의 종기결정 및 공고는 배당요구를 할 기간을 실질적으로 보장하기 위해서 경매개시결정에 따른 압류의 효력이 생긴 때부터 1주 이내에 하여야 한다(동조 3항).

위와 같이 배당요구의 종기를 첫 매각기일 이전으로 정하도록 함에 따라 매수참가를 희망하는 사람이 매수신고 전에 권리의 인수 여부를 판단할 수 있고, 또한 법원으로서도 매각기일 전에 무잉여 여부를 판단할 수 있으므로 경매절차의 안정성과 활성화를 도모할 수 있게 된다.[51]

그런데 배당요구의 종기를 결정할 때에 그 종기를 압류한 날로부터 가깝게 정할수록 집행에서 우선주의를 적용하는 것과 같은 결과가 될 것이고, 그 종기를 압류한 날로부터 멀리 떨어져 첫 매각기일에 가깝도록 정할수록 집행에서 평등주의를 채택한 것과 유사한 결과가 될 것이다.

---

50) 부동산 등에 대한 경매절차 처리지침(재민 2004-3) 6조는, 배당요구종기를 특별한 사정이 없는 한 배당요구종기의 결정일로부터 2월 이상 3월 이하의 범위 안에서 정하도록 규정하고 있다.

51) 배당요구를 할 수 있는 종기는 구법에서는 경락기일까지로 하였는데(구민사소송법 605조 1항), 즉 구법에서는 경락허가결정의 선고에 의하여 소유권이 이전되었으므로, 그때까지는 채권자의 배당가입이 인정되고, 배당요구가 늦게까지 인정됨으로써 채무자의 재산이 경매낙찰인에게 이전하는 경락기일의 마지막까지 배당요구가 허용된다고 하였다. 그런데 그 때문에 경매기일에 최고가경매신청인이 나온 후의 경락기일 전에 일반우선특권자 등의 배당요구가 있으면 그 요구액에 따라서는 무잉여가 되어 경매절차가 취소되게 되어 매수신청인의 지위는 불안정하고, 압류채권자의 불이익뿐만 아니라 법원으로서도 그때까지의 절차가 헛되게 되었다. 그리하여 신속화와 안정화를 도모하는 취지에서 위와 같이 배당요구를 할 수 있는 종기를 규정하였다. 관련하여 합리적 입법조치라는 다음 판결을 참조하라. 이러한 제한은 특정 강제집행절차상의 우선변제권능을 제한하게 되어 경우에 따라서 임금 등 청구권의 행사가 종국적으로 제한되는 결과를 야기할 수도 있으나, 이러한 제한은 본질적으로 특정한 절차에 한정된 일시적 제약에 불과한 것이고 권리의 실체법상 본질, 즉 권리의 존재와 내용 및 실체법상의 권리행사에 무슨 영향을 미치는 것이 아닌 점에서 그 권리의 본질에 관한 제한이라고 할 수 없으며, 이러한 배당요구종기제도에 의하여 달성되는 경매제도의 효율적 운영은 더욱 중요한 공익에 속하므로 같은 법 84조 1항이 배당요구의 종기를 첫 매각기일 이전까지의 범위에서 정하도록 한 것은 합리적인 입법조치이다(대법원 2007. 11. 29.자 2007그62 결정).

2) 배당요구의 종기의 고지

최선순위 전세권자[52] 및 법원에 알려진 배당요구를 할 수 있는 채권자에게[53] 배당요구의 종기를 고지하여야 한다(84조 1항, 2항). 최선순위의 전세권자에게 고지하는 이유는 최선순위의 전세권자가 배당요구의 선택에 따라 매수인의 인수 여부가 결정되기 때문에 선택의 기회를 주기 위함이고, 배당요구를 할 수 있는 채권자에게 고지하는 이유는 그 채권자는 배당요구를 하지 않으면 배당을 받을 수 없으므로 그 채권자에게 배당에 참여할 기회를 보장하기 위함이다. 10-56

3) 배당요구의 종기의 연기

법원은 특별히 필요하다고 인정하는 경우에는 배당요구의 종기를 연기할 수 있다(84조 6항).[54] 이에 대하여 공고와 공지를 하여야 한다. 채권자의 배당참가기회를 봉쇄하는 것이 적당하지 않다고 판단되는 특별한 사정이 있는 경우에 법원이 매각절차를 불안하게 하거나 기존 배당요구 채권자의 이익을 해하지 않는 범위 내에서 배당요구의 종기를 연기할 수 있도록 하여 채권자를 두텁게 보호하고자 한 규정이다.[55] 배당요구의 종기의 연기가 있는 경우에 법원은 다시 이를 공고하고 최선순위 전세권자(91조 4항 단서의 전세권자)와 법원에 알려진 법 88조 1항의 채권자에게 고지하여야 한다(84조 2항). 다만, 이미 배당요구를 한 사람에 대하여는 이러한 고지를 하지 않는다(84조 7항 단서). 10-57

---

52) 저당권·압류채권·가압류채권에 내항할 수 있는 최선순위 전세권은 매각으로 소멸되지 않고 매수인이 인수하지만, 전세권자가 법 88조에 따라 배당요구를 하면 매각으로 소멸된다(91조 3항, 4항). 배당요구의 종기를 고지하여 그 기간 안에 선택권을 행사할 수 있는 기회를 보장할 필요가 있으므로, 법원은 배당요구의 종기를 공고하는 외에 최선순위의 전세권자에게 이를 고지하여야 한다.

53) 법 88조 1항의 채권자는 배당요구를 하여야만 배당받을 수 있으므로, 이들에게 배당에 참여할 수 있는 공평한 기회를 보장하기 위하여 법원은 매각절차 진행과정에서 알게 된 위 채권자에게도 배당요구의 종기를 고지하여야 한다.

54) 주채무자 소유 부동산에 대한 강제경매절차에서 집행법원이 배당요구의 종기를 결정하였는데, 보증인이 채무를 대위변제한 후 주채무자에 대한 구상권을 행사하는 과정에서 위 종기를 준수하지 못하여 그 연기를 구하여 온 경우에, 집행법원은 경매절차의 진행 경과, 보증인이 위 종기를 준수하지 못한 데에 귀책사유가 있는지 여부, 위 종기를 준수하지 못한 기간의 크기, 채권자 등 이해관계인이나 경매절차에 미치는 영향 등을 고려하여 특별히 필요하다고 인정하는 경우에 한하여 배당요구의 종기를 연기할 수 있고, 위와 같은 사유로 배당요구종기 연기신청을 인용하거나 기각하는 집행법원의 결정은 위 조항에 따른 재량에 의한 것이다(대법원 2013. 7. 25. 선고 2013다204324 판결).

55) 대법원 2007. 11. 29.자 2007그62 결정.

(2) 채권신고의 최고

> 제84조(배당요구의 종기결정 및 공고) ④ 법원사무관등은 제148조제3호 및 제4호의 채권자 및 조세, 그 밖의 공과금을 주관하는 공공기관에 대하여 채권의 유무, 그 원인 및 액수(원금 · 이자 · 비용, 그 밖의 부대채권을 포함한다)를 배당요구의 종기까지 법원에 신고하도록 최고하여야 한다. ⑤ 제148조 제3호 및 제4호의 채권자가 제4항의 최고에 대한 신고를 하지 아니한 때에는 그 채권자의 채권액은 등기사항증명서 등 집행기록에 있는 서류와 증빙에 따라 계산한다. 이 경우 다시 채권액을 추가하지 못한다.

1) 당연히 배당받을 채권자에 대한 최고

10-58 경매개시결정이 있으면 법원사무관등은 첫 경매개시결정등기 전에 등기된 가압류채권자(148조 3호), 저당권 · 전세권, 그 밖의 우선변제청구권으로서 첫 경매개시결정등기 전에 등기되었고 매각으로 소멸하는 것을 가진 채권자(동조 4호)에 대하여 채권의 유무, 그 원인 및 액수를 **배당요구의 종기**까지 법원에 신고하도록 최고하여야 한다(84조 4항). 가등기권리자에 대하여도 최고한다(가등기담보 등에 관한 법률 16조 1항). 이는 우선채권의 유무, 금액 등을 신고받아 이를 변제하고도 남을 가망이 있는지 여부(102조)를 확인하기 위한 정보수집의 의미와, 또한 매각대상이 된 부동산에 관한 일정한 채권자에게 경매가 개시된 것을 알리는 것에 의하여 이러한 채권자에게 절차에 관여할 기회를 보장하고자 하는 의미가 있다. 이 규정은 **훈시규정**으로 이에 위반하더라도 매각절차가 무효로 되지 않고, 매각허가결정에 아무런 영향이 없다고 할 것이다. 배당요구의 종기의 연기가 있는 경우에 법원은 다시 이를 공고하고, 채권신고의 최고를 하여야 한다(84조 7항 본문). 다만, 이미 채권신고를 한 사람에 대하여는 이러한 최고를 하지 않는다(동조 동항 단서).

2) 조세 등 공과금을 주관하는 공공기관에 대한 최고

10-59 법원사무관등은 경매개시결정 후 조세, 그 밖의 공과금을 주관하는 공공기관에 대하여 목적부동산에 관한 채권의 유무와 그 원인 및 액수를 배당요구의 종기까지 법원에 신고하도록 최고하여야 한다(84조 4항). 이 역시 우선채권인 조세채권을 변제하고도 남을 가망이 있는지 여부(102조)를 확인함과 동시에, 공공기관으로 하여금 조세 등에 대한 교부청구의 기회를 주기 위함이다. 위 규정에 위반하여 최고하지 않았더라도 매각허가결정에 아무런 영향이 없다.[56]

56) 대법원 1979. 10. 30.자 79마222 결정.

3) 채권의 신고

위 각 채권자가 신고를 하지 아니한 때에는(원칙적으로 채권자의 권리에는 아무런 영향이 없다) 그 채권자의 채권액은 등기사항증명서 등 집행기록에 있는 서류와 증빙에 따라 계산하고(84조 5항 전문), 위 시기까지 신고하지 아니하면 다시 채권액을 추가하지 못한다(동조 동항 후문).[57] 그 결과 배당받은 다른 채권자를 상대로 그 부분에 대한 부당이득반환을 청구할 수도 없다.[58] 10-60

한편 채권신고에 대하여 시효중단의 효력을 인정할지 여부가 문제되는데, **학설 · 판례**는 「민법」 168조 2호의 압류에 준하는 것으로서 시효중단의 효력을 긍정한다.[59] 그런데 채권신고는 배당요구와 달리 단지 집행기관에 대하여 자기의 채권의 내용를 신고하는 것으로 경매절차에서 채권을 주장하고 채무자에게 채무의 이행을 구하는 청구 또는 압류에 준하는 것이라고 할 수 없다는 점에서 의문이다.

(3) 현황조사

第85条(현황조사) ① 법원은 경매개시결정을 한 뒤에 바로 집행관에게 부동산의 현상, 점유관계, 차임 또는 보증금의 액수, 그 밖의 현황에 관하여 조사하도록 명하여야 한다.

부동산을 적정한 가격으로 현금화하기 위해서는 부동산의 현상, 점유관계 등 사실관계와 권리관계의 현황을 정확히 파악하여 알맞은 매각조건을 결정하고, 매수를 희망하는 일반인에게 경매할 부동산에 관한 정보를 공시할 필요가 있기 때문에 10-61

57) **일본** 민사집행법 50조는 채권신고를 의무로 하여 실효성을 도모하고, 또한 손해를 입은 사람을 구제하기 위하여 고의 또는 과실에 의하여 신고를 게을리하거나 부실한 신고를 한 때에는 손해배상책임을 지도록 하고 있다.

58) **일본**은 채권신고의 의무를 부과하고 있다. 즉, 최고를 받은 채권자 또는 가등기 권리자가 고의 또는 과실에 의하여 그 신고를 하지 않은 때 또는 부실한 신고를 한 때에는 그 자는 이로 인하여 생긴 손해를 배상하여야 할 의무를 지게 된다(민사집행법 50조 3항, 188조, 가등기담보계약에 관한 법률 17조 4항).

59) 김홍엽, 194면; 이시윤, 315면도 마찬가지 입장이다. 채권신고는 「민법」 168조 2호의 압류에 준하는 것으로서 신고된 채권에 관하여 소멸시효를 중단하는 효력이 생긴다(대법원 2010. 9. 9. 선고 2010다28031 판결). 한편, 경매절차가 취소된 때는 압류로 인한 소멸시효중단의 효력이 소멸하지 않고, 채권신고로 인한 소멸시효중단의 효력도 소멸하지 않는다(대법원 2015. 2. 26. 선고 2014다228778 판결). 그런데 일본 最高裁判所 平成元年(1989) · 10 · 13 판결은 경매절차에서 채권신고의 최고를 받은 저당권자가 한 채권신고에 있어서 이를 **부정**하였는데, 중단사유로서 「민법」 168조 1호의 '청구'로 평가될 수 없다고 본 것이라고 할 수 있다. 또한 채권신고 후에 그 신고에 관한 채권의 일부에 대한 배당을 받았더라도 그 채권의 잔부에 대한 시효중단효는 생기지 않는다(最高裁判所 平成8(1996) · 3 · 28 판결). 한편, 배당요구에 대하여는 배당요구채권의 시효중단의 효력을 긍정한다(☞10-163).

집행법원은 경매개시결정을 한 뒤에 바로 **집행관**에게 부동산의 현황에 관하여 조사하도록 명하여야 한다(85조 1항). 이를 일반적으로 현황조사명령(그 성질은 결정)이라고 부른다. 현황조사의 대상은 부동산의 현상, 점유관계, 차임 또는 보증금의 액수, 그 밖의 현황 등이다. 집행관은 현황조사를 위하여 부동산에 출입할 수 있고, 채무자 또는 점유자에게 질문하거나 문서(가령 임대차계약서 등)의 제시를 요구할 수 있으며, 부동산에 출입하기 위하여 필요한 때에는 강제적으로 잠긴 문을 여는 등 적절한 처분을 할 수 있다(85조 2항, 82조).

집행관이 현황을 조사한 결과를 현황조사보고서에 정리하여 이를 법원에 제출한다. 현황조사보고서는 매수희망자에게 중요한 판단자료가 되므로 그 사본을 매각물건명세서 사본과 함께 법원에 비치하여 일반에 공시된다. 전자통신매체로 공시함으로써 그 사본의 비치에 갈음할 수 있다(민사집행규칙 55조).

(4) 부동산의 평가

제97조(부동산의 평가와 최저매각가격의 결정) ① 법원은 감정인에게 부동산을 평가하게 하고 그 평가액을 참작하여 최저매각가격을 정하여야 한다.

10-62 집행법원은 **감정인**(통상 감정평가사를 선임)으로 하여금 매각부동산의 평가를 명한다(97조 1항. 평가명령). 감정인은 평가서를 작성하여 법원에 제출한다. 이 평가서도 매수희망자에게 중요한 판단자료가 되므로 매각물건명세서 사본과 함께 법원에 비치한다(민사집행규칙 55조). 평가의 대상은 압류의 효력이 미치는 객관적 범위와 일치하여야 하므로 부동산, 부합물(토지의 경우에 가령 정원석), 종물, 종된 권리 등이 평가의 대상이다.

(5) 최저매각가격의 결정

10-63 집행법원은 감정인의 평가액을 참작하여 최저매각가격을 정한다(97조 1항). 최저매각가격은 매각을 허가하는 최저의 가격으로 그 금액에 못 미치는 매수신청에 대하여는 매각을 허가할 수 없다. 이는 법정매각조건이며, 이해관계인 모두의 합의에 의하여도 바꿀 수 없다(110조 1항).

그런데 최저매각가격은 강제경매부동산이 부당하게 염가로 매각되는 것을 방지하여 부동산의 소유자 또는 채권자의 이익을 보호하려는 것으로 나름 그 의의가 있지만, 다른 한편으로는 통상적으로 현실 가격을 상회하는 가격으로 최저매각가격

이 정하여져 매각되지 못하는 경우가 발생하고, 유찰의 원인이 되어 경매절차가 반복되는 상황도 많다.[60]

(6) 매각물건명세서

제105조(매각물건명세서 등) ① 법원은 다음 각호의 사항을 적은 매각물건명세서를 작성하여야 한다.

10-64 법원은 ① 부동산의 표시, ② 부동산의 점유자와 점유의 권원, 점유할 수 있는 기간, 차임 또는 보증금에 관한 관계인의 진술, ③ 등기된 부동산에 대한 권리 또는 가처분으로서 매각으로 효력을 잃지 아니하는 것, ④ 매각에 따라 설정된 것으로 보게 되는 지상권의 개요 등을 적은 매각물건명세서를 작성한다(105조 1항). 매각물건명세서는 매수신청인에게 부동산의 물적 부담상태, 취득할 종물, 종된 권리의 범위, 최저매각가격 산출의 기초가 되는 사실 등 매수신청인의 의사결정을 의한 판단자료를 제공하여 매수신청인이 신중한 판단을 거쳐 매각절차에 참가할 수 있도록 하는 기능을 수행한다.

(7) 세 가지 서류의 비치

제105조(매각물건명세서 등) ② 법원은 매각물건명세서 · 현황조사보고서 및 평가서의 사본을 법원에 비치하여 누구든지 볼 수 있도록 하여야 한다.

10-65 매각물건명세서, 현황조사보고서 및 평가서의 사본은 매각기일(기간입찰의 방법으로 진행하는 경우에는 입찰기간의 개시일)마다 그 1주 전까지 법원에 비치하여 누구든지 볼 수 있도록 하여야 하는데(105조 2항, 민사집행규칙 55조 본문), 다만 법원은 상당하다고 인정하는 때에는 위 세 가지 서류의 기재내용을 전자통신매체로 공시함으로써 그 사본의 비치에 갈음할 수 있다(민사집행규칙 55조 단서).[61] 누구든지 볼 수 있

60) 그리하여 최저매각가격이라는 엄격한 기준을 개정할 필요성이 제기되고 있다. 최저매각가격의 골격은 유지하면서 보다 매수를 용이하게 하는 방법으로서, 일본 민사집행법 60조에서의 탄력적 매각기준이 되는 매각기준가격과 같은 새로운 기준을 도입하자는 것이다. 이는 부동산강제경매에서의 매각촉진과 자유로운 가격형성기능을 도모하고자 하는 것으로, 최저매각가격을 바꾸어 매각기준가격으로 하고 그 10분의 2 상당액을 공제한 가격을 매수가능가격으로 함으로써 유연한 가격형성의 여지를 인정한다는 점에 의의가 있다.

61) 현행 우리 집행절차에서 매수희망자는 집행관 작성의 현황조사보고서, 감정인의 부동산평가서, 매각물건명세서라는 서면을 살펴보고 매수에 응하게 되고, 직접 매각목적물의 내부를 확인하고 입찰할 기회는 법적으로 보장되어 있지 않다. 그런데 매수를 희망하는 자로서는 현황조사

도록 위 세 가지 서류의 사본을 비치·제공한다는 취지는 매각기일의 공고내용에도 포함시켜야 한다(106조 7호).

명칭	작성자	기재내용
현황조사보고서	집행관	부동산의 형상, 점유관계, 그 밖의 현황
평가서	감정인	부동산 가치의 평가
매각물건명세서	법원사무관등	부동산에 설정되어 있는 권리 상황

(8) 남을 가망이 없을 경우의 경매취소

제102조(남을 가망이 없을 경우의 경매취소) ① 법원은 최저매각가격으로 압류채권자의 채권에 우선하는 부동산의 모든 부담과 절차비용을 변제하면 남을 것이 없겠다고 인정한 때에는 압류채권자에게 이를 통지하여야 한다.

1) 의 의

10-66 최저매각가격-(선순위 부담+절차비용)≤0의 경우에 **무잉여 집행금지의 원칙**이라고 한다.

잉여주의에 의하여(☞10-77) 우선채권과 집행비용을 빼고 남을 것이 없으면 경매개시결정을 허용하지 않지만, 절차를 진행하는 중에도 집행법원은 법원이 정한 최저매각가격으로 압류채권자의 채권에 우선하는 부동산의 모든 부담과 절차비용을 변제하면 남을 것이 없겠다고(무잉여라고 한다) 인정한 때에는 그 사실을 압류채

보고서, 평가서, 매각물건명세서만을 보는 것에 만족하지 않고, 일반적인 부동산매매의 경우와 같이 부동산의 내부를 실제로 보고 싶어 하는 것(내람[內覽]이라고 한다)이 보통일 것이고, 또한 이러한 기회의 보장은 결국 고가 매수희망자의 증가를 초래하여 경매를 촉진하는 요인이 될 수 있다. 일반적 부동산거래에서는 거래의 대상이 되는 물건의 내부를 살펴보지 않은 채, 매매가 이루어지는 경우는 많지 않은데, 이와 마찬가지로 경매부동산의 낙찰가격을 통상의 거래가격에 근접하게 하기 위해서는 매수희망자에 대하여 해당 부동산의 정보가 개시될 필요가 있다. 따라서 위와 같은 내부확인제도의 신설을 검토할 필요가 있다고 생각한다. 다만, 내부확인제도 그 자체는 집행채무자의 사생활을 침해할 우려가 있다. 점유자의 협력을 얻기 어려운 경우가 많을 것이고, 사안에 따라서는 강력한 반발도 예상된다. 거주용 부동산이 아닌 경우에는 그 활용이 기대되지만, 적정·공평한 절차가 저해될 우려를 불식하지 않는다면, 활용되기 어려울 것이다. 내부확인제도를 대체하는 방법으로 동영상촬영과 인터넷에서의 정보개시를 제안할 수 있다. 우리 대법원 법원경매정보 인터넷 사이트(http://www.courtauction.go.kr)를 이러한 방향에서 좀 더 적극적으로 운영한다면 좋을 것이다.

권자에게 통지하여야 한다(102조 1항). 이 통지를 받은 압류채권자가 만일 위의 부담과 절차비용을 변제하고 남을 만한 가격을 정하여 그 가격에 맞는 매수신고가 없을 때에는 자기가 그 가격으로 매수하겠다는 신청(신청과 동시에 그에 대한 충분한 보증을[62] 제공하여야 한다)을 위의 통지를 받은 날로부터 1주 이내에 하지 않으면 법원은 경매절차를 취소하여야 한다(102조 2항).[63] 신청자가 전혀 배당을 받지 못할 상황에서 무익 · 무용한 집행을 방지하기 위한 것이다(무익집행금지의 원칙. 민사소송에서의 소의 이익에 대응하는 민사집행제도의 내재적 요청으로 이해할 수 있다). 또한 우선채권자가 그 의사에 반한 시기에 권리행사가 강제되어 완전한 만족을 얻지 못한 채, 권리를 잃는 것을 피하기 위함도 그 이유이다(환가시기의 선택권의 보장).[64] 위와 같은 취지는 복수의 채권자가 존재하고 매각을 원하는 사람과 그렇지 않은 사람이 혼재하는 경우를 생각하면 이해될 것이다. 가령 최저매각가액을 훨씬 넘는 채권액의 우선담보권자가 있는데, 한편 채무자의 변제가 늦어지고는 있지만, 분할금이나 이자 등의 지급을 나름 계속하고 있어서 우선담보권자가 경매신청의 의향까지 없는 것과 같은 경우이다. 또한 가령 부동산가격이 상승하는 추세의 경제상황하에서 우선담보권자는 환가시기를 나중으로 하는 쪽이 보다 많은 채권회수를 기대할 수 있기 때문이다. 그러나 일정한 합리성을 가질 수 있지만, 한편 남을 가망이 없는 경우라도 부동산이 매각되면 압류채권자는 매각의 실시에 이르기까지 지출한 절차비용에 대하여 부동산의 매각대금으로부터 변제를 받을 수 있고, 채무자도 자신의 총채무가 감소하는 것이 되므로 반드시 무익한 현금화라고는 할 수 없으므로 무잉여 집행금지를 적용할 범위의 합리적인 획정이나 무잉여 경매취소를 둘러싼 관계자의 이익상황의 검토 등이 필요하다고 할 것이다.

만약 1주 이내에 최저매각가격으로 압류채권자의 채권에 우선하는 부동산의 모든 부담과 절차비용을 변제하고 남을 것이 있다는 사실을 증명한 때에는 법원은

62) 보증으로 제공된 금전 등은 대금이 된다(142조 3항, 147조 1항 참조).

63) 이 경우에 압류로 인한 소멸시효 중단의 효력이 소멸하지 않는다(대법원 2015. 2. 26. 선고 2014다228778 판결).

64) 이 사건 법률조항은 무익한 경매를 방지하여 부동산강제경매절차를 효율적으로 운영하고, 우선채권자의 환가시기 선택권을 보장하여 다수의 이해관계자들의 권리를 효과적으로 보호하기 위하여 잉여주의를 구체화하고 있는 것으로 경매신청채권자에게 보증을 제공하고 경매절차의 속행을 신청할 수 있는 기회를 부여하고 있으며, 법 102조 3항에서는 경매취소결정에 대한 불복절차를 규정하고 있는바, 경매신청채권자의 신속한 재판을 받을 권리를 구체화함에 있어 입법부에 주어진 합리적 재량의 범위를 일탈하였다고 볼 수 없다. 따라서 이 사건 법률조항은 신속한 재판을 받을 권리를 침해하지 않는다(헌법재판소 2007. 3. 29. 선고 2004헌바93 결정).

경매절차를 계속하여 진행하여야 한다(민사집행규칙 53조).

한편 무잉여를 이유로 경매절차가 취소되면, 결과적으로 목적부동산의 소유자는 소유권을 잃지 않는 이익을 얻게 되는데, 이는 반사적 이익에 지나지 않는다.

2) 압류채권자의 채권에 우선하는 부동산의 부담에서의 우선채권의 범위

10-67 압류채권자가 일반채권자라면, 압류채권자의 채권에 우선하는 부동산의 부담은 경매부동산의 매각대금에서 압류채권자에 우선하여 변제하여야 하는 채권으로서 해당 경매절차에서 밝혀진 것을 말한다.

① 선순위 저당권으로 담보되는 채권은 우선채권에 해당한다. 이때 우선채권의 범위는 원칙으로 피담보채권 원본과 이자 및 원본의 이행기를 지난 뒤 1년분의 지연손해금이다. 근저당권의 경우에는 실제의 채권액이 밝혀지지 않는 한, 등기된 채권최고액을 우선채권액으로 한다.

② 목적부동산에 관하여 설정된 선순위 전세권등기로서 매각으로 인하여 소멸할 전세권의 경우(91조 4항 단서)에는 그 전세금반환채권도 여기의 우선채권에 해당한다.

③ 선순위 가등기담보권으로 담보되는 채권도 우선채권의 범위에 담보가등기인지, 아니면 순수한 순위 보전의 가등기인지 알 수 없으므로, 담보가등기로 신고된 경우에만 우선채권의 범위에 해당한다.

④ 국세, 지방세, 산업재해보험료, 지방자치단체의 사용료, 수수료 등 공과금은 실체법상 우선권이 인정되므로 그 순위가 압류채권자의 권리에 우선하는 때에는 우선채권에 해당한다.[65]

⑤ 임금, 퇴직금, 재해보상금, 그 밖의 근로관계로 말미암은 채권도 여기서의 우선채권에 해당한다.

⑥ 「주택임대차보호법」 8조 1항의 요건을 갖춘 임차보증금은 여기의 우선채권에 해당한다.

⑦ 저당권이 설정된 부동산을 강제경매하는 경우에 「민법」 367조의 규정에 따

65) 그런데 **경매개시결정이 등기된 뒤에 체납처분에 의한 압류등기가 마쳐진 경우**에는 조세채권자인 국가로서는 경매법원에 배당요구의 종기까지 배당요구로써 교부청구를 하여야만 배당을 받을 수 있으므로 **배당요구종기 이후 교부청구를 한 금액은 배당에 산입시킬 수 없고**, 따라서 교부청구금액 전체를 채권자의 판결금채권에 우선한다고 보아 그 청구금액이 최고가매수신고가격을 초과한다고 판단하여, 이를 전제로 남을 가망이 없는 경우에 해당한다고 판단한 것은 잘못이다(대법원 2021. 4. 9.자 2020마7695 결정).

라 우선권을 가지는 저당물의 제3취득자의 비용상환청구권도 여기의 우선채권에 해당한다.

3) 절차비용

잉여판단 시에 고려 대상이 되는 절차비용은 배당할 때가 되기 전에는 확정할 수 없으므로 예상액을 산정한다. 10-68

4) 절 차

압류채권자가 남을 가망이 없다는 통지를 받고 1주 이내에 남을 것이 있다는 증명을 하지 못하거나(민사집행규칙 53조 참조), 적법한 매수신청 및 충분한 보증제공을 하지 않을 때에는 법원은 결정으로 경매절차를 취소한다(102조 2항). 매수신청액은 모든 우선채권액을 넘는 금액이어야 하며, 보증액은 매수신청액에서 최저매각가격을 뺀 금액이다.[66] 다만, 위 기간이 지난 뒤에도 경매취소결정 전에 적법한 매수신청 및 보증제공이 있으면, 경매절차를 계속하여 진행하여야 한다. 압류채권자는 위 경매취소결정에 대하여는 즉시항고를 할 수 있다(동조 3항). 10-69

5) 위반의 효과

남을 가망이 없는데도 불구하고, 집행법원이 이를 간과하고 경매절차를 진행한 경우에 최고가매수신고인의 매수가격이 우선채권 총액과 절차비용을 넘는다면, 그 절차 위반의 흠은 치유된다. 그러나 이 경우에 매수가격이 우선채권 총액과 절차비용을 넘지 않으면, 흠은 치유되지 않고 집행법원은 매각불허가결정을 하여야 하는데, 만약 매각불허가결정을 하지 않고 매각허가결정을 하였다면, 즉시항고를 할 수 있는 사람은 압류채권자와 우선채권자에 한하고, 채무자와 목적부동산의 소유자는 즉시항고를 할 수 없다. 무잉여집행금지는 압류채권자나 우선채권자를 보호하기 위함이지, 채무자나 목적부동산의 소유자를 보호하기 위함이 아니므로 이들은 잘못된 매각허가결정에 대하여 즉시항고로 다툴 이해관계인이 아니기 때문이다. 10-70

남을 가망이 없는데도 불구하고, 집행법원이 이를 간과하여 그대로 경매가 진행되어 매각허가결정이 확정되면, 그 흠은 치유된다. 따라서 매각결정기일까지도 잘못을 발견하지 못하여 매수인이 대금을 지급하였다면, 그 뒤에는 그 흠을 이유로

66) 보증액의 제공방법은 현금이나 법원이 인정하는 유가증권을 법원보관금취급규칙에 의한 경매예납금으로 예납하고 취급점으로부터 교부받은 법원보관금 영수증서를 매수신청서와 함께 집행법원에 제출하면 된다. 법원실무제요[Ⅱ], 228면.

매수인의 소유권취득을 부정할 수 없다.

7. 매각조건의 결정

(1) 매각조건의 의의

10-71 매각조건(Versteigerungsbedingungen)은 법원이 매각목적부동산을 매각하여 매수인에게 취득시키는 조건을 말한다. 강제경매도 기본적으로 목적부동산이 채무자로부터 매수인에게 이전하고 매수인이 그 대가로 대금을 지급하는 일종의 매매계약의 측면이 있으나, 한편 채무자로부터 해당 부동산의 소유권을 강제적으로 매수인에게 이전하는 절차이므로 일반적 매매와 같이 매매의 성립, 내용, 효력을 계약 당사자의 자유로운 합의에 맡기는 것이 적절하지 않을 수 있다. 그리하여 민사집행법은 매각의 성립, 내용, 효력에 관한 사항을 정형적으로 정하고 있다(매각조건 법정주의). 이와 같이 민사집행법이 정한 매각조건을 **법정매각조건**이라고 한다. 주요한 매각조건은, 최저매각가격(geringstes Gebot)에 이르지 않은 매각의 불허가(97조), 개별매각의 원칙, 일괄매각의 제한적 허용(98조), 매각대금의 지급과 매수인의 소유권취득(135조) 등인데, 가장 중요한 것은 매각부동산상의 담보권·용익권의 취급이다. 한편, 법정매각조건 중 공공의 이익이나 경매의 본질과 관계가 없는 조건은 관련되는 이해관계인 모두의 합의가 있으면 이를 바꿀 수 있는데(110조 1항), 이와 같이 바뀐 매각조건을 **특별매각조건**이라고 한다. 또한 법원은 직권으로 법정매각조건을 바꿀 수 있는데, 이 경우도 특별매각조건에 해당한다(☞10-87, 10-88).

(2) 법정매각조건

1) 최저매각가격 미만의 매각 불허

10-72 강제경매에서는 미리 결정·공고된 최저매각가격 미만의 가격으로는 매각을 허가할 수 없다. 최저매각가격은 매각이 허용되는 최저한도의 금액이고, 매수신청액이 그에 이르지 않으면 매각은 허가되지 않는다는 의미를 갖는다. 이 요건은 법정의 매각조건이며, 이해관계인의 합의로도 바꿀 수 없다(110조 1항).

2) 소멸주의·인수주의·잉여주의

10-73 부동산에는 저당권 등의 담보권이나 임차권 등의 용익권이 설정되어 있는 경우가 많은데, 이와 같은 부동산상의 권리부담에 대하여 매수인이 경매절차에서 매각에 의하여 소유권을 취득하는 때에 어떠한 조건으로 취득할 것인가를 미리 분명히

할 필요가 있다. 이에 대하여는 다음과 같은 입장이 있다.

① 소멸주의

목적부동산의 물적 부담을 매각으로 소멸시켜 매수인에게 부담 없는 완전한 소유권을 취득시키는 원칙을 **소멸주의**라고 한다. 소제(消除)주의(Löschungsprinzip)라고도 한다. 소멸주의는 매수인으로서는 매수 뒤의 부담이 적으므로 그 한도에서는 매수를 하는 것이 마음이 편하다는 장점이 있지만, 반면 매수대금이 상대적으로 고액이 된다. 현행 **민사집행법은 기본적으로 소멸주의**를 취하고 있다. 소멸주의의 원칙은 강제경매의 경우뿐만 아니라, 담보권 실행을 위한 경매, 유치권에 의한 경매를 포함한 형식적 경매에도 적용된다. 10-74

② 인수주의

한편 목적부동산에 압류채권자의 채권에 우선하는 채권에 관한 부담이 있는 경우에 그 부담을 매수인이 인수하도록 하는 것을 **인수주의**(Übernahmeprinzip)라고 한다. 이 입장에서는 선순위 권리자는 해당 부동산의 매각에 의하여 아무런 영향을 받지 않고, 매수신청인은 부동산 가액에서 그 부담에 상당한 가액을 공제한 액수의 대금을 납부하면 충분하다. 그러나 나중에 선순위 담보권의 실행에 의한 매각절차가 다시 실시되면, 그 결과 매수인이 부동산의 소유권을 잃을 우려가 있으므로 매수인의 지위는 불안정하게 된다. 10-75

③ 잉여주의

또한 경매부동산의 매각대금으로 압류채권자의 채권에 우선하는 부동산상의 부담 및 집행비용을 변제하고도 남을 것이 있는 경우에 한하여 경매를 허용하고, 압류채권자가 자기의 채권을 변제받을 가망이 없는 경매는 허용하지 않는다는 원칙을 **잉여주의**(Deckungsprinzip)라고 한다.[67] 10-76

---

67) **독일법**에서는 인수주의를 채택하고 있고, 잉여주의를 결합하고 있다. 즉, 신청채권자에 우선하는 권리와 매각대금에서 공제하여야 할 절차비용을 상각하기에 충분한 경매신청(geringstes Gebot: 최저경매신청가격)만이 허용된다(ZVG 44조 1항)는 입장을 전제로 하여, 채권자의 권리와 그에 뒤처지는 권리는 소멸하나, 채권자의 권리에 우선하는 권리는 소멸하지 않는다는 입장(인수주의)이 채택되어 있다(ZVG 52조 1항). 이는 잉여주의의 취지를 실현함에는 후순위 채권자의 신청에 의한 경매에 의하여 선순위의 권리가 영향을 받지 않는 것은 당연하다는 기본적인 이해에 기한 것이라고 할 수 있다. Gaul/Schilken/Becker-Eberhard, Zwangsvollstreckung

그런데 잉여주의와 소멸주의 · 인수주의는 서로 아주 관계가 없는 것은 아니지만, 일단 그 의미를 달리하는 것이라고 할 것이다. 잉여주의는 선순위의 권리와 후순위의 권리의 이해조정에 관한 원칙이고, 선순위의 권리가 무언인가와 상관 없다. 이에 대하여 소멸주의 · 인수주의는 일정한 종류의 권리를 현금변제 또는 가격보상을 주는 것과 대신 소멸시키는 것과 매수인에게 인수시키는 것으로 해당 권리자, 집행채권자, 집행채무자, 매수인 등으로서는 어느 쪽이 어느 정도의 장점 · 단점을 가지는가의 이익형량의 문제라고 본다.

3) 부동산의 물적 부담의 소멸과 인수의 범위

제91조(인수주의와 잉여주의의 선택 등)	
① 압류채권자의 채권에 우선하는 채권에 관한 부동산의 부담을 매수인에게 인수하게 하거나, 매각대금으로 그 부담을 변제하는 데 부족하지 아니하다는 것이 인정된 경우가 아니면 그 부동산을 매각하지 못한다.	잉여주의
② 매각부동산 위의 모든 저당권은 매각으로 소멸된다.	소멸주의
③ 지상권 · 지역권 · 전세권 및 등기된 임차권은 저당권 · 압류채권 · 가압류채권에 대항할 수 없는 경우에는 매각으로 소멸된다.	소멸주의
④ 제3항의 경우 외의 지상권 · 지역권 · 전세권 및 등기된 임차권은 매수인이 인수한다. 다만, 그중 전세권의 경우에는 전세권자가 제88조에 따라 배당요구를 하면 매각으로 소멸된다.	인수주의 (전세권 소멸주의)
⑤ 매수인은 유치권자에게 그 유치권으로 담보하는 채권을 변제할 책임이 있다.	인수주의

① 매각조건의 기본적 태도

10-77 법은 법정매각조건으로서 압류채권자에게는 **잉여주의**를 취하고 있다. 즉, 압류채권자의 채권에 우선하는 채권에 관한 부동산의 부담을 매수인에게 인수하게 하거나, 매각대금으로 그 부담을 변제하는데 부족하지 아니하다는 것이 인정된 경우가 아니면, 그 부동산을 매각하지 못한다(91조 1항). 경매부동산의 매각대금으로 압류채권자가 자기의 채권을 변제받을 가망이 없는데도 경매를 실시하여 우선권자를 해하고 자기에게는 아무 이득이 없는 무익한 경매를 할 수 없게 하려는 것이 규정의 취지이다(☞10-66 참조).

srecht, S. 1123 ff.

② 저당권

선순위의 담보권을 보상 없이 소멸시키는 것은 물권법상 인정되기 어려우므로 저당권자에게는 소멸에 따른 배당의 기회가 주어진다. 즉, 저당권은 그 설정시기가 **압류등기 전후를 불문**하고 모두 매각에 의하여 소멸한다(91조 2항). 무조건 **소멸주의**를 취하고 있다. 저당권에 준하는 가등기담보권도 원칙적으로 매각으로 소멸한다(가등기담보 등에 관한 법률 15조). 10-78

> **◈ 구체적 예 ◈** 순차적으로 1순위로 저당권 1억 원, 담보가등기 5천만 원, 2순위로 저당권 5천만 원이 설정되고, 압류등기가 있은 경우에 (제1, 제2) 저당권과 가등기담보권은 매각으로 소멸한다(소멸주의). 저당권이 첫 경매개시결정등기 전에 등기되었고, 매각으로 소멸하는 경우의 채권자는 별도의 배당요구를 하지 않더라도 매각대금에서 우선변제(당연배당)를 받을 수 있다(148조 4호). 그런데 매각대금이 1억 5천만 원이라고 하자. 매각대금이 집행채권자에 우선하는 위 피담보채무 합계액 2억 원에 미달하는 경우로, 위 사안은 매각하지 못한다(잉여주의).

③ 대항할 수 없는 용익권

용익권(지상권·지역권·전세권 및 등기된 임차권)은 저당권·압류채권·가압류채권에 **대항할 수 없는 후순위**의 경우에는 매각으로 **소멸**한다(91조 3항). 가령, 선순위 저당권이 확보한 담보가치가 후순위의 용익권에 의하여 손상되지 않도록 보장하여 주고자 함이다. 원칙적으로 용익권의 소멸 여부는 신청채권자에 대한 대항력의 유무로 결정된다고 할 것이다. 10-79

> **◈ 구체적 예 ◈** 1순위로 저당권, 2순위로 가처분등기, 3순위로 전세권, 4순위로 저당권이 설정되어 있는 부동산에 관하여 매각이 이루어진 경우에 (저당권은 언제나 매각으로 소멸) 최선순위가 저당권이므로 최선순위 저당권 및 이보다 후순위인 가처분, 전세권 등은 매각으로 모두 소멸한다.

④ 대항할 수 있는 용익권

한편 가령 저당권의 설정등기 전에 설정된 최선순위 지상권과 같이 저당권에 **대항할 수 있는 경우**에는 소멸할 이유가 없으므로 매수인에게 **인수**된다(91조 4항 본문). 즉, 저당권설정등기·압류·가압류등기 전의 선순위 지상권·지역권·전세권 및 등기된 임차권은 매수인이 인수하는 것이 법정매각조건이 된다. 다만 그 가운데 10-80

전세권의 경우, 전세권자가 법 88조에 따라 배당요구를 하면 전세권은 소멸하는 것으로 규정하고 있다(91조 4항 단서). 전세권은 **용익물권성**과 **담보물권성**을 이중으로 가지므로 배당요구의 여부에 의하여 전세권자가 인수(매수인으로부터 전세금을 회수)와 소멸(경매절차에서 전세금을 회수)을 **선택**할 수 있게 한 것이다. 그리하여 최선순위 전세권은 전세권자가 배당요구를 하지 않는 한 소멸하지 않고 매수인에게 인수된다. 용익권 가운데 배당요구를 한 전세권을 제외하고, 그 밖의 용익권은 인수의 대상이 되므로 배당요구를 하였는지 여부와 상관없이 배당에 참가할 수 없다.

> ◈ **구체적 예** ◈ 전세권, 그 다음에 제1순위 저당권, 등기된 임차권, 제2순위 저당권, 압류등기가 순차로 있은 경우에 제1, 제2순위 저당권은 매각으로 모두 소멸하고(소멸주의), 등기된 임차권도 소멸한다(소멸주의). 한편 최선순위 전세권은 매수인에게 인수된다(인수주의). 즉, 매각 뒤에도 전세권은 여전히 존속한다. 다만, 법 91조 4항 단서에 따라 전세권자가 배당요구를 하면, 전세권은 소멸한다(소멸주의).

「주택임대차보호법」 3조에 정한 **대항요건**을 갖춘(주택의 인도와 주민등록) 주택임차권 등은 등기가 없어도 등기된 임차권과 마찬가지로 대항력을 갖게 된다. 만약 소멸된 선순위 저당권보다 **뒤에** 대항력을 갖춘 임차권은 함께 소멸하여, 매수인에 대하여 그 임차권의 효력을 주장할 수 없다. 만약 그 **전에** 대항력을 갖춘 선순위 임차권은 인수주의에 의하여 매수인이 인수한다(주택임대차보호법 3조의5 단서, 상가건물 임대차보호법 8조 단서 참조).

> ◈ **낙찰대금지급기일 이전에 선순위 근저당권이 소멸한 경우, 후순위 임차권의 대항력의 소멸 여부(소극)** ◈ 부동산의 경매절차에 있어서 「주택임대차보호법」 3조에 정한 대항요건을 갖춘 임차권보다 선순위의 근저당권이 있는 경우에는, 낙찰로 인하여 선순위 근저당권이 소멸하면 그보다 후순위의 임차권도 선순위 근저당권이 확보한 담보가치의 보장을 위하여 그 대항력을 상실하는 것이지만, 낙찰로 인하여 근저당권이 소멸하고 낙찰인이 소유권을 취득하게 되는 시점인 낙찰대금지급기일 이전에 선순위 근저당권이 다른 사유로 소멸한 경우에는, 대항력이 있는 임차권의 존재로 인하여 담보가치의 손상을 받을 선순위 근저당권이 없게 되므로 임차권의 대항력이 소멸하지 아니하고, 선순위 근저당권의 존재로 후순위 임차권이 소멸하는 것으로 알고 부동산을 낙찰받았으나, 그 후 채무자가 후순위 임차권의 대항력을 존속시킬 목적으로 선순위 근저당권의 피담보채무를 모두 변제하고 그 근저당권을 소멸시키고도 이 점에 대하여 낙찰자에게 아무런 고지도 하지 않아 낙찰자가 대항력 있는 임차권이

> 존속하게 된다는 사정을 알지 못한 채 대금지급기일에 낙찰대금을 지급하였다면, 채무자는 「민법」 578조 3항의 규정에 의하여 낙찰자가 입게 된 손해를 배상할 책임이 있다 할 것이다.68)

한편 「주택임대차보호법」 3조의2 2항 관련하여 **대항력**과 **우선변제권**의 두 가지 권리를 겸유하고 있는 임차인은 보증금의 우선변제권을 가지므로, 이 경우는 **전세권에 준하여** 목적물을 계속 사용하는 것보다 법 88조에 따라 배당요구를 하여 경매절차에서 보증금의 우선변제를 받는 것(임차권은 소멸)을 선택할 수 있다(주택임대차보호법 3조의5 참조).69)

⑤ 유치권

> ◈ **구체적 예** ◈ 주식회사 甲은행은 丙에게 대출을 하면서 丙 소유의 X건물에 대하여 2015. 7. 1. 제1순위 근저당권설정등기를 마쳤다. 丙은 자신 소유의 X건물의 대수선 공사를 하기 위하여 공사업자 乙과 2016. 2. 1. X건물의 공사에 관하여 공사대금 2억 원, 공사완공예정일 2017. 3. 20., 공사대금은 완공 시에 일시금으로 지급하기로 하는 도급계약을 체결하였고, 乙은 계약 당일 위 X건물에 대한 점유를 이전받았다. 근저당권자인 甲은행은 丙이 대출금에 대한 이자를 연체하자 위 근저당권실행을 위한 경매를 신청하여 2017 5. 1. 경매개시결정 기입등기가 마쳐졌다. 乙은 2017. 3. 20. 위 공사를 완공하였고, 2017. 5. 20. 위 경매절차에서 공사대금채권의 유치권을 신고하였다. 경매절차에서 丁은 X건물에 대한 매각허가결정을 받아 2017. 10. 2. 매각대금을 완납하고, 소유권이전등기를 마친 후 乙에게 X건물에 대한 인도청구를 하였다. ① 乙은 유치권으로 丁에게 대항할 수 있는가. ② 만약 수원세무서에서 2017. 3. 1. X건눌에 대해 체납처분압류등기를 한 경우 乙은 유치권으로 丁에게 대항할 수 있는가. ③ 만약 乙의 유치권이 상사유치권이었다고 한다면 乙은 丁에게 대항할 수 있는가. (2018년 변호사시험 참조)

유치권은 다른 사람의 물건의 점유자가 그 물건에 관하여 생긴 채권의 변제를 10-81
받을 때까지 누구에게도 그 물건을 유치하고 그 물건의 인도를 거절할 수 있는 권리이다(민법 320조 1항. 한편 상법 58조 상사유치권은 채권과 물건과의 견련성이 요구되지 않는

68) 대법원 2003. 4. 25. 선고 2002다70075 판결.

69) 그런데 임차인이 우선변제권을 선택하여 제1경매절차에서 보증금 전액에 대하여 **배당요구**를 하였으나 보증금 전액을 배당받을 수 없었던 때에는 경락인에게 대항하여 이를 반환받을 때까지 임대차관계의 존속을 주장할 수 있을 뿐이고, 임차인의 **우선변제권은 경락으로 인하여 소멸**하는 것이므로 제2경매절차에서 우선변제권에 의한 배당을 받을 수 없다(대법원 1998. 6. 26. 선고 98다2754 판결; 대법원 2001. 3. 27. 선고 98다4552 판결 등 참조).

점이 민사유치권과의 큰 차이이다). 그 결과 채무자에게 간접적으로 변제를 강제함으로써 유치권자의 채권은 담보되게 된다. 이러한 유치권이 그 성질에 비추어(담보물권 가운데 유치적 효력은 있으나 우선변제권이 없다) 경매절차에서 어떻게 처우될 것인가의 문제인데, 유치권에 관하여 법 91조 5항은 **인수주의**를 취한다. 즉, 점유하는 물건에 관하여 생긴 채권이라는 유치권의 피담보채권이 가지는 특수한 성격을 고려하여 공평의 원칙상 그 피담보채권의 우선적 만족을 확보하여 주기 위하여 법 91조 5항은 매수인은 유치권자에게 그 유치권으로 담보하는 채권을 변제할 책임이 있다고 규정하고 있다.70) 그렇다고 유치권자가 매수인에게 변제청구권을 갖는 것은 아니나,71) 그 피담보채권의 변제가 있을 때까지 목적부동산을 유치할 수 있고, 매수인은 목적물의 인도를 받으려면 스스로 그 피담보채무를 변제하여야 한다. 결과적으로 종전 소유자인 채무자가 지급할 금원을 매수인이 유치권자에게 변제하여야 하므로 그 만큼 매각대금이 낮아질 것이다.

그런데 유치권은 등기사항증명서에 나타나지 않는 권리이므로 매수인에게 큰 위협과 경매질서를 혼란스럽게 하는 요인이 되고 있다.72) **판례**는 유치권과 관련하여 인수주의가 적용되는 범위를 좁혀 **제한적 해석**을 하고 있다.73) 즉, 부동산에 관하여 이미 경매절차가 개시되어 진행되고 있는 상태에서 비로소 그 부동산에 유치권을 취득한 경우에도 아무런 제한 없이 유치권자에게 경매절차의 매수인에 대한

70) 또한 동산을 목적으로 하는 유치권에 대하여는 유치권자가 동산을 임의로 제출하지 않거나 압류를 승인하지 않은 채 변제를 받을 때까지 목적물을 유치하는 것에 의해 경매절차개시 자체를 저지할 수 있다(191조, 271조 참조).

71) 법 91조 5항에서 변제할 책임이 있다는 의미는 부동산상의 부담을 승계한다는 취지로서 인적 채무까지 인수한다는 취지는 아니므로, 유치권자는 매수인에 대하여 그 피담보채권의 변제가 있을 때까지 유치목적물인 부동산의 인도를 거절할 수 있을 뿐이고 그 피담보채권의 변제를 청구할 수는 없다(대법원 1996. 8. 23. 선고 95다8713 판결). 이에 대하여 매수인은 피담보채권의 지급의무를 진다고 풀이하여야 한다는 견해도 있을 수 있다.

72) 거래당사자가 유치권을 자신의 이익을 위하여 고의적으로 작출함으로써 유치권의 최우선순위 담보권으로서의 지위를 부당하게 이용하고 전체 담보권질서에 관한 법의 구상을 왜곡할 위험이 내재하므로 이러한 위험에 대처하여 개별 사안의 구체적인 사정을 종합적으로 고려할 때 신의성실의 원칙에 반한다고 평가되는 유치권제도 남용의 유치권 행사는 이를 허용하여서는 안 될 것이다. 그리고 저당권자 등은 경매절차 기타 채권실행절차에서 위와 같은 유치권을 배제하기 위하여 그 **부존재의 확인 등을 소로써 청구할 수 있다**고 할 것이다(대법원 2011. 12. 22. 선고 2011다84298 판결).

73) 압류채권자에 대항할 유치권을 축소지향적으로 해석하여 유치권 남용에 쐐기를 박는 의도로 보여지는데, 신의칙 위반의 유치권 행사에의 제동은 매우 적절하다고 보여지나, 인수주의까지 축소하는 해석은 입법으로 해결할 문제이지 법 91조 5항의 해석론으로의 해결은 다소 무리가 있다는 지적으로는 이시윤, 286면.

유치권의 행사를 허용하면 경매절차에 대한 신뢰와 절차적 안정성이 크게 위협받게 됨으로써 경매목적부동산을 신속하고 적정하게 현금화하기가 매우 어렵게 되고 경매절차의 이해관계인에게 예상하지 못한 손해를 줄 수도 있으므로 **경매개시결정등기**가 된 **뒤**에 비로소 부동산의 점유를 이전받거나 피담보채권이 발생하여 유치권을 취득한 경우에는 경매절차의 매수인에 대하여 유치권을 행사할 수 없다고 보고 있다.[74] 이는 집행절차의 법적 안정성을 보장할 목적으로 경매절차가 개시된 뒤에 유치권을 취득한 경우에는 그 유치권을 매수인에게 행사할 수 없다고 보는 것이므로 부동산에 저당권이 설정되거나 가압류등기가 된 뒤에 유치권을 취득하였더라도 **경매개시결정등기**가 되기 **전**에 유치권을 취득하였다면 매수인에게 유치권을 행사할 수 있다고 보고 있다.[75]

한편 민사유치권과 달리 피담보채권이 '목적물에 관하여' 생긴 것일 필요는 없지만 유치권의 대상이 되는 물건은 '채무자 소유'일 것으로 제한되어 있는 **상사유치권**은 성립 당시 채무자가 목적물에 대하여 보유하고 있는 담보가치만을 대상으로 하는 제한물권이라는 의미를 담고 있다 할 것이고, 따라서 **유치권 성립 당시**에 이미 목적물에 대하여 제3자가 권리자인 제한물권이 설정되어 있다면, 상사유치권은 그와 같이 제한된 채무자의 소유권에 기초하여 성립할 뿐이고, 기존의 제한물권이 확보하고 있는 담보가치를 사후적으로 침탈하지는 못한다고 보아야 하므로 채무자 소유의 부동산에 관하여 이미 선행저당권이 설정되어 있는 상태에서 채권자의 상사유치권이 성립한 경우, 상사유치권자는 채무자 및 그 이후 그 채무자로부터 부동산을 양수하거나 제한물권을 설정받는 사람에 대해서는 대항할 수 있지만, 선행저당권자 또는 선행저당권에 기한 임의경매절차에서 부동산을 취득한 매수인에 대한 관계에서는 그 상사유치권으로 대항할 수 없다.[76]

그런데 경매개시결정등기가 되기 전에 **체납처분압류등기**가 되어 있는 경우에 관하여는, 이를 경매개시결정에 따른 압류가 행하여진 경우와 마찬가지로 볼 수 없다는 다음과 같은 전원합의체 판결이 있다.

---

74) 대법원 2005. 8. 19. 선고 2005다22688 판결; 대법원 2006. 8. 25. 선고 2006다22050 판결; 대법원 2022. 12. 29. 선고 2021다253710 판결 참조.

75) 대법원 2009. 1. 15. 선고 2008다70763 판결; 대법원 2014. 4. 10. 선고 2010다84932 판결[미간행]. 이러한 판례의 법리는 양진수, "유치권과 선순위권리자 및 경매절차상의 매수인 사이의 대항관계에 관하여 형성된 대법원판례의 법리에 대한 검토", 민사집행법 실무연구(Ⅳ), 125면 이하 참조.

76) 대법원 2013. 3. 28. 선고 2010다57350 판결.

◈ 체납처분압류가 되어 있는 부동산에 대하여 경매절차가 개시되기 전에 유치권을 취득한 유치권자가 경매절차의 매수인에게 유치권을 행사할 수 있는지 여부(적극) ◈
민사집행절차에서는 경매개시결정과 함께 압류를 명하므로 압류가 행하여짐과 동시에 매각절차인 경매절차가 개시되는 반면, 「국세징수법」에 의한 체납처분절차에서는 그와 달리 체납처분에 의한 압류와 동시에 매각절차인 공매절차가 개시되는 것이 아닐 뿐만 아니라, 체납처분압류가 반드시 공매절차로 이어지는 것도 아니다. 또한 체납처분절차와 민사집행절차는 서로 별개의 절차로서 공매절차와 경매절차가 별도로 진행되는 것이므로, 부동산에 관하여 **체납처분압류가 되어 있다**고 하여 이를 **경매개시결정에 따른 압류**가 행하여진 경우와 **마찬가지로 볼 수는 없다**. 따라서 체납처분압류가 되어 있는 부동산이라고 하더라도 그러한 사정만으로 경매절차가 개시되어 경매개시결정등기가 되기 전에 그 부동산에 관하여 민사유치권을 취득한 유치권자가 경매절차의 매수인에게 그 유치권을 행사할 수 없다고 볼 것은 아니다.[77)]

한편 유치권자가 스스로 목적 부동산의 경매를 신청한 경우에는 형식적 경매절차에 의하는데(274조), 이는 후술한다(☞19-2).

77) 대법원 2014. 3. 20. 선고 2009다60336 전원합의체 판결. 이 판결의 **다수의견에 대하여** 「국세징수법」에 의한 체납처분절차는 압류로써 개시되고, 체납처분에 의한 부동산압류의 효력은 민사집행절차에서 경매개시결정의 기입등기로 인한 부동산압류의 효력과 같으므로, 조세체납자 소유의 부동산에 체납처분압류등기가 마쳐져 압류의 효력이 발생한 후에 조세체납자가 제3자에게 그 부동산의 점유를 이전하여 유치권을 취득하게 하는 행위는 체납처분압류권자가 체납처분압류에 의하여 파악한 목적물의 교환가치를 감소시킬 우려가 있는 처분행위에 해당하여 체납처분압류의 처분금지효에 저촉되므로 유치권으로써 공매절차의 매수인에게 대항할 수 없다. 나아가 체납처분에 의한 부동산압류 후 그 부동산에 관하여 개시된 경매절차에서 부동산이 매각되는 경우에 마치 공매절차에서 부동산이 매각된 것과 같이 매수인이 체납처분압류의 부담을 인수하지 아니하고 체납처분압류등기가 말소되는바, 선행하는 체납처분압류에 의하여 체납처분압류권자가 파악한 목적물의 교환가치는 그 후 개시된 경매절차에서도 실현되어야 하므로, 체납처분압류의 효력이 발생한 후에 채무자로부터 점유를 이전받아 유치권을 취득한 사람은 유치권으로써 경매절차의 매수인에게 대항할 수 없다고 보아야 한다는 **반대의견**이 있다. 위 판결에 대하여 다수의견이 유치권의 효력을 제한할 수 있는 법적 근거를 명확히 하지 않은 점은 문제인바, 권리남용 금지의 법리에 근거한 유치권의 남용의 법리에 따라 경매절차에서 유치권의 효력을 제한하여야 한다고 하면서, 유치권의 효력을 제한하는 법리와 관련하여 종전에 문제가 있었던 '압류의 처분금지효 법리'에서 벗어나 '유치권의 남용의 법리'로 전환할 수 있는 시발점이 되는 판결이라는 점에서 상당한 의의가 있다는 평석으로는 이계정, "체납처분압류와 유치권의 효력", 법학(2015. 3), 211면 이하 참조. 또한 이재석, "유치권의 행사를 제한하는 판례이론에 관한 제언", 사법논집 제61집(2015), 161면 이하 참조.

	압류등기 전후	배당
저당권	불문 → 소멸(91조 2항)	(전)저당권 → 배당요구 불요 → 당연 배당(148조 4호)
용익권	(후순위) → 소멸(91조 3항)	우선변제권 없음
	(선순위 – 대항할 수 있는 경우) → 인수(91조 4항)	배당 참가 못함
	전세권 → 인수 또는 소멸	배당요구하면 전세권 소멸 (91조 4항 단서)
임차권	(후순위) 대항요건 갖춘 주택임차인 → 소멸	
	(선순위) 대항요건 갖춘 주택임차인 → 매수인이 인수	대항력과 우선변제권의 두 가지 권리를 겸유하고 있는 임차인 → 배당요구하여 우선변제 선택(88조 1항) → 임차권 소멸(91조 4항 단서)
유치권	(제한적 해석) → 인수(91조 5항) → 경매개시결정등기 뒤의 유치권 행사 부정	→ 배당요구권자 아님

⑥ 압류채권자 이외의 사람에 의한 압류·가압류

압류채권자 이외의 사람에 의한 압류·가압류는 매각으로 소멸한다(148조 1호, 3호 참조).[78] 당연히 또는 배당요구에 의하여 매각대금에서 배당받을 수 있기 때문이다. 10-82

⑦ 매각에 의하여 발생하는 권리가 관습상 법정지상권 등인 경우

위에서 설명한 것은 매각 이전부터 존재하는 권리가 인수되는가, 아니면 소멸되는가 하는 문제였는데, 여기서 살펴볼 것은 거꾸로 매각에 의하여 발생하는 권리가 법정지상권(및 관습상 법정지상권)인 경우이다(가령 동일인 소유에 속하던 토지와 건물이 강제경매 등으로 인하여 그 소유자가 달라진 경우. 저당물의 경매로 인한 「민법」 366조 법정지상권 참조).[79] 그 성립요건인 '토지와 그 지상 건물이 동일인 소유에 속하였는 10-83

78) 부동산에 관하여 가압류등기가 마쳐졌다가 등기가 아무런 원인 없이 말소되었다는 사정만으로는 곧바로 가압류의 효력이 소멸하는 것은 아니지만, 가압류등기가 원인 없이 말소된 이후에 부동산의 소유권이 제3자에게 이전되고 그 후 제3취득자의 채권자 등 다른 권리자의 신청에 따라 경매절차가 진행되어 매각허가결정이 확정되고 매수인이 매각대금을 다 낸 때에는, 경매절차에서 집행법원이 가압류의 부담을 매수인이 인수할 것을 특별매각조건으로 삼지 않은 이상 원인 없이 말소된 가압류의 효력은 소멸한다(대법원 2017. 1. 25. 선고 2016다28897 판결).

79) 토지·건물의 임의경매의 경우에 관해서는 「민법」 366조에서, 입목에 대한 강제경매와 임의경매에 관해서는 「입목에 관한 법률」 6조 1항에서 법정지상권에 관한 규정을 두고 있으나, 토지·건물의 강제경매에 기한 매각허가로 인하여 생기는 법정지상권에 관하여는 현행법상 규정

지'를 판단하는 기준시는 매수인이 소유권을 취득하는 매각대금의 완납시가 아니라, 그 **압류의 효력이 발생하는 때**로 보고 있다. 만약 가압류가 있고 그것이 본압류로 이행되어 경매절차가 진행된 경우에는, 애초 가압류가 효력을 발생하는 때를 기준으로 토지와 그 지상 건물이 동일인에 속하였는지를 판단하여야 한다.80) 한편, 법정지상권(및 관습상 법정지상권)이 저당권설정등기, 압류 · 가압류등기 전에 성립한 경우에는 용익권에 준하여 매수인에게 인수된다.

◈ **관습상 법정지상권** ◈ 乙은 형인 丙과 A건물 및 그 부지인 B토지를 각각 1/2씩 공유하고 있다. 이 경우에 甲이 乙에게 가지는 집행권원에 기하여 B토지의 공유지분에 대하여 강제경매를 신청하였다고 하자. 丙이 경매절차에서 B토지 공유지분을 매수하였고, 단독소유자가 된 丙과 종전부터 A건물의 공유지분을 가지는 乙 사이에 법정지상권은 성립하는가. A건물은 乙이 단독으로 점유, 이용하고 있다. 「민법」 366조 법정지상권은 어디까지나 저당권에 관한 규정으로 저당권실행절차의 경우에만 적용되는 규정으로, 강제경매에서는 관습상 법정지상권이 인정되고 있다. 그런데 위 사안에서 공유지분자가 있어서 그 지분권자를 고려하여야 하므로 조금 복잡하다. 관습상 법정지상권은 부정된다고 풀이할 것이다. 乙은 지상권을 가지지 않게 된다. 다만, 乙은 A건물에 대하여 공유지분권을 가지고 있으므로 丙에게 건물을 인도할 관계에 있는 것은 아니다. 따라서 토지이용권으로서의 지상권은 가지지 않지만, 계속하여 건물 자체에 대한 점유 · 이용은 할 수 있다.81)

하는 바가 없다. 강제경매의 경우에는 관습상 법정지상권이 인정되고 있다. 일본은 민사집행법 81조에서 강제집행에 의하여 토지와 지상건물의 소유자가 분리된 경우에까지 법정지상권의 성립을 확장하고 있다.

80) 이와 달리 그 매각 당시를 기준으로 토지와 그 지상 건물이 동일인에게 속하여야 한다는 취지의 종전 판결 등은 이 판결의 견해와 저촉되는 한도에서 변경하기로 한다(대법원 2012. 10. 18. 선고 2010다52140 전원합의체 판결). 나아가 강제경매를 위한 압류나 그 압류에 선행한 가압류가 있기 이전에 저당권이 설정되어 있다가 그 후 강제경매로 인해 그 저당권이 소멸하는 경우에는, 그 저당권설정 이후의 특정 시점을 기준으로 토지와 그 지상 건물이 동일인의 소유에 속하였는지에 따라 관습상 법정지상권의 성립 여부를 판단하게 되면, 저당권자로서는 저당권설정 당시를 기준으로 그 토지나 지상 건물의 담보가치를 평가하였음에도 저당권설정 이후에 토지나 그 지상 건물의 소유자가 변경되었다는 외부의 우연한 사정으로 인하여 자신이 당초에 파악하고 있던 것보다 부당하게 높아지거나 떨어진 가치를 가진 담보를 취득하게 되는 예상하지 못한 이익을 얻거나 손해를 입게 되므로 그 저당권설정 당시를 기준으로 토지와 그 지상 건물이 동일인에게 속하였는지에 따라 관습상 법정지상권의 성립 여부를 판단하여야 한다(대법원 2013. 4. 11. 선고 2009다62059 판결).

81) 관련하여 **판례**는 토지공유자의 1인으로 하여금 자신의 지분을 제외한 다른 공유자의 지분에 대하여서까지 지상권설정의 처분행위를 허용하는 셈이 되어 부당하다. 그리고 이러한 법리는 「민법」 366조의 법정지상권의 경우에도 마찬가지로 적용되고, 나아가 토지와 건물 모두가 각각 공유에 속한 경우에 토지에 관한 공유자 일부의 지분만을 목적으로 하는 근저당권이 설정되었다가 경매로 인하여 그 지분을 제3자가 취득하게 된 경우에도 마찬가지로 적용된다고 보고(대

4) 개별매각의 원칙

여러 개의 부동산에 관하여 동시에 경매신청이 있는 경우에는 각 부동산별로 최저가격을 정하여 매각하여야 한다. 이러한 개별매각의 원칙은 법에 명문의 규정은 없으나, 한 개의 부동산의 매각대금으로 모든 채권자의 채권액과 집행비용을 변제하기에 충분한 때에는 다른 부동산의 매각을 허가하지 아니하며(124조 1항), 이 경우 채무자는 매각할 부동산을 지정할 수 있다는 규정(동조 2항)과 일괄매각에 관한 특칙(98조)에 비추어 보면 민사집행법은 개별매각을 원칙으로 하고 있다고 볼 수 있다.[82] 이와 같은 개별매각의 원칙은 법정매각조건이라고는 할 수 없으나(즉, 집행법원의 재량에 의하여 정할 성질이나), 이에 준하여 취급된다. 10-84

5) 매수신청인의 의무

매수신청인은 매수신청을 할 때 대법원규칙이 정하는 바에 따라 집행법원이 정하는 금액과 방법에 맞는 보증을 집행관에게 제공하여야 한다(113조). 기일입찰에서의 매수신청의 보증금액은 최저매각가격의 10분의 1로 하되, 법원은 상당하다고 인정하는 때에는 보증금액을 이와 달리 정할 수 있다(민사집행규칙 63조). 법원이 보증의 제공방법을 특별히 제한하지 않는 한, 매수신청인은 금전, 자기앞수표 또는 지급보증위탁문서 가운데 어느 하나를 입찰표와 함께 집행관에게 제출하는 방법으로 매수신청보증을 제공하도록 하였다(동규칙 64조). 한편, 입찰은 취소, 변경, 교환할 수 없다(동규칙 62조 6항). 10-85

6) 매각대금의 지급과 부동산의 소유권취득 및 인도의 시기, 방법

매수인은 대금지급기한까지 매각대금을 지급하여야 하며(142조 2항), 대금을 다 낸 때에 부동산의 소유권을 취득하고(135조), 대금을 낸 뒤 6월 이내에 인도명령을 신청하여 부동산을 인도받을 수 있다(136조). 또한 매수인 앞으로의 소유권이전등기 및 매수인이 인수하지 아니한 부동산의 부담의 말소 등은 법원사무관등의 촉탁에 따라서 하며(144조 1항), 그 비용은 매수인이 부담한다(동조 3항). 10-86

법원 2014. 9. 4. 선고 2011다73038, 73045 판결), 한편, 원고와 피고가 1필지의 대지를 구분소유적으로 공유하고 피고가 자기 몫의 대지 위에 건물을 신축하여 점유하던 중 위 대지의 피고 지분만을 원고가 경락 취득한 경우에 피고 소유의 건물과 그 대지는 원고와의 내부관계에 있어서 피고의 단독소유로 되었다 할 것이므로 피고는 관습상의 법정지상권을 취득한다고 본다(대법원 1990. 6. 26. 선고 89다카24094 판결).

82) 법원실무제요[Ⅱ], 199면.

(3) 특별매각조건 – 매각조건의 변경

1) 합의에 따른 매각조건변경

> **제110조(합의에 의한 매각조건의 변경)** ① 최저매각가격 외의 매각조건은 법원이 이해관계인의 합의에 따라 바꿀 수 있다.

10-87 최저매각가격 외의 법정매각조건은 법원이 이해관계인 합의에 따라 바꿀 수 있다(110조 1항). 이해관계인 모두의 합의이어야 하고(다수결로 안 됨), 합의는 배당요구의 종기까지 할 수 있다(동조 2항). 합의할 이해관계인은 법 90조 각 호에 정한 사람 가운데 매각기일까지 이해관계인이 된 경우로서 해당 매각조건의 변경에 따라 자기의 권리에 영향을 받는 사람이다.

최저매각가격 외에도 매수인에게의 소유권이전과 같은 매각의 근간에 관한 매각조건은 이해관계인의 합의가 있어도 바꿀 수 없다고 보아야 한다.

매각대금을 내는 시기·방법, 소유권이전시기, 잉여주의의 원칙, 부동산의 담보권·용익권의 인수·소멸에 관한 매각조건 등은 합의로 바꿀 수 있다.

법원이 매각조건을 바꾸는 결정을 하여야 매각조건의 변경의 효력이 생긴다.

2) 법원의 직권에 의한 매각조건변경

> **제111조(직권에 의한 매각조건의 변경)** ① 거래의 실상을 반영하거나 경매절차를 효율적으로 진행하기 위하여 필요한 경우에 법원은 배당요구의 종기까지 매각조건을 바꾸거나 새로운 매각조건을 설정할 수 있다.

10-88 거래의 실상을 반영하거나 경매절차를 효율적으로 진행하기 위하여 필요한 경우 등 합리적 이유가 있으면, 법원은 배당요구의 종기까지 매각조건을 바꾸거나 새로운 매각조건을 설정할 수 있다(111조 1항). 합의변경조건을 직권으로 바꿀 수 있고, 심지어 합의로는 바꿀 수 없는 최저매각가격까지도 필요한 경우에 직권으로 바꿀 수 있다. 그러나 매각의 근간에 관한 매각조건은 바꿀 수 없다고 보아야 한다.

실무상의 예로는, 일괄매각결정 외에 재매각으로 절차가 늦어지는 것을 막기 위하여 매수신청의 보증을 최저매각가격의 10분의 1에서 10분의 2나 10분의 3 정도로 높이는 경우와 농지경매에서 매수신청인을 농지취득자격이 있는 사람(농지법 6조 내지 8조)으로 제한하는 경우가 있다고 한다.

직권에 의한 매각조건변경의 결정에 대하여 이해관계인은 즉시항고를 할 수 있다(111조 2항). 이해관계인의 이익을 부당하게 해치는 매각조건이 설정될 수 있으므로 매각조건의 변경에 의하여 이익이 침해된 이해관계인에게 널리 불복을 허용한 것이다. 한편 위에서 본 합의에 따른 매각조건변경에는 불복이 허용되지 않는다(110조 참조).

3) 일괄매각

① 여러 개의 부동산의 위치, 형태, 이용관계 등을 고려하여 법원은 이를 일체로 이용하는 것이 적당하여 일괄하여 동일한 사람에게 매수시키는 것이 알맞다고 인정하는 경우에는 직권으로 또는 이해관계인의 신청에 따라 일괄매각하도록 결정할 수 있다(98조 1항). 일괄매각을 하는 쪽이 각각을 개별로 매각하는 것보다 매수인도 이용하기 쉽고, 고가에 매각할 수 있으므로 채권자 · 채무자에게도 유리하다. 예를 들어, 토지와 그 지상 건물을 함께, 또는 면적이 좁아 합쳐야만 건축이 가능한 두 개의 인접 토지 등과 같이 서로 사이에 관련성이 있어 이를 일괄매수하여 이용하게 하는 것이 경제적 효용을 증대시키고 고가에 매각될 가능성이 있다고 보이는 경우가 여기에 해당한다. 한편, 일괄경매(민법 365조 참조)와 용어가 유사하므로 혼동하지 않도록 주의하여야 한다(☞18-7). 10-89

② 일괄매각은 부동산 외의 다른 종류의 재산(금전채권을 제외한다)에 대하여도 할 수 있다(98조 2항). 예를 들어, 같은 채무자에게 속하는 공장건물과 대지, 기계설비 등에 대하여 강제집행을 하는 경우, 부동산집행, 동산집행에 따라 각각 다른 사람에게 매각되어 생산시설이 모두 해체됨으로써 저가로 매각되게 하는 것보다는 이를 일괄하여 매각하는 것이 바람직하다.

③ 일괄매각의 일반적인 요건을 충족하는 경우에 법원은 자유재량으로 일괄매각 여부를 결정한다. 일괄매각의 결정은 그 목적물에 대한 매각기일 이전까지 할 수 있다(98조 3항). 당사자도 일괄매각을 신청할 수는 있으나(98조 1항, 2항) 법원을 구속하지는 못한다. 법원은 각각 경매신청된 여러 개의 재산 또는 다른 법원이나 집행관에 계속된 경매사건의 목적물에 대하여도 일괄매각결정을 할 수 있고(99조 1항), 이때에는 일괄매각결정을 한 법원에 해당 사건을 이송하여야 한다(동조 2항). 이는 전속관할의 예외가 된다(100조).

④ 부동산과 부동산 외의 다른 종류의 재산을 일괄매각하는 경우에 그 매각절

차는 부동산매각절차에 따라 실시하되, 부동산 외의 다른 종류의 재산에 대하여는 각 해당 압류절차를 밟아야 하고, 그 중에서 집행관의 압류에 따르는 재산의 압류는 집행법원이 집행관에게 압류를 하도록 명하는 방법으로 하여야 한다(101조 1항).

⑤ 일괄매각의 경우에는 원칙적으로 평가를 할 때에도 여러 개의 매각목적물을 일괄평가하고 최저매각가격도 일괄하여 결정하여야 한다. 그러나 각 재산별로 우선변제의 범위가 다른 경우 등 각 재산별로 매각대금이나 집행비용을 정할 필요가 있을 때에는, 각 재산별로 최저매각가격의 비율을 정하여야 하며, 각 재산의 대금액은 총대금액을 각 재산의 최저매각가격비율에 따라 나눈 금액으로 한다(101조 2항).

⑥ 한편 집행법원의 일괄매각의 결정이 없어도 법에 따라 당연히 일괄매각하여야 하는 경우가 있다. 가령 집행건물의 전유부분과 대지사용권(다만 규약으로 달리 정한 경우는 제외. 집합건물의 소유 및 관리에 관한 법률 20조), 공장저당권의 목적인 토지, 건물과 그 토지 또는 건물에 설치된 기계·기구, 그 밖의 공장공용물(공장 및 광업재단 저당법 4조, 5조, 10조 1항 참조) 등이다.

4) 특별매각조건의 고지

10-90 특별매각조건은 기일입찰 또는 호가경매의 방법에 의한 매각기일에 집행관이 이를 고지하여야 한다(112조). 매각기일 공고 전에 특별매각조건이 정하여졌으면 이를 공고하여야 할 것이다. 일괄매각의 결정은 이를 반드시 공고하여야 한다(민사집행규칙 56조 1호).

8. 매각절차

매각순비절자가 마무리되면, 매각이 실시된다.

(1) 매각방법의 결정

제103조(강제경매의 매각방법) ① 부동산의 매각은 집행법원이 정한 매각방법에 따른다. ② 부동산의 매각은 매각기일에 하는 호가경매, 매각기일에 입찰 및 개찰하게 하는 기일입찰 또는 입찰기간 이내에 입찰하게 하여 매각기일에 개찰하는 기간입찰의 세 가지 방법으로 한다.

10-91 매각은 집행법원이 호가경매, 매각기일에 입찰 및 개찰하게 하는 기일입찰 또는 입찰기간 이내에 입찰하게 하여 매각기일에 개찰하는 기간입찰의 세 가지 방법

가운데 하나의 매각방법을 정하여 행한다(103조 1항, 2항). 각 절차는 민사집행규칙 61조 내지 72조에 규정되어 있다. 호가경매는 다른 사람의 매수가격을 알면서 말로 그 가액을 서로 올려가는 방법으로 하는 방식이고, **입찰**은 다른 사람의 입찰가격을 모르고 서면(입찰표)으로 매수가격을 신청하는 방식으로 기일입찰과 기간입찰이 있다. 현재 **실무**에서는 대부분의 사건에서 **기일입찰**을 택하고 있다. 매각기일의 공고내용에 그 매각방법을 적어야 한다(106조 2호).

1) 호가경매

집행관은 매수신청액 가운데 최고의 가격을 3회 부른 후, 그 신청한 사람을 최고가매수신고인으로 정한다(민사집행규칙 72조 1항, 3항). 10-92

2) 기일입찰

지정된 입찰기일, 입찰법정에 직접 출석하여 서면(입찰표)을 작성 · 제출하는 입찰방식이다. 입찰의 보증방법으로 최저매각가격의 10분의 1(법원이 달리 정한 경우에는 그 보증금액)에 해당하는 현금 · 자기앞수표를 매수신청보증봉투에 넣거나 또는 보증보험증권을 발급받아 입찰표와 함께 기일입찰봉투에 넣은 후 **집행관**에게 제출하는 입찰방식으로, 입찰참가자 중에서 최고가로 입찰한 사람을 최고가매수신고인으로 정하고 지정된 매각결정기일에 매각을 허가한다. 10-93

한편 최고가매수신고인을 제외한 나머지 입찰참가자들의 입찰보증금은 입찰법정에서 최고가매수신고인이 결정되면 곧바로 환급하여 준다. 다만, 입찰의 보증으로 보험증권으로 제출한 경우에는 원칙적으로 입찰에 참여함으로서 그 기능을 다하였으므로 보증료는 환불되지 않는다.

3) 기간입찰

일정기간 동안의 입찰기간 및 매각(개찰)기일을 정하여 입찰을 실시하며, 입찰의 보증방법으로 법원에 개설된 보관금계좌에 기간입찰매수신청보증금을 납부(입찰보증금의 액수는 기일입찰과 같음)하고 수령한 법원보관금영수필통지서를 입금증명서 양식에 붙인 후 (또는 보증보험증권을 기간입찰표와 함께 기간입찰봉투에 넣음) 작성한 기간입찰표와 함께 기간입찰봉투에 넣어 제출하는 입찰방식이다. 10-94

입찰기간(보통 7~8일 지정) 경과 후 매각기일(보통 입찰기간으로부터 2~3일 후로 지정)에 입찰함을 입찰법정으로 옮긴 후 매각(개찰)을 실시하고, 최고가매수신고인을 제외한 입찰참가자들의 입찰보증금은 매각절차 종결 후 매수신청보증금납부서에 기재한 잔액환급계좌번호를 통하여 일괄 반환하게 된다.

기간입찰은 입찰기간 내에 집행법원의 집행관사무실에 출석하여 직접 제출하거나, 집행관을 수취인으로 하여 등기우편으로 제출하는 방법으로 입찰에 참가할 수도 있다. 따라서 기간입찰의 방식은 원격지 거주자도 집행법원에 직접 출석하지 않고 입찰에 참여할 수 있는 장점이 있다. 참고로 기간입찰에 적합한 사건의 경우로는 다수의 이해관계인이 있어 입찰의 방해가 예상되는 경우, 매각물이 고가로서 입찰자가 다수일 것으로 예상되는 사건 등이다.

(2) 매각기일과 매각결정기일의 지정 · 공고 · 통지

제104조(매각기일과 매각결정기일 등의 지정) ① 법원은 최저매각가격으로 제102조제1항의 부담과 비용을 변제하고도 남을 것이 있다고 인정하거나 압류채권자가 제102조제2항의 신청을 하고 충분한 보증을 제공한 때에는 직권으로 매각기일과 매각결정기일을 정하여 대법원규칙이 정하는 방법으로 공고한다. ② 법원은 매각기일과 매각결정기일을 이해관계인에게 통지하여야 한다.

10-95 **매각기일**은 집행법원이 매각부동산에 대하여 매각을 실시하는 기일을 말한다. 그리고 **매각결정기일**은 매각이 실시되어 최고가매수신고인이 있을 때에 매각허부 여부의 결정을 선고하는 기일을 말한다.

1) 지 정

10-96 채권자와 공과금을 주관하는 공공기관에 대한 채권 등의 신고의 통지, 현황조사, 최저매각가격결정 등의 절차가 끝나고 경매절차를 취소할 사유가 없는 경우에는 법원은 **직권**으로 매각기일과 매각결정기일을 정한다(104조 1항). 매각결정기일은 매각기일부터 1주 이내로 정하여야 한다(109조 1항). 다만, 이는 **훈시규정**이다. 매각기일과 매각결정기일은 원칙적으로 매각을 실시할 때마다 정하여야 하나, 실무상 몇 차례의 기일을 일괄하여 정할 수도 있다.

2) 공 고

10-97 매각기일과 매각결정기일을 정한 때에는 법원은 이를 공고하여야 한다(104조 1항). 공고는 매각기일(기간입찰의 방법으로 진행하는 경우에는 입찰기간의 개시일)의 2주 전까지 하여야 한다(민사집행규칙 56조). 매각기일의 공고에는 ① 부동산의 표시, ②

강제집행으로 매각한다는 취지와 그 매각방법, ③ 부동산의 점유자, 점유의 권원, 점유하여 사용할 수 있는 기간, 차임 또는 보증금약정 및 그 액수, ④ 매각기일의 일시·장소, 매각기일을 진행할 집행관의 성명 및 기간입찰의 방법으로 매각할 경우에는 입찰기간·장소, ⑤ 최저매각가격, ⑥ 매각결정기일의 일시·장소, ⑦ 매각물건명세서·현황조사보고서 및 평가서의 사본을 매각기일 전에 법원에 비치하여 누구든지 볼 수 있도록 제공한다는 취지, ⑧ 등기부에 기입할 필요가 없는 부동산에 대한 권리를 가진 사람은 채권을 신고하여야 한다는 취지, ⑨ 이해관계인은 매각기일에 출석할 수 있다는 취지, ⑩ 일괄매각의 결정을 한 때에는 그 취지, ⑪ 매수신청인의 자격을 제한한 때에는 그 제한의 내용, ⑫ 매수신청의 보증금액과 보증제공방법 등을 적어야 한다(106조, 민사집행규칙 56조). 매각기일의 공고는 특별한 규정이 없으면, 법원게시판에 게시, 관보·공보 또는 신문 게재, 전자통신매체를 이용한 공고 가운데 어느 하나의 방법으로 한다. 이 경우 필요하다고 인정하는 때에는 적당한 방법으로 공고사항의 요지를 공시할 수 있다(민사집행규칙 11조 1항). 법원이 공고를 한 때에는 법원사무관등이, 집행관이 공고를 한 때에는 집행관이 공고한 날짜와 방법을 기록에 표시하여야 한다(동조 2항).

3) 통 지

법원은 매각기일과 매각결정기일을 정하면, 이를 공고하는 것만으로 부족하고, 10-98
이를 **이해관계인**에게 통지하여야 한다(104조 2항). 경매절차에 참여할 기회를 제공하고자 함이다. 통지의 흠은 매각허가에 대한 **이의사유**이고(121조 1호), 또한 매각허가결정에 대한 **항고사유**가 된다.[83] 그러나 매각기일의 공고 및 다른 이해관계인에 대한 매각기일 및 매각결정기일에 대한 통지절차가 끝난 뒤에 비로소 권리신고가 있는 경우에는 비록 그 신고가 매각기일 전에 행하여졌다고 할지라도 해당 이해관계인에게 매각기일 및 매각결정기일을 통지하지 않아도 위법하다고 할 수 없다.[84] 위 통지는 특별한 규정이 없으면 상당하다고 인정되는 방법으로 할 수 있는

83) 통지하지 아니한 채 입찰기일의 경매절차를 속행하여 낙찰이 이루어지게 하였다면, 이해관계인이 이러한 기일통지를 받지 못하였더라도 입찰기일을 스스로 알고 그 기일에 출석하여 입찰에 참가함으로써 자신의 권리보호에 필요한 조치를 취할 수 있었다는 등의 사정이 없는 한 그 이해관계인은 이로 인하여 법이 보장하고 있는 절차상의 권리를 침해당한 손해를 받았다고 할 것이어서 낙찰허가결정에 대하여 **즉시항고**를 할 수 있다고 할 것이며, 입찰기일 또는 낙찰기일을 통지받지 못함으로 인하여 그 이해관계인에게 구체적 또는 추상적으로 재산상의 손해가 발생한 경우에 한하여 그 이해관계인이 즉시항고를 할 수 있는 것은 아니다(대법원 2002. 12. 24. 자 2001마1047 전원합의체 결정).

데(민사집행규칙 8조 1항), 집행기록에 표시된 이해관계인의 주소에 등기우편으로 발송하여 할 수 있다(104조 3항, 민사집행규칙 9조). 따라서 발송한 때 송달된 것으로 간주된다. 처음에는 교부송달이나 공시송달로 통지하였다가 뒤에 발송송달로 바꾸어 통지하여도 무방하다.

4) 매각기일의 취소 · 변경

① 법원의 직권에 의한 경우

10-99 법원은 매각절차가 위법하여 매각기일에 매각을 진행할 수 없는 경우 등에는 일단 정하여진 매각기일 · 매각결정기일을 직권으로 취소하거나 변경할 수 있다.

② 당사자의 신청에 의한 경우

10-100 매각기일이 정하여져 공고되면, 입찰의 실시에 앞서 채권자가 또는 채무자가 채권자의 동의를 얻어 매각기일의 변경(연기)을 신청하는 경우가 종종 있다. 주로 채권자와 채무자 사이에 임의변제에 관한 협의가 행하여지고 있음을 그 이유로 한다. 그런데 이해관계인은 기일지정 · 변경신청권이 없으므로 이해관계인 사이에 합의가 있더라도 법원은 이에 구속되지 않는다. 다만 실무에서는 경매신청채권자가 연기신청한 경우에는 연기를 허가하고 있다고 한다.[85] 한편 법 49조 4호가 변제유예증서의 제출을 집행정지사유로 규정하고 있기 때문에 이러한 경우에는 매각기일을 연기하여야 한다. 그러나 이러한 연기는 2회에 한하며 통산하여 6월을 넘을 수 없다(51조 2항).

5) 기간입찰의 경우

10-101 기간입찰의 방법으로 매각할 경우에는 입찰기간도 정하여 이를 이해관계인에게 통지하여야 한다(104조 4항). 입찰기간은 1주 이상 1월 이하의 범위 안에서 정하고, 매각기일은 입찰기간이 끝난 뒤 1주 안의 날로 정하여야 한다(민사집행규칙 68조).

(3) 기일입찰에서 매각의 실시

10-102 현재 실무에서는 대부분의 사건에서 기일입찰을 택하고 있으므로 여러 매각방법 가운데 기일입찰을 중심으로 살펴본다.

---

84) 대법원 1993. 3. 4.자 93마178 결정; 대법원 1998. 3. 12.자 98마206 결정.

85) 한편, 채무자 또는 소유자가 연기신청을 한 경우에는 채권자의 동의가 없는 한, 연기를 허가하지 않고 있다고 한다. 법원실무제요[Ⅱ], 239면.

1) 입찰장소

제107조(매각장소) 매각기일은 법원 안에서 진행하여야 한다. 다만, 집행관은 법원의 허가를 얻어 다른 장소에서 매각기일을 진행할 수 있다.

제108조(매각장소의 질서유지) 집행관은 다음 각호 가운데 어느 하나에 해당한다고 인정되는 사람에 대하여 매각장소에 들어오지 못하도록 하거나 매각장소에서 내보내거나 매수의 신청을 하지 못하도록 할 수 있다. 1. 다른 사람의 매수신청을 방해한 사람

입찰은 법원 안에서 진행하는 것이 원칙이다. 다른 장소에서 하려면 집행관이 법원의 허가를 얻어야 한다(107조).[86] 실무상 법원 외의 장소가 매각장소로 지정되는 경우는 거의 없다고 한다. 10-103

집행관은 매각장소의 질서를 유지하기 위하여 여러 가지 조치를 할 수 있다(108조). 가령 다른 사람의 매수신청을 방해한 사람에 대하여 매각장소에 들어오지 못하도록 하거나 매각장소에서 내보내거나 매수의 신청을 하지 못하도록 할 수 있다. 매각기일의 주재자인 집행관에게 법정에서의 재판장의 권한에 준하는 질서유지권을 부여한 것이다.

2) 입찰표, 입찰봉투, 입찰사건목록 및 매각물건명세서의 비치

입찰표와 입찰봉투는 입찰자가 자유롭게 사용하도록 입찰장소에 비치한다.[87] 10-104

3) 동시입찰의 원칙

같은 입찰기일에 입찰에 부칠 사건이 두 사건 이상이거나 매각할 부동산이 두 개 이상인 경우에는 법원이 따로 정하지 아니한 이상, 각 부동산에 대한 입찰을 동시에 실시한다(민사집행규칙 61조 2항). 담합을 방지하고 자유로운 응찰을 보장하기 위함이다. 10-105

4) 입찰의 개시

집행관은 기일입찰 또는 호가경매의 방법에 의한 매각기일에 매각물건명세 10-106

---

86) 입찰표를 개봉하기 전까지는 응찰내용의 비밀을 유지하여야 하므로 입찰장소에는 입찰자가 다른 사람이 알지 못하게 입찰표를 적을 수 있도록 설비를 갖추어야 한다(민사집행규칙 61조 1항).

87) 집행관은 매각기일에 매각사건목록을 작성하여 매각물건명세서 · 현황조사보고서 및 평가서의 사본과 함께 경매법정, 그 밖에 매각을 실시하는 장소에 비치 또는 게시하여야 한다(부동산등에 대한 경매절차 처리지침 13조 1항).

서 · 현황조사보고서 및 평가서의 사본을 볼 수 있게 하고, 특별한 매각조건이 있으면 이를 고지하며, 법원이 정한 매각방법에 따라 매수가격을 신고하도록 최고하여야 한다(112조).

5) 입찰표와 매수신청보증의 제출

① 입찰표의 제출

10-107 입찰표는 매각기일에 집행관에게 제출하여야 한다(민사집행규칙 62조 1항).[88] 입찰표의 제출로 매수의 신고를 한 것이 된다. 입찰표의 제출은 취소, 변경 또는 교환할 수 없다(민사집행규칙 62조 6항). 이를 허용하면 담합의 염려가 있을 뿐만 아니라, 입찰표를 제출한 뒤 다른 입찰자의 입찰내용을 알고 다시 입찰을 함으로써 불공정하게 되기 때문이다.

② 매수신청보증의 제출

제113조(매수신청의 보증) 매수신청인은 대법원규칙이 정하는 바에 따라 집행법원이 정하는 금액과 방법에 맞는 보증을 집행관에게 제공하여야 한다.

10-108 매수신청인은 대법원규칙이 정하는 바에 따라 집행법원이 정하는 금액과 방법에 맞는 보증을 집행관에게 제공하여야 한다(113조). 보증금액은 최저매각가격의 10분의 1로 하되, 법원은 상당하다고 인정하는 때에는 보증금액을 제1항과 달리 정할 수 있다(민사집행규칙 63조 1항, 2항). 매수신청의 보증은 입찰표와 함께 집행관에게 제출하여야 한다(민사집행규칙 64조). 보증의 제공방법으로 금전과 자기앞수표 외에 '은행 등과 지급보증위탁계약이 체결된 사실을 증명하는 문서(지급보증서)'를 제출하여도 된다. 우선변제청구권 있는 저당권자가 입찰하는 경우에도 매수신청의 보증을 제출하여야 한다. 개찰한 결과, 최고의 가격으로 입찰한 사람이 정하여진 입찰보증금을 제출하지 아니하였음이 밝혀진 경우에는 그 입찰은 무효가 된다.

6) 입찰의 종결

① 개 찰

10-109 입찰을 마감하면,[89] 바로 입찰표의 개봉, 즉 개찰을 실시한다.[90]

88) 입찰표에는 사건번호, 부동산의 표시, 입찰자의 이름과 주소, 대리인을 통하여 입찰하는 때에는 대리인의 이름과 주소, 입찰가격을 적는다(민사집행규칙 62조 2항).

89) 입찰표의 제출을 최고한 후, 1시간이 지나지 않으면, 입찰을 마감하지 못한다(민사집행규칙

② 최고가매수신고인의 결정

10-110 개찰결과, 최고의 가격으로 입찰하고, 매수신청의 보증을 제출한 사람을 최고가매수신고인으로 정한다. 최고가매수신고인이 둘 이상인 경우에는 집행관은 그 사람들에게만 추가입찰을 실시하여야 한다(민사집행규칙 66조 1항).[91]

③ 차순위매수신고인의 결정

제114조(차순위매수신고) ① 최고가매수신고인 외의 매수신고인은 매각기일을 마칠 때까지 집행관에게 최고가매수신고인이 대금지급기한까지 그 의무를 이행하지 아니하면 자기의 매수신고에 대하여 매각을 허가하여 달라는 취지의 신고(이하 "차순위매수신고"라 한다)를 할 수 있다. ② 차순위매수신고는 그 신고액이 최고가매수신고액에서 그 보증액을 뺀 금액을 넘는 때에만 할 수 있다.

10-111 최고가매수신고인 외에 최고가매수신고액에서 그 보증액을 뺀 금액을 넘는 가격으로 입찰에 참가한 매수신고인은 매각기일을 마칠 때까지 집행관에게 최고가매수신고인이 대금지급기한까지 그 의무를 이행하지 아니하면 자기의 입찰에 대하여 매각을 허가하여 달라는 취지의 신고(차순위매수신고)를 할 수 있다(114조). 그 취지는 재입찰로 절차가 늦어지는 것을 막고 법원의 업무부담을 덜어주기 위함이다. **차순위매수신고**는 그 신고액이 최저매각가격 이상이어야 하고, 또한 최고가매수신고액에서 그 보증액을 뺀 금액을 넘는 경우에만 할 수 있다. 이는 차순위매수신고로 인하여 채권자나 채무자 등 이해관계인에게 손해를 주지 않게 하기 위함이다.

집행관은 적법한 차순위매수신고가 있으면, 그 신고인을 차순위매수신고인으로 정하여 그 이름과 가격을 불러야 한다(115조 1항). 차순위매수신고를 한 사람이 둘 이상인 때에는 신고한 매수가격이 높은 사람을 차순위매수신고인으로 정하고, 신고한 매수가격이 같은 때에는 추첨으로 차순위매수신고인을 정한다(동조 2항).

65조 1항 단서).

90) 최고가매수신고인의 결정을 공정하게 한다는 것을 담보하기 위하여 집행관은 입찰표 개봉 시에 입찰을 한 사람을 참여시켜야 하며, 참여하지 아니한 때에는 법원사무관 등 상당하다고 인정되는 사람을 대신 참여하게 하여야 한다(민사집행규칙 65조 2항, 부동산등에 대한 경매절차 처리지침 33조 2항).

91) 추가입찰을 실시하였는데 또다시 두 사람 이상이 최고의 가격으로 입찰한 경우에는 추첨으로 최고가매수신고인을 정하고, 한편 모두가 입찰에 응하지 아니한 경우에도 마찬가지로 추첨으로 최고가매수신고인을 정한다(민사집행규칙 66조 2항). 추가입찰의 입찰자는 전의 입찰가격에 못 미치는 가격으로는 응찰할 수 없으며, 전의 입찰가격에 못 미치는 가격으로 응찰한 경우에는 입찰에 응하지 아니한 것으로 본다(동규칙 66조 1항, 2항).

④ 공유자의 우선매수권

제140조(공유자의 우선매수권) ① 공유자는 매각기일까지 제113조에 따른 보증을 제공하고 최고매수신고가격과 같은 가격으로 채무자의 지분을 우선매수하겠다는 신고를 할 수 있다.

10-112 공유물의 **지분**을 경매하는 경우에 **다른 공유자는 우선매수권**이 있다(다만 공유물 전부에 대한 경매에서는 그 적용이 없고, 또 경매신청을 받은 해당 공유자는 우선매수권을 행사할 수 없다).[92] 즉 공유자는 매각기일까지 보증을 제공하고, 최고매수신고가격과 같은 가격으로 채무자의 지분을 우선매수하겠다는 **신고**를 할 수 있고(140조 1항), 이 경우에 법원은 최고가매수신고에 불구하고 그 공유자에게 매각을 허가하여야 한다(동조 2항). 여기서 '매각기일까지'라 함은 집행관이 매각기일을 종결한다는 고지를 하기 전까지를 의미한다(민사집행규칙 76조 1항). 이때에 최고가매수신고인은 차순위매수신고인으로 보나(140조 4항), 집행관이 매각기일을 종결한다는 고지를 하기 전까지 차순위매수신고인의 지위를 포기할 수 있다(민사집행규칙 76조 3항). 공유자가 매수신고를 하였으나 매각기일에 최고가매수신고가 없는 때에는, 최저매각가격을 최고가매수신고가격으로 보아 공유자에게 매각을 허가한다(민사집행규칙 76조 2항).[93] 그런데 우선매수권의 남용이 문제가 된다.[94]

⑤ 매각기일 종결의 고지

제115조(매각기일의 종결) ① 집행관은 최고가매수신고인의 성명과 그 가격을 부르고 차순위매수신고를 최고한 뒤, 적법한 차순위매수신고가 있으면 차순위매수신고인을 정하여 그 성명과 가격을 부른 다음 매각기일을 종결한다고 고지하여야 한다.

10-113 최고가매수신고인과 차순위매수신고인이 결정되면 집행관은 그들의 이름과 가격을 부른 다음 입찰절차의 종결을 고지하여야 한다(제115조 1항).[95]

92) 대법원 2008. 7. 8.자 2008마693, 694 결정[미간행].

93) 공유자가 여러 차례 우선매수신고만을 하여 일반인의 매수신고를 꺼릴 만한 상황을 만들어 놓은 뒤, 다른 매수신고인이 없을 때는 보증금을 납부하지 않는 방법으로 유찰이 되게 하였다가 다른 매수신고인이 나타나면 보증금을 납부하여 자신에게 매각을 허가하도록 하는 것이 법 108조 2호의 '최고가매수신고인이 매각의 적정한 실시를 방해한 사람'에 해당되는 매각불허가사유가 있다(대법원 2011. 8. 26.자 2008마637 결정).

94) 자세히는 이시윤, 341면.

95) 입찰자가 없는 사건은 입찰불능으로 처리하고 종결을 고지한다(부동산등에 대한 경매절차 처

⑥ 1기일 2회 입찰·경매

기일입찰과 호가경매에서는 매각기일을 마감할 때까지 허가할 매수가격의 신고가 없는 때에는 집행관은 즉시 매각기일의 마감을 취소하고 같은 방법으로 매수가격을 신고하도록 최고할 수 있다(115조 4항). 매수신청이 없어 새 매각을 실시할 경우에 생기는 번잡함을 줄이고 절차의 신속을 위하여 최저매각가격의 저감 없이 즉시 다음 2회 매각기일을 실시할 수 있도록 한 것이다. 이러한 1기일 2회 입찰·경매에 의하여 채권자의 신속한 권리구제뿐만 아니라, 채무자로서도 이자 및 경매비용 부담이 증가하는 것을 줄일 수 있게 하였다. 기간입찰의 경우에는 그 적용이 없다. 위 최고에 대하여 매수가격의 신고가 없어 매각기일을 마감하는 때에는 매각기일의 마감을 다시 취소하지 못한다(동조 5항). 즉, 1기일 2회에 그치는 것이지, 3회까지 허용되는 것은 아니다. 10-114

⑦ 매수신청 보증의 반환

최고가매수신고인과 차순위매수신고인을 제외한 다른 매수신고인은 집행관의 매각기일의 종결의 고지에 따라 매수의 책임을 벗게 되고, 즉시 매수신청의 보증을 돌려 줄 것을 신청할 수 있다(115조 3항). 한편, 차순위매수신고인은 매수인이 대금을 모두 지급한 때 매수의 책임을 벗게 되고, 그때 보증의 반환을 요구할 수 있다(142조 6항). 10-115

7) 특수한 입찰

① 대리입찰

입찰절차에는 대리인에 의해서도 참가할 수 있다. 대리인은 변호사가 아니어도 무방하며 법원의 허가를 받을 필요도 없다. 입찰절차에 참가하는 것도 소송행위이나, 민사소송법 87조의 재판상의 행위라고 보지 않기 때문이다.[96] 미성년자는 대리행위에 의하지 않으면 매수신청을 할 수 없다. 10-116

② 공동입찰

2인 이상이 공동으로 입찰에 참가하는 것을 공동입찰이라고 한다. 입찰자는 10-117

리지침 35조 3항).

96) 다만, 대리인은 대리권을 증명하는 문서(임의대리인은 위임장과 인감증명, 법정대리인은 가족관계증명서 등)를 집행관에게 제출하여야 하고(민사집행규칙 62조 4항), 입찰자 본인의 이름, 주소 외에 대리인의 이름과 주소를 입찰표에 적어야 한다.

단독으로 입찰하여야 하는 것만은 아니고 공동입찰도 할 수 있다. 공동으로 입찰하는 때에는 입찰표에 각자의 지분을 분명하게 표시하여야 한다(민사집행규칙 제62조 5항).[97]

8) 새 매각

10-118 새 매각은 입찰을 실시하였으나, 매수인이 결정되지 않았기 때문에 다시 기일을 정하여 실시하는 매각절차를 말한다. **새 매각**은 매각허가결정이 확정되어 매수인이 결정되었음에도 불구하고 그 매수인이 대금을 지급하지 않았기 때문에 실시되는 **재매각**(138조)과 구별하여야 한다. 새 매각을 하여야 할 경우로 다음을 들 수 있다.

① 허가할 매수가격의 신고가 없어 매각기일이 최종적으로 마감된 경우

제119조(새 매각기일) 허가할 매수가격의 신고가 없이 매각기일이 최종적으로 마감된 때에는 제91조제1항의 규정에 어긋나지 아니하는 한도에서 법원은 최저매각가격을 상당히 낮추고 새 매각기일을 정하여야 한다. 그 기일에 허가할 매수가격의 신고가 없는 때에도 또한 같다.

10-119 매각기일에 허가할 적법한 매수가격의 신고가 없이 매각기일이 최종적으로 마감된 때에는 법원은 법 91조 1항의 우선권을 해치지 아니하는 한도에서 최저매각가격을 상당히 낮춘 뒤, 새 매각기일을 정하여 공고한다(119조). 낮추는 정도는 법원의 자유재량인데, 실무상 보통 1회에 20% 정도를 낮춘다. 최저매각가격을 계속 낮춘 결과, 압류채권자에게 우선하는 부동산상의 부담과 절차비용을 변제하고 남을 가망이 없게 된 경우에는 법원은 법 102조의 통지절차로 이행한다.

② 매각불허가를 한 경우

제125조(매각을 허가하지 아니할 경우의 새 매각기일) ① 제121조와 제123조의 규정에 따라 매각을 허가하지 아니하고 다시 매각을 명하는 때에는 직권으로 새 매각기일을 정하여야 한다.

97) 여러 명이 공동입찰한 경우 각자 매수할 지분을 정하여 입찰하였더라도 일체로서 그 권리를 취득하고 의무를 부담하는 관계에 있으므로, 그 공동입찰인에 대하여는 일괄하여 그 매각허가 여부를 결정하여야 하고, 공동입찰인 중의 일부에 매각불허가사유가 있다면, 모두에 대하여 매각을 허가하지 않아야 한다.

매각결정기일에 집행법원이 최고가매수신고인에 대하여 매각을 허가할 수 없는 사유가 있어 매각을 불허하거나 매각허가결정이 항고심에서 취소되어 집행법원이 매각을 불허하는 경우에 그 불허가의 사유가 종국적으로 매각을 불허할 사유가 아니고 다시 매각을 실시할 수 있을 때에는 직권으로 새 매각기일을 정하여야 한다(125조). 이 경우에는 최저매각가격을 낮출 수 없다. 10-120

③ 부동산의 훼손이나 권리관계의 변경으로 매각불허가결정 등을 한 경우

제134조(최저매각가격의 결정부터 새로 할 경우) 제127조의 규정에 따라 매각허가결정을 취소한 경우에는 제97조 내지 제105조의 규정을 준용한다.

매수가격의 신고를 한 뒤에, 천재지변, 그 밖에 자기가 책임을 질 수 없는 사유로 부동산이 현저하게 훼손된 사실 또는 부동산에 관한 중대한 권리관계가 변동된 사실이 경매절차의 진행 중에 밝혀진 때에 최고가매수신고인은 매각허가에 대한 이의신청을(121조 6호), 매수인은 대금을 낼 때까지 매각허가결정의 취소신청을(127조 1항) 할 수 있는바, 이에 따라 법원이 매각불허가결정을 하거나 매각허가결정을 취소한 때에는 다시 감정인으로 하여금 부동산을 평가하게 하여 최저매각가격을 정하는 것부터 새로 한 뒤, 새 매각기일을 정한다(134조, 97조). 10-121

(4) 매각결정

1) 매각결정기일

제109조(매각결정기일) ① 매각결정기일은 매각기일부터 1주 이내로 정하여야 한다. ② 매각결정절차는 법원 안에서 진행하여야 한다.

법원은 매각기일의 종료 뒤 미리 정하여진 기일에 매각결정기일을 열어 매각허가 여부에 관하여 이해관계인의 진술을 듣고, 직권으로 법정의 이의사유가 있는지 여부를 조사한 다음, 매각의 허가 또는 불허가결정을 한다. 매각결정기일은 매각기일부터 1주 이내로 정하여야 한다(109조 1항). 10-122

법원은 직권으로 매각결정기일을 변경할 수 있다. 매각실시를 마친 뒤에 매각결정기일이 변경된 때에는 법원사무관등은 최고가매수신고인 · 차순위매수신고인 및 이해관계인에게 변경된 기일을 통지하여야 한다(민사집행규칙 73조 1항). 그러나

변경된 기일을 공고할 필요는 없다.

매각결정절차는 법원 안에서 진행하여야 한다(109조 2항). **매각기일**은 법원의 허가를 얻어 법원 외의 장소에서 열 수도 있으나(107조 단서), **매각결정기일**은 반드시 법원의 법정에서 열어야 한다.

2) 이해관계인의 진술

10-123 법원은 매각결정기일에 출석한 이해관계인에게 매각허가에 관한 의견을 진술하게 하여야 한다(120조 1항).

① 이해관계인의 범위

10-124 여기서 이해관계인에는 법 90조의 이해관계인뿐만 아니라 최고가매수신고인 또는 자기에게 매각을 허가할 것을 구하는 매수신고인도 포함한다. 다만, 자기가 매각을 받아야 한다고 주장하려는 사람은 매수신청을 할 때에 제공한 보증을 반환받지 않았어야 한다.

② 매각허가에 관한 이의의 진술

10-125 이해관계인은 매각허가에 대하여 매각을 허가하여서는 안 된다는 이의를 진술할 수 있다.

3) 이의신청사유

제121조(매각허가에 대한 이의신청사유) 매각허가에 관한 이의는 다음 각호 가운데 어느 하나에 해당하는 이유가 있어야 신청할 수 있다. 1. 강제집행을 허가할 수 없거나 집행을 계속 진행할 수 없을 때 2. 최고가매수신고인이 부동산을 매수할 능력이나 자격이 없는 때 3. 부동산을 매수할 자격이 없는 사람이 최고가매수신고인을 내세워 매수신고를 한 때 4. 최고가매수신고인, 그 대리인 또는 최고가매수신고인을 내세워 매수신고를 한 사람이 제108조 각호 가운데 어느 하나에 해당되는 때 5. 최저매각가격의 결정, 일괄매각의 결정 또는 매각물건명세서의 작성에 중대한 흠이 있는 때 6. 천재지변, 그 밖에 자기가 책임을 질 수 없는 사유로 부동산이 현저하게 훼손된 사실 또는 부동산에 관한 중대한 권리관계가 변동된 사실이 경매절차의 진행중에 밝혀진 때 7. 경매절차에 그 밖의 중대한 잘못이 있는 때

매각허가에 관한 이의신청사유는 법 121조에 열거된 것에 한정되므로 그 밖의 사유로 이의를 신청할 수 없다.[98] 10-126

① 법 121조에 정한 이의신청사유

㉮ **강제집행을 허가할 수 없거나 속행할 수 없을 때**(121조 1호) 10-127

강제집행을 허가할 수 없을 때라는 것은 강제집행의 요건, 강제집행개시의 요건, 강제경매신청의 요건에 흠이 있는 경우, 부동산이 법률상 양도할 수 없는 것인[99] 경우 등을 말한다. 그리고 집행을 계속 진행할 수 없을 때라는 것은 집행의 정지 또는 취소사유가 있을 때(49조, 50조) 또는 경매개시결정이 채무자에게 송달되지 아니하거나[100] 이해관계인에 대한 매각기일의 통지가 누락된 때, 경매신청이 취하(93조)된 것을 간과하고 경매기일을 진행한 뒤, 뒤늦게 발견한 때와 같이 집행절차 중에 집행법상 절차의 진행을 가로막는 사유가 생긴 경우를 말한다.

㉯ **최고가매수신고인의 매수 무능력이나 매수 무자격**(121조 2호)

부동산을 매수할 **능력이 없다**는 것은 미성년자, 피성년후견인과 같이 독립하여 법률행위를 할 수 있는 능력이 없는 경우를 말한다. 그리고 부동산을 매수할 **자격이 없다**는 것은 법률의 규정에 따라 매각부동산을 취득할 자격이 없거나 그 부동산을 취득하려면 관청의 증명이나 허가를 받아야 하는데 이를 받지 못한 경우를 말한다.[101] 예를 들어 채무자(민사집행규칙 59조),[102] 재매각에서 전의 매수인(138조 4항), 집행관과 감정인 및 그 친족(집행관법 15조), 농지매각에서 농지취득자격(농지법 8조)이 없는 사람 등이 이에 속한다. 다만, 관청의 증명 또는 허가는 매각허부결정시까지 보완하면 이의사유가 되지 않는다.[103]

---

98) 부동산경매절차에서는 법 121조 각 호 및 124조 1항에 규정된 사유가 아닌 이상 매각을 불허할 수 없고, 최고가매수신고인이 착오로 자신이 본래 기재하려고 한 입찰가격보다 높은 가격을 기재하였다는 사유는 위 121조 각 호 및 124조 1항의 어디에도 해당한다고 볼 수 없으므로, 결국 그러한 사유로는 매각을 불허할 수 없다(대법원 2010. 2. 16.자 2009마2252 결정).

99) 대법원 1966. 8. 12.자 66마425 결정 참조.

100) 대법원 1997. 6. 10.자 97마814 결정 참조.

101) 대법원 2009. 10. 5.자 2009마1302 결정 참조.

102) 채무자의 매수신청자격을 부정하는 취지는 채무자가 매수인이 되면 강제경매에서 압류채권자의 채권이 완제되지 않은 경우에 채권자가 같은 부동산에 다시 강제집행을 할 수 있게 되어 절차가 복잡하고, 채무자가 매수할 정도의 자력이 있다면 압류채권자에게 변제하여야 하고, 채무자에게 매수신청을 인정하면 대금납부를 하지 못할 우려가 있는 등 절차의 진행을 저해할 위험성이 높다는 등의 정책적 고려라고 풀이할 수 있다. 일본은 민사집행법 68조에서 규율하고 있다. 한편 물상보증인과 제3취득자는 규율되어 있지 않으므로 매수인이 될 수 있다고 할 것이다.

㉰ **매수 무자격자가 최고가매수신고인을 내세워 매수신고를 한 때**(121조 3호)

부동산을 매수할 자격이 없는 사람이라 함은 위 ㉯ 2호에 해당하는 사람을 말하고, 그가 탈법행위로서 제3자인 다른 사람의 명의를 빌려 매수신고를 하는 경우를 막기 위함으로, 제3자를 내세워 최고가매수신고인이 된 때를 의미한다.[104] 예를 들어 채무자가 다른 사람의 명의를 빌려 매수신고를 한 경우이다.

㉱ **최고가매수신고인, 그 대리인 또는 최고가매수신고인을 내세워 매수신고를 한 사람이 법 108조 각 호 가운데 어느 하나에 해당하는 때**(121조 4호)

집행관은 매각장소의 질서유지를 위하여 법 108조의 각 호 가운데 어느 하나에 해당하는 사람에 대하여 매수신청 등을 하지 못하도록 할 수 있다. 그러나 이러한 제도적 장치에도 불구하고 위 어느 하나에 해당하는 사람이 최고가매수신고인 또는 그 대리인이 되거나, 그 규정을 회피하기 위하여 제3자인 다른 사람의 명의를 빌려 매수신고를 함으로써 최고가매수신고인이 된 때는 여기에서의 이의사유가 된다.[105]

㉲ **최저매각가격의 결정, 일괄매각의 결정 또는 매각물건명세서 작성에 중대한 흠이 있는 때**(121조 5호)

최저매각가격의 결정에 중대한 흠은 단순히 감정인의 평가액과 이에 기하여 결정한 최저매각가격이 시가에 비하여 저렴하다는 사유만으로는 여기에 해당한다고 볼 수 없다. 감정에 의하여 산정한 평가액이 감정평가의 일반적 기준에 현저하게 반한다거나 사회통념상 현저하게 부당하다고 인정되는 경우에는 최저매각가격의 결정에 중대한 흠이 있는 것이 될 수 있다.

일괄매각의 결정에 중대한 흠이 있는 때라고 함은 일괄매각의 결정절차 또

---

103) 김홍엽, 226면; 이시윤, 350면.

104) 그런데 부동산을 매수하려는 사람이 다른 사람과의 **명의신탁약정** 아래 그 사람의 명의로 매각허가결정을 받아 자신의 부담으로 매수대금을 완납한 경우에 **판례**는 경매목적부동산의 소유권은 매수대금의 부담 여부와는 관계없이 그 명의인이 취득하게 되고, 매수대금을 부담한 명의신탁자와 명의를 빌려 준 명의수탁자 사이의 명의신탁약정은 「부동산 실권리자명의 등기에 관한 법률」 4조 1항에 의하여 무효이므로, 명의신탁자는 명의수탁자에 대하여 그 부동산 자체의 반환을 구할 수는 없고 명의수탁자에게 제공한 매수대금에 상당하는 금액의 부당이득반환청구권을 가질 뿐이라고 보았다(대법원 2009. 9. 10. 선고 2006다73102 판결). 이에 대하여 이시윤, 350면은 위 매각불허사유를 유추해석하는 것이 옳을 것이라고 한다.

105) 공유자가 여러 차례 우선매수신고만을 하여 일반인들의 매수신고를 꺼릴 만한 상황을 만들어 놓은 뒤, 다른 매수신고인이 없을 때는 보증금을 납부하지 않는 방법으로 유찰이 되게 하였다가 다른 매수신고인이 나타나면 보증금을 납부하여 자신에게 매각을 허가하도록 하는 것이 법 108조 2호의 '최고가매수신고인이 매각의 적정한 실시를 방해한 사람'에 해당되는 매각불허가사유가 있다는 판례(대법원 2011. 8. 26.자 2008마637 결정) 등 참조.

는 결정 자체에 중대한 위법이 있는 경우를 말한다.

매각물건명세서의 작성에 중대한 흠이 있는 때라고 함은 매각물건명세서에 기재할 사항에 중대한 흠 또는 그 기재내용에 중대한 오류가 있거나 현황조사를 생략하는 등 그 작성 절차에 중대한 흠이 있는 경우를 말한다. 여기에 해당하는지 여부는 그 흠이 일반 매수희망자가 매수의사나 매수신고가격을 결정하는 데에 어떠한 영향을 받을 정도의 것이었는지를 중심으로 하여 부동산매각과 매각물건명세서제도의 취지에 비추어 구체적인 사안에 따라 합리적으로 판단할 수밖에 없다.[106] 가령 명세서에 임차인이 부동산 소유자와 부자관계에 있다는 점을 기재하지 않은 것은 이에 해당하지 않는다.[107]

㉳ 책임질 수 없는 사유로 부동산의 현저한 훼손 또는 중대한 권리관계의 변동이 밝혀진 때(121조 6호)

매각부동산이 천재지변이나 자기가 책임질 수 없는 사유로 물리적으로 현저하게 훼손되거나, 매수인이 소유권을 취득하지 못하거나 인수할 권리가 변동되는 것과 같이 중대한 권리관계의 변동이 매각절차 진행 중에 발생하거나 발견되는 경우가 이의사유가 된다. 예를 들어 제1순위로 저당권이, 제2순위로 처분금지가처분이 각 등기되어 있는 부동산에 관하여 경매절차가 진행되는 중에 집행법원도 모르는 사이에 제1순위 저당권이 말소된 경우에는 처분금지가처분이 가장 선순위가 되어 매각으로 인하여 말소되지 아니하고 매수인에게 인수되므로, 이는 매각부동산의 권리관계에 중대한 변동을 초래한 것이 된다.

㉴ 경매절차에 그 밖의 중대한 잘못이 있는 때(121조 7호)

가령 매각기일 및 매각결정기일의 지정 · 공고방법과 기간을 지키지 않은 것과 같이 이해관계인의 이익이 침해되거나 매각절차의 공정성을 해칠 우려가 있는 **중대한 절차위반**의 사유가 있는 때에 이의신청사유가 된다.[108] 따라서 경미한 흠만 있는 경우에는 여기에 해당되지 아니한다. 공고와 관련하여, 매각부동산의 표시가 동일성을 식별하는 데 지장을 주거나 평가를 그르치게 할 정도인 경우, 최저매각가격의 기재가 누락되었거나 착오로 잘못 기재한 것이 사소한 것이 아닌 경우, 최저매각가격의 10분의 1이 아닌 다른 금액으로 보증금액을 정하는 '결정' 없이 다른 금액

106) 대법원 2024. 4. 5.자 2023마7896 결정.
107) 대법원 2000. 1. 19.자 99마7804 결정.
108) 대법원 2024. 4. 5.자 2023마7896 결정.

으로 매각기일의 공고를 한 경우,[109] 매각기일의 공고를 규정된 방법에 의하지 아니하거나 민사집행규칙 56조에 규정한 공고기간을 두지 아니한 경우 등을 들 수 있다. 그 밖에 입찰표의 제출을 최고한 뒤 1시간이 지나야 입찰을 마감할 수 있음에도 (민사집행규칙 65조 1항) 이에 위반한 경우, 매각기일에서 집행법원이 정하는 금액과 방법에 맞는 보증을 제공하여야만 매각을 허가할 수 있음에도(113조) 이에 위반한 경우 등을 들 수 있다.

② 이의신청의 제한

제122조(이의신청의 제한) 이의는 다른 이해관계인의 권리에 관한 이유로 신청하지 못한다.

10-128 매각허가에 대한 이의는 이의신청자인 이해관계인 자신의 권리에 관한 이유로 신청하여야 하고, 다른 이해관계인의 권리에 관한 이유로 신청할 수 없다(122조). 가령 남을 가망 없을 경우에 법 102조의 절차를 밟도록 한 것은 압류채권자나 우선채권자의 보호를 위한 것이므로 채무자는 위 절차를 거치지 아니하였다는 이유로 이의를 신청할 수 없고, 다른 이해관계인에게 매각기일이 통지되지 않았음을 이유로 이의를 신청할 수 없다.

③ 이의신청의 방법과 시기

10-129 이해관계인의 이의신청은 매각결정기일에 말로 하여야 하나, 서면으로 제출하여도 무방하고, 매각허가결정이 선고되기 전까지 할 수 있다.

④ 이의신청에 대한 법원의 판단

10-130 이의는 독립한 신청이 아니므로 법원은 이의가 정당하지 않다고 인정한 때에는 이의신청 자체에 대하여 응답할 필요는 없고 매각허가결정을 하면 되며, 이의신청을 한 이해관계인도 신청이 받아들여지지 않은 경우에 매각허가결정에 대한 즉시항고를 할 수 있을 뿐이고, 이의신청이 받아들여지지 않은 데 대하여 별도로 불복할 수 없다.

109) 대법원 2023. 3. 10.자 2022마6559 결정.

4) 매각허가 여부에 관한 재판

제126조(매각허가여부의 결정선고) ① 매각을 허가하거나 허가하지 아니하는 결정은 선고하여야 한다.

집행법원은 매각결정기일에 출석한 이해관계인에게 매각허가에 관한 의견을 진술하게 하여(120조 1항) 이를 참고하고, 그 밖에도 직권으로 법 121조에 규정한 7가지 매각불허가사유의 존재 여부를 조사한 다음, 매각허가 여부에 관한 재판을 한다. 다만, 법 121조 2호 또는 3호의 경우에는 능력 또는 자격의 흠이 제거되지 아니한 때에 한한다(123조 2항). 10-131

매각허부결정은 **선고**하여야 한다(126조 1항). 민사소송법상 결정은 반드시 선고하여야 하는 것이 아니고 상당한 방법으로 고지하면 되는 것이나(민사소송법 221조), 여기서는 경매절차의 안정성을 위하여 특칙으로 허부결정의 고지방법으로 결정을 선고하도록 하고 있다.

매각허부결정은 확정되어야 효력을 가진다(126조 3항).

위 집행법원의 사무는 판사의 업무가 아니라, **사법보좌관**의 업무이다(사법보좌관규칙 2조 1항 7호).

① 매각불허가결정

제123조(매각의 불허) ① 법원은 이의신청이 정당하다고 인정한 때에는 매각을 허가하지 아니한다.

이해관계인의 이의신청이 정당하다고 인정한 때에 매각불허가결정을 할 수 있다(123조 1항). 또한 위 이의신청이 없더라도 법원이 직권으로 조사한 결과, 법 121조 1호 내지 7호에 열거된 이의신청사유가 있다고 인정되는 때에는 직권으로 매각불허가결정을 하여야 한다(123조 2항 본문). 다만, 법 121조 2호, 3호의 경우에는 능력 또는 자격의 흠이 제거되지 않은 아니한 때에 한한다(123조 2항 단서).[110] 10-132

110) 따라서 매각기일 당시에 존재하였던 최고가매수신고인의 행위능력 또는 부동산취득자격의 흠이 그 뒤 매각의 허부 재판시까지 법정대리인의 추인이나 관청의 증명(가령, 농지취득자격증명) 또는 허가로 말미암아 보완된 경우에는 불허가결정을 하면 안 된다.

제124조(과잉매각되는 경우의 매각불허가) ① 여러 개의 부동산을 매각하는 경우에 한 개의 부동산의 매각대금으로 모든 채권자의 채권액과 강제집행비용을 변제하기에 충분하면 다른 부동산의 매각을 허가하지 아니한다. 다만, 제101조제3항 단서에 따른 일괄매각의 경우에는 그러하지 아니하다.

그리고 다음과 같이 과잉매각되는 경우도 매각불허가사유가 된다. 즉, 여러 개의 부동산을 동시에 매각하는 경우에 한 개의 부동산의 매각대금으로 모든 채권자의 채권액과 강제집행비용을 변제하기에 충분하면 다른 부동산의 매각을 허가하여서는 안된다(124조 1항). **과잉매각금지의 원칙**이라고 한다. 그리고 일괄매각의 경우에도 과잉매각금지의 원칙이 적용된다(101조 3항 본문). 다만, 토지와 그 위의 건물을 일괄매각하는 경우나 재산을 분리하여 매각하면 그 경제적 효용이 현저하게 떨어지는 경우 또는 채무자의 동의가 있어 일괄매각결정을 한 경우에는 과잉매각금지의 원칙이 적용되지 않는다(124조 1항 단서, 101조 3항 단서). 과잉매각의 경우에 채무자는 그 부동산 가운데 매각할 것을 지정할 수 있다(124조 2항). 채무자가 지정권을 행사하지 않은 때에는 법원이 자유재량으로 매각허가할 부동산을 선택할 수 있다. 과잉매각금지규정에 위반하여 매각을 허가하였을 경우에는 항고이유가 되나, 항고법원이 직권으로 조사할 사항은 아니다.

② 매각불허가가 있은 뒤의 절차

제125조(매각을 허가하지 아니할 경우의 새 매각기일) ① 제121조와 제123조의 규정에 따라 매각을 허가하지 아니하고 다시 매각을 명하는 때에는 직권으로 새 매각기일을 정하여야 한다.

10-133 ㉮ 매각을 허가하지 않는 것이 종국적으로 매각을 불허가할 사유가 있기 때문이 아니고, 그리하여 다시 매각을 명하여야 할 경우에는 매각불허가결정이 확정되면 직권으로 새 매각기일을 정한다(125조 1항). 다만, 집행의 일시정지를 명하는 서류(49조 2호)의 제출에 따라 허가하지 아니한 경우에는 그 뒤의 절차를 사실상 정지한다.

㉯ 이에 반하여 매각을 허가하지 아니한 것이 종국적으로 매각을 불허가할 사유 때문이어서 다시 매각을 명할 것이 아닌 경우, 가령 부동산이 멸실되거나 집행취

소사유가 있어 불허가결정이 선고된 경우에는 불허가결정의 확정으로 경매신청 자체를 포함한 그 뒤의 경매절차는 모두 소멸하여 경매는 종결된다. 이때에는 별도로 경매개시결정의 취소나 경매신청의 각하결정을 할 필요 없이 매각불허가결정정본을 원인증서로 붙여 경매개시결정 기입등기의 말소촉탁을 한다.

㈐ 과잉매각을 이유로 여러 개의 부동산 중 일부에 대하여 매각불허가결정을 한 경우에는 그 불허가결정이 확정되더라도 매각이 허가된 부동산에 대한 매각대금을 다 낼 때를 기다려 경매개시결정 기입등기의 말소촉탁을 한다. 매각이 허가되었던 부동산과 함께 재매각할 경우에 대비하는 것이다.

③ 매각허가결정

법원은 이해관계인의 이의신청이 이유 없다고 인정되고, 그 밖에 직권으로 매각을 불허가할 사유가 없다고 인정되는 때에는 최고가매수신고인에게 매각허가결정(Zuschlag)을 한다. 허가결정을 선고하는 외에 대법원규칙이 정하는 바에 따라 공고도 하여야 하나(128조 2항), 이해관계인에게 송달할 필요는 없다. 10-134

④ 매각허가결정의 취소

제127조(매각허가결정의 취소신청) ① 제121조제6호에서 규정한 사실이 매각허가결정의 확정 뒤에 밝혀진 경우에는 매수인은 대금을 낼 때까지 매각허가결정의 취소신청을 할 수 있다.
제134조(최저매각가격의 결정부터 새로할 경우) 제127조의 규정에 따라 매각허가결정을 취소한 경우에는 제97조 내지 제105조의 규정을 준용한다.

천재지변, 그 밖에 자기가 책임을 질 수 없는 사유로 부동산의 현저하게 훼손된 사실 또는 부동산에 관한 중대한 권리관계가 변동된 사실이 매각허가결정의 확정 뒤에 밝혀진 경우에는 매수인은 대금을 낼 때까지 매각허가결정의 취소신청을 할 수 있다(127조 1항). 10-135

그 결과 매각허가결정을 취소한 경우에는 그 훼손의 정도에 따라 부동산을 재평가한 뒤 최저매각가격을 새로 정하여 새 매각을 진행하거나, 훼손이 심하여 부동산으로서의 존재를 잃은 때에는 경매절차를 취소하고 경매개시결정 기입등기를 말소하도록 촉탁한다(134조).

5) 매각허가여부의 결정에 대한 불복

제129조(이해관계인 등의 즉시항고) ① 이해관계인은 매각허가여부의 결정에 따라 손해를 볼 경우에만 그 결정에 대하여 즉시항고를 할 수 있다. ② 매각허가에 정당한 이유가 없거나 결정에 적은 것 외의 조건으로 허가하여야 한다고 주장하는 매수인 또는 매각허가를 주장하는 매수신고인도 즉시항고를 할 수 있다.

① 사법보좌관의 처분에 대한 이의신청

10-136 **이해관계인**은 매각허가 또는 불허가의 결정에 따라 손해를 볼 경우에는 즉시항고를 할 수 있고(129조 1항),[111] 또한 매각허가에 정당한 이유가 없거나 허가결정에 적은 것 외의 조건으로 허가하여야 한다고 주장하는 **매수인** 또는 매각허가를 주장하는 **매수신고인도** 즉시항고를 할 수 있다(동조 2항). 매각의 허부결정 자체로부터 불이익을 당하는 사람의 범위가 분명하지 않으므로 위와 같이 항고의 이익을 가지는 사람을 규정한 것이다. 위 경우에 매각허가를 주장하는 매수신고인은 그 신청한 가격에 대하여 구속을 받는다(129조 3항).

㉮ 매각의 허부결정에 대한 불복방법으로는 **즉시항고**만이 인정되고, 통상항고(민사소송법 439조)나 특별항고는 허용되지 아니하며,[112] 집행에 관한 이의신청(16조)으로 불복할 수 없다.

㉯ 그런데 매각의 허부결정은 **사법보좌관**의 업무이므로(사법보좌관규칙 2조 1항 7호), 사법보좌관의 처분에 대한 **이의신청절차를 선행절차**로 거쳐야 한다(사법보좌관규칙 4조. ☞7-3). 이의신청 시에 인지를 붙일 필요가 없다(사법보좌관규칙 4조 4항).

㉰ 위 이의신청은(실무상 이의신청서를 제출하든, 즉시항고장을 제출하든 일단 사법보좌관의 처분에 대한 이의신청으로 보아) 결정을 고지한 날부터 7일 이내에 제기하여야 하는데(사법보좌관규칙 4조 3항), 매각의 허부결정은 이해관계인이 매각결정기일에 출

111) 경매법원이 이해관계인에게 입찰기일 및 낙찰기일을 통지하지 아니한 채 입찰기일의 경매절차를 속행하여 낙찰이 이루어지게 하였다면, ... 낙찰허가결정에 대하여 즉시항고를 할 수 있다고 할 것이며, 입찰기일 또는 낙찰기일을 통지받지 못함으로 인하여 그 이해관계인에게 구체적 또는 추상적으로 재산상의 손해가 발생한 경우에 한하여 그 이해관계인이 즉시항고를 할 수 있는 것은 아니다. 그리고 경매법원이 이해관계인 등에게 경매기일 등의 통지를 하지 아니하여 그가 경락허가결정에 대한 항고기간을 준수하지 못하였다면 특단의 사정이 없는 한 그 이해관계인은 자기책임에 돌릴 수 없는 사유로 항고기간을 준수하지 못한 것으로 보아야 하며, 그러한 경우에는 형평의 원칙으로부터 인정된 구제방법으로서의 추완이 허용되어야 할 것이다(대법원 2002. 12. 24.자 2001마1047 전원합의체 결정).

112) 대법원 1981. 12. 22.자 81그15 결정 등.

석하였는지 여부를 묻지 않고 이를 선고한 때에 고지의 효력이 생기므로(민사집행규칙 74조), 위 7일의 기간은 매각허부결정 선고일부터 이해관계인 모두에게 일률적으로 진행된다. 다만 위 기간은 불변기간이므로 추후보완이 허용된다.

㉣ 사법보좌관은 위 이의신청을 받은 때에는(자신의 매각허가여부의 결정이 옳다고 생각하는 경우에는) 이의신청사건을 지체 없이 소속법원의 단독판사등(단독판사 또는 합의부)에게 송부하여야 한다(사법보좌관규칙 4조 5항).

② 이의신청사유

제130조(매각허가여부에 대한 항고) ① 매각허가결정에 대한 항고는 이 법에 규정한 매각허가에 대한 이의신청사유가 있다거나, 그 결정절차에 중대한 잘못이 있다는 것을 이유로 드는 때에만 할 수 있다.

위 사법보좌관의 처분에 대한 이의신청은 법에 규정한 매각허가에 대한 이의신청사유가 있다거나, 그 결정절차에 중대한 잘못이 있다는 것을 이유로 드는 때에만 할 수 있다(130조 1항). 그러나 재심사유가 있는 때에는 위 제한에 구애받지 않는다(130조 2항). 10-137

③ 즉시항고

제130조(매각허가여부에 대한 항고) ③ 매각허가결정에 대하여 항고를 하고자 하는 사람은 보증으로 매각대금의 10분의 1에 해당하는 금전 또는 법원이 인정한 유가증권을 공탁하여야 한다. ④ 항고를 제기하면서 항고장에 제3항의 보증을 제공하였음을 증명하는 서류를 붙이지 아니한 때에는 원심법원은 항고장을 받은 날부터 1주 이내에 결정으로 이를 각하하여야 한다. ⑤ 제4항의 결정에 대하여는 즉시항고를 할 수 있다.

㉮ 송부를 받은 단독판사등(단독판사 또는 합의부)은 위 이의신청이 이유 있다고 인정할 때에는 매각허부결정을 **경정**한다(사법보좌관규칙 4조 6항 3호). 그러나 이유 없다고 인정할 때에는 매각허부결정을 **인가**하고 사건을 항고법원에 송부하는데, 이 때에 이의신청절차는 종료되고, 그 이의신청을 **즉시항고로 본다**(사법보좌관규칙 4조 6항 5호). 사건을 송부받은 항고법원은 단독판사등이 한 인가처분에 대한 즉시항고로 보아 재판절차를 진행한다(동규칙 동조 9항). 10-138

㈏ 위와 같이 이의신청을 즉시항고로 보는 경우에 그 단계에서 이의신청인은(이의신청인은 이제 항고인이 되므로) 보증으로 매각대금의 10분의 1에 해당하는 금전 또는 법원이 인정하는 유가증권을 공탁하여야 한다(130조 3항. 인지는 붙일 필요 없다. 사법보좌관규칙 4조 4항). 지급보증위탁계약을 체결한 문서로 보증을 제공하는 것은 허용되지 않는다. 보증의 제공이 없으면 항고장을 각하하며(130조 4항),[113] 이 각하결정에 대하여는 즉시항고를 할 수 있는데(동조 5항),[114] 이 경우 즉시항고는 집행정지의 효력이 없다. 따라서 매각허가결정의 확정이 차단되지 않으며, 원심법원은 이후의 절차를 진행할 수 있다.

채무자 및 소유자가 한 항고가 기각된 때에는 보증으로 제공한 금전이나 유가증권을 돌려 줄 것을 요구하지 못하고(130조 6항), 이는 배당할 금액에 포함되어 배당의 대상이 된다(147조 1항 3호). 채무자 및 소유자 외의 사람이 한 항고가 기각된 때에는 항고를 한 날부터 항고기각결정이 확정된 날까지의 매각대금에 대한 대법원규칙이 정하는 이율에 의한 금액의 한도에서(이 금액이 보증을 넘으면 보증의 한도에서) 돌려 줄 것을 요구할 수 없다(130조 7항). 항고인이 항고를 취하한 경우에도 이를 준용한다(동조 8항).

㈐ 민사집행법이 절차의 촉진을 위하여 항고이유서 제출강제주의를 채택하였으므로 항고장에 항고이유를 적지 않았으면, 항고이유서를 제출하여야 한다.[115] 항

113) 법 130조 3항 및 4항은 헌법에 위반되지 않는다. 이 사건 법률조항들은 무익한 항고의 제기로 강제집행절차가 지연되는 것을 방지하기 위한 것으로서 항고권의 남용을 억제할만한 부담을 항고인에게 부과하고 있고, 항고가 인용된 경우에는 공탁금을 반환받을 수 있으므로 재판청구권이나 재산권을 침해하는 것이 아니며, 항고보증금을 공탁하여야 하는 항고인의 범위를 '모든 항고인'으로 정하였으므로 평등원칙에 반하지 않는다. 그리고 항고권 남용으로 인한 절차지연의 방지라는 입법취지를 고려해볼 때 이 사건 법률조항들이 경매에 관한 송달을 받지 못하였다는 이유로 항고하는 임차인에 대한 예외 규정을 두지 않았다고 하여 재판청구권, 재산권을 침해하였다고 볼 수 없고, 매각허가결정에 대한 항고 시 부담하는 보증제공의무는 가압류 시 요구되는 담보제공의무와 그 취지가 다르므로 가압류의 경우와 달리 지급보증위탁계약체결문서의 제출에 의한 보증공탁의 방법을 인정하지 않았다 하더라도 재판청구권, 평등권을 침해한다고 할 수 없으며, 매각불허가결정에 대한 항고와 달리 매각허가결정에 대한 항고의 경우에만 보증공탁을 요구한다고 하여 평등권을 침해한다고 볼 수 없다(헌법재판소 2012. 7. 26. 선고 2011헌바283 결정).

114) 경락허가결정의 당부와는 무관하게 채무자 또는 소유자가 그 경락허가결정에 불복하여 제출한 즉시항고장에 보증의 제공이 있음을 증명하는 서류가 첨부되었는지 여부에 관하여 자기 몫으로 판단하는 1차적인 처분으로서, 그에 대한 불복방법인 위 즉시항고는 성질상 **최초의 항고**라고 할 것이므로, 위 각하결정에 대한 불복신청을 재항고로 보아야 한다는 당원의 종전견해(1991. 5. 15.자 91그7 결정)는 이를 변경하기로 한다(대법원 1995. 1. 20.자 94마1961 전원합의체 결정).

115) 이의신청사건을 송부받은 단독판사 등이 그 이의신청이 이유 없다는 이유로 사법보좌관의 처

고이유는 앞에서 설명한 이의신청사유이다(☞10-137).

㉣ 항고법원은 항고장 또는 항고이유서에 적힌 이유에 대하여만 조사한다. 다만, 원심재판에 영향을 미칠 수 있는 법령위반 또는 사실오인이 있는지에 대하여는 직권으로 조사할 수 있다(15조 7항). 항고법원의 그 밖의 절차는 일반 항고절차에 따른다(15조 10항).

㉤ 항고심의 절차에 관하여 법 131조 3항에서 법 122조(이의의 제한)의 규정만을 준용하고 법 123조(매각의 불허)의 규정은 준용하지 않은 결과, 항고법원은 원심결정을 취소하는 데 그치고 직접 매각허부결정을 할 수 없고, 따라서 공고를 할 필요도 없으며, 항고법원이 집행법원의 결정을 취소하는 경우에 그 매각허부의 결정은 집행법원이 하게 된다(132조).

6) 매각의 허부결정의 효력발생시기

매각허가결정 또는 불허가결정은 확정되어야 효력이 있고(126조 3항), 한편 이에 대한 불복(사법보좌관의 처분에 대한 이의신청이나 즉시항고)은 확정차단의 효력이 생겨, 집행법원은 더 이상 대금지급이나 배당기일 등의 집행절차를 속행할 수 없다. 따라서 별도의 집행정지·취소 등 잠정처분이 필요하지 않다. 10-139

(5) 대금의 지급

제142조(대금의 지급) ① 매각허가결정이 확정되면 법원은 대금의 지급기한을 정하고, 이를 매수인과 차순위매수신고인에게 통지하여야 한다.

1) 대금지급기한

매각허가결정이 확정되면, 법원은 대금의 지급기한을 정하고, 매수인은 대금지급기한까지 매각대금을 지급하여야 한다(142조 1항, 2항). 매수인은 대금지급기한까지 언제라도 매각대금을 지급하고 소유권을 취득할 수 있다. 지급기한은 매각허가결정이 확정된 날로부터 1월 안의 날로 정하고, 다만 경매사건기록이 상소법원에 있는 때에는 그 기록을 송부받은 날부터 1월 안의 날로 정하여야 한다(민사집행규칙 78조). 10-140

분을 인가하고 이와 병행하여 상당한 기간을 정하여 이의신청인에게 법 15조 3항에 정해진 항고이유서 제출을 명한 경우에는 보정명령에서 정해진 상당한 기간 내에 항고이유서의 제출이 있다면 이의신청서를 제출한 날부터 10일 이내에 항고이유서를 제1심법원에 제출하지 아니하였다는 이유로 항고를 각하할 수는 없다(대법원 2011. 2. 7.자 2011마54 결정[미간행]).

2) 대금지급방법

① 현금지급

10-141 매각대금은 현금으로 법원에 내야 한다. 매수신청의 보증으로(☞10-66) 금전이 제공된 경우에 낼 금액은 매각가격에서 보증금을 제외한 금액이다(142조 3항). 매수신청의 보증으로 금전 외의 것이 제공된 경우로서 매수인이 매각대금 중 보증액을 뺀 나머지 금액만을 낸 때에는, 법원은 보증을 현금화하여 그 비용을 뺀 금액을 보증액에 해당하는 매각대금 및 이에 대한 지연이자에 충당하고, 모자라는 금액이 있으면 다시 대금지급기한을 정하여 매수인으로 하여금 내게 한다(동조 4항).

공동매수인은 매각대금 전액에 대하여 불가분채무를 부담하므로 일부 매수인이 자기의 부담 부분에 해당하는 금액을 전액 지급하더라도 이는 매각대금 전액에 대하여는 일부지급에 불과하다.

② 특별한 지급방법

제143조(특별한 지급방법) ① 매수인은 매각조건에 따라 부동산의 부담을 인수하는 외에 배당표의 실시에 관하여 매각대금의 한도에서 관계채권자의 승낙이 있으면 대금의 지급에 갈음하여 채무를 인수할 수 있다.

㉮ 채무의 인수

10-142 매수인은 배당표의 실시에 관계되는 채권자가 승낙하면 매각대금의 한도에서 대금의 지급에 갈음하여 채무를 인수할 수 있다(143조 1항). 매수인이 현금으로 매각대금을 내는 것과 효과가 같고, 승낙한 채권자는 인수된 채무액 범위에서 채권의 만족을 얻은 것으로 보아야 하므로 그 범위에서 채무자의 채무도 소멸하게 된다. 그 법적 성격은 면책적 채무인수로 보아야 한다.[116)]

㉯ 차액지급

배당받을 채권자가 매수인인 경우에는 매각결정기일이 끝날 때까지 법원에 신고하고 배당받아야 할 금액을 제외한 대금을 배당기일에 낼 수 있다(143조 2항). 대금이 배당액보다 클 경우에는 공제한 잔액을 현금으로 내야 한다.

116) 대법원 2018. 5. 30. 선고 2017다241901 판결.

㉰ 관계인의 이의

매수인이 인수한 채무나 배당받아야 할 금액에 대하여 이의가 제기된 때에는 매수인은 배당기일이 끝날 때까지 이에 해당하는 대금을 내야 한다(143조 3항). 이를 내지 않으면 재매각을 명한다.

3) 대금지급의 효과

제135조(소유권의 취득시기) 매수인은 매각대금을 다 낸 때에 매각의 목적인 권리를 취득한다.

매수인은 매각대금을 다 낸 때에 매각의 목적인 권리를 취득한다(135조). 관련 10-143
하여 부동산상 담보권·용익권의 인수·소멸에 관하여는 이미 매각조건에서 설명하였다(☞10-71 이하). 등기 시가 아니라 대금지급 시에 소유권 변동이 생기고, 그 성질은 원시취득이 아니라 **승계취득**이다.[117] 집행채권이 **부존재** 또는 **소멸**하더라도 그에 영향을 받지 않고 매수인은 소유권을 취득할 수 있다. 가령 매수인이 대금을 지급한 후에는 집행권원의 집행력을 배제하는 서류가 제출되더라도 매수인의 소유권취득은 영향을 받지 않으므로 따라서 확정된 종국판결에 터 잡아 경매절차가 진행된 경우에 그 뒤 그 확정판결이 재심소송에서 취소되었다고 하더라도 그 경매절차를 미리 정지시키거나 취소시키지 못한 채 경매절차가 계속 진행된 이상, 매각대금을 완납한 매수인은 매각목적물의 소유권을 적법하게 취득한다.[118] 한편, 집행권원이 존재하더라도 그것이 **무효**인 경우에는 매수인이 대금을 납부하더라도 소유권을 취득할 수 없다(한편, 부동산담보권 실행경매에서는 ☞18-7).[119]

◈ **강제경매의 공신적 효과** ◈ 甲이 乙에 대하여 가지는 집행권원(집행증서)에 기하여 乙이 소유하는 X건물에 대하여 강제경매를 신청하였다. 이 절차에서 丙이 X건물을 매수하여 대금납부를 마치고 소유권이전등기도 경료하였다. 그런데 작성된 집행증서에 기재된 甲의 乙에 대한 금전채권이 실은 도박에 의한 것으로 선량한 풍속

117) 성질상 승계취득이므로 하나의 토지 중 특정부분에 대한 구분소유적 공유관계를 표상하는 공유지분등기에 근저당권이 설정된 후 그 근저당권의 실행에 의하여 위 공유지분을 취득한 매수인은 구분소유적 공유지분을 그대로 취득한다(대법원 1991. 8. 27. 선고 91다3703 판결).

118) 대법원 1996. 12. 20. 선고 96다42628 판결.

119) 또한 집행문이 없는 집행권원에 기하여 이루어진 경매는 절대적 무효이고 따라서 그 결과 매각허가결정을 원인으로 한 소유권이전등기는 원인무효의 등기이다(대법원 1978. 6. 27. 선고 78다446 판결).

에 위반하여 무효인 채권이라면 丙은 유효하게 X건물의 소유권을 취득하는가. 적식의 집행권원에 기하여 개시된 강제집행은 전제가 되는 청구권이 부존재하더라도 매수인의 소유권취득의 효과를 뒤집을 수 없다. 이러한 효과를 강제경매의 **공신적 효과**라고 하기도 한다.[120)]

가령 해당 부동산이 제3자 소유라면 매수인은 민법이 정하는 담보책임을 주장할 수 있음에 그친다(민법 578조. 추탈담보책임). 하자담보책임규정(민법 580조)은 적용되지 않는다.

한편 차순위매수신고인은 매수인이 대금을 모두 지급한 때 매수의 책임을 벗게 되고, 즉시 매수신청의 보증을 돌려받을 수 있다(142조 6항).

그리고 대금을 다 낸 매수인은 법원에 매각부동산의 인도명령을 신청할 수 있다(136조 1항).[121)]

4) 대금 부지급에 따른 법원의 조치

① 차순위매수신고인에 대한 매각의 허부결정

10-144 차순위매수신고인이 있는 경우에 매수인이 대금지급기한(142조 4항의 경우에는 다시 정한 지급기한)까지 대금지급의무를 이행하지 아니한 때에는 차순위매수신고인에게 매각을 허가할 것인지를 결정하여야 한다(137조 1항). 차순위매수신고인에 대한 매각허가결정이 있는 때에는 매수인은 매수신청의 보증을 돌려줄 것을 요구하지 못한다(137조 2항). 위 보증은 배당할 금액에 포함된다.

② 재매각

제138조(재매각) ① 매수인이 대금지급기한 또는 제142조제4항의 다시 정한 기한까지 그 의무를 완전히 이행하지 아니하였고, 차순위매수신고인이 없는 때에는 법원은 직권으로 부동산의 재매각을 명하여야 한다.

㉮ 의 의

10-145 매수인(차순위매수신고인이 매각허가를 받은 경우를 포함한다)이 대금지급기한 또는 법 142조 4항의 다시 정한 기한까지 대금지급의무를 완전히 이행하지 아니하고, 차

120) 일본 最高裁判所 昭和54(1979) · 2 · 22 판결. 이시윤, 365면도 소유권의 선의취득과 같은 효과가 생긴다고 한다.

121) **일본** 민사집행법 77조는 매각실시의 종료부터 인도명령의 집행까지 사이의 해당 부동산의 가격감소행위 등에 대하여 매수인 등을 위한 보전처분을 규정하고 있다.

순위매수신고인이 없는 때에는 법원은 직권으로 부동산의 재매각을 명하여야 한다(138조 1항). 의무의 불이행이 재매각명령 때까지 존속하여야 한다.

㈏ 절 차

종전의 매수인이 최고가매수신고인으로 불렸던 매각기일에 정하여진 최저매각가격, 그 밖의 매각조건이 재매각절차에 그대로 적용된다(138조 2항). 최저매각가격을 저감하거나 종전의 매수인이 입찰하였던 가격을 최저매각가격으로 정하여서는 안 된다. 법원은 재매각을 명한 때에는 즉시 재매각기일을 정하고 일반의 매각절차와 같은 방법으로 이를 공고하여야 한다. 재매각기일의 절차는 모두 일반의 매각기일 절차와 마찬가지로 실시한다. 다만, 재매각에서 전의 매수인은 매수신청을 할 수 없다(138조 4항). 전의 매수인에는 매수인이 된 차순위매수신고인도 포함한다.

㈐ 재매각절차의 취소

종전의 매수인이 재매각기일의 3일 이전까지 대금, 그 지급기한이 지난 뒤부터 지급일까지의 대금에 대한 대법원규칙이 정하는 이율에 의한 지연이자와 절차비용을 낸 때에는 재매각절차를 취소하여야 한다(138조 3항 전문). 매각절차의 신속한 진행을 위한 제도이다.

최초의 매수인이 대금지급의무를 이행하지 아니하여 차순위매수신고인에게 매각허가를 하였는데(137조 1항), 차순위매수신고인조차 대금지급의무를 이행하지 아니하여 재매각을 명한 때에는, 최초의 매수인이나 제2의 매수인이나 모두 같은 입장이기 때문에 둘 중에서 위 금액(대금과 지연이자 및 절차비용)을 먼저 낸 매수인이 매매목적물의 소유권을 취득한다(138조 3항 후문).

5) 등기의 촉탁

제144조(매각대금지급 뒤의 조치) ① 매각대금이 지급되면 법원사무관등은 매각허가결정의 등본을 붙여 다음 각호의 등기를 촉탁하여야 한다. 1. 매수인 앞으로 소유권을 이전하는 등기 2. 매수인이 인수하지 아니한 부동산의 부담에 관한 기입을 말소하는 등기 3. 제94조 및 제139조제1항의 규정에 따른 경매개시결정등기를 말소하는 등기 ... ③ 제1항의 등기에 드는 비용은 매수인이 부담한다.

매수인이 매각대금을 다 내면 매각부동산의 소유권을 취득하므로(135조), 법원 10-146
사무관등은 다음과 같은 등기를 등기관에 촉탁하여야 한다(144조 1항). 그 등기에 드는 비용은 매수인이 부담한다(동조 3항).

① 매수인 앞으로 소유권을 이전하는 등기(144조 1항 1호): 만약 매수인의 지위가 양도된 경우라도 매수인을 위하여 등기촉탁을 하여야 하고, 양수한 제3자를 등기권리자로 하여 촉탁할 것은 아니다.

② 매수인이 인수하지 아니한 부동산의 부담에 관한 기입을 말소하는 등기(144조 1항 2호): 이에 해당하는 등기로는 ㉮ 저당권설정등기(91조 2항), 가압류등기, 국세체납처분에 따른 압류등기, 담보가등기(가등기담보 등에 관한 법률 15조, 16조) 및 위 각 등기 뒤에 한 용익물권 · 임차권등기(91조 3항), 순위보전의 가등기,[122] 가처분등기, ㉯ 경매개시결정 기입등기 뒤에 한 소유권이전등기, 용익물권 · 임차권등기(91조 3항), 가처분등기, ㉰ 전세권등기로서 배당요구를 한 것(91조 4항) 등이 있다.[123]

③ 경매개시결정등기의 말소등기(144조 1항 3호)

(6) 부동산인도명령

제136조(부동산의 인도명령 등) ① 법원은 매수인이 대금을 낸 뒤 6월 이내에 신청하면 채무자 · 소유자 또는 부동산 점유자에 대하여 부동산을 매수인에게 인도하도록 명할 수 있다. 다만, 점유자가 매수인에게 대항할 수 있는 권원에 의하여 점유하고 있는 것으로 인정되는 경우에는 그러하지 아니하다. ... ④ 법원이 채무자 및 소유자 외의 점유자에 대하여 제1항 또는 제3항의 규정에 따른 인도명령을 하려면 그 점유자를 심문하여야 한다. 다만, 그 점유자가 매수인에게 대항할 수 있는 권원에 의하여 점유하고 있지 아니함이 명백한 때 또는 이미 그 점유자를 심문한 때에는 그러하지 아니하다. ⑤ 제1항 내지 제3항의 신청에 관한 결정에 대하여는 즉시항고를 할 수 있다.

1) 의 의

10-147 강제경매는 채무자의 부동산을 그 의사에 반하여 매각하는 절차인 이상, 부동산을 점유하는 채무자, 그 밖의 제3자가 이를 매수인에게 순순히 인도하지 않으려

122) 소유권이전등기청구권 보전의 가등기보다 후순위로 마쳐진 근저당권의 실행을 위한 경매절차에서 매각허가결정에 따라 매각대금이 완납된 경우에도, 선순위인 가등기는 소멸하지 않고 존속하는 것이 원칙이다. 다만, 그 가등기보다 선순위로 기입된 가압류등기는 근저당권의 실행을 위한 경매절차에서 매각으로 인하여 소멸하고, 이러한 경우에는 가압류등기보다 후순위인 가등기 역시 민사집행법 144조 1항 2호에 따라 매수인이 인수하지 아니한 부동산의 부담에 관한 기입에 해당하여 말소촉탁의 대상이 된다(대법원 2022. 5. 12. 선고 2019다265376 판결).

123) 이때 매수인이 인수하지 않은 부동산의 부담에 관한 기입인지는 법원사무관등이 등기기록과 경매기록에 따라 판단한다. 등기된 사항에 무효 또는 취소의 원인이 있다고 하더라도 매수인은 **소송으로 그 등기의 효력을 다툴 수 있을 뿐**이고, 법 144조 1항에 따른 **말소촉탁을 구할 수도 없고** '법원사무관등의 처분에 대한 이의'의 방법으로 그 말소의 촉탁을 구할 수도 없다(대법원 2018. 1. 25.자 2017마1093 결정).

는 경우도 상정할 수 있다. 또한 매각물건의 공시에 나타나지 않았던 점유자가 있는 경우에 그 점유자가 해당 부동산을 인도하지 않는 경우도 있을 수 있다. 이러한 경우에 별도로 소유권에 기한 인도청구의 소를 제기하는 등 부동산인도의 집행권원을 얻지 않으면 점유자를 해당 부동산에서 나가게 할 수 없는 상황에 빠진다. 이러한 상황에서는 널리 일반 시민으로부터 매수희망자를 모아 해당 부동산을 적정한 가격으로 현금화하려는 민사집행법의 이념을 실현할 수 없게 될 것이다. 그리하여 대금을 지급하고 소유권을 취득한 매수인에게 해당 부동산인도의 강제집행을 간편·신속하게 할 수 있도록 독립한 인도집행의 집행권원을 부여한 것이 인도명령제도이다(그 성질은 집행처분이 아니고, 재판으로서 기판력이 없는 집행권원으로서의 성질을 가진다).124)

2) 발령절차

① 당사자

신청인·피신청인이 적격자가 아닌 때에는 인도명령의 **신청을 각하**한다. 10-148

㉮ 신청인

인도명령을 신청할 수 있는 사람은 매각대금을 다 낸 매수인과 (매수인의 집행법상 지위는 일신전속적인 것은 아니므로)그 상속인 등 일반승계인에 한하고, 매수인의 특별승계인은 신청인적격이 없다. 매수인이 목적 부동산을 양도하였다는 사실은 매수인이 얻은 인도명령에 대한 청구이의사유로도 되지 않는다. 매수인을 대위하여 신청할 수도 없다(다만 매수인이 이미 인도명령을 받은 때에는 그 인도명령에 있어서 승계집행문의 부여를 신청할 수 있다).

㉯ 상대방

신청의 상대방은 ① 채무자(채무자의 일반승계인), ② 소유자, ③ 부동산의 점유자이다(136조 1항 본문). 다만 점유자가 (매각으로 소멸하지 않고) 매수인에게 대항할 수 있는 권원에 의하여 점유하고 있는 경우는 제외된다(동조 동항 단서).

② 신 청

인도명령의 신청은 말로도 할 수 있으나(23조 1항, 민사소송법 161조 1항), 통상 당사자 및 신청의 취지·원인을 적은 서면에 의한다. 인도명령의 신청은 대금을 낸 10-149

124) 다만, 인도명령을 신청하여 집행하는 절차가 있다하여 채무자를 상대로 소로서 경매물건의 인도를 청구하는 것을 배제할 수는 없다(대법원 1971. 9. 28. 선고 71다1437 판결). 이시윤, 372면도 인도청구소송의 소의 이익이 없는 것은 아니라고 하고 있다.

뒤 6월 이내에 하여야 한다.

해당 부동산을 매각한 **집행법원**의 관할에 전속한다. 이 경우는 **사법보좌관**이 업무를 행한다(사법보좌관규칙 2조 1항 7호).

부동산인도명령신청

신청인(매수인) ○○○
○○시 ○○구 ○○길 ○○(우편번호)
전화 · 휴대폰번호:
팩스번호, 전자우편(e-mail)주소:
피신청인(채무자) ◇◇◇
○○시 ○○구 ○○길 ○○(우편번호)
전화 · 휴대폰번호:
팩스번호, 전자우편(e-mail)주소:

신 청 취 지

○○지방법원 20○○타경○○○○호 부동산강제경매사건에 관하여 피신청인은 신청인에게 별지목록 기재 부동산을 인도하라.

라는 재판을 구합니다.

신 청 이 유

1. 신청인은 ○○지방법원 20○○타경○○○○호 부동산강제경매사건의 경매절차에서 별지목록 기재 부동산을 매수한 매수인으로서 20○○. ○. ○. 매각허가결정을 받았고, 20○○. ○○. ○. 에 매각대금을 전부 납부하여 소유권을 취득하였습니다.
2. 그렇다면 위 경매사건의 채무자인 피신청인은 별지목록 기재 부동산을 신청인에게 인도하여야 할 의무가 있음에도 불구하고 신청인의 별지목록 기재 부동산인도청구에 응하지 않고 있습니다.
3. 따라서 신청인은 매각대금 납부로부터 6월이 지나지 않았으므로 피신청인으로부터 별지목록 기재 부동산을 인도받기 위하여 이 사건 인도명령을 신청합니다.

첨 부 서 류

1. 대금납부확인서 1통
1. 송달료납부서 1통

20○○. ○. ○.

위 신청인(매수인) ○○○ (서명 또는 날인)

○○지방법원 귀중

③ 재 판

채무자나 소유자가 아닌 점유자에 대하여 인도명령을 함에는 그 점유자를 심문 하여야 한다(136조 4항 본문). 다만, 그 점유자가 매수인에게 대항할 수 있는 권원에 의하여 점유하고 있지 아니함이 명백한 때 또는 이미 그 점유자를 심문한 때에는 심문하지 않을 수 있다(동조 동항 단서). 신청이 적법하고 발령요건을 갖추면, 상대방에 대하여 신청인에게 해당 부동산의 인도를 명하는 결정(=인도명령)을 한다. 발령요건을 결한 때에는 신청을 기각한다. 10-150

◈ 인도명령 기재례 ◈

피신청인은 신청인에게 별지목록 기재 부동산을 인도하라.

④ 불복방법 등

인도명령의 신청에 관한 재판에 대하여는 즉시항고를 할 수 있다(136조 5항). 불복사유는 인도명령 발령의 전제가 되는 절차적 요건의 흠, 인도명령 심리절차의 흠, 인도명령 자체의 형식적 흠, 인도명령의 상대방이 매수인에 대하여 부동산의 인도를 거부할 수 있는 점유권원의 존재에 한정되며, 경매절차 고유의 절차적 흠은 불복사유가 될 수 없다.125) 10-151

즉시항고가 있더라도 집행정지의 효력이 생기지 않는다(15조 6항). 따라서 이미 집행이 종료된 뒤에는 인도명령에 대하여 즉시항고를 할 수 없을 뿐 아니라, 즉시항고 중에 집행이 종료된 경우에도 그 즉시항고는 불복의 대상을 잃게 되므로 더 이상 즉시항고를 유지할 이익이 없어 부적법하게 된다.126)

3) 인도명령의 집행

제136조(부동산의 인도명령 등) ⑥ 채무자·소유자 또는 점유자가 제1항과 제3항의 인도명령에 따르지 아니할 때에는 매수인 또는 채권자는 집행관에게 그 집행을 위임할 수 있다.

인도명령이 내려졌음에도 상대방이 임의로 인도명령에 따르지 않으면, 신청인은 **집행관**에게 그 집행을 위임하여 법 258조(부동산 등의 인도청구의 집행) 1항에 따 10-152

125) 대법원 2015. 4. 10.자 2015마19 결정[미간행].
126) 대법원 2008. 2. 5.자 2007마1613 결정[미간행]; 대법원 2010. 7. 26.자 2010마458 결정[미간행] 등.

라(인도명령은 부동산의 인도를 내용으로 하는 집행권원이므로) 인도집행을 하게 한다(136조 6항). 이 경우에 집행문은 필요하지 않다는 입장도 있으나,[127] 집행문을 부여받아야 한다고 본다(나아가 인도명령 뒤의 승계인은 승계집행문의 부여).[128] 확정된 인도명령에 집행문을 부여받아 부동산인도의 강제집행의 방법에 의하여 집행한다.[129] 인도명령은 집행권원이 되므로 상대방은 이에 대하여 실체상 사유로 그 집행력을 배제하기 위하여 청구이의의 소(44조)를 제기할 수 있다. 가령 인도명령에 표시된 신청인의 인도청구권의 부존재, 소멸 등을 주장할 수 있을 것이다.

4) 관리명령

제136조(부동산의 인도명령 등) ③ 제2항의 경우 부동산의 관리를 위하여 필요하면 법원은 매수인 또는 채권자의 신청에 따라 담보를 제공하게 하거나 제공하게 하지 아니하고 제1항의 규정에 준하는 명령을 할 수 있다.

10-153 매수인은 매각대금을 낸 뒤가 아니면, 매각부동산의 인도를 청구하지 못하므로(136조 1항), 그 부동산의 인도를 받기 전에 채무자나 그 밖의 부동산 점유자가 그 가치를 감소시켜 매수인이나 채권자의 이익을 해할 염려가 있다. 따라서 매수인의 인도청구권의 보전을 위하여 법원은 매수인 또는 채권자가 신청하면 **매각허가가 결정된 뒤 인도할 때까지** 관리인에게 부동산을 **관리하게 할 것을 명할 수 있다**(동조 2항). 이러한 명령을 **관리명령**이라고 한다. 이는 매각부동산의 현상유지를 목적으로 하는 일종의 보전처분이다. 사법보좌관이 관리명령을 내린다(사법보좌관규칙 2조 1항 7호).

위 경우에 부동산의 관리를 위하여 필요하면, 법원은 매수인 또는 채권자의 신청에 따라 담보를 제공하게 하거나 제공하게 하지 아니하고 인도명령의 규정에 준하는 명령을 할 수 있다(136조 3항). 이 신청에 관한 결정에 대하여는 즉시항고를 할 수 있다(동조 5항).

---

127) 이시윤, 370면에서는 종전 2016년판에서의 집행문까지는 필요하지 않다는 입장을 적극적으로 주장하지 않은 채, 별도의 인도명령 없이 매각허가결정을 집행권원으로 하여 인도집행을 할 수 있는 독일법 등 외국의 입법례를 소개하고 있다.

128) 김홍엽, 248면; 박두환, 400면; 오시영, 532면.

129) 부동산의 인도명령의 상대방이 채무자인 경우에 그 인도명령의 집행력은 당해 채무자는 물론 채무자와 한 세대를 구성하며 독립된 생계를 영위하지 아니하는 가족과 같이 그 채무자와 동일시되는 자에게도 미친다(대법원 1998. 4. 24. 선고 96다30786 판결).

9. 배당절차

(1) 배당요구를 하여야 배당에 참가할 수 있는 채권자

배당요구 필요	배당요구 필요 여부 & 당연배당
제88조(**배당요구**) ① 집행력 있는 정본을 가진 채권자, 경매개시결정이 등기된 뒤에 가압류를 한 채권자, 민법·상법, 그 밖의 법률에 의하여 우선변제청구권이 있는 채권자는 **배당요구를 할 수 있다**.	제148조(**배당받을 채권자의 범위**) 제147조제1항에 규정한 금액을 배당받을 채권자는 다음 각호에 규정된 사람으로 한다. 1. ... 2. 배당요구의 종기까지 **배당요구를 한 채권자** 3. ... 4. ...

민사집행법은 배당요구를 하지 않더라도 당연히 배당에 참가할 수 있는 채권자와 배당요구를 하여야 배당에 참가할 수 있는 채권자를 구분하여 취급하고 있다. 10-154

1) 의 의

배당요구는 다른 채권자의 신청에 의하여 개시된 집행절차에 참가하여 해당 재산의 매각대금에서 변제(만족)를 받으려는 민사집행법상의 행위(신청)인데(이는 배당상의 평등주의, 우선주의와도 관련되는데, 압류우선주의를 취하는 **독일**에서는 없는 제도로, **일본**과 우리와 같이 배당에서 채권자평등주의를 채택한 귀결이다), 다른 채권자의 강제집행절차에 편승하는 종속적 행위라는 점에서 **이중경매신청**과 차이가 있고, 한편 부동산 위의 권리자가 집행법원에 신고를 하고 그 권리를 증명하는 **권리신고**와도 구별된다(권리신고를 함으로써 이해관계인이 되지만(90조 4호), 당연히 배당을 받게 되는 것은 아니고, 별도로 배당요구를 하여야 한다). 10-155

한편 국세 등 조세채권의 경우에는 경매개시결정이 등기된 뒤에 체납처분에 의한 압류등기가 마쳐진 경우에는 배당요구로써 **교부청구**를 하여야만 배당을 받을 수 있다.[130)]

130) 이미 등기가 마쳐져 있는 경우에는 경매법원으로서도 조세채권의 존재와 그의 내용을 알 수 있으나, 위 경우에는 경매법원으로서는 위와 같은 조세채권이 존재하는지의 여부조차 알지 못하기 때문이다(대법원 2001. 5. 8. 선고 2000다21154 판결).

2) 배당요구를 할 수 있는 채권자

10-156 배당요구를 할 수 있는 채권자의 범위를 ① **집행력 있는 정본을 가진 채권자**, ② 경매개시결정이 등기된 뒤에 가압류를 한 채권자, ③ 「민법」·「상법」, 그 밖의 법률에 의하여 우선변제청구권이 있는 채권자로 한정하고 있다(88조 1항). 채무자와 통모하여 허위채권을 만들어 배당요구를 하고 정당한 집행채권자의 권리실현을 저해한다는 폐해를 막기 위하여 가압류를 하였거나 우선변제청구권이 있는 채권자를 제외하고 일반채권자는 집행력이 있는 정본(집행권원+집행문)에 의하지 아니하고는 배당요구를 할 수 없도록 하였다. 다만, 배당요구를 할 수 있는 채권자라도 배당요구의 종기까지 배당요구를 하지 않으면 배당권자가 될 수 없음은 물론(148조 2호 참조), 배당받을 수 있었던 액수 상당액에 대하여 그 뒤에 배당을 받은 후순위자를 상대로 부당이득반환청구도 할 수 없다(☞10-208).[131]

① 집행력 있는 정본을 가진 채권자

10-157 배당요구할 수 있는 일반채권자의 범위를 **집행력 있는 정본을 가진 채권자**에게로 한정하였다. 판결뿐만 아니라, 지급명령과 같이 집행문이 필요 없는 집행권원을 받은 채권자도 이에 포함된다.

한편 집행력 있는 정본에 의하여 배당요구를 한 채권자는 그 경매사건의 **이해관계인**이 되므로(90조 1호), 다른 채권자로부터 배당요구가 있으면 법원으로부터 그 통지를 받고(89조), 매각기일에 출석할 수 있으며(116조 2항), 배당요구의 종기까지 매각조건의 변경에 합의할 수 있고(110조), 매각결정기일에 출석하여 매각허가에 관한 의견을 진술할 수 있으며(120조), 매각허가여부의 결정에 따라 손해를 볼 경우에는 그 결정에 대하여 즉시항고를 할 수 있다(129조).

② 경매개시결정이 등기된 뒤에 가압류를 한 채권자

10-158 집행력 있는 정본을 갖지 않은 일반채권자라도 (경매개시결정등기 뒤에) 가압류를 하였으면 배당요구를 할 수 있다. 이러한 채권자는 그 존재가 집행법원에 분명하지 않으므로 배당요구의 종기까지 **배당요구를 하였을 경우에 한하여** 배당을 받을 수

131) 후순위채권자에게 배당되었다고 하여 이를 법률상 원인이 없는 것이라고 할 수 없다(대법원 1998. 10. 13. 선고 98다12379 판결; 대법원 2002. 1. 22. 선고 2001다70702 판결).

있다. 배당요구를 하는 것에 의하여 비로소 배당의 수령자격이 인정된다. 집행권원을 취득하기까지는 시간이 걸리므로 자칫 채권회수의 여지를 막을 수 있어 가혹한 결과가 되므로 위와 같은 채권자의 경우에 배당요구를 인정한 것이다. 또한 기한미도래의 채권이라도 그 채권을 피보전권리로 하여 가압류를 하면 배당요구를 할 수 있다.

여기서 가압류를 한 채권자는 단순히 가압류결정을 받은 채권자가 아니라 해당 경매부동산에 대하여 가압류 집행을 마친 가압류채권자를 가리키는 것이므로, 만일 가압류 집행 전에 가압류결정만을 제출하여 미리 배당요구를 하였다면 그 배당요구는 부적법하고, 다만 그 후에 가압류 집행이 됨으로써 배당요구의 흠이 치유된다고 할 것이나, 이 경우에도 가압류 집행은 배당요구의 종기까지는 이루어져야 한다.[132)]

한편 경매개시결정의 **기입등기 전**에 가압류를 한 채권자는 **배당요구를 하지 않더라도** 당연히 배당받을 자격이 있다(148조 3호). 이렇게 배당요구 없이 당연히 배당받게 되는 가압류채권자를 첫 경매개시결정등기 전에 등기된 경우로 제한하였다.

③ 「민법」·「상법」, 그 밖의 법률에 의하여 우선변제청구권이 있는 채권자

여기서의 채권자에는 등기 여부에 따라 등기가 되어 있지 않거나 뒤늦게 등기 10-159
한 우선변제청구권자인 아래 두 가지 경우를 생각할 수 있다.

해당 법률이 우선변제권을 인정하고 있으나 **등기가 되어 있지 않아** 배당요구를 하지 않으면 경매법원이 채권의 존부나 액수를 알 수 없는 채권으로서 확정일자를 갖춘 주택임차보증금반환채권(주택임대차보호법 3조의2 2항, 8조 1항), 3개월분 임금채권(근로기준법 38조) 등이 이에 해당한다. 배당요구를 할 수 있는 사람이지만, 반드시 배당요구를 하여야만 배당을 받을 수 있다. 그런데 여기서 우선변제권을 가지기 위한 요건은 그 우선변제권 취득 시에만 구비하면 되는 것이 아니고, 배당요구의 종기까지 계속 존속하고 있어야 한다.[133)]

---

132) 대법원 2003. 8. 22. 선고 2003다27696 판결[미간행].
133) 대법원 2007. 6. 14. 선고 2007다17475 판결.

	대항력 있는 임차인	확정일자 임차인 (인수 대신 소멸 선택)	최우선변제권 소액임차인
요건	인도(점유)+주민등록	인도(점유)+주민등록 +확정일자	인도(점유)+주민등록
효력	매수자에게 대항력 있음 (인수주의)	우선변제청구권 있음 - 배당요구 필요	최우선변제청구권 있음 - 배당요구 필요[134]
내용	배당 시 보호받지 못함	배당 시 매각대금에서 확정일자 순위에 따라 우선변제 가능	* 경매개시결정일 이전 대항요건 구비 필요 * 보증금 중 일정액만 최우선변제 받음

또한 **경매개시결정등기 뒤에 등기**가 되었으므로 법 148조 4호에 따라 당연히 배당받을 수 있는 채권자에 해당되지 않는 저당권자, 전세권자, 등기된 임차권자 등은 여기에서의 배당요구를 하여야 배당을 받을 수 있다. 즉, 경매개시결정의 **기입등기를 하기 전**에 등기되어 있는 (선순위) 저당권자는 **배당요구 없이** 당연히 그 순위에 따라 배당을 받으나(148조 4호), 경매개시결정의 **기입등기를 한 뒤**에 저당권을 취득한 (후순위) 채권자는, 만약 배당요구를 하지 않으면 경매법원이 그 채권의 존부나 수액을 알 수 없기 때문에 **배당요구를 하여야만** 배당받을 수 있는 것으로, 후자의 경우가 여기서 말하는 배당요구를 할 수 있는 우선변제청구권이 있는 채권자에 해당한다.

한편 경매개시결정등기 전의 (선순위) 전세권자는 인수와 소멸을 선택할 수 있는 지위를 가지므로(91조 4항 단서) 전세권자는 경우에 따라 배당요구를 할 수 있다.[135]

3) 배당요구를 할 수 있는 기한

10-160 **배당요구는 첫 매각기일 이전**으로, **집행법원이 정한 배당요구의 종기**까지

134) 「주택임대차보호법」에 의하여 우선변제청구권이 인정되는 소액임차인의 소액보증금반환채권은 위에서 규정하는 배당요구가 필요한 배당요구채권에 해당한다(대법원 2002. 1. 22. 선고 2001다70702 판결).

135) 주택임차인이 그 지위를 강화하고자 별도로 전세권설정등기를 마치더라도 「주택임대차보호법」상 임차인으로서 우선변제를 받을 수 있는 권리와 전세권자로서 우선변제를 받을 수 있는 권리는 근거규정 및 성립요건을 달리하는 별개의 권리라고 할 것인 점 등에 비추어 보면, 「주택임대차보호법」상 임차인으로서의 지위와 전세권자로서의 지위를 함께 가지고 있는 자가 그중 임차인으로서의 지위에 기하여 경매법원에 배당요구를 하였다면 배당요구를 하지 아니한 전세권에 관하여는 배당요구가 있는 것으로 볼 수 없다(대법원 2010. 6. 24. 선고 2009다40790 판결).

(84조 1항, 88조 2항) 할 수 있다(148조 2호 참조). 따라서 임금채권, 주택임대차보증금(소액보증금 포함) 반환청구권 등 우선변제권이 있는 채권자(배당요구권자)라 하더라도 위에서 정한 시기까지 배당요구를 하지 않으면 매각대금으로부터 배당을 받을 수 없다. 국세 등의 교부청구도 배당요구와 같은 성질을 가지므로 위에서 정한 시기까지 교부청구를 하여야 배당을 받는다.

◈ 주택임대차보호법상 대항력과 우선변제권을 모두 가지고 있는 임차인이 보증금반환청구소송의 확정판결 등 집행권원을 얻어 임차주택에 대하여 강제경매를 신청한 경우, 우선변제권을 인정받기 위하여 배당요구의 종기까지 별도로 배당요구를 하여야 하는지 여부 ◈ 「주택임대차보호법」상의 대항력과 우선변제권을 모두 가지고 있는 임차인이 보증금을 반환받기 위하여 보증금반환청구소송의 확정판결 등 집행권원을 얻어 임차주택에 대하여 **스스로 강제경매를 신청**하였다면 특별한 사정이 없는 한 대항력과 우선변제권 중 **우선변제권을 선택하여 행사한 것**으로 보아야 하고, 이 경우 우선변제권을 인정받기 위하여 배당요구의 종기까지 **별도로 배당요구를 하여야 하는 것은 아니다**. 그리고 이와 같이 우선변제권이 있는 임차인이 집행권원을 얻어 스스로 강제경매를 신청하는 방법으로 우선변제권을 행사하고, 그 경매절차에서 집행관의 현황조사 등을 통하여 경매신청채권자인 임차인의 우선변제권이 확인되고 그러한 내용이 현황조사보고서, 매각물건명세서 등에 기재된 상태에서 경매절차가 진행되어 매각이 이루어졌다면, 특별한 사정이 없는 한 경매신청채권자인 임차인은 배당절차에서 **후순위권리자나 일반채권자보다 우선하여 배당받을 수 있다**고 보아야 할 것이다.[136] 위 경우를 배당요구가 있는 것으로 본 것이다.

4) 배당요구의 방식

배당요구는 채권(이자, 비용, 그 밖의 부대채권을 포함한다)의 원인과 액수를 적은 서면으로 하여야 하고(민사집행규칙 48조 1항),[137] 집행력 있는 정본에 의하여 배당요구를 할 경우에는 그 집행력 있는 정본을 붙이고, 가압류권자나 우선변제청구권자가 배당요구를 할 경우에는 가압류등기가 되어 있는 등기사항증명서나 우선변제권을 증명하는 서류(가령 임금대장 사본, 주택임대차계약서 사본 등)를 붙여야 한다(동조 2항).[138] 10-161

136) 대법원 2013. 11. 14. 선고 2013다27831 판결.

137) 배당요구는 채권의 원인과 수액을 기재한 서면에 의하여 집행법원에 배당을 요구하는 취지가 표시되면 되므로, 채권자가 경매목적부동산에 관하여 가압류결정을 받은 다음 채권의 수액을 기재한 서면에 그 가압류결정을 첨부하여 경매법원에 제출하였다면 채권의 원인과 수액을 기재하여 배당을 요구하는 취지가 표시된 것으로 보아야 하고, 그 서면의 제목이 권리신고라고 되어 있다 하여 달리 볼 것이 아니다(대법원 1999. 2. 9. 선고 98다53547 판결).

138) 우선변제청구권을 갖는 임금 및 퇴직금 채권자는 그 자격을 소명하는 서면을 붙인 배당요구

배 당 요 구 서

사건번호
채 권 자
채 무 자

배당요구채권자
　○시 ○구 ○동 ○번지

배당요구채권

1. 금 원정
　○ ○ 법원 가단(합) ○ ○호 ○ ○청구사건의 집행력 있는 판결정본에 기한 채권 금 ○○○원의 변제금

1. 위 원금에 대한 년 ○ 월 ○ 일 이후 완제일까지 연 ○○ %의 지연손해금

신 청 원 인

위 채권자와 채무자 사이의 귀원 타경 ○ ○ 호 부동산강제경매사건에 관하여 채권자는 채무자에 대하여 전기 집행력 있는 정본에 기한 채권을 가지고 있으므로 위 매각대금에 관하여 배당요구를 합니다.

2OOO. OO. OO.

위 배당요구채권자 ○○○ (서명 또는 날인)

○○지방법원 귀중

5) 배당요구의 통지

10-162 법원은 배당요구가 있으면, 그 사실을 배당절차와 관계있는 이해관계인(90조)에게 **통지**하여야 한다(89조).[139] 그러나 통지에 관한 특별한 규정이 없는 국세 등

서에 의하여 배당요구를 해야 한다. 다만 민사집행절차의 안정성을 보장하여야 하는 절차법적 요청과 근로자의 임금채권을 보호하여야 하는 실체법적 요청을 형량하여 보면 우선변제청구권이 있는 임금 및 퇴직금 채권자가 배당요구 종기까지 위와 같은 소명자료를 제출하지 않았다고 하더라도 배당표가 확정되기 전까지 이를 보완하였다면 우선배당을 받을 수 있다고 해석하여야 한다(대법원 2022. 4. 28. 선고 2020다299955 판결).

139) **일본** 민사집행규칙 27조는 **압류채권자** 및 **채무자**에 대하여 그 취지를 통지하여야 한다고 규정하고 있다. 압류채권자에게는 배당요구가 행하여지는 것에 의하여 충분한 변제를 받을 수 없게 된 것에 의하여 다른 집행의 기회를 줄 필요가 있고, 채무자에게는 배당요구에 대하여 불복신청의 기회를 줄 필요가 있다는 점에서 이러한 사람에게의 통지가 요구되고 있으나, 다른 배당요구채권자는 다른 채권자가 신청한 집행절차에 의존하는 사람에 지나지 않으므로 통지는 필요하지 않다고 본 것이다.

의 교부청구가 있는 경우까지 통지를 할 필요는 없다.

6) 배당요구의 효력

배당받을 권리, 배당기일의 통지를 받을 권리(146조), 배당표에 대한 이의신청 권(151조), 그리고 집행력 있는 정본으로 배당요구를 한 경우의 특별한 효력으로, 이 경우의 채권자는 경매절차의 이해관계인이 되므로(90조 1호) 이해관계인으로서의 권리가 인정된다(110조, 116조 2항, 120조, 129조). 10-163

배당요구는 「민법」 168조 2호의 **압류에 준하여** 배당요구채권에 대하여 시효중단의 효력이 있다.140)

7) 배당요구의 철회

배당요구는 채권자가 철회할 수 있다. 다만, 배당요구에 따라 매수인이 인수하여야 할 부담이 바뀌는 경우 배당요구를 한 채권자는 배당요구의 종기가 지난 뒤에 이를 철회하지 못한다(88조 2항). 절차의 안정을 위함이다. 10-164

(2) 계산서 제출의 최고

앞에서 설명한 당연히 배당받을 채권자 등에 대한 채권신고의 최고(84조 4항. ☞10-58) 외에 배당기일이 정하여진 때에는 법원사무관등은 각 채권자에 대하여 채권의 원금 · 배당기일까지의 이자, 그 밖의 부대채권 및 집행비용을 적은 계산서를 1주 안에 법원에 제출할 것을 최고하여야 한다(민사집행규칙 81조). 계산서의 제출을 최고하는 것은 집행법원이 각 채권자의 구체적 채권액을 확인한 뒤 배당표원안 등을 준비하기 위한 자료를 얻기 위함이다. 10-165

---

140) 김홍엽, 183면; 이시윤, 310면. 대법원 2002. 2. 26. 선고 2000다25484 판결(집행력 있는 집행권원 정본을 가진 채권자는 이에 기하여 강제경매를 신청할 수 있으며, 다른 채권자의 신청에 의하여 개시된 경매절차를 이용하여 배당요구를 신청하는 행위도 집행권원에 기하여 능동적으로 그 권리를 실현하려고 하는 점에서는 강제경매의 신청과 동일하다고 할 수 있으므로, 부동산경매절차에서 집행력 있는 집행권원 정본을 가진 채권자가 하는 배당요구는 「민법」 168조 2호의 압류에 준하는 것으로서 배당요구에 관련된 채권에 관하여 소멸시효를 중단하는 효력이 생긴다고 할 것이다). 일본 最高裁判所 平成11(1999) · 4 · 27 판결도 집행력 있는 집행권원의 정본을 가진 채권자가 한 배당요구는 압류에 준한 것으로 배당요구채권에 시효중단의 효력이 있다고 보았고, 한편, 最高裁判所 平成元年(1989) · 10 · 13 판결은 부동산경매절차에서 채권신고의 최고를 받은 저당권자가 한 채권신고에는 시효중단효를 부정하였다(☞10-60). 그리고 추가배당이 실시됨에 따라 배당표가 변경되는 경우에는 배당요구에 의한 권리행사가 계속된다고 볼 수 있으므로 시효중단의 효력은 추가배당표가 확정될 때까지 계속된다(대법원 2022. 5. 12. 선고 2021다280026 판결).

(3) 배당받을 채권자

10-166 배당받을 채권자는 다음과 같다(148조). 배당요구를 한 채권자보다 그 범위가 넓다. 별도로 배당요구를 하지 않더라도 배당받을 채권자에 대하여는 당연히 배당을 하여야 하고, 배당에서 빠뜨리면 안 된다.[141]

	제148조(배당받을 채권자의 범위)	
배당요구 ×	1. 배당요구의 종기까지 경매신청을 한 압류채권자	이해관계인 경매신청으로 채권내용 파악
배당요구 ○ (88조 1항)	2. 배당요구의 종기까지 **배당요구를 한 채권자**	집행정본에 기한 배당요구채권자만 이해관계인 배당요구로 채권내용 파악
배당요구 ×	3. 첫 경매개시결정등기 전에 등기된 가압류채권자	이해관계인 아님 다만, 채권신고(신고하지 않으면...)
배당요구 ×	4. 저당권·전세권, 그 밖의 우선변제청구권으로서 첫 경매개시결정등기 전에 등기되었고 **매각으로 소멸하는 것**을 가진 채권자	이해관계인 다만, 채권신고(신고하지 않으면...)

1) 배당요구의 종기까지 경매신청을 한 압류채권자(148조 1호)

10-167 별도의 배당요구가 필요하지 않다. 경매신청채권자뿐만 아니라, 이중경매신청인을 포함하나, 한편 이중경매신청을 선행사건의 배당요구의 종기 뒤에 한 경우에는 그 이중경매신청인이 별도로 법 148조 2, 3, 4호에 해당하는 경우가 아니라면, 가령 이중경매신청이 받아들여진 경우에도 배당받을 수 없다.

2) 배당요구의 종기까지 배당요구를 한 채권자(148조 2호)

10-168 이미 앞에서 언급하였듯이, ① 집행력 있는 정본을 가진 채권자, ② 경매개시결정이 등기된 뒤에 가압류를 한 채권자, ③「민법」·「상법」, 그 밖의 법률에 의하여 우선변제청구권이 있는 채권자는 배당요구를 할 수 있는데(88조 1항), 이러한 사람이 배당요구의 종기까지 집행법원에 실제로 배당요구를 하여야만 배당을 받을 수 있다(☞10-156). 배당요구를 하지 않으면 배당을 받지 못하고, 나중에 후순위자를 상대로 부당이득반환청구도 할 수 없다(☞10-208).

141) 종래 채권자가 배당요구 없이도 당연히 배당받을 수 있었던 경우에는 대위변제자는 대위할 범위에 관하여 따로 배당요구를 하지 않아도 배당을 받을 수 있다(대법원 2021. 2. 25. 선고 2016다232597 판결).

① 집행력 있는 정본을 가진 채권자는 이미 집행력 있는 정본이 있으므로 그 인정된 금액만큼 평등배당을 받으면 된다. ② 뒤늦게 가압류를 한 채권자는 가압류의 청구금액만큼 평등배당을 받도록 하고 있다. 다만, 배당금은 공탁한 뒤 집행권원을 얻으면 그때에 교부한다. ③ 등기가 되어 있지 않거나 또는 뒤늦게 등기한 우선변제청구권자(임차보증금반환채권자, 임금채권자, 압류 뒤 저당권자 등)는 우선변제권에 기한 배당요구를 하면 법률에 의하여 변제수령을 할 수 있다. 국세나 지방세의 교부청구를 한 경우도 여기에 포함된다. 즉, 개시결정이 등기된 뒤에 체납처분에 의한 압류등기가 마쳐진 경우에는 배당요구의 종기까지 배당요구로써 교부청구를 하여야만 배당을 받을 수 있다. 다만, 개시결정등기 전 체납처분에 의한 압류등기가 마쳐진 경우는 교부청구가 필요하지 않다.

3) 첫 경매개시결정등기 전에 등기된 가압류채권자(148조 3호)

첫 경매개시결정등기 전에 등기된 가압류채권자는 배당요구를 하지 않아도 배 10-169
당을 받는다(한편, 압류등기 뒤에 가압류를 한 채권자는 배당요구를 하여 위 2) 2호의 자격을 얻을 수 있다). 가압류등기는 매수인의 매각대금 완납 뒤에는 성질상 말소촉탁의 대상이 되기 때문에(144조 1항 2호) 가압류채권자는 당연히 배당받을 채권자가 된다.

가압류청구금액을 초과하는 채권을 가지고 있다고 하더라도 배당절차에서 가압류청구금액을 초과하는 부분에 대하여서까지 배당받을 수 있는 것은 아니다. 그리고 가압류청구금액인 원금을 넘어서는 지연손해금에 관하여 배당을 구할 수 없다. 가압류결정에 청구금액으로서 기재된 금액이 가압류채권자에 대한 배당액의 산정기준이 된다.

4) 저당권 · 전세권, 그 밖의 우선변제청구권으로서 첫 경매개시결정등기 전에 등기되었고 매각으로 소멸하는 것을 가진 채권자(148조 4호)[142]

여기서 첫 경매개시결정등기는 현재 존속 중인 경매 가운데 가장 먼저 경매개 10-170

142) 기존의 해석론을 근거로, 2002년 법 제정 시 명문으로 규정한 것이다. 그 근거는 다음과 같다. ① 위 담보권자는 압류 전에 이미 경매목적물에 대하여 우선변제권을 취득한 물권자로서 압류채권자에 우선하고 압류에 대항할 수 있는 점, ② 그런데도 우리나라는 매각에 관하여 소멸주의를 취하여 위와 같이 압류에 대항할 수 있는 담보물권도 매각으로 모두 소멸하므로 권리 소멸에 대한 대상(代償) 또는 보상(報償)이 필요한 점, ③ 채무자의 총 재산에 대하여 우선변제권이 있는 임금채권자 등과 달리 물적 담보권자는 특정재산에 대하여만 우선변제권이 있으므로 그 재산에 대한 경매절차에서 우선변제권을 행사할 것이 당연히 예상되고, 구 민사소송법 608조 1항도 압류채권자의 채권에 우선하는 채권에 관한 부담을 먼저 변제하고 남는 것이 있어야 부동산을 매각할 수 있다고 정하는 점, ④ 집행법원이나 이해관계인은 등기부등본만 보아도 그러한 담보권의 존부와 우선변제권의 범위를 쉽게 알 수 있어 당연 배당이 어렵지 않은 점 등이다.

시결정등기가 된 사건의 경매개시결정등기를 의미한다. 위 채권자는 매각으로 당연히 권리가 소멸하는(91조 2항, 3항) 대신, 법률상 배당요구한 것과 같은 효력이 있으므로[143] 배당요구를 하였는지 여부에 관계없이 당연히 배당을 받을 수 있는 채권자가 된다.[144] **첫 경매개시결정등기 전에 등기된 경우**에 한하고, 가령 첫 경매개시결정등기 뒤에 등기한 저당권자는 위 2) 2호에 따라 배당요구의 종기까지 배당요구를 한 경우에 한하여 배당을 받을 수 있다.

한편 **선순위 용익권**(지상권 · 지역권 및 등기된 임차권 등) 가운데 배당요구를 한 전세권을 제외하고, 그 **용익권**은 인수의 대상이 되므로(91조 4항) 배당요구를 하였는지 여부와 상관없이 배당에 참가할 수 없다(다만, 선순위가 아닌 용익권자는 당연히 배당요구의 효력이 인정되어 배당요구가 없더라도 순위에 따라(우선변제권 없음) 배당을 받을 수 있다). 반면, **전세권**의 경우에는 최선순위라고 하더라도 매수인에게의 인수 대신 전세권자가 배당요구를 하면 전세권은 매각으로 소멸되고(91조 4항 단서) 배당을 받게 된다.[145]

143) 경매신청기입등기 전에 등기된 근저당권자는 경락으로 인하여 그 권리가 소멸하는 대신 별도로 배당요구를 하지 않더라도 그 순위에 따라 경락대금에서 우선변제를 받을 수 있어 당연히 배당요구를 한 것과 같은 효력이 있으므로, 그러한 근저당권자가 배당요구를 하지 아니하였다 하여도 배당에서 제외하여서는 아니 된다(대법원 1996. 5. 28. 선고 95다34415 판결).

144) 「근로기준법」 등에 의하여 우선변제청구권을 갖는 임금채권자라고 하더라도 강제집행절차나 임의경매절차에서 배당요구의 종기까지 적법하게 배당요구를 하여야만 우선배당을 받을 수 있는 것이 원칙이다. 그런데 우선변제권이 있는 임금채권자가 현재 및 장래의 임금이나 퇴직금채권을 피담보채권으로 하여 사용자의 재산에 관한 근저당권을 취득한 경우 배당요구의 종기까지 우선권 있는 임금채권임을 소명하지 않았다고 하더라도 배당표가 확정되기 전까지 피담보채권이 우선변제권이 있는 임금채권임을 소명하면 최종 3개월분의 임금이나 최종 3년간의 퇴직금 등에 관한 채권에 대하여는 선순위 근저당권자 등보다 우선배당을 받을 수 있다. 다만 근저당권 설정 없이 우선변제권이 있는 임금채권자로서 배당요구의 종기까지 배당요구를 한 경우와 마찬가지로, 근저당권의 피담보채권이 우선권 있는 임금채권임을 소명함으로써 선순위 근저당권자 등보다 우선배당을 받을 수 있는 최종 3개월분의 임금은 배당요구의 종기에 이미 근로관계가 종료된 근로자의 경우에는 근로관계 종료일부터, 배당요구의 종기 당시에도 근로관계가 종료되지 않은 근로자의 경우에는 배당요구의 종기부터 소급하여 3개월 사이에 지급사유가 발생한 임금 중 미지급분을 말하는 것이고, 최종 3년간의 퇴직금도 배당요구 종기일 이전에 퇴직금지급사유가 발생하여야 한다(대법원 2015. 8. 19. 선고 2015다204762 판결).

145) 전세권이 존속기간의 만료나 합의해지 등으로 종료하면 전세권의 용익물권적 권능은 소멸하고 단지 전세금반환채권을 담보하는 담보물권적 권능의 범위 내에서 전세금의 반환 시까지 전세권설정등기의 효력이 존속하므로, 전세권이 존속기간의 만료 등으로 종료한 경우라면 최선순위 전세권자의 채권자는 전세권이 설정된 부동산에 대한 경매절차에서 채권자대위권에 기하거나 전세금반환채권에 대하여 압류 및 추심명령을 받은 다음 추심권한에 기하여 자기 이름으로 전세권에 대한 배당요구를 할 수 있다. 다만, 경매의 매각절차에서 집행법원은 원래 전세권의 존속기간 만료 여부 등을 직접 조사하지는 아니하는 점, 또 건물에 대한 전세권이 법정갱신된 경우에는 등기된 존속기간의 경과 여부만 보고 실제 존속기간의 만료 여부를 판단할 수는 없는

그리고 **임차권등기명령**에 의하여 **임차권등기**를 한 임차인은 우선변제권을 가지며, 위 임차권등기는 임차인으로 하여금 기왕의 대항력이나 우선변제권을 유지하도록 하려는 담보적 기능을 주목적으로 하고 있으므로 위 임차권등기가 첫 경매개시결정등기 전에 등기된 경우라면 (최선순위라고 하더라도) 법 148조 4호에 준하여 배당요구를 하지 않더라도 당연히 배당을 받을 수 있는 채권자에 속한다.[146] 다만, 가등기담보권자는 등기의 기재만으로는 순수한 순위 보전의 가등기인지, 담보가등기인지를 알 수 없으므로 채권신고를 하여야 배당을 받을 수 있다(가등기담보 등에 관한 법률 16조).

(4) 배당절차의 실시

제145조(매각대금의 배당) ① 매각대금이 지급되면 법원은 배당절차를 밟아야 한다.

매각허가결정이 확정하여 매수인이 매각대금을 지급하면, 집행법원은 배당절차를 밟아야 한다(145조 1항). 채권자 사이의 협의에 의한 배당은 인정되지 않고, 매각대금이 채권자에게의 변제에 충분한 때에도 배당절차를 생략하면 안 된다. 다만, 채권자가 1인인 경우, 또는 채권자가 2인 이상인 때에 매매대금에서 각 채권자의 채권 및 집행비용의 전부를 만족시킬 수 있는 경우에는 채권자에게 그 대금을 교부함으로써 배당절차는 간단히 끝날 것이다. 한편, 그 매각대금으로 배당에 참가한 모든 채권자를 만족시킬 수 없을 때에는 「민법」·「상법」, 그 밖의 법률에 의한 우선순위에 따라 배당하여야 한다(동조 2항. ☞10-175).[147] 10-171

점 및 민사집행규칙 48조 2항은 "배당요구서에는 배당요구의 자격을 소명하는 서면을 붙여야 한다."라고 규정하고 있는 점 등에 비추어 보면, 최선순위 전세권자의 채권자가 채권자대위권이나 추심권한에 기하여 전세권에 대한 배당요구를 할 때에는 채권자대위권 행사의 요건을 갖추었다거나 전세금반환채권에 대하여 압류 및 추심명령을 받았다는 점과 아울러 전세권이 존속기간의 만료 등으로 종료하였다는 점에 관한 소명자료를 배당요구의 종기까지 제출하여야 한다(대법원 2015. 11. 17. 선고 2014다10694 판결).

146) 대법원 2005. 9. 15. 선고 2005다33039 판결.

147) 한편, 각 채권자의 여러 채권 및 각 채권의 원본·이자·손해금·비용 사이에서는 「민법」의 법정충당(민법 477조 이하)에 따르고, 합의충당이나 지정충당은 배당시에 고려되지 않는다(대법원 1991. 7. 23. 선고 90다18678 판결). 배당은 어디까지나 집행절차에 의한 만족의 문제이므로 변제 그 자체와 동의어는 아니다. 이는 담보권 실행을 위한 경매에서도 마찬가지이다(☞18-9).

◈ **구체적 예** ◈ 甲이 乙을 채무자로 한 강제경매에서 乙이 소유하는 A부동산이 대금 1억 원에 매각되었다. ① 甲의 채권액이 5천만 원인 경우, ② 이에 더하여 丙이 자신의 채권 1억 5천만 원(확정판결 있음)으로 배당요구를 한 경우, ③ 이에 더하여 집행개시 전부터 丁 은행이 乙에 대한 대여금 6천만 원을 담보하기 위하여 A부동산에 대하여 저당권을 설정하고, 그 취지의 등기도 마친 경우에 각 어떠한 절차가 취하여질 것인가. ① 채권자 1인뿐인 사안이므로 법원은 매각대금에서 5천만 원 및 집행비용을 甲에게 교부하고, 그 나머지는 채무자인 乙에게 교부하면 된다. ② 법 88조 1항은 배당요구를 할 수 있는 채권자로, 집행력 있는 집행권원의 정본을 가진 채권자를 규정하고 있으므로 위 확정판결의 정본에 집행문의 부여를 받으면 배당요구를 할 수 있다. 배당요구의 종기까지 하여야 한다. 배당요구를 한다면 甲과 함께 배당을 받게 된다. 이 경우에 배당비율은 안분비례가 되므로 甲이 2천 5백만 원, 丙이 7천 5백만 원의 배당을 받게 된다(집행비용 불고려). ③ 법 148조는 배당받을 채권자의 범위를 규정하고 있는데, 丁은 乙에게 대여금채권을 가지고 있고 경매개시결정등기 전부터 A부동산에 대하여 등기된 저당권을 가지고 있으므로 위 148조 4호의 배당받을 채권자에 해당한다. 따라서 별도로 배당요구를 하지 않더라도 배당을 받을 수 있다. 丁에 대하여 법원사무관등은 채권의 유무, 그 원인 및 액수를 배당요구의 종기까지 법원에 신고하도록 최고하여야 한다(84조 4항. ☞10-58). 丁이 배당요구의 종기까지 그 최고에 관한 사항에 대하여 신고를 하면, 丁은 저당권을 가지므로 우선 6천만 원의 배당을 받고, 잔금 4천만 원에 대하여 甲과 丙이 안분비례하여 甲이 1천만 원, 丙이 3천만 원의 배당을 받게 된다(집행비용 불고려).

1) 배당기일의 지정

제146조(배당기일) 매수인이 매각대금을 지급하면 법원은 배당에 관한 진술 및 배당을 실시할 기일을 정하고 이해관계인과 배당을 요구한 채권자에게 이를 통지하여야 한다. 다만, 채무자가 외국에 있거나 있는 곳이 분명하지 아니한 때에는 통지하지 아니한다.

10-172 매수인이 매각대금을 지급하면, 법원은 배당기일(배당에 관한 진술 및 배당을 실시할 기일)을 정하고 이해관계인과 배당을 요구한 채권자에게 이를 통지하여야 한다(146조 본문). 다만, 채무자가 외국에 있거나 있는 곳이 분명하지 아니한 때에는 통지하지 아니한다(동조 단서). 배당기일통지가 누락된 경우에는 집행에 관한 이의(16조)로 다툴 수 있다.

2) 배당표의 작성

제149조(배당표의 확정) ① 법원은 채권자와 채무자에게 보여 주기 위하여 배당기일의 3일전에 배당표원안을 작성하여 법원에 비치하여야 한다.

집행법원은 채권자와 채무자에게 보여주기 위하여 배당기일의 3일 전에 배당표 원안(原案)을 작성하여 법원에 비치하여야 한다(149조 1항). 배당표원안(Teilungsplan)이란 채권자가 제출한 계산서와 기록을 토대로 하여 법원이 채권자에 대한 배당액과 그 밖에 배당실시를 위하여 필요한 일정한 사항을 적은 배당계획안이다. 추후 배당기일에 채권자 사이에 합의가 성립하거나 이의가 없을 때 비로소 배당표로 확정된다. 배당표원안의 작성은 판단작용을 수반하는 것이 아닌 정형적인 것이므로 **사법보좌관**의 업무로 하고 있다(사법보좌관규칙 2조 1항 7호).148) 10-173

3) 배당할 금액

제147조(배당할 금액) ① 배당할 금액은 다음 각호에 규정한 금액으로 한다. 1. 대금 … (이하 생략)

배당할 금액(배당에 충당될 금액으로 실무상 배당재단이라고 한다)에 대하여는 법 147조 1항 1호 내지 5호 및 민사집행규칙 79조에서 규정하고 있다. 아래와 같다. 10-174

① 대금(147조 1항 1호): 매각대금을 말하는 것으로서, 매수신청의 보증으로(☞ 10-66) 금전이 제공된 경우에 그 금전은 매각대금에 넣고(142조 3항), 매수신청의 보증으로 금전 외의 것이 제공된 경우로서 매수인이 매각대금 중 보증액을 뺀 나머지 금액만을 낸 때에는 법원이 보증을 현금화하여 그 비용을 뺀 금액을 보증액에 해당하는 매각대금 및 이에 대한 지연이자에 충당하는데(동조 4항), 이중 매각대금에 충당된 것이 이에 해당한다.

② 법 138조 3항 및 142조 4항의 경우에는 대금지급기한이 지난 뒤부터 대금의 지급 · 충당까지의 지연이자(147조 1항 2호): 재매각명령이 있은 뒤 전의 매수인이 대금 · 지연이자와 절차비용을 지급하여 재매각이 취소된 경우에 매수인이 낸 지연이자 및 매수신청의 보증으로 금전 외의 것이 제공된 경우에 보증을 현금화하여 충당되는 지연이자가 이에 해당한다.

③ 법 130조 6항의 보증(법 130조 8항에 따라 준용되는 경우를 포함한다)(147조 1항

148) 배당표원안을 작성하고 확정하는 **사법보좌관의 행위**는 재판상 직무행위에 해당하고, 나아가 채권자는 사법보좌관이 작성한 배당표에 대해 이의하고 배당이의의 소를 제기하는 등의 불복절차를 통하여 이를 시정할 수 있다. 바로 재판상 직무행위가 국가배상법 2조 1항에서 말하는 위법한 행위로 되어 **국가의 손해배상책임이 발생하는 것은 아니다**(대법원 2023. 6. 1. 선고 2021다202224 판결).

3호): 채무자 및 소유자가 한 항고가 기각되거나 항고를 취하하여 돌려받지 못하는 항고의 보증이 이에 해당한다.

④ 법 130조 7항 본문의 보증 가운데 항고인이 돌려 줄 것을 요구하지 못하는 금액 또는 법 130조 7항 단서의 규정에 따라 항고인이 낸 금액(각각 법 130조 8항에 따라 준용되는 경우를 포함한다)(147조 1항 4호): 채무자 및 소유자 외의 사람이 한 항고가 기각되거나 항고를 취하하여 돌려받지 못하는 매각대금에 대한 지연이자 상당(다만, 보증으로 제공한 금전이나 유가증권을 현금화한 한도에서)의 금액이 이에 해당한다.

⑤ 법 138조 4항의 규정에 의하여 매수인이 돌려줄 것을 요구할 수 없는 보증(보증이 금전 외의 방법으로 제공되어 있는 때에는 보증을 현금화하여 그 대금에서 비용을 뺀 금액)(147조 1항 5호): 대금지급을 하지 아니한 전의 매수인이 돌려받을 수 없는 매수신청의 보증(보증이 금전 외의 방법으로 제공되어 있는 때에는 보증을 현금화하여 그 대금에서 비용을 뺀 금액)이 이에 해당한다.

⑥ 차순위매수신고인에 대하여 매각허가결정이 있는 때에는 법 137조 2항의 보증(보증이 금전 외의 방법으로 제공되어 있는 때에는 보증을 현금화하여 그 대금에서 비용을 뺀 금액)(민사집행규칙 79조): 차순위매수신고인에게 매각허가결정이 있는 때에 매수인이 돌려받지 못하는 매수신청의 보증 등이 이에 해당한다.

(5) 배당순위

제145조(매각대금의 배당) ① 매각대금이 지급되면 법원은 배당절차를 밟아야 한다. ② 매각대금으로 배당에 참가한 모든 채권자를 만족하게 할 수 없는 때에는 법원은 민법·상법, 그 밖의 법률에 의한 우선순위에 따라 배당하여야 한다.

제53조(집행비용의 부담) ① 강제집행에 필요한 비용은 채무자가 부담하고 그 집행에 의하여 우선적으로 변상을 받는다.

10-175 매각대금이 지급되면 법원은 배당절차를 밟아야 하는데(145조 1항), 그 매각대금으로 배당에 참가한 모든 채권자를 만족하게 할 수 없는 때에는 법원은 「민법」·「상법」, 그 밖의 법률에 의한 우선순위에 따라 배당하여야 한다(동조 2항). 배당에 참가하는 채권 모두가 일반채권이라면 채권 발생의 선후에 상관없이 평등하게 배당을 받게 되지만, 저당권에 의하여 담보되는 채권이나 임금채권, 조세채권 등과 같이 「민법」, 「상법」, 그 밖의 법률에 의하여 우선변제권이 인정되는 채권은 일반채권보

다 우선 배당받는다. 이 경우에 배당순위는 아래와 같이 압류부동산에 담보권이 설정되어 있는 채권인지 여부 및 그 담보권이 조세채권보다 우선하는지 여부 등에 따라 달라진다.

한편 **집행비용**(가령 경매실시를 위한 감정료, 신문공고료, 집행문부여 신청비용, 집행관 수수료)은 별도의 집행권원이 없더라도 **최우선순위**로 배당을 받는다(53조 1항. ☞6-41).

1) 압류부동산에 저당권·전세권으로 담보되는 채권이 있는 경우

① 제1순위 - 소액임차보증금채권(주택임대차보호법 8조 1항, 국세기본법 35조 1항 4호, 지방세기본법 71조 1항 4호), 최종 3개월분 임금·최종 3년간의 퇴직금·재해보상금 채권(근로기준법 38조 2항, 근로자퇴직급여 보장법 12조 2항, 국세기본법 35조 1항 5호, 지방세기본법 71조 1항 5호): 위 채권은 제1순위로 배당받는다. 서로 사이에는 비례하여 배당한다. 10-176

② 제2순위 - **집행 목적물**에 대하여 부과된 국세, 지방세와 가산금(이른바 '당해세'이다. 국세기본법 35조 3항, 지방세기본법 71조 5항): 이른바 당해세는 그 법정기일(세액신고일, 납세고지서 발송일 등) 전에 설정된 저당권 등으로 담보되는 채권보다 우선하는데, 이를 '**당해세 우선의 원칙**'이라고 한다(법정기일이 담보권 설정일 뒤라도 상관없다). 당해세란 국세, 지방세 중 경매목적인 부동산에 대하여 부과된 것을 말한다. 국세 중에서는 상속세, 증여세 및 종합부동산세 등이, 지방세 중에서는 재산세, 자동차세 등이 이에 해당한다.

③ 제3순위 - 저당권·전세권으로 담보되는 채권에 앞서는 일반조세: **당해세가 아닌** 조세채권과 담보물권 사이에서는 그 법정기일과 설정일의 선후에 의하여 결정하고, 이와 같은 순서에 의하여 매각대금을 배분한 뒤, **압류선착주의**에 따라 각 조세채권 사이의 우선순위를 결정한다(☞10-177 ③에 따른 순위가 된다). 법정기일과 설정일이 같은 날일 경우에는 국세 또는 지방세가 우선한다고 보는 것이 「국세기본법」이나 「지방세기본법」의 위 각 조문에 부합하는 해석이라고 본다.

④ 제4순위 - 저당권·전세권으로 담보되는 채권: 조세채권에 뒤지는 저당권·전세권으로 담보되는 채권이다(☞10-177 ⑤에 따른 순위가 된다). 저당권·전세권에 의하여 담보되는 채권 사이에는 저당권·전세권의 **설정일의 선후**에 의하여 우선순위가 정하여진다(민법 370조, 333조). 임차보증금채권 중 제1순위 이외의 채권도 대

항요건과 확정일자를 구비하면, 「주택임대차보호법」 3조의2 1항, 「상가건물 임대차보호법」 5조 2항에 의하여 **우선변제권**을 갖기 때문에 저당권부 채권과 동일하게 취급하는바, 그 요건을 구비한 시기와 저당권 등의 등기시기의 선후에 의하여 우선순위를 결정하고, 대항요건과 확정일자를 갖춘 임차인이 소액임차인의 지위를 겸하는 경우에는 먼저 소액임차인으로서 보호받는 일정액을 우선 배당하고 난 뒤의 나머지 임차보증금채권액에 대하여는 대항요건과 확정일자를 갖춘 임차인으로서의 순위에 따라 배당한다.

⑤ 제5순위 - 「근로기준법」 38조 2항의 임금 등을 제외한 임금, 「근로자퇴직급여 보장법」 12조 2항의 퇴직금을 제외한 퇴직금, 그 밖의 근로관계로 말미암은 채권(근로기준법 38조 1항, 근로자퇴직급여 보장법 12조 1항): 최우선변제 임금채권 및 퇴직금을 제외한 임금 및 퇴직금, 그 밖의 근로관계로 말미암은 채권은 저당권 등에 의하여 담보되는 채권에는 후순위이지만, 조세 등 채권(당해세를 포함)에는 우선하고, 다만 저당권 등에 의하여 담보되는 채권에 우선하는 조세 등 채권에는 우선하지 못한다(근로기준법 38조 1항). 따라서 배당에 참가한 채권 가운데 저당권 등에 의하여 담보되는 채권이 있는 경우에는 위 근로관계로 말미암은 채권은 항상 저당권 등에 의하여 담보되는 채권의 후순위이고, 저당권 등에 의하여 담보되는 채권이 없는 경우에는 항상 당해세를 포함한 조세 등 채권에 우선한다.

⑥ 제6순위 - 법정기일 등이 저당권, 전세권의 설정일보다 뒤인 국세, 지방세 등 지방자치단체의 징수금(국세기본법 35조, 지방세기본법 71조)

⑦ 제7순위 - 국세 및 지방세의 다음 순위로 징수하는 공과금 중,

㉮ 국민건강보험료(국민건강보험법 85조)와 국민연금보험료(국민연금법 98조): 각 납부기한 전에 설정된 저당권 등에 대하여는 우선하지 못하나, 그 납부기한 뒤에 설정된 저당권 등과 기타 일반채권에 대하여는 우선하여 배당한다.

㉯ 고용보험료 및 산업재해보상보험료(고용보험 및 산업재해보상보험의 보험료징수 등에 관한 법률 30조) 등: 저당권 등으로 담보되는 채권보다는 후순위로, 일반채권보다는 선순위로 취급한다.

⑧ 제8순위 - 일반채권자의 채권: 여기에서의 일반채권자의 채권에는 벌금과 같은 재산형이나 과태료 등이 포함된다.

◈ **압류부동산에 저당권 등으로 담보되는 채권이 없는 경우** ◈ 배당요구 등에 따라 배당을 하여야만 하는 채권이 ① 집행비용, ② 근로관계에 따른 최종 3개월분의 임금과 최종 3년간의 퇴직금, ③ 위 ②의 임금을 제외한 나머지 근로관계로 인한 채권, ④ 당해세, ⑤ 일반채권, ⑥ 채무자의 재산형인 벌금으로 조사가 되었다면, 이를 배당함에 있어서 우선순위별로 나열하면, 저당권 등에 의하여 담보되는 채권이 없는 경우로 ① → ② → ③(근로관계채권이 당해세를 포함한 조세 등 채권에 우선) → ④ → ⑤ = ⑥(같은 순위)이 된다.

가령 乙의 신청에 따라 개시된 강제경매절차, 배당할 금액 6,000만 원

일자	내용	채권액	배당액
2014. 2. 28.	(甲) 저당권설정등기	2,500만 원	2,500만 원
2014. 3. 31.	(乙) 경매개시결정 기입등기	2,500만 원	1,000만 원
2014. 4. 30.	(丙) 당해세가 아닌 조세채권 법정기일	2,500만 원	2,500만 원

* 각 채권자의 배당요구 등은 배당요구의 종기 이전에 이루어졌다고 가정

2) 압류부동산에 조세채권의 법정기일 뒤에 설정된 저당권·전세권으로 담보되는 채권이 있는 경우

① 제1순위 - 앞에서와 같음 10-177

② 제2순위 - 당해세

③ 제3순위 - 조세, 그 밖에 이와 같은 순위의 징수금(☞10-176 ③, ⑥의 경우 참조)

④ 제4순위 - 조세 다음 순위의 공과금 중, 납부기한이 저당권 · 전세권의 설정일보다 앞서는 국민건강보험료, 국민연금보험료, 고용보험료 및 산업재해보상보험료 등

⑤ 제5순위 - 저당권 · 전세권으로 담보되는 채권(☞10-176 ④의 경우 참조)

⑥ 제6순위 -「근로기준법」 38조 2항의 임금 등을 제외한 임금,「근로자퇴직급여 보장법」 12조 2항의 퇴직금을 제외한 퇴직금, 그 밖의 근로관계로 말미암은 채권(근로기준법 38조 1항, 근로자퇴직급여 보장법 12조 1항): 저당권 등에 의하여 담보되는 채권과 조세채권의 우열을 따져, 담보되는 채권이 우선하는 경우에는 담보권에 의하여 담보되는 채권 → 근로관계채권 → 조세 등 채권의 순위가 되고(☞10-176 ⑤의 경우 참조), 조세 등 채권이 저당권 등에 의하여 담보되는 채권에 우선하는 경우

(여기의 2)의 경우)에는 조세 등 채권 → 담보권에 의하여 담보된 채권 → 근로관계채권의 순위로 우선변제된다.

⑦ 제7순위 - 조세 다음 순위의 공과금 중, 납부기한이 저당권 · 전세권의 설정일보다 뒤인 국민건강보험료, 국민연금보험료, 고용보험료 및 산업재해보상보험료 등

⑧ 제8순위 - 일반채권자의 채권

(6) 배당방법

10-178 배당받을 채권자 사이에 배당순위가 고정되지 아니하고 채권자 사이의 우열관계가 상대에 따라 변동이 있는 경우에, 그에 관계된 각 채권자의 채권액에 비례하여 안분배당하여야 한다는 **안분배당설**과, 위와 같이 안분한 후(1단계) 각각 자신의 채권액 중 1단계에서 안분받지 못한 금액(부족액)에 달할 때까지 자신에게 열후하는 채권자의 안분액으로부터 흡수(2단계)하여 그 결과를 배당하여야 한다는 **안분후 흡수설**이 있다. 다만, 안분후 흡수설의 경우에 2단계로 후순위자의 안분배당액을 흡수함에 있어서 흡수할 금액은 자신의 채권액 가운데 1단계에서 안분배당받지 못한 부족액과 1단계에서 후순위자에게 안분배당된 금액을 각 한도로 하고, 또한 흡수는 각 흡수할 채권자마다 한번으로 종결시켜야 하고, 다시 위와 같은 절차를 반복하지 않는다. 그런데 안분후 흡수설에 의할 경우에는 자기가 배당요구한 채권이 많으면 많을수록 1차로 안분배당을 많이 받지만, 그 배당액을 2차로 선순위 채권자에게 흡수당하고, 다시 후순위자의 배당액을 흡수할 경우에는 1차로 배당받은 금액을 제외한 나머지 부분만큼만 흡수하므로 결국 배당요구채권이 많으면 배당액이 적어지는 경우가 발생한다. 그리하여 적어도 이러한 결과를 방지하고, 나아가 자신의 채권액이 많다는 것과 선순위 채권의 비중이 적고 후순위 채권이 크다는 것은 배당에서 당연히 유리한 사정이 되어야 하므로, 이를 배당에서 그대로 반영하기 위하여, 1차로 자기보다 후순위자의 채권을 가산한 금액을 기준으로 안분하여 배당하고, 다만 이러한 안분 결과 본래의 자기채권을 초과하여 배당받은 부분은 다시 나머지 채권자 사이에서 순위에 따라 배당하여야 한다는 **가산후 안분설**이 주장되고 있다.[149] **판례**는 안분후 흡수설에 따르고 있다.[150]

149) 이러한 내용은 법원실무제요[Ⅱ], 175~176면 참조.

150) 대법원 1992. 3. 27. 선고 91다44407 판결; 대법원 1994. 11. 29.자 94마417 결정 등.

가령 丙의 가압류에 기한 본압류로 개시된 강제경매절차, 배당할 금액 4,000만 원

일자	내용	채권액	배당액
2013. 11. 30.	(甲) 가압류채권자 기입등기	2,000만 원	1,000만 원
2013. 12. 31.	(乙) 저당권설정등기	2,000만 원	2,000만 원
2014. 1. 31.	(丙) 가압류채권자 기입등기	2,000만 원	500만 원
2014. 2. 28.	(丁) 저당권설정등기	2,000만 원	500만 원

* 각 채권자의 배당요구 등은 배당요구의 종기 이전에 이루어졌다고 가정

① 저당권 5,000만 원, ② 당해세 500만 원, ③ 소액임차보증금 4,000만 원, ④ 압류채권 3,500만 원, 합계 채권액 1억 3,000만 원, 배당할 금액 1억 2,700만 원

(1단계－안분배당) 배당순위는, ① (당시 우선변제를 받을 보증금 중 일정액의 범위인) 소액임차보증금 3,700만 원, ② 당해세 500만 원, ③ 저당권 5,000만 원, ④ 압류채권 3,500만 원이 된다. (2단계－흡수배당) 소액임차보증금 4,000만 원 가운데 나머지 보증금 300만 원은 만약 **확정일자가 있으면**, 압류채권자 3,500만 원의 몫 중 300만 원을 임차인이 흡수하여 임차보증금 4,000만 원이 채워지고, 압류채권자는 3,200만 원만 배당받게 된다. 만약 **확정일자가 없으면**, 매수인이 300만 원의 부담을 인수하게 되며, 압류채권자에게는 영향이 없다.

가령 배당할 금액 8,500만 원, 집행비용 500만 원

	배당참가채권자	배당받을 금액
소액임차보증금	1,600만 원(당시 우선변제를 받을 보증금 중 일정액)	1,600만 원
당해세	400만 원	400만 원
1순위 근저당권자	피담보채권액 2,000만 원, 설정등기일자 2008. 9. 5.	2,000만 원
가압류채권자	청구금액 1,000만 원, 가압류등기일자 2008. 9. 18.	800만 원
2순위 근저당권자	피담보채권액 3,000만 원, 설정등기일자 2008. 9. 26.	3,000만 원 (2,400만 원＋600만 원)
2순위 근저당권설정등기 후 강제경매신청을 한 압류채권자	채권액 1,000만 원	200만 원 (800만 원－600만 원)

1순위는 집행비용 500만 원, 2순위는 소액임대차보증금 1,600만 원, 3순위는 당해세

400만 원, 4순위는 1순위 근저당권자 2,000만 원이고, 남은 잔액 4,000만 원을 가압류채권자(1,000만 원), 2순위 근저당권자(3,000만 원), 압류채권자(1,000만 원)에게 배당하여야 하는데, 위와 같다(안분후 흡수).

등기부에 기입된 순서 ① 가압류(청구채권 800만 원), ② 근저당권(채권 400만 원), ③ 당해세 아닌 조세(600만 원)의 압류(편의상 조세의 법정기일은 압류일), ④ 가압류(청구채권 200만 원), 배당할 금액 1,000만 원 * 실무상 압류의 효력으로 개별상대효설(☞10-32)
① 가압류의 입장에서는 ② 근저당권과 (가압류채권자 서로 사이에서는 그 우열이 없으므로) ④ 가압류에 대한 관계에서는 평등한 반면, ③ 조세에 대한 관계에서는 후순위이고, 또한 ③ 조세의 입장에서는 ①, ④ 가압류보다는 선순위이나 ② 근저당보다는 후순위로서, 서로 사이에 순위가 모순되는 관계에 있게 된다. 위의 예에서, 먼저 각 청구채권의 비율에 따라 ①에게 400만 원, ②에게 200만 원, ③에게 300만 원, ④에게 100만 원을 배당한 다음, ③, ④에 안분배당된 금액을 선순위 ②에게 ②의 청구채권한도(400만 원)에서 흡수시키고, ①은 ③에 대하여는 후순위로서 ③의 청구채권 한도(600만 원)에서 ① 가압류를 흡수시키면 된다. 그런데 이때 주의할 것이 있다. 첫 번째는 흡수의 순서에 관한 것으로서, ④에 안분배당된 것을 흡수할 권리자로 ②와 ③이 있는데 둘 사이에 ②가 선순위이므로 ②의 채권에 먼저 흡수하고 그 다음에 ③의 채권에 흡수하는 순서를 밟아야 한다는 것이다. 따라서 위의 예에서 ④에 대하여 안분배당된 것은 1차로 ②가 먼저 흡수하여야 한다. 두 번째는 흡수당하는 순서에 관한 것인데, 위의 경우 ②에 흡수당할 채권은 ③과 ④가 있는바, 이 ③, ④ 사이에서는 ④가 열후하므로 ④에 배당된 것을 먼저 흡수하고, 모자라는 한도에서 ③의 것을 흡수한다. 이 때 ③, ④가 동순위일 경우에는 안분하여 흡수한다. 따라서 이에 따라 위 배당을 실시하면, ②는 ④의 배당액 100만 원을 먼저 흡수하고, 모자라는 100만 원(=청구금액 400만 원-1차 안분액 200만 원-④ 흡수액 100만 원)을 ③으로부터 추가로 흡수하게 된다. 이로써 ②에 대한 배당금(400만 원)은 확정된다. 세 번째는 흡수의 한도에 관한 것으로서, 두 번째로 흡수하여야 할 ③의 흡수범위를 정하는데 있어서 ③이 1차로 안분배당받았다가 ②에 흡수당한 부분까지도 흡수할 수 있는가 하는 문제이다. 이에 관하여는 흡수당한 부분은 일단 배당받은 것이므로 그 부분을 공제한 나머지만 흡수하여야 한다는 견해와 흡수당한 부분도 흡수할 수 있다는 견해로 나뉘어져 있는데, 전자의 견해가 타당하다. 전자의 견해에서 배당을 하면, ③은 원래 채권(600만 원)에서 1차로 배당받은 금액(300만 원)을 공제한 300만 원만을 흡수할 수 있으므로 ①의 배당액 중 300만 원만 ③에게 흡수되고 ①은 100만 원이 남는다. 결국 ④에게는 배당금이 없고, ①에게 100만 원, ②에게 400만 원, ③에게 500만 원이 각 배당된다. 한편 위의 예에서 위 ②번이 가등기담보권자이거나 확정일자를 갖춘 임차권자인 경우[151] 또는 선순위와 후순위 가압류채권이 동일인의 권리인 경우에도 마찬가지이다.

(7) 배당기일의 실시

1) 배당표의 확정

제149조(배당표의 확정) ② 법원은 출석한 이해관계인과 배당을 요구한 채권자를 심문하여 배당표를 확정하여야 한다.

제150조(배당표의 기재 등) ① 배당표에는 매각대금, 채권자의 채권의 원금, 이자, 비용, 배당의 순위와 배당의 비율을 적어야 한다. ② 출석한 이해관계인과 배당을 요구한 채권자가 합의한 때에는 이에 따라 배당표를 작성하여야 한다.

제152조(이의의 완결) ③ 제151조의 이의가 완결되지 아니한 때에는 이의가 없는 부분에 한하여 배당을 실시하여야 한다.

집행법원은 미리 작성한 배당표원안을(☞10-173) 배당기일에 출석한 이해관계 10-179
인과 배당요구채권자에게 열람시켜 그들의 의견을 듣거나 심문한 다음, 이에 따라 배당표원안에 추가, 정정할 것이 있으면 추가, 정정하여 배당표를 완성, 확정한다(149조 2항). 사법보좌관의 업무이다(사법보좌관규칙 2조 1항 7호). 배당기일에 배당표에 매각대금, 각 채권자의 채권의 원금, 이자, 비용, 배당의 순위와 배당의 비율을 적어야 하고(150조 1항), 출석한 이해관계인과 배당요구채권자의 합의가 있는 때에는 이에 따라 배당표를 작성한다(동조 2항).[152] 채무자의 동의는 필요하지 않다고 할 것이다. 배당표에 대하여 이의가 있으면 그 부분에 한하여 배당표는 확정되지 않는다(152조 3항 참조). 그런데 배당표는 그것이 배당절차 내에서 확정되었더라도 본래 실체법상 아무런 권리관계를 확정하는 것은 아니라는, 즉 재판이 아니라는 입장이 일반적이다.[153]

151) 부동산담보권자보다 선순위의 가압류채권자가 있는 경우에 그 담보권자가 선순위의 가압류채권자와 채권액에 비례한 평등배당을 받을 수 있는 것과 마찬가지로, 위 「주택임대차보호법」 3조의2의 규정에 의하여 대항요건을 갖추고 증서상에 확정일자까지 부여받음으로써 우선변제권을 갖게 되는 임차보증금채권자도 선순위의 가압류채권자와는 평등배당의 관계에 있게 된다고 할 것이며, 이때 가압류채권자가 주택임차인보다 선순위인지 여부는, 위 법문상 임차인이 확정일자 부여에 의하여 비로소 우선변제권을 가지는 것으로 규정하고 있음에 비추어, 임대차계약증서상의 확정일자부여일을 기준으로 삼는 것으로 해석함이 타당하다 할 것이어서, 가령 대항요건을 미리 갖추었다고 하더라도 확정일자를 부여받은 날짜가 가압류일자보다 늦은 이 사건의 경우에는 가압류채권자가 선순위라고 볼 수밖에 없다(대법원 1992. 10. 13. 선고 92다30597 판결).

152) 매각대금으로 모든 채권자의 채권과 집행비용을 변제하기에 충분한 때에는 법원은 배당표에 준하여 대금교부표(실무상 배당표라고 부른다)를 작성하기도 한다.

153) 따라서 배당을 받아야 할 채권자가 배당을 받지 못하였다고 하면서 부당하게 잘못된 배당금을 받은 채권자에게 그 이득의 반환을 구하는 부당이득반환청구소송이 있게 된다(☞10-208).

2) 배당표에 대한 이의(배당이의)

제151조(배당표에 대한 이의) ① 기일에 출석한 채무자는 채권자의 채권 또는 그 채권의 순위에 대하여 이의할 수 있다. ② 제1항의 규정에 불구하고 채무자는 제149조제1항에 따라 법원에 배당표원안이 비치된 이후 배당기일이 끝날 때까지 채권자의 채권 또는 그 채권의 순위에 대하여 서면으로 이의할 수 있다. ③ 기일에 출석한 채권자는 자기의 이해에 관계되는 범위 안에서는 다른 채권자를 상대로 그의 채권 또는 그 채권의 순위에 대하여 이의할 수 있다.

사법보좌관규칙 제3조 (지급명령 등의 처분에 대한 불복) 제2조제1항의 규정에 따라 사법보좌관이 한 처분 가운데 다음 각 호의 처분에 대하여는 다음 각 호의 절차에 따라 불복할 수 있다 ... 4. 제2조제1항의 사무 가운데 「민사집행법」 제149조 및 같은 규정이 준용되는 절차에서 작성한 배당표: 「민사집행법」 제151조의 규정에 따른 배당표에 대한 이의

10-180 배당표에 대해서는 법 151조의 배당표에 대한 이의절차에 따라 불복할 수 있는데, 그 절차는 집행법원의 **사법보좌관**이 처리한다(사법보좌관규칙 3조 4호). 그 이의사유는 절차상 이의와 실체상 이의의 두 가지로 나뉜다.

① 이의를 할 수 있는 사람

10-181 채무자와 각 채권자는 배당기일에 배당표 작성의 절차 등과 다른 채권자의 채권과 순위에 대하여 (다만, 채권자는 자기의 이해에 관계되는 범위 안에서 독자적으로)[154)] 이의할 수 있다(151조 1항, 3항). 적법하게 배당요구를 하지 않은 채권자는 배당기일에 출석하여 배당표에 대한 실체상 이의를 신청할 권한이 없으므로 배당기일에 출석하여 배당표에 대한 이의를 신청하였더라도 부적법한 이의신청에 불과하다. 한편, 제3자 소유의 물건이 채무자의 소유로 오인되어 매각된 경우에 그 제3자는 이의를 할 권한이 없다.[155)]

154) 채권자의 이의는 자기에게의 배당액이 증가하게 되는 경우에 한하는 것으로, 다른 채권자의 배당액이 줄더라도 결국 배당액이 증가되지 않는 경우는 이의를 할 이익이 없다(일본 最高裁判所 昭和35(1960) · 7 · 27 판결; 最高裁判所 昭和50(1975) · 11 · 28 판결).

155) 따라서 제3자가 배당기일에 출석하여 배당표에 대한 이의를 신청하였다고 하더라도 이는 부적법한 이의신청에 불과하다(대법원 2002. 9. 4. 선고 2001다63155 판결).

② 이의의 방법

채무자와 채권자는 원칙적으로 배당기일에 출석하여 **말로** 이의하여야 한다(151조 1항, 3항).[156] 다만, 채무자는 법원에 배당표원안이 비치된 이후 배당기일이 끝날 때까지 서면으로 이의할 수 있다(동조 2항). 10-182

③ 절차상 사유에 기한 이의

채무자와 각 채권자는 배당표의 작성방법이나 배당실시절차에 위법이 있음을 이유로 이의할 수 있다. 이의는 위법에 대한 시정을 촉구하는 것에 불과하므로 이러한 이의가 **정당하다고 인정하면** 배당표의 기재를 고쳐 바로잡거나 배당기일을 연기하고, 경우에 따라서는 배당표 작성절차를 다시 진행한다. 한편, 이의가 **이유 없으면** 배당표를 확정하여 배당절차를 속행할 수 있는데, 이에 대하여 이의를 한 사람은 **집행에 관한 이의**(16조)를 할 수 있다. 10-183

④ 실체상 사유에 기한 이의

㉮ 의 의

채무자는 채권자의 채권의 존부, 범위, 순위에 관하여 실체상 사유가 있으면 이의할 수 있고(151조 1항), 채권자는 자기의 이해에 관계되는 것에 한하여 다른 채권자의 채권의 존부, 범위, 순위에 관하여 이의할 수 있다(동조 3항). 이 실체상 이의 사유의 존부에 관하여는 여기에서 심리·판단할 수 없고, 그 당부는 배당이의의 소 또는 청구이의의 소에 대한 수소법원이 심리·판단한다. 10-184

㉯ 다른 채권자의 인부

제152조(이의의 완결) ① 제151조의 이의에 관계된 채권자는 이에 대하여 진술하여야 한다.

제153조(불출석한 채권자) ① 기일에 출석하지 아니한 채권자는 배당표와 같이 배당을 실시하는 데에 동의한 것으로 본다. ② 기일에 출석하지 아니한 채권자가 다른 채권자가 제기한 이의에 관계된 때에는 그 채권자는 이의를 정당하다고 인정하지 아니한 것으로 본다.

156) 그 결과, 배당표에 대한 이의신청서를 집행법원에 제출하였지만 배당기일에 출석하지 아니하거나 그 이의신청서를 진술하지 아니한 경우에 배당표에 대한 이의의 소를 제기할 수 없다(대법원 1981. 1. 27. 선고 79다1846 판결).

이의신청에 관하여 이해관계가 있는 다른 채권자가 출석하고 있으면, 그 이의에 대한 인부를 진술하여야 한다(152조 1항). 관계인이 이의를 정당하다고 인정하거나 다른 방법으로 합의한 때에는 이에 따라 배당표를 경정(更正)하여 배당을 실시하여야 한다(동조 2항). 기일에 불출석한 채권자는 배당표의 실시에 동의한 것으로 본다(153조 1항). 다만, 기일에 불출석한 채권자가 다른 채권자가 제기한 이의에 관계되는 때에는 그 채권자는 이의를 정당하다고 인정하지 아니한 것으로 본다(동조 2항).

⑤ 이의에 따른 소제기 등의 증명

제154조(배당이의의 소 등) ① 집행력 있는 집행권원의 정본을 가지지 아니한 채권자(가압류채권자를 제외한다)에 대하여 이의한 채무자와 다른 채권자에 대하여 이의한 채권자는 배당이의의 소를 제기하여야 한다. ② 집행력 있는 집행권원의 정본을 가진 채권자에 대하여 이의한 채무자는 청구이의의 소를 제기하여야 한다. ③ 이의한 채권자나 채무자가 배당기일부터 1주 이내에 집행법원에 대하여 제1항의 소를 제기한 사실을 증명하는 서류를 제출하지 아니한 때 또는 제2항의 소를 제기한 사실을 증명하는 서류와 그 소에 관한 집행정지재판의 정본을 제출하지 아니한 때에는 이의가 취하된 것으로 본다.

10-185 이의가 있으면 그 적법 여부만을 심사할 수 있으며, 채권자 또는 채무자가 이의사유의 존부를 소송에 의하여 완결하여야 한다.

채무자는 집행력 있는 집행권원의 정본을 가지지 아니한 채권자에 대하여는 **배당이의의 소**를, 집행력 있는 집행권원의 정본을 가진 채권자에 대하여는 **청구이의의 소**를 제기하여야 한다.

즉 **집행력 있는 집행권원의 정본을 가진 채권자**에 대하여 **채무자**가 이의를 한 때에는 채무자는 **청구이의의 소**를 제기하고(154조 2항),[157] 배당기일로부터 1주 이내에 집행법원에 이를 증명하여야 하며, 배당절차를 정지시키기 위하여서는 집행

157) 청구이의의 소가 아니라 배당이의의 소를 제기한 것은 부적법하다(대법원 2005. 4. 14. 선고 2004다72464 판결). 다만, 여기서 청구이의의 소는 그 본질은 배당이의의 소인데, 다만 상대방 채권자가 집행력 있는 정본을 가지고 있기 때문에 청구이의의 소의 형식으로 배당이의의 소를 제기하라는 것으로 볼 수 있다(주석 민사집행법(Ⅳ)(2018), 231면[이국현]). 한편, 집행력 있는 판결 정본을 가진 채권자가 우선변제권을 주장하며 담보권에 기하여 배당요구를 한 경우에는 배당의 기초가 되는 것은 담보권이지 집행력 있는 판결 정본이 아니므로, 채무자가 담보권에 대한 배당에 관하여 우선변제권이 미치는 피담보채권의 존부 및 범위 등을 다투고자 하는 때에는 배당이의의 소로 다투면 되고, 집행력 있는 판결 정본의 집행력을 배제하기 위하여 필요한 청구이의의 소를 제기할 필요는 없다(대법원 2011. 7. 28. 선고 2010다70018 판결).

의 일시정지를 명하는 취지의 잠정처분을 받아 제출하여야 한다(동조 3항).[158]

한편 **위 정본을 가지지 아니한 채권자**(가압류채권자를 제외[159])에 대하여 **채무자**가 이의를 한 때에는 채무자는 배당기일로부터 1주 이내에 **배당이의의 소**를 제기하여 이의를 완결하여야 하고(154조 1항), 그 소를 제기한 사실을 집행법원에 증명하면 이 부분의 배당액은 공탁된다.

그러나 채무자가 아니라 **채권자**가 **다른 채권자에 대하여** 이의를 한 때에는 어느 경우에나(그 다른 채권자가 집행력 있는 집행권원의 정본을 가지고 있는지 여부에 상관없이) **배당이의의 소**를 제기하고(154조 1항)[160] 위와 같은 절차를 거치면 된다.

3) 이의한 사람 등의 우선권 주장

제155조(이의한 사람 등의 우선권 주장) 이의한 채권자가 제154조제3항의 기간을 지키지 아니한 경우에도 배당표에 따른 배당을 받은 채권자에 대하여 소로 우선권 및 그 밖의 권리를 행사하는 데 영향을 미치지 아니한다.

위와 같은 소의 제기 등의 증명을 하지 아니한 경우에는 **이의가 취하**된 것으로 보게 되므로(154조 3항) 법원은 유보되었던 배당을 실시하여야 한다. 다만, **이의한 채권자**가 위 기간을 지키지 않은 경우에도 배당표에 따른 배당을 받은 다른 채권자에 대하여 부당이득반환청구의 소 등의 방법으로 우선권 및 그 밖의 권리를 행사하는 데 영향을 미치지 않는다(155조). 10-186

관련하여 **이의를 하지 않은 채권자 등** 배당실시절차 및 그에 따른 불복신청 절차를 어떻게 평가할 것인가를 전제로 부당이득반환청구의 가부를 검토하여야 할 것이다(자세히는 후술 ☞10-208).

---

158) 채무자가 그중 어느 하나라도 제출하지 않으면, 집행법원으로서는 채무자가 실제로 위 기간 내에 청구이의의 소를 제기하고 그에 따른 집행정지재판을 받았는지 여부와 관계없이 채권자에게 당초 배당표대로 배당을 실시하여야 하고, 배당을 실시하지 않고 있는 동안에 청구이의의 소에서 **채권자가 패소한 판결이 확정되었다고 하여 달리 볼 것이 아니다. 그러한 경우 채무자는 채권자를 상대로 부당이득반환 등을 구하는 방법으로 구제받을 수 있을 뿐**이다(대법원 2011. 5. 26. 선고 2011다16592 판결).

159) 가압류채권자의 채권에 대하여 채무자가 이의한 경우에는 채무자가 배당이의의 소를 제기할 것이 아니라, 가압류채권자가 채무자를 상대로 본안소송을 제기하여야 한다.

160) 대법원 2013. 8. 22 선고 2013다36668 판결. 가령 배당이의소송의 공격방어방법으로서 **채무자를 대위하여** 피고 채권의 소멸시효가 완성되었다는 등의 주장을 할 수 있다(대법원 2023. 8. 18. 선고 2023다234102 판결).

(8) 배당의 실시

1) 배당을 실시하여야 할 경우

① 배당표에 대한 이의가 없는 경우

> **제153조(불출석한 채권자) ① 기일에 출석하지 아니한 채권자는 배당표와 같이 배당을 실시하는 데에 동의한 것으로 본다.**

10-187 배당기일에 배당표에 대하여 이의가 없는 경우 또는 배당기일에 출석하지 않아 배당표와 같이 배당을 실시함에 동의한 것으로 보는 경우(153조 1항)에는 법원이 작성한 배당표원안이 그대로 확정되므로 이에 따라 배당을 실시한다.

② 배당표에 대한 이의가 있는 경우

> **제152조(이의의 완결) ③ 제151조의 이의가 완결되지 아니한 때에는 이의가 없는 부분에 한하여 배당을 실시하여야 한다.**

10-188 배당기일에 배당표에 대한 이의가 있었으나, 이의가 완결된 경우에 즉시 배당을 실시하여야 한다. 이의가 완결되지 아니한 부분은 배당을 유보하고 공탁한다(160조 1항 5호. ☞10-192). 이의가 있고, 이의가 완결되지 않았으나 이의가 없는 부분이 있는 경우에, 그 부분에 대하여도 배당표가 확정되어 즉시 배당을 실시하여야 한다(152조 3항). 가령, 저당권자 甲의 채권액이 4억 원, 압류채권자 乙의 채권액이 2억 원으로, 매각대금 5억 원을 배당함에 있어서 배당표에는 甲의 배당액 4억 원, 乙의 배당액 1억 원으로 기재되어 있는바, 乙로부터 甲의 피담보채권이 존재하지 않는다는 이의가 있는 경우에는 乙이 배당이의의 소를 제기하여 승소하면, 乙에 대한 배당액의 증가분은 1억 원이므로 집행법원은 배당이의의 소의 결론이 날 때까지 1억 원을 공탁하고, 이의에 의한 배당저지의 효력이 미치지 않는 3억 원은 甲에게 배당하게 된다. 그리고 이 경우에 乙에 대한 애초 배당액 1억 원은 乙에게 배당을 실시한다.

이의신청인이 이의를 철회하거나 이의가 있었으나 배당이의의 소 등을 제기한 사실을 증명하지 아니한 때, 배당이의의 소 등이 취하(취하간주 포함)되거나 그 소송에서 판결이 확정된 때에는 집행법원은 배당표에 따라 또는 배당이의의 소의 판결 내용에 따라 배당을 실시한다.

2) 집행력 있는 정본 또는 채권증서의 교부, 영수증의 교부

제159조(배당실시절차 · 배당조서) ① 법원은 배당표에 따라 제2항 및 제3항에 규정된 절차에 의하여 배당을 실시하여야 한다. ② 채권 전부의 배당을 받을 채권자에게는 배당액지급증을 교부하는 동시에 그가 가진 집행력 있는 정본 또는 채권증서를 받아 채무자에게 교부하여야 한다. ③ 채권 일부의 배당을 받을 채권자에게는 집행력 있는 정본 또는 채권증서를 제출하게 한 뒤 배당액을 적어서 돌려주고 배당액지급증을 교부하는 동시에 영수증을 받아 채무자에게 교부하여야 한다.

① 채권자에게 채권 전부를 배당하는 경우

채권자가 채권 전부를 배당받은 경우에는 채권자에게 배당액지급증을 교부함 10-189
과 동시에 그 채권자가 가진 집행력 있는 정본을 제출하게 하고 그것이 없는 때에는 채권증서를 제출하게 하여 이 집행력 있는 정본 또는 채권증서를 채무자에게 교부한다(159조 2항).

② 채권자에게 채권 일부를 배당하는 경우

채권자가 채권 일부를 배당받은 경우에는 채권자가 제출한 집행력 있는 정본 10-190
또는 채권증서에 배당액을 적은 다음 채권자에게 돌려주고 배당액지급증을 교부하는 동시에 채권자로부터 영수증을 받아 이를 채무자에게 교부한다(159조 3항).

〈**집행권원 환부신청서**(집행력 있는 판결정본, 일부 배당을 받은 경우)〉

집행력 있는 판결정본 환부신청

사 건　20○○카기○○○호 배당절차
채권자　○○○
채무자　◇◇◇
제3채무자 △△△

위 채권자는 ○○지방법원 20○○가단○○○호 대여금청구사건의 집행력 있는 판결정본에 기초하여 금 ○○○○원의 채권을 가지고 있으나 위 사건의 배당절차에서 금 ○○○원을 배당받았을 뿐이므로, 변제받지 못한 판결금에 대하여 집행하고자 하므로 집행권원정본을 환부하여 주시기 바랍니다.

20○○. ○. ○.
위 채권자 ○○○

○○지방법원 귀중

위 집행권원정본을 20○○. ○○. ○○. ○○:○○에 틀림없이 영수하였습니다.

20○○. . .

영수인 채권자 ○○○

3) 배당금액의 공탁

제160조(배당금액의 공탁) ① 배당을 받아야 할 채권자의 채권에 대하여 다음 각호 가운데 어느 하나의 사유가 있으면 그에 대한 배당액을 공탁하여야 한다. 1. 채권에 정지조건 또는 불확정기한이 붙어 있는 때 2. 가압류채권자의 채권인 때 3. ... ② 채권자가 배당기일에 출석하지 아니한 때에는 그에 대한 배당액을 공탁하여야 한다.

10-191 다음 경우는 배당액을 즉시 채권자에게 지급할 수 없거나 지급하는 것이 적당하지 않으므로 법원사무관등은 그 채권자에게 배당액을 직접 지급하지 않고 공탁하여야 한다. 이 경우를 **배당유보공탁**이라고 하고, 배당액지급증을 교부하지 않는다.

① 법 160조 1항의 사유

10-192 ㉮ 채권에 정지조건 또는 불확정기한이 붙어 있는 때(160조 1항 1호): 조건의 성취나 기한의 도래에 의하여 공탁의 원인이 소멸한 때에 배당액을 지급한다.

㉯ 가압류채권자의 채권인 때(160조 1항 2호): 가압류채권자가 본안소송에서 승소하여 집행력 있는 종국판결을 취득한 때 또는 그에 준하는 화해조서, 그 밖의 집행권원을 취득한 때에 가압류채권자가 집행권원을 제출하면, 법원사무관등은 그 가압류를 한 채권자에게 배당액을 지급한다.[161]

㉰ 집행의 일시정지를 명한 취지를 적은 재판의 정본, 담보권 실행을 일시정지

161) 본안의 확정판결에서 지급을 명한 가압류채권자의 채권이 공탁된 배당액으로 충당되는 범위에서 본안판결의 확정 시에 소멸하는데, 이러한 법리는 본안판결 확정 이후 채무자에 대하여 파산이 선고된 경우에도 마찬가지로 적용되므로 수령한 공탁금은 파산관재인에 대하여 민법상의 부당이득에 해당하지 않는다(대법원 2018. 7. 24. 선고 2016다227014 판결).

하도록 명한 재판의 정본이 제출되어 있는 때(160조 1항 3호): 강제경매의 경우에 집행력 있는 정본을 가진 배당채권자 전원에 대하여 집행정지서면이 제출된 경우에는 배당절차는 정지되므로 배당액의 공탁문제가 일어날 여지가 없으나, 집행력 있는 정본을 가진 배당채권자의 일부에 대하여서만 집행정지서면이 제출된 경우나 임의경매의 경우에는 법원은 배당절차를 속행하여야 하고, 다만 법원사무관등은 그 채권자에 대한 배당액을 공탁하여야 한다.

㉱ 저당권설정의 가등기가 마쳐져 있는 때(160조 1항 4호): 압류의 효력발생 전에 저당권설정의 가등기가 되어 있는 경우에 그 가등기권리자는 나중에 본등기를 하면 우선변제를 받을 수 있는 지위에 있으므로 가압류의 경우에 준하여 가등기권리자가 본등기를 하였다고 가정하고 그에게 배당할 금액을 정하여 이를 공탁하여야 한다.

㉲ 배당이의의 소가 제기된 때(160조 1항 5호): 배당표에 대한 이의가 있는 채권에 관하여 적법한 배당이의의 소가 제기된 때에는 그 배당액을 공탁하여야 한다(배당유보공탁).

㉳ 「민법」 340조 2항, 370조에 따른 배당금액의 공탁청구가 있는 때(160조 1항 6호): 위 공탁청구가 있으면 법원사무관등은 그 저당권자에 대한 배당액을 공탁하여야 한다.

② 법 160조 2항의 사유

채권자가 배당기일에 출석하지 아니한 때에는 그에 대한 배당액을 공탁하여야 10-193
한다. **불출석공탁**이라고 한다.

4) 공탁된 배당액의 처리

제159조(배당실시절차·배당조서) ② 채권 전부의 배당을 받을 채권자에게는 배당액지급증을 교부하는 동시에 그가 가진 집행력 있는 정본 또는 채권증서를 받아 채무자에게 교부하여야 한다.

제161조(공탁금에 대한 배당의 실시) ① 법원이 제160조제1항의 규정에 따라 채권자에 대한 배당액을 공탁한 뒤 공탁의 사유가 소멸한 때에는 법원은 공탁금을 지급하거나 공탁금에 대한 배당을 실시하여야 한다. ... ④ 제2항 및 제3항의 배당표변경에 따른 추가 배당기일에 제151조의 규정에 따라 이의할 때에는 종전의 배당기일에서 주장할 수 없었던 사유만을 주장할 수 있다.

① 채권자가 전부를 받는 것으로 확정된 경우

10-194 집행법원(법원사무관등)은 배당액의 지급위탁서를 작성하여 공탁관에게 보내는 한편, 채권자에게는 배당액지급증(지급증명서)을 교부한다(159조 2항). 채권자는 배당액지급증을 공탁관에게 제출하고 공탁금을 받는다. 이때 공탁관은 집행법원의 보조자로서 공탁금 출급사유 등을 심리함이 없이 집행법원의 지급위탁서에 따라 채권자에게 공탁금을 출급하게 된다.[162)]

② 채권자가 전부 또는 일부를 받지 못하는 것으로 확정된 경우

10-195 **추가배당**을 한다. 배당표상 배당받는 것으로 기재된 채권자에 대한 배당액의 전부 또는 일부를 해당 채권자가 배당받지 못하는 것으로 확정된 경우에 그 채권자의 배당액에 대하여 이의를 하였는지에 관계없이 배당에 참가한 모든 채권자를 대상으로 배당순위에 따라 추가로 배당하는 절차(161조 2항, 3항)를 추가배당이라고 한다.[163)] 그러한 경우로는 예를 들어 채무자가 제기한 배당이의의 소에서 채권자가 패소한 경우, 가압류가 취소되거나 근저당권의 피담보채무가 모두 소멸된 때(동조 1항 내지 3항) 등이다. 이 경우의 배당표변경에 따른 추가배당기일에서의 배당표에 대한 이의는 종전의 배당기일에 주장할 수 없었던 사유로만 이의할 수 있다(동조 4항).

5) 배당(기일)조서의 작성

10-196 배당기일에 배당을 실시한 때에는 법원사무관등은 배당실시의 경과와 내용에 관한 사항을 조서에 명확히 적어야 한다(159조 4항). 이를 배당조서 또는 배당기일조서라고 부른다.

162) 배당표가 일단 확정되면 채권자는 공탁금을 즉시 지급받아 수령할 수 있는 지위에 있는데, 배당표 확정 이후의 어느 시점(가령 배당액 지급증 교부 시 또는 공탁금 출급 시)을 기준으로 변제의 효력이 발생한다고 보게 되면, 채권자의 의사에 따라 채무의 소멸 시점이 늦추어질 수 있고, 그때까지 채무자는 지연손해금을 추가로 부담하게 되어 불합리하므로 채무자가 공탁금 출급을 곤란하게 하는 장애요인을 스스로 형성·유지하는 등의 특별한 사정이 없는 한 배당액에 대한 이의가 있었던 채권은 공탁된 배당액으로 충당되는 범위에서 **배당표의 확정 시에 소멸**한다고 보아야 한다. 다만 위와 같은 배당표의 확정 전에 어떤 경위로든 채권자가 공탁된 배당금을 지급받아 수령하고 그 후 같은 내용으로 배당표가 확정된 경우에는, 채권자가 현실적으로 채권의 만족을 얻은 시점인 공탁금 수령 시에 변제의 효력이 발생한다(대법원 2018. 3. 27. 선고 2015다70822 판결).

163) 추가배당표가 확정되는 시점까지 배당요구에 의한 권리행사가 계속된다고 볼 수 있으므로, 그 권리행사로 인한 소멸시효 중단의 효력은 추가배당표가 확정될 때까지 계속된다(대법원 2022. 5. 12. 선고 2021다280026 판결).

(9) 배당이의의 소

제154조(배당이의의 소 등) ① 집행력 있는 집행권원의 정본을 가지지 아니한 채권자(가압류채권자를 제외한다)에 대하여 이의한 채무자와 다른 채권자에 대하여 이의한 채권자는 배당이의의 소를 제기하여야 한다. ② 집행력 있는 집행권원의 정본을 가진 채권자에 대하여 이의한 채무자는 청구이의의 소를 제기하여야 한다.

1) 의 의

배당이의의 소(Widerspruchsklage)는 배당표에 대하여 이의를 한 사람이 그 이의를 관철하기 위하여(배당표에 배당받는 것으로 기재된 사람의 배당액을 줄여 자신에게 배당되도록 하기 위하여) 배당표의 변경 또는 새로운 배당표의 작성을 구하는 소이다. 배당기일에 배당이의신청을 한 채권자 및 집행력 있는 집행권원의 정본을 가지지 않은 채권자에게 배당이의를 한 채무자는 배당이의의 소를 제기하여야 한다(154조 1항). 배당이의에 의하여 불이익을 받는 채권자가 이에 동의하지 않는 경우는 이의가 완결되지 않기 때문이다. 필수적 변론을 거친 판결에 의하여 실체상 불복을 정하고자 하는 취지이다. 배당이의의 소의 제기에 따라 배당이의의 효력은 관철되어, 이 소송의 결말에 이르러 추가배당이 실시될 때까지(161조 1항) 배당액에 상당하는 금액은 공탁된다(160조 1항 5호. 배당유보공탁). 10-197

◈ 인수주의에 따라 진행된 경매절차에서 배당이의의 소가 허용되는지 여부(소극) ◈

소멸주의에 따른 경매절차에서는 우선채권자나 일반채권자의 배당요구와 배당을 인정하므로 그 절차에서 작성된 배당표에 대하여 배당이의의 소를 제기하는 것이 허용되지만, **인수주의**에 따른 경매절차에서는 배당요구와 배당이 인정되지 아니하고 배당이의의 소도 허용되지 아니한다.[164)]

2) 성 질

소의 성질에 대하여 이의 있는 채권자가 실체상 권리의 존재를 전제로 하여 배당법원이 작성한 배당표의 변경 또는 이를 취소하여 새로운 배당표의 작성을 명하는 판결을 구하는 소송법상의 **형성소송**이라는 입장이 일반적이나,[165)] 그 밖에 소 10-198

164) 대법원 2014. 1. 23. 선고 2011다83691 판결.

165) 김홍엽, 282면; 이시윤, 393면. 독일에서도 소송법상의 형성소송설이 통설이다. Gaul/Schilken/Becker-Eberhard §59 Rn. 42; MüKoZPO/Schmidt/Brinkmann ZPO §878 Rn. 1. 일본에서도 中野貞一郎 · 下村正明, 民事執行法, 554면이 이러한 입장이다.

송상 확인소송설(배당절차상의 배당청구권의 확인 내지 배당표의 소송상의 위법의 확인을 구하는 확인소송), 실체적 확인소송설(이의의 대상이 채권의 존부, 범위, 순위의 확인을 구하는 확인소송)이 있고, 또한 이행청구권의 확인(확인기능)과 배당표의 변경 내지 실효(형성기능)를 겸유한다는 구제소송설도 있다.166)

3) 당사자

① 당사자적격167)

10-199 배당이의의 소의 **원고가 되는 사람**은 배당표에 대한 실체상의 **이의를 한 채권자 또는 채무자**(참고로 보면, 담보권실행을 위한 경매에서 경매 목적물의 소유자는 여기의 채무자에 포함된다)이다.

채권자의 경우는 배당기일에 출석하여 이의를 한 채권자만이 원고적격이 인정된다.168) 배당요구를 하여야 비로소 배당을 받을 수 있는 경우에 배당요구의 종기까지 적법하게 배당요구를 하지 않은 채권자는 소를 제기할 원고적격이 없다.169)

---

166) 배당이의소송의 성질을 논하는 실익은 주로 그 판결의 기판력의 객관적 범위, 구체적으로는 패소한 당사자가 상대방 당사자를 상대로 수령한 배당금을 부당이득으로서 반환청구할 수 있느냐 하는 데 있는데, 오늘날에는 그러한 부당이득반환청구소송을 허용하지 않는 것에 견해가 일치되어 있기 때문에 이제는 실무상으로는 이를 논할 실익이 없다고 본다. 학설 및 검토에 대하여는 주석 민사집행법(Ⅳ)(2018), 251~253면[이국현] 참조.

167) 소송의 결과가 파산재단의 증감에 아무런 영향을 미치지 못하는 파산채권자들 사이의 배당이의소송은 계속 중 채무자가 파산한 경우에 채무자(소유 부동산에 관한 경매)의 책임재산 보전과 관련이 없으므로 파산관재인이 수계할 수 있는 소송에 해당하지 않는다(대법원 2019. 3. 6.자 2017마5292 결정). 배당이의의 소제기 전에 채권양도가 있었고, 그 대항요건을 배당이의소송 계속 중에 갖추었다면, 갖춘 이후에야 비로소 채권양수인으로서는 배당이의소송에 승계참가하여 채권양도인의 승계인으로서 배당받을 권리가 있음을 주장할 수 있다(대법원 2019. 5. 16. 선고 2016다8589 판결[미간행]).

168) 배당표에 대한 이의신청은 구술에 의해서만 가능하고, 서면에 의한 이의신청은 허용되는 것이 아니므로 채권자가 미리 이의신청서를 집행법원에 제출하였다고 하더라도 배당기일에 출석하지 아니하거나 출석한 경우에도 그 이의신청서를 진술하지 아니하였다면, 이의신청을 하지 않은 것으로 되어 배당표에 대한 이의의 소를 제기할 수 없다(대법원 1981. 1. 27. 선고 79다1846 판결). 또한 배당표에 채권자로 기재되지 않은 사람도 배당이의의 신청자격, 나아가 배당이의소송의 원고적격이 인정되는지 여부가 문제될 수 있는데, 일본 最高裁判所 平成6(1994)·7·14 판결은 **부정설**의 입장이다. 배당이의의 신청 및 소송은 배당표 중의 채권 또는 배당액에 대한 실체상의 볼복에 있어서 다툼이 있는 당사자 사이에서 개별적·상대적으로 해결하기 위한 절차이므로 배당표에 기재되지 않았던 사람은 배당이의의 소의 원고적격을 가지지 않고, 집행이의의 신청에 의하여 시정을 구하여야 한다고 보았다.

169) 배당기일에 출석하여 배당표에 대한 실체상 이의를 신청할 권한이 없으므로 배당기일에 출석하여 배당표에 대한 이의를 신청하였더라도 부적법한 이의신청에 불과하고, 소를 제기할 원고적격이 없다(대법원 2003. 8. 22. 선고 2003다27696 판결[미간행]; 대법원 2020. 10. 15. 선고 2017다216523 판결).

다만 채권자가 집행력 있는 정본을 가지고 있는지 여부는 상관없다. 따라서 가압류 채권자도 원고적격자에 해당된다. 이의를 한 채권자가 여럿으로 공동소송의 요건(민사소송법 65조)을 갖추고 있으면, 공동으로 소의 제기를 할 수 있다(통상공동소송). 그리고 상대방인 다른 채권자가 집행력 있는 집행권원의 정본을 가지고 있는지 여부는 상관없다.[170] 이는 채권자가 이의사유로 **채무자를 대위하여** 다른 채권자에 대하여 이의하는 경우에도 마찬가지이다.[171]

한편 **채무자**는 배당기일에 출석하여 이의를 한 경우뿐 아니라 배당기일에 출석하지 않고도 서면에 의한 이의가 허용되는데(151조 2항), 배당기일에 불출석하였더라도 서면에 의한 이의를 한 이상, 원고적격이 인정된다. 그리고 채무자는 **집행력 있는 정본이 없는** 채권자(가압류채권자를 제외)에 대하여만 배당이의의 소의 원고가 될 수 있고(154조 1항), 채무자가 **집행력 있는 정본을 가진** 채권자에 대하여 이의를 한 경우에는 본소를 제기할 수 없고, 청구이의의 소(44조)를 제기하여야 한다(154조 2항).[172] 그러나 **채권자**가 배당이의를 하면서 가령 이의사유로 **채무자를 대위**하여 집행권원의 정본을 가진 다른 채권자의 채권의 소멸시효가 완성되었다는 등의 주장을 한 경우에는 위에서 보았듯이 청구이의의 소가 아닌 배당이의의 소를 제기하여야 한다.[173]

---

170) 대법원 2013. 8. 22. 선고 2013다36668 판결.

171) 배당요구 채권자인 원고는 피고가 **집행력 있는 집행권원의 정본을 가지고 있는지 여부에 상관없이** 피고를 상대로 배당이의의 소를 제기하여야 하고, 그 소송의 공격방어방법으로서 채무자를 대위하여 피고 채권의 소멸시효가 완성되었다는 등의 주장을 할 수 있다(대법원 2023. 8. 18. 선고 2023다234102 판결).

172) 다만 확정되지 않은 가집행선고 있는 판결에 대해서는 청구이의의 소를 제기할 수 없으나(44조 1항), 채무자는 상소로써 채권의 존재 여부나 범위를 다투어 판결의 집행력을 배제시킬 수 있고 집행정지결정을 받을 수도 있으므로, 청구이의의 소를 제기할 수 없다고 하여 채무자가 이러한 판결의 정본을 가진 채권자에 대하여 채권의 존재 여부나 범위를 다투기 위하여 배당이의의 소를 제기할 수 있는 것도 아니다(대법원 2015. 4. 23. 선고 2013다86403 판결). 그러나 가집행선고는 그 선고 또는 본안판결을 바꾸는 판결의 선고로 바뀌는 한도에서 효력을 잃게 되므로(민사소송법 215조), 만일 가집행선고 있는 제1심 판결이 항소심에서 전부 취소되어 가집행선고의 효력도 상실되었다면 더 이상 집행력 있는 집행권원의 정본을 가진 채권자가 아니다. 채무자가 가집행선고 있는 제1심 판결을 가진 채권자를 상대로 채권의 존부와 범위를 다투기 위해 제기한 배당이의의 소는 부적법하지만, 배당이의소송 도중 가집행선고 있는 제1심 판결이 항소심에서 전부 취소되었고 그대로 확정되기까지 하였다면 위와 같은 배당이의 소의 하자는 치유된다고 보아야 한다. 이러한 배당이의 소의 하자 치유 여부는 특별한 사정이 없는 한 사실심 변론종결일을 기준으로 판단해야 한다(대법원 2020. 10. 15. 선고 2017다228441 판결).

173) 위 각주 171)의 대법원 2023. 8. 18. 선고 2023다234102 판결.

그리고 본소의 **피고가 되는 사람**은 배당이의의 상대방으로,[174] 원고의 주장이 인정되면, 자기에 대한 배당액이 줄어드는 불이익을 입게 되는 채권자로서 이의에 동의하지 않은 **채권자**이다.[175] 다만 채무자에게 잉여금이 지급되는 것으로 배당표가 작성된 경우에는 **채무자**도 배당요구채권액을 전액 변제받지 못한 채권자가 제기한 배당이의의 소의 피고가 될 수 있다.

② 보조참가

10-200 배당이의를 하지 않았던 채무자는 채권자가 제기한 배당이의소송 중에 정당한 배당수령권자로 여겨지는 당사자 측에 보조참가를 할 수 있으나(민사소송법 71조), 배당이의를 하지 않았던 채권자는 다른 채권자가 제기한 배당이의소송 중에 보조참가를 할 수 없다.

4) 관할법원

제156조(배당이의의 소의 관할) ① 제154조제1항의 배당이의의 소는 배당을 실시한 집행법원이 속한 지방법원의 관할로 한다. 다만, 소송물이 단독판사의 관할에 속하지 아니할 경우에는 지방법원의 합의부가 이를 관할한다. ② 여러 개의 배당이의의 소가 제기된 경우에 한 개의 소를 합의부가 관할하는 때에는 그 밖의 소도 함께 관할한다. ③ 이의한 사람과 상대방이 이의에 관하여 단독판사의 재판을 받을 것을 합의한 경우에는 제1항 단서와 제2항의 규정을 적용하지 아니한다.

10-201 배당을 실시한 집행법원이 속한 지방법원의 **전속관할**이다(156조 1항 본문, 21조).[176] 이는 배당이의의 소를 일률적으로 처리함으로써 이해관계인의 이의권을 실질적으로 보장하고, 관할 집중을 통하여 다툼이 있는 배당액 부분에 대하여 서로 모순·저촉되는 결과가 발생할 가능성을 최소화함으로써 후속 배당절차가 신속·원

174) 배당표에 대한 이의는 배당표에 배당받는 것으로 적힌 채권자를 상대로 하여야 하는데, 배당절차에서 선정당사자가 선정되면 선정자들이 아닌 선정당사자만이 이러한 채권자 지위에 있으므로, 선정당사자만이 배당표에 대한 이의의 상대방이 된다. 그리고 선정자들이 아닌 선정당사자가 배당표에 대한 이의의 상대방이 된 채권자로서 배당이의의 소의 피고적격을 가진다(대법원 2015. 10. 29. 선고 2015다202490 판결).

175) 피고는 배당기일에서 원고에 대하여 이의를 하지 아니하였다 하더라도 원고의 청구를 배척할 수 있는 사유로서 원고의 채권 자체의 존재를 부인할 수 있다(대법원 2004. 6. 25. 선고 2004다9398 판결; 대법원 2012. 7. 12. 선고 2010다42259 판결 참조).

176) 파산관재인이 부인권을 행사하면서 그 원상회복으로서 배당이의의 소를 제기한 경우에는 파산계속법원의 관할에 속하지 않고, 여기의 관할에 의한다(대법원 2021. 2. 16.자 2019마6102 결정).

활하게 진행될 수 있도록 하는 데 있다. 제1심 판결법원이 관할법원인 청구이의의 소와(44조 1항) 다르다. 사물관할은 일반원칙에 따른다(156조 1항 단서). 다만, 여러 개의 이의소송이 단독판사와 합의부에 따로 계속되면, 이를 합의부가 함께 관할한다(156조 2항). 서로 사이에 모순·저촉되는 결과가 발생할 수 있어 바람직하지 않기 때문이다. 당사자가 단독판사의 재판을 받을 것을 합의한 경우에는 단독판사가 계속 관할할 수 있다(동조 3항).

5) 소송절차

① 청구취지

원고는 청구취지로 배당기일에 진술한 이의의 범위 내에서 배당표를 자기에게 10-202
유리하게 바꾸어 줄 것을 청구하여야 한다.

◈ 청구취지 기재례 ◈

○○지방법원 2017타경○○호 부동산강제경매사건에 관하여 위 법원이 2017. OO. OO. 작성한 배당표 중 원고에 대한 배당액 ○○원을 OOO원으로, 피고에 대한 배당액 ○○○원을 OOO원으로 각 경정한다.

② 공격방어방법

원고의 청구를 뒷받침하는 **공격방법**으로는 모든 법률상, 사실상 사유를 다 주 10-203
장할 수 있다.[177] 배당기일에서 주장한 이의사유에 구속되지도 않는다. 가령 피고의 채권의 부존재, 우선권의 부존재, 피고의 배당요구의 무효 등을 주장하게 된다. 또한 원고는 채권자대위권에(민법 404조) 터 잡아 채무자가 피고에 대하여 가지는 취소권, 해제권, 상계권 등을 행사할 수 있다.[178]

한편 피고는 **방어방법**으로 원고의 채권에 대한 실체상 모든 흠을 주장할 수 있다.[179] 또한 원고의 배당요구의 무효도 주장할 수 있다.

---

177) 경매신청서에 기재한 채권액을 사후에 확장할 수 있는지 여부와 관련하여 집행채권액의 일부만 기재한 일부청구의 경우에 경매개시결정 후에는 청구금액의 확장은 허용되지 않는다고 본다(☞10-13).

178) 위 각주 171)의 대법원 2023. 8. 18. 선고 2023다234102 판결 참조.

179) 배당이의의 소에 있어서 피고는 원고의 청구를 배척할 수 있는 모든 주장을 방어방법으로 내세울 수 있다 할 것인바, 배당기일에 피고가 원고에 대하여 이의를 하지 아니하였다 하더라도 피고는 원고의 청구를 배척할 수 있는 사유로서 원고의 채권 자체의 존재를 부인할 수 있다(대법원 2004. 6. 25. 선고 2004다9398 판결).

③ 심 리

10-204 심리는 통상의 소송절차에 의한다. 배당이의사유에 관한 증명책임도 일반 민사소송에서의 증명책임분배원칙에 따라야 하므로 가령, 원고가 피고의 채권이 성립하지 아니하였음을 주장하는 경우에는 **피고**에게 그 채권의 **발생원인사실**을 증명할 책임이 있고, 가령, 원고가 그 채권이 통정허위표시로서 무효라거나 변제에 의하여 소멸되었음을 주장하는 경우에는 **원고**에게 그 **장애** 또는 **소멸사유**에 해당하는 사실을 증명할 책임이 있다.[180]

그리고 **채권자**인 원고가 승소하기 위하여는 피고의 채권이 존재하지 아니함을 주장·증명하는 것만으로 충분하지 않고 자신이 피고에게 배당된 금원을 **배당받을 권리가 있다**는 점까지 주장·증명하여야 하며,[181] 피고는 배당기일에서 원고에 대하여 이의를 하지 아니하였다 하더라도 원고의 청구를 배척할 수 있는 사유로서 원고의 채권 자체의 존재를 부인할 수 있다.[182]

한편 **채무자**가 소를 제기한 경우는 자신이 피고에게 배당된 금원을 배당받을 권리가 있다는 점까지 주장·증명할 필요는 없다.[183]

④ 소의 취하간주

제158조(배당이의의 소의 취하간주) 이의한 사람이 배당이의의 소의 첫 변론기일에 출석하지 아니한 때에는 소를 취하한 것으로 본다.

10-205 **원고**가 **첫 변론기일**에 출석하지 않으면, 소를 **취하한 것으로 본다**(158조).[184]

180) 대법원 2007. 7. 12. 선고 2005다39617 판결. 상대방의 채권이 가장된 것임을 주장하여 배당이의를 신청한 채권자는 이에 대하여 증명책임을 부담한다(대법원 1997. 11. 14. 선고 97다32178 판결).

181) 대법원 2012. 7. 12. 선고 2010다42259 판결. 위와 같은 법리는 채무자가 체결한 근저당권설정계약에 관하여 채권자가 사해행위취소의 소를 제기함과 아울러 그 원상회복으로서 배당이의의 소를 제기하는 경우에도 마찬가지이다(대법원 2021. 6. 24. 선고 2016다269698 판결).

182) 대법원 2004. 6. 25. 선고 2004다9398 판결; 대법원 2023. 11. 9. 선고 2023다256577 판결 등.

183) 담보권 실행을 위한 경매에서 채무자 겸 소유자인 원고가 배당이의를 한 경우의 소송목적물은 채권자인 피고가 경매절차에서 배당받을 권리의 존부이지, 채무자 겸 소유자인 원고가 경매절차에서 배당받을 권리(잉여금을 수령할 권리)가 아니어서, 원고 승계참가인이 원고의 배당받을 권리를 양수하였더라도 원고로부터 이 사건의 소송목적인 권리를 승계하였다고 할 수 없고, 원고 승계참가인의 승계참가신청은 그 요건을 갖추지 못하여 부적법하다(대법원 2023. 2. 23. 선고 2022다285288 판결).

184) 변론준비절차는 변론이 효율적이고 집중적으로 실시될 수 있도록 당사자의 주장과 증거를 정리하여 소송관계를 뚜렷이 하기 위하여 마련된 제도로서 당사자는 변론준비기일을 마친 뒤의

소송에 열의가 없는 채권자에게 더 이상의 기회를 주지 않고, 배당절차의 신속한 종결을 위하여 민사소송법 268조의 특칙을 둔 것이다.[185] **피고만**의 불출석의 경우에는 일반원칙에 의하여 가령 민사소송법 148조 진술간주에 따른다.

⑤ 판 결

제157조(배당이의의 소의 판결) 배당이의의 소에 대한 판결에서는 배당액에 대한 다툼이 있는 부분에 관하여 배당을 받을 채권자와 그 액수를 정하여야 한다. 이를 정하는 것이 적당하지 아니하다고 인정한 때에는 판결에서 배당표를 다시 만들고 다른 배당절차를 밟도록 명하여야 한다.

소각하 내지는 청구기각된 경우는 배당표는 그대로 확정된다. 10-206

채권자가 제기한 배당이의소송을 심리한 결과, 청구의 전부 또는 일부가 이유 있는 경우에는 종국판결로 원고와 피고에게 얼마씩 배당할 것인지를 정한다. 피고에 대한 배당액을 삭제 또는 감액함과 동시에 그 배당액을 원고에게 배당하도록 정하고, 다만 이를 정하는 것이 적당하지 않은 경우에는 판결에서 배당표를 다시 만들고 다른 배당절차를 밟도록 명한다(157조).[186] 주문의 형태는 앞에서 본 청구취지의 기재례와 같다.

변론기일에서 변론준비기일의 결과를 진술하여야 하는 등 변론준비기일의 제도적 취지, 그 진행방법과 효과, 규정의 형식 등에 비추어 볼 때, 법 158조에서 말하는 '첫 변론기일'에 '첫 변론준비기일'은 포함되지 않는다(대법원 2006. 11. 10. 선고 2005다41856 판결). 따라서 첫 변론준비기일에 출석한 원고라고 하더라도 첫 변론기일에 불출석하면 소를 취하한 것으로 볼 수밖에 없다(대법원 2007. 10. 25. 선고 2007다34876 판결).

185) 한편, **일본** 민사집행법 90조 3항은 우리와 달리, 불출석의 경우의 진술간주의 특칙으로 책임질 수 없는 사유에 의하여 출석하지 못한 경우를 제외하고 **소는 각하**된다고 하고 있다. 불출석한 원고의 의사가 일반적으로 배당이의를 포기하는 취지라고 추인된다고 보는 것이고, 배당절차는 종료된다.

186) 157조 후문의 배당표를 다시 만들고 다른 배당절차를 밟도록 명한 경우에는 그 판결에 따라 배당법원이 실시한 재배당절차에서 재조제한 배당표가 확정되어야 원고의 채권이 소멸한다. 그러므로 채권자가 여러 명의 다른 채권자를 상대로 배당이의의 소를 제기하고 피고 중 일부에 대하여 승소판결이 확정되었으나 그 판결이 157조 후문에 따라 배당법원으로 하여금 배당표를 다시 만들도록 했을 뿐 채권자인 원고의 구체적 배당액을 정하지 않은 경우에는 아직 배당이의의 소를 통하여 달성하려는 목적이 전부 실현되었다고 할 수 없으므로, 나머지 채권자를 상대로 한 소는 여전히 권리보호의 이익이 인정된다(대법원 2022. 11. 30. 선고 2021다287171 판결).

⑥ 판결의 효력

10-207 **채권자가 소를 제기한 경우**에는 그 판결의 효력은 원고와 피고 사이에서만 미치고(상대적 해결),[187] 이의가 있었던 배당액에 관한 실체적 배당수령권의 존부의 판단에 기판력이 생긴다(배당을 받을 채권자 모두 사이에 생기는 효력이 아니다).[188]

◈ **구체적 예** ◈ A토지의 강제경매사건에서 채권자 甲, 乙, 丙이 배당을 받게 되어, 배당표에 기재된 채권액은 3명 각각 2천만 원, 배당에 충당될 매각대금은 4천5백만 원으로 甲, 乙, 丙 각각 1천5백만 원씩 배당을 받게 되었다고 하자. 그러나 乙이 甲에게 甲의 채권이 존재하지 않는 것을 이유로 배당이의를 하고 배당이의의 소를 제기하였다고 하자(160조 1항 5호에 의한 배당액의 공탁 참조). 이러한 사안에서 법원이 乙의 주장과 같이 甲의 채권이 존재하지 않는다고 인정하는 경우에 당초 甲의 배당될 것이었던 1천5백만 원 가운데 5백만 원은 乙에게 배당하게 되고 나머지 1천만 원은 종전대로 甲에게 배당하게 된다. 집행법원의 입장에서는 甲의 채권은 배당이의소송의 기판력에 의하여 甲·乙 양자 사이에서는 존재하지 않지만, 기판력이 미치지 않는 甲·丙 사이에서는 (배당표에 따라) 존재하는 것이 되므로 甲에 대한 배당액 1천5백만 원은 乙과의 관계에서는 甲이 나머지 1천만 원의 배당을 받는다. 이러한 분배가 실체상의 불복을 다툼이 있는 당사자 사이에서만 해결한다는 배당이의소송의 취지에 합치할 것이다. 따라서 乙의 청구를 인용하는 판결은 甲에 대한 1천5백만 원의 배당을 5백만 원 빼서 그 5백만 원을 乙에 대한 배당에 더하도록 배당표를 변경시키라고 명하는 내용이 된다.

한편 **채무자가 소를 제기한 경우**에 채무자가 승소한 때에는 피고가 된 채권자는 채무자에 대한 집행으로부터 배제되는 것이므로, 그 당연한 결과로 배당이의소송의 인용판결이 확정된 뒤 배당표를 바꾸어 다른 채권자(만약 배당이의를 하지 않

187) 채권자가 제기하는 배당이의의 소는 대립하는 당사자인 채권자들 사이의 배당액을 둘러싼 분쟁을 해결하는 것이므로, 그 소송의 판결은 원·피고로 되어 있는 채권자들 사이에서 상대적으로 계쟁 배당부분의 귀속을 변경하는 것이어야 하고, 따라서 피고의 채권이 존재하지 않는 것으로 인정되는 경우 계쟁 배당부분 가운데 원고에게 귀속시키는 배당액을 계산함에 있어서 **이의신청을 하지 아니한 다른 채권자의 채권을 참작할 필요가 없으며**, 이는 이의신청을 하지 아니한 다른 채권자 가운데 원고보다 선순위의 채권자가 있다 하더라도 마찬가지이다(대법원 2001. 2. 9. 선고 2000다41844 판결).

188) 배당이의의 소에서 패소의 본안판결을 받은 당사자가 상대방에 대하여 위 확정된 배당액이 부당이득이라는 이유로 그 반환을 구하는 소송을 제기한 경우에는, 전소인 배당이의의 소의 본안판결에서 판단된 배당수령권의 존부가 부당이득반환청구권의 성립 여부를 판단하는 데에 있어서 선결문제가 된다고 할 것이므로, 당사자는 그 배당수령권의 존부에 관하여 위 배당이의의 소의 본안판결의 판단과 다른 주장을 할 수 없고, 법원도 이와 다른 판단을 할 수 없다(대법원 2000. 1. 21. 선고 99다3501 판결).

았다 하더라도)에게 다시 배당하게 된다(161조 2항 2호. 대세적 효력). 매각대금은 배당을 받을 채권자에게의 배당에 충당될 금전인 이상, 이렇게 처리하는 것이 공평하고 합리적이다.

(10) 부당이득반환청구

제155조(이의한 사람 등의 우선권 주장) 이의한 채권자가 제154조제3항의 기간을 지키지 아니한 경우에도 배당표에 따른 배당을 받은 채권자에 대하여 소로 우선권 및 그 밖의 권리를 행사하는 데 영향을 미치지 아니한다.

앞에서 설명하였듯이, 배당절차에서 실제로 배당을 받아야 할 채권자가 배당을 받지 못하고, 배당을 받지 못할 사람이 배당을 받은 경우에 배당을 받지 못한 채권자는 배당표에 대한 이의(배당이의)를 하고, 나아가 배당이의의 소를 제기하여 구제를 받을 수 있다. 그런데 적법한 배당요구를 하지 않았거나, 배당기일에 적법하게 이의를 하지 못하였거나 또는 이의는 하였으나 배당이의의 소제기 및 증명기간을 준수하지 못하여 배당이의의 소를 통하여 구제받을 수 없게 된 경우에(155조 참조) 배당을 받지 못한 채권자로서는 배당을 받지 못할 사람이면서도 배당을 받은 사람을 상대로 부당이득반환청구권을 가지는지 여부가 문제된다. 10-208

◈ 배당기일에서 이의하지 않은 채권자의 부당이득반환청구 허용 여부 ◈ 가령, 부동산경매절차에서 근저당권자인 A은행은 2순위로 자신의 채권액 전부를 배당받고 일반채권자인 甲(집행력 있는 정본을 가진 채권자로서 배당요구를 함)과 乙 등은 6순위로 배당요구 채권액 중 일부만 배당받는 내용의 배당표가 작성되었는데, 甲과 乙 모두 배당기일에 출석하였으나, 甲은 이의하지 않고 乙만 위 A은행에 배당된 배당금에 대해 이의한 후 위 A은행을 상대로 배당이의의 소를 제기하여 그 소송에서 화해권고결정을 받아 위 A은행에 배당된 배당금 전액을 乙이 수령하자, 그 후 甲이 乙을 상대로 그 배당금 중에서 乙과 같은 순위의 채권자인 甲의 채권액에 비례한 금액만큼 甲에게 반환되어야 한다고 주장하며 부당이득반환청구를 할 수 있는지 여부가 문제된다(아래 2014다206983 전원합의체 판결의 사안).

그런데 법 155조는 **배당이의한 채권자**가 소제기 등 증명기간을 지키지 않은 경우에도 소로 우선권 및 그 밖의 권리를 행사하는 데 영향을 미치지 않는다고 규정하고 있어서, 그 입법취지를 둘러싸고 해석상 문제가 되고 있다. 위 조항이 확인적 규정이거나 예시적 규정임을 전제로 배당이의 등을 하지 않은 채권자의 부당이득반환청구도 허용된다는 입장에 대하여,[189] 그러나 위 조항은 위와 같은 절차를 게을리하였음에도 불구하고 소로 우선권 및 그 밖의 권리를 행사하는 데 영향이 없는 채권자의 범위를 이의한 채권자로 한정하고 있으므로 그 문언대로 본다면 이의한 채권자에 대해서만 위 조항이 적용된다고 해석하는 것이 자연스럽다는 입장도 있다.

판례는 배당받을 권리 있는 채권자가 자신이 배당받을 몫을 받지 못하고 그로 인하여 권리 없는 다른 채권자가 그 몫을 배당받은 경우에(과오배당 내지는 부당배당이라고도 한다) **배당이의 여부 또는 배당표의 확정 여부와 관계없이** 배당받을 수 있었던 채권자가 배당금을 수령한 다른 채권자를 상대로 **부당이득반환청구를 할 수 있다**고 보고 있다. 최근 **전원합의체 판결**에서도 (위 예와 같은 사안에서) 배당절차에 참가한 채권자가 배당이의 등을 하지 않아 배당절차가 종료되었더라도 그의 몫을 배당받은 다른 채권자에게 그 이득을 보유할 정당한 권원이 없는 이상 잘못된 배당의 결과를 바로잡을 수 있도록 하는 것이 실체법 질서에 부합하고, 나아가 위와 같은 부당이득반환청구를 허용하여야 할 현실적 필요성(배당이의의 소의 한계나 채권자취소소송의 가액반환에 따른 문제점 보완), 현행 민사집행법에 따른 배당절차의 제도상 또는 실무상 한계로 인한 문제에서, (법 155조의 내용과 취지, 입법 연혁 등에 비추어 보더라도 종래 판례는 법리적으로나 실무적으로 타당하므로 유지되어야 한다는 점을 그 근거로), 부당이득반환청구를 **허용**하였다.[190] 다만, 경매개시등기 전에 등기된 저당권자와 같이 **당연히 배당에 참가할 수 있는 채권자나 적법한 배당요구를 한 채권**

189) 모법인 구 **독일** 민사소송법 764조 2항(현행 878조 2항)의 입법취지는 배당이의가 법정기간 내(독일법 1월, 우리와 일본법 7일)에 배당이의의 소의 제기 및 그 제소의 증명을 게을리한 것만으로 완결된다고 정함과 함께 그 게을리함에 의한 불이익이 배당절차를 넘어서는 효과를 생기게 하여 실체법상의 권리까지를 결정하는 것은 아니라는 점을 의문의 여지가 없도록 확인적으로 정한 것이라고 한다. Saenger, ZPO Rn. 1. 따라서 이 규정의 반대해석에 의하여 배당이의를 하지 않은 채권자 또는 그렇게 여겨진 채권자가 종국적으로 부당이득반환청구권을 빼앗기는 결론을 즉시 끌어낼 수 있는 것은 아니라고 본다.

190) 대법원 2019. 7. 18. 선고 2014다206983 전원합의체 판결(판례는 종전부터 부당이득반환청구를 할 수 있다는 입장이었고, 가령 대법원 2007. 2. 9. 선고 2006다39546 판결 등은 배당을 받지 못한 그 채권자가 일반채권자라고 하여 달리 볼 것은 아니라고 보았다). 이 전원합의체 판결의 다수의견에 대하여 채권자가 적법한 소환을 받아 배당기일에 출석하여 자기의 의견을 진술할 기회를 부여받고도 이러한 기회를 이용하지 않은 채 배당절차가 종료된 이상, 그 배당절차에서 배당받은 다른 채권자를 상대로 부당이득반환청구의 소를 제기하여 새삼스럽게 자신의 실체법적 권리를 주장하는 것을 허용해서는 안 된다는 **반대의견**이 있다.

자에 한정하여 부당이득반환청구를 할 수 있다고 한다. 즉, 가령 주택 등 임대차보호법상의 임차보증금채권자[191] 등과 같이 배당요구가 필요한 배당요구권자인데, 그 사람이 적법한 배당요구를 하지 않아 배당에서 제외된 경우는 그 사람은 부당이득반환청구를 할 수 없다.[192]

그런데 **학설**은 위 판례와 같이 **전면적 긍정설**과 저당권자 등 우선변제권이 있는 채권자는 별론이로되, 일반채권자는 배당이의를 한 채권자일 때에만 최종적 구제수단으로 부당이득반환청구를 허용하고자 하는 **제한적 긍정설**로 나뉜다.[193]

민사집행법상의 배당실시절차 및 그에 따른 불복절차를 어떻게 평가할 것인가를 전제로 과오배당 내지는 부당배당을 받은 상대방에게 '이득'이 있는가. 이의를 하지 않은 채권자에게 '손실'이 있는가. 위 이득과 손실 사이에 '인과관계'가 있는가. 위 이득의 보유에 '법률상의 원인'이 있는가 등 부당이득반환청구의 가부를 검토하여야 할 것이다.[194]

한편 채권자 서로 사이의 횡적 관계가 아닌 **채무자**의 경우는 초과배당 받은 채권자에 대하여 민사집행법 155조가 아닌, 민법 741조의 일반원칙에 따라 원칙적

191) 대법원 2002. 1. 22. 선고 2001다70702 판결.

192) 배당요구채권자는, 당연히 배당을 받을 수 있는 채권자의 경우와는 달리, 적법한 배당요구를 하지 아니한 경우에는 비록 실체법상 우선변제청구권이 있다 하더라도 경락대금으로부터 배당을 받을 수는 없을 것이므로 이러한 배당요구채권자가 적법한 배당요구를 하지 아니하여 그를 배당에서 제외하는 것으로 배당표가 작성·확정되고 그 확정된 배당표에 따라 배당이 실시되었다면, 그가 적법한 배당요구를 한 경우에 배당받을 수 있었던 금액 상당의 금원이 후순위채권자에게 배당되었다고 하여 이를 법률상 원인이 없는 것이라고 할 수 없다(대법원 1998. 10. 13. 선고 98다12379 판결). 집행력 있는 정본을 가진 채권자 등은 배당요구의 종기까지 배당요구를 한 경우에 한하여 비로소 배당을 받을 수 있고, 적법한 배당요구를 하지 않은 경우에는 매각대금으로부터 배당을 받을 수는 없는데, 이러한 채권자가 적법한 배당요구를 하지 않아 배당에서 제외되는 것으로 배당표가 작성되어 배당이 실시되었다면, 그가 적법한 배당요구를 한 경우에 배당받을 수 있었던 금액에 해당하는 돈이 다른 채권자에게 배당되었다고 해서 법률상 원인이 없는 것이라고 할 수 없다(대법원 2020. 10. 15. 선고 2017다216523 판결).

193) 가령 **전면적 긍정설**로는 김홍엽, 291면. **제한적 긍정설**로는 이시윤, 399면. **일본** 구 민사소송법 634조는 우리와 마찬가지 취지의 규정을 두었으나, 현행 민사집행법에서 이를 폐지하였고(그 이유는 분명하지 않으나, 이의를 하지 않은 채권자와 이의를 하였지만 배당이의의 소를 제기하지 않은 채권자를 구별할 의의가 없다고 본 듯하다), 현재 **학설**은 전면적 긍정설, 절충설(일부긍정설), 전면적 부정설 등의 대립이 있는데, **판례**는 저당권에 있어서 부당이득은 긍정하고(일본 最高裁判所 平成3(1991)·3·22 판결), 일반채권자에 있어서 부당이득은 부정한다(일본 最高裁判所 平成10(1998)·3·26 판결).

194) 위 전원합의체 판결의 다수의견처럼 배당종결로써 실체적 권리가 좌우되지 않는다고 보더라도, 곧바로 실체적 권리의 성립요건은 별도의 단계로 따져보아야 하며, 부당배당에 기한 부당이득반환청구권은 침해부당이득의 문제이므로 침해부당이득으로서의 요건을 검토해야 한다는 입장으로는 전원열, "민사집행절차상 배당요구·배당이의와 부당이득반환청구권", 저스티스(2020. 6), 212면 이하 참조.

으로 부당이득반환청구를 할 수 있다고 할 것이다.[195] 다만, 채무자의 경우는 배당시점에서 배당이의사유를 아는 경우가 많을 것이므로 그 구제는 제한적으로 될 것이다.

10. 경매신청의 취하

제93조(경매신청의 취하) ① 경매신청이 취하되면 압류의 효력은 소멸된다. ② 매수신고가 있은 뒤 경매신청을 취하하는 경우에는 최고가매수신고인 또는 매수인과 제114조의 차순위매수신고인의 동의를 받아야 그 효력이 생긴다. ③ 제49조제3호 또는 제6호의 서류를 제출하는 경우에는 제1항 및 제2항의 규정을, 제49조제4호의 서류를 제출하는 경우에는 제2항의 규정을 준용한다.

(1) 의 의

10-209 판결절차에서 소의 취하가 인정되듯이, 원칙적으로 강제경매개시결정이 있는 뒤라도 경매신청인은 경매신청을 임의로 취하할 수 있다. 한편, 경매신청인의 신청의 취하와 달리, 법원이 (집행부동산이 없어지거나 매각 등으로 말미암아 권리를 이전할 수 없는 사정이 명백하게 된 때에) 그 경매절차를 직권으로 취소하는 것(96조 1항)에 대하여는 이미 설명한 바 있다(☞10-20).

(2) 취하권자

10-210 경매신청인이 취하할 수 있는데, 다만 경매신청인의 지위 이전이 있은 경우에는 그 승계인만이 취하할 수 있다.

(3) 취하의 시기와 요건

10-211 경매신청인은 매수인이 **대금을 지급하기 전**까지 경매신청을 취하할 수 있는데, 취하를 한 시기에 따라 그 요건은 다음과 같이 다르다.

1) 매수신고가 있기 전까지의 취하

10-212 경매신청인은 경매신청 뒤, 매각기일에 적법한 매수신고가 있을 때까지는 다른 사람의 **동의를 받을 필요 없이** 임의로 경매신청을 취하할 수 있다.

---

195) 이시윤, 401면도 마찬가지 입장이다.

2) 매수신고가 있은 뒤의 취하

매수신고가 있은 뒤에 경매신청을 취하하는 경우에는 최고가매수신고인 또는 매수인과 법 114조의 차순위매수신고인의 **동의를 받아야** 한다(93조 2항). 최고가매수신고인 및 차순위매수신고인은 매각기일의 절차에서 집행관에 의하여 최고가매수신고인 및 차순위매수신고인으로 이름과 가격이 불린 사람(115조 1항)을 말하며, 매수인은 최고가매수신고인 또는 차순위매수신고인 가운데 매각허가결정이 확정된 사람을 말한다. 매각절차의 진행에 있어서 매수를 원하는 새로운 이해관계자가 생겼으므로 그 지위의 안정을 도모하기 위하여 그 사람의 동의를 받도록 한 것이다. 그러나 배당을 요구한 채권자나 부동산 위의 권리자는 다른 사람의 경매신청에 따른 집행절차에 따라 붙어 배당을 받으려는 사람에 지나지 않으므로 그 사람의 이익을 고려할 필요가 없어서 동의가 필요하지 않다. 10-213

한편 이중경매개시결정이 있은 때에 선행 개시결정이 진행하고 있는 상황에서 뒤의 개시결정에 의한 집행절차는 잠정적인 것에 불과하여, 후행 경매신청이 취하되더라도 선행 절차에서의 최고가매수신고인 등에게는 아무런 영향도 없다. 그리하여 법 93조가 적용될 여지가 없고, 따라서 신청의 취하에 위 사람의 동의를 받을 필요가 없다. 또한 선행 개시결정의 경매신청이 취하될 경우에 후행 경매절차가 속행되므로 속행에 의해 매각조건에 변경이 없는 때에는(원칙적으로 배당요구의 종기가 지나지 않고, 매각물건명세서에서 법 105조 1항 3호(등기된 부동산에 대한 권리 또는 가처분으로서 매각으로 효력을 잃지 아니하는 것)의 기재사항이 바뀌지 않은 때) 선행 경매신청이 취하되더라도 뒤의 압류채권자에게 아무런 영향이 없기 때문에(87조 2항) 취하에 있어서 뒤의 경매신청인의 동의는 필요 없다(민사집행규칙 49조 1항).

3) 재매각명령이 있은 뒤의 취하

재매각명령이 있은 뒤, 경매신청을 취하할 경우에 대금지급기한까지 그 의무를 이행하지 않아 재경매절차를 야기한 종전 절차에서의 매수인은 동의권자에 해당하지 않으므로 동의를 받을 필요가 없다.[196] 10-214

(4) 취하의 방식

취하의 의사표시는 집행법원에 대하여 하여야 하며 매각기일이 개시된 뒤라도 10-215

196) 대법원 1999. 5. 31.자 99마468 결정.

집행관에 대하여 하는 것은 효력이 없다. 취하는 반드시 서면으로 할 필요는 없고 말로도 할 수 있으나, 말로 한 경우에는 조서를 작성하여야 한다(민사소송법 161조 참조).

(5) 취하의 효과

10-216 경매신청이 유효하게 취하되면 경매절차가 종료하고 압류의 효력이 소멸한다(93조 1항). 경매절차는 당연히 종료하므로 별도로 경매절차 또는 경매개시결정을 취소할 필요가 없다. 법원사무관등은 직권으로 경매개시결정의 기입등기를 말소하도록 등기관에게 촉탁한다(141조). 신청의 취하가 있더라도 최고가매수신고인 등의 동의가 없어 유효한 취하가 되지 못하는 경우에는 그대로 경매절차를 진행한다.

Ⅲ. 강제관리

1. 의 의

제163조(강제경매규정의 준용) 강제관리에는 제80조 내지 제82조, 제83조제1항·제3항 내지 제5항, 제85조 내지 제89조 및 제94조 내지 제96조의 규정을 준용한다.

10-217 부동산에 대한 강제집행의 방법으로 강제경매 이외에 민사집행법은 강제관리(Zwangsverwaltung)를 인정하고 있는데,[197] 강제관리는 부동산에 대한 채무자의 소유권을 처분하는 것을 목적으로 하지 않고, 단지 채무자의 수익 권능을 빼앗아 그 수익(천연과실·법정과실)을 집행법원이 임명한 관리인으로 하여금 수취시켜 그 수익을(하나하나 유체동산 내지는 채권으로 압류·환가하여 이를 각 채권자에게 개별로 배당 등을 실시하는 대신에 그 수익을 전체적으로 집행의 목적으로 하여) 변제에 충당하는 방식의 집행방법이다. 채권자는 자기의 선택에 의하여 위 양자 가운데 어느 한 가지 방법으로 집행하거나 두 가지 방법을 함께 사용하여 집행할 수 있다(78조 3항). 부동산시장이 호황일 때에는 강제경매가 순조로울 경우도 있으나, 불황일 경우에는 그렇지 않을 때가 있고, 또한 경매절차에 상당한 시간이 걸리는 경우도 많다. 그래서 강제관리방법으로 집행을 할 수 있으나, 그다지 많이 이용되고 있지 않다. 하여튼 강제관리는 강제경매가 불가능한 부동산(가령 양도금지의 부동산이나, 매수가능가격으로 절차비용 및 담보권자 등의

197) **독일** 부동산에 대한 집행방법에 있어서도 마찬가지이다. 강제관리는 ZPO 864조부터 866조, ZVG 146조부터 161조가 규율하고 있다.

우선채권을 변제하여 잉여가 생길 가능성이 없으므로 강제 경매를 할 수 없는 부동산)에 대한 강제집행으로서 적합하다. 구분소유건물의 임대상가로, 게다가 수익(임대료)이 어느 정도 오르는 경우에는 그 부동산을 강제경매하는 것보다 오히려 약간 시간이 걸리더라도 강제관리로 착실하게 채권 회수를 도모하는 편이 좋은 경우가 있다.

〈접수 사건의 추이〉

2018년	2019년	2020년	2021년	2022년	2023년
10	12	10	29	13	14

강제관리의 대상이 되는 부동산은 현실로 수익을 내고 있을 필요는 없지만, 통상의 용법에 따라 수익을 낼 수 있는 것이어야 한다. 가령 다른 채권자가 사용수익권을 가지는 부동산은 강제관리의 대상이 되지 않는다.

강제관리는 부동산의 수익성에 착안하여 그 수익을 채권자의 만족에 충당하는 것으로 부동산의 현금화를 수반하지 않는다(강제경매를 원본집행이라고 하고, 강제관리는 수익집행이라고도 부른다). 그런고로 강제경매의 매각규정을 제외하고는 부동산에 대한 금전집행으로서의 공통성에서 강제경매의 대부분의 규정이 강제관리에 준용된다(163조). 따라서 강제관리는 대체로 목적물을 **압류**하여, 채무자에게 **수익의 처분을 금지**하고, 그 수익으로 채권자의 채권을 **변제**하는 3단계의 절차로 진행된다.

2. 개 시

제164조(강제관리개시결정) ① 강제관리를 개시하는 결정에는 채무자에게는 관리사무에 간섭하여서는 아니되고 부동산의 수익을 처분하여서도 아니된다고 명하여야 하며, 수익을 채무자에게 지급할 제3자에게는 관리인에게 이를 지급하도록 명하여야 한다. … ③ 강제관리개시결정은 제3자에게는 결정서를 송달하여야 효력이 생긴다.

제83조(경매개시결정 등) ① 경매절차를 개시하는 결정에는 동시에 그 부동산의 압류를 명하여야 한다. … ③ 경매절차를 개시하는 결정을 한 뒤에는 법원은 직권으로 또는 이해관계인의 신청에 따라 부동산에 대한 침해행위를 방지하기 위하여 필요한 조치를 할 수 있다. ④ 압류는 채무자에게 그 결정이 송달된 때 또는 제94조의 규정에 따른 등기가 된 때에 효력이 생긴다. ⑤ 강제경매신청을 기각하거나 각하하는 재판에 대하여는 즉시항고를 할 수 있다.

10-218 강제관리는 채권자의 신청에 의하여 개시된다. 신청은 서면으로 하여야 함은 강제경매의 경우와 같다(4조). 강제경매신청서의 기재사항을 규정한 법 80조는 강제관리의 신청에 준용된다(163조).

강제관리는 부동산에 대한 강제집행의 하나의 방법이므로 강제경매와 마찬가지로 그 부동산이 있는 곳의 지방법원이 관할한다(79조 1항). 부동산이 여러 지방법원의 관할구역에 있는 때에는 각 지방법원에 관할권이 있고, 이 경우 법원이 필요하다고 인정한 때에는 사건을 다른 관할 지방법원으로 이송할 수 있다(동조 2항). 사법보좌관제도가 신설되었지만, 이는 사법보좌관의 업무범위에 속하지 않고 지방법원 단독판사가 절차를 담당한다.

신청의 각하 또는 기각결정에 대하여는 즉시항고를 할 수 있다(164조 4항).

집행법원은 강제관리의 신청이 상당하다고 인정되면, 강제관리개시결정을 하면서 동시에 그 부동산의 압류를 명하여야 한다(163조, 83조 1항 준용). 강제관리개시결정에는 채무자에 대하여 부동산의 관리사무에 대한 간섭과 부동산에서 생기는 수익의 처분을 금지하고, 동시에 채무자에게 수익을 지급하게 되는 제3자에 대하여는 이후 관리인에게 지급할 것을 명하여야 하고(164조 1항), 목적부동산을 관리·수익할 관리인을 임명한다(166조 1항).

압류는 채무자에게 개시결정이 송달된 때 또는 개시결정등기가 된 때에 효력이 생긴다(163조, 83조 4항 준용). 개시결정은 제3자에게는 결정서를 송달하여야 효력이 생긴다(164조 3항).

강제관리개시결정에 대한 불복은 집행에 관한 이의의 성질을 가진 개시결정에 대한 이의신청의 방법에 의하여야 하고, 그 이의신청에 대한 재판에 대하여 비로소 즉시항고를 할 수 있을 뿐이며 강제관리개시결정에 대하여 직접 즉시항고의 방법으로 불복신청을 할 수 없다(163조, 86조 1항, 3항).

〈불복신청의 방법〉

	강제경매	강제관리
기각(각하)결정	즉시항고(83조 5항)	즉시항고(164조 4항)
개시결정	이의신청(86조 1항)	이의신청(163조, 86조 1항)

3. 관리인의 선임과 권한

제166조(관리인의 임명 등) ① 관리인은 법원이 임명한다. 다만, 채권자는 적당한 사람을 관리인으로 추천할 수 있다.

제167조(법원의 지휘·감독) ① 법원은 관리에 필요한 사항과 관리인의 보수를 정하고, 관리인을 지휘·감독한다.

집행법원은 개시결정과 동시에 채무자에게 수익을 지급하게 되는 제3자에 대하여는 이후 관리인에게 지급할 것을 명하고(164조 1항), 목적부동산을 관리·수익할 관리인을 임명한다(166조 1항). 관리인은 관리와 수익을 하기 위하여 부동산을 점유할 수 있는데, 이 경우에 저항을 받으면 집행관에게 원조를 요구할 수 있다(동조 2항). 그리고 관리인은 제3자가 채무자에게 지급할 수익을 추심할 권한이 있다(동조 3항). 관리인은 집행법원의 보조기관으로 그 지휘·감독을 받는다(167조 1항). 관리를 계속할 수 없는 사유가 생긴 경우에는 법원은 직권으로 또는 이해관계인의 신청에 따라 심문을 거쳐 관리인을 해임할 수 있다(동조 3항). 10-219

4. 배당절차

제169조(수익의 처리) ① 관리인은 부동산수익에서 그 부동산이 부담하는 조세, 그 밖의 공과금을 뺀 뒤에 관리비용을 변제하고, 그 나머지 금액을 채권자에게 지급한다.

강제관리는 부동산집행 방법 가운데 하나이지만, 그 배당절차는 제1차적으로는 집행보조기관인 **관리인**이 행하는 것이므로 형식적으로는 오히려 동산집행에 있어서의 배당절차와 유사한 측면이 있다. 10-220

관리인은 법원의 감독하에 부동산의 수익에서 그 부동산이 부담하는 조세 그 밖의 공과금을 뺀 뒤, 관리비용을 변제하고, 그 나머지 금액으로 각 채권자의 변제에 충분한 때에는 각 채권을 변제한다(169조 1항). 만약, 각 채권자의 변제에 충분하지 못한 때에는 배당계산서를 붙여 각 채권자에게 배당협의기일을 통지하여 각 채권자 사이에 배당에 관한 협의를 하도록 한다(동조 2항). 그 결과 배당협의가 성립하거나 채권자가 배당협의기일까지 이의를 제기하지 아니하여 배당계산서의 실시에 동의한 것으로 간주된 때에는 관리인을 그 협의내용에 따라 배당을 실시하고, 배당협의가 성립하지 아니하면 그 사유를 법원에 신고하여야 한다(동조 3항). 위 신고를 받은 법원은 강제경매에 준하여 배당표를 작성하여 관리인으로 하여금 그 배당표에 따라 각 채권자에게 배당하도록 한다(동조 4항).

5. 강제관리의 취소

제171조(강제관리의 취소) ① 강제관리의 취소는 법원이 결정으로 한다.

10-221 강제관리의 종료는 채무자가 사용수익권을 회복하는 시점을 분명하게 하기 위하여 집행법원의 **취소결정**에 의한다.

부동산의 수익으로 각 채권자의 채권을 전부 변제한 때에는 법원은 직권으로 강제관리의 취소결정을 하고(171조 2항), 강제관리개시결정 기입등기의 말소등기를 촉탁하여 강제관리를 종결한다(동조 4항).

제 4 장

선박 등에 대한 강제집행

Ⅰ. 개 관

선박 · 항공기 · 자동차 · 건설기계는 권리의 이전, 변동을 등기부 · 등록부에 공시하는 점에서 부동산과 유사하므로 **부동산집행에 준하여** 집행한다(준부동산집행이라고도 한다. 다만, 등기 · 등록되지 않은 것은 유체동산집행에 의할 것이다). 이러한 선박 등에 대한 집행의 절차는 크게 선박집행절차와 자동차집행절차의 두 유형으로 나눌 수 있다. 11-1

그런데 공항 대 공항, 항구 대 항구라는 그 이동성의 유사성에서 항공기는 선박집행의 방식에 의하도록 하고 있다. 그리고 선박과 항공기에 비하여 그 이동성이 훨씬 크다고 보이는 자동차와 건설기계 · 소형선박은 그 점유를 장악할 필요성이 더욱 크므로 이에 대한 집행에 있어서는 동산집행의 요소를 더 많이 가미하고 있다고 할 수 있다.

Ⅱ. 선박에 대한 집행

1. 의 의

제172조(선박에 대한 강제집행) 등기할 수 있는 선박에 대한 강제집행은 부동산의 강제경매에 관한 규정에 따른다. 다만, 사물의 성질에 따른 차이가 있거나 특별한 규정이 있는 경우에는 그러하지 아니하다.

11-2 선박은 본래 동산이지만, 등기와 등록을 필요로 하고(선박법 8조), 또 저당권의 목적이 될 수 있으며(상법 787조), 그 값이나 경제적 효용이 다른 동산에 비하여 상당하므로 민사집행법은 등기할 수 있는 선박에 대한 집행을 **부동산의 강제경매**에 관한 규정에 따르도록 하고 있다(172조 본문).[1] 선박에 대한 금전집행은 채무자 소유의 선박을 압류한 뒤, 이것을 현금화하여 얻은 금전으로 채권자의 금전채권의 만족을 얻는 방법에 의한다. 부동산집행에 준하여 행하여진다고 하더라도 **강제관리의 방법은 인정되지 않는데**, 그 이유는 선박의 운항은 위험이 크고 많은 비용이 소요되는 반면, 운항에 의한 이익의 확보가 반드시 보장되는 것은 아니라는 점에 있다고 한다.

〈경매사건 접수 건수〉

	부동산		선박		자동차 · 건설기계	
	강제	담보권 실행	강제	담보권 실행	강제	담보권 실행
2019년	35,753	45,655	97	365	1,620	19,526
2020년	34,273	39,130	96	404	1,361	15,976
2021년	33,636	28,480	118	350	1,114	13,568

2. 선박의 억류

제175조(선박집행신청전의 선박국적증서등의 인도명령) ① 선박에 대한 집행의 신청전에 선박국적증서등을 받지 아니하면 집행이 매우 곤란할 염려가 있을 경우에는 선적(船籍)이 있는 곳을 관할하는 지방법원(선적이 없는 때에는 대법원규칙이 정하는 법원)은 신청에 따라 채무자에게 선박국적증서등을 집행관에게 인도하도록 명할 수 있다. 급박한 경우에는 선박이 있는 곳을 관할하는 지방법원도 이 명령을 할 수 있다.

11-3 선박은 운항함에 따라 이동하므로 집행을 위해서는 우선 선박을 잡아둘 필요가 있다. 그 한도에서는 선박의 집행은 동산집행적 성격을 가진다. 그리하여 선박에 대한 집행의 신청 전에 선박국적증서등(선박국적증서, 그 밖에 선박운행에 필요한 문서)을 받지 않으면 집행이 매우 곤란할 염려가 있을 경우에는 선적(船籍)이 있는 곳을 관할하는 지방법원(선적이 없는 때에는 대법원규칙이 정하는 법원)은 신청에 따라 채무자에게 선박국

1) 수상호텔, 수상식당 또는 수상공연장 등 부유식 수상구조물형 부선은 선박법 24조 4호 단서에서 정한 부유식 수상구조물에 해당하여 그 강제집행은 부동산 강제경매에 관한 규정에 따라야 한다(대법원 2020. 9. 3. 선고 2018다273608 판결).

적증서 등을 집행관에게 인도하도록 명할 수 있다. 급박한 경우에는 선박이 있는 곳을 관할하는 지방법원도 이 명령을 할 수 있다(175조 1항). 이는 선박압류에 앞선 보전조치로, 선박국적증서등이 없으면 선박은 자유롭게 항해할 수 없게 되기 때문이다.

3. 경매신청

제177조(경매신청의 첨부서류) ① 강제경매신청을 할 때에는 다음 각호의 서류를 내야 한다. 1. 채무자가 소유자인 경우에는 소유자로서 선박을 점유하고 있다는 것을, 선장인 경우에는 선장으로서 선박을 지휘하고 있다는 것을 소명할 수 있는 증서 2. 선박에 관한 등기사항을 포함한 등기부의 초본 또는 등본

선박에 대한 강제집행은 부동산의 강제경매에 관한 규정에 따르게 되므로(172조) 강제집행신청서의 기재사항에 관한 법 80조도 준용되는데, 채권자, 채무자의 표시와 법원의 표시, 선박의 표시, 경매의 원인이 된 일정한 채권과 집행할 수 있는 일정한 집행권원을 기재하는 외에 선박의 정박항 및 선장의 이름과 현재지를 적어야 하고(민사집행규칙 95조 1항), 채무자가 소유자인 경우에는 소유자로서 선박을 점유하고 있다는 것을, 선장인 경우에는 선장으로서 선박을 지휘하고 있다는 것을 소명할 수 있는 증서 등을 집행신청서에 첨부하여 내야 한다(177조). 11-4

선박강제경매신청

채 권 자 ○○○
○○시 ○○구 ○○동 ○○(우편번호 ○○○-○○○)
전화 · 휴대폰번호:
팩스번호, 전자우편(e-mail)주소:
채 무 자 ◇◇해운주식회사
○○시 ○○구 ○○동 ○○(우편번호 ○○○ - ○○○)
대표이사 ◇◇◇
선 장 ◈◈◈
전화 · 휴대폰번호:
팩스번호, 전자우편(e-mail)주소:

청구채권의 표시

금 ○○○원 및 이에 대한 20○○. ○. ○.부터 다 갚는 날까지 연 ○○%의 비율에 의한 이자 및 지연손해금

집행권원의 표시

채권자의 채무자에 대한 ○○지방법원 20○○. ○. ○. 선고 20○○가합○○○ 대여금청구사건의 집행력 있는 판결정본

경매할 선박의 표시: 별지목록 기재와 같음

신 청 취 지

1. 채권자의 채무자에 대한 위 청구채권의 변제에 충당하기 위하여, 채무자 소유의 별지목록 기재 선박에 대한 강제경매절차를 개시하고, 채권자를 위하여 이를 압류한다.
2. 채무자는 위 선박을 ○○○항에 정박하여야 한다.
3. 귀원소속 집행관은 위 선박의 선박국적증서 기타 항행에 필요한 문서를 수취하여 이 법원에 제출하여야 한다.

라는 재판을 구합니다.

신 청 이 유

1. 채권자는 채무자에 대하여 ○○지방법원 20○○. ○. ○. 선고 20○○가합○○○ 대여금청구사건의 집행력 있는 판결정본에 기초한 위 청구채권을 가지고 있습니다.
2. 그런데 채무자는 지금까지 채권자에게 위 청구채권을 지급하지 않고 있습니다.
3. 따라서 채권자는 위 채권을 변제 받기 위하여 채무자소유의 별지목록 기재 선박에 대하여 강제경매를 신청합니다.
4. 그리고 위 선박은 ○○시 ○○구 ○○동 ○○ ○○○에 정박 중입니다.

첨 부 서 류

1. 집행력 있는 판결정본	1통
1. 판결정본송달증명서	1통
1. 선박등기부초본	1통
1. 선박정박증명	1통
1. 출항준비미완료보고서	1통
1. 선박목록	30통
1. 법인등기부등본	1통
1. 등록세 · 지방교육세영수필확인서, 영수필통지서	각 1통
1. 송달료납부서	1통

20○○. ○. ○.
위 채권자 ○○○

○○지방법원 귀중

4. 압 류

제174조(선박국적증서 등의 제출) ① 법원은 경매개시결정을 한 때에는 집행관에게 선박국적증서 그 밖에 선박운행에 필요한 문서(이하 "선박국적증서등"이라 한다)를 선장으로부터 받아 법원에 제출하도록 명하여야 한다.

선박집행의 집행법원은 **압류 당시에 그 선박이 있는 곳을 관할하는 지방법원**으로 한다(173조). 대상이 되는 선박은 가액이 고가이고, 저당권의 설정 등에 의하여 권리관계가 복잡한 경우가 많으므로 집행법원이 집행기관이 되어 집행절차를 진행하는 것이 적절하기 때문이다. 지방법원 단독판사가 담당한다. 사법보좌관이 담당하는 것으로 하고 있지 않다. 11-5

선박집행의 개시는 집행법원의 강제경매개시결정과 집행관에 대한 선박국적증서, 그 밖에 운행에 필요한 문서의 제출명령에 의하여 행하여진다. 즉, 선박집행의 신청이 적법한 때에는 집행법원은 강제경매개시결정을 하고, 동시에 집행관에게 선박국적증서등을 선장으로부터 받아 법원에 제출하도록 명하여야 한다(174조 1항). 경매개시결정이 송달 또는 등기되기 전에 집행관이 선박국적증서등을 받은 경우에는 그 때에 압류의 효력이 생긴다(동조 2항).

법원은 집행절차를 행하는 동안 선박이 압류 당시의 장소에 계속 머무르도록 명하여야 한다(176조 1항). 압류된 선박이 관할구역 밖으로 떠난 때에는 집행법원은 선박이 있는 곳을 관할하는 법원으로 사건을 이송할 수 있다(182조 1항).

경매개시결정이 있은 날부터 2월이 지나기까지 집행관이 선박국적증서등을 넘겨받지 못하고, 선박이 있는 곳이 분명하지 아니한 때에는 법원은 강제경매절차를 취소할 수 있다(183조).

5. 감수 · 보존처분

제178조(감수 · 보존처분) ① 법원은 채권자의 신청에 따라 선박을 감수(監守)하고 보존하기 위하여 필요한 처분을 할 수 있다.

경매절차의 수행을 확실하게 하고 그 가격을 유지하게 하기 위하여 법원은 채권자의 신청에 따라 **감수인**을 선임하여 선박을 감수(監守)하도록 하거나 그 보존에 필요한 처분을 명할 수 있도록 하였다(178조 1항). 앞에서 언급한 선박국적증서등의 11-6

수취제도(174조, 175조)와 함께 압류의 실효성을 확보하기 위한 장치이다.

감수처분과 보존처분은 원래 별개의 처분이다. 감수는 주로 선박이나 그 속구(屬具)의 이동을 방지하기 위한 처분을 말하고(민사집행규칙 103조 2항 참조), 보존은 주로 선박이나 그 속구의 효용 또는 가치의 변동을 방지하기 위한 처분을 말한다(동규칙 동조 3항 참조). 따라서 전자는 성질상 감수인이 직접 선박과 그 속구를 점유할 필요가 있으나, 후자에 있어서는 반드시 그러하지 아니하다. 그러나 실제에 있어서는 감수처분과 보존처분이 중복하여 신청되고 발령되는 것이 보통이다(동규칙 동조 4항 참조).

감수·보존처분은 선박집행의 부수처분으로서 일종의 집행보전절차이다.

선박에 대한 압류의 효력은, ① 경매개시결정이 채무자에게 송달된 때(172조, 83조 4항), ② 경매개시결정의 등기가 된 때(172조, 83조 4항, 94조), ③ 집행관이 선박국적증서, 그 밖에 선박운행에 필요한 문서(선적증서, 승무원명부, 항해일지 등)를 수취한 때(174조 2항), ④ 법원이 선박에 대한 감수·보존의 처분을 한 때(178조 2항) 중 어느 하나가 먼저 이루어지면 발생한다.

6. 현금화와 배당

11-7 선박에 대한 강제집행에서 현금화와 배당절차는 **부동산강제경매의 규정이 준용**된다(172조). 따라서 집행법원은 경매개시결정에 따른 압류의 효력이 생긴 때(그 경매개시결정 전에 다른 경매개시결정이 있은 경우를 제외한다)에는 절차에 필요한 기간을 고려하여 배당요구를 할 수 있는 종기를 첫 매각기일 이전으로 정하고(84조 1항), 위 배당요구의 종기결정은 경매개시결정에 따른 압류의 효력이 생긴 때부터 1주 이내에 하여야 하며(동조 3항), 매각의 준비단계에서 조세, 그 밖의 공과금을 주관하는 공공기관에 대하여 그 선박에 관한 채권의 유무, 그 원인 및 액수(원금·이자·비용, 그 밖의 부대채권을 포함한다)를 배당요구의 종기까지 법원에 신고하도록 최고하고(동조 4항), 집행관에게 선박의 현황, 점유관계 등에 관하여 조사할 것을 명하여야 하며(85조), 감정인에게 매각선박을 평가하게 하고 그 평가액을 참작하여 최저매각가격을 정하고(97조), 매각물건명세서를 작성, 비치하여야 한다(105조). 또한 남을 가망이 없는 경우에는 소정의 절차를 거쳐 채권자로부터 보증의 제공을 받든지 경매절차를 취소하여야 한다(102조). 위와 같은 절차가 끝난 후에는 집행법원은 매각기일과 매각결정기일을 정하여 공고하며 이해관계인에게 통지하고(104조), **집행**

관에 대하여 매각명령을 발하게 된다.

Ⅲ. 자동차 · 건설기계 · 소형선박 · 항공기에 대한 집행

제187조(자동차 등에 대한 강제집행) 자동차 · 건설기계 · 소형선박(「자동차 등 특정동산 저당법」 제3조제2호에 따른 소형선박을 말한다) 및 항공기(「자동차 등 특정동산 저당법」 제3조제4호에 따른 항공기 및 경량항공기를 말한다)에 대한 강제집행절차는 제2편제2장 제2절부터 제4절까지의 규정에 준하여 대법원규칙으로 정한다.

자동차 · 건설기계 · 소형선박(자동차 등 특정동산 저당법 3조 2호에 따른 소형선박을 말한다) 및 항공기(자동차 등 특정동산 저당법 3조 4호에 따른 항공기 및 경량항공기를 말한다)에 대한 강제집행절차는 제2편 제2장 제2절부터 제4절까지의 규정에 준하여 대법원규칙으로 정한다(187조). 이에 기하여 각각의 특성에 따라 민사집행규칙에 필요한 규정을 두고 있다. 11-8

「자동차관리법」에 따라 등록된 자동차에 대한 강제집행은 민사집행규칙에 특별한 규정이 없는 한, **부동산에 대한 강제경매**의 규정을 따른다(민사집행규칙 108조). 강제경매개시결정에는 채권자를 위하여 자동차를 압류한다는 것을 선언하는 것에 추가하여 원칙적으로 채무자에 대하여 자동차를 집행관에게 인도할 것을 명하여야 한다(83조 1항, 민사집행규칙 111조 1항 본문). 자동차는 고도의 이동성과 은닉의 용이성이라는 특성이 있어 단순한 압류의 선언과 그 등록만으로는 처분금지의 실효를 거둘 수 없으므로 현실적 점유확보절차가 필요하기 때문이다. 나아가 강제경매신청 전에 자동차를 집행관에게 인도하지 아니하면 강제집행이 매우 곤란할 염려가 있는 때에는 그 자동차가 있는 곳을 관할하는 지방법원은 신청에 따라 채무자에게 자동차를 집행관에게 인도할 것을 명할 수 있다(동규칙 113조 1항). 그리고 간이 · 신속한 매각의 필요성에서, 법원은 상당하다고 인정하는 때에는 집행관에게 입찰 또는 경매 외의 방법으로 자동차의 매각을 실시할 것을 명할 수 있다(동규칙 123조 1항). 자동차집행은 **사법보좌관**의 업무이다.

「건설기계관리법」에 따라 등록된 건설기계 및 「자동차 등 특정동산 저당법」의 적용을 받는 소형선박에 대한 강제집행에 관하여는 **자동차에 대한 강제집행**의 규정을 **준용**한다(민사집행규칙 130조 1항).

「항공법」에 따라 등록된 항공기에 대한 강제집행은 선박에 대한 강제집행의 예에 따라 실시한다(민사집행규칙 106조).

항공기를 선박집행의 방식에, **건설기계 · 소형선박**을 자동차집행의 방식에 의하도록 한 것이다.

제 5 장

유체동산에 대한 강제집행

Ⅰ. 개 관

1. 동산집행의 의의

민사집행법 제2편 제2장 제4절은 **동산집행**에 대하여 규정하고 있다. 동산집행 에 대한 제4절에서 다시 제1관은 통칙, 제2관은 유체동산에 대한 강제집행, 제3관은 채권과 그 밖의 재산권에 대한 강제집행, 제4관은 배당절차를[1] 규정하고 있다. 12-1

금전채권(Geldforderung)에 기초한 강제집행 가운데 동산을 대상으로 하는 집행을 동산집행이라고 한다. 여기에서의 동산은 부동산 및 이에 준하여 취급되는 것(가령 입목, 공장재단, 선박, 자동차 등) 이외의 것을 말하며, 유체동산뿐만 아니라 **채권, 그 밖의 재산권을 포함**한다. 「민법」상의 동산과는 개념 및 범위를 달리한다. **독일** 민사소송법에서는 Zwangsvollstreckung in das bewegliche Vermögen(동적 재산에 대한 집행)의 용어를 사용하고(ZPO §803), 민법상 동산으로 die bewegliche Sache와 구별하고 있다. 우리 입법자(연혁적으로는 일본 입법자)가 die bewegliche Vermögen을 동산으로 번역한 것은 민법상 동산에 비추어 적절한 용어는 아니지만, 한편 부동산에 대비한 용어로서 어쩔 수 없는 번역이었다고 할 것이다. 하여튼 현행 일본 민사집행법은 구법과 달리(즉 우리 민사집행법과 달리), 동산집행의 대상이 되는 동산을 민법상 동산을 기초로 하여 합목적적 고려에서 그 범위를 확정하여 동

1) 부동산집행에서의 배당절차는 압류·현금화절차와 함께 집행절차의 하나의 단계로서 집행절차에 당연히 포함되어 있으므로(145조, 169조) 별개의 절차로 취급되지 않지만, 동산집행에서의 배당절차는 압류·현금화절차와는 독립된 별개의 절차로 실시된다(따라서 압류·현금화절차와는 별개의 사건으로 취급된다). 법원실무제요[Ⅳ], 608면.

산에 대한 강제집행과(제2장 제2절 제3관), 채권 및 그 밖의 재산권에 대한 강제집행(제2장 제2절 제4관)으로 별도 규율하고, 이제 유체동산이라는 개념은 사용하지 않고 있다.

동산집행은 채무자가 소유하는 동산을 압류하고, 이를 현금화한 다음, 채권회수(배당)의 단계로 집행절차가 진행한다.

여기에서는 동산집행 가운데 유체동산에 대한 강제집행에 대하여만 살펴보고, 채권과 그 밖의 재산권에 대한 강제집행은 후술한다(☞13-1).

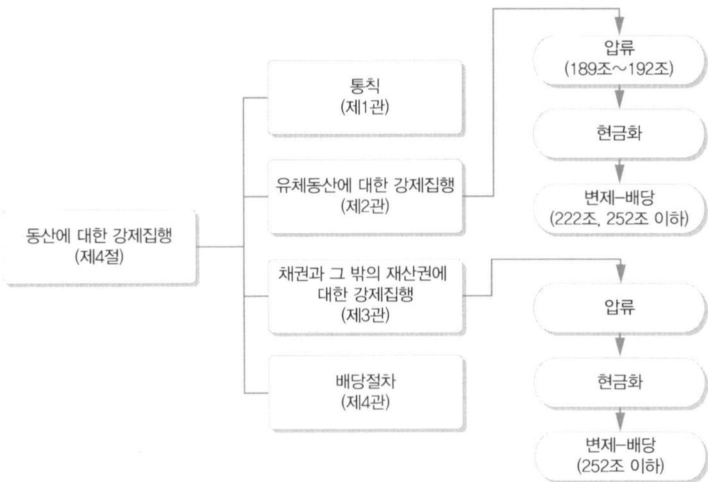

2. 유체동산집행의 의의

제189조(채무자가 점유하고 있는 물건의 압류) ② 다음 각호 가운데 어느 하나에 해당하는 물건은 이 법에서 유체동산으로 본다. 1. 등기할 수 없는 토지의 정착물로서 독립하여 거래의 객체가 될 수 있는 것 2. 토지에서 분리하기 전의 과실로서 1월 이내에 수확할 수 있는 것 3. 유가증권으로서 배서가 금지되지 아니한 것

12-2 유체동산집행은 **집행관**이 채무자가 점유하는 동산, 또는 채권자 또는 제출을 거부하지 않는 제3자가 점유하고 있는 동산을 압류하여 경매 등의 방법으로 압류동산을 매각(현금화)하고, 그 매각대금을 채권자에게 변제(배당)하는 절차이다.

여기서 **유체동산**(körperlicher Sachen)이라 함은 민사집행법상 동산 가운데 채권, 그 밖의 재산권을 제외한 물건 및 유가증권으로 화체된 재산권을 말한다. **등기할 수 없는 토지의 정착물**로서 독립하여 거래의 객체가 될 수 있는 것 및 **토지에서 분리하기 전의 과실**(Früchte auf dem Halm)로서 1월 이내에 수확할 수 있는 것은 「민법」상으로는 부동산이지만, 민사집행법에서는 동산으로 본다(189조 2항 1호, 2호). 또한 **유가증권**으로서 **배서가 금지되지 아니한 것**은 본래 물건으로서 유가증권에 가치가 있는 것은 아니고, 거기에 표시되어 있는 채권에 가치가 있는 것인데, 권리와 물건의 일체성으로부터 동산으로 본다(동조 동항 3호). 한편 유가증권이 **배서가 금지된 것**은 채권, 그 밖의 재산권에 대한 집행의 대상이며 유체동산집행의 대상이 아니다.

유체동산집행의 대상이 되는 재산은 가구 · 의류 · 귀금속, 상점에서 판매하는 상품, 공장에 있는 기계 · 재료 · 제작 중인 물건 · 제품 등 광범위하다. 한편, 최근 비트코인(Bitcoin) 등 **가상가산**(암호화폐)의 집행이 문제되고 있다(☞13-73).

유체동산집행은 사회생활상 누구든지 필요한 재산을 집행의 대상으로 하고, 그 재산의 권리관계도 간단한 경우가 많기 때문에 채권자로서는 용이하게 집행을 할 수 있는 편리성을 갖고 있어서 종래 가장 간편 · 신속하고 나아가 최대의 효과를 거둘 수 있는 집행방식이었다. 그러나 오늘날 소비재화의 대량생산과 기술혁신에 의하여 채무자가 소지하는 동산의 가치성 · 환가성이 줄어들면서 유체동산집행에 의해서 채권자는 충분히 채권의 만족을 얻을 수 없는 경우가 빈번하다. 매각에 의한 채권의 만족이라고 하는 본래의 기능을 충분히 발휘하지 못한 채, 주로 채무자에게 심리적 압박을 가하는 간접적 강제로 변제를 재촉하는 수단으로 이용되는 경향이 크다(동산집행의 간접강제적 기능). 또한 일부 브로커가 경매를 사실상 비공개적으로 밀매(蜜賣)하는 상황에서 경매된 유체동산을 집행절차 외에서 채무자(본래 매수인자격이 없다)가 재매수하는 것이 일반화되었는데, 이는 비판의 대상이 되고 있고 또한 개선할 필요가 있다.[2] 하지만 개별 사건에 있어서의 채권자의 의도는 어쨌든, 신용카드나 긴급금융 등의 소비자금융의 보급에 의해서 가재도구 이외에 가치 있는 자산이 거의 없는 채무자가 늘어났고, 또한 우연한 불법행위 피해자와 같이 원래 채무자로부터 미리 담보의 제공을 받을 기회가 없었던 채권자도 있다는 점에서 동산집행의 존재 의의는 오늘날 여전히 완전히 사라진 것은 아니라고 할 것이다.

---

2) 이시윤, 426면 참조. 이는 사법개혁사항의 하나로, 조속히 해결방안을 모색하여야 할 것이라고 한다.

유체동산집행은 압류 및 현금화(환가) 모두 집행관의 권한으로 되어 있으며, 집행관은 스스로의 판단과 책임에 의하여 그 권한을 행사하는 것이다. 유체동산은 귀금속과 같이 큰 금액의 것도 있지만, 일반적으로는 가치가 크지 않고, 그 자체 사실적 지배를 받기에 적합하며, 또한 권리관계도 복잡하지 않으므로 집행관을 집행기관으로 한 것이다.

Ⅱ. 압 류

제188조(집행방법, 압류의 범위) ① 동산에 대한 강제집행은 압류에 의하여 개시한다.

민사집행규칙 제131조(유체동산 집행신청의 방식) 유체동산에 대한 강제집행신청서에는 다음 각호의 사항을 적고 집행력 있는 정본을 붙여야 한다. 1. 채권자·채무자와 그 대리인의 표시 2. 집행권원의 표시 3. 강제집행 목적물인 유체동산이 있는 장소 4. 집행권원에 표시된 청구권의 일부에 관하여 강제집행을 구하는 때에는 그 범위

민사집행규칙 제132조(압류할 유체동산의 선택) 집행관이 압류할 유체동산을 선택하는 때에는 채권자의 이익을 해치지 아니하는 범위 안에서 채무자의 이익을 고려하여야 한다.

민사집행규칙 제132조의2(압류할 유체동산의 담보권 확인 등) ① 집행관은 유체동산 압류시에 채무자에 대하여 「동산·채권 등의 담보에 관한 법률」 제2조제7호에 따른 담보등기가 있는지 여부를 담보등기부를 통하여 확인하여야 하고, 담보등기가 있는 경우에는 등기사항전부증명서(말소사항 포함)를, 담보등기가 없는 경우에는 등기사항개요증명서(다만, 등기기록미개설증명서를 발급받을 수 없는 경우에는 이를 확인할 수 있는 자료)를 집행기록에 편철하여야 한다. ② 집행관은 제1항에 따라 담보권의 존재를 확인한 경우에 그 담보권자에게 매각기일에 이르기까지 집행을 신청하거나, 법 제220조에서 정한 시기까지 배당요구를 하여 매각대금의 배당절차에 참여할 수 있음을 고지하여야 한다.

12-3 유체동산집행은 법원으로부터의 별도의 압류명령 없이 집행권원을 가진 채권자가 **집행관**에게 집행을 위임하면, 집행관의 압류에 의하여 개시된다(188조 1항).

1. 집행의 신청

12-4 압류(Pfändung)할 유체동산 소재지를 관할하는 지방법원(지원)에 소속하는 **집행관**에게 집행을 위임하는 것이 집행의 신청이다. 집행의 신청은 서면으로 하여야 한다(4조). 신청서에는 ① 채권자·채무자와 그 대리인의 표시, ② 집행권원의 표시, ③ 강제집행 목적물인 유체동산이 있는 장소, ④ 집행권원에 표시된 청구권의 일부

에 관하여 강제집행을 구하는 때에는 그 범위를 적고 집행력 있는 정본을 붙여야 한다(민사집행규칙 131조). 부동산집행의 경우에는 신청서에 압류할 목적물까지 특정하여야 하는데, 반면 동산집행에서는 채무자가 어떤 동산을 가지고 있는가를 보통 채권자는 알지 못하기 때문에 부동산집행에서와 같이 목적물을 하나하나 특정시키는 것이 곤란하므로 **압류할 목적물까지 특정할 필요는 없고**, 압류할 목적물이 있는 장소(집행장소)를 신청서에 적어야 한다(장소단위주의). 목적물이 있는 장소에서 집행관은 스스로 압류할 유체동산을 선택하면 되는데, 채무자 등의 생활영역에 강제적으로 개입하는 셈이 되므로 이때에는 채권자의 이익을 해치지 아니하는 범위 안에서 채무자의 이익을 고려하여야 한다(민사집행규칙 132조). 그리고 집행관은 유체동산 압류 시에 채무자에 대하여 「동산·채권 등의 담보에 관한 법률」 2조 7호에 따른 담보등기가 있는지 여부를 담보등기부를 통하여 확인하여야 한다(동규칙 132조의2). 신청채권자는 집행장소에의 참여권이 없다.

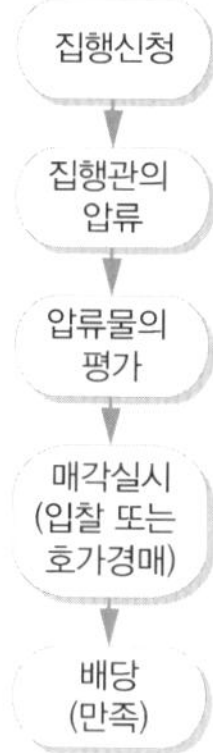

집행관은 채무자로부터 임의변제를 수령할 수 있다(42조 1항).

독일에서는 2009. 7. 29. 성립한 강제집행에서의 사안해명의 개혁에 관한 법률(Gesetz zur Reform der Sachaufklärung in der Zwangsvollstreckung(ZwVollStrÄndG), 29. 7. 2009 BGBl. I S. 2258)에 의하여(일부 규정을 제외하고 2013. 1. 1.부터 시행) 집행관에게 집행위임을 함에 있어서 서식을 도입하여(ZPO 753조 3항) 위임 내용을 표준화하고 간소화하였다. 2022. 12. 22. 이후는 강제집행서식령(ZVFV)에 따른 신청서를 사용할 필요가 있다.

2. 압류의 방법

(1) 채무자가 점유하는 동산의 압류

제189조(채무자가 점유하고 있는 물건의 압류) ① 채무자가 점유하고 있는 유체동산의 압류는 집행관이 그 물건을 점유함으로써 한다. 다만, … ③ 집행관은 채무자에게 압류의 사유를 통지하여야 한다.

채무자가 점유하고 있는 유체동산의 압류는 **집행관**이 그 물건의 점유를 취득하 12-5
는 사실적·실력적 방법으로 한다(189조 1항 본문). 집행관은 신청서에 특정된 주거, 사무실 등의 채무자가 점유하는 장소에 들어가 점유하는 동산을 수색한다. 필요하면,

잠근 문과 기구를 열 수 있다(5조). 집행관이 채무자의 주거에 들어가 집행을 실시하려는데 채무자나 동거인 등을 만나지 못한 때에는 경찰공무원 등의 참여가 필요하게 된다(6조). 주거의 평온과 관련하여 직무집행의 적정을 확보하기 위한 취지이다.

여기에서 채무자의 점유는 민법상의 점유(Besitz)를 말하는 것이 아니라, 물건에 대한 순수한 사실상의 지배상태(직접적 지배를 미치고 있는 상태)인 소지(Gewahrsam)를 의미하는 것으로 보아야 하고,[3] 소유자가 점유자를 통하여 점유하는 민법상의 간접점유는 포함되지 않는다.[4] 집행관은 그 물건이 채무자의 점유에 속하는 한, 그것이 채무자의 소유 재산에 속하는지 여부를 판단하지 않고(집행관에게 이 점에 대한 판단권은 없다) 압류하여야 한다. 채무자가 점유하는 물건이라면, 통상 채무자의 소유로 책임재산에 속할 개연성이 크므로 기본적으로 형식주의(점유외관주의)에 따르는 것이다. 집행관은 압류를 실시할 때에 채무자에게 그 취지(압류의 사유)를 통지하여야 한다(동조 3항).

◈ 동산집행에 있어서 채무자가 점유하는 동산이 자신의 책임재산이 아니라고 주장하는 경우 ◈ 압류에 있어서 집행관의 판단은 목적동산이 채무자의 소유에 속하는지 여부가 아니고, 채무자가 목적동산을 '점유'하고 있는지 여부이다. 즉, 압류물의 소유권이 누구에게 있는가와 관계없이 그 점유가 채무자에 속하면 그 동산을 압류하여야 한다(형식주의=**점유외관주의**). 그 이유는 그 압류방법이 점유취득이라는 사실행위이며, 한편, 집행기관이 집행관으로 기동력 있게 신속히 처리하여야 한다는 요청 때문이다. 따라서 채무자에게 점유의 외관이 인정되는 이상, 채무자가 예를 들어 할부변제를 하는 중으로, 소유권유보특약이 있는 계약서 등을 보여주면서 자신에게 그 소유권이 없다는 주장을 하더라도, 원칙적으로 집행관은 해당 목적동산을 압류하여야 한다. 다만, 책임재산에 속하지 않는다고 채무자 등으로부터 주장된 물건 등에 대하여, 이를 압류하는 것이 적법하더라도 나중에 제3자이의의 소(48조)가 제기될 수 있어서 반드시 채권자의 이익이 되는 것도 아니므로 그 밖의 압류를 함에 적당한 물건이 있으면 그것을 채권액에 달하기까지 압류를 실시하여야 하고, 다만 가급적 위 주장과 같은 물건 등의 압류를 피하는 배려가 바람직하다 할 것이다. 한편, 채무자가 점유하지만, 그 소유에 속하지 않는 것이 외관상 분명하게 추인되는 동산, 예를 들어 채무자와 같은 집에 사는 다른 사람 앞으로 온 보관 중의 소포라든지 도서관으로부터 빌려 사용 중의 도서 등 채무자가 다른 사람을 위하여 일시 보관하고 있다고 인정되는 동산은 압류할 것이 아니다.

---

3) 대법원 1996. 6. 7.자 96마27 결정.

4) 김홍엽, 302면; 이시윤, 417면.

(2) 부부가 공유하는 동산의 압류

제190조(부부공유 유체동산의 압류) 채무자와 그 배우자의 공유로서 채무자가 점유하거나 그 배우자와 공동으로 점유하고 있는 유체동산은 제189조의 규정에 따라 압류할 수 있다.

제206조(배우자의 우선매수권) ① 제190조의 규정에 따라 압류한 유체동산을 매각하는 경우에 배우자는 매각기일에 출석하여 우선매수할 것을 신고할 수 있다.

제221조(배우자의 지급요구) ① 제190조의 규정에 따라 압류한 유체동산에 대하여 공유지분을 주장하는 배우자는 매각대금을 지급하여 줄 것을 요구할 수 있다.

채무자와 그 배우자의 **공유**로서 채무자가 점유하거나 그 배우자와 공동으로 점유하고 있는 유체동산은 채무자가 단독 소유한 점유물처럼 압류할 수 있다(190조). 공유가 아닌, 배우자의 특유재산에 대하여는 그러하지 않다. 위 압류한 부부공유 동산을 매각하는 경우에 배우자는 매각기일에 출석하여 우선매수권을 행사할 수 있다(206조 1항). 그리고 공유지분을 주장하는 배우자는 배당요구의 절차에 준하여 매각대금에서 지분 상당액을 지급하여 줄 것을 요구할 수 있다(221조 1항). 12-6

◈ **소유관계가 분명한 경우** ◈ 법률상 부부의 일방이 혼인 전부터 가진 고유재산과 혼인 중 자기의 명의로 취득한 특유재산 이외의 부부 누구에게 속한 것인지 분명하지 아니한 재산은 부부의 공유로 추정하고 있다(민법 830조 2항). 따라서 등기·등록할 수 있는 재산 이외에는 그 소유관계가 불분명한 경우가 많으므로 이러한 경우에 부부 어느 한쪽의 채권자가 그 재산에 강제집행을 할 수 있을 것이다. 그러나 예를 들어 6개월 전에 이미 배우자가 그 소유의 가재도구를 가지고 이사를 하여 동거하지 않는 경우에는 배우자의 주민등록이 자신의 주소지로 되어 있고 아직까지 법률상 부부라는 이유만으로 자신 소유인 동산에 강제집행을 한 것은 위법·부당하다 할 것이다. 제3자이의의 소(48조)를 제기하여 다툴 수 있다. 그런데 제3자이의의 소가 제기된다고 하더라도 강제집행의 속행에는 영향이 없으며, 강제집행을 정지시키기 위해서는 강제집행정지신청을 별도로 하여야 한다는 것은 해당 부분에서 이미 설명하였다.

(3) 채무자 이외의 사람이 점유하는 동산의 압류

제191조(채무자 외의 사람이 점유하고 있는 물건의 압류) 채권자 또는 물건의 제출을 거부하지 아니하는 제3자가 점유하고 있는 물건은 제189조의 규정을 준용하여 압류할 수 있다.

집행관은 채권자가 점유하는 물건은 그 임의제출에 기하여, 또한 제3자가 점유 12-7

하는 물건은 그 제출을 거부하지 않는 경우에만 위 법 189조 채무자가 점유하는 동산의 압류의 방법에 준하여 압류할 수 있다(191조).

즉 가령 **채권자**가 자기가 점유(소지)하는 동산을 채무자의 소유에 속하는, 즉 책임재산인 것으로 집행관에게 압류를 신청한 때에는 집행관은 그것이 채무자의 소유에 속하는지 여부를 심사할 필요가 없고 그 권한도 없다. 채권자가 동산을 점유하는 권원은 임차권과 같은 경우가 있으나, 점유권원을 수반하지 않는 무권원의 경우도 있다.[5)]

또한 가령 **제3자**가 점유(소지)하는 동산에 대하여는 그 사람이 그 **제출을 거부하지 않는 한**, 이를 압류할 수 있다. 여기서 제출을 거부하지 않는 것은 명시 또는 묵시의 승낙을 말하고, 점유권원 있는 사람의 의사를 묻는 취지이다. 만약, 제3자가 **제출을 거부하는 때**에는 그 동산을 압류할 수 없고, 그 경우에 채권자는 동산의 인도청구권 또는 반환청구권에 대한 채권집행의 방법에 의하여(242조) 제3자에 대하여 집행관에게 인도하도록 하여야 한다(243조. ☞13-62).

(4) 국고금의 압류

12-8 국가에 대한 강제집행은 국고금을 압류함으로써 하고(192조), 국가의 일반재산은 압류할 수 없다.

3. 압류물의 보관

제189조(채무자가 점유하고 있는 물건의 압류) ① 채무자가 점유하고 있는 유체동산의 압류는 집행관이 그 물건을 점유함으로써 한다. 다만, 채권자의 승낙이 있거나 운반이 곤란한 때에는 봉인(封印), 그 밖의 방법으로 압류물임을 명확히 하여 채무자에게 보관시킬 수 있다.

민사집행규칙 제137조 (보관압류물의 점검) ① 집행관은 채무자 또는 채권자나 제3자에게 압류물을 보관시킨 경우에 압류채권자 또는 채무자의 신청이 있거나 그 밖에 필요하다고 인정하는 때에는 압류물의 보관상황을 점검하여야 한다.

5) 가령 양도담보나 소유권유보부 매매에 있어서는 그 목적물을 채권자가 점유하든 채무자가 점유하든 채권자의 강제집행의 신청이 법률적으로는 그 자신의 소유물에 대한 강제집행의 신청으로서의 성질을 가지는 것으로 볼 수 있다는 점에서 그 허용 여부를 둘러싸고 채권자는 자기 소유권을 포기하고 압류할 수 있다는 입장과 소유권 포기 여부에 관계없이 압류를 허용할 것이라는 입장이 있다. 법원실무제요[Ⅳ], 15면.

압류된 유체동산은 집행관 스스로가 보관하는 것이 원칙인데, 다만 채권자의 승낙이 있거나 운반이 곤란한 때에는 봉인(封印), 그 밖의 방법으로 압류물임을 명확히 하여 채무자에게 보관시킬 수 있다(189조 1항 단서).[6] 채권자의 승낙은 반드시 명시적일 필요는 없고 묵시적이라도 상관없다. 그리고 채권자의 승낙이 없더라도 압류물의 운반이 곤란하거나 압류물의 가격에 비하여 운반·보관의 비용이 많이 드는 경우에 채무자에게 보관시킬 수 있다. 실무상 금전, 귀금속, 유가증권, 소모품 등을 제외하고 이를 채무자에게 보관시키는 예가 많다. 피아노 등 대형물건을 압류한 경우 등이 그 예이다. 채무자에게 보관시키는 경우에는 봉인 그 밖의 방법으로 압류물임을 분명히 하여야 한다. 동산압류물을 채무자에게 보관시킨 경우에는 집행관은 상당하다고 인정하는 때에는 채무자에게 그 사용을 허가할 수 있다. 사용하더라도 소모의 정도가 적은 가구, 가전제품 등이 그 예이다. 보관은 채무자에 한하지 않고, 압류채권자나 제3자에게도 시킬 수 있다. 집행관은 채무자 또는 채권자나 제3자에게 압류물을 보관시킨 경우에 압류채권자 또는 채무자의 신청이 있거나 그 밖에 필요하다고 인정하는 때에는 압류물의 보관상황을 점검하여야 한다(민사집행규칙 137조 1항). 12-9

봉인 또는 압류 등의 표시를 손상 또는 은닉하거나 그 밖의 방법으로 그 효용을 해하는 행위(형법 140조) 또는 채무자가 압류물을 취거, 은닉, 손괴하는 행위(형법 323조) 등은 경우에 따라 범죄가 된다.

4. 압류의 효력

(1) 처분금지효

채무자는 압류에 의하여 집행목적물에 대한 처분의 권능을 잃고, 국가가 그 처분권능을 취득한다. 압류된 뒤에 채무자가 압류물을 마음대로 처분한 경우에 그 처분행위의 효력은 무효이나, 처분행위를 한 행위자 사이에서는 유효하다(**상대적 무효**). 당사자 사이의 효력은 별개로 유효하므로 예를 들어 채무자로부터 목적물을 매수한 제3자는 채무자에게 이를 인도하도록 요구할 권리가 있으며, 인도가 불능이라면 손해배상을 청구할 수 있다. 12-10

6) 압류의 방법으로 집행관 점유의 성질에 대하여 공법상의 점유인가, 사법상의 점유인가의 견해의 대립이 있다. 한편 압류물을 집행관이 계속 보관하는 경우에는 실체법상 집행관이 직접점유자, 채무자가 간접점유자가 되고, 또한 압류물을 채무자에게 보관시키는 경우에는 집행관이 간접점유자, 채무자가 직접점유자로 보아야 할 것이다.

한편 압류된 뒤에 채무자가 제3자에게 압류물을 양도하더라도 그 양도가 모든 사람에 대해 절대적으로 무효가 되는 것이 아닌 상대적 무효인데, 이와 관련하여 처분행위가 누구에 대한 관계에서 상대적으로 무효인가 하는 점에 관하여, 즉 압류채권자와의 관계에서만 무효가 되는 **개별상대효**인가, 그 외에 해당 압류에 관계있는 집행절차에 참가한 모든 채권자와의 관계에서도 무효가 되는 **절차상대효**인가 등의 상대효에 대하여는 부동산집행에서 설명한 부분을 참조하면 된다(☞10-32). 실무는 압류채권자와의 관계에서만 무효가 된다고 본다(**개별상대효설**).

집행절차가 취소되면 처분행위는 유효로 확정된다.

(2) 압류의 효력이 미치는 범위

제194조(압류의 효력) 압류의 효력은 압류물에서 생기는 천연물에도 미친다.

12-11 압류의 효력은 그 압류물에서 생기는 천연물에도 당연히 미친다(194조). 예를 들어 소, 닭 등을 압류한 경우에 그 소에서 태어난 송아지나 닭이 낳은 계란 등에도, 즉 천연과실물에도 압류의 효력이 미친다. 따라서 채무자 등이 그 가축 등을 보관하고 사용허가된 때에도 채무자 등은 이러한 천연과실물인 송아지나 계란을 수익할 수 없다.

(3) 압류물의 인도명령

제193조(압류물의 인도) ① 압류물을 제3자가 점유하게 된 경우에는 법원은 채권자의 신청에 따라 그 제3자에 대하여 그 물건을 집행관에게 인도하도록 명할 수 있다.

12-12 압류물이 집행관의 조치에 의하지 않고 집행관의 점유를 떠나 제3자에게 이전된 경우에 집행법원은 채권자의 신청에 따라 그 제3자에 대하여 그 물건을 집행관에게 인도하도록 명할 수 있다(193조 1항). 압류물을 제3자가 점유하게 된 경우에 집행관의 회수가 인정되지 않는다면 절차의 안정과 효율이 훼손되므로 간편하게 압류물을 회수할 수 있도록 한 것이다. 이 인도명령은 압류물을 제3자가 점유한다는 사실만으로 발령되므로 압류물을 선의취득한(민법 249조) 제3자에 대하여도 행하여진다. 이 경우 제3자는 일단 그 물건을 집행관에게 인도한 뒤, 제3자이의의 소(48조)를 제기하여 그 취소를 구하게 된다. 인도명령에 대한 집행법원의 사무는 **사법보좌관**의 업무이다(사법보좌관규칙 2조 1항 8호). 부동산경매의 매수인이 채무자 · 소유자 또는 부동산점유자에 대한 인도명령(136조. ☞10-147)과는 별개의 제도이다.

신청은 압류물을 제3자가 점유하고 있는 것을 안 날부터 1주 이내에 하여야 한다(193조 2항). 여기서 '안 날'은 추상적으로 보관자 이외의 제3자가 압류물을 점유하고 있는 것을 안 것을 말하는 것이 아니고, 구체적으로 제3자의 성명을 안 것을 말한다고 할 것이다. 인도명령은 간편한 절차인 이상, 제3자가 압류물을 점유하면 그 물건에 여러 권리관계가 생기는 것도 예상되므로 신청기간이 단기로 제한된 것이다.

마찬가지 취지에서, 압류물의 인도명령은 상대방에게 송달되기 전이라도 집행할 수 있다(193조 3항). 집행에 있어서 집행문을 부여받을 필요가 없는데, 조속히 집행할 수 있도록 단기간에만 집행력을 인정하면 충분하므로 인도명령이 신청인에게 고지된 날로부터 2주가 지난 때에는 집행을 할 수 없다(동조 4항). 이 점은 보전처분의 경우와 마찬가지이다.

신청에 대한 재판에 대하여는 즉시항고를 할 수 있다(193조 5항). 사법보좌관의 처분에 대하여 먼저 이의신청을 하여야 한다(사법보좌관규칙 4조 1항). 항고이유는 절차요건의 흠에 한정된다고 할 것이고(가령, 채권자가 아닌 사람의 신청에 의하여 발령된 경우, 신청기간이 경과한 뒤의 신청에 기하여 발령된 경우 등), 따라서 제3자가 실체상의 점유권원, 가령 선의취득을 주장하는 경우에는 이를 항고이유로 할 수 없고 제3자는 제3자이의의 소에 의하여야 한다고 본다.[7] 그런데 제3자이의의 소는 인도명령 내지는 그 집행에 대한 제3자의 구제가 아니라, 인도명령의 본체라고 할 수 있는 동산집행의 불허를 구하는 것으로 그 인용에 의하여 동산집행에 부수하는 인도명령의 집행이 실효되는 것이다. 따라서 제3자이의의 소와 동산인도명령의 관계를 좀 더 검토할 필요가 있다.

압류채권자는 인도명령에 의하여 집행관에게 그 집행을 신청할 수 있다. 인도명령의 집행은 집행절차 내에서 부수적 집행으로, 인도명령은 그 집행의 집행권원이 된다고 본다(그리고 앞에서 보았듯이 집행에 있어서 집행문은 필요 없다). 그런데 인도명령의 성질을 이렇게 집행권원이라고 보는 입장에 대하여 의문을 제기할 수 있다. 인도명령에 있어서 채권자는 자기에게의 인도청구권을 가지고 있지 않다. 즉, 인도명령의 집행은 채권자에게의 점유이전을 목적으로 하는 것이 아니고, 집행관의 점유회수의 조치에 지나지 않는다는 점 등에 비추어 집행권원으로 보기 어렵고 오히려 집행처분이라고 볼 수 있다고 생각한다.

---

7) 김홍엽, 305면; 이시윤, 421면.

◈ **인도명령의 집행의 구체적 예** ◈ 甲이 乙에 대한 금전집행에 기하여 동산집행을 신청하였다. 집행관은 乙이 소유하는 고가의 오디오를 압류하였는데, 매각기일 전에 乙은 그 사정을 모르는 丙에게 위 오디오를 팔고 어디론가 자취를 감추었다. 甲은 집행법원에 인도명령을 신청하여 인도명령이 있으면, 그것을 집행권원으로 하여 집행관에게 그 집행을 신청할 수 있다. 그런데 乙로부터 선의로 위 오디오를 산 丙은 선의취득(민법 249조)을 주장하여 甲에게 제3자이의의 소를 제기하고 인도명령의 집행정지를 구할 수 있다(48조 3항, 46조 2항). 한편, 인도명령에 대한 즉시항고도 고려할 수 있으나(193조 5항), 즉시항고에 있어서는 선의취득과 같은 실체법상의 사유는 주장할 수 없다는 것은 이미 설명하였다.

(4) 부수적 효력 – 시효중단

민법 제168조(소멸시효의 중단사유) 소멸시효는 다음 각호의 사유로 인하여 중단된다. 1. 청구 2. 압류 또는 가압류, 가처분

12-13 부수적 효력으로 압류는 집행채권에 있어서 **집행신청시**에 **소급**하여 소멸시효의 중단효가 있는데(민법 168조 2호), 다만 채무자의 소재불명으로 인한 집행불능이나 집행신청의 취하·각하에 의하여 집행사건이 종료된 경우에는 시효중단효는 소급하여 소멸한다.[8)] 한편, 집행관이 채권자의 위임(집행신청)을 받아 압류절차에 착수하였으나, 가사 압류할 동산이 없어 집행의 목적을 달성할 수 없더라도 실제로 압류절차를 실시하였으므로 압류에 의한 시효중단의 효력을 잃지 않는다. 따라서 **집행착수가 있는 경우에만** 집행신청시에 소급하여 시효중단의 효력이 생긴다고 보아야 한다.

5. 압류의 제한과 압류금지물건

(1) 초과압류의 금지·무잉여압류의 금지

제188조(집행방법, 압류의 범위) ② 압류는 집행력 있는 정본에 적은 청구금액의 변제와 집행비용의 변상에 필요한 한도안에서 하여야 한다. ③ 압류물을 현금화하여도 집행비용 외에 남을 것이 없는 경우에는 집행하지 못한다.

민사집행규칙 제140조(초과압류 등의 취소) ① 집행관은 압류 후에 그 압류가 법 제188조 제2항의 한도를 넘는 사실이 분명하게 된 때에는 넘는 한도에서 압류를 취소하여야 한

8) 이시윤, 421면. 일본 中野貞一郎/下村正明, 645면도 마찬가지 입장이다. 집행관에게 집행신청시인가, 아니면 신청에 기하여 실제로 집행관이 집행에 착수한 때인가의 문제에서 일본 最高裁判所 昭和59(1984)·4·24 판결도 집행신청시의 입장을 취하였다.

다. ② 집행관은 압류 후에 압류물의 매각대금으로 압류채권자의 채권에 우선하는 채권과 집행비용을 변제하면 남을 것이 없겠다고 인정하는 때에는 압류를 취소하여야 한다.

① 압류는 집행력 있는 정본에 적은 청구금액의 변제와 집행비용의 변상에 필요한 한도 안에서 하여야 한다(188조 2항). 이를 **초과압류의 금지**(Verbot der Überpfändung)라고 한다. 따라서 집행관은 집행장소에서 압류 가능한 동산을 평가하면서 초과압류가 되지 않도록 압류를 행할 필요가 있다. 집행관은 압류 후에 그 압류가 위 한도를 넘는 사실이 분명하게 된 때에는 넘는 한도에서 압류를 취소하여야 한다(민사집행규칙 140조 1항). 다만, 불가분의 하나의 물건·권리를 압류하는 경우에는 이 한도를 넘어도 무방하다. 압류 뒤에 초과압류가 판명된 경우에는 집행관이 압류물을 과소평가한 때, 압류 뒤에 압류물의 가액이 올랐을 때, 압류 뒤에 일부 변제가 있은 때 등을 생각할 수 있다. 하나의 동산의 압류라고 하더라도 다른 적당한 가액의 재산이 있음에도 필요한 한도를 크게 넘는 고가물을 압류하는 것은 초과압류의 금지에 저촉된다. 12-14

② 그리고 압류물을 현금화하여도 집행비용 외에 남을 것이 없는 경우에는 집행하지 못한다(188조 3항). 이를 **무잉여압류의 금지**라고 하는데, 집행은 불능이 된다. 집행관은 압류 후에 압류물의 매각대금으로 압류채권자의 채권에 우선하는 채권과 집행비용을 변제하면 남을 것이 없겠다고 인정하는 때에는 압류를 취소하여야 한다(민사집행규칙 140조 2항). 가령, 압류동산의 일부에 대하여 집행정지서류가 제출되었기 때문에 나머지 물건만으로 매각하는 경우 등이다.

③ 초과압류·무잉여압류는 당연히 무효는 아니고, 집행에 관한 이의신청(16조)을 할 수 있음에 불과하다. 또한 집행관이 초과압류·무잉여압류로 취소한 경우에 압류채권자는 압류취소처분의 취소를 구하여 집행에 관한 이의신청을 할 수 있다.

(2) 압류금지물건

제195조(압류가 금지되는 물건) 다음 각호의 물건은 압류하지 못한다.

제196조(압류금지 물건을 정하는 재판) ① 법원은 당사자가 신청하면 채권자와 채무자의 생활형편, 그 밖의 사정을 고려하여 유체동산의 전부 또는 일부에 대한 압류를 취소하도록 명하거나 제195조의 유체동산을 압류하도록 명할 수 있다. ② 제1항의 결정이 있은 뒤에 그 이유가 소멸되거나 사정이 바뀐 때에는 법원은 직권으로 또는 당사자의 신청에 따라 그 결정을 취소하거나 바꿀 수 있다.

12-15 채무자의 일상적 생활이나 영업 등에 없어서는 안 될 것 등은 채무자 보호를 위하여 압류금지물건(Unpfändbare Sachen)으로 하고 있다. 법 195조, 196조에서 규정하고 있다.

참고로 보면, **독일** 민사소송법(ZPO)은 집에서 비영리목적으로 기르는 **동물**에 대한 압류금지의 특칙(811조의c)을 신설하였다(2022. 1. 1.부터 811조 1항 8호에서 규정). '모든 동물'이 아니라 '영리 목적'없이 '가정에서 기르는 동물'에 한정하고 있다. 또한 고가의 동물인 경우는 예외적으로 압류를 허가할 수 있도록 하여 채권자의 이익도 고려하고 있다.

> ◈ **'반려견 압류' 집행 신청 기각… "채무자에게 정서적 충격"** ◈ 반려동물에 대한 압류 집행은 "채무자에게 큰 정서적 충격을 줄 수 있다"며 이를 기각한 법원의 결정이 나왔다. 의정부지법 고양지원에 따르면 채무자 소유 반려동물인 개 1마리에 대한 압류집행을 실시하라며 A씨가 법원에 낸 '집행관의 집행 위임거부 등에 대한 이의신청'이 기각됐다. 법원은 결정문에서 "현행 민법상 반려동물을 포함한 동물은 물건 중 동산으로 취급되므로 일반적으로 민사집행법상 유체동산 집행 대상이 될 수 있다"면서도 "다만, 반려동물의 경우 현상 유지를 위한 관리 비용이나 노동이 필요할 수 있고, 환경 변화에 민감할 뿐 아니라 경우에 따라 집행 결과 동물보호법 위반 소지가 생길 수 있다"고 판단했다. 이어 "반려동물은 집행관이 보관하든 채무자가 보관하든 스스로 이동해 통제를 벗어날 우려가 있고, 반려동물 압류는 채무자에게 큰 정서적 충격을 줄 수 있음이 명백하다"면서 이러한 점 등을 고려하면 "반려동물 압류를 명하는 것에는 특히 더 신중할 필요가 있다"고 덧붙였다.앞서 이 사건의 압류를 담당한 집행관은 "육안상 노견으로서 환가 가치가 없었고, 매각대상에 포함할 경우 오히려 매각가격이 낮아질 가능성이 있다"며 채무자의 반려견 1마리에 대해서는 압류를 집행하지 않았다(연합뉴스 2024. 9. 5. 신문기사).

1) 민사집행법에 의하여 압류가 금지되는 물건

12-16 법 195조는 채무자의 보호 및 사회정책적 취지에서 다음 16항목에 걸쳐서 일정한 물건의 압류의 금지를 규정하고 있다.

> ◈ **구체적 예** ◈ 甲이 안과의원을 운영하는 의사인 乙에 대하여 가지는 집행권원에 기하여 乙 소유의 동산에 집행을 신청하였다. ① 乙이 자택에 보관하고 있는 현금 100만 원, ② 乙이 개인의원에서 진료에 사용하고 있는 레이저 광사선 기기, ③ 乙이 소유하고 있는 불상을 압류할 수 있는가. ① 법 195조 3호는 채무자등의 생활

에 필요한 1월간의 생계비로서 대통령령이 정하는 액수의 금전을 압류금지로 규정하고 있다. 민사집행법 시행령 2조에서 이를 185만 원으로 규정하고 있으므로 그 범위 내에서 위 100만 원에 대하여는 압류가 금지된다. ② 위 레이저 광사선 기기가 법 195조 6호의 전문직 종사자에게 없어서는 아니 될 도구, 그 밖에 이에 준하는 물건인지 여부가 문제된다. ③ 불상은 신앙의 대상이 되는 것으로, 법 195조 8호 상례·제사 또는 예배에 필요한 물건과 관련된다. 그런데 불상을 어느 의도로 소유하고 있는가, 예술적, 경제적 가치를 염두에 두고 소유하고 있는지, 아니면 신앙과 직결되는지 여부를 가지고 압류금지 여부를 판단되게 된다.

민사집행법 제195조(압류가 금지되는 물건)	
1. 채무자 및 그와 같이 사는 친족(사실상 관계에 따른 친족을 포함한다. 이하 이 조에서 "채무자등"이라 한다)의 생활에 필요한 의복·침구·가구·부엌기구, 그 밖의 생활필수품	최저한의 생활유지를 위하여 개인적으로 사용하는 물건 및 공동생활을 위한 필수품은 압류가 금지된다.
2. 채무자등의 생활에 필요한 2월간의 식료품·연료 및 조명재료	생활에 필요하다는 점은 일반적인 생활수준을 고려하고 채무자의 구체적인 상황을 추가하여 집행관이 판단할 수밖에 없다.
3. 채무자등의 생활에 필요한 1월간의 생계비로서 대통령령이 정하는 액수의 금전	채무자의 생활보장을 목적으로 압류금지물건으로 한 것이다. 현재 민사집행법 시행령 2조는 이를 185만 원으로 하고 있다. 다만, 법 246조 1항 8호에 따라 압류하지 못한 예금(적금·부금·예탁금과 우편대체를 포함하며, 이하 "예금등"이라 한다)이 있으면 185만 원에서 그 예금등의 금액을 뺀 금액으로 한다.
4. 주로 자기 노동력으로 농업을 하는 사람에게 없어서는 아니 될 농기구·비료·가축·사료·종자, 그 밖에 이에 준하는 물건	어느 범위의 것을 농업을 하는 사람에게 없어서는 아니 될 것으로 볼 것인지 여부는 영농의 실태, 즉 채무자의 영농규모·다른 대체물의 존부·그 지방의 일반적인 영농상황 등을 고려하여 결정할 문제이다.
5. 주로 자기의 노동력으로 어업을 하는 사람에게 없어서는 아니 될 고기잡이 도구·어망·미끼·새끼고기, 그 밖에 이에 준하는 물건	어선이 고기잡이 도구에 해당하는지 여부에 관하여는 어업의 규모 등을 종합하여 판단하여야 할 것이다.

6. 전문직 종사자·기술자·노무자, 그 밖에 주로 자기의 정신적 또는 육체적 노동으로 직업 또는 영업에 종사하는 사람에게 없어서는 아니 될 제복·도구, 그 밖에 이에 준하는 물건	없어서는 아니 될 물건인지 여부는 채무자의 영업의 종류, 규모 및 태양, 동종의 영업에 종사하는 다른 사람과의 비교, 압류가 채무자에게 미칠 영향의 정도 등을 종합 고려하여 결정하여야 할 것이다.
7. 채무자 또는 그 친족이 받은 훈장·포장·기장, 그 밖에 이에 준하는 명예증표	친족이 받은 훈장 등은 그 받은 주체가 채무자의 친족이면서, 현실적으로는 채무자가 소지하고 있는 것을 말한다.
8. 위패·영정·묘비, 그 밖에 상례·제사 또는 예배에 필요한 물건	가령, 불상이라도 상품이나 골동품으로 소장하고 있는 경우, 장차 사용할 목적으로 이를 제작하여 둔 데 불과한 경우에는 압류금지물건이 아니다.
9. 족보·집안의 역사적인 기록·사진첩, 그 밖에 선조숭배에 필요한 물건	선조숭배에 필요한 물건인지 여부는 객관적으로 판단하여야 한다. 따라서 채무자가 주관적으로는 선조를 기억하고 기념하기 위하여 소지하고 있는 유물이나 기념품과 같은 물건이라도, 객관적으로 거래의 대상으로 되고 재산적 가치가 있는 것은 이에 해당하지 않는다.
10. 채무자의 생활 또는 직무에 없어서는 아니 될 도장·문패·간판, 그 밖에 이에 준하는 물건	금·은과 같은 값비싼 물건으로 만든 도장이나 문패·간판이라도 실제 생활상 또는 거래상 사용되고 있는 이상 여기에 해당하지만, 다른 대체물이 있는 경우에는 없어서는 아니 될 물건이라고는 할 수 없으므로 압류할 수 있다.
11. 채무자의 생활 또는 직업에 없어서는 아니 될 일기장·상업장부, 그 밖에 이에 준하는 물건	채무자의 생활 또는 직업에 없어서는 아니 될 것이어야 한다.
12. 공표되지 아니한 저작 또는 발명에 관한 물건	채무자의 지적 노력의 산출물을 최대한 보호함을 목적으로 하는 것이다.
13. 채무자등이 학교·교회·사찰, 그 밖의 교육기관 또는 종교단체에서 사용하는 교과서·교리서·학습용구, 그 밖에 이에 준하는 물건	

14. 채무자등의 일상생활에 필요한 안경 · 보청기 · 의치 · 의수족 · 지팡이 · 장애보조용 바퀴의자, 그 밖에 이에 준하는 신체보조기구	
15. 채무자등의 일상생활에 필요한 자동차로서 자동차관리법이 정하는 바에 따른 장애인용 경형자동차	일상생활에 필요불가결한 것임을 고려하여 인도적인 차원에서 압류를 금지하는 것이다.
16. 재해의 방지 또는 보안을 위하여 법령의 규정에 따라 설비하여야 하는 소방설비 · 경보기구 · 피난시설, 그 밖에 이에 준하는 물건	가령, 개인주택에 비치된 소방설비와 같이 법령의 규정상 설비의무가 부과되어 있지 않은 경우에는 이에 해당되지 않는다.

2) 압류금지 물건을 정하는 재판

법원은 당사자가 신청하면 채권자와 채무자의 생활형편, 그 밖의 사정을 고려하여 유체동산의 전부 또는 일부에 대한 **압류를 취소**하도록(압류금지 확장) 명하거나 법 195조의 압류가 금지되는 유체동산을 **압류**하도록(압류금지 축소) 명할 수 있다(196조 1항). 당사자의 **신청**에 의하여야 하고, 법원이 직권으로 할 수 없다. 확장(압류의 취소)의 신청권자는 채무자이고, 축소(압류의 허가)의 신청권자는 채권자이다. 12-17

위 결정이 있은 뒤에 그 이유가 소멸되거나 사정이 바뀐 때에는 법원은 직권으로 또는 당사자의 신청에 따라 그 결정을 취소하거나 바꿀 수 있다(196조 2항). 사정변경의 예는, 채무자의 생활형편을 중시하여 압류금지의 범위를 확장하였는데, 그 뒤 채무자가 많은 재산을 상속받았거나 증여받은 경우 또는 그 반대의 경우 등을 들 수 있다.

6. 압류물의 보존

압류는 집행관이 그 물건을 점유함으로써 하고, 채무자 등에게 압류물을 보관시킨 경우에도 압류물에 대한 집행관의 점유는 계속되는 것이므로 집행관은 선량한 관리자로서 압류물을 보존하여야 한다. 압류물을 보존하기 위하여 필요한 때에는 집행관은 적당한 처분을 하여야 한다(198조 1항). 12-18

7. 집행경합

(1) 공동압류

12-19 여러 집행권원에 기하여 또는 여러 채권자로부터 동시에 또는 때를 달리하여 동산집행의 신청이 있은 경우와 같이 압류 전에 동일한 채무자에 대하여 동일한 집행장소에서 동산집행의 신청이 경합하는 때에는 동일한 동산을 동시에 압류한 것이 된다. 가령, 1인의 채권자가 복수의 채권을 위하여 신청을 하거나 공동상속인이나 동일한 사고의 피해자 등이 공동으로 신청을 한 경우, 또는 전혀 관계가 없는 다른 사람이 우연히 같은 채무자에 대하여 동일한 집행장소에서 신청을 한 경우 등이다. 압류로부터 현금화까지의 집행절차는 하나의 절차로 진행된다.

(2) 이중압류(압류의 경합)

제215조(압류의 경합) ① 유체동산을 압류하거나 가압류한 뒤 매각기일에 이르기 전에 다른 강제집행이 신청된 때에는 집행관은 집행신청서를 먼저 압류한 집행관에게 교부하여야 한다. 이 경우 더 압류할 물건이 있으면 이를 압류한 뒤에 추가압류조서를 교부하여야 한다. ② 제1항의 경우에 집행에 관한 채권자의 위임은 먼저 압류한 집행관에게 이전된다. ③ 제1항의 경우에 각 압류한 물건은 강제집행을 신청한 모든 채권자를 위하여 압류한 것으로 본다. ④ 제1항의 경우에 먼저 압류한 집행관은 뒤에 강제집행을 신청한 채권자를 위하여 다시 압류한다는 취지를 덧붙여 그 압류조서에 적어야 한다.

12-20 유체동산을 압류하거나 가압류한 뒤 매각기일에 이르기 전에 다른 채권자가 강제집행을 신청할 수 있다(압류의 경합).[9] 이 경우에 집행관은 다른 집행신청서를 먼저 압류한 집행관에게 교부하여야 하고, 더 압류할 물건이 있으면 이를 압류한 뒤에 추가압류조서를 교부하여야 한다(215조 1항). 먼저 압류한 집행관은 뒤에 강제집행을 신청한 채권자를 위하여 다시 압류한다는 취지를 덧붙여 그 압류조서에 적어야 한다(동조 4항). 이렇게 이중압류(Anschlußpfändung)가 된 경우에 각 압류한 물건은 강제집행을 신청한 모든 채권자를 위하여 압류한 것으로 본다(동조 3항).

9) 동산집행은 집행관에 의한 물건의 현실적 점유라는 사실상의 처분으로 행하여지는데, 그 성질상 동산집행의 경우에 이중압류는 필요 없고, 적당하지 않으므로 **일본** 민사집행법 125조 1항은 **이중압류를 금지**하고 있다. 이러한 금지에 어긋나는 후발의 압류는 무효인데, 동일한 동산에 추가로 집행할 필요가 있는 때는 나중의 집행사건과 앞의 집행사건을 병합한다.

(3) 배당요구

제217조(우선권자의 배당요구) 민법·상법, 그 밖의 법률에 따라 우선변제청구권이 있는 채권자는 매각대금의 배당을 요구할 수 있다.

제218조(배당요구의 절차) 제217조의 배당요구는 이유를 밝혀 집행관에게 하여야 한다.

제220조(배당요구의 시기) ① 배당요구는 다음 각호의 시기까지 할 수 있다. 1. 집행관이 금전을 압류한 때 또는 매각대금을 영수한 때 2. 집행관이 어음·수표 그 밖의 금전의 지급을 목적으로 한 유가증권에 대하여 그 금전을 지급받은 때 ② 제198조제4항에 따라 공탁된 매각대금에 대하여는 동산집행을 계속하여 진행할 수 있게 된 때까지, 제296조제5항 단서에 따라 공탁된 매각대금에 대하여는 압류의 신청을 한 때까지 배당요구를 할 수 있다.

「민법」·「상법」, 그 밖의 법률에 따라 **우선변제청구권이 있는 채권자**는 매각대금의 배당을 요구할 수 있는데(217조), 이유를 밝혀 집행관에게 하여야 한다(218조). 이는 실체법상의 우선적 지위를 보호하기 위함이다. 12-21

부동산집행	유체동산집행	채권집행
제88조(배당요구) ① 집행력 있는 정본을 가진 채권자, 경매개시결정이 등기된 뒤에 가압류를 한 채권자, 민법·상법, 그 밖의 법률에 의하여 **우선변제청구권이 있는 채권자**는 배당요구를 할 수 있다.	제217조(배당요구) 민법·상법, 그 밖의 법률에 따라 우선변제청구권이 있는 채권자는 매각대금의 배당을 요구할 수 있다.	제247조(배당요구) ① 민법·상법, 그 밖의 법률에 의하여 **우선변제청구권이 있는 채권자**와 **집행력 있는 정본을 가진 채권자**는 다음 각호의 시기까지 법원에 배당요구를 할 수 있다.

한편 법률상 우선변제권이 있는 사람이 아니라면,10) 설사 집행력 있는 정본을 가진 채권자라 하더라도 배당요구를 할 수 없으며(이 점은 부동산집행의 경우(88조)나 채권과 그 밖의 재산권에 대한 집행의 경우(247조)와 다르다), 그러한 채권자는 이중압류의 절차(215조)를 거쳐 배당에 참가할 수 있을 뿐이다. 동산집행에서는 엄격한 초과압류금지의 원칙이 관철되어야 하므로 널리 배당요구를 허용하는 것은 압류채권자

10) 양도담보권자도 배당요구를 할 수 없다. 양도담보권자는 동산의 소유자로서 제3자이의의 소(48조)를 제기하여 동산집행의 배제를 구할 수 있다(☞7-61). 일본 最高裁判所 昭和56(1981)·12·17 판결.

를 해친다.[11] 따라서 집행력 있는 정본을 가지지 않은 채권자는 아예 배당에서 제외하고, 집행력 있는 정본을 가진 채권자라도 이중압류의 절차를 거쳐 배당에 참가하여야 하고, 이중압류절차를 거치지 않는 이상 배당절차에 참가할 수 없게 한 것이다.

배당요구의 종기는, ① 집행관이 금전을 압류한 때 또는 매각대금을 영수한 때까지(220조 1항 1호), ② 집행관이 어음·수표, 그 밖의 금전의 지급을 목적으로 한 유가증권에 대하여 그 금전을 지급받은 때까지이다(동조 동항 2호). 그리고 ③ 예를 들어 값이 크게 내릴 염려가 있어 **압류물**을 매각하여 그 대금이 공탁된 경우(198조 4항)의 공탁된 매각대금에 대하여는 집행의 속행을 할 수 있을 때까지, **가압류물**이 값이 크게 떨어질 염려가 있어 그 물건을 매각하여 대금이 공탁된 경우(296조 5항 단서)의 공탁된 매각대금에 대하여는 압류의 신청을 한 때까지이다(220조 2항). 여기에서 압류의 신청은 가압류가 본압류로 이전되는 것뿐만 아니라 가압류채권자 이외의 채권자가 중복하여 압류를 신청하는 경우를 포함한다.

Ⅲ. 현금화

1. 압류물의 매각

제197조(일괄매각) ① 집행관은 여러 개의 유체동산의 형태, 이용관계 등을 고려하여 일괄매수하게 하는 것이 알맞다고 인정하는 때에는 직권으로 또는 이해관계인의 신청에 따라 일괄하여 매각할 수 있다.

제199조(압류물의 매각) 집행관은 압류를 실시한 뒤 입찰 또는 호가경매의 방법으로 압류물을 매각하여야 한다.

제200조(값비싼 물건의 평가) 매각할 물건 가운데 값이 비싼 물건이 있는 때에는 집행관은 적당한 감정인에게 이를 평가하게 하여야 한다.

제201조(압류금전) ① 압류한 금전은 채권자에게 인도하여야 한다.

12-22 집행관은 압류를 실시한 뒤 압류물을 현금화(Verwertung)하여야 하는데, 현금화, 즉 매각은 입찰 또는 호가경매의 방법으로 한다(199조).[12] 금전을 압류한 경우

11) 이시윤, 423면.

12) 참고로 보면, **독일**에서는 2009. 7. 30. 강제집행에 있어서 인터넷경매에 관한 법률(Gesetz über die Internetversteigerung in der Zwangsvollstreckung und zur Änderung anderer

에는 현금화할 필요가 없으므로 그 금전을 채권자에게 인도하여 집행을 종료한다(201조 1항. 압류금전을 공탁하여야 하는 경우에 대하여는 ☞12-29).

매각할 물건 가운데 값이 비싼 물건이 있는 때에는 집행관은 적당한 감정인에게 이를 평가하게 하여야 하지만(200조), 그 밖의 일반적 동산의 경우에는 부동산집행에서와 같은 최저매각가격제도는 없다. 집행관은 자기의 지식이나 경험에 기하여 압류동산을 자유롭게 평가한다. 집행관은 매각할 동산의 종류, 형태, 이용관계 등을 고려하여, 개별매각보다 일괄매각하게 하는 것이 적절하고 고가에 팔 수 있다고 판단되는 때에 직권으로 또는 이해관계인의 신청에 따라 여러 개의 동산을 일괄하여 매각할 수 있다(197조 1항). 가령 여관이나 음식점의 집기 일체와 같이 함께 이용되는 물건 등이 일괄매각할 수 있는 예이다.

(1) 호가경매

제203조(매각장소) ① 매각은 압류한 유체동산이 있는 시 · 구 · 읍 · 면(도농복합형태의 시의 경우 동지역은 시 · 구, 읍 · 면지역은 읍 · 면)에서 진행한다. 다만, 압류채권자와 채무자가 합의하면 합의된 장소에서 진행한다. ② 매각일자와 장소는 대법원규칙이 정하는 방법으로 공고한다. 공고에는 매각할 물건을 표시하여야 한다.

압류물의 현금화는 호가경매에 의하는 것이 일반적이다. 호가경매의 방법으로 12-23
유체동산을 매각하는 때에는 집행관은 경매기일의 일시와 장소를 정하여야 한다. 이 경우 경매기일은 부득이한 사정이 없는 한 압류일부터 1월 안의 날로 정하여야 한다(민사집행규칙 145조 1항). 집행관은 집행법원의 허가를 받은 때에는 소속 법원의 관할구역 밖에서 경매기일을 열 수 있다(동규칙 동조 2항). 집행관이 경매기일을 개시하는 때에는 매각조건을 고지하여야 한다(동규칙 147조 1항). 압류물이 가재도구나 기계류인 경우에는 압류의 장소, 즉 채무자 측의 위 소재장소를 그대로 매각장소로 하는 경우가 많다.[13] 집행관은 매수신청의 액 가운데 최고의 것을 3회 부른 후 그

Gesetze vom 30. 7. 2009, BGBl. I 2474)에 의하여 동산집행의 환가방법의 하나로 인터넷에 의한 경매(Internetversteigerung)를 이용할 수 있게 되었다(같은 해 8. 5. 시행). 대면경매에 추가하여 민사소송법(ZPO) 814조 2항, 3항에서 인터넷경매를 표준적 경매형식으로 받아들였다. 환가방법으로 소재 장소에서의 경매에 의할 것인가, 인터넷 경매를 이용할 것인가의 선택은 집행관에게 맡겨져 있다. MüKoZPO/Gruber ZPO §814 Rn. 2. 이시윤, 427면은 우리가 Internet 강국을 자처하며 이에 이르지 못한 것은 문제로서 지금이라도 Internet 경매를 개설할 것이라고 하고 있다.

13) 사실상 비공개 밀매가 될 수 있어 문제가 있고, 그리하여 경매브로커에 의한 염가매각 → 경매

신청을 한 사람의 이름 · 매수신청의 액 및 그에게 매수를 허가한다는 취지를 고지하여야 한다. 다만, 매수신청의 액이 상당하지 아니하다고 인정하는 경우에는 매수를 허가하지 아니할 수 있다(동규칙 동조 2항). 채무자 자신은 매수인이 될 수 없다(동규칙 59조). 호가경매기일에서 매수가 허가된 때에는 원칙적으로 그 기일이 마감되기 전에 매각대금을 지급하여야 한다(동규칙 149조 1항).

(2) 입 찰

12-24 호가경매가 일반적이고, 입찰은 예외적 방법이다. 기간입찰의 방법은 할 수 없고, 입찰기일에 입찰을 시킨 후 개찰을 하는 방법으로 한다(민사집행규칙 151조 1항). 개찰이 끝난 때에는 집행관은 최고의 가액으로 매수신고를 한 입찰자의 이름 · 입찰가격 및 그에 대하여 매수를 허가한다는 취지를 고지하여야 한다(동규칙 동조 2항). 그 밖에 대부분 부동산 기일입찰의 규정을 준용한다(동규칙 동조 3항).

2. 특별한 현금화 방법

제214조(특별한 현금화방법) ① 법원은 필요하다고 인정하면 직권으로 또는 압류채권자, 배당을 요구한 채권자 또는 채무자의 신청에 따라 일반 현금화의 규정에 의하지 아니하고 다른 방법이나 다른 장소에서 압류물을 매각하게 할 수 있다. 또한 집행관에게 위임하지 아니하고 다른 사람으로 하여금 매각하게 하도록 명할 수 있다.

12-25 법원은 필요하다고 인정하면 직권으로 또는 압류채권자, 배당을 요구한 채권자 또는 채무자의 신청에 따라 위 호가경매나 입찰에 의하지 아니하고 다른 방법이나 다른 장소에서 압류물을 매각하게 할 수 있다(214조 전문). 또한 집행관에게 위임하지 아니하고 다른 사람으로 하여금 매각하게 하도록 명할 수 있다(동조 후문). 이때의 집행법원의 사무는 사법보좌관이 담당한다(사법보좌관규칙 2조 1항 8호).

3. 매각의 효과

12-26 호가경매나 입찰에서는 집행관이 매수를 허가하는 취지를 고지하는 것에 의하여 사법상의 매매계약이 성립한 것과 마찬가지가 된다. 매각물은 대금과 서로 맞바꾸어 인도하여야 한다(205조 2항). 소유권의 이전시기는 매각대금을 지급한 때라고 풀이한다.

꾼 → 채무자의 친족 등이 그것을 재매수하는 문제점의 지적으로는 이시윤, 426면.

Ⅳ. 배당(만족) 등

1. 배당받을 채권자의 범위

압류채권자, 이중압류채권자, 배당요구를 한 우선변제청구권자는 압류물의 매각대금 · 압류금전의 지급금에서 배당(Verteilung)을 받을 수 있다. 부부공유 동산에 있어서 지급요구를 한 배우자도 배당을 받을 수 있다(221조 1항). 12-27

그런데 집행관의 압류 전에 「동산 · 채권 등의 담보에 관한 법률」에 따라 동산을 담보로 제공하기로 하는 담보약정을 하고 담보등기를 마친 가진 채권자는 **배당요구를 하지 않아도** 동산담보권이 설정된 유체동산에 대하여 다른 채권자의 신청에 의한 강제집행절차가 진행되는 경우에 민사집행법 148조 4호를 유추적용하여 당연히 배당에 참가할 수 있다.[14)]

2. 배당의 실시

제222조(매각대금의 공탁) ① 매각대금으로 배당에 참가한 모든 채권자를 만족하게 할 수 없고 매각허가된 날부터 2주 이내에 채권자 사이에 배당협의가 이루어지지 아니 한 때에는 매각대금을 공탁하여야 한다.

제252조(배당절차의 개시) 법원은 다음 각호 가운데 어느 하나에 해당하는 경우에는 배당절차를 개시한다. 1. 제222조의 규정에 따라 집행관이 공탁한 때

제256조(배당표의 작성과 실시) 배당표의 작성, 배당표에 대한 이의 및 그 완결과 배당표의 실시에 대하여는 제149조 내지 제161조의 규정을 준용한다.

(1) 배당금의 교부

채권자가 한 사람인 경우, 또는 채권자가 두 사람 이상이라도 매각대금 · 압류금전으로 각 채권자의 채권과 집행비용의 **전부를 변제할 수 있는 경우**에는, 채권자 사이에 이해의 대립이 없어 배당을 실시할 필요가 없으므로 집행관은 매각대금 등으로 채권자의 채권액을 교부하고 나머지가 있으면 채무자에게 교부하여야 한다(민사집행규칙 155조 1항). 교부절차는 적절한 방법으로 실시한다. 가령 압류물이 금 12-28

14) 등기를 통해 공시되는 동산담보권을 창설한 동산채권담보법의 입법 취지, 부동산 집행절차에서 등기된 담보권자를 당연히 배당받을 채권자로 정하는 민사집행법 148조 4호의 취지, 동산담보권자와 경매채권자 사이의 이익형량 등을 고려하면, 148조 4호를 유추적용하여 당연히 배당에 참가할 수 있다고 보아야 한다(대법원 2022. 3. 31. 선고 2017다263901 판결).

전인 경우에 집행관은 압류의 현장에 채권자가 있다면 그 자리에서 배당금을 교부할 수 있다. 또 압류물의 매각이 종료한 때에 채권자가 참여하고 있으면, 참여한 채권자에 대해서는 배당금을 교부하고, 그렇지 않은 채권자에 대해서는 나중에 출석을 요구하여 교부하기도 한다.

(2) 집행관에 의한 배당의 실시

12-29 한편 매각대금이나 압류금전으로 각 채권자의 채권과 집행비용의 **전부를 변제할 수 없는 경우**에는 집행관은 매각허가된 날부터 2주 이내의 날을 배당협의기일로 지정하고 각 채권자에게 그 일시와 장소를 서면으로 통지하여야 한다(민사집행규칙 155조 2항). 집행관은 배당협의기일까지 채권자 사이에 배당협의가 이루어진 때에는 그 협의에 따라 배당을 실시하여야 한다(동규칙 동조 3항).

협의가 이루어지지 않은 때에는 집행관은 매각대금을 공탁하여야 하고(222조 1항), 그 사유를 집행법원에 신고하여야 한다(동조 3항). 여러 채권자를 위하여 동시에 금전을 압류한 경우에도 마찬가지이다(동조 2항).

(3) 배당유보공탁

12-30 집행관은 ① 채권에 정지조건 또는 불확정기한이 붙어 있는 때, ② 가압류채권자의 채권인 때, ③ 일시집행정지의 재판서류가 제출되어 있는 때에는 바로 매각대금을 공탁하여야 하고, 집행절차에 관한 서류를 붙여 그 사유를 법원에 신고하여야 한다(민사집행규칙 156조 1항). 배당기일에 출석하지 않은 채권자 또는 채무자에 대한 배당액도 공탁하여야 한다(동규칙 동조 2항).

(4) 집행법원에 의한 배당의 실시

12-31 집행법원은 위 (2)의 **배당협의가 이루어지지 아니한 경우**에는 즉시 배당을 실시하여야 하고, 위 (3)과 같은 경우에는 **공탁의 사유가 소멸된 때**에 배당을 실시하여야 하는데(252조 1호), 이는 사법보좌관의 업무이다(사법보좌관규칙 2조 1항 10호). 이 절차에 대하여는 부동산 강제경매에 있어서 배당절차가 널리 준용된다(256조 참조).

제 6 장

채권과 그 밖의 재산권에 대한 강제집행

Ⅰ. 개 관

13-1

민사집행법 제2편 제2장(금전채권에 기초한 강제집행) 제4절(동산에 대한 강제집행) 제3관 **채권과 그 밖의 재산권에 대한 강제집행**은 동산집행의 하나로서(☞12-1. 민법상의 동산과 개념 및 범위를 달리한다) 채무자가 제3채무자(집행채무자를 채무자로 하는 집행의 대상이 되는 채권의 채무자. 224조 2항 참조)에 대하여 가지고 있는 채권 또는 그 밖의 다른 재산권을 추심·현금화하여 채권자에게 금전채권의 만족을 주는 강제집행을 규정하고 있는데,[1] 집행대상이 되는 재산의 성질에 따라 ① **금전채권**에 대한 집행, ② 유체물의 **권리이전·인도청구권**에 대한 집행, ③ **그 밖의 재산권**에 대한 집행(251조)으로 구별하고 있다. 급료채권 등 채권 이외에 특별한 책임재산을 가지고 있지 않은 채무자도 있을 수 있고, 한편 채권, 그 밖의 여러 형태의 재산권이 부동산에 뒤지지 않는 중요한 가치를 가지게 된 현실에서 금전집행의

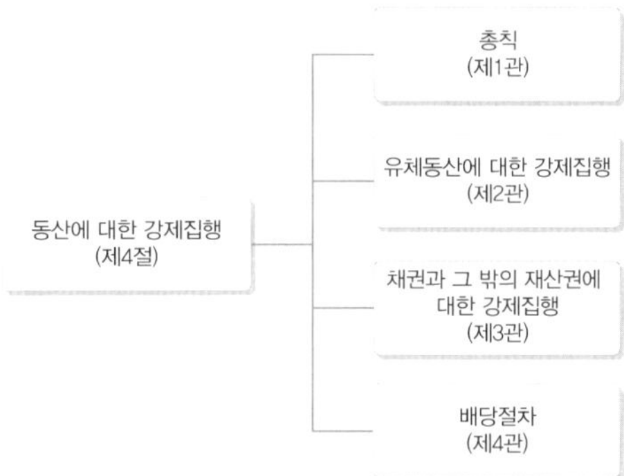

1) 한편, **일본** 민사집행법은 2004년 개정에 의하여 167조의2 이하에서 소액소송의 편리성과 신속하고 효율적 권리실현을 위하여 소액소송에서 얻은 집행권원에 의하여 간편하게 금전채권에 대한 강제집행을 할 수 있는 소액소송채권집행제도를 두고 있다. 물론 이 제도를 이용하지 않고, 일반적 금전집행방법을 선택할 수 있다.

대상으로 위와 같은 권리집행의 중요성이 커지고 있다. 실무상 예금, 급여 등의 금전채권에 대한 집행이 가장 흔하다. 집행법원이 집행기관이 되며, 이는 사법보좌관의 업무이다.

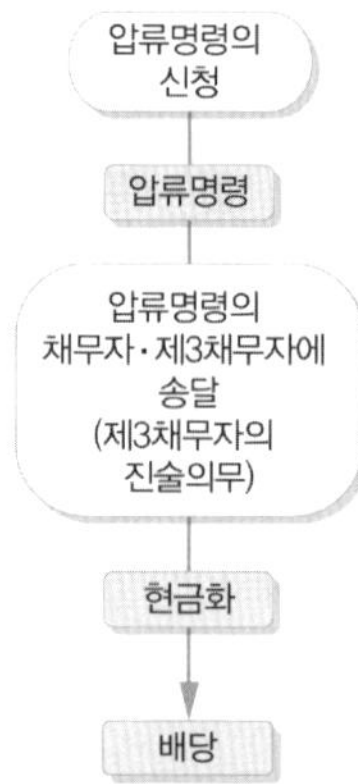

절차는 압류 → 압류채권의 현금화 → 만족(배당)의 단계로 진행되는데, 집행의 대상인 재산권이 다양하고 부동산이나 동산과 같이 유형적으로 존재하는 것이 아니라, 법적 판단에 의하여 그 존재를 인식할 수 있는 관념적인 것(이러한 의미에서 권리집행이라고도 한다)이므로 그 밖의 금전집행과는 다른 특색을 가진다. 집행의 신청에 있어서는 그 대상이 되는 권리의 존재에 대하여 증명이 요구되지 않으므로 존재하지 않는 채권에 대한 압류명령 등도 있을 수 있고, (집행)채권자도 제3채무자의 진술에 의하여 채권의 존부를 알 수 있는 경우도 많다. 그리고 압류나 현금화 등의 절차는 집행법원의 관념적인 처분에 의한다. 집행의 대상이 되는 권리가 현금화되기 위하여는 집행법원의 처분만이 아니라, 채권자에 의한 집행절차 안에서 및 절차 밖에서의 행위에 맡겨져 있는 부분도 있다. 집행의 대상이 되는 권리에 제3채무자 및 그에 준한 제3자가 있는 경우에는 채권자, 채무자 및 제3채무자 등 3자 사이의 이해관계의 조정을 염두에 둔 절차진행이 필요하게 된다.

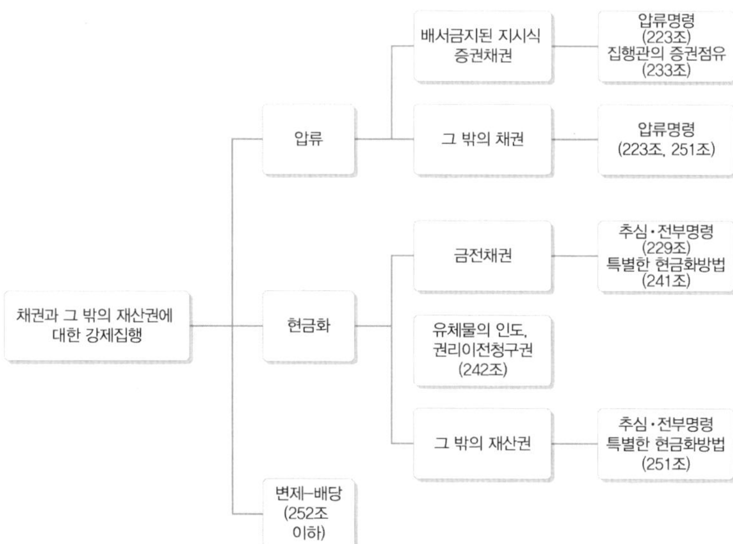

〈민사집행사건 접수건수 추이〉

	경매		채권 기타 재산권에 대한 강제집행	기타
	강제	담보권 실행		
2017년	33,387	52,375	819,662	56,680
2018년	32,416	58,513	912,539	60,720
2019년	37,489	66,929	938,236	67,195
2020년	35,748	57,040	1,110,037	77,152
2021년	34,896	43,989	1,105,594	76,993

Ⅱ. 금전채권에 대한 집행

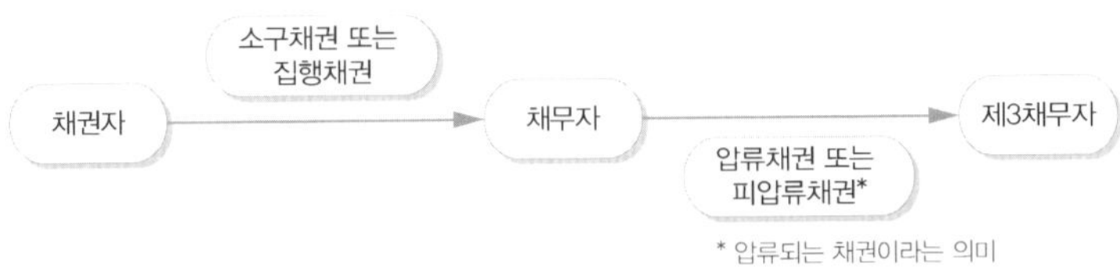

집행채권자가 금전채권(위 그림의 집행채권)의 만족을 위하여 집행채무자가 제3채무자(압류한 채권의 채무자. 224조 2항)에 대하여 가지고 있는 금전채권(위 그림의 압류채권)에 대하여 행하는 강제집행이다. 실무상 예금, 급여 등의 금전채권에 대한 강제집행이 상당히 많이 나타난다. 금전채권에 대한 집행은 민사집행법상으로는 동산에 대한 강제집행의 일종이므로 민사집행법 제4절 제1관(동산에 대한 강제집행 통칙)이 적용된다. 금전채권에 대한 집행도 압류, 현금화, 변제(배당)라는 3단계의 절차를 거쳐 집행채권의 만족을 얻게 된다. 13-2

1. 압 류

제223조(채권의 압류명령) 제3자에 대한 채무자의 금전채권 또는 유가증권, 그 밖의 유체물의 권리이전이나 인도를 목적으로 한 채권에 대한 강제집행은 집행법원의 압류명령에 의하여 개시한다.

13-3 금전채권에 대한 집행은 집행법원의 압류명령으로 개시되는데(223조), 압류명령을 신청하기 위해서는 강제집행의 요건 및 강제집행개시의 요건을 갖추어야 한다. 즉 집행권원의 집행력 있는 정본에 기하여야 하고(28조 1항), 집행권원의 송달(39조 1항), 집행문 및 증명서등본의 송달(39조 2항, 3항), 이행일시의 도래(40조 1항),[2] 담보제공증명서의 제출 및 그 등본의 송달(40조 2항), 반대의무의 제공(41조 1항) 등의 요건이 갖추어져야 한다.

(1) 압류명령의 신청

1) 피압류적격

13-4 채권자로서는 압류명령을 신청하기 위해서는 우선 압류할 채권을 조사할 필요가 있다. 압류 당시에 피압류채권(229조 2항은 압류채권이라고 하는데, 압류되는 채권이라는 의미에서 피압류채권)이 존재하지 않는 경우에는 압류로서의 효력이 없다. 피압류채권의 존재를 채권자가 증명하여야 한다.

채권이란 일반적으로는 특정인(채권자)이 특정인(채무자)에게 일정한 급부(작위 또는 부작위)를 청구하는 것을 내용으로 하는 권리로 정의되고 있다. 자연인, 법인을 불문하고 현대사회에 있어서는 다종 다양한 거래관계가 있고, 이에 따라 여러 가지 채권이 형성되고 있다. 그러나 이 모든 채권이 채권집행의 대상이 되는 것은 아니다. 금전적 만족을 실현하기 위하여 압류의 대상이 되는 채권은 금전적 만족의 수단이 될 수 있는(금전화할 수 있는) 성질의 권리이어야 한다(환가가능성).[3] 따라서 수도, 가스 또는 전기 등 일정한 설비에 의하여 공급을 받을 권리는 하나의 재산권이기는 하지만, 금전적으로 평가할 수 없으므로 집행의 대상이 되지 않는다.

그리고 귀속·행사상의 일신전속권, 채무자의 인격권·신분권, 독립적으로 재산적 가치(독립재산성)를 갖지 않는 취소권·해제권 등은 이에 포함되지 않는다.

특이한 경우이지만, **압류채권자 자신을 제3채무자로 하는 채권이라도 무방**하다.[4]

---

2) **일본**은 2003년 개정에 의하여 민사집행법 151조의2에서 부양료나 이혼 후의 자의 양육비 등의 정기금채권을 집행채권으로 하는 금전채권에 대하여는 변제기 도래분에 대하여 불이행이 있으면 변제기 미도래분도 합쳐서 금전집행을 할 수 있도록 하고 있다(예비압류라고 불린다). 우리도 「가사소송법」 63조의2 2항에서 양육비채권 중 기한이 되지 아니한 것에 대하여도 예외적으로 양육비 직접지급명령을 할 수 있다고 규정하고 있다.

3) 앞으로 가상자산의 반환청구권의 압류 내지는 가상자산계좌 자금의 압류 등이 문제될 수 있다 (☞12-2).

4) 사해행위취소의 소에서 수익자가 원상회복으로서 채권자취소권을 행사하는 채권자에게 가액

어음, 수표, 그 밖에 배서로 이전할 수 있는 증권에 대한 집행은 원칙적으로 유체동산집행의 방법에 의하나(189조 2항 3호. ☞12-2), 그중 **배서가 금지**된 증권채권은 그 증권에 화체(化體)된 채권을 채권집행의 방법으로 현금화한다(233조. ☞13-11).

압류 당시에 채무자에게 속하는 재산이어야 하는데, 이는 채무자의 점유를 기준으로 하는 유체동산집행과 중요한 차이점이다.

그리고 조건 · 기한부 채권과 같은 **장래채권**이라도 무방하나(가령 공사완성 전의 도급대금채권 등. 한편, 이에 대하여 채권 자체는 이미 발생하고 있고, 다만 변제기가 아직 도래하지 않은 것에 지나지 않은 것은 현재채권이다), 적어도 그 기초가 되는 법률관계는 압류 당시 존재하여 채권의 발생근거나 제3채무자를 특정할 수 있고, 또 가까운 장래에 발생할 가능성이 상당한 정도로 확실하여야 한다.[5] 가령 가까운 장래에 예금채권이 발생할 것이 상당한 정도로 기대된다고 볼 만한 예금계좌가 개설되어 있는 경우 등과 달리, 장래의 예금채권에 대한 **예금계좌가 개설되어 있지 않는 등 피압류채권 발생의 기초가 되는 법률관계가 없는 경우**에는 피압류채권이 존재하지 않으므로 압류의 효력이 없다.[6]

이미 압류 · 가압류의 집행을 받은 권리라도 압류의 대상이 된다.

배상을 할 경우, 수익자 자신이 사해행위취소소송의 채무자에 대한 채권자라는 이유로 **채무자**에 대하여 가지는 자기의 채권과 **상계**하거나 채무자에게 가액배상금 명목의 돈을 지급하였다는 점을 들어 채권자취소권을 행사하는 채권자에 대해 이를 가액배상에서 공제할 것을 주장할 수 없다. 그러나 수익자가 채권자취소권을 행사하는 **채권자**에 대하여 가지는 **별개의 다른 채권**을 집행하기 위하여 그에 대한 집행권원을 가지고 채권자의 수익자에 대한 가액배상채권을 **압류하고 전부명령**을 받는 것은 허용된다. 이는 수익자의 채무자에 대한 채권을 기초로 한 상계나 임의적인 공제와는 내용과 성질이 다르다. 또한 채권자가 채무자의 제3채무자에 대한 채권을 압류하는 경우 **제3채무자가 채권자 자신인 경우**에도 이를 압류하는 것이 금지되지 않으므로 단지 채권자와 제3채무자가 같다고 하여 채권압류 및 전부명령이 위법하다고 볼 수 없다(대법원 2017. 8. 21.자 2017마499 결정). 위 판결 관련하여 전원열, "채권자를 제3채무자로 하는 전부명령", 법조(2018. 4), 1면 이하 참조.

5) 대법원 2010. 2. 25. 선고 2009다76799 판결. 장래 발생할 채권이나 조건부 채권도 현재 그 권리의 특정이 가능하고 가까운 장래에 발생할 것이 상당 정도 기대되는 경우에는 이를 압류할 수 있다. 20년 이상 근속한 지방공무원의 경우에는 명예퇴직수당의 기초가 되는 법률관계가 존재하고 그 발생근거와 제3채무자를 특정할 수 있어 그 권리의 특정도 가능하며 가까운 장래에 발생할 것이 상당정도 기대된다고 할 것이어서, 그 공무원이 명예퇴직수당지급대상자로 확정되기 전에도 그 명예퇴직수당채권에 대한 압류가 가능하다고 할 것이고, 그 공무원이 명예퇴직 및 명예퇴직수당지급신청을 할지 여부가 불확실하다거나 예산상 부득이한 경우 그 지급대상범위가 제한될 수 있다는 것 때문에 그것이 가까운 장래에 발생할 것이 상당정도 확실하지 않다고 볼 것은 아니다(대법원 2001. 9. 18.자 2000마5252 결정).

6) 대법원 2023. 12. 14. 선고 2022다210093 판결 참조.

그리고 금전채권에 대한 집행의 목적은 집행의 대상이 된 재산을 환가하여 변제에 충당하려는 것이므로 그 자체로 **양도할 수 있는 것**이어야 한다. 만약 해당 권리가 법률상 또는 성질상 양도성을 갖지 않을 때는 집행의 대상이 되지 않는다.

관련하여 압류금지채권에 대하여는 후술한다(☞13-22).[7]

◈ 금전채권에 대하여 압류 및 추심명령이 발하여진 경우, 그 집행채권자의 채권자가 추심명령이 발하여진 당해 채권에 대한 추심권능을 압류할 수 있는지 여부(소극) ◈ 압류 및 추심명령이 있었다고 하더라도 이는 강제집행절차에서 압류채권자에게 채무자의 제3채무자에 대한 채권을 추심할 권능만을 부여하는 것으로서 강제집행절차상의 환가처분의 실현행위에 지나지 아니한 것이며, 이로 인하여 채무자가 제3채무자에 대하여 가지는 채권이 압류채권자에게 이전되거나 귀속되는 것이 아니므로, 이와 같은 **추심권능**은 그 자체로서 독립적으로 처분하여 환가할 수 있는 것이 아니어서 **압류할 수 없는 성질의 것**이고, 따라서 이러한 추심권능에 대한 압류결정은 **무효**이며, 추심권능을 소송상 행사하여 승소확정판결을 받았다 하더라도 그 판결에 기하여 금원을 지급받는 것 역시 추심권능에 속하는 것이므로, 이러한 판결에 기하여 지급받을 채권에 대한 압류결정도 무효라고 보아야 한다.[8]

◈ 대위채권자의 추심권능 내지 변제수령권능에 대한 압류명령 등의 효력(무효) 및 확정된 판결에 따라 대위채권자가 제3채무자로부터 지급받을 채권에 대한 압류명령 등의 효력(무효) ◈ 채권자대위권의 대위채권자는 제3채무자로 하여금 직접 대위채권자 자신에게 그 지급의무를 이행하도록 청구할 수 있고 제3채무자로부터 그 변제를 수령할 수도 있으나, 이로 인하여 채무자의 제3채무자에 대한 피대위채권이 대위채권자에게 이전되거나 귀속되는 것이 아니므로, 대위채권자의 제3채무자에 대한 위와 같은 **추심권능 내지 변제수령권능**은 그 자체로서 독립적으로 처분하여 환가할 수 있는 것이 아니어서 **압류할 수 없는 성질의 것**이고, 따라서 이러한 추심권능 내지 변제수령권능에 대한 **압류명령** 등은 **무효**이다. 그리고 제3채무자로 하여금 직접 대위채권자에게 금전의 지급을 명하는 판결에 기초하여 금전을 지급받는 것 역시 대위채권자의 제3채무자에 대한 추심권능 내지 변제수령권능에 속하는 것이므로, 채권자대위소송에서 확정된 판결에 따라 대위채권자가 제3채무자로부터 **지급받을 채권에 대한 압류명령** 등도 **무효**라고 보아야 한다.[9]

---

7) 「근로기준법」 36조 1항 본문에 규정된 임금의 전액지급의 원칙에 비추어 사용자가 근로자의 급료나 퇴직금 등 임금채권을 수동채권으로 하여 사용자의 근로자에 대한 다른 채권으로 상계할 수 없지만, 그렇다고 하여 사용자가 근로자에 대한 집행권원의 집행을 위하여 근로자의 자신에 대한 임금채권 중 2분의 1 상당액에 관하여 압류 및 전부명령을 받는 것까지 금지하는 취지는 아니다(대법원 1994. 3. 16.자 93마1822, 1823 결정).

8) 대법원 1997. 3. 14. 선고 96다54300 판결; 대법원 2019. 12. 12. 선고 2019다256471 판결.

9) 대법원 2016. 8. 29. 선고 2015다236547 판결.

◈ 제3채무자로 하여금 직접 대위채권자에게 금전의 지급을 명하는 판결이 확정된 경우, 피대위채권이 변제 등으로 소멸하기 전에 채무자의 다른 채권자가 이를 압류(가압류)할 수 있는지 여부(적극) ◈ 채권자대위소송에서 제3채무자로 하여금 직접 대위채권자에게 금전의 지급을 명하는 판결이 확정되더라도, 대위의 목적인 권리, 즉 채무자의 제3채무자에 대한 피대위채권이 그 판결의 집행채권으로서 존재하는 것이고 대위채권자는 채무자를 대위하여 피대위채권에 대한 변제를 수령하게 될 뿐 자신의 채권에 대한 변제로서 수령하게 되는 것이 아니므로, 그 피대위채권이 변제 등으로 소멸하기 전이라면 채무자의 **다른 채권자는 피대위채권을 압류**(가압류)**할 수 있다.**[10)]

2) 관 할

제224조(집행법원) ① 제223조의 집행법원은 채무자의 보통재판적이 있는 곳의 지방법원으로 한다. ② 제1항의 지방법원이 없는 경우 집행법원은 압류한 채권의 채무자(이하 "제3채무자"라 한다)의 보통재판적이 있는 곳의 지방법원으로 한다. 다만, 이 경우에 물건의 인도를 목적으로 하는 채권과 물적 담보권 있는 채권에 대한 집행법원은 그 물건이 있는 곳의 지방법원으로 한다.

금전채권에 대한 집행의 집행기관은 **집행법원**이고(223조), 관할은 원칙적으로 **채무자의 보통재판적**이 있는 곳의 **지방법원**으로 하는데(224조 1항. 이는 채무자의 권리방어의 편리를 위함과 함께 그 근처에 많은 이해관계인이 있을 수 있기 때문이다), 위 보통재판적이 없는 때에는 **제3채무자의 보통재판적**을 관할하는 **지방법원**을 관할로 한다(동조 2항). 이는 전속관할이므로(21조) 합의관할 및 변론관할이 생길 여지는 없다. 한편 압류명령의 신청을 관할권이 없는 법원에 한 경우에는 이송의 절차가 존재하지만(23조, 민사소송법 34조 1항), 실무상으로는 절차를 신속하게 진행하기 위하여 신청을 철회하고, 다시 관할법원에 제출하는 것이 좋을 것이다. 13-5

직분관할은 종전에 지방법원 단독판사가 집행법원을 대표하여 담당하였으나, 2005년 「법원조직법」의 개정으로 사법보좌관제도가 생긴 뒤, 이제 법관의 감독을 받은 **사법보좌관**이 업무를 행한다(법원조직법 54조 2항 2호, 사법보좌관규칙 2조 1항 9호. 다만 232조 1항 단서의 규정에 따른 채권추심액의 제한허가 및 246조 2항부터 4항까지의 규정에 따른 압류금지채권의 범위변경의 사무는 제외).

10) 대법원 2016. 8. 29. 선고 2015다236547 판결.

◈ 제3채무자를 외국으로 하는 채권압류 및 추심명령에 대한 국제민사집행관할 ◈

제3채무자를 외국으로 하는 채권압류 및 추심명령에 대한 재판권 행사는 외국을 피고로 하는 판결절차의 재판권 행사보다 더욱 신중히 행사될 것이 요구된다. 더구나 채권압류 및 추심명령이 제3채무자에 대한 집행권원이 아니라 집행채권자의 채무자에 대한 집행권원만으로 일방적으로 발령되는 것인 점을 고려하면 더욱 그러하다. 따라서 피압류채권이(미합중국이 고용원에게 부담하는 임금 등) 외국의 사법적 행위를 원인으로 하여 발생한 것이고 그 사법적 행위에 대하여 해당 국가를 피고로 하여 우리나라 법원이 재판권을 행사할 수 있다고 하더라도, 피압류채권의 당사자가 아닌 집행채권자가 해당 국가를 제3채무자로 한 압류 및 추심명령을 신청하는 경우, 우리나라 법원은, 해당 국가가 국제협약, 중재합의, 서면계약, 법정에서 진술 등의 방법으로 사법적 행위로 부담하는 국가의 채무에 대하여 압류 기타 우리나라 법원에 의하여 명하여지는 강제집행의 대상이 될 수 있다는 점에 대하여 명시적으로 동의하였거나, 우리나라 내에 그 채무의 지급을 위한 재산을 따로 할당해 두는 등 우리나라 법원의 압류 등 강제조치에 대하여 재판권 면제주장을 포기한 것으로 볼 수 있는 경우 등에 한하여 해당 국가를 제3채무자로 하는 채권압류 및 추심명령을 발령할 재판권을 가진다고 볼 것이다(☞13-42).[11]

3) 신청서

제225조(압류명령의 신청) 채권자는 압류명령신청에 압류할 채권의 종류와 액수를 밝혀야 한다.

민사집행규칙 159조(압류명령신청의 방식) ① 채권에 대한 압류명령신청서에는 법 제225조에 규정된 사항 외에 다음 각호의 사항을 적고 집행력 있는 정본을 붙여야 한다. 1. 채권자·채무자·제3채무자와 그 대리인의 표시 2. 집행권원의 표시 3. 집행권원에 표시된 청구권의 일부에 관하여만 압류명령을 신청하거나 목적채권의 일부에 대하여만 압류명령을 신청하는 때에는 그 범위 ② 법 제224조제3항의 규정에 따라 가압류를 명한 법원이 있는 곳을 관할하는 지방법원에 채권압류를 신청하는 때에는 가압류결정서 사본과 가압류 송달증명을 붙여야 한다.

13-6 압류명령은 채권자의 신청에 의하여 행하여진다. 서면으로 집행법원에 압류명령을 신청하여야 한다(4조). 신청서에는 집행의 대상이 되는 **압류할 채권의 종류**

11) 대법원 2011. 12. 13. 선고 2009다16766 판결. '압류할 채권의 표시'에 기재된 문언은 그 문언 자체의 내용에 따라 객관적으로 엄격하게 해석하여야 하고, 그 문언의 의미가 불명확한 경우 그로 인한 불이익은 압류 등 신청채권자에게 부담시키는 것이 타당하다. 따라서 제3채무자가 통상의 주의력을 가진 사회평균인을 기준으로 그 문언을 이해할 때 포함 여부에 의문을 가질 수 있는 채권은 특별한 사정이 없는 한 압류 등의 대상에 포함되었다고 보아서는 아니 된다(대법원 2013. 6. 13. 선고 2013다10628 판결).

와 액수를 밝혀야 한다(225조). 이는 압류할 채권을 특정함으로써 압류될 적격의 유무를 판단할 수 있도록 할 뿐만 아니라 채무자나 제3채무자로 하여금 어떤 채권의 지급이 금지되었는지를 알게 하는 데 필요하기 때문이다. 그 표시는 제3채무자로 하여금 채무자의 다른 채권과 구별할 수 있을 정도로 기재되어 그 동일성의 인식을 저해할 정도에 이르지 않아야 하는데,[12] 구체적 사안에 따라 개별적으로 판단하게 될 것이다.[13]

그리고 신청서에는 집행권원뿐만 아니라 **청구채권**(집행채권)액을 표시한다. 집행권원이 이자·지연손해금 등의 부대청구의 종기를 '다 갚을 때까지'로 표시한 경우에 이론상 원본채권이 기한이 도래하고 있다면 신청 시 이후 발생할 장래의 이자·지연손해금에 대하여도 집행을 개시할 수 있다고 못 볼 것은 아니나, 실무상으로는 제3채무자의 입장에서는 압류명령에 의하여 지급이 금지되는 범위가 분명하지 않다는 등의 이유에서 신청 당시까지의 구체적 금액을 계산하여 확정액으로 표시하고 있다고 한다. 가령 1억 원(대여금), 5백만 원(위 1억 원에 대한 2018. 2. 1.부터 2018. 11. 30(신청시)까지의 이자 및 지연손해금), 합계 1억 5백만 원과 같이 표시한다.[14]

집행권원에 표시된 청구권의 일부에 관하여만(청구채권액에 비하여 압류할 채권이 적을 것 같은 경우나 또는 별도의 압류를 예정하고 있는 경우 등) 압류명령을 신청하거나 목적채권의 일부에 대하여만 압류명령을 신청하는 때에는 그 범위 및 취지를 신청서에 적는다(민사집행규칙 159조 1항 3호). 다만 압류가 경합하여 배당하는 경우에는 청구채권액에 따라 안분배당되므로 주의할 필요가 있다. 한편 집행권원에 표시된 청구권 중 일부에 관하여만 압류를 신청한 경우에는 나중에 집행채권을 확장할 수 없고, 나머지 채권에 대하여 만족을 얻으려면 새로운 압류절차나 배당요구를 하여

12) 대법원 1965. 10. 26. 선고 65다1699 판결. '압류할 채권의 표시'에 기재된 문언은 그 문언 자체의 내용에 따라 객관적으로 엄격하게 해석하여야 하고, 그 문언의 의미가 불명확한 경우 그로 인한 불이익은 압류 등 신청채권자에게 부담시키는 것이 타당하다. 따라서 제3채무자가 통상의 주의력을 가진 사회평균인을 기준으로 그 문언을 이해할 때 포함 여부에 의문을 가질 수 있는 채권은 특별한 사정이 없는 한 압류 등의 대상에 포함되었다고 보아서는 아니 된다(대법원 2013. 6. 13. 선고 2013다10628 판결).

13) 판결 결과에 따라 제3채무자가 채무자에게 지급하여야 하는 금액을 피압류채권으로 표시한 경우, 해당 소송의 소송물인 실체법상의 채권이 채권압류 및 추심명령의 대상이 된다고 볼 수밖에 없고, 결국 거기에서 지시하는 소송의 소송물인 청구원인 채권에 미친다(대법원 2018. 6. 28. 선고 2016다203056 판결).

14) 법원실무제요[IV], 216면.

야 한다.

독일에서는 2013. 3. 1.부터 채권집행을 신청하기 위해서는 강제집행서식령(ZVFV, Verordnung über Formulare für die Zwangsvollstreckung)에 의하여 정하여진 서식을 사용하도록 강제하였다(ZPO 829조 4항, ZVFV 1조, 2조). 신청 서식이 법령 수준에서 정형화되어 있는 점이 큰 특징이다. 2024. 9. 1. 서식이 업데이트되었다.[15)]

◈ 채무자가 수인이거나 제3채무자가 수인인 경우 각 채무자나 제3채무자별로 개별적 특정하지 않은 압류의 효력(무효) ◈ 채무자가 수인이거나 제3채무자가 수인인 경우에는 집행채권액을 한도로 하여 압류로써 각 채무자나 제3채무자별로 어느 범위에서 지급이나 처분의 금지를 명하는 것인지를 압류할 채권의 표시 자체로 명확하게 인식할 수 있도록 특정하여야 하며, 이를 특정하지 아니한 경우에는 집행의 범위가 명확하지 아니하여 특별한 사정이 없는 한 그 압류명령은 **무효**라고 보아야 한다. 각 채무자나 제3채무자별로 얼마씩의 압류를 명하는 것인지를 개별적으로 특정하지 않고 단순히 채무자들의 채권이나 제3채무자들에 대한 채권을 포괄하여 압류할 채권으로 표시하고 그중 집행채권액과 동등한 금액에 이르기까지의 채권을 압류하는 등으로 금액만을 한정한 경우에, 각 채무자나 제3채무자는 자신의 채권 혹은 채무 중 어느 금액 범위 내에서 압류의 대상이 되는지를 명확히 구분할 수 없고, 그 결과 각 채무자나 제3채무자가 압류의 대상이 아닌 부분에 대하여 권리를 행사하거나 압류된 부분만을 구분하여 공탁을 하는 등으로 부담을 면하는 것이 불가능하기 때문이다.[16)]

◈ 포괄적 압류의 금지 ◈ 포괄적 압류는 여러 개의 채권을 들거나 그 여러 개의 채권에 순서를 붙여 그 순서에 따라 각 채권의 현실적 채권액을 가산하면서 압류채권액에 이르기까지 압류대상으로 하는 압류의 방식을 말하는데, 이는 채무자의 재산을 정확하게 파악하는 것이 곤란한 채권자로서는 채권회수의 실효성이 떨어지게 되는 것을 막기 위한 실익이 크다. 그러나 이러한 포괄적 압류는 예외적 사정이 없다면 허용되지 않는다. 예금채권의 압류 등과 같은 극히 한정된 경우에만 인정된다.[17)]

---

15) 이시윤, 434면은 서식강제(Formularzwang)가 우리 민사집행법의 선진화에 타산지석이 될 것이라고 한다. 서식은 누구나 웹상에서 쉽게 입수할 수 있다. 서식4는 압류 · 이부명령신청서, 서식5는 발령을 구하는 압류 · 이부명령(서식5)에 관한 것이다. 각각 필요한 부분을 채운 후 서식5를 서식4의 신청서의 첨부서류로 제출하게 된다. 또한 청구채권목록의 서식으로 서식7 및 8이 있는데, 청구채권이 부양의무에 관련된 금전채권인 경우에는 서식8을, 그 밖의 경우에는 서식7을 사용할 수 있다.

16) 대법원 2014. 5. 16. 선고 2013다52547 판결.

17) 채권자가 채권의 압류명령을 신청할 때에 그 주장에 유리성(有理性) 내지는 구체성이 없으며, 추측에 기한 것에 불과하고, 오히려 채권의 존재를 탐색하는 것을 목적으로 하는 경우는 그 신청은 모색적(탐색적) 압류명령을 구하는 신청으로 각하된다(Musielak/Voit/Flockenhaus, 21. Aufl. 2024, ZPO § 829 Rn. 8a). 확실히 모색적 압류로 인하여 만약 존재할지도 모르는 채권은 파악되

◈ 예금채권의 특정 ◈ 무릇 예금의 종류는 다종다양하여 일반인이 각 금융기관별로 예금의 종류를 모두 파악하기는 어렵고, 은행예금은 특별한 사정이 없는 한 그 비밀이 보장되어 예금주의 채권자는 구체적으로 예금주의 예금의 종류와 금액 등을 상세히 알기 어려운 점 등에 비추어 볼 때, 예금주의 채권자가 예금채권의 압류를 신청하면서 채무자의 다른 예금채권과 구별할 수 있을 정도로 예금의 종류와 금액을 기재하여 그 동일성을 식별할 수 있을 정도라면 이로써 압류의 대상이 되는 예금채권은 특정되었다고 할 것이고, 예금주에게 하나의 예금계좌만 있을 때에는 반드시 예금의 종류와 계좌를 밝히지 않더라도 압류의 대상이 특정된 것으로 볼 수 있다.

4) 심 리

제226조(심문의 생략) 압류명령은 제3채무자와 채무자를 심문하지 아니하고 한다.

적식의 압류명령의 신청이 있으면 법원은 신청서 기재와 같이 압류목적의 채권의 존재와 귀속에 따라 목적채권의 피압류적격을 조사하여 압류의 허부를 결정한다. 13-7

압류명령을 함에 있어서 압류목적의 채권(압류되는 채권, 즉 피압류채권)의 존재와 그것이 채무자에게 속하는지 여부는 신청인인 채권자의 주장에 의하여 인정되면 충분하고, 집행법원이 특별히 조사할 필요는 없다. 그리하여 압류명령은 제3채무자와 채무자를 심문하지 않고 한다(226조). 채권은 무형적이므로 압류한다는 것이 채무자(또는 제3채무자)에게 알려지게 되면, 압류 전에 재빨리 채권을 처분하거나 변제를 받는 등 압류를 소용없게 할 방해행위의 우려가 있고 나중에 압류가 헛수고가 될 것이기 때문이다. 그런데 채권자가 채무자를 심문(Anhörung)하는 것에 이익을 가지는 경우가 있을 수 있다. 위 심문의 금지는 법원에 대한 심문금지가 아니고, 채권자의 보호를 위한 것이므로 채권자는 그 보호를 포기하고, 압류명령 전에 채무자 등의 심문을 신청할 수 있고, 신청이 있으면 법원은 심문을 할 수 있다고 할 것이다.[18]

피압류채권이 압류금지채권인지 여부 등은 여기에서의 심리 시에 직권으로 조사하지만, 실제로 피압류채권의 존재는 조사하지 않고(따라서 신청 시에 이를 증명할 필요는 없다), 압류채권자가 나중에 이를 추심할 때 또는 제3자가 이의의 소(48조)를

게 되지만, 그 존재에 구체적 단서가 없는 경우는 채권에 대한 채권자의 주장에 유리성이 없는 것이 된다. 다만, 예금채권에 대하여 여러 은행에 대하여 동시에 압류를 행하는 경우에 각각의 제3채무자의 정당한 이익을 해치지 않는 한, 포괄적 압류명령을 할 수 있다(ZPO 829조 1항).

18) 中野貞一郎/下村正明, 683면. 그리고 신청이 있으면 법원은 채무자를 심문할 수 있을 뿐 아니라, 그에 대한 의무를 진다고 풀이할 것이다. MüKoZPO/Schmidt/Smid ZPO §834 Rn. 2.

제기할 때 비로소 실질적인 심사를 받게 된다. 결과적으로 추후에 가령 피압류채권이 존재하지 않는다면 압류신청은 무위로 돌아가지만, 그렇더라도 일단 압류명령은 유효하므로 상황에 따라 헛수고라고 생각하면서도 압류채권자가 압류명령을 신청하는 경우도 있다.

(2) 압류명령

제227조(금전채권의 압류) ① 금전채권을 압류할 때에는 법원은 제3채무자에게 채무자에 대한 지급을 금지하고 채무자에게 채권의 처분과 영수를 금지하여야 한다. ④ 압류명령의 신청에 관한 재판에 대하여는 즉시항고를 할 수 있다.

13-8 금전채권의 압류에 대한 재판은 **사법보좌관**의 업무로 사법보좌관이 압류명령을 발한다(사법보좌관규칙 2조 1항 9호). 압류명령의 신청이 적식인가, 대상이 되는 채권이 압류금지채권이 아닌가, 초과압류에 해당하지 않는가 등을 심사하여 신청을 적법하다고 인정하는 때에는 사법보좌관은 압류명령을 발하고, 이에 의하여 집행이 개시된다. 피압류채권이 불특정이라고 판단되는 경우는 신청은 부적법으로 각하된다.

압류명령에서 압류할 채권을 특정하고, 채무자에게는 그 채권의 처분과 영수를 금지하고, 제3채무자에게는 채무자에 대한 변제를 금지한다(227조 1항).19)

◈ 압류명령의 주문 기재례 ◈

1. 채무자의 제3채무자에 대한 별지목록 기재의 채권을 압류한다.
2. 제3채무자는 채무자에게 위 채권에 관한 지급을 하여서는 아니 된다.
3. 채무자는 위 채권의 처분과 영수를 하여서는 아니 된다.

압류명령의 신청을 각하·기각하는 결정에 대하여는 채권자가, 압류명령을 발하는 결정에 대하여는 채무자 또는 제3채무자 등이 즉시항고를 할 수 있다(227조 4항). 즉시항고에 앞서 사법보좌관의 처분에 대한 이의신청으로 판사의 판단을 받을 수 있다(사법보좌관규칙 4조). 한편, 집행채권의 부존재·소멸은 실체권의 존부에 관

19) 채권집행절차에 있어서 제3채무자는 집행당사자가 아니라 이해관계인에 불과하여 그 압류 및 전부명령을 신청하기 이전에 제3채무자가 사망하였다는 사정만으로는 채무자에 대한 강제집행 요건이 구비되지 아니하였다고 볼 수 없어, 이미 사망한 자를 제3채무자로 표시한 압류 및 전부명령이 있었다고 하더라도 이러한 오류는 그 제3채무자의 표시를 사망자에서 그 상속인으로의 **경정결정**에 의하여 시정될 수 있다고 할 것이다(대법원 1998. 2. 13. 선고 95다15667 판결).

련된 주장이므로 청구이의의 소(44조)로 주장하여야 하고,[20] 반면 피압류채권의 부존재에 대하여는 제3채무자는 추심금이나 전부금청구소송에서 항변으로 주장하게 된다.

(3) 압류명령의 송달

제227조(금전채권의 압류) ② 압류명령은 제3채무자와 채무자에게 송달하여야 한다. ③ 압류명령이 제3채무자에게 송달되면 압류의 효력이 생긴다.

① 압류는 이미 설명한 유체동산의 경우에는 집행관이 대상물의 점유를 취득 13-9
하는 사실적·실력적 방법으로 하나, 여기에서의 금전채권의 경우에는 집행법원이 **압류명령을 송달**하는 관념적 방법으로 한다. 즉, 법원은 압류명령을 직권으로 제3채무자와 채무자에게 송달하여야 한다(227조 2항). 채무자에게도 송달하여야 하나, 송달되지 않더라도 제3채무자에게 송달된 이상 압류의 효력에는 영향이 없다. 실무상으로는 채무자의 집행면탈을 방지하기 위하여 제3채무자에 대한 송달이 있은 뒤에 채무자에게 송달하고 있다. 집행의 대상은 채무자의 제3채무자에 대한 재산권이므로 압류의 효력은 압류명령이 **제3채무자**에게 **송달된 때**에 생긴다(227조 3항).[21] 채권양도와 마찬가지로 그 취지는 제3채무자에게 채권의 이전에 관한 정보를 전달하는 기능을 수행함에 있다. 제3채무자에 대하여 송달이 이루어지지 않았다면, 가령 채무자에게만 송달이 이루어졌다고 하더라도 압류의 효력은 생기지 않게 된다. 즉, 제3채무자에게 송달이 없으면 압류명령은 무효이다. 여럿의 제3채무자가 연대채무를 지는 때에는 각각에게 송달된 때에 각별로 압류의 효력이 생기고, 보증채무와 같은 종된 채무에 있어서는 주된 채무자에게 송달된 때에 압류의 효력이 생긴다. 만약, 제3채무자가 소재불명인 경우에 공시송달이 허용되는지 여부에 관하여 실무

20) 「채무자 회생 및 파산에 관한 법률」에 의한 면책결정이 확정된 경우에 이는 면책된 채무에 관한 집행권원의 효력을 당연히 상실시키는 사유는 되지 않고, 다만 **청구이의의 소**를 통하여 그 집행권원의 집행력을 배제시킬 수 있는 실체상의 사유에 불과하며, 한편 면책결정의 확정 후 신청되어 발령된 채권압류 및 추심명령에 대한 적법한 **항고이유가 되지 않는다**(대법원 2013. 9. 16.자 2013마1438 결정).

21) 채권압류명령은 그 명령이 제3채무자에게 송달됨으로써 효력이 생기는 것이므로, 제3채무자의 지급으로 인하여 피압류채권이 소멸한 이상 설령 다른 채권자가 그 변제 전에 동일한 피압류채권에 대하여 채권압류명령을 신청하고 나아가 압류명령을 얻었다고 하더라도 제3채무자가 추심권자에게 지급한 후에 그 압류명령이 제3채무자에게 송달된 경우에는 추심권자가 추심한 금원에 그 압류의 효력이 미친다고 볼 수 없다(대법원 2005. 1. 13. 선고 2003다29937 판결).

는 채권자의 신청에 따라 압류명령을 공시송달한다고 한다.22)

> ◈ **채권압류와 채권양도의 경합** ◈ 채권이 양도도 되고, 압류도 된 경우에는 확정일자 있는 채권양도통지가 채무자(압류의 경우의 제3채무자에 해당)에게 도달한 시점과 압류결정정본이 제3채무자(채권양도의 경우의 채무자에 해당)에게 도달한 시점의 **선후**에 의하여 서로 사이의 **우열**을 정한다(채권의 이중양도의 경우와 유사).23) 제3채무자에 **동시**에 송달되어 그들 서로 사이에 **우열이 없는** 경우에도 그 채권양수인, 압류채권자는 모두 제3채무자에 대하여 완전한 대항력을 갖추었다고 할 것이므로, 그 전액에 대하여 채권양수금, 압류전부금 또는 추심금의 이행청구를 하고 적법하게 이를 변제받을 수 있고, 제3채무자로서는 이들 중 누구에게라도 그 채무 전액을 변제하면 다른 채권자에 대한 관계에서도 유효하게 면책되는 것이며, 만약 양수채권액과 압류된 채권액의 합계액이 제3채무자에 대한 채권액을 초과할 때에는 그들 서로 사이에는 법률상의 지위가 대등하므로 공평의 원칙상 각 채권액에 **안분**하여 이를 내부적으로 다시 **정산할 의무**가 있다. 채권양도통지와 채권압류결정정본이 같은 날 도달되었는데 그 선후관계에 대하여 달리 증명이 없으면, **동시에 도달된 것으로 추정**한다(가압류의 경우는 ☞21-90).24)

② 위와 같이 압류명령은 제3채무자와 채무자에게 송달하는데, 나아가 압류명령은 즉시항고를 할 수 있는 재판이므로(227조 4항) 신청인인 **채권자**에게도 적당한 방법으로 고지하여야 한다(민사집행규칙 7조 1항 2호). 압류명령의 신청을 각하·기각하는 결정은 채권자에게만 고지하면 되고, 채무자나 제3채무자에게 고지하거나 송달할 필요는 없다(동규칙 동조 2항). 채권자에게 고지하는 경우에 적당한 방법으로 고지하면 되므로 반드시 송달에 의할 필요는 없고, 등기우편, 보통우편에 의하거나 직접 채권자에게 교부하여도 상관없다. 그런데 이 채권자에게의 고지는 압류의 효력발생요건은 아니다.

---

22) 법원실무제요[Ⅳ], 249면.

23) 압류 및 추심명령 당시 피압류채권이 이미 대항요건을 갖추어 양도되어 그 명령이 효력이 없는 것이 되었다면, 그 후의 사해행위취소소송에서 채권양도계약이 취소되어 채권이 원채권자에게 복귀하였다고 하더라도 그 취소의 효과는 채권자와 수익자 또는 전득자 사이의 관계에서만 생기는 것이므로 이미 무효로 된 압류 및 추심명령이 다시 유효로 되는 것은 아니다(대법원 2020. 10. 15. 선고 2019다235702 판결).

24) 대법원 1994. 4. 26. 선고 93다24223 전원합의체 판결. 동시에 송달되었다고 인정되어 한 사람이 제기한 급부소송에서 전액 패소한 이후에도 다른 채권자가 그 송달의 선후에 관하여 다시 문제를 제기하는 경우 기판력의 이론상 제3채무자는 이중지급의 위험이 있을 수 있으므로, 동시에 송달된 경우에도 제3채무자는 송달의 선후가 불명한 경우에 준하여 채권자를 알 수 없다는 이유로 변제공탁을 함으로써 법률관계의 불안으로부터 벗어날 수 있다.

(4) 저당권이 있는 채권의 압류

제228조(저당권이 있는 채권의 압류) ① 저당권이 있는 채권을 압류할 경우 채권자는 채권압류사실을 등기부에 기입하여 줄 것을 법원사무관등에게 신청할 수 있다. 이 신청은 채무자의 승낙 없이 법원에 대한 압류명령의 신청과 함께 할 수 있다.

저당권이 있는 피담보채권이 압류되면 담보권의 수반성에 의하여 종된 권리인 **저당권에도 압류의 효력**이 미치는데(민법 100조 2항 참조), 이 경우 채권의 압류를 공시하기 위해서는 등기부에 그 사실이 기입되어야 한다. 13-10

저당권이 있는 채권을 압류할 경우에 채권자는 채권압류사실을 **등기부에 기입**하여 줄 것을 법원사무관등에게 신청할 수 있다. 이 압류기입등기의 신청은 **채무자의 승낙 없이** 법원에 대한 압류명령의 신청과 함께 할 수 있다(228조 1항). 법원사무관등은 의무를 지는 제3채무자 또는 물상보증인인 부동산 소유자에게 압류명령이 송달된 뒤에 위 신청에 따른 등기를 촉탁하여야 한다(동조 2항).

위 압류기입등기의 신청 여부는 신청채권자의 자유의사에 달려 있지만, 이를 하지 않는 것에 의한 불이익은 압류채권자가 진다. 신청은 압류명령의 신청과 함께 할 수도 있으나, 압류명령신청이 있은 뒤에 별도로 하더라도 무방하다.

(5) 배서금지의 유가증권에 대한 압류

제233조(지시채권의 압류) 어음·수표 그 밖에 배서로 이전할 수 있는 증권으로서 배서가 금지된 증권채권의 압류는 법원의 압류명령으로 집행관이 그 증권을 점유하여 한다.

배서금지된 유가증권은 유동성이 없어 일반 지명채권과 다름이 없으므로 채권집행의 대상인데, 법원이 압류명령을 하고 집행관이 그 증권의 점유시에 압류의 효력이 생긴다(233조). 법 189조 2항 3호가 배서가 금지되지 아니한 유가증권에 대한 강제집행을 유체동산집행절차에 따르도록 규정하고 있는 것에 대응하여 (☞12-2), 법 233조에서 채권집행의 대상이 되는 유가증권을 지시증권 가운데 배서가 금지된 것으로 한정하고, 이를 압류하기 위하여는 집행관의 점유 외에 법원의 **압류명령이 필요**한 것으로 한 것이다. 13-11

(6) 압류의 효력

1) 효력 범위

① 객관적 범위

13-12 ㉮ 압류의 효력이 미치는 것은 집행채권자가 신청 단계에서 특정하여 압류한 피압류채권으로, 집행채권의 액수에 관계없이 압류된 채권의 전부에 미친다(232조 1항 본문 유추).[25] 따라서 집행채권이 2,000만 원, 피압류채권이 3,000만 원이라도 압류의 효력은 3,000만 원 전액에 미친다. 따라서 제3채무자로서는 차액인 1,000만 원을 채무자에게 변제하는 것도 허용되지 않는다. 다만, 피압류채권액이 집행채권액을 초과하는 경우에 집행채권자는 피압류채권의 일부에만 대하여[26] 압류명령을 신청할 수 있고, 실무상으로는「피압류채권 가운데 집행채권액에 이르기까지」등의 방식으로 표시하여 압류의 범위 내지는 한도를 피압류채권의 일부에 한정하기도 한다. 한편 압류할 채권이 여러 개인 경우에 그 가운데 일부의 채권의 가액으로 집행채권자의 채권 및 집행비용을 넘는 때에는 초과압류의 금지와 관련하여 다른 채권을 압류할 수 없다(188조 2항).[27] 이 **초과압류금지**는 채무자의 재산권보장의 관점에서 채권자가 자기의 채권의 만족을 받는 데 필요한 한도로 제한하는 취지이다.

㉯ 압류의 효력은 종된 권리에도 미친다. 따라서 압류의 효력발생 뒤의 이자나 지연손해금에 대하여도 당연히 미친다. 만약 피압류채권이 담보부인 경우에는 압류의 효력은 담보권에도 미치고, 구체적으로는 등기사항증명서의 을구(乙區)란에 부기등기가 이루어질 수 있다(228조 참조).

㉰ 피압류채권이 급료, 그 밖의 계속적 급부를 목적으로 하는 채권(즉 계속적

25) 금전채권에 대한 압류의 효력은 특별히 그 수액을 제한하지 않았다면, 그 금전채권 전액에 미친다(대법원 1973. 1. 24.자 72마1548 결정).

26) 채권자가 1개의 채권 중 일부에 대하여 압류를 하는 취지는 1개의 채권 중 어느 특정 부분을 지정하여 압류하는 등의 특별한 사정이 없는 한 압류 대상 채권 중 유효한 부분을 압류함으로써 향후 청구금액만큼 만족을 얻겠다는 것이므로 채권자가 1개의 채권 중 일부에 대하여 압류를 하였는데 채권의 일부만 소멸시효가 중단되고 나머지 부분은 이미 시효로 소멸한 경우에 압류의 효력이 시효로 소멸하지 않고 잔존하는 채권 부분에 계속 미친다(대법원 2016. 3. 24. 선고 2014다13280, 13297 판결).

27) 가령 집행채권이 여러 명의 연대채무자에 의한 연대채무관계에 있는 경우, 즉 채권자가 여러 명의 연대채무자에 대한 집행권원에 기하여 이러한 연대채무자에 대하여 채권압류명령의 신청을 하는 경우에 초과압류금지가 어떻게 적용되는가가 문제될 수 있는데, 각 연대채무는 각각 채권 전액의 이행을 내용으로 하는 것으로 채권자는 각 연대채무자에 대하여 각각 채권 전액의 변제를 청구할 수 있으므로 각 연대채무자마다 집행채권 전액에 대하여 압류할 수 있다고 풀이하는 것이 타당하다고 생각한다.

수입채권)인 경우에 각 지급기마다 발생하는 채권이 각각 별개의 채권이지만, 각 지급기마다 압류절차를 되풀이하여 밟는 것은 절차가 복잡하고 번거로우므로 채무자 및 제3채무자에게 특별한 불이익이 생기지 않는 한, 그리고 사정변경이 생기지 않는 한, 계속적 급부를 목적으로 하는 채권은 장래에 계속해서 발생할 것이 예측되므로 압류 당시에 채권자가 그 압류의 효력범위 자체를 특정하기가 어렵다는 특성을 고려하여 압류의 대상인 장래의 채권을 개별적으로 기간을 특정하여 압류하거나 또는 청구채권액(집행채권 및 집행비용)을 가지고 특정하는 총괄적 압류가 널리 행하여지고 있으며, 이에 따라 피압류채권의 표시방법, 압류의 효력이 미치는 범위, 채권자 경합에 따른 압류 효력, 현금화(환가) 방법, 배당절차 등에서 일반의 금전채권과는 다른 특징이 있게 된다. 이러한 급료 등 계속적 급부채권을 압류한 경우에 그 1회의 압류의 효력은 해당 채권 및 집행비용의 범위 내에서 미친다고 보아야 하고,[28] 다른 채권자에 의한 압류의 경합이나 배당요구가 있으면 채권자 모두의 집행채권 및 집행비용의 범위까지 압류의 효력이 확장된다고 보아야 할 것이다 (이렇게 해석하는 것이 채권자 및 채무자의 의사해석에 적합하고, 또한 법 188조 2항의 입법태도와도 어울린다).

◈ 압류될 채권에 장래 채무자의 계좌에 입금될 예금채권도 포함되는지 여부 ◈

채권압류에 있어서 압류될 채권에 장래에 채무자의 계좌에 입금될 예금채권이 포함되는지 여부는 압류명령에서 정한 압류할 채권에 그 예금채권이 포함되었는지 여부에 의하여 결정되는 것이고 이는 곧 압류명령상의 '압류할 채권의 표시'에 기재된 문언의 해석에 따라 결정되는 것이 원칙이다. 그런데 제3채무자는 순전히 타의에 의하여 다른 사람들 사이의 법률분쟁에 편입되어 압류명령에서 정한 의무를 부담하는 것이므로 이러한 제3채무자는 압류된 채권이나 그 범위를 파악함에 있어 과도한 부담을 가지지 않도록 보호할 필요가 있다. 따라서 '압류할 채권의 표시'에 기재된 문언은 그 문언 자체의 내용에 따라 객관적으로 엄격하게 해석하여야 하고, 그 문언의 의미가 불명확한 경우 그로 인한 불이익은 압류신청채권자에게 부담시키는 것이 타당하므로 제3채무자가 통상의 주의력을 가진 사회평균인을 기준으로 그 문언을 이해할 때 포함 여부에 의문을 가질 수 있는 채권은 특별한 사정이 없는 한 압류의 대상에 포함되었다고 보아서는 안 된다.[29]

---

28) 박두환, 547면; 이시윤, 442면. 일본 민사집행법 151조는 급부, 그 밖의 계속적 급부에 관한 채권에 대한 압류의 효력은 압류채권자의 채권 및 집행비용액을 한도로 하여 압류 뒤에 받아야 할 급부에 미친다고 이를 명문화하였다.

29) 대법원 2012. 10. 25. 선고 2010다47117 판결.

② 채무자 등에 대한 효력

제227조(금전채권의 압류) ① 금전채권을 압류할 때에는 법원은 제3채무자에게 채무자에 대한 지급을 금지하고 채무자에게 채권의 처분과 영수를 금지하여야 한다.

13-13 금전채권의 압류의 경우에는 채권자 · 채무자 외에 제3채무자가 존재하므로 그 법률관계가 복잡하다. 집행법원은 **제3채무자에게** 채무자에 대한 지급을 금지하고, **채무자에게** 채권의 처분과 영수를 금지하여야 한다(227조 1항).[30]

㉮ 채무자에 대한 효력(처분금지효)

13-14 ㉠ 채무자는 압류된 채권의 처분과 영수가 금지된다(inhibitorim). 따라서 채무자가 압류의 효력이 발생한 뒤에 피압류채권을 추심할 수 없음은 물론 양도 · 포기 · 상계 · 피압류채권에 질권의 설정 등을 하여도 압류채권자에게 대항할 수 없다. 그런데 이러한 처분금지효는 (부동산의 압류와 마찬가지로) 절대적인 것이 아니고,[31] 오직 해당 압류채권자와의 관계나 채무자의 처분행위 이전에 해당 집행절차에 참가한 배당요구채권자와의 관계에서만 대항하지 못한다는 의미에서의 **상대적 효력**만을 가지는 것이어서 가령, 압류의 효력발생 전에 채무자가 채권을 처분(채권을 양도하고 확정일자 있는 통지 등에 의한 채권양도의 대항요건을 갖춘 경우)하였거나 제3채무자의 변제를 영수한 경우에는 그보다 먼저 압류한 채권자가 있어 그 채권자에게는 대항할 수 없는 사정이 있더라도, 그 처분이나 영수 뒤에 압류명령을 얻은 채권자에 대하여는 유효한 처분 또는 영수가 된다.[32] 개별상대효이기 때문인데, 이렇게 현재의 **실무**는

30) 제3채무자가 위와 같은 금지에도 불구하고 피압류채무를 스스로 변제하였거나 또는 그에 관하여 「민법」 487조에 기한 변제공탁을 하였다면, 집행채무자가 그로써 수령한 금전은 자기 채권에 관한 원래의 이행으로 또는 변제공탁 등과 같이 변제에 갈음하는 방법을 통하여 취득한 것으로서 역시 그의 소유에 속한다고 할 것이고, 그가 단지 집행채권자 또는 제3채무자의 금전을 '보관'하는 관계에 있다고 할 수 없다. 따라서 집행채무자가 그 금전을 집행채권자에게 반환하는 것을 거부하였다고 하여 그에게 횡령의 죄책을 물을 수는 없다(대법원 2012. 1. 12. 선고 2011도12604 판결).

31) 한편, 절대적 무효라면 압류가 취하 또는 취소되더라도 그 무효인 행위가 유효가 되지 않는다는 의미인데, 그렇지 않다는 의미에서도 절대적 무효가 아니다.

32) 대법원 2003. 5. 30. 선고 2001다10748 판결. 그리고 압류 후에 피압류채권이 제3자에게 양도된 경우 채권양도는 압류채무자의 다른 채권자 등에 대한 관계에서는 유효하고, 채권양도행위가 사해행위로 인정되어 취소판결이 확정된 경우에도 취소의 효과는 채권자와 수익자 또는 전득자 사이의 관계에서만 생기는 것이므로 사해행위 이전에 이미 채권을 압류한 다른 채권자에게는 미치지 아니한다(대법원 2015. 5. 14. 선고 2014다12072 판결). 한편, 채권이 피고의 채권압류명령 등 송달 당시에 제3자에게 양도되어 대항요건까지 갖추었다면, 위 채권압류명령 등은 집행채무자의 책임재산으로 존재하지 않는 채권에 대한 것으로 모두 무효이고, 그 후의 사해행

개별상대효설의 입장이다.

◈ **개별상대효설과 절차상대효설** ◈

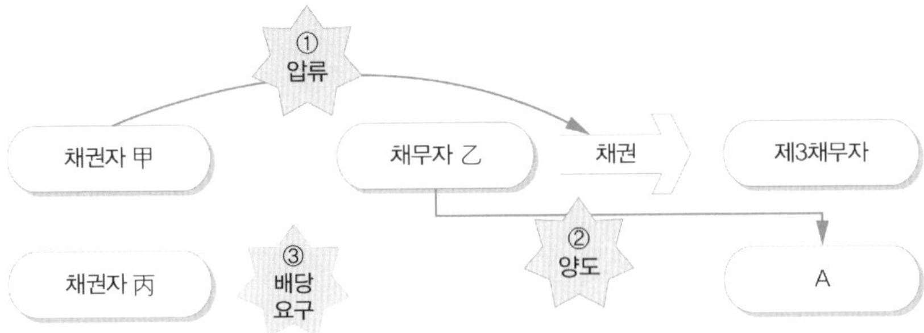

시간순으로 ① 채권자 甲의 압류→② 채무자 乙이 채권을 A에게 양도→③ 채권자 丙의 배당요구의 사안에서 乙의 채권자인 丙이 배당요구를 할 수 있는가를 보도록 하자. **개별상대효설**에서는 A는 압류채권자 甲에게만 그 처분의 효력을 주장할 수 없는 것이고, 丙에게는 효력을 주장할 수 있으므로 丙의 배당요구는 인정되지 않게 된다. 한편, **절차상대효설**에서는 A는 채권자 甲이 개시한 집행절차에 참가하는 채권자 모두에게 대항할 수 없다고 보므로 丙에 대하여도 대항할 수 없고, 따라서 丙은 배당을 받을 수 있게 된다.

㉡ 채무자는 압류된 채권을 소멸 또는 감소시키는 등의 행위를 할 수 없고 그와 같은 행위로 압류채권자에게 대항할 수 없는 것이지만, 압류된 채권의 발생원인인 법률관계에 대한 채무자의 처분까지도 구속하는 효력은 없고, 가령 압류된 채권의 발생원인이 된 기본계약의 해제가 인정된다.[33]

위취소소송에서 채권양도계약이 취소되고 그 채권의 복귀를 명하는 판결이 확정되었다고 하더라도, 위 채권이 소급하여 집행채무자의 책임재산으로 복귀하거나 이미 무효로 된 채권압류명령 등이 다시 유효하게 되는 것은 아니며, 피고가 채권압류명령 등을 받을 당시 채무자의 책임재산이 아닌 상태로서 이미 존재하고 있는 채권을 압류명령 등이 가능한 장래 발생할 채권이라고 볼 수도 없다(대법원 2022. 12. 1. 선고 2022다247521 판결).

33) 임차인으로서는 임차보증금 잔금채권이 압류되어 있다고 하더라도 그 채권을 발생시킨 기본적 계약관계인 임대차계약 자체를 해지할 수 있고, 따라서 임차인과 임대인 사이의 임대차계약이 해지된 이상 그 임대차계약에 의하여 발생한 임차보증금 잔금채권은 소멸하게 되고, 이를 대상으로 한 압류 및 추심명령 또한 실효될 수밖에 없다(대법원 1997. 4. 25. 선고 96다10867 판결). 보험계약자의 보험금채권에 대한 압류가 행하여지더라도 채무자나 제3채무자는 기본적 계약관계인 보험계약 자체를 해지할 수 있고, 보험계약이 해지되면 그 계약에 의하여 발생한 보험금채권은 소멸하게 되므로 이를 대상으로 한 압류명령은 실효된다(대법원 2013. 7. 12. 선고 2012다105161 판결). 그런데 양도인의 제3채무자에 대한 채권이 압류된 후 채권의 발생원인인 계약의 당사자 지위를 이전하는 계약인수가 이루어진 경우 양수인은 압류에 의하여 권리가 제

㉢ 한편 집행채권자에 의하여 채무자의 채권이 압류된 뒤에도 채무자는 여전히 압류된 채권의 채권자이므로 압류된 채권에 대하여 추심명령이나 전부명령이 있기 전까지는 압류채권자를 해치지 않는 한도에서 제3채무자에 대한 채권을 행사할 수 있다(채권가압류의 경우도 마찬가지 ☞21-88). 즉, 채무자는 제3채무자를 상대로 **이행의 소를 제기**하여 승소판결을 받을 수 있고(다만, 아래 소유권이전등기청구권에 대한 압류에서와 같이 **의사진술을 명하는 판결**을 구하는 소는 별도), 채권의 보존을 위한 행위도 할 수 있다. 다만, 채무자는 승소판결을 받더라도 그 확정판결을 가지고 강제집행을 실시하여 채권의 만족을 얻을 수는 없다(현금화를 할 수 없으나, 압류명령은 제외).[34]

◈ 압류채무자(또는 가압류채무자)가 제3채무자를 상대로 즉시 급부를 구하는 이행청구소송을 제기할 수 있는지 여부 및 이에 대한 판결 ◈

일반적 금전채권에 대한 압류	즉시 이행청구 가능하고, 단순(무조건) 인용판결
소유권이전등기청구권에 대한 압류(☞13-68)	즉시 이행청구가 가능하나, **압류의 해제를 조건**으로 한 (조건부) 인용판결(장래이행판결)

㉯ 제3채무자에 대한 효력

제227조(금전채권의 압류) ① 금전채권을 압류할 때에는 법원은 제3채무자에게 채무자에 대한 지급을 금지하고 ...

㉠ 지급금지

13-15 채권압류의 본질적 효력으로, 압류에 의하여 제3채무자는 채무자에 대한 지급이 금지된다(227조 1항).[35] 이러한 변제금지효에 위반하여 제3채무자가 채무자에게

한된 상태의 채권을 이전받게 되므로, 제3채무자는 계약인수에 의하여 그와 양도인 사이의 계약관계가 소멸하였음을 내세워 압류채권자에 대항할 수 없다(대법원 2015. 5. 14. 선고 2012다41359 판결).

34) **채권압류명령**은 비록 강제집행절차에 나간 것이기는 하나, **채권전부명령**과는 **달리**, 집행채권의 환가나 만족적 단계에 이르지 아니하는 **보전적 처분**으로서 집행채권을 압류한 채권자를 해하는 것이 아니기 때문에 집행채권에 대한 압류의 효력에 반하는 것은 아니다(대법원 2000. 10. 2.자 2000마5221 결정). 집행장애사유가 될 수 없다(☞6-14).

35) 다만, 압류명령이 송달되어 효력이 발생하기 전에 제3채무자가 압류된 채권의 지급을 위하여 어음이나 수표를 발행하였을 때에는 원인채권의 압류의 효력은 어음이나 수표채권에는 미치지

변제하여도, 압류채권자로부터 청구를 받으면 다시 이중으로 지급할 필요가 있다(민법 472조 참조). 이 경우에 제3채무자는 변제를 받은 채무자에게 부당이득반환을 청구할 수 있지만, 채무자의 무자력에 따른 위험이 있게 된다. 이렇게 이중변제의 위험이 있는 것에서 제3채무자에게 변제의 금지를 강제할 수 있게 된다.

㉡ 제3채무자의 항변

제3채무자는 압류의 효력이 발생한 때에 채무자에 대하여 주장할 수 있는 모든 **항변**(가령 변제, 취소, 동시이행의 항변)을 압류채권자에게도 주장할 수 있다. 그런데 제3채무자의 항변사유로서 **상계**는 특히 「민법」 498조가 '지급을 금지하는 명령을 받은 제3채무자는 그 후에 취득한 채권에 의한 상계로 그 명령을 신청한 채권자에게 대항하지 못한다'고 하는 제한이 규정되어 있는 것과 관련하여 다음과 같은 문제가 있다(채권가압류의 경우도 ☞21-87).

◈ **변제기 선도래설** ◈ 위 「민법」 498조와 관련하여, 그렇다면 제3채무자는 **채권압류명령을 받기 전**에 압류채무자에 대하여 취득한 반대채권을 가지고만 있으면 그 변제기와 상관없이 무조건 상계로 채권자에게 대항할 수 있는가(한편, 여기에서의 상계는 앞에서의 압류채권자가 피압류채권을 자동채권으로 하는 상계와 다르다).[36] **판례**는 위 「민법」 498조 규정의 취지, 상계제도의 목적 및 기능, 채무자의 채권이 압류된 경우 관련 당사자들의 이익상황 등에 비추어 보면, 채권압류명령(채권가압류명령도 마찬가지)을 받은 제3채무자가 압류채무자에 대한 반대채권을 가지고 있는 경우에 상계로써 압류채권자에게 대항하기 위하여는, 압류의 효력발생 당시에 대립하는 양 채권이 **상계적상에 있거나**, 그 당시 반대채권(자동채권)의 변제기가 도래하지 아니한 경우에는 그것이 피압류채권(수동채권)의 변제기와 **동시에 또는 그보다 먼저 도래**하여야 한다고 본다(**변제기 선도래설**).[37] 가령 반대채권인 제3채무자의 물품대금채권의 변제기는 압류명령의

아니하므로 제3채무자는 어음이나 수표의 소지인에 대하여 지급할 의무가 있고, 압류명령이 송달된 뒤에 지급하더라도 그 지급으로써 압류된 원인채권(피압류채권)이 소멸하였다는 것을 압류채권자에게도 대항할 수 있다(대법원 1984. 7. 24. 선고 83다카2062 결정; 대법원 2000. 3. 24. 선고 99다1154 판결).

36) 이 점이 조문상 분명하지 않았으므로 **일본** 2017년 개정 민법 511조는 그 1항에 압류 전에 취득한 채권에 의한 상계로 대항할 수 있다고 문언을 확인적으로 부가하였고, 2항으로 전항의 규정에도 불구하고 압류 후에 취득한 채권이 압류 전의 원인에 기하여 발생한 것인 때에는 그 제3채무자는 그 채권에 의한 상계로 압류채권자에게 대항할 수 있다. 다만, 제3채무자가 압류 후에 타인의 채권을 취득한 때에는 그러하지 아니하다는 규정을 신설하였다.

37) 대법원 2012. 2. 16. 선고 2011다45521 전원합의체 판결(한편, 지급을 금지하는 명령을 받을 당시에 반대채권과 피압류채권 모두의 이행기가 도래한 때에는 제3채무자가 당연히 반대채권으로써 상계할 수 있고, 반대채권과 피압류채권 모두 또는 그중 어느 하나의 이행기가 아직 도래하지 아니하여 상계적상에 놓이지 아니하였더라도 그 이후 제3채무자가 피압류채권을 채무자에

효력 발생(2015. 10. 25.) 이후인 2015. 12. 15.이고, 한편 피압류채권인 공사대금채권의 변제기는 2015. 6. 15.인 경우라면, 제3채무자는 위 물품대금채권으로 상계를 할 수 없다.

한편 제3채무자의 채무자에 대한 자동채권이 수동채권인 피압류채권과 **동시이행의 관계**에 있는 경우에는, 그 자동채권이 압류 후에 발생한 것이더라도 자동채권이 발생한 기초가 되는 원인은 수동채권이 압류되기 전에 이미 성립하여 존재하고 있었던 것이므로 그 자동채권은 위 「민법」 498조 소정의 '그 후에 취득한 채권'에 해당하지 않는다고 봄이 상당하므로 제3채무자는 동시이행의 항변권을 주장할 수 있고, 따라서 그 채권에 의한 상계로 채권자에게 대항할 수 있다.[38]

㈐ 압류채권자에 대한 효력

13-16 압류의 효력이 발생한 뒤에는 채무자가 제3자에게 압류채권을 양도하는 등 처분하거나 제3채무자가 압류채권에 대하여 채무자에게 변제하는 등을 하더라도, 압류채권자는 그것에 관계없이 집행절차를 진행할 수 있다. 다만, 압류채권자는 압류된 채권을 행사하기 위해서는 별도로 추심명령이나 전부명령을 얻어야 한다.

㈑ 압류채권이 처음부터 채무자 이외의 제3자에게 속하는 경우

13-17 압류채권이 처음부터 채무자 이외의 제3자에게 속하는 경우에는 압류채권자가 이를 채무자의 책임재산으로 압류를 하더라도 그 제3자가 가지는 권리는 실체법상 그 압류에 의하여 아무런 영향을 받지 않는다. 따라서 제3채무자가 압류채권자에게 변제를 하여도 제3자는 제3채무자에 대하여 이중변제를 청구할 수 있다. 또 압류채권자에 대하여 변제를 받은 금액에 대하여 부당이득반환청구를 할 수 있다. 그리고 집행절차상, 제3자는 압류채권자에 대하여 제3자이의의 소(48조)를 제기하여 다툴 수 있다.

2) 담보권부 채권의 압류의 효력

13-18 압류의 효력은 종된 권리에도 미치므로 만약 저당권이 있는 피담보채권이 압류

게 지급하지 아니하고 있는 동안에 반대채권과 피압류채권 모두의 이행기가 도래한 때에도 제3채무자는 반대채권으로써 상계할 수 있고, 이로써 지급을 금지하는 명령을 신청한 채권자에게 대항할 수 있다는 **반대의견**이 있다). 위 법리는 채권압류명령을 받은 제3채무자이자 보증채무자인 사람이 압류 이후 보증채무를 변제함으로써 담보제공청구의 항변권을 소멸시킨 다음, 압류채무자에 대하여 압류 이전에 취득한 사전구상권으로 피압류채권과 상계하려는 경우에도 적용된다고 봄이 타당하다(대법원 2019. 2. 14. 선고 2017다274703 판결).

38) 대법원 1993. 9. 28. 선고 92다55794 판결.

되면 담보권의 수반성에 의하여 저당권에도 압류의 효력이 미친다는 점은 이미 설명한 바 있다(☞13-10).

3) 채권증서의 인도

제234조(채권증서) ① 채무자는 채권에 관한 증서가 있으면 압류채권자에게 인도하여야 한다. ② 채권자는 압류명령에 의하여 강제집행의 방법으로 그 증서를 인도받을 수 있다.

채권은 본래 공시되지 않은 무형의 존재로 채권자는 피압류채권의 존부나 내용 13-19
에 대하여 용이하게 인식할 수 없다. 그리하여 채권자가 피압류채권을 쉽고 확실하게 추심 등을 하기 위하여 채무자에게 차용증과 같은 채권증서가 있는 경우에 채무자는 압류채권자에게 해당 증서의 인도의무가 있다고 규정하고 있다(234조 1항). 제3채무자가 채무의 존부를 다투는 경우에 채권증서는 피압류채권의 존재를 증명하는 가장 간편한 수단이 된다. 채무자가 만약 임의로 채권증서를 인도하지 않는 때에는 채권자는 해당 채권에 대한 압류명령을 집행권원으로 하여 동산의 인도집행의 방법에 의해 채무자로부터 채권증서의 인도를 받을 수 있다(동조 2항). 특히 채무자가 소지하고 있는 증서가 제3채무자에 대한 집행권원인 경우에 위 규정에 의하여 가령 채권자로서는 제3채무자로부터 피압류채권을 추심할 때에 그 증서에 승계집행문을 부여받아 집행할 수 있으므로 편리하게 된다(☞13-37). 관련하여 앞으로 위 채권증서인도의무에 더하여 채무자가 채권자에게 채권의 행사에 필요한 정보를 제공할 의무 등에 관하여 검토할 필요가 있다.[39]

4) 압류의 부수적 효력 – 시효중단

민법 제168조(소멸시효의 중단사유) 소멸시효는 다음 각호의 사유로 인하여 중단된다. 1. 청구 2. 압류 또는 가압류, 가처분

민법 제174조(최고와 시효중단) 최고는 6월 내에 재판상의 청구, 파산절차참가, 화해를 위한 소환, 임의출석, 압류 또는 가압류, 가처분을 하지 아니하면 시효중단의 효력이 없다.

민법 제175조(압류, 가압류, 가처분과 시효중단) 압류, 가압류 및 가처분은 권리자의 청구에 의하여 또는 법률의 규정에 따르지 아니함으로 인하여 취소된 때에는 시효중단의 효력이 없다.

---

39) 이시윤, 445면. 독일 민사소송법(ZPO) 836조 3항은 위 채권증서인도의무에 더하여 채무자의 정보제공의무(Auskunftspflicht des Schuldners)를 규정하고 있다. 제공되어야 할 정보는 채권의 종류에 따라 다르겠지만, 통상 피압류채권액 및 증거방법, 이행의 시기 및 장소, 제3채무자의 항변사유 및 그에 대한 방어방법 등을 생각할 수 있다.

13-20 압류는 **집행채권**(채무자에 대한 채권자의 채권)의 소멸시효를 중단시키는 효력을 가진다(민법 168조 2호). 압류명령**신청시**에 소멸시효중단의 효력이 있다.40) 위 중단의 효력이 생기기 위하여는 그 채무자가 해당 압류를 알 수 있는 상태에 놓일 필요는 없다고 할 것이다.41) 만약, 압류할 당시 그 피압류채권이 이미 소멸하여 부존재하는 경우에도 집행채권에 대한 권리행사로 볼 수 있어 특별한 사정이 없는 한 압류집행으로써 그 집행채권의 소멸시효는 중단된다. 시효중단의 효력은 압류가 해제되거나 집행절차가 종료될 때까지 계속되고, 시효가 중단된 때에는 중단까지에 경과한 시효기간은 이를 산입하지 아니하고 중단사유가 종료한 때로부터 새로이 시효기간이 진행한다(민법 178조 1항).42) 압류가 권리자의 청구에 의하여 또는 법률의 규정에 따르지 아니함으로 인하여 **취소된 때**에는 시효중단의 효력이 없다(민법 175조).43)

한편 **피압류채권**(압류된 채무자의 제3채무자에 대한 채권)에 대하여는 확정적인 시효중단의 효력이 생긴다고 할 수 없고, 압류결정이 제3자에게 송달되었다면 거기에 소멸시효의 중단사유인 **최고**로서의 효력(민법 174조)은 있게 된다.44)

---

40) 검사의 징수명령서에 기하여 벌금형을 집행하는 경우이지만, **판례**도 예금채권에 대한 강제집행에서 그 벌금에 대한 시효중단의 효력은 채권압류명령**신청시**라고 보았다(대법원 2009. 6. 25. 자 2008모1396 결정).

41) 민법 176조가, 시효의 중단은 당사자 및 그 승계인간에만 효력이 있다는 민법 169조의 원칙을 수정하여 압류 등에 의한 시효중단이 효력을 해당 중단행위의 당사자 및 그 승계인 이외에 시효의 이익을 받을 자에 미치는 경우에, 그 자에 대하여 압류를 하지 아니한 때에는 압류를 그에게 통지한 후가 아니면 시효중단의 효력이 없다고 규정하는 것과 관련하여 논의가 있을 수 있는데, 일본 最高裁判所 令和元年(2019) · 9 · 19 판결은 압류에 의한 청구채권의 소멸시효의 중단에 있어서 그 채무자는 중단행위의 당사자이고, 그 채무자가 해당 압류를 예지할 수 있는 상태에 놓일 것이 필요하지 않다고 풀이하였다. 또한 채권자가 채권보전을 위하여 채무자의 제3채무자에 대한 채권을 가압류한 경우 채무자에게 그 가압류 사실이 통지되지 않더라도 채권자의 채권에 대하여 소멸시효중단의 효력이 발생한다고 봄이 상당하다(대법원 2019. 5. 16. 선고 2016다8589 판결[미간행]).

42) 체납처분에 의한 채권압류로 인하여 채권자의 채무자에 대한 채권의 시효가 중단된 경우에 그 압류에 의한 체납처분 절차가 **채권추심 등으로 종료**된 때뿐만 아니라, 피압류채권이 그 기본계약관계의 해지 · 실효 또는 소멸시효완성 등으로 인하여 소멸함으로써 압류의 대상이 존재하지 않게 되어 **압류 자체가 실효**된 경우에도(가령 보험계약자의 보험금채권에 대한 압류가 행하여지더라도 보험계약이 해지되면 그 계약에 의하여 발생한 보험금채권은 소멸하게 되므로 이를 대상으로 한 압류명령은 실효) 체납처분절차는 더 이상 진행될 수 없으므로 시효중단사유가 종료한 것으로 보아야 하고, 그때부터 시효가 새로이 진행한다(대법원 2017. 4. 28. 선고 2016다239840 판결).

43) 여기서 '권리자의 청구에 의하여 취소된 때'라고 함은 권리자가 압류, 가압류 및 가처분의 신청을 취하한 경우를 말하고, '시효중단의 효력이 없다'라고 함은 소멸시효 중단의 효력이 소급적으로 상실된다는 것을 말한다(대법원 2014. 11. 13. 선고 2010다63591 판결[미간행]).

(7) 제3채무자의 진술의무

제237조(제3채무자의 진술의무) ① 압류채권자는 제3채무자로 하여금 압류명령을 송달받은 날부터 1주 이내에 서면으로 다음 각호의 사항을 진술하게 하도록 법원에 신청할 수 있다. 1. 채권을 인정하는지의 여부 및 인정한다면 그 한도 2. ... ② 법원은 제1항의 진술을 명하는 서면을 제3채무자에게 송달하여야 한다.

압류명령은 제3채무자를 미리 심문하지 않은 채 발령되므로(226조) 압류채권자는 그 뒤의 현금화절차의 선택 등을 위해 압류채권의 존부나 다른 채권자에 의한 압류의 유무 등의 필요한 사항에 대하여 제3채무자에게 확인할 필요가 있다. 그리하여 압류채권자는 제3채무자로 하여금 압류명령을 송달받은 날부터 1주 이내에 ① 채권을 인정하는지의 여부 및 인정한다면 그 한도, ② 채권에 대하여 지급할 의사가 있는지의 여부 및 의사가 있다면 그 한도, ③ 채권에 대하여 다른 사람으로부터 청구가 있는지의 여부 및 청구가 있다면 그 종류, ④ 다른 채권자에게 채권을 (가)압류당한 사실이 있는지의 여부 및 그 사실이 있다면 그 청구의 종류를 서면으로 진술하게 하도록 법원에 신청할 수 있다(237조 1항). 법원은 위 진술을 명하는 서면을 제3채무자에게 송달하여야 한다(동조 2항). 제3채무자가 진술을 게을리 한 때에는 법원은 제3채무자에게 위 사항을 심문할 수 있다(동조 3항). 압류채권자의 위 신청의 시기는 압류명령의 신청과 동시이거나 적어도 압류명령의 발송 전이어야 하며, 압류명령을 송달한 뒤의 신청은 부적법 각하된다. 13-21

제3채무자의 진술은 단순한 사실보고이고 실체적 효과를 가지지는 않는다. 가령 제3채무자가 채권을 인정하였다고 하여 청구의 인낙(민사소송법 220조)과 같은 효력이 생기는 것은 아니다.[45]

압류채권자는 제3채무자의 진술에 의하여 압류 뒤에 취할 적절한 조치(현금화 방법으로서 전부명령이나 추심명령과 이에 따르는 절차)를 고려하면서 제3채무자에 대한 무익한 절차를 피할 수 있을 것이다.

한편 압류채권자가 위 진술의무를 강제할 소송상 수단을 가지는지 여부가 문제

44) 대법원 2003. 5. 13. 선고 2003다16238 판결.

45) 위 경우에 단지 증명책임의 전환으로 제3채무자는 이후 채무가 존재하지 않는다는 것의 증명책임을 지는 효과가 생긴다고 한다(이시윤, 449면). MüKoZPO/Smid ZPO §840 Rn. 20. 그리고 일본 판례 가운데 最高裁判所 昭和55(1980)·5·12 판결은 제3채무자가 채권의 존재를 인정하여 변제의 의사를 진술한 뒤에도 채무의 승인 또는 항변권의 상실이라는 실체법상 효과가 생기지 않고, 그 뒤 상계를 방해하지 않는다고 보았다.

될 수 있는데, 진술의무의 법적 성질은 사법상 의무는 아니므로[46] 부정하여야 할 것이다. 그러나 별도로 손해배상책임은 검토할 수 있다.[47]

(8) 압류금지채권

제246조(압류금지채권) ① 다음 각호의 채권은 압류하지 못한다. 1. 법령에 규정된 부양료 및 유족부조료 … ② 법원은 제1항제1호부터 제7호까지에 규정된 종류의 금원이 금융기관에 개설된 채무자의 계좌에 이체되는 경우 채무자의 신청에 따라 그에 해당하는 부분의 압류명령을 취소하여야 한다. ③ 법원은 당사자가 신청하면 채권자와 채무자의 생활형편, 그 밖의 사정을 고려하여 압류명령의 전부 또는 일부를 취소하거나 제1항의 압류금지채권에 대하여 압류명령을 할 수 있다.

① 의 의

13-22 채무자의 생활보장 등을 위하여 동산집행에서의 **압류금지물건**(☞12-15)과 마찬가지로 법 246조에서 채권집행에서도 **압류금지채권**을 규정하고 있다. 피압류적격, 즉 집행의 대상으로서의 적격을 가지려면 압류금지채권에 해당하지 않아야 하는데, 압류금지채권에는 **민사집행법상** 압류금지채권과 **특별법상** 압류금지채권이 있다. 압류금지채권에 해당하는지 여부는 집행법원이 압류명령의 신청에 대한 심리를 할 때 직권으로 조사한다.

민사집행법상 압류금지채권(246조 1항)	
1. 법령에 규정된 부양료 및 유족부조료	「민법」 974조 직계혈족 및 배우자 사이 등에서와 같이 부양의무에 따라 발생하는 부양료청구권을 말한다.
2. 채무자가 구호사업이나 제3자의 도움으로 계속 받는 수입	수입에는 금전수입뿐만 아니라 곡물 그 밖에 일상생활에 필요한 물품의 수입도 포함된다.

46) 그 법적 성질에 대하여 **독일**에서는 독자적 강제집행법상 의무라는 입장(Stein/Jonas/Brehm, Kommentar zur ZPO, §840 Rn. 1), 일반적 국민의 의무라는 입장(MüKoZPO/Smid ZPO §840 Rn. 2) 등이 있다.

47) **독일** 민사소송법(ZPO) 840조 2항은 제3채무자가 진술의무의 불이행으로 생기는 손해에 대한 책임을 지우고 있고, 일본 민사집행법 147조 2항도 제3채무자가 진술의 최고를 받고 고의·과실에 의하여 진술을 하지 않은 때나 부실한 진술을 한 때에는 이에 따라 생긴 손해를 배상할 책임이 있다고 규정하고 있다. 우리 민사집행법에는 위와 같은 규정이 없더라도 마찬가지 해석을 하여야 한다는 입장으로는 이시윤, 449면.

3. 병사의 급료	직업군인이 아닌, 가령 병장 등의 일반사병을 말한다(군인사법 3조 4항).
4. 급료·연금·봉급·상여금·퇴직연금, 그 밖에 이와 비슷한 성질을 가진 급여채권의[48] 2분의 1에 해당하는 금액. 다만, 그 금액이 국민기초생활보장법에 의한 최저생계비를 고려하여 대통령령이 정하는 금액에 미치지 못하는 경우 또는 표준적인 가구의 생계비를 고려하여 대통령령이 정하는 금액을 초과하는 경우에는 각각 당해 대통령령이 정하는 금액으로 한다.[49]	한편 퇴직연금 중 공무원이나 군인, 사립학교교원의 퇴직연금은 각각 공무원연금법과 같은 **특별법에 의하여 그 전액**이 압류금지채권으로 규정되어 있다.[50]
5. 퇴직금, 그 밖에 이와 비슷한 성질을 가진 급여채권의 2분의 1에 해당하는 금액[51]	퇴직금의 경우에는 퇴직연금의 경우의 4호 단서와 같은 제한이 없다. 퇴직위로금이나 명예퇴직수당도 이에 해당한다.[52]
6. 「주택임대차보호법」 제8조, 같은 법 시행령의 규정에 따라 우선변제를 받을 수 있는 금액[53]	2010년 개정(신설)된 규정으로, 임차인의 유일한 재산이다시피 한 임대보증금을 압류금지채권에 추가하여 임차인의 주거안정을 도모하려는 것이다.
7. 생명, 상해, 질병, 사고 등을 원인으로 채무자가 지급받는 보장성보험의 보험금(해약환급 및 만기환급금을 포함한다).[54] 다만, 압류금지의 범위는 생계유지, 치료 및 장애 회복에 소요될 것으로 예상되는 비용 등을 고려하여 대통령령으로 정한다.	구체적인 금지 범위로, 가령 사망보험금 중 1천만 원 이하의 보험금은 압류하지 못한다(민사집행법 시행령 6조).
8. 제246조의2에 따른 생계비계좌에 예치된 예금[55]	* 7호, 8호는, 2011년 개정(신설)된 규정으로, 생명과 장애를 보장하는 보험의 보험금과 채무자의 최소한 생계유지에 필요한 예금금액을 압류금지채권에 포함한 것이다.
9. 제8호에 따른 예금 외에 채무자의 1월간 생계유지에 필요한 예금(적금·부금·예탁금과 우편대체를 포함한다). 다만, 그 금액은 「국민기초생활 보장법」에 따른 최저생계비, 제195조제3호에서 정한 금액 및 제8호에 따른 생계비계좌에 예치된 금액 등을 고려하여 대통령령으로 정한다.[56]	개인별 잔액이 185만 원 이하인 예금, 다만 법 195조 3호에 따라 압류하지 못한 생계비가 있으면 185만 원에서 그 금액을 뺀 금액으로 하고 있다(민사집행법 시행령 7조).

② 계좌에 이체된 경우의 압류의 취소

법원은 위 법 246조 1항 1호부터 7호까지에 규정된 종류의 금원이 금융기관에

48) 국회의원이 「국회의원수당 등에 관한 법률」에 따라 지급받는 일반수당, 관리업무수당, 정액급식비, 정근수당, 명절휴가비와 같은 수당은 이에 해당하여 그 2분의 1에 해당하는 금액 또는 같은 호 단서에 따른 금액에 대하여는 압류하지 못한다고 보는 것이 타당하다(대법원 2014. 8. 11.자 2011마2482 결정). 한편 공무원연금법상 퇴직연금채권에 대하여는 그 전액에 관하여 압류가 금지된다(후술 각주 50) 부분).

49) 단서의 대통령령인 민사집행법 시행령이 정하는 금액은 현재 월 185만 원이다(시행령 3조). 한편 단서에서 "표준적인 가구의 생계비를 고려하여 대통령령이 정하는 금액"이란 월 300만 원 이상으로서 월 300만 원과 본문에 따른 압류금지금액(월액으로 계산한 금액을 말한다)에서 제1호의 금액을 뺀 금액의 2분의 1의 금액을 합산한 금액을 말한다(시행령 4조).

급여	압류가능금액
185만 원 이하	0원(즉, 전액 압류 금지)
185만 원 초과~370만 원 이하	급여－185만 원(즉, 185만 원까지 압류금지)
370만 원 초과~600만 원 이하	급여×1/2
600만 원 초과	급여－[370만 원＋{[(급여×1/2)－370만 원]×1/2}]

50) 법 246조 1항 4호에서 퇴직연금 그 밖에 이와 비슷한 성질을 가진 급여채권은 그 1/2에 해당하는 금액만 압류하지 못하는 것으로 규정하고 있으나, 이는 공무원연금법상 압류금지 규정과의 사이에서 일반법과 특별법의 관계에 있으므로, 공무원연금법상 퇴직연금채권에 대하여는 그 전액에 관하여 압류가 금지된다고 보아야 한다(대법원 2022. 2. 11. 선고 2019다250831, 250848 판결[미간행]).

51) 위 4호, 5호의 취지는 다음과 같다. 계속적으로 일정한 일을 하면서 그 대가로 정기적으로 얻는 경제적 수입에 의존하여 생활하는 채무자의 경우에 그러한 경제적 수입(그러한 일에 더 이상 종사하지 않게 된 후에 이미 한 일에 대한 대가로서 일시에 또는 정기적으로 얻게 되는 경제적 수입을 포함한다)은 채무자 본인은 물론 그 가족의 생계를 유지하는 기초가 된다. 따라서 이와 관련된 채권자의 권리 행사를 일정 부분 제한함으로써 채무자와 그 가족의 기본적인 생활(생계)을 보장함과 아울러 근로 또는 직무수행의 의욕을 유지시켜 인간다운 삶을 가능하게 하려는 사회적·정책적 고려에 따른 것이다. 주식회사의 **이사, 대표이사의 보수청구권**(퇴직금 등의 청구권을 포함)은 그 보수가 합리적인 수준을 벗어나서 현저히 균형을 잃을 정도로 과다하거나, 이를 행사하는 사람이 법적으로는 주식회사 이사 등의 지위에 있으나 이사 등으로서의 실질적인 직무를 수행하지 않는 이른바 명목상 이사 등에 해당한다는 등의 특별한 사정이 없는 이상 법 246조 1항 4호 또는 5호가 정하는 압류금지채권에 해당한다(대법원 2018. 5. 30. 선고 2015다51968 판결).

52) 퇴직위로금이나 명예퇴직수당은 그 직(職)에서 퇴임하는 자에 대하여 그 재직 중 직무집행의 대가로서 지급되는 후불적 임금으로서의 보수의 성질을 아울러 갖고 있다고 할 것이므로 퇴직금과 유사하다고 볼 것이다(대법원 2000. 6. 8.자 2000마1439 결정).

53) 압류를 금지하는 것은 채권자의 재산권을 침해하지 않는다(헌법재판소 2019. 12. 27. 선고 2018헌마825 결정).

54) 하나의 보험계약에 보장성보험과 저축성보험의 성격이 모두 있을 때 위 7호에서 규정하는 보장성보험으로 인정될 수 있는 요건에 관한 대법원 2018. 12. 27. 선고 2015다50286 판결 등 참조.

55) 2025. 1. 31. 개정 민사집행법 제246조의2에서 채무자의 한 달간 생계유지에 필요한 예금을 보다 실효성 있게 보장하기 위하여, 1인당 1개의 생계비계좌를 개설할 수 있도록 하고, 246조 8호에서 이 계좌에 예치된 예금의 청구권은 압류하지 못하도록 하는 규정이 **신설**되었다(2026. 2. 1. 시행).

56) 어느 한 계좌에 예치되어 있는 금액이 아니라 각 금융기관에 예치되어 있는 채무자 명의의 예금을 합산한 금액 중 일정 금액을 의미한다. 위 금액 이하로서 압류금지채권에 해당한다는 사실은 예금주인 **채무자**가 **증명**하여야 한다(대법원 2024. 2. 8. 선고 2021다206356 판결).

개설된 **채무자의 계좌에 이체**되는 경우에 종전 판례는[57] 압류금지채권이 채무자명의 계좌에 입금되면 그 예금채권에 대하여는 더 이상 압류금지의 효력이 미치지 않는다고 보았는데, 이로 인하여 채무자의 계좌에 입금된 위 금원 전액이 압류되어 최소한의 생계마저 위협받는 경우가 있으므로 2011년 개정으로 채무자의 **신청**에 따라 그에 해당하는 부분의 압류명령을 **취소**하도록 하였다(246조 2항). 압류명령을 취소할 수 있도록 함으로써 채무자의 기본적 생계가 가능하도록 최소한의 인간답게 살 권리를 보장하려는 것이다.

③ 생계비계좌

채무자의 한 달간 생계유지에 필요한 예금을 보다 실효성 있게 보장하기 위하여, 2025. 1. 31. 개정 민사집행법은 246조의2를 신설하여, 1인당 1개의 생계비계좌를 개설할 수 있도록 하고, 246조 8호에서 이 계좌에 예치된 예금의 청구권은 압류하지 못하도록 하였다(2026. 2. 1. 시행).[58]

민사집행법 시행령상 압류금지범위 등(민사집행법 시행령 2조 내지 7조)	
압류금지 생계비 (시행령 제2조)	「민사집행법」(이하 “법”이라 한다) 제195조제3호에서 “대통령령이 정하는 액수의 금전”이란 185만원을 말한다. 다만, 법 제246조제1항제8호에 따라 압류하지 못한 예금(적금·부금·예탁금과 우편대체를 포함하며, 이하 “예금등”이라 한다)이 있으면 185만원에서 그 예금등의 금액을 뺀 금액으로 한다.
압류금지 최저금액 (시행령 제3조)	법 제246조제1항제4호 단서에서 “「국민기초생활 보장법」에 의한 최저생계비를 감안하여 대통령령이 정하는 금액”이란 월 185만원을 말한다.
압류금지 최고금액 (시행령 제4조)	법 제246조제1항제4호 단서에서 “표준적인 가구의 생계비를 감안하여 대통령령이 정하는 금액”이란 제1호에 규정된 금액 이상으로서 제1호와 제2호의 금액을 합산한 금액을 말한다. 1. 월 300만원 2. 법 제246조제1항제4호 본문에 따른 압류금지금액(월액으로 계산한 금액을 말한다)에서 제1호의 금액을 뺀 금액의 2분의 1

57) 대법원 1999. 10. 6.자 99마4857 결정.

58) **독일**에서는 이미 1977년 압류금지채권이 예금채권으로 이체된 경우의 예금에 대한 압류보호에 관한 민사소송법(ZPO) 850조의k가 마련되었고, 나아가 2009년 계좌의 압류제한의 개정에 관한 법률(Gesetz zur Reform des Kontopfändungsschutzes vom 7. Juli 2009. BGBl. I S. 1707)에 의하여 압류보호(금지)계좌(Pfändungsschuzkonto) 제도가 신설되었다(2010. 7. 1.부터 시행).

급여채권이 중복되거나 여러 종류인 경우의 계산방법 (시행령 제5조)	제3조 및 제4조의 금액을 계산할 때 채무자가 다수의 직장으로부터 급여를 받거나 여러 종류의 급여를 받는 경우에는 이를 합산한 금액을 급여채권으로 한다.
압류금지 보장성 보험금 등의 범위 (시행령 제6조)	① 법 제246조제1항제7호에 따라 다음 각 호에 해당하는 보장성보험의 보험금, 해약환급금 및 만기환급금에 관한 채권은 압류하지 못한다. 1. 사망보험금 중 1천만원 이하의 보험금 2. 상해·질병·사고 등을 원인으로 채무자가 지급받는 보장성보험의 보험금 중 다음 각 목에 해당하는 보험금 가. 진료비, 치료비, 수술비, 입원비, 약제비 등 치료 및 장애 회복을 위하여 실제 지출되는 비용을 보장하기 위한 보험금 나. 치료 및 장애 회복을 위한 보험금 중 가목에 해당하는 보험금을 제외한 보험금의 2분의 1에 해당하는 금액 3. 보장성보험의 해약환급금 중 다음 각 목에 해당하는 환급금 가. 「민법」 제404조에 따라 채권자가 채무자의 보험계약 해지권을 대위행사하거나 추심명령(推尋命令) 또는 전부명령(轉付命令)을 받은 채권자가 해지권을 행사하여 발생하는 해약환급금 나. 가목에서 규정한 해약사유 외의 사유로 발생하는 해약환급금 중 150만원 이하의 금액 4. 보장성보험의 만기환급금 중 150만원 이하의 금액 ② 채무자가 보장성보험의 보험금, 해약환급금 또는 만기환급금 채권을 취득하는 보험계약이 둘 이상인 경우에는 다음 각 호의 구분에 따라 제1항 각 호의 금액을 계산한다. 1. 제1항제1호, 제3호나목 및 제4호: 해당하는 보험계약별 사망보험금, 해약환급금, 만기환급금을 각각 합산한 금액에 대하여 해당 압류금지채권의 상한을 계산한다. 2. 제1항제2호나목 및 제3호가목: 보험계약별로 계산한다.
압류금지 예금 등의 범위 (시행령 제7조)	법 제246조제1항제8호에 따라 압류하지 못하는 예금 등의 금액은 개인별 잔액이 185만원 이하인 예금 등으로 한다. 다만, 법 제195조제3호에 따라 압류하지 못한 금전이 있으면 185만원에서 그 금액을 뺀 금액으로 한다.

④ 금지범위의 확장과 감축

그리고 법원은 당사자가 **신청**하면 채권자와 채무자의 생활형편, 그 밖의 사정을 고려하여 압류명령의 전부 또는 일부를 취소하거나 위 압류할 수 없는 압류금지채권에 대하여 압류명령을 할 수 있다(246조 3항).[59] 즉 압류금지의 **범위를 확장하**

거나 감축할 수 있다(후자를 이른바 '압류금지채권의 축소 재판'이라고 한다). 이 재판은 압류명령의 관할법원이 압류명령과 동일한 절차에 따라서 하는데, 사법보좌관의 업무에서 제외되어 **판사**의 업무에 속한다(사법보좌관규칙 2조 1항 9호 단서 다목). 법원은 위 재판 시 또는 재판에 앞서 채무자에게 담보를 제공하게 하거나 담보를 제공하게 하지 아니하고 강제집행을 일시정지하도록 명하거나, 채권자에게 담보를 제공하게 하고 그 집행을 계속하도록 명하는 등의 잠정처분을 할 수 있다(246조 4항, 196조 3항, 16조 2항).60)

⑤ 특별법에 의한 압류금지채권

나아가 민사집행법 이외의 특별법에 의하여 사회정책적 이유 등에서 압류를 금지한 채권이 있다. 사회보장관계의 수급권인 공무원연금(공무원연금법 39조), 산업재해보상보험급여(산업재해보상보험법 88조 2항) 등이 그 예이다.

⑥ 성질상 양도금지채권

또한 법령상으로 압류금지는 아닌 채권이라도 양도를 할 수 없거나 다른 사람이 대신 행사할 수 없는 것은 피압류적격을 가지지 않는다. 그리고 법령상 양도가 금지되는 것 외에도, 가령 국가에 대한 정당의 정당보조금 지급채권과 같이 성질상 양도금지채권도 압류금지채권이라고 할 수 있다.

⑦ 양도금지의 특약

한편 양도금지의 특약이 있는 채권은 개인 사이의 계약이나 공사단체의 내부규약으로 일반채권자를 위한 책임을 배제하는 것을 인정할 수 없다는 점에서 피압류적격을 가진다고 할 것이다.61)

59) **일본** 2019년 개정 민사집행법 145조 4항에서는 압류명령을 채무자에게 송달시에 압류금지채권의 범위의 변경의 신청을 할 수 있다는 취지를 채무자에게 **교시**하여야 한다는 규정을 두었다. 이 개정 법 시행 후, 신청 건수가 상당히 늘었다고 한다.

60) 압류가 금지되는 부분에 대해서도, 채권자는 압류명령을 신청함과 동시에 또는 압류명령신청 이후에 법 246조 3항 후단에 따라 이른바 '**압류금지채권의 축소 재판**'을 신청함으로써 이사 등의 회사에 대한 보수청구권 또는 퇴직연금사업자에 대한 퇴직연금채권에 대하여 압류명령이 이루어지도록 할 수 있다. 또한, 채권자가 스스로를 제3채무자로 하여 채무자의 자신에 대한 채권을 압류하는 것이 금지되지 않으므로(대법원 2017. 8. 21.자 2017마499 결정 등 참조) 회사 또는 퇴직연금사업자는 이사 등을 채무자, 스스로를 제3채무자로 하여 해당 보수청구권 또는 퇴직연금채권에 대하여 압류명령을 신청함과 동시에 위 '**압류금지채권의 축소 재판**' 신청을 할 수 있다(대법원 2018. 5. 30. 선고 2015다51968 판결).

61) 당사자 사이에 양도금지의 특약이 있는 채권이라도 압류 및 전부명령에 따라 이전될 수 있고, 양도금지의 특약이 있는 사실에 관하여 압류채권자가 선의인가 악의인가는 전부명령의 효력에 영향이 없다(대법원 2002. 8. 27. 선고 2001다71699 판결).

◈ 근로자퇴직급여 보장법상 퇴직연금채권 전액에 관하여 압류가 금지되는지 여부 (적극) ◈ 채무자의 제3채무자에 대한 금전채권이 법률의 규정에 의하여 양도가 금지된 경우에는 특별한 사정이 없는 한 이를 압류하더라도 현금화할 수 없으므로 피압류적격이 없다. 또한 위와 같이 채권의 양도를 금지하는 법률의 규정이 강행법규에 해당하는 이상, 그러한 채권에 대한 압류명령은 강행법규에 위반되어 무효라고 할 것이어서 실체법상 효력을 발생하지 아니하므로, 제3채무자는 압류채권의 추심금청구에 대하여 그러한 실체법상의 무효를 들어 항변할 수 있다. 그런데 근로자퇴직급여제도의 설정 및 운영에 필요한 사항을 정함으로써 근로자의 안정적인 노후생활 보장에 이바지함을 목적으로 「근로자퇴직급여 보장법」이 제정되면서 7조에서 퇴직연금제도의 급여를 받을 권리에 대하여 양도를 금지하고 있으므로 위 양도금지 규정은 강행법규에 해당한다. 따라서 퇴직연금제도의 급여를 받을 권리에 대한 압류명령은 실체법상 무효이고, 제3채무자는 그 압류채권의 추심금청구에 대하여 위 무효를 들어 지급을 거절할 수 있다. 민사집행법은 246조 1항 4호에서 퇴직연금 그 밖에 이와 비슷한 성질을 가진 급여채권은 그 1/2에 해당하는 금액만 압류하지 못하는 것으로 규정하고 있으나, 이는 「근로자퇴직급여 보장법」상 양도금지 규정과의 사이에서 **일반법**과 **특별법**의 관계에 있으므로, 「근로자퇴직급여 보장법」상 퇴직연금채권은 그 **전액**에 관하여 압류가 금지된다고 보아야 한다.[62]

(9) 집행경합

1) 공동압류

13-23 공동압류는 동일한 채권에 대하여 여러 채권자의 신청에 의하여 **때를 같이하여** 1개의 압류명령이 발하여진 경우를 말한다. 만약, 집행채권액의 합계가 피압류채권(압류되는 채권)의 액수를 넘는 때에는 제3채무자가 공동채권자 중 1인의 단독신청에 응하여 피압류채권을 지급하더라도 제3채무자는 다른 채권자에게 대항할 수 없고, 이 경우에 제3채무자는 공탁의무를 지게 된다(248조 3항 참조).

2) 이중압류(압류의 경합)

제235조(압류의 경합) ① 채권 일부가 압류된 뒤에 그 나머지 부분을 초과하여 다시 압류명령이 내려진 때에는 각 압류의 효력은 그 채권 전부에 미친다. ② 채권 전부가 압류된 뒤에 그 채권 일부에 대하여 다시 압류명령이 내려진 때 그 압류의 효력도 제1항과 같다.

62) 대법원 2014. 1. 23. 선고 2013다71180 판결. 이에 대한 비판적 검토로는 이형범, "금전채권의 피압류적격 중 '양도가능성'과 압류금지채권'에 관한 소고", 저스티스(2014. 6), 65면 이하 참조.

여러 채권자가 **때를 달리하여** 어느 채권자가 먼저 압류명령을 받고 난 뒤, 다시 다른 채권자가 압류명령(또는 가압류명령)을 받는 상황이 있을 수 있다. 압류명령과 압류명령(또는 가압류명령)의 경합이 생긴 경우이다. 다만, 동일한 채권에 관하여 여러 개의 압류명령이 있더라도 각 압류액의 합계가 피압류채권의 액수보다 크지 않으면 압류의 경합이라고 보지 않는다. 가령 1억 원의 채권 가운데, 채권자 A가 5천만 원을 압류한 뒤, 채권자 B가 3천만 원을 압류하고, 그 뒤에 채권자 C가 2천만 원을 압류한 경우, 각각 압류한 부분에서 채권을 전액 회수할 수 있으므로 A, B, C가 한 일부압류는 아직 경합이 생긴 것은 아니다. 그러나 그 **압류액의 합계가 피압류채권액을 초과**하면 압류의 경합(이중압류)이 발생한다. 13-24

압류의 경합이 발생하면 각 압류의 효력은 그 채권 전부에 미친다(235조 1항). 이렇게 압류의 효력을 확장한 것은 압류의 효력을 채권 전부에 미치지 않으면, 채권자의 보호가 결여되기 때문이다. 위 예에서, 채권자 A가 5천만 원을 압류하고, 채권자 B가 3천만 원을 압류한 뒤, C가 압류한 것이 3천만 원인 경우에는 압류의 경합이 생겨 A, B, C가 한 일부압류의 효력은 채권 1억 원 전부에 미쳐, A, B, C는 1억 원을 5:3:3의 비율로 안분하게 된다. 경합 채권자 사이의 평등을 도모하고 먼저 압류한 사람이 앞서지 않도록 하기 위함이다. 가압류의 집행에도 원칙적으로 강제집행에 관한 규정이 준용되므로(291조) 압류명령과 가압류명령이 중복된 경우에도 그 압류액의 합계가 피압류채권액을 초과하면 압류의 경합(이중압류)이 발생한다.

처음부터 A가 집행채권 1억 원에 기하여 피압류채권 1억 원 전부를 압류하고, 그 뒤 B · C가 순서대로 3천만 원, 2천만 원을 압류한 경우도 압류의 효력은 B · C에 대하여도 1억 원 전부에 미친다(235조 2항).

가령 피압류채권이 계속적 수입채권인 경우에 압류의 경합이 발생한 이상, 후행압류라 하더라도 해당 압류 이후에 발생한 채권에 한하여 압류의 효력이 미치는 것이 아니고, 해당 압류 전에 발생한 채권 전부에 대하여 그 효력이 미친다.[63] 압류의 효력은 종된 권리에도 미치는바, 가령 압류 후에 발생하는 이자채권을 생각해 보면 쉽게 이해할 수 있다.

이중압류를 할 수 있는 것은 원칙적으로 제3채무자가 권리공탁(248조 1항) 또는 의무공탁(동조 2항, 3항)을 한 때까지이다. 가령 채권에 대한 압류(가압류)명령은 그

63) 대법원 2003. 5. 30. 선고 2001다10748 판결.

명령이 제3채무자에게 송달됨으로써 효력이 생기므로(227조 3항, 291조) 제3채무자의 **집행공탁 전**에 동일한 피압류채권에 대하여 다른 채권자의 신청에 따라 압류(가압류)명령이 발령되었더라도, 제3채무자의 **집행공탁 후**에야 그에게 송달된 경우에는 압류(가압류)명령은 집행공탁으로 이미 소멸한 피압류채권에 대한 것이어서 압류(가압류)의 효력이 생기지 않는다.64)

이중의 압류명령이 제3채무자에게 송달되면 각 압류는 그 선후와는 상관없이 서로 사이에 **배당요구의 효력**이 있다.

이중압류의 경우에 제3채무자는 압류된 채권의 전액에 해당하는 금액을 공탁하지 않으면 채무를 면할 수 없다(248조 3항. 의무공탁 참조. ☞13-32).

3) 배당요구

부동산집행	채권집행
第88조(배당요구) ① 집행력 있는 정본을 가진 채권자, 경매개시결정이 등기된 뒤에 가압류를 한 채권자, 민법·상법, 그 밖의 법률에 의하여 우선변제청구권이 있는 채권자는 배당요구를 할 수 있다.	**第247조(배당요구)** ① 민법·상법, 그 밖의 법률에 의하여 우선변제청구권이 있는 채권자와 집행력 있는 정본을 가진 채권자는 다음 각호의 시기까지 법원에 배당요구를 할 수 있다. 1. 제3채무자가 제248조제4항에 따른 공탁의 신고를 한 때 2. 채권자가 제236조에 따른 추심의 신고를 한 때 3. 집행관이 현금화한 금전을 법원에 제출한 때 ② 전부명령이 제3채무자에게 송달된 뒤에는 배당요구를 하지 못한다.

① 의 의

13-25 배당요구는 다른 채권자가 한 압류절차에 참가하여 피압류채권으로부터 배당 등을 구하는 제도이다(이는 채권자평등주의를 채택한 귀결이다). 채권집행에 있어서도 부동산, 유체동산 등의 집행절차와 마찬가지로 다른 채권자의 압류된 채권으로부터 만족을 받는 방법으로 배당요구를 인정하고 있다. 배당요구는 집행법원에 대하여 배당을 구하는 의사표시이고, 요건을 구비하고 있는 한 요구시에 효력이 생긴다.

64) 대법원 2015. 7. 23. 선고 2014다87502 판결; 대법원 2021. 12. 16. 선고 2018다226428 판결.

② 배당요구권자

허위채권에 의한 배당요구를 방지하기 위해 법원에 배당요구를 할 수 있는 사람을 **집행력 있는 정본을 가진 채권자**와 「민법」·「상법」, 그 밖의 법률에 의하여 **우선변제청구권이 있는 채권자로** 한정하고 있다(247조 1항. 88조의 부동산집행에서와 같은 **후순위 가압류채권자**는 여기에 포함되지 않는다. 그 이유는 압류와 가압류가 경합하는 때에는 공탁의무를 지는 제3채무자는 피압류채권을 공탁하는데(248조 3항), 이에 의하여 가압류채권자는 별도의 배당요구를 하지 않고 배당 등에 맡길 수 있기 때문이다). 이 경우에 해당하지 않은 채권자는 별도의 배당요구를 할 자격이 없으므로 법 247조 1항 각 호의 배당요구를 할 수 있는 종기 전에 미리 가압류를 하여 이른바 경합압류채권자로서 배당에 참가하는 수밖에 없다.[65] 한편, 채권질권자는 질권의 목적인 채권을 직접 추심할 수 있고(민법 353조), 또한 담보권의 실행으로 채권집행의 방법에 의하여 현금화할 수 있으므로(273조) 배당요구가 인정되지 않는다. 13-26

③ 배당요구의 절차

배당요구는 배당요구의 이유를 밝혀 서면으로 집행법원에 한다(247조 3항, 218조). 배당요구가 있은 때에는 집행법원은 그 취지를 압류채권자, 채무자, 제3채무자에게 통지하여야 한다(247조 3항 및 4항, 219조). 13-27

④ 배당요구의 시기

압류의 효력이 생긴 때부터 배당요구를 할 수 있고, 그 종기는 ㉮ 제3채무자가 법 248조 4항에 따른 공탁의 신고를 한 때(☞13-33), ㉯ 채권자가 법 236조에 따른 추심의 신고를 한 때, ㉰ 집행관이 현금화한 금전을 법원에 제출한 때(247조 1항), 전부명령이 제3채무자에게 송달된 때(동조 2항)이다. 집행법원이 배당요구의 종기를 정하는 부동산집행의 경우와 다르다(☞10-160). 13-28

⑤ 배당요구의 효력

적법한 배당요구가 있으면, 배당요구자는 추심금이나 현금화한 금전에서 압류채권자와 평등하게 또는 우선변제권이 있는 경우에는 다른 채권자에 우선하여 배당을 받을 수 있는 지위에 있게 된다. 13-29

---

65) 대법원 2003. 12. 11. 선고 2003다47638 판결.

배당요구는 「민법」 168조 2호 소멸시효중단사유인 압류에 준하여 소멸시효중단의 효력이 있다.[66]

압류채권자가 집행신청을 취하하거나 집행절차가 취소되면, 배당요구의 효력이 상실되어 배당 등을 받을 수 없게 된다.

(10) 제3채무자의 공탁

제248조(제3채무자의 채무액의 공탁) ① 제3채무자는 압류에 관련된 금전채권의 전액을 공탁할 수 있다. ② 금전채권에 관하여 배당요구서를 송달받은 제3채무자는 배당에 참가한 채권자의 청구가 있으면 압류된 부분에 해당하는 금액을 공탁하여야 한다. ③ 금전채권중 압류되지 아니한 부분을 초과하여 거듭 압류명령 또는 가압류명령이 내려진 경우에 그 명령을 송달받은 제3채무자는 압류 또는 가압류채권자의 청구가 있으면 그 채권의 전액에 해당하는 금액을 공탁하여야 한다. ④ 제3채무자가 채무액을 공탁한 때에는 그 사유를 법원에 신고하여야 한다. 다만, 상당한 기간 이내에 신고가 없는 때에는 압류채권자, 가압류채권자, 배당에 참가한 채권자, 채무자, 그 밖의 이해관계인이 그 사유를 법원에 신고할 수 있다.

민사집행규칙 제172조(제3채무자 등의 공탁신고의 방식) ① 법 제248조제4항의 규정에 따른 신고는 다음 각호의 사항을 적은 서면으로 하여야 한다. 1. 사건의 표시 2. 채권자·채무자 및 제3채무자의 이름 3. 공탁사유와 공탁한 금액 ② 제1항의 서면에는 공탁서를 붙여야 한다. 다만, 법 제248조제4항 단서에 규정된 사람이 신고하는 때에는 그러하지 아니하다. ③ 압류된 채권에 관하여 다시 압류명령 또는 가압류명령이 송달된 경우에 제1항의 신고는 먼저 송달된 압류명령을 발령한 법원에 하여야 한다.

13-30 금전채권에 대한 강제집행절차에서 제3채무자의 채무액의 공탁에 관한 규정을 두고 있다(248조). 공탁은 어느 재산을 국가기관인 공탁소에 제출하여 그 관리를 맡기고, 공탁소를 통하여 그 재산을 어느 사람에게 수령시키는 것에 의하여 일정한 법률상 목적을 달성하고자 하는 제도이다. 민사집행법상 공탁은 아래와 같이 **권리공탁**과 **의무공탁**이 있는데, 어느 쪽도 **집행공탁**으로(「민법」상 변제공탁과 구별. 양자가 섞인 것을 **혼합공탁**이라고 한다),[67] 이 집행공탁에 의하여 공탁액의 범위에서 압류

66) 김홍엽, 183면; 이시윤, 460면. 채권집행절차가 아닌 부동산경매절차에서의 배당요구에 대하여 압류에 준한 것으로 배당요구채권에 시효중단의 효력이 있다고 본 일본 最高裁判所 平成11(1999)·4·27 판결 참조(☞10-163).

67) 공탁금 중 압류의 효력이 미치는 금전채권액은 성질상 당연히 **집행공탁**으로 보아야 하나, 압류금액을 초과하는 부분은 압류의 효력이 미치지 않으므로 집행공탁이 아니라 **변제공탁**으로 보아야 한다(대법원 2020. 10. 15. 선고 2019다235702 판결).

채권(압류되는 채권)을 소멸시키는 효과가 생기게 된다. 제3채무자의 공탁은 채무자(제3채무자의 본래의 채권자)와의 관계에서 채무의 변제로서의 효과가 생기고(제3채무자는 이를 회수하지 못한다),68) 그 효과를 압류채권자 등에게 대항할 수 있다.69) 이는 가압류의 집행에도 준용된다(291조. ☞21-80).

1) 권리공탁

압류가 경합된 경우는 물론,70) **압류의 경합이 생기지 않은 경우**에도 압류채권자가 추심권을 행사하지 않거나 집행정지에 의하여 추심권의 행사가 제한되었을 때에 제3채무자는 조기에 자기의 채무를 소멸시킬 수 없고 이행지체에 빠지는 등의 불이익을 입게 되므로 그러한 불이익을 피하기 위한 자구수단으로 채권자의 **공탁청구, 추심청구, 경합 여부 등을 따질 필요 없이** 제3채무자에게 공탁할 권 13-31

68) 제3채무자가 공탁으로 압류채권을 소멸시키면, 그 효력도 압류경합 관계에 있는 모든 채권자에게 미친다(대법원 2003. 5. 30. 선고 2001다10748 판결). 공탁에 따른 변제의 효과는 압류의 대상에 포함된 채권에 대해서만 발생한다(대법원 2018. 5. 30. 선고 2015다51968 판결).

69) 집행채권이 압류 또는 가압류된 상태에서 집행채무자에 대한 강제집행절차가 진행되어 집행채권자에게 적법하게 배당이 이루어진 경우, 집행채권에 대한 압류 또는 가압류의 효력은 집행채권자의 배당금지급청구권(만약 160조 1항 각 호에서 정한 배당유보공탁사유로 인하여 공탁이 이루어진 경우에는 공탁사유가 소멸하면 집행채권자에게 발생할 공탁금출급청구권도 포함한다.)에 미친다고 할 것이다. 한편 집행채권자의 다른 채권자들은 집행채권자의 배당금지급청구권을 압류 또는 가압류할 수 있다. 이러한 압류 등으로 인하여 집행채권자의 배당금지급청구권에 대하여 235조의 압류경합이 발생하고 채무자에 해당하는 집행법원 등이 압류경합을 이유로 248조 1항에 따라 집행공탁을 하였다면, 그 집행공탁으로써 배당금지급의무는 소멸하고 특별한 사정이 없는 한 집행채무자는 집행채권의 압류 또는 가압류권자에 대하여 집행채권 소멸의 효력을 대항할 수 있다(대법원 2022. 9. 29. 선고 2019다278785 판결).

70) 체납처분에 의한 압류는, 비록 여기에서의 압류에는 포함되지 않지만(대법원 2015. 8. 27. 선고 2013다203833 판결), 한편 체납처분에 따른 압류와 민사집행절차에서의 압류가 경합하는 경우에는 위 권리공탁을 하여 면책될 수도 있고(대법원 2015. 7. 9. 선고 2013다60982 판결), 위 공탁을 하게 되면, 피압류채권은 소멸하게 되고 이러한 효력은 민사집행절차에서 압류 및 추심명령을 받은 채권자에 대하여는 물론 체납처분에 의한 압류채권자에 대하여도 미치므로, 민사집행법에 따른 압류 및 추심명령과 함께 체납처분에 의한 압류도 목적을 달성하여 효력을 상실하고, 따라서 민사집행절차에서 압류 및 추심명령을 받은 채권자뿐만 아니라 체납처분에 의한 압류채권자의 지위도 민사집행법상의 배당절차에서 배당을 받을 채권자의 지위로 전환되므로, 체납처분에 의한 압류채권자가 공탁사유신고시나 추심신고시까지 법 247조에 의한 배당요구를 따로 하지 않았다고 하더라도 배당절차에 참가할 수 있다(위 2013다203833 판결). 이 판결들은 체납처분압류와 민사집행압류가 경합하는 경우 그 선후를 불문하고 제3채무자의 집행공탁을 허용함으로써 제3채무자로 하여금 쉽게 채무를 면할 수 있도록 그 보호를 강화하는 한편, 체납처분권자가 추심한 경우와 압류채권자가 추심한 경우 및 제3채무자의 공탁으로 배당절차가 진행되는 경우에 모두 동일한 결론에 이를 수 있도록 법률관계를 정립한 것으로 평가할 수 있다(지은희, "체납처분에 의한 압류와 민사집행법상 압류 또는 가압류가 경합하는 경우 집행공탁 허용 여부", 사법논집 제63집(2016), 428면).

리를 인정하고 있는데(248조 1항), 이를 **권리공탁**이라고 한다. 제3채무자에게 자발적으로 공탁할 권리를 인정한 것이다.

2) 의무공탁

13-32 **채권자가 경합한 때**에는 제3채무자로서는 어느 채권자에게 지급하여야 하는지 그 판단이 어려울 경우가 있고, 또 일부 채권자에게 지급을 하면 경합하는 다른 채권자에게 배당이 실현되지 않을 우려가 있을 수 있다. 그리하여 채권자가 경합한 때에는 **채권자의 청구가 있으면**, 제3채무자로 하여금 의무적으로 공탁하게 하였다. 즉, ① 금전채권에 관하여 배당요구서를 송달받은 제3채무자는 배당에 참가한 채권자의 청구가 있으면 압류된 부분에 해당하는 금액을 공탁하여야 하고(부분공탁으로, 248조 2항), ② 금전채권 중 압류되지 아니한 부분을 초과하여 거듭 압류명령 또는 가압류명령이 내려진 경우에 그 명령을 송달받은 제3채무자는 압류 또는 가압류채권자의 청구가 있으면 그 채권의 전액에 해당하는 금액을 공탁하여야 한다(전액공탁으로, 동조 3항). 이러한 경우는 공탁이 의무로, 이를 **의무공탁**이라고 한다.[71] 배당재단을 확보하고 적정한 배당절차를 밟을 필요가 있기 때문이다. 그러나 경합한 집행채권액의 합계액보다 피압류채권(압류되는 채권)의 총액이 많은 경우는 공탁의 의무가 없다.

공탁의무는 배당요구채권자 또는 이중압류채권자로부터 **공탁청구가 있는** 경우에만 생기고, 단순히 압류가 경합한 것만으로는 생기지 않는다.

이 공탁의무는 민사집행상 제3채무자의 절차협력의무로 제3채무자의 실체법상 지위를 변경하는 것이 아니므로 제3채무자가 채무자에 대하여 지급거절사유를 가지는 때는(가령, 기한미도래, 동시이행, 선이행의 항변 등) 집행의 경합이 있더라도 공탁의무를 지지 않는다.

위 경우에 공탁하여야 하므로 공탁의 방법에 의하지 아니하고는 면책을 받을 수 없다. 즉, 제3채무자가 채권자 중 한 사람에게 임의로 변제한 경우에 제3채무자는 이로써 공탁청구한 채권자에게 채무의 소멸을 주장할 수 없고 이중지급의 위험을 부담한다.[72]

---

71) 압류경합상태에 있는 피압류채권 중 일부에 관하여 일부 압류채권자가 추심명령을 얻은 후 추심금청구소송을 제기하여 승소확정된 경우 제3채무자가 그 추심금청구사건의 확정판결에 기한 강제집행을 저지하기 위하여는 압류경합상태에 있는 채무 전액을 공탁하여야 하고, 추심금판결상 인용된 금액만을 공탁한 것만으로는 부족하다(대법원 2004. 7. 22. 선고 2002다22700 판결).

제3채무자가 공탁의무를 이행하지 않을 때에는 추심채권자는 표시된 채권자를 위하여 채무액을 공탁하라는 취지의 추심의 소를 제기할 수 있다(249조 1항).

◈ 채권자 불확지를 원인으로 하는 변제공탁과 압류경합을 이유로 하는 집행공탁을 아울러 할 수 있는지 여부(적극) ◈ 甲은 乙에게 상가를 임대하면서 임차보증금반환채권은 제3자에게 양도하지 못하도록 약정하였는데, 乙은 丙에게 위 임차보증금반환채권을 양도하고 그 채권양도를 甲에게 내용증명우편으로 통지하였다. 그런데 乙은 다시 甲에게 위 채권양도를 철회한다는 통지를 보내왔으나, 丙의 동의 여부는 확인되지 않았다. 이러한 상황에서 위 임차보증금반환채권에 대하여 丁의 가압류와 戊의 압류 및 추심명령이 경합되어 있다. 이 경우에 채권자가 누구인지 알 수 없는 것을 원인으로 한 변제공탁과 압류로 인한 집행공탁을 같이 할 수 있는가. 법 248조 1항에서 채권자가 경합하지 아니하더라도 제3채무자는 압류채권액 전액을 공탁하여 채무를 면할 수 있도록 규정하고 있다. 따라서 채권자가 누구인지 알 수 없는 것을 원인으로 한 변제공탁사유(민법 487조 후단)와 압류로 인한 집행공탁사유가 동시에 발생된 경우에 변제공탁과 집행공탁을 함께 즉, 1회의 공탁절차로 **혼합**(混合)**공탁**을 할 수 있을 것이다. 이러한 공탁은 변제공탁에 관련된 **채권양수인에 대하여는 변제공탁으로서의 효력**이 있고, 집행공탁에 관련된 **압류채권자 등에 대하여는 집행공탁으로서의 효력**이 있다고 할 것인바, 이와 같은 경우에 채무자(위 제3채무자)가 선행의 채권양도의 효력에 의문이 있으며, 그 뒤 압류의 경합이 발생하였다는 것을 공탁원인사실로 하여 채무액을 공탁하면서 공탁서에 법 248조 1항만을 근거법령으로 기재하였다 하더라도, 변제공탁으로서의 효력이 발생하지 않음이 확정되지 아니하는 이상, 이로써 바로 법 248조 1항에 의한 집행공탁으로서의 효력이 발생한다고 할 수 없으므로 집행법원은 집행공탁으로서의 공탁사유신고를 각하하거나 채무자로 하여금 변제공탁에 관한 민법 487조 후단을 근거법령으로 추가하도록 공탁서를 정정하게 하고, 채권양도인과 양수인 사이에 채권양도의 효력에 관한 다툼이 확정된 뒤 공탁금을 출급하도록 하거나 배당절차를 실시할 수 있을 뿐, 바로 배당절차를 실시할 수는 없다고 보았다.[73]

3) 공탁사유의 신고

권리공탁이든, 의무공탁이든 **제3채무자**는 채무액을 공탁한 때에는 그 사유를 법원에 **신고**하여야 한다. 다만, 상당한 기간 이내에 제3채무자의 신고가 없는 때에는 절차의 촉진을 위하여 압류채권자, 가압류채권자, 배당에 참가한 채권자, 채무자, 그 밖의 이해관계인이 그 사유를 법원에 신고할 수 있다(248조 4항. 그 방식 등에 대하여는 민사집행규칙 172조에서 구체적으로 규정하고 있다). 압류된 채권에 관하여 다시 13-33

72) 대법원 2012. 2. 9. 선고 2009다88129 판결.

73) 대법원 2001. 2. 9. 선고 2000다10079 판결; 대법원 1996. 4. 26. 선고 96다2583 판결.

압류명령 또는 가압류명령이 송달된 경우에 먼저 송달된 압류명령을 발령한 법원에 신고하여야 한다(민사집행규칙 172조 3항).

제3채무자가 이러한 **공탁의 신고**를 한 때에 **배당요구의 종기**가 된다(247조 1항 1호).[74] 이후 다른 채권자는 해당 배당절차에 참가할 수 없는 **배당요구차단효**가 생기고,[75] **배당절차가 개시**된다(252조 2호. ☞13-58). 제3채무자의 집행공탁 전에 동일한 피압류채권에 대하여 다른 채권자의 신청에 의하여 압류·가압류명령이 발령되었더라도, 제3채무자의 집행공탁 후에야 그에게 송달되었다면 그 압류·가압류명령은 집행공탁으로 인하여 이미 소멸한 피압류채권에 대한 것이어서 효력이 생기지 않으나, 다만 제3채무자의 집행공탁 및 공탁사유신고 후에 다른 채권자의 신청에 의하여 발령된 압류·가압류명령이 제3채무자에게 송달되었음에도 배당요구의 효력이 인정되는 경우가 있는데, 공탁사유신고서에 집행공탁 후에야 제3채무자에게 송달된 내용까지 기재되는 등으로 집행법원이 배당요구의 종기인 공탁사유신고 시까지 이와 같은 사실을 알 수 있었고, 또한 그 채권자가 법률에 의하여 우선변제청구권이 있거나 집행력 있는 정본을 가진 채권자인 경우에 배당요구의 효력이 인정된다.[76]

집행법원은 공탁금을 채권자에게 배당 등을 한다.

◈ 집행채권에 대하여 채무자의 다른 채권자가 압류 등을 한 경우에 집행채권자가 그 채무자의 채권에 대하여 받은 압류명령의 제3채무자가 한 공탁의 효력 / 채권자대위권 행사의 대상이 된 피대위채권에 대하여 채무자의 다른 채권자가 압류 등을 한 경우에 집행채권에 대하여 채무자의 다른 채권자가 압류 등을 한 경우에 관한 법리가 그대로 적용되는지(적극) ◈ 집행채권을 압류한 경우는 집행장애사유에 해당한다고 할 것이나, **채권압류명령**은 비록 강제집행절차에 나아간 것이기는 하나, **채권전부명령과는 달리**, 집행채권의 현금화나 만족적 단계에 이르지 아니하는 보전적 처분으로서 집행채권을 압류한 채권자를 해하는 것이 아니기 때문에 **집행채권에 대한 압류의 효력에 반하는 것은 아니라고 할 것이므로** 집행채권에 대한 압류는

74) **일본**에서는 공탁의 신고를 한 때가 아니라, **공탁을 한 때**에 배당요구의 종기가 도래한다(민사집행법 165조 1호).

75) **배당가입차단효**는 배당을 전제로 한 **집행공탁**에 대하여만 발생하므로, 변제공탁에 해당하는 부분에 대하여는 공탁사유신고에 의한 배당가입차단효가 발생할 여지가 없다(대법원 2020. 10. 15. 선고 2019다235702 판결).

76) 이러한 법리는 다른 채권자의 신청에 의하여 발령된 압류·가압류명령이 제3채무자의 **공탁사유신고 이후**에 제3채무자에게 송달되었다고 하더라도 마찬가지이다(대법원 2021. 12. 16. 선고 2018다226428 판결).

집행채권자가 그 채무자(제3채무자)를 상대로 한 채권압류명령에는 집행장애사유가 될 수 없다(☞6-14). 이처럼 집행채권에 대한 압류 등이 있은 후에 집행채권자가 그 채무자의 채권에 대하여 압류명령을 받은 경우에 그 채권압류명령의 제3채무자는 민사집행법에 따른 공탁을 함으로써 채무를 면할 수 있다고 할 것이나, 위 **채권압류명령은 보전적 처분으로서 유효**한 것이고 현금화나 만족적 단계로 나아가는 데에는 집행장애사유가 존재하므로, **이를 원인으로 한 공탁에는 가압류를 원인으로 한 공탁과 마찬가지의 효력**(297조 참조)**만이 인정**된다고 보아야 하므로 위와 같은 공탁에 따른 사유신고는 부적법하고, 이로 인하여 **채권배당절차가 실시될 수는 없으며**, 만약 그 채권배당절차가 개시되었더라도 배당금이 지급되기 전이라면 집행법원은 공탁사유신고를 불수리하는 결정을 하여야 한다. 한편, 채권자대위소송에서 제3채무자로 하여금 직접 대위채권자에게 금전의 지급을 명하는 판결이 확정되더라도, 대위의 목적인 권리, 즉 채무자의 제3채무자에 대한 피대위채권이 그 판결의 집행채권으로서 존재하는 것이고 대위채권자는 채무자를 대위하여 피대위채권에 대한 변제를 수령하게 될 뿐 자신의 채권에 대한 변제로서 수령하게 되는 것이 아니므로 그 **피대위채권이 변제 등으로 소멸하기 전**이라면 채무자의 다른 채권자는 이에 대하여 **압류** 또는 **가압류, 처분금지가처분**을 할 수 있는데, 이러한 경우에는 집행채권자의 채권자가 집행권원에 표시된 집행채권을 압류 또는 가압류, 처분금지가처분을 한 경우에 관한 법리가 그대로 적용된다.[77]

2. 현금화

제229조(금전채권의 현금화방법) ① 압류한 금전채권에 대하여 압류채권자는 추심명령이나 전부명령을 신청할 수 있다.

금전채권의 압류만으로 압류채권자가 즉시 자기 채권의 만족을 받는 것은 아니다. 압류채권자는 만족을 받기 위하여 압류한 금전채권을 현금화할 필요가 있다. 현금화(Verwertung)는 이부명령(Überweisungsbeschluß. 압류에 의하여 국가가 걷어 들인 압류채권의 처분권을 압류채권자에게 부여하는 집행법원의 처분)에 의하여 이루어진다. 법 229조는 이부명령으로, 즉 금전채권의 현금화 방법으로 추심명령(Überweisung zur Einleitung)과 전부명령(Überweisung an Zahlungs statt)을 규정하고 있다. 그 밖에 법 241조는 특별한 현금화 방법으로 양도명령, 매각명령, 관리명령 및 그 밖의 상당한 방법에 의한 현금화 방법 등을 규정하고 있는데(특별현금화명령이라고 한다), 이는 특별한 경우에만 인정되는 예외적인 현금화 방법으로서 원칙적인 현금화 방법은 어디까지나 **추심명령**과 **전부명령**이다. 현금화 방법으로서 전부명령과 추심명령 중 어 13-34

77) 대법원 2016. 9. 28. 선고 2016다205915 판결.

느 것을 선택할 것인가는 원칙적으로 압류채권자의 의사에 달려있다. 추심명령, 전부명령, 특별현금화명령은 모두 **사법보좌관**의 업무이다(사법보좌관규칙 2조 1항 9호).

(1) 추심명령

제229조(금전채권의 현금화방법) ② 추심명령이 있는 때에는 압류채권자는 대위절차 없이 압류채권을 추심할 수 있다. ④ 추심명령에 대하여는 제227조제2항 및 제3항의 규정을, 전부명령에 대하여는 제227조제2항의 규정을 각각 준용한다. ⑥ 제1항의 신청에 관한 재판에 대하여는 즉시항고를 할 수 있다.

1) 의 의

13-35 추심명령이라 함은 채무자가 제3채무자에 대하여 가지고 있는 채권을 **대위절차**(민법 404조) **없이** 채무자에 대신하여 추심할 권리를 직접 집행채권자에게 부여하는 방법을 말한다(229조 2항).[78] 즉, 추심명령은 집행법원이 집행채권자에게 피압류채권의 추심권을 수여하는 결정으로, 추심명령이 있으면 추심채권자는 「민법」상의 대위절차를 거치지 않고 본인 명의로 채무자가 제3채무자에 대하여 가지고 있는 채권을 직접 추심할 수 있다.[79] 그런데 추심할 권능만을 부여하는 것으로, 채무자가 제3채무자에 대하여 가지고 있는 채권이 채권자에게 이전되거나 귀속되는 것이 아니다.[80]

◈ **채권자대위권제도와 병존** ◈ 채권자대위권의 행사에 의하여 본래 채권자는 제3채무자부터 직접 금원을 수령한 뒤(본래 금원은 채무자의 것이지만), 채무자에 대하여 같은 금액을 지급할 채무를 부담하는데, 이 채무를 채권자가 채무자에 대하여 가지는 채권을 자동채권으로 하여 상계하는 것에 의하여 사실상 우선변제를 받는 것과 동일한 결과가 된다. 즉 집행권원 없이(이 점이 압류·추심명령과 다르다) 제3자로부터

78) **일본** 민사집행법에서는 종전의 추심명령을 폐지하여 현재 추심권은 압류명령에 의하여 직접 생기고, 추심을 위한 특별한 명령은 필요하지 않는 것으로 하고 있다. 다만, 채무자에 불복을 진술할 기회를 보장하기 위해 추심권의 행사는 압류명령의 송달일로부터 1주일이 지난 뒤에 하도록 하고 있다(155조 1항). 추심은 전부명령과 달리, 압류명령의 효력에 의하여 형성된 법률관계를 변경하는 것은 아니며, 추심권의 취득은 법률상 당연히 인정되는 것으로 특별히 재판에 의하여 창설적으로 인정할 필요성은 없다고 할 것이므로 추심명령을 폐지한 것이다.

79) 추심명령을 얻어 채권을 추심하는 채권자는 집행법원의 수권에 따라 일종의 추심기관으로서 제3채무자로부터 추심을 하는 것이므로 제3채무자로서도 정당한 추심권자에게 지급하면 피압류채권은 소멸하는 것이다(대법원 2005. 1. 13. 선고 2003다29937 판결).

80) 이와 같은 추심권능은 그 자체로서 독립적으로 처분하여 환가할 수 있는 것이 아니어서 압류할 수 없는 성질의 것이다(대법원 1997. 3. 14. 선고 96다54300 판결. ☞13-4).

수령한 금전을 가지고 채권자는 직접 자기 채권의 만족을 받을 수 있다(직접 지급형 채권자대위권이라고 부르기도 한다). 그 역할은 추심명령과 채권자대위권이 공통하는데, 현재 양 제도가 병존하고 있다.[81]

2) 절 차

추심명령은 압류채권자의 신청에 의한다. 그 신청은 압류명령의 신청과 동시에 할 수도 있고 추후에 신청할 수도 있는데, 실무상 동시에 신청한다.[82] 추심명령은 **사법보좌관**의 업무이다. 압류가 경합된 경우에 추심명령을 발할 수 있으며, 또 다른 채권자를 위하여 이중으로 추심명령을 발하여도 무방하다. 13-36

추심명령은 **제3채무자에게 송달**됨으로써[83] 그 효력이 발생한다(229조 4항, 227조 3항).[84]

추심명령의 신청에 관한 재판에 대하여는 즉시항고를 할 수 있다(229조 6항). 추심명령은 **사법보좌관**이 발하므로 먼저 사법보좌관의 처분에 대한 **이의신청을 거쳐야** 한다. 추심명령의 요건 불비가 항고사유가 된다.[85] **채무자 및 제3채**

81) 채권집행과 채권자대위권 서로의 선후 관계에 대하여 자세히는 이재찬, "채권자대위소송과 민사집행법상 금전채권에 대한 강제집행제도의 선후관계에 관한 연구", 사법논집 제63집(2016), 141면 이하 참조. 추심명령이 발령된 경우에 채무자의 소송수행권이 상실된다고 보므로, 가령 추심의 소가 제기된 뒤 채권자대위소송이 제기된 경우, 추심채권자 이외에 다른 채권자 또한 소송수행권을 상실하게 되어 후행 채권자대위소송은 당사자적격이 인정되지 않음을 이유로 각하되어야 할 것이고, 또한 추심소송을 법정소송담당으로 보는 이상 추심의 소가 제기된 뒤에 다른 채권자가 제기하는 채권자대위소송은 중복제소에 해당하여 각하되어야 할 것이라고 한다(위 논문, 168면).

82) 압류명령과 추심명령을 동시에 신청하더라도 양자는 별개로서 그 적부는 각각 판단하여야 하고, 그 신청의 취하 역시 별도로 판단하여야 한다(대법원 2014. 11. 13. 선고 2010다63591 판결 [미간행]).

83) 채권압류 및 추심명령 결정정본이 피고인 제3채무자의 사무원인 채무자에게 **보충송달**의 방법으로 송달된 경우에, 제3채무자인 피고와 이해관계를 달리하는 당사자이므로 채무자에게 한 보충송달은 부적법하여 채권압류 및 추심명령은 효력이 발생하지 않는다. 그리고 채권압류 및 추심명령의 효력이 발생하지 아니한 이상, 채권자인 원고는 제3채무자인 피고를 상대로 직접 추심금청구의 소를 제기할 권능이 없다. 그렇다면 당사자적격이 없는 자에 의하여 제기된 것으로서 부적법하므로 각하되어야 하므로 청구를 기각한 것은 잘못이다(대법원 2016. 11. 10. 선고 2014다54366 판결).

84) 송달 후 채권압류 및 추심명령의 경정결정이 확정되는 경우 당초의 채권압류 및 추심명령은 경정결정과 일체가 되어 처음부터 경정된 내용의 채권압류 및 추심명령이 있었던 것과 같은 효력이 있으므로, 원칙적으로 **당초의 결정**이 제3채무자에게 **송달**된 때에 소급하여 경정된 내용으로 결정의 효력이 있다. 그런데 제3채무자의 입장에서 볼 때 객관적으로 경정결정이 당초의 채권압류 및 추심명령의 동일성을 실질적으로 변경한 것이라고 인정되는 경우에는 **경정결정**이 제3채무자에게 **송달**된 때에 비로소 경정된 내용의 채권압류 및 추심명령의 효력이 생긴다(대법원 2017. 1. 12. 선고 2016다38658 판결).

85) 채권압류 및 추심명령에 대한 즉시항고는 집행력 있는 정본의 유무와 그 송달 여부, 집행개시

무자가 항고권자이다. 즉시항고에는 **집행정지의 효력이 없다**(15조 6항). 한편 추심명령의 신청을 기각·각하한 경우는 그 결정에 대하여 **신청권자**가 즉시항고할 수 있다.

추심명령은 확정이 되지 않아도 (제3채무자에게 송달됨으로써) 효력이 생기는데, 이는 확정되어야 효력을 가지는 전부명령(229조 7항)과 다르다(☞13-48).

◈ **채권압류 및 추심명령의 기초가 된 가집행선고부 판결이 상소심에서 취소된 사실이 적법한 항고이유가 되는지 여부(적극)** ◈ 채권압류 및 추심명령의 신청에 관한 재판에 대하여 집행채권이 변제나 시효완성 등에 의하여 소멸되었다거나 존재하지 아니한다는 등의 실체상의 사유는 특별한 사정이 없는 한 적법한 항고이유가 되지 못하지만, 채권압류 및 추심명령의 기초가 된 **가집행의 선고가 있는 판결을 취소한 상소심판결의 정본**은 법 49조 1호 소정의 **집행취소 서류에 해당**하므로, 채권압류 및 추심명령의 기초가 된 가집행의 선고가 있는 판결이 상소심에서 취소되었다는 사실은 **적법한 항고이유**가 될 수 있다.86)

◈ **집행증서가 무권대리인의 촉탁에 의하여 작성되어 무효인 경우, 그러한 사유가 이를 집행권원으로 한 채권압류 및 추심명령에 있어서 적법한 항고사유가 되는지 여부(소극)** ◈ 집행법원이 채권압류 및 추심명령의 결정을 함에 있어서는 집행권원의 유무 및 그 송달 여부, 집행장애의 유무 및 신청의 적식 여부 등 채권압류 및 추심명령의 요건을 심리하여 결정하면 되고, 비록 그 집행권원인 집행증서가 무권대리인의 촉탁에 의하여 작성되어 당연무효라고 할지라도 그러한 사유는 형식적 하자이기는 하지만 집행증서의 기재 자체에 의하여 용이하게 조사·판단할 수 없는 것이므로 청구이의의 소에 의하여 그 집행을 배제할 수 있을 뿐 적법한 항고사유는 될 수 없다.87)

요건의 존부, 집행장애사유의 존부 등과 같이 채권압류 및 추심명령을 할 때 집행법원이 조사하여 준수할 사항에 관한 흠을 이유로 할 수 있을 뿐이고, 집행채권의 소멸 등과 같은 실체상의 사유는 이에 대한 적법한 항고이유가 되지 아니한다. 그런데 채무자 회생 및 파산에 관한 법률에 의한 면책결정은 그 확정 후 신청되어 발령된 채권압류 및 추심명령에 대한 적법한 **항고이유가 되지 아니한다.** 이는 **청구이의의 소**를 통하여 그 집행권원의 집행력을 배제시킬 수 있는 실체상의 사유에 불과하다(대법원 2013. 9. 16.자 2013마1438 결정). 관련하여 지은희, "파산절차에서 면책결정의 확정이 채권압류 및 추심명령에 대한 적법한 항고이유가 되는지 여부", 사법논집(2015. 12), 455면 이하 참조.

86) 대법원 2007. 3. 15.자 2006마75 결정.

87) 대법원 1998. 8. 31.자 98마1535, 1536 결정.

채권압류 및 추심명령 신청

채 권 자 ○ ○ ○
○○시 ○○구 ○○동 ○○

채 무 자 △ △ △
○○시 ○○구 ○○동 ○○

제3채무자 □□농업협동조합
○○시 ○○구 ○○동 ○○
조합장 □ □ □

청구채권의 표시 금 ○○○○○원
1. 금 ○○○○○원
집행력 있는 ○○지방법원 20○○가소○○○ 판결에 기초한 임차보증금반환채권의 원금 ○○○○○원
2. 금 ○○○○원
위 제1항에 대하여 20○○. ○. ○.부터 20○○. ○. ○○.까지 연 ○○%의 지연손해금
3. 금 ○○○원(집행비용)
내역 : 금 ○○○원(신청서 첩부인지대)
금 ○○○원(송달료)
금 ○○○원(집행문부여신청인지대)
4. 합계 금 ○○○○○원(1+2+3)

압류 및 추심할 채권의 표시
별지목록 기재와 같습니다.

신 청 취 지

1. 채권자가 채무자에 대하여 가지는 위 청구금액의 변제충당을 위하여 채무자의 제3채무자에 대한 별지목록 기재 각 채권은 이를 압류한다.
2. 제3채무자는 위 압류된 채권을 채무자에게 각 지급하여서는 아니 된다.
3. 채무자는 위 압류된 채권을 영수하거나 기타 처분을 하여서는 아니 된다.
4. 위 압류된 채권은 채권자가 추심할 수 있다.

라는 재판을 구합니다.

신 청 이 유

위 청구금액은 채권자가 채무자로부터 가지는 ○○지방법원 20○○가소○○○ 임대차보증금반환청구사건의 집행력 있는 판결정본에 의한 채권인데, 채무자가 임의로 이를 변제하지 않고 있으므로 채권자는 위 청구금액에 이르기까지 그 변제충당을 하고자 부득이 이 사건 신청에 이른 것입니다.

첨 부 서 류

1. 집행력 있는 판결문정본 1통
1. 송달증명원 1통

1. 법인등기사항증명서 2통
1. 송달료납부서 1통

20○○년 ○월 ○일

채 권 자 ○ ○ ○ (서명 또는 날인)

○ ○ 지 방 법 원 귀 중

별 지

압류 및 추심할 채권의 표시

금 ○○○○○원
채무자가 제3채무자에 대하여 가지는 다음의 예금채권[다만, 채무자의 1개월간 생계유지에 필요한 예금으로 민사집행법 시행령이 정한 금액에 해당하는 경우에는 이를 제외한 나머지 금액] 중 현재 입금되어 있거나 장래 입금될 예금채권으로서 다음에서 기재한 순서에 따라 위 청구금액에 이를 때까지의 금액

다 음

1. 압류·가압류되지 않은 예금과 압류·가압류된 예금이 있는 때에는 다음 순서에 따라서 압류한다.
   ① 선행 압류·가압류가 되지 않은 예금
   ② 선행 압류·가압류가 된 예금
2. 여러 종류의 예금이 있는 때에는 다음 순서에 의하여 압류한다.
   ① 보통예금 ② 당좌예금 ③ 정기예금 ④ 정기적금 ⑤ 별단예금
   ⑥ 저축예금 ⑦ MMF ⑧ MMDA ⑨ 적립식펀드예금 ⑩ 신탁예금
   ⑪ 채권형 예금 ⑫청약예금
3. 같은 종류의 예금이 여러 계좌에 있는 때에는 계좌번호가 빠른 예금부터 압류한다. 끝.

3) 효 과

① 집행채권자의 지위

제229조(금전채권의 현금화방법) ② 추심명령이 있는 때에는 압류채권자는 대위절차 없이 압류채권을 추심할 수 있다.

제239조(추심의 소홀) 채권자가 추심할 채권의 행사를 게을리 한 때에는 이로써 생긴 채무자의 손해를 부담한다.

제236조(추심의 신고) ① 채권자는 추심한 채권액을 법원에 신고하여야 한다. ② 제1항의 신고전에 다른 압류·가압류 또는 배당요구가 있었을 때에는 채권자는 추심한 금액을 바로 공탁하고 그 사유를 신고하여야 한다.

제240조(추심권의 포기) ① 채권자는 추심명령에 따라 얻은 권리를 포기할 수 있다. 다만, 기본채권에는 영향이 없다. ② 제1항의 포기는 법원에 서면으로 신고하여야 한다. 법원사무관등은 그 등본을 제3채무자와 채무자에게 송달하여야 한다.

채권자는 추심명령에 의하여 채무자가 제3채무자에 대하여 가지는 채권을 채무자를 대신하여 본인 명의로(대위절차 없이) 직접 추심할 수 있다(229조 2항). 채권자는 추심을 위하여 재판상·재판외의 일체의 행위를 할 수 있다.[88] 형식상으로는 자기 명의로 추심할 권능을 가지는 것이지만, 실체상의 관계에 있어서는 추심하려는 채권 자체는 여전히 채무자의 권리에 속한다(가령, 시효의 중단에 있어서 채권자는 실체법적으로 민법 169조의 중단의 효력을 받는 승계인은 아니다).[89] 만약 제3채무자의 무자력으로 추심불능이 된 경우에는 채무자의 다른 재산을 압류하여 만족을 받을 수도 있다. 13-37

채권자는 집행법원의 수권에 기하여 일종의 추심기관으로서 채무자를 대신하여 추심의 목적에 맞도록 채권을 행사하여야 하고, 특히 압류 등의 경합이 있는 경우에는 압류 또는 배당에 참가한 모든 채권자를 위하여 제3채무자로부터 채권을 추심하여야 하므로 채권자는 피압류채권의 행사에 제약을 받게 되는 채무자를 위하여 선량한 관리자의 주의의무를 가지고 채권을 행사하고, 제3채무자로부터 추심금을 지급받

88) 당해 보험계약자인 채무자의 해지권 행사가 금지되거나 제한되어 있는 경우 등과 같은 특별한 사정이 없는 한, 그 채권에 관하여 추심명령을 얻은 채권자는 채무자의 **보험계약 해지권**을 자기의 이름으로 행사하여 그 채권의 지급을 청구할 수 있다(대법원 2013. 7. 12. 선고 2012다105161 판결 등). 추심에 필요한 범위에서 채무자의 일신전속적 권리에 속하는 것을 제외하고 일체의 권리를 행사할 수 있다. 그리하여 생명보험계약의 해약반환금청구권을 압류한 채권자는 계약을 해지하여 **해약반환금**을 추심할 수 있다(일본 最高裁判所 平成11(1999)·9·9 판결). 그런데 東京高等裁判所 平成29(2017)·1·19 판결[상고수리신청에 대하여 불수리결정]은 자동차보험계약의 해약반환금청구권의 압류채권자에 의한 해약권의 행사에 있어서 해약권의 행사에 의하여 채무자의 권리관계 등에 중대한 영향을 생기고, 이에 따른 채무자의 불이익의 정도가 압류채권자가 받을 이익과 대비하여 간과하기 어려운 경우에는 그 해제권의 행사는 추심의 목적의 범위를 넘는 권리의 남용으로 허용되지 않는다고 풀이하는 것이 타당하다고 보았다. 위 생명보험계약과 자동차보험계약의 차이도 고려하여 권리남용에 해당한다고 보아 사실상 압류금지재산을 인정한 셈이 된다고 할 수 있다. 한편, **공탁물반환청구권의 행사**는 임치계약에 기한 임치물반환청구권을 행사하는 것에 그치지 않고, 공탁관에게 인가의 행정처분을 구하는 것이므로 재판상의 행위로서 할 수 있는 것은 항고소송이고, 추심의 소를 제기하는 것은 민사소송절차에 의하여 행정처분의 발동을 구하는 것으로 허용되지 않는다(일본 東京高等裁判所 令和3(2021)·6·21 판결).

89) 그런데 채무자가 이미 제3채무자에게 피압류채권에 대하여 집행권원을 가지고 있는 경우에는 집행채권자는 **승계인에 준하여 승계집행문**을 부여받은 뒤 집행을 신청할 수 있다.

으면 지체 없이 공탁 및 그 사유를 신고함으로써 압류 또는 배당에 참가한 모든 채권자가 배당절차에 의한 채권의 만족을 얻도록 하여야 할 의무를 부담한다.90)

채권자는 집행법원으로부터 현금화 권능만을 수여받을 뿐이므로 제3채무자로부터 추심금을 수령하면, 추심한 채권액을 집행법원에 신고하여야 한다(236조 1항). 추심을 마치면 피압류채권은 소멸된다(제3채무자는 채무자 및 다른 채권자에게 위 변제로 대항할 수 있다). 추심을 마쳤다는 뜻을 채권자가 집행법원에 신고한 때에 절차가 완료되는 것이므로 그때까지 다른 채권자는 원칙적으로 그 채권에 대하여 압류나 배당요구를 할 수 있다. **추심신고 시**가 배당요구의 종기가 되므로 채권자는 가급적 빨리 추심신고를 하여 다른 채권자의 배당요구를 차단할 수 있다. 채권자는 추심한 금전으로 다른 채권자가 없는 경우에는 자기의 변제에 충당하면 되나, 절차에 참가한 다른 채권자가 있는 경우에는 배당절차에 의하여 배당을 받게 된다(☞13-58).

추심권이 발생하였음에도 채권자가 추심할 채권의 행사를 게을리 한 때에는(가령 시효에 의하여 피압류채권이 소멸한 경우) 이로써 생긴 채무자의 손해를 부담한다(239조).

그리고 채권자는 추심명령에 따라 얻은 권리를 포기할 수 있다(240조 1항 본문). 그렇더라도 기본채권(집행채권을 말함)에는 영향이 없다(동조 동항 단서. 그리하여 포기는 청구이의사유가 되지 않는다).91) 위 포기는 법원에 서면으로 신고하여야 하고, 법원사무관등은 그 등본을 제3채무자와 채무자에게 송달하여야 한다(동조 2항). 추심권뿐만 아니라 압류에 의한 권리 그 자체를 포기하기 위해서는 압류명령의 신청을 취하하면 된다. 이때에는 추심권도 당연히 소멸하게 된다.92)

② 집행채무자의 지위

13-38 추심명령이 있더라도 채무자는 피압류채권의 주체인 것에는 변함이 없다. 추심명령은 채권자에게 채무자의 제3채무자에 대한 채권을 추심할 권능만을 부여하는 것

90) 대법원 2005. 7. 28. 선고 2004다8753 판결; 대법원 2007. 11. 15. 선고 2007다62963 판결.

91) 우리는 위와 같이 추심명령에 따라 얻은 추심권능의 포기만을 규정하고 있는데, **독일** 민사소송법 843조에서는 압류 및 추심을 위한 이부에 의하여 취득한 권리(die durch Pfändung und Überweisung zur Einziehung erworbenen Rechte)의 포기에 대하여 규정하고 있다. 한편, 일본 현행 민사집행법은 추심권의 포기제도를 삭제하였다. 여럿의 채권자가 있는 경우에 각자가 추심권을 가지고, 그 행사를 위하여 다른 추심채권자의 추심권을 소멸시킬 필요가 없기 때문이다.

92) 압류명령과 추심명령을 동시에 신청하더라도 양자는 별개로서 그 신청의 취하 역시 별도로 판단하여야 한다. 추심권의 포기는 압류의 효력에는 영향을 미치지 아니하므로, 추심권의 포기만으로는 압류로 인한 소멸시효중단의 효력은 상실되지 아니하고 압류명령의 신청을 취하하면 비로소 소멸시효중단의 효력이 소급하여 상실된다(대법원 2014. 11. 13. 선고 2010다63591 판결[미간행]).

으로 추심명령에 의하여 채무자가 제3채무자에 대하여 가지는 채권이 채권자에게 이전되거나 귀속되는 것은 아니므로 채무자로서는 제3채무자에 대하여 가령 피압류채권에 기하여 그 동시이행을 구하는 항변권을 상실하지 않는다.[93] 가령, 채권자가 채무자의 제3채무자에 대한 임차보증금반환청구채권에 대하여 추심명령을 받은 경우에 채무자는 제3채무자가 채권자에게 임차보증금의 반환을 이행하거나 이행의 제공을 할 때까지는 제3채무자에게 해당 임대목적물의 인도를 거절할 수 있다.[94]

한편 추심명령이 있을 때에 채무자의 제3채무자에 대한 이행소송에 있어서 채무자의 당사자적격의 유무에 관하여 학설은 나뉘는데, **판례**는 제3채무자에 대한 이행의 소는 추심채권자만이 제기할 수 있고, 채무자는 제3채무자에 대하여 피압류채권에 대한 이행의 소를 제기할 당사자적격을 상실한다고 본다.[95] 가령, 채무자가 이미 해당 채권에 기하여 제3채무자에 대한 이행의 소를 제기하고 있는 경우에 추심채권자는 그 소송에 승계인으로 참가할 수 있는데(민사소송법 81조, 82조), 이 경우에 당사자적격을 상실한 채무자의 해당 채권에 기한 제3채무자에 대한 이행의 소는 부적법하다.

---

93) 대법원 2001. 3. 9. 선고 2000다73490 판결.

94) 임대인은 임차인으로부터 임대목적물을 인도받지 않았기 때문에 임대보증금을 반환할 수 없다고 하고 있고, 임차인 역시 자신이 점유 중인 임대목적물을 임의로 임대인에게 인도할 생각이 없는 경우가 문제될 수 있다. 채권자가 임대차보증금을 제3채무자인 임대인으로부터 받아내기 위해서는 임대인을 상대로 추심의 소를 제기하는 외에 임대인을 대위하여 임차인을 상대로 임대목적물의 인도청구의 소를 제기할 필요가 있다.

95) 대법원 2000. 4. 11. 선고 99다23888 판결. 그런데 위 이행소송이 채무자의 당사자적격의 상실로 각하되더라도, 위 이행소송의 계속 중에 피압류채권에 대하여 채무자에 갈음하여 당사자적격을 취득한 추심채권자가 위 각하판결이 확정된 날로부터 6개월 내에 제3채무자를 상대로 추심의 소를 제기하였다면(민법 170조 참조), 채무자가 제기한 재판상 청구로 인하여 발생한 시효중단의 효력은 추심채권자의 추심소송에서도 그대로 유지된다고 보는 것이 타당하다(대법원 2019. 7. 25. 선고 2019다212945 판결. ☞13-42). 이 판결의 원심에서의 근거는 추심채권자가 채무자로부터 그 권리를 승계한 것으로 시효중단의 효력이 추심채권자에게 미친다고 보았으나, 위와 같이 집행법원의 수권에 따라 추심권능을 부여받은(채무자에 갈음하여 당사자적격을 취득한) 것으로 보았다는 점에서 의의가 있다. 한편 2인 이상의 불가분채무자 또는 연대채무자가 있는 금전채권에 관하여 그중 1인을 제3채무자로 한 채권압류 및 추심명령이 이루어진 경우, 그 불가분채무자 등에 대한 피압류채권에 관한 이행의 소를 제기할 수 있는 자는 추심채권자이고, 위 제3채무자가 아닌 나머지 불가분채무자 등에 대하여는 추심채무자가 채권자로서 추심권한을 가지고, 이러한 법리는 위 금전채권 중 일부에 대하여만 채권압류 및 추심명령이 이루어진 경우에도 마찬가지이다(대법원 2013. 10. 31. 선고 2011다98426 판결).

◈ **구체적 예** ◈ 甲이 乙을 상대로 대여금청구의 소를 제기하였다. ① 甲의 乙에 대한 채권에 대하여 丙의 **가압류**가 있는 경우에 법원이 甲의 소를 각하하는 것은 잘못이다. 법원은 가압류가 있음을 이유로 이를 배척할 수는 없는 것이 원칙이다. ② 甲의 乙에 대한 채권에 대하여 丙이 압류 및 **추심명령**을 받아 그 명령이 甲과 乙에게 송달된 뒤, 甲이 乙에게 위와 같이 제소하였다면 甲은 **당사자적격을 상실**하므로 법원은 甲의 소를 각하하여야 한다. ③ 甲의 乙에 대한 채권에 대하여 丙이 압류 및 **전부명령**을 받고 그 전부명령이 확정된 경우에 甲은 더 이상 채권자가 아니므로 법원은 甲의 소를 **청구기각**하여야 한다.

다만 채무자의 제3채무자에 대한 이행소송 계속 중에 추심채권자가 압류 및 추심명령 신청의 취하 등에 따라 추심권능을 상실하게 되면, 채무자는 위 이행소송의 당사자적격을 회복한다. 추심채권자는 현금화절차가 끝나기 전까지 압류명령 신청을 취하할 수 있고, 이 경우에 추심채권자의 추심권도 당연히 소멸하며, 설사 추심의 소를 제기하여 확정판결을 받은 경우라도 그 집행에 의한 변제를 받기 전에 압류명령의 신청을 취하하여 추심권이 소멸하면 추심권능과 소송수행권이 모두 채무자에게 복귀한다.[96]

◈ **구체적 예** ◈ 丙은 甲에 대하여 3천만 원의 대여금채권이 있고, 甲은 乙에 대하여 1천만 원의 대여금채권이 있다. 丙은 위 3천만 원의 대여금채권에 대하여 이미 승소확정판결을 받았고 이를 집행권원으로 하여 甲을 채무자, 乙을 제3채무자로 한 채권압류 및 추심명령을 신청하여 법원으로부터 채권압류 및 추심명령을 받았는데 그 후 甲이 乙을 상대로 대여금반환청구의 소를 제기하였다. 위 소송의 제1심 변론종결 전에 丙이 위 채권압류 및 추심명령 신청을 취하하고 추심권을 포기한 경우에 법원은 특별한 사정이 없다면, 전부인용판결(피고는 원고에게 10,000,000원을 지급하라)을 하면 된다. 채권에 대한 압류 및 추심명령이 있으면 제3채무자에 대한 이행의 소는 추심채권자만이 제기할 수 있고(그 성질이 제3자의 소송담당인가에 대하여 ☞13-42), 채무자는 피압류채권에 대한 이행소송을 제기할 당사자적격을 상실한다. 그러나 채권자는 현금화절차가 끝나기 전까지 압류명령의 신청을 취하할 수 있고, 이 경우 채권자의 추심권도 당연히 소멸하게 되며, 추심금청구소송을 제기하여 확정판결을 받은 경우라도 그 집행에 의한 변제를 받기 전에 압류명령의 신청을 취하

96) 이러한 사정은 직권조사사항으로서 당사자가 주장하지 않더라도 법원이 직권으로 조사하여 판단하여야 하고, 사실심 변론종결 이후에 당사자적격 등 소송요건이 흠결되거나 그 흠결이 치유된 경우 상고심에서도 이를 참작하여야 한다(대법원 2010. 11. 25. 선고 2010다64877 판결). 그리고 위 추심권능과 소송수행권의 채무자에게 복귀는 국가가 국세징수법에 의한 체납처분으로 채무자의 제3채무자에 대한 채권을 압류하였다가 압류를 해제한 경우에도 마찬가지이다(대법원 2009. 11. 12. 선고 2009다48879 판결).

하여 추심권이 소멸하면 추심권능과 소송수행권이 모두 채무자에게 복귀한다. 또한 추심채권자가 압류 및 추심명령 신청의 취하 등에 따라 추심권능을 상실하게 되면 채무자는 당사자적격을 회복한다. 결국 甲이 乙을 상대로 한 대여금반환청구의 소에 있어서 甲의 당사자적격은 회복되고, 법원은 甲의 청구인용판결을 하면 된다. (2014년 변호사시험 참조)

③ 제3채무자의 지위

제248조(제3채무자의 채무액의 공탁) ① 제3채무자는 압류에 관련된 금전채권의 전액을 공탁할 수 있다.

제3채무자는 압류채권자에게 채무이행을 하여야 할 것이지만, 권리공탁에 의하여(248조 1항) 이행지체의 책임을 면할 수 있다.[97] 13-39

◈ 추심명령이 경합된 경우에 그중의 한 채권자에 대한 제3채무자의 변제의 효력 ◈
해당 직원에 대하여 채권을 가지고 있는 A사와 B사가 고용회사를 제3채무자로 한 채권압류 및 추심명령을 각 신청하여 송달받았고, 고용회사는 직원에게 지급할 임금 중 압류가 금지되는 금액을 제외한 부분을 A사에게 전부 보냈는데, 이후 B사로부터 재차 변제의 청구를 받게 된 경우는 중복하여 지급할 의무가 있는가. 같은 채권에 관하여 추심명령이 여러 번 발령되더라도 그 사이에는 순위의 우열이 없고, 추심명령을 받아 채권을 추심하는 채권자는 자기채권의 만족을 위하여서 뿐만 아니라 압류가 경합되거나 배당요구가 있는 경우에는 집행법원의 수권에 따라 일종의 추심기관으로서 압류나 배당에 참가한 모든 채권자를 위하여 제3채무자로부터 추심을 하는 것이므로 그 추심권능은 압류된 채권 전액에 미치며, 제3채무자로서도 정당한 추심권자에게 변제하면 그 효력은 위 모든 채권자에게 미치므로 압류된 채권을 경합된 압류채권자 및 또 다른 추심권자의 집행채권액에 안분하여 변제하여야 하는 것도 아닙니다.[98]

97) 추심명령은 압류채권자에게 채무자의 제3채무자에 대한 채권을 추심할 권능을 수여함에 그치고, 제3채무자로 하여금 압류채권자에게 압류된 채권액 상당을 지급할 것을 명하거나 그 지급기한을 정하는 것이 아니므로, 제3채무자가 압류채권자에게 압류된 채권액 상당에 관하여 지체책임을 지는 것은 집행법원으로부터 추심명령을 송달받은 때부터가 아니라 추심명령이 발령된 후 압류채권자로부터 추심금 청구를 받은 다음날부터라고 하여야 한다(대법원 2012. 10. 25. 선고 2010다47117 판결).

98) 대법원 2001. 3. 27. 선고 2000다43819 판결.

④ 추심권의 범위

제232조(추심명령의 효과) ① 추심명령은 그 채권전액에 미친다. 다만, 법원은 채무자의 신청에 따라 압류채권자를 심문하여 압류액수를 그 채권자의 요구액수로 제한하고 채무자에게 그 초과된 액수의 처분과 영수를 허가할 수 있다.

13-40 원칙적으로 추심권의 범위는 피압류채권의 전액에 미친다(232조 1항 본문). 종된 권리인 이자 및 지연손해금에도 미친다. 다만, 법원은 채무자의 신청에 따라 압류채권자를 심문하여 압류액수를 그 채권자의 요구액수로 제한하고 채무자에게 그 초과된 액수의 처분과 영수를 허가할 수 있다(동조 동항 단서).

◈ 임대차 종료 후 목적물의 반환 시 그때까지 추심되지 않은 잔존 차임채권액이 임대보증금에서 당연히 공제되는 것인지 여부(적극) ◈ 임차인은 임대차 종료 뒤 임차 건물을 인도하지 않는 것은 임대인이 임대차보증금을 반환하지 않았기 때문이므로 임대차보증금 2억 원을 반환받을 때까지는 임대인의 인도청구에 응할 수 없다고 주장하고, 이에 대하여 임대인이 2014. 7. 1.부터의 미지급 차임과 차임 상당의 부당이득금을 공제하여야 한다고 주장할 경우에 임차인이 2014. 8. 1.부터 2014. 10. 31.까지의 차임채권은 다른 사람 丙이 압류 및 추심명령을 신청하여 2014. 11.경 그 결정을 송달받았으므로 위 금원은 추심권자인 丙에게 지급하여야 하므로 임대인의 공제주장은 부당하다고 다툴 경우에 임차인의 주장의 당부는 어떠한가. 부동산임대차에 있어서 수수된 보증금은 차임채무, 목적물의 멸실·훼손 등으로 인한 손해배상채무 등 임대차에 따른 임차인의 모든 채무를 담보하는 것으로서 그 피담보채무 상당액은 임대차관계의 종료 후 목적물이 반환될 때에 특별한 사정이 없는 한 별도의 의사표시 없이 보증금에서 당연히 공제되는 것이므로, 임대보증금이 수수된 임대차계약에서 차임채권에 관하여 압류 및 추심명령이 있었다 하더라도, 당해 임대차계약이 종료되어 목적물이 반환될 때에는 그 때까지 추심되지 아니한 채 잔존하는 차임채권 상당액도 임대보증금에서 당연히 공제된다.[99]

4) 추심의 신고·공탁

제236조(추심의 신고) ① 채권자는 추심한 채권액을 법원에 신고하여야 한다. ② 제1항의 신고 전에 다른 압류·가압류 또는 배당요구가 있었을 때에는 채권자는 추심한 금액을 바로 공탁하고 그 사유를 신고하여야 한다.

99) 대법원 2004. 12. 23. 선고 2004다56554 판결.

추심채권자는 집행법원으로부터 현금화 권능만을 수여받을 뿐이므로 제3채무자로부터 직접 추심금을 수령하였다고 하여 이를 곧 자신의 채권에 충당할 수 있는 것이 아니고, '제3채무자로부터 지급받은 금액과 날짜' 등을 적은 서면으로 그 사실을 집행법원에 신고하여야 한다(236조 1항, 민사집행규칙 162조).[100] 이 신고의무는 추심명령의 대상인 채권의 일부만이 추심된 경우에도 그러하다. 계속적 수입채권이 압류된 경우에는 매 추심 시마다 신고하여야 한다. 추심신고가 있으면, 다른 채권자들에 의한 배당요구는 더 이상 허용되지 않는다(247조 1항 2호). 따라서 추심신고가 있을 때까지 다른 채권자들의 배당요구가 없으면 추심채권자가 추심금에서 독점적 만족을 얻게 된다. 13-41

만약 채권자가 추심의 신고를 하기 전에 다른 압류, 가압류 또는 배당요구가 있었을 때에는 채권자는 추심한 금액을 바로 공탁하고 그 사유를 신고하여야 한다(236조 2항).[101] 채권자가 공탁을 한 때에는 집행법원은 배당절차를 개시한다(252조 2호. ☞13-58).

5) 추심의 소

제238조(추심의 소제기) 채권자가 명령의 취지에 따라 제3채무자를 상대로 소를 제기할 때에는 일반규정에 의한 관할법원에 제기하고 채무자에게 그 소를 고지하여야 한다. 다만, 채무자가 외국에 있거나 있는 곳이 분명하지 아니한 때에는 고지할 필요가 없다.

제249조(추심의 소) ① 제3채무자가 추심절차에 대하여 의무를 이행하지 아니하는 때에는 압류채권자는 소로써 그 이행을 청구할 수 있다. ② 집행력 있는 정본을 가진 모든 채권자는 공동소송인으로 원고 쪽에 참가할 권리가 있다.

① 추심명령이 있은 뒤, 제3채무자가 추심절차에 대하여 의무를 이행하지 아니 13-42

---

100) 채권집행에서는 그 사건의 종료는 추심의 신고나 취하라는 압류채권자의 협력에 의존하고 있어서 다른 집행사건에 비하여 사건의 종료에 관한 규율이 불안정하다. 현실에서는 압류채권자에 의한 추심의 신고나 취하가 없은 채 장기간에 걸쳐 만연히 방치되는 경우가 많이 발생한다. 그리하여 **일본** 2019년 개정 민사집행법 155조 6항에서 지급받은 사실의 신고 또는 2년이 경과한 뒤 지급받지 못한 취지의 신고를 압류채권자가 금전채권을 추심할 수 있게 된 날로부터 2년이 경과한 후 4주 내에 하지 않은 때에는 집행법원이 압류명령을 취소할 수 있는 것으로 하였다.

101) 압류·추심명령의 추심채권자인 피고가 추심의 소를 통해 얻은 집행권원(판결문)으로 제3채무자의 채권을 다시 압류·추심하여 추심금을 지급받은 경우, 최초 압류 및 추심명령의 발령 당시 압류가 경합된 상태가 아니었다 하더라도 추심신고를 하지 않은 사이 압류의 경합이 있게 되는 경우에는, 피고는 지급받은 추심금을 최초 추심명령의 발령법원에 공탁할 의무가 있다(대법원 2022. 4. 14. 선고 2019다249381 판결).

한 때에는 채권자가 자기의 이름으로 제3채무자를 상대로 추심의 소로써 그 이행을 하게 할 수 있다(249조).[102] 추심의 소는 일반 민사소송법 규정에 의하여 관할법원에 제기하는 민사소송이다(238조 본문 참조). 그리하여 관할법원은 민사소송법의 일반원칙에 기하여 제3채무자의 보통재판적이 있는 곳을 관할하는 법원(민사소송법 2조) 또는 피압류채권에 따른 특별재판적이 있는 곳을 관할하는 법원이 된다.[103]

추심의 소의 성질을 추심권자에게 고유한 실체법상의 권리가 발생함에 따라 그 자신의 권리를 행사하는 것이라고 보는 입장도 있지만(**고유적격설**),[104] 제3자에 의한 **법정소송담당**으로 보는 입장이 일반적이다(채권자대위소송과 마찬가지).[105]

---

102) 이 규정은 (일본법이) 독일법을 참고하여 입법한 것으로, 독일법은 압류에 의하여 질권설정을 인정하는 압류우선주의를 취하고 있는데, 우리 실체법은 프랑스법의 영향을 받아 채권자평등주의를 채택하고 있으므로 추심의 소와 배당요구 사이에서의 조정, 판결의 기판력이 미치는 범위 등에서 여러 논의가 있을 수 있게 된다. 한편, 238조에서 '추심의 소제기'라는 제목의 규정을 두고 있으면서, 또한 249조에서 '추심의 소'라는 제목을 두고 있는 취지가 문제된다. 248조 바로 다음에 위치하고 있는 점에서 249조를 추심의 소에 관한 일반규정으로 이해하기는 어렵고, 동조 1항은 248조 2항, 3항에 따라 공탁의무를 부담하는 제3채무자를 상대로 한 추심채권자의 공탁이행소송을 특별히 규정한 것으로 이해하는 것이 타당하다고 한다. 즉, 249조 1항의 '제3채무자가 추심절차에 대하여 의무를 이행하지 아니하는 때'라는 것은 '제3채무자가 248조 2항, 3항에 따른 채무액의 공탁의무를 이행하지 아니하는 때'를 뜻하는 것이고, '소로써 그 이행을 청구할 수 있다'는 것은 '공탁의무의 이행을 소로써 청구할 수 있다'를 뜻한다고 본다(주석 민사집행법(Ⅴ)(2018), 945~946면[노재호 집필]). 김홍엽, 362면도 238조 본문은 일반규정이며, 249조 1항은 특칙규정으로 이원적으로 파악하고 있다. 한편, **일본**은 구법에서는 우리와 마찬가지였으나, 일본 현행 민사집행법은 157조에서 하나의 조문으로 추심소송을 규정하고 있다.

103) 우리나라 법원이 외국을 제3채무자로 하는 **추심명령**에 대하여 재판권을 행사할 수 있는 경우에는 그 추심명령에 기하여 외국을 피고로 하는 **추심금소송**에 대하여도 역시 재판권을 행사할 수 있다고 할 것이고, 반면 **추심명령**에 대한 재판권이 인정되지 않는 경우에는 **추심금소송**에 대한 재판권 역시 인정되지 않는다고 보아야 한다(대법원 2011. 12. 13. 선고 2009다16766 판결. ☞13-5). 이에 대하여 추심명령은 제3채무자가 외국국가라고 하더라도 집행채무자의 재산에 대한 집행절차이고, 외국국가에 대한 국가권력을 침해하는 것이 아니어서, 그 추심명령에 대한 재판권면제와 외국국가를 피고로 하는 추심금소송에 대한 재판권면제의 문제는 구별하여야 한다는 비판이 있다(문영화, "외국국가를 제3채무자로 하는 채권압류 및 추심명령에 대한 재판권행사", 성균관법학(2015. 9), 155면 이하 참조). 또한 판례평석으로 장준혁, "제3채무자를 외국으로 하는 추심명령 등에 대한 재판권", 판례실무연구XI(2014), 17면 이하 참조.

104) 中野貞一郎/下村正明, 民事執行法, 717면. 집행채권자의 추심권 취득에 의하여 피압류채권의 관리처분권은 집행채권자와 집행채무자에게 나뉘어 속하고, 집행채권자는 자기의 권능의 범위 내에서 자기의 집행채권의 만족을 위하여 추심하는 것이며, 추심은 성과는 직접 집행채권의 만족으로 이어진다. 집행채권자의 소송추행권과 실체적 적격(Sachlegitimation)이 합동하고 있는 것이다. 이는 독일에서의 고유적격설에 대한 상투적 설명이라고 한다. 국내에서는 강구욱, "금전채권에 대한 추심소송에 관한 재론", 민사집행법연구(2020), 213면 이하도 법정소송담당설은 타당하지 않고, 고유적격설이 타당하다고 한다.

105) 추심의 소의 성질에 관하여는 추심소송판결의 효력이 집행채무자에게 미친다고 볼 것인가와 관련하여, 추심의 소를 채권자대위소송 등과 마찬가지로 제3자인 추심권자가 다른 사람인 집행채

② 앞에서 보았듯이, 추심의 소는 채권자만이 원고적격이 있고, 채무자는 당사자적격을 상실한다.106) 추심의 소를 제기한 뒤에 추심권의 포기가 있으면 추심권능과 소송수행권이 모두 채무자에게 복귀한다. 추심명령이 취소되어 추심채권자가 추심권능을 상실하게 되면 추심의 소를 제기할 당사자적격도 상실한다. 상고심에서도 이를 참작하여야 한다.107)

한편 추심의 소가 제기된 뒤에 별도의 채권자대위소송은 부적법하다고 할 것이다.108)

◈ 채무자가 제3채무자를 상대로 제기한 이행의 소가 법원에 계속되어 있는 상태에서 압류채권자가 제3채무자를 상대로 추심의 소를 제기하는 것이 중복된 소제기에 해당하는지 여부(소극) ◈ ① 채무자가 제3채무자를 상대로 제기한 이행의 소가 이미 법원에 계속되어 있는 상태에서 압류채권자가 제3채무자를 상대로 제기한 추심의 소의 본안에 관하여 심리·판단한다고 하여, 제3채무자에게 불합리하게 과도한 이중 응소의 부담을 지우고 본안 심리가 중복되어 당사자와 법원의 소송경제에 반한다거나 판결의 모순·저촉의 위험이 크다고 볼 수 없다. ② 압류채권자는 채무자가 제3채무자를 상대로 제기한 이행의 소에 민사소송법 81조, 79조에 따라 참가할 수도 있으나, 채무자의 이행의 소가 상고심에 계속 중인 경우에는 승계인의 소송참가가 허용되지 아니하므로 압류채권자의 소송참가가 언제나 가능하지는 않으며, 압류채권자가 채무자가 제기한 이행의 소에 참가할 의무가 있는 것도 아니다. ③ 채무자가 제3채무자를 상대로 제기한 이행의 소가 법원에 계속되어 있는 경우에도 압류채권자는

무자의 권리를 행사하는 것으로 보는 견해(법정소송담당설)가 **통설**로, 추심의 소의 판결은 민사소송법 218조 3항의 다른 사람을 위하여 원고나 피고가 된 사람에 대한 확정판결로서 집행채무자에게 그 효력이 미친다고 본다. 한편, 위 법정소송담당설 내에서도 추심소송은 소송담당자와 피담당자의 이익이 대립하는 대립형으로 분류되어, 피담당자인 채무자에게는 판결의 효력은 미치지 않는다는 입장도 생각할 수 있다(三ケ月章, "わが国の代位訴訟·取立訴訟の特異性とその判決の効力の主観的範囲", 民事訴訟法研究第6巻(1972), 1면 이하). 그리고 여럿의 압류채권자에 의한 추심의 소는 **유사필수적 공동소송**이라고 본다. 그런데 대법원 2020. 10. 29. 선고 2016다35390 판결은 동일한 채권에 대해 복수의 채권자들이 압류·추심명령을 받은 경우 어느 한 채권자가 제기한 추심금소송에서 확정된 판결의 기판력이 그 소송의 변론종결일 이전에 압류·추심명령을 받았던 다른 추심채권자에게 미치지 않는다고 보았는데(☞자세히는 후술 각주 117) 부분 참조), 그렇다면 이러한 입장에서는 여럿의 압류채권자가 추심의 소를 제기한 경우는 유사필수적 공동소송은 성립하지 않는다고 보아야 할 것이다. 통상의 공동소송이 된다고 볼 수밖에 없다.

106) 대법원 2000. 4. 11. 선고 99다23888 판결. 채권자가 집행권원에 기하여 압류 및 추심명령을 받은 후 그 집행권원상의 채권을 양도하였다고 하더라도 그 채권의 양수인이 기존 집행권원에 대하여 승계집행문을 부여받지 않았다면, 집행채권자의 지위에서 압류채권을 추심할 수 있는 권능이 없고, 결국 당사자적격이 없으므로 추심의 소는 부적법 각하되어야 한다(대법원 2008. 8. 21. 선고 2008다32310 판결[미간행]).

107) 대법원 2021. 9. 15. 선고 2020다297843 판결.

108) 김홍엽, 349면; 이시윤, 470면.

제3채무자를 상대로 압류된 채권의 이행을 청구하는 추심의 소를 제기할 수 있고, 제3채무자를 상대로 압류채권자가 제기한 추심의 소는 채무자가 제기한 이행의 소에 대한 관계에서 민사소송법 259조가 금지하는 **중복된 소제기에 해당하지 않는다**고 봄이 타당하다.109)

③ 한편 채무자가 제3채무자를 상대로 소를 제기한 후, 채권자가 압류 및 추심명령을 받아 제3채무자를 상대로 추심의 소를 제기한 경우에 채무자가 권리주체의 지위에서 한 **시효중단의 효력**은 집행법원의 수권에 따라 피압류채권에 대한 추심권능을 부여받아 일종의 추심기관으로서 그 채권을 추심하는 **추심채권자에게도 미친다**.110)

④ 추심의 소에서 **피압류채권**의 존재는 **채권자가 증명**하여야 한다. 가령 예금채권의 추심을 구하는 소를 제기한 경우, 피압류채권이 압류금지채권에 해당하지 않는다는 점(☞13-22), 즉 채무자의 개인별 예금 잔액과 법 195조 3호에 의하여 압류하지 못한 금전의 합계액이 185만 원을 초과한다는 사실에 대한 증명책임은 채권자에게 있다.111)

제3채무자인 피고가 **집행채권**의 부존재나 소멸을 항변으로 주장하여 채무의 변제를 거절할 수 있는 것이 아니다.112)

제3채무자는 채권압류 전 압류채무자에게 대항할 수 있는 사유로 압류채권자에게 대항할 수 있다.113)

⑤ 추심의 소를 제기한 때에는 채무자에게 **소송고지**를 하여야 한다(238조 본문). 다만, 채무자가 외국에 있거나 있는 곳이 분명하지 아니할 때에는 고지할 필요가 없다(동조 단서).114)

---

109) 대법원 2013. 12. 18. 선고 2013다202120 전원합의체 판결. 이 전원합의체 판결 다수의견에 대하여 채무자가 제3채무자를 상대로 먼저 제기한 이행의 소와 압류채권자가 제3채무자를 상대로 나중에 제기한 추심의 소는 비록 당사자는 다를지라도 실질적으로 동일한 사건으로서 후소는 **중복된 소에 해당**한다. 또한 압류채권자에게는 채무자가 제3채무자를 상대로 제기한 이행의 소에 민사소송법 81조, 79조에 따라 참가할 수 있는 길이 열려 있으므로, 굳이 민사소송법이 명문으로 규정하고 있는 기본 법리인 중복된 소제기의 금지 원칙을 깨뜨리면서까지 압류채권자에게 채무자가 제기한 이행의 소와 별도로 추심의 소를 제기하는 것을 허용할 것은 아니라는 **반대의견**이 있다.

110) 대법원 2019. 7. 25. 선고 2019다212945 판결(☞13-38).

111) 대법원 2015. 6. 11. 선고 2013다40476 판결.

112) 대법원 1994. 11. 11. 선고 94다34012 판결; 대법원 1996. 9. 24. 선고 96다13781 판결(이는 집행채무자가 청구이의의 소에서 주장할 사유).

113) 대법원 2023. 5. 18. 선고 2022다265987 판결.

추심의 소에 있어서 다른 압류채권자뿐만 아니라 집행력 있는 정본을 가진 모든 채권자(배당요구를 하지 않았더라도 무방)는 공동소송인으로 원고 쪽에 참가할 권리가 있다(249조 2항).[115] 이는 공동소송참가(민사소송법 83조)에 해당하고 참가에 의하여 유사필수적 공동소송관계가 된다.[116]

한편 소를 제기당한 제3채무자는 집행력 있는 정본을 가진 모든 채권자를 공동소송인으로 원고 쪽에 **참가하도록 명할 것**을 첫 변론기일까지 **신청**할 수 있다(249조 3항). 제3채무자로서는 동일한 피압류채권에 대하여 어느 채권자로부터 추심소송을 막아내더라도 또 다른 채권자로부터 추심소송이 제기될 우려가 있다. 예상되는 추심의 소를 모아 절차경제를 도모하고, 제3채무자를 보호하기 위한 취지라고 할 수 있다. 즉, 피압류채권의 추심에 관한 관계자의 분쟁을 한번에 해결함으로써 제3채무자의 응소부담을 줄이고, 관계 당사자 사이에 동일한 소송물에 대한 동시심판 내지는 합일심판을 할 수 있도록 하려는 제도라고 할 수 있다. 신청의 방식에 특별히 제한은 없지만, 서면에 의하여야 할 것이다. 신청할 때의 기재사항에 대해서도 특별히 규정은 없지만, 그 실질이 소송고지(민사소송법 84조 이하)에 유사하므로 이에 준하는 것으로 볼 것이다. 참가명령에 의하여 명령을 받은 채권자에게 참가자격이 주어지지만, 당연히 참가인이 되는 것은 아니고 참가에는 해당 채권자의 공동소송참가(민사소송법 83조)의 신청이 필요하다. 위 참가명령을 받은 채권자에게는 그 참가 여부와 상관없이 추심의 소의 판결의 효력이 미친다(249조 4항). 따라서 참가하지 않은 채권자가 나중에 별도의 추심의 소를 제기할 수 없다.

◈ 동일한 채권에 대해 복수의 채권자들이 압류·추심명령을 받은 경우, 어느 한 채권자가 제기한 추심금소송에서 확정된 판결의 기판력이 변론종결일 이전에 압류·추심명령을 받았던 다른 추심채권자에게 미치는지 여부(소극) ◈ 다른 추심채권자에게 미치지 않는다고 보았다.[117] 그 이유는 다음과 같다. ① 확정판결의 기판력이 미치는 주관적 범위는 신분관계소송이나 회사관계소송과 같이 법률에 특별한 규정이 있는

114) **일본** 민사집행법에서는 위 소송고지를 의무로 한 규정을 삭제하였다. 그 효과가 민사소송법 84조, 77조와 마찬가지이기 때문이다.

115) 입법론적으로 집행력 있는 정본을 가진 모든 채권자에까지 공동소송참가권의 확대가 타당한지 의문을 제기하는 입장은 이시윤, 470면. **일본** 현행 민사집행법 157조 1항은 참가명령의 명의인이 되는 채권자를 추심의 소의 소장송달 시까지 그 채권을 압류한 사람에 한정하였다.

116) 이시윤, 469면.

117) 대법원 2020. 10. 29. 선고 2016다35390 판결. 자세히는 전병서, "추심의 소에 있어서 몇 가지 쟁점에 관한 검토－대법원 2020. 10. 29. 선고 2016다35390 판결을 계기로－", 민사집행법연구(2021. 2), 179면 이하 참조.

> 경우를 제외하고는 원칙적으로 당사자, 변론을 종결한 뒤의 승계인 또는 그를 위하여 청구의 목적물을 소지한 사람과 다른 사람을 위하여 원고나 피고가 된 사람이 확정판결을 받은 경우의 그 다른 사람에 국한되고(민사소송법 218조 1항, 3항) 그 밖의 제3자에게는 미치지 않는다. 따라서 추심채권자들이 제기하는 추심금소송의 소송물이 채무자의 제3채무자에 대한 피압류채권의 존부로서 서로 같더라도 소송당사자가 다른 이상 그 확정판결의 기판력이 서로에게 미친다고 할 수 없다. ② 민사집행법 249조 3항, 4항은 추심의 소에서 소를 제기당한 제3채무자는 집행력 있는 정본을 가진 채권자를 공동소송인으로 원고 쪽에 참가하도록 명할 것을 첫 변론기일까지 신청할 수 있고, 그러한 참가명령을 받은 채권자가 소송에 참가하지 않더라도 그 소에 대한 재판의 효력이 미친다고 정한다. 위 규정 역시 참가명령을 받지 않은 채권자에게는 추심금소송의 확정판결의 효력이 미치지 않음을 전제로 참가명령을 통해 판결의 효력이 미치는 범위를 확장할 수 있도록 한 것이다. ③ 제3채무자는 추심의 소에서 다른 압류채권자에게 위와 같이 참가명령신청을 하거나 패소한 부분에 대해 변제 또는 집행공탁을 함으로써, 다른 채권자가 계속 자신을 상대로 소를 제기하는 것을 피할 수 있다. 따라서 어느 한 채권자가 제기한 추심금소송에서 확정된 판결의 효력이 다른 채권자에게 미치지 않는다고 해도 제3채무자에게 부당하지 않다. 생각건대 **결국** 판례는 채권자대위소송의 기판력과 추심금소송의 기판력을 반드시 **같이 보고 있지 않다**.

참가명령에 대하여는 불복신청을 인정하는 규정은 없지만, 발령된 경우에는 다른 압류채권자에게 기판력이 미치는 것 등을 고려하면 인용결정, 각하결정 모두 즉시항고를 할 수 있다고 풀이하여야 할 것이다. 한편, 참가명령은 수소법원의 재판이므로 집행이의의 대상이 되지 않는다고 할 것이다.

⑥ 추심의 소에서 경합하는 압류채권자 등이 없는 경우에 인용판결의 주문은 통상의 이행판결과 같고, 피고인 제3채무자에 대하여 채권자인 원고에게 피압류채권을 지급하도록 명하게 된다. 그 금액은 피압류채권 중 집행채권 및 집행비용 합계액에 한정된다.

(2) 전부명령

> 제229조(금전채권의 현금화방법) ① 압류한 금전채권에 대하여 압류채권자는 추심명령이나 전부명령을 신청할 수 있다.

1) 의 의

13-43 금전채권의 현금화 방법의 하나로, 전부명령이란 채무자가 제3채무자에 대하

여 가지고 있는 압류된 금전채권을 집행채권과 집행비용청구권의 변제에 갈음하여 압류채권자에게 이전하는 집행법원의 결정을 말한다(229조 3항). 전부명령에 의한 채권의 이전은 채권양도와 유사하나, 다만 채권자가 제3채무자에게 통지하거나 또는 제3채무자의 승낙(민법 450조 참조)이 필요하지 않다.

전부명령의 좋은 점은 다른 채권자가 배당요구를 할 수 없어 압류채권자가 독점으로 채무액을 변제받을 수 있으나(평등주의의 예외), 한편 나쁜 점은 제3채무자가 자력이 없거나 그 밖의 사정에 의하여 변제능력이 없어 채권의 만족을 얻지 못하는 경우에 그 위험은 집행채권자가 부담하여야 하고, 집행채권은 부활하지 않는 불이익이 있을 수 있다는 것이다(이러한 전부명령의 장점과 단점에 비추어, 실제 제3채무자가 국가, 금융기관, 대기업 등 무자력의 위험이 거의 없으리라 보이는 경우에 전부명령이 이용될 것이다). 가령 피압류채권의 권면액이 1억 원이라도 제3채무자가 무자력이면, 그 실질적 가치는 0원으로 볼 수 있다. 전부명령에 의하여 집행채권은 소멸하는데, 위 경우에 제3채무자의 무자력의 위험을 집행채권자 1인이 부담하게 되는 것이다. 만약 추심명령의 경우라면 제3채무자가 무자력으로 실제 추심할 수 없더라도 집행채권은 남아 있으므로 집행채권자는 채무자의 다른 재산에 집행을 할 수 있다.

〈추심명령과 비교〉

	전부명령	추심명령
권면액 요부	피전부채권은 권면액이 있는 금전채권이어야 함	피압류채권은 금전채권에 한정되지 않음
효력	독점적 만족을 얻을 수 있음 ① 권리이전효: 피전부채권 중 집행채권액 + 집행비용을 한도로 동일성을 유지하면서 채무자로부터 집행채권자에게 이전 ② 변제효: 집행채권자의 채무자에 대한 집행채권이 소멸	독점적 만족을 얻을 수 없음 실체법상의 청구권은 집행채무자에게 있으면서 추심권능만 추심채권자에게 넘어가는 법정소송담당의 관계에 있게 됨
제3채무자 무자력	채권자위험부담	채권자위험부담하지 않음 재집행
효력발생시기	확정되면 제3채무자 송달시로 소급하여 효력발생	제3채무자 송달시
압류경합	압류경합되면 무효	압류경합되어도 유효

실무상, 채권자는 압류 및 전부할 금전채권에 대하여 다른 채권자의 압류, 가압류 등의 경합채권이 없는 것 및 금전채권이 존재하고 있음을 확인한 뒤에 전부명령을 신청하여야 할 것이다.

압류명령은 제3채무자에게 송달된 때에 그 효력이 발생하고(227조 3항), 한편 **전부명령**은 확정되어야 효력이 있다(229조 7항).

2) 요 건

제229조(금전채권의 현금화방법) ⑤ 전부명령이 제3채무자에게 송달될 때까지 그 금전채권에 관하여 다른 채권자가 압류·가압류 또는 배당요구를 한 경우에는 전부명령은 효력을 가지지 아니한다.

제245조(전부명령 제외) 유체물의 인도나 권리이전의 청구권에 대하여는 전부명령을 하지 못한다.

13-44 전부명령도 강제집행의 하나이므로 강제집행의 요건과 강제집행개시의 요건을 갖추어져야 하는 것은 물론이고, 그 밖에 다음의 요건이 필요하다.

① 피압류채권이 권면액을 가질 것(**즉시결제 가능성**)

13-45 **권면액**(券面額)이란 일정한 금액으로 표시되는 채권의 명목액으로서 표시되어 있는 일정한 금액을 말한다(현존액이나 객관적 거래가액은 아니다). 전부명령은 피압류채권을 집행채권자에게 취득시키는 것에 의하여 채권자·채무자 사이의 채권채무관계를 **즉시로 결제**하는 것으로 간주하는 제도로, 피압류채권이 권면액이 없으면 전부명령에 의하여 즉시로 결제되는 채권의 범위가 분명하지 않게 되므로 피압류채권이 권면액을 가질 것이 전부명령의 요건이 된 것이다. 집행채권의 소멸범위를 명확히 하기 위함이다. 그런데 구체적인 피압류채권에 대한 권면액의 유무를 쉽사리 도출할 수 없는 경우가 많고, 결국은 해석에 맡기게 된다.

우선 **비금전채권**은 일반적으로 권면액이 없고, 전부명령의 대상이 되지 않는 것에 대하여는 다툼이 없다. 예를 들어 채권의 내용이 유체물의 인도나 권리이전을 목적으로 하는 것인 때에는 성질상 전부명령을 할 수 없고(245조), 전부명령이 발령되더라도 그것은 무효이다.

한편 금전채권이더라도 예를 들어 **장래의 채권**이나 **조건부채권**은 일반적으로 권면액이 없다고 볼 수 있는데(다만, 정지조건부 채권이라도 전부명령의 확정 시에 정지조건이 성취되면, 권면액의 요건을 충족한다고 본다), 이에 대하여 민사집행법에서 권면액을 요구하는 규정을[118] 없앤 입법취지를 고려하면, 기한부나 조건부 금전채권이라도 전부명령의 대상적격을 갖추었다고 해석할 여지가 있다.[119]

② 피압류채권이 법률상 양도할 수 있을 것(**피압류채권의 양도 가능성**)

가령 부양료청구권(민법 979조)과 같이 양도할 수 없는 채권은 원칙적으로 압류를 할 수 없으므로 따라서 전부명령의 대상도 될 수 없다. 전부명령의 대상이 되기 위해서는 그 채권이 양도할 수 있는 것이라야 한다. 다만 당사자 사이에 피전부채권에 대하여 **양도금지특약**이 있는 채권이더라도 전부명령에 의하여 전부되는 것에는 아무런 지장이 없고, 양도금지의 특약이 있는 사실에 관하여 압류채권자가 **선의인가 악의인가는** 전부명령의 효력에 영향이 없다.[120] 사인 사이의 합의에 의하여 강제집행의 대상이 되는 책임재산을 제한하는 효력을 인정하는 것은 타당하지 않으므로 이러한 입장에 찬성한다.[121] 13-46

③ 전부명령이 제3채무자에게 송달될 때까지 피압류채권에 관하여 다른 채권자가 압류·가압류의 집행 또는 배당요구를 하지 않은 것(**독점 가능성**)

전부명령이 제3채무자에게 송달될 때까지 피압류채권에 관하여 다른 채권자가 압류·가압류의 집행 또는 배당요구를 한 경우에는 전부명령은 효력을 가지지 않고(229조 5항), 다만 **압류의 효력만** 있게 된다(시효중단효. 또한 추심명령은 가능). 전부명령은 실질적으로 피압류채권을 압류채권자에게 이전시킴으로써 전부를 받은 채권자에게 독점적 만족을 주는 것인데, 위와 같이 채권자의 경합이 있는 경우는 채권 13-47

118) 구 민사소송법 및 현행 민사집행법 이전, 즉 의용 민사소송법에서는 '권면액'을 요건으로 명시하고 있었다.

119) 김일룡, 431면; 김홍엽, 352면; 이시윤, 473면. **판례**도 매매계약이 해제되는 경우 발생하는 매수인의 매도인에 대한 기지급 매매대금의 반환채권은 매매계약이 해제되기 전까지는 채권 발생의 기초가 있을 뿐 아직 권리로서 발생하지 아니한 것이기는 하지만 일정한 권면액을 갖는 금전채권이라 할 것이므로 전부명령의 대상이 될 수 있다고 본다(대법원 2000. 10. 6. 선고 2000다31526 판결). 또한 임차보증금반환채권을 피전부채권으로 한 전부명령이 확정된 경우, 임차보증금이 임대인의 채권이 발생하는 것을 해제조건으로 하는 것이라고 하더라도 전부명령에 의한 채무변제의 효과는 전부명령이 제3채무자에게 송달된 때에 발생한다고 보아(대법원 1998. 4. 24. 선고 97다56679 판결) 전부명령이 허용된다는 입장이다.

120) 대법원 2002. 8. 27. 선고 2001다71699 판결.

121) **일본** 신민법 466조의4 1항은 양도제한의 의사표시가 있은 채권에 대한 강제집행을 한 압류채권자에게 대하여는 적용하지 않는다고 규정하여 위와 같은 취지를 뒷받침하였다.

자평등의 원칙에 반하는 결과가 되므로 전부명령은 효력을 가지지 않는 것이다(한편, 피대위채권에 대한 전부명령의 효력에 관하여는 아래 참조). 나중에 경합된 압류나 가압류 등의 효력이 소멸된다고 하더라도 그 전부명령의 효력이 되살아나는 것은 아니다. 다만 다시 전부명령을 신청하는 것은 무방하다. 각 채권자가 피압류채권의 일부를 압류하여 피압류 부분의 총액이 목적 채권액 이하인 경우에는 압류의 경합이 있다고 할 수 없고 전부명령은 유효하다.[122)]

압류 등의 경합이 있었는지 여부를 결정하는 기준시점은 전부명령이 **제3채무자에게 송달**된 때이다. 전부명령은 제3채무자에게 송달된 때에 소급하여 당연히 전부채권자에게 이전되고 동시에 집행채권 소멸의 효력이 발생되는 것이므로 전부명령이 **제3채무자에게 송달될 당시**를 기준으로 압류가 경합되지 않았다면 그 후에 이루어진 압류가 그 전부명령의 효력에 영향을 미칠 수 없다(이는 피압류채권이 가령 공사완성 전의 공사대금채권과 같은 장래에 발생하는 조건부 채권이라 하더라도 마찬가지이다).[123)]

---

122) 소외 회사가 2015. 7. 6. 피고와 사이에 이 사건 건물 부분에 관하여 임차보증금을 3억 3,000만 원, 임차기간을 2019. 6. 30.까지로 하는 임대차계약을 체결하고 피고에게 임차보증금 3억 3,000만 원을 지급하였다. 그 후 채권자를 원고로, 채무자를 소외 회사, 제3채무자를 피고, 피압류 및 전부채권을 소외 회사의 피고에 대한 이 사건 임차보증금반환채권 중 1억 5,000만 원의 부분으로 한 채권압류 및 전부명령 정본과 채권자를 소외 1로 하고, 채무자, 제3채무자, 피압류 및 전부채권이 모두 위와 동일한 채권압류 및 전부명령 정본이 2018. 4. 2. 동시에 피고에게 송달되었고, 한편 소외 회사가 소외 ○○병원에게 이 사건 임차보증금반환채권 중 1억 원의 부분을 양도하고 확정일자 있는 증서에 의하여 채권양도통지를 하여 그 통지가 2018. 4. 2. 피고에게 송달되었다. 동일한 채권에 대하여 두 개 이상의 채권압류 및 전부명령이 발령되어 제3채무자에게 동시에 송달된 경우에 해당 전부명령이 채권압류가 경합된 상태에서 발령된 것으로서 무효인지의 여부는 그 **각 채권압류명령의 압류액을 합한 금액이 피압류채권액을 초과하는지를 기준으로 판단**하여야 하므로 전자가 후자를 초과하는 경우에는 해당 전부명령은 모두 채권의 압류가 경합된 상태에서 발령된 것으로서 무효로 될 것이지만 그렇지 않은 경우에는 채권의 압류가 경합된 경우에 해당하지 아니하여 해당 전부명령은 모두 유효하게 된다고 할 것이며, 그 때 동일한 채권에 관하여 확정일자 있는 채권양도통지가 그 각 채권압류 및 전부명령 정본과 함께 제3채무자에게 동시에 송달되어 채권양수인과 전부채권자들 상호간에 우열이 없게 되는 경우에도 마찬가지라고 할 것이다. 그런데 이 경우에 **채권의 양도는 채권에 대한 압류명령과는 그 성질이 다르므로** 해당 전부명령이 채권의 압류가 경합된 상태에서 발령된 것으로서 무효인지의 여부를 판단함에 있어 압류액에 채권양도의 대상이 된 금액을 합산하여 피압류채권액과 비교하거나 피압류채권액에서 채권양도의 대상이 된 금액 부분을 공제하고 나머지 부분만을 압류액의 합계와 비교할 것은 아니다(대법원 2002. 7. 26. 선고 2001다68839 판결).

123) 따라서 채권액의 확정에 불확실한 요소가 내포된 장래에 발생하는 조건부 채권에 대하여 전부명령을 허용하면서 동시에 그 전부명령의 효력이 장래의 채권 확정시가 아니라 전부명령이 제3채무자에게 송달된 때 발생된다고 해석하는 이상, 압류가 경합되어 전부명령이 무효로 되는지의 여부는 **나중에 확정된 피압류채권액을 기준으로 판단할 것이 아니라 전부명령이 제3채무자에게 송달된 당시의 계약상의 피압류채권액을 기준으로 판단**하여야 한다(대법원 1995. 9. 26. 선고 95다4681 판결; 대법원 2000. 10. 6. 선고 2000다31526 판결 등).

◈ **구체적 예** ◈ 중고차매매업을 하는 甲과 乙은 영업장 확보를 위하여 2012. 1. 6. 丙의 보증 아래 A은행으로부터 3억 원을 연이율 7%, 변제기 1년으로 하여 차용하였고, 甲은 A은행에 집행력 있는 공정증서의 형식으로 차용증을 따로 작성해 주었다. 한편 甲과 乙은 변제기인 2013. 1. 5.까지의 이자는 모두 지급하였으나 그 이후로 아무런 변제를 못하고 있다. A은행이 甲, 乙, 丙의 재산을 찾아보았더니, 甲은 B은행에 9**천만 원**의 정기예금을, 丙은 A은행에 1억 2천만 원의 정기예금을 가지고 있었다. 이에 A은행은 2013. 5. 2. 丙에게 위 대출금채권 중 원금 1억 2천만 원을 2013. 1. 5. 만기인 위 1억 2천만 원의 정기예금채무와 **상계**한다는 통지를 보냈고, 이는 2013. 5. 3. 丙에게 도달하였다. 그리고 A은행은 甲을 상대로 위 공정증서에 기한 강제집행에 착수하여, 2015. 1. 6. 甲의 B은행에 대한 정기예금채권에 **채권압류 및 전부명령**이 있었고, 이는 다음 날 甲과 B은행에 송달된 후 확정되었다. 그런데 甲의 B은행에 대한 위 정기예금채권에는 2014. 12. 3. 甲에 대한 다른 채권자인 C가 甲에 대한 **1억 원**의 대여금채권을 청구채권으로 하여 신청한 **채권가압류**가 있었고, 이는 다음 날 甲과 B은행에 송달된 사실이 있었다. 한편 乙은 2018. 11. 9. A은행에 남은 대출금 채무를 전액 변제하겠다는 확약서를 제출하였다. A은행은 甲, 乙, 丙에 대하여 얼마의 대출금 지급을 구할 수 있는가를 묻고 있는데, A은행의 甲에 대한 전부명령의 효력, 압류에 따른 시효중단효가 쟁점이 된다. (2019년 변호사시험 참조)

◈ **채권자대위소송이 제기되고 대위채권자가 채무자에게 대위권 행사사실을 통지하거나 채무자가 이를 알게 된 후 이루어진 피대위채권에 대한 전부명령의 효력(원칙적 무효)** ◈ 「민법」 405조 2항에 따라 채무자는 피대위채권을 양도하거나 포기하는 등 채권자의 대위권 행사를 방해하는 처분행위를 할 수 없게 되고 이러한 효력은 제3채무자에게도 그대로 미치는데, 그럼에도 그 이후 대위채권자와 평등한 지위를 가지는 채무자의 다른 채권자가 피대위채권에 대하여 전부명령을 받는 것도 가능하다고 하면, 채권자대위소송의 제기가 채권자의 적법한 권리행사방법 중 하나이고 채무자에게 속한 채권을 추심한다는 점에서 추심소송과 공통점도 있음에도 그것이 무익한 절차에 불과하게 될 뿐만 아니라, 대위채권자가 압류·가압류나 배당요구의 방법을 통하여 채권배당절차에 참여할 기회조차 가지지 못하게 한 채 전부명령을 받은 채권자가 대위채권자를 배제하고 전속적인 만족을 얻는 결과가 되어, **채권자대위권의 실질적 효과를 확보하고자 하는 「민법」 405조 2항의 취지에 반하게 되므로** 위 경우는 **법 229조 5항이 유추적용**되어 피대위채권에 대한 전부명령은 우선권 있는 채권에 기초한 것이라는 등의 특별한 사정이 없는 한, **무효**라고 보아야 한다 (2020년 변호사시험 참조).[124]

124) 대법원 2016. 8. 29. 선고 2015다236547 판결. 위 판결에 대한 비판적 평석으로는 문영화, "채권자대위권의 행사에 의한 처분제한과 피대위채권에 대한 전부명령의 효력－대법원 2016. 8. 29. 선고 2015다236547 판결에 대하여", 민사소송(2017. 5), 339면 이하; 이계정, "채권자대위권의 행사와 전부명령의 효력－대법원 2016. 8. 29. 선고 2015다236547 판결－", 법조(2018. 4), 581면 이하 참조.

◈ 질권의 목적인 채권에 대하여 질권설정자의 일반채권자의 신청으로 압류 · 전부명령이 내려졌고, 위 명령이 송달된 날보다 먼저 질권자가 확정일자 있는 문서에 의해 대항요건을 갖춘 경우 ◈ 甲은 2019. 3. 1. 乙로부터 X토지를 임대차보증금 5억 원, 임대차 기간 3년으로 정하여 임차하였다. 甲은 2019. 3. 1. A은행으로부터 3억 원을 변제기 2022. 2. 28.로 정하여 대출받으면서 A은행에 위 임대차보증금반환채권 중 3억 원에 대하여 질권을 설정해 주었다. 질권설정계약 당일 乙은 A은행에 위 질권 설정에 관하여 확정일자 있는 승낙을 하였고, 임대차의 종료 등으로 임대차보증금을 반환하는 경우 질권이 설정된 3억 원을 A은행에 직접 반환하기로 약정하였다. 한편, 丙은 甲에 대하여 5억 원의 대여금채권을 가지고 있는데, 2019. 5. 1. 위 대여금채권을 집행채권으로 하여 甲의 임대차보증금반환채권 5억 원에 대한 압류 및 전부명령을 받았고, 위 압류 및 전부명령은 2019. 5. 10. 채무자 甲과 제3채무자 乙에게 각각 송달된 후 확정되었다. 乙은 임대차가 종료된 2022. 2. 28. 위 보증금 5억 원을 丙에게 지급하였다. A은행은 丙이 지급받은 금원 중 3억 원이 자신에게 먼저 지급되었어야 할 몫이라고 주장하며, 丙을 상대로 **부당이득반환청구의 소**를 제기한 사안과 관련하여, 임대차보증금반환채권에 관한 질권을 설정할 당시 제3채무자인 임대인으로부터 확정일자 있는 승낙을 받았으므로, 그보다 나중에 압류 · 전부명령을 받은 丙이 임대차보증금을 지급받았더라도 A은행은 여전히 임대인에게 **임대차보증금의 지급**을 청구할 수 있다. 나아가 위와 같이 질권이 설정되어 있다는 사정만으로 丙의 채권압류 및 전부명령 자체가 무효가 되는 것은 아니므로, 丙이 乙로부터 위 보증금을 지급받았다고 하더라도 법률상 원인 없이 이득을 얻었다고 할 수 없고, 질권자인 A은행으로서는 여전히 乙에 대하여 입질채권인 **임대차보증금반환채권의 변제를 직접 청구**할 수 있으므로 A은행에게 어떠한 손해가 있다고 할 수도 없다. 丙에 대한 **부당이득반환청구의 소는 기각**되게 된다(A은행의 丙에 대한 청구가 이유 있는지 판단하고 근거를 서술하시오. 2023년 변호사시험 참조).[125]

◈ 이중압류가 있는 경우 ◈ 채무자의 급료에 가압류를 하였고, 그 뒤 채무자가 근무하는 회사에 가압류에서 본압류로 전이하는 압류 및 전부명령이 송달되었다. 그러나 가압류에서 본압류로 전이하는 압류 및 전부명령이 있기 전에, 또 다른 채권자에 의하여 위 채무자의 급료에 채권압류 및 추심명령이 있었다. 그렇다면 채무자의 급료에 대해서 먼저 가압류한 쪽이 우선변제를 받을 수 있는가. 가압류에 관하여는 현행 민사집행법상 우선적 효력 내지 순위보전적 효력이 인정되지 않는다. 그러므로 가압류를 먼저 하였다 하더라도 가압류된 채권에 대해서 추심명령이 발하여 질 수 있다. 그리고 전부명령은 지급에 갈음하여 압류된 채권을 압류채권자에게 이전시켜 우선변제적 효과를 주는 것이지만, 현행법상 압류가 경합된 때의 전부명령은 무효라고 할

---

125) 질권의 목적인 채권에 대하여 질권설정자의 일반채권자의 신청으로 압류 · 전부명령이 내려진 경우에도 그 명령이 송달된 날보다 먼저 질권자가 확정일자 있는 문서에 의해 민법 349조 1항에서 정한 대항요건을 갖추었다면, 전부채권자는 질권이 설정된 채권을 이전받을 뿐이고 제3채무자는 전부채권자에게 변제했음을 들어 질권자에게 대항할 수 없다(대법원 2022. 3. 31. 선고 2018다21326 판결).

것이고, 다만 그 전제가 된 압류명령의 부분만은 유효하다. 그런데 각 채권에 중복압류가 있는 때에는 서로 사이에 배당요구의 효력이 있으므로 우열의 순위가 없다. 따라서 제3채무자는 채권액의 전체를 합산한 금액에서 각 채권자의 채권액에 비례하여 안분배당을 하거나, 각 채권자에게 직접 지급하는 대신 그 채무액을 공탁할 수 있고, 공탁을 하였을 경우에는 집행법원에 신고를 하여야 한다. 위 사안에서 가압류를 먼저 하였더라도 그 쪽이 채권을 우선적으로 변제받을 수 없으며, 채무자의 급료의 1/2 범위 내에서(압류금지채권) 채권액의 비율로 안분비례한 금액을 지급받게 될 것이다.

3) 절 차

제229조(금전채권의 현금화방법) ⑥ 제1항의 신청에 관한 재판에 대하여는 즉시항고를 할 수 있다. ⑦ 전부명령은 확정되어야 효력을 가진다. ⑧ 전부명령이 있은 뒤에 제49조 제2호 또는 제4호의 서류를 제출한 것을 이유로 전부명령에 대한 즉시항고가 제기된 경우에는 항고법원은 다른 이유로 전부명령을 취소하는 경우를 제외하고는 항고에 관한 재판을 정지하여야 한다.

① 압류채권자(압류채권자의 승계인 포함)의 **신청**에 의하고, 신청은 서면에 의하여야 한다(4조). 유효한 압류명령이 존재하는 것이 전부명령의 유효요건인데, 물론 압류명령을 받고나서 전부명령을 신청할 수 있지만, 압류명령과 전부명령을 병합하여 동시에 신청할 수 있다(실무상 동시 신청). 그러나 법 233조의 규정에 의한 증권채권의 경우에는 집행관이 증권을 점유한 뒤가 아니면 신청을 할 수 없으므로 동시에 신청할 수 없다(☞13-11). 13-48

채권압류 및 전부명령 신청

채 권 자 (이름)

채 무 자 (이름)

제3채무자 (이름)

청구채권 및 금액

신 청 취 지

채무자의 제3채무자에 대한 별지 기재의 채권을 압류한다.

제3채무자는 채무자에게 위 채권에 관한 지급을 하여서는 아니 된다.

채무자는 위 채권의 처분과 영수를 하여서는 아니 된다.

위 압류된 채권은 지급에 갈음하여 채권자에게 전부한다.
라는 결정을 구합니다.

신 청 이 유

채무자가 판결을 송달받고도 채무를 변제하지 아니함.

첨 부 서 류

1. 집행력 있는 정본 1통
2. (판결 등의 채무자에 대한) 송달증명 1통

20 . . .
채권자

OO지방법원 귀중

② 관할법원은 **압류명령의 집행법원과 같은 지방법원**이다. 압류명령과 별도로 신청되는 경우에 압류명령이 송달된 뒤에 채무자나 제3채무자의 주소가 변경되어 그 보통재판적이 달라지더라도 전부명령은 압류명령을 전제로 하여 내려지는 것이므로 압류명령을 발령한 법원이 관할법원이 된다.[126] 전부명령은 **사법보좌관**이 관장한다(사법보좌관규칙 2조 1항 9호).

③ 관할권의 유무, 적식의 신청인지의 여부, 집행장애의 존부, 전부명령 발령의 요건을 갖추고 있는지를 조사하고 필요가 있다고 인정되는 때에는 채무자 또는 제3채무자를 **심문**하여(23조 1항, 민사소송법 134조 2항) 상당하다고 인정되면 전부명령을 내리고, 상당하지 않은 때에는 각하 내지는 기각의 결정을 한다. 그런데 신청이 압류명령과 함께 된 경우에는 심문을 할 수 없다. 압류명령은 심문하지 않고 하기 때문이다(226조).

④ 전부명령은 제3채무자뿐만 아니라 **채무자에게도 송달이 필요**하다(229조 4항, 227조 2항). 전부명령은 확정되어야 효력이 발생하므로(229조 7항) 즉시항고권자인 채무자에 대한 송달도 전부명령의 **효력발생요건**이 된다(한편 추심명령의 경우는 ☞13-36).

⑤ 전부명령이 확정되기 전에는 제3채무자는 법 248조 1항에 따라 압류된 금전

126) 법원실무제요[IV], 400면.

채권을 공탁할 수 있고(248조 1항. 권리공탁), 또한 확정되기 전에 금전채권에 관하여 배당요구서를 송달받은 제3채무자는 배당에 참가한 채권자의 청구가 있으면 압류된 부분에 해당하는 금액을 공탁하여야 하고, 금전채권 가운데 압류되지 아니한 부분을 초과하여 거듭 압류명령 또는 가압류명령이 내려져 그 명령을 송달받은 경우에 압류채권자나 가압류채권자의 청구가 있으면 그 채권의 전액에 해당하는 금액을 공탁하여야 한다(248조 2항, 3항).

⑥ 전부명령에 대하여는 채무자 · 제3채무자가 **즉시항고**할 수 있다(229조 6항). 항고사유는 집행법원이 전부명령을 발령할 때에 조사 · 준수하여야 할 사항의 흠이다. 먼저 **사법보좌관에 대하여 이의신청**을 하여야 한다(사법보좌관규칙 4조 1항). 사법보좌관은 이의신청을 받은 때에는 이의신청사건을 지체없이 소속법원의 단독판사등에게 송부하여야 한다. 단독판사등은 이의신청이 이유 있으면 사법보좌관의 처분을 직접 경정하고, 이유 없으면 사법보좌관의 처분을 인가하고 이의신청사건을 항고법원에 송부한다. 이의신청사건을 송부받은 항고법원은 단독판사등이 한 인가처분에 대한 즉시항고로 보아 재판절차를 진행한다. 전부명령에 대한 즉시항고는 집행정지의 효력이 있으므로(확정 전에 집행정지가 생기므로 그대로 전부명령을 확정시킬 수 없다) 전부명령은 **확정되지 않으면 효력이 생기지 않는다**(229조 7항).

즉시항고에 이유가 없는 경우는 기각결정을 한다. 이유가 있는 경우에는 다음 정지(유보)의 경우를 제외하고 전부명령을 취소하는 결정을 한다. 즉 전부명령이 발령된 뒤에 채무자가 집행정지문서나 변제증서 · 변제유예승낙증서(49조 2호 또는 4호)를 **제출한 것을 이유로** 즉시항고를 한 때에는 다른 이유로 전부명령을 취소하여야 하는 경우를 제외하고 항고에 대한 재판을 잠정적인 집행정지가 종국적으로 집행취소가 되든가, 집행이 속행되든가의 결론이 내려지기까지 **정지**(유보)하여야 한다(229조 8항). 전부명령이 발령된 뒤의 사정에 기하여 즉시항고를 특별히 허용하여 채무자의 보호를 도모하는 한편, 채권자의 이익을 고려한 것이다. 전부명령의 확정 전에 집행정지를 이유로 전부명령이 취소되면, 채권자는 집행정지가 풀리면서 집행의 속행이 허용된 때에 다시 전부명령을 발령받아야 하는 것이 되어 그 사이에 채권자의 경합에 의하여 독점적 만족이라는 이익을 잃을 우려가 있기 때문이다.

⑦ 즉시항고가 없은 경우에는 1주의 즉시항고기간이 지난 때, 즉시항고가 있은 경우에는 그 각하 또는 기각결정이 확정된 때에 전부명령은 확정된다.

후술하듯이 전부명령의 확정에 따라 발생하는 효력(가령 변제효)은 전부명령이

제3채무자에게 송달된 때로 소급한다(231조 본문 참조).

전부명령이 확정되면, 그 시점에서 (채권자가 전부된 채권을 현실로 지급받았는지 여부와 상관없이) 집행절차는 종료한다. **배당절차는 따로 없다.**

> **◈ 채무자가 수인이거나 제3채무자가 수인인 경우 또는 채무자가 제3채무자에 대하여 여러 채권을 가지고 있는 경우, 각 채무자나 제3채무자별로 얼마씩의 전부를 명하는 것인지 또는 채무자의 어느 채권에 대하여 얼마씩의 전부를 명하는 것인지를 특정하지 아니한 전부명령의 효력(무효) ◈** 전부명령이 확정된 경우에는 전부명령이 제3채무자에게 송달된 때에 채무자가 채무를 변제한 것으로 보게 되므로 채무자가 수인이거나 제3채무자가 수인인 경우 또는 채무자가 제3채무자에 대하여 여러 채권을 가지고 있는 경우, 예를 들어 이 사건 전부명령은 제3채무자가 A, B 두 명이었고, 그중 A에 대하여는 기발생 이자채권과 원금채권이 따로 존재하는 데도 불구하고, 채권자의 어느 제3채무자에 대한 채권이 얼마씩 전부되는 것인지, 그리고 A에 대한 채권은 원금과 기발생 이자채권 중 어느 부분이 얼마씩 전부되는 것인지 그 범위가 특정되지 아니한 사안에서, 집행채권액을 한도로 하여 각 채무자나 제3채무자별로 얼마씩의 전부를 명하는 것인지 또는 채무자의 어느 채권에 대하여 얼마씩의 전부를 명하는 것인지를 특정하여야 하고, 이를 특정하지 아니한 경우에는 집행의 범위가 명확하지 아니하므로 그 전부명령은 무효라고 보았다.[127)]

4) 효 과

> 제229조(금전채권의 현금화방법) ③ 전부명령이 있는 때에는 압류된 채권은 지급에 갈음하여 압류채권자에게 이전된다.
>
> 제231조(전부명령의 효과) 전부명령이 확정된 경우에는 전부명령이 제3채무자에게 송달된 때에 채무자가 채무를 변제한 것으로 본다. 다만, 이전된 채권이 존재하지 아니한 때에는 그러하지 아니하다.
>
> 제247조(배당요구) ② 전부명령이 제3채무자에게 송달된 뒤에는 배당요구를 하지 못한다.

13-49 집행력 있는 집행권원에 기하여 전부명령이 적법하게 이루어져 확정된 이상(피압류채권은 집행채권의 범위 내에서 당연히 집행채권자에게 이전), 그 집행채권이 이미 소멸하였거나 소멸할 가능성이 있다고 하더라도 전부명령의 효력에는 아무런 영향이 없다.[128)]

---

127) 대법원 2004. 6. 25. 선고 2002다8346 판결.

128) 대법원 1997. 10. 24. 선고 97다20410 판결. 또한 채무자 또는 그 대리인의 유효한 작성촉탁과 집행인낙의 의사표시에 터 잡아 작성된 공정증서를 집행권원으로 하는 금전채권에 대한 강

한편 전부명령이 제3채무자에게 송달된 뒤에는 다른 채권자의 배당요구가 허용되지 않는다(247조 2항). 즉 전부명령의 경우에는 전부채권자가 후순위 다른 채권자에 비하여 독점적으로 피전부채권을 취득하게 되는 것이다.

① 변제효

13-50 전부명령이 확정된 경우에는 전부명령이 **제3채무자에게 송달된 때**에 소급하여 채무자가 집행채무를 **변제**한 것으로 본다(231조 본문). 즉 전부명령에 의하여 피압류채권이 동일성을 유지한 채 압류채권자에게 이전하고, 압류채권자는 피전부채권으로써 대물변제가 된 것과 마찬가지 효과(채권양도와 채권에 의한 대물변제를 강제적으로 행한 것과 같은)를 얻는 것이 된다. 채무소멸의 효과는 채권자가 압류명령신청시에 명시한 집행채권의 변제를 위하여서만 생긴다.[129]

② 집행채권의 소멸

13-51 피압류채권(피전부채권)은 집행채권액과 집행비용을 한도로 하여 동일성을 가진 채로 채무자로부터 집행채권자에게 이전하고, 집행채권은 피전부채권의 권면액(일정한 금액으로 표시된 금전채권의 명목액)의 범위 내에서 당연히 소멸한다(만약 집행채권액과 권면액이 다른 경우는 보다 적은 쪽 금액만이 이전하고 변제의 효과가 생긴다).[130] 가

제집행절차에서, 비록 그 공정증서에 표시된 청구권의 기초가 되는 법률행위에 무효사유가 있다고 하더라도 그 강제집행절차가 청구이의의 소 등을 통하여 적법하게 취소·정지되지 아니한 채 계속 진행되어 채권압류 및 전부명령이 적법하게 확정되었다면, 그 강제집행절차가 반사회적 법률행위의 수단으로 이용되었다는 등의 특별한 사정이 없는 한, 단지 이러한 **법률행위의 무효사유를 내세워 확정된 전부명령에 따라 전부채권자에게 피전부채권이 이전되는 효력 자체를 부정할 수는 없고**, 다만 위와 같이 전부명령이 확정된 후 그 집행권원인 집행증서의 기초가 된 법률행위 중 전부 또는 일부에 무효사유가 있는 것으로 판명된 경우에는 그 무효 부분에 관하여는 집행채권자가 부당이득을 한 셈이 되므로, 그 집행채권자는 집행채무자에게, 위 전부명령에 따라 전부받은 채권 중 실제로 추심한 금전 부분에 관하여는 그 상당액을 반환하여야 하고, 추심하지 아니한 나머지 부분에 관하여는 그 채권 자체를 양도하는 방법에 의하여 반환하여야 한다(대법원 2005. 4. 15. 선고 2004다70024 판결).

129) 따라서 압류명령신청에 기재된 집행채권이 수개인 경우에 전부명령에 의한 채무변제의 효과가 어느 채무에 대하여 생기는지는 법정변제충당의 법리가 적용되기에 앞서 집행채권의 확정에 의하여 결정되고, 구체적으로는 집행권원과 청구금원 등 채권자가 압류명령신청서에 기재한 내용에 의하여 정하여진다. 이는 채권자의 의사에 기하여 전부명령에 의해 소멸할 집행채권의 종류와 범위를 확정하는 문제이지 민법 476조에서 정한 지정변제충당의 문제가 아니다(대법원 2021. 11. 11. 선고 2018다250087 판결).

130) 집행채권인 약속어음금채권이 전부명령의 확정에 의하여 소멸한 경우, 그 시점에 약속어음금채권에 의하여 담보되는 대여금채권도 같은 액수만큼 확정적으로 소멸한다(대법원 2009. 2. 12.

령, 제3채무자가 재산이 없어 채권자가 변제를 받을 수가 없는 경우에도 채권자는 채무자에 대하여 다시 청구할 수 없다.

한편 이전된 채권(피전부채권)이 **존재하지 아니한 때**에는 전부명령은 **무효**이고,[131] 변제의 효과와 집행채권의 소멸효과는 생기지 않는다(231조 단서). 처음부터 존재하지 않은 경우뿐만이 아니라, 권리멸각(취소, 해지, 소멸시효, 상계 등)이나 권리저지(정지조건의 미성취 등) 항변에 의하여 후발적으로 존재하지 않게 된 경우를 포함한다.

피전부채권이 존재하나, 제3채무자가 자력이 없는 경우	집행채권은 당연히 소멸 → 부활하지 않음
피전부채권이 존재하지 않는 경우	전부명령은 무효(231조 단서) → 집행채권은 소멸하지 않음

◈ **피전부채권이 존재하지 아니한 때** ◈ 채무자가 근무하는 회사를 제3채무자로 하여 채무자의 급료채권에 대한 압류 및 전부명령을 받았으나, 위 압류 및 전부명령이 회사에 **송달되기 전**에 채무자가 퇴직금을 지급받고 회사를 그만두었다. 이 경우에 전부명령의 효력은 어떻게 되며, 또한 그 이후의 집행방법은 어떤 절차를 밟아야 하는가. 이미 피전부채권(채무자의 회사에 대한 급료채권)이 존재하지 않았으므로 그 전부명령은 실질적으로 무효이고, 집행채권(채무자에 대한 채권)의 소멸의 효력도 생기지 않게 된다(231조 단서). 그런데 집행채권자는 전부명령 신청 당시 제출한 집행권원의

선고 2006다88234 판결).

131) 집행채권이 양도되었으나 승계집행문이 부여·제출되지 아니한 상태에서 집행채권 양수인의 채권자가 양수인의 배당금채권에 관하여 압류 및 전부명령을 받았고, 이후 승계집행문이 부여·제출된 후에 양수인의 다른 채권자가 위 배당금채권에 관하여 압류 및 추심명령을 받았는데, 배당절차에서 위 전부권자 측에 배당이 되자 위 추심권자가 배당이의를 한 사안에서, 위 배당금채권은 여전히 집행채권 양도인의 책임재산으로 남아 있는 상태였고, 양수인이 장래의 조건부 권리로서 배당금채권을 보유하였다고 볼 수도 없으므로, 양수인의 채권자가 받은 위 전부명령은 **존재하지 않는 채권인 양수인의 배당금채권을 대상으로 한 것**으로서 **무효**라고 보아야 하고, 이후 승계집행문을 부여받아 집행법원에 제출하였다고 해서 위 전부명령이 다시 유효로 되지 않는다(대법원 2019. 1. 31. 선고 2015다26009 판결). 집행의 대상이 될 수 있는 권리는 실체적 권리로서의 배당금채권인데, 이는 집행채권의 종된 권리로서, 집행채권과 함께 양수인에게 이전되어 그의 책임재산이 되었다. 대상판결처럼 집행채권과 배당금채권의 분리 귀속을 인정하게 되면, 양도인이 이중으로 배당금채권의 교환가치에 관한 이득을 누리는 반면, 양수인은 아무런 경제적 가치가 없는 집행채권을 양수한 결과가 되어 여러 예기치 못한 어려움을 야기할 수 있다. 집행채권자의 지위를 형식적으로 결정하는 표지에 불과한 승계집행문 부여 여부를 기준으로 실체적 권리－재산권인 채권－이 누구에게 귀속되었는지 여부를 판단한 것이 과연 적절하였을지 의문이라는 평석으로는 조경임, "배당금채권의 귀속과 행사－대법원 2019. 1. 31.선고 2015다26009판결에 대한 비판적 검토－", 민사법학(2019. 12), 43면 이하.

반환 자체를 청구할 수는 없지만, 피전부채권이 존재하지 않는다는 사실을 증명하여 집행법원으로부터 집행력 있는 정본을 다시 교부받아 **다른 재산에 대하여 집행**할 수 있다.[132] 즉, 전부명령의 경우에는 집행관의 집행절차나 집행법원의 배당절차에서와 같이 집행력 있는 정본의 교부·반환 등에 관한 규정(9조, 159조)이 없으므로 집행채권 전액에 관하여 전부명령이 발령된 경우에 집행력 있는 정본의 처리에 관하여 문제가 되는데, 실무에서는 집행력 있는 정본을 채무자에게 교부하거나 채권자에게 반환하지 않고 집행기록에 그대로 편철하여 둔다. 그러므로 피전부채권이 존재하지 않는 것으로 밝혀진 경우에는 집행법원의 법원사무관등으로부터 집행력 있는 정본이 전부명령에 사용되었다는 내용의 「사용증명」을 받아 이를 근거로 하여 다시 집행력 있는 정본을 받아 다른 재산에 강제집행을 신청할 수 있는데, 이 경우에 피전부채권이 존재하지 않는다는 사실의 입증방법으로는 실무상 제3채무자를 상대로 한 「전부금청구소송의 패소판결문」을 제출하는 것이 일반적이다. 제3채무자 발행의 피전부채권부존재증명서 등을 제출하는 방법을 생각하여 볼 수 있다.

③ 권리이전효

피압류채권(피전부채권)은 집행채권액과 집행비용을 한도로 하여 동일성을 가진 13-52
채로 채무자로부터 집행채권자에게 이전한다는 것은 이미 설명하였다.[133] 「민법」 450조와 같은 채권양도의 대항요건을 갖출 필요가 없다. 가령 원금과 이에 대한 변제일까지의 부대채권을 집행채권으로 하여 전부명령을 받은 경우에는 집행채권의 원금의 변제일은 전부명령이 제3채무자에게 송달된 때가 되어 결국 집행채권액은 원금과 제3채무자에 대한 전부명령 송달시까지의 부대채권액을 합한 금액이 되므로 피압류채권은 그 금액 범위 안에서 전부채권자에게 이전한다.[134] 한편, 가령 불가분채권자 중 1인을 집행채무자로 한 전부명령이 이루어지면 그 불가분채권자의 채권은 전부

132) 가사 피전부채권이 존재하지 아니하는 경우라 하더라도 법 231조 단서의 규정에 따라 집행채권 소멸의 효과는 발생하지 아니하나, 강제집행절차는 피전부채권이 존재하는 경우와 마찬가지로 전부명령의 확정으로 종료하는 것이고, 단지 전부채권자는 집행채권이 소멸하지 아니한 이상, 피전부채권이 존재하지 아니함을 입증하여 다시 집행력 있는 정본을 부여받아 새로운 강제집행을 할 수 있을 뿐이다(대법원 1996. 11. 22. 선고 96다37176 판결).

133) 집행권원에 표시된 채무자의 상속인이 **상속을 포기**하였음에도 불구하고, 집행채권자가 동인에 대하여 상속을 원인으로 한 승계집행문을 부여받아 동인의 채권에 대한 압류 및 전부명령을 신청하고, 이에 따라 집행법원이 채권압류 및 전부명령을 하여 그 명령이 확정되었다고 하더라도, 채권압류 및 전부명령이 **집행채무자 적격이 없는 자를 집행채무자**로 하여 이루어진 이상, **피전부채권의 전부채권자에게의 이전이라는 실체법상의 효력은 발생하지 않는다**고 할 것이고, 이는 집행채무자가 상속포기 사실을 들어 집행문 부여에 대한 이의신청 등으로 집행문의 효력을 다투어 그 효력이 부정되기 이전에 채권압류 및 전부명령이 이루어져 확정된 경우에도 그러하다고 할 것이다(대법원 2002. 11. 13. 선고 2002다41602 판결).

134) 대법원 1999. 12. 10. 선고 99다36860 판결.

채권자에게 이전되지만, 그 전부명령은 집행채무자가 아닌 다른 불가분채권자에게 효력이 없으므로 다른 불가분채권자의 채권 귀속에 변경이 생기는 것은 아니다.[135] 압류채권자는 이후 피전부채권(피압류채권)에 대하여 일체의 처분을 할 수 있다.

그런데 제3채무자의 지위가 전부명령 전보다 더 악화될 이유가 없으므로 제3채무자는 채무자에 대한 **채권압류 전의 항변사유**로써 압류채권자에 대하여도 대항할 수 있다.[136] 이 점은 채권양도와 마찬가지이다.

◈ **구체적 예** ◈ A가 B에 대하여 가지는 1억 원의 대여금채권을 A가 C에게 2012. 2. 9.에 채권양도하고 A가 2012. 4. 9. B에게 내용증명 우편으로 채권양도통지를 하여 2012. 4. 11.에 위 내용증명 우편이 B에게 송달되었다. 위 대여금채권에 대하여 A의 채권자인 D가 제주지방법원에 채권가압류신청을 하여 위 법원이 2012. 3. 15. 채권자 D, 채무자 A, 제3채무자 B, 청구금액 5천만 원으로 된 채권가압류결정을 발한 다음 위 결정이 2012. 3. 17.에 B에게 송달되었다. C는 위 양수금채권 1억 원(지연손해금은 청구하지 아니한다)의 지급을 구하는 소송을 B를 상대로 2013. 1. 3.에 제기하였다. C가 위 양수금청구소송을 제기하기 전인 2012. 4. 2. 제주지방법원에서 채권자 D는 청구채권 원금 5천만 원과 이자 및 지연손해금 800만 원 등 합계 5,800만 원으로 하여 위 채권가압류결정에 기하여 본압류로 전이하는 채권압류 및 전부명령을 발령받아 그 결정은 2012. 4. 4.에 D, A, B에게 각 동시에 송달되었고, 위 채권압류 및 전부명령이 2012. 4. 12.에 확정되었다. ① 위 양수금소송에서 피고 B는 위 압류 및 전부명령으로 인하여 C는 원고적격이 없다고 주장하는데 이에 대하여 법원은 어떤 판단을 하여야 하는가. ② 위 양수금소송은 2013. 6. 10.에 변론종결되었고, D가 법원으로부터 받은 위 압류 및 전부명령은 유효하다. 위 양수금소송에서 법원은 어떠한 판결 주문(소송비용부담과 가집행 관련 주문은 제외한다)으로 선고하여야 하는가.
① 전부명령은 채권 자체가 전부채권자에게 이전하는 효과가 발생하지만, 전부명령이 있더라도 양수금청구에서 양수인 C가 해당 부분 채권의 청구에 대한 원고적격이 없는 것은 아니다. C는 원고적격이 없다는 B의 주장은 이유 없다. ② D의 (채권가압류결정에 기하여 본압류로 전이하는) 채권압류 및 전부명령이 C의 채권양수보다 우선한다. C의 채권양도통지의 송달(2012. 4. 11)보다 B에 대한 가압류결정의 송달(2012. 3. 17)이 빠르기 때문이다. 그리고 전부명령이 확정된 경우에는 전부명령이 제3채무자

---

135) 따라서 다른 불가분채권자는 모든 채권자를 위하여 채무자에게 불가분채권 전부의 이행을 청구할 수 있고, 채무자는 모든 채권자를 위하여 다른 불가분채권자에게 전부를 이행할 수 있다. 이러한 법리는 불가분채권의 목적이 금전채권인 경우 그 일부에 대하여만 압류 및 전부명령이 이루어진 경우에도 마찬가지이다(대법원 2023. 3. 30. 선고 2021다264253 판결).

136) 공사도급계약 시 수급인의 종업원들에 대한 노임체불로 공사가 지연되는 경우 도급인이 그 노임을 수급인에게 지급할 공사대금 중에서 종업원들에게 직접 지급하기로 약정하였다면 도급인은 체불노임상당의 공사대금에 대하여는 수급인에게 그 지급을 거부할 수 있고 따라서 전부채권자에 대해서도 위와 같은 항변사유를 가지고 대항할 수 있다(대법원 1984. 8. 14. 선고 84다카545 판결).

에게 송달된 때에 소급하여 채무자가 집행채무를 변제한 것으로 본다(231조 본문). 소급하여 집행채권의 범위 안에서 당연히 전부채권자에게 이전하고 그와 동시에 채무자는 채무를 변제한 것으로 간주되므로, 원금과 이에 대한 변제일까지의 부대채권을 집행채권으로 하여 전부명령을 받은 경우에는 집행채권의 원금의 변제일은 전부명령이 제3채무자에게 송달된 때가 되어 결국 집행채권액은 원금과 제3채무자에 대한 전부명령 송달시까지의 부대채권액을 합한 금액(사안에서 5,800만 원)이 되므로 피압류채권은 그 금액 범위 안에서 전부채권자 D에게 이전한다. 따라서 5,800만 원 부분은 A로부터 D에게 이전하나(이 부분 청구기각), 나머지 4,200만 원의 C에게의 채권양도는 유효하다(이 부분은 청구인용). (2014년 변호사시험 참조)

◈ **구체적 예** ◈ 甲은 乙에 대하여 3,000만 원의 차용금채무를 부담하고 있으며, 그 변제기가 2008. 10. 30.이다. 한편, 甲은 2008. 6. 30. 乙에게 4,000만 원 상당의 물품을 공급하고 乙에 대하여 물품대금채권을 취득하였는데 그 변제기가 2008. 9. 30.이다. 이에 甲은 쌍방의 채무가 변제기에 도달하면 위 물품대금채권과 乙에 대한 차용금채무를 상계하기로 마음먹고 乙과 서로 상의한 결과, 2008. 8. 10. 상계의 편의를 위하여 甲, 乙 쌍방의 채권을 제3자에게 양도하는 것을 금지하는 내용의 양도금지특약을 체결하였다. 그 후 乙의 채권자인 丙은 乙의 甲에 대한 대여금채권에 대하여 압류 및 전부명령을 발령받았고, 그 명령이 2008. 9. 1. 甲에게 송달되자, 甲을 상대로 전부금청구의 소를 제기하였다. 그 소송에서 甲이 ① 양도금지특약의 항변과 ② 상계항변을 할 경우에 甲의 항변은 타당한가. ① 양도금지특약에 의하여 압류 및 전부명령의 효력이 방해받지 않는다. 丙의 甲의 대여금채권에 대한 압류 및 전부명령은 유효하다. ② 전부명령은 압류명령을 전제로 발령되는 것이므로 제3채무자는 압류명령 송달 뒤에 취득한 채권을 자동채권으로 하여 피전부채권과의 상계를 주장할 수 없다(민법 498조 지급금지채권을 수동채권으로 하는 상계의 금지 참조). 한편, 압류명령을 받기 전에 취득한 반대채권을 가지고만 있으면 그 변제기와 상관없이 무조건 상계로 채권자에게 대항할 수 있는가. 위 「민법」 498조 규정의 취지, 상계제도의 목적 및 기능, 채무자의 채권이 압류된 경우 관련 당사자들의 이익상황 등에 비추어 보면, 채권압류명령을 받은 제3채무자가 상계로써 압류채권자에게 대항하기 위하여는, 압류의 효력 발생 당시에 대립하는 양 채권이 상계적상에 있거나, 그 당시(2008. 9. 1.) 반대채권(자동채권)의 변제기(2008. 9. 30.)가 도래하지 않은 경우에는 그것이 피압류채권(수동채권)의 변제기(2008. 10. 30.)와 동시에 또는 그보다 먼저 도래하여야 한다(**변제기 선도래설**).[137] 위 사안에서 甲의 상계항변은 丙에게 대항할 수 있다. (2009년 사법시험 참조)

137) 대법원 2012. 2. 16. 선고 2011다45521 전원합의체 판결. 이 전원합의체 판결의 다수의견에 대하여 민법 498조의 반대해석상 제3채무자가 그 이전에 이미 취득하여 보유하고 있던 채권을 자동채권으로 한 상계는 이 규정에 의하여 금지되지 아니하고 오히려 허용된다고 보는 것이 당연한 논리적 귀결이다. 그 채권이 제3채무자가 지급을 금지하는 명령을 받을 당시에 이미 이행기가 도래하였는지 여부는 문제될 여지가 없다는 **반대의견**이 있다(☞13-15 참조).

한편 주택임대차보호법상 대항요건을 갖춘 임차인의 임대차보증금반환채권에 대한 압류 및 전부명령이 확정되어 임차인의 임대차보증금반환채권이 집행채권자에게 이전된 경우에 제3채무자인 임대인으로서는 임차인에 대하여 부담하고 있던 채무를 집행채권자에 대하여 부담하게 될 뿐 그가 임대차목적물인 주택의 소유자로서 이를 제3자에게 매도할 권능은 그대로 보유하는 것이며, 위와 같이 소유자인 임대인이 해당 주택을 매도한 경우에 제3자는 임대인의 지위를 승계한 것으로 봄에 따라(주택임대차보호법 3조 4항) 임대인은 전부채권자에 대한 보증금지급의무를 면하게 되므로, 결국 전부금지급의무를 부담하지 않는다.[138)]

5) 전부금청구의 소

13-53 전부명령에 의하여 피전부채권이 집행채권의 변제에 갈음하여 압류채권자에게 이전되어 집행절차는 종료하게 되는데, 이와 같은 권리이전효가 발생하였음에도 제3채무자가 집행채권자에게 임의로 변제하지 않으면, 제3자에게 압류채권자는 전부금청구의 소를 제기하면 된다. 추심의 소(249조)와 달리 명문의 규정이 없다. 집행채권자는 피전부채권을 **자기의 채권으로 스스로** 이행의 소를 제기하는 것으로, 그 성질을 법정소송담당으로 보고 있는 추심의 소와 소송절차에서의 취급이 다르게 된다.

전부명령이 적법한 이상, 전부금청구의 소에 있어서 법원은 특별한 사정이 없는 한 해당 집행채권의 소멸 또는 소멸 가능성에 대하여 심리·판단을 할 필요가 없다.[139)]

한편 집행채무자가 피전부채권에 대하여 이미 판결을 받은 경우에는 압류채권자는 승계집행문을 부여받아 집행을 할 수 있다.

(3) 특별한 현금화 방법

제241조(특별한 현금화방법) ① 압류된 채권이 조건 또는 기한이 있거나, 반대의무의 이행과 관련되어 있거나 그 밖의 이유로 추심하기 곤란할 때에는 법원은 채권자의 신청에 따라 다음 각호의 명령을 할 수 있다. 1. 채권을 법원이 정한 값으로 지급함에 갈음하여 압류채권자에게 양도하는 양도명령 2. ... ② 법원은 제1항의 경우 그 신청을 허가하는 결정을 하기 전에 채무자를 심문하여야 한다. 다만, 채무자가 외국에 있거나 있는 곳이 분명하지 아니한 때에는 심문할 필요가 없다.

138) 대법원 2005. 9. 9. 선고 2005다23773 판결.
139) 대법원 1976. 5. 25. 선고 76다626 판결.

압류한 채권은 원칙적으로 추심명령이나 전부명령에 의하여 현금화하는데, 한편 피압류채권이 조건 또는 기한이 있거나 반대의무의 이행과 관련되어 있거나 그 밖의 이유로 추심하기 곤란할 때에는 법원은 채권자의 신청에 따라 그 채권을 법원이 정한 값으로 지급함에 갈음하여 압류채권자에게 양도하는 양도명령, 추심에 갈음하여 법원이 정한 방법으로 그 채권을 매각하도록 집행관에게 명하는 매각명령 또는 관리인을 선임하여 그 채권의 관리를 명하는 관리명령을 하거나 그 밖에 적당한 방법으로 현금화하도록 하는 특별한 현금화명령을 할 수 있다(241조 1항). 13-54

특별한 현금화명령(특별현금화명령이라고 한다)은 서면에 의한 채권자의 신청에 따라 발령된다. 채무자와 제3채무자에게는 신청권이 없다. 신청은 압류명령신청과 동시에 할 수도 있고, 압류명령이 있은 뒤에 신청할 수 있다. 다만, 법 233조의 배서가 금지된 지시채권의 경우에는 압류명령으로 집행관에 의한 증권의 점유가 증명된 경우에만 특별현금화명령을 신청할 수 있다.

법원은 특별한 현금화의 신청을 허가하는 결정을 하기 전에 채무자를 심문하여야 하나, 다만 채무자가 외국에 있거나 있는 곳이 분명하지 아니한 때에는 심문할 필요가 없다(241조 2항). 심문은 채무자에게 진술을 할 기회를 부여하면 충분하고, 반드시 채무자가 진술하여야 할 필요는 없으므로 심문기일소환을 받고도 채무자가 정당한 사유 없이 출석하지 아니하면 심문을 종료한다.

적절한 현금화를 위하여 필요하다면, 감정인을 선임하여 채권의 가격을 평가하게 할 수 있다(민사집행규칙 163조). 신청을 기각하는 경우에는 심문이 필요 없다. 심문내용은 보통 집행채권에 대한 변제가능성, 양도명령, 그 밖의 현금화 방법에 대한 의견, 객관적 시가의 존재 등이다.

특별현금화명령을 할 것인지 여부나 그 방법의 선택은 법원의 재량에 의하여 결정되며(사법보좌관이 행한다), 신청인의 의견이나 당사자의 합의에 구속되지 않으나, 다만 신청인이 특정한 현금화 방법을 요구한 경우에는 법원은 그 방법이 현저히 불합리한 경우 등을 제외하고는 이를 고려하여야 할 것이다.

특별한 현금화의 신청에 대한 결정에 대하여 즉시항고를 할 수 있고(241조 3항),[140] 특별현금화명령은 확정되어야 효력을 가진다(동조 4항).

140) 집행채권 소멸 등과 같은 실체상의 사유는 매각명령에 대한 적법한 즉시항고사유에 해당하지 않는다(대법원 2021. 4. 2.자 2020마7789 결정).

1) 양도명령

13-55 피압류채권을 법원이 정한 값으로 집행채권의 지급에 대신(갈음)하여 압류채권자에게 양도하는 명령이다(241조 1항 1호). 전부명령에서는 채권의 액면액(Nennwert)으로 양도되지만, 양도명령에서는 집행법원이 정하는 값으로 양도되는 점에 차이가 있으나, 양도명령은 전부명령과 유사한 측면이 있으므로 전부명령에 관한 규정이 준용되어 채권자가 경합하는 때에는 허용되지 않는다(동조 6항, 229조 5항).

제3채무자에게 양도명령이 송달되어 확정되면, 그 재판이 제3채무자에게 송달된 때에 소급하여 평가액(Schäzwert)의 한도 내에서 집행비용청구권 및 집행채권은 소멸하게 되고 채무자는 채무를 변제한 것으로 본다(241조 6항, 231조).

2) 매각명령

13-56 피압류채권의 추심에 갈음하여 법원이 정한 방법으로 그 채권을 매각하도록 집행관에게 명하는 명령이다(241조 1항 2호). 매각장소의 질서유지에 관한 규정이 준용된다(동조 6항, 108조). 압류된 채권을 매각한 경우에는 집행관은 채무자를 대신하여 제3채무자에게 서면으로 양도의 통지를 하여야 한다(241조 5항). 매각절차가 종료된 때에는 집행관은 매각대금을 집행법원에 제출하고, 그 뒤 집행법원에 의하여 매각대금의 배당절차가 실시되어(252조 3호), 집행채권의 변제에 충당한다.

3) 관리명령

13-57 피압류채권 자체가 채무자 이외의 자에게 이전되지 않고, 관리인을 선임하여 피압류채권의 관리를 명하고 그 수익으로 집행채권의 만족을 얻도록 하는 명령이다(241조 1항 제3호). 통상 피압류채권이 차임채권이나 지식재산권 사용료와 같이 계속적, 반복적으로 발생하는 경우에 이용될 수 있다. 관리명령은 부동산강제관리와 유사한 성질로 보아, 이에 관한 규정이 널리 준용된다.

3. 배 당

(1) 배당절차의 개시

제252조(배당절차의 개시) 법원은 다음 각호 가운데 어느 하나에 해당하는 경우에는 배당절차를 개시한다. 1. 제222조의 규정에 따라 집행관이 공탁한 때 2. 제236조의 규정에 따라 추심채권자가 공탁하거나 제248조의 규정에 따라 제3채무자가 공탁한 때 3. 제241조의 규정에 따라 현금화된 금전을 법원에 제출한 때

제256조(배당표의 작성과 실시) 배당표의 작성, 배당표에 대한 이의 및 그 완결과 배당표의 실시에 대하여는 제149조 내지 제161조의 규정을 준용한다.

금전채권의 집행에 있어서, **전부명령**에서는 그 명령이 확정된 경우에는 전부명령이 제3무자에게 송달된 때에 변제의 효력이 생겨(231조) 집행절차가 종료되므로 그 이후의 배당절차는 생각할 여지가 없다(☞13-49). 13-58

한편 **추심명령**에서는 경합되는 다른 채권자 없는 상태에서 압류채권자가 압류된 채권에 대한 추심명령에 의하여 제3채무자로부터 추심을 한 뒤 추심신고를 하였을 때(236조 1항)도 마찬가지로 그 이후의 배당절차는 생각할 여지가 없다.

그러나 ① 경합하는 다른 채권자의 집행참가가 있어 추심채권자가 추심한 금액을 공탁(236조)한 때(252조 2호 전단), ② 제3채무자가 권리공탁(248조 1항) 또는 의무공탁(248조 2항, 3항)을 한 때(다만, 채권가압류의 경우에 제3채무자의 공탁은 이와 달라서(297조) 제3채무자가 공탁을 하고 법원에 신고를 하여도 배당절차를 실시할 수 없다. ☞21-80), ③ 매각명령(241조)에 의하여 현금화된 금전을 법원에 제출한 때(252조 3호)의 경우에는 배당절차가 실시된다(252조).

위 경우의 배당 등의 절차에 관하여는 **부동산 강제경매의 배당절차에 관한 규정이 준용**된다(256조). 그러나 배당받을 채권자의 범위 등에 대하여는 금전채권에 대한 집행의 특이성이 있게 된다.

(2) 배당받을 채권자

배당받을 채권자는 압류·가압류채권자 또는 배당요구한 채권자인데,[141] 이를 분명히 한 규정은 없다.[142] 배당요구 및 배당요구권자에 대하여는 이미 앞에서 설명한 바 있다(☞13-25 이하). 13-59

(3) 배당절차의 실시

제253조(계산서 제출의 최고) 법원은 채권자들에게 1주 이내에 원금·이자·비용, 그 밖의 부대채권의 계산서를 제출하도록 최고하여야 한다.

제254조(배당표의 작성) ① 제253조의 기간이 끝난 뒤에 법원은 배당표를 작성하여야 한다. ② 제1항의 기간을 지키지 아니한 채권자의 채권은 배당요구서와 사유신고서의 취지 및 그 증빙서류에 따라 계산한다. 이 경우 다시 채권액을 추가하지 못한다.

141) 김홍엽, 365면; 이시윤, 488면.
142) **일본** 현행 민사집행법은 165조에서 배당받을 채권자의 범위를 분명히 하고 있다.

제255조(배당기일의 준비) 법원은 배당을 실시할 기일을 지정하고 채권자와 채무자에게 이를 통지하여야 한다. 다만, 채무자가 외국에 있거나 있는 곳이 분명하지 아니한 때에는 통지하지 아니한다.

13-60 배당절차를 실시함에 있어서 배당표를 작성하고 각 채권자에게 평등한 분배를 하여야 하는데, 이를 위하여 집행법원은 채권자들에게 1주 이내에 원금 · 이자 · 비용, 그 밖의 부대채권의 계산서를 제출하도록 최고하여야 한다(253조).[143] 위 기간이 끝난 뒤에 집행법원은 배당액에 대한 각 채권자의 의견 내지는 불복신청의 기초가 되는 자료를 제공하기 위하여 배당표를 작성하여야 한다(254조 1항). 집행법원은 배당기일을 지정하고 채권자와 채무자에게 통지하여야 한다(255조). 다만, 채무자가 외국에 있거나 있는 곳이 분명하지 아니한 때에는 통지하지 아니한다. 집행법원의 사무는 **사법보좌관**이 담당한다(사법보좌관규칙 2조 1항 10호).

부동산 강제경매의 배당절차에 관한 규정이 널리 준용된다(256조). 배당기일에서는 배당법원이 사전에 작성한 배당표원안이 출석한 채권자와 채무자에게 제시된다. 이 원안에 적힌 각 채권자의 채권이나 배당액에 불복이 있는 채권자나 채무자는 기일에 말로써 이의를 할 수 있다. 그러나 채무자는 배당표원안이 비치된 이후 배당기일이 끝날 때까지 서면으로 이의할 수도 있다(256조, 151조 2항). 배당기일에 채권자나 채무자의 이의신청이 없으면 배당표원안은 확정되어 이에 따라 배당을 실시하게 된다(256조, 149조 2항). 한편, 이의신청에 의한 배당의 저지는 일시적인 것이고, 신청한 자가 배당기일로부터 1주 이내에 배당이의의 소 등을 제기하여 배당법원에 이를 증명하지 않으면 이의를 취하한 것으로 보아(256조, 154조 3항) 유보되어 있었던 부분에 대하여도 배당표대로 배당을 실시하게 된다.[144]

143) 민사집행규칙 185조 2항은 위 최고는 집행절차에 관한 것에 불과하므로 법원사무관등으로 하여금 그 이름으로 하게 할 수 있도록 위임하고 있다. 한편, 부동산집행에서의 계산서 제출의 최고는 법에서가 아니라 민사집행규칙 81조에서 규정하고 있다(☞10-165).

144) 채권자가 받은 가압류결정이 취소되었다면 채권자는 가압류채권자로서의 배당받을 지위를 상실하므로 가압류결정의 취소는 배당이의의 소에서 가압류채권자에 대한 배당이의의 사유가 될 수 있다. 나아가 배당이의의 소에서 원고는 배당기일 후 사실심 변론종결 시까지 발생한 사유도 이의사유로 주장할 수 있으므로, 배당기일 후 배당이의소송 중에 가압류결정이 취소된 경우에도 이를 이의사유로 주장할 수 있다(대법원 2015. 6. 11. 선고 2015다10523 판결).

Ⅲ. 유체물인도청구권 등에 대한 집행

1. 개 관

제242조(유체물인도청구권 등에 대한 집행) 부동산 · 유체동산 · 선박 · 자동차 · 건설기계 · 항공기 · 경량항공기 등 유체물의 인도나 권리이전의 청구권에 대한 강제집행에 대하여는 제243조부터 제245조까지의 규정을 우선적용하는 것을 제외하고는 제227조부터 제240조까지의 규정을 준용한다.

채권자가 채무자의 제3채무자에 대한 부동산 · 유체동산 · 선박 · 자동차 · 건설 13-61
기계 · 항공기 · 경량항공기 등 유체물의 인도나 권리이전의 청구권을 대상으로 하는 강제집행이다(242조). 예를 들어 채무자가 소유하는 동산이라도 그것을 점유하는 제3자가 해당 동산의 제출을 거부하는 경우에는 동산집행을 할 수 없으므로(191조 참조) 이 경우에 집행은 채무자가 제3자에 대하여 가지는 위와 같은 물건의 인도청구권을 압류하여, 이를 현금화하여 채권의 만족을 도모하는 채권집행의 방법에 의하여야 한다(비금전채권에 기한 유체물인도집행과 구별. ☞15-1).

법 243조(유체동산에 관한 청구권의 압류), 244조(부동산청구권에 대한 압류), 245조(유체물의 인도나 권리이전의 청구권에 대한 전부명령 제외) 규정을 우선적용하는 것을 제외하고는, 법 227조 내지 240조 금전채권에 대한 집행의 규정을 준용한다. 가령 유체동산의 인도청구권에 대한 집행은 금전채권에 대한 집행과 마찬가지로 채권집행이면서도 한편 채권집행과 그 성질이 다르므로 집행절차에 대하여는 채권의 목적에 따른 특별한 규정(243조부터 245조까지)이 채택되어 있다. 그리하여 유체동산의 인도청구권에 대한 집행에는 전부명령과 같은 규정의 적용은 없다(245조). 전부명령이 있더라도 그 전부명령은 무효이다.[145]

145) 위 법 242조는 특별한 현금화방법에 관한 규정인 법 241조의 준용을 제외하였는데, 유체물의 인도나 권리이전의 청구권을 추심하기에 곤란한 사정이 있어서 법 241조의 특별 현금화요건을 갖추고 있는 경우에는 해석으로 동조의 유추를 인정하여 집행법원의 재량적 판단에 의하여 예외적으로 특별 현금화방법을 취할 수 있는지 여부에 대하여 견해가 대립한다(소극적 입장으로는 김홍엽, 366면; 이시윤, 489면). **판례**는 부동산 권리이전청구권에 대한 강제집행은 금전채권에 관한 강제집행의 선행적 절차에 해당하는 것으로서, 그 절차 내에 환가절차가 예정되어 있지 않아 그 청구권 자체를 환가 · 처분하여 그 대금으로 채권자를 만족시키는 방법은 인정되지 아니하고, 채무자 명의의 권리이전절차를 보관인에게 이행하게 하는 등으로 청구권의 내용을 실현시킴으로써 그 절차가 종료되며, 그 집행채권의 만족은 위와 같이 권리이전절차가 실현된 채무자 명의의 목적 부동산에 대하여 강제경매신청 등 별도의 신청에 의한 강제집행을 함으로써 이루어지는 것이므로, 부동산 권리이전청구권을 집행의 대상으로 하는 강제집행에 관하여 법 241

집행단계는 다음과 같다. 제1단계로, 채권집행의 방법으로 위 권리에 대하여 압류명령을 받아 인도·권리이전을 받은 뒤 이를 전제로 나아가, 제2단계로, 인도·권리이전 받은 물건의 내용에 따라 앞서 본 부동산·선박 등·유체동산의 집행방법대로 현금화와 배당을 실시한다.

2. 유체동산의 인도 또는 권리이전의 청구권에 대한 집행

제243조(유체동산에 관한 청구권의 압류) ① 유체동산에 관한 청구권을 압류하는 경우에는 법원이 제3채무자에 대하여 그 동산을 채권자의 위임을 받은 집행관에게 인도하도록 명한다. ② 채권자는 제3채무자에 대하여 제1항의 명령의 이행을 구하기 위하여 법원에 추심명령을 신청할 수 있다. ③ 제1항의 동산의 현금화에 대하여는 압류한 유체동산의 현금화에 관한 규정을 적용한다.

(1) 의 의

13-62 채무자 이외의 제3자가 점유하는 유체동산의 압류는 점유자가 제출을 거부하지 않는 경우에만 할 수 있다(191조 참조). 그리하여 점유자의 임의의 제출이 없는 경우에는 유체동산에 관한 청구권을 압류하여 채권자가 제3채무자에 대하여 그 유체동산을 집행관에게 인도하도록 청구할 수 있도록 하고 있다(243조 1항).

채무자의 책임재산에 속하여야 할 유체동산을 제3채무자가 채무자에게 인도할 채무를 부담하고 있다거나, 제3자가 그에 대한 권리를 채무자에게 이전할 채무를 부담하고 있는 경우에 채권자는 그 유체동산으로부터 자기의 금전채권의 만족을 얻기 위하여 채무자의 제3자에 대한 유체동산인도청구권이나 유체동산에 대한 권리이전청구권을 압류하여 그 청구권의 내용을 실현시켜 그 유체동산을 채무자의 책임재산으로 강제집행할 수 있는 상태로 만든 뒤, 이를 현금화하여 그 매각대금에서 채권의 변제를 받을 수 있다.

이러한 강제집행의 대상이 되는 것은 채무자가 이미 특정 유체동산의 소유권을 보유하고 그것을 직접 지배하기 위하여 제3자에게 점유의 인도만을 구하는 경우뿐만 아니라 채무자가 아직 특정 유체동산이나 일정한 종류, 수량의 유체동산의 소유권을 보유하고 있는 것은 아니지만, 제3자에게 그 소유권과 점유권을 함께 이전하여 줄 것을 청구할 수 있는 경우도 포함되므로 그 청구권은 물권적 청구권인 경우도

조를 유추적용할 것도 아니라고 한다(대법원 1999. 12. 9.자 98마2934 결정).

있고 채권적 청구권인 경우도 있다.

한편 채무자가 소유권을 취득한 것이 아니고, 단순히 점유할 권리(가령 임차권) 만 있는 경우에는 채무자가 목적물을 인도받더라도 책임재산이 될 수 없으므로 그 경우는 이러한 강제집행의 대상이 되지 않는다.

> **◈ 은행의 대여금고의 내용물에 대한 집행 ◈** 금전채권에 기하여 은행의 대여금고의 내용물에 대하여 집행한 사안에서 은행이 임의로 내용물을 제출하지 않는 경우에는 대여금고이용자인 채무자가 은행에 대하여 가지고 있는 대여금고계약상의 **내용물인도청구권**을 압류하는 방법에 의하여 집행할 수 있다. 대여금고의 내용물은 대여금고를 빌린 채무자의 점유하에 있다고 볼 수 있지만, 그렇더라도 동산집행의 방법에 의할 것은 아니다.146)

(2) 압류명령

유체동산의 권리이전이나 인도를 목적으로 청구권 등에 대한 집행은 집행법원의 압류명령에 의하여 개시된다(223조). 이는 **사법보좌관**의 업무이다(사법보좌관규칙 2조 1항 9호). 13-63

압류명령의 신청에 있어서는 당사자, 청구금액, 압류할 목적채권으로서의 유체동산인도 또는 권리이전의 청구권을 표시하여 그 청구권의 압류를 구하는 취지를 밝혀야 한다.

압류명령은 채무자와 제3채무자에게 송달하여야 하고(242조, 227조 2항) 채권자에게도 고지하여야 한다. 압류명령은 제3채무자에게 송달되어야 그 효력이 생긴다.

압류에 있어서 채무자에게 처분을 금지하는 것과 함께 제3채무자에게 변제, 즉 해당 유체동산을 채무자에게 인도하는 것을 금지한다. 유체동산 자체에 압류의 효력이 생기는 것은 아니다.

1) 인도명령

통상 압류명령의 신청과 동시에 해당 유체동산의 집행관에게의 인도명령을 구한다(243조 1항). 압류하는 경우에 현금화를 위한 준비로서 제3채무자에 대하여 채권자의 위임을 받은 집행관에게 그 유체동산을 인도할 것을 명하여야 하기 때문이다. 그러나 인도명령은 압류명령의 내용의 일부로 해석되므로 인도명령의 신청은 13-64

146) 일본 最高裁判所 平成11(1999)·11·29 판결 참조.

단순히 직권발동을 촉구하는 의미를 가지는 데 불과하고, 따라서 가령 압류명령의 신청서에 인도명령을 구하는 취지가 적혀 있지 않더라도 그 신청은 적법하다.147)

2) 추심명령

13-65 채무자가 위 인도명령에 따라 목적물을 집행관에게 인도하면, 제1단계의 집행은 끝난다. 그러나 집행관은 목적물의 인도를 제3채무자에게 강제할 권한은 없다. 제3채무자가 인도명령에 불응할 때에는 채권자는 추심명령을 받아 추심권을 행사할 수 있다(243조 2항). 채권자는 제3채무자를 피고로 하여 집행관에게 목적물을 인도하여야 한다는 취지의 소를 제기하고, 그 승소판결을 집행권원으로 집행관에게 동산인도집행의 신청을 하여 인도의 실현을 도모하게 된다. 한편, 전부명령은 허용되지 않는다는 점(245조)은 이미 설명하였다.

(3) 현금화

13-66 집행관에게 인도된 유체동산은 유체동산압류에 있어서와 마찬가지로 법 199조의 규정에 따라 집행관의 매각에 의하여 현금화된다(243조 3항). 집행관은 매각대금을 집행법원에 제출하여야 하고(민사집행규칙 169조, 165조 4항), 제출을 받은 집행법원은 매각대금에서 법 252조의 규정에 따른 배당을 실시한다(민사집행규칙 183조).

3. 부동산의 인도나 권리이전의 청구권에 대한 집행

제244조(부동산청구권에 대한 압류) ① 부동산에 관한 인도청구권의 압류에 대하여는 그 부동산소재지의 지방법원은 채권자 또는 제3채무자의 신청에 의하여 보관인을 정하고 제3채무자에 대하여 그 부동산을 보관인에게 인도할 것을 명하여야 한다. ② 부동산에 관한 권리이전청구권의 압류에 대하여는 그 부동산소재지의 지방법원은 채권자 또는 제3채무자의 신청에 의하여 보관인을 정하고 제3채무자에 대하여 그 부동산에 관한 채무자명의의 권리이전등기절차를 보관인에게 이행할 것을 명하여야 한다.

147) 원칙적으로 금전채권의 압류에 준하여 집행법원의 압류명령과 그 송달로써 하는 것으로 제3채무자에 대한 압류명령의 송달이 있으면 압류의 효력이 발생하는 것이고, 인도명령은 현금화를 위한 준비로서 의미가 있는 것으로 압류명령의 본질적 부분을 구성하는 것은 아니며, 인도명령의 기재가 없는 압류명령도 완전히 유효한 것인바, 압류명령이 제3채무자에게 송달됨으로써 유체동산인도청구권 자체에 대한 압류의 집행은 끝나고 그 효력이 발생하는 것이다(대법원 1994. 3. 25. 선고 93다42757 판결).

(1) 의 의

채무자가 제3자에 대하여 부동산인도청구권을 가지고 있거나 부동산소유권이 전등기청구권 등 부동산에 관한 권리이전청구권을 가지고 있는 경우에 채권자는 그 부동산으로부터 자기의 금전채권의 만족을 얻기 위하여 채무자의 제3채무자에 대한 부동산에 관한 위와 같은 청구권을 압류하여 그 청구권의 내용을 실현시켜, 그 부동산을 채무자의 책임재산으로서 강제집행을 할 수 있는 상태로 만든 뒤, 이를 통상의 부동산의 강제집행절차에 따라 현금화하거나 강제관리를 실시하여 그 매각대금이나 수익금으로부터 채권의 변제를 받을 수 있다(244조, 242조). 13-67

참고로 보면, 확정판결 등 집행권원을 갖추지 못한 금전채권의 경우에는 그 집행의 보전을 위해 부동산소유권이전등기청구권에 대하여 가압류를 한 뒤, 나중에 집행권원을 갖추어 가압류로부터 본압류로 전이하여 그 금전채권을 집행할 수 있다.

그런데 실무상 부동산의 인도나 권리이전의 청구권에 대한 강제집행은 거의 이용되지 않고 있다. 제3자의 점유 중의 부동산에 대한 청구권을 실현시켜 채무자의 책임재산으로 하는 것은 대부분 채권자대위권에 의해 목적을 달성할 수 있기 때문이다.[148]

(2) 압류명령

부동산에 관한 위와 같은 청구권의 압류도 금전채권의 압류에 준하여 집행법원에 의한 압류명령과 채무자와 제3채무자에 대한 송달로써 한다(242조, 227조 2항). 본래 금전채권의 압류는 그 현금화 방법으로 해당 금전채권에 대하여 전부명령이나 추심명령을 신청할 것을 전제로 하여 제3채무자에게 채무자에 대한 지급을 금지하고, 채무자에게 채권의 처분과 영수를 금지하는 것인데, 여기에서의 가령 소유권이전등기청구권에 대한 압류는 바로 이전등기청구권 자체를 처분하여 그 대금으로 채권의 만족을 얻는 것이 아니고, 먼저 그 청구권의 내용을 실현시켜 놓고, 다시 말하면 채무자 명의로 소유권이전등기를 마쳐, 이를 채무자의 책임재산으로 만든 다음(☞13-69, 13-70), 이에 대하여 강제집행을 실시하여(☞13-71) 채권을 만족시키는 제도인 것이다. 압류명령은 집행법원에 서면으로 신청하여야 한다. **사법보좌관**이 압류명령을 한다(사법보좌관규칙 2조 1항 9호). 13-68

148) 현행 **일본** 민사집행법은 그 필요성이 없으므로 규정을 두고 있지 않다. 제3자 점유 중의 부동산에 대하여도 그대로 강제경매나 강제관리를 할 수 있기 때문이다.

부동산소유권이전등기청구권 압류신청

채 권 자 ○○○
○○시 ○○구 ○○동 ○○(우편번호 ○○○-○○○)
전화 · 휴대폰번호:
팩스번호, 전자우편(e-mail)주소:
채 무 자 ◇◇◇
○○시 ○○구 ○○동 ○○(우편번호 ○○○-○○○)
전화 · 휴대폰번호:
팩스번호, 전자우편(e-mail)주소:
제3채무자 주식회사◆◆◆
○○시 ○○구 ○○동 ○○(우편번호 ○○○-○○○)
대표이사 ◆◆◆
전화 · 휴대폰번호:
팩스번호, 전자우편(e-mail)주소:

청구채권의 표시

금 ○○○원(집행력 있는 ○○지방법원 20○○가합○○○ 판결에 기초한 전부금채권 원금 ○○○원 및 이에 대한 20○○. ○. ○.부터 20○○. ○. ○.까지 연 ○○%의 비율에 의한 지연손해금 ○○○원의 합계임)

압류할 부동산소유권이전등기절차이행청구권의 표시

채무자가 제3채무자에 대하여 가지는 20○○. ○. ○.자 매매계약에 기초한 별지목록 기재 부동산에 관한 소유권이전등기청구권.

신 청 취 지

1. 채권자가 채무자에 대하여 가지고 있는 위 채권의 집행보전을 위하여 별지목록 기재 부동산의 소유권이전등기청구권을 압류한다.
2. 제3채무자는 채무자에게 위 부동산에 관한 소유권이전등기절차를 이행하여서는 아니 된다.
3. 채무자는 위 부동산소유권이전등기청구권을 양도하거나 그 밖의 처분을 하여서는 아니 된다.

라는 결정을 구합니다.

신 청 이 유

1. 채권자는 채무자에게 ○○지방법원 20○○가합○○○ 집행력 있는 전부금판결정본에 기하여 청구채권 표시의 전부금채권을 가지고 있는바, 채무자는 경제적으로 여유가 있음에도 채권자의 여러 차례의 변제독촉에도 불구하고 지금까지 변제하지 않고 있습니다.
2. 그런데 채무자는 별지목록 기재 부동산에 관한 소유권을 20○○. ○. ○. 제3채무자로부터 매수하여 계약금, 중도금 및 잔금을 지급하고 별지목록 기재 부동산을 인도 받았으나, 소유권이전등기절차는 아직 마치지 아니한 상태이므로 채무자는 제3채무자에 대하여 별지목록 기재 부동산에 대한 소유권이전등기청구권을 가지고 있습니다.

3. 따라서 채권자는 채무자의 제3채무자에 대한 별지목록 기재 부동산에 대한 소유권이전등기청구권을 압류함으로써 그 처분을 막고 훗날 변제에 충당하고자 이 사건 신청에 이르렀습니다.

첨 부 서 류

1. 집행력 있는 판결정본 1통
1. 송달증명원 1통
1. 부동산매매계약서 사본 1통
1. 부동산등기부등본 1통
1. 법인등기부등본 1통
1. 송달료납부서 1통

20○○. ○. ○.
위 채권자 ○○○ (서명 또는 날인)

○○지방법원 귀중

압류명령에는 제3채무자에 대하여 채무자에게 인도 또는 권리이전을 금지하고, 채무자에 대하여 그 청구권의 추심과 처분을 금지할 것을 명하여야 한다. 다만, 이전등기청구권의 압류에서는 제3채무자에 대하여 이전등기절차이행을 금지하고, 채무자에 대하여는 이전등기청구권의 양도, 그 밖의 처분을 금지하면 충분하다. 그런데 압류(또는 가압류)에 의하여 그 채권의 발생원인인 법률관계에 대한 채무자와 제3채무자의 처분까지도 구속되는 것은 아니므로 기본적 계약관계인 매매계약 자체를 해제할 수 있다.[149)]

한편 채권에 대한 압류(또는 가압류)가 있더라도 이는 채무자가 제3채무자로부터 현실로 급부를 추심하는 것만을 금지하는 것이므로 채무자는 제3채무자를 상대로 그 이행을 구하는 소송을 제기할 수 있고 법원은 압류가 되어 있음을 이유로 이를 배척할 수는 없는 것이지만(☞13-14, 21-88), 소유권이전등기를 명하는 판결은 **의사의 진술을 명하는 판결**로서 이것이 확정되면 채무자는 일방적으로 이전등기를 신청할 수 있고 제3채무자는 이를 저지할 방법이 없게 되므로 위와 같이 볼 수는 없고, 이와 같은 경우에는 **압류의 해제를 조건**으로 하지 않는 한 법원은 이를 인용하여서는 안 된다(조건부 청구인용).[150)]

149) 대법원 2000. 4. 11. 선고 99다51685 판결.
150) 대법원 1999. 2. 9. 선고 98다42615 판결. 이러한 조건부 청구인용설에 따른 장래이행판결의 기재례는 아래와 같다.

◈ **소유권이전등기청구권에 대한 압류(또는 가압류)가 되어 있는 경우 제3채무자나 채무자로부터 소유권이전등기를 넘겨받은 제3자에 대하여 원인무효를 주장하여 등기의 말소를 청구할 수 있는지 여부(소극)** ◈ 소유권이전등기청구권에 대한 압류(또는 가압류)는 **채권에 대한 것**이지 등기청구권의 목적물인 부동산에 대한 것이 아니고, 채무자와 제3채무자에게 결정을 송달하는 외에 현행법상 등기부에 이를 공시하는 방법이 없는 것으로서 당해 채권자와 채무자 및 제3채무자 사이에만 효력을 가지며, 압류(또는 가압류)와 관계가 없는 제3자에 대하여는 압류(또는 가압류)의 처분금지적 효력을 주장할 수 없으므로 소유권이전등기청구권의 압류(또는 가압류)는 **청구권의 목적물인 부동산 자체의 처분을 금지하는 대물적 효력은 없다 할 것**이고, 제3채무자나 채무자로부터 소유권이전등기를 넘겨받은 제3자에 대하여는 취득한 등기가 원인무효라고 주장하여 말소를 청구할 수 없다.151)

1) 인도명령

13-69 압류명령 후, 채권자 또는 제3채무자가 신청하면, 부동산이 있는 곳의 지방법원은 ① 부동산에 관한 인도청구권의 압류의 경우에는 보관인을 정하고 제3채무자에 대하여 그 부동산을 보관인에게 인도할 것을 명하여야 하고(244조 1항), ② 부동산에 관한 권리이전청구권의 압류의 경우에는 보관인을 정하고 제3채무자에 대하여 그 부동산에 관한 채무자 명의의 권리이전등기절차를 보관인에게 이행할 것을 명하여야 한다(동조 2항). 후자 ②의 경우에 보관인은 채무자 명의의 권리이전등기 신청에 관하여 **채무자의 대리인**이 된다(동조 3항).

2) 추심명령

13-70 인도명령에도 불구하고, 제3채무자가 임의로 부동산을 인도하지 아니하거나 권리를 이전하지 아니하는 경우에는 채권자는 법 229조에 따라 집행법원에 추심명령을 신청할 수 있다(244조 4항). 추심명령은 채무자와 제3채무자에게 송달하여야 하며, 제3채무자에게 송달되어야 효력이 생긴다(242조, 227조 2항, 3항).

채권자는 추심명령을 받아 제3채무자를 상대로 추심의 소(249조)를 제기하여 보관인에게 인도하라(258조) 또는 보관인에게 등기절차를 이행하라(263조)는 판결을

---

1. 피고는 별지목록 기재 건물에 관하여 원고와 소외 갑 사이의 서울중앙지방법원 2018. 11. 13.자 2018카합54 소유권이전등기청구권 압류결정에 의한 집행이 해제되면 원고에게 2018. 1. 15. 매매를 원인으로 한 소유권이전등기절차를 이행하라.
2. 원고의 나머지 청구를 기각한다.

151) 대법원 1992. 11. 10. 선고 92다4680 전원합의체 판결.

받아 법 258조 또는 263조에 의한 강제집행으로 보관인에게의 인도 또는 직접 채무자 명의로의 등기를 실현할 수 있다. 이로써 압류 단계는 종료된다.

(3) 현금화

위에서와 같이 보관인에게 인도되거나 채무자 명의로 권리이전등기된 부동산은 부동산집행(강제경매 또는 강제관리)에 관한 규정에 따라 현금화된다(민사집행규칙 170조). 13-71

4. 선박 · 자동차 · 건설기계 · 항공기 · 경량항공기의 인도 또는 권리이전에 대한 집행

이에 대하여는 특별한 규정이 없으므로 법 227조부터 240조까지의 규정을 준용한다. 그리고 ① 선박 또는 항공기의 인도청구권에 대한 압류에 관하여는 법 244조 1항 · 4항의 규정을, 선박 · 항공기 · 자동차 또는 건설기계의 권리이전청구권에 대한 압류에 관하여는 법 244조 2항 내지 4항의 규정을, ② 자동차 또는 건설기계의 인도청구권에 대한 압류에 관하여는 법 243조 1항 · 2항의 규정을, ③ 위 규정에 따라 인도 또는 권리이전된 선박 · 항공기 · 자동차 또는 건설기계의 강제집행에 대하여는 선박 · 항공기 · 자동차 또는 건설기계 강제집행에 관한 규정을 각각 적용한다(민사집행규칙 171조). 13-72

Ⅳ. 그 밖의 재산권에 대한 집행

1. 의 의

제251조(그 밖의 재산권에 대한 집행) ① 앞의 여러 조문에 규정된 재산권 외에 부동산을 목적으로 하지 아니한 재산권에 대한 강제집행은 이 관의 규정 및 제98조 내지 제101조의 규정을 준용한다. ② 제3채무자가 없는 경우에 압류는 채무자에게 권리처분을 금지하는 명령을 송달한 때에 효력이 생긴다.

법 제2편 제2장 제4절(동산에 대한 강제집행) 제3관(채권과 그 밖의 재산권에 대한 강제집행) 가운데 채권집행의 적용대상이 되는 재산권(유체동산, 금전채권, 유체물의 인도나 권리이전을 목적으로 하는 청구권)을 제외하고 법 251조의 적용이 있는 재산권(부동산(준부동산 포함)을 목적으로 하지 아니한 재산권)을 총칭하여 '**그 밖의 재산권**'이라 13-73

고 부르는데, 이러한 '그 밖의 재산권'에 대한 강제집행에 관하여는 **채권집행**에 관한 법 223조 내지 250조의 규정을 준용한다(251조 1항).

여기서 집행의 대상이 될 수 있는 '그 밖의 재산권'으로서는 유체동산에 대한 공유지분권, 특허권 · 상표권 · 저작권 등의 지식재산권, 골프회원권 같은 설비이용권 등이 있다. 한편, 취소권, 해제권 등의 형성권은 독립한 재산적 가치가 없으므로 여기서의 집행의 대상이 되지 않는다.

위 '그 밖의 재산권'의 내용은 여러 가지이고, 또한 사회경제의 변천에 따라 새로운 권리로 인정되는 것도 나타날 가능성도 있으므로 그 밖의 재산권 모두에 대하여 개별적 규정을 둘 수 없다. 그러나 '그 밖의 재산권'이라고 하더라도 그것이 재산적 가치를 가져 강제집행의 대상이 될 수 있으므로 이에 대한 강제집행의 방법을 열어 둘 필요가 있다. 그래서 '그 밖의 재산권'에 대하여 채권집행의 예에 의하는 것으로 개괄적 절차를 둔 것이다.

◈ 비트코인(Bitcoin) 등 가상자산의 집행 ◈ 일반적으로 금전집행에서 압류의 대상이 되는 재산의 종류에 따라 그 절차가 다르므로 금전채권에 기한 가상자산(암호화폐라고도 하였다)의 집행의 경우에 그 법적 성질을 검토할 필요가 있다. 가상자산은[152] 유체성 및 배타적 지배성이 없으므로 유체동산으로 보기에 어려운 점이 있다. 법정통화인 지폐나 화폐라면 동산으로 취급되지만, 관념적 존재인 가상자산을 동산으로 취급할 수는 없다. **생각건대** 가상자산은 물권법의 규정에 따라 처리되는 일종의 **재산적 가치**인 것으로 인정될 수 있다. 가상자산을 재산적 가치를 표상하는 것으로 볼 수 있다면 금전집행의 대상이라는 관점에서는 **그 밖의 재산권**(251조 1항 참조)으로 볼 수 있다. 가상자산에 대한 집행절차가 정비되어 있지 않은 실정에서 그 절차에 대하여는 어쩔 수 없이 **채권집행의 예**에 의하게 될 것이다. 채권집행의 절차에서는 집행채무자의 제3채무자에 대한 채권을 압류하고, 제3채무자에 대해서는 지급을, 그리고 집행채무자에 대해서는 수령을 금지하는 명령을 발하게 된다(227조 1항). 그런데 집행채무자가 **비밀키를 보유**하고 있는 경우에는 **제3채무자의 개념이 존재하지 않으므로** 가상자산의 보유자를 집행채무자로 압류명령을 신청하는 것이 된다. 그리고 압류의 대상이 되는 가상자산의 특정에 있어서는 실제로 복수의 가상자산이 유통되고 있음에 비추어 가상자산의 종류와 수량을 가지고 특정하는 것으로 충분할 것이다. 또한 경우에 따라 포괄적 압류를 하는 것이 될 것이다. 이 압류명령은 집행채무자에게 송달된 때에 그 효력이 생기게 된다(251조 2항).[153]

152) 「가상자산 이용자 보호 등에 관한 법률」 2조에서 '가상자산'이란 경제적 가치를 지닌 것으로서 일정한 것을 제외하고 전자적으로 거래 또는 이전될 수 있는 전자적 증표(그에 관한 일체의 권리를 포함한다)를 말한다고 정의하고 있다.

한편 **비금전채권인 가상자산이전청구권**에 기한 민사집행도 검토할 필요가 있다.[154]

2. 집행절차

'그 밖의 재산권'에 대한 **압류**는 이 관(제3관)의 규정, 즉 **채권의 압류**에 관한 규정(223조 내지 227조)을 준용하여(251조 1항) 집행법원이 채권자의 신청에 의하여 압류명령을 발하여 이를 송달함으로써 행하여진다. **제3채무자가 있을 경우**에 압류는 제3채무자에게 압류명령이 송달되었을 때에 그 효력이 생긴다. 다만, 지식재산권과 같이 **제3채무자가 없는 경우**의 압류는 채무자에게 권리처분을 금지하는 명령이 송달된 때에 그 효력이 생긴다는 특칙을 두고 있다(251조 2항). 또한 권리이전에 등기·등록이 필요한 '그 밖의 재산권'에 대한 집행에는 부동산 강제경매에 있어서의 등기의 촉탁 등과 같은 압류등기에 관한 규정 등을 준용한다(민사집행규칙 175조 5항).[155] **현금화**를 위해서는 법 229조의 추심·전부방법과 법 241조의 특별한 현금화방법이 준용된다. 각 재산권의 특질에 따른 적절한 현금화방법의 선택, 나아가 새로운 현금화방법이 요망된다. 13-74

3. 예탁유가증권에 대한 집행

예탁증권등에 관한 강제집행 등에 관하여 필요한 사항은 대법원규칙으로 정하도록 하고 있는데(자본시장과 금융투자업에 관한 법률 317조), 예탁유가증권에 대한 집행도 **그 밖의 재산권에 대한 집행**의 방법에 의한다. 13-75

그 집행은 증권 자체가 아닌, 예탁유가증권에 관한 공유지분에 대한 법원의 압류명령에 따라 개시한다(민사집행규칙 176조).[156] **사법보좌관**의 업무이다(사법보좌관

153) 강제집행에 관한 자세한 논의는 박영호, "암호화폐의 강제집행, 비트코인을 중심으로", 사법(2019. 9), 5면 이하 참조.

154) 직접강제, 간접강제, 대체집행이 적용 가능한지 여부를 검토한 글로는 전휴재, "가상자산에 대한 민사집행에 관한 소고－비금전채권에 기한 집행을 중심으로", 사법(2023), 95면 이하 참조.

155) 상표권이 소멸하는 등으로 권리를 이전할 수 없는 사정이 명백하게 된 때에는 경매절차의 취소사유에 해당하는데(민사집행규칙 175조 5항, 민사집행법 96조 1항), 경매절차의 취소사유는 매각대금을 다 내기 전에 발생한 것이어야 한다. 상표권에 대한 집행절차에서 매수인 등이 상표권을 취득하고 집행절차가 종료되었는데 그 후 상표등록 무효심결이 확정됨에 따라 상표권을 소급적으로 상실하게 되더라도 상표권에 대한 집행절차의 효력이 무효로 된다고 할 수는 없다(대법원 2023. 12. 28. 선고 2022다209079 판결).

156) 주식거래의 빈번함과 대량화에 따라 주식의 원활한 유통을 위하여 도입된 증권대체결제제도하에서는 일반 투자자인 고객이 그 소유의 증권을 은행이나 증권회사 등의 예탁자에게 예탁하고, 예탁자는 이를 다시 모아서 한국예탁결제원에 재예탁하는 동시에, 고객은 예탁자에 투자자

규칙 2조 1항 9호). 법원이 예탁유가증권지분을 압류하는 때에는 채무자에 대하여는 계좌대체청구·「자본시장과 금융투자업에 관한 법률」 312조 2항에 따른 증권반환청구, 그 밖의 처분을 금지하고, 채무자가 같은 법 309조 2항에 따른 예탁자인 경우에는 예탁결제원에 대하여, 채무자가 고객인 경우에는 예탁자에 대하여 계좌대체와 증권의 반환을 금지하여야 한다(민사집행규칙 177조). 압류명령에는 압류목적물의 특정을 위하여 당해 계좌를 관리하는 예탁자의 명칭 및 소재지, 그 지점명 및 소재지, 유가증권발행회사의 명칭, 유가증권의 종류, 종목 등의 사항이 기재되어야 한다.

압류된 예탁유가증권지분에 관하여 법원이 정한 값으로 지급에 갈음하여 양도하는 예탁유가증권지분 양도명령, 추심에 갈음하여 법원이 정한 방법으로 매각하도록 집행관에 명하는 예탁유가증권지분 매각명령 등의 방법으로 행한다(민사집행규칙 179조). 양도명령에 의하여 그 지분이 집행채권자에 귀속되고, 매각명령에 의한 매각대금은 집행법원에 의한 배당에 이르게 된다. 주로 채권집행에 관한 규정을 준용한다(동규칙 182조).

한편 2019. 9. 16. 이른바 **전자증권법**(주식·사채 등의 전자등록에 관한 법률)의 시행으로 전자등록(주식 등의 종류, 종목, 금액, 권리자 및 권리 내용 등 주식 등에 관한 권리의 발생·변경·소멸에 관한 정보를 전자등록계좌부에 전자적 방식으로 기재하는 것을 말한다)된 주식 등에 대한 집행절차가 문제되는데(전자증권법은 68조에서 대법원규칙으로 정할 수 있도록 위임), 민사집행규칙에서 제2편 제2장 제7절 제3관의2를 **신설**하여 이에 대한 집행절차를 규정하고 있다(민사집행규칙 182조의2부터 182조의9까지).

전자등록주식 등에 대한 강제집행은 전자등록주식 등에 대한 법원의 **압류명령**에 따라 개시한다(동규칙 182조의2). 집행법원은 원칙적으로 채무자의 보통재판적이 있는 곳을 관할하는 지방법원이 된다(동규칙 182조의9 1항, 민사집행법 224조). 채무자의 보통재판적이 없는 때에는 전자등록기관 또는 계좌관리기관의 소재지 지방법원이 2차적인 집행법원이 된다(동규칙 182조의9 1항, 민사집행법 224조 2항). 현금화는 **특별현금화**만 인정된다.[157] 즉 법원은 압류채권자의 신청에 따라 압류된 전자등록주

계좌부를, 예탁자는 한국예탁결제원에 예탁자계좌부를 각각 개설하고, 그 주식의 양도 등을 함에 있어 주권을 현실적으로 교부하지 않고, 양도인의 계좌로부터 양수인의 계좌로 투자자계좌부·예탁자계좌부상으로만 이동하게 되는데, 투자자계좌부·예탁자계좌부에 기재된 자는 그 증권을 점유하는 것으로 보고(자본시장과 금융투자업에 관한 법률 311조), 고객과 예탁자는 각각 투자자계좌부·예탁자계좌부에 기재된 예탁증권의 종류·종목 및 수량에 따라 예탁증권에 대한 공유지분을 가지는 것으로 추정되기 때문이다(동법 312조).

157) 자세히는 박영호, "전자등록주식등에 대한 민사집행·보전 절차" 민사집행법연구(2020. 2),

식 등에 관하여 법원이 정한 값으로 지급함에 갈음하여 압류채권자에게 양도하는 명령 또는 추심에 갈음하여 법원이 정한 방법으로 매각하도록 집행관에게 명하는 명령을 하거나 그 밖에 적당한 방법으로 현금화하도록 명할 수 있다(동규칙 182조의5 1항).[158]

147면 이하 참조.

158) 비상장 전자등록주식과 같이 증권시장에서의 자유로운 매매가 어렵고 시장가격 기타 적정한 가액의 산정이 곤란한 경우에는 **계좌관리기관**에 대한 **위탁** 매각방식이 아니라 **집행관**이 이를 **직접** 매각하는 방식으로도 이를 매각할 수 있어야 한다(대법원 2023. 11. 7.자 2023그591 결정).

제 2–3 편

금전채권 외의 채권에 기초한 강제집행

제 1 장

총 설

14-1 민사집행법 제3장은 금전채권 외의 채권에 기초한 강제집행(비금전집행)에 관하여 규정하고 있다. 비금전집행은 앞에서 본 금전집행에서와 같은 다수당사자의 경합으로 인한 이해관계의 조정이 필요하지 않고, 그 채권을 현금화하는 절차도 요구되지 않으므로 민사집행법은 이에 관하여 7개의 조문(257조~263조)만을 두고 있다. 그렇지만, 비금전집행에는 여러 가지의 것이 있어서, 크게 나누어, ① 물건인도의 강제집행, ② 작위나 부작위의 강제집행, ③ 의사표시의무의 강제집행으로 분류할 수 있는데, 그 집행의 절차구조(집행방법)는 각각의 내용에 따라 현저하게 다르다.

〈비금전집행의 집행방법〉

<table>
<tr><th colspan="2">민사집행법
제2편 제3장</th><th>집행기관</th><th>집행방법</th></tr>
<tr><td>①</td><td>물건의 인도집행
(주는 채무)</td><td>집행관</td><td>직접강제(257조, 258조)</td></tr>
<tr><td rowspan="4">②</td><td>대체적 작위</td><td>제1심법원</td><td>대체집행(260조, 민법 389조 2항 후단)</td></tr>
<tr><td>부대체적 작위</td><td>제1심법원</td><td>간접강제(261조)</td></tr>
<tr><td>부작위</td><td>제1심법원</td><td>간접강제(261조)</td></tr>
<tr><td>부작위의무위반의
결과의 제거</td><td>제1심법원</td><td>대체집행(260조, 민법 389조 3항)</td></tr>
<tr><td>③</td><td>의사표시</td><td>자동집행</td><td>의사표시 간주(집행 불요)
(263조, 민법 389조 2항 전단)</td></tr>
</table>

법 257조 내지 259조의 규정은 이른바 '**주는 채무**'를 전제로, 채권자가 동산 또는 부동산의 점유를 취득하는 절차를 규율한다. 이는 집행권원상 동산 또는 부동산이 채권자에게 인도되어야 할 경우에 적용되는데, 인도라는 것도 채무자의 **작위**이지만, 인도의무의 집행에는 아래의 작위집행에 대한 법 260조가 아니라, 법 257조 내지 259조까지의 규정이 적용된다.

한편 법 260조의 규정은 이른바 '**하는 채무**'를 전제로, **물건의 인도를 제외한 작위**를 내용으로 하는 집행권원의 집행에 대하여 규정한다. 다만, 의사표시도 작위이지만, 이에 대하여는 법 263조가 특별규정으로 적용된다.

제 2 장

물건의 인도집행

15-1 물건의 인도집행은 유체물의 인도를 목적으로 하는 강제집행이다(금전채권에 기한 강제집행으로 행하여지는 유체물인도청구권 등에 대한 집행과 구별하여야 한다. ☞13-61). 물건에 대한 현실적 지배를 채권자에게 가지게 하려는 것을 목적으로 한다. 이는 크게 동산의 인도청구의 집행과 부동산 등(토지, 건물, 선박 등)의 인도청구의 집행으로 나뉜다.[1] 여기서 말하는 동산은 유체동산만을, 부동산은 본래의 부동산(민법 99조 1항)만을 의미하고, 금전집행에서의 그것과 다르다. 그리고 인도청구권이 물권에 기하든 또는 채권적 청구권이든 인도집행절차에는 차이가 없다. 또 인도를 받을 사람은 채권자이든가 제3자이든가 상관없다.

Ⅰ. 동산인도청구권의 집행

제257조(동산인도청구의 집행) 채무자가 특정한 동산이나 대체물의 일정한 수량을 인도하여야 할 때에는 **집행관**은 이를 채무자로부터 빼앗아 채권자에게 인도하여야 한다.

---

1) 구 민사소송법에서 강제집행의 구성은 독일 민사집행법의 구성과 마찬가지이었다. 즉, 금전채권집행에서 앞에 동산집행을 규정하고, 그것을 유체동산집행과 채권 그 밖의 권리집행으로 나누고, 다음으로 부동산집행을 규정하였다. 당시 동산집행을 중시한 것이라고 생각되나, 현재는 채권집행의 중요성이 커지기는 하였지만, 유체동산집행은 부동산집행과 비교한다면 그 중요성은 후순위라고 할 수 있다. 그런데 현행 민사집행법은 구법의 금전채권집행에서의 규정의 순서를 바꾸어 동산집행 앞에 부동산집행을 두었으나, 앞의 금전채권집행에서와 달리, 여기 금전채권 외의 채권에 기초한 강제집행에서는 동산인도청구의 집행이 먼저이고, 부동산 등의 인도청구의 집행은 다음 순서로 규율하였다. 구법의 조문의 순서를 여기에서는 그대로 가져온 것이다.

1. 의 의

동산인도청구의 집행은 집행관이 채무자로부터 목적동산을 빼앗아 채권자에게 인도하는 직접강제의 방법으로 행한다(257조. 앞에서 본 금전채권에 기한 강제집행으로 인도청구권을 압류하는 경우(243조)와 구별). 조문상은 특정한(bestimmt) 동산이라고 규정하고 있으나, 그것은 **유체동산**을 의미한다. 유체동산으로 특정되고 있으면 1개이든, 집합물이든 상관없으며, 특정한 종류의 동산의 일정 수량이라도 무방하다. 항공기, 자동차, 건설 기계와 같은 것도 여기에 포함되고(유체동산에 대한 강제집행에 있어서는 자동차 등 부동산에 준하여 취급되는 것을 제외. ☞12-1), 문서나 유가증권 또는 압류금지물건도[2] 집행목적물이 된다. 선박은 원래 동산이지만, 그 인도청구에 있어서는 부동산에 준하여 취급된다(258조). 한편 전기나 열과 같은 지배가 가능한 자연력은 「민법」상으로는 물건이지만(민법 98조 참조), 그 공급의무를 이행하기 위하여 특별한 장치와 그 조작이 필요하므로 이는 "하는 채무"에 속하고 따라서 동산인도청구의 방법에 의하여 집행될 수 없으며, 대체집행 등의 방법에 의하여야 한다. 수돗물이나 가스의 공급도 마찬가지이다. 다만 용기에 들어있는 물이나 가스의 공급을 구하는 채권의 강제집행은 직접강제에 의한다. 15-2

여기서 말하는 동산인도청구라 함은 동산의 직접점유, 즉 현실의 지배의 이전을 목적으로 하는 청구를 말한다. 한편, 제3자가 점유하는 동산의 인도의 집행은 별도의 집행방법에 의하는데(259조), 이에 대하여는 후술한다. 그리고 점유개정(민법 189조)에 의한 인도를 명하는 집행권원과 같이 간접점유의 설정이나 이전이 명하여진 경우에 이는 의사표시에 의한 관념적인 법률효과의 발생을 목적으로 하는 것이므로 의사표시를 구하는 청구권에 대한 강제집행의 방법(263조)에 의한다.

2. 집행기관

집행기관은 **집행관**이다. 채권자는 집행관에게 집행을 위임하여 집행관이 집행한다. 실력행사에 의한 직접강제의 방법이 적절하므로 집행관이 집행기관이 된다. 부동산인도집행과 달리(258조 2항), 집행관은 강제집행의 장소에 인도를 받아야 할 채권자 또는 그 대리인이 출석하지 않아도 실시할 수 있는데, 목적물의 운반이나 15-3

2) 압류금지동산이라도 그 처분은 자유이므로 양도담보가 설정되어 그 실행으로 인도청구권의 집행이 행하여지는 경우에 목적물이 압류금지동산인 것을 이유로 인도집행을 할 수 없다고 볼 수 없다(中野貞一郎/下村正明, 807면 주10) 부분).

보관이 곤란할 수 있는 경우가 있으므로 집행관은 해당 목적물의 종류·수량 등을 고려하여 부득이하다고 인정하는 때에는 강제집행의 실시를 유보할 수 있다(민사집행규칙 186조 1항).

3. 집행절차

15-4 금전이 아닌 물건의 현실지배의 취득을 목적으로 하므로 금전집행에 보이는 압류, 현금화, 만족이라는 일련의 절차구조를 취하지 않는다.

인도하여야 할 목적물을 채무자가 소지하고 있을 때는 **집행관**은 채무자로부터 이를 **빼앗아** 가급적 빨리 채권자(또는 제3자)에게 **인도**하여야 한다(257조). 강제집행의 장소에 채권자 또는 그 대리인이 출석하지 않은 경우에는 집행관은 채무자로부터 빼앗은 물건을 보관하여야 한다(민사집행규칙 186조 2항).

집행관은 집행을 하기 위하여 필요한 경우에는 채무자의 주거, 창고와 그 밖의 장소를 수색하고 잠근 문과 기구를 여는 등 적절한 조치를 할 수 있고, 저항을 받으면 경찰 또는 국군의 원조를 요청할 수 있다(5조).

인도집행을 마친 때에는 집행관은 채무자에게 그 취지를 통지하여야 한다(민사집행규칙 187조).

◈ 유아인도의 집행 ◈ 유아인도를 명하는 재판(심판, 나아가 조정조서 등)의 경우에 그 집행방법은 어떻게 되는가.[3] '유아인도를 명하는 재판의 집행절차에 관한 예규(재특 82-1)'에서(2025. 1. 15. 개정, 2025. 2. 1. 시행)[4] 유아의 인도를 위한 직접강제 집행절차에 관하여는 법 257조(동산인도청구의 집행)를 준용한다고 하고 있다.[5] 그런

3) 한편 최근 국제결혼이 증가하면서 배우자 일방이 다른 배우자의 동의 없이 아동을 타국으로 탈취(고전적 유괴와 대비되는 개념으로 부모 일방 또는 후견인 등이 아동을 일방적으로 이동시키거나 또는 유치하는 행위)하는 사례가 증가하면서 우리나라가 2012년 12월 가입하고 2013년 3월 발효된 '국제적 아동탈취의 민사적 측면에 관한 협약(Convention on the Civil Aspects of International Child Abduction)'에 따른 아동반환에 관한 심판이 종종 나오고 있는데(협약상 아동이란 16세 미만을 말한다), 2013. 3. 1. 시행의 위 협약에 관한 이행 법률(법률 제11529호. 약칭으로 헤이그아동탈취법)은 국제적으로 자녀의 반환의 강제집행에 관하여 명확한 규정을 두고 있지 않다. 위 협약 불이행 국가로 분류된 우리나라는 2024. 1. 10. '헤이그 국제아동탈취협약에 따른 아동반환청구 사건의 집행에 관한 예규'를 제정하였다(재특 2024-1. 2024. 4. 1. 시행).

4) 개정 예규에서 유아인도심판 등에 따른 집행관의 강제집행 시 유아의 안전과 복리를 고려한 집행이 이루어질 수 있도록 집행관이 준수하여야 할 의무와 권한, 집행보조자로서의 유아 관련 전문가의 역할과 조력 등을 구체적으로 규정하고 있다.

5) 위 '유아인도를 명하는 재판의 집행절차'에 관한 예규는 이 경우 집행관은 그 집행에 있어서 **일반동산의 경우와는 달리** 수취할 때에 세심한 주의를 하여 인도에 어긋남이 없도록 하여야

데 의사능력 있는 유아에 대하여는 유아 본인이 인도당하는 것을 거부하면 집행불능으로 될 수밖에 없다고 한다.[6] **학설**을 보면, 우선 **의사능력이 없는 유아**의 인도청구권의 집행방법에 관하여는 **직접강제**가 허용된다는 견해가 일반적이고,[7] 이에 대하여는 유아의 인격도 존중되어야 한다는 취지에서 오히려 **간접강제**에 의하여야 한다는 견해도 있다. 한편, 스스로 **의사능력이 있는 유아**의 경우에는 그 유아가 반발하면 집행불능이 될 수밖에 없고, 그에 대한 인도청구권은 성립할 수 없으며, 집행관으로서도 그의 의사에 반하여 그 행동을 속박할 수 없으므로 채무자에 대하여 채권자의 인수를 방해하지 않을 **부작위의무의 집행**만을 인정하여야 한다고 보는 것이 일반적이라고 한다.[8] 그리고 구체적 사안을 보아 직접강제나 간접강제에 의하여 양쪽을 병용하자는 **절충설**도 있다. 한편, 「가사소송법」 64조 1항은 유아의 인도의무를 이행하여야 할 사람이 그 의무를 이행하지 아니할 때에는 가정법원이 당사자의 신청에 의하여 일정한 기간 내에 그 의무를 이행할 것을 명하는 **이행명령제도**를 규정하고 있고, 같은 법 67조는 그 이행명령에 불응한 사람에 대하여 1,000만 원 이하의 과태료에 처할 수 있도록 규정하고 있으며, 같은 법 68조 1항 2호는 그 과태료처분을 받고도 30일 이내에 정당한 이유 없이 그 의무를 이행하지 않은 사람을 30일의 범위 내에서 그 의무이행이 있을 때까지 감치에 처할 수 있도록 규정하고 있는 등 (☞1-21) 유아인도에 있어서 일종의 **간접강제**를 인정하고 있다. 다만, 이러한 「가사소송법」의 규정이 있음에도 직접강제를 전혀 할 수 없다고 볼 수 없고, 위에서 살핀 직접강제와 「가사소송법」에 의한 일종의 간접강제가 병존한다고 할 것이다(실무상 이행명령이 활용되고 있다). 하여튼 앞으로 유아를 포함하여 자녀의 인도집행에 관한 규율을 정비할 필요성이 있다.[9]

한다고 규정하고 있는데, 집행관의 집행의 현실에 대한 파악도 충분하지 않은 상태이다.

6) 자녀의 인도청구의 집행의 방법을 검토함에 있어서 우선 현행법의 해석론으로 자녀의 인도를 구하는 청구권의 성질에 대해 살펴보는 것이 필요하다. 그 청구권의 성질에 대하여 자녀의 **인도청구권**이라고 보는 입장과 친권자·감호자에 의한 친권·감호권의 행사에 대한 방해의 배제를 구하는 청구권이라고 이해하는 입장이 있을 수 있다. 다만, 후자의 친권·감호권의 행사에 대한 **방해의 배제를 구하는 청구권**으로 포착하더라도 자녀의 인도를 명령받은 채무자가 부담하는 구체적 의무 내용에 대해서는 ① 채권자가 자녀를 데려가는 것이나 자녀가 채권자 품으로 가는 것을 채무자가 방해하지 않는다는 부작위 의무뿐이라는 입장 외에 ② 이러한 부작위 의무에 더하여 채무자가 채권자에 대하여 '주는 채무'로 자녀를 인도할 의무를 진다는 입장이 있을 수 있다.

7) 위 예규 참조.

8) 주석 민사집행법(Ⅵ), 40면[황진구]; 법원실무제요 가사[Ⅰ](2010), 252면.

9) 자세히는 전병서, "자(子)의 인도청구의 집행방법에 관한 연구", 법조(2018. 6), 98면 이하 참조. **일본** 2019년 개정 민사소송법은 자의 인도를 명하는 재판의 실효성 확보와 함께 자의 심신에 충분한 배려를 하는 등의 관점에서 174조~176조에서 자의 인도의 집행에 관한 규율을 명확히 하였다.

Ⅱ. 부동산 · 선박인도청구권의 집행

제258조(부동산 등의 인도청구의 집행) ① 채무자가 부동산이나 선박을 인도하여야 할 때에는 집행관은 채무자로부터 점유를 빼앗아 채권자에게 인도하여야 한다. ② 제1항의 강제집행은 채권자나 그 대리인이 인도받기 위하여 출석한 때에만 한다. ③ 강제집행의 목적물이 아닌 동산은 집행관이 제거하여 채무자에게 인도하여야 한다.

1. 의 의

15-5 가령, 건물의 매수인이 대금을 지급하였음에도 그 목적한 건물을 인도받지 못하여 매도인에 대하여 인도를 명하는 판결을 받은 경우에 인도를 강제적으로 실현시키고자 하는 경우를 생각하여 보자. 물건을 인도하는 의무는 목적물의 점유의 사실적 지배의 이전을 목적으로 하는 '주는 채무'이고, 직접강제에 의하여 그 채무 자체를 강제적으로 실현시킬 수 있다.[10] 즉, 부동산인도 등의 집행은 **집행관**이 채무자의 부동산에 대한 점**유를 빼앗아** 채권자에게 **인도**하는 방법으로 한다(258조 1항).

여기에서의 부동산은 고유 의미의 부동산, 즉 토지 및 그 정착물(민법 99조 1항)만을 의미한다. 토지의 정착물 중에 특히 건물은 토지와는 독립된 별개의 부동산이다. 따라서 법률상 부동산으로 보는 권리나 부동산 내지 토지에 관한 규정이 준용되는 권리(공장재단, 광업재단, 광업권, 어업권 등)는 여기에서의 부동산이 아니다. 부동산이 미등기인 경우에도 집행방법은 등기된 부동산과 다르지 않다.

1개의 부동산의 일부도 물리적으로 다른 부분과 구분할 수 있고 독립된 효용을 가진 것인 한, 인도집행의 목적물이 될 수 있고, 가령 건물의 증축 부분이나 부속 부분이 집행권원에 표시되어 있지 아니한 경우에도 본래 건물에 부합하거나 종물로 인정되는 경우에는 집행권원에 표시되어 있는 건물과 함께 인도집행의 대상이 되고, 반면 증축 부분이나 부속 부분이 해당 건물의 부합물이나 종물로 인정되지 않은 경우에는 해당 건물만이 집행의 대상이 된다.

한편 **선박**은 원래 동산이지만, 법 258조는 그 크고 작음이나 등기의 유무를 불문하고 이를 부동산과 같이 취급하고 있다.

---

10) 한편 **일본**에서는 2003년 담보 · 집행제도의 개정에 의하여 물건인도청구권의 집행에 대하여도 간접강제에 의할 수 있도록 하였다(173조).

2. 인 도

인도에는 동산의 경우와 마찬가지로 부동산에 대한 직접적인 지배를 채무자로부터 이전시키는 **협의의 인도**와 인도의 한 형태로서 특히 채무자가 살림을 가지고 거주하거나 물건을 놓아두면서 점유하고 있는 때에 그 물건을 제거하고 거주자를 퇴거시켜 채권자에게 완전한 지배를 이전시키는 **명도**를 모두 포함한다. 건물의 경우에도 점유의 이전을 의미하는 용어로 토지와 마찬가지로 「인도」를 사용한다. 종전에는 인도와 구별하여 「명도」라는 용어를 사용하였으나, 현행 258조 1항은 「명도」라는 개념을 따로 인정하지 않고, **인도의 개념에 포함**시키고 있다. 15-6

한편 **퇴거**는 건물점유자의 점유를 풀고 점유자를 퇴출시키고 점유자가 점유하는 동산을 건물 밖으로 반출하는 것으로, 건물의 현실적 지배를 이전하여야 하는 것은 아니다.

3. 집행절차

◈ **구체적 예** ◈ 甲은 乙에게 가옥인도의 집행을 하고자 한다. 그런데 乙의 가옥에는 乙의 처 丙 이외에 乙의 공장에서 일하는 종업원 丁이 같이 살고 있는 것이 판명되었다. 또한 가옥 내에는 乙 등이 소유하는 많은 일상생활품이 있다. 이 경우에 가옥인도집행은 어떻게 이루어지는가.

부동산 등 인도의 집행기관은 목적물이 있는 곳을(목적물의 현실적 지배를 이전하는 것을 목적으로 하는 집행이므로) 관할하는 지방법원이나 지원에 소속된 **집행관**이다(258조 1항). 집행관이 집행보조자를 사용하는 것이 인정된다. 집행권원에서 구체적·개별적으로 특정된 목적물을 조사하여 현황이 동일하고 집행하는 데 특별한 장애사유가 없는 경우에는 집행에 나아가야 한다.[11] 집행관이 직접 실력으로 부동산 등에 대한 채무자의 점유를 배제하고(빼앗아) 채권자에게 그 점유를 취득하게 한다(직접강제의 방법). 집행관은 실무에서 통상 제1회 기일에는 집행현장에서 채무자에게 임의이행을 촉구하며 제2회 기일을 지정하고, 그 기일까지 임의이행이 없는 경우에 비로소 인도집행 등으로 나아간다고 한다.[12] 점유를 취득시킬 필요가 있으므 15-7

11) 한편, 목적물 중 일부에 대하여만 집행이 가능한 경우에는 채권자가 그 일부 목적물에 대하여만 집행하기를 원하지 않는다는 등의 특별한 사정이 없는 한, 집행이 가능한 목적물에 대하여 집행하여야 하고 전체 목적물에 대하여 집행위임을 거부할 수 없다(대법원 2021. 1. 12.자 2020그752 결정[미간행]).

12) 법원실무제요[Ⅰ], 31면.

로 위 집행은 채권자나 대리인이 인도받기 위하여 출석한 때에만 한다(동조 2항).

한편 위와 같이 직접강제 방법에 의하여 집행을 진행하므로 목적물에 대한 채무자의 점유가 인정되지 않으면 집행은 불능이 된다. 따라서 집행관은 집행을 개시함에 있어 집행권원에 표시된 채무자가 목적물을 점유하는지를 스스로 조사·판단하여야 한다. 이때 집행관은 그 개연성을 인정할 수 있는 외관과 징표에 의하여서만 판단할 수 있을 뿐이고, 실질적 조사권은 없더라도 집행관이 집행권원 등 관련 자료를 조사하면 쉽게 그 점유관계를 판단할 수 있는 경우 이를 조사·판단하여야 한다.[13)]

◈ 건물인도소송 및 집행 시 주의할 점 ◈ 건물인도를 둘러싼 분쟁을 해결하기 위해서 건물인도청구소송을 제기하는 경우에 주의하여야 할 점으로 점유 주체의 판별, 즉 소를 제기하기 전에 건물의 점유 상태를 조사할 필요가 있다. 건물인도청구소송은 점유자를 상대방(피고)으로 제기하는 것인데, 소제기에 있어서 채권자(원고)는 함부로 건물 내부에 들어갈 수 있는 것은 아니므로 바깥에서 살펴 점유자를 판단하여야 하고, 그 사람을 점유자(피고)로 소를 제기할 수밖에 없다. 이 점에서 점유자를 정확하게 포착하지 못할 위험이 있다.[14)] 나아가 당초의 점유자가 소송 도중에 바뀔 위험도 있다. 인용판결을 받더라도 판결에 표시된 점유자(피고)가 집행절차에서 해당 건물를 점유하고 있지 않다고 인정되면, 집행은 불능이 된다. 바뀐 나중의 점유자에게 판결의 효력을 미치기 위해서는 소를 제기하기 전에 점유이전금지가처분을 받아 집행하는 것에 의하여 점유자를 법률상 고정(항정)시킬 필요가 있다. 나아가 집행에서 문제를 복잡하게 하는 것으로 점유에 위한 인도집행절차를 방해하는 경우가 있다. 점유자를 바꾸는 등으로 인도집행절차를 지연시킬 수 있다.[15)]

13) 대법원 2014. 6. 3.자 2013그336 결정; 대법원 2022. 4. 5.자 2018그758 결정 등. 한편 점유사실을 인정하거나 점유자가 누구인지 판단함에 있어서 주민등록표 등본이나 사업자등록증은 중요한 자료이지만 유일한 자료는 아니다. 집행관은 이러한 자료뿐만 아니라 실제의 점유상황과 그 밖의 사정 등을 종합적으로 살펴 점유사실의 인정 내지 점유자를 특정하여야 한다. 특히 영업장 등의 점유자를 판단함에 있어서는 사업자등록증, 간판, 상호, 영수증, 기타 영업장 내의 부착물이나 집기, 각종 우편물, 납세고지서 등으로 점유자를 확인하고, 이를 통하여도 채무자의 점유를 확인할 수 없는 경우에 이르러야 집행불능으로 처리할 수 있다(대법원 2022. 6. 30.자 2022그505 결정).

14) **일본**은 2003년 집행관에게 조사 등의 권한을 인정하였다(일본 민사집행법 168조 2항). 즉, 집행을 위하여 부동산 등의 점유자를 특정할 필요가 있는 때에는 해당 부동산 등에 있는 사람에 대하여 해당 부동산 등 또는 이에 근접하는 장소에서 질문을 하거나 계약서나 영수증 등의 문서의 제시를 구할 수 있다. 그리고 그 거절 등은 형사벌의 대상이 된다(동법 205조 1항 3호).

15) 부동산인도집행의 간이·신속화를 위한 방안으로 일본 민사집행법 168조의2 '명도의 최고', 즉 최고가 있은 뒤, 부동산의 점유가 이전되더라도 인도 기한의 경과 전이라면 해당 점유자에 대하여 승계집행문의 부여 없이 당초의 집행신청에 기한 인도집행을 할 수 있다는 규정이 있는데(위 일본 민사집행법 동조 6항. 결국 인도의 최고에 당사자항정효를 인정한다는 취지), 이를

채무자와 함께 거주하고 있는 가족이나 동거인에 대하여는 사회통념상 그들이 채무자와 별개 독립한 점유를 가진다고 인정되는 등의 특별한 사정이 없는 한, 별도의 집행권원 없이도 집행할 수 있다.

간접점유자가 직접점유자를 통하여 부동산을 간접적으로 점유하고 있는 경우 간접점유자 및 직접점유자에 대한 집행권원을 가지고 부동산에 대한 인도청구권을 집행하는 채권자로서는 현실적으로 직접점유자에 대하여 인도집행을 함으로써 간접점유자에 대한 인도집행을 한꺼번에 할 수밖에 없으므로, 직접점유자에 대하여 부동산에 대한 인도집행을 마치면 간접점유자에 대하여도 집행을 종료한 것으로 보아야 할 것이다.[16)]

4. 목적부동산 내의 동산의 처리

강제집행의 목적인 부동산이나 선박 등의 **종물인 동산**은 집행권원에 기재되어 있지 않더라도 부동산 등과 함께 강제집행의 대상이 되므로 집행관은 이 또한 채권자에게 점유를 이전하여야 한다. 15-8

그러나 강제집행의 목적물이 아닌 **그 밖의 동산**(집행목적 외 동산)에 대하여는 집행권원의 효력이 미치지 않으므로 이를 집행관이 제거하여 채무자에게 인도하여야 하고(258조 3항), 이 경우에 채무자가 없는 때에는 같이 사는 사리를 분별할 지능이 있는 친족 또는 채무자의 대리인이나 고용인에게 그 동산을 인도하여야 한다(동조 4항). 이러한 동산을 인도받을 채무자나 그 대리인 등이 없는 때에는 집행관은 그 동산을 채무자의 비용으로 보관하여야 한다(동조 5항). 채무자 등이 그 수령을 거부하거나 집행현장을 떠나 버렸을 때에도 마찬가지로 집행관이 보관하여야 하는 것으로 해석된다.

집행관은 집행목적 외 동산을 스스로 보관할 수도 있고, 채권자나 제3자를 보관인으로 선임하여 보관하게 할 수 있을 것이다. 건물 내에 있는 유골함이 문제된 적 있다.[17)] 채권자의 승낙을 받아 채권자에게 보관시킬 경우에는 목적 외 동산을

참고하여 우리 법제에 '인도의 최고'를 신설하고자 하는 제안을 검토할 수 있다.

16) 대법원 2000. 2. 11.자 99그92 결정.

17) 건물 내에 있는 **유골함**을 피신청인이나 그 대리인 등에게 인도할 수 없고 집행관 스스로도 그 유골함을 계속하여 보관하기 곤란한 사정이 있다면, 신청인이 현상을 그대로 유지하는 조건으로 유골함을 보관할 의사가 있는지, 혹은 그 밖에 다른 적정한 방법으로 이를 보관할 수는 없는지 등을 추가로 확인하여야 하고 그와 같은 조치를 취하지 아니한 채 부동산의 인도집행 자체를 거부할 수는 없다(대법원 2022. 4. 14.자 2021그796 결정).

채권자에게 보관시킴으로써 그 부동산에 목적 외 동산을 남긴 상태에서 그대로 인도집행을 마칠 수 있다. 이 경우에 채권자의 그 보관에 관한 권리나 의무는 원칙적으로 집행관과 사이에 체결된 임치계약 등 사법상의 계약에 의하여 정하여 진다고 할 것이므로, 채권자가 그 동산을 보관하던 중 이를 분실한 경우 채권자가 보관상의 주의의무를 제대로 이행하지 못한 과실의 정도가 불법행위의 요건을 충족시킬 수 있고 또한 그 보관상의 주의의무의 위반행위가 구체적인 태양이나 정도 등에 비추어 위법하다고 인정되는 경우에는 달리 특별한 사정이 없는 한 채권자는 집행관이나 그 동산의 소유자 등에 대하여 불법행위로 인한 손해배상책임을 진다.[18]

집행목적 외 동산을 보관하게 된 경우에는 그 사실을 채무자에게 통지하여야 하며, 채무자가 그 수취를 청구한 때에는 이를 채무자에게 인도하여야 한다.

보관비용은 집행비용에 포함되며, 집행관은 수취를 청구하는 채무자나 제3자에 대하여 보관비용에 관한 유치권을 행사할 수 있다.[19]

채무자나 그 밖에 그 동산을 수취할 권한이 있는 사람이 그 동산의 수취를 게을리 한 때에는 집행관은 집행법원의 허가를 받아 동산에 대한 강제집행의 매각절차에 관한 규정에 따라 그 동산을 매각한다(258조 6항).[20] 이 매각은 동산이 채무자의 소유에 속하는 경우뿐만 아니라 제3자의 소유에 속하는 경우에도 원칙적으로 가능하며, 매각을 위하여 별도로 동산을 압류할 필요도 없다. 동산을 매각한 때에 집행관은 그 매각대금에서 매각 및 보관에 필요한 비용을 빼고 나머지 대금을 공탁하여야 한다(258조 6항). 이 공탁은 일종의 변제공탁이고 공탁금의 지급은 출급청구에 따라 이루어진다. 집행관이 동산을 매각함에는 조서를 작성하여 매각의 사유를 적어야 한다.

---

18) 대법원 1996. 12. 20. 선고 95다19843 판결.

19) 피고가 건물을 경락받아 인도받으면서 그 안에 있던 이 사건 비품을 집행관의 명령에 따라 보관하게 되었는데, 비품 소유자인 원고가 피고를 상대로 비품의 인도, 비품 사용에 따른 부당이득 반환, 비품 반환 거부에 따른 불법행위에 기한 손해배상을 구한 경우, 피고는 위 비품을 보관하여 갖게 된 보관비용 채권을 변제받을 때까지 이 사건 비품을 유치할 권리가 있다(대법원 2020. 9. 3. 선고 2018다288044 판결).

20) 법 258조 6항은 매각허가의 대상이 되는 동산을 집행관이 강제집행 목적물에서 제거하여 보관하는 동산으로 한정하고 있지 않으므로, 그 적용 여부는 채무자가 그 수취를 게을리하였는지 여부에 따라 달라진다고 보아야 하고, 집행관이 위와 같은 **동산을 보관하고 있는지 여부와는 상관없다**. 따라서 집행관은 강제집행 목적물에서 목적물이 아닌 동산을 제거하여 보관하는 경우는 물론 그 동산을 제거하여 보관하는 것이 불가능하거나 현저히 곤란하여 강제집행 목적물에 그대로 남아있는 경우에도 채무자가 그 동산의 수취를 게을리하면 집행법원의 허가를 받아 그 동산을 매각할 수 있다(대법원 2018. 10. 15.자 2018그612 결정).

Ⅲ. 목적물을 제3자가 점유하는 경우의 인도집행

제259조(목적물을 제3자가 점유하는 경우) 인도할 물건을 제3자가 점유하고 있는 때에는 채권자의 신청에 따라 금전채권의 압류에 관한 규정에 따라 채무자의 제3자에 대한 인도청구권을 채권자에게 넘겨야 한다.

인도의 목적물(동산이든, 부동산이든 상관 없음)을 채무자 아닌 제3자가 점유하고 있는 때에는 원칙적으로는 직접의 인도집행은 할 수 없다.[21] 물론 그러한 제3자에 대하여 집행권원의 집행력이 미칠 때(변론종결 뒤의 승계인이거나 채무자를 위하여 목적물을 소지하고 있는 경우 등)는 집행할 수 있고, 그 제3자는 강제집행에 있어서 채무자이므로 이는 앞의 경우와 별개이다. 15-9

집행권원의 집행력이 미치지 않는 제3자의 점유로 인한 집행불능을 막기 위하여 점유하고 있는 제3자가 목적물을 채무자에게 인도할 의무가 있는 경우라면, 집행법원이 채무자의 제3자에 대한 인도청구권을 압류하여, 그 청구권의 행사를 채권자에게 허용하는 취지의 명령(이부명령)을 발하는 방법에 의하여 인도집행을 행한다(이 집행은 비금전집행으로 현금화되지 않으므로 금전집행의 경우의 유체물인도청구권 등에 대한 집행과 혼동하지 않아야 한다. ☞13-61). 즉, 채무자의 인도청구권을 채권자가 넘겨받을 수 있게 하였다(259조). 이러한 **압류** 및 **이부명령**은 동산의 인도청구(257조)뿐만 아니라 부동산·선박의 인도청구(258조)에도 적용된다.[22]

집행법원이 집행기관이 되며(223조), 구체적으로는 집행목적물이 있는 곳의 지방법원이나 지원이 관할한다(224조 2항 단서). **사법보좌관**이 업무를 행한다. 절차는 채권집행에 있어서의 압류명령신청의 방식(민사집행규칙 159조) 등의 규정이 준용된다(민사집행규칙 190조).

이부명령은 성질상 추심명령과 유사하고, 금전채권에 대한 압류명령과 달라서 압류경합의 문제는 원칙적으로 생기지 않는다. 따라서 그 대상인 채무자의 제3자에 대한 인도청구권은 이부명령을 받은 채권자만이 행사할 수 있고, 그 뒤 채무자의 다른 금전채권자가 이를 압류하는 것은 허용되지 않는다.

---

21) 대법원 2022. 6. 30.자 2022그505 결정.

22) 한편, **일본**에서는 2003년 담보·집행제도의 개정에 의하여 위와 같은 방법과 함께 간접강제의 방법에 의하여 실현할 수 있도록 하였다(173조).

제3자가 채권자의 강제집행에 협력하여 임의로 채권자에게 인도하면 그로써 강제집행은 종료되나, 불응하면 채권자는 제3자를 상대로 추심의 소인 목적물인도 소송을 제기하여 승소판결을 받아 이를 집행권원으로 하여 집행할 수밖에 없다.

한편 위와 같은 압류 및 이부명령은 채권자대위권(민법 404조)의 행사에 의하여도 그 목적을 달성할 수 있다. 채권자대위권을 두고 있지 않은 독일법의 영향하에서 위와 같은 집행방법의 특칙을 둔 것이다. 채권자대위에 의할 수 있는 프랑스법 등에서는 이에 상당하는 규정은 없다.

제3장

작위 · 부작위 · 의사표시의 집행

Ⅰ. 개 관

민법 제389조(강제이행) ① 채무자가 임의로 채무를 이행하지 아니한 때에는 채권자는 그 **강제이행**을 법원에 청구할 수 있다. 그러나 채무의 성질이 강제이행을 하지 못할 것인 때에는 그러하지 아니하다. ② 전항의 채무가 **법률행위**를 목적으로 한 때에는 채무자의 의사표시에 갈음할 재판을 청구할 수 있고 **채무자의 일신에 전속하지 아니한 작위**를 목적으로 한 때에는 채무자의 비용으로 제삼자에게 이를 하게 할 것을 법원에 청구할 수 있다. ③ 그 채무가 **부작위**를 목적으로 한 경우에 채무자가 이에 위반한 때에는 채무자의 비용으로써 그 위반한 것을 제각(除却)하고 장래에 대한 적당한 처분을 법원에 청구할 수 있다.

민사집행법 제260조(대체집행) ① 민법 제389조제2항 후단과 제3항의 경우에는 **제1심 법원**은 채권자의 신청에 따라 민법의 규정에 의한 결정을 하여야 한다.

민사집행법 제261조(간접강제) ① 채무의 성질이 간접강제를 할 수 있는 경우에 **제1심 법원**은 채권자의 신청에 따라 간접강제를 명하는 결정을 한다. 그 결정에는 채무의 이행의무 및 상당한 이행기간을 밝히고, 채무자가 그 기간 이내에 이행을 하지 아니하는 때에는 늦어진 기간에 따라 일정한 배상을 하도록 명하거나 즉시 손해배상을 하도록 명할 수 있다.

작위를 목적으로 하는 이른바 '**하는 채무**'는 동산인도집행과 같은 '**주는 채무**' 16-1
와 달리, 직접강제로서는 그 목적을 달성할 수 없으므로(부작위를 목적으로 하는 채무의 집행도 마찬가지) '하는 채무' 가운데 **대체성이 있는 경우**에는 대체집행(260조)의 방법을, **대체성이 없는 경우**에는 간접강제(261조)의 방법을 사용하게 된다.[1)]

1) 한편, 실체법상 개념으로 민법에서 강제이행(민법 389조)에 관한 규정을 두고 있는 것을 검토할 필요가 있다(자세히는 ☞4-4). 민법 389조 1항에서의 '강제이행'은 언뜻 보면 강제집행을 의

대체집행이란 채무자의 비용으로 채무자 이외의 제3자로 하여금 채무의 내용을 실현시키는 방법이다. 이에 대하여 **간접강제**란 채무자에게 심리적 압박을 가하여 채무자 자신으로 하여금 채무의 내용을 실현하게 하는 방법을 말한다.

그런데 채무의 성질상, **간접강제를 할 수 없을 때**에는 결국 청구권의 실현은 **손해배상**의 방법에 의할 수밖에 없다. 채무자의 자유의사에 반하여 이를 강제하는 것이 현재의 사회관념상 인용되지 않는 경우(가령 부부동거의무 등), 채무자의 의사를 강제하여서는 채무 본래의 내용을 실현하였다고 할 수 없는 경우(가령 그림을 그릴 의무 등), 채무자가 그 의사표시만으로는 이행할 수 없고 다른 외부적 여건이 필요한 경우(가령 제3자인 주식회사로부터 멸실된 주권에 갈음하는 신주권의 발행을 받아 채권자에게 교부하여야 할 의무 등) 등은 간접강제가 허용되지 않는 예이다.

〈대체집행 · 간접강제 사건 접수 통계〉

	2019년	2020년	2021년	2022년	2023년
대체집행	1,390	1,395	1,443	1,276	1,254
간접강제	170	203	230	179	193

Ⅱ. 작위의무 위반에 대한 강제집행

16-2 대체성이 있는 작위를 목적으로 하는 채무의 경우(민법 389조 2항 후단)에는 그 채무가 채무자 본인이 이행을 하지 않더라도 목적을 달성할 수 있는 것이라면, 채권자는 **대체집행**을 할 수 있다(260조 1항).[2] 이에 대하여 작위의무가 대체성을 가지지 않는 경우(부대체적 작위의무)에서 그 강제는 대체적 작위의무의 강제와는 다른 방법에 의하여야 한다. 왜냐하면 부대체적 작위의무는 제3자가 채무자를 갈음하여 행위를 하더라도 채무자가 한 것과 같은 법적 가치 내지는 경제적 효과를 가져 오지

미하는 것으로 볼 수 있으나, 위 2항에서 대체집행을 규정하고 있으므로 여기에서의 '강제이행'을 강제집행의 의미로 볼 것인가에 의문이 남는다. 본래 일본법에서 프랑스 민법을 참조한 민법과 독일 민사소송법을 참조한 민사소송법에서 서로 충분한 연계를 취하지 않은 점도 있다고 할 것이다. 박두환, 619면도 민법 389조는 원래 절차법에 속할 규정으로 실체법인 민법에서 규정할 성질의 것이 아니라고 한다. 일본에서는 2017년 민법(채권법) 개정에 따른 민사집행법의 개정이 있었는데, 위 민법에 규정되어 있던 집행방법에 관한 규율을 민사집행법으로 넘겼다.

2) 한편, **일본**에서는 2003년 담보 · 집행제도의 개정에 의하여 대체적 작위채무의 강제집행에 대하여도 간접강제에 의할 수 있도록 하였다.

않기 때문이다.

1. 대체적 작위채무에 대한 강제집행

제260조(대체집행) ① 민법 제389조제2항 후단과 제3항의 경우에는 **제1심 법원**은 채권자의 신청에 따라 민법의 규정에 의한 결정을 하여야 한다. 그 결정에는 채무의 이행의무 및 상당한 이행기간을 밝히고, 채무자가 그 기간 이내에 이행을 하지 아니하는 때에는 늦어진 기간에 따라 일정한 배상을 하도록 명하거나 즉시 손해배상을 하도록 명할 수 있다.
② 제1항의 신청에 관한 재판에 대하여는 즉시항고를 할 수 있다.

제262조(채무자의 심문) 제260조 및 제261조의 결정은 변론 없이 할 수 있다. 다만, 결정하기 전에 채무자를 심문하여야 한다.

(1) 의 의

대체집행은 채무자 이외의 사람(제3자)이 행위를 하여도 법률상 및 경제상 채무자 자신이 한 경우와 같은 효과를 가지는 행위인 대체적 작위의 경우에 **제1심 법원**의 **수권결정**에 따라 채무자에 갈음하여 채무자 이외의 사람으로 하여금 그 행위를 하도록 하고, 그 비용을 채무자로부터 강제로 추심하는 것을 말한다(260조). 대체집행이 허용되는 작위채무는 일신전속적이 아닌 것, 즉 대체성이 있는 것이어야 한다(민법 389조 2항 후단). 가령 건물을 철거하는 의무나 화물을 운반하는 의무 등이 이에 해당한다. 대체적 작위채무는 목적인 작위가 채무자에 의하여 행하여지든 채무자 이외의 사람에 의하여 행하여지든 채권자의 입장에서는 차이가 없다. 16-3

◈ **구체적 예**[3] ◈ ① **채무자의 협력을 요하는 경우**: 포스터의 철거라고 하는 채무에 있어 그 게시 장소의 일부 또는 전부를 채무자만이 알고 있는 경우처럼 채무자의 협력이 불가결하게 필요할 때에는 대체성이 없다.
② **작위내용의 전문성**: 예술적 작품의 제작, 연극의 출연 등의 채무와 같이 채무자 고유의 능력, 자질이 급부의 내용을 구성하는 경우에는 대체성이 없다. 그러나 전문적인 작위를 내용으로 하는 것이라고 채무자의 개인적 자질이나 능력을 문제로 하는 것이 아니라 그 결과만을 중시하는 경우에는 다른 전문가에 의한 대체집행이 인정된다.
③ **법률적 제약**: 작위 그 자체는 기술적으로 대체성이 있더라도 법률상 채무자만이 그 작위를 할 수 있을 때에는 대체성이 없다. 전기공급채무와 같은 것(전기사업법 7조 4항)이 그 예에 속한다.

---

3) 법원실무제요[Ⅳ], 719~721면을 참조하였다.

④ **의사표시를 요소로 하는 작위**: 의사표시 그 자체만이 문제될 때에는 법 263조에 의하여 해결할 수 있으나, 의사표시와 채무자의 일정한 행동(서명 등)이 결합된 채무의 경우에는 대체성이 없다. 어음행위나 인적 보증의 제공, 채무인수 등을 목적으로 하는 채무 등이 이에 해당한다.

⑤ **명예훼손에 대한 원상회복**: 종래 명예훼손을 한 사람이 부담하는 사죄광고이행의무는 원칙적으로 대체집행을 할 수 있다고 보았으나, 이러한 **사죄광고의 명령은 헌법에 위반**된다고 하므로,[4] 이제 명예훼손에 대한 원상회복의 수단으로 고려될 수 있는 것은 주로 명예를 훼손하는 주장의 철회나 판결의 공시이다. 외국의 학설은 주장의 철회는 간접강제에 의해서만 이루어져야 한다고 보고 있으나, 판결 등의 공시는 대체집행이 가능하다고 한다. 그리고 「언론중재 및 피해구제 등에 관한 법률」에 정하여진 반론보도와 정정보도를 명하는 집행권원의 집행은 채무자 스스로에 의하여 이루어져야 하므로 대체성이 없고 따라서 간접강제에 의하여야 한다.

⑥ **제3자의 협력을 요하는 채무**: 가령 제3자 소유 토지에 건물을 축조하는 것을 목적으로 하는 채무와 같이 제3자의 동의나 협력이 필요한 채무의 강제집행방법에 관하여는, 그러한 제3자의 동의나 협력이 있음을 채권자가 증명하여야만 대체집행을 위한 수권결정을 발할 수 있고 그렇지 않으면 간접강제에 의하여야 한다는 입장에 대하여, 그러한 동의나 협력의 유무에 관계없이 집행법원이 수권결정을 발령하여야 하며 협력이나 동의가 없으면 작위의 실시가 불능으로 될 뿐이라는 입장으로 나뉜다.

⑦ **채무자의 면책**: 채권자가 제3자에 대하여 부담하고 있는 채무를 채무자가 면책시켜 주어야 할 채무는 채무자가 채권자의 채무를 변제하는 것이 허용되는 한 대체성이 있는 채무이다.

(2) 집행절차

16-4 대체집행의 절차는 **제1심 법원**이 대체집행의 권한을 채권자에게 부여하는 **수권결정**(대체집행결정이라고도 한다)의 단계와 이 수권결정에 의한 채권자의 실제 **집행의 2단계**로 나눌 수 있다.

1) 관 할

16-5 **제1심 법원**의 **전속관할**에 속한다(260조 1항, 21조). 수권결정은 집행권원의 주문에 나타난 의무에 기한 구체적 집행방법을 하여야 할 행위의 내용, 집행대상의 범위 등을 분명히 하여야 할 것에서 이른바 본안에 관한 속행적 판단의 측면이 있으므로 집행권원에 대한 기록이 있는 법원이 수권결정을 하는 것이 상당하다고 보는 것이다. 사법보좌관의 업무가 아니고, **판사**의 **직분**이다. 가집행선고부 판결이 집행

4) 헌법재판소 1991. 4. 1. 선고 89헌마169 결정.

권원인 경우에 사건이 상소심에 계속 중이라도 관할법원은 여전히 제1심 법원이다. 또한 소송상의 화해조서나 인낙조서가 집행권원인 경우에는 그 화해나 인낙이 상급심에서 이루어졌다고 하더라도 제1심 법원이 관할법원이다. 그리고 집행권원이 제소전 화해조서인 경우에는 그 조서를 작성한 법원이 관할법원이 된다. 신청을 받은 법원이 심리한 결과, 관할이 없음이 판명되면 관할법원으로 이송하여야 한다.

2) 신 청

대체집행의 신청은 서면에 의한다(4조). 채권자는 실시하여야 할 조치를 가급 16-6
적 정확히 표시하여야 한다. 2천원의 인지를 붙인다(민사소송 등 인지법 9조 4항).

대 체 집 행 신 청

채 권 자 ○○○
　　○○시 ○○구 ○○동 ○○

채 무 자 ◇◇◇
　　○○시 ○○구 ○○동 ○○

신 청 취 지

채권자는 그가 위임하는 귀원 소속 집행관으로 하여금 ○○시 ○○동 200 대 500㎡ 중 별지도면 표시 ㄱ, ㄴ, ㄷ, ㄹ, ㅁ, ㄱ의 각 점을 순차로 연결한 선내 (가) 부분 지상에 건립된 건물 200㎡를 채무자의 비용으로 철거하게 할 수 있다.

라는 재판을 구합니다.

신 청 이 유

1. 채권자는 채무자에 대한 ○○법원 ○○지원 20○○가합 ○○호 건물철거 청구사건의 집행력있는 판결정본에 기하여 채무자에게 ○○시 ○○동 200 대 500㎡ 중 별지도면 표시 ㄱ, ㄴ, ㄷ, ㄹ, ㅁ, ㄱ의 각 점을 순차로 연결한 선내 (가) 부분 지상에 건립된 건물 200㎡을 철거할 것을 촉구하였습니다.
2. 그러나 채무자는 이에 응하지 않고 있으므로 이 사건 신청에 이르게 되었습니다.

첨 부 서 류

1. 집행력 있는 판결정본 1통
1. 위 송달증명원 1통
1. 통고서(철거요구 내용증명우편) 1통

1. 신청서부본 1통
1. 송달료납부서 1통

20○○. ○. ○.

위 채권자 ○○○ (서명 또는 날인)

○○지방법원 ○○지원 귀중

3) 수권결정의 절차

16-7 대체집행의 결정은 채권자가 채무의 목적인 일정한 작위를 채무자의 비용으로 채무자 이외의 사람에게 시키는 것을 수권한다는 내용이 된다. **판사의 직분**이므로 사법보좌관이 수권결정을 할 수 없다. 수권결정을 하는 것은 집행을 개시하는 것이므로 집행개시의 요건, 즉 가령 집행권원의 송달, 집행문의 부여, 반대급부의 제공 등을 갖추어야 한다.

수권결정은 변론 없이 할 수 있다. 다만, 변론을 열지 않고 결정을 하는 경우에는 채무자를 심문하여야 한다(262조). 심문을 함에는 채무자에게 진술의 기회를 주면 충분하고, 채무자에게 심문기일을 통지하였으나 채무자가 정당한 사유 없이 출석하지 아니한 때까지 반드시 채무자의 진술을 들어야 하는 것은 아니다.[5)]

신청이 이유 있으면, 다음과 같이 인용하는 결정을 한다.

◈ 주문 기재례 ◈

채권자는 그가 위임하는 이 법원 소속 집행관으로 하여금 OO시 OO동 주택 1동 건평 200㎡을 채무자의 비용으로 철거하게 할 수 있다.

수권결정에는 반드시 채무자에 갈음하여 작위를 실행할 사람을 특정하여 지정하여야 하는 것은 아니다. 행위자의 지정이 없는 경우에는 채권자 또는 채권자의 의뢰를 받은 제3자가 그 행위를 할 권능을 취득한다. 그러나 수권결정에서 행위자의 지정이 있으면 채권자는 이에 구속된다. 실무상 **집행관**을 행위의 실시자로 지정

5) 대법원 1977. 7. 8.자 77마211 결정.

하는 경우가 많다고 하는데, 만약 실행자로서 집행관이 지정되지 않은 때에는 그 실행은 집행관의 직무에 해당하지 않으므로 집행관에게 작위의 실행을 위임할 수 없다. 그럼에도 그 신청이 있으면 집행관은 이를 각하하여야 한다. 신청에 관한 재판에 대하여는 즉시항고를 할 수 있다(260조 3항). 즉시항고는 단순히 그 집행절차에서의 형식적 흠이 있음을 이유로 하는 경우에 한정하는 것이고, 집행권원상의 실체적 청구권의 존부와 내용 같은 실체법상의 이유를 가지고 즉시항고를 할 수 없다.

4) 수권결정의 효과

수권결정 그 자체는 집행권원이 아니므로 별도의 집행문을 받을 필요가 없다. 16-8 그러나 수권결정을 한 뒤, 승계가 있는 때에는 본래의 집행권원에 대하여 승계집행문을 받아, 다시 승계인에 대한 수권결정을 받아야 한다.

수권결정에 의하여 채권자가 하는 실행행위 또는 채권자와의 계약에 기하여 제3자가 하는 실행행위는 단순한 사적 행위가 아니라, 집행수단으로 채권자는 집행공조기관으로서 절차에 관여하고, 채권자 자신 또는 채권자의 의뢰를 받은 제3자가 대체행위를 실시하는 경우에 저항을 받을 때에는 집행관에게 원조를 구할 수 있다(7조 2항).

수권결정에 대해서는 즉시항고를 할 수 있는데(260조 3항), 즉시항고가 있더라도 **집행정지의 효력은 없고**, 집행을 정지하기 위해서는 별도의 **집행정지결정이 필요**하다(15조 6항).

대체집행을 정지하기 위해서는 제1심 수소법원에 집행정지서류를 제출하여 수권결정을 취소하여야 한다(집행보조기관의 대행자에 불과한 집행관에게 집행정지서류를 제시하는 것만으로는 불충분하다). 수권결정의 취소가 있음에도 불구하고 채권자가 작위의 실행을 중지하지 아니한 때에는 위법한 집행이 된다. 다만 수권결정에 대한 즉시항고에서 집행정지결정이 있는 경우에는 수권결정의 효력이 정지되므로 집행관에게 제시하면 작위의 실행을 중지한다.

5) 비 용

제260조(대체집행) ② 채권자는 제1항의 행위에 필요한 비용을 미리 지급할 것을 채무자에게 명하는 결정을 신청할 수 있다. 다만, 뒷날 그 초과비용을 청구할 권리는 영향을 받지 아니한다.

16-9 강제집행에 소요된 비용(집행비용)은 종국적으로는 채무자가 부담한다(53조 1항). 이에는 수권결정절차에 필요한 비용과 수권결정에 기한 집행에 필요한 비용이 있다. 양자는 그 비용의 추심절차에 있어 다소 차이가 있다.

수권결정절차의 비용에 포함되는 것으로는 집행권원의 송달비용, 집행문부여에 관한 비용과 수권결정의 신청비용 등이 있다. 대체집행의 경우에는 금전집행과 달라서 집행비용을 우선적으로 변상을 받을 수 없다(53조 1항 참조). 따라서 이에 대하여는 소송비용의 확정절차에 준하여 채권자의 신청에 의하여 집행법원의 결정으로 그 금액을 정하며(민사소송규칙 24조 1항), 이 결정을 집행권원으로 하여 금전집행의 방법에 의하여 채무자로부터 추심할 수 있다.

수권결정에 기한 **작위 실행 비용**은 작위의 준비에서 그 완료까지 소요되는 비용을 말하며, 여기에 포함되는 것으로는 집행관이 실시자인 경우에 채권자가 집행관에게 지급할 수수료, 집행관이 작위 실행을 위하여 고용하는 기술자나 노무자의 수당 등의 비용을 들 수 있다. 집행관이 실시자가 아닌 경우에는 채권자가 실시자를 선정하는 데 드는 비용, 채권자와 실시자 사이의 계약을 체결하는 데 드는 비용, 그 계약에 의하여 실시자에게 지급할 보수, 실시자에 대한 감독비용 등이 이에 해당한다. 이러한 비용은 채무자가 부담하여야 한다.

그러나 채무자가 위 작위 실행 비용을 그 강제집행이 완료되기 전에 미리 지급할 것을 채무자에게 명하는 결정을 신청할 수 있다(260조 2항). 이를 **대체집행비용 선지급결정**(가령 주문에 '채무자는 채권자에게 100만 원을 지급하라'와 같이 적는다)이라고 한다. 대체집행비용 선지급결정은 채권자의 신청이 있어야만 할 수 있다. 채권자가 이를 수권결정과 동시에 신청하는 것이 일반적이지만, 그 신청 뒤에도 작위 실행 완료 전에는 언제라도 할 수 있다.

신청에 관한 재판에 대해서는 **즉시항고**를 할 수 있다(260조 3항).

2. 부대체적 작위채무에 대한 강제집행

제261조(간접강제) ① 채무의 성질이 간접강제를 할 수 있는 경우에 **제1심 법원**은 채권자의 신청에 따라 간접강제를 명하는 결정을 한다. 그 결정에는 채무의 이행의무 및 상당한 이행기간을 밝히고, 채무자가 그 기간 이내에 이행을 하지 아니하는 때에는 늦어진 기간에 따라 일정한 배상을 하도록 명하거나 즉시 손해배상을 하도록 명할 수 있다. ② 제1항의 신청에 관한 재판에 대하여는 즉시항고를 할 수 있다.

제262조(채무자의 심문) 제260조 및 제261조의 결정은 변론 없이 할 수 있다. 다만, 결정하기 전에 채무자를 심문하여야 한다.

(1) 의 의

작위를 목적으로 하는 채무로, 작위의 내용이 가령 예술적 작품을 제작하는 의무나 증권에 서명할 의무 등과 같이 사실상·법률상 채무자 본인 이외의 사람이 실현할 수 없는, 즉 대체집행을 할 수 없는 채무(부대체적 작위채무)에 대한 강제집행은 **제1심 법원**이 채무자에게 상당하다고 인정하는 일정한 기간 내에 이행하지 않는 때에는 지연의 기간에 따라 일정한 금액을 배상하거나 즉시 손해배상을 하도록 명하는 방법에 의하여 행한다(261조 1항). 그 성질을 손해배상금으로 보는데, 이 배상금(강제금)의 지급을 명하는 방법에 의한 강제집행을 **간접강제**라 한다. 위 부대체적 작위채무는 채무자 자신이 스스로 행위를 하지 않는 한 채무내용은 실현되지 않으므로 직접강제나 대체집행은 어울리지 않고, 간접강제의 의할 수밖에 없다. 16-10

위 경우에 채무자에게 심리적 압박을 가하는 수단으로는 배상금(강제금)의 지급을 명하거나 벌금을 과하거나 또는 채무자를 구금(감치)하는 등의 방법이 있을 수 있다. 그런데 우리 민사집행법에서는 심리적 강제수단으로서 벌금을 과하거나 채무자를 구금(감치)하는 방법은 인정되고 있지 않고,[6] 채무자에 대하여 채무불이행에 대한 강제금(배상금)의 지급이라는 법정 제재를 예고하여 채무의 이행을 심리적으로 강제하여 이행을 재촉하는[7] 집행방법만이 인정되고 있다.

부대체적 작위채무는 제3자가 대체하는 것이 채무자가 하는 것과 같은 법적 또는 경제적 효과를 가져 온다고 할 수 없는 작위채무인데, 그 예로서는 정보개시의무, 상속재산목록의 작성의무, 단체교섭을 할 의무, 계속고용의무 등이 있다. 한편 부대체적 작위채무라도 그 채무의 이행을 위하여 제3자의 협력이 필요하지만, 그

6) **독일** 민사소송법(ZPO)에서는 간접강제에 관하여 888조가 규율하고 있는데, 그 1항에서 작위가 제3자에 의하여 실행될 수 없는 경우에 그 작위가 오로지 채무자의 의사에 달려 있는 때에는 제1심 수소법원은 신청에 기하여 채무자에게 강제금(Zwangsgeld)과 강제금을 징수할 수 없는 경우의 강제감치(Zwangshaft)를 정하거나 강제감치에 처하여 그 작위를 하게 하는 재판을 하여야 하고, 각각의 강제금은 25,000유로를 넘지 못한다고 규정하고 있다.

7) 위 간접강제결정에 기한 배상금은 채무자에게 이행기간 이내에 이행을 하도록 하는 **심리적 강제수단**이라는 성격뿐만 아니라 채무자의 채무불이행에 대한 **법정 제재금**이라는 성격도 가진다고 보아야 한다. 따라서 채무자가 간접강제결정에서 명한 이행기간이 지난 후에 채무를 이행하였다면, 채권자는 특별한 사정이 없는 한 채무의 이행이 지연된 기간에 상응하는 배상금의 추심을 위한 강제집행을 할 수 있다(대법원 2013. 2. 14. 선고 2012다26398 판결).

협력을 받아낼 가능성이 없는 경우의 간접강제는 적법하지 않다.[8)]

한편 의사표시를 하여야 하는 의무는 부대체적 작위의무이지만, 민사집행법 263조와 민법 389조 2항에 의하여 **의사표시가 간주**되므로 간접강제의 대상이 되지 않는다.

◈ 간접강제의 보충성 ◈ 간접강제는 채무자의 인격을 존중한다는 의미에서 다른 강제집행이 불가능할 때에만 허용된다. 즉, 직접강제 또는 대체강제가 가능한 경우에는 그 집행방법에 의하여 채권의 만족을 얻어야 하고, 그러한 경우에는 간접강제를 구할 수 없다는 것으로 이를 간접강제의 '보충성'이라고 한다. 따라서 실제 간접강제의 대상이 되는 것은 부대체적 작위채무와 부작위채무의 두 가지이다. 한편, 간접강제까지 허용되지 않는 채무도 있는데, 가령 채무자가 그 의사만으로는 할 수 없는 채무나 채무의 이행에 특별한 예술적 또는 학문적 기능을 필요로 하는 경우, 인격존중의 견지에서 강제집행이 허용되지 않는 경우 등이 그 예이다.[9)]

한편 경우에 따라 **판결절차**에서 동시에 법 261조에 따라 채무불이행 시 일정한 배상을 하도록 명하는 간접강제결정을 할 수 있다.

◈ 판결절차에서 부대체적 작위채무의 이행을 명하면서 동시에 간접강제를 명할 수 있는지 여부(한정 적극) ◈ 부대체적 작위채무에 대하여, 언제나 먼저 집행권원이 성립하여야만 비로소 간접강제결정을 할 수 있다고 한다면, 집행권원의 성립과 강제집행 사이의 시간적 간격이 있는 동안에 채무자가 부대체적 작위채무를 이행하지 아니할 경우 손해배상 등 사후적 구제수단만으로는 채권자에게 충분한 손해전보가 되지 아니하여 실질적으로는 집행제도의 공백을 초래할 우려가 있으므로 부대체적 작위채무를 명하는 판결의 실효성 있는 집행을 보장하기 위하여 판결절차의 변론종결 당시에 보아 집행권원이 성립하더라도 채무자가 그 채무를 **임의로 이행할 가능성이 없음이 명백**하고, 그 판결절차에서 채무자에게 간접강제결정의 당부에 관하여 충분히 **변론할 기회가 부여**되었으며, 법 261조에 의하여 명할 적정한 배상액을 산정할 수 있는 경우에는 그 **판결절차**에서도 법 261조에 따라 채무자가 장차 그 채무를 불이행할 경우에 일정한 배상을 하도록 명하는 **간접강제결정**을 할 수 있다.[10)] 이러한 현재의 판례는

8) 한편, 제3자의 협력을 얻을 수 있는 것이 기대 가능하다면, 제3자의 협력을 얻기 위하여 기대 가능한 사실상 또는 법률상의 조치를 취할 것을 채무자에게 간접강제에 의하여 강제할 수 있을 것이다. MüKoZPO/Gruber ZPO §888 Rn. 15.

9) 면접교섭에 있어서 자녀의 복지에 반한다는 이유에서 간접강제는 일체 허용되지 않는다는 입장도 있을 수 있는데, 일본 最高裁判所 平成25(2013)·3·28 결정은 급부내용의 특정을 전제로 간접강제결정을 할 수 있다고 보았다.

10) 대법원 2013. 11. 28. 선고 2013다50367 판결.

타당하므로 그대로 유지되어야 한다(부작위채무에서도 마찬가지. ☞16-14).[11]

(2) 집행절차

① 채권자가 부대체적 작위채무의 존재를 증명하는 집행력 있는 (본래의) 집행 권원의 정본에 기하여 간접강제를 신청한다. 신청은 서면에 의한다(4조). 신청서에는 「구하는 재판」을 적는다. 다만 가령 확정판결에서 간접강제의 재판까지 함께 동시에 받았으면 따로 간접강제를 신청할 필요는 없다. 16-11

② **제1심 법원**이 집행기관으로, **전속관할**에 속한다(261조 1항, 21조).

③ 법원은 일반적 집행요건(집행개시요건) 및 간접강제에 특유한 요건이 구비되어 있는지 여부를 심사하여 **결정**에 의하여 재판한다. 간접강제에 특유한 요건은, 집행권원의 작위의무가 특정되고, 강제 가능한 것 및 집행권원의 작위내용과 신청에 관련된 작위내용이 동일성을 가지는가이다.

④ 법원은 간접강제를 명하는 결정을 하기 전에 채무자를 **심문**하여야 한다(262조).

⑤ 법원은 채권자의 신청이 이유 있으면 ㉮ 작위의무를 명시하고 ㉯ 상당한 기간(예고기간)을 정하고 ㉰ 그 기간 내에 이행을 하지 아니한 때에는 그 지연기간에 응하여 일정한 금액의 배상을 지급할 것 또는 즉시 손해를 배상할 것을 명한다(구체적 방법은 채권자의 손해액, 불이행의 형태, 실효성 등을 고려하여 법원의 재량에 의하여 정한다. 이 결정을 예고결정이라고도 한다). 위 ㉯ **상당한 기간**이란 간접강제결정이 발부된 뒤, 채무자가 작위를 실시함에 필요한 기간을 말하므로 그 기간은 법원이 작위의 내용, 이행의 용이성, 그 밖의 사정을 종합적으로 고려하여 정한다. 채무자가 실제로 채무를 이행하는 것이 불가능할 정도로 짧은 기간을 부여하여서는 안 될 것이다. 반대로 채무자가 결정을 고지받은 후 즉시 작위의무의 이행을 완료할 수 있는 사안에는 그 기간을 정할 필요가 없을 것이다. 위 ㉰ **강제금의 성질**은 법정의 위약금이라고 할 수 있다. 정기금 또는 일시금으로 할 수 있다.

11) 대법원 2021. 7. 22. 선고 2020다248124 전원합의체 판결. 이러한 다수의견에 대하여 현행 법체계는 판결절차와 강제집행절차를 준별하고 있으므로 판결절차에서 강제집행방법의 하나인 간접강제를 명할 수는 없다고 보아야 하는 점, 강제집행은 국가가 채무자에 대하여 강제력을 행사하는 것이므로 반드시 법률에 근거가 있어야 하는데 판결절차에서 명하는 간접강제는 법률에 근거가 없는 절차인 점 등을 들어 기존 판례는 변경되어야 한다는 **반대의견**이 있다.

◈ **주문 기재례** ◈

채무자는 본 결정 송달일로부터 OO일 이내에 전항의 채무를 이행하지 아니할 때에는 채권자에게 동기간 경과한 날의 다음날로부터 이행을 마칠 때까지 1일마다 OO원의 비율에 의한 금원을 지급하라.

⑥ 신청에 관한 재판에 대해서는 **즉시항고**를 할 수 있다(261조 2항). 이 즉시항고는 민사집행법상 즉시항고이다(15조. ☞7-2).[12] 가령 위 결정에서 적은 작위의무가 집행권원상 작위의무와 다르다든가, 위 결정의 금액이 부당하다든가에 대하여 불복하는 당사자는 즉시항고로 이를 다툴 수 있다. 다만 위 결정의 방법, 기간, 금액에 대하여는 법원이 재량으로 정하는 것이므로 재량권의 범위를 넘어 현저하게 부당하지 않으면 위법이 되지 않는다.

⑦ 간접강제결정을 한 제1심 법원은 사정의 변경이 있는 때에는(가령 효과가 없는 경우 등)[13] 채권자 또는 채무자의 **신청**에 따라 그 결정의 내용을 **변경**할 수 있다(민사소송규칙 191조 1항). 이 경우에도 신청의 상대방을 심문하여야 한다(동조 2항).

(3) 강제금의 추심

16-12 간접강제결정의 강제금결정에도 불구하고, 채무자가 그 의무를 이행하지 않는 때에는 채권자는 강제금결정을 집행권원으로 하여(261조 2항, 56조 1호. 강제금결정의 이행명령 위반에 의한 강제금지급청구권을 집행채권으로 하는 그 자체가 독립한 집행권원이 된다) 집행문을 부여받아(여기서 아래와 같이 단순집행문으로 충분한가, 아니면 조건성취집행문을 부여받아야 하는가의 논의가 있다) 금전집행의 방법으로 해당 강제금을 채무자로부터 추심할 수 있다(강제금결정과 그 집행절차는 별개).[14] 추심된 강제금은 채권자에게 귀속하여(독일에서 강제금은 국고에 귀속한다) 채무불이행에 의한 손해의 전보에 충당된다(부족액은 별도로 청구할 수 있다).[15] 추심된 강제금보다 손해액이 적은 경우라도 채권자는 차액을 반환할 필요는 없다. 차액을 반환하게 된다면 강제의 목적이

12) 위 간접강제결정에 대한 즉시항고도 민사집행법상의 즉시항고와 재항고에 관한 규정이 준용된다(대법원 2005. 1. 31. 선고 2004마1057 판결; 대법원 2011. 4. 26.자 2010마1982 결정).

13) 발령된 간접강제결정에서 정한 배상금으로는 심리적 강제 내지는 압박으로 작동하지 못한다는 사정이 사정변경으로 인정될 수 있다는 일본 하급심 재판례인 東京高等裁判所 平成7(1995)·9·1 결정이 있다. 다만 변경결정에 의하여 소급하여 변경할 수 없다 할 것이다.

14) 대법원 2008. 12. 24.자 2008마1608 결정.

15) 간접강제 배상금은 채무자로부터 추심된 후 국고로 귀속되는 것이 아니라 채권자에게 지급하여 채무자의 작위의무불이행으로 인한 손해의 전보에 충당되는 것이다(대법원 2014. 7. 24. 선고 2012다49933 판결).

역할을 하지 못하기 때문이다.

통상의 금전집행의 절차에 따라 행하므로 채무자의 부동산, 동산이나 채권을 압류할 수 있다.

부대체적 작위의무 위반에 기한 간접강제에서는 그 결정에서 명시된 이행기간이 도과한 것이 **집행개시의 요건**(40조 1항)에 해당할 뿐이고, 채무자가 그 채무를 이행하고 있지 않다는 것이 집행문부여의 조건에 해당하지 않고, 작위의무의 이행의 증명책임은 채무자에게 있으므로 채권자는 **단순집행문**으로(29조 2항) 충분하다는 입장[16] 및 집행문부여의 조건에 해당하여 **조건성취집행문**을(30조 2항) 부여받아야 한다는 입장으로 나뉜다.

판례는, 부대체적 작위채무에 대한 간접강제결정의 경우, 그 주문의 형식과 내용에 비추어 간접강제결정에서 명한 배상금 지급의무의 **발생 여부나 발생 시기 및 범위를 확정할 수 있다면** 간접강제결정을 집행하기 위한 조건이 붙어 있다고 볼 수 없으므로, 법 30조 2항에 따른 조건의 성취를 증명할 필요 없이 집행문을 부여받을 수 있다. 반면 그러한 간접강제결정에서 명한 배상금 지급의무의 발생 여부나 시기 및 범위가 **불확정적인 것**이라면 간접강제결정을 집행하는 데에 조건성취집행문(30조 2항)의 **조건이 붙어 있다**고 보아야 하므로, 그 **조건이 성취되었음을 증명**하여야 집행문을 부여받을 수 있다고 한다.[17]

◈ 부대체적 작위채무로서 장부 또는 서류의 열람·등사를 허용할 것을 명하는 집행권원에 대한 간접강제결정의 주문에서 채무자가 열람·등사 허용의무를 위반하는 경우에 배상금을 지급하도록 명한 경우 ◈ 간접강제결정의 문언상 채무자는 채권자가 특정 장부 또는 서류의 열람·등사를 요구할 경우에 한하여 이를 허용할 의무를 부담하는 것이지 채권자의 요구가 없어도 먼저 채권자에게 특정 장부 또는 서류를 제공할 의무를 부담하는 것은 아니다. 따라서 위 배상금 지급의무는 그 발생 여부나 시기 및 범위가 **불확정적**이라고 봄이 타당하므로, 그 간접강제결정은 이를 집행하는 데 **조건성취집행문**(30조 2항)의 조건이 붙어 있다고 보아야 한다. 채권자가 **그 조건이 성취되었음을 증명하기 위해서는** 채무자에게 특정 장부 또는 서류의 열람·등사를 요구한 사실, 그 특정 장부 또는 서류가 본래의 집행권원에서 열람·등사의 허용을 명한 장부 또는 서류에 해당한다는 사실 등을 **증명**하여야 한다. 이 경우 집행문은 재판장의 명령에 의하여 부여하되(32조 1항) 강제집행을 할 수 있는 범위를 집행문에 기재하여야 한다.[18] **조건성취집행문이 부여**된다고 본 것이다.

16) 법원실무제요[Ⅳ], 400면, 776면.
17) 대법원 2022. 2. 11. 선고 2020다229987 판결.

한편 채무자는 위와 같은 조건이 성취되지 않았음을 다투는 **집행문부여에 대한 이의의 소**를 통하여 배상금채권의 집행을 저지할 수 있다. **아울러** 채무자는 부대체적 작위의무를 이행하였음을 내세워 **청구이의의 소**로써 **본래의 집행권원인 판결** 등의 집행력 자체를 배제해 달라고 할 수 있고, 그 판결 등을 집행권원으로 하여 발령된 **간접강제결정**에 대하여도 **청구이의의 소**를 제기할 수 있다. 부대체적 작위의무는 채무자의 의무이행으로 소멸하므로 이 경우에 채무자는 판결 등 본래의 집행권원에 기한 강제집행을 당할 위험에서 종국적으로 벗어날 수 있어야 하고, 또한 간접강제결정은 부대체적 작위의무의 집행방법이면서 그 자체로 배상금의 지급을 명하는 독립한 집행권원이기도 하므로, 본래의 집행권원에 따른 의무를 이행한 채무자는 그 의무이행 시점 이후로는 간접강제결정을 집행권원으로 한 금전의 강제집행을 당하는 것까지 면할 수 있어야 하기 때문이다. 그런데 위 청구이의의 소에서 채무자는 간접강제의 대상인 작위의무를 이행했음을 증명하여 의무이행일 이후 발생할 배상금에 관한 집행력 배제를 구할 수 있지만, **이미 작위의무를 위반한 기간에 해당하는 배상금 지급의무는 소멸하지 아니하므로** 그 범위 내에서 간접강제결정의 집행력은 소멸하지 않는다.[19)]

간접강제의 근거가 된 집행권원이 청구이의의 소 등에 의하여 집행력을 잃어서 간접강제결정이 **실효**하거나 간접강제결정 자체가 **취소**된 경우에는 채무자는 채권자에게 그 수령한 강제금 상당액의 부당이득반환청구를 할 수 있다.[20)]

(4) 집행정지 · 취소

16-13 간접강제 자체의 정지와 취소 및 간접강제결정에 기한 강제금의 추심의 정지와 취소를 구분하여야 한다.

---

18) 대법원 2021. 6. 24. 선고 2016다268695 판결. 회계장부 등 열람·등사 가처분신청을 하였고, 법원은 "원고는 이 결정 송달일로부터 공휴일을 제외한 30일 동안 피고에게 이 결정 별지 목록 기재 장부 및 서류를 열람·등사하는 것을 허용하여야 한다. 원고가 위 명령에 위반하는 경우, 피고에게 각 위반행위 1일당 1,000,000원을 지급하라."는 내용의 가처분결정을 하였다. 원고가 이 사건 가처분결정을 위반하여 피고의 위 장부 및 서류에 대한 열람·등사 요청을 거부하였다는 이유로 집행문부여 신청을 하였다. 원고는 위 장부 및 서류에 관한 열람·등사 허용의무를 위반하지 않았다는 등의 이유로 위 집행문부여에 대한 이의의 소를 제기한 사안인데, 원고가 위 장부 및 서류의 열람·등사 허용의무를 위반하지 않았다는 등의 이유로 간접강제결정의 집행을 위한 조건의 성취를 다투는 취지에서 이 사건 집행문부여에 대한 이의의 소를 제기한 것은 적법하다고 보았다. 위 판결의 해설로는 이봉민, 대법원판례해설(제127호, 2021년 상), 180면 이하 참조.

19) 대법원 2023. 2. 23. 선고 2022다277874 판결.

20) 中野貞一郎/下村正明, 816면. 일본 最高裁判所 平成21(2009)·4·24 판결은 가처분명령발령시부터 피보전권리 부존재가 본안소송의 판결에 의하여 분명하게 되어 이를 사정변경으로 가처분명령취소결정이 확정된 경우에는 가처분명령을 받은 채무자는 그 집행으로 행하여진 간접강제결정에 기하여 추심된 금전에 대하여 채권자에게 부당이득반환청구를 할 수 있다고 보았다.

간접강제의 대상인 작위의무를 명하는 본래의 집행권원 자체의 집행을 취소하여야 할 사유가 있는 경우에는 집행법원인 제1심 법원에 집행취소문서를 제출한다. 그러면 법원은 간접강제결정을 취소하여야 한다(49조 1호, 50조). 이 취소결정이 강제금에 대한 집행취소문서가 된다.

간접강제결정을 독립된 집행권원으로 하는 강제금의 추심에 관하여서도 법 49조 1항, 50조에 의한 집행의 정지, 취소가 인정된다.

Ⅲ. 부작위채무 위반에 대한 강제집행

제260조(대체집행) ① 민법 제389조제2항 후단과 제3항의 경우에는 **제1심 법원**은 채권자의 신청에 따라 민법의 규정에 의한 결정을 하여야 한다.

제261조(간접강제) ① 채무의 성질이 간접강제를 할 수 있는 경우에 **제1심 법원**은 채권자의 신청에 따라 간접강제를 명하는 결정을 한다. 그 결정에는 채무의 이행의무 및 상당한 이행기간을 밝히고, 채무자가 그 기간 이내에 이행을 하지 아니하는 때에는 늦어진 기간에 따라 일정한 배상을 하도록 명하거나 즉시 손해배상을 하도록 명할 수 있다.

제262조(채무자의 심문) 제260조 및 제261조의 결정은 변론 없이 할 수 있다. 다만, 결정하기 전에 채무자를 심문하여야 한다.

1. 의 의

부작위채무의 내용에는 여러 가지가 있다. 채무자의 일정한 적극적 행위의 금지를 내용으로 하는 것(협의의 부작위의무)과 채권자 또는 제3자의 일정한 행위에 대한 수인과 그 방해를 하지 않는 것을 내용으로 하는 것(수인의무)으로 구별된다. 또 1회적 부작위(특정 일시에 음악회 출연금지 등), 계속적 부작위(일정 기간 또는 영구적으로 어느 행위를 하지 않을 의무), 반복적 부작위(간헐적 내지는 단속적으로 이행할 부작위)가 구별된다. 계속적 또는 반복적 의무에 대하여는 장래의 위반의 되풀이를 예방하기 위한 집행도 필요하게 된다. 그리고 부작위의무에는 의무 위반의 결과가 유형적으로 남는 것과 의무 위반의 결과가 잔존하지 않는 것이 있다. 16-14

부작위채무는 성질상, 부대체적 채무라 할 수 있으므로 이에 대한 강제집행은 **간접강제**에 의하는 것이 **원칙**이다. 민사집행법은 그 성질상, 대체집행을 할 수 없는 부작위채무에 대한 간접강제를 적법으로 보고 있다(261조 1항).[21] 간접강제의 관할법원은 **제1심 법원**이다(261조 1항).

◈ **판결과 동시에 간접강제결정** ◈ 부대체적 채무인 부작위채무에 대한 강제집행은 간접강제만 가능하고, 간접강제결정은 판결절차에서 **먼저 집행권원이 성립한 후**에 채권자의 별도의 신청에 따라 채무자에 대한 필요적 심문을 거쳐 채무를 불이행하는 때에 일정한 배상을 하도록 명하는 것이 원칙이다. 그런데 허위비방광고금지 등과 같이 부작위채무를 명하는 판결의 실효성 있는 집행을 보장하기 위하여는, 부작위채무에 관한 소송절차의 변론종결 당시에서 볼 때, 집행권원이 성립하더라도 채무자가 이를 단기간 내에 위반할 개연성이 있고, 또한 그 판결절차에서 법 261조에 의하여 명할 적정한 배상액을 산정할 수 있는 경우에는, 그 **부작위채무에 관한 판결절차**에서도 위 법조에 의하여 장차 채무자가 그 채무를 불이행할 경우에 일정한 배상을 할 것을 명할 수 있다(마찬가지로 부대체적 작위채무에 대한 ☞16-10 참조).[22] 부작위채무에 대한 판결을 받고서 그 뒤 수소법원에 다시 찾아가 간접강제결정을 받는 것이 아니라, **두 가지를 한꺼번에 하나의 절차**로 해결할 수 있다. 이러한 현재의 판례는 타당하므로 그대로 유지되어야 한다.[23]

그런데 부작위의무 위반결과(가령 건물건축금지의무에 위반하여 축조한 건물, 통행방해금지의무에 위반하여 설치한 방해물 등)의 제거와 위반행위의 반복을 방지하기 위한 장래에 대한 적당한 처분(민법 389조 3항)은 대체성이 없는 것이 아니므로 법 260조 1항은 이에 대하여 부작위채무로부터 생기는 **파생적 작위청구권의 실현**을 위하여 **대체집행**을 규정하고 있다.

◈ **구체적 예** ◈ A토지의 소유자 甲은 A토지에 인접하는 B토지의 소유자 乙이 빌딩건축을 시작하므로 일조권을 확보하기 위하여 乙에게 제소전 화해를 신청하여 乙과 사이에 '乙은 B토지에 지싱 18미터 이싱의 건물을 건축하지 않는다'는 화해가 성립하고 화해조서에 그 취지가 기재되었다. 그러나 乙은 그 뒤에 건축을 속행하면서 지상 25미터 높이까지 철골을 세우고 있다. 甲은 위 화해조서에 기하여 어떠한 집행처분을 구할 수 있는가.

---

21) **독일** 민사소송법(ZPO)에서는 890조가 이를 규율하고 있는데, 그 1항에서 채무자가 작위를 하지 않을 의무 또는 작위를 수인할 의무를 위반한 경우에는 제1심 수소법원은 신청에 기하여 채무자에게 위반행위 각각에 대하여 질서금(Ordnungsgeld)과 이를 징수할 수 없는 경우의 질서감치(Ordnungshaft)를 정하거나 6월 이하의 질서감치에 처하는 재판을 하여야 하고, 각각의 질서금은 250,000유로를 넘지 못하고, 질서감치는 합계하여 2년을 넘지 못한다고 규정하고 있다. 그런데 그 질서수단(Ordnungsmittel)이 형사 또는 형사법적(Straf-oder sträfahnlicher) 성질을 부담하는 것인가, 또는 예방수단(Beugemaßnahme)으로서의 성질을 가지는가에 대한 논의가 있다. MüKoZPO/Gruber ZPO §890 Rn. 2.

22) 대법원 1996. 4. 12. 선고 93다40614, 40621 판결; 대법원 2014. 5. 29. 선고 2011다31225 판결.

23) 대법원 2021. 7. 22. 선고 2020다248124 전원합의체 판결.

위와 같이 부작위를 목적으로 하는 청구권이라고 하더라도 그 가운데에는 여러 가지가 있으므로 강제집행의 방법에 대하여는 개개의 채권의 내용과 그 위반행위의 구체적 상황에 따른 배려가 필요하게 된다.

2. 집행방법의 형태

부작위채무 가운데 1회적 부작위채무가 아닌,[24] 계속적 부작위채무나 반복적 부작위채무는 1회의 위반행위가 있더라도 그 뒤의 부작위채무는 아직 소멸하지 않고, 따라서 대체집행을 할 수 있다. 채권자가 필요에 따라 채무자의 소유 토지에 출입하는 것을 방해하지 않을 채무, 물품 판매의 금지 등이 그 예이다. 16-15

원래는 이러한 대체집행을 위해서는 부작위를 명하는 원래의 집행권원 외에 별도의 집행권원을 얻어야 할 것이나, 법 260조 1항은 이러한 경우에 별도의 집행권원 없이도 종전의 부작위를 명한 집행권원에 터 잡아 **수권결정**을 받기만하면, 강제집행을 할 수 있는 것으로 하고 있다. 이 점에서 이와 같은 강제집행은 집행권원에 표시된 급부내용 이외의 것을 강제하는 결과가 된다.

3. 집행절차

① 채권자가 부작위채무에 대한 **간접강제결정**을 집행권원으로 하여 강제집행을 하기 위하여는 집행문을 받아야 하는데, 채무자의 부작위의무위반은 부작위채무에 대한 간접강제결정의 집행을 위한 조건에 해당하므로 채권자가 조건의 성취를 증명하여야 **조건성취집행문**을(30조 2항) 받을 수 있다. 그리고 집행문부여 요건인 조건의 성취 여부는 집행문부여와 관련된 집행문부여의 소 또는 집행문부여에 대한 이의의 소에서 주장 · 심리되어야 할 사항이지, 집행권원에 표시되어 있는 청구권에 관하여 생긴 이의를 내세워 집행권원이 가지는 집행력의 배제를 구하는 청구이의의 소에서 심리되어야 할 사항은 아니다. 따라서 부작위채무에 대한 간접강제결정의 16-16

24) 1회적 부작위채무는 강제집행개시의 요건을 구비함과 동시에 채무가 실체법상 소멸하므로 강제집행의 여지가 없다. 가령, 의무 위반의 염려가 있더라도 사전의 위반의 예방은 부작위의무의 집행으로 허용되지 않고, 채권자로서는 가처분에 의하여(300조) 미리 예방책을 강구할 수 있기는 하다. 그러나 일단 부작위의무의 위반이 있으면 그 부작위의무의 내용을 사후에 실현하는 것은 불가능에 가까우므로 채무자가 현재는 해당 부작위의무에 위반하지 않더라도 부작위의무에 **위반할 위험성**이 있다고 합리적으로 인정되는 경우에는 부작위의무의 집행으로서의 **간접강제를 할 수 있다**고 할 것이다. 일본 最高裁判所 平成17(2005) · 12 · 19 결정 참조. 이시윤, 517~518면도 마찬가지 입장이다.

집행력 배제를 구하는 청구이의의 소에서 채무자에게 부작위의무위반이 없었다는 주장을 청구이의사유로 내세울 수 없다.[25]

② 한편 위법한 물적 상태를 제거하기 위한 **대체집행**의 경우에 집행기관, 집행절차, 대체집행비용 선지급결정 등은 대체적 작위채무에 있어서의 대체집행의 경우와 같다. 우선, 채권자가 집행력 있는 집행권원의 정본과 그 송달증명서를 갖추어야 하며, 이에 기하여 채권자가 집행법원에 수권결정의 신청을 하고, 집행법원은 결정에 의하여 재판한다. 수권결정을 함에는 채무자를 심문하여야 한다(262조). 이는 채무자에게 주장·증명의 기회를 주기 위한 것이다. 채무자에게 진술의 기회를 주기 위한 것이고 채무자가 적법한 통지를 받고도 정당한 사유 없이 출석하지 아니하는 경우에도 반드시 채무자의 진술을 들어야 하는 것은 아니다.[26] 수권결정은 제1심 법원이 하지만, 이에 의한 대체집행의 실시는 채권자 또는 제3자가 한다.

4. 추상적 부작위를 명하는 판결의 강제집행

16-17 가령 부평-신월 간 경인고속도로로부터 발생하는 소음이 '원고 주민들 주택을 기준으로 65dB을 초과하여 유입되도록 하여서는 아니 된다'와 같이 채무자가 행할 구체적 행위가 특정되지 않은 **추상적 부작위명령**이 내려진 경우에는 그 집행방법이 문제가 된다.[27] 부작위채무 자체는 성질상 대체성이 없으므로 부작위채무 자체의 이행을 강제하기 위하여 법 261조에 의한 **간접강제**에 의하는 것이 원칙이다. 그런데 실효성의 강화라는 관점에서 간접강제만으로 현실적으로 부작위의 목적이 달성되지 못하는 경우도 있을 수 있으므로 집행절차의 유연화와 합리화를 도모한다는 측면에서 장래에 대한 적당한 처분에 의한 **대체집행**(260조 1항, 민법 389조 3항 후단)의 여지를 남길 필요가 있다고 할 것이다. 우선 간접강제의 의하여 어떠한 방지수단을 취할 것인가를 채무자(가해자)의 선택에 맡기고, 그럼에도 불구하고 채무자가 침해행위를 되풀이 하는 때에는 채권자는 장래에 대한 적당한 처분으로 그 지

25) 대법원 2012. 4. 13. 선고 2011다92916 판결.

26) 대법원 1977. 7. 8.자 77마211 결정.

27) 위와 같은 추상적 유지청구의 적법성이 문제되었다. 소음발생원을 특정하여 일정한 종류의 생활방해를 일정 한도 이상 미치게 하는 것을 금지하는 것으로 청구가 특정되지 않은 것이라고 할 수 없고, 이러한 내용의 판결이 확정될 경우 법 261조 1항에 따라 간접강제의 방법으로 집행을 할 수 있으므로, 이러한 청구가 내용이 특정되지 않거나 강제집행이 불가능하여 부적법하다고 볼 수는 없다(대법원 2007. 6. 15. 선고 2004다37904, 37911 판결). 관련하여 전병서, "추상적 유지청구의 적법성–청구의 특정 및 집행방법과 관련하여–", 인권과 정의(2008. 6), 145면 이하 참조.

정하는 특정한 방지설비의 설치를 명하는 결정을 구하고, 집행법원의 수권결정을 받아 대체집행을 하는 것도 허용된다고 할 것이다.

Ⅳ. 의사표시의무의 집행

민법 제389조(강제이행) ② 전항의 채무가 법률행위를 목적으로 한 때에는 채무자의 의사표시에 갈음할 재판을 청구할 수 있고 ...

민사집행법 제263조(의사표시의무의 집행) ① 채무자가 권리관계의 성립을 인낙한 때에는 그 조서로, 의사의 진술을 명한 판결이 확정된 때에는 그 판결로 권리관계의 성립을 인낙하거나 의사를 진술한 것으로 본다. ② 반대의무가 이행된 뒤에 권리관계의 성립을 인낙하거나 의사를 진술할 것인 경우에는 제30조와 제32조의 규정에 따라 집행문을 내어 준 때에 그 효력이 생긴다.

의사표시(Willenserklärung)를 구하는 청구는 **부대체적 작위채무를 구하는 것** 16-18
이고, 따라서 직접강제의 방법으로 집행할 수 없고, 한편 간접강제의 방법으로 집행을 할 수 있지만, 이는 대단히 우회적이다. 그래서 「민법」 389조 2항 전단의 '법률행위를 목적으로 한 때에는 채무자의 의사표시에 갈음할 재판을 청구'할 수 있다는 규정을 이어받아 민사집행법 263조 1항은 채무자가 권리관계의 성립을 인낙한 때에는 그 **조서**로, 의사의 진술을 명한 판결이 확정된 때에는 그 **판결**로 권리관계의 성립을 인낙하거나 의사를 진술한 것으로 **본다**고 규정하고 있다. 전자의 권리관계의 성립을 인낙하는 것도 의사표시의 일종이다.

의사의 진술을 명한 판결 이외에 의사표시를 구하는 청구를 채무자가 인낙하는 인낙조서나 화해조서도 본조 소정의 집행권원에 해당한다고 할 것이다.

여기에서의 판결은 확정판결을 의미한다.

판결의 확정을 조건으로 하여 의사표시가 있은 것으로 보고 있을 뿐만 아니라, 한편 의사표시를 명한 판결에 가집행선고를 붙일 수 있다고 한다면(민사소송법 213조) 나중에 가집행선고가 취소되는 경우에는 법률관계가 불안정하게 됨을 이유로 의사표시를 명하는 판결에 **가집행선고를 붙이지 않는다**는 입장이 일반적이다.

의사의 진술을 명한 판결이 확정되면, 그것으로 집행이 끝나고, 채권자는 곧바로 만족을 얻는 것이므로 별도의 집행절차가 요구되지 않고, 집행에는 **집행문의 부여**

나 현실의 집행처분 및 **집행기관의 관여가 필요하지 않다**(☞5-21). 다만, **조건부** 의사표시의무를 집행할 때에는 집행문을 받아야 하므로(263조 2항) **그러하지 않다.** 그 취지는 위 경우에 단순한 의사표시의무의 경우와 마찬가지로 집행권원의 확정 또는 성립 시에 의사표시 간주의 효과가 생긴다고 한다면, 그 조건 등이 성취되지 않은 채 의사표시 간주의 효과가 생길 수 있으므로 법 30조와 32조의 규정에 의하여 **집행문을 내어 준 때**에 의사표시 간주의 효과가 생기도록 함으로써 채무자의 이익을 보호하기 위한 것이다. 의사표시의무가 **동시이행관계**에 걸린 경우에도 **조건** 등의 경우와 **마찬가지**로 취급한다. 이 경우에 별도의 집행절차가 존재하지 않으므로, 이를 일반적 청구의 집행권원과 같이 집행개시요건(41조 1항)에 불과하다고 본다면, 그 요건을 조사할 집행기관이 존재하지 않으므로 **집행문을 받도록** 하여 집행문부여기관으로 하여금 반대의무의 이행을 조사하게 하여 반대의무의 제공이 명확해진 때에 의사표시 간주의 효과가 생기도록 한 것이다(☞5-24).

> ◈ **판결에 의한 등기** ◈ 위 의사표시 간주의 주요한 예로 이전등기청구를 들 수 있는데, 이 경우는 등기신청의 의사표시를 명하는 판결 등의 확정으로 의사표시가 있는 것으로 보므로 이때 판결에서 승소한 등기권리자가 검인된 확정판결정본을 첨부하여 단독으로 등기를 신청한다(부동산등기법 23조 4항, 부동산등기 특별조치법 3조 2항 참조). 「부동산등기법」은 이른바 공동신청주의를 택하고 있으므로(동법 23조 1항), 등기권리자와 등기의무자가 **공동으로 등기를 신청**함이 원칙이나, 판결에 기한 등기는 승소한 등기권리자 또는 등기의무자의 **단독신청**에 의해서도 할 수 있도록 하고 있으므로 등기권리자가 등기의무자에 대하여 등기신청에 관한 협력을 구하고 이를 거부한 때에는 등기신청의 의사표시를 명하는 판결을 받아 단독으로 등기신청을 하는 것이 통상적이다.

제 3 편 담보권의 실행 등을 위한 경매

제1장

총　　설

17-1

민사집행법은 제3편에서 '담보권 실행 등을 위한 경매'라는 제목으로[1] 법 264조에서 275조까지 그 실행에 관한 규정을 두고 있다.

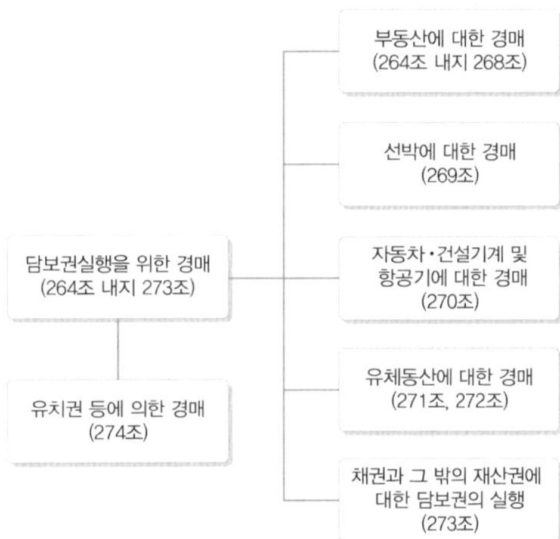

여기에서의 담보권 실행 등을 위한 경매에는 ① **저당권, 질권, 전세권** 등 담보물권을 설정한 뒤, 이행기에 채무자가 이행을 하지 않을 경우에 담보권 실행을 위하여 부동산 소재지 지방법원에 담보권을 증명하는 등기사항증명서 및 설정계약서 등을 첨부하여 경매신청을 하는 것과 ② **유치권**에 의한 경매 및 「민법」·「상법」, 그 밖의 법률의 규정에 의한 현금화를 위한 경매가 있다.

강학상 위 ②를 형식적 경매라고 부르고, 위 ① 담보권실행을 위한 경매를 사법상 청구권의 강제적 실현절차인 **강제경매**에 대응하여 **임의경매**라고 부른다.

현대사회에서 여러 장면에서 자금조달이나 거래상 발생하는 손해에 대한 담보로 빈번하게 담보권이 설정되고 있는데, 담보권 실행은 자금의 회수나 손해의 전보

1) 일반적으로 담보권 실행 등을 위한 '경매'라는 표현이 사용되는데, 이 '경매'에는 협의의 경매(매각절차) 이외의 실행방법(채권과 그 밖의 재산권에 대한 담보권의 실행 등)도 포함한다. 입법론으로 '경매'라는 용어를 넣지 않은 채, '담보권 실행절차' 등의 용어가 보다 적절할 것이다.

를 위하여 신청되는 것이므로 담보권 실행에 대하여 잘 알지 못한다면 담보를 설정한 의미를 잃게 된다. 그 의미에서 담보권 실행을 위한 경매는 실무상 대단히 중요한 위치를 차지하게 된다.

강제경매는 실체적 권리 그 자체는 아닌 집행권원에 표시된 청구권의 실현을 위한 절차인 것에 대하여, 반면 **임의경매**는 저당권 등과 같은 담보권 자체의 우선변제적 효력에 내재하는 **환가권 행사**의 절차로(담보권실행에 의하여 다른 사람의 재산을 처분할 수 있는 근거는 담보권에 내재하는 환가권능에 있다), 양자는 현금화의 근거 등에 있어서 근본적 차이가 있는데, 다만 양쪽 모두 부동산 자체의 교환가치를 목적으로 하여 채권자의 신청에 의하여 국가가 부동산을 압류하고 이를 환가 · 매각하여 매각대금으로부터 채권자에게 배당하는 것을 목적으로 하는 절차라는 점에서 공통한다. 그래서 양자를 포함하는 **민사집행이라는 상위 개념**을 두고, 양자를 성질에 어긋나지 않는 한 통합적으로 규율하고 있다.[2)]

여기서 담보권실행을 위한 경매의 실체적 요건으로는 환가권을 가진 담보권이 존재하는 것, 그 담보권에 의하여 담보되는 채권(피담보채권)이 존재하는 것, 피담보채권이 변제를 구할 수 있는 상태에 있는 것(변제기가 도래하고 있는 것)이 필요하다. 그래서 집행기관으로서는 이 요건이 갖추어져 있는지 여부를 심사하여야 하는데, 담보권실행을 위한 경매는 강제집행의 경우와 같이 권리의 판단기관과 집행기관이 분명히 구별되는 전제하에 집행기관은 집행정본에 의한 형식적 심사를 하면 된다고 하는 제도로는 되어 있지 않다. 게다가 간편 · 신속하게 권리를 실현하기 위한 집행제도를 담당하고 있는 집행기관은 권리의 존부 및 그 내용에 대하여 실질적 심사를 하기에 적합한 태세를 취하고 있는 것은 아니다. 그래서 집행기관으로서는 각각의 대상물 · 권리의 성질에 따라 담보권의 존재를 일정한 개연성으로 증명하는 문서로서 법정된 일정한 자료에 기하여 판단하여 소정의 요건을 구비하고 있다고 인정되면 집행을 개시하고, 그것이 실체상 권리관계와 어긋나는 경우에는 그 뒤의 구제절차에 맡길 수밖에 없다.

2) 1990. 1. 13. 민사소송법 개정 전에는 담보권에 기한 담보권 실행경매는 담보물권법의 일부로 1962. 1. 15. 제정된 「경매법」에 의하여 규율되었다가, 1990. 1. 13. 개정 민사소송법은 강제집행절차와 담보권 실행절차를 가능한 한 일치시키기 위하여 위 「경매법」을 폐지하고, 강제집행편에 담보권 실행을 위한 경매절차에 관한 규정을 흡수 · 통합하였고, 그것이 2002년 민사소송법 개정 시 민사소송법에서 분리되어 현재의 민사집행법에 규율되기에 이르렀다. 위 「경매법」은 일본 1898년 「경매법」에서 유래한다.

담보권실행을 위한 경매에서도 그 대상이 부동산, 유체동산 또는 채권과 그 밖의 재산권에 따른 차이가 있더라도 집행기관이 담보권실행으로서의 집행을 행하기 위하여 필요한 공통의 절차적 요건이 있다. 그리고 절차적으로 거의 마찬가지의 환가방법이 취하여지므로 강제집행과 동일한 요건도 있지만, 담보권의 특수성에 기하여 자체적으로 강제집행과 다른 것도 있다.

◈ **강제경매와의 차이** ◈ 담보권의 실행을 위한 부동산에 대한 경매를 중심으로 강제경매와 다른 점만을 개략적으로 설명한다. **강제경매**에서는 집행권원의 존재가 필요하며, 그 정본에 집행문을 부여한 집행력 있는 정본에 기하여 경매가 실시되는 것이므로, 그 신청에는 집행할 수 있는 일정한 집행권원을 적어야 하고(80조 3호), 또한 그 신청에는 집행력 있는 정본을 붙여야 한다(81조 1항). 그러나 **임의경매**에서는 피담보채권의 변제를 받기 위하여 경매신청권이 인정되므로(민법 363조 1항) **집행권원의 존재가 필요하지 않으며,**[3] 그 신청서에도 집행력 있는 정본은 요구하지 않고, 담보권의 존재를 증명하는 서류를 내도록 되어 있다(264조 1항). 그 밖의 차이점은 아래와 같다.

	임의경매	강제경매
공신적 효과	부분적 공신력	O
경매개시결정 이의사유	실체상 · 절차상의 흠	절차상의 흠
집행권(담보권/청구권)의 부존재 · 소멸을 다투는 절차	경매개시결정에 대한 이의신청 * 청구이의의 소(준용?)	청구이의의 소
통지 · 송달	특례 – 발송송달(우편송달)	교부송달 · 보충송달 등

강제경매는 집행력 있는 정본이 존재하는 경우에 한하여 국가의 강제집행권의 실행으로서 실시되므로, 일단 유효한 집행력 있는 정본에 터 잡아 경매절차가 완결된 때에는, 뒷날 그 집행권원에 표상된 실제상의 청구권이 당초부터 부존재 · 무효라든가, 경매절차 완결 시까지 변제 등의 사유로 인하여 소멸하거나, 나아가 재심으로 집행권원이 폐기된 경우라 하더라도, 경매절차가 유효한 한 매수인이 유효하게 목적물의

3) **독일**에서는 부동산담보권의 실행에도 집행권원이 필요하고, 우리나 일본에서와 같은 강제경매와 임의경매의 구별은 없다. 그런데 본래 담보권의 실행도 강제집행과 마찬가지로 채무자의 재산을 강제로 환가하는 절차이므로 집행기관은 이를 정당화하는 실체적 근거인 피담보채권. 담보권의 존재를 절차개시의 시점에서 인식하여야 하는데, 우리는 **일본**의 영향을 받아 종전의 경매법에서 담보권의 실행은 집행권원이 필요하지 않은 채, 담보권에 내재하는 환가권에 기하여 목적 부동산을 직접 경매할 수 있다고 하였고, 이를 이어받은 우리 구 민사소송법, 현재의 민사집행법에서도 담보권의 실행에 집행권원은 필요하지 않는 것이 되었다. 이점에서는 일본과 우리는 약간 특이한 입법이다.

소유권을 취득한다. 즉, 강제경매에는 **공신적 효과**가 있다. 임의경매의 경우에는 담보권이 소멸된 경우에만 부분적으로 공신적 효력을 인정하고 있다(267조).

한편, **한국자산관리공사**가 채권자로부터 대출금의 회수를 위임받아 담보권 실행을 위한 경매를 신청하는 경우에는 **통지, 송달 등의 특례**가 적용된다. 즉, 경매개시결정서 등을 송달함에 있어서 해당 부동산등기부에 기재된 주소 등에 발송함으로써 송달이나 통지가 이루어진 것으로 본다. 다만, 등기부 및 주민등록표에 주소가 적혀 있지 아니하고 주소를 법원에 신고하지 아니한 경우에는 공시송달의 방법으로 하여야 한다(한국자산관리공사 설립 등에 관한 법률 45조의2 1항).4)

〈부동산에 대한 경매사건 추이〉

2020년		2021년		2022년		2023년	
강제	담보권 실행	강제	담보권 실행	강제	담보권 실행	강제	담보권 실행
34,273	39,130	33,636	28,480	33,578	27,399	34,572	46,157

〈자동차·건설기계에 대한 경매사건 추이〉

2020년		2021년		2022년		2023년	
강제	담보권 실행	강제	담보권 실행	강제	담보권 실행	강제	담보권 실행
1,361	15,976	1,114	13,568	1,241	13,064	1,259	16,613

4) 임의경매절차에 한하여 일반 채권자와 달리 금융기관에 대한 발송송달의 특례를 인정하는 것은 합리적인 근거가 있는 차별이고, 나아가 발송송달로 인하여 채무자 등 이해관계인이 불측의 피해를 입을 가능성은 임의경매에 비하여 강제경매의 경우가 더 크다고 할 수 있으므로 강제경매와는 달리 임의경매의 경우에만 발송송달을 인정하는 것은 합리적인 근거가 있는 차별로 합헌이다(헌법재판소 2011. 11. 24. 선고 2009헌바100 결정).

제 2 장

담보권 실행절차

Ⅰ. 부동산담보권의 실행

1. 의 의

제268조(준용규정) 부동산을 목적으로 하는 담보권 실행을 위한 경매절차에는 제79조 내지 제162조의 규정을 준용한다.

제275조(준용규정) 이 편에 규정한 경매 등 절차에는 제42조 내지 제44조 및 제46조 내지 제53조의 규정을 준용한다.

민사집행규칙 제194조 (부동산에 대한 경매) 부동산을 목적으로 하는 담보권 실행을 위한 경매에는 제40조 내지 제82조의 규정을 준용한다. 다만, 매수인이 매각대금을 낸 뒤에 화해조서의 정본 또는 공정증서의 정본인 법 제266조 제1항 제4호의 서류가 제출된 때에는 그 채권자를 배당에서 제외한다.

민사집행규칙 제202조 (강제집행규정의 준용) 이 편에 규정된 경매 등 절차에는 그 성질에 어긋나지 아니하는 범위 안에서 제2편 제1장의 규정을 준용한다.

담보권의 실행을 위한 부동산에 대한 경매에서의 부동산담보권에는 저당권 이 18-1
외에도 전세권,[1] 가등기담보권 등이 있다. 담보권의 실행을 위한 부동산에 대한 경

1) 한편, 건물의 일부에 대하여 전세권이 설정되어 있는 경우에 그 전세권자는 그 건물 전부에 대하여 후순위권리자 기타 채권자보다 전세금의 우선변제를 받을 권리가 있는데(민법 303조 1항), 전세권의 목적물이 아닌 나머지 건물 부분에 대하여는 우선변제권은 별론으로 하고 경매신청권은 없으므로, 위와 같은 경우 전세권자는 전세권의 목적이 된 부분을 초과하여 건물 전부의 경매를 청구할 수 없다고 할 것이고, 그 전세권의 목적이 된 부분이 구조상 또는 이용상 독립성이 없어 독립한 소유권의 객체로 분할할 수 없고 따라서 그 부분만의 경매신청이 불가능하다고 하여 달리 볼 것은 아니다(대법원 2001. 7. 2.자 2001마212 결정).

매는 집행권원이 필요하지 않은 점(나아가 이에 부수하는 집행문도 필요 없고, 따라서 집행권원 및 집행문에 관한 소는 인정되지 않는다) 등 몇 가지 점 이외에 그 밖의 절차는 대체로 강제경매와 마찬가지이다(그 방법은 이렇게 경매에 의할 뿐이고, 부동산의 담보가치에 대한 강제관리와 유사한 집행방법은 채택하지 않고 있다).[2] 그리하여 강제집행편의 **총칙규정 가운데 일부를 준용**하고(275조),[3] 특히 **강제경매에 관한 규정** 전부(79조 내지 제162조)를 **준용**하도록 하고 있다(268조). 또한 민사집행규칙에서도 그 규칙 중 강제경매에 관한 규정 전부와 그 성질에 반하지 아니하는 범위 내에서 그 총칙규정을 준용하도록 하였다(민사집행규칙 194조, 202조). 결국 법 264조 내지 267조의 예외 4개의 조문을 제외하고, 담보권 실행을 위한 부동산에 대한 경매도 원칙적으로 압류에서 배당에 이르기까지 **강제경매와 동일한 절차에 따라 실시**하도록 규정하고 있는 셈이다. 이는 부동산이 있는 곳의 **지방법원**이 **집행법원**으로 관할하는데(268조, 79조), 법관이 아니라 **사법보좌관**의 업무이다(사법보좌관규칙 2조 1항 11호).

◈ 문언을 바꾸어 읽으면서 규정을 준용 ◈ 강제경매에 관한 규정을 준용함에 있어서 「채무자」의 용어를 「채무자 및 목적 부동산의 소유자」로 바꾸어 읽어야 한다. 강제경매는 집행채권자와 집행채무자의 2당사자관계임에 대하여 담보권 실행에서는 채권자(담보권자) 이외에 피담보권자인 채무자, 담보권의 설정자, 현재의 소유자라는 여러 당사자가 관련되어 있다. 그리하여 준용에 있어서 각각의 장면에 따라 적절히 바꾸어 읽을 필요가 있다. 가령 甲이 乙에게 금전채권을 가지고 있고, 丙이 甲에게 이 채권에 대하여 자기가 소유하는 A토지상에 저당권을 설정한(물상보증인이 되었다) 경우에 乙의 채무불이행에 의하여 甲이 A토지상의 저당권을 실행한 때에 집행을 받는 사람은 채무자 乙이 아니라, 소유자(물상보증인) 丙이다. 따라서 이러한 경우에 乙에 대하여 뿐만 아니라 丙에 대하여도 집행채무자의 지위를 부여하기 위하여 「채무자」를 「채무자 및 목적 부동산의 소유자」로 바꾸어 읽으면서 규정을 준용한다. 강제경매에서의 채무자의 지위는 담보권 실행에서는 채무자와 목적부동산의 소유자의 쌍방에 귀속시켜야 한다. 한편, 매수신청이 금지되는 채무자(민사집행규칙 59조 1호)는

2) 한편, **일본** 민사집행법에서는 2003년 개정법에 의하여 부동산에서 생기는 수익을 피담보채권의 변제에 충당하는 담보권 실행방법인 관리형이 도입되었다. 즉, 담보부동산 경매 이외에 강제관리에 유사한 담보부동산의 수익에 대한 집행이 인정되고 있다(180조, 188조). 관련하여 김상수, "저당권의 수익집행절차에 관한 연구－일본법을 중심으로－", 민사소송(2012. 5), 391면 이하 참조.

3) 가령, 집행비용에 관한 민사집행법 53조 1항은 담보권 실행을 위한 경매절차에도 준용된다(275조). 매각에 따라 소유권을 취득한 매수인은 소유권이전등기를 넘겨받기 위해 지출한 비용과 취득세 등을 자기가 부담해야 한다. 이는 경매를 신청한 채권자가 매수인이 된 경우에도 마찬가지이다(대법원 2022. 4. 14. 선고 2017다266177 판결).

피담보채권의 채무자를 지칭하는 것으로 물상보증인과 같은 단순한 소유자인 집행채무자의 매수신청은 금지되지 않는다고 풀이하여야 한다.

2. 절 차

(1) 경매절차의 개시

1) 경매의 신청

민법 제318조(전세권자의 경매청구권) 전세권설정자가 전세금의 반환을 지체한 때에는 전세권자는 민사집행법의 정한 바에 의하여 전세권의 목적물의 경매를 청구할 수 있다.

민법 제363조(저당권자의 경매청구권, 경매인) ① 저당권자는 그 채권의 변제를 받기 위하여 저당물의 경매를 청구할 수 있다. ② 저당물의 소유권을 취득한 제삼자도 경매인이 될 수 있다.

민사집행법 제264조(부동산에 대한 경매신청) ① 부동산을 목적으로 하는 담보권을 실행하기 위한 경매신청을 함에는 담보권이 있다는 것을 증명하는 서류를 내야 한다. ② 담보권을 승계한 경우에는 승계를 증명하는 서류를 내야 한다.

부동산담보권 실행경매도 당사자의 신청에 의하여 개시되므로 유효한 집행신청이 있어야 한다.[4) 신청은 서면에 의하여야 한다(4조. 전산정보처리시스템을 이용하여 전자문서로도 제출 가능). 근저당권자가 피담보채무의 불이행을 이유로 경매신청을 하는 경우에는 경매신청 시에 피담보채무가 확정된다.[5) 18-2

담보권에 내재하는 현금화할 수 있는 권능(환가권)에 터 잡아 경매신청권이 인정되므로(민법 318조, 363조 1항)[6) **집행권원이 필요하지 않으며**, 그 신청서에도 집

4) 다른 특별한 사정이 없는 한 신청채권자의 청구금액은 그 기재된 채권액을 한도로 확정되고 그 후 **청구금액을 확장할 수 없으나**, 다만 이러한 법리는 경매신청서에 경매청구채권으로 이자 등 부대채권을 표시한 경우에 나중에 채권계산서에 의하여 부대채권을 증액하는 방법으로 청구금액을 확장하는 것까지 금지하는 취지는 아니다(대법원 2001. 3. 23. 선고 99다11526 판결).

5) 그 이후부터 부종성으로 보통의 저당권과 같은 취급을 받게 되는바(대법원 1997. 12. 9. 선고 97다25521 판결), 경매개시결정이 있은 후에 경매신청이 취하되었다고 하더라도 채무확정의 효과가 번복되는 것은 아니다(대법원 2002. 11. 26. 선고 2001다73022 판결). 한편, 선순위 근저당권자는 자신이 경매신청을 하지 아니하였으면서도 경락으로 인하여 근저당권을 상실하게 되는 처지에 있으므로 거래의 안전을 해치지 아니하는 한도 안에서 선순위 근저당권자가 파악한 담보가치를 최대한 활용할 수 있도록 함이 타당하다는 관점에서 보면, 후순위 근저당권자가 경매를 신청한 경우 선순위 근저당권의 피담보채권은 그 근저당권이 소멸하는 시기, 즉 경락인이 경락대금을 완납한 때에 확정된다고 보아야 한다(대법원 1999. 9. 21. 선고 99다26085 판결).

6) 건물의 **일부**에 대하여 전세권자는 민법 303조 1항의 규정에 의하여 그 건물 전부에 대하여 후순위권리자 기타 채권자보다 전세금의 우선변제를 받을 권리가 있고, 민법 318조의 규정에

행력 있는 정본은 요구하지 않고 있다. 집행권원을 요구하고 있지 않은 것에 의하여 부당한 경매가 행하여질 우려 등도 있다.

그런데 담보권 실행의 개시를 정당화하는 것으로 집행권원의 제출은 그 요건으로 하고 있지 않지만, 그 대신에 피담보채권, 담보권의 존재를 추지할 수 있는 무엇인가의 자료조차도 제출하지 않으면 담보목적재산의 소유자 등에게 현저한 불이익을 줄 우려가 있다. 그리하여 집행권원이 필요하지 않은 것에 대응하여, 법은 **담보권이 있다는 것을 증명하는 서류**를 내도록 하고 있다(264조 1항).[7] 이 서류(담보권원이라고도 한다)가 집행력 있는 정본이 되는 셈이다.[8]

담보권의 존재를 증명하는 서류의 첨부는 경매신청의 형식적 요건이므로 이를 첨부하지 않은 신청은 부적법하다. 실체법상으로는 담보권을 실행하려면 담보권의 존재, 피담보채권의 존재, 변제기의 도래라는 요건이 구비되어 있을 필요가 있으므로 채권자는 본래 위 각 요건을 주장·증명하여야 하나, 민사집행법상으로는 위 요건을 주장하는 것은 어쨌든 위 요건을 증명하여야 하는 것은 아니다. 그 이유는 집행법원(사법보좌관)이 경매의 신청 단계에서 실체법상 위 각 요건의 존부를 통상의 재판과 마찬가지 방법으로 인정하는 것이 적당하지 않은 것, 집행절차의 신속성에 반하는 것, 나아가 심리에 많은 시간이 걸리는 것은 집행방해배제의 기능을 낮추는 것 등의 폐해를 가져오는 결과가 되기 때문이다. 그래서 민사집행법은 담보권이 있다는 것을 증명하는 서류가 제출된 때에 경매개시결정을 하는 것으로 규정하고 있다.[9] 집행기관에게는 법적 판단을 가능한 한 시키지 않고 집행행위에 전념시키는

의하여 전세권의 목적물의 경매를 청구할 수 있는 것이나, 전세권의 목적물이 아닌 **나머지 건물부분**에 대하여는 우선변제권은 별론으로 하고 **경매신청권은 없다**고 할 것이고, 그 전세권의 목적이 된 부분이 구조상 또는 이용상 독립성이 없어 독립한 소유권의 객체로 분할할 수 없고 따라서 그 부분만의 경매신청이 불가능하다고 하여 달리 볼 것은 아니다(대법원 2001. 7. 2.자 2001마212 결정).

7) **일본** 민사집행법 181조는 제출될 문서로, 담보권의 존재를 증명하는 확정판결이나 마찬가지 효력이 있는 그 등본, 담보권의 존재를 증명하는 공증인이 작성한 공정증서의 등본, 담보권의 등기에 관한 등기사항증명서, 일반의 우선특권에서는 그 존재를 증명하는 문서 등으로 법정하고 있다.

8) 이러한 서류가 집행권원에 준한 취급을 하게 된다는 입장(**준집행권원설**)과 집행권원이 아니라 그 제출이 있으면 집행법원은 담보권의 존재를 인정하여야 한다는 의미에서의 법정증거라고 주장하는 입장(**서증설**)이 있을 수 있다.

9) 부동산에 대한 담보권 실행을 위한 경매의 개시요건으로서 민사소송규칙에 정하여진 신청서와 민사집행법에 정하여진 담보권의 존재를 증명하는 서류를 제출하면 되는 것이고, 집행법원은 담보권의 존재에 관해서 위 서류의 한도에서 심사를 하지만, 그 밖의 실체법상 요건인 피담보채권의 존재 등에 관해서는 신청서에 기재하도록 하는 데 그치고, 담보권 실행을 위한 경매

것이 효율적 사법운영이 된다고 하는 원칙에 비추어 집행개시의 요건으로 일단 집행권원이 필요하지 않다는 원칙을 유지하면서도 집행기관이 담보권의 존재에 대하여 심리하지 않으면 안 되는 장면을 되도록 축소하여 집행기관을 집행에 전념시키려는 취지에서 집행법원이 실체법상 담보권의 존부를 조사하기 위한 자료를 위와 같이 담보권이 있다는 것을 증명하는 서류로 제한하였다. 따라서 위 서류의 제출이 있으면 실체법상 요건은 존재하는 것으로 취급하여 위 요건에 대한 채권자에 의한 증명의 필요가 없고, 실체법상 요건이 존재하지 않는다는 것은 채무자의 지적, 즉 **경매개시결정에 대한 이의신청**(265조)에 의하여 판단하면 충분하다. 가령 채권증서와 같은 **피담보채권의 존재**를 증명하고자 하는 서류, 피담보채권의 양수인이 **채권양도의 대항요건**을 갖추었다는 것을 증명할 서류를 반드시 제출하여야 하는 것은 아니다.10)

부동산담보권 실행경매신청서

채 권 자　○○○
○○시 ○○구 ○○동 ○○(우편번호 ○○○－○○○)
전화 · 휴대폰번호:

채 무 자　◇◇◇
○○시 ○○구 ○○동 ○○(우편번호 ○○○－○○○)
전화 · 휴대폰번호:

청　구　금　액

원금 OOO원 및 이에 대한 20OO년 O월 O일부터 다 갚을 때까지 연 O%의 비율에 의한 지연손해금

절차의 개시요건으로서 **피담보채권의 존재를 증명하도록 요구하고 있는 것은 아니므로** 경매개시결정을 함에 있어서 채권자에게 이를 입증하게 할 것은 아니다(대법원 2000. 10. 25.자 2000마5110 결정).

10) 피담보채권을 저당권과 함께 양수한 자는 저당권이전의 부기등기를 마치고 저당권 실행의 요건을 갖추고 있는 한 채권양도의 대항요건을 갖추고 있지 아니하더라도 **경매신청을 할 수 있으며**, 채무자는 경매절차의 이해관계인으로서 채권양도의 대항요건을 갖추지 못하였다는 사유를 들어 **경매개시결정에 대한 이의나 즉시항고**절차에서 다툴 수 있고, 이 경우는 신청채권자가 대항요건을 갖추었다는 사실을 증명하여야 할 것이나(대법원 2024. 8. 19.자 2024마6339 결정), 이러한 절차를 통하여 채권 및 근저당권의 양수인의 신청에 의하여 개시된 경매절차가 **실효되지 아니한 이상 그 경매절차는 적법**한 것이고, 또한 그 경매신청인은 양수채권의 변제를 받을 수도 있다(대법원 2005. 6. 23. 선고 2004다29279 판결).

경매할 부동산의 표시

별지목록 기재와 같음

담보권과 피담보권의 표시

채권자는 채무자에게 20OO년 O월 O일 OOO원을, 이자 연 OO%, 변제기일 20OO년 O월 O일로 정하여 대여하였고, 위 채무의 담보로 채무자 소유의 별지목록 기재 부동산에 대하여 20OO년 O월 O일 서울중앙지방법원 등기국 접수 제OOO호로서 저당권설정등기를 마쳤는데, 변제기가 경과하였음에도 아직까지 변제하지 아니하므로 위 청구금액의 변제에 충당하기 위하여 위 부동산에 대하여 담보권 실행을 위한 경매절차를 개시하여 주시기 바랍니다.

첨 부 서 류

1. 등기사항전부증명서 1통
1. 채권증서 1통

20○○. ○. ○.

위 채권자 ○○○

○○지방법원 ○○지원 귀중

만약 담보권의 승계가 있는 경우에는 그 이전이 법률행위에 기한 때에는 위와 마찬가지로 그 담보권이전의 등기까지 마쳐야 승계인이 담보권을 취득하게 되지만, 법률의 규정에 의한 이전의 경우에는 담보권이전의 등기를 경료하지 않더라도 승계인은 담보권을 취득할 수 있으므로 이 경우에는 승계인이 경매를 신청할 때에는 승계를 증명하는 서류를 내야 한다(264조 2항). 승계집행문제도가 없는 담보권 실행경매에서 승계집행문을 대신하는 것이라고 할 수 있다. 부동산소유자에게 경매개시결정을 송달할 때에는 위 승계를 증명하는 서류의 등본을 붙여야 한다(264조 3항). 이는 강제집행에서의 승계집행문 및 승계증명서의 채무자 등에게의 송달에 대응하는 것이다.

경매신청에 대하여 그 요건을 심리한 뒤, 집행법원(사법보좌관)이 신청을 배척하는 재판을 한 경우에는 이에 대하여 신청인은 즉시항고를 할 수 있다(268조, 83조 5항).

2) 경매개시결정

제268조(준용규정) 부동산을 목적으로 하는 담보권 실행을 위한 경매절차에는 제79조 내지 제162조의 규정을 준용한다.

제83조(경매개시결정 등) ① 경매절차를 개시하는 결정에는 동시에 그 부동산의 압류를 명하여야 한다.

제84조(배당요구의 종기결정 및 공고) ① 경매개시결정에 따른 압류의 효력이 생긴 때(그 경매개시결정전에 다른 경매개시결정이 있은 경우를 제외한다)에는 집행법원은 절차에 필요한 기간을 고려하여 배당요구를 할 수 있는 종기를 첫 매각기일 이전으로 정한다. ② 배당요구의 종기가 정하여진 때에는 법원은 경매개시결정을 한 취지 및 배당요구의 종기를 공고하고, 제91조제4항 단서의 전세권자 및 법원에 알려진 제88조제1항의 채권자에게 이를 고지하여야 한다.

제87조(압류의 경합) ① 강제경매절차 또는 담보권 실행을 위한 경매절차를 개시하는 결정을 한 부동산에 대하여 다른 강제경매의 신청이 있는 때에는 법원은 다시 경매개시결정을 하고, 먼저 경매개시결정을 한 집행절차에 따라 경매한다.

제94조(경매개시결정의 등기) ① 법원이 경매개시결정을 하면 법원사무관등은 즉시 그 사유를 등기부에 기입하도록 등기관에게 촉탁하여야 한다. ② 등기관은 제1항의 촉탁에 따라 경매개시결정사유를 기입하여야 한다.

집행법원(사법보좌관)은 신청이 적법하다고 인정되면 경매개시결정을 하고, 압류를 명하며(268조, 83조 1항), 경매개시결정을 한 때에는 법원사무관등은 경매개시결정의 기입등기를 촉탁하여야 한다(268조, 94조). 또한 경매개시결정을 이중으로 할 수 있다(268조, 87조). 18-3

경매개시결정의 **부수처분**으로, 압류의 효력이 생긴 때에는 필요한 기간을 감안하여 배당요구를 할 수 있는 종기를 첫 매각기일 이전으로 정하고(84조 1항), 경매개시결정을 한 취지 및 배당요구의 종기를 공고하고, 법원에 알려진 배당요구를 할 수 있는 채권자 등에게 이를 고지한다(동조 2항).

압류에 의한 처분금지효는 해당 목적물의 소유자의 양도 등의 처분행위가 집행절차와의 관계에서만 그 효력이 없을 뿐인 상대적 무효이고, 압류채권자에게만 그 처분의 효력을 주장할 수 없고, 그 처분 뒤에 이중압류나 배당요구로 집행절차에 참가한 채권자에게는 그 효력을 주장할 수 있다(**개별상대효설**). 전술한 강제집행에서의 처분금지효와 마찬가지이다(☞10-32).

3) 개시결정에 대한 이의신청

제265조(경매개시결정에 대한 이의신청사유) 경매절차의 개시결정에 대한 이의신청사유로 담보권이 없다는 것 또는 소멸되었다는 것을 주장할 수 있다.

18-4 이미 설명하였듯이 강제경매와 달리, 담보권 실행경매는 집행권원이 없이 담보권이라는 실체권에 내재하는 환가권에 기하여 실시되는 것으로, 단순히 담보권의 존재를 증명하는 서류의 제출만으로 일단 경매절차가 개시된다. 즉, 담보권의 존재를 증명하는 서류를 제출하면, 집행법원은 그 이상 담보권의 존부를 조사할 필요 없이 개시결정을 할 수 있다. 따라서 담보권이 없거나 소멸된 경우라도 담보권의 존재를 증명하는 서류가 제출된 이상, 개시결정 그 자체가 위법은 아니다. 다만, 경매신청의 기초를 이루는 담보권 또는 피담보채권의 존재나 그 이행기의 도래 등과 같은 **실체법상 요건에 흠**이 있으면, **절차법상 위법사유**만을 문제 삼는 강제경매에서와 같은 제약이 없이(☞10-23), 이러한 사유를 담보권 실행경매절차 내에서 이의신청사유로 **주장할 수 있도록 한 것**이다(265조). 담보권 실행경매는 집행권원이 없이 간이한 방법으로 경매절차가 개시되므로 담보권이 없거나 소멸된 경우 등과 같은 실체법상 요건의 흠에 대하여 청구이의의 소(44조)에 의한 구제 여부와 관련하여 위 이의신청절차를 별도로 둔 것이라고 할 것인데, 이의신청절차는 채무자를 위하여 사후적 절차보장을 보충하여 주기 위한 간이한 수단의 필요 때문에 생긴 제도로 보고 있다.[11] 하여튼 담보권 실행경매에 있어서는 위법집행과 부당집행에 대한 불복신청방법의 구별이 반드시 이루어지고 있지 않다. 한편, 개시결정에 대하여는 법에 특별한 정함이 없으므로 즉시항고를 할 수 없다(15조 1항 참조).

이의신청은 매각대금이 모두 지급될 때까지 할 수 있다(268조, 86조 1항).[12] 이의신청에 대한 재판은 사법보좌관이 아니라, **법관**이 담당한다(사법보좌관규칙 2조 1항 7호 가목).[13]

11) **일본**에서는 담보권의 실행에서는 집행권원을 전제로 하지 않으므로 그에 따라 민사집행법 194조가 제3자이의의 소는 준용하지만, 청구이의의 소는 준용하지 않고 있어 청구이의의 소는 인정되지 않고 있다. 그런데 우리는 법 275조에서 법 44조 청구이의의 소를 준용하고 있다. 이시윤, 543면은 청구이의의 소를 담보권 실행경매에서도 준용하는 것이 우리 법제이므로 이렇게 보는 것이 옳다고 한다.

12) 매가허가결정이 확정된 이후라도 매각대금 완납시까지는 채무자는 저당채무를 변제할 수 있고 채권자는 채무자에 대하여 채무의 면제 또는 변제기한의 유예 등을 할 수 있으며 위와 같은 실체법상의 이유는 경매개시결정에 대한 이의사유로 될 수 있다(대법원 1987. 8. 18. 선고 87다카671 판결).

13) 이의의 재판절차에서는 민사소송법상 재판상 자백이나 의제자백에 관한 규정은 준용되지 않

(2) 경매절차의 정지 · 취소

제266조(경매절차의 정지) ① 다음 각호 가운데 어느 하나에 해당하는 문서가 경매법원에 제출되면 경매절차를 정지하여야 한다. 1. 담보권의 등기가 말소된 등기사항증명서

강제집행의 경우에는 법 49조, 50조에 집행의 필수적 정지 · 제한 및 취소에 관한 규정을 두고 있으나, 이는 확정판결 등 기판력 있는 집행권원에 기한 강제집행절차에 적용할 것이 그 전제이므로, 집행권원 없이 경매개시결정을 하는 부동산담보권 실행경매에서는 그 내용이 다르게 되므로 법 266조의 **독자적 규정**을 두고 있다. 18-5

담보권 실행경매에서는 경매절차의 정지사유가 강제경매와 다르게 규정되어 있는데, 담보권의 등기가 말소된 등기사항증명서(1호), 담보권등기를 말소하도록 명한 확정판결의 정본(2호), 담보권이 없거나 소멸되었다는 취지의 확정판결의 정본(3호), 채권자가 담보권을 실행하지 아니하기로 하거나 경매신청을 취하하겠다는 취지 또는 피담보채권을 변제받았거나 그 변제를 미루도록 승낙한다는 취지를 적은 서류(4호), 담보권 실행을 일시 정지하도록 명한 재판의 정본(5호)이 경매법원에 제출되면 경매절차를 **정지**하여야 한다(266조 1항). 가령 담보권이 부존재 또는 소멸한 사정이 있음에도 담보권의 등기 등이 잔존하고 있다면 담보목적재산의 소유자에게는 담보권이 실행되어 자기 재산을 잃게 될 위험이 계속하여 있게 되므로 법은 저당권부존재확인소송이나 저당권설정등기말소청구소송의 승소판결의 정본을 경매법원에 제출하는 것에 의하여 경매절차를 정지를 할 수 있도록 하고 있다.[14)]

담보권의 존재를 증명하는 서류의 제출에 의하여 간이 · 신속하게 담보권 실행절차가 개시되는 것과의 균형상, 담보권 실행을 방해하는 사유의 존재를 증명하는 문서의 제출로 담보권 실행절차를 간이 · 신속하게 정지하는 것이다. 이 규정이 담보권 실행절차에 우선 적용되고, 여기에 특별히 정함이 없는 때에는 그 성질에 반하지 않는 한, 강제집행에 관한 법 49조, 50조가 준용되게 된다(275조).

그리고 위 법 266조 1항 1호부터 3호까지의 서류의 경우와 4호의 서류가 화해조서의 정본 또는 공정증서의 정본인 경우에는 집행법원은 이미 실시한 매각절차를

는다(대법원 2015. 9. 14.자 2015마813 결정).

14) 다만, 위 저당권부존재확인소송이나 저당권설정등기말소청구소송은 민사소송이므로 그러한 소가 제기되더라도 즉시 저당권에 기한 경매신청이 금지되거나 진행 중의 경매절차가 정지하는 것은 아니므로 저당권실행의 유무나 경매절차의 진행상황을 파악하여 경우에 따라서는 **저당권실행금지의 가처분**이나 **경매절차정지의 가처분**을 별도로 신청할 필요가 있다.

취소하여야 하며, 5호의 경우에는 그 재판에 따라 경매절차를 취소하지 아니한 때에만 이미 실시한 경매절차를 일시적으로 **유지**하게 하여야 한다(266조 2항 전단). 이에 따른 취소결정에 대하여는 즉시항고를 할 수 없다(동조 3항).

(3) 매각의 준비

민법 제365조(저당지상의 건물에 대한 경매청구권) 토지를 목적으로 저당권을 설정한 후 그 설정자가 그 토지에 건물을 축조한 때에는 저당권자는 토지와 함께 그 건물에 대하여도 경매를 청구할 수 있다. 그러나 그 건물의 경매대가에 대하여는 우선변제를 받을 권리가 없다.

18-6 채권자 및 조세, 그 밖의 공과금을 주관하는 공공기관에 대한 채권신고의 최고, 현황조사, 평가 및 최저매각가격의 결정, 인수주의와 잉여주의의 선택 등, 일괄매각, 부동산의 멸실 등으로 말미암은 경매취소, 매각물건명세서의 작성 등도 강제경매의 경우와 마찬가지이다.

(4) 입찰·매각 및 대금납부 등

민법 제365조(저당지상의 건물에 대한 경매청구권) 토지를 목적으로 저당권을 설정한 후 그 설정자가 그 토지에 건물을 축조한 때에는 저당권자는 토지와 함께 그 건물에 대하여도 경매를 청구할 수 있다. 그러나 그 건물의 경매대가에 대하여는 우선변제를 받을 권리가 없다.

민법 제366조(법정지상권) 저당물의 경매로 인하여 토지와 그 지상건물이 다른 소유자에 속한 경우에는 토지소유자는 건물소유자에 대하여 지상권을 설정한 것으로 본다. 그러나 지료는 당사자의 청구에 의하여 법원이 이를 정한다.

민사집행법 제267조(대금완납에 따른 부동산 취득의 효과) 매수인의 부동산 취득은 담보권 소멸로 영향을 받지 아니한다.

18-7 ① 매각기일의 공고, 매각절차, 매각허부결정에 대한 이의·항고절차 등, 대금의 납부 및 인도명령(☞10-147) 등도 강제경매의 경우와 같다. 가령, 매각허가결정이 확정된 때에는 매수인은 집행법원이 정한 대금지급기한까지 매각대금을 법원에 내야 한다(268조, 142조 2항). 채무자의 매수신청을 금지한 민사집행규칙 59조도 준용된다. 따라서 목적부동산의 소유자인 채무자는 매수신청을 할 수 없다.[15] 그러나

15) 채무자가 면책허가결정을 받아 동 경매의 기초가 된 담보권의 피담보채권이 위 결정의 효력을

소유자 아닌 채무자의 매수신청이 허용되는지 여부에 대하여는 견해가 나뉜다. 물상보증인은 매수신청을 할 수 있다는 것이 일반적 입장이다.

② 아래와 같이 부동산담보권 실행경매절차에서는 부분적으로 **공신력**이 인정되는데(267조), 공신력이 인정되지 않는 예외적인 경우를 제외하고는 매수인이 매각대금을 전부 낸 때에 매각의 목적인 권리를 취득하는 점도 같다.[16] 소유권의 취득은 원시취득이 아니라 **승계취득**이다.[17]

강제경매절차에서는 일단 경매절차가 완결된 뒤에는 나중에 그 집행권원에 표상된 실체상의 청구권이 당초부터 **부존재** 또는 **무효**라든가 경매절차 종료시까지 변제 등의 사유로 인하여 소멸되는 등의 경우라도 경매절차가 적법하면 매수인은 유효하게 목적물의 소유권을 취득할 수 있으나(공신력. ☞10-143), 집행권원에 의하지 않고 담보권에 내재하는 환가권에 기한 것으로 보는 **부동산담보권 실행경매**에서는 반드시 그러하지 않다. 다만, 피담보채권이 변제 등에 의하여 **소멸**한 경우에 매수인의 부동산 취득은 담보권 소멸로 영향을 받지 않는다고 규정하여(267조) **부분적**으로나마 담보권 실행경매절차에 **공신력**을 인정하여 매수인 지위의 안정을 도모하였다.[18]

그런데 **판례**(전원합의체 판결)는 이마저 **경매개시결정 전후를 구별**하여, 이는 경매개시결정 **후에** 담보권이 소멸된 경우에만 적용되고, 경매개시결정 **전에** 이미 담보권이 소멸된 경우에는 적용되지 않는다고 본다(**사후소멸설**이라고 한다). 위 법 267조가 담보권의 소멸시기를 언급하지 않고 있더라도, 해당 조항은 경매개시 결정 후 담보권이 소멸하였는데도, 경매가 계속 진행되어 매각된 경우에만 적용되는 것

받는 경우에 해당 채무자의 상속인은 채무자에 해당하지 않는다(일본 最高裁判所 令和3(2021)·6·21 판결 참조).

16) 부동산경매절차에서 부동산을 매수하려는 사람이 다른 사람과의 명의신탁약정 아래 그 사람의 명의로 매각허가결정을 받아 자신의 부담으로 매수대금을 완납한 경우, 경매목적부동산의 소유권은 매수대금의 부담 여부와는 관계없이 그 명의인이 취득하게 되고, 매수대금을 부담한 명의신탁자와 명의를 빌려 준 명의수탁자 사이의 명의신탁약정은 「부동산 실권리자명의 등기에 관한 법률」 4조 1항에 의하여 무효이므로, 명의신탁자는 명의수탁자에 대하여 그 부동산 자체의 반환을 구할 수는 없고 명의수탁자에게 제공한 매수대금에 상당하는 금액의 부당이득반환청구권을 가질 뿐이다(대법원 2009. 9. 10. 선고 2006다73102 판결).

17) 경락에 의한 소유권취득은 성질상 승계취득이므로 하나의 토지 중 특정부분에 대한 구분소유적 공유관계를 표상하는 공유지분등기에 근저당권이 설정된 후 그 근저당권의 실행에 의하여 위 공유지분을 취득한 경락인은 구분소유적 공유지분을 그대로 취득한다고 할 것이다(대법원 1991. 8. 27. 선고 91다3703 판결).

18) **일본** 민사집행법 184조는 담보권의 소멸 이외에 **부존재의 경우도** 대금의 납부에 의한 매수인의 부동산 취득이 영향 받지 않는다고 규정하고 있다.

으로 해석하는 것이 타당하고, 경매개시 결정이 있기 전에 담보권이 소멸한 경우에도 경매의 공신력을 인정하면, 결국 소멸한 담보권 등기에 공신력을 인정하는 것과 같은 결과를 가져오게 되어서 등기의 공신력을 인정하지 않는 우리 법체계와도 조화되지 않는다고 한다.[19)]

③ 또한 **판례**는 채권자가 경매를 신청할 당시 실행하고자 하는 피담보채권이 이미 소멸되어 **무효인 근저당권**에 기하여 경매절차가 개시되고 매수인이 해당 부동산의 매각대금을 지급하였더라도, 그 **경매절차**는 **무효**이고, 매수인은 부동산의 **소유권을 취득할 수 없는데**, 이와 같이 경매가 무효인 경우에 매수인은 경매채권자 등 배당금을 수령한 사람을 상대로 그가 배당받은 금액에 대하여 **부당이득반환을 청구**할 수 있다고 본다.[20)]

④ 한편 **일괄매각**에 대하여는 법 98조 내지 101조의 규정을 준용하면서(268조) 「민법」 365조에 특칙이 있다. 토지를 목적으로 한 저당권을 설정한 후 저당권설정자가 그 토지에 건물을 축조한 때에는[21)] 저당권자가 토지와 건물에 대하여 일괄하여 경매를 청구할 수 있도록 규정한 취지는, 저당권설정자로서는 저당권설정 후에도 그 지상에 건물을 신축할 수 있는데 후에 저당권 실행으로 토지가 제3자에게 매각될 경우에 건물을 철거하여야 한다면 사회경제적으로 현저한 불이익이 생기게 되므로 이를 방지할 필요가 있고, 저당권자에게도 저당토지상 건물의 존재로 인하여 생기게 되는 경매의 어려움을 해소하여 저당권 실행을 쉽게 할 수 있도록 한 데 있으며, 같은 조 단서에 의하면 그때 저당권자에게는 건물의 매각대금에 대하여 우선변제를 받을 권리가 없도록 규정되어 있는 점에 비추어 보면, 위와 같은 경우 토

19) 대법원 2022. 8. 25. 선고 2018다205209 전원합의체 판결. 피담보채권의 소멸로 저당권이 소멸하였는데도 이를 간과하고 **경매개시결정**이 되고 그 경매절차가 진행되어 매각허가결정이 확정되었다면 이는 소멸한 저당권을 바탕으로 하여 이루어진 무효의 절차와 결정으로서 비록 매수인이 매각대금을 완납하였다고 하더라도 그 부동산의 **소유권을 취득할 수 없다**(대법원 2012. 1. 12. 선고 2011다68012 판결). 판례에 반대하면서 이러한 축소해석에 대한 의문으로는 이시윤, 549~550면. 또한 박두환, 659면도 소멸은 꼭 압류 후에 생긴 것일 필요는 없다고 본다. 위 전원합의체 판결에서, 위 법 267조의 문언과 체계, 입법 경위와 목적에 비추어, 담보권이 유효하게 성립한 후, 나중에 발생한 사유로 **이미 소멸**한 담보권에 기초하여 경매절차가 개시되고 부동산이 매각된 경우에도 특별한 사정이 없는 한, 경매는 유효하고 매각대금을 다 낸 매수인은 부동산 소유권을 적법하게 취득한다고 보아야 한다는 **별개의견**이 있다.

20) 대법원 2023. 7. 27. 선고 2023다228107 판결.

21) **일본**은 2003년 개정으로 대상이 확대되어 건물이 저당권설정자의 소유인 경우에 한하지 않고, **제3자의 소유**라도 **일괄경매**의 대상으로 하였다. 이는 저당권이 설정된 뒤, 빈터에 제3자 명의의 건물을 지어 토지의 평가를 낮추려는 형태의 집행방해에 이루어지는 것을 방지하기 위함이다.

지의 저당권자가 건물의 매각대금에서 배당을 받으려면 적법한 배당요구를 하였거나(268조, 88조) 그 밖에 달리 배당을 받을 수 있는 채권으로서 필요한 요건을 갖추고 있어야 한다.[22)]

◈ **경매와 법정지상권** ◈ 토지·건물의 임의경매의 경우에 관해서는 「민법」 366조에서, 입목에 대한 강제경매와 임의경매에 관해서는 「입목에 관한 법률」 6조 1항에서 법정지상권에 관한 규정을 두고 있다.[23)] 동일인의 소유에 속하는 토지 및 그 지상의 건물에 관하여 공동저당권이 설정된 후 그 건물이 철거되고 새로 건물이 신축된 경우에는 그 신축건물의 소유자가 토지의 소유자와 동일하고 토지의 저당권자에게 신축건물에 관하여 토지의 저당권과 동일한 순위의 공동저당권을 설정해 주었다는 등 특별한 사정이 없는 한 저당물의 경매로 인하여 토지와 그 신축건물이 다른 소유자에 속하게 되더라도 그 신축건물을 위한 법정지상권이 성립하지 않으므로[24)] 위와 같은 경우 토지와 신축건물에 대하여 「민법」 365조에 의하여 일괄매각이 이루어졌다면 그 일괄매각대금 중 토지에 안분할 매각대금은 법정지상권 등의 이용 제한이 없는 상태에서의 토지로 평가하여 산정하여야 할 것이므로 집행법원이 위와 같은 일괄매각절차에서 각 부동산별 매각대금의 안분을 잘못하여 적법한 배당요구를 한 권리자가 정당한 배당액을 수령하지 못하게 되었다면 그러한 사유도 배당이의의 청구사유가 된다.[25)]

(5) 배당요구

부동산담보권 실행경매에도 강제경매의 배당요구에 관한 규정이 준용된다. 배당요구권자는 배당요구의 종기까지 배당요구를 할 수 있다(268조, 88조). 가령 확정일자를 갖춘 주택임차보증금반환채권(주택임대차보호법 3조의2 2항, 8조 1항), 3개월분 임금채권(근로기준법 38조) 등은 해당 법률이 우선변제권을 인정하고 있으나 등기가 되어 있지 않아, 배당요구를 하지 않으면 경매법원이 채권의 존부나 액수를 알 수 없는 채권으로 배당요구의 종기까지 **배당요구를 하여야만 배당절차에서 배당**을 받을 수 있다(268조, 148조). 가령 저당권이 설정되어 있는 부동산의 제3취득자가 그 부동산의 보존, 개량을 위하여 필요비 또는 유익비를 우선상환을 받으려면(민법 367 18-8

22) 대법원 2012. 3. 15. 선고 2011다54587 판결.
23) 토지·건물의 강제경매에 기한 매각허가로 인하여 생기는 법정지상권에 관하여는 현행법상 규정하는 바가 없고, 관습상 법정지상권이 인정되고 있다. 일본은 민사집행법 81조에서 강제집행에 의하여 토지와 지상건물의 소유자가 분리된 경우에까지 법정지상권의 성립을 확장하고 있다.
24) 대법원 2003. 12. 18. 선고 98다43601 전원합의체 판결.
25) 대법원 2012. 3. 15. 선고 2011다54587 판결.

조) 저당부동산의 경매절차에서 배당요구의 종기까지 배당요구를 하여야 한다.[26]

◈ **구체적 예** ◈ 甲은 2011. 8. 1. 乙로부터 乙 소유의 X주택을 임대차보증금 2,500만 원, 기간 2년으로 정하여 임차하고 임대차보증금을 전액 지급한 다음, 2011. 8. 2. 입주하고 2011. 9. 20. X주택으로 주민등록 전입신고를 마쳤다. X주택에 관하여 2011. 9. 14. A 명의로 채권최고액 1억 원의 근저당설정등기가 마쳐졌다. 한편 甲은 위 임차권을 강화하기 위하여 2011. 8. 5. X주택에 관하여 전세금 2,500만 원, 존속기간 2013. 8. 1.까지로 된 전세권설정등기를 마쳐 두었다. A는 2013. 1. 7. X주택에 대하여 근저당권실행을 위한 경매를 신청하여 2013. 1. 8. 경매결정이 내려졌고, 2013. 1. 10. 경매개시결정기입등기가 마쳐졌다. (배당요구의 종기는 2013. 4. 10.로 정하여졌다). 위 경매절차에서 丙이 2013. 6. 21. 매각허가결정을 받아 2013. 7. 5. 매각대금을 모두 납부하고 2013. 7. 16. 丙 명의로 소유권이전등기를 마쳤다. 한편, 甲은 2013. 3. 8. 임차인으로서 경매법원에 권리신고 및 배당요구신청서를 제출한 다음, 2013. 4. 5. X주택에서 다른 곳으로 주민등록을 이전하였다. ① 甲이 경매절차에서 우선변제를 받을 수 있는가. ② 만약 甲이 위 경매사건의 배당절차에서 임대차보증금의 전부 또는 일부를 배당받지 못한 상태에서, 丙이 甲을 상대로 소유권에 기하여 X주택의 인도를 구하는 소를 제기하였다면, 甲은 丙에 대하여 임차인으로서 대항력을 주장할 수 있는가. ③ 甲의 전세권이 경매절차에서 매각으로 인하여 소멸하는가. (2013년 법무사시험 참조)

(6) 배당절차

18-9 ① 부동산담보권 실행경매에도 강제경매의 배당절차에 관한 규정이 준용되는데(268조),[27] 매수인이 매각대금을 지급하면 집행법원은 배당절차를 밟아야 한다(145조 1항).[28] 설사 신청채권자가 경매신청서에 기재하지 아니한 다른 피담보채권

26) 위 민법 367조에 의한 우선상환은 제3취득자가 경매절차의 매각대금에서 우선변제받을 수 있다는 것이지 이를 근거로 제3취득자가 직접 저당권설정자, 저당권자 또는 경매절차 매수인 등에 대하여 비용상환을 청구할 수 있는 권리가 인정될 수 없다. 따라서 제3취득자는 민법 367조에 의한 비용상환청구권을 피담보채권으로 주장하면서 유치권을 행사할 수 없다(대법원 2023. 7. 13. 선고 2022다265093 판결).

27) 한편 배당은 어디까지나 집행절차에 의한 만족의 문제이므로 변제 그 자체와 동의어는 아니고 합의에 의한 변제충당은 허용될 수 없다. 담보권의 실행 등을 위한 경매에 있어서 배당금이 동일 담보권자가 가지는 수개의 피담보채권의 전부를 소멸시키기에 부족한 경우, 채권자와 채무자 사이에 변제충당에 관한 합의가 있었다고 하더라도 그 **합의에 의한 변제충당은 허용될 수 없고**(대법원 1996. 5. 10. 선고 95다55504 판결), 획일적으로 가장 공평타당한 충당방법인 민법 477조 및 479조의 규정에 의한 **법정변제충당의 방법에 따라 충당**하여야 한다(대법원 2000. 12. 8. 선고 2000다51339 판결).

28) 회생절차와 관련된 것으로, 원고 소유 부동산에 관하여 근저당권자인 피고의 신청에 따라 담보권실행을 위한 경매절차에서 부동산이 매각되어 매각대금이 모두 납부되었으나, 배당기일이

을 가지고 있었다고 하더라도 청구금액을 확장한 채권계산서를 제출하는 방법으로는 피담보채권액 중 경매신청 당시의 청구금액을 초과하는 금액에 관하여는 배당에 참가할 수 없으며, 배당법원으로서는 경매신청 당시의 청구금액만을 신청채권자에게 배당하면 충분하다.[29)]

② 배당이의 소의 원고적격이 있는 사람은 배당기일에 출석하여 배당표에 대하여 이의를 진술한 채권자 또는 채무자에 한하는데, 다만 담보권 실행을 위한 경매에서 경매목적물의 소유자는 여기의 채무자에 포함된다.[30)] 채권자가 제기한 배당이의의 소에서 승소하기 위하여는 피고의 채권이 존재하지 않는다는 점 외에 자신이 피고에게 배당된 금원을 배당받을 권리가 있다는 점까지 주장·증명하여야 하나, 채무자나 소유자가 제기한 배당이의의 소에서의 심리대상은 피고로 된 채권자에 대

열리기 전에 원고가 회생절차개시신청을 하여 회생법원이 포괄적 금지명령을 한 후 회생절차개시결정을 하였고, 피고는 회생절차에서 근저당권으로 담보되는 회생담보권을 신고하지 아니하였는데, 원고에 대한 **회생절차개시결정 후에 이루어진 경매절차의 배당절차**에서 근저당권자인 피고 명의로 배당금이 공탁되었고, 피고가 회생계획이 인가된 후 공탁금을 수령한 경우에 피고는 원고에 수령한 배당금 상당액을 부당이득으로 반환할 의무가 있다(대법원 2018. 11. 29. 선고 2017다286577 판결). 한편 파산절차와 관련된 것으로, 가압류채권자의 채권에 대하여는 그에 대한 배당액을 공탁하고, 그 후 그 채권에 관하여 채권자 승소의 본안판결이 확정됨에 따라 가압류채권자가 **공탁된 배당금을 채무자의 파산선고 후에 수령**한 경우에 이는 본안판결 확정 시에 이미 가압류채권의 소멸에 충당된 공탁금에 관하여 **단지 수령만이 본안판결 확정 이후의 별도의 시점에 이루어지는 것**에 지나지 않으므로 가압류채권자가 위와 같이 수령한 공탁금은 파산관재인과의 관계에서 부당이득에 해당하지 않는다(대법원 2018. 7. 24. 선고 2016다227014 판결).

29) 신청채권자가 채권계산서를 제출하는 방법에 의하여 청구금액을 확장할 수 없다고 할 것이므로, 따라서 근저당권자가 경매신청서에 피담보채권 중 일부만을 청구금액으로 기재하여 담보권의 실행을 위한 경매를 신청한 후 청구금액을 확장한 채권계산서를 제출하였을 뿐 달리 경락기일까지 이중경매를 신청하는 등 필요한 조치를 취하지 아니한 채 그대로 경매절차를 진행시켜 경매신청서에 기재된 청구금액을 기초로 배당표가 작성·확정되고 그에 따라 배당이 실시되었다면, 신청채권자가 청구하지 아니한 부분의 해당 금원이 후순위채권자들에게 배당되었다 하여 이를 법률상 원인이 없는 것이라고 볼 수는 없다(대법원 1997. 2. 28. 선고 96다495 판결). 한편, 경매신청서, 채권신고서 등에 기재한 금액을 넘는 채권이 존재한다고 주장하는 배당이의의 소에서 경매신청서의 피담보채권의 기재가 **착오, 오기 등에 의한 것 및 진실의 피담보채권액이 증명된 때**에는 사실의 권리관계에 맞춘 배당표의 변경을 구할 수 있다고 보는데(일본 最高裁判所 平成15(2003)·7·3 판결), 이는 확장금지의 예외를 인정하기 위한 요건을 분명히 하였다는 점에 그 의의가 있다.

30) 그런데 진정한 소유자이더라도 경매개시결정기입등기 당시 소유자로 등기되어 있지 아니하였다면 90조 2호의 '소유자'가 아니고, 그 후 등기를 갖추고 집행법원에 권리신고를 하지 아니하였다면 같은 조 4호의 '부동산 위의 권리자로서 그 권리를 증명한 사람'도 아니므로, 경매절차의 이해관계인에 해당하지 아니한다. 따라서 이러한 사람에게는 배당표에 대하여 이의를 진술할 권한이 없고, 그 이의를 진술하였더라도 이는 부적법한 것에 불과하여 배당이의의 소를 제기할 원고적격이 없다(대법원 2015. 4. 23. 선고 2014다53790 판결).

한 배당액 자체만 심리대상이고, 원고인 채무자나 소유자는 피고의 채권이 존재하지 아니함을 주장·증명하는 것으로 충분하다(☞10-199).[31]

〈채권자가 다른 채권자를 상대로 한 배당이의의 소〉

소 장

원 고 ○○○
　　　○○시 ○○구 ○○동 ○○(우편번호 ○○○-○○○)
피 고 ◇◇◇새마을금고
　　　○○시 ○○구 ○○동 ○○(우편번호 ○○○-○○○)
　　　이사장 ◆◆◆
배당이의의 소

청 구 취 지

1. ○○지방법원 ○○지원 20○○타경○○○○ 부동산임의경매신청사건에 관하여 20○○. ○. ○. 같은 법원이 작성한 배당표 가운데 피고에 대한 배당액이 금 362,147,325원으로 되어 있는 것을 금 357,147,325원으로 경정하고, 원고에게 금 5,000,000원을 배당하는 것으로 경정한다.
2. 소송비용은 피고가 부담한다.

라는 판결을 원합니다.

청 구 원 인

1. 원고는 ○○지방법원 ○○지원 20○○타경○○○○○ 부동산임의경매신청사건에 관하여 주택임대차보호법상의 소액임차인으로서 소액임차보증금 5,000,000원의 우선변제를 요구하는 배당요구신청을 하였으나, 배당이 되지 않아 배당기일인 20○○. ○. ○. 배당에 관한 이의를 진술하였습니다.
2. 원고는 금 5,000,000원을 임차보증금으로 하여 소외 ◉◉◉와 사이에 임대차계약을 체결하고 ○○시 ○○동 ○○ 소재의 이 사건 경매목적물인 건물에 입주하고 20○○. ○. ○. 전입신고를 하여 현재까지 위 건물을 주거용으로 사용하며 거주하고 있는바, 원고는 주택임대차보호법상의 소액임차인으로서 최우선변세권이 있다 할 것입니다.
3. 또한, 위 건물이 등기부상 소매점으로 표시되어 있으나, 실제로 그 면적의 절반이상이 방과 부엌으로 되어 있고 나머지 부분은 방으로 된 건강기구판매사무실로 영업이 끝나면 이곳 사무실도 방으로 이용하였으며, 임차인인 원고가 이를 임차하여 가족들과 함께 거주하면서 일상생활을 영위하고 있고, 이곳이 원고의 유일한 주거이므로 사실상의 용도 및 사회통념상 위 건물은 주택임대차보호법의 보호대상인 주거용 건물에 해당한다 할 것이고, 원고는 이 사건 경매목적물에 대하여 최우선변제권이 있다 할 것입니다.
4. 따라서 원고는 청구취지와 같이 배당표의 변경을 구하고자 이 사건 청구에 이르렀습니다.

---

31) 따라서 채무자나 소유자가 배당이의의 소를 제기한 경우의 소송목적물은 피고로 된 채권자가 경매절차에서 배당받을 권리의 존부·범위·순위에 한정되는 것이지, 원고인 채무자나 소유자가 경매절차에서 배당받을 권리까지 포함하는 것은 아니므로, 제3자가 채무자나 소유자로부터 위와 같이 배당받을 권리를 양수하였더라도 배당이의 소송이 계속되어 있는 동안에 소송목적인 권리 또는 의무의 전부 또는 일부를 승계한 경우에 해당된다고 볼 수는 없고, 승계참가신청은 부적법하다(대법원 2023. 2. 23. 선고 2022다285288 판결).

입 증 방 법

1. 갑 제1호증 임대차계약서
1. 갑 제2호증 주민등록등본
1. 갑 제3호증 사진

첨 부 서 류

1. 위 입증방법 각 1통
1. 법인등기부등본 1통
1. 소장부본 1통
1. 송달료납부서 1통

20○○. ○. ○.
위 원고 ○○○

○○지방법원 ○○지원 귀중

〈채무자가 채권자를 상대로 한 배당이의의 소〉

소 장

원 고 ○○○
○○시 ○○구 ○○동 ○○(우편번호 ○○○-○○○)

피 고 ◇◇◇
○○시 ○○구 ○○동 ○○(우편번호 ○○○-○○○)

배당이의의 소

청 구 취 지

1. ○○지방법원 20○○타경○○○○ 부동산임의경매사건에 관하여 같은 법원이 20○○. ○. ○. 작성한 배당표 가운데 피고에 대한 배당액 금 22,927,058원을 금 20,508,681원으로 줄이고, 원고에게 금 2,418,377원을 교부하는 것으로 배당표를 변경한다.
2. 소송비용은 피고의 부담으로 한다.

라는 판결을 원합니다.

청 구 원 인

1. 원고는 20○○. ○. ○. 피고와 사이에 그 소유인 ○○시 ○○동 ○○○의 ○○ 소재 ○○○아파트 102동 804호(다음부터 '이 사건 부동산'이라고 함)에 관하여 피고에게 채권최고액 금 24,000,000원으로 한 근저당권(다음부터 '이 사건 근저당권'이라고 함)을 설정해준 다음 이를 담보로 하여 피고로부터 15,000,000원을 대출 받았습니다.
2. 피고는 원고의 채무원리금이 연체되자 20○○. ○. 초순경 이 사건 근저당권에 기하여 경매를 신청하여

○○지방법원 20○○타경○○○○호로 경매가 진행된 결과 위 법원은 20○○. ○. ○. 매각대금 가운데 집행비용을 공제한 금 33,990,417원을 채권자들에게 배당함에 있어서 제1순위 근저당권자인 ○○은행에게 채권최고액 범위 내의 채권원리금 11,063,359원을 배당하고, 제2순위 근저당권자 겸 신청채권자인 피고에게 피고가 배당을 신청한 20○○. ○. ○.자 채무원리금 26,864,941원 중에서 위 제1순위자에게 배당하고 남은 잔액인 금 22,927,058원을 전부 배당하는 것으로 배당표를 작성하였습니다.

3. 한편, 피고는 20○○. ○. 말경 원고를 채무자, 소외 ○○주식회사를 제3채무자로 하여 원고의 급여 및 퇴직금채권을 가압류(○○지방법원 20○○카단○○○○호)하여, 소외 ○○주식회사가 공탁을 하고 사유신고를 함으로써 이루어진 배당절차(○○지방법원 20○○타기○○○호)에서 20○○. ○. ○. 금 6,356,260원을 배당 받았습니다. 그러므로 원고는 배당기일에 출석하여 피고가 원고의 퇴직금 등에서 이미 금 6,356,260원의 배당을 받고서도 다시 이 사건 경매에서 이를 포함하여 금 26,864,941원의 배당신청을 하여 금 22,927,058원을 배당 받았으므로, 위 금액 중 원래 피고가 배당신청을 할 수 있었던 금 20,508,681원(26,864,941원－6,356,260원)을 초과한 금액은 이중배당을 받은 것이 되어 부당하다는 배당이의를 진술하였습니다.
4. 따라서 원고는 이 사건 배당표 가운데 피고에 대한 배당액 금 22,927,058원을 금 20,508,681원으로 줄이고, 원고에게 금 2,418,377원(22,927,058원－20,508,681원)을 교부하는 것으로 배당표를 변경하고자 이 사건 소제기에 이른 것입니다.

입 증 방 법

1. 갑 제1호증 배당표사본(○○지방법원 20○○타기○○○호)

첨 부 서 류

1. 위 입증방법 1통
1. 소장부본 1통
1. 송달료납부서 1통

20○○. ○. ○.

위 원고 ○○○

○○지방법원 귀중

③ 배당의 순위는 가령, 우선하는 소액임차인이나 당해세가 없다면, 압류채권자인 담보권자의 변제순위가 우선순위가 되게 된다.[32] 배당방법도 마찬가지로 강제경매의 규정이 준용된다(☞10-178).

32) 한정승인자로부터 상속재산에 관하여 저당권 등의 담보권을 취득한 사람과 상속채권자 사이의 우열관계는 「민법」상의 일반원칙에 따라야 하고, 상속채권자가 한정승인의 사유만으로 우선적 지위를 주장할 수는 없다. 그리고 이러한 이치는 한정승인자가 그 저당권 등의 피담보채무를 상속개시 전부터 부담하고 있었다고 하여 달리 볼 것이 아니다(대법원 2010. 3. 18. 선고 2007다77781 전원합의체 판결).

◈ **안분후 흡수설의 구체적 예** ◈ 가압류가 있은 뒤에 1번 저당권 및 2번 저당권이 설정되어 있던 중, 1번 또는 2번 저당권자에 의하여 경매신청이 된 경우에 배당할 금액이 1억 원이고, 가압류채권자 甲의 채권이 2,500만 원, 1번 저당권자 乙의 채권이 7,500만 원, 2번 저당권자 丙의 채권이 1억 5천만 원인 경우에 **안분후 흡수설**에 따라, 甲은 1,000만 원(1억 원×1/10), 乙은 7,500만 원(1억 원×3/10+丙으로부터 4,500만 원 흡수함), 丙은 1,500만 원(1억 원×6/10-乙에게 4,500만 원 흡수당함)을 배당받게 된다.[33] 위 甲, 乙, 丙 사이의 배당순위는 가압류 후의 담보물권설정행위가 가압류의 처분금지적 효력과 관련하여 상대적 무효로 가압류권자와 저당권자는 평등하게 배당을 받는다는 입장에서 배당을 실시하면(☞21-85), 가압류채권자와 각 저당권자는 같은 순위로서 각 채권액에 따라 안분배당을 받되,[34] 1번 저당권은 2번 저당권에 우선하므로 1번 저당권자는 2번 저당권자가 받을 배당액으로부터 자기의 채권액이 만족될 때까지 이를 흡수하여 변제를 받을 수 있다.[35]

◈ **구체적 예** ◈ 의류도매업자 甲은 2007. 1. 5. 乙에게 의류 1,000벌을 1억 원에 매도하였다. 乙은 2007. 3. 5.까지 의류대금을 지급하기로 약속하고, 甲에게서 의류 1,000벌을 인수하였다. 당시 甲이 乙의 대금지급능력에 대하여 의문을 표시하자, 乙의 친구 丁은 2007. 3. 10. 자기 소유 X 주택에 채권최고액을 1억 2,000만 원으로 하는 근저당권을 甲에게 설정해 주었다. 그 주택에는 戊가 거주하고 있었는데, 戊는 丁과 임차보증금 8,000만 원으로 하는 임대차계약을 체결하고 2007. 3. 10. 전입신고를 하고, 같은 날 임대차계약서에 확정일자를 받았다. 2008. 3. 10. 丁은 X 주택을 A에게 2억 5,000만 원에 매도하고 소유권이전등기를 경료하여 주었다. 이때 丁은 A와의 사이에 戊의 보증금은 2009. 3. 9. 丁이 책임지고 반환하고, 甲 명의의 근저당권등기도 책임지고 말소하기로 약정하였다. 乙이 채무를 이행하지 못하자, 甲은 X 주택에 설정된 근저당권을 실행하였고, X 주택은 1억 5,000만 원에 B에게 매각되었다. 戊는 배당요구의 종기까지 배당을 요구하지 않았다. 매각대금 중 1억 원은 2008. 10. 1. 甲에게 배당되었고, 잔액 5,000만 원은 A에게 배당되었다. 戊는 A와 丁을 피고로 해서 각각 8,000만 원의 X 주택에 관한 임대차보증금반환청구소송을 제기하였다. A는 戊가 배당절차에서 배당을 요구하지 않았으니 B에게 보증금의 반환을 청구하여야지 자신에게 그 지급을 청구하여서는 안 된다고 다투었다. 다툼의 해결은 다음과 같다. ① **戊의 A에 대한 청구**(청구인용판결): 2007. 3. 10. 근저당권 설정-2007. 3. 10. 다음 날인 2007. 3. 11. 0시부터 戊의 임차보증금 대항력 취득-甲의 근저당권이 우선-임차권 소멸-매수인 A는 임대인 丁의 지위를 승계하여 보증금반환채무를 면책적으로 채무인수-근저당권 실행으로 戊의 임차권은 소멸하였으며(268조, 91조 3항),[36] 한편 戊와 같이 우선변제청구권이 있는 임차권의 경우라도 배당요구를 하여

---

33) 법원실무제요[Ⅲ], 177면 참조.

34) 대법원 1987. 6. 9. 선고 86다카2570 판결.

35) 대법원 1992. 3. 27. 선고 91다44407 판결; 대법원 1994. 11. 29.자 94마417 결정 등.

36) 경매목적부동산이 경락된 경우에는 소멸된 선순위 저당권보다 뒤에 등기되었거나 대항력을 갖춘 임차권은 함께 소멸하는 것이고, 따라서 그 경락인은 「주택임대차보호법」 3조에서 말하는

야만 배당을 받을 수 있는데(268조, 148조, 88조), 戊는 배당요구를 하지 않았기 때문에 배당절차에서 배당을 받을 수 없으므로 B에게 보증금의 반환을 청구할 수 없다. 戊는 B에게 보증금의 반환을 청구하여야지 자신이 보증금을 지급할 것이 아니라는 A의 주장은 이유 없다. ② **戊의 丁에 대한 청구**(청구기각판결): 양도인과 양수인 사이에 임대차보증금을 양도인이 반환하겠다고 한 약정은 임차인에게는 아무런 효력이 없는 개별적 이행인수 약정일 뿐이다. A만 戊에게 보증금반환채무를 부담하고, 丁은 보증금반환채무를 부담하지 않는다. (2014년 변호사시험 참조)

◈ **공동저당과 배당** ◈ X 토지에는 甲 명의의 1번 저당권(피담보채권액 4,000만 원), 乙 명의의 2번 저당권(피담보채권액 1억 5,000만 원), 丙 명의의 3번 저당권(피담보채권액 7,000만 원)이 각 설정되어 있고, Y 토지에는 乙 명의의 1번 저당권(피담보채권액 1억 5,000만 원), 丁 명의의 2번 저당권(피담보채권액 3,000만 원)이 각 설정되어 있으며, 위 각 피담보채권의 채무자는 모두 A이고, 乙 명의의 저당권은 공동저당권이다. X 토지의 경매대가는 1억 6,000만 원, Y 토지의 경매대가는 8,000만 원이다. (이자, 지연손해금과 집행비용은 고려하지 말 것) ① X 토지와 Y 토지가 모두 채무자(A) 소유인 경우, X 토지와 Y 토지가 동시에 경매되면, 乙은 X 토지의 경매대가에서 9,000만 원을 배당받는다. ② X 토지와 Y 토지가 모두 채무자(A) 소유인 경우, X 토지가 먼저 경매되면, 丙은 Y 토지의 경매대가에서 3,000만 원을 배당받는다. ③ X 토지는 채무자(A) 소유, Y 토지는 물상보증인(B) 소유인 경우, X 토지가 먼저 경매되면, 민법 368조 2항의 적용은 없으므로 丙은 선순위자를 대위할 수 없다. ④ X 토지는 채무자(A) 소유, Y 토지는 물상보증인(B) 소유인 경우, Y 토지가 먼저 경매되면, 丁은 X 토지의 경매대가에서 3,000만 원을 배당받는다.[37] ⑤ X 토지는 채무자(A) 소유, Y 토지는 물상보증인(B) 소유인 경우, X 토지와 Y 토지가 동시에 경매되면, 乙은 Y 토지의 경매대가에서 6,000만 원을 배당받는 것은 아니다.[38]

④ 가령 배당절차에 참가한 채권자가 배당기일에 출석하고도 이의하지 않아 배당표가 확정된 경우에 과오배당 내지는 부당배당된 사안에서 **판례**는 그 배당절차에서 배당금을 수령한 다른 채권자를[39] 상대로 **부당이득반환청구**를 할 수 있다

임차주택의 양수인 중에 포함된다고 할 수 없을 것이므로 경락인에 대하여 그 임차권의 효력을 주장할 수 없다(대법원 2000. 2. 11. 선고 99다59306 판결).

37) 대법원 2011. 8. 18. 선고 2011다30666 판결.

38) 대법원 2010. 4. 15. 선고 2008다41475 판결.

39) 위 배당금을 수령한 다른 채권자와 관련하여, 질권설정자의 채무자에 대한 근저당권부채권 범위를 초과하여 질권자의 질권설정자에 대한 피담보채권 범위 내에서 질권자에게 배당금이 직접 지급됨으로써 질권자가 피담보채권의 만족을 얻은 경우, **실체법적으로 볼 때 배당을 통하여 법률상 원인 없이 이득을 얻은 사람**은 피담보채권이라는 법률상 원인에 기하여 배당금을 수령한 **질권자가 아니라** 근저당권부채권이라는 법률상 원인의 범위를 초과하여 질권자에게 배당금이 지급되게 함으로써 자신의 질권자에 대한 피담보채무가 소멸하는 이익을 얻은 **질권설정자**이다(대법원 2024. 4. 12. 선고 2023다315155 판결).

고 본다(☞10-208).[40)]

Ⅱ. 유체동산담보권의 실행

1. 의 의

제271조(유체동산에 대한 경매) 유체동산을 목적으로 하는 담보권 실행을 위한 경매는 채권자가 그 목적물을 제출하거나, 그 목적물의 점유자가 압류를 승낙한 때에 개시한다.

제272조(준용규정) 제271조의 경매절차에는 제2편 제2장 제4절 제2관의 규정과 제265조 및 제266조의 규정을 준용한다.

유체동산을 목적으로 하는 담보권(질권, 유치권 등) 실행을 위한 경매에는 제2편 제2장 제4절 제2관(유체동산의 강제집행)의 규정과 부동산담보권 실행에 관한 법 265조(경매개시결정에 대한 이의신청사유) 및 법 266조(경매절차의 정지)의 규정을 준용한다(272조). 다만, 담보권 실행을 위한 경매가 특정의 목적물에 설정된 담보권의 실행을 위한 것이므로 초과압류금지(188조 2항, 민사집행규칙 140조 1항), 매각의 한도(207조), 압류금지물건(195조, 196조) 등의 규정은 여기에 준용하지 않는다. 18-10

여기의 경매에는 동산질권의 실행을 위한 경매가 주로 문제가 될 수 있지만, 유질계약(민법 339조)이 빈번하므로 동산질권을 실행하는 예는 거의 드물다.

유체동산 담보권 실행으로서 경매는 담보권자의 신청에 기하여 압류, 현금화, 배당이라는 단계를 거친다.

2. 절 차

유체동산을 목적으로 하는 담보권 실행을 위한 경매는 채권자가 그 목적물을 제출하거나, 그 목적물의 점유자가 압류를 승낙한 때에 개시한다(271조). 즉, ① 채권자가 목적동산을 **점유하고 있는 때**에는 이를 집행관에게 제출한 경우, ② 채권자가 스스로 목적동산을 **점유하고 있지 않은 때**에는 집행관에게 점유자의 압류승낙을 증명하는 문서를 제출한 경우에 경매를 개시할 수 있다.[41)] 채권자가 목적물을 18-11

40) 대법원 2019. 7. 18. 선고 2014다206983 전원합의체 판결.

41) 가령, 담보권자가 담보목적물을 점유하고 있지 않은 경우에는 사실상 목적물 자체를 제출하는 것은 불가능하고 점유자에게 승낙을 얻는 것도 곤란하므로 담보권의 실행을 할 수 없다는 문제

제출하거나 또는 압류승낙문서를 제출한 경우에는 이로부터 담보권의 존재를 추인할 수 있기 때문이다. 목적동산의 제출 또는 압류승낙문서의 제출이 있은 경우는 집행관은 대상인 유체동산의 점유를 거두어 압류를 행한다(272조, 189조 1항 본문).

채무자나 동산의 소유자는 담보권의 부존재·소멸을 이유로 경매개시결정에 관한 이의신청을 할 수 있다(272조, 265조). 그러나 부동산경매에 있어서 매수인의 보호를 위한 법 267조(대금완납에 따른 부동산취득의 효과)는 준용되지 않는다. 유체동산경매에서 매수인은 동산의 선의취득(249조)에 의하여 보호되기 때문에 결과적으로 부동산경매에 있어서 법 267조를 적용한 것과 같은 효과를 볼 수 있기 때문이다.[42)]

담보권의 등기가 말소된 등기사항증명서 등 법 266조 1항에 규정된 문서가 집행관에게 제출되면, 집행관은 경매를 정지하여야 한다(272조, 266조 1항).

유체동산의 경매에 있어서도 채권자가 여럿인 경우에 유체동산에 대한 강제집행의 경우와 마찬가지로 이중압류를 할 수 있으며(215조 준용), 또 법률상 우선변제청구권자는 배당요구를 할 수 있다(217조 준용).

배당절차도 유체동산에 대한 강제집행과 마찬가지이다(272조). 가령 채권자가 한 사람인 경우 또는 채권자가 두 사람 이상이더라도 배당자원으로 각 채권자의 채권을 만족시킬 수 있는 경우에는 집행관은 배당받을 채권자에게 채권액을 교부하고(민사집행규칙 155조 1항), 그렇지 못한 경우에는 배당을 실시한다(☞12-29 이하 참조).

동산·채권 등의 담보에 관한 법률 제21조(동산담보권의 실행방법) ① 담보권자는 자기의 채권을 변제받기 위하여 담보목적물의 경매를 청구할 수 있다. ② 정당한 이유가 있는 경우 담보권자는 담보목적물로써 직접 변제에 충당하거나 담보목적물을 매각하여 그 대금을 변제에 충당할 수 있다. 다만, 선순위권리자(담보등기부에 등기되어 있거나 담보권자가 알고 있는 경우로 한정한다)가 있는 경우에는 그의 동의를 받아야 한다.

동산·채권 등의 담보에 관한 법률 제22조(담보권 실행을 위한 경매절차) ① 제21조제1항에 따른 경매절차는 「민사집행법」 제264조, 제271조 및 제272조를 준용한다. ② 담보권설정자가 담보목적물을 점유하는 경우에 경매절차는 압류에 의하여 개시한다.

와 관련하여 **일본**은 2003년 법 개정에 의하여 위 2가지 개시요건 이외에 집행법원의 허가결정의 등본의 제출로 경매개시신청을 할 수 있도록 3번째 방법을 추가로 신설하였다.

42) 이시윤, 557면. 그런데 이렇게 부동산경매와 달리 한 것은 입법에 일관성이 없다 할 것이므로 명문의 규정은 없으나 성질상 그 준용이 있다고 풀이하여야 한다는 입장이나(박두환, 665면) 매수인의 법적 지위를 보호함으로써 경매를 활성화시킬 필요가 있다는 측면에서 법 267조를 준용하지 않는 것은 문제라는 지적(강대성, 520면)이 있다.

한편 동산질권과 양도담보 등 기존의 동산담보제도가 안고 있던 문제점을 해소하고, 동산담보제도를 개선하기 위한 목적에서 「동산 · 채권 등의 담보에 관한 법률」이 2012. 6. 11.부터 시행되고 있다. 동법에 따라 동산을 담보로 제공하기로 하는 담보약정을 하고 담보등기를 마치면 동산담보권이 성립한다(동법 7조). 동산담보권자는 담보목적물에 대하여 다른 채권자보다 자기채권을 우선변제받을 권리가 있다(동법 8조). 동법의 담보약정에 따른 동산담보권의 실행은 원칙적으로 경매에 의하되(동법 21조 1항, 22조), 예외적으로 사적 실행, 즉 귀속청산과 처분청산에 의할 수 있도록 하고 있다(동법 21조 2항). 경매절차는 법 264조, 271조 및 272조를 준용한다. 한편, 위 법은 담보목적물에 대한 집행절차에서 동산담보권자가 어떤 지위에 있는지에 관하여는 특별한 규정을 두지 않고 있다(☞12-27).[43]

Ⅲ. 채권과 그 밖의 재산권에 대한 담보권의 실행

제273조(채권과 그 밖의 재산권에 대한 담보권의 실행) ① 채권, 그 밖의 재산권을 목적으로 하는 담보권 실행은 담보권의 존재를 증명하는 서류(권리의 이전에 관하여 등기나 등록을 필요로 하는 경우에는 그 등기부 또는 등록원부의 등본)가 제출된 때에 개시한다. ② 민법 제342조에 의하여 담보권설정자가 받을 금전, 그 밖의 물건에 대하여 권리를 행사하는 경우에도 제1항과 같다. ③ 제1항과 제2항의 권리실행절차에는 제2편 제2장 제4절 제3관의 규정을 준용한다.

민법 제342조(물상대위) 질권은 질물의 멸실, 훼손 또는 공용징수로 인하여 질권설정자가 받을 금전 기타 물건에 대하여도 이를 행사할 수 있다. 이 경우에는 그 지급 또는 인도전에 압류하여야 한다.

민법 제353조(질권의 목적이 된 채권의 실행방법) ① 질권자는 질권의 목적이 된 채권을 직접 청구할 수 있다.

민법 제354조(동전) 질권자는 전조의 규정에 의하는 외에 민사집행법에 정한 집행방법에 의하여 질권을 실행할 수 있다.

43) 집행관의 압류 전에 등기된 동산담보권을 가진 채권자는 배당요구를 하지 않아도 **당연히 배당에 참가할 수 있다**고 보아야 한다. 동산담보권자를 배당요구 없이도 배당받을 채권자로 보아 적어도 후순위 채권자를 상대로 부당이득반환청구를 할 수 있다고 보아야 할 것이다(대법원 2022. 3. 31. 선고 2017다263901 판결).

1. 의 의

18-12 채권, 그 밖의 재산권을 목적으로 하는 담보권의 실행 및 담보권자의 물상대위권의 행사에 의한 압류는 채권 및 그 밖의 재산권에 대한 강제집행에 준하여 행한다(273조 1항, 2항). 위 권리실행절차에는 제2편 제2장 제4절 제3관(채권과 그 밖의 재산권에 대한 강제집행)의 규정을 준용한다(동조 3항).

2. 절 차

(1) 채권 등을 목적으로 하는 담보권

18-13 금전채권에 대한 질권(가령 채권질)의 실행이 대표적 예인데(민법 354조),[44] 채권, 그 밖의 재산권을 목적으로 하는 담보권의 실행은 원칙적으로 담보권의 존재를 증명하는 서류의 제출이 있는 때에 개시된다. 예외적으로 권리의 이전에 관하여 등기나 등록을 필요로 하는 경우에는 그 등기사항증명서 또는 등록원부의 등본이 제출된 때에 개시된다(273조 1항). 담보권자의 신청에 기하여 집행법원은 채권, 그 밖의 재산권을 압류한다. **사법보좌관**의 업무이다(사법보좌관규칙 2조 1항 12호). 절차는 기본적으로 강제집행에 있어서 채권집행과 마찬가지이다.

예탁유가증권이나 전자등록주식등에 대한 담보권의 실행은 민사집행규칙에서 대체로 예탁유가증권에 대한 강제집행(☞13-75) 등을 준용하도록 하고 있다(동규칙 201조, 201조의2).

(2) 물상대위권

18-14 저당권 등에 대하여도 물상대위가 인정되는데(민법 370조의 의한 342조의 준용), 「민법」 342조(물상대위)에 따라 담보물의 멸실 등에 의하여 담보권설정자가 받을 금전, 그 밖의 물건에 대하여 권리를 행사하는 경우에도 기본적으로는 위 채권 등을 목적으로 하는 **담보권의 실행절차와 마찬가지**이다.[45] 가령 저당권자는 저당권의 목적이 된 토지의 공용징수 등으로 토지의 소유자가 받을 금전이나 그 밖의 물건에

44) 한편, 「민법」 353조는 질권의 목적이 된 채권의 실행방법으로 집행기관을 통하지 않은 직접청구 및 제3채무자에게 공탁시킬 수 있다고 규정하고 있다. 즉, 이러한 직접청구와 위 민사집행법에 의한 집행방법의 두 가지를 인정하고 있는데, 민사집행법의 실행은 그다지 이용되고 있지 않다고 한다. 그런데 전부명령 등을 얻고자 하는 경우에는 민사집행법상 담보권의 실행에 의한 실익이 있다고 할 것이다.

45) 中野貞一郎/下村正明, 344면은 절차개시를 위하여 요구되는 담보권의 존재를 증명하는 서류로서 담보권의 존재만이 아니라 물상대위권의 존재를 증명하는 문서의 제출도 필요하다고 본다.

대하여 물상대위권을 행사할 수 있는데, 다만 **물상대위를 하기 전에 압류**하여야 한다(민법 370조, 342조).[46] 물상대위권을 행사하는 저당권자가 담보권을 증명하는 서류를 제출하면, 집행법원은 그 채권이 금전지급청구권일 경우에는 해당 청구권에 압류명령을 발한다. 물상대위권자는 압류명령과 동시에 또는 그 뒤에 추심명령, 전부명령을 신청할 수 있고, 경우에 따라서는 양도명령 등 특별현금화명령도 신청할 수 있다. 한편, 위 방법 이외에도 **다른 채권자의 집행절차**에서 압류에 의하여 대위물건이 특정된 경우에 **배당요구**를 하는 방법으로(이는 늦어도 배당요구의 종기까지여야 한다) 물상대위권을 행사할 수 있다(법 273조 3항, 247조). 가령 전세권을 목적으로 한 저당권이 설정된 경우, 전세권의 존속기간이 만료되면 전세권의 용익물권적 권능이 소멸하기 때문에 더 이상 전세권 자체에 대하여 저당권을 실행할 수 없게 되고, 저당권자는 저당권의 목적물인 전세권에 갈음하여 존속하는 것으로 볼 수 있는 전세금반환채권에 대하여 **압류 및 추심명령 또는 전부명령**을 받거나 제3자가 전세금반환채권에 대하여 실시한 강제집행절차에서 **배당요구**를 하는 등의 방법으로 물상대위권을 행사하여 전세금의 지급을 구하여야 한다.[47]

46) 근저당권자가 금전이나 물건의 인도청구권을 압류하기 전에 토지의 소유자가 인도청구권에 기하여 금전 등을 수령한 경우 근저당권자는 더 이상 물상대위권을 행사할 수 없다(대법원 2015. 9. 10. 선고 2013다216273 판결). 그런데 위 이 압류의 의의에 대하여 **특정성 유지설**, **우선권 유지설**, **제3채무자 보호설** 등이 있다. **판례**는 물상대위권자로서의 권리행사의 방법 등을 제한하는 취지는 물상대위의 목적인 채권의 **특정성을 유지**하여 그 효력을 보전하고 평등배당을 기대한 **다른 일반 채권자의 신뢰를 보호**하는 등 제3자에게 불측의 손해를 입히지 아니함과 동시에 집행절차의 안정과 신속을 꾀하고자 함에 있다고 한다(대법원 2003. 3. 28. 선고 2002다13539 판결). 판례는 기본적으로 특정성 유지설을 전제로 제3자를 고려한 입장이라고 할 수 있다. 한편, 저당권에 기한 물상대위와 채권양도와의 우열관계, 저당권에 기한 물상대위와 전부명령과의 우열관계, 저당권에 기한 물상대위와 일반채권자에 의한 압류와의 우열관계가 문제될 수 있다.

47) 전세권저당권자가 위와 같은 방법으로 전세금반환채권에 대하여 물상대위권을 행사한 경우, 종전 저당권의 효력은 물상대위의 목적이 된 전세금반환채권에 존속하여 저당권자가 전세금반환채권으로부터 다른 일반채권자보다 우선변제를 받을 권리가 있으므로, 설령 **전세금반환채권이 압류된 때**에 전세권설정자가 전세권자에 대하여 반대채권을 가지고 있고 반대채권과 전세금반환채권이 상계적상에 있다고 하더라도 그러한 사정만으로 전세권설정자가 전세권저당권자에게 **상계로써 대항할 수는 없다**. 그러나 전세금반환채권은 전세권이 성립하였을 때부터 이미 발생이 예정되어 있다고 볼 수 있으므로, **전세권저당권이 설정된 때**에 이미 전세권설정자가 전세권자에 대하여 반대채권을 가지고 있고 **반대채권의 변제기가 장래 발생할 전세금반환채권의 변제기와 동시에 또는 그보다 먼저 도래하는 경우와 같이 전세권설정자에게 합리적 기대 이익을 인정할 수 있는 경우**에는 특별한 사정이 없는 한 전세권설정자는 반대채권을 자동채권으로 하여 전세금반환채권과 **상계함으로써** 전세권저당권자에게 **대항할 수 있다**(대법원 2014. 10. 27. 선고 2013다91672 판결).

물상대위권의 행사에 나아가지 않아 우선변제권을 상실한 이상, 다른 채권자가 그 보상금 또는 이에 관한 변제공탁금으로부터 이득을 얻었다고 하더라도 저당권자는 이를 부당이득으로서 반환청구할 수 없다.48)

◈ 전세권부 근저당권자가 우선권 있는 채권에 기하여 전부명령을 받은 경우, 형식상 압류가 경합되어도 그 전부명령은 유효한지 여부(적극) ◈ 저당목적물의 변형물인 금전 기타 물건에 대하여 일반 채권자가 물상대위권을 행사하려는 저당채권자보다 단순히 먼저 압류나 가압류의 집행을 함에 지나지 않은 경우에는 저당권자는 그 전은 물론 그 후에도 목적채권에 대하여 물상대위권을 행사하여 일반 채권자보다 우선변제를 받을 수가 있으며, 위와 같이 전세권부 근저당권자가 우선권 있는 채권에 기하여 전부명령을 받은 경우에는 형식상 압류가 경합되었다 하더라도 그 전부명령은 유효하다.49) 甲은 2015. 12. 10. 그 소유인 X점포에 관하여 乙과 전세금 2억 원, 기간 2016. 1. 10.부터 2018. 1. 9.까지로 정하여 전세권설정계약을 체결하고 2016. 1. 10. 전세금을 받은 다음 乙에게 X점포를 인도하고 전세권설정등기를 마쳐주었다. 乙은 2017. 2. 10. 丙으로부터 2억 원을 차용하고 丙에게 위 전세권에 저당권을 설정하여 주었다. [1] 乙은 전세 기간 만료일인 2018. 1. 9. 甲에게 X점포를 인도하면서 전세금 반환을 요구하였고 甲은 그날 乙에게 전세금 일부 반환 명목으로 8,000만 원을 지급하였다. 乙의 일반 채권자 丁은 같은 해 1. 15. 법원으로부터 위 전세금반환채권 2억 원에 대해 압류·추심명령을 받았고 그 명령이 같은 해 1. 20. 甲에게 송달되었다. 丙도 같은 해 1. 22. 전세권저당권에 기해 법원으로부터 전세금반환채권 2억 원에 대해 압류·전부명령을 받고 그 명령이 같은 해 1. 25. 甲에게 송달되고 그 무렵 확정되었다. 이러한 사실이 알려지자 ① 丙은 자신이 전세권저당권자로서 전세금반환채권에 대해 우선변제권이 있으므로 甲이 乙에게 일부 전세금을 변제한 행위는 丙에게 대항할 수 없고 따라서 丙은 전세금 2억 원 전체에 대해 권리가 있다고 주장하였고, ② 丁은 자신의 압류·추심명령이 丙의 압류·전부명령보다 甲에게 먼저 송달되었으므로 丙의 전부명령은 효력을 상실하였고 따라서 丙과 丁은 동등한 권리가 있다고 주장한다. 丙과 丁의 위 주장을 검토하고 丙과 丁이 각각 전세금반환채권에 관해 얼마의 범위에서 권리를 주장할 수 있는지 설명하시오. [2] 甲은 乙에게 4차례에 걸쳐 금전을 대여하여 아래와 같은 채권이 발생하였다.

	대여일	금 액	변제기
제1대여금채권	2015. 12. 15.	1,000만 원	2017. 10. 14.
제2대여금채권	2015. 12. 20.	1,500만 원	2018. 1. 19.
제3대여금채권	2016. 12. 15.	2,000만 원	2017. 12. 14.
제4대여금채권	2016. 12. 20.	2,500만 원	2018. 2. 19.

48) 대법원 2010. 10. 28. 선고 2010다46756 판결.
49) 대법원 2008. 12. 24. 선고 2008다65396 판결.

전세 기간이 만료된 후 丙은 2018. 2. 28. 전세권저당권에 기하여 법원으로부터 전세금반환채권 2억 원에 대해 압류·추심명령을 받고 그 명령이 같은 해 3. 10. 甲에게 송달되었다. 甲은 그때까지 乙로부터 위 대여금을 전혀 변제받지 못하였다. 丙이 甲에게 추심금의 지급을 구하자, 甲은 위 4건의 대여금채권 합계 7,000만 원을 자동채권으로, 전세금반환채권 2억 원을 수동채권으로 하여 상계한다는 의사를 표시하였다. 甲이 상계로 丙에게 대항할 수 있는 대여금채권의 범위를 검토하시오. (2019년 변호사시험 참조)

(3) 동산·채권 등의 담보에 관한 법률에 따른 채권담보권

동산·채권 등의 담보에 관한 법률 제36조(채권담보권의 실행) ① 담보권자는 피담보채권의 한도에서 채권담보권의 목적이 된 채권을 직접 청구할 수 있다. ② 채권담보권의 목적이 된 채권이 피담보채권보다 먼저 변제기에 이른 경우에는 담보권자는 제3채무자에게 그 변제금액의 공탁을 청구할 수 있다. 이 경우 제3채무자가 변제금액을 공탁한 후에는 채권담보권은 그 공탁금에 존재한다. ③ 담보권자는 제1항 및 제2항에 따른 채권담보권의 실행방법 외에 「민사집행법」에서 정한 집행방법으로 채권담보권을 실행할 수 있다.

법인 또는 「부가가치세법」에 따라 사업자등록을 한 사람이 동산·채권 등의 담보에 관한 법률의 담보약정에 따라 금전의 지급을 목적으로 하는 지명채권을 담보로 제공하여 담보등기를 한 경우에 담보권자는 자기의 채권을 변제받기 위하여 피담보채권의 한도에서 채권담보권의 목적이 된 채권을 직접 청구할 수 있다(동산·채권 등의 담보에 관한 법률 36조 1항). 채권담보권의 목적이 된 채권이 피담보채권보다 먼저 변제기에 이른 경우에는 담보권자는 제3채무자에게 그 변제금액의 공탁을 청구할 수 있다. 이 경우 제3채무자가 변제금액을 공탁한 후에는 채권담보권은 그 공탁금에 존재한다(동법 동조 2항). 담보권자는 위 채권담보권의 실행방법 외에 민사집행법에서 정한 집행방법으로 채권담보권을 실행할 수 있다(동법 동조 3항). 18-15

제 3 장

형식적 경매

Ⅰ. 개 관

제274조(유치권 등에 의한 경매) ① 유치권에 의한 경매와 민법·상법, 그 밖의 법률이 규정하는 바에 따른 경매(이하 "유치권등에 의한 경매"라 한다)는 담보권 실행을 위한 경매의 예에 따라 실시한다.

19-1 민사집행법상의 경매에는 집행권원에 기하여 이루어지는 강제경매와 담보권 실행을 위한 경매가 있는 이외에 특정한 재산의 가격보존 또는 정리를 위하여 하는 경매가 있다. 전자(강제경매와 임의경매)를 보통 '**실질적 경매**'라고 부르고, 반면 후자를 보통 '**형식적 경매**'라고 부른다. 즉, 형식적 경매는 청구권의 만족을 목적으로 하는 경매가 아니라, 현금화(환가) 그 자체를 목적으로 이루어지는 경매이다.

법 274조 1항에서 규정하고 있는 '「민법」·「상법」, 그 밖의 법률이 규정하는 바에 따른 경매'가 이에 해당한다(이를 **좁은 의미**의 형식적 경매라고 한다). 이에 속하는 것으로는 공유물 분할을 위한 경매(민법 269조 2항), 변제자의 변제공탁을 위한 경매(민법 490조), 한정승인·재산분리의 경우에 상속채권자나 수증자에게 변제하기 위한 상속재산의 경매(민법 1037조, 1051조 3항), 상인 간의 매매목적물, 운송물, 임치물 등의 자조매각을 위한 경매(상법 67조, 70조, 109조, 142조, 143조, 149조, 165조), 자본감소·회사합병을 위한 주식의 병합이나 분할의 경우의 주식의 경매(상법 443조, 530조 3항), 선박의 국적상실을 방지하기 위한 선박지분의 경매(상법 760조), 선적항 외에서 수선불능이 된 선박의 경매(상법 753조) 등이 있다.[1]

1) 독일에서 유사한 규정으로는, 「강제경매 및 강제관리에 관한 법률」(ZVG)에 상속채권자에 대

그리고 유치권에 기한 경매도 「민법」·「상법」, 그 밖에 법률의 규정에 따른 현금화를 위한 (좁은 의미의) 형식적 경매와 동일하게 취급되고 있다(274조 1항 참조. 양자를 합쳐서 **넓은 의미**의 형식적 경매라고 한다).

이와 같은 형식적 경매에서 국가기관인 집행기관의 임무는 원칙적으로 현금화로써 끝나는 것이고, 별도로 청구권의 만족(내지는 실현, 즉 배당)이라는 단계까지 나아가지 않는다.

Ⅱ. 유치권에 의한 경매

1. 의 의

민법 제322조(경매, 간이변제충당) ① 유치권자는 채권의 변제를 받기 위하여 유치물을 경매할 수 있다. ② 정당한 이유 있는 때에는 유치권자는 감정인의 평가에 의하여 유치물로 직접변제에 충당할 것을 법원에 청구할 수 있다. 이 경우에는 유치권자는 미리 채무자에게 통지하여야 한다.

민사집행법 제274조(유치권 등에 의한 경매) ① 유치권에 의한 경매와 민법·상법, 그 밖의 법률이 규정하는 바에 따른 경매(이하 "유치권등에 의한 경매"라 한다)는 담보권 실행을 위한 경매의 예에 따라 실시한다. ② 유치권 등에 의한 경매절차는 목적물에 대하여 강제경매 또는 담보권 실행을 위한 경매절차가 개시된 경우에는 이를 정지하고, 채권자 또는 담보권자를 위하여 그 절차를 계속하여 진행한다. ③ 제2항의 경우에 강제경매 또는 담보권 실행을 위한 경매가 취소되면 유치권 등에 의한 경매절차를 계속하여 진행하여야 한다.

유치권의 행사와 관련하여 「민법」 322조는 유치권자에게 **경매신청권**과 **간이변제충당권**을 인정하고 있다. 유치권자의 경매의 목적은 배당에 있는 것이 아니라, 목적물의 유치가 불편하므로 **유치물을 현금화하여 대금을 유치물 대신 보관**하는 것에 있다(대금이 유치권자에게 교부되는 것에 의하여 사실상 만족을 얻게 됨). 유치권자의 경매는 우선변제권에 기한 것이 아니라 현금화를 위한 경매로, 형식적 경매의 하나로 본다. 한편 상사유치권은 민사유치권과 그 취지와 목적이 다르지만, 구별하지 않고 있다. 19-2

한 변제를 위한 유한책임의 상속인의 신청에 의한 부동산의 경매(ZVG 175조 이하), 공유관계 해소를 위한 부동산의 경매(ZVG 180조 이하)가 규정되어 있다.

◈ **사실상 우선변제** ◈ 자동차정비업자가 수리를 마친 자동차를 인도하려는 사이에 소유자가 수리대금을 주지 않고 행방불명이 된 경우에 정비업자는 수리대금을 피담보채권으로 하는 유치권에 기하여(민법 320조 1항) 그 자동차를 유치할 수 있다. 그러나 유치하는 경우에 장소도 필요하고 비용도 들고, 유치하는 사이에 자동차의 가치도 떨어지므로 유치권자는 자동차를 형식적 경매에 의하여 환가하여 그 대금의 교부를 받아 그 대금을 대신 유치할 수 있다. 즉, 유치권자는 유치물의 환가대금을 수령하여 이를 유치물 대신 점유하면서 소유자로부터 자신의 채권을 변제받을 때까지 그 교부를 거절할 권리가 있고, 또한 자신의 채권이 금전채권이고 그 채무자가 유치물 소유자인 경우에 대등액에서 상계할 수도 있는 것이므로 실질적으로 우선변제를 받는 결과가 된다. 유치권자에게는 우선변제권은 없으므로 본래 그 환가대금에서 우선변제를 받을 수는 없지만, 수리대금청구권과 환가대금반환청구권을 상계하여 사실상 우선변제를 받는 것과 마찬가지 결과를 얻을 수 있다.

2. 절 차

① 담보권 실행을 위한 경매의 예에 따라 실시

19-3 유치권에 의한 경매는 **담보권 실행을 위한 경매의 예에 따라** 실시한다(274조 1항). 다만 현금화를 위한 경매이므로 절차에서 담보권 실행을 위한 경매와 약간의 차이가 있어 어느 범위에서 담보권 실행으로서의 경매에 관한 규정이 적용되는가는 해석에 맡겨질 수 있다. 신청인의 실체적 청구권을 만족시켜 주는 것을 절차의 목적으로 하는 것이 아니고 또 채무자가 별도로 존재하지 않는 것이 통례이므로 채무자의 매수신청금지에 관한 민사집행규칙 59조 1호, 158조의 규정은 적용될 여지가 없다 할 것이다.2)

② 신 청

목적재산의 종류에 따라 담보권 실행을 위한 경매절차가 다른 것에 대응하여 유치권에 의한 경매도 목적재산의 종류에 따라 그 절차가 다르다. 가령 **부동산**의 경우에는 **집행법원**에 서면으로 신청한다. **사법보좌관**의 업무이다(사법보좌관규칙 2조 1항 13호). 그리고 유치권의 존재를 증명하는 서류를 집행기관에 제출하여야 한다(274조 1항, 264조 1항). 개시결정이 있으면 압류의 등기촉탁이 이루어진다(274조 1항, 268조, 94조 1항). **동산**의 경우에는 **집행관**에게 서면으로 신청한다. 동산에 대한 경매는 그 목적물을 제출하여 개시할 수 있다(274조 1항, 271조).

2) 법원실무제요[Ⅲ], 420면.

③ 유치권에 의한 경매의 정지

한편 유치권에 의한 경매가 진행 중인 목적물에 대하여 **강제경매** 또는 **담보권의 실행을 위한 경매절차**가 **개시**된 경우에는 유치권에 의한 경매를 **정지**하고(274조 2항), 채권자 또는 담보권자를 위하여 그 절차를 계속하여 진행하고, 강제경매 또는 담보권 실행을 위한 경매가 **취소**되면 유치권에 의한 경매절차를 **속행**한다(동조 3항).

3. 인수주의의 적용 여부

① 인수주의 · 소멸주의의 적용 여부

부동산에 관한 강제경매나 담보권 실행을 위한 경매(268조)의 경우에 법 91조 5항은 경매목적물의 매수인은 유치권자에게 그 유치권으로 담보하는 채권을 변제할 책임이 있다고 하여 **인수주의**를 취하고 있는데(☞10-81), 이러한 인수주의가 **유치권에 의한 경매**의 경우에 있어서도 적용이 있는가.[3] 즉 유치권에 의한 경매에 있어서 목적부동산 위의 부담을 소멸시켜 매수인이 완전한 소유권을 취득하게 되는 소멸주의를 취할 것인지, 아니면 매수인이 목적부동산 위의 부담을 인수하는 인수주의를 취할 것인지 여부가 문제된다. 19-4

3) 위 경우에 그 부동산에 설정된 저당권 등의 담보권이 매각에 의하여 소멸하는지 여부가 문제된다. **인수설**은 형식적 경매는 현금화 그 자체를 목적으로 할 뿐 별도로 청구권의 만족 내지 실현이라는 단계에까지 나아가지 아니하므로 목적부동산에 부담이 있으면 부담이 있는 대로 평가하여 매수인에게 이를 인수시키는 조건으로 현금화를 하면 충분하고 강제경매와 담보권 실행을 위한 경매에 있어서와 같이 법 91조 2항 · 3항 · 4항의 적용을 긍정할 것이 아니라고 함에 대하여, **소멸설**은 형식적 경매도 담보권의 실행을 위한 경매의 예에 의하여 실시하도록 되어 있는 이상, 소멸주의가 적용되는 것은 당연하고 또 만일 인수주의를 채택하여 저당권의 부담이 있는 부동산을 부담이 있는 대로 매수인에게 인수시켜 매각하면 매수의 신청을 거의 기대할 수 없으므로 매각의 실효를 거두기 위해서는 위 규정의 적용을 긍정할 필요가 있다고 한다. 법원실무제요[Ⅲ], 417면은 나아가 형식적 경매(광의)를 현금화를 위한 형식적 경매와 청산을 위한 형식적 경매로 나누어 청산을 위한 형식적 경매(가령, 한정승인, 재산분리의 경우에 상속채권자나 수증자에게 변제하기 위하여 하는 상속재산의 경매, 파산재단에 속하는 부동산에 대한 경매)와 같이 해당 재산으로부터 변제를 받을 수 있는 각 채권자에 대하여 일괄하여 변제함을 목적으로 행하여지는 경매의 경우에 있어서는 위 법 91조 2항, 3항, 4항의 적용을 긍정하여야 할 것이나, 그 외의 형식적 경매, 즉 단순히 현금화 그 자체만을 목적으로 하는 현금화를 위한 형식적 경매에 있어서는 위 규정의 적용을 부정할 것이라고 하는 견해도 소개하고 있다.

강제경매나 담보권 실행을 위한 경매	저당권설정 후에 성립한 제한물권은 매각으로 소멸된다고 하면서도(91조 2항, 3항, 4항) 유치권에 관하여는 그와 달리 저당권 설정과의 선후를 구별하지 아니하고 경매절차의 매수인이 유치권의 부담을 인수하는 것으로 규정(동조 5항)
유치권에 의한 경매	견해의 대립 *판례는 금정

② 다른 채권자의 배당요구의 허용 여부

유치권에 의한 경매는 유치권자의 실체적 청구권의 만족을 직접적 목적으로 하는 것이 아니므로 다른 채권자는 배당요구를 할 수 없고, 또한 배당 등의 절차는 없으며 유치권자는 매각대금을 취득하고 이를 피담보채권의 전부 또는 일부에 충당할 수 있다고 할 것이다.

③ 판례는 긍정

그런데 **판례**는 유치권에 의한 경매도 강제경매나 담보권 실행을 위한 경매와 마찬가지로 목적부동산 위의 부담을 소멸시키는 것(**소멸주의**)을 법정매각조건으로 하여 실시되고 우선채권자뿐만 아니라 일반채권자의 배당요구도 허용되며, 유치권자는 일반채권자와 **동일한 순위**로 배당을 받을 수 있다고 보고 있다.[4] **원칙적 소멸주의**이다.[5] 다만 집행법원은 부동산 위의 이해관계를 살펴 위와 같은 법정매각조건과는 달리 매각조건 변경결정을 통하여 목적부동산 위의 부담을 소멸시키지 않고 매수인으로 하여금 **인수하도록** 정할 수 있다고 한다.[6]

4) 대법원 2011. 6. 15.자 2010마1059 결정(법 91조 2항, 3항, 268조는 경매의 대부분을 차지하는 강제경매와 담보권 실행을 위한 경매에서 소멸주의를 원칙으로 하고 있을 뿐만 아니라 이를 전제로 하여 배당요구의 종기결정이나 채권신고의 최고, 배당요구, 배당절차 등에 관하여 상세히 규정하고 있는 점, 「민법」 322조 1항에 "유치권자는 채권의 변제를 받기 위하여 유치물을 경매할 수 있다."고 규정하고 있는데, 유치권에 의한 경매에도 채권자와 채무자의 존재를 전제로 하고 채권의 실현·만족을 위한 경매를 상정하고 있는 점, 반면에 인수주의를 취할 경우 필요하다고 보이는 목적부동산 위의 부담의 존부 및 내용을 조사·확정하는 절차에 대하여 아무런 규정이 없고 인수되는 부담의 범위를 제한하는 규정도 두지 않아, 유치권에 의한 경매를 인수주의를 원칙으로 진행하면 매수인의 법적 지위가 매우 불안정한 상태에 놓이게 되는 점, 인수되는 부담의 범위를 어떻게 설정하느냐에 따라 인수주의를 취하는 것이 오히려 유치권자에게 불리하여질 수 있는 점 등이 그 근거이다).

5) 이렇게 되면 유치권자의 지위가 단지 경매신청권을 가진 일반채권자가 되는데 그칠 수 있어 유치권에 의한 경매절차의 진행동력을 잃게 되는 문제가 생길 것이라는 등 이에 대한 비판으로는 이시윤, 566면.

6) 위 대법원 2011. 6. 15.자 2010마1059 결정.

④ 유치권에 의한 경매절차가 정지된 경우

한편 유치권에 의한 경매절차가 강제경매 또는 담보권 실행을 위한 경매절차의 개시로 정지된 상태에서(274조 2항), 강제경매 또는 담보권 실행을 위한 경매절차에 의하여 그 목적물의 매각이 이루어졌다면, 유치권에 의한 경매절차가 소멸주의를 원칙으로 하여 진행된 경우와는 달리, 그 유치권은 **소멸하지 않고 매수인**이 유치권을 **인수**한다.7)

Ⅲ. (좁은 의미의) 형식적 경매

제274조(유치권 등에 의한 경매) ① 유치권에 의한 경매와 민법·상법, 그 밖의 법률이 규정하는 바에 따른 경매(이하 "유치권등에 의한 경매"라 한다)는 담보권 실행을 위한 경매의 예에 따라 실시한다.

「민법」·「상법」, 그 밖의 법률이 규정하는 바에 따른 경매는 담보권 실행을 위 19-5
한 경매의 예에 따라 실시한다(274조 1항). 이 경매에는 목적물의 가치적 변환만을 목적으로 하는 것(**순수현금화형**)과 일정한 범위의 재산의 청산을 목적으로 하는 것(**청산형**)이 있다. 공유물의 분할을 위한 경매(민법 269조 2항)의 경우는 전자의 예이고, 상속의 한정승인·재산분리의 경우에 상속채권자나 수증자에게 변제하기 위한 상속재산의 현금화를 위한 경매(민법 1037조, 1051조 3항)의 경우는 후자의 예이다.

7) 대법원 2011. 8. 18. 선고 2011다35593 판결[미간행](유치권자인 甲의 신청으로 점포 등에 대하여 유치권에 의한 경매절차가 개시되어 진행되던 중 근저당권자의 신청으로 점포 등에 대하여 경매절차가 개시되어(유치권에 기한 경매절차는 정지) 乙이 점포를 낙찰받아 소유권을 취득한 사안에서, 乙이 유치권 부담까지 함께 **인수받았다고 보아야** 하므로, 甲은 공사대금 중 미변제된 부분을 모두 변제받을 때까지 점포를 유치할 권리가 있다). 이 판결은 위 경우 유치권은 소멸하지 않고 인수된다는 것을 명확히 하여 이를 둘러싼 실무상의 혼란을 정리한 최초의 판결로서 그 의의가 있다(이정민, "강제경매 또는 담보권 실행을 위한 경매와 유치권에 의한 경매가 경합하는 경우 유치권의 소멸 여부", 특별법연구(2012), 1037면). 또한 유체동산의 유치권자가 법 274조 1항, 271조에 따라 유치권에 의한 경매를 신청하고 집행관에게 그 목적물을 제출하여 유치권에 의한 경매절차가 개시된 때에도 그 목적물에 대한 유치권자의 유치권능은 유지되고 있다고 보아야 하므로, 유치권에 의한 경매절차가 개시된 유체동산에 대하여 다른 채권자가 법 215조에 정한 이중압류의 방법으로 강제집행을 하기 위해서는 채권자의 압류에 대한 유치권자의 승낙이 있어야 한다. 그런데도 유치권에 의한 경매절차가 개시된 유체동산에 대하여 유치권자의 승낙 없이 법 215조에 따라 다른 채권자가 강제집행을 위하여 압류를 한 다음 법 274조 2항에 따라 유치권에 의한 경매절차를 정지하고 채권자를 위한 강제경매절차를 진행하였다면, 그 강제경매절차에서 목적물이 매각되었더라도 **유치권자의 지위에는 영향을 미칠 수 없고** 유치권자는 그 목적물을 계속하여 유치할 권리가 있다고 보아야 한다(대법원 2012. 9. 13.자 2011그213 결정).

그런데 위 각 경우에 경매의 목적 내지 근거도 여러 가지이므로 담보권 실행을 위한 경매가 어느 범위에서 어떻게 적용되는가에 있어서 그 내용을 획일적으로 정할 수 없다 할 것이다. **순수현금화형**은 목적재산이 부담부이더라도 그 부담부인 채로 환가되고, 매각대금에서 경매비용을 공제하고 그 잔액은 경매신청인에게 교부하는 것을 원칙으로 하고, 배당요구는 인정되지 않는다고 할 것이고, 이에 대하여 **청산형**은 담보집행의 규정대로 담보권의 소멸 또는 인수를 인정하고, 잉여주의의 적용이나 배당요구 등도 인정하여야 할 것이다.

판례는 공유물분할을 위한 경매에 있어서 강제경매나 담보권 실행을 위한 경매와 마찬가지로 목적부동산 위의 부담을 소멸시키는 것을 법정매각조건으로 하여 실시된다고 봄이 상당하다고 하여 **소멸주의**를 취하고 있다.[8)]

◈ 해당 공유자의 공유지분에 마쳐진 소유권이전청구권의 순위보전을 위한 가등기상 권리가 소멸하는지 여부(원칙적 적극) ◈ 공유자 A는 대금분할을 명하는 내용의 공유물분할의 소를 제기하였다. 대금분할을 명한 공유물분할판결이 무변론으로 선고된 뒤에 공유물분할판결의 당사자인 A가 乙에게 이 사건 토지 중 자신의 2/8 지분과 이 사건 건물 중 자신의 1/3 지분에 관하여 이 사건 가등기를 마쳐준 다음, 위 공유물분할판결의 당사자인 A가 공유물분할을 위한 경매를 신청하여 진행된 경매절차에서 위 토지와 건물에 관한 최고가매수신고인인 甲에 대한 매각허가결정이 확정되고 매각대금이 완납되었다. 이 경우에 매수인은 공유물 전부에 대한 소유권을 취득하게 되고, 이에 따라 각 공유지분을 가지고 있던 공유자들은 지분소유권을 상실하게 된다. 그리고 대금분할을 명한 공유물분할판결의 변론이 종결된 뒤(변론 없이 한 판결의 경우에는 판결을 선고한 뒤) 해당 공유자의 공유지분에 관하여 소유권이전청구권의 순위보전을 위한 가등기가 마쳐진 경우, 대금분할을 명한 공유물분할 확정판결의 효력은 민사소송법 218조 1항이 정한 변론종결 후의 승계인에 해당하는 가등기권자에게 미치므로, 특별한 사정이 없는 한 위 가등기상의 권리는 매수인이 매각대금을 완납함으로써 소멸한다. 소유권에 기한 방해배제청구권의 일환으로 위 가등기권자를 상대로 위 가등기의 말소를 구할 수 있다.[9)]

---

8) 다만 필요한 경우 위와 같이 소멸시키는 것과 달리 집행법원은 매수인으로 하여금 인수하도록 할 수 있으나, 이때에는 매각조건 변경결정을 하여 이를 고지하여야 한다고 한다(대법원 2009. 10. 29. 선고 2006다37908 판결). 경매법원이 인수주의를 취할 경우에는 매각조건 변경결정을 하여 이를 고지하여야 한다는 것을 밝혀 그동안의 실무상 혼란을 정리한 최초의 판결로서 의의가 있다는 문정일, 대법원판례해설(2009년 하반기), 424면 이하 참조. 일본 最高裁判所 平成24(2012)·2·7 결정은 공물분할을 위한 경매에 대하여 일본 민사집행법 59조 및 63조가 준용된다는 취지의 판단을 하여 소멸주의 및 잉여주의를 채택한 것을 분명히 하였다.

9) 대법원 2021. 3. 11. 선고 2020다253836 판결.

그리고 한정승인의 경우에 상속재산의 현금화를 위한 경매에 있어서 **판례**는 제도의 취지와 목적, 관련 민법 규정의 내용, 한정승인자와 상속채권자 등 관련자의 이해관계 등을 고려할 때 일반채권자인 상속채권자로서는 민사집행법이 아닌 「민법」 1034조, 1035조, 1036조 등의 규정에 따라 변제받아야 한다고 볼 것이고, 따라서 그 경매에서는 일반채권자의 배당요구는 허용되지 않는다고 보고 있다.[10)]

그 밖의 법률에 의한 경매의 예는 「동산 · 채권 등의 담보에 관한 법률」에 의한 담보권 실행이 있는데, 이 역시 담보권 실행을 위한 경매의 예에 따른다.

10) 대법원 2013. 9. 12. 선고 2012다33709 판결.

제 4 편 보전처분

제 1 장

총　　설

Ⅰ. 개　관

1. 보전처분의 의의

채권자가 권리를 실현하기 위해서는 판결절차 또는 이를 대체하는 절차에 의하여 집행권원을 얻어, 이에 기하여 국가기관에 의한 강제집행을 거쳐야 한다. 그러나 위와 같은 과정을 거침에 있어서 상당한 시간이 걸린다. 이 때문에 그 사이에 소송의 목적인 권리 또는 법률관계에 변동이 생기고, 가령 승소판결을 받더라도 강제집행을 할 수 없게 되어 채권자는 많은 시일과 비용만 소비하였을 뿐 권리를 실현하지 못하는 경우도 있게 되고, 경우에 따라서는 확정판결 등의 집행권원을 얻기까지의 과정에서 현재 이미 손해를 입거나 당면의 위험에 빠지게 되기도 한다. 그래서 채권자가 채무자에 대하여 판결절차(본안소송) 등에 의하여 그 존부를 확정할 수 있는 권리 또는 법률관계(피보전권리)를 가진다는 전제로, 그 존부 확정까지 사이의 잠정적 보전조치의 필요(보전의 필요)가 있는 경우에 채권자가 법원에 그 잠정조치를 위한 명령(보전재판 내지는 보전명령)을[1] 구하여 그것을 집행(보전집행)하는 절차가 필요하게 된다. 이것이 보전처분이다. 20-1

이러한 보전처분에는 가압류(Arrest)와 가처분(einstweilige Verfügung)이 있는데, 이는 독일법(일본법)을 계수한 것이다. 현재 우리는 이에 대하여 별도의 단행법에서

1) 보전처분의 신청을 인용하는 재판은 강제력을 지닌 잠정적 조치를 명한다는 의미에서 보전명령, 즉 가압류명령, 가처분명령이라고 부른다. 그런데 보전처분에서 말하는 명령은 재판의 내용을 지칭하여 사용하는 것으로, 민사소송법에서 말하는 재판의 형식으로서의 명령을 의미하는 것은 아니다.

규율하지 않고 있고, 민사집행법 제4편 보전처분에서 이를 규율하고 있다.2) 따라서 보전처분의 주요한 법원(法源)은, 민사집행법(제4편 보전처분) 및 민사집행규칙(제4편 보전처분)이다.

2. 보전처분의 3유형

20-2 보전처분은 크게 나누면, ① 민사소송의 본안의 권리의 실현을 보전하기 위한 가압류, ② 다툼의 대상(계쟁물이라고도 한다)에 관한 가처분(이는 나아가 점유이전금지가처분과 처분금지가처분으로 나뉜다), ③ 민사소송의 본안의 권리관계에 대한 임시의 지위를 정하기 위한 가처분으로 나눌 수 있다. 형식적 명칭으로부터는 가압류와 가처분으로 구별되나, 기능적으로는 오히려 ① 가압류와 ② 다툼의 대상에 관한 가처분이 유사하고, ③ 임시의 지위를 정하기 위한 가처분은 나중에 보듯이 상당한 정도 특별소송적 기능을 하고 있어 위 ①, ②와 성격이 다르다.

위 3가지 유형의 보전처분의 차이는 다음 표와 같다. 그러나 그 어느 것도 첫째, 잠정적 보전의 대상이 되어야 할 일정한 본안청구권(피보전권리)이 긍정될 것, 둘째 이 본안청구권에 대하여 잠정적 보전의 필요성이 존재할 것(보전의 이유)이 요구되는 점은 공통이다. 즉, 보전처분의 근간을 이루는 것은 신청에 있어서 **피보전권리**와 **보전의 필요성**의 존부의 심리이다.

2) 강제집행과 무관한 가처분까지도 민사집행법의 일부로 규정하고 있는 것은 옳지 못한 태도로 보이며, 또한 집행법 내에 재판법의 성질을 가지는 보전명령절차가 규정되는 것도 이상하다는 지적으로는 김연, 21면. **일본**은 1979년 민사집행법 제정시에 일시적으로 가압류·가처분의 집행절차도 민사집행법에서 규율하다가, 이후 1989년에 별도 단행법으로 새로이 민사보전법을 제정하였고(1991. 1. 1.부터 시행), 민사소송법 및 민사집행법에서 가압류 및 가처분에 관한 규정을 삭제하였다. 한편, **독일**은 민사소송법(ZPO) 제8편 강제집행(Buch 8. Zwangsvollstreckung) 제5장(Abschnitt 5. Arrest und einstweilige Verfügung)에서 가압류와 가처분을 규율하고 있다.

	피보전권리 (본안의 권리)	보전의 이유	구체적 보전처분
가압류	금전채권(조건부, 기한부 가능)(276조)	가압류를 하지 않으면 장래의 강제집행이 불가능 또는 매우 곤란할 염려가 있을 경우(277조)	가압류
다툼의 대상에 관한 가처분	금전 이외의 계쟁물에 관한 청구권(300조 1항)	계쟁물의 현상이 바뀌면 채권자의 권리의 실행이 불가능 또는 매우 곤란할 염려가 있을 경우(300조 1항)	인도청구 – 점유이전금지가처분 소유권이전등기청구 – 처분금지가처분
임시의 지위를 정하기 위한 가처분	다툼이 있는 권리관계(300조 2항)	현저한 손해를 피하거나 급박한 위험을 막기 위할 필요성이 있을 경우(300조 2항)	공사금지 등 부작위청구 – 공사중지가처분

(1) 가압류

제276조(가압류의 목적) ① 가압류는 금전채권이나 금전으로 환산할 수 있는 채권에 대하여 동산 또는 부동산에 대한 강제집행을 보전하기 위하여 할 수 있다.

가압류는 **금전채권이나 금전으로 환산할 수 있는 채권**의 집행을 보전할 목적으로 미리 채무자의 재산을 동결시켜 채무자로부터 그 재산에 대한 처분권을 잠정적으로 빼앗는 집행보전제도이다. 이는 채무자의 일반재산의 감소를 방지하고자 하는 것으로 금전채권이나 금전으로 환산할 수 있는 채권에 대한 보전수단이라는 점에서 다툼의 대상에 대한 청구권의 보전을 위하여 그 현상변경을 금지하는 가처분과 구별되며, 단순히 재산을 묶어두는 것에 그친다는 점에서 금전을 직접 추심할 수 있는 권능을 주는 금전지급의 단행(斷行)가처분과도 다르다. 20-3

가압류를 한 뒤, 금전의 지급을 명하는 확정판결이 있게 되면, 가압류는 본압류로 전이(이전)되어, 가압류된 재산에 대하여 금전채권의 강제집행절차를 밟게 된다.

(2) 가처분

제300조(가처분의 목적) ① 다툼의 대상에 관한 가처분은 현상이 바뀌면 당사자가 권리를 실행하지 못하거나 이를 실행하는 것이 매우 곤란할 염려가 있을 경우에 한다. ② 가처분은 다툼이 있는 권리관계에 대하여 임시의 지위를 정하기 위하여도 할 수 있다. 이 경우 가처분은 특히 계속하는 권리관계에 끼칠 현저한 손해를 피하거나 급박한 위험을 막기 위하여, 또는 그 밖의 필요한 이유가 있을 경우에 하여야 한다.

20-4 가처분은 **금전채권 이외의 권리 또는 법률관계**에 관한 확정판결의 강제집행을 보전하기 위한 집행보전제도로서, 장래의 강제집행을 예정하는지 여부의 관점에서 다음 두 가지로 나뉜다.

1) 다툼의 대상에 관한 가처분

20-5 채권자가 금전 이외의 물건이나 권리를 대상으로 하는 청구권을 가지고 있을 때 그 강제집행시까지 다툼의 대상(계쟁물)이 처분·멸실되는 등 법률적·사실적 변경이 생기는 것을 방지하고자 다툼의 대상의 현상을 동결시키는 보전처분이다(300조 1항). 청구권을 보전하기 위한 제도임에는 가압류와 같으나, 그 청구권이 금전채권이 아니라는 점과 그 대상이 채무자의 일반재산이 아닌 특정 물건이나 권리라는 점에서 가압류와 다르다. 금전채권으로는 다툼의 대상에 관한 가처분이 허용되지 않는다.

다툼의 대상의 현상변경을 금지하는 방법은 다종다양하므로 가처분의 형식도 일정하지 않다.

일반적으로는 점유이전행위, 처분행위 등을 금지하는 부작위명령의 형식으로 발하여지는데, 이를 점유이전금지가처분과 처분금지가처분이라고 한다. 양쪽의 핵심적 내용은 「**금지**」가처분이다.

우선, 점유이전금지가처분은 뒤에서 자세히 설명하겠지만, 인도청구권과 같은 비금전채권의 채권자 甲이 인도청구소송을 염두에 두고 장래의 인도청구권의 집행보전을 위하여 계쟁물인 「乙 점유상태」의 고정화를 노려 「점유이전」금지의 가처분을 걸어 두는 것이다. 본안소송에서 피고 乙의 「당사자 항정화(恒定化)」를 하여 두는 것이다.

다음, 처분금지가처분은 뒤에서 자세히 설명하겠지만, 등기절차청구권과 같은 비금전채권의 채권자 甲이 등기절차청구소송을 염두에 두고 장래의 등기절차청구권의 집행보전을 위하여 계쟁물인 「乙 권리상태」의 고정화를 노려 「처분」금지의 가처분을 걸어두는 것이다. 乙의 처분을 금지하여 등기명의인 乙의 권리상태를 고정화하여 본안소송에서의 피고 乙의 「당사자 항정화(恒定化)」를 하여 두는 것이다.

2) 임시의 지위를 정하기 위한 가처분

당사자 사이에 현재 다툼이 있는 권리 또는 법률관계가 존재하고 그에 대한 확 20-6
정판결이 있기까지 현상의 진행을 그대로 방치한다면 권리자가 현저한 손해를 입거나 급박한 위험에 처하는 등 소송의 목적을 달성하기 어려운 경우에 그로 인한 위험을 방지하기 위해 잠정적으로 권리 또는 법률관계에 관하여 임시의 지위를 정하는 보전처분이다(300조 2항). 장래의 강제집행을 예정하는 것은 아니다.

청구권의 보전을 위한 가압류 또는 다툼의 대상에 관한 가처분과는 달리, 보전하고자 하는 권리 또는 법률관계의 종류는 묻지 아니한다. 본안은 확인소송의 경우도 있을 수 있다.

단순히 현상을 동결함에 그치지 않고, 권리 또는 법률관계에 관하여 임시의 조치를 행하는 것이므로 그 집행에 의하여 새로운 법률관계가 형성되는 것이지만, 이는 확정판결이 있을 때까지의 손해를 방지하고자 하는 임시적 조치에 그친다.

〈가압류·가처분 접수 사건 추이〉

2016년	2017년	2018년	2019년	2020년	2021년	2022년	2023년
274,236	264,918	275,463	279,952	259,823	225,722	224,469	290,870

3. 특수한 보전처분

앞에서 살펴 본 보전처분은 민사소송의 본안의 권리의 실현을 보전하거나 본 20-7
안의 권리관계에 대하여 임시의 지위를 정하는 것을 목적으로 하는데, 그 밖에 보전처분으로 불리는 것 중에는 민사소송에 의한 **본안의 재판을 예정하지 않은** 임시의 처분이 있다. 이를 특수한 보전처분이라고 한다. 이는 협의의 보전처분에는 포함되지 않으나, 널리 권리보전을 위하여 잠정처분을 명하는 제도인데, 다음과 같은 것이 있다.[3)]

3) 한편 「상법」 407조에 의한 이사직무집행정지 및 직무대행자선임가처분은 별개의 특수한 가처분이 아니라, 민사집행법 306조가 규정하고 있는 임시의 지위를 정하기 위한 가처분의 하나이다(대법원 1989. 5. 23. 선고 88다카9883 판결; 대법원 1997. 1. 10.자 95마837 결정).

(1) 민사소송법 및 민사집행법상의 잠정처분

민사소송법 제500조(재심 또는 상소의 추후보완신청으로 말미암은 집행정지) ① 재심 또는 제173조에 따른 상소의 추후보완신청이 있는 경우에 불복하는 이유로 내세운 사유가 법률상 정당한 이유가 있다고 인정되고, 사실에 대한 소명이 있는 때에는 법원은 당사자의 신청에 따라 담보를 제공하게 하거나 담보를 제공하지 아니하게 하고 강제집행을 일시정지하도록 명할 수 있으며, 담보를 제공하게 하고 강제집행을 실시하도록 명하거나 실시한 강제처분을 취소하도록 명할 수 있다.

민사소송법 제501조(상소제기 또는 변경의 소제기로 말미암은 집행정지) 가집행의 선고가 붙은 판결에 대하여 상소를 한 경우 또는 정기금의 지급을 명한 확정판결에 대하여 제252조제1항의 규정에 따른 소를 제기한 경우에는 제500조의 규정을 준용한다.

20-8 채권자 보호를 목적으로 하는 가압류, 가처분과는 달리, 채무자 보호를 위하여 민사소송법 및 민사집행법이 잠정처분을 할 수 있도록 규정한 것이 있다.[4)]

재심 또는 상소의 추후보완신청(민사소송법 500조), 가집행선고부 판결에 대한 상소 또는 확정된 정기금지급판결에 대한 변경의 소(민사소송법 501조), 집행문부여에 대한 이의신청(34조), 청구이의의 소(44조), 집행문부여에 대한 이의의 소(45조, 46조), 제3자이의의 소(48조) 등이 제기된 경우에 집행의 일시정지·취소를 명하거나 담보제공하에 집행의 속행을 명하는 잠정처분 등으로서 이는 집행권원에 기초한 강제집행을 일시 정지시킴으로써 채무자를 보호하려는 것으로서 협의의 가처분과는 엄격히 구별된다.

위 잠정처분은 임시적 처분이라는 점에서는 가처분과 같으나, 본안절차 내에서 행하여지고, 그 불복에 관하여는 따로 규정되어 있거나(500조 3항, 501조) 그 본안재판에 대한 불복과 함께 다투어야 하고, 일반 가처분에 관한 불복절차의 이용은 허용되지 않는다.[5)]

---

4) 더하여 **일본** 민사집행법에서는 민사집행법상 보전처분으로, 매각을 위한 보전처분(55조, 55조의2), 매수신청을 한 압류채권자를 위한 보전처분(68조의2), 매수인 등을 위한 보전처분(77조), 담보부동산경매의 개시결정 전의 보전처분(187조)을 규정하고 있다, 이러한 민사집행법상 보전처분은 장래의 본집행에 대비한 제도가 아니다. 자기완결적인 규제적 효력을 갖는 제도로, 본안(실체법상의 청구권)과는 분리된 독자적 제도라고 할 수 있다.

5) 확정판결 또는 이와 동일한 효력이 있는 집행권원에 기한 강제집행의 정지는 오직 강제집행에 관한 법규 중에 그에 관한 규정이 있는 경우에 한하여 가능한 것이고, 이와 같은 규정에 의함이 없이 일반적인 가처분의 방법으로 강제집행을 정지시킨다는 것은 허용할 수 없다(대법원 1986. 5. 30.자 86그76 결정).

(2) 도산법상의 보전처분

파산선고가 있게 되면, 채무자는 파산재단을 구성하는 재산의 관리처분권을 잃는다(채무자 회생 및 파산에 관한 법률 384조). 그런데 파산신청이 있는 때로부터 파산선고까지는 상당한 기간이 필요하다. 그 사이에 채무자가 재산을 은닉, 부당하게 염가로 매각, 불공평한 변제, 방만한 경영을 할 우려가 있다. 이에 의하여 배당하여야 할 재산이 감소하게 되고, 나중에 파산선고가 내려지더라도 파산절차의 실효성이 없게 된다(다만, 파산선고 후에 부인권의 행사에 의하여 원상회복할 수도 있지만, 이를 위해서는 비용이 들게 되고, 모든 경우에 이에 대처할 수 있는 것은 아니다). 그래서 이러한 사태를 미리 방지하기 위하여 파산선고 전에 보전처분을 이용할 수 있도록 하고 있다. 가령, 파산신청이 있는 때에 법원은 파산선고 전이라도 이해관계인의 신청에 의하거나 직권으로 채무자의 재산에 관하여 가압류 · 가처분 그 밖에 필요한 보전처분을 명할 수 있다(동법 323조 1항). 보전처분(민사집행법에서의 가압류 · 가처분)은 일반적으로 장래 본집행의 효과를 보전하기 위하여 잠정적으로 조치를 취하는 것을 말하는데, 여기에서의 파산선고 전의 보전처분은 장래의 파산집행이라는 포괄집행을 보전하기 위하여 파산재단에 속하게 될 채무자의 재산에 관하여 이루어진다. 민사집행법상 가압류 등 보전처분은 개별 권리자를 위하여 행하여지는 것임에 대하여, 여기에서의 보전처분은 신청인만의 이익을 위한 것이 아니고, 총 채권자의 이익을 위한 것이라는 점에서 다르다. 따라서 피보전권리나 본안의 민사소송은 상정되지 않고, 보전처분에 의하여 법적 영향을 받는 개별 권리자 · 의무자를 전제로 한 담보의 제공은 원칙적으로 요구되지 않으며, 그리고 직권에 의한 발령도 인정된다. 회생절차, 개인회생절차에서도 마찬가지 취지의 규정이 있다(동법 43조, 592조). 20-9

(3) 가사소송법상의 임시적 처분

「가사소송법」 62조에 의한 판결 · 심판 · 조정 전의 **사전처분**(현상을 변경하거나 물건을 처분하는 행위의 금지, 재산의 보존, 양육을 위한 처분 등), 같은 법 63조에 의한 가사소송사건 또는 마류 가사비송사건을 본안사건으로 한 **가압류 · 가처분** 등은 실체법상의 권리를 보전하기 위한 처분이지만, 그 권리관계가 민사소송이 아닌 다른 절차에 의하여 다루어지는 것인 점에서 좁은 의미의 보전처분과 구별된다. 가정법원의 전속관할이다(☞1-16, 1-17). 20-10

(4) 부동산등기법상의 가등기가처분

20-11 부동산등기권리자는 등기의무자가 (공동)등기신청에 협력하지 않고, 또 가등기를 위한 승낙도 하여 주지 않는다면, 결국 소송을 통하여 본등기를 할 수밖에 없게 되는데, 한편 그 소송 도중에 등기의무자가 다른 사람에게 목적부동산을 양도하는 경우도 있을 수 있다. 그리하여 등기권리자는 본등기의 순위 보전을 위하여 가등기를 할 수 있는데, 상대방의 동의 등 협력을 받지 못하는 경우에 부동산 소재지를 관할하는 지방법원에 가등기를 위한 **가처분명령**을 신청할 수 있다. 이때 권리자가 가등기원인사실을 소명하면, 법원이 가등기를 명하는 가처분명령을 하게 되는데(부동산등기법 90조 1항), 이로써 등기권리자는 **단독**으로 가등기를 신청할 수 있게 된다(동법 89조). 이 경우의 가처분명령을 **가등기가처분**이라고 부른다. 가처분명령은 당사자의 이해관계의 대립이 있음을 요건으로 하지 않는 보전처분으로 본등기의 순위 보전의 효력밖에 없는 것이어서 민사집행법상 가처분과는 성질이 다르므로 민사집행법상 가처분에 관한 규정을 준용할 여지가 없다. 가처분명령은 가등기의무자의 승낙서(동법 89조)와 같이 등기신청 시 첨부서류에 지나지 않으므로 가등기가처분이 있더라도 법원이 직권으로 가등기를 촉탁하는 것이 아니라, 가등기권리자가 그 가처분명령의 정본을 가등기신청서에 첨부하여 가등기를 신청하여야 비로소 가등기가 기입된다.

추후 가등기에 의한 본등기를 한 경우에는 본등기의 순위는 가등기의 순위에 따른다(동법 91조).

(5) 헌법재판소법상·공법상의 권리에 관한 집행절차

헌법재판소는 **정당해산심판**의 청구를 받은 때에는 직권 또는 청구인의 신청에 의하여 종국결정의 선고 시까지 피청구인의 활동을 정지하는 결정을 할 수 있고(헌법재판소법 57조), **권한쟁의심판**의 청구를 받았을 때에도 직권 또는 청구인의 신청에 의하여 종국결정의 선고 시까지 심판 대상이 된 피청구인의 처분의 효력을 정지하는 결정을 할 수 있다(동법 65조). 그리고 헌법재판소는 「헌법재판소법」 68조 1항에 의한 **헌법소원심판절차**에 있어서도 **가처분의 필요성**은 있을 수 있고, 달리 가처분을 허용하지 아니할 상당한 이유를 찾아볼 수 없으므로 헌법소원심판청구사건에서도 가처분은 허용된다고 본다.[6)]

---

6) 제1차시험을 4회 응시한 자는 마지막 응시 이후 4년간 제1차시험에 다시 응시할 수 없도록 하는 사법시험령 4조 3항이 효력을 유지하면, 신청인들은 곧 실시될 차회 사법시험에 응시할 수

한편「행정소송법」23조에 의한 행정처분의 집행정지는 공법상 권리관계에 관한 보전처분이라는 점에서 사법상 권리관계에 관한 좁은 의미의 보전처분과 구별된다.[7] 20-12

(6) 중재법상의 보전처분

중재합의의 당사자는 중재절차의 개시 전 또는 진행 중에 법원에 보전처분을 신청할 수 있다(중재법 10조). 이는 중재합의를 전제로 중재합의의 대상인 분쟁에 관하여 중재판정이 있기 전에 현상 변경을 막거나 다툼이 있는 권리관계에 끼칠 현저한 손해나 급박한 위험 등을 피하기 위하여 법원에 보전처분을 신청할 수 있도록 한 것으로 중재판정의 실효성을 확보하기 위한 것이므로 위 규정이 가령 중재합의의 부존재나 무효 등을 이유로 법원에 중재절차의 정지를 구하는 가처분신청을 할 수 있다는 근거로는 될 수 없다.[8] 20-13

4. 보전처분의 특질

보전처분의 특질로 긴급성(신속성), 잠정성(가정성), 부수성(종속성), 밀행성, 자유재량성을 들 수 있다. 한편, 절차적 특징으로 처분권주의, 직권진행주의는 민사소송이나 강제집행과 대체로 공통한다.

없어 합격기회를 봉쇄당하는 돌이킬 수 없는 손해를 입게 되어 이를 정지시켜야 할 긴급한 필요가 인정되는 반면 효력정지로 인한 불이익은 별다른 것이 없으므로, 이 사건 가처분신청은 허용함이 상당하다(헌법재판소 2000. 12. 8. 선고 2000헌사471 전원재판부 결정). 헌법재판소법 23조 1항은 재판관 7명 이상의 출석으로 사건을 심리한다고 규정하고 있다. 그런데 헌법재판소 재판관 9명 중 3명의 임기가 종료되어 재판관의 공석 상태가 된다면 신청인에 대한 탄핵심판의 심리를 더 이상 할 수 없게 되는 것은 신청인의 재판청구권 등을 침해한다고 주장하며 헌법소원심판을 청구함과 동시에 위 본안 사건의 종국결정 선고 시까지 헌법재판소법 23조 1항의 효력정지를 구하는 이 사건 가처분신청을 받아들였다(헌법재판소 2024. 10. 14. 선고 2024헌사1250 전원재판부 결정).

7) **판례**는 당사자소송이 아닌, 항고소송의 대상이 되는 행정처분의 효력이나 집행 등의 정지를 구하는 신청은 집행정지신청의 방법으로서만 가능하고, 민사집행법상 **가처분의 방법으로는 허용될 수 없다**고 본다(대법원 2009. 11. 2.자 2009마596 결정).

8)「중재법」이 법원이 중재절차에 관여할 수 있는 경우를 '중재법에서 정한 사항'으로 엄격하게 한정하면서 중재절차의 진행을 정지하는 가처분을 허용하는 규정을 두고 있지 않는 이상 중재합의가 없거나 무효이거나 효력을 상실하였거나 그 이행이 불가능하다고 주장하면서 법원에 가처분의 방법으로 중재절차의 진행을 정지해달라고 신청하는 것은 허용되지 않는다(대법원 2018. 2. 2.자 2017마6087 결정).

(1) 긴급성(=신속성)

20-14 보전처분은 민사소송절차를 거치기 위한 시일의 경과에서 오는 피해를 방지하기 위한 것이 목적으로 신속하게 명령을 받아 집행을 마치지 않으면 그 목적을 달성할 수 없다. 따라서 가압류와 다툼의 대상에 관한 가처분신청에 대한 재판은 변론 없이 할 수 있고(280조 1항, 301조), 판결이 아닌 결정으로 한다(281조 1항, 301조). 임시의 지위를 정하기 위한 가처분의 경우만 원칙적으로 변론기일 또는 채무자가 참석할 수 있는 심문기일을 열도록 하고 있는데(304조), 실무상은 이 경우도 변론 없이 결정으로 재판하는 것이 일반적이다. 그리고 피보전권리의 존재나 보전의 필요성은 증명이 필요하지 않고, 소명으로 충분하다(279조 2항, 301조). 또한 그 집행에 있어서 원칙적으로 집행문이 필요 없고(292조 1항), 채무자에게 재판을 송달하기 전에도 집행을 할 수 있으며(292조 3항), 집행기간을 단기로 제한하여 채권자에게 재판을 고지하거나 송달한 날부터 2주일을 넘긴 때에는 집행하지 못한다(292조 2항).

주의할 것은 긴급성 내지는 신속성에 의하여 채무자에 대한 절차보장을 소홀히 하여서는 안 된다.

(2) 잠정성(= 가정성)

20-15 보전처분은 피보전권리가 본안소송에서 확정되어 강제집행으로 실현될 때까지 임시의 구제를 부여하는 제도이지, 피보전권리를 최종적으로 확정하여 실현하는 것은 아니다. 이는 보전처분에서의 판단은 본안소송을 구속하지 않고, 보전처분에 의하여 생기는 사실상 · 법률상 변동이 본안소송에 영향을 주지 않는다는 등의 원칙으로 나타난다. 여기에서 말하는 잠정성은 다음의 부수성과 마찬가지로 본안과의 관계에서 의미를 가지는 것이다.

◈ **만족적 가처분과 잠정성** ◈ 예를 들어 가처분으로 급여를 지급하도록 명할 수 있는데(305조 2항), 이렇게 임시의 지위를 정하기 위한 가처분 가운데 본안의 권리의 전부 또는 일부를 실현한 것과 마찬가지 결과를 채권자에게 생기게 하는 것을 만족적 가처분(Befriedigungsverfügung) 또는 단행(斷行)가처분이라고 한다.[9] 만족적 가처분은 외관상으로 권리를 실현하는 것과 같은 형태를 취하는 경우도 있으나, 이 역시

9) 한편 만족적 가처분과 단행가처분을 구별하여, 만족적 가처분의 의미를 이행소송을 본안으로 하는 단행적 가처분과 형성소송을 본안으로 하는 형성적 가처분을 포함하는 것으로 단행적 가처분보다 넓은 의미로 본다. 가령, 김홍엽, 472~473면.

손해를 피하기 위한 최소한의 권리관계 형성만을 목적으로 하는 것이고, 직접 본안 청구 자체를 만족시키는 것은 아니다.

(3) 부수성(=종속성)

보전처분은 잠정적인 임의재판에 의한 구제를 도모하는 절차이므로 권리 또는 법률관계의 존부를 확정하는 본안소송을 예정하고, 이에 부수한다(앞의 잠정성과 밀접한 관계가 있다). 따라서 본안소송의 권리범위를 초과하는 보전처분은 있을 수 없으며,[10] 제소명령을 어기고 본안소송을 제기하지 않으면 보전처분이 취소되고(287조, 301조), 본안소송의 경과는 사정변경에 따른 보전처분취소소송(288조, 301조)의 중요한 참작사유가 되며, 본안의 관할법원이 보전소송을 관할할 수 있도록 하고 있다(303조). 20-16

◈ **보전절차의 본안화 현상** ◈ 근래 가처분의 부수성에 대한 중대한 변화가 일어나고 있는바, 이른바 **보전절차의 본안화 현상**으로서 특히 임시의 지위를 정하기 위한 가처분의 경우에 이 점이 현저하게 나타나는데, 이러한 가처분은 그 재판의 결정적 영향 때문에 자연히 모든 공격·방어방법이 제출되고, 심리가 장기화되는 등 본안소송과 유사한 성질을 가지게 되는데, 그 점을 말하는 것이다.

(4) 밀행성

보전처분은 채무자의 재산상태나 다툼의 대상에 관한 법률적·사실적 변경을 막는데 목적이 있으므로 원칙적으로 상대방이 알 수 없는 상태에서 비밀리에 심리·발령되며, 그 처분을 채무자에게 송달하기 전에 집행하는 것이 보통이다. 밀행성은 기본적으로 가압류와 다툼의 대상에 관한 가처분만의 특질이다. 한편, 일방적 소명이나 담보만으로는 재판의 적정을 기대할 수 없는 경우에는 밀행성의 요구를 후퇴시키고 재판의 적정을 도모하는바, 임시의 지위를 정하기 위한 가처분의 재판은 원칙적으로 변론기일 또는 채무자가 참석할 수 있는 심문기일을 열도록 한 것이 그것이다(304조). 20-17

(5) 자유재량성

보전처분에서는 긴급성 및 밀행성과 재판의 적정이라는 상충하는 요구를 개개의 사건에서 구체적으로 조화시키기 위하여 심리방법에 관하여 법원에 많은 자유재 20-18

10) 대법원 1964. 11. 10. 선고 64다649 판결.

량을 주고 있다. 변론을 거칠 것인가 서면심리에 의할 것인가, 소명만으로 발령할 것인가, 담보를 제공하게 할 것인가, 담보의 종류와 범위는 어떻게 할 것인가 등이 모두 법원의 자유재량에 속한다. 또한 하나의 권리를 보전하기 위하여 종류와 강도가 다른 여러 가지 방법 중 어떤 형태의 보전처분을 할 것인가는 원칙적으로 법원의 자유재량에 속한다. 다만 보전처분에서도 처분권주의가 전적으로 배제되는 것은 아니므로 당사자가 부동산가압류를 구함에 대하여 동산가압류를 명한다든지, 건물의 처분금지가처분만을 구함에 대하여 건물인도를 명할 수는 없지만, 당사자의 신청취지에 반하지 않는 한, 구체적으로 어떤 처분이 집행보전을 위하여 필요하고도 충분한 것인가의 결정은 법원의 재량에 맡겨져 있다. 따라서 여러 개의 부동산가압류를 구함에 대하여 법원은 그중 일부의 가압류만을 명한다든지, 건물인도를 구함에 대하여 집행관 보관에 의한 현상유지만을 명하는 것 등을 할 수 있다.

5. 국제보전

20-19 각국의 민사보전제도는 요건도 효과도 서로 다른데, 기업의 활동, 인적 교류 등은 점점 더 국경이 없어지고 있으며, 한 국가에서 이루어진 보전처분의 효력을 우리 국내에서도 인정할 것인가. 반대로, 우리 법원의 보전명령이 외국의 법인, 외국에 있는 재산에 대하여 보전조치를 취할 수 있는가(보전명령의 대외적 효력) 등의 문제도 생기고 있다.

Ⅱ. 보전처분의 절차 구조

20-20 민사소송이 판결절차와 강제집행절차로 단계상 구별되는 것에 대응하여 민사보전도 보전명령에 관한 절차와 보전집행에 관한 절차의 2단계로 나뉜다. **1단계**인 보전명령절차는 보전되어야 할 권리(피보전권리)의 존재를 일단 확정하여 집행권원인 가압류명령 및 가처분명령(보전명령)을 발하는 절차이고, **2단계**인 보전집행절차는 이 보전명령을 현실적으로 집행하는 절차이다. 가령 가압류집행은 특별히 예외가 없는 한, 강제집행의 규정을 준용한다(291조). 한편 보전명령은 강제집행절차에 있어서 집행권원에 해당한다. 가압류든 가처분이든, 절차는 보전명령절차와 보전집행절차로 나뉘는데, 각각의 명령절차에서 명령의 요건이 심리되어 명령의 집행을 위하여 보전권원이 되는 가압류명령 · 가처분명령이 발하여진다. 이에 기하여 가압

류의 집행·가처분의 집행이 있게 된다. 여기에서는 우선 가압류의 절차와 가처분의 절차에서 기본적으로 공통되는 점을 설명한다.

1. 보전명령에 관한 절차

보전처분은 보전명령의 신청의 당부를 판단하는 재판(보전명령)에 관한 절차와 20-21
그 재판의 내용을 실현하는 민사보전의 집행(보전집행)에 관한 2단계 절차로 나뉘는데, 각 신청은 그 의미와 법적 규제가 다르게 된다. 다만, 법원이 집행기관이 되는 부동산 또는 채권에 관한 보전처분의 신청은 동시에 그 집행신청까지 병합되어 있다고 보는 것이 실무의 경향이다.

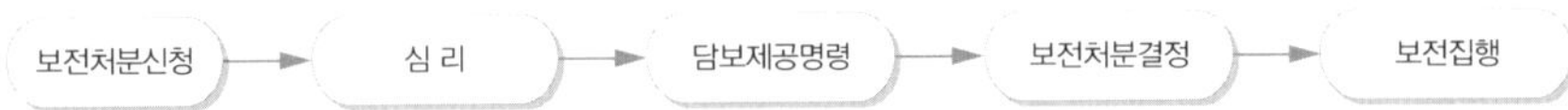

(1) 신 청

보전처분(보전명령)의 신청이라 함은 법원에 대하여 보전재판을 구하는 당사자 20-22
의 신청행위를 말한다. 통상의 민사소송과 마찬가지로 '소 없으면 재판 없다'는 의미에서의 **처분권주의** 원칙이 작동하므로 보전명령은 채권자의 보전처분의 신청에 의하여 개시된다. 보전처분의 신청은 통상 민사소송에 있어서 소의 제기에 해당하는 것이므로 성질에 반하지 않는 한, 소의 제기에 관한 규정이 준용된다(23조 1항). 신청에는 절차법상 효과인 중복된 신청의 금지효와(민사소송법 259조 참조) 실체법상 효과인 시효중단효가(민법 168조) 있다(☞21-17, 22-13). 민사소송법의 규정을 준용하므로(23조 1항) 보전명령의 신청은 민사보전의 성질에 반하지 않는 한 당사자를 복수로 하는 신청도(공동소송에 관한 민사소송법 65조의 준용), 청구를 복수로 하는 신청도(소의 객관적 병합에 관한 민사소송법 253조의 준용) 병합 등의 요건을 충족하는 한 모두 가능하다고 볼 수 있지만, 한편 보전절차의 신속처리 요청, 밀행성 및 집행절차의 차이 등에서 발생하는 번잡함을 피하기 위한 실무적 취급도 고려할 수 있다.

보전처분의 신청은 신청의 취지와 이유 및 사실상의 주장을 소명하기 위한 증거방법을 적어 서면으로 하여야 한다(민사집행규칙 203조. 전산정보처리시스템을 이용하여 전자문서로도 제출 가능). 신청의 취지는 민사소송의 청구의 취지에 해당하는 부분으로 어떠한 보전명령을 구하는가에 있어서 그 종류·내용을 적는다. 신청의 이유는 민사소송의 청구의 원인에 대응하는데, 피보전권리를 다른 것과 구별될 정도로 원인사실을 적어 표시하고, 나아가 보전의 필요성을 구체적으로 이유 있게 적어야 한다.

> **◈ 전자신청 등 ◈** 2013. 9. 16.부터 민사집행법 제4편에 따른 보전처분 신청사건과 그에 부수하는 보전처분 이의·취소 신청사건, 제소명령 신청사건, 담보에 관한 신청사건, 보전처분의 집행취소 신청사건(등기 또는 등록의 기입을 촉탁하거나 재판서 정본을 송달하는 방법으로 집행하는 경우에 한한다), 선박가압류에 따른 감수보존처분 신청사건에 대해서도 전자소송이 시행되었다.

보전처분의 신청은 본안소송의 제기 전에 행하여지는 것이 보통이나, 본안소송이 제기된 후에도 상대방의 경제상태가 악화되거나 새롭게 자산이 발견되거나 권리침해의 위험이 높아진 경우도 있으므로 소제기 뒤에 보전처분의 신청도 있을 수 있다. 즉, 본안이 확정될 때(집행권원을 얻을 때)까지는 언제라도 신청할 수 있다. 상소한 뒤라도 무방하다.

보전처분은 처분권주의를 토대로 하므로 보전명령의 신청의 취하가 인정된다.

> **◈ 신청의 변경 ◈** 신청의 변경과 관련하여 본안청구권에 있어서 청구의 기초에 변경이 없는 한, 보전처분의 신청의 내용을 이루는 본안청구권 또는 보전의 필요성을 추가적 또는 교환적으로 변경할 수 있다고 생각한다(민사소송법 262조 청구의 변경의 준용). 그리고 가압류와 가처분은 다른 종류의 보전명령이지만, 사권의 잠정적 보호의 역할을 한다는 점에서는 마찬가지이므로 한 개의 절차 내에서 가압류 신청을 가처분 신청으로 또는 반대 방향으로 그 신청을 전환시키는 것은 소의 변경의 개념으로 보지 않고, 허용하여도 무방하다고 생각한다.

(2) 관 할

제278조(가압류법원) 가압류는 가압류할 물건이 있는 곳을 관할하는 지방법원이나 본안의 관할법원이 관할한다.

제303조(관할법원) 가처분의 재판은 본안의 관할법원 또는 다툼의 대상이 있는 곳을 관할하는 지방법원이 관할한다.

제311조(본안의 관할법원) 이 편에 규정한 본안법원은 제1심 법원으로 한다. 다만, 본안이 제2심에 계속된 때에는 그 계속된 법원으로 한다.

1) 토지관할

토지관할은 보전처분의 종류에 따라 다른데, **가압류**의 경우는 가압류할 물건이 있는 곳을 관할하는 지방법원이나 본안의 관할법원이 관할하고(278조), **가처분**의 경우는 본안의 관할법원 또는 다툼의 대상이 있는 곳을 관할하는 지방법원이 관할한다(303조).[11] 시·군법원의 관할에 대한 **특례**가 있다. 즉, 시·군법원은 본안이 시·군법원의 관할에 속하는 경우에만 보전사건에 대한 관할권을 가지고, 소액사건심판법의 적용대상이 아닌 사건을 본안으로 하는 보전처분은 시·군법원이 있는 곳을 관할하는 지방법원 또는 지방법원 지원이 관할한다(22조 4호. ☞21-6). 여기서 본안이라 함은 보전처분에 의하여 보전될 권리 또는 법률관계의 존부를 확정하는 민사재판절차를 말한다. 20-23

토지관할은 **전속관할**이다(21조). 따라서 합의관할이나 변론관할에 관한 규정(민사소송법 29조, 30조)은 적용의 여지가 없다(민사소송법 31조). 민사소송법 31조에 의하여 전속관할의 경우에 민사소송법 25조 관련재판적의 적용은 없으나, 한편 본안에 있어서 주관적 병합에 의하여 이미 소송이 계속된 경우에 보전절차에 있어서도 본안의 관할법원의 관할이 생길 수 있다. 전속관할이면서도 여러 곳의 관할법원이 경합하는 경우가 많으므로 민사소송법 35조 재량이송의 준용이나[12] 이의신청에서의 이송에 관한 특칙(민사집행법 284조)과 같은 규정을 둘 필요성이 생긴다.

2) 사물관할

사물관할은 피보전권리의 값에 의하여 결정된다. 따라서 본안이 단독판사 관할인 경우에는 보전명령도 단독판사의 관할에 속하고, 본안이 합의부 관할인 경우에는 보전명령도 합의부 관할에 속한다. 토지관할은 전속관할이지만(21조), 사물관할 20-24

---

11) **일본**에서는 2011년 개정 민사보전법 11조에서 명문으로 일본의 법원에 본안의 소를 제기한 때, 또는 가압류할 물건 혹은 다툼의 대상이 일본 국내에 있는 때는 일본의 법원에 보전사건의 관할이 있음을 규정하였다. 그리하여 일본이 본안에 대하여 국제재판관할을 가지는 경우에는 일본의 국제보전관할이 인정된다. 마찬가지로 가령 가압류에 있어서 목적물이 우리나라에 존재하지 않는 경우라도 보전절차가 본안의 권리나 권리관계의 보전을 위한 절차임에 비추어 우리나라의 관할을 긍정할 것이다. 이시윤, 592면도 마찬가지 입장이다.

12) 주석 민사집행법(Ⅶ), 212면[권창영 집필].

은 민사소송에서와 마찬가지로 **전속관할이 아니다.**[13)]

합의부 관할사건에서 급박한 경우에 재판장은 단독으로 재판을 할 수 있다(312조. ☞21-7).

(3) 당사자

20-25 ① 보전처분에서 당사자라 함은 자기의 이름으로 보전명령을 신청하거나 이를 받는 사람을 말한다. 당사자를 '원고', '피고'라고 부르는 일반의 민사판결절차와는 달리, 보전처분의 신청인을 '**채권자**', 그 상대방을 '**채무자**'라고 부른다(280조, 287조, 292조 등). 이는 당사자를 가리키기 위한 보전처분에서의 용어이고, '채권을 가지는 자', '채무를 부담하는 자'의 의미는 아니다. 임시의 지위를 정하기 위한 가처분에서는 실무상 채권자, 채무자 대신에 '신청인', '피신청인'으로 부르기도 한다. 그리고 보전처분에 대한 이의사건에서도 '이의신청인', '이의피신청인'이라고 표시하지 않고, '채권자', '채무자'로 표시한다. 다만 취소신청사건에서는 취소신청인을 '신청인'으로, 그 상대방을 '피신청인'으로 표시한다. 이의와 취소는 절차상 신청인이 다른 점 등에 그 이유가 있다.

한편 채권에 대한 가압류절차 등에서의 제3채무자는 당사자가 아니고, 보전명령의 집행방법에서의 관여자에 지나지 않는다고 볼 것이다. 따라서 제3채무자는 보전명령에 대한 이의신청, 취소신청 등의 불복신청을 할 수 없고, 법 16조의 집행에 관한 이의신청 등을 할 수 있음에 지나지 않는다.

② 보전처분에서도 당사자가 되기 위해서는 그 당사자가 **당사자능력**이 있어야 하고,[14)] 당사자가 유효한 소송행위를 하기 위하여는 그 당사자가 **소송능력**이 있어야 함은 일반 민사소송에서와 같으며, 그 기준은 본안소송에서의 그것과 동일하다.

◈ **소송능력과 대리** ◈ 미성년자 등의 소송능력에 대하여 민사소송법이 준용된다(23조 1항). 가령 OO대학교의 학칙효력정지가처분신청사건에서 대학교 1학년에 재학 중인 신청인 김OO 외 7명이 미성년자인 경우에 민사소송법 55조 1항 본문은 미성

13) 이시윤, 592면.

14) 터널공사착공금지가처분사건에서 **도롱뇽**의 당사자능력을 부정하였다(대법원 2006. 6. 2.자 2004마1148, 1149 결정). 그리고 민법상 **조합**의 당사자능력을 부정하는 취지에서, **판례**는 민법상 조합에서 조합의 채권자가 조합재산에 대하여 강제집행을 하려면 조합원 전원에 대한 집행권원을 필요로 하고, 조합재산에 대한 강제집행의 보전을 위한 가압류의 경우에도 마찬가지로 조합원 전원에 대한 가압류명령이 있어야 하므로, 조합원 중 1인만을 가압류채무자로 한 가압류명령으로써 조합재산에 가압류집행을 할 수는 없다고 한다(대법원 2015. 10. 29. 선고 2012다21560 판결).

> 년자는 법정대리인에 의하여서만 소송행위를 할 수 있다고 규정하고 있고, 소송대리인에게 소송을 위임하는 행위 또한 소송행위에 포함되는 것인데, 위 신청인들이 가처분신청 당시 19세 미만이고(가처분결정시를 기준으로 하더라도 19세 미만이다), 소송대리인이 미성년자인 위 신청인들의 법정대리인으로부터 위 신청을 제기할 권한을 위임받지 않았다면, 위 신청인들의 신청은 대리권이 없는 사람에 의하여 제기된 것으로서 부적법하다.

③ 그리고 **당사자적격**의 유무는 보전처분에서의 심리의 대상과 관련되어 정하여진다. 당사자적격의 승계, 즉 보전처분의 신청의 심리 중에 있어서 당사자지위의 승계로는 일반승계와 특정승계가 있다. 특정승계에 의한 경우는 스스로 승계하는 **참가승계**(민사소송법 81조) 또는 당사자의 신청에 따른 **인수승계**(동법 82조)의 절차에 의하여 당사자지위의 승계가 행하여진다(보전집행에서의 승계는 ☞20-45). 일반적으로 당사자적격의 승계는 소송물의 승계를 의미하는데, 보전절차에서의 소송물은 피보전권리와 보전의 필요성에 의하여 판단되므로(☞20-27) 당사자지위의 승계가 있다고 하기 위하여는 피보전권리와 함께 보전의 필요성에 대한 승계도 필요한가가 문제될 수 있다. 보전의 필요성은 당사자 사이의 분쟁의 실정에 의하여 정하여지는 것으로 원칙적으로 이전에 어울리는 것이 아니고, 또한 승계인을 위하여 보전명령이 발하여지기 위하여는 다시 승계인에 대한 보전의 필요성이 있다는 것이 인정되어야 한다고 생각한다. 또한 보전명령절차에 있어서도 **독립당사자참가**(동법 79조)나 **보조참가**(동법 71조) 등을 할 수 있다.

④ **당사자의 확정**에 대하여도 기본적으로 민사소송과 다르지 않지만, 보전절차에서는 보전의 밀행성, 신속성, 또한 채권자가 절차의 진행을 서두르므로 당사자의 확정이 문제가 되는 사례가 흔히 있다. 이미 사망한 사람을 채무자로 한 가압류·처분금지가처분신청은 부적법하고 그 신청에 따른 가압류·처분금지가처분결정이 있었다고 하여도 그 결정은 당연무효로서 그 효력이 상속인에게 미치지 않는다.[15] 채권자는 상속인에 대하여 다시 신청을 할 수밖에 없다. 다만, 채권자 일방만의 신청에 의하여 바로 내려지는 가압류결정의 특성상, **신청 당시 채무자가 생존**하고 있었다면 그 결정 직전에 채무자가 사망함으로 인하여 사망한 사람을 채무자

---

15) 그리하여 채무자의 상속인은 일반승계인으로서 무효인 그 가처분결정에 의하여 생긴 외관을 제거하기 위한 방편으로 가처분결정에 대한 이의신청으로써 그 취소를 구할 수 있다(대법원 2002. 4. 26. 선고 2000다30578 판결).

로 하여 내려졌다고 하더라도 이를 **당연무효라고 할 수 없다**.[16)]

(4) 대리인

20-26 보전처분에서도 소송능력이 없는 사람은 **법정대리인**의 대리에 의하여야 하는 것과 소송능력이 있더라도 당사자 본인 대신에 **소송대리인**이 대리할 수 있는 것은 일반 민사소송에서와 마찬가지이다.

그리고 본안소송에서 소송대리권을 가지는 사람은 당연히 보전처분의 대리권도 가진다(민사소송법 90조 1항). 따라서 본안소송의 위임장 사본을 제출하고, 본안소송의 소장 사본 등을 첨부하여 피보전권리를 소명한다면 보전처분에서 별도의 소송위임장을 제출하지 않아도 된다. 그런데 보전처분과 본안소송은 사건기록이 별개이고 담당재판부도 다른 경우가 많으므로 보전처분에서 실무는 대체로 별도의 소송위임장을 제출하고 있다.[17)] 다만, 본안소송을 수임한 변호사가 보전처분에 관한 소송행위를 할 수 있는 소송대리권을 가진다고 하여 의뢰인에 대한 관계에서 당연히 그 권한에 상응한 위임계약상의 의무를 부담하는 것은 아니고, 변호사가 처리의무를 부담하는 보전처분의 사무의 범위는 변호사와 의뢰인 사이의 위임계약의 내용에 의하여 정하여진다.[18)] 그리고 보전소송사건을 수임받은 소송대리인의 소송대리권은 수임받은 사건에 관하여 포괄적으로 미친다고 할 것이므로 가령 가압류사건을 수임받은 변호사의 소송대리권은 그 가압류신청사건에 관한 소송행위뿐만 아니라 본안의 제소명령을 신청하거나, 상대방의 신청으로 발하여진 제소명령결정을 송달받을 권한에까지 미친다.[19)] 한편 보전명령의 신청, 그 명령에 대한 이의 또는 취소의 신청사건에 있어서 소송비용에 산입되는 변호사의 보수는 피보전권리의 값에 따라 [변호사보수산입표]의 기준에 의하여 산정한 금액의 **2분의 1**로 한다. 다만, **변론 또는 심문을 거친 경우**에 한한다(변호사보수의 소송비용 산입에 관한 규칙 3조 2항).

---

16) 대법원 1993. 7. 27. 선고 92다48017 판결.

17) 당사자가 본안소송과 보전소송을 동일한 소송대리인에게 위임한 경우 본안소송과 보전소송을 구별하여 별도로 변호사보수 지급 약정을 하였는지는 소송위임계약의 체결 경위와 내용, 본안소송과 보전소송의 진행 경과 등 여러 사정을 고려하여 구체적·개별적으로 판단하여야 한다(대법원 2023. 11. 9.자 2023마6427 결정).

18) 「민사소송법」 90조 1항이 소송대리인은 위임받은 사건에 관하여 ... 강제집행, 가압류, 가처분에 관한 소송행위 등 ...를 할 수 있다고 규정하고, 91조 2항이 소송대리권은 제한하지 못한다고 규정하고 있으나, 위 각 규정은 소송절차의 원활·확실을 도모하기 위하여 소송법상 소송대리권을 정형적·포괄적으로 법정한 것에 불과하고 변호사와 의뢰인 사이의 사법상의 위임계약의 내용까지 법정한 것은 아니다(대법원 1997. 12. 12. 선고 95다20775 판결).

19) 대법원 2003. 3. 31.자 2003마324 결정.

(5) 심 리

1) 심리의 대상

심리의 대상은 우선 관할, 당사자능력, 소송능력과 같은 형식적 요건인 **소송요건**이다. 20-27

그리고 보전처분을 발령하기 위해서는 실체법상 보전을 받아야 할 권리(**피보전권리**)가 있어야 하고(그런데 피보전권리도 심리의 대상이 된다고 하여 보전명령은 원칙적으로 피보전권리의 효력을 실현하거나 그 존재를 확인하는 것은 아니다), 그와 같은 권리를 미리 보전하여야 둘 필요성(**보전의 필요성**)도 있어야 한다. 법 276조와 277조가 가압류에 관하여 위 '피보전권리'와 '보전의 필요성'이란 2가지 요건이 필요함을 밝히고 있고, 법 301조에 의하여 가처분에 관하여도 위 규정이 준용됨으로써 임시의 지위를 정하기 위한 가처분을 얻기 위해서도 가압류와 마찬가지로 '피보전권리'와 '보전의 필요성'이라는 2가지 요건이 필요하다. 다만, 법 300조 2항은 이에 관하여 '다툼이 있는 권리관계', '특히 계속하는 권리관계에 끼칠 현저한 손해를 피하거나 급박한 위험을 막기 위하여, 또는 그 밖의 필요한 이유가 있을 경우'라는 좀 더 구체적인 표현을 사용하고 있다.

피보전권리의 존재나 보전의 필요성은 증명이 필요하지 않고, **소명**으로 충분하다(279조 2항). 이는 민사보전이 권리관계의 종국적 확정을 목적으로 하는 것이 아니고, 잠정적 조치를 명하기 위하여 필요한 한도에서 행하여지는 것이기 때문으로, 본안소송에서와 같은 엄격한 증명을 요구하지 않고, 신속성을 우선하여, 적절한 공평적정의 배려를 가한 심리를 목적한 바에 그 취지가 있다.

◈ 보전처분에서의 소송물 ◈ 보전처분(보전소송)의 소송물에 관하여, 피보전권리만이 소송물이며, 보전의 필요성은 소송요건(권리보호요건)에 그치는 것인가. 아니면 두 요건이 함께 보전처분의 소송물을 구성하는가.[20] 이에 대하여 분명하게 밝힌 판례는 없다. 판례는, 다툼의 대상에 관한 가처분의 경우에 피보전권리와 보전의 필요성의 존재에 관한 소명이 있어야 하는 것으로 보면서도, 피보전권리에 관한 소명이 인정된다면, 다른 특별한 사정이 없는 한 보전의 필요성도 인정되는 것으로 보고 있는데,[21] 이렇게 보전의 필요성을 사실상 추정하여 가압류·가처분을 발령하는 것은 민사집행법이

20) 한편, 보전소송의 소송물은 무엇인가 하는 문제의 전제로서, 보전소송의 본질을 **소송사건**으로 보아야 하는가, 아니면 **비송사건**으로 보아야 하는가의 문제가 있다. 보전소송의 본질을 비송사건이라고 풀이한다면, 소송사건의 심판대상이라는 일반적인 의미에서의 소송물을 문제 삼을 필요도 없기 때문이다.

21) 대법원 2005. 10. 17.자 2005마814 결정.

정하고 있는 보전의 필요성이라는 요건을 사실상 사문화시켜 문제가 있다고 생각한다. 보전의 필요성을 단지 소송요건으로 보는 입장에 따르면, 법원은 먼저 직권으로 보전의 필요성 유무를 조사하여 보전의 필요성이 인정되는 경우에는 실체적 요건인 피보전권리의 존부를 심리하나, 보전의 필요성이 인정되지 않는 경우에는 피보전권리의 존부에 관하여 심리할 필요도 없이 신청을 각하하여야 한다고 한다. 한편, 보전의 필요성을 피보전권리와 함께 소송물을 구성하는 실체적 요건이라고 보는 입장에 따르면, 순서에 관계없이 피보전권리와 보전의 필요성을 심리하면 되고, 이는 모두 변론주의가 적용되며 보전의 필요성이 부정되는 때에는 신청을 기각하면 된다고 한다. 보전처분에서의 소송물의 개념을 보다 분명히 밝히는 것은 아직 미해결된 문제라고 할 수 있다.

2) 심리의 방식

20-28 **임시의 지위를 정하는 가처분** 사건의 경우에 원칙적으로 **변론기일** 또는 채무자가 참석할 수 있는 **심문기일**을 열도록 되어 있으나(304조 본문), **가압류와 다툼의 대상에 관한 가처분** 사건의 경우에는 이러한 필수적 변론(심문)규정을 두고 있지 않다. 다만, 법원은 결정으로 완결할 사건에 대하여 변론을 열지 아니하는 경우에는(280조 1항 참조) 당사자, 이해관계인, 그 밖의 참고인을 심문할 수 있고(민사소송법 134조 2항), 이 조항은 보전처분에도 준용되므로(23조 1항), 서면심리만으로는 소명이 부족하다고 판단될 때에는 채권자의 심문을 통하여 필요한 자료를 수집할 수 있다.[22] 한편 채무자를 심문하는 것은 법원의 절차재량인데, 가압류 및 다툼의 대상에 관한 가처분의 유형이라도 채무자심문을 실시하는 경우가 없는 것은 아닐 것이다.

(6) 재 판

제281조(재판의 형식) ① 가압류신청에 대한 재판은 결정으로 한다. ② 채권자는 가압류신청을 기각하거나 각하하는 결정에 대하여 즉시항고를 할 수 있다. ③ 담보를 제공하게 하는 재판, 가압류신청을 기각하거나 각하하는 재판과 제2항의 즉시항고를 기각하거나 각하하는 재판은 채무자에게 고지할 필요가 없다.

22) 심문은 일정한 방식에 의하지 아니하고 서면 또는 구술로 행하여진다. 기일을 여는 경우도 있지만 반드시 기일을 열어야 하는 것은 아니다(다만, 임시의 지위를 정하기 위한 가처분에서 심문절차를 밟는 경우에는 채무자가 참석할 수 있는 기일을 열어야 한다). 심문은 일반적으로 공개할 필요가 없고, 당사자를 대석하게 할 필요도 없다. 당사자는 그 절차 중에 피보전권리 및 보전의 필요성에 관하여 사실 및 법률적인 견해를 진술하고, 상대방의 주장에 대한 인부를 행하며, 자기의 주장을 뒷받침하기 위하여 증거를 제출할 수 있다.

제301조(가압류절차의 준용) 가처분절차에는 가압류절차에 관한 규정을 준용한다. 다만, 아래의 여러 조문과 같이 차이가 나는 경우에는 그러하지 아니하다.

1) 결정의 형식

보전처분의 신청에 대한 재판은 변론을 연 경우든, 열지 않은 경우든 관계없이 모두 **결정**의 형식으로 하도록 하고 있다(281조 1항, 301조). 종전에는 변론을 열어 판결로 재판하는 경우도 있었는데, 변론은 공개심리, 구술심리 등 엄격한 절차로 보전명령에 요청되는 신속한 심리에 적절하지 못한 면이 있으므로 2005년 개정 민사집행법에서 보전처분절차를 전부 「결정절차」로 변경하였다. 20-29

2) 신청의 각하 · 기각

보전처분의 신청이 소송요건(가령 당사자능력, 소송능력, 당사자적격 등)을 갖추지 못하여 부적법한 경우, 피보전권리나 보전의 필요성이 인정되지 않아 신청이유가 없는 경우 또는 채권자가 법원이 명한 담보를 제공하지 않은 경우에는 그 신청이 배척되게 된다. 실무상으로는 소송요건에 흠이 있거나 법원이 명한 담보를 제공하지 않은 때에는 신청의 **각하**를, 신청이 이유 없으면 신청을 **기각**한다. 법원은 피보전권리나 보전의 필요성에 대한 소명이 부족하거나 없는 경우에도 담보를 제공하게 하고 보전처분을 할 수 있으나, 신청이 이유 없음이 분명하거나 담보제공만으로는 보전처분을 발령하기에 부적합하다고 인정하면 신청을 기각하여야 한다. 가압류 · 가처분신청사건에서 피보전권리의 일부가 이유 없는 경우와 가처분신청사건에서 채권자가 구하는 구체적 처분을 실질적으로 일정한 한도에서 제한하는 가처분명령을 하는 경우에는 법원은 일부기각의 재판을 하여야 할 것이다. 신청의 각하 · 기각결정은 채권자에게 고지하면 되고, 채무자에게 고지할 필요가 없다(281조 3항, 301조). 20-30

3) 보전명령

보전처분의 신청을 인용하는 재판을 보전명령, 즉 가압류명령 또는 가처분명령이라고 한다. 신청을 인용하는 재판은 담보를 조건으로 하는 경우와(후술 ☞20-35 참조) 무조건으로 하는 경우가 있으며, 담보를 조건으로 하는 보전명령은 일부기각과 같은 성격을 가진다. 20-31

한편 보전처분의 신청의 비용은 원칙적으로 패소한 당사자가 부담한다(민사집행법 23조, 민사소송법 98조). 그리고 민사소송법 104조의 소송비용의 재판과 관련하여 '사건을 완결하는 재판'에는 보전명령도 포함된다고 해석하는 것이 일반적이므로 법원은 당사자의 신청 유무에 불구하고 직권으로 소송비용의 재판을 하여야 한다. 하지만 실무에서는 대체로 심문이나 변론을 거치는지 여부에 따라 심문이나 변론을 거치지 않은 보전명령에서는 신청비용의 재판을 하지 않고 있다고 한다. 그런데 이는 재판의 누락(민사소송법 212조 2항)이라고 생각한다(☞21-35).

4) 송 달

20-32 일반적으로 결정의 방식의 재판은 판결과 달리, **상당한 방법**으로 고지할 수 있지만(민사소송법 221조), 민사집행규칙 203조의4는 보전처분의 신청에 대한 결정을 **송달**의 방법으로 고지하도록 규정하고 있다. 보전처분은 채권자에게 보전명령의 집행권원을 부여하는 중요한 결정으로 당사자에게 그 내용을 확실히 알려 그 증명방법을 기록에 남겨 놓을 필요가 있는 점, 보전집행기간이나 불복신청기간의 개시를 분명히 할 필요가 있는 점 등을 고려한 것이다. 한편, 담보를 제공하게 하는 재판(고지되면 보전명령이 발하여진 것을 사전에 알기 때문), 보전명령의 신청을 기각하거나 각하하는 재판(채무자로서는 필요하지 않고, 즉시항고 등의 관계에서 아직 밀행성을 잃지 않기 때문)과 위 기각 또는 각하결정에 대한 즉시항고를 기각하거나 각하하는 재판은 채무자에게 고지할 필요가 없다(281조 3항).

보전처분의 집행은 채무자에게 재판을 송달하기 전에도 할 수 있으므로(292조 3항) 집행을 착수한 뒤에 채무자에게 송달하는 것이 실무라고 한다. 미리 채무자에게 송달하면, 집행까지 사이에 채무자가 미리 보전처분의 내용을 알고 목적물을 처분하는 등 그 집행을 피하고자 할 우려가 있기 때문이다.

5) 보전명령의 효력

20-33 보전명령의 효력은 피보전권리의 보전목적의 범위 내에서 잠정적·가정적으로만 발생하고, 피보전권리의 존부를 확정하는 효력은 없고, 본안의 소송물에 대한 기판력은 부정된다(☞21-43). 한편, 나중에 본안소송에서 채권자가 패소하였더라도 당연히 보전처분의 효력이 상실되는 것은 아니다. 보전처분은 그 명령이 성립하여 채권자에게 고지되면 즉시 집행력이 생기는데, 보전명령의 집행에 관하여는 후술한다(☞20-41).

◈ 신청을 기각한 선행 보전명령의 기판력 긍정 여부 ◈ 확정된 보전처분에 기판력이 긍정되는지 여부에 관하여, 가령 신청을 이유 없다고 기각한 선행 보전명령은 후행 보전명령의 신청과 관련하여 기판력을 긍정하여야 할 것인지 여부가 논의되고 있다. 후행 보전신청은 전의 사건과 동일한 본안청구권과 보전의 필요성을 들고 있는 한, 허용되지 않아야 함이 원칙이나, 다만 기판력의 시적 한계에 관한 일반론에 따라 앞선 기각결정 뒤에 본안청구권 또는 보전의 필요성의 긍정과 관련되는 새로운 사실이 발생하였다면, 이를 원용하는 것에 의하여 신청을 반복하는 것은 허용된다고 할 것이다. 그런데 후행 보전신청에서 채권자가 선행 기각결정 전부터 존재하였지만 주장하지 않았던 사실을 새롭게 주장한 경우 또는 새로운 소명방법을 제출한 뿐인 경우에 신청의 반복이 허용되는지 여부에 대하여는 논의가 나뉜다. **판례**는 소명이 없다는 이유로 보전처분신청을 배척한 재판이 확정되었더라도 소명을 추가·강화하여 다시 신청하는 경우에 종전 재판의 기판력은 미치지 않는다고 본다.[23] 보전절차에는 신속성의 요청이라는 특별한 사정이 있으므로 그 기판력을 부정하여 선행 기각결정에 저촉하는 후행 보전명령도 허용되는 경우가 있을 수 있다고 풀이한다면,[24] 위 판례와 같이 볼 것이다.

6) 재판에 대한 불복

보전처분신청에 대한 재판은 변론을 연 경우든 열지 않은 경우든 모두 결정의 형식으로 하도록 하고 있는데(281조 1항, 301조), 그 재판에 대한 불복방법으로서는 신청을 **배척**(기각·각하)하는 결정에 대한 **채권자**의 **즉시항고**(281조 2항)와 신청을 **인용**하는 결정(보전처분결정)에 대한 **채무자**의 **이의신청**(283조 1항) 및 보전처분의 **취소**(287조 이하)의 3가지만 인정된다(상세히는 후술 ☞21-45). 20-34

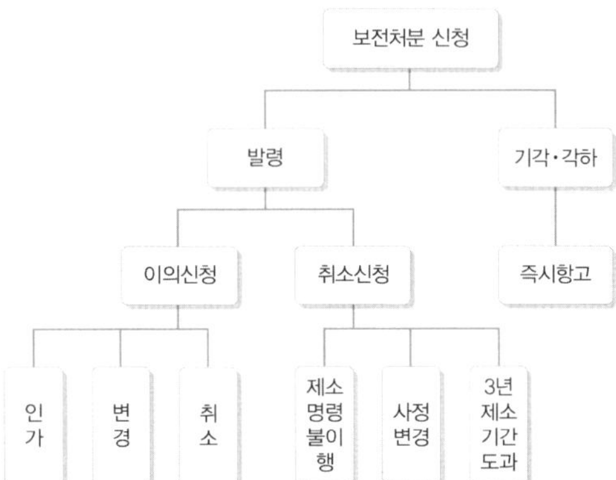

신청을 **배척**하는 재판(각하·기각)에 대하여는 채권자는 **즉시항고**를 할 수 있다(281조 2항). 이는 신청에 대한 심리에 있어서 채권자에게는 주장·증명의 기회가 이미 주어졌으므로 긴급성의 요청에 부응하고, 사건의 조속한 확정을 통한 기록처리상의 편의를 도모하기 위하여 상급법원의 심

23) 대법원 1960. 7. 21.자 4293민상137 결정.
24) Stein/Jonas/Grunsky, Kommentar zur ZPO, vor §916 Rn. 14, 19.

사를 할 수 있게 하기 위함이다(☞21-46).

신청이 **인용**된 경우의 불복신청에는 이의신청절차와 취소절차가 있다. 보전명령 발령 뒤에는 밀행성은 더 이상 요구되지 않으므로 채권자 · 채무자 양쪽을 관여시켜 해당 보전명령을 발령한 법원하에서 **발령절차의 속심**으로서 그 명령의 당부를 심리 · 판단하는 것이 **이의신청절차**이다(283조 1항). 한편 **취소절차**는 보전명령 발령 뒤에 제소명령을 어기고 채권자가 본안의 소를 제기하지 않거나(287조 3항) 채무자가 본지에 따른 변제를 하여 채권자가 본안에서 패소판결을 받아 확정하였다는 등의 사정이 생겨(288조 1항) 보전명령을 유지할 이유가 없어져 이를 취소하는 것이다(☞21-60).

> ◈ **일부인용의 경우의 불복방법** ◈ 보전처분신청이 일부 인용되고, 일부 각하된 경우에 이에 대하여 채무자 및 채권자의 이의신청 및 즉시항고가 있는 경우의 심리 등은 어떻게 되는가. 여기서 채권자의 즉시항고는 항고법원에서 심리하고, 동시에 채무자의 이의신청은 원결정을 한 법원에서 심리하므로 중복절차를 조정할 필요가 있다. 어느 쪽도 적법하다면 양 사건을 별도 사건으로 취급한 뒤, 항고심의 심리를 정지하고, 이의신청의 심리를 선행하는 등의 조정을 하는 것이 적절할 것이다.

(7) 담보제공명령

제280조(가압류명령) ② 청구채권이나 가압류의 이유를 소명하지 아니한 때에도 가압류로 생길 수 있는 채무자의 손해에 대하여 법원이 정한 담보를 제공한 때에는 법원은 가압류를 명할 수 있다. ③ 청구채권과 가압류의 이유를 소명한 때에도 법원은 담보를 제공하게 하고 가압류를 명할 수 있다. ④ 담보를 제공한 때에는 그 담보의 제공과 담보제공의 방법을 가압류명령에 적어야 한다.

제19조(담보제공 · 공탁 법원) ③ 이 법에 규정된 담보에는 특별한 규정이 있는 경우를 제외하고는 민사소송법 제122조 · 제123조 · 제125조 및 제126조의 규정을 준용한다.

민사소송법 제299조(소명의 방법) ② 법원은 당사자 또는 법정대리인으로 하여금 보증금을 공탁하게 하거나, 그 주장이 진실하다는 것을 선서하게 하여 소명에 갈음할 수 있다.

1) 의 의

20-35 보전명령은 피보전권리의 존부에 관한 확정적 판단 없이 소명만으로 사실을 인정하여 채무자의 재산을 동결하고, 일정한 행위를 금지하거나, 임시의 법률관계 등을

형성하는 처분을 하는 것이기 때문에 보전명령에 의하여 채무자는 의무 없이 손해를 입는 수가 있게 된다. 따라서 간이한 절차에 의하여 **채권자**에게 채권보전수단을 마련해 주는 한편 나중에 그 보전처분이 위법·부당한 것이었음이 밝혀질 경우에 **채무자**가 받은 손해를 쉽게 회복할 수 있도록 담보를 제공하도록 하는 것이 공평하다. 그리하여 청구채권이나 가압류의 이유를 **소명하지 아니한 때**에도 법원은 채무자의 손해에 대한 담보를 제공하게 하고 가압류를 명할 수 있으며(280조 2항), 반대로 **소명이 있는 때**에도 그 소명을 강화하는 의미에서 담보를 제공하게 하고 가압류를 명할 수 있다고 규정하고 있다(동조 3항). 이 규정은 **가처분에도 준용**되고 있다(301조).

보전명령의 실체적 요건은 소명으로 충분하고, 가압류나 다툼이 대상에 관한 가처분은 일반적으로 채무자의 관여 없이 발령되므로 보전명령에 대한 불복신청절차에서 피보전권리나 보전의 필요성이 인정되지 않는 경우나 본안판결에서 피보전권리의 존재가 인정되지 않는 경우도 있을 수 있다. 이러한 경우에 채무자가 채권자에 대하여 가지는 **손해배상청구권을 담보**하는 것이 이 담보제도의 취지이다.

그런데 보전처분의 본안판결에서는 채권자의 피보전권리가 존재하지 않는다는 것을 판단할 뿐 해당 보전처분으로 인하여 채무자가 입게 된 손해에 관하여는 판단하지 않기 때문에 보전처분의 채무자가 그 본안소송에서 승소확정판결을 받더라도 즉시 담보권을 실행할 수는 없다. 보전처분의 채무자가 담보권을 실행하기 위해서는 채권자를 상대로 별도로 **손해배상청구의 소**를 제기하여 승소확정판결을 받아야 한다. 그 밖에도 담보제도에는 민사보전제도를 정당화하는 기능이나 남용적 신청을 방지하는 기능이 있다고 할 것이다.

◈ **부당한 보전처분으로 인한 손해배상청구** ◈ 부당한 보전처분에 의하여 채무자에게 손해가 발생했을 경우의 불법행위책임과 관련된 주요 쟁점은 배상책임이 발생하는가, 발생한다고 하였을 경우에 무과실 책임인가, 과실책임인가 하는 점에 있다. 손해를 인정함에 있어서 **판례**는 부동산에 대한 가압류의 집행이 이루어졌다고 하더라도 채무자가 여전히 목적물의 이용 및 관리의 권한을 보유하고 있을 뿐더러(83조 2항), 가압류의 처분금지적 효력은 상대적인 것에 불과하기 때문에 부동산이 가압류되었더라도 채무자는 그 부동산을 매매하거나 기타의 처분행위를 할 수 있고, 다만 가압류채권자에 대한 관계에서만 처분행위의 유효를 주장할 수 없을 뿐이며, 다른 한편 가압류는 언제든지 해방공탁에 의하여 그 집행취소를 구할 수 있는 것이므로, 부동산에 대한 가압류의 집행이 부당하게 유지되었다고 하더라도 다른 특별한 사정이 없는 한, 그 가압류는 부동산을 처분함에 있어서 **법률상의 장애가 될 수는 없다**고

할 것이고, 다만 가압류가 집행된 부동산을 매수하려는 자로서는 그 부동산의 소유권을 완전하게 취득하지 못하게 될 위험을 고려하여 당해 부동산의 매수를 꺼리게 됨으로써 결과적으로 가압류가 집행된 부동산의 처분이 곤란하게 될 **사실상의 개연성**은 있을 수 있다고 할 것인데, 만일 어떤 부동산에 관한 가압류집행이 있었고, 그 가압류집행이 계속된 기간 동안 당해 부동산을 처분하지 못하였으며, 나아가 주위 부동산들의 거래상황 등에 비추어 그와 같이 부동산을 처분하지 못한 것이 당해 가압류의 집행으로 인하였을 것이라는 점이 **입증**된다면, 달리 당해 부동산의 처분지연이 가압류의 집행 이외의 사정 등 가압류채권자 측에 귀책사유 없는 다른 사정으로 인한 것임을 가압류채권자 측에서 주장·입증하지 못하는 한, 그 가압류와 당해 부동산의 처분지연 사이에는 **상당인과관계**가 있다고 보고 있다.[25] 그리고 보전처분의 집행 후에 본안소송에서 패소확정되었다면 그 집행으로 인하여 채무자가 입은 손해에 대하여는 특별한 반증이 없는 한 집행채권자에게 **고의 또는 과실이 있다고 추정**되고, 따라서 부당한 집행으로 인한 손해에 대하여 이를 배상할 책임이 있고, 부당한 보전처분으로 인한 손해배상책임이 성립하기 위하여 일반적인 불법행위의 성립에 있어서 필요한 고의 또는 과실 이외에 오로지 채무자에게 고통을 주기 위하여 보전처분을 하였다는 점까지 필요한 것은 아니다.[26] 채권자가 진정한 채권액보다 지나치게 과다한 가액을 주장하여 그 가액대로 가압류 결정이 된 후 본안소송에서 피보전권리가 없는 것으로 확인된 부분의 범위 내에서는 채권자의 **고의·과실이 추정**되나, 다만 보전처분과 본안소송에서 판단이 달라진 경위와 대상, 해당 판단 요소들의 사실적·법률적 성격, 판단의 난이도, 당사자의 인식과 검토 여부 등 관여 정도 등에 비추어 채권자에게 가압류 집행으로 인하여 채무자가 입은 손해의 전부를 배상하게 하는 것이 공평의 이념에 반하는 것으로 평가된다면 채권자의 **손해배상책임을 제한**할 수 있다.[27]

한편 이 담보는 **소명의 대용으로서 공탁시키는 담보와는 그 성질이 다른 것에 주의**하여야 한다. 즉, 민사소송법 299조 2항의 담보는 법원에 대하여 **진실성을 보증하기 위하여 제공되는 것**으로 그 진술이 거짓인 때에도 법원이 이를 몰취할 수 있음에 그칠 뿐, 그 거짓진술로 인하여 채무자가 입게 되는 손해에 대하여는 아무런 담보가 되지 않는 것이나, 여기의 법 280조에서의 담보는 **직접 채무자의 손해를 담보하는 것**으로서 보전처분이 부적절한 경우에 채무자는 보전처분으로 인하여 입은 손해배상청구권에 관하여 담보물에 대하여 **질권자와 동일한 권리를 가지게 되는 것**이다(민사집행법 19조 3항, 민사소송법 123조).

25) 대법원 2002. 9. 6. 선고 2000다71715 판결.
26) 대법원 1999. 4. 13. 선고 98다52513 판결.
27) 대법원 2023. 6. 1. 선고 2020다242935 판결.

2) 담보제공명령의 방식

담보제공을 명령하는 방식으로는 법원이 보전처분을 발령하기에 앞서 일정한 기간까지 채권자에게 일정액의 담보를 제공할 것을 명하고 그때까지 담보제공한 것이 증명되면 보전명령을 하는 방법이 **원칙**이고(선담보제공), 보전처분을 발령하면서 **동시에** 담보제공을 명하는 방ㄴ법도 있다(동시담보제공). 20-36

담보제공에는 반드시 **현금공탁**이 필요한 것은 아니며, **보증서의 제출**로 이를 대신할 수 있다(민사소송법 122조). 보증서의 제출과 같은 방법으로 담보를 제공하기 위한 허가신청에 대하여 법원이 담보제공명령과 동시에 허가결정을 하는 경우의 기재례는 다음과 같다.

○ ○ 지 방 법 원

담보제공명령

사 건 201○ 카단 부동산가압류
채 권 자 ○○○
채 무 자 1. △△△
2. ▽▽▽

위 사건에 관하여 채권자에게 담보로 이 명령을 고지 받을 날부터 ○일 이내에 채무자 △△△을 위하여 금 ○○원, 채무자 ▽▽▽을 위하여 금 ○○원을 각각 공탁할 것을 명한다.

채권자는 위 각 금액을 보증금액(보험금액)으로 하는 지급보증위탁계약을 체결한 문서를 각각 제출할 수 있다.

20 . . .

판 사 ㊞

법원이 보증서를 제출받고 가압류 결정을 하는 경우의 기재례는 뒤의 가압류명령 부분에서 볼 수 있다(☞21-41).

한편 **담보제공방식의 특례**로, 채권자가 부동산·자동차 또는 채권에 대한 가압류신청을 하는 때에는 미리 은행 등과 지급보증위탁계약을 맺은 문서를 제출하고 이에 대하여 법원의 허가를 받는 방법으로 민사소송규칙 22조의 규정에 따른 담보제공을 할 수 있다(민사집행규칙 204조).[28] 다만, 급여채권 · 영업자예금채권에 대한 가압류신청을 하는 때에는 그러하지 아니하다(지급보증위탁계약체결문서의 제출에 의한 담보제공과 관련한 사무처리요령 6조 1항 단서).

3) 담보의 취소

20-37 담보를 제공시켜 둘 필요가 없어진 경우에 담보제공자가 공탁물을 회수하기 위해 담보취소사유를 증명하여 법원에 담보의 취소를 구하는 절차이다. 민사소송법 125조 담보의 취소규정은 법 19조 3항에 의하여 가압류 등 보전처분을 위한 담보의 경우에도 준용되고 있다.

① 담보사유의 소멸

20-38 담보사유의 소멸이라 함은, 담보제공의 원인이 부존재하거나 손해발생 가능성이 없는 경우로서 채권자가 본안의 승소확정판결을 얻은 때와 같이 이미 집행된 가압류 등 보전처분의 정당성이 인용됨으로써 손해가 발생되지 아니할 것이 확실하게 된 경우가 이에 해당한다. 또한 보전명령 전에 신청을 취하한 경우에는 권리행사최고 등 담보취소절차 없이 취하증명을 제출하여 공탁금을 회수할 수 있다. 한편, 판례는 가압류집행의 목적되는 채권이 존재하지 않아 집행불능에 이른 경우[29] 등은 담보사유의 소멸을 인정하지 않고 있다.

28) 부동산 · 자동차 또는 채권에 대한 가압류신청은 보전처분사건 중 차지하는 비율이 가장 높을 뿐 아니라 전국 법원의 담보제공기준도 어느 정도 통일되어 있으므로 그 담보제공방식에 특례를 둠으로써 당사자의 편의와 법원업무의 간소화를 도모하려는 것이 민사집행규칙 204조의 취지라고 한다. 지급보증위탁계약체결문서의 제출에 의한 담보제공과 관련한 사무처리요령에 의하면, 보증서원본을 제출하는 방법으로 담보제공의 허가신청을 할 경우에 그 보증금액은 다음과 같다.

부동산 · 자동차 · 건설기계 · 소형선박에 대한 가압류신청사건	청구금액(원금만을 기준으로 하고 이자 · 지연손해금 등은 포함하지 않는다. 이하 같다)의 1/10 (10,000원 미만은 버린다. 이하 같다)
금전채권에 대한 가압류신청사건	청구금액의 2/5. 다만 법원이 지역 사정 등을 고려하여 별도의 기준을 정한 경우에는 그 금액

29) 왜냐하면, 위의 담보는 비단 재산상 손해에 대한 담보만을 위한 것이 아니라 그 밖에 채무자가 그 집행으로 말미암아 입을지도 모를 명예, 신용 기타의 무형적인 손해에 대한 것도 담보하는 것이라고 보아야 되기 때문이다(대법원 1967. 4. 19.자 67마154 결정).

담보취소 신청서

신청인(채권자) ○○○
서울 서초구 …
피신청인(채무자) △△△
서울 강남구 …

위 당사자 사이의 귀원 2025카단1111 부동산가압류신청사건에 관하여, 신청인은 피신청인의 손해를 담보하기 위하여 20,000,000원을 귀원 2025금제2222호로 공탁하였는바, 신청인이 본안에서 승소확정판결을 받아 그 담보사유가 소멸하였으므로(또는 피신청인이 담보취소에 동의하였으므로, 또는 피신청인이 권리행사최고기간이 지나도록 권리를 행사하지 않으므로) 위 담보의 취소를 신청합니다.

첨 부 서 류

1. 판결정본 1통
1. 확정증명 1통
1. 납부서 1통

2025. . .

신청인 ○○○ (날인 또는 서명)

서울중앙지방법원 귀중

② 채무자의 동의

채무자의 동의는 담보권의 포기를 의미하므로 담보취소사유가 된다. 동의는 서면으로 하며, 법원이 담보취소결정을 할 경우에 그에 대한 항고권을 포기한다는 채무자의 서면까지 동의서에 첨부하여 채권자가 담보취소신청을 하는 것이 실무례이다. 20-39

③ 소송완결 뒤의 권리행사최고

소송이 완결된 뒤 담보제공자의 신청이 있으면, 법원은 담보권리자에게 일정한 기간 내에 그 권리를 행사하도록 최고하고, 담보권리자가 그 권리행사를 하지 아니하는 때에는 담보취소에 대하여 동의한 것으로 보아(민사소송법 125조 3항) 기존의 담보를 취소하는 결정을 하여야 한다(동법 동조 2항, 1항). 20-40

담보권리행사 최고 신청서
신청인(채권자) ○○○ 서울 서초구 … 피신청인(채무자) △△△ 서울 강남구 … 위 당사자 사이의 귀원 2025카단1111 부동산가압류신청사건에 관하여, 신청인은 피신청인의 손해를 담보하기 위하여 20,000,000원을 귀원 2025금제2222호로 공탁하였는바, 본안소송에서 신청인 패소판결이 선고되어 확정됨으로써 피신청인이 위 공탁금에 대하여 담보권을 행사할 수 있게 되었는데, 여태껏 그 권리를 행사하지 않으므로 피신청인에게 권리행사를 최고하여 주시기 바랍니다. 2025. . . 신청인 ○○○ (날인 또는 서명) **서울중앙지방법원 귀중**

그런데 보전처분에 관한 본안소송이 이미 제기되어 계속 중인 경우에는, 비록 보전처분이 그에 대한 이의신청 등을 통하여 취소 확정되고 그 집행이 해제되었다고 하더라도 그것만으로 위에서 말하는 '소송이 완결된 뒤'라고 볼 수 없고, 계속 중인 본안사건까지 확정되어야만 소송의 완결로 인정할 수 있다.[30]

2. 보전집행에 관한 절차

제291조(가압류집행에 대한 본집행의 준용) 가압류의 집행에 대하여는 강제집행에 관한 규정을 준용한다. 다만, 아래의 여러 조문과 같이 차이가 나는 경우에는 그러하지 아니하다.

20-41 보전처분절차는 ① 가압류명령이나 가처분명령을 받기까지의 보전명령(보전소송)절차와 ② 여기서 설명하려는 가압류명령이나 가처분명령(보전명령)을 집행권원으로 한 보전집행절차로 구분된다는 점은 이미 설명한 바 있다. 가압류명령이나 가처분명령은 그 자체로서는 채무자에 대하여 구속력이 생기는 것은 아니고, 보전처분이 발령되면 원칙적으로 채권자는 집행기관에 집행을 신청하여(처분권주의) 그 내용대로 집행이 이루어져야 비로소 보전이 이루어지게 된다(보전명령에 정하여진 잠정조치의 효력이 발생). 민사집행법은 가압류의 집행에 관하여(☞21-75) 법 292조 이하에 몇 가지 특칙

30) 대법원 2010. 5. 20.자 2009마1073 전원합의체 결정.

이 있는 것을 제외하고는 원칙적으로 강제집행에 관한 규정을 준용하고 있고(291조, 민사집행규칙 218조), 나아가 가처분절차에는 가압류절차에 관한 규정을 준용(301조)함으로써 가처분의 집행도(☞22-48) 강제집행에 관한 규정을 준용하고 있다.[31)]

그러나 보전집행은 청구권의 종국적 만족을 실현하기 위한 강제집행과 비교하면, 보전명령의 성질을 반영하여 긴급성 및 밀행성의 보장에 큰 특징을 가지고 있다. 그 전형적인 것은 보전집행의 개시요건에서 특칙으로 아래와 같이, 집행문이 원칙적으로 필요하지 않고, 집행기간에 제한을 두어 보전집행은 채무자에 대한 보전명령의 송달 전에 할 수 있다고 규정하고 있다.

(1) 집행기관

집행기관은 강제집행의 경우와 마찬가지로 그 절차와 목적에 따라 **집행법원** 또는 **집행관**이다(☞2-1 이하 참조). 사실행위, 실력행위를 수반하는 집행처분으로 이루어지는 유체동산의 가압류, 동산 또는 부동산인도의 가처분, 채무자의 점유해제·집행관보관의 가처분 등은 **집행관**이 이를 집행한다. 한편, 법률판단에 중점이 있는 관념적 처분행위로 이루어지는 부동산, 선박·항공기·자동차·건설기계에 관하여 등기 내지 등록을 하여야 하는 경우, 채권과 그 밖의 재산권에 대한 가압류와 처분금지가처분 등은 **집행법원**이 집행기관이 된다. 20-42

(2) 집행의 신청

민사집행규칙 제203조(신청의 방식) ① 다음 각호의 신청은 서면으로 하여야 한다. ... 6. 보전처분의 집행신청(다만, 등기나 등록의 방법 또는 제3채무자나 이에 준하는 사람에게 송달하는 방법으로 집행하는 경우는 제외한다).

보전명령의 신청과 보전집행의 신청은 본래 별개로, 관념적으로는 보전처분의 집행에서도 집행신청이 필요하다. 그런데 보전처분은 판결절차와 달리 우선 집행권원만 받아 놓고 집행은 일단 나중으로 보류하는 경우를 예상하기 어렵고, 신속한 집행을 위하여 **발령법원이 동시에 집행법원**이 되는 부동산가압류, 채권가압류 등에서는 보전처분의 신청 시에 그 인용재판에 대한 집행신청도 함께 한 것으로 풀이하여 별도의 집행신청이 없어도 보전처분발령과 함께 집행에 착수한다(민사집행규칙 20-43

31) **독일** 민사소송법에서도 마찬가지로 원칙적으로 강제집행에 관한 규정이 준용된다(§928, §936 ZPO).

203조 1항 6호 단서에서는 등기나 등록의 방법 또는 제3채무자나 이에 준하는 사람에게 송달하는 방법으로 집행하는 경우에는 보전집행신청서를 제출할 필요가 없다고 하고 있다). 즉, **법원이 집행기관**인 위와 같은 경우에는 실무상 구태여 채권자의 **집행신청을 기다리지 않고 그대로 집행에 착수**한다. 한편 집행기관이 법원이 아닌, 유체동산의 가압류와 같이 **집행관**인 경우에는 채권자가 **집행권원을 집행관에게 제시하고 집행신청을 하여야 한다**. 이 경우에 집행신청은 서면으로 하여야 한다(민사집행규칙 203조 1항 6호). 그 신청의 취하도 기일에 말로 하는 경우를 제외하고, 서면으로 하여야 한다(동 규칙 203조의2 1항).

(3) 보전집행의 특색

1) 곧바로 집행력 발생

20-44 보전처분은 그 명령이 성립하면 채권자에게 고지함으로써 **곧바로 집행력이 생기고 명령의 확정을 기다릴 필요가 없다**(판결이 집행권원이 되는 경우와 다름). 따라서 보전처분에는 **가집행선고를 붙일 여지가 없다**. 보전명령은 보전집행의 집행권원이 된다(강제집행절차에 있어서 집행권원에 해당).

2) 단순집행문의 불필요

제292조(집행개시의 요건) ① 가압류에 대한 재판이 있은 뒤에 채권자나 채무자의 승계가 이루어진 경우에 가압류의 재판을 집행하려면 집행문을 덧붙여야 한다.

20-45 보전집행에는 승계집행문을 부여하는 경우(292조 1항, 301조)를 제외하고 일반적으로 집행문의 부여가 필요하지 않다(☞5-21). 즉 **단순집행문의 부여는 필요하지 않고**, 보전집행은 보전명령의 정본에 기하여 실시한다.[32] 보전명령은 집행에 있어서 현금화·만족의 단계에 이르는 것이 아니며, 그 발령 뒤 단기간에 신속하게 집행될 것이 예정되어 있고, 발령법원이 집행법원이 되는 경우가 많으므로 집행문에 의하여 집행력의 존재를 공증하는 것까지는 필요하지 않기 때문이다.[33] 다만 보

32) **일본** 민사보전법 43조 1항 본문은 보전집행은 보전명령의 정본에 기하여 실시한다고 규정하여 강제집행의 경우와 달리 보전집행에 대하여는 원칙적으로 집행문의 부여가 필요하지 않다는 것을 분명히 하고 있다.

33) 그런데 보전처분 절차에서 이루어진 화해권고결정은, 당사자 쌍방의 양보를 전제로 당사자에게 화해를 권고하는 것으로서 당사자가 자유로이 처분할 수 있는 권리를 대상으로 할 수 있을 뿐 보전처분 신청과 보전처분에 대한 법원의 권한을 대상으로 삼을 수 없으므로 그 결정을 가압류·가처분에 대한 법원의 재판이라고 할 수 없으므로 가압류·가처분에 대한 재판과 달리, 화

전명령에 표시된 **당사자의 승계**가 있는 경우에는 이를 분명히 할 필요가 있으므로 **승계집행문**이 필요하다(292조 1항, 301조). 이 경우에는 승계집행문의 부여절차를 거쳐 승계가 된 것을 공증하여야 보전집행을 실시할 수 있다. 일반승계든 특정승계든 불문한다. 승계의 유무의 기준시는 보전명령이 발하여진 때이다. 따라서 발령 뒤 집행착수 전에 채권자 또는 채무자에 승계가 생긴 경우에는 승계집행문이 필요하게 된다. 발령 전에 승계가 있은 경우는 여기에서의 승계가 아닌, 보전명령절차에서의 승계를 하여야 한다(☞20-25).

◈ 집행이 종료된 뒤에 승계가 있는 경우에 승계집행문 필요 여부 ◈ 위에서 설명하였듯이 보전명령이 있은 뒤에 채권자 또는 채무자에게 승계가 있는 경우에 보전집행을 함에 있어서는 승계집행문이 필요하다(292조 1항). 한편, 예를 들어 처분금지가처분의 **집행이 종료**된 뒤에 채권자의 승계인이 가처분집행에 따른 효력을 주장하기 위하여 승계집행문의 부여가 있어야 하는가. 집행이 종료된 뒤에도 승계집행문이 필요하다는 입장도 있을 수 있으나, 승계집행문은 보전처분에 표시되어 있지 않은 사람이 그 집행을 하려는 경우에 그 사람이 보전집행을 할 수 있는 당사자적격을 가지는 것을 공증하기 위한 것인데, 이미 보전집행이 종료된 경우에는 더 이상 채권자의 승계인에게는 승계집행문은 필요하지 않다는 입장이 있을 수도 있다.

3) 집행기간

제292조(집행개시의 요건) ② 가압류에 대한 재판의 집행은 채권자에게 재판을 고지한 날부터 2주일을 넘긴 때에는 하지 못한다.

보전처분의 집행력은 채권자에게 **재판을 고지한 날로부터 2주** 안에 집행에 20-46
착수하지 않으면 소멸된다(292조 2항, 301조). 보전처분은 발령 당시의 사정만을 고려하여 임시적·잠정적으로 집행하게 하는 것인데, 발령이 있은 뒤 상당한 기간이 경과하면 발령시의 사정이 변동되는 경우도 있고, 그럼에도 불구하고 언제까지라도 집행할 수 있도록 하는 것은 채무자에게 예상 밖의 손해를 줄 우려도 있고, 즉시 보전집행을 하지 않는 채권자를 보호할 필요는 없으므로 위와 같이 채권자에게 재판을 고지한 날로부터 2주를 넘긴 때에는 집행을 하지 못하도록 한 것이다. 이 기간 내에 집행의 착수가 있으면 되고, 집행의 종료까지 요구되지 않는다.

해권고결정 정본에 집행문을 받아야 집행할 수 있고, 위 법 292조 2항, 301조가 정하는 집행기간의 제한을 받지 않는다(대법원 2022. 9. 29.자 2022마5873 결정).

◈ 정기금의 지급을 명하는 가처분이 발령된 경우의 집행기간의 기산점 ◈ 甲은 乙회사에 대하여 임금채권을 가지고 있는데, 이를 보전하기 위하여 乙회사를 채무자로 하여 가처분명령을 신청한바, 乙회사는 甲에게 2014년 3월부터 2015년 2월까지 매월 말에 300만 원을 임시로 지급하라는 정기금의 지급을 명하는 가처분이 발령되었다. 그래서 甲은 위 가처분명령에 기하여 2014. 6. 30.을 지급기한으로 한 정기금을 청구채권으로 그 지급기한으로부터 2주가 지난 같은 해 7. 31.에 乙회사가 丙은행에 대하여 가지고 있는 예금채권에 대하여 압류명령을 신청하였다. 여기서 정기금의 지급을 명하는 가처분이 발령된 경우의 집행기간의 기산점이 문제되는데, 송달일(가처분명령의 내용으로부터 발령 뒤의 최초의 지급기한은 2014. 3. 31.이므로 그 이전에 가처분명령정본이 채무자 丙은행에게 고지(송달)되었으리라 보인다)보다 뒤에 지급기한이 도래하는 것에 대하여는 고지(송달)된 날부터가 아니고, 해당 정기금의 지급기한(매 이행기)으로부터 집행기간을 기산하여야 한다.[34] 사안에서 실제 지급기한을 2014. 6. 30.로 한 정기금을 청구채권으로 하고 있으므로 이 지급기한으로부터 2주 이상 경과한 같은 해 7. 31.에 한 압류명령의 신청은 각하를 면할 수 없다. 매 이행기(지급기한)으로부터 2주 이내에 집행에 착수하여야 한다. 가령 법원으로부터 보정 등의 촉구가 있는 경우라면, 청구채권목록을 같은 해 7. 31. 지급기한의 정기금으로 정정하여 압류명령의 신청을 유지하는 방법을 고려할 수 있다.

그런데 집행기간이 지난 경우의 집행의 착수는 어떻게 되는가. 집행기간이 지났는지 여부는 집행기관이 직권으로 조사하고, 만약 지난 경우에는 집행신청을 각하한다. 집행기간이 지나면, 그 보전처분은 **집행력을 잃으므로** 채권자는 새로운 보전처분을 신청하여 다시 보전명령을 받아야 집행을 할 수 있다. 그렇지 않고 그대로 집행을 하면, 위법한 집행으로서 채무자는 집행에 관한 이의신청으로(16조) 구제받을 수 있다. 한편 집행기간이 지났더라도 **보전처분 자체의 효력은 상실되는 것이 아니므로** 채무자는 사정변경을 이유로 보진처분의 취소를 신청할 수 있다(288조).

4) 보전명령 송달 전의 보전집행

제292조(집행개시의 요건) ② 가압류에 대한 재판의 집행은 채권자에게 재판을 고지한 날부터 2주일을 넘긴 때에는 하지 못한다. ③ 제2항의 집행은 채무자에게 재판을 송달하기 전에도 할 수 있다.

34) 김연, 309면; 김일룡, 641면.

보전명령의 채무자에게의 송달은 필요하지만, 채무자에게 보전명령이 송달되기 전이라도 집행할 수 있다(292조 3항, 301조). 보전집행의 밀행성 · 긴밀성과 관련, 채무자에게 강제집행을 면탈할 기회를 주지 않기 위함이라는 것을 이미 설명한 바 있다(☞20-32). 즉, 집행을 위하여 채무자에게 송달이 필요한 것은 아니나, 이는 보전명령의 송달이 전혀 필요하지 않다는 것은 아니고, 송달되기 전이라도 집행할 수 있다는 것이다. 예외적으로 승계집행문의 부여가 필요한 경우에도 마찬가지이다. 통상적으로 실무상 가압류와 다툼의 대상에 관한 가처분은 집행에 착수하기 전에는 아직 채무자에게 보전명령을 송달하지 않는다고 한다. 20-47

(4) 보전집행의 취소

보전집행의 취소는 이미 실시한 보전집행의 전부 또는 일부의 효력을 상실시키는 집행기관의 행위이다. 집행취소는 채권자, 채무자, 제3자의 신청에 의하거나 집행법원이 직권으로 한다(☞21-98 이하). 만족적 가처분의 경우는 별도로 하고, 집행이 완료된 후도 본집행으로 이전(이행)하기 사이에는 그 집행에 의하여 형성된 보전상태가 계속하여 채무자를 구속하므로 이를 넓은 의미의 집행상태로 보아 집행의 취소를 구할 수 있다고 할 것이다. 20-48

제 2 장

가 압 류

Ⅰ. 의 의

◈ **구체적 예** ◈ 금융기관 甲으로부터 乙이 돈을 빌렸는데, 채무자 乙의 자금상황이 원활하지 않은 듯하다. 변제기한이 되었어도 乙은 변제를 못하고 있고, 또 다른 다액의 채무도 있는 듯하다. 그리하여 甲으로서는 대여금반환청구의 소라는 소송수단(본안소송)을 취하려고 한다. 그러나 소송을 진행하여 판결을 얻기까지는 상당히 시간이 걸린다. 게다가 승소판결을 받더라도 강제집행 단계에서는 乙의 재산은 흩어지거나 은닉될 지도 모른다. 부동산 등 눈에 띄는 재산은 이미 팔아버려 다른 채권자 등에게 넘어갈 지도 모른다. 乙의 상황에 비추어 충분히 있을 수 있는 사태이다. 그렇다면 甲은 집행권원을 얻어 강제집행을 하더라도 실제로는 헛수고가 될 우려가 있다. 금전채권의 회수가 그리 간단치 않게 된다. 그렇다면 甲으로서는 구체적으로 어떻게 하면 좋겠는가. 예를 들어 채무자 乙의 재산 중에 금전적 가치가 있는 부동산을 노려 가압류를 거는 방법을 생각할 수 있다. 부동산가압류의 신청(명령취득→보전집행→가압류등기)을 하여 두는 것이다. 그렇게 하면, 乙은 목적부동산의 처분이 금지되고, 이를 위반하여 이루어진 제3자에게의 양도나 담보권이나 이용권의 설정 등과 같은 乙의 처분은 가압류채권자 甲에게는 대항할 수 없게 된다. 이러한 처분제한효력이 가압류의 장점이고, 이를 통하여 채무자 乙의 재산의 유지, 이탈의 방지가 확실히 도모되게 된다. 우선, 甲은 가압류명령을 취득하여 그 집행을 하여 두고, 소송을 통하여 승소확정판결을 취득하여 이를 집행권원으로 하여 본래의 목적인 본집행(본압류 및 강제집행) 신청을 하는 단계를 밟으면 된다. 가압류의 처분제한효력은 본집행에 그대로 이어진다. 따라서 가령 제3자의 권리취득이 있더라도 이를 부동산경매절차의 효과 내지는 결과로서 확실히 실효시킬 수 있게 된다. 그리하여 채권자 甲은 자기의 금전채권에 대하여 그 집행보전의 목적을 이룰 수 있게 된다.

가압류(Arrest)는 채권자가 채무자에 대하여 **금전채권(금전의 지급을 목적으로 하는 채권)이나 금전으로 환산할 수 있는 채권**을 가지고 채무자의 현재의 재산상태가 변경되는 것에 의하여 장래 강제집행을 할 수 없거나 매우 곤란할 염려가 있을 경우에 채무자의 책임재산 가운데 적당한 것을 잠정적으로 압류시켜(일반재산을 동결시켜) 채무자로부터 그 재산에 대한 처분권을 잠정적으로 빼앗는 절차이다(276조). 21-1

금전채권이나 금전으로 환산할 수 있는 채권에 대한 보전수단이라는 점에서 다툼의 대상에 대한 청구권 보전을 위해 그 현상변경을 금지하는 가처분과 구별되며, 단순히 재산을 동결하는 데 그친다는 점에서 금전을 직접 추심할 수 있는 권능을 주는 단행(斷行)가처분(만족적 가처분)과도 구별된다.

부동산, 유체동산, 채권, 그 밖의 재산권 모두 가압류의 대상인데, 목적물이 되는 재산의 종류에 따라 실무상 부동산가압류, 선박 · 항공기 · 자동차 · 건설기계가압류, 유체동산가압류, 채권가압류, 그 밖의 재산권에 대한 가압류로 구분하고 있고, 목적물에 따라 그 집행절차도 다르다(293조 이하 참조).

가압류(또는 가처분)는 가집행과 다르다. 가압류는 집행보전에 그치나, 가집행은 압류 → 현금화 → 만족에 이르는 종국적인 집행이다. 다만, 가집행은 본집행과 달라서 확정적이 아니며, 상급심에서 가집행선고 있는 판결이 취소 · 변경되는 것을 해제조건으로 집행의 효력이 발생할 뿐이다.

〈2021년 가압류 목적물별 처리상황〉

	접수	처리				평균 처리일수
		합계	인용	기각	기타	
동산	1,244	1,243	625	207	411	21.1
부동산	106,328	106,541	93,369	4,852	8,320	8.0
선박	1,142	1,143	1,029	31	83	6.1
항공기 · 건설기계	589	586	549	17	20	6.2
자동차	11,377	11,392	10,358	366	668	6.5
채권	52,456	52,748	39,637	2,951	10,160	13.9
그 밖의 재산권	5,559	5,576	4,215	345	1,016	14.4

Ⅱ. 가압류신청의 요건(= 발령요건)

21-2 가압류신청은 피보전권리(보전되어야 할 권리 또는 권리관계)와 보전의 필요성이라는 두 가지 요건이 충분히 주장되고 소명되어야 그 이유가 있게 된다(279조 2항). 어느 한 가지라도 충족하지 못하면 가압류신청은 받아들여지지 않는다.[1)]

◈ 채권의 일부를 피보전권리로 한 가압류 신청/피보전권리 금액을 초과한 가압류 신청 ◈ 1억 원의 공사대금채권을 가지고 있는데, 그 지급이 없으므로 위 공사대금 가운데 5,000만 원을 피보전권리로 하여 채무자 소유의 시가 8,000만 원의 A토지에 대한 가압류신청을 하였다. 채권의 일부를 피보전권리로 한 가압류신청은 허용되는가. 피보전권리 금액을 초과한 A토지에 대한 가압류신청은 허용되는가. 가압류목적물에 채권총액에 맞는 가치가 없다든지 담보액이 고액이 되는 것을 피할 필요가 있는 등의 이유에서 채권액의 일부를 청구채권으로 하여 가압류를 신청하는 경우도 없지 않다. 이 경우에 청구채권 특정의 필요에서 1개의 채권 가운데 원금, 이자, 지연손해금 등의 어느 부분을 어느 정도 피보전권리로 하는가를 특정할 필요가 있다. 한편, 강제집행에 의하여 그 채권액에 상당한 금전을 취득하면 충분하므로 그 범위를 초과하는 불이익 내지는 고통을 채무자에게 주는 것은 불필요한 것이다. 따라서 필요한 한도를 초과하는 강제집행을 금지한다(초과집행 내지는 초과압류의 금지 원칙). 가압류에서도 초과가압류의 금지 원칙이 적용되게 된다. 한편, 위 사안의 A토지는 1필의 토지로 볼 수 있는데, 그 가운데 피보전권리, 즉 청구채권액인 5,000만 원 상당 부분에 대하여 가압류(1필 토지의 일부의 가압류)를 할 수 있다면, 앞에서 언급한 초과가압류 문제는 생기지 않게 된다. 가압류명령의 집행은 등기에 의하여 이루어지는데, 등기실무상 1필 토지의 일부에 대한 가압류등기는 할 수 없으므로 문제이다. 따라서 A토지 전부를 대상으로 가압류를 하여야 하는데, 이는 초과가압류 금지 원칙과 관련된다. 다만, A토지 이외에 채무자의 자산상황, 부채상황, 채권자의 청구의 방식 및 이에 대한 채무자의 대응 등으로부터 초과가압류의 가부의 문제도 가압류의 보전의 필요성 판단의 하나로 생각하여야 한다. 초과가압류를 일률적으로 금지한다면, 다른 책임재산이 될 것이 없음에도 채무자가 해당 부동산을 매각한 뒤, 그 가액을 소비한 경우에는 채권자는 강제집행에 의한 채권 실현의 기회를 잃게 된다. 사안과 같이 A토지의 가액이 피보전권리인 청구채권액의 2배에도 미치지 못하는 경우는 A토지의 가액이 청구채권액을 웃도는 점만으로 보전의 필요성이 부정되는 것은 아니고, A토지에 대한 가압류신청은 인정될 수 있다고 생각한다.

---

1) 위 두 요건은 서로 별개의 독립된 요건이기 때문에 그 심리에 있어서도 상호 관계없이 독립적으로 심리되어야 한다(대법원 2005. 8. 19.자 2003마482 결정).

1. 피보전권리

제276조(가압류의 목적) ① 가압류는 금전채권이나 금전으로 환산할 수 있는 채권에 대하여 동산 또는 부동산에 대한 강제집행을 보전하기 위하여 할 수 있다. ② 제1항의 채권이 조건이 붙어 있는 것이거나 기한이 차지 아니한 것인 경우에도 가압류를 할 수 있다.

가압류는 금전채권이나 금전으로 환산할 수 있는 채권을 가지고 동산 또는 부동산에 대한 강제집행을 보전하기 위하여 할 수 있다(276조 1항). 금전채권이면 채권이 조건이 붙어 있는 것이거나 기한이 차지 아니한 것인 경우에도 할 수 있다(동조 2항). 현재 그 권리의 특정이 가능하고 가까운 장래에 발생할 것임이 상당 정도 기대되는 장래의 청구권(künftige Ansprüche)도 이에 준하여 가압류를 할 수 있다.[2] 가령 보증인의 주채무자에 대한 구상권도 피보전권리가 된다. 한편, 가압류는 금전채권의 강제집행을 보전하기 위한 제도이므로 재산상의 청구권이 아닌 권리는 피보전권리로 할 수 없다. 따라서 금전으로 평가할 수 없는 청구권은 피보전권리로 할 수 없다. 한편, 「가사소송법」은 가사소송사건 또는 마류 가사비송사건을 본안사건으로 하여 가압류를 할 수 있고, 이 경우에 민사집행법의 규정을 준용하도록 하고 있으므로(가사소송법 63조 1항) 가령 이혼 시의 위자료, 재산분할청구권 등을 피보전권리로 하여 가압류를 할 수 있다. 21-3

실무상 가압류의 청구금액은 이를 일정액으로 특정하는 것이 관행이다. 가령 가압류채권자가 주된 채권 외에 부대채권으로서 이자채권 또는 지연손해금 채권을 주장할 경우에 가압류신청 당시까지 발생한 액수로 제한하여 청구채권을 특정하는데, 만약 장래 발생할 이자 또는 지연손해금 채권을 주장하여 청구금액을 'OOO원 및 이에 대한 OO. OO. OO.부터 다 갚는 날까지 연 OO%의 비율에 의한 지연손해금'과 같이 주된 채권과 아울러 시기와 이율을 정한 부대채권을 청구채권으로 할 수 있다(다만, 가령 이러한 가압류가 발령되더라도 부대채권은 부동산등기부에 공시되지 않는다).[3]

2) 대법원 1982. 10. 26. 선고 82다카508 판결; 대법원 2009. 6. 11. 선고 2008다7109 판결. 해당 채권이 성립하기 위한 기초가 이미 존재하고, 법 287조에 의한 본안의 제소명령을 받은 때에는 즉시 이에 대응하여 본안의 소를 제기할 수 있어야 한다(MüKoZPO/Drescher ZPO §916 Rn. 10).

3) 가압류의 처분금지의 효력이 미치는 객관적 범위는 가압류결정에 표시된 청구금액에 한정되므로 가압류의 청구금액으로 채권의 원금만이 기재되어 있다면 가압류채권자가 가압류채무자에 대하여 원금채권 외에 그에 부대하는 이자 또는 지연손해금 채권을 가지고 있다고 하더라도 가압류의 청구금액을 넘어서는 부분에 대하여는 가압류채권자가 처분금지의 효력을 주장할 수 없다(대법원 2006. 11. 24. 선고 2006다35223 판결).

청구채권이 일정한 금액이 아닌 때에는 금전채권으로 환산한 금액을 적는다(279조 1항 1호). 비금전채권이라도 금전으로 환산할 수 있는 채권, 즉 특정물의 이행, 그 밖의 재산상의 청구권이 채무불이행이나 계약해제 등에 의하여 손해배상채권으로 변하거나 강제집행 불능 시의 대상청구권과 같이 금전채권으로 바뀔 수 있는 채권도 피보전권리가 되는데, 금전채권으로 환산한 금액을 청구금액으로 적는다.

피보전권리는 통상의 강제집행을 할 수 있는 것이어야 한다. 특수한 절차에 의하여 집행되는 청구권(가령 국세징수절차에 의하는 조세채권, 그 밖의 공법상의 청구권), 통상은 강제집행을 할 수 있으나, 특별한 사유로 인하여 집행할 수 없는 청구권(가령 부집행특약이 있는 채권, 파산에 의하여 면책된 채권, 자연채무)등은 가압류의 피보전권리가 될 수 없다.

피보전권리는 경우에 따라 여러 개일 수 있으며, 신청서에 피보전권리를 예비적 · 선택적으로 적어도 된다.

피보전권리와 본안의 소송물인 권리는 엄격히 일치함을 요하지 않으며, 또한 가압류명령은 해당 명령에 표시된 피보전권리와 다른 권리에 대하여도 그것이 위 피보전권리와 청구의 기초의 동일성이 인정되는 한, 그 실현을 보전하는 효력을 가진다.[4)]

2. 보전의 필요성

제277조(보전의 필요) 가압류는 이를 하지 아니하면 판결을 집행할 수 없거나 판결을 집행하는 것이 매우 곤란할 염려가 있을 경우에 할 수 있다.

21-4 가압류명령을 하기 위해서는 보전처분의 이유가 될 사실(보전의 필요성)이 필요하다(277조). 즉, 보전의 필요성은 가압류를 하지 아니하면 판결, 그 밖의 집행권원을 집행할 수 없거나 집행이 매우 곤란할 염려가 있을 경우에 인정된다. 가령 책임재산의 낭비, 훼손, 포기, 은닉, 염가매매 또는 채무자의 도망, 주거부정, 빈번한 주거 이전 등을 들 수 있다(단지 정당한 이유 없이 변제를 거부한다는 것만으로는 필요성을

4) 가압류결정의 피보전권리와 본안의 소송물인 권리는 엄격하게 일치될 필요는 없으며, 청구의 기초의 동일성이 인정되는 한 그 가압류의 효력은 본안소송의 권리에 미친다. 가압류의 신청은 긴급한 필요에 따른 것으로서 피보전권리의 법률적 구성과 증거관계를 충분하게 검토 · 확정할 만한 시간적 여유가 없이 이루어지는 사정에 비추어 보면, 당사자가 권리 없음이 명백한 피보전권리를 내세워 가압류를 신청한 것이라는 등의 특별한 사정이 없는 한, 청구의 기초에 변경이 없는 범위 내에서는 가압류의 이의절차에서도 신청이유의 피보전권리를 변경할 수 있다고 보아야 한다(대법원 2009. 3. 13.자 2008마1984 결정[공보불게재]).

추인할 수 없을 것이다). 이러한 사유는 채무자에게 있어야 하고, 보증인 또는 연대채무자에게 있는 것만으로는 보전의 사유가 되지 못한다.[5] 그리고 이러한 사유가 생긴 것은 제3자의 행위, 불가항력, 채무자의 고의·과실을 불문한다.

앞의 피보전권리와 여기의 보전의 필요성은 서로 별개의 독립된 요건이기 때문에 그 심리에 있어서도 서로 관계없이 독립적으로 심리되지 않으면 안 된다는 것은 이미 설명한 바 있다.[6]

채권자가 피보전권리에 관하여 이미 확정판결이나 그 밖의 집행권원(조정, 화해 등의 조서 또는 집행증서)을 가지고 있는 경우에는 즉시 강제집행을 신청하는 것에 의하여 집행에 착수하는 것이 통상적이므로 원칙적으로 보전의 필요성이 인정되지 않아 가압류신청을 허용할 수 없다고 할 것이다.[7] 다만 이미 집행권원이 존재하는 경우라도 집행권원에 기한 강제집행에 조건이 붙어 있는 경우나 집행개시에 기한의 도래가 걸려 있는 경우 등은 채권자가 즉시 강제집행을 착수할 수 없으므로 그 착수하기까지 사이에 채무자가 자기의 재산을 은닉하거나 처분하는 등 강제집행이 불능 또는 곤란하게 될 우려가 있는 것과 같은 특별한 사정이 있다면 보전의 필요성이 있다고 풀이할 것이다.

◈ 선행하는 가압류명령과 동일한 피보전권리에 기한 별개의 목적물에 대한 가압류 신청 ◈ 이미 채무자가 소유하는 X토지에 대하여 가압류명령이 있은 이상, 다른 목적물에 대하여 추가하여 가압류를 신청하는 것은 보전의 필요성이 없다고 보인다. 그러나 한편, X토지에 대한 가압류명령이 있더라도 그 토지의 현금화 가능액이나 다른 권리자의 존재의 유무 등에 따라 피보전권리인 금전채권의 전액에 만족할 만한 금액이 아닐 수 있다. 그렇다면 다시 별개의 목적물에 대하여 가압류를 신청할 필요성이 있다고 생각한다. 결국 사안에 따라 검토하여야 한다.

◈ 별개의 목적물에 대한 후행 가압류의 가부 ◈ 甲은 乙의 연대보증하에 丙에게 1억 원을 빌려주었으나, 변제되지 않으므로 乙을 채무자, 위 연대보증채무이행청구권을 피보전권리로 하여 乙 소유의 A토지에 가압류를 신청하여 이에 기한 가압류명령이 있었고, 법원의 촉탁에 의하여 가압류등기가 이루어졌다. 그런데 甲은 일부가

5) 관련하여, 가령 주채무자가 있음에도 불구하고 연대보증인에게만 가압류신청을 한 경우에는 신청과 관련된 가압류를 하여 두지 않으면 장래의 집행 시에 보증채무의 집행은 물론 주채무의 집행도 곤란하게 될 것이 예상되는지 여부의 점에 대하여도 따져 볼 필요가 있을 것이다.

6) 대법원 2005. 8. 19.자 2003마482 결정.

7) 대법원 2005. 5. 26. 선고 2005다7672 판결[공보불게재].

보전되지 않았으므로 완전한 변제를 받지 못할 수 있다고 위 가압류명령과 동일한 청구권을 피보전채권으로 하여 다시 乙 소유의 B토지에 대하여 가압류를 신청을 하였다. 이 신청은 인정되는가. 위와 같이 동일한 피보전채권에 대하여 다른 목적물에 대하여 가압류를 신청하는 것은 선행 가압류명령과 동일한 피보전채권 및 동일한 보전의 필요성에 대하여 심리를 구하는 것이 되어 일사부재리의 원칙에 반하여 권리보호의 요건을 결하는 것이 아닌가 하는 것이 쟁점이다. 결론적으로 甲은 B토지에 대하여도 다시 가압류를 하지 않으면, (가령 A토지에 대한 선행 가압류명령이 있은 뒤, 본집행 사이에 A토지의 가격이 하락한 경우 등과 같이) 피보전채권의 완전한 변제를 받을 수 없는 우려가 있은 때 또는 그 강제집행에 현저한 곤란이 생길 우려가 있는 때에는 위 피보전채권과 동일한 채권을 피보전채권으로 하여 A토지뿐만 아니라, B토지에 대하여도 가압류신청을 할 수 있다고 할 것이다.

◈ 이미 집행권원이 존재하는 경우에 보전의 필요성 ◈ 甲은 乙에게 대여금 1억원의 반환을 구하여 소를 제기하여 그 승소판결을 받았고, 나아가 乙 소유의 토지·건물에 대하여 판결 주문의 가집행선고에 기하여 강제집행을 신청하였다. 강제집행개시결정이 있었으나, 그 뒤, 무잉여를 이유로 위 강제집행개시결정은 취소되었다. 그래서 甲은 위 판결의 확정 뒤, 위 무잉여 취소에 의하여 보전의 필요성이 생겼다고 주장하여 乙을 채무자, 위 판결의 주문에 표시된 채권을 피보전권리로 하여 乙 소유의 위 토지·건물에 대한 가압류명령의 신청을 하였는데, 이 신청은 인정될 것인가. 채권자 甲이 위 확정판결을 집행권원으로 하여 다시 강제집행의 신청을 하여 강제집행개시결정이 있더라도 이 결정이 무잉여를 이유로 하여 다시 취소될 개연성이 상당한 것과 같은 사정이 인정되는 경우에는 이러한 사정을 분명히 하는 것에 의하여 甲으로서는 (이미 집행권원이 존재하는 경우라도) 보전처분을 이용할 필요성이 존재한다고 할 것이다. 가압류의 다른 요건이 충족되는 한, 甲의 가압류명령의 신청은 인정될 경우가 있을 것이다. 가령 甲이 위 부동산 가격이 오를 것을 기다리기 위해 본인의 의사로 강제집행을 하지 않고 있어서 현재로서는 보전의 필요성이 있다고 주장하는 경우, 위와 같은 상황은 특별한 사정이 있는 경우로 甲의 보전의 필요성을 즉시 부정할 것은 아니라고 생각한다.

Ⅲ. 가압류의 신청

1. 관 할

(1) 가압류할 물건이 있는 곳을 관할하는 지방법원이나 본안의 관할법원

제278조(가압류법원) 가압류는 가압류할 물건이 있는 곳을 관할하는 지방법원이나 본안의 관할법원이 관할한다.

토지관할은 보전처분의 종류에 따라 다른데, 가압류의 경우에는 가압류할 물건이 있는 곳을 관할하는 지방법원이나 본안의 관할법원이 관할한다(278조). 이들 관할은 **전속관할**인데(21조) 병렬적으로, 그 가운데 채권자가 임의로 **선택**할 수 있다. 21-5

위 법 278조 전문의 '가압류할 물건'이 **동산**이나 **부동산**인 경우에는 그 동산이나 부동산이 있는 곳의 법원이 관할법원이 되고, **채권**인 경우에는 제3채무자의 보통재판적이 있는 법원이 관할법원이 된다. 후문의 '본안'이라 함은 가압류에 의하여 직접 보전될 권리 또는 법률관계의 존부를 확정하는 민사재판절차를 말한다(☞ 20-23에서 이미 설명함). 통상의 소송절차 외에 독촉절차, 제소전 화해절차, 조정절차, 중재판정절차 등도 여기에 포함된다고 본다. 본안이 제1심법원에 계속 중이면 그 제1심법원이, 본안이 제2심에 계속 중인 경우에는 항소심법원이 본안의 관할법원이 된다(311조). 한편 본안이 계속되기 전이면 장차 본안소송이 제기되었을 때 이를 관할할 수 있는 법원이 본안의 관할법원이 된다. 그런데 이 경우에 보통재판적 이외에 1곳 또는 여러 곳의 특별재판적이 인정되는 경우에는 여러 개의 관할법원이 존재하게 된다. 그렇더라도 본안으로 소를 제기할 예정이 없는 법원에 편의적으로 가압류의 신청을 하는 것은 문제가 있다.

한편 **사물관할**은 피보전권리의 가액에 의하여 결정된다(☞20-24에서 이미 설명함). 토지관할과 달리, **전속관할이 아니다**.

(2) 시·군법원의 특례

제22조(시·군법원의 관할에 대한 특례) 다음 사건은 시·군법원이 있는 곳을 관할하는 지방법원 또는 지방법원지원이 관할한다. … 4. 소액사건심판법의 적용대상이 아닌 사건을 본안으로 하는 보전처분

시·군법원은 본안사건이 시·군법원의 관할에 속하는 가압류에 대해서 관할권을 가지나, 「소액사건심판법」의 적용대상인 사건에 한하고, 「소액사건심판법」의 적용대상이 아닌 사건을 본안으로 하는 가압류는 시·군법원이 있는 곳을 관할하는 지방법원 또는 지방법원 지원이 관할한다(22조 4호). 21-6

(3) 재판장의 긴급처분권에 따른 관할

제312조(재판장의 권한) 급박한 경우에 재판장은 이 편의 신청에 대한 재판을 할 수 있다.

21-7 법원의 사정으로 인하여 합의부 법관 전원의 합의를 신속히 얻을 수 없는 때에는 그 재판이 급박히 요구되고 그 심리에 변론을 요하지 아니하는 것에 한하여 재판장이 단독으로 그 신청에 대한 재판을 할 수 있다(312조). 급박한 경우는 합의신청사건일 경우에 재판부가 1개밖에 없는데 법관 중 일부가 출장 중이거나 제척되는 등으로 재판부 구성을 할 수 없는 경우 등 법원의 합의가 조속히 이루어질 수 없는 사정이 있는 때를 말하고 법원에 아무런 사정도 없는 때에는 단순히 급속을 요한다는 이유만으로 재판장 단독으로 재판할 수 있는 것은 아니다. 재판장이 행하는 가압류는 법원이 하는 가압류와 마찬가지의 효과가 있고, 따라서 법원이 하는 가압류에 대한 것과 마찬가지의 불복신청이 허용된다.

2. 신청서의 기재사항

제279조(가압류신청) ① 가압류신청에는 다음 각호의 사항을 적어야 한다. 1. 청구채권의 표시, 그 청구채권이 일정한 금액이 아닌 때에는 금전으로 환산한 금액 2. 제277조의 규정에 따라 가압류의 이유가 될 사실의 표시 ② 청구채권과 가압류의 이유는 소명하여야 한다.

민사집행규칙 제203조(신청의 방식) ① 다음 각호의 신청은 서면으로 하여야 한다. 1. 보전처분의 신청 ... ② 제1항의 신청서에는 신청의 취지와 이유 및 사실상의 주장을 소명하기 위한 증거 방법을 적어야 한다.

21-8 보전처분은 채권자의 신청에 의하여 개시된다는 것은 이미 설명하였다. 가압류신청은 신청의 취지와 이유 및 사실상의 주장을 소명하기 위한 증거방법을 적어 서면으로 하여야 한다(279조, 민사집행규칙 203조. 전산정보처리시스템을 이용하여 전자문서로도 제출 가능). 그 밖에 신청서에 적어야 할 사항에 관하여는 소장 또는 준비서면에 관한 민사소송법 249조, 274조가 준용된다(23조 1항).

(1) 당사자와 대리인

21-9 신청서에 당사자인 채권자, 채무자 및 대리인 등을 적어야 한다(민사소송법 274조 1항, 민사소송규칙 2조, 민사집행규칙 18조). 당사자에게 당사자능력과 소송능력이 필요하다(☞20-25). 신청이 사망자를 상대로 한 것이면 사망자 명의의 그 가압류결정은 무효라 할 것이다.[8] 한편, 당사자가 무능력자인 경우에는 그 법정대리인을, 법인

8) 대법원 1982. 10. 26. 선고 82다카884 판결. 나아가 그 효력이 상속인에게 미친다고 할 수는

인 경우에는 그 대표자를 적어야 한다.9)

한편 채권양도 후 대항요건이 구비되기 전의 채권양도인은 채무자에 대한 관계에서는 여전히 채권자의 지위에 있다.10)

(2) 신청의 취지

소장에서의 청구의 취지에 상응하는 것으로서, 신청에 의하여 구하고자 하는 보 21-10
전처분의 내용을 말하며, 권리를 보전하기 위하여 필요한 보전처분의 종류와 형태를 적는다. 이것이 법원을 구속하는 것은 아니지만, 일단 당사자의 신청목적과 한도를 나타내는 기준이 되므로 분명하게 적어야 한다. 그리고 병합 또는 변경의 요건만 갖추면 처음부터 신청의 취지를 주관적·객관적으로 병합하여 신청할 수 있고(가령, 수개의 관련 대여금 청구는 일괄신청도 상관 없다. 한편, 단순병합 외에 청구채권의 특정의 필요성 등과 가장 확실한 하나의 채권을 피보전권리로 내세우면 충분한 경우가 많으므로 예비적·선택적 병합은 필요하지 않다고 생각한다), 일단 신청한 뒤에 이를 변경할 수 있다(☞20-22).

(3) 신청의 이유

소장에서의 청구의 이유에 상응한다. 신청의 취지를 구하는 근거로서 피보전권 21-11
리의 존재와 보전의 필요성을 구체적으로 적어야 한다. 가령, 3,000만 원의 채권을 주장하더라도 3년 동안 10억 원에 이르는 거래를 하다가 최근 거래에서 3,000만 원을 받지 못하게 된 경우와 3,000만 원이 1회성 거래에서 발생한 채권의 전액인 경우는 보전의 필요성을 달리 판단할 여지가 있으므로 신청서에 구체적인 거래의 경위, 실태를 가급적 자세히 적는 것이 필요하다.

(4) 소명방법

법 279조 2항은 청구채권과 보전처분의 이유가 되는 사실의 소명을 요구하고 21-12
있으므로 신청서에 그 소명방법을 적어야 한다. 소명방법은 소명의 즉시성 때문에(민사소송법 299조) 서증 또는 즉시 조사할 수 있는 검증물 등에 한정될 수밖에 없다.

없는 것이므로 채무자표시를 상속인으로 경정할 수 없다(대법원 1991. 3. 29.자 89그9 결정). 한편, 신청 당시 채무자가 생존해 있었다면, 결정 당시는 사망했고 그 수계절차가 이루어지지 않았더라도 그 사망인을 상대로 한 보전처분이 당연무효로 되는 것은 아니다(대법원 1976. 2. 24. 선고 75다1240 판결).

9) 실무상 송달장소 이외에 송달영수인을 신고하는 사건이 많다고 한다.

10) 따라서 채무자의 3채무자에 대한 채권에 대하여 채권가압류 등의 보전조치를 할 수 있고, 채권가압류에 기하여 채권양도인이 배당절차에서 배당을 받았다면 그 배당은 유효하다(대법원 2019. 5. 16. 선고 2016다8589 판결[미간행]).

(5) 가압류신청진술서

21-13 가압류를 신청하는 경우에는 별도로 피보전권리 및 보전의 필요성 등과 관련한 가압류신청진술서를 첨부하여야 하며, 이를 첨부하지 아니하거나 고의로 진술사항을 누락하거나 허위로 진술한 내용이 발견된 경우에는 특별한 사정이 없는 한, 법원은 보정명령 없이 신청을 기각할 수 있다.[11] 이는 가압류 발령요건에 대한 심사를 용이하게 하고 남용적인 신청을 억제하기 위한 것이다.

가압류신청 진술서

채권자는 가압류신청과 관련하여 다음 사실을 진술합니다. 다음의 진술과 관련하여 고의로 누락하거나 허위로 진술한 내용이 발견된 경우에는, 그로 인하여 보정명령 없이 신청이 기각되거나 가압류이의절차에서 불이익을 받을 것임을 잘 알고 있습니다.

20 . . .

채권자(소송대리인) (날인 또는 서명)

※ 채무자가 여럿인 경우에는 각 채무자별로 따로 작성하여야 합니다.

◇ 다 음 ◇

1. 피보전권리(청구채권)와 관련하여

가. 채무자가 신청서에 기재한 청구채권을 인정하고 있습니까?

□ 예

□ 아니오 → 채무자 주장의 요지 :

□ 기타 :

나. 채무자의 의사를 언제, 어떠한 방법으로 확인하였습니까? (소명자료 첨부)

다. 채권자가 신청서에 기재한 청구금액은 본안소송에서 승소할 수 있는 금액으로 적정하게 산출된 것입니까? (과도한 가압류로 인해 채무자가 손해를 입으면 배상하여야 함)

□ 예 □ 아니오

2. 보전의 필요성과 관련하여

가. 채권자가 채무자의 재산에 대하여 가압류하지 않으면 향후 강제집행이 불가능하거나 매우 곤란해질 사유

11) 2003. 9. 22. 전국 신청담당판사회의가 개최되었고, 그 결과 '보전처분 신청사건의 사무처리요령'(대법원재판예규)을 제정하여 2003. 11. 1.부터 가압류신청진술서제도를 도입하였다(재민 2003-4 3조).

의 내용은 무엇입니까?

나. 채권자는 신청서에 기재한 청구채권과 관련하여 공정증서 또는 제소전화해조서가 있습니까?

다. 채권자는 신청서에 기재한 청구채권과 관련하여 취득한 담보가 있습니까? 있다면 이 사건 가압류를 신청한 이유는 무엇입니까?

라. [채무자가 (연대)보증인인 경우] 채권자는 주채무자에 대하여 어떠한 보전조치를 취하였습니까?

마. [다수의 부동산에 대한 가압류신청인 경우] 각 부동산의 가액은 얼마입니까? (소명자료 첨부)

<이하 생략>

(6) 그 밖의 첨부서류 등

신청서에는 당사자가 법인인 경우에 대표자의 자격을 증명하는 서면(법인등기사항증명서 등) 또는 대리인의 위임장을 첨부하여야 한다. 그리고 인지(인지액은 피보전청구액과 관계없이 10,000원)를 붙여야 하고, 그 밖에 송달료를 예납하여야 한다. 등기·등록이 필요한 가압류명령을 신청하는 경우에는 등록면허세와 지방교육세를 납부한 영수필통지서 및 영수필확인서를 첨부하고, 등기의 목적 및 부동산의 개수 등에 상응하는 등기신청수수료를 납부하여야 한다. 21-14

채 권 가 압 류 신 청 서

채 권 자　　박 재 산
　　성남시 분당구 정자동 우리 빌리지 11동 101호
　신청대리인 법무법인 OO
　　서울 서초구 서초동 708-5 OO빌딩 4층
　담당변호사 OOO

채 무 자　　주식회사 OO
　　서울 서초구 ...
　대표이사 OOO

제3채무자　　김 은 숙
　　서울 강남구 ...

청구채권(피보전권리)의 표시　　50,000,000원
　(2024. 11. 30. 대여금 1억 원 중 일부)
가압류할 채권의 표시　　별지 기재와 같습니다.

신 청 취 지

채무자의 제3채무자에 대한 별지목록 기재의 채권을 가압류한다.
제3채무자는 채무자에게 위 채권에 관한 지급을 하여서는 아니 된다.
라는 재판을 구합니다.

신 청 이 유

....

소 명 방 법

1.
2.

20 . . .
신청인

OO지방법원 귀중

3. 가압류의 목적물과 그 특정

제81조(첨부서류) ① 강제경매신청서에는 집행력 있는 정본 외에 다음 각호 가운데 어느 하나에 해당하는 서류를 붙여야 한다. 1. 채무자의 소유로 등기된 부동산에 대하여는 등기사항증명서 2. 채무자의 소유로 등기되지 아니한 부동산에 대하여는 즉시 채무자명의로 등기할 수 있다는 것을 증명할 서류. 다만, 그 부동산이 등기되지 아니한 건물인 경우에는 그 건물이 채무자의 소유임을 증명할 서류, 그 건물의 지번·구조·면적을 증명할 서류 및 그 건물에 관한 건축허가 또는 건축신고를 증명할 서류

21-15 가압류의 목적물은 채무자의 일반재산이며 동산이든, 부동산이든 상관없다. 민사집행법상 동산에는 유체동산뿐 아니라 채권, 그 밖의 재산권도 포함하며, 부동산소유권이전등기청구권도 가압류의 대상이 된다.[12] 미등기부동산도 법 81조 1항 2호(즉시 채무자 명의로 등기할 수 있다는 것을 증명할 서류, 다만, 그 부동산이 등기되지 아니한 건물인 경우에는 그 건물이 채무자의 소유임을 증명할 서류, 그 건물의 지번·구조·면적을 증명할 서류 및 그 건물에 관한 건축허가 또는 건축신고를 증명할 서류)의 요건을 갖추면 가압류신청을 할 수 있다. 한편 압류금지재산(195조, 246조)은 가압류를 할 수 없다.

12) 대법원 1978. 12. 18.자 76마381 전원합의체 결정(법 244조에서 말하는 부동산에 관한 청구권의 문리상 당연히 부동산의 인도나 권리이전의 청구권을 총칭하는 것으로 부동산소유권이전등기청구권도 이에 포함되며 그렇다면 본 집행에의 길이 열려 있는 부동산소유권이전등청구권에 대하여 가압류가 안 될 이유가 없다).

그런데 **가압류신청 단계에서 대상 재산을 특정하여야 하는지 여부**에 대한 논의가 있다. 가압류는 채무자의 일반재산을 그 목적물로 하므로 이론상으로는 가압류를 신청할 때에는 집행의 목적물을 표시할 필요가 없다(한편, 가압류할 물건 소재지 관할 지방법원에 가압류를 신청할 때에는 관할권 유무의 심사를 위하여 목적물을 표시하여야 하고, 다툼의 대상에 관한 가처분은 그 피보전권리가 특정물에 관한 이행청구권이므로 신청서에 그 목적물을 명확히 표시하여야 한다). 특히 목적물이 유체동산인 경우에 유체동산은 이동성이 있어서 실제 개별적으로 특정하는 것이 곤란하므로 목적물을 특정하지 않고, 가압류명령을 할 수 있다고 할 것이다. 다만 실무상 **유체동산** 가압류의 경우를 제외하고 대체로 신청서에 목적물까지 표시하고 있다.[13] 또한 실무상 가령 채권자가 동일한 채권을 위하여 동일한 채무자 소유의 목적물을 가압류할 때에는 대개 집행이나 실제 편의를 고려하여 부동산, 유체동산, 채권으로 구별하여 각 별개의 사건으로서 신청한다.[14]

부동산을 목적물로 하는 가압류의 집행은 등기를 하는 방법에 의하여 이루어지므로 채권자는 등기를 단위로 한 1필의 토지 내지는 1동의 건물을 가압류의 목적물로 하여야 한다. 즉, 부동산의 일부를 대상으로 가압류신청을 할 수 없다. 한편, 부동산의 공유지분에 대하여는 공유자 각자의 공유 부분이 등기의 대상이 되는 것이므로 특정한 공유 부분만을 대상으로 한 가압류를 할 수 있다.

가압류의 목적이 되는 **채권**의 특정에 있어서는 피보전채권의 특정과 마찬가지로 채권의 발생원인이나 종류·금액을 가지고 특정하는 것이 원칙이다.

가령 가압류명령의 송달 이후에 채무자의 계좌에 입금될 예금채권도 그 발생의 기초가 되는 법률관계가 존재하여 현재 그 권리의 특정이 가능하고 가까운 장래에 예금채권이 발생할 것이 상당한 정도로 기대된다고 볼 만한 예금계좌가 개설되어 있는 경우 등에는 가압류의 대상이 될 수 있다.[15]

13) 채권자는 가압류신청 시에 필요한 매수의 가압류할 부동산 또는 채권의 목록을 제출할 필요가 있다.

14) 법원실무제요[V], 122면. 유체동산에 대한 가압류 외에는 신청서에 대상인 목적물을 표시하여야 한다는 입장으로 김홍엽, 422면. 반면, 목적물을 표시하는 것에 대한 비판적 검토로 김연, "가압류와 목적물의 표시", 민사소송(2015. 4), 247면 이하 참조.

15) 장래의 예금채권에 대한 가압류를 인정하면서, 다만, 채권가압류에서 가압류될 채권에 장래 채무자의 계좌에 입금될 예금채권도 포함되느냐 여부는 가압류명령에서 정한 가압류할 채권에 그 예금채권도 포함되었는지 여부에 따라 결정되는 것이고, 이는 곧 가압류명령상의 '가압류할 채권의 표시'에 기재된 문언의 해석에 따라 결정되는 것이 원칙이라고 하면서 가압류명령의 가압류할 채권의 표시에 채무자가 각 제3채무자들에게 대하여 가지는 다음의 예금채권 중 다음에서 기재한 순서에 따라 위 청구금액에 이를 때까지의 금액이라고 기재한 것으로는 장래 입금분

◈ **예금채권의 특정** ◈ 예금은 특별한 사정이 없는 한 그 비밀이 보장되어 예금주의 채권자는 구체적으로 예금주의 예금의 종류와 금액 등을 상세히 알기 어려운 점 등에 비추어 볼 때, 가압류(또는 압류)를 신청하면서 채무자의 다른 예금채권과 구별할 수 있을 정도라면 이로써 가압류의 대상이 되는 예금채권은 특정되었다고 할 것이고, 예금주에게 하나의 예금계좌만 있을 때에는 반드시 예금의 종류와 계좌를 밝히지 않더라도 가압류의 대상이 특정된 것으로 볼 수 있으므로, 가압류결정 등에서 그 대상 예금채권으로 자유저축예금, 보통예금 등은 명시되고 기업자유예금은 명시되어 있지 않아도 기업자유예금은 자유저축예금, 보통예금 등과 함께 입출금이 자유로운 예금으로서 기본적인 성격이 유사하고, 다만 그 명칭, 예금이율, 가입대상 등에서 일부 차이가 있을 뿐이므로 기업자유예금계좌의 예금채권에 가압류 등의 효력이 미친다.[16] 한편 여러 개의 예금계좌가 있는 경우에는 보통 가압류할 채권의 표시에 다음과 같이 적는다.

가압류할 채권의 표시

금 ○○○원

다만, 채무자(　　　–　　　)가 제3채무자에 대하여 가지는 다음 예금채권 중 다음에서 기재한 순서에 따라 위 청구금액에 이를 때까지의 금액(단, 민사집행법 제291조, 제246조 제1항 제8호 및 같은 법 시행령 제7조에 의하여 가압류가 금지되는 예금을 제외한다.)

다 음

1. 압류·가압류되지 않은 예금과 압류된 예금이 있을 때에는 다음 순서에 의하여 가압류한다.
   가. 선행 압류·가압류가 되지 않은 예금
   나. 선행 압류·가압류가 된 예금

2. 여러 종류의 예금이 있는 때에는 다음 순서에 의하여 가압류한다.
   가. 보통예금, 나. 저축예금, 다. 자유저축예금, 라. 정기예금, 마. 정기적금, 바. 별단예금, 사. MMF, 아. MMDA, 자. 신탁예금, 차. 채권형예금, 카. 부금, 타. 주택청약예금, 파. 주택청약부금, 하. 주택청약저축, 거. CMA, 너. 기업자유예금, 더. 당좌예금

3. 같은 종류의 예금이 여러 계좌 있는 때에는 계좌번호가 빠른 예금부터 가압류한다.

에 대해서까지 가압류의 대상이 되었다고 볼 수 없다고 보았다(대법원 2011. 2. 10. 선고 2008다9952 판결).

16) 대법원 2007. 11. 15. 선고 2007다56425 판결[미간행].

4. 신청의 대위

채권자는 채무자를 대위하여 그의 제3채무자에 대한 채권을 행사할 수 있으므로 가압류신청도 대위하여 할 수 있다. 이때 채권자가 채무자에게 그 대위사실을 통지하면 채무자는 자기 채권을 처분하거나 행사할 수 없고, 따라서 이중의 가압류신청을 할 수 없다(민법 405조). 채권자는 자기 채권의 기한 전이라도 법원의 허가를 얻어 대위권을 행사하여 가압류신청을 할 수 있다(비송사건절차법 45조). 21-16

5. 신청의 효과

신청에는 절차법상의 효과(즉, 중복된 신청의 금지)와 실체법상의 효과(시효중단효)가 있다. 21-17

(1) 중복된 신청의 금지

민사소송법 제259조(중복된 소제기의 금지) 법원에 계속되어 있는 사건에 대하여 당사자는 다시 소를 제기하지 못한다.

가압류신청이 있으면, 소의 제기에 준하여 민사소송법 259조 중복된 소제기의 금지 규정이 준용되어 중복된 신청이 금지된다. 따라서 이미 계속되어 있는 가압류신청과 동일한 가압류신청을 한 때에는 나중의 신청은 부적법 각하된다. 그 취지는 민사소송과 마찬가지로 채무자 및 법원의 부당한 심리의 부담, 모순된 심리의 회피에 있다. 여기서 신청의 동일성은 당사자가 동일하고 나아가 피보전권리와 보전의 필요성이 동일한지 여부에 의하여 판단한다. 가령 동산가압류를 제외한 가압류에서는 가압류목적물을 특정하여 신청하므로 목적물이 다르면 중복된 신청에 해당되지 않는다고 할 것이다.[17] 21-18

(2) 시효중단효

1) 의 의

민법 제168조(소멸시효의 중단사유) 소멸시효는 다음 각호의 사유로 인하여 중단된다.
1. 청구 2. 압류 또는 가압류, 가처분

민사소송법 제265조(소제기에 따른 시효중단의 시기) 시효의 중단 또는 법률상 기간을 지킴에 필요한 재판상 청구는 소를 제기한 때 또는 제260조제2항·제262조제2항 또는 제264조제2항의 규정에 따라 서면을 법원에 제출한 때에 그 효력이 생긴다.

17) 김홍엽, 424면; 오창수, 526면, 이시윤, 596면.

21-19 실체법상의 효과로, 가압류는 **채무자에 대한 채권자의 채권**(집행채권)에 관하여 소멸시효중단의 효력이 있다(민법 168조 2호).[18] 압류할 당시 그 피압류채권이 이미 소멸하여 부존재하는 경우에도 집행채권에 대한 권리행사로 볼 수 있어 특별한 사정이 없는 한, 그 집행채권의 소멸시효는 중단된다.[19] 한편, 가압류된 **채무자의 제3채무자에 대한 채권**(피가압류채권)에 대하여는 위 시효중단사유에 준하는 확정적인 시효중단의 효력이 생긴다고 할 수 없고, 소멸시효중단사유의 하나인 **최고**로서의 효력(민법 174조)은 있게 된다.[20]

그리고 원인채권의 지급을 확보하기 위하여 어음이 수수된 당사자 사이에서 채권자가 어음채권을 피보전권리로 하여 채무자의 재산을 가압류함으로써 그 권리를 행사한 경우에는 그 원인채권의 소멸시효를 중단시키는 효력을 인정한다.[21]

그런데 채권자가 가분채권의 **일부분**을 피보전채권으로 주장하여 채무자 소유의 재산에 대하여 가압류를 한 경우에 있어서는 그 **피보전채권 부분만에 한하여** 시효중단의 효력이 있다 할 것이고 가압류에 의한 보전채권에 포함되지 아니한 나머지 채권에 대하여는 시효중단의 효력이 발생할 수 없다 할 것이다.[22] 그리고 가압류 청구금액으로 채권의 원금만이 기재되어 있다면 가압류채권자가 가압류채무자에 대하여 원본채권 외에 그에 부대하는 이자 또는 지연손해금 채권을 가지고 있다고 하더라도 청구금액에 포함되지 않은 **부대채권에 대하여는 시효중단의 효력이 발생할 수 없다.**[23]

18) 그리고 시효의 중단은 보증인에게도 효력이 있는데(민법 440조) 가압류를 보증인에게 통지하여야 중단의 효력이 발생하는 것은 아니다(대법원 2005. 10. 27. 선고 2005다35554, 35561 판결).

19) 대법원 2020. 11. 26. 선고 2020다239601 판결[미간행].

20) 대법원 2003. 5. 13. 선고 2003다16238 판결.

21) 원래 위 두 채권이 독립된 것임에도 불구하고 어음은 경제적으로 동일한 급부를 위하여 원인채권의 지급수단으로 수수된 것으로서 그 어음채권의 행사는 원인채권을 실현하기 위한 것이고 어음수수 당사자 사이에서 원인채권의 시효소멸은 어음금청구에 대하여 어음채무자가 대항할 수 있는 인적항변사유에 해당하므로, 채권자가 어음채권의 소멸시효를 중단하여 두어도 원인채권의 시효소멸로 인한 인적항변에 따라 그 권리를 실현할 수 없게 되는 불합리한 결과가 발생하게 되기 때문이다(대법원 1999. 6. 11. 선고 99다16378 판결). 반면, 원인채권에 기하여 청구를 한 것만으로는 어음채권 그 자체를 행사한 것으로 볼 수 없어 어음채권의 소멸시효를 중단시키지 못한다(위 99다16378 판결).

22) 대법원 1976. 2. 24. 선고 75다1240 판결.

23) 대법원 2024. 10. 25. 선고 2024다233212 판결.

◈ **구체적 예** ◈ 乙의 친구 丙은 2007. 3. 7. 乙의 甲에 대한 의류대금채무를 연대보증하였다. 乙은 2007. 1. 5. 甲에게 위 의류대금의 지급을 위하여 액면금 1억 원, 지급기일 2007. 3. 5. 발행지 및 지급지 서울, 지급장소 주식회사 대안은행 서초동 지점, 발행일 2007. 1. 5. 수취인 백지로 된 약속어음 1장을 발행하였다. 甲은 2010. 1. 5. 위 약속어음금채권을 피보전채권으로 하여 乙 소유의 Y 토지에 관하여 청구금액 1억 원으로 한 가압류를 신청하여 2010. 1. 7. 그 가압류등기가 마쳐졌다. 한편, 乙은 2013. 1. 11. 위 가압류에 대한 이의신청을 제기하여 법원은 2013. 3. 30. 甲의 가압류신청을 기각하고, 위 가압류를 취소하는 결정을 하였고, 위 결정은 2013. 4. 10. 확정되었다. 甲은 2013. 10. 5. 丙을 상대로 하여 위 연대보증금 1억 원 및 이에 대한 2007. 3. 6.부터 다 갚는 날까지 연 5%의 비율에 의한 지연손해금의 지급을 구하는 소를 제기하였다. 소송에서 丙은 "乙의 의류대금채무는 3년의 소멸시효기간이 지났으므로 소멸하였고, 그에 따라 丙의 보증채무도 역시 소멸하였다."라고 주장하였고, 이에 대하여 甲은 "의류대금채무는 甲이 2010. 1. 5. 乙 소유의 Y 토지에 가압류를 신청하여 2010. 1. 7. 집행됨으로써 그 시효가 중단되었다."라고 주장하였다. 丙은 이에 대하여 "甲의 가압류는 이 사건 의류대금채권의 집행을 보전하기 위한 것이 아니라, 그 지급을 위하여 발행된 어음채권의 집행을 보전하기 위한 것이므로 이 사건 의류대금채권의 시효를 중단시키는 효력이 없고, 가사 그 효력이 있다고 하더라도 甲은 수취인란을 보충하지 않은 상태에서 가압류를 신청하였으므로 역시 그 가압류는 시효중단의 효력이 없다. 또한 위 가압류는 乙의 이의신청에 의하여 취소되었으므로 시효중단의 효력이 소급적으로 소멸하였다."라고 주장하였다.[24] (2014년 변호사시험 참조)

그리고 사전구상권과 사후구상권이 동일한 권리인가, 별개의 권리인가를 둘러싸고,[25] 사전구상권을 피보전채권으로 하는 가압류는 사후구상권의 소멸시효도 중단하는 효력을 가진다고 볼 것이다.[26]

그런데 이미 사망한 사람을 피신청인으로 한 가압류신청은 부적법하고 그 신청에 따른 가압류결정이 있었더라도 그 결정은 당연무효로 그 효력이 상속인에게 미치지 않으며, 이러한 당연무효의 가압류는 위 시효중단사유인 가압류에 해당하지

24) 이에 대하여 甲은 "이 사건 소송을 제기한 직후 丙으로부터 '지금은 사정이 어려우니 조금만 기다려 주면 조금씩이라도 변제하도록 하겠으니, 소를 취하해 달라.'라는 취지의 부탁을 들은 적이 있는데, 이와 같은 丙의 태도는 소멸시효의 중단사유인 승인에 해당하거나, 시효이익을 포기하는 것에 해당하므로, 丙의 소멸시효항변은 받아들일 수 없다."라고 주장하였고, 丙이 甲에게 같은 취지의 말을 하였다는 사실은 증명된 경우에 이 소송에서 법원은 어떠한 판결을 선고하여야 하는가. 위 사안에서 2010. 1. 5. 가압류신청으로 의류대금채무의 시효가 중단되었으나, 다만 이후 가압류를 취소하는 결정이 있었으므로 그 시효중단의 효력은 소멸한다(민법 175조 참조).

25) 보증인의 주채무자에 대한 사후구상권과 사전구상권은 그 발생원인을 서로 달리하는 별개의 독립된 권리라 할 것이므로 그 소멸시효는 각각 그 권리가 발생되어 이를 행사할 수 있는 때부터 각별로 진행한다(대법원 1981. 10. 6. 선고 80다2699 판결).

26) 일본 最高裁判所 平成27(2015)·2·17 판결.

않는다.[27)]

한편 점유로 인한 부동산소유권의 시효취득에 있어 그 중단사유는 종래의 점유상태의 계속을 파괴하는 것으로 인정될 수 있는 사유이어야 하는데, 가압류에 의하여 계속이 파괴되었다고는 할 수 없으므로 이는 **시효취득의 중단사유가 될 수 없다.**[28)]

2) 효력발생시기

21-20 위와 같이 「민법」 168조 2호에서 가압류를 시효중단사유로 정하고 있지만, 가압류로 인한 시효중단의 효력이 언제 발생하는가에 대해서는 명시적으로 규정되어 있지 않다. 그리하여 중단의 효력발생시기에 대하여는 가압류명령의 신청시, 가압류집행의 신청 또는 착수시의 입장의 대립이 있다. 가압류명령의 신청이 있으면 권리행사로 볼 수 있으므로 **가압류명령의 신청시**로 보는 것이 타당하다고 생각한다.[29)] **판례**도 가압류를 시효중단사유로 규정한 이유는 가압류에 의하여 채권자가 권리를 행사하였다고 할 수 있기 때문이고, 한편 민사소송법 265조에 의하면 시효중단사유 중 하나인 '재판상의 청구'(민법 168조 1호, 170조)는 소를 제기한 때 시효중단의 효력이 발생하는데, 이는 소장 송달 등으로 채무자가 소제기 사실을 알기 전에 시효중단의 효력을 인정한 것이므로 가압류에 관해서도 '재판상의 청구'와 유사하게 가압류를 **신청한 때** 시효중단의 효력이 생긴다고 보고 있다.[30)] 그런데 만약 가압류결정 정본이 **제3채무자에게 송달될 당시 피압류채권 발생의 기초**

27) 대법원 2006. 8. 24. 선고 2004다26287, 26294 판결. 한편, 신청 당시 채무자가 생존해 있었다면, 결정 당시는 사망했고 그 수계절차가 이루어지지 않았더라도 그 사망인을 상대로 한 보전처분이 당연무효로 되는 것은 아니므로 이 결정에 의한 가압류를 시효중단사유로 본 것은 정당하다(대법원 1976. 2. 24. 선고 75다1240 판결).

28) 대법원 2019. 4. 3. 선고 2018다296878 판결.

29) 마찬가지 입장으로는 김연, 53면; 이시윤, 596면. 그런데 민법 168조 1호의 청구는 본안소송 또는 이에 준하는 기판력에 관련되는 신청을 의미하고, 동조 2호의 가압류, 가처분은 앞의 압류와 함께 규정되어 오로지 **보전집행**을 상정한 문언으로 풀이하여야 하고, **보전명령의 신청**에는 이를 인정하는 특별한 명문규정도 없는 이상, 시효중단효를 부정하여야 한다는 입장도 있을 수 있다.

30) 대법원 2017. 4. 7. 선고 2016다35451 판결도 신청시로 본다(사안은 채무자가 건설공제조합에 대하여 갖는 출자증권의 인도청구권을 가압류한 경우로, 가압류는 법원의 가압류명령을 얻기 위한 재판절차와 가압류명령의 집행절차를 포함하는데, 가압류도 재판상의 청구와 마찬가지로 법원에 신청을 함으로써 이루어지고(279조), 가압류명령에 따른 집행이나 가압류명령의 송달을 통해서 채무자에게 고지가 이루어지기 때문이다. 가압류채권자의 권리행사는 가압류를 신청한 때에 시작되므로, 이 점에서도 가압류에 의한 시효중단의 효력은 가압류신청을 한 때에 소급한다고 볼 수 있다).

가 되는 법률관계가 없어(가령 제3채무자에 대한 예금채권의 가압류의 경우에 예금계좌가 개설되어 있지 않는 등) 가압류의 대상이 되는 피압류채권이 존재하지 않는 경우에는 시효중단사유도 **종료**되어 소멸시효는 그때부터 **새로이 진행**한다.[31]

한편 **판례**는 **유체동산**에 있어서 가압류 신청 시의 시효중단의 효력은 가압류 **집행절차에 착수하지 않은 경우**에는 중단의 효력이 없고, 집행절차를 개시하였으나 가압류할 동산이 없기 때문에 집행불능이 된 경우에는 집행절차가 종료된 때로부터(시효중단의 효력은 가압류의 집행보전의 효력이 존속하는 동안은 계속된다) 시효가 새로이 진행된다고 보았다(압류의 경우에는 ☞12-13).[32] 결국 **판례**는 가압류 대상 목적물에 따라 시효중단의 효력발생시기를 달리 보는 듯하다.[33]

◈ **구체적 예** ◈ 중고차매매업을 하는 甲은 영업장 확보를 위하여 2012. 1. 6. A은행으로부터 3억 원을 연이율 7%, 변제기 1년으로 하여 차용하였고, 甲은 A은행에 집행력 있는 공정증서의 형식으로 차용증을 따로 작성해 주었다. 한편 甲은 변제기인 2013. 1. 5.까지의 이자는 모두 지급하였으나 그 이후로 아무런 변제를 못하고 있다. A은행이 2018. 11. 1. 甲을 상대로 위 대출금의 지급을 구하는 소를 제기하자, 甲은 이 소송에서 위 대출금채무의 소멸시효가 완성되었다고 주장한다. 이에 A은행은 2018. 1. 4. 위 공정증서에 기하여 甲 소유의 유체동산에 대한 가압류를 신청하여 2018. 1. 8. 그 결정을 받았으므로 시효가 중단되었다고 주장한다. 이에 甲은 다시 ① 위 가압류결정이 이미 시효가 완성된 후에 이루어졌고, 또한 ② 가압류결정에 기한 집행이 이루어지지 않았으므로, 시효가 중단되지 않았다고 주장한다. 사실 A은행은 위 가압류결정을 받은 후 甲에게 가치 있는 유체동산이 없다는 판단하에 집행절차를 밟지 않았다. 甲의 위 ①, ② 주장은 이유 있는가? (2019년 변호사시험 참조)

3) 시효중단의 효력의 종료시

시효중단사유가 종료한 때로부터 시효는 새로이 진행하는데(민법 178조 1항), 가압류명령이 있은 때에는 그 시효중단의 효력이 언제까지 계속하는가가 문제된다. 21-21

---

31) 대법원 2023. 12. 14. 선고 2022다210093 판결.

32) 대법원 2011. 5. 13. 선고 2011다10044 판결. 집행착수시설에 입각한 이 판례에 대한 비판으로는 김광년, "가압류와 시효중단의 효력발생시기", 변호사(2014), 61면 이하 참조. 그리고 세무공무원이 체납자의 재산을 압류하기 위해 수색을 하였으나 압류할 목적물이 없어 압류를 실행하지 못한 경우에도 시효중단의 효력이 있다(대법원 2001. 8. 21. 선고 2000다12419 판결).

33) 김홍엽, 425면도 가압류**집행신청시**에 중단의 효력이 발생한다고 보면서, 가압류신청에 가압류집행신청이 포함되어 있는 **부동산 및 채권** 등에 대한 가압류에서는 가압류신청시에 중단의 효력이 발생한다고 보고, 그러나 **유체동산**의 가압류의 경우에는 집행관에 가압류집행신청시에 중단의 효력이 발생한다고 본다.

가압류집행이 종료되었더라도 그 효력이 존속하는 동안 시효중단의 효력은 존속하여 계속되고,[34] 또한 본안의 승소판결이 확정되었다고 하더라도(이 경우는 재판이 확정된 때로부터 시효는 새로이 진행) 시효중단의 효력이 이에 흡수되어 소멸된다고 할 수 없다고 본다(이른바 **계속설**).[35] 그렇다면 채권자가 본안의 집행권원에 기한 강제집행을 착수하지 않은 동안 그 채권의 시효가 지난 경우라도, (한편, 가압류에 의한 시효중단의 효력이 인정되는 것에 있어서) 가압류의 시효중단의 효력에 관한 한, 본안의 확정판결 이상의 효력을 인정하는 결과가 되는데, 이는 문제라고 할 수 있다.

◈ 구체적 예 ◈ 甲은 乙에게 1억 원을 대여하였다. 甲은 乙을 채무자로 하여 乙 소유의 건물에 대하여 가압류를 신청하고, 이에 기하여 가압류가 발령됨과 함께 위 건물에 대하여 가압류의 등기가 이루어졌다. 그런데 그 뒤에 甲은 채권회수의 의욕을 상실하고, 본안소송인 대여금청구의 소를 제기하지 않은 채 11년이 경과하였다. 위 가압류명령은 그대로이고, 가압류의 등기가 남아있다고 하여 11년이 지난 뒤에 甲이 비로소 대여금반환청구의 소를 제기한 경우에 乙은 이 소송에서 소멸시효의 항변을 주장할 수 있는가. 甲의 乙에 대한 대여금반환청구권의 소멸시효의 진행은 위 가압류신청에 의하여 중단된다. 그런데 사안에서 가압류의 집행으로서 乙 소유의 건물에 대한 가압류의 등기가 이루어진 것에 의하여 시효중단의 사유가 종료되었다고 할 것인가가 문제되는데, 가압류의 효력이 존속하는 한, 가압류채권자의 권리행사는 계속하고. 따라서 甲의 乙에 대한 대여금반환청구권에 대한 소멸시효중단의 효력은 계속하게 된다(이른바 계속설). 한편, 이른바 비계속설에서는 가압류의 집행행위가 종료한 시점(가압류의 등기절차가 완료)에서 중단사유가 종료하고 그때부터 새로이 시효가 진행한다고 본다. 이러한 비계속설에 의하면 새로이 시효기간이 경과하여 채무자 乙의 시효주장은 타당하다. 이에 대하여 계속설에 의하면 시효중단의 효력은 지금도 계속하고 있으므로 채무자 乙의 시효주장은 인정되지 않는다.

4) 시효중단의 효력의 소급적 소멸

민법 제175조(압류, 가압류, 가처분과 시효중단) 압류, 가압류 및 가처분은 권리자의 청구에 의하여 또는 법률의 규정에 따르지 아니함으로 인하여 취소된 때에는 시효중단의 효력이 없다.

---

34) 대법원 2000. 4. 25. 선고 2000다11102 판결; 대법원 2013. 11. 14. 선고 2013다18622, 18639 판결.

35) 김홍엽, 425면; 이시윤, 597면. **판례**도 「민법」 168조에서 가압류와 재판상의 청구를 별도의 시효중단사유로 규정하고 있는데 비추어 보면, 가압류의 피보전채권에 관하여 본안의 승소판결이 확정되었다고 하더라도 가압류에 의한 시효중단의 효력이 이에 흡수되어 소멸된다고 할 수 없다고 본다(대법원 2000. 4. 25. 선고 2000다11102 판결).

권리자의 청구에 의하여 또는 법률의 규정에 따르지 아니함으로 인하여 가압류가 취소된 때에는 그 가압류는 시효중단의 효력이 없으므로(민법 175조) 시효중단의 효력이 소급적으로 소멸되고, 소급하여 시효가 진행한다. 여기서 권리자의 청구에 의하여 취소된 경우라 함은 채권자가 신청을 취하한 경우를 말하고, 법률의 규정에 따르지 아니함으로 인하여 취소된 때라 함은 가압류 그 자체가 법률상의 요건을 갖추지 못하여 취소되는 경우를 말한다. 이는 그러한 사유가 채권자에게 권리행사의 의사가 없음을 객관적으로 표명하는 행위이거나 또는 처음부터 적법한 권리행사가 있었다고 볼 수 없는 사유에 해당한다고 보기 때문이다.36) 따라서 법률의 규정에 따른 적법한 가압류가 있었으나, 본안의 제소명령에서 제소기간의 도과로 인하여 가압류가 취소된 경우에는(287조 3항) 이에 해당한다고 볼 수 없다.37) 시효중단의 효력이 소급적으로 소멸되는 것이 아니고, 중단된 소멸시효가 가압류가 취소된 때로부터 다시 진행한다. 21-22

◈ **구체적 예** ◈ 甲은 丙의 연대보증하에 乙에게 1억 원을 대여하였다. 그러나 지급기일에 변제하지 않은 채, 乙은 도산하였다. 그래서 甲은 丙을 채무자, 위 연대보증채무이행청구권(상사채권)을 피보전권리로 하여 丙 소유의 건물에 대하여 가압류를 신청하고, 이에 기하여 가압류가 발령됨과 함께 위 건물에 대하여 가압류의 등기가 이루어졌다. 그러나 丙이 가압류해방금을 공탁하여 위 가압류명령의 집행은 취소되었다. 甲은 이 집행의 취소로부터 5년 이상 지난 뒤, 丙에게 위 연대보증채무의 이행을 구하는 소를 제기하였다. 이에 대하여 丙은 가압류집행이 취소됨에 따라 위 가압류에 의한 시효중단효도 소멸하고, 5년이 지났으므로 위 연대보증채권의 소멸시효가 완성되었다고 주장하였다. 이 주장은 인정될 것인가. 甲의 丙에 대한 보증채무이행청구권의 소멸시효의 진행은 위 가압류의 신청에 의하여 중단된다. 그런데 사안에서 가압류집행으로서 丙 소유의 건물에 대한 가압류의 등기가 이루어진 것에 의하여 시효중단의 사유가 종료되었다고 할 것인가가 문제되는데, 가압류의 등기가 이루어졌더라도 가압류집행의 효력은 계속하고 있으므로(이른바 계속설) 가압류의 효력이 존속하는 한, 가압류채권자의 권리행사는 계속한다고 볼 것이다. 따라서 甲의 丙에 대한 보증채무이행청구권에 대한 소멸시효중단의 효력은 계속하게 된다. 한편, 해방공탁금에 의하여 가압류명령의 집행이 취소되었으므로 시효중단사유가 종료한 것이라고 볼 것인가. 이 경우에 가압류집행은 취소되었지만, 가압류의 효력은 형태를 달리하여 가압류채무자가 가지는 공탁금회수청구권 위에 미치게 된다. 그렇다면 가압류

36) 가압류의 집행 후에 행하여진 채권자의 집행취소 또는 집행해제의 신청은 실질적으로 집행신청의 취하에 해당하고, 이는 다른 특별한 사정이 없는 한 가압류 자체의 신청을 취하하는 것과 마찬가지로 그에게 권리행사의 의사가 없음을 객관적으로 표명하는 행위로서 위 법 규정에 의하여 시효중단의 효력이 소멸한다고 봄이 상당하다(대법원 2010. 10. 14. 선고 2010다53273 판결).

37) 대법원 2011. 1. 13. 선고 2010다88019 판결[미간행].

의 효력은 지속하는 것으로 보아야 하고, 소멸시효중단의 효력도 종료하는 것은 아니라고 보는 것이 타당하다. 따라서 사안에서 丙의 주장은 인정되지 않는다.

◈ 위 경우에 가압류에 의한 시효중단의 종료 ◈ 가압류는 강제집행을 보전하기 위한 것으로서 경매절차에서 부동산이 매각되면 그 부동산에 대한 집행보전의 목적을 다하여 효력을 잃고 말소되며, 가압류채권자에게는 집행법원이 그 지위에 상응하는 배당을 하고 배당액을 공탁함으로써 가압류채권자가 장차 채무자에 대하여 권리행사를 하여 집행권원을 얻었을 때 배당액을 지급받을 수 있도록 하면 충분한 것이다. 따라서 위 경우에 경매절차에서 부동산이 매각되어 가압류등기가 말소되기 전에 배당절차가 진행되어 가압류채권자에 대한 배당표가 확정되는 등의 특별한 사정이 없는 한, 채권자가 가압류집행에 의하여 권리행사를 계속하고 있다고 볼 수 있는 가압류등기가 말소된 때 가압류에 의한 시효중단이 종료되어, 그때부터 새로 소멸시효가 진행한다고 봄이 타당하다(매각대금 납부 뒤의 배당절차에서 가압류채권자의 채권에 대하여 배당이 이루어지고 배당액이 공탁되었다고 하여 가압류채권자가 그 공탁금에 대하여 채권자로서 권리행사를 계속하고 있다고 볼 수는 없으므로 그로 인하여 가압류에 의한 시효중단의 효력이 계속된다고 할 수 없다).[38)]

6. 제3채무자 진술의 신청

제237조(제3채무자의 진술의무) ① 압류채권자는 제3채무자로 하여금 압류명령을 송달받은 날부터 1주 이내에 서면으로 다음 각호의 사항을 진술하게 하도록 법원에 신청할 수 있다.

21-23 이에 대하여 금전채권에 대한 압류에서 이미 설명하였는데(☞13-21), 금전채권에 대한 가압류채권자도 제3채무자로 하여금 가압류명령을 송달받은 날부터 **1주 이내**에 서면으로 ① 채권을 인정하는지의 여부 및 인정한다면 그 한도, ② 채권에 대하여 지급할 의사가 있는지의 여부 및 의사가 있다면 그 한도, ③ 채권에 대하여 다른 사람으로부터 청구가 있는지의 여부 및 청구가 있다면 그 종류, ④ 다른 채권자에게 채권을 (가)압류 당한 사실이 있는지의 여부 및 그 사실이 있다면 그 청구의 종류를 진술하게 할 것을 법원에 신청할 수 있다(291조, 237조). 이에 따라 법원은 진술을 명하는 서면을 제3채무자에게 송달하여야 하고, 이에 의하여 진술의무를 지는 제3채무자가 진술의무를 게을리 한 때에는 법원은 제3채무자에게 위 진술사항을 **심문**할 수 있다(237조 2항, 3항). 주의할 것은 가압류채권자의 위 신청의 시기는 **가압류명령의 신청과 동시이거나 적어도 가압류명령의 송달 전**이어야 한다. 가

38) 대법원 2013. 11. 14. 선고 2013다18622, 18639 판결.

압류명령 송달 뒤의 신청은 부적법 각하된다.

◈ **구체적 예** ◈ 가령 甲이 乙의 丙에 대한 임차보증금반환청구권을 가압류하고자 하는데, 전세계약서 명의가 乙의 명의로 되어 있는지, 임차보증금액은 얼마인지 등 자세한 전세계약관계 또는 현재 乙이 빚에 시달리고 있는 상태이기 때문에 이미 다른 채권자가 전부명령까지 받은 것은 아닌지를 알 수가 없어 가압류신청을 함에 있어서 곤혹스러울 수 있다. 임대인 丙도 이와 같은 내용을 말하여 주지 않으면, 어떻게 하여야 하는가. 제3채무자는 법 237조에 따른 소정사항의 진술의무를 지는데, 가압류채권자는 제3채무자의 진술에 의하여 가압류 뒤에 취할 적절한 행위(현금화 방법으로서의 전부명령이나 추심명령과 이에 따르는 절차)을 판단하여 제3채무자에 대하여 의미 없게 될 소제기를 피할 수 있고, 또한 배당요구나 제3자이의의 소를 미리 예상할 수 있게 된다.

7. 신청의 취하

민사소송법 제266조(소의 취하) ② 소의 취하는 상대방이 본안에 관하여 준비서면을 제출하거나 변론준비기일에서 진술하거나 변론을 한 뒤에는 상대방의 동의를 받아야 효력을 가진다.

가압류신청은 취하할 수 있다. 가압류가 발령된 뒤 신청을 취하함에 있어 민사소송법 266조 2항을 준용하여 상대방의 동의를 얻어야 하는지 여부에 관한 논의가 있으나, 판결절차에서의 소취하와 달리, 상대방의 **동의를 받을 필요가 없다**고 풀이하는 입장이 일반적이다.[39] 가압류명령은 기판력이 없고, 당사자 사이의 권리관계를 최종적으로 확정하기 위한 절차가 아니고, 채권자가 신청을 자유롭게 취하하더라도 채무자에게 특별한 불이익을 주는 것은 아니기 때문이다. 다만, 상당히 극단적인 취하에 대하여는 남용적 신청으로 신의칙에 의하여 개별적으로 배제할 여지가 있다고 할 것이다. 21-24

또한 가압류가 발령된 뒤에도 가압류명령 자체가 취소되어 있지 않는 한, 그 집행 여부에 관계없이 어느 단계에서든 신청의 취하를 할 수 있다.

그리고 앞서는 가압류신청이 취하되면, 재신청도 허용된다. 여기서 민사소송법 267조 2항 재소금지는 준용되지 않는다.

39) 김홍엽, 426면; 이시윤, 598면.

Ⅳ. 신청의 심리

21-25 신청서를 심사하여 기재사항에 흠이 있거나 신청수수료의 납부가 없으면, 보정명령이 있게 된다. 채무자가 불비를 보정하지 않은 경우에는 신청(내지 신청서)이 각하될 수 있다. 신청서의 심사 뒤, 가압류 발령의 형식적 요건(목적물의 특정 등)·발령요건(피보전권리와 보전의 필요성)에 대한 심리가 이루어진다.

1. 심리의 방식

제280조(가압류명령) ① 가압류신청에 대한 재판은 변론 없이 할 수 있다.
제281조(재판의 형식) ① 가압류신청에 대한 재판은 결정으로 한다.

21-26 가압류신청에 대한 심리는 결정절차에 의하여 이루어진다(281조 1항). 그리고 신청에 대한 재판은 변론 없이 할 수 있다(280조 1항). **임의적 변론**인데, 서면심리만으로는 소명이 부족하다고 판단될 때에는 채권자심문을 통하여 필요한 자료를 수집할 수 있고, 구술변론을 열 수도 있다.

(1) 서면심리

21-27 실무례는 신청을 신속하게 심리하여 용이하게 가압류를 발령하려는 이유로 대체로 서면심리방식을 하고 있다. 서면심리는 채권자로부터 제출된 신청서나 소명자료 등을 심사하는 형식으로 행하여진다.

(2) 심문절차

21-28 가압류의 경우에 필수적 변론(심문)규정을 두고 있지 않다. 다만, 법원은 결정으로 완결할 사건에 대하여 변론을 열지 아니하는 경우에는 당사자, 이해관계인, 그 밖의 참고인을 **심문**할 수 있고(민사소송법 134조 2항),[40] 이 조항은 보전처분에도 준용되므로(23조 1항), 서면심리만으로는 소명이 부족하다고 판단될 때에는 **채권자심문**을 통하여 필요한 자료를 수집할 수 있다.[41]

---

40) 심문이란 법원이 당사자 등 사건의 관계인에게 별개로 또는 동시에, 서면 또는 말로 진술할 기회를 부여하는 비공개절차를 말한다. 심문은 당사자의 주장청취, 석명처분으로 행하므로 그 자체는 증거조사로서의 성질을 가지지 않는다. 그러나 심문결과가 심문전체의 취지로서 심증형성에 영향을 미칠 수 있다. 심문기일은 공개법정에서 열지 않아도 되므로 심문실·준비절차실 등에서도 진행할 수 있다.

41) 보전처분이 확정판결을 받기 전까지의 채권보전이라는 본래의 목적에서 일탈되어 채무자에

한편 **채무자를 심문**하는 것은 법원의 절차재량으로, 가압류의 경우라도 채무자심문을 실시하는 경우가 없는 것은 아닐 것이다.

그리고 다툼에 관련된 사실관계에 관하여 당사자의 주장을 명료하게 할 필요가 있는 때에는 법원은 석명처분을 할 수 있다고 할 것이다.[42]

2. 소명 · 증명책임

(1) 소 명

제279조(가압류신청) ② 청구채권과 가압류의 이유는 소명하여야 한다.

피보전권리의 존재나 보전의 필요성은 증명이 필요하지 않고, **소명**으로 충분 21-29
하다(279조 2항).[43] 소명은 당사자의 주장이 일응 확실하다는 심증을 법관에게 주는 것이다. 증명에 비하여 소명은 적어도 그 사실의 존재의 개연성이 부존재의 개연성보다 높지 않으면 안 된다는 우월적 개연성이 요구되는 것에 지나지 않는다. 관련하여 가압류를 신청하는 경우에는 별도로 피보전권리 및 보전의 필요성 등과 관련한 가압류신청진술서를 첨부하여야 한다는 점은 이미 설명한 바 있다.

한편 위 피보전권리의 존재나 보전의 필요성의 **소명**에 대하여 관할, 당사자능력, 대리권 등 소송요건은 민사소송에서의 원칙대로 **증명**이 필요하다. 보전처분에서

대한 압박용 또는 권리실현의 편법적 수단으로 악용 · 남용되는 점과, 한편 상대방이 보전처분을 취소하기 위해서는 이의 · 취소소송 내지는 본안소송을 거쳐야 하는데, 이러한 구제에는 시간이 많이 소요된다는 점에서 상대방으로서는 그 사이에 권리행사의 제약 등의 부담을 피할 수 없다는 점이 문제로 지적되었다. 참고로 2009년 9월부터 서울중앙지방법원에서는 신청합의(재정단독) 가압류신청사건에 한하여 모두 채권자심문제도를 도입하였으나, 현재는 원칙적으로 채권자심문을 실시하는 법원은 거의 없다고 한다.

42) 참고로 **일본** 민사보전법 9조에서는 당사자를 위하여 사무를 처리하거나 보조하는 자로 법원이 상당하다고 인정하는 자에게 진술을 시킬 수 있다는 석명처분의 특례를 두고 있다.

43) 가령, 목적물에 따른 가압류의 필요성을 보면, 채무자의 주거, 사무소, 공장 등에 사용되는 부동산은 일반적으로 즉시 처분하는 것이 예정되어 있지 않으므로 이것이 가압류의 목적이 되어 채무자에 의한 처분이 금지되더라도 채무자로서는 현상이 고정되었을 뿐 그리 큰 타격을 받지 않고 끝나는 경우가 적지 않은 것에 대하여, 같은 부동산이라도 부동산의 매매, 투자 등을 목적으로 하는 회사가 그 영업용으로 취득한 자산이라면 가압류에 의하여 그 처분이 금지되는 채무자의 타격은 크다. 동산의 가압류에 대해서도 채무자의 자산상황에 비추어 가령 영업용 동산(상품 등)의 가압류의 경우에는 마찬가지이다. 이렇게 채무자에게 큰 타격을 미칠 우려가 있는 목적물을 선택하는 경우에는 채권자에게 가압류의 필요성을 소명함에 있어서 보다 타격의 우려가 작은 선택을 할 수 없는 사정에 대하여 일단 자료를 제출시켜야 할 것이다. 다만, 채무자가 파산신청을 한 사실 등 관련 증거로부터 경제적 파탄이 분명한 경우에는 그러하지 않고 가압류를 발령할 수 있다.

의 이러한 형식적 요건은 기본적으로는 통상의 민사소송과 다르지 않기 때문이다.

(2) 증명책임(소명책임)

21-30 통상의 민사소송이라면 법관의 확신에 이르지 않았다는 의미에서의 진위불명(眞僞不明)의 경우에는 원고의 청구를 기각하면 된다. 그러나 소명은 증명보다 낮은 단계의 심증으로 재판을 하는 것을 허용하는 이상, 통상의 민사소송이라면 진위불명이 되는 경우라도 보전처분에서는 가압류가 발령되는 경우가 있을 수 있게 된다.

한편 피보전권리의 존재에 대하여 채권자는 소명책임에 있어서 구체적으로 무엇을 소명하여야 하는가. 권리근거사실의 존재만인가, 권리장애사실이나 권리소멸사실의 부존재도 소명하여야 하는가. 즉, 일반적 증명책임의 분배기준이 절차의 형태와 상관없이 보전처분의 발령절차에서도(가령 채무자에게 변론이나 심문에 의하여 주장·증명의 기회가 보장되지 않은 채 가압류가 발령된 경우) 그대로 타당한가가 문제된다.[44]

3. 일반 민사소송절차의 준용

21-31 성질에 반하지 않는 한, 심리에 있어서 민사소송절차에 관한 규정이 준용된다(23조 1항). 가령 민사소송상의 재판상 **자백**(민사소송법 288조)은 여기서도 준용된다. 그리고 화해도 할 수 있고, 그 대상도 한정되지 않고, 잠정적 화해만이 아니라 본안의 소송물에 대한 화해나 관련된 분쟁에 대한 화해도 할 수 있다고 본다.[45] 그런데 **청구의 포기**는 채권자가 신청이 이유 없음을 자인한 것과 다를 바 없으므로 그에 관한 민사소송법 220조가 준용된다고 할 것이나, 한편 채무자가 신청을 인낙할 수 있는지 여부에 관한 논의는 보전처분에서의 신청취지가 실체법상의 권리주장이 아닌 점 등을 이유로 **청구인낙** 조항의 준용 여부에 대하여 좀 더 검토가 필요하다.

---

44) 松本博之, 民事執行保全法, 505~506면 참조. 이시윤, 604~605면은 위와 같은 사유의 부존재를 처음부터 채권자에게 적극적인 소명요구는 무리라고 하면서, 채무자의 소명책임에 돌아갈 항변사실의 존재 가능성의 심증이 들 때에는 채무자를 불러 심문심리나 변론심리를 할 것이고, 항변사실의 부존재를 채권자에게 소명시킬 수도 있다고 할 것이라고 한다.

45) 김홍엽, 427면; 이시윤, 603면. 한편, 가압류의 심리에서 본안에 대한 화해를 하였다고 하더라도, 본안소송은 당연히 종료되는 것은 아니다. 본안소송의 원고가 화해의 내용에 따라 소를 취하하지 않는 경우에는 소취하의 합의가 존재하는 경우와 마찬가지로 취급하여 본안소송을 부적법 각하하면 될 것이다(해당 민사소송법 부분 참조).

V. 신청에 대한 재판

재판의 내용에 대하여는 그 중요한 설명을 이미 각 해당 부분에서 어느 정도 하였다. 21-32

1. 결정에 의한 재판

제281조(재판의 형식) ① 가압류신청에 대한 재판은 결정으로 한다.

가압류신청에 대한 재판은 **결정**으로 한다(281조 1항). 신청을 인용하는 재판을 가압류명령이라고 하는데, 신청이 피보전권리와 보전의 필요성이 소명되면, 법원은 가압류명령을 하게 된다. 결정은 상당한 방법으로 재판내용을 고지함으로써 그 효력이 생기는 것이 원칙이다(민사소송법 221조 1항). 선고가 필요하지 아니한 결정과 같은 재판은 그 원본이 법원사무관등에게 교부되었을 때 대외적으로 성립된 것으로 보아야 한다. 21-33

2. 각하 · 기각

신청이 소송요건(가령 당사자능력, 소송능력 등)을 갖추지 못하여 부적법한 경우, 또는 채권자가 법원이 명한 담보를 제공하지 않은 경우에는 신청의 **각하**를, 피보전권리나 보전의 필요성이 인정되지 않아 신청이유가 없는 경우에는 신청의 **기각**을 한다. 보전의 필요성은 권리보호의 필요의 특수형태에 지나지 않아 소송요건에 속하므로 보전의 필요성이 인정되지 않은 때에는 가압류명령의 신청을 부적법으로 각하하여야 한다는 입장도 있으나, 이는 피보전권리와 함께 가압류의 실체적 요건을 이루고 있으므로 그 흠결의 경우에는 신청을 이유가 없는 것으로 기각하는 것이 타당하다.[46] 다만 그 재판에 기판력이 있는 것은 아니므로 엄격하게 각하와 기각을 구별할 필요는 없다.[47] 기각결정의 이유는 실무상 대부분 "이 사건 신청은 이유 없으므로 주문과 같이 결정한다"는 식으로 간략한데, 이 경우에 당사자는 기각이유를 구체적으로 알 수 없어 당혹스러울 수 있다. 신청의 각하 · 기각결정은 채권자에게 **고지**하면 되고, 채무자에게 고지할 필요가 없다(281조 3항). 고지의 방법은 **송달**에 21-34

46) 이시윤, 590면도 같은 취지이다. **독일**의 통설도 그러하다. Gaul/Schilken/Becker-Eberhard, Zwangsvollstreckungsrecht, §75 Rn. 5; Stein/ Jonas/Grunsky, Kommentar zur ZPO, §917 Rn. 2; Zöller/Vollkommer, ZPO, §917 Rn. 3.

47) 김홍엽, 428면; 박두환, 706면; 이시윤, 605면.

의한다(민사집행규칙 203조의4, 203조 1항). 채권자는 각하·기각결정에 대하여 **즉시항고**를 할 수 있다(281조 2항). 법 15조는 집행절차에만 한정적으로 적용되는 것이므로 위 즉시항고에 대하여는 법 15조의 즉시항고의 규정이 아니라, 민사소송법 444조의 즉시항고 규정이 준용된다.

3. 가압류명령

21-35 신청이 적법하고, 발령요건을 갖추었으면 법원은 가압류명령(Arrestbefehl)을 발한다. 한편 심문이나 변론을 거치지 않은 경우에는 소송비용부담의 재판(민사소송법 104조 참조)을 하지 않는 것이 상당하다고 하나,[48] 심문이 있었는지 여부에 따라 비용의 재판을 행하지 않는다는 것은 적절하지 않다고 생각한다. 가령 채무자의 심문이 없었더라도 채권자는 어느 정도의 비용을 출연하고 있고, 그 비용의 부담에 대하여 재판을 생략하는 것이 괜찮다고 할 수 없다.[49] 가압류명령의 절차는 본안소송으로부터 독립적으로 진행되는 것이므로 비용의 재판을 본안판결에 유보할 수 없다고 생각한다. 본안의 소송비용에 포함되지 않고 별도의 비용으로 처리되어야 할 것이다. 가압류명령에는 사건과 당사자·법정대리인·소송대리인을 적는 외에 아래 사항을 적는다.

(1) 가압류명령의 내용

1) 피보전권리 등

21-36 피보전권리는 중복된 신청의 유무, 가압류의 효력범위, 본안소송의 적법성, 본집행으로의 이전(=이행) 여부를 판정하는 기준이 되므로 어떤 채권의 집행을 보전하기 위한 것인지를 본안소송과 관련지어 식별, 특정할 수 있도록 간략하고 요령

---

48) 법원실무제요[Ⅴ], 125면.

49) **독일**에서의 이러한 입장은MüKoZPO/Drescher ZPO § 922 Rn. 7; Stein/Jonas/Bruns, Kommentar zur ZPO, § 922 Rn. 13. **판례**를 보면, 변론이나 심문 없이 진행된 경우(이러한 경우에는 소송이 대심적 구조의 형태를 지니지 아니한다)에는 변호사보수규칙 3조 2항 단서의 **반대해석상** 변호사보수를 소송비용에 산입할 수 없으나, 일단 심리가 제1심 단계에서 변론 또는 심문을 거쳐 대심적인 구조로 들어선 이상, 그에 대한 항고심에서 변론 또는 심문기일이 열리기 전에 항고인의 **항고 취하로 사건이 종결되었다고 하더라도** 그 이전에 항고인의 상대방이 소송대리인을 선임하고 그 소송대리인이 항고이유에 대해 답변서 등을 제출하였다면 그 상대방이 지급한 변호사보수는 소송비용에 산입된다고 보아야 한다고 한다(대법원 2015. 9. 3. 선고 2015마1043 판결[미간행] 등). 반면 항고인의 상대방이 선임한 소송대리인이 항고이유에 대하여 **답변서를 제출하는 등의 소송행위를 하지 않았다면** 그 상대방이 지급한 변호사보수는 소송비용에 산입될 수 없다(대법원 2022. 12. 20. 선고 2022마6636 판결[미간행]).

있게 적는다. 청구금액은 해방금액 산정의 기준이 되고, 가압류집행의 한도가 되며, 배당의 기준금액이 되기도 하므로 명확하게 적는다.

2) 담보에 관한 사항

제280조(가압류명령) ② 청구채권이나 가압류의 이유를 소명하지 아니한 때에도 가압류로 생길 수 있는 채무자의 손해에 대하여 법원이 정한 담보를 제공한 때에는 법원은 가압류를 명할 수 있다. ③ 청구채권과 가압류의 이유를 소명한 때에도 법원은 담보를 제공하게 하고 가압류를 명할 수 있다.

청구채권이나 가압류의 이유를 소명하지 아니한 때에도 법원은 채무자의 손해 21-37
에 대한 담보를 제공하게 하고 가압류를 명할 수 있으며(280조 2항), 반대로 소명이 있는 때에도 그 소명을 강화하는 의미에서 담보를 제공하게 하고 가압류를 명할 수 있는데(동조 3항), 그 취지는 이미 앞에서 설명한 바 있다(☞20-35). 채권자가 담보를 제공한 때에는 그 담보와 담보방법을 가압류명령에 적어야 한다(동조 4항).

3) 가압류의 선언

가압류명령의 주문으로서 피보전권리의 보전을 위하여 채무자의 재산을 가압 21-38
류한다는 선언을 한다.

4) 목적재산

실무상으로는 유체동산가압류의 경우를 제외하고는 대부분 신청서에 가압류의 21-39
목적물까지 표시하고 있으며, 법원도 이를 가압류명령 중에 목적물을 적고 있다(☞21-15). 실무상 주문에는 '채무자 소유의 별지 기재 부동산을 가압류한다', '채무자의 제3채무자에 대한 별지 기재 채권을 가압류한다'고 적는다. 다만, 유체동산가압류에서는 특히 그 범위를 특정하지 않고, '채무자 소유의 유체동산을 가압류한다'고 적는다.

5) 가압류해방금액

제282조(가압류해방금액) 가압류명령에는 가압류의 집행을 정지시키거나 집행한 가압류를 취소시키기 위하여 채무자가 공탁할 금액을 적어야 한다.

제299조(가압류집행의 취소) ① 가압류명령에 정한 금액을 공탁한 때에는 법원은 결정으로 집행한 가압류를 취소하여야 한다.

21-40 가압류명령에는 **가압류의 집행을 정지**시키거나 **집행한 가압류를 취소**시키기 위하여 채무자가 공탁할 금액을 적어야 한다(282조). 이를 **해방금액** 또는 **해방공탁금**이라고 한다(집행에서 풀려난다는 의미에서 '해방'이라는 용어 사용). 가압류는 금전적 청구권을 보전하기 위한 수단이므로 **집행목적재산 대신 금전을 공탁**하면 구태여 가압류의 집행을 할 필요 없이 채권보전의 목적을 이룰 수 있으므로 해방금은 채무자로 하여금 불필요한 집행을 당하지 않도록 마련된 제도로, 채권자와 채무자의 이익균형을 도모하는 것이다(한편 가처분에서도 해방금액을 정할 수 있는지 여부에 대하여는 논의가 있다. ☞22-23). 해방금액을 결정하는 기준에 대하여는 여러 가지 입장이 있는데, 실무는 청구채권액과 같은 금액으로 하고 있다. 해방금액은 채무자가 입을 수 있는 손해를 담보하는 취지의 이른바 소송상의 담보와는 달리 가압류 목적물에 대신하는 것이므로 **금전에 의한 공탁만이 허용**되고, 유가증권에 의한 공탁은 그 유가증권이 실질적 통용가치가 있는 것이라고 하더라도 허용되지 않는다고 본다.[50] 또한 보증서 제출에 의한 담보제공도 허용되지 않는다고 본다.

금전 공탁서(가압류해방)

<table>
<tr><td>공 탁 번 호</td><td colspan="2">년 금 제 호</td><td colspan="2">년 월 일 신청</td><td>법령조항</td><td>민사집행법 제282조</td></tr>
<tr><td rowspan="4">공 탁 자
(가압류 채무자)</td><td>성 명
(상호, 명칭)</td><td colspan="5">홍길동</td></tr>
<tr><td>주민등록번호
(법인등록번호)</td><td colspan="5">123456-7890123</td></tr>
<tr><td>주 소
(본점, 주사무소)</td><td colspan="5">서초구 서초동 123</td></tr>
<tr><td>전화번호</td><td colspan="5">010-1011-1000</td></tr>
<tr><td rowspan="2">공 탁 금 액</td><td colspan="2">한글 금 일천만원정</td><td colspan="2" rowspan="2">보 관 은 행</td><td colspan="2" rowspan="2">은행 지점</td></tr>
<tr><td colspan="2">숫자 ₩ 10,000,000원</td></tr>
<tr><td rowspan="2">법원의 명칭과
사 건</td><td colspan="6">서울중앙지방법원 2000 카단 0000 부동산가압류 사건</td></tr>
<tr><td>당 사 자</td><td>채 권 자</td><td>김삿갓</td><td>채 무 자</td><td colspan="2">홍길동</td></tr>
<tr><td>공탁원인사실</td><td colspan="6">위 사건의 가압류 집행 취소를 위한 해방공탁</td></tr>
<tr><td>비고(첨부서류 등)</td><td colspan="6">1. 가압류 결정문 사본 1통
2. 위임장 1통 □ 계좌납입신청</td></tr>
<tr><td colspan="7">위와 같이 신청합니다. 대리인 주소 서초구 서초동 1234
전화번호 010-0000-1111
공탁자 성명 홍길동 인(서명) 성명 이몽룡 인(서명)</td></tr>
<tr><td colspan="7">위 공탁을 수리합니다.
공탁금을 년 월 일까지 위 보관은행의 공탁관 계좌에 납입하시기 바랍니다.
위 납입기일까지 공탁금을 납입하지 않을 때는 이 공탁 수리결정의 효력이 상실됩니다.
년 월 일
법원 지원 공탁관 (인)</td></tr>
<tr><td colspan="7">(영수증) 위 공탁금이 납입되었음을 증명합니다.
년 월 일
공탁금 보관은행(공탁관) (인)</td></tr>
</table>

채무자가 가압류명령에 정한 해방금액을 공탁한 때에는 법원은 결정으로 집행한 가압류를 취소하여야 한다(299조 1항. ☞21-100). 취소결정은 확정되지 않더라도 고지와 동시에 효력이 생긴다(동조 4항). 취소결정에 대하여는 채권자가 즉시항고를 할 수 있다(동조 3항).

---

50) 대법원 1996. 10. 1.자 96마162 전원합의체 결정.

6) 이 유

결정의 이유에 대하여는 변론을 거친 경우가 아닌 한, 이유의 요지를 나타내면 충분하다. 실무상은 '신청은 이유 있으므로'와 같이 상당히 간결한 이유의 요지만을 나타낸다. 법원이 보증서를 제출받고 가압류 결정을 하는 경우의 기재례는 다음과 같다. 21-41

○ ○ 지 방 법 원

결 정

사 건 2025 카단 부동산가압류
채 권 자
채 무 자

주 문

채무자 소유의 별지 기재 부동산을 가압류한다.
채무자는 다음 청구금액을 공탁하고 집행정지 또는 그 취소를 신청할 수 있다.
청구채권 2025. 2. 1.자 대여금
청구금액 금 ○○○원

이 유

이 사건 부동산 가압류신청은 이유 있으므로 담보로 공탁보증보험증권(○○보험주식회사 증권번호 제○○○－○○○－○○○○○○○호)을 제출받고 주문과 같이 결정한다.

2025. . .
판 사 ㊞

(2) 송 달

가압류명령은 결정의 형식에 의한 재판이므로 원칙적으로 상당한 방법으로 고지하면 충분하나, 불복신청기간의 시기를 명확히 하기 위한 등의 이유에서 송달의 방법으로 고지한다. 실무상 밀행성의 요청에서 집행에 착수한 뒤에 채무자에게 송달한다. 21-42

4. 가압류재판의 효력

가압류명령은 잠정적이지만, 재판에서 권리 또는 법률관계의 존부에 대하여 판 21-43

단하는 것이므로 **자기구속력**이 **있다**고 보아야 한다. 그리고 가압류명령에 대하여 채무자가 기간의 제한 없이 이의신청을 할 수 있으므로 **형식적 확정력은 생기지 않는다**.

한편 가압류신청을 배척하는 재판(각하·기각)에 대하여 그 잠정적·부수적 성격으로부터 **기판력**(=실질적 확정력)을 **부정**하는 입장이 일반적이다.[51)]

◈ **반복적·남용적 신청** ◈ 만일 기판력을 부정하면, 가압류신청이 배척된 결정을 받은 신청인은 동일한 내용의 가압류신청을 마찬가지 이유를 가지고 반복할 수 있게 된다. 이는 상대방의 이익과 소송경제에 어긋나고, 사정이 바뀌지 않은 한, 다시 가압류를 받아 낼 수 없다고 하여야 당사자 사이의 무기평등의 원칙에 합치한다. 그러므로 기판력을 부정하는 것은 옳지 않고, 기판력을 긍정하여야 한다는 입장이 있을 수 있다. **생각건대** 위와 같은 문제에 대하여 기판력을 긍정하는 것에 의한 취급보다는, 동일한 피보전권리와 보전의 필요성에 기하여 재차 가압류신청을 하는 것이 명백한 남용적 신청이라고 보이면, 권리보호의 필요성의 흠이나 민사집행법에서의 신의칙에 어긋나는 것으로 대처하여야 할 것이다.

5. 가압류의 유용

21-44 일단 어떤 청구권을 피보전권리로 하여 가압류명령을 받은 뒤, 이를 다른 청구권을 보전하는 가압류명령으로 유용(流用)할 수 있는가 하는 문제가 있다. 소극적으로 풀이한다.[52)] 예를 들어 이혼의 위자료청구권을 피보전권리로 한 가압류결정을 피보전권리를 달리하여 재산분할로 인한 금전지급청구권의 가압류로 유용할 수 없다. 다만, 본안소송의 진행 중 청구를 변경하여 피보전권리를 바꾸었을 때에는 청구의 기초가 동일한 이상, 그 가압류명령의 효력은 변경된 청구권을 보전하게 된다.[53)]

VI. 가압류재판에 대한 구제

1. 의 의

제281조(재판의 형식) ② 채권자는 가압류신청을 기각하거나 각하하는 결정에 대하여 즉시항고를 할 수 있다.

---

51) 김연, 132면; 김홍엽, 428면; 박두환, 705~706면; 이시윤, 605면.
52) 대법원 1963. 9. 12. 선고 63다354 판결; 대법원 1976. 4. 27. 선고 74다2151 판결 등.
53) 대법원 1982. 3. 9. 선고 81다1223, 81다카991 판결.

제283조(가압류결정에 대한 채무자의 이의신청) ① 채무자는 가압류결정에 대하여 이의를 신청할 수 있다.

제287조(본안의 제소명령) ③ 채권자가 제1항의 기간 이내에 제1항의 서류를 제출하지 아니한 때에는 법원은 채무자의 신청에 따라 결정으로 가압류를 취소하여야 한다.

제288조(사정변경 등에 따른 가압류취소) ① 채무자는 다음 각호의 어느 하나에 해당하는 사유가 있는 경우에는 가압류가 인가된 뒤에도 그 취소를 신청할 수 있다. 제3호에 해당하는 경우에는 이해관계인도 신청할 수 있다.

신청을 **인용하는 결정**에 대한 채무자의 이의신청 및 취소신청, 한편 신청을 **배척**(기각 · 각하)**하는 결정**에 대한 채권자의 즉시항고의 3가지만 인정된다. 신청에 대한 재판은 변론을 연 경우든 열지 않은 경우든 모두 결정의 형식으로 하도록 하고 있으므로(281조 1항) 불복방법으로 항소 및 상고는 허용되지 않는다. 21-45

① **즉시항고:** 가압류신청을 배척하는 재판(각하 · 기각)에 대하여는 채권자는 **즉시항고**를 할 수 있다(281조 2항).

② **이의신청:** 가압류명령은 밀행성의 요청으로부터 채무자를 관여시키지 않고 발령할 수 있고, 실무상으로도 보통 그렇게 운용되고 있다. 그런데 발령 뒤에는 밀행성은 더 이상 요구되지 않는다. 채권자 · 채무자 양쪽을 관여시켜 해당 가압류명령을 한 법원하에서 그 절차의 속심으로서 해당 가압류명령의 당부를 심리 · 판단하는 것이 **이의신청**이다(283조 1항, 301조).

③ **취소신청:** 한편 가압류 발령 뒤, 가령 제소명령을 어기고 채권자가 본안의 소를 제기하지 않거나(287조 3항) 채무자가 본지에 따른 변제를 하여 채권자가 본안에서 패소판결을 받아 확정하였다는 등의 사정이 생겨(288조 1항) 보전명령을 유지할 이유가 없어져 이를 취소하는 것이 **가압류취소**이다. 이는 가압류집행의 취소와(☞21-98) 구별하여야 한다.

◈ **2005년 개정 민사집행법** ◈ 2005년 개정 민사집행법은 보전처분과 이에 대한 불복절차 전부를 '결정절차'로 변경하였다. 다만, 보전처분의 이의 · 취소절차를 신속하게 진행하는 대신 채권자에게 불측의 손해가 가지 않도록 필수적으로 변론기일 또는 심문기일을 정하도록 하였다(286조 1항, 288조 3항). 아울러 "심리종결선언"(286조 2항, 288조 3항), "필수적 이유기재"(286조 4항, 288조 3항), "효력유예선언"(286조 6항, 288조 3항)에 관한 규정 등을 두었다.

2. 즉시항고

(1) 신청각하 또는 신청기각 결정에 대한 불복방법

제281조(재판의 형식) ② 채권자는 가압류신청을 기각하거나 각하하는 결정에 대하여 즉시항고를 할 수 있다.

21-46 긴급성의 요청에 부응하고, 사건의 조속한 확정을 통한 기록처리상의 편의를 도모하기 위하여, 신청을 각하하거나 기각하는 결정에 대한 불복은 즉시항고에 의한다(281조 2항). 이렇게 신청을 배척하는 재판에 대하여는 즉시항고를 할 수 있도록 허용한 것은 채권자에게는 신청에 대한 심리에 있어서 이미 주장·증명의 기회가 주어졌으므로 상급법원의 심사를 할 수 있게 하기 위함이다. 그런데 법 15조의 즉시항고는 집행절차에만 한정적으로 적용되는 것이므로(☞7-20 참조)[54] 여기에서의 즉시항고는 법 15조의 즉시항고가 아니라, **민사소송법 444조의 즉시항고가 준용**된다.

무담보의 가압류결정을 구하는 신청에 대하여 법원이 일정한 액수의 담보 제공을 조건으로 한 가압류를 명하는 경우에 이는 실질적으로 가압류신청에 대한 일부기각의 재판과 같은 성격을 가지는 것이므로[55] 채권자는 가압류신청이 일부기각된 경우와 마찬가지로 즉시항고로 불복할 수 있다.[56] 담보제공조건부 가압류결정에서 정한 담보의 액수가 지나치게 많다는 것을 다투는 방법도 마찬가지이다.

채권자의 즉시항고를 각하하거나 기각하는 재판은 채무자에게 고지할 필요가 없다(281조 3항). 그리고 항고법원에서도 항고가 받아들여지지 않은 경우에는 그 결정에 대하여 **재항고**할 수 있다. 다만, 재항고에는 「상고심절차에 관한 특례법」 7조, 4조 2항의 심리불속행 특례규정의 적용이 있다. ① 헌법에 위반되거나, 헌법을 부당하게 해석한 경우, ② 명령·규칙 또는 처분의 법률위반 여부에 대하여 부당하게 판단한 경우, ③ 법률·명령·규칙 또는 처분에 대하여 대법원 판례와 상반되게 해석한 경우에 해당하지 않으면 심리불속행의 재항고기각을 한다. 절차의 신속성 때문에 일반소송사건과 달리 심리속행사유를 제한하였다.

(2) 신청서 각하명령에 대한 불복방법

21-47 법 23조에 의하여 준용되는 민사소송법 254조 2항의 규정에 의하여 가압류신

54) 김홍엽, 430면; 이시윤, 610면.
55) 실무상 이 경우에는 일반적으로 "나머지 신청을 기각한다"는 별도의 주문을 내지 않는다.
56) 대법원 2000. 8. 28.자 99그30 결정.

청서의 필수적 기재사항이 갖추어져 있지 않거나 인지를 붙이지 아니한 경우에 담당법관(합의부의 경우에는 재판장)은 채권자에게 상당한 기간을 정하여 그 흠을 보정하도록 명하고, 채권자가 그 흠을 보정하지 아니한 때에는 명령으로 신청서를 각하한다(다만 실무상 채권자가 흠을 보정하지 않아 신청서 각하명령을 발하는 예는 거의 없다고 한다). 이 신청서 각하명령에 대하여도 역시 즉시항고를 할 수 있다(23조, 민사소송법 254조 3항).[57]

(3) 재도의 고안

원심법원에 즉시항고장이 제출되면 원심법원은 그 항고에 정당한 이유가 있다고 21-48
인정하는 때에는 그 재판을 경정하여야 한다(23조, 민사소송법 446조). 원심법원은 원결정을 취소하고 보전명령을 발령할 수 있다. 이를 재도(再度)의 고안(考案)이라고 한다.

3. 이의신청

(1) 의 의

제283조(가압류결정에 대한 채무자의 이의신청) ① 채무자는 가압류결정에 대하여 이의를 신청할 수 있다. ② 제1항의 이의신청에는 가압류의 취소나 변경을 신청하는 이유를 밝혀야 한다. ③ 이의신청은 가압류의 집행을 정지하지 아니한다.

신청을 인용한 가압류결정에 대하여 채무자는 이의를 신청할 수 있다(283조 1 21-49
항). 이의절차는 **가압류명령을 한 법원**에 대하여 그 결정의 변경·취소 및 신청의 기각을 구하는 불복절차로, 상급법원에 하는 상소와 다르다. 결정에 대한 통상의 불복방법인 항고나 재항고는 허용되지 않는다. 여기의 이의절차는 가처분명령에 준용된다(301조).

---

57) **일본** 민사보전법 19조 1항에 의하면, 보전명령의 신청을 각하하는 재판에 대하여는 채권자는 고지를 받은 날로부터 2주간의 불변기간 내에 즉시항고를 할 수 있다고 되어 있는데, 위 조항이 규정하는 즉시항고는 일본 민사소송법 415조가 규정하는 즉시항고(기간은 1주)와는 그 기간이 다르다. 복잡한 사안에서는 준비기간도 필요하고 보전처분재판에 대한 이의신청(보전이의) 재판이나 취소신청(보전취소)재판에 대한 즉시항고(보전항고)의 기간인 2주와 통일하는 의미에서 민사소송법상의 즉시항고와는 다르게 항고기간을 2주로 규정하였다고 한다(竹下守夫·藤田耕三 편, 注解民事保全法(上), 190면). 이와 같이 일본 민사보전법 19조 1항의 즉시항고의 경우에는 그 항고기간이 2주간이고, 더구나 그 재판인 결정에 반드시 이유를 기재하도록(다만 변론을 거치지 않은 경우에는 이유의 요지를 기재하면 충분함) 되어 있는 점 등 때문에, 채권자가 신청서 각하명령에 대하여 하는 불복신청이 민사보전법 19조 1항의 즉시항고인가, 아니면 민사소송법 415조의 즉시항고인가와 관련하여 견해가 나뉘어 있다(瀨木比呂志 편집대표, 注釈民事保全法(上), 262면).

(2) 신청서의 제출

21-50 ① 이의신청은 서면으로 하고(민사집행규칙 203조), 재판의 취소나 변경을 신청하는 이유를 밝혀야 한다(민사집행법 283조 2항).

② 이의신청은 가압류의 **집행을 정지하지 않는다**(283조 3항. 논의가 나뉠 수 있지만, 집행을 정지시키기 위하여는 법원으로부터 집행정지결정을 받아야 한다. ☞21-97. 한편 가처분재판에 대한 집행정지는 ☞22-46).

③ 제3자는 이의신청을 할 수 없고, 또한 본래 이의신청은 가압류결정에 대한 소송법상의 불복방법에 불과하므로 채권자대위에 의하여 행사될 수 없다.[58]

가압류(가처분)결정에 대한 이의신청

신 청 인(채무자)
피신청인(채권자)

신 청 취 지

1. 위 당사자 간 ○○○○법원 ○○지원 카합 호 신청사건에 관하여 20 . . . 동원에서 결정한 결정을 취소한다.
2. 채권자의 이 사건 가압류(가처분)신청을 기각한다.
3. 소송비용은 채권자의 부담으로 한다.

라는 재판을 구합니다.

신 청 이 유

별지와 같음

소 명 방 법

1.
2.

20 . . .

위 신청인

○○○○법원 ○○지원 귀중

58) 대법원 1967. 5. 2. 선고 67다267 판결.

(3) 사건의 이송

제284조(가압류이의신청사건의 이송) 법원은 가압류이의신청사건에 관하여 현저한 손해 또는 지연을 피하기 위한 필요가 있는 때에는 직권으로 또는 당사자의 신청에 따라 결정으로 그 가압류사건의 관할권이 있는 다른 법원에 사건을 이송할 수 있다. 다만, 그 법원이 심급을 달리하는 경우에는 그러하지 아니하다.

이의신청을 받은 법원은 사건에 관하여 현저한 손해 또는 지연을 피하기 위한 21-51
필요가 있는 때에는 직권으로 또는 당사자의 신청에 따라 결정으로 그 사건의 관할권이 있는 다른 법원에 사건을 이송할 수 있다. 다만, 그 법원이 심급을 달리하는 경우에는 그러하지 아니하다(284조, 301조). 이의사건의 관할법원은 가압류를 발령한 법원으로, 이는 전속관할이다(21조). 가령 신청이 기각되었지만, 즉시항고에 의한 항고심에서 가압류가 발령되어 이에 대하여 이의를 신청한 경우에 해당 항고심 법원이 발령법원으로 이의심의 법원이 된다. 그런데 가압류발령을 한 법원이 채무자에게 원격지인 경우에 불이익한 경우가 있고, 또한 현저한 지연을 피할 필요도 있을 수 있으므로 이의심에 있어서 그 형평을 도모하기 위한 요청에서 위 전속관할을 수정할 수 있도록 한 것이다. 가압류신청과 본안소송의 제기를 다른 법원에 한 바, 목적물·계쟁물 소재지의 법원이 가압류명령을 하였지만, 당사자나 참고인이 그 곳에 거주하고 있지 않은 경우에 이송을 생각할 수 있다. 다만, 이송은 필수적인 것은 아니다. 그리고 서로 심급을 달리 하는 경우에는 이송을 할 수 없도록 하였는데, 그 이유는 절차상으로 복잡한 문제가 생길 뿐만 아니라, 자칫 4단계의 심급제도가 될 수도 있고, 반대로 심급의 이익이 부당하게 침해될 수도 있기 때문이다.

(4) 심 리

제286조(이의신청에 대한 심리와 재판) ① 이의신청이 있는 때에는 법원은 변론기일 또는 당사자 쌍방이 참여할 수 있는 심문기일을 정하고 당사자에게 이를 통지하여야 한다. ② 법원은 심리를 종결하고자 하는 경우에는 상당한 유예기간을 두고 심리를 종결할 기일을 정하여 이를 당사자에게 고지하여야 한다. 다만, 변론기일 또는 당사자 쌍방이 참여할 수 있는 심문기일에는 즉시 심리를 종결할 수 있다.

1) 심리의 대상

이의절차에서 심리의 대상이 되는 것이 가압류**신청의 당부**인가, 아니면 발령 21-52

한 **재판의 당부**인가에 대한 논의가 있다.59) 이의절차가 현행 민사집행법에서 결정절차로 변경되었지만, 이의절차에 법 286조 1항, 2항, 6항 등 당사자를 대등하게 취급하는 규정이 마련되어 있는 점을 고려하면, 심리의 대상이 되는 것은 '변론 또는 당사자 쌍방이 참여할 수 있는 심문을 거쳐 **가압류신청의 당부**를 심리 판단하여 달라는' 신청이라고 풀이하는 것이 타당할 것이다.60)

2) 심리의 방식

21-53 이의절차는 가압류신청의 심리가 신속성 · 밀행성으로 인하여 채무자 측에 대한 절차적 보장이 충분하지 않다는 점에서 공평의 관점에서 마련된 채무자의 불복신청방법으로, 채권자 · 채무자 양쪽이 모두 참여하여 보전처분신청의 당부(위에서 설명하였듯이 견해에 따라서는 가압류명령의 당부)를 심리하는 것이다.

이의신청으로 가압류신청에 대한 심리가 속행된다고 봄으로 여전히 채권자가 적극적 당사자의 지위에 서게 된다. 따라서 **채권자**는 이의신청의 기각을 구하는 것이 아니라, 피보전권리와 보전의 필요성을 주장 · 소명하여야 한다. 가령 가압류명령이 있은 시점에서의 서증은 그대로 이의의 심리에 있어서 재판자료가 된다. 한편 **채무자**는 피보전권리를 기초 짓는 사실이나 보전의 필요성에 대하여 부인 내지는 다툼을 펼치고 또한 피보전권리의 소멸사유에 대하여 주장 · 소명할 수 있다. 가령 ① 채권자 주장의 피보전권리는 위조된 계약서에 기한 것으로 계약 자체가 무효이다, ② 채권자 주장의 손해 자체가 발생하지 않았다, ③ 채무는 변제되었다, ④ 보전하여야 할 권리에 충당될 수 있는 담보가 채권자에게 충분히 제공되었다 등의 사실을 주장 · 소명하여 다툴 수 있다.

◈ **심리의 운용** ◈ 이의절차는 위와 같이 공평의 관점에서 마련된 채무자의 불복신청방법이므로 이의심리가 장기화되는 것은 이의제도의 취지를 몰각시키고, 가압류집행으로부터 신속한 구제를 원하는 채무자에게 가혹한 결과를 초래한다. 이러한 이의절차의 심리 지연에 대한 해결책으로 앞에서 본 바와 같이 개정 민사집행법에서는 이의절차를 결정절차로 진행하도록 하였고, 그에 따라 그 심리를 본안소송 심리와 분리하여 사건 내용에 따른 유연한 심리가 이루어질 수 있게 되었다. 따라서 이제 법원이나 당사자도 이의절차에서의 판단이 소명에 의한 증거조사에 기한 잠정적 판단이고, 본안판단과는 성격이 다르다는 것을 인식하면서 그 심리에 임하고 있다. 그

59) 그 흠을 지적하는 것이면 양쪽 어느 것도 주장할 수 있다는 입장으로는 김연, 147면.
60) 김홍엽, 435면; 박두환, 713면; 이시윤, 612~613면.

렇지 않으면, 결국 본안소송의 심리와 동일하게 진행되어 온 종래의 실무를 답습하여 법 개정의 취지를 몰각할 우려가 있다.

이의신청에 대한 심리에 있어서 필수적으로 변론기일 또는 심문기일을 정하도록 하였는데(286조 1항, 288조 3항), 변론기일에 의한 진행보다는 원칙적으로 심문기일로 진행함이 적당하다고 한다. 특히 합의부의 경우에는 수명법관이 심문절차를 주재할 수 있으므로(민사소송법 160조, 165조), 합의부 전체가 참여하여야 하는 변론절차보다는 수명법관에 의한 심문절차를 적극적으로 활용하는 것이 바람직하다고 한다.[61]

3) 심리의 종결

법원은 심리종결의 방법으로 심리종결일의 지정, 심리종결선언 2가지를 정하고 있다. 즉, 법원은 불의타 방지의 관점에서 심리를 종결함에 있어서 상당한 유예기간을 두고 심리를 종결할 기일을 정하여 이를 당사자에게 고지하여야 한다(286조 2항 본문. **심리종결일의 지정**). 다만 변론기일 또는 당사자 양쪽이 참여할 수 있는 심문기일에는 당사자 양쪽에 대하여 공격방어의 기회를 부여하였으므로 즉시 심리를 종결하는 취지를 선언할 수 있다(동조 동항 단서. **심리종결선언**). 21-54

위 어느 경우라도 심리가 종결되면, 결정 또는 선언을 한 그날까지 제출된 자료는 진술의 필요가 없으므로(결정절차이므로) 당연히 이의재판의 판단자료가 되지만, 그날 이후는 자료가 제출되었더라도 판단자료로 할 수 없다. 법원이 그날 이후에 제출된 자료에 의하여 다시 심리를 할 필요가 있다고 판단한 때에는 심리종결일 전후에 따라, 전에는 기일변경(민사소송법 165조)의 준용에 의하여 심리종결일을 변경하든가, 후에는 변론재개(민사소송법 142조)의 준용에 의하여 심리를 재개하게 된다.

(5) 이의신청의 취하

제285조(가압류이의신청의 취하) ① 채무자는 가압류이의신청에 대한 재판이 있기 전까지 가압류이의신청을 취하할 수 있다. ② 제1항의 취하에는 채권자의 동의를 필요로 하지 아니한다.

이의신청에 대한 재판은 당사자의 권리관계를 최종적으로 확정하는 것이 아니므로 채무자는 채권자의 동의를 얻지 않고도 이의신청에 대한 재판이 있기 전까지 21-55

61) 통상의 민사사건과 가처분에 대한 이의사건은 다른 종류의 소송절차에 따르는 것이므로 변론을 병합할 수 없다(대법원 2003. 8. 22. 선고 2001다23225 판결).

이의신청을 취하할 수 있는데(285조 1항), 절차의 안정이나 명확성을 기하기 위하여 취하는 원칙적으로 서면으로 하여야 하고, 다만 변론기일 또는 심문기일에서는 말로 할 수 있다(동조 3항). 취하는 시간적 제한이 있어 무한정 허용되지 않고, 이의신청에 대한 재판이 있기 전까지 하여야 한다.

(6) 이의신청에 대한 재판

1) 재 판

제286조(이의신청에 대한 심리와 재판) ③ 이의신청에 대한 재판은 결정으로 한다.

21-56 이의신청에 대한 재판은 **결정**으로 한다(286조 3항). 법원은 심리한 결과에 따라 원결정인 가압류명령을 인가하거나 취소·변경하는 결정을 한다. 이의신청은 가압류명령을 내린 법원과 동일한 심급에서 가압류명령 직전의 상태로 돌아가 가압류신청에 이유가 있는지 여부, 즉 피보전권리 및 보전의 필요성 유무를 다시 판단하는 절차(속심)이며, 또한 이미 가압류집행을 실시하는 것이 가능하게 되는 가압류명령이 내려져 이와 내용적으로 동일하여 중복되는 가압류명령의 존재를 피할 필요가 있으므로 원결정의 인가, 취소, 변경의 방법에 의하여 하는 것이다. 이미 가압류명령이 있으므로 명령의 전부 또는 일부를 유지하여야 할 경우에는 전부인가 또는 일부인가의 결정을 하든가, 이와 반대로 전부 또는 일부를 뒤집는 경우에는 전부 또는 일부취소의 결정을 하고, 한편 가압류명령의 실질을 변경하지 않고 발령하는 내용 또는 방법을 변경하는 경우에는 변경하는 결정을 한다.

◈ 결정 주문 기재례 ◈

[채권자 승소의 경우] 1. 채권자와 채무자 사이의 이 법원 2018카단123 부동산가압류 신청사건에 관하여 이 법원이 2018. 1. 23. 한 가압류결정을 인가한다.[62)]

[채권자 패소의 경우] 1. 채권자와 채무자 사이의 이 법원 2018카단123 부동산가압류 신청사건에 관하여 이 법원이 2018. 1. 23. 별지목록 기재 부동산에 대하여 한 가압류결정을 취소한다.
2. 채권자의 가압류신청을 기각한다.[63)]
3. 소송비용은 채권자가 부담한다.

---

62) 주문에서 채무자의 이의신청을 기각한다는 결정을 별도로 할 필요는 없다.
63) 이의신청이 이유 있으면 보전명령을 취소·변경하고, 채권자의 보전신청을 기각·각하한다.

위 결정에는 이유를 적어야 한다(통상의 결정에서는 이유기재를 생략할 수 있는 것이 원칙이다. 민사소송법 224조 1항 참조). 이유를 적을 때에는 이의신청에 대한 결정을 인용할 수 있다(민사소송규칙 203조의3 2항). 재판의 형식이 결정이지만, 이유가 당사자에게 중요한 의미가 있기 때문이다. 다만, 변론을 거치지 아니한 경우에는 이유의 요지만을 적을 수 있다(286조 4항). 긴급하게 사건처리를 하여 신속한 재판을 할 수 있게 하기 위함이다.

가압류명령을 인가하거나 취소·변경하는 경우에 법원은 당사자에게 적당한 담보를 제공하도록 명할 수 있다(286조 5항). 취소의 경우의 담보는 취소에 대하여 부가되는 조건이므로 담보를 제공하지 않는 한 취소 그 자체가 효력이 생기지 않는다.

가압류명령을 취소·변경하는 결정은 즉시 집행력이 생기므로 가집행선고를 붙일 필요가 없다.

이의신청에 대한 결정은 불복기간의 기산점 등 절차보장을 위하여 당사자에게 송달하여야 한다(민사집행규칙 203조의4).

2) 효력유예선언

제286조(이의신청에 대한 심리와 재판) ⑥ 법원은 제3항의 규정에 의하여 가압류를 취소하는 결정을 하는 경우에는 채권자가 그 고지를 받은 날부터 2주를 넘지 아니하는 범위 안에서 상당하다고 인정하는 기간이 경과하여야 그 결정의 효력이 생긴다는 뜻을 선언할 수 있다. ⑦ 제3항의 규정에 의한 결정에 대하여는 즉시항고를 할 수 있다. 이 경우 민사소송법 제447조의 규정을 준용하지 아니한다.

민사소송법 제447조(즉시항고의 효력) 즉시항고는 집행을 정지시키는 효력을 가진다.

가압류명령을 취소하는 결정은 판결절차와 달리 결정의 고지에 의하여 바로 효력이 생긴다. 이 결정에 의하여 채무자는 바로 집행의 취소를 구할 수 있게 된다. 채권자는 이 결정에 대하여 즉시항고를 제기할 수 있지만, 여기서의 즉시항고는 **집행을 정지시키는 효력이 없다**(286조 7항 후문). 따라서 채무자에 의하여 집행의 취소 절차가 완료된다면, 즉시항고가 인용되더라도 보전의 목적을 달성할 수 없게 되는 경우가 발생한다. 이러한 사태를 피하기 위해 채권자는 즉시항고를 제기함과 더불어 가압류명령을 취소하는 결정의 효력정지를 신청하여야 하는데(289조 1항), 채권자에게 이러한 효력정지신청의 기회 보장이라든가, 아니면 다른 담보를 확보하는 조치 등을 취할 수 있게 하기 위하여 가압류명령을 취소하는 결정을 한 법원이 **직** 21-57

권으로 2주를 넘지 않는 범위 내에서 **효력을 유예하는 선언**을 할 수 있도록 하였다(286조 6항). 이는 판결절차에서 가집행선고를 붙여야만 효력이 발생하도록 한 것과 비교하면, 원칙과 예외가 바뀌었다고 볼 수 있다.

◈ 효력유예선언 주문 기재례(위 채권자 패소의 경우 주문 기재례 1, 2, 3, 다음에 아래 4.가 효력유예선언 주문 기재례) ◈

1. 채권자와 채무자 사이의 이 법원 2025카합104 부동산가압류 신청사건에 관하여 이 법원이 2025. 2. 5. 별지목록 기재 각 부동산에 대하여 한 가압류결정을 취소한다.
2. 채권자의 가압류신청을 기각한다.
3. 소송비용은 채권자가 부담한다.
4. **제1항은 채권자가 이 결정을 고지받은 날부터 10일이 경과하여야 효력이 생긴다.**

(7) 이의신청의 재판에 대한 불복

1) 즉시항고

제286조(이의신청에 대한 심리와 재판) ⑦ 제3항의 규정에 의한 결정에 대하여는 즉시항고를 할 수 있다. 이 경우 민사소송법 제447조의 규정을 준용하지 아니한다.

21-58 이의신청에 대한 결정에 대하여는 **즉시항고로 불복**할 수 있다(286조 7항 전문). 이의신청에 대한 **결정은 집행절차에 관한 집행법원의 재판에 해당하지 아니하므로** 그에 대한 즉시항고에는 법 15조가 적용되지 않고 **민사소송법의 즉시항고에 관한 규정이 적용**된다. 따라서 항고이유서를 제출할 필요가 없다(☞7-7. 법 15조의 즉시항고와 비교).[64] 즉시항고기간에 대하여 민사집행법에 보전처분과 관련하여 특별한 규정이 없으므로 즉시항고는 결정이 고지된 날부터 1주 이내에 하여야 한다(민사집행법 23조, 민사소송법 444조). 결정은 송달에 의하여 고지되므로(민사집행규칙 203조의4) 불복기간은 송달받은 날부터 기산한다. 또한 항고법원의 심리방법에 관하여는 아무런 규정도 두고 있지 않은데, 심리에 관하여 결정으로 완결할 사건에 관한 민사소송법 134조의 규정이 준용되어 변론을 열 것인지 여부 및 변론을 열지 아니할 경우에 당사자와 이해관계인 그 밖의 참고인을 심문할 것인지 여부를

64) 민사소송법상 항고법원의 소송절차에는 항소에 관한 규정이 준용되는데, 민사소송법은 항소이유서의 제출기한에 관한 규정을 두고 있지 아니하므로 가압류이의신청에 대한 재판의 항고인이 즉시항고이유서를 제출하지 아니하였다거나 그 이유를 적어내지 아니하였다는 이유로 그 즉시항고를 각하할 수는 없다(대법원 2008. 2. 29.자 2008마145 결정).

정할 수 있다.[65] 즉시항고의 신청이 이유가 있는 때에는 항고법원은 원결정(이의신청에 대한 결정)을 취소한 뒤, 원결정의 내용에 따라, 가령 가압류명령을 인가하는 결정에 대하여는 명령을 취소한 뒤에 가압류명령의 신청을 기각하고, 가령 가압류명령을 취소하는 결정에 대하여는 가압류명령을 인가한다. 즉시항고에 대한 항고심의 재판에 대해 재판에 영향을 미친 헌법, 법률, 명령 또는 규칙의 위반이 있는 때에는 재항고를 할 수 있다(민사소송법 442조). 이 경우의 재항고는 본래의 항고와 마찬가지로 즉시항고로 풀이하여야 한다.

2) 효력정지

제289조(가압류취소결정의 효력정지) ① 가압류를 취소하는 결정에 대하여 즉시항고가 있는 경우에, 불복의 이유로 주장한 사유가 법률상 정당한 사유가 있다고 인정되고 사실에 대한 소명이 있으며, 그 가압류를 취소함으로 인하여 회복할 수 없는 손해가 생길 위험이 있다는 사정에 대한 소명이 있는 때에는, 법원은 당사자의 신청에 따라 담보를 제공하게 하거나 담보를 제공하지 아니하게 하고 가압류취소결정의 효력을 정지시킬 수 있다. ④ 항고법원은 항고에 대한 재판에서 제1항의 규정에 의한 재판을 인가·변경 또는 취소하여야 한다. ⑤ 제1항 및 제4항의 규정에 의한 재판에 대하여는 불복할 수 없다.

그런데 즉시항고를 하더라도 **민사소송법 447조의 규정을 준용하지 않으므로** 위 경우에 집행을 정지하는 효력은 없다(286조 7항 후문). 이는 **집행부정지** 원칙을 채택함으로써 증가하는 채권자의 위험을 감수하더라도 보전재판의 신속한 절차진행이 더 중요하다고 본 입법자의 결단이라고 할 수 있다.[66] 그러므로 가령 가압류명령을 취소하는 결정에 대하여 즉시항고를 하는 경우에는 불복의 이유에 정당한 사유가 있고 그 가압류명령의 취소로 인하여 회복할 수 없는 손해가 생길 위험이 있다는 사정을 소명하여 법원에 가압류명령의 취소결정의 **효력정지**를 신청하여야 한다(289조 1항). 21-59

항고법원은 위 즉시항고에 대한 재판에서 위 효력을 정지하는 재판을 인가·변경 또는 취소하여야 한다(289조 4항). 위 효력을 정지하는 재판 및 위 효력정지 재판의 인가·변경 또는 취소 재판에 대하여는 **불복할 수 없다**(289조 5항).

65) 대법원 2012. 5. 31.자 2012마300 결정.
66) 대법원 2022. 3. 17. 선고 2019다226975 판결.

한편 앞에서 설명하였듯이 법원은 가압류명령을 유지하지 않는 때에는 이를 취소하는데, 이와 동시에 가압류신청을 기각하는 취지의 재판이 필요하다. 왜냐하면 가압류명령의 취소의 결정이 있더라도 그 전제인 가압류신청 자체는 그대로 남기 때문이다.

4. 취소신청

21-60 취소신청은 이의신청과 마찬가지로 동일한 심급의 불복신청이지만(상급심에 대한 불복신청으로서의 상소는 아니다), 가압류명령의 당부(가령 피보전권리의 존부, 보전의 필요성의 유무) 자체를 재심사하는 것(이는 이의신청. ☞21-49)이 아니라, 명령의 존재를 전제로 **명령이 있은 뒤의 사정을 고려**하여 현재 가압류명령을 유지할 필요가 없게 되었다는 것을 이유로 **가압류명령의 취소**를 구하는 절차이다(형성재판절차의 일종이라고 할 수 있다). 여기에서의 취소는 가압류명령 자체의 취소이고, 가압류집행의 취소(☞21-98)와는 구별하여야 한다. 한편, 이의절차와 마찬가지로 가압류명령에 대한 취소절차도 가처분명령에 준용된다(301조).

가압류명령을 취소하는 이유로는 ① 본안의 제소명령·제소기간 도과로 인한 취소(287조), ② 사정변경에 따른 취소(288조 1항 1호), ③ 법원이 정한 담보제공에 의한 가압류취소(288조 1항 2호. 이는 가처분에 대하여는 준용되지 않는 것에 주의), ④ 보전처분집행 후 3년 도과로 인한 취소(288조 1항 3호) 등이 있다.

(1) 본안의 제소명령·제소기간의 도과로 인한 가압류명령의 취소

제287조(본안의 제소명령) ① 가압류법원은 채무자의 신청에 따라 변론 없이 채권자에게 상당한 기간 이내에 본안의 소를 제기하여 이를 증명하는 서류를 제출하거나 이미 소를 제기하였으면 소송계속사실을 증명하는 서류를 제출하도록 명하여야 한다. ② 제1항의 기간은 2주일 이상으로 정하여야 한다. ③ 채권자가 제1항의 기간 이내에 제1항의 서류를 제출하지 아니한 때에는 법원은 채무자의 신청에 따라 결정으로 가압류를 취소하여야 한다. ④ 제1항의 서류를 제출한 뒤에 본안의 소가 취하되거나 각하된 경우에는 그 서류를 제출하지 아니한 것으로 본다. ⑤ 제3항의 신청에 관한 결정에 대하여는 즉시항고를 할 수 있다. 이 경우 민사소송법 제447조의 규정은 준용하지 아니한다.

1) 의 의

21-61 가압류명령은 본안의 권리 또는 법률관계를 보전하기 위한 잠정적, 가정적 처

분이고, 본래 조속히 채권자가 채무자를 상대로 본안의 소를 제기하여 본안의 권리 등의 확정을 도모하는 것을 전제로 하고 있는데, 채권자는 일단 가압류가 발령되면 구태여 본안의 소를 제기할 필요성을 느끼지 않고, 채무자만 일방적으로 어쩔 수 없이 가압류명령으로 인한 불이익을 받아들이고 있는 경우가 많다. 본안의 소가 제기되지 않으면, 보전처분의 상태가 계속하여 채무자는 경제적 · 정신적으로 상당한 불이익을 입게 된다. 그리하여 그러한 상태에 놓이는 채무자의 구제방법으로 본안의 소를 제기하지 않는 채권자에게 채무자의 신청에 의하여 법원이 상당한 기간 내에 본안의 소의 제기를 명하고(제소명령), 채권자가 이를 이행하지 않으면, 법원은 채무자의 신청에 따라 결정으로 가압류를 취소하도록 하였다(287조).

2) 본안의 제소명령의 신청

가압류가 발령되어 유효하게 존속함에도 불구하고 채권자가 본안의 소를 제기 21-62
하지 않는 경우에 채무자는 가압류를 발령한 법원에 본안의 제소명령을 신청할 수 있다.

신청에 대하여는 **가압류를 발령한 법원**이 **전속관할권**을 가진다. 법원은 제소명령의 신청이 적법하고, 가압류명령이 유효하게 존속하는 한, 본안의 소의 계속의 유무에 대하여 심리하지 않고, 즉시 제소명령을 내리게 된다. 그런데 본안소송이 판결의 확정으로 이미 종료되어 있는 때와 같은 경우에는 소의 제기를 강제할 의미가 없으므로 신청을 부적법으로 각하하여야 할 것이다. 채권자에게 상당한 기간 내에 본안의 소를 제기하여 이를 증명하는 서류를 제출하거나 이미 소를 제기하였으면 소송계속사실을 증명하는 서류를 제출하도록 명한다(287조 1항, 301조). 제소명령은 **사법보좌관**의 임무이다(사법보좌관규칙 2조 1항 15호). 제소명령은 변론 없이 결정의 형식으로 하되, 그 제소기간은 2주일 이상으로 정하여야 한다. 이 기간은 명령이 채권자에게 송달된 날로부터 기산한다. 채권자는 본안의 제소를 명한 재판에 대하여는 불복할 수 없다.

한편 가압류의 발령을 예정하여 사전에 신청하는 것을 막지 않으며, 이 경우에는 가압류명령 자체 중에 위 기간의 설정, 본안의 제소 등의 명령을 할 수 있다.

◈ 결정 주문 기재례 ◈

> 채권자는 이 결정이 송달된 날부터 20일 안에 이 법원 2025카단OOO 가압류사건에 관하여 본안의 소를 제기하고 이를 증명하는 서류를 제출하거나 이미 소를 제기하였으면 소송계속사실을 증명하는 서류를 제출할 것을 명한다.

3) 제소명령 불응 시의 가압류명령의 취소신청

21-63 채권자가 이미 소를 제기하였다면, 그 소송계속사실을 증명하는 서류를, 그렇지 않은 경우에는 위 제소기간 내에 본안의 소를 제기하고 그 사실을 증명하는 서류를 제출하여야 하는데, 법원이 정한 제소기간 내에 채권자가 소제기를 증명하는 서류 등을 제출하지 않으면 채무자는 가압류명령의 취소를 신청할 수 있다(287조 3항).[67] 이는 앞의 제소명령의 신청과는 별도이다.

채권자는 본안의 소가 제기되었다는 사실을 증명하여야 하는데,[68] 여기서 가령 채권자가 주장하는 금전채권에 대하여 채무자로부터 채무부존재확인의 소가 제기된 경우에 채권자가 이행청구의 반소를 제기하는 것도 본안의 소에 해당한다고 할 것이다. 나아가 민사조정 및 제소전 화해의 신청이 본안의 소에 준한 것으로 볼 것인지 여부에 대하여는 견해가 나뉠 수 있는데,[69] 조정·화해가 성립하면 권리관계를 확정할 수 있는 것이고, 불성립이더라도 소송으로 이행하여 피보전권리의 존부 등을 확정할 여지가 있으므로 긍정할 것이다. 본안의 소는 가압류명령에 표시된 채권자로부터 제기되는 것이 원칙이지만, 가압류명령의 효력을 원용할 수 있는 승계인이나 파산관재인으로부터의 소제기도 무방하다.

제기한 본안소송의 소송물과 가압류신청의 피보전권리가 엄격히 일치함을 요하지 않으며 서로 다르더라도 청구의 기초의 동일성이 인정되면 상관없다고 할 것

67) 한편, 채무자의 대응책으로 위와 같은 취소절차도 있지만, 이와 달리 채무자가 먼저 채권자를 상대로 피보전권리 부존재확인의 소를 제기하여 그 승소판결을 받아서 사정변경 등에 따른 취소를 신청하는 방안도 생각할 수 있다(이시윤, 621면).

68) 제소명령 후 가압류결정의 청구채권을 甲에게 양도한 乙이 채무자 丙에게 채권양도사실을 내용증명우편으로 통지하였으나 丙이 이를 수령하지 못하였는데, 甲이 제소기간 내에 丙을 상대로 본안의 소를 제기하고 제소신고서를 제출한 사안에서 제소명령을 준수하였다고 봄이 타당한데도, 甲의 제소신고가 채권양도의 대항력이 없는 상태에서 이루어진 것이므로 적법한 제소신고라 할 수 없다는 이유로 부적법하다고 보아 위 가압류결정을 취소한 것은 잘못이다(대법원 2014. 10. 10.자 2014마1284 결정).

69) 김연, 175면; 김홍엽, 442면. 반면, 당연히 집행권원의 형성에 이르는 것은 아니므로 부정하는 입장으로는 박두환, 722면. 한편, 이시윤, 620면은 소송구조신청까지는 포함되지 않는다고 한다.

이다(☞21-3 참조).[70]

소제기를 증명하는 서류를 제출한 뒤에 **본안의 소가 취하되거나 각하**된 경우에는 그 서류를 제출하지 아니한 것으로 본다(287조 4항). 이는 본안소송의 계속이 없어지는 것이 되므로 이를 전제로 한 서류도 없게 되는 것이 되고, 결국 서류의 제출 자체가 없는 것이 되기 때문이다.

한편 채권자에 의한 본안의 소의 제기나 그 사실을 증명하는 서류의 제출이 제소명령으로 정하여진 기간의 경과 후라도 여기에서의 취소신청에 대한 재판 전에 행하여지고 있다면, 가압류명령을 취소할 수 없다고 볼 것이다.

4) 심리 및 재판

해당 **가압류를 발령한 법원이 관할권**을 가진다. 취소신청에 대하여 법원은 심문 또는 서면심리를 거쳐 **결정**으로 취소한다(287조 1항, 3항). **법관**의 임무이다. 채무자는 제소기간 내에 소제기를 증명하는 서류 등이 제출되지 않았음을 주장하기만 하면 충분하고, 채권자가 오히려 소제기 증명서 등이 제소기간 내에 제출되었음을 증명하여야 한다. 위 제소기간 내에 소를 제기하였더라도 증명이 없는 경우에는 이후에 소제기 증명서 등이 제출되더라도 법원은 결정으로 가압류명령을 취소한다. 21-64

5) 재판에 대한 불복

① 즉시항고

제287조(본안의 제소명령) ⑤ 제3항의 신청에 관한 결정에 대하여는 즉시항고를 할 수 있다. 이 경우 민사소송법 제447조의 규정은 준용하지 아니한다.

취소신청에 관한 결정에 대하여 즉시항고를 할 수 있고, 민사소송법상 즉시항고에 관한 규정이 적용되는데,[71] 이 경우에 민사소송법 447조의 규정은 준용하지 않으므로(287조 5항) 즉시항고는 **집행을 정지시키는 효력은 없다**. 이는 집행부정 21-65

70) 김홍엽, 442면; 이시윤, 621면. 이에 대하여 가압류의 기초가 된 본안청구권 자체를 소송물로 하는 것이 필요하고, 소송물이 다르면 양자 사이에 청구의 기초의 동일성이 인정되더라도 그 요건을 충족하는 것은 아니라는 입장도 있을 수 있다. 여러 논의와 관련하여 김경욱, "피보전권리와 본안의 소송물의 동일성", 민사집행법연구(2018. 2), 397면 이하 참조.

71) 제소명령 불이행을 이유로 한 보전처분 취소결정은 법 15조의 '집행절차에 관한 집행법원의 재판'에 해당한다고 볼 수는 없고, 따라서 그에 대한 즉시항고에 관해서는 법 15조가 아니라 민사소송법상 즉시항고에 관한 규정이 적용된다(대법원 2006. 9. 28.자 2006마829 결정).

지원칙을 채택함으로써 증가하는 채권자의 위험을 감수하더라도 보전재판의 신속한 절차진행이 더 중요하다고 본 입법자의 결단이라고 할 수 있다.

② 효력정지

제289조(가압류취소결정의 효력정지) ① 가압류를 취소하는 결정에 대하여 즉시항고가 있는 경우에, 불복의 이유로 주장한 사유가 법률상 정당한 사유가 있다고 인정되고 사실에 대한 소명이 있으며, 그 가압류를 취소함으로 인하여 회복할 수 없는 손해가 생길 위험이 있다는 사정에 대한 소명이 있는 때에는, 법원은 당사자의 신청에 따라 담보를 제공하게 하거나 담보를 제공하지 아니하게 하고 가압류취소결정의 효력을 정지시킬 수 있다.

21-66 그러므로 즉시항고를 하는 경우에는 불복의 이유에 정당한 사유가 있고 그 가압류명령의 취소로 인하여 회복할 수 없는 손해가 생길 위험이 있다는 사정을 소명하여 법원에 취소결정의 **효력정지**를 신청하여야 한다(289조 1항). 이러한 효력정지는 법원의 잘못된 보전처분 취소결정으로 생길 수 있는 손해를 방지하기 위하여 법률에 규정된 긴급 구제절차라고 할 수 있다. 위 즉시항고에 있어서 항고법원은 그 재판에서 위 효력을 정지하는 재판을 인가·변경 또는 취소하여야 한다(동조 4항). 위 효력을 정지하는 재판 및 위 효력정지 재판의 인가·변경 또는 취소 재판에 대하여는 불복할 수 없다(동조 5항).

◈ 제소명령 뒤 착오에 의한 가압류명령의 취소 ◈ A씨는 B사를 상대로 건물에 대하여 가압류를 신청하였다. 법원은 며칠 뒤 A씨의 신청을 받아들여 가압류결정을 내렸다. 이에 따라 가압류결정 기입등기도 마무리되었다. 이듬해 B사는 위 가압류 등기를 말소하기 위하여 법원에 본안의 제소명령을 신청하였다. 법원은 A씨에게 '제소명령을 송달받은 날부터 20일 안에 본안의 소를 제기하고, 이를 증명하는 서류를 제출하라'는 제소명령을 내렸다. A씨는 위 제소기간 마지막 날 소를 제기하였고 그 증명서류를 법원에 제출하였다(일요일이 만료일이라 다음날). 그런데 B사는 A씨가 제소기간 내에 소를 제기하지 않았다며 가압류명령의 취소신청을 하였다. 법원 역시 A씨가 제때 소를 제기하지 않았다며 가압류결정을 취소하였다. 제소기간 만료일을 착각하여서 벌어진 일이다. A씨는 즉시항고를 하였고, 항고심 재판부는 1심 법원이 제소기간 만료일을 잘못 계산하였다며 가압류명령의 취소결정을 뒤집었다. 그러나 때는 이미 늦었다. 가압류 등기가 말소된 탓에 A씨는 경매절차에서 배당을 한 푼도 받지 못하였다. 건물 일부는 이미 다른 사람 앞으로 넘어갔다. 판사가 날짜를 잘못 계산하는 실수를 저지르는 바람에 가압류가 취소되면서 배당을 받지 못하였으므로 A씨

는 국가를 상대로 7억 8천여 만원의 손해배상을 청구하였다. 1심은 원고 패소, 2심은 "법관의 직무수행상 기준을 현저하게 위반한 경우에 해당한다"며 1심 판단을 뒤집고 국가의 배상책임을 인정하였다. 법관의 잘못된 판단이 항상 불법행위가 되는 것은 아니지만 직무수행상 통상의 기준을 현저히 위반한 때는 위법하다고 볼 수 있다는 것이다. 다만 A씨에게도 40%의 책임이 있다고 보고 국가가 A씨에게 4억 6천여 만원과 지연이자를 지급하라고 하였으나, 상고심은 "법관의 재판에 법령 규정을 따르지 않은 잘못이 있더라도 이로써 바로 재판상 직무행위가 국가배상법 2조 1항에서 말하는 위법한 행위로 되어 국가의 손해배상책임이 발생하는 것은 아니다"며 "법관의 오판으로 인한 국가배상책임이 인정되려면 법관이 위법하거나 부당한 목적을 가지고 재판을 하거나 직무수행 기준을 현저하게 위반하는 등 법관이 그에게 부여된 권한의 취지에 명백히 어긋나게 이를 행사했다고 인정할 만한 특별한 사정이 있어야 한다"고 판시하면서, 재판작용에 대한 국가배상책임에 관한 판례는 재판에 대한 불복절차 또는 시정절차가 마련되어 있으면 이를 통한 시정을 구하지 않고서는 원칙적으로 국가배상을 구할 수 없다는 것으로, 보전재판이라고 해서 이와 달리 보아야 할 이유가 없다고 원심을 파기환송하였다.[72]

(2) 사정변경 등에 따른 취소

1) 사정변경에 따른 가압류명령의 취소

제288조(사정변경 등에 따른 가압류취소) ① 채무자는 다음 각 호의 어느 하나에 해당하는 사유가 있는 경우에는 가압류가 인가된 뒤에도 그 취소를 신청할 수 있다. 제3호에 해당하는 경우에는 이해관계인도 신청할 수 있다. 1. 가압류이유가 소멸되거나 그 밖에 사정이 바뀐 때 2. 법원이 정한 담보를 제공한 때 3. 가압류가 집행된 뒤에 3년간 본안의 소를 제기하지 아니한 때 ② 제1항의 규정에 의한 신청에 대한 재판은 가압류를 명한 법원이 한다. 다만, 본안이 이미 계속된 때에는 본안법원이 한다. ③ 제1항의 규정에 의한 신청에 대한 재판에는 제286조제1항 내지 제4항 · 제6항 및 제7항을 준용한다.

① 의 의

가압류가 발령되어 유효하게 존속하고 있는 중에, 발령의 요건인 피보전권리 또는 보전의 필요성이 소멸하거나 사정이 변경되어 가압류명령을 그대로 유지하는 것이 부당하게 된 경우에는 채무자는 법원에 그 취소를 신청할 수 있다(288조 1항, 301조). 발령의 이유가 된 사정에 변경이 생겼어도 가압류명령이 당연히 그 효력을 잃는 것은 아닌데, 신청에 의하여 가압류명령을 취소하는 제도를 둔 것이다. 이는 가압류명령과는 별도의 독립된 절차이다. 또한 가압류명령 자체의 취소를 구하는 21-67

72) 대법원 2022. 3. 17. 선고 2019다226975 판결 참조.

신청이므로 가압류집행의 취소(282조)와 다르다.

◈ **구체적 예** ◈ 甲은 乙에 대한 불법행위에 기한 손해배상청구권을 피보전권리로 하여 乙이 제3채무자 OO은행에 대하여 가지는 예금채권을 가압류하였다. 그 뒤, 甲이 乙에게 손해배상을 구하는 본안소송을 제기한바, 제1심에서 불법행위의 성립을 부정하고, 甲의 청구를 기각하는 취지의 판결이 선고되었고, 항소심에서 항소를 기각하는 판결이 선고되었다. 乙은 위 가압류명령에 대하여 어떠한 신청을 할 수 있는가. 사정의 변경의 유무가 심리의 대상이 된다. 채권자가 본안의 항소심에서 패소한 것을 이유로 가압류명령의 취소를 신청할 수 있는가. 채권자 패소의 항소심판결이 확정되지 않은 단계에서, 이후 상급심에서 그 판결이 취소될 우려가 없는지 여부가 검토되어야 한다. 채무자는 본안판결이 상급심에서 취소될 우려가 없다는 것을 구체적 사실에 기하여 주장·소명하여야 한다.

② 관할법원

21-68 신청에 대한 재판은 원칙적으로 **해당 가압류를 명한 법원**이 한다(288조 2항 본문). 다만 본안이 이미 계속된 때에는 본안법원이 하는데(288조 2항 단서), 이는 실제 본안소송이 계속된 법원을 말하므로 본안소송이 제기되지 않은 경우나 이미 본안판결이 확정된 경우에는 가압류를 명한 법원만이 관할법원이 되고, 그 본안법원은 관할권이 없다.

③ 신청권자

21-69 채무자와 그 일반승계인이 취소신청권자가 된다. 나아가 목적물의 특정승계인도 사정변경을 주장하여 가압류명령의 취소를 신청할 수 있는지 여부에 대하여 적극설과 소극설이 있다.[73] 가압류의 피보전권리가 금전채권이므로 그 대상이 된 목적물의 취득자는 가압류명령의 채무자의 지위를 승계한 것은 아니어서 원칙적으로 가압류명령의 취소를 신청할 수 없고, 다만 채무자를 대위한 채권자대위권의 행사에 의하여 가압류명령의 취소를 신청할 수 있다.[74] 파산관재인도 신청권자에 해당한다.

73) 적극설로는, 이시윤, 624면. 소극설로는, 김일룡, 588면, 김홍엽, 447~448면; 박두환, 727면. 한편, 채무자의 채권자는 보전취소를 구할 자기 고유의 법적 이익을 가지는 것을 이유로 채무자로부터 신청의 수권을 받아 임의적 소송담당으로 보전명령의 취소를 신청할 수 있다는 입장으로는 松本博之, 民事執行保全法, 527면.

74) 관련하여 사정변경에 따른 가압류의 취소를 신청할 수 있는 권리는 가압류신청에 기한 소송절차와는 별개의 독립된 소송절차를 개시하게 하는 권리라고 할 것이므로, 이는 **채권자대위권의 목적이 될 수 있는 권리**라고 봄이 상당하다(대법원 2011. 9. 21.자 2011마1258 결정[미간행]). 甲

④ 사정변경의 내용

㉮ 피보전권리에 관한 사정변경

피보전권리에 대하여 가압류명령이 있은 뒤에 변제, 상계, 면제 등이 있은 경우 뿐만 아니라, 본안소송에서 피보전권리가 존재하지 않는다는 채권자 패소판결이 확정된 경우가 그 예이다. 다만 패소판결의 이유가 피보전권리의 존재를 부정하는 경우가 아니라면, 이에 해당하지 않는다. 피보전권리의 양도는 채권자 지위의 승계를 가져오는 것만이고, 취소원인인 사정변경이 되는 것은 아니다. 한편, 본안소송에서 소송법상의 이유로 각하판결을 받은 경우에는 통상 사정변경이 있다고 할 수 없다.[75] 또한 피보전권리가 기한미도래 또는 조건미성취인 경우라면, 사정변경이 있다고 할 수 없다. 21-70

한편 채권자 패소의 본안판결이 아직 미확정인 경우에는 원칙적으로 사정변경이 있는 것으로 가압류명령을 취소할 수 없지만, 자유재량에 의하여 본안판결이 상급심에서 취소될 우려가 없다고 판단될 수 있는 경우에는 사정의 변경이 있는 것으로 가압류명령의 취소를 할 수 있다고 할 것이다.[76]

피보전권리를 이유 있게 하는 사유가 복수인 때에는 가압류명령이 어느 사유에 기하여 발령되었든 모든 사유가 해소되지 않으면 사정변경이 되지 않는다고 할 것이다.

그리고 **판례**는 본안소송 패소판결 확정 뒤에 채권자가 청구의 기초가 동일한

이 乙을 상대로 이전등기말소의 소를 제기하여 일부승소 확정판결을 받았으나 그에 따른 말소등기가 이루어지지 아니하고 있는 사이에 丙이 乙을 상대로 가압류결정을 얻고 그에 따른 기입등기가 마쳤졌는데, 丁이 甲을 상대로 이전등기청구소송을 제기하여 승소확정판결을 얻은 사안에서, 丁이 甲에 대하여 확정판결에 기한 소유권이전등기청구권을 가지고 있을 뿐 아직 소유권을 취득한 것은 아니므로 丁이 독립한 지위에서 사정변경 등을 이유로 직접 丙에 대하여 가압류의 취소를 구할 수는 없고, 甲을 대위하여 사정변경을 이유로 가압류의 취소를 구할 당사자적격은 있다고 할 것이나, 가압류가 있기 전에 甲이 乙을 상대로 이전등기의 말소를 명하는 내용의 승소확정판결을 받았거나 丁이 甲을 상대로 소유권이전등기절차의 이행을 명하는 승소확정판결을 받았다는 등의 사정만으로는 가압류를 취소할 사정변경이 생긴 경우에는 해당하지 않는다고 한 사례이다.

75) 대법원 2004. 12. 24. 선고 2004다53715 판결. 다만, 채권자가 법 288조 1항 3호에서 정한 제소기간 내에 피보전권리에 관한 본안의 소를 다시 제기하여 그 절차에서 소송요건의 흠결을 보완하는 것이 불가능하거나 현저히 곤란하다고 볼 만한 특별한 사정이 있는 경우에는 사정변경이 발생하였다고 볼 수 있다. 이러한 사정변경이 있는지는 보전명령 취소신청사건의 사실심 종결시를 기준으로 그때까지 제출된 당사자의 주장과 증거방법을 기초로 판단하여야 한다(대법원 2018. 2. 9.자 2017마5829 결정).

76) 대법원 2008. 11. 27.자 2007마1470 결정. 패소판결이 상소심에서 변경될 가능성이 있는지 여부는 사정변경을 이유로 한 가처분취소신청사건의 사실심 종결시를 기준으로 하여 그때까지 제출된 당사자의 주장과 증거방법을 기초로 판단하여야 한다.

별소를 제기한 경우에도 여기에서의 사정변경을 인정하여 가압류명령을 취소하여야 한다고 보아 그 유용을 허용하지 않는다.[77]

㈏ 보전의 필요성에 관한 사정변경

가압류명령이 있은 뒤 채무자가 충분한 재산이 있게 된 것이 그 예이다. 또한 가압류명령이 있은 뒤 채권자가 그 **보전의 의사를 포기하였다고 볼 만한 사정**이 있는 경우는 사정변경에 해당한다.[78] **판례**는 채권자가 승소판결을 받아 확정되거나 즉시 본집행을 할 수 있었음에도 상당한 기간이 지나도록 본집행에 착수하지 않은 경우와[79] 채권자가 본안에서 패소판결을 받고 항소심에서 소를 취하하여 재소금지 원칙의 적용을 받는 경우는[80] 사정변경에 해당한다고 하나, 한편 본안소송에서 소의 각하, 취하 또는 취하간주가 있다 하더라도 그 자체만으로는 사정변경사유로 볼 수 없다고 한다.[81]

⑤ 심리 및 재판

21-71 취소신청에 대한 심리와 재판에는 대체로 이의신청에 대한 규정을 준용한다(288조 3항). 신청이 있으면 변론기일 또는 당사자 쌍방이 참여할 수 있는 심문기일을 정하고 당사자에게 이를 통지하여야 한다(288조 3항, 항, 286조 1항). 재판의 형식은 **결정**으로 한다(288조 3항, 286조 3항). 가령 심리한 결과, 가압류명령을 유지할 수 없다고 판단한 경우에는 가압류명령을 취소한다. 판결절차와 달리 결정의 고지에

77) 대법원 1994. 8. 12. 93므1259 판결 등 참조.

78) 대법원 1998. 5. 21. 선고 97다47637 전원합의체 판결.

79) 가압류채권자가 본안소송에서 승소하고 집행권원을 획득하여 즉시 본집행을 할 수 있는 요건을 갖추었음에도 그 집행을 하지 않고 있는 경우에는, 본집행을 하지 못할 장애가 있다는 등의 다른 사정이 없는 한, 피보전권리에 대한 보전의 필요성은 소멸되었다고 할 것이고, 이와 같이 가압류결정 후에 보전의 필요성이 소멸된 때에는 그 가압류를 그대로 존속시켜 놓을 수 없는 사유인 사정변경이 있다고 보아야 한다(대법원 1984. 10. 23. 선고 84다카935 판결; 대법원 1990. 11. 23. 선고 90다카25246 판결 등).

80) 대법원 1999. 3. 9. 선고 98다12287 판결.

81) 소의 취하에 대하여는 대법원 1992. 6. 26. 선고 92다9449 판결, 소각하에 대하여는 대법원 1995. 8. 25. 선고 94다42211 판결, 소취하 간주에 대하여는 대법원 1998. 5. 21. 선고 97다47637 전원합의체 판결(소의 의제적 취하는 여러 가지 동기와 원인에서 이루어지고, 보전명령에 대한 본안소송이 쌍방불출석으로 취하된 것으로 간주되었다고 하더라도, 통상의 소취하의 경우와 마찬가지로 본안에 대한 종국판결이 있기 전이라면 피보전권리에 영향을 주는 것이 아니어서 다시 같은 소송을 제기할 수도 있으므로, 그 취하의 원인, 동기, 그 후의 사정 등에 비추어 채권자가 보전의 의사를 포기하였다고 인정되지 아니하는 이상 보전명령에 대한 본안소송이 취하된 것으로 간주되었다는 사실 자체만으로 보전명령 취소사유인 사정변경에 해당한다고 볼 수는 없다) 각 참조.

의하여 바로 효력이 생기는데, 다만 가압류명령을 취소하는 결정을 하는 경우에는 채권자가 그 고지를 받은 날부터 2주를 넘지 아니하는 범위 안에서 상당하다고 인정하는 기간이 경과하여야 그 결정의 효력이 생긴다는 뜻을 선언할 수 있다(288조 3항, 286조 6항).

⑥ 재판에 대한 불복

제298조(가압류취소결정의 취소와 집행) ① 가압류의 취소결정을 상소법원이 취소한 경우로서 법원이 그 가압류의 집행기관이 되는 때에는 그 취소의 재판을 한 상소법원이 직권으로 가압류를 집행한다. ② 제1항의 경우에 그 취소의 재판을 한 상소법원이 대법원인 때에는 채권자의 신청에 따라 제1심 법원이 가압류를 집행한다.

취소신청에 대한 재판에 대하여 즉시항고를 할 수 있는데, 이 경우에 집행을 정지하는 효력은 없다(288조 3항, 286조 7항). 항고법원은 심리한 결과에 따라 신청을 인용하거나 배척하는 재판을 하여야 한다. 가령, 가압류명령을 취소하는 결정에 대하여 즉시항고를 하였는데, 항고법원이 그 취소하는 결정을 취소함으로써 그 가압류명령에 관하여 새로운 집행이 필요하게 되었다면, 법원이 그 가압류명령의 집행기관이 되는 때에는 그 항고법원이 **직권**으로 가압류명령을 집행한다(298조 1항). 절차의 신속을 위한 규정이다.[82] 이 경우에 그 취소의 재판을 한 법원이 대법원인 때에는 채권자의 신청에 따라 제1심법원이 가압류명령을 집행한다(298조 2항). 대법원이 사실심 법원이 아니기 때문이다. 21-72

2) 법원이 정한 담보제공에 의한 가압류취소

제288조(사정변경 등에 따른 가압류취소) ① 채무자는 다음 각 호의 어느 하나에 해당하는 사유가 있는 경우에는 가압류가 인가된 뒤에도 그 취소를 신청할 수 있다. ... 2. 법원이 정한 담보를 제공한 때

가압류는 금전채권의 집행보전을 위하여 채무자의 일반재산을 확보하는 것을 21-73

82) 이는 항고법원의 결정에 따라 새로운 집행이 필요할 때 별도로 채권자의 신청이나 담보제공 등이 없이도 직권으로 원래의 보전처분을 집행하도록 한 것으로서, 가압류취소결정에 따른 집행취소에 의해 가압류등기가 말소되었으나 항고법원이 가압류의 취소결정을 취소하고 원래의 가압류결정을 인가한 때의 집행방법을 정한 것으로 보아야 한다(대법원 2022. 4. 28.자 2021마7088 결정).

목적으로 하므로 채무자가 적당한 담보를 제공하면 구태여 일반재산을 가압류할 필요가 없다. 따라서 채무자가 담보의 종류나 액수를 특정함이 없이 적당한 담보를 제공하겠으니 가압류를 취소하여 달라는 신청을 하고, 그에 따라 법원이 자유재량에 의하여 명한 담보를 채무자가 제공하고서 **가압류 자체의 취소**를 구할 수 있는바(288조 1항 2호), 여기에서의 담보는 직접 피보전권리를 담보하는 것으로 채권자는 여기에 **일종의 질권**을 갖게 된다.

그런데 가압류명령에 있어서 해방금액을 공탁하고 **가압류집행의 취소**를 구하는 제도(282조, 299조)는 비교적 널리 활용되고 있으나(☞21-40, 21-100), 여기에서의 담보제공에 의한 **가압류취소**는 거의 활용되지 않고 있는 실정이다.[83] 담보제공에 의한 **가압류취소**는 해방금액 공탁으로 인한 **가압류집행의 취소**와 비교할 때, ① 채권자가 동일 채권을 가지고 여러 건의 가압류결정을 받은 경우에 채무자가 각 가압류 사건마다 청구금액 상당의 해방공탁을 하여 가압류집행을 취소하도록 하는 것은 불합리하므로 이러한 경우에 채무자로서는 이 규정에 의하여 1회의 담보제공으로 여러 건의 가압류결정을 모두 취소할 수 있고, ② 가압류해방금은 가압류목적물에 대신하는 것이므로 금전에 의한 공탁만이 허용되고, 유가증권에 의한 공탁은 그 유가증권이 실질적 통용가치가 있는 것이라고 하더라도 허용되지 아니한다는 것이 실무인데, 담보제공에 의한 가압류취소에서의 담보는 현금에 상응하는 유가증권으로도 가능하다는 장점이 있으므로 보다 적극적으로 활용할 것이 기대된다.

3) 3년간 본안의 소 부제기로 인한 가압류명령의 취소

> **제288조(사정변경 등에 따른 가압류취소)** ① 채무자는 다음 각 호의 어느 하나에 해당하는 사유가 있는 경우에는 가압류가 인가된 뒤에도 그 취소를 신청할 수 있다. 제3호에 해당하는 경우에는 이해관계인도 신청할 수 있다. ... 3. 가압류가 집행된 뒤에 3년간 본안의 소를 제기하지 아니한 때

21-74 가압류명령이 집행된 경우에 채무자는 여러 가지 불이익을 당하게 되는데, 본래 가압류명령은 증명이 아니라, 소명에 기하여 일단 피보전권리 등의 존재가 인정된 것에 지나지 않는다. 따라서 채권자가 3년간 본안의 소를 제기하여 그 권리관계의 존부를 확정시키지 않는 경우에 가압류명령을 취소하도록 하였다. 즉 가압류명

83) **일본**에서도 거의 이용되지 않고, 이의신청 등으로 충분히 해결할 수 있으므로 일본 새로운 민사보전법은 위 규정을 폐지하였다.

령이 집행된 뒤에 3년간 본안의 소를 제기하지 아니한 때에 채무자 또는 이해관계인이 가압류명령의 취소를 신청할 수 있도록 하면서(288조 1항 3호), 그 취소절차를 결정절차에 의하도록 하였다. 채권자가 가압류결정이 있은 후 보전의사를 포기하였거나 상실하였다고 볼 만한 사정이 있는 경우에는 법 288조 1호 사유인 '**사정이 바뀐 때**'에 해당하여 가압류명령을 취소할 수 있는데, 위 3호 사유는 채권자가 **보전의사를 포기 또는 상실**하였다고 볼 수 있는 전형적인 경우로 보아 이를 가압류명령의 취소사유로 규정한 것이다. 그 취지는 가압류는 권리관계가 최종적으로 실현될 때까지 긴급하고 잠정적으로 권리를 보전하는 조치에 불과하므로 채권자로 하여금 채권의 보전에만 머물러있지 말고 채권의 회수·만족이라는 절차까지 진행하여 법률관계를 신속히 마무리 짓도록 하고, 채권자가 이를 게을리 한 경우에는 채무자가 가압류로 인한 제약으로부터 벗어날 수 있도록 하려는 데에 있다(다만, 가압류명령의 집행 전에 이미 본안의 소에 관한 확정판결을 받은 경우는 이에 해당하지 않음).[84]

3년이 경과하면 취소의 요건이 완성되며, 그 뒤에 본안의 소를 제기하여도 가압류명령의 취소를 배제할 수 없다.[85] 위 취소결정이 확정된 경우에 가압류명령의 효력이 소멸하는 것이고, 가압류집행시부터 3년이 경과된 시점에 소급하여 가압류명령의 효력을 소멸하게 하는 것은 아니다.[86]

한편 위와 같은 사유로 인한 가압류명령의 취소는 「민법」 175조에서 정한 가압류가 권리자의 청구에 의하여 또는 법률의 규정에 따르지 아니함으로 인하여 취소된 때에 해당하지 않아 가압류에 의한 소멸시효중단의 효력이 소급하여 소멸하지 않는다(☞21-22 참조).[87]

---

84) 위 사유를 반드시 본안의 소를 제기하여 확정판결이라는 집행권원을 취득하는 경우로 한정할 이유가 없고, 이와 더불어 집행력이 있는 집행권원에 집행문을 부여받으면 가압류가 본압류로 이행될 수 있고, 또한 이를 가지고 가압류의 목적이 된 부동산이 매각되는 등의 절차에 따라 공탁된 가압류채권자에 대한 배당금에 대하여 지급위탁을 받아 그 배당금을 출급할 수 있다는 점까지 보태어 보면, 소송과정에서 **확정판결과 같은 효력이 있는 조정이나 재판상 화해가 성립하는 경우뿐만 아니라 집행증서와 같이 소송절차 밖에서 채무자의 협력을 얻어 집행권원을 취득하는 경우**에도 가압류채권자가 채권의 실현 내지 회수의사를 가졌음이 명백하다면 본안의 소를 따로 제기하지 아니하였더라도 위 3호 사유에 해당한다고 할 수 없다(대법원 2016. 3. 24.자 2013마1412 결정[미간행]). 가압류채권자가 가압류 집행 전에 **이미 본안의 소에 관한 확정판결**을 받았으나 가압류가 집행된 뒤에 3년간 다시 본안의 소를 제기하지 않은 경우는 위 3호 사유에 해당한다고 볼 수 없다(대법원 2023. 10. 20.자 2020마7039 결정).

85) 대법원 1999. 10. 26. 선고 99다37887 판결(가처분결정취소 사안).

86) 대법원 2008. 2. 14. 선고 2007다17222 판결[미간행].

87) 대법원 2009. 5. 28. 선고 2009다20 판결[미간행].

Ⅶ. 가압류의 집행

1. 의 의

제291조(가압류집행에 대한 본집행의 준용) 가압류의 집행에 대하여는 강제집행에 관한 규정을 준용한다. 다만, 아래의 여러 조문과 같이 차이가 나는 경우에는 그러하지 아니하다.

제292조(집행개시의 요건) ① 가압류에 대한 재판이 있은 뒤에 채권자나 채무자의 승계가 이루어진 경우에 가압류의 재판을 집행하려면 집행문을 덧붙여야 한다. ② 가압류에 대한 재판의 집행은 채권자에게 재판을 고지한 날부터 2주를 넘긴 때에는 하지 못한다. ③ 제2항의 집행은 채무자에게 재판을 송달하기 전에도 할 수 있다.

21-75 가압류절차는 가압류명령을 발하기 위한 판단을 하는 가압류명령절차와 발령된 가압류명령을 집행하는 가압류집행절차의 2단계로 나뉜다는 것은 이미 설명한 바 있다(☞20-41). 전자는 소송절차의 성격을 가지고, 후자만이 엄밀한 의미의 강제집행절차인데, 양 절차는 가압류의 긴급성·잠정성 때문에 서로 밀접한 관련이 있으며 혼재되어 있다.[88]

가압류의 집행은 가압류가 보전하려고 하는 금전채권에 대한 본래의 강제집행과 밀접한 관련이 있으므로 특별한 정함이 없는 한, **강제집행**의 **규정**을 **준용**한다(291조). 그러나 그 준용은 채권자에게 만족을 주려는 것이 아니라, 강제집행의 실시를 보전한다는 가압류의 목적에 합치하는 한도에서 하는 것이므로 몇 가지 특칙이 있다.

집행요건에 있어서 절차의 신속성을 중시하여 가압류명령의 고지에 의한 즉시 집행력 발생, 집행문의 원칙적 불필요, 가압류명령의 송달 불필요, 2주일의 집행기간 등과 같이 일반의 강제집행을 위한 요건의 예외를 정하고 있는 것은 이미 설명한 바 있다(☞20-44 이하).

한편 가압류의 집행에는 위와 같이 원칙적으로 집행문의 부여가 필요하지 않지만, 그러나 그 발령 뒤, 집행 전에 채권자 또는 채무자에게 승계가 있고, 가압류명령이 그 명령에 표시한 당사자 이외의 사람에게 효력이 있는 때에는 승계집행문을 받아야 한다(292조 1항). 이 승계에는 일반승계 이외에 특정승계도 포함된다(☞20-45).

---

88) 이시윤, 591면.

2. 가압류집행의 방법

가압류의 집행은 서면으로 신청하여야 하나, 등기나 등록의 방법 또는 제3채무자나 이에 준하는 사람에게 송달하는 방법으로 집행하는 경우는 그러하지 않다(민사집행규칙 203조 1항 6호). **법원이 집행기관**인 위와 같은 경우에는 실무상 구태여 채권자의 집행신청을 기다리지 않고 그대로 집행에 착수하지만, 한편 집행기관이 법원이 아닌, 유체동산의 가압류와 같이 **집행관인 경우**에 있어서는 집행신청을 하여야 한다(☞20-43). 21-76

가압류명령의 주문에서 그 대상으로 하고 있는 재산에 따라 가압류의 집행방법이 다르게 된다. 가압류는 금전채권의 보전을 목적으로 하는 것으로, 원칙적으로 집행절차는 **압류의 단계에 머무르고**, 채권자의 만족(현금화)의 단계로까지 나아가지 않는다(296조 5항 참조). 가령 채권자는 채권가압류로 추심명령이나 전부명령을 받을 수 없다.

(1) 부동산가압류집행

제293조 (부동산가압류집행) ① 부동산에 대한 가압류의 집행은 가압류재판에 관한 사항을 등기부에 기입하여야 한다. ② 제1항의 집행법원은 가압류재판을 한 법원으로 한다. ③ 가압류등기는 법원사무관등이 촉탁한다.

제294조(가압류를 위한 강제관리) 가압류의 집행으로 강제관리를 하는 경우에는 관리인이 청구채권액에 해당하는 금액을 지급받아 공탁하여야 한다.

부동산에 대한 가압류의 집행법원은 **가압류명령을 발한 법원**이다(293조 2항). 신속한 집행을 위함이다. 집행방법으로는 (강제경매와 강제관리에 대응하여) 가압류명령을 **등기부에 기입**하거나(293조) **강제관리**를 하는 경우(294조)의 두 가지가 인정되고 있는데, 이 두 가지 방법을 함께 실시할 수 있다(78조 3항). 21-77

가압류명령을 등기부에 기입하는 방법으로 하는 가압류의 집행은 채권자의 별도의 집행신청이 없더라도 법원이 가압류명령 즉시 집행을 실시한다. 이때에 등기는 법원사무관등이 촉탁한다(293조 3항). 등기의 촉탁은 채권자에게 재판을 고지한 날로부터 2주일 이내에 하여야 한다(292조 2항). 압류의 효력은 경매개시결정이 채무자에게 송달된 때 또는 경매개시결정의 기입등기가 된 때에 생기는데(83조 4항), 가압류의 효력발생시기도 마찬가지인가의 문제, 즉 가압류명령이 채무자에게 송달되면 이에 의하여도 가압류의 효력이 생기는가 하는 문제가 있을 수 있다.

한편 부동산에 대한 가압류의 경우에는 채무자가 목적물의 이용·관리권을 가지므로(291조, 83조 2항) 채무자의 부동산 사용·관리·수익을 금지하려면 별도로 부동산의 **강제관리**를 위한 신청을 하여야 하고, 가령 가압류의 목적물이 빌딩이며 채무자가 임대료를 받고 있는 때에 그 부동산수익권에 대한 가압류의 집행으로 강제관리를 하는 경우에는 관리인이 청구채권액에 해당하는 금액을 지급받아 공탁하여야 한다(294조).

(2) 선박가압류집행

제295조(선박가압류집행) ① 등기할 수 있는 선박에 대한 가압류를 집행하는 경우에는 가압류등기를 하는 방법이나 집행관에게 선박국적증서등을 선장으로부터 받아 집행법원에 제출하도록 명하는 방법으로 한다. 이들 방법은 함께 사용할 수 있다.

21-78 원래 선박은 「민법」상으로는 동산이지만, 일정 규모 이상의 선박은 부동산과 마찬가지로 등기의 대상이 되고(선박법 8조, 선박등기법 2조), 일반의 유체동산에 비하여 비교적 가액이 고가일 뿐만 아니라 그에 관하여 다수의 이해관계인이 생겨 법률관계가 복잡하게 되는 등의 이유에서 법 295조는 일반의 유체동산의 가압류집행방법과 달리, 선박가압류집행방법을 규정하고 있다. 즉, 등기할 수 있는 선박에 대한 가압류를 집행하는 경우에는 가압류등기를 하는 방법이나 집행관에게 선박국적증서등을 선장으로부터 받아 집행법원에 제출하도록 명하는 방법으로 하는데, 이들 방법은 함께 사용할 수 있다(295조 1항). 전자의 방법만에 의할 때에는 그것만으로 선박의 자유로운 항해를 막지 못하므로 발항준비를 마친 선박에 대하여도 집행할 수 있도록 한 것이다. 전자의 보전집행법원은 가압류명령을 한 법원이고, 후자의 보전집행법원은 선박이 정박하여 있는 곳을 관할하는 지방법원이다(동조 2항). 전자의 가압류등기는 법원사무관등이 촉탁한다(동조 3항). 이 경우의 집행의 효력은 부동산에 대한 가압류의 집행의 경우와 마찬가지이다. 등기촉탁서도 부동산등기촉탁서에 준한다.

한편 선박가압류의 집행에 있어서 특별히 규정되지 않은 사항에 대하여는 선박집행에 관한 규정이 적용되므로(291조) 특별한 사정으로 선박에 대하여 감수보존의 필요가 있는 경우에 집행법원은 채권자의 신청에 의하여 선박을 감수하고 보존하기 위하여 필요한 처분을 할 수 있다(291조, 178조 1항).

(3) 유체동산가압류집행

제296조(동산가압류집행) ① 동산에 대한 가압류의 집행은 압류와 같은 원칙에 따라야 한다. ... ④ 가압류한 금전은 공탁하여야 한다. ⑤ 가압류물은 현금화를 하지 못한다. 다만, 가압류물을 즉시 매각하지 아니하면 값이 크게 떨어질 염려가 있거나 그 보관에 지나치게 많은 비용이 드는 경우에는 집행관은 그 물건을 매각하여 매각대금을 공탁하여야 한다.

유체동산에 대한 가압류의 집행은 압류와 같은 원칙에 따른다(296조 1항). 따라 21-79
서 가압류의 집행은 **집행관에게 집행을 위임**하고, 집행관이 가압류목적물을 **점유하는 방식**에 의하여 집행한다. 일반적으로 가압류할 **유체동산을 특정하지 않고** 채무자의 유체동산 전체를 포괄적으로 그 대상으로 가압류의 집행을 신청하고, 그 집행단계에서 집행관의 점유에 의하여 구체적인 집행의 대상이 되는 유체동산이 정하여진다. 다만, 가압류할 유체동산의 종류와 장소 등을 특정하여 집행을 신청하는 경우도 있다. 가압류집행은 집행관이 채무자 소유의 유체동산에 직접 압류표지를 부착하는 방법으로 한다.

서울중앙지방법원

유체동산가압류조서

사 건 : 2025가○○
채권자 : ○○○
채무자 : ○○○
집행권원 : 2025카단○○ 유체동산가압류결정
청구금액 : 원금 000원, 이자 000원
집행비용 : 금 000원
집행일시 : 2025. ○○. ○○. 00:00
집행장소 : ○○시 ○○동 ○○번지

1. 위 집행권원에 의한 채권자의 위임에 의하여 집행장소에서 채무자를 만나 집행권원을 제시하고 가압류할 뜻을 고지한 후 ○○○, ○○○를 참여시키고 별지목록 기재의 물건을 가압류하였다.
2. 가압류 물건은 집행관이 점유하고 봉인(　　)의 방법으로 가압류물임을 명백히 한 후 채권자의 승낙을 얻어 채무자에게 보관시켰다.
3. 보관자에게는 가압류 물건의 점유는 집행관에게 옮겼으므로 누구든지 이를 처분하지 못하며 이를 처분 또는 은닉하거나 가압류표시를 훼손하는 경우에는 벌을 받을 것임을 고지하였다.

4. 이 절차는 같은 날 00:00에 종료하였다.
이 조서를 현장에서 작성하여 집행 참여자에게 읽어 준(보여 준) 즉 승인하고 다음에 서명(기명) 날인하였다.

2025.○○.○○.

집 행 관 ○○○ ㊞
채 권 자 ○○○ ㊞
채 무 자 ○○○ ㊞
참 여 자 성명 ○○○ ㊞
주소 ○○시 ○○구 ○○○
참 여 자 성명 ○○○ ㊞
주소 ○○시 ○○구 ○○○

한편 유체동산의 가압류집행이 본압류와 다른 것은, 금전의 가압류집행의 경우에는 집행관은 이를 바로 채권자에게 인도할 것이 아니고, 공탁하여야 한다(296조 4항). 또한 원칙적으로 가압류물은 현금화할 수 없다는 것이고(동조 5항 본문), 그리하여 배당절차도 없다. 다만, 가압류물을 즉시 매각하지 아니하면 값이 크게 떨어질 염려가 있거나 그 보관에 지나치게 많은 비용이 드는 경우에는 집행관은 그 물건을 매각하여 매각대금을 공탁하여야 한다(동조 동항 단서). 공탁한 매각대금은 가압류물의 변형으로 볼 것이다.

(4) 채권, 그 밖의 재산권에 대한 가압류집행

제296조(동산가압류집행) ② 채권가압류의 집행법원은 가압류명령을 한 법원으로 한다. ③ 채권의 가압류에는 제3채무자에 대하여 채무자에게 지급하여서는 아니 된다는 명령만을 하여야 한다.

제227조(금전채권의 압류) ① 금전채권을 압류할 때에는 법원은 제3채무자에게 채무자에 대한 지급을 금지하고 채무자에게 채권의 처분과 영수를 금지하여야 한다. ② 압류명령은 제3채무자와 채무자에게 송달하여야 한다. ③ 압류명령이 제3채무자에게 송달되면 압류의 효력이 생긴다.

제297조(제3채무자의 공탁) 제3채무자가 가압류 집행된 금전채권액을 공탁한 경우에는 그 가압류의 효력은 그 청구채권액에 해당하는 공탁금액에 대한 채무자의 출급청구권에 대하여 존속한다.

1) 채권가압류집행

① 채권가압류의 집행법원은 **가압류명령을 한 법원**으로 한다(296조 2항). 법원은 따로 집행신청을 기다리지 않고, 가압류 발령과 동시에 제3채무자에게 **명령의 정본**을 **송달**함으로써 집행한다. 제3채무자에게 송달되면, 가압류의 효력이 발생하는데(227조 3항), 제3채무자로부터 채무자에게 **지급을 금지하는 방법**으로 집행이 이루어지게 된다(296조 3항). 채권의 본압류(227조 1항)와 달리, 채권가압류에서는 제3채무자에게 채무자에 대한 **지급을 금지하는 명령**을 할 뿐이고, 채무자에게 채권의 **처분과 영수를 금지하는 명령**을 하지 않는데(296조 3항), 이는 제3채무자에 대한 변제금지만으로 채권이 확보될 수 있기 때문이고, 그렇더라도 채권을 확보한다는 목적에서 보면 그 효력에 차이는 없다고 할 것이다(부동산, 유체동산 등에 있어서는 본집행에서의 압류와 보전집행으로서의 가압류 사이에 특별한 구별을 하지 않고 있는데, 채권의 가압류의 경우에는 위와 같이 가압류와 압류 사이에서 그 명령의 내용 자체를 다르게 하고 있다). 21-80

② 한편 배서금지된 유가증권은 유동성이 없어 일반 지명채권과 다름이 없으므로 채권집행의 대상인데(☞13-11), 법원이 가압류명령을 하고 집행관이 그 증권의 점유시에 가압류의 효력이 생긴다(233조, 291조).[89]

③ 채권의 압류에 있어서 **채권자의 경합이 없더라도** 제3채무자는 자신의 권리로 압류된 채권액을 **공탁**할 수 있도록 하여 제3채무자가 압류의 구속에서 벗어날 수 있도록 하였는데(248조. ☞13-30), 이는 가압류에 있어서도 그대로 준용된다(291조). 이때 가압류의 효력은 채무자의 공탁금출급청구권에 대하여 존속하는 것으로 보는 것이 실무이므로 이러한 법리를 위와 같이 명시하는 규정을 둔 것이다.[90] 제3채무자가 가압류집행된 채권액을 공탁한 경우에는 그 가압류의 효력은 그 공탁금액에 대한 채무자의 출급청구권에 대하여 존속한다(297조). 이 때문에 채권압류를 원인으로 하는 법 248조 집행공탁과 여기의 채권가압류를 원인으로 하는 집행공탁은 그 성질이 다르다고 할 것이다.

89) 대법원 2017. 4. 7. 선고 2016다35451 판결(건설공제조합의 조합원에게 발행된 출자증권은 위 조합에 대한 출자지분을 표창하는 유가증권으로서 위 출자증권에 대한 가압류는 법 233조에 따른 지시채권 가압류의 방법으로 하고, 법원의 가압류명령으로 집행관이 출자증권을 점유하여야 한다. 건설산업기본법 59조 4항도 참조).

90) 대법원 1994. 12. 13. 선고 93다951 전원합의체 판결 등의 위와 같은 법리를 받아들여 2002년 민사집행법 제정 시 신설된 규정이다.

2) 유체물 인도청구권 등 가압류집행

① 유체동산의 인도 또는 권리이전의 청구권에 대한 가압류

21-81 일반 지명채권의 가압류와 같이 가압류 발령법원이 집행법원이 되어 제3채무자에게 가압류결정정본을 송달함으로써 집행한다(223조, 227조, 242조, 243조, 291조). 가압류명령이 제3채무자에게 송달됨으로써 가압류집행은 끝나고 효력이 생긴다.[91]

② 부동산 등의 인도 또는 권리이전의 청구권에 대한 가압류

21-82 부동산의 인도 또는 권리이전의 청구권에 대한 가압류집행도 제3채무자에 대해 가압류결정 정본을 송달하는 방법으로 한다. 이 때 가압류의 대상은 이전청구권 등 채권이지, 청구권의 목적물인 부동산이 아니므로 등기를 하지 않는다. 다만, 이전청구권 등이 가등기되어 있는 때에는 부기등기의 방법으로 가압류의 등기를 할 수 있다. 가압류의 성질상, 보관인을 선임하여 권리이전을 받게 하거나 추심명령을 받아 권리이전을 하게 할 수는 없다.

3. 가압류집행의 효력

21-83 가압류명령이 발하여졌더라도 그것이 집행되지 않은 동안에는 아직 그 내용에 따른 효력이 생기지 않으며, 그 명령이 **집행됨으로써 비로소 그 효력이 발생**하여 채무자나 제3자에게 영향을 미치는데, 가압류집행의 효력은 집행종료의 시점에서 생기고, 가압류명령의 취소, 가압류집행의 신청의 취하, 가압류집행의 취소 등에 의하여 소멸한다. 본안과의 관계에서는 채권자가 본안에서 승소확정판결이나 가집행선고부판결을 받은 때에는 본집행으로 이전(=이행)하고, 채권자가 본안에서 패소의 확정판결을 받은 때에는 가압류집행의 효력은 소멸한다.

(1) 처분금지효

21-84 가압류의 집행에 대하여 강제집행에 관한 규정을 준용하므로(291조) 그 효력에 대하여도 본집행의 경우와 마찬가지로 처분금지효가 있다. 한편 이는 가압류채권자의 이익보호를 위하여 인정되는 것이므로 가압류채권자는 그 처분행위의 효력을 긍

---

91) 위 각주 89)의 출자증권을 채무자가 아닌 제3자가 점유하고 있는 경우에는 채권자는 채무자가 제3자에 대하여 가지는 유체동산인 출자증권의 인도청구권을 가압류하는 방법으로 가압류집행을 할 수 있다(242조, 243조). 이 경우 법원의 가압류명령이 제3채무자인 건설공제조합에 송달되면 가압류의 효력이 생기고, 가압류로 인한 소멸시효중단의 효력은 가압류신청시에 소급하여 생긴다(대법원 2017. 4. 7. 선고 2016다35451 판결).

정할 수도 있다.[92]

채무자에게 생기는 처분금지효는 **상대적**인데,[93] 이는 다시 처분행위가 누구에 대한 관계에서(주관적 범위) 상대적으로 무효인가 하는 점에 관하여 다음과 같은 2가지 입장으로 나뉜다. 즉 ① 가압류는 가압류채권자를 위해서만 행하여지는 것이므로 채무자의 처분행위는 그 가압류채권자에게만 대항할 수 없는 것으로 해석하여 무효로 하면 충분하고, 이를 넘어서 채무자에게 불필요한 제한을 가할 필요가 없다고 하는 **개별상대효설**과 ② 가압류는 그 가압류채권자만이 아니라, 그 집행절차에 참가한 모든 참가자에게 효력이 미치는 것으로 보아, 가압류 뒤에 채무자가 처분행위를 하였을 때에 그 처분행위는 가압류채권자만이 아니라, 처분 뒤에 집행절차에 참가한 모든 채권자와의 관계에서 무효가 된다는 **절차상대효설**이 대립하고 있다. 압류 부분에서 이미 설명한 바 있는데(☞10-32, 13-14), **실무**는 **개별상대효설**의 입장이다.[94]

한편 채무자와 제3취득자 사이의 거래행위가 있은 뒤에, 가압류가 취소, 해제되거나 피보전권리가 변제 등으로 소멸하거나,[95] 가압류가 무효인 것으로 판명되면 채무자와 제3취득자 사이의 거래행위는 완전히 유효한 것이 된다.[96]

만약 가압류집행이 본집행으로 이행한 경우에는 채무자의 처분행위의 효력은

---

92) 대법원 2007. 1. 11. 선고 2005다47175 판결.

93) 한편, 채무자의 처분행위는 절대적 무효로 따라서 가압류가 취소 또는 취하되더라도 무효인 처분행위가 다시 유효로 되는 것은 아니라는 입장(**절대적 무효설**)도 있을 수 있다.

94) 압류의 처분금지의 효력은 절대적인 것이 아니고, 이에 저촉되는 채무자의 처분행위로써는 그 압류의 효력이 미치는 범위에서 압류채권자에게 대항할 수 없는 **상대적 효력**을 가지는 데 그치므로, 채무자가 압류된 채권을 양도 등 처분을 함으로써 그 압류채권자에게는 대항할 수 없는 사정이 있더라도, 그 처분 후에 채무자의 채권을 압류하거나 가압류한 다른 채권자에 대하여는 **유효한 처분**이 되고, 이는 가압류의 경우에도 마찬가지이다. 따라서 동일한 채권에 관하여 가압류명령과 확정일자 있는 양도통지가 동시에 제3채무자에게 도달한 경우, 채권양수인은 그 후에 압류나 가압류를 한 다른 채권자에 대해서는 이미 채권이 전부 양도되었음을 주장하여 대항할 수 있으므로 그러한 후행 압류권자 등은 더 이상 그 채권에 관한 집행절차에 참가할 수 없다(대법원 2013. 4. 26. 선고 2009다89436 판결[미간행]). 대법원 2004. 9. 3. 선고 2003다22561 판결 등 참조.

95) 가압류부동산을 양수한 제3취득자가 피보전채권을 변제한 때 가압류채권자에 대하여 그 소유권 취득을 대항할 수 있다(대법원 1982. 9. 14. 선고 81다527 판결).

96) 가압류집행이 형식적으로는 그 채권 확보를 위한 강제집행절차에 따른 것이라고 하여도 법이 보호할 수 없는 반사회적인 행위에 의하여 이루어진 것이어서 무효라고 할 것이고, 제3자(소유권자)로서 그 집행의 배제를 구할 수 있다. 즉, 일반적으로 가압류 후의 소유권취득자는 그 가압류에 터 잡아 한 강제경매의 집행채권자에게 대항할 수 없는 것이고, 그 강제집행의 기초가 되는 집행권원의 허위, 가장 여부를 다툴 적격이 없는 것이나, 그 집행 후에 취득한 권리라 할지라도 특별히 권리자가 이로써 집행채권자에게 대항할 수 있는 경우라면 그 권리자는 그 집행의 배제를 구하기 위하여 제3자이의의 소를 제기할 수 있다(대법원 1996. 6. 14. 선고 96다14494 판결).

부정된다.

1) 저당권의 설정

21-85 가령, 부동산에 대하여 가압류등기가 먼저 되고 나서 근저당권설정등기가 마쳐진 경우에 그 근저당권등기는 가압류에 의한 처분금지효 때문에 그 집행보전의 목적을 달성하는 데 필요한 범위 안에서 가압류채권자에 대한 관계에서만 **상대적으로 무효**라 할 것이고,97) 이 경우에 (실무상 평등주의이므로) 가압류채권자와 근저당권자 및 위 근저당권설정등기 후 강제경매신청을 한 압류채권자 사이의 배당관계에 있어서, 근저당권자는 선순위 가압류채권자에 대하여는 우선변제권을 주장할 수 없으므로 1차로 채권액에 따른 **안분비례**에 의하여 평등배당을 받은 다음,98) (실무상 개별상대효이므로) 후순위 압류채권자에 대하여는 근저당권자의 우선변제권이 인정되므로 근저당권자는 경매신청을 한 압류채권자가 받을 배당액으로부터 자기의 채권액을 만족시킬 때까지 이를 **흡수하여 배당**받을 수 있다.99)

> ◈ **구체적 예** ◈ ③ (가)압류권자의 경매신청의 경우에 ① 가압류, 2,000만 원, ② 저당권 3,000만 원, ③ 또 다른 (가)압류 3,000만 원, 합계 채권액 8,000만 원, 배당할 금액 5,000만 원이라고 하자. 배당순위는, ①과 ②는 같은 순위(처분금지효 관련 ②는 ①에게 대항 못함), ①과 ③은 같은 순위이고(가압류채권자 서로 사이에서는 그 우열이 없음), ②는 ③보다 선순위이다(개별상대효). (1단계-안분배당) 일단 ①, ②, ③ 같은 순위로, ① 5,000만 원×2/8=1,250만 원, ② 5,000×3/8=1,875만 원, ③ 5,000만 원×3/8=1,875만 원이 된다. (2단계-흡수배당) ② 저당권채권 3,000만 원 가운데 나머

97) 대법원 1994. 11. 29.자 94마417 결정.

98) 위와 같은 상황은 담보가등기권자의 경우도 마찬가지이다. 담보가등기권자는 선순위의 가압류채권자에 대항하여 우선변제를 받을 권리는 없으나, 한편 가압류채권자도 우선변제청구권을 가지는 것은 아니므로 가압류채권자보다 후순위의 담보가등기권자라 하더라도 「가등기담보 등에 관한 법률」 16조 1, 2항에 따라 법원의 최고에 의한 채권신고를 하면 가압류채권자와 채권액에 비례하여 평등하게 배당받을 수 있다(대법원 1987. 6. 9. 선고 86다카2570 판결).

99) 가등기담보권자는 그 담보가등기가 경료된 부동산에 대하여 경매 등이 개시된 경우에 다른 채권자보다 자기 채권에 대하여 우선변제를 받을 권리가 있다고 할 것이고 이 경우 그 순위에 관하여는 그 담보가등기권리를 저당권으로 보고 그 담보가등기가 경료된 때에 저당권설정등기가 행해진 것으로 보게 되므로, 가등기담보권에 대하여 선순위 및 후순위 가압류채권이 있는 경우 부동산의 경매에 의한 매득금 중 경매비용을 제외한 나머지 금원을 배당함에 있어 가등기담보권자는 선순위 가압류채권에 대하여는 우선변제권을 주장할 수 없어 그 피담보채권과 선순위 및 후순위 가압류채권에 대하여 1차로 채권액에 따른 안분비례에 의하여 평등배당을 하되, 담보가등기권자는 위 후순위 가압류채권에 대하여는 우선변제권이 인정되어 그 채권으로부터 받을 배당액으로부터 자기의 채권액을 만족시킬 때까지 이를 흡수하여 변제받을 수 있으며 선순위와 후순위 가압류채권이 동일인의 권리라 하여 그 귀결이 달라지는 것이 아니다(대법원 1992. 3. 27. 선고 91다44407 판결).

> 지 1,125만 원은 ③ 또 다른 (가)압류 채권자의 몫 1,875만 원 중 1,125만 원을 흡수하여 저당권채권 3,000만 원이 채워지고, ③ 또 다른 (가)압류 채권자는 750만 원만 배당받게 된다.

위 경우에 가압류채권자는 근저당권자와 일반 채권자의 자격에서 평등하게 배당을 받을 수 있고, 따라서 가압류채권자는 채무자의 근저당권설정행위로 인하여 아무런 불이익을 입지 않으므로 **채권자취소권을 행사할 수 없으나**, 채권자의 실제 채권액이 **가압류 채권금액보다 많은 경우** 그 초과하는 부분에 관하여는 가압류의 효력이 미치지 아니하여 그 범위 내에서는 채무자의 처분행위가 채권자의 공동담보를 감소시키는 사해행위가 되므로 그 부분 채권을 피보전채권으로 삼아 **채권자취소권을 행사할 수 있다.**[100)]

2) 점유이전과 유치권의 취득

처분금지효에 있어서 처분행위란 해당 부동산을 양도하거나 이에 대해 용익물권, 담보물권 등을 설정하는 행위를 말하고 특별한 사정이 없는 한 **점유의 이전과 같은 사실행위는 이에 해당하지 않고**, 부동산에 가압류등기가 경료되어 있을 뿐 현실적인 매각절차가 이루어지지 않고 있는 상황하에서는 채무자의 점유이전으로 인하여 제3자가 유치권을 취득하게 된다고 하더라도 이를 처분행위로 볼 수 없다.[101)] 21-86

3) 채권의 가압류의 경우

제296조(동산가압류집행) ③ 채권의 가압류에는 제3채무자에 대하여 채무자에게 지급하여서는 아니 된다는 명령만을 하여야 한다.

---

100) 대법원 2008. 2. 28. 선고 2007다77446 판결.

101) 다만 부동산에 경매개시결정의 기입등기가 경료되어 **압류의 효력이 발생한 후**에 채무자가 제3자에게 당해 부동산의 점유를 이전함으로써 그로 하여금 유치권을 취득하게 하는 경우 그와 같은 점유의 이전은 **처분행위에 해당**한다. 그러나 이는 어디까지나 경매개시결정의 기입등기가 경료되어 압류의 효력이 발생한 후에 채무자가 해당 부동산의 점유를 이전함으로써 제3자가 취득한 유치권으로 압류채권자에게 대항할 수 있다고 한다면 경매절차에서의 매수인이 매수가격 결정의 기초로 삼은 현황조사보고서나 매각물건명세서 등에서 드러나지 않는 유치권의 부담을 그대로 인수하게 되어 경매절차의 공정성과 신뢰를 현저히 훼손하게 될 뿐만 아니라, 유치권신고 등을 통해 매수신청인이 위와 같은 유치권의 존재를 알게 되는 경우에는 매수가격의 즉각적인 하락이 초래되어 책임재산을 신속하고 적정하게 환가하여 채권자의 만족을 얻게 하려는 민사집행제도의 운영에 심각한 지장을 줄 수 있으므로, 위와 같은 상황하에서는 채무자의 제3자에 대한 점유이전을 압류의 처분금지효에 저촉되는 처분행위로 봄이 타당하다는 취지이다(대법원 2011. 11. 24. 선고 2009다19246 판결).

① 제3채무자에 대한 지급금지

21-87 채권의 가압류에서는 제3채무자에 대하여 채무자에게 **지급금지**를 명하는 것이므로(296조 3항) 제3채무자는 채권을 소멸 또는 감소시키는 등의 행위 등은 할 수 없고, 이와 같은 사실을 가지고 가압류채권자에게 대항할 수 없다(채권압류의 경우 ☞13-15). 그러나 이는 가압류된 채권의 **발생원인인 법률관계**에 대한 채무자의 처분까지지도 구속하는 효력은 없는 것인데(대항 가능), 다만 아무런 **합리적 이유 없이** 채권의 소멸만을 목적으로 계약관계의 합의해제를 하는 등과 같은 특별한 경우는 그러하지 않다(대항 불가능).[102)]

한편 제3채무자는 채무자에 대하여 가지고 있던 법률상의 지위를 그대로 채권자에 대하여 가지게 되므로 채권이 가압류되기 전에 가압류채무자에게 대항할 수 있는 사유로써 가압류채권자에게 **대항**할 수 있다. 그런데 이미 금전채권의 집행에서 압류의 제3채무자에 대한 효력과 관련하여 살펴본 바와 같이(☞13-15), 여기에서도 마찬가지로 제3채무자의 항변사유로서 **상계**가 문제된다. 「민법」 498조에 의하면 지급을 금지하는 명령을 받은 제3채무자는 그 뒤에 취득한 채권에 의한 상계로 그 명령을 신청한 채권자에게 대항하지 못한다고 규정하고 있는데, 그렇다면 제3채무자는 채권가압류명령을 받기 전에 취득한 반대채권이 있으면 무조건 상계로 가압류채권자에게 대항할 수 있는가. 이에 대하여 **판례**는 가압류의 효력발생 당시에 대립하는 양 채권이 모두 변제기가 도래하였거나, 그 당시 반대채권(자동채권)의 변제기가 도래하지 아니한 때에는 그것이 피가압류채권(수동채권)의 변제기와 동시에 또는 그보다 먼저 도래하여야 상계로써 가압류채권자에게 대항할 수 있다고 본다(**변제기 선도래설**).[103)]

---

102) 대법원 1991. 11. 12. 선고 91다29736 판결; 대법원 1997. 4. 25. 선고 96다10867 판결; 대법원 2001. 6. 1. 선고 98다17930 판결 등.

103) 대법원 2012. 2. 16. 선고 2011다45521 전원합의체 판결. 한편, 금전채권에 대한 가압류로부터 본압류로 전이하는 압류 및 추심명령이 있는 때에는 제3채무자는 채권이 가압류되기 전에 압류채무자에게 대항할 수 있는 사유로써 압류채권자에게 대항할 수 있으므로, 제3채무자의 압류채무자에 대한 자동채권이 수동채권인 피압류채권과 동시이행의 관계에 있는 경우에는, 그 가압류명령이 제3채무자에게 송달되어 가압류의 효력이 생긴 후에 자동채권이 발생하였다고 하더라도 제3채무자는 동시이행의 항변권을 주장할 수 있고, 따라서 그 상계로써 압류채권자에게 대항할 수 있다. 이 경우에 자동채권 발생의 기초가 되는 원인은 수동채권이 가압류되기 전에 이미 성립하여 존재하고 있었으므로, 그 자동채권은 「민법」 498조 소정의 "지급을 금지하는 명령을 받은 제3채무자가 그 후에 취득한 채권"에 해당하지 아니한다(대법원 2001. 3. 27. 선고 2000다43819 판결).

② 채무자의 제3채무자에 대한 이행소송

채권의 압류의 경우와 마찬가지이다(☞13-14). 즉, 채권가압류는 채무자가 제3 채무자로부터 현실로 **급부를 추심하는 것만을 금지하는 것일 뿐,** 채무자는 제3 채무자를 상대로 **그 이행을 구하는 소송을 제기할 수 있고** 법원은 가압류가 되어 있음을 이유로 이를 배척할 수는 없는 것이 원칙이다. 왜냐하면 채무자로서는 제3채무자에 대한 그의 채권이 가압류되어 있다 하더라도 집행권원을 취득할 필요가 있거나 시효를 중단할 필요가 있는 경우도 있을 것이며, 또한 소송계속 중에 가압류가 행하여진 경우에 이를 이유로 청구가 배척된다면 장차 가압류가 취소된 뒤, 다시 소를 제기하여야 하는 불편함이 있는데 반하여 제3채무자로서는 이행을 명하는 판결이 있더라도 집행단계에서 이를 저지하면 될 것이기 때문이다.[104] 이중지급을 피하기 위한 제3채무자의 보호는 집행에 관한 이의신청(16조)에 의할 것이다. 21-88

◈ 가압류채무자가 제3채무자에게 즉시 급부를 구하는 이행청구소송을 제기할 수 있는지 여부 및 이에 대한 판결 ◈

일반적 금전채권에 대한 가압류	즉시 이행청구 가능하고, 단순(무조건) 인용판결
소유권이전등기청구권에 대한 가압류	즉시 이행청구가 가능하나, 가압류의 해제를 조건으로 한 (조건부) 청구인용판결(장래이행판결)

그런데 일반적 금전채권이 아닌, **소유권이전등기청구권에 대한 가압류**는 등기청구권의 목적물인 부동산에 대한 것이 아니고, 채권에 대한 것이지만,[105] 소유

104) 대법원 2002. 4. 26. 선고 2001다59033 판결. 또한 제3채무자는 채무자에 대하여 채무의 지급을 하여서는 안 되고, 채무자는 추심, 양도 등의 처분행위를 하여서는 안 되지만, 이는 이와 같은 변제나 처분행위를 하였을 때에 이를 가압류채권자에게 대항할 수 없다는 것이며, 채무자가 제3채무자를 상대로 이행의 소를 제기하여 집행권원을 얻더라도 이에 기하여 제3채무자에 대하여 **강제집행을 할 수는 없다**고 볼 수 있을 뿐이고 그 **집행권원을 얻는 것까지 금하는 것은 아니라고 할 것**이다(대법원 1989. 11. 24. 선고 88다카25038 판결).

105) 소유권이전등기청구권에 대한 압류나 가압류는 채권에 대한 것이지 등기청구권의 목적물인 부동산에 대한 것이 아니고, 채무자와 제3채무자에게 결정을 송달하는 외에 현행법상 등기부에 이를 공시하는 방법이 없는 것으로서 당해 채권자와 채무자 및 제3채무자 사이에만 효력을 가지며, 압류나 가압류와 관계가 없는 제3자에 대하여는 압류나 가압류의 처분금지적 효력을 주장할 수 없으므로 소유권이전등기청구권의 압류나 가압류는 청구권의 목적물인 부동산 자체의 처분을 금지하는 대물적 효력은 없다 할 것이고, 제3채무자나 채무자로부터 소유권이전등기를 넘겨받은 제3자에 대하여는 취득한 등기가 원인무효라고 주장하여 말소를 청구할 수 없다(대법원

권이전등기를 명하는 판결은 의사의 진술을 명하는 판결로서 이것이 확정되면 채무자는 일방적으로 이전등기를 신청할 수 있고 제3채무자는 이를 저지할 방법이 없게 되므로 위 단순인용판결과 같이 볼 수는 없고, 이 경우에는 **가압류의 해제를 조건**으로 하지 않는 한, 법원은 이를 인용하여서는 안 된다.[106)]

> **◈ 구체적 예 ◈** 甲은 2010. 4. 15. 자동차정비업을 하는 乙에게 자동차부품 7,000만 원 상당을 판매하고 같은 날 위 부품을 인도하였다. 甲은 2011. 1. 18. 乙을 상대로 위 납품대금 7,000만 원 및 이에 대하여 2010. 4. 15.부터 이 사건 소장부본 송달일까지 연 6%의, 그 다음날부터 완제일까지 연 20%의 각 비율에 의한 금원을 지급하라는 소를 제기하였다. 이에 대하여 乙은 2011. 3. 28. 준비서면에서 다음과 같이 주장하였고, 그 준비서면은 2011. 3. 31. 甲에게 송달되었다. ① 甲에 대하여 공정증서(집행증서)에 기한 2,500만 원의 약속어음금채권을 가지고 있던 丙이 위 채권을 집행채권으로 하여 2010. 6. 15. 채무자를 甲, 제3채무자를 乙로 하여 위 납품대금채권 중 2,500만 원에 대하여 압류 및 추심명령을 받았고, 위 명령은 乙에게 2010. 6. 30. 송달되었다. 그러나 甲에게는 위 압류 및 추심명령이 송달불능 되었다. ② 甲의 또 다른 채권자 丁은 甲에 대한 4,500만 원의 채권을 피보전채권으로 하여 2010. 7. 8. 채무자를 甲, 제3채무자를 乙로 하여 위 납품대금채권 중 4,500만 원에 대하여 채권가압류신청을 하였고, 그 가압류결정이 2010. 7. 27. 乙에게 송달되었으므로 甲의 청구에 응할 수 없다. ③ 만일 책임이 있더라도, 乙은 2008. 10. 16. 甲에게 2,000만 원을 이자 월 2%(매월 15일 지급), 변제기 2009. 10. 15.로 정하여 대여하였는데, 2009. 10. 15.까지의 이자만을 지급받았을 뿐 그 이후 원금 및 이자를 변제받지 못하였으므로 위 채권을 자동채권으로 하여 위 납품대금과 대등액에서 상계한다. 심리 결과, 甲, 乙의 위 각 주장사실은 증거에 의하여 모두 사실로 인정되었다. 乙에 대한 소장부본 송달일은 2011. 2. 8., 변론종결일은 2011. 5. 17., 판결선고일은 2011. 5. 31.이다. 예상되는 판결의 결론은 어떠한가. ① 제3채무자에 대한 송달은 추심명령의 효력발생요건이 되나, 채무자에 대한 송달은 추심명령의 효력발생요건이 아니므로 채무자인 甲에게 추심명령이 송달불능된 경우에도 추심명령의 효력에는 영향이 없다. 압류 및 추심명령이 2010. 6. 30. 제3채무자 乙에게 송달되었다. 그런데 제3채무자에 대한 이행의 소는 추심채권자만이 제기할 수 있고 채무자는 피압류채권에 대한 이행소송을 제기할 당사자적격을 상실한다. 따라서 甲의 청구 중 丙이 추심명령을 받은 2,500만 원에 대한 청구(추심권의 범위는 종된 권리인 이자 및 지연손해금에도 미치나, 당초 압류대상으로 삼지 않은 압류의 효력 발생 전에 이미 발생한 이자 등에는 미치지 않는다)는 甲이 당사자적격을 상실하여 각하되어야 한다. 따라서 이 사

1992. 11. 10. 선고 92다4680 전원합의체 판결).

106) 대법원 1999. 2. 9. 선고 98다42615 판결. 만약, 제3채무자가 임의로 이전등기의무를 이행하고자 한다면, 법 244조에 의하여 정하여진 보관인에게 권리이전을 하여야 할 것이고, 이 경우 보관인은 채무자의 법정대리인의 지위에서 이를 수령하여 채무자 명의로 소유권이전등기를 마치면 된다(대법원 1992. 11. 10. 선고 92다4680 전원합의체 판결).

건 소 중, 2,500만 원 및 이에 대한 2010. 7. 1.부터 다 갚는 날까지 지연손해금 청구 부분은 각하한다. ② 한편, 금전채권이 가압류된 경우에도 가압류 결정의 채무자인 甲은 제3채무자인 乙을 상대로 금원의 지급을 구하는 소를 제기하는 것에 지장이 없고, 이 부분에 대하여 법원은 단순 인용판결을 하여야 한다. 피고는 원고에게 추심명령이 있는 금액을 제외한 4,500만 원과 추심명령이 乙에게 송달되기 전에 이미 발생한 7,000만 원에 대한 2010. 6. 30.까지의 이자 70만 원(7,000만 원×월 0.5%×2개월)을 합한 금액인, 4,570만 원(4,500만 원+70만 원) 및 그중 4,500만 원에 대한 2010. 7. 1.부터 2011. 5. 31.까지는 연 6%의, 그 다음 날부터 다 갚는 날까지는 연 20%의 각 비율에 의한 금원을 지급하라는 판결이 내려지게 된다. 금전채무불이행으로 인한 손해배상액 산정의 기준이 되는 법정이율은 그 금전채무의 이행을 구하는 소장이 채무자에게 송달된 날의 다음 날부터는 연 12%의 이율에 따르는데(소액사건심판법 3조 1항), 채무자에게 그 이행의무가 있음을 선언하는 사실심 판결이 선고되기 전까지 채무자가 그 이행의무의 존재 여부나 범위에 관하여 항쟁하는 것이 타당하다고 인정되는 경우에는 그 타당한 범위에서 위 연 12%의 이율을 적용하지 않는다(동조 2항). 위 사안에서 판결선고일은 2020. 5. 31.이다. ③ 그리고 乙의 주장이 담긴 준비서면은 2011. 3. 31. 甲에게 송달되었다. 따라서 2011. 3. 31. 상계의 의사표시가 도달하였고, 상계의 의사표시가 있으면 각 채무가 상계할 수 있는 때, 즉 상계적상일인 2010. 4. 15.에 대등액에 관하여 소멸한 것으로 본다(민법 493조 2항). 가압류의 효력발생 당시에 대립하는 양 채권이 상계적상에 있으면 제3채무자는 가압류가 있는 뒤에도 상계를 할 수 있다. 상계로써 가압류채권자에게 대항할 수 있는 사안이다. (2012년 법원행정고시 참조)

③ 채무자의 제3채무자에 대한 채권압류

채권의 압류의 경우와 마찬가지이다(☞13-14 부분 참조). 집행채권자의 채권자가 집행권원에 표시된 집행채권을 가압류한 경우에는 가압류의 효력으로 채무자의 변제가 금지되고, 이에 위반되는 행위는 집행채권자의 채권자에게 대항할 수 없게 되므로 집행기관은 위 가압류가 해제되지 않는 한, 집행을 할 수 없고, 따라서 이는 **집행장애사유**에 해당한다고 할 것이나, 다만 채권압류명령은 비록 강제집행절차에 나아간 것이기는 하나 채권추심명령이나 채권전부명령과는 달리 집행채권의 현금화나 만족적 단계에 이르지 아니하는 보전적 처분으로서 집행채권을 가압류한 채권자를 해하는 것이 아니어서 집행채권에 대한 가압류의 효력에 반하는 것은 아니므로, 집행채권에 대한 가압류는 집행채권자가 채무자를 상대로 한 채권압류명령에는 (추심명령이나 전부명령과 달리) 집행장애사유가 될 수 없다(☞6-14).[107] 21-89

107) 대법원 2000. 10. 2.자 2000마5221 결정; 대법원 2016. 9. 28. 선고 2016다205915 판결.

④ 채권양도가 있은 경우

21-90 채권양도는 구 채권자인 양도인과 신 채권자인 양수인 사이에 채권을 그 동일성을 유지하면서 전자로부터 후자에게로 이전시킬 것을 목적으로 하는 계약이고, 채권양도에 의하여 채권은 그 동일성을 잃지 않고 양도인으로부터 양수인에게 이전되는데, 한편 채권의 가압류에서는 **본압류와 달리** 제3채무자에게 채무자에 대한 지급을 금지하는 명령만을 하는 것이고, 채무자에게 채권의 처분과 영수를 금지하는 명령을 하지 않으므로(296조 3항) 가압류된 채권이라도 채무자가 이를 **양도하는데 아무런 제한이 없다** 할 것이나, 다만 가압류된 채권을 양수받은 양수인은 그러한 가압류에 의하여 권리가 제한된 상태의 채권을 양수받는다고 보아야 할 것이다.108)

그런데 채권이 양도도 되고, 가압류도 된 경우에는 확정일자 있는 채권양도통지가 채무자(가압류의 경우의 제3채무자에 해당)에게 **도달한 시점**과 가압류결정 정본이 제3채무자(채권양도의 경우의 채무자에 해당)에게 **도달한 시점의 선후**에 의하여 서로 사이의 우열을 정한다. 가령, 제3채무자에게 채권양도사실을 통지하여 2015. 10. 21. 도달하였고, 한편 가압류결정 정본은 그 다음 날인 2015. 10. 22. 제3채무자에게 송달되었다면, 가압류는 효력이 없고 채권양수가 유효하다(압류와 채권양도의 경우는 ☞13-9).

◈ **구체적 예** ◈ 丙이 甲에게 외상대금을 갚을 것을 여러 차례 독촉하자 甲은 부득이 乙에 대한 위 임대보증금반환채권을 丙에게 2011. 1. 17. 양도하게 되었고, 甲은 2011. 1. 20. 乙에게 내용증명 우편으로 위 채권양도사실을 통지하여 다음 날 乙이 위 내용증명 우편을 직접 수령하였다. 한편, 甲에 대하여 대여금채권을 가지고 있는 A는 위 채권을 보전하기 위하여 甲의 乙에 대한 위 임대보증금반환채권에 대하여 채권자를 A로, 채무자를 甲으로, 제3채무자를 乙로 하여 법원에 채권가압류신청을 하였고 위 신청에 대한 가압류결정이 고지되어 가압류결정정본이 2011. 1. 22. 제3채무자인 乙에게 송달되었다. 위 임대보증금반환청구권과 관련하여 A가 받은 채권가압류결정과 丙이 받은 채권양도 중 어느 것이 우선하는가를 보면, 乙에게 먼저

108) 대법원 2000. 4. 11. 선고 99다23888 판결. 그리고 이는 채권을 양도받았으나 확정일자 있는 양도통지나 승낙에 의한 대항요건(민법 450조 2항)을 갖추지 않은 사이에 양도된 채권이 가압류된 경우에도 동일하다. 대법원 2002. 4. 26. 선고 2001다59033 판결(또한 채권가압류의 **처분금지의 효력**은 본안소송에서 가압류채권자가 승소하여 집행권원을 얻는 등으로 피보전권리의 존재가 확정되는 것을 조건으로 하여 발생하는 것이므로 채권가압류결정의 채권자가 본안소송에서 승소하는 등으로 집행권원을 취득하는 경우에는(집행권원에 기하여 가압류를 본압류로 전이하는 압류명령을 받은 경우) 가압류에 의하여 권리가 제한된 상태의 채권을 양수받는 양수인에 대한 채권양도는 무효가 된다).

도달한(2011. 1. 21) 확정일자에 의한 채권양도가 乙에게 늦게 송달된(2011. 1. 22) 채권가압류보다 우선한다고 할 것이므로 丙의 권리가 우선한다. (2012년 변호사시험 참조)

만일 양쪽이 **동시에 도달**하여 채권양수인과 가압류채권자 사이에 우열이 없는 경우에는 모두 제3채무자에 대하여 채무 전액의 이행청구를 하고 변제를 받을 수 있고, 제3채무자는 이 가운데 누구에게라도 그 채무 전액을 변제하면 다른 채권자에 대한 관계에서도 유효하게 면책되나, 만약 그들의 채권액 합계가 제3채무자에 대한 채권액을 초과할 경우에는 그들 사이에는 법률적 지위가 대등하므로 공평의 원칙상 각 채권액에 안분하여 이를 내부적으로 다시 정산할 의무가 있다.

양쪽이 제3채무자에게 동시에 송달되었다고 인정되어 채무자가 채권양수인 및 추심명령이나 전부명령을 얻은 가압류채권자 가운데 한 사람이 제기한 이행소송에서 전액 패소한 이후에도 다른 채권자가 그 송달의 선후에 관하여 다시 문제를 제기하는 경우에 기판력의 이론상 제3채무자는 이중지급의 위험이 있을 수 있으므로 동시에 송달된 경우에도 제3채무자는 송달의 선후가 불명한 경우에 준하여 채권자를 알 수 없다는 이유로 **변제공탁**을 함으로써 법률관계의 불안으로부터 벗어날 수 있다(☞13-30 이하).

양쪽이 같은 날 도달되었는데 그 선후관계에 대하여 달리 증명이 없으면, 동시에 도달된 것으로 추정한다.[109]

한편 양쪽이 동시에 제3채무자에게 도달한 경우에 채권양수인은 그 후에 압류나 가압류를 한 다른 채권자에 대해서는 이미 채권이 전부 양도되었음을 주장하여 대항할 수 있으므로 그러한 후행 압류권자 등은 더 이상 그 채권에 관한 집행절차에 참가할 수 없다.[110]

⑤ 보증금반환채권의 가압류와 임대주택의 양도

임차인에 대하여 임대차보증금반환채무를 부담하는 임대인임을 당연한 전제로 21-91

109) 대법원 1994. 4. 26. 선고 93다24223 전원합의체 판결.

110) 채권가압류와 채권양도통지가 제3채무자에게 동시에 송달된 경우에 채권양수인과 가압류채권자 사이에서는 우열이 없으므로 동시에 송달된 가압류채권자 이외의 **제3자**에 대하여는 양도채권 전액이 유효하게 채권양수인에게 귀속되는 것이며, 채권양도가 확정일자 있는 통지의 방법으로 이루어진 이후에 채권양도인의 **다른 채권자**들이 그 양도된 채권에 대하여 가압류 또는 압류를 하였다고 하더라도 이는 가압류 또는 압류의 대상채권이 이미 다른 사람에게 양도되어 버려 양도인에 대한 채권으로서는 그 대상채권을 압류할 수 없게 된 상태로서, 채권양수인과 동순위에 있는 가압류와의 경합을 주장할 수 없다. 대법원 2004. 9. 3. 선고 2003다22561 판결 등 참조.

하여 임대차보증금반환채무의 지급금지를 명령받은 제3채무자의 지위는 임대인의 지위와 분리될 수 있는 것이 아니므로, 예를 들어 임대주택의 양도로 임대인의 지위가 일체로 양수인에게 이전된다면, 채권가압류의 제3채무자의 지위도 임대인의 지위와 함께 이전된다고 볼 수밖에 없다. 한편, 「주택임대차보호법」상 임대주택의 양도에 양수인의 임대차보증금반환채무의 면책적 인수를 인정하는 이유는 임대주택에 관한 임대인의 의무 대부분이 그 주택의 소유자이기만 하면 이행가능하고 임차인이 같은 법에서 규정하는 대항요건을 구비하면 임대주택의 매각대금에서 임대차보증금을 우선변제받을 수 있기 때문인데, 임대주택이 양도되었음에도 양수인이 채권가압류의 제3채무자의 지위를 승계하지 않는다면 가압류권자는 장차 본집행절차에서 주택의 매각대금으로부터 우선변제를 받을 수 있는 권리를 상실하는 중대한 불이익을 입게 된다. 이러한 사정을 고려하면, 임차인의 임대차보증금반환채권이 가압류된 상태에서 임대주택이 양도되면 양수인이 채권가압류의 제3채무자의 지위도 승계하고, 가압류권자 또한 임대주택의 양도인이 아니라 양수인에 대하여만 위 가압류의 효력을 주장할 수 있다고 보아야 한다.[111]

◈ **구체적 예** ◈ ① 甲은 2009. 12. 1. 乙과 사이에 乙소유의 아파트를 임대차보증금 2억 원, 임대차기간 2010. 1. 1.부터 2011. 12. 31.까지로 정하여 임대차계약을 체결하였다. ② 甲은 2010. 1. 1. 乙에게 임대차보증금을 모두 지급하고 아파트를 인도받아 주민등록을 마쳤다. ③ 甲의 채권자인 丙은 2011. 1. 1. 甲의 임대차보증금반환채권을 가압류하였고, 가압류결정은 그 무렵 乙에게 송달되었다. ④ 한편, 乙은 위 아파트를 2011. 10. 1. 丁에게 매도하고 丁 앞으로 소유권이전등기를 마쳐주었다. ⑤ 이후 丙은 甲에 대한 약속어음공정증서를 집행권원으로 하여 2011. 11. 1. 乙이 아닌 丁을 제3채무자로 하여 위 가압류를 본압류로 이전하는 채권압류 및 추심명령을 받았고, 그 무렵 위 명령은 丁에게 송달되었다. 丁은 2012. 2. 1. 甲을 상대로 임대차기간이 종료되었다고 주장하면서 위 아파트의 인도를 구하는 이사건 소를 제기하였다. 이에 甲은 임대차보증금을 받기 전에는 아파트를 인도하여 줄 수 없다고 항변한다. [1] 丁은 임대차보증금을 반환할 의무는 자신이 아닌 乙에게 있다고 주장하는바, 과연 임대차보증금반환의무가 누구에게 있는가. [2] 나아가 甲이 임대차보증금반환채무자에게 동시이행항변권을 행사할 수 있는가. (2015년 법무사시험 참조)

---

111) 대법원 2013. 1. 17. 선고 2011다49523 전원합의체 판결. 평석으로는 손흥수, "임차 보증금채권이 가압류 된 후 임차주택을 양수한 자의 임대인의 제3채무자 지위 승계", 민사집행법연구(2017), 13면 이하; 이영창, "주택임대차보호법상 대항력 있는 임차보증금반환채권에 대한 가압류의 효력", 민사재판의 제문제(2015), 595면 이하 참조.

⑥ 준소비대차의 약정이 체결된 경우

기존채무에 대하여 채권가압류가 마쳐진 뒤, 채무자와 제3채무자 사이에 준소비대차의 약정이 체결된 경우, 준소비대차의 약정은 가압류된 채권을 소멸하게 하는 것으로서 채권가압류의 효력에 반하므로(296조 3항), 가압류의 처분제한의 효력에 따라 채무자와 제3채무자는 준소비대차의 성립을 가압류채권자에게 주장할 수 없고, 다만 채무자와 제3채무자 사이에서는 준소비대차가 유효하다.[112)] 21-92

(2) 다른 절차와의 관계

1) 다른 가압류의 집행과의 경합

가압류의 집행이 있은 목적물에 대하여 다시 가압류의 집행을 할 수 있다. 가압류 사이에 그 결정이 이루어진 선후에 따라 뒤에 이루어진 가압류에 대하여 처분금지적 효력을 주장할 수 없다.[113)] 이중압류절차에 따른다. 21-93

2) 가처분의 집행과의 경합

부동산에 대한 가압류의 집행이 가압류의 등기를 하는 방법으로 이루어진 경우에 이는 점유를 수반하는 것이 아니므로 집행관이 목적물을 스스로 보관하거나 채무자 이외의 사람에게 보관시키는 가처분의 집행과 병존할 수 있다. 한편, 경합하는 경우에는 집행의 시간적 선후에 의하여 그 우열을 정한다(☞22-65).[114)] 21-94

유체동산에 대한 가압류의 집행은 집행관이 동산을 점유하는 방법으로 이루어지고, 유체동산에 대한 가처분의 집행은 점유와 관계없이 이루어지므로 유체동산에 대한 가압류의 집행은 집행관 보관의 가처분의 집행과는 병존할 수 있지만, 채무자의 점유를 허락하는 가처분과는 저촉한다.

3) 강제집행과의 경합

다른 채권자가 가압류의 목적물에 대하여 금전채권의 강제집행을 할 수 있다. 그 경우 첫 경매기시결정 기입등기 전의 가압류채권자는 배당요구의 필요 없이, 당 21-95

---

112) 다만, 이러한 가압류의 처분제한의 효력은 가압류채권자의 이익보호를 위하여 인정되는 것이므로 가압류채권자는 그 처분행위의 효력을 긍정할 수도 있다(대법원 2007. 1. 11. 선고 2005다47175 판결).

113) 대법원 1999. 2. 9. 선고 98다42615 판결.

114) 동일한 부동산에 대하여 가압류등기와 이에 선행하는 처분금지가처분등기가 기입된 후 가처분채권자인 전 소유자가 매매계약 해제를 원인으로 한 본안소송에서 승소판결을 받아 확정된 경우, 위 가압류는 결국 말소될 수밖에 없으므로 가압류채권자를 민법 548조 1항 단서에 규정된 '제3자'로 볼 수 없다(대법원 2005. 1. 14. 선고 2003다33004 판결).

연히 배당받을 권리를 가지나(148조 3호), 첫 경매기시결정 기입등기 후의 가압류채권자는 배당요구를 하여야만(88조 1항) 배당을 받을 수 있다.

한편 가압류된 동산에 대하여 인도청구의 강제집행을 하는 것과 같이 비금전집행을 할 수 있는지 여부에 대하여는 소극, 적극의 입장이 있는데, 가압류된 동산은 집행관의 점유하에 있는 것이 일반적이므로 소극설이 타당하다.

4. 집행의 정지 · 취소

21-96 가압류집행에 대해서 집행의 정지나 이미 실시된 집행도 취소될 수 있다.

(1) 집행의 정지

제16조(집행에 관한 이의신청) ② 법원은 제1항의 이의신청에 대한 재판에 앞서, 채무자에게 담보를 제공하게 하거나 제공하게 하지 아니하고 집행을 일시정지하도록 명하거나, 채권자에게 담보를 제공하게 하고 그 집행을 계속하도록 명하는 등 잠정처분을 할 수 있다.

제48조(제3자이의의 소) ③ 강제집행의 정지와 이미 실시한 집행처분의 취소에 대하여는 제46조 및 제47조의 규정을 준용한다. 다만, 집행처분을 취소할 때에는 담보를 제공하게 하지 아니할 수 있다.

제49조(집행의 필수적 정지 · 제한) 강제집행은 다음 각호 가운데 어느 하나에 해당하는 서류를 제출한 경우에 정지하거나 제한하여야 한다.

제283조(가압류결정에 대한 채무자의 이의신청) ① 채무자는 가압류결정에 대하여 이의를 신청할 수 있다. ... ③ 이의신청은 가압류의 집행을 정지하지 아니한다.

21-97 집행의 정지는 집행절차에 착수하지 못하거나 속행하지 못히는 것을 밀한다. 본래 보전처분은 긴급성에 따른 잠정적 재판이므로 보전의 필요성에서 이루어지는데, 이 잠정적 재판에 기한 집행을 안일하게 정지하는 별도의 잠정적 재판을 인정하는 것은 원칙적으로 타당하지 않다고 볼 수 있으나, 한편 가압류명령 자체에 대하여 이의신청을 하더라도 그것만으로 가압류집행이 정지되지 않으므로(283조 3항) 나중에 자칫 채무자에게 회복할 수 없는 손해를 줄 경우도 있을 수 있다. 그리하여 예외적으로 **집행정지를 인정할 여지를 남기는 것이 타당**하다고 본다. 그런데 보전집행은 보전명령이 채무자에게 송달되기 전에 이루어지는 것이 통상적이므로 집행개시 전의 정지는 거의 있을 수 없고, 집행 중의 정지는 계속적 급부의 가압류를 명한 채권가압류명령 등에서 있을 수 있다. 한편 집행의 정지는 집행의 착수나 속행을

저지하는 점에 의미가 있으므로 집행이 완료된 뒤에는 정지를 할 수 없다.[115]

하여튼 **집행에 관한 이의신청** 또는 **제3자이의의 소**에 의하여 가압류집행을 정지시킬 수 있다(291조, 16조 2항, 48조 3항). 집행이 당연히 정지되지는 않고, 잠정처분의 정본을 집행기관에 제출하면 집행정지가 된다(291조, 49조).

◈ 유체동산 가압류집행의 경우에 제3자이의의 소를 제기하면서 집행의 정지를 구할 수 있는지 여부 ◈ 甲은 가압류결정을 받아 乙이 점유하고 있는 유체동산에 대하여 가압류집행을 하였다. 이에 대하여 丙은 乙이 점유하고 있는 유체동산은 자신의 소유라며 甲을 상대로 제3자이의의 소를 제기함과 동시에 위 가압류집행의 정지를 구하는 잠정처분신청을 하였다. 우선, 위와 같이 가압류의 목적물이 (채무자가 아닌) 자신의 소유임을 주장하는 경우에는 丙은 직접 가압류이의신청을 할 수 없으나, 제3자이의의 소를 제기하여 가압류집행의 배제를 구할 수 있으므로 일단 제3자이의의 소는 적법하다. 나아가 잠정처분으로 집행의 정지(48조 3항, 46조, 47조)를 구할 수 있는지 여부가 문제된다. 제3자이의의 소를 제기하면서 잠정처분으로 구하는 강제집행의 정지는 집행권원에 기한 강제집행을 전제로 하는 것인데, 여기에서의 가압류명령에 의하여 가압류집행이 이미 이루어진 것에 대하여 집행의 정지를 구할 수 있는지 여부에 대하여, ① 유체동산가압류에 대한 집행정지를 하는 경우에 본압류로의 전이를 막을 수 있는 실익이 있으므로 잠정처분으로 가압류집행의 정지를 구할 수 있다는 입장과 ② 집행관의 봉인 등의 집행행위에 의하여 가압류집행이 종료된 경우는 집행을 정지할 대상이 없고, 가압류집행을 정지하더라도 추후 채권자가 확정판결 등의 집행권원에 기하여 실시하는 강제집행을 막을 수 없으므로 잠정처분으로서의 집행의 정지를 구할 수 없다는 입장이 있을 수 있다.[116]

한편 **가압류명령 자체**에 대한 채무자의 이의신청도 가압류의 집행을 당연히 정지하지 않으므로(283조 3항) 집행을 정지시키기 위하여는 법원으로부터 집행정지결정을 받아야 한다(☞21-50).

그리고 채무자는 가압류명령에서 정한 해방금액을 **공탁하여 집행을 정지**시킬 수 있다(282조. ☞21-40). 다만, 다음과 같이 집행의 취소를 신청할 수 있으므로 여기에서의 집행의 정지는 거의 의미가 없는 규정으로 본다.[117]

---

115) 김홍엽, 460면; 이시윤, 638면.
116) 민사집행법 실무연구 Ⅱ, 재판자료(제117집), 7~8면은 제1설을 지지하고 있다.
117) 김연, 327면.

(2) 집행의 취소

제18조(집행비용의 예납 등) ② 채권자가 제1항의 비용을 미리 내지 아니한 때에는 법원은 결정으로 신청을 각하하거나 집행절차를 취소할 수 있다.

제50조(집행처분의 취소 · 일시유지) ① 제49조제1호 · 제3호 · 제5호 및 제6호의 경우에는 이미 실시한 집행처분을 취소하여야 하며, 같은 조 제2호 및 제4호의 경우에는 이미 실시한 집행처분을 일시적으로 유지하게 하여야 한다.

제282조(가압류해방금액) 가압류명령에는 가압류의 집행을 정지시키거나 집행한 가압류를 취소시키기 위하여 채무자가 공탁할 금액을 적어야 한다.

제299조(가압류집행의 취소) ① 가압류명령에 정한 금액을 공탁한 때에는 법원은 결정으로 집행한 가압류를 취소하여야 한다.

21-98 집행의 취소는 이미 실시한 집행의 전부 또는 일부의 효력을 상실시켜 채무자를 그 구속으로부터 벗어나게 하는 것을 말한다. 집행이 완료된 뒤에도 본집행으로 이전(이행)하기 사이에는 그 집행에 의하여 형성된 보전상태가 계속하여 채무자를 구속하므로 집행의 취소를 구할 수 있다고 할 것이다.118) 그런데 **가압류집행의 취소**와 **가압류명령 자체의 취소**는(☞21-60) 다르므로 구별하여야 한다. 가압류집행의 취소는 채권자, 채무자 또는 제3자의 신청에 의하거나 집행법원이 직권으로 한다. 이에 관한 법원의 사무는 **사법보좌관**의 업무이다(사법보좌관규칙 2조 1항 16호).

1) 채권자의 신청

21-99 채권자는 가압류의 집행상태가 계속되고 있는 한 언제든지 그 집행취소를 신청할 수 있다. 가압류집행 뒤에 행하여진 채권자의 집행취소(실무상 집행해제)의 신청은 실질적으로 **집행신청의 취하에 해당**한다. 그 집행취소결정은 그 가처분 피신청인에게 아무런 불이익도 주지 아니하므로 채무자의 동의가 필요 없고, 채무자는 그 집행취소 결정에 대하여 항고할 이익도 없어 항고할 수 없다.119) 집행이 취소된 경우에는 다른 특별한 사정이 없는 한 가압류에 의한 소멸시효중단의 효과는 소급적으로 소멸된다.120)

118) 이시윤, 639면.

119) 대법원 1980. 2. 15.자 79마351 결정.

120) 「민법」 175조는 가압류가 '권리자의 청구에 의하여 취소된 때에는' 소멸시효중단의 효력이 없다고 정하고 있는데, 가압류의 집행 후에 행하여진 채권자의 집행취소 또는 집행해제의 신청은 실질적으로 집행신청의 취하에 해당하고, 이는 다른 특별한 사정이 없는 한 가압류 자체의 신청을 취하하는 것과 마찬가지로 그에게 권리행사의 의사가 없음을 객관적으로 표명하는 행위로서

2) 채무자의 신청

① 해방금액의 공탁을 이유로 한 채무자의 신청

채무자가 가압류명령에 정한 금액을 공탁한 때에는 법원은 결정으로 집행한 가압류를 취소하여야 한다(299조 1항. ☞21-40). 위 취소결정에 대하여는 즉시항고를 할 수 있다(동조 3항). 취소결정은 확정되지 않더라도 고지와 동시에 효력이 생기므로 즉시 집행력을 가진다(동조 4항). 21-100

주의할 것은 가압류집행이 취소되더라도 가압류명령 그 자체의 효력이 소멸되는 것은 아니다(해방금액은 가압류명령의 존속을 전제로 그 집행을 정지·취소하는 것). 그리고 집행이 취소되면, 해방공탁금은 장차 가압류채권자가 본안청구에 관하여 승소의 확정판결을 받거나 가집행선고가 붙은 승소판결을 얻은 때에 가압류목적물에 대신하는 것이므로 해방공탁금이 집행의 목적물이 된다. 해방공탁금은 가압류의 집행의 정지 또는 취소에 의하여 채권자가 입는 손해의 담보의 성질을 가지지 않는다. 따라서 가압류채권자는 가압류목적물에 우선변제권을 가지지 않는 것과 마찬가지로 공탁된 해방금액에 대하여도 우선변제권이 인정되지 않는다. 해방금액이 공탁되면, 그 뒤 가압류의 효력은 채무자가 가지는 **공탁금회수청구권상에 존속**하게 된다. 가압류채권자는 채무자가 가지는 해방공탁금회수청구권상에 가압류의 효력을 주장할 수 있다. 이 경우에 경합하는 압류가 없다면 가압류채권자는 직접 추심할 수 있다. 한편 채무자의 다른 채권자가 가압류해방공탁금 회수청구권에 대하여 압류명령을 받은 경우에는 가압류채권자의 가압류와 다른 채권자의 압류는 그 집행대상이 같아 서로 경합하게 된다.[121]

위와 같이 해방금액을 공탁하고 가압류집행의 취소를 구할 수 있으나, 한편 채무자가 적당하고 충분한 담보를 제공한다면 채권자는 구태여 채무자의 일반재산을 가압류할 필요까지 없게 되므로 앞에서 이미 보았듯이 법원이 정한 담보를 채무자가 제공하고서 그 **가압류 자체의 취소**를 구할 수도 있다(288조 1항 2호. ☞21-73). 이 담보는 위 해방금액과 달리, 직접 **피보전권리의 담보**가 된다(19조 3항, 민사소송법 122조).

한편 채무자는 가압류명령이 이의신청 등의 절차에 의하여 취소된 때 또는 채권자가 가압류신청을 취하한 때에는 가압류명령이 효력을 잃어 공탁금을 회수할 수

위 법 규정에 의하여 시효중단의 효력이 소멸한다고 봄이 상당하다. 이러한 점은 위와 같은 집행취소의 경우 그 취소의 효력이 단지 장래에 대하여만 발생한다는 것에 의하여 달라지지 않는다(대법원 2010. 10. 14. 선고 2010다53273 판결).

121) 대법원 1996. 11. 11.자 95마252 결정.

있다. 채무자 승소의 본안판결이 확정된 때에도 마찬가지이다.

○ ○ 지 방 법 원

결 정

사 건	2025카기○○ 가압류집행취소
채 권 자	○○○ (000000－0000000)
	서울 ○○구 ○○동 ○○○
채 무 자	○○건설 주식회사
	서울 ○○구 ○○동 ○○
	대표이사 ○○○

주 문

이 법원의 2025.○○.○○.자 2025카단○○ 가압류결정 정본에 의하여 2025.○○.○○. 별지 기재 부동산에 대하여 실시한 가압류의 집행을 취소한다.

이 유

이 법원 2025카단○○ 가압류사건에 관하여 채무자의 가압류명령에서 정한 000원을 공탁(○○법원 20○○년 금제○○호)하고 한 가압류집행취소 신청은 이유 있으므로 주문과 같이 결정한다.

2025. . .

사법보좌관 ○○○ (인)

◈ 채무자가 아닌, 제3자의 해방금액 공탁 ◈ 가령 甲은 乙로부터 공사대금 3,000만 원을 받지 못하고 있으므로 乙을 채무자, 위 공사대금채권을 피보전권리로 하여 乙 소유의 A토지에 대한 가압류를 신청하였다고 하자. 가압류명령이 있었고, 법원의 촉탁에 의하여 가압류등기가 이루어졌다. 그런데 丙이 乙로부터 A토지를 매수하고 丙에게로 소유권이전등기를 경료하였다. 그리고 丙은 위 가압류명령에서 정한 가압류해방금액을 공탁하여 위 가압류집행의 취소를 신청하였다. 제3자인 丙에 의한 해방금액의 공탁도 허용될 수 있는 여부가 문제된다. 사안의 丙과 같이 가압류가 이루어진 부동산을 양수한 제3자가 해방금액을 공탁할 수 있고, 이러한 공탁을 인정하여도 해방금액으로 가압류목적물을 대신하는 금전의 공탁이 있으면 가압류채권자의 이익을 해치는 것이 아니라는 입장이 있다. 그러나 채권자에 의한 해방금액에 대한 본집행 절차는 채무자의 공탁금회수청구권에 대한 채권집행에 의하여 이루어진다. 그래서 제3자에 의한 해방금액의 공탁을 인정하면 가압류채권자가 채무자에 대한 집행권원을 취득하여도 그 제3자에 대하여는 집행권원의 효력은 미치지 않으므로 제3자의 재산인 공탁금회수청구권에 대하여 채권집행을 할 수 없게 되어 가압류채권자의

이익이 침해되게 된다. 따라서 제3자가 채무자에 대신하여 해방금액을 공탁하는 것은 허용되지 않는다고 풀이할 것이다.[122] 법 282조도 제3자에 의한 해방금액의 공탁에 대하여 규정하지 않고, 채무자가 공탁하는 것으로 명시하고 있다.

② 가압류신청의 취하 등을 이유로 한 채무자의 신청

가압류신청이 취하되었을 때에 채무자가 이를 이유로 집행취소의 신청을 하면, 실무상 가압류신청의 취하서 또는 취하증명서를 법 49조 5항의 서면에 준하는 것으로 보아 법 50조 1항에 따라 집행을 취소하고 있다(291조). 21-101

③ 그 밖의 사유를 이유로 한 채무자의 신청

가압류명령에 대한 이의신청, 취소신청 등에 의하여 가압류결정이 취소되면, 채무자는 법 49조와 50조에 의하여 그 재판서정본을 집행기관에 제출하여 집행취소를 구할 수 있다.[123] 21-102

3) 법원의 직권에 의한 취소

채권자가 집행비용을 미리 내지 아니한 때에는 법원은 결정으로 집행절차를 취소할 수 있다(18조 2항). 21-103

5. 본집행으로의 이전

(1) 의 의

가압류는 본집행을 보전하는 제도인데, 채권자가 본안에서 승소판결을 받았거나 그 밖의 집행권원을 얻었으나 채무자가 아직 그 의무를 이행하고 있지 않을 때, 채권자가 집행권원에 의하여 압류를 하는 것을 본압류 내지는 본집행으로 이전(=이행=전환)이라고 부른다(다만, 조문상의 용어는 아니다). 21-104

가압류집행이 본집행으로 이전하기 위한 요건으로, 첫째 채권자가 본안에서 집행권원을 갖추어야 하고, 둘째 압류대상의 동일성과 당사자의 동일성, 즉 사건의 동일성을 갖추어야 한다. 사건의 동일성에서 피보전채권과과 청구채권이 완전히 동일할 필요는 없고 청구의 기초가 동일하면 된다.[124]

---

122) 법원실무제요(Ⅴ), 257면도 마찬가지 입장이다.

123) 채무자에 대한 파산선고 결정이 확정된 경우, 파산자의 재산에 대한 가압류결정은 그 효력을 상실하므로(채무자 회생 및 파산에 관한 법률 348조 1항 본문) 파산관재인은 집행기관에 대하여 파산선고 결정 등본을 취소원인 서면으로 소명하여 가집행의 집행취소신청을 하여 집행처분의 외관을 없앨 수 있고, 따라서 가집행에 대한 채무자의 이의신청은 그 이익이 없어 부적법하다(대법원 2002. 7. 12. 선고 2000다2351 판결).

가압류집행이 당연히 본집행으로 이전하는 것은 아닌데, 본집행으로 이전하는 절차는 다음과 같이 가압류집행의 종류에 따라 동일하지 않다.

(2) 본집행신청의 필요

21-105 채권자가 집행권원을 얻더라도 가압류집행이 당연히 본집행으로 이전하는 것은 아니므로 채권자가 **본집행을 신청하여 집행기관이 집행에 착수**하여야 본집행으로의 이전이 이루어진다. 즉, 본집행으로 이전하는 시점은, 가압류집행과 본집행 사이에 공백이 생기지 않도록 한다는 점에서는 **본집행**이 현실로 **개시**된 때를 시점으로 보는 것이 적절할 것이지만, **학설**은 채권자의 **본집행신청 시**로 보고 있다.[125] 다만 가압류집행절차와 본집행절차가 중복되는 때에는 본집행을 위하여 다시 **절차를 반복하지 않고**, 이미 가압류집행으로 이루어진 절차를 본집행의 절차로 이용하여 즉시 그 다음 단계의 본집행의 절차로 진행할 수 있다.

그래서 **유체동산**의 경우는 목적물의 점유가 이미 집행관에게 넘어가 있기 때문에 그대로 압류 다음 단계인 현금화 단계로 진행한다. 다만, **채권과 그 밖의 재산권**의 경우는 바로 추심명령 · 전부명령 등 현금화 단계로 넘어가지 않고, 별도의 압류명령을 받아야 한다는 입장이 일반적인데,[126] 집행법원은 가압류를 명한 법원이 있는 곳을 관할하는 지방법원으로 한다(224조 3항).

◈ 가압류에서 본압류로 이전하는 채권압류명령 주문 기재례 ◈

채권자와 채무자 사이의 OO지방법원 2019카단OOOO 채권가압류결정에 의한 별지목록 기재 채권에 대한 가압류는 이를 본압류로 이전한다.

한편 **부동산**의 경우는 가압류와 본압류의 집행법원이 일치하지 않고, 또한 압

124) 이시윤, 641면. 보전처분의 피보전권리와 본안의 소송물인 권리는 엄격히 일치함을 요하지 않으며, 청구의 기초의 동일성이 인정되는 한 그 보전처분의 보전의 효력은 본안소송의 권리에 미친다고 보아야 할 것이다(대법원 1982. 3. 9. 선고 81다1223, 81다카991 판결).

125) 김홍엽, 464면; 이시윤, 641면. 한편, 법원실무제요(Ⅴ), 248~249면은 가압류집행이 있은 상태에서 시간적 간격이 없이 그대로 본집행이 효력을 발생하는데, 언제 본집행으로 이전되느냐(즉, 언제 가압류의 집행상태가 종료되는 것이냐)에 관하여는 집행권원이 성립한 때, 집행력 있는 정본이 채무자에게 송달된 때, 본집행이 신청된 때, 본집행이 개시된 때라는 입장이 있으나, 본집행 개시 시가 타당하다는 입장이다. 즉, 본집행이 개시되면서 가압류의 집행상태가 종료하고 그 이후는 본집행이 된다고 본다.

126) 김홍엽, 464면; 이시윤, 641면; 법원실무제요(Ⅴ), 250면.

류절차도 다르므로 가압류집행의 절차가 그대로 본집행의 절차에 수계되지 않는다. 가압류절차에서는 부동산을 가압류한다는 취지의 가압류명령이 있고, 그 집행으로 가압류등기가 이루어지는데, 본집행을 개시함에 있어서는 별도로 경매개시결정을 받아야 한다.

(3) 가압류의 효력의 취급

본집행으로의 이전에 의하여 가압류집행의 효력은 본집행에 수계된다. 가압류집행은 본집행에 포섭됨으로써 애초부터 본집행이 있었던 것과 같은 효력이 생긴다.[127] 가압류 채권자는 이를 이용할 수 있다. 이에 의하여 채권자는 선행하는 가압류명령에 저촉되는 행위의 효력을 부정할 수 있다. 가령, 부동산집행의 경우에 본집행에 이전된 뒤 채권자는 가압류집행시에 소급하여 가압류명령에 저촉된 채무자의 처분행위를 부정할 수 있다(☞21-84). 양 절차의 연속성이 인정되는 한도에서는 가압류절차에 있어서 처분도(그 효과도), 본집행절차에 흡수된다(가압류에 의한 시효중단의 효력도 계속 존속한다고 볼 것이다. ☞21-21). 한편 연속성이 없는 때에는 본집행절차가 다시 처음부터 행하여진다. 21-106

다만 구체적 사안에 따라 본집행에 이전된 뒤에 가압류의 귀추가 어떻게 되는가에 대한 논의가 있다.[128]

① 본집행개시와 동시에 가압류집행의 효력은 장래에 향하여 소멸되고, 본집행의 종료사유를 불문하고 소멸한 가압류집행의 효력은 부활하지 않는다는 **소멸설**,[129] ② 가압류집행의 효력은 본집행에 포섭되어 독자의 존재를 잃지만, 잠재적

127) 대법원 2010. 10. 14. 선고 2010다48455 판결. 관련 문제로, 가령 가압류집행에 대한 제3자이의의 소(48조)를 제기한 제3자는 본집행으로 이전된 뒤에는 본집행에 대한 제3자이의의 소로 소의 변경을 하여야 한다.

128) 가압류가 본압류로 이행되어 강제집행이 이루어진 경우에는 가압류집행은 본집행에 포섭됨으로써 당초부터 본집행이 있었던 것과 같은 효력이 있게 되므로, 본집행이 되어 있는 한 채무자는 가압류에 대한 이의신청이나 취소신청 또는 가압류집행 자체의 취소 등을 구할 실익이 없게 되고, 특히 강제집행조차 종료한 경우에는 그 강제집행의 근거가 된 가압류결정 자체의 취소나 가압류집행의 취소를 구할 이익은 더 이상 없다(대법원 2004. 12. 10. 선고 2004다54725 판결). 부동산에 대한 가압류가 집행된 후 강제경매개시결정 등으로 인하여 본압류로 이행된 경우에는 가압류집행이 본집행에 포섭됨으로써 당초부터 본집행이 행하여진 것과 같은 효력이 있고, 본집행이 유효하게 존속하는 한 가압류등기는 집행법원의 말소촉탁이 있는 경우라도 말소할 수 없다. 따라서 부동산에 대한 가압류가 본압류로 이행되어 본집행의 효력이 유효하게 존속하는 한 집행법원의 가압류등기 말소촉탁은 그 취지 자체로 보아 법률상 허용될 수 없음이 명백한 경우에 해당된다(대법원 2012. 5. 10.자 2012마180 결정).

129) 이시윤, 642면.

으로는 존속하여 본집행의 소멸사유가 가압류집행의 소멸도 포함한다고 인정되는 것과 같은 경우를 제외하고, 본집행의 신청의 취하 등 본집행이 무엇인가의 이유로 존재를 잃은 때에는 독립의 존재를 회복한다는 **잠재설**, ③ 가압류집행의 효력은 소멸하지 않고, 피보전권리의 만족 내지는 그 불능에 의한 본집행의 종료까지는 병존한다는 **병존설**이[130] 있다. ① 소멸설에서는 본집행이 잠정적으로 실효된 경우에 채권자에게 불이익한 경우가 있게 된다. 따라서 무엇인가의 형태로 가압류집행의 효력이 잔존한다고 풀이하는 ② 잠재설이 적절할 수 있다. ② 잠재설은 가압류에 관한 법률관계를 주장할 수 있는 시점을 본집행의 이전 시까지로 한정하는 것에 의하여 법률관계를 조기에 안정시킨다는 장점이 있다. 한편 ③ 병존설은 개별적 법률관계를 구체적 타당성 있게 해결함에 적절하다.

◈ 구체적 예 - 신청의 취하 ◈ 주택신축공사의 하도급을 받은 甲은 원 수급인 乙에 대하여 1억 원의 도급대금채권을 주장하여 乙을 채무자, 丙을 제3채무자, 위 도급대금채권을 피보전채권으로 하여 乙이 위 신축공사의 도급인 丙에게 가지고 있는 2억 원의 도급대금채권 가운데 청구채권액에 이르기까지의 채권에 대한 가압류를 신청하였고, 그 가압류명령이 丙에게 송달되었다. 그 뒤, 甲은 피보전채권의 일부인 5천만 원에 대하여 乙에 대한 집행권원을 얻었으므로 이를 청구채권으로 하여 위 가압류된 채권의 일부인 동 금액에 대하여 압류명령 및 추심명령을 얻어 그 명령은 丙 및 乙에게 송달되었다. 그리고 甲은 위 가압류명령의 담보에 대하여 취소결정을 얻기 위하여 위 가압류신청 및 가압류명령의 집행의 **신청을 취하**하였다. 한편, 丙은 중단된 위 주택신축공사를 속행시키기 위하여 위 압류명령 및 추심명령의 송달을 받을 때까지 사이에 乙의 하청으로 공사를 인계한 대리수령권자에게의 변제를 포함하여 乙에 대하여 부담하고 있는 도급대금채권을 전부 변제하였다. 丙은 변제로 甲에게 대항할 수 있는가. 집행권원을 얻어 가압류된 채권에 대한 본집행이 행하여진 경우에 가압류집행의 효력은 어떻게 되는가. 가압류로부터 본집행로 이행된 뒤에 가압류명령 및 그 집행의 신청을 취하하는 것이 허용되는가. 이것이 긍정된다면, 가압류집행에 의한 변제금지효는 소멸하는가가 문제된다. **소멸설**이나 **잠재설**에 따르면, 가집행으로부터 본집행으로 이행된 뒤에 본집행과 단절하여 가압류집행만의 취하는 할 수 없게 된다. 한편, **병존설**에 따르면, 가압류명령 및 그 집행의 신청만을 취하할 수 있고, 나아가 가압류집행에 의한 변제금지의 효력도 소급하여 소멸하게 되므로 변제가 본집행에 의한 압류의 효력이 발생하기 전에 이루어진 경우라면, 그 변제는 압류채권자에 대한 관계에서도 유효한 것이 되고, 따라서 丙은 변제로 甲에게 대항할 수 있다.

130) 일본 最高裁判所 平成14(2002)·6·7 판결은 이 입장을 취한다.

제 3 장

가 처 분

Ⅰ. 의 의

제300조(가처분의 목적) ① 다툼의 대상에 관한 가처분은 현상이 바뀌면 당사자가 권리를 실행하지 못하거나 이를 실행하는 것이 매우 곤란할 염려가 있을 경우에 한다. ② 가처분은 다툼이 있는 권리관계에 대하여 임시의 지위를 정하기 위하여도 할 수 있다. 이 경우 가처분은 특히 계속하는 권리관계에 끼칠 현저한 손해를 피하거나 급박한 위험을 막기 위하여, 또는 그 밖의 필요한 이유가 있을 경우에 하여야 한다.

제301조(가압류절차의 준용) 가처분절차에는 가압류절차에 관한 규정을 준용한다. 다만, 아래의 여러 조문과 같이 차이가 나는 경우에는 그러하지 아니하다.

제305조(가처분의 방법) ① 법원은 신청목적을 이루는 데 필요한 처분을 직권으로 정한다.

가처분(einstweilige Verfügung)은 금전채권 이외의 권리 또는 법률관계에 관한 판결의 집행을 보전하기 위한 제도로서, **다툼의 대상**(계쟁물이라고도 한다)**에 관한 가처분**(300조 1항)과 **임시의 지위를 정하기 위한 가처분**(동조 2항)으로 나뉜다.[1) 가처분절차에는 특별히 규정을 따로 둔 경우를 제외하고, 원칙적으로 가압류절차에 관한 규정을 준용한다(301조). 가령 가압류신청의 요건은 법 279조에 규정되어 있고, 가처분의 신청에도 같은 조가 준용된다. 22-1

1) **독일**도 마찬가지로 민사소송법 935조 이하에서 보전가처분(Sicherungsverfügung. ZPO §935)과 임시의 지위를 정하는 가처분(Regelungsverfügung. ZPO §940)의 2종류의 가처분을 규정하고 있다. 나아가 명문의 규정은 없지만 채권자에게 잠정적 만족을 주는 제3의 유형으로 이행가처분(Leistungsverfügung 또는 Befriedigungsverfügung)의 존재를 주장하는 입장도 있는데, 별도로 이러한 유형의 존재를 부정하고 임시의 지위를 정하는 가처분에 포함시키는 입장도 있다. MüKoZPO/Drescher ZPO §935 Rn. 3-5.

다툼의 대상에 관한 가처분은 채권자가 채무자에 대하여 특정물에 관한 이행청구권(가령 건물인도청구권, 소유권이전등기청구권 등)을 가지고, 나아가 대상물의 현재의 물리적 또는 법률적 상태의 변경에 의하여 장래에 권리실행을 하지 못하거나 이를 실행하는 것이 매우 곤란할 염려가 있을 경우에 대상물의 현상을 유지하는 것에 필요한 잠정조치를 취하는 절차이다(300조 1항). 청구권보전제도인 점에서는 가압류와 같으나 청구권이 금전채권이 아닌 점, 그 대상이 채무자의 일반재산이 아닌 특정한 물건이나 권리인 점에서 다르다. 현상변경을 금지하는 방법은 여러 가지이므로 처분의 형식이 일정하지 않으나, 주요한 것으로는 특정물의 점유상태의 현상유지를 목적으로 하는 점유이전금지가처분과 특정물에 관한 권리상태의 현상유지를 목적으로 하는 처분금지가처분이 있다(부작위명령의 형식으로 발하여진다).

◈ **구체적 예** ◈ 가령 甲은 건물 임차인인 乙을 상대로 건물인도청구의 소를 제기하고자 한다. 그런데 乙이 건물의 점유를 다른 사람에게 이전할 우려가 있는 상황이 포착되었다. 즉, 甲이 차임 독촉을 위해 乙의 건물에 찾아갔는데, 체격이 큰 어떤 사람이 乙에게 격앙된 어조로 '빌려간 돈', '건물을 넘겨라', '명의를 변경하라' 등과 같은 말을 하는 것을 예기치 않게 듣게 되었다. 위와 같은 상황에 비추어 甲은 필요하다고 판단되면, 소의 제기에 앞서 점유이전금지가처분을 신청할 것을 고려하여야 한다. 또한 甲은 연체된 차임지급청구권을 피보전권리로 하여 乙의 재산에 대하여 가압류명령을 신청할 수 있다.

이에 대하여 **임시의 지위를 정하기 위한 가처분**은 현재 채권자와 채무자 사이의 권리관계에 대하여 다툼이 있어, 그에 대한 확정판결이 있기까지 현상을 방치한다면 채권사가 현저한 손해를 입거나 급박한 위험에 처하는 등 소송의 목적을 달성하기 어려운 경우에 그로 인한 위험을 방지하기 위해 잠정적으로 임시의 지위를 정하는 보전처분이다(300조 2항). 임시의 지위를 정하기 위한 가처분은 장래의 확정판결에 기한 강제집행을 보전한다는 목적보다도 다툼이 있는 권리관계에 관하여 현상을 유지한다는 기능이 더 강한 이른바 현재의 위험(권리실현의 지연 내지 불안)에 대한 보전수단이다. 단순히 현상동결에 그치지 않고, 임시의 조치를 행함으로써 새로운 법률관계가 형성되지만, 이는 판결의 집행을 용이하게 하고 그때까지의 손해를 방지하고자 하는 임시적인 조치에 그친다. 국민들의 권리의식이 급속도로 향상되면서 금전배상으로는 적절치 아니한 새로운 유형의 분쟁들이 생겨나고 있는데,

이러한 유형의 사건은 본안소송에 의하여 구제받은 선례가 없고, 그 분쟁의 성격으로 말미암아 상당한 시일이 필요한 본안소송으로는 적절한 권리구제도 어려운 경우가 많아 대부분의 경우에 임시의 지위를 정하기 위한 가처분을 신청하고 있는 실정이어서 그 신청이 빠른 속도로 증가하는 추세에 있고, 과거의 관점에서 보면 기발하다고 여겨질 정도까지의 임시의 지위를 정하기 위한 가처분이 신청되고 있다.

◈ **구체적 예** ◈ 채권자 甲과 채무자 乙 사이에 권리관계에 다툼이 있어 이 다툼에 의하여 현재 이미 甲에게 현저한 손해나 급박한 위험이 생겼다고 하자. 그리하여 그 해결을 위하여 甲은 본안소송을 하고자 준비하고 있으나, 본안소송을 하더라도 그 결말, 즉 판결의 취득까지는 시간이 꽤 걸리는 것이 보통이다. 따라서 甲으로서는 다가오는 손해나 위험을 어떻게든 막을 필요가 있다. 이를 위해 甲은 임시의 지위를 정하기 위한 가처분 신청을 하면 된다. 이는 본안소송의 판결까지 사이에 잠정적 상태(안정적 지위)를 형성·유지하기 위함이다. 예를 들어 乙 회사로부터 해고당한 종업원 甲이 있다고 하자. 그러나 甲은 그 해고는 부당하다고 생각하여 해고무효확인, 종업원지위확인, 임금지급의 소(본안소송)를 제기하고자 한다. 그러나 승소판결을 취득하기까지는 시간도 비용도 든다. 게다가 급료도 지급되지 않고 있으므로 당장 생활비용도 곤란할 지경이다. 소를 제기함에도 돈이 들므로 그만두어야 할지 모른다. 그러면 甲으로서는 어떻게 하면 좋은가. 甲은 임시의 지위를 정하기 위한 가처분 신청을 하는 것도 한 방법이다. 구체적으로는 「종업원지위보전과 임금가지급」가처분을 신청하여 그 가처분명령을 취득하면 된다. 「임금가지급」가처분명령은 임금의 지급을 명하는 부분에 대하여 집행권원이 되므로 이에 기하여 본안소송의 확정을 기다리지 않고 가처분만으로 집행을 하여 乙 회사로부터 임금가지급을 받을 수 있다.

가압류는 금전집행의 보전을 목적으로 하므로 재산의 압류라고 하는 하나의 방법으로 그 목적을 달성할 수 있지만, 한편 가처분은 가압류와 같이 단순하지 않고 피보전권리나 그 회피하려고 하는 위험이 여러 가지이므로 복잡한 모습을 띤다. 그렇지만 여러 다양한 가처분 방법을 모두 민사집행법에서 미리 규정할 수 없으므로 민사집행법은 위 두 가지 기본유형의 가처분에 관한 규정을 두고, 특칙으로 법원이 신청목적을 이루는 데 필요한 처분을 직권으로 정하도록 하고 있다(305조 1항).

◈ **임시의 지위를 정하기 위한 가처분과 가압류나 다툼의 대상에 관한 가처분의 차이** ◈ 현재 손해·위험이 있어 그 손해·위험에 대한 보전을 위해 임시의 지위를 정하는 가처분신청을 하는 것에 대하여 가압류나 다툼의 대상에 관한 가처분에서는 장래의 강제집행의 보전을 위하여 그 신청을 하는 것이다. 가령, 가압류에서는 채권자는

장래의 강제집행의 보전을 위하여 채무자의 재산처분을 금지하기 위하여 그 신청을 한다. 같은 보전 목적이지만, **손해 · 위험의 방지**를 위함인가(→ 임시의 지위를 정하기 위한 가처분), 아니면 **장래 강제집행의 확보**를 위함인가(→ 가압류 · 다툼의 대상에 관한 가처분)와 같이 그 보전이 의미하는 바가 분명히 다르다. 또한 임시의 지위를 정하기 위한 가처분에는 실질상 피보전권리에 대하여 직접적 만족에까지 이르는 경우가 있는데(→ 후술할 만족적 가처분), 가압류나 다툼의 대상에 관한 가처분에서는 그러하지 않다.

〈2021년 가처분 목적물별 처리상황〉

	접수	처리				평균 처리일수
		합계	인용	기각	기타	
동산	1,081	1,092	85	62	179	14.3
부동산	31,291	31,263	25,392	1,535	4,336	14.2
선박	56	58	50	2	6	11.1
항공기 · 건설기계	22	22	16	1	5	9.8
자동차	603	612	501	22	89	14.8
채권	422	431	320	42	69	14.1
회사사건	881	905	200	401	304	86.1
그 밖의 재산권	12,761	12,675	5,636	3,261	3,778	48.5

Ⅱ. 가처분의 신청요건(= 발령 요건)

22-2 다툼의 대상에 관한 가처분과 임시의 지위를 정하기 위한 가처분은 그 목적이 다르므로 신청요건도 차이가 있다. 위 2종류의 가처분은 구체적 사안에 있어서 종종 구별이 어려우므로 채권자가 신청에서 그 가운데 어느 것을 구하는가를 명시할 필요는 없고, 사안에 따라 법원이 채권자의 지정과는 다른 종류의 가처분을 명하여도 무방하다는 입장도 있을 수 있으나, 양자의 성질상 차이는 분명하므로 그 가운데 어느 것인가는 채권자의 신청에 있어서도, 가처분명령에 있어서도 인식할 수 있도록 하여야 하며, 소의 변경에 준한 신청의 변경을 거치지 않는다면, 서로 사이의 호환성을 인정하여서는 안 된다고 할 것이다. 나누어 설명한다.

1. 다툼의 대상에 관한 가처분

제279조(가압류신청) ① 가압류신청에는 다음 각호의 사항을 적어야 한다. 1. 청구채권의 표시, 그 청구채권이 일정한 금액이 아닌 때에는 금전으로 환산한 금액 2. 제277조의 규정에 따라 가압류의 이유가 될 사실의 표시 ② 청구채권과 가압류의 이유는 소명하여야 한다.

제301조(가압류절차의 준용) 가처분절차에는 가압류절차에 관한 규정을 준용한다. 다만, 아래의 여러 조문과 같이 차이가 나는 경우에는 그러하지 아니하다.

신청의 취지를 구하는 근거(신청이유)로서 피보전권리의 존재와 보전의 필요성을 구체적으로 적어야 한다(301조, 279조 1항). 그리고 청구채권과 보전처분의 이유가 되는 사실의 **소명**을 요구하고 있으므로(279조 2항) 신청서에 그 소명방법을 적어야 한다. 소명방법은 소명의 즉시성 때문에(민사소송법 299조) 서증 또는 즉시 조사할 수 있는 검증물 등에 한정될 수밖에 없다. 22-3

(1) 피보전권리

다툼의 대상에 관한 가처분의 피보전권리는 금전을 제외한 특정물에 관한 이행청구권이다. 다툼의 대상이란 당사자 사이에 다투어지고 있는 물건 또는 권리를 가리킨다는 것이 일반적 입장이다. 유체물에 한하지 않고 채권적 청구권, 물권적 청구권, 지식재산권, 공법상의 규제를 받는 광업권이나 공유수면매립면허권 등과 같이 그 이전, 그 밖의 처분을 목적으로 하는 청구권도 유체물에 관한 급부를 목적으로 하는 청구권에 유사하므로 그 대상이 될 수 있다. 피보전권리가 특정물에 관한 이행청구권이므로 그 목적물인 다툼의 대상이 명확히 특정되어야 하나,[2] 대체물이라도 일정한 수량이 정하여져 있는 경우에는 동종, 동질, 동량의 물건을 집행관이 특정하여 인도집행할 수 있으므로 가처분의 피보전권리로 삼을 수 있다. 한편, 제3자 소유의 물건은 가처분의 대상으로 될 수 없다.[3] 22-4

피보전권리와 본안의 소송물인 권리는 엄격히 일치함을 요하지 않으며 청구의 기초의 동일성이 인정되면 된다고 본다.[4] 가령 매매계약에 기한 소유권이전등기청구권을 피보전권리로 행하여진 처분금지가처분에 있어서, 취득시효에 기한 소유권

2) 대법원 1999. 5. 13. 선고 99마230 판결.
3) 대법원 1996. 1. 26. 선고 95다399410 판결.
4) 대법원 1982. 3. 9. 선고 81다1223, 81다카991 판결; 대법원 2017. 3. 9. 선고 2016다257046 판결 등.

이전등기청구권을 피보전권리로 한 처분금지의 효력을 인정할 수 있다. 가처분채무자의 보호를 생각한다면, 동일성을 넓게 포착하는 것은 문제이지만, 가처분의 긴급성을 고려한다면, 엄격한 일치를 요구하는 것도 현실성이 없기 때문이다. 청구의 기초의 동일성으로 판단하는 것이 타당하다고 생각한다.

한편 물건을 목적으로 하지 않는 단순한 작위청구권(가령 출연 또는 강연의 청구권)이나 단순한 부작위청구권(가령 경업금지청구권) 등은 현재의 물적 상태를 유지함으로써 보전될 수 없는 것이므로 여기에서의 피보전권리에 포함되지 않는다(이는 후술할 임시의 지위를 정하기 위한 가처분에 의할 것이다).

본안의 집행권원에 의한 강제집행을 전제로 하므로 피보전권리는 강제집행을 할 수 있는 것이어야 한다. 소구할 수 없는 자연채무, 소송상 청구는 할 수 있으나, 집행이 불가능한 책임 없는 채무(가령 부집행특약이 있는 경우) 등은 피보전권리가 되지 못한다. 그리고 압류금지규정(195조, 246조)에 걸리는 물건 또는 권리에 있어서도 다툼의 대상에 관한 가처분을 함에는 지장이 없다(반면, 가압류는 금전채권의 집행에 관한 것이므로 허용되지 않는다).

다툼의 대상에 관한 가처분의 경우에는 피보전권리인 이행청구권을 표시하되, 그 금액은 적을 필요가 없다. 피보전권리가 특정물에 관한 이행청구권이므로 가처분신청서에 그 목적물을 명확하게 표시하여야 한다.

피보전권리가 없는 사람의 신청에 의하여 처분금지가처분결정이 내려졌다면, 그 가처분은 효력이 없고, 그에 기한 가처분등기가 마쳐졌다 하더라도 가처분의 효력을 채무자나 제3자에게 주장할 수 없다.[5)]

(2) 보전의 필요성

22-5 다툼의 대상에 관한 가처분은 대상물의 현상이 바뀌면 당사자가 권리를 실행하지 못하거나 실행이 매우 곤란할 염려가 있을 경우에 허용된다.[6)]

---

5) 대법원 1999. 10. 8. 선고 98다38760 판결.

6) 다툼의 대상에 관한 가처분은 현상이 바뀌면 당사자가 권리를 실행하지 못하거나 이를 실행하는 것이 매우 곤란할 염려가 있을 경우에 허용되는 것으로서, 이른바 만족적 가처분의 경우와는 달리 보전처분의 잠정성·신속성 등에 비추어 피보전권리에 관한 소명이 인정된다면, 다른 특별한 사정이 없는 한 보전의 필요성도 인정되는 것으로 보아야 하고, 비록 동일한 피보전권리에 관하여 다른 채권자에 의하여 같은 종류의 가처분집행이 이미 마쳐졌다거나, 선행 가처분에 따른 본안소송에 공동피고로 관여할 수 있다거나 또는 나아가 장차 후행 가처분신청에 따른 본안소송이 중복소송에 해당될 여지가 있다는 등의 사정이 있다고 하더라도 그러한 사정만으로 곧바로 보전의 필요성이 없다고 섣불리 단정하여서는 안 된다(대법원 2005. 10. 17.자 2005마814 결정).

1) 현상의 변경

현상의 변경은 목적물의 훼손(객관적 변경), 이전 · 양도(주관적 변경)등에 의하여 생긴다. 현상의 변경은 장래에 생길 염려가 있는 경우와 이미 염려가 발생하고 있는 경우를 포함하는데, 그러한 위험은 현재 존속하고 있어야 한다. 현상변경은 다툼의 대상에 관하여 생겨야하므로 채무자의 일반재산상태가 좋지 않다든지, 자력 감소, 다른 재산으로부터 만족을 받을 수 있는 등의 사유는 고려할 필요가 없다. 22-6

2) 권리실행의 불능 또는 현저한 곤란

권리의 실행이란 강제집행을 말한다. 권리실행의 불능은 채무자, 그 밖의 사람이 강제집행목적물을 멸실 · 훼손 · 양도한 경우와 같이 집행의 목적을 달성할 수 없는 것을 말하고, 또 매우 곤란하다는 것은 불능으로는 볼 수 없으나 그 달성에 중대한 장애가 있는 것을 말한다. 22-7

2. 임시의 지위를 정하기 위한 가처분

제300조(가처분의 목적) ② 가처분은 다툼이 있는 권리관계에 대하여 임시의 지위를 정하기 위하여도 할 수 있다. 이 경우 가처분은 특히 계속하는 권리관계에 끼칠 현저한 손해를 피하거나 급박한 위험을 막기 위하여, 또는 그 밖의 필요한 이유가 있을 경우에 하여야 한다.

임시의 지위를 정하기 위한 가처분이 발령되기 위한 요건은, 가압류와 마찬가지로 '피보전권리'와 '보전의 필요성'의 존재이다. 이 2가지 요건이 필요하다. 다만, 법 300조 2항은 이에 관하여 '다툼이 있는 권리관계', '특히 계속하는 권리관계에 끼칠 현저한 손해를 피하거나 급박한 위험을 막기 위하여, 또는 그 밖의 필요한 이유가 있을 경우'라는 좀 더 구체적인 표현을 사용하고 있다. 그런데 위 규정만으로는 어떤 경우에 임시의 지위를 정하기 위한 가처분이 발령되는 것인가. 그리고 피보전권리와 보전의 필요성은 서로 어떤 관계에 있는 것인가. 나아가 그 각각의 증명 정도는 어떠하여야 하는 것인가에 관하여 충분히 설명되지 못하는 문제가 있다. 22-8

(1) 피보전권리

임시의 지위를 정하기 위한 가처분의 피보전권리는 장래의 집행보전이 아닌 **현존**하는 **위험방지**를 위한 것이므로 엄밀한 의미에서는 피보전권리라고 할 것이 22-9

없지만, 보통 다툼 있는 권리관계를 피보전권리라고 한다. 응급적 · 잠정적인 처분이므로 다툼 있는 권리관계의 존재를 요건으로 한다. 가령, 이미 효력이 상실된 단체협약의 효력정지를 구하는 가처분은 허용되지 않는다.[7] 다툼이라 함은 권리관계에 관하여 당사자의 주장이 대립되기 때문에 소송에 의한 권리보호가 요구되는 것을 말한다. 권리관계가 부인되는 것, 의무를 인정하더라도 이행하지 아니하는 것, 혹은 주주총회결의취소처럼 형성의 소가 제기될 것이 요구되는 것 등이 이에 속한다.[8] 이 가처분은 가압류 또는 다툼의 대상에 관한 가처분과 달리, **보전하고자 하는 권리 또는 법률관계의 종류를 묻지 않는다**. 재산적 권리뿐 아니라 신분적 권리라도 좋고, 재산적 권리는 물권, 채권, 지식재산권이라도 무방하다. 또한 이 가처분은 그 권리확정이 이루어지기 전에 임시로 권리자의 지위를 주는 것이므로 피보전권리는 반드시 집행에 적합하지 아니한 것이라도 상관없다.

(2) 보전의 필요성

22-10 임시의 지위를 정하기 위한 가처분에 있어서 보전의 필요성은, 가압류나 다툼의 대상에 관한 가처분과 달리, 계속하는 권리관계에 끼칠 현저한 손해를 피하거나 급박한 위험을 막기 위함이다(300조 2항). 즉, 다툼 있는 권리 또는 법률관계에 대하여 그 현상을 그대로 방치한다면 채권자에게 생길 '현저한 손해 또는 급박한 위험'을 피하기 위한 것이 그 필요성이다. 위 사유는 예시규정에 지나지 않으며, '그 밖의 필요한 이유가 있을 경우'라는 일반조항을 두고 있는데, 그 필요성은 법원의 재량적 판단에 따른다. 보전의 필요성의 유무의 판단에 있어서 어떠한 사정을 어느 정도 고려할 것인가에 대하여는 법원의 재량에 맡겨져 있다.[9] 가처분명령을 받을 채무자에게 미치는 영향이 상당히 크므로 채권자에게 생기는 현저한 손해나 급박한 위험

7) 대법원 1995. 3. 10.자 94마605 결정.

8) 한편, 가령 단체의 대표자 등에 대하여 그 해임을 청구하는 소는 형성의 소에 해당하고, 이를 허용하는 법적 근거가 없는 경우에 대표자 등에 대하여 직무집행정지와 직무대행자선임을 구하는 가처분 신청은 가처분에 의하여 보전될 권리관계가 존재한다고 볼 수 없어 허용되지 않는다(대법원 2020. 4. 24.자 2019마6918 결정 등).

9) 임시의 지위를 정하기 위한 가처분은 응급적 · 잠정적인 처분이므로, 이러한 가처분이 필요한지 여부는 당해 가처분신청의 인용 여부에 따른 당사자 쌍방의 이해득실관계, 본안소송의 승패의 예상, 기타 여러 사정을 고려하여 법원의 재량에 따라 합목적적으로 결정하여야 할 것인바, 가처분신청을 인용하는 결정에 따라 권리의 침해가 중단되었다고 하더라도 가처분 채무자들이 그 가처분의 적법 여부에 대하여 다투고 있는 이상 권리 침해의 중단이라는 사정만으로 종래의 가처분이 보전의 필요성을 잃게 되는 것이라고는 할 수 없다(대법원 2007. 1. 25. 선고 2005다11626 판결).

과 비교형량하여 보전의 필요성을 판단하여야 할 것이다. 가령, 계약 해제·해지의 효력정지 가처분에서, 계약위반으로 인하여 채권자가 입은 손해가 금전에 의한 손해배상으로 전보될 수 있고, 달리 금전적 손해배상의 방법으로는 그 손해를 회복하기 어려운 특별한 사정이 없는 반면, 상대방의 협력 없이 그 계약의 이행 자체를 강제적으로 관철하기 어려운 성질의 계약인 경우에는 그 계약위반 및 이로 인한 손해를 주장·증명하여 손해배상의 권리구제를 받는 것은 별론으로 하고, 계약의 이행을 전제로 하는 가처분에 대한 보전의 필요성을 인정함에는 한층 신중을 기할 필요가 있다.[10)]

여기서 **현저한 손해**는 본안판결의 확정까지 기다리게 하는 것이 가혹하다고 생각되는 정도의 불이익 또는 고통을 말하고, 이는 직접, 간접의 재산적 손해뿐만 아니라 명예, 신용 기타의 정신적인 손해와 공익적인 손해를 포함한다.[11)] 또한 **급박한 위험**은 현재의 권리관계를 곤란하게 하거나 무익하게 할 정도의 강박·폭행을 말하며, 이는 위 현저한 손해와 병렬적인 개념이 아니라 현저한 손해를 생기게 하는 전형적인 예라고 봄이 상당하고, 그 예로는 명예를 훼손하는 인쇄물의 배포, 수리권을 방해하는 제방의 축조, 점유침탈행위 등을 들 수 있다. **그 밖의 필요한 이유**는 현저한 손해를 피하거나 급박한 위험을 막는 것에 준하는 정도의 이유를 말한다.

Ⅲ. 신청절차

가처분처분에 대하여는 가압류처분과 대체로 동일한 원칙이 타당하므로 설명의 많은 부분은 이미 언급한 가압류처분의 설명에 따른다. 22-11

1. 관 할

제303조(관할법원) 가처분의 재판은 본안의 관할법원 또는 다툼의 대상이 있는 곳을 관할하는 지방법원이 관할한다.

---

10) 계약 해제 등의 효력이 없음이 본안판결에 의하여 확정된다고 하더라도 채권자는 손해배상의 방법으로 구제받을 수 있기 때문에 그 효력정지 가처분에 대한 보전의 필요성 판단에 신중을 기해야 한다(대법원 2022. 2. 8.자 2021마6668 결정).
11) 대법원 1967. 7. 4.자 67마424 결정.

22-12 가처분은 본안의 관할법원 또는 다툼의 대상이 있는 곳을[12] 관할하는 지방법원이 관할한다(303조).[13] **토지관할**은 전속관할이다(21조). 따라서 합의관할(민사소송법 29조)이나 변론관할(민사소송법 30조)에 관한 규정은 적용의 여지가 없다. 다만, 가처분명령 자체에 대하여는 관할합의를 할 수 없지만, 그렇더라도 본안소송에 대한 관할합의를 할 수 없는 것은 아니다. 따라서 실무상 가령 당사자 사이에 서울중앙지방법원을 관할법원으로 하는 합의가 존재하는 경우, 이를 본안소송에 대한 관할합의로 보아(다만, 본안의 관할이 전속관할에 해당하지 않는 경우에 한함) 가처분명령의 관할을 인정하고 있다. **사물관할**은 피보전권리의 가액에 의하여 결정된다. 따라서 본안이 단독판사 관할인 경우에는 보전소송도 단독판사의 관할에 속하고, 본안이 합의관할인 경우에는 보전소송도 합의관할에 속한다. 한편, **시·군법원**의 특례(22조)와 재판장의 **긴급처분권**에 따른 관할(312조)에 대하여는 이미 가압류 부분에서 설명한 바 있다(☞21-6, 21-7).

2. 신 청

22-13 가압류명령의 신청에 준한다(301조). 채권자의 신청에 의하여 개시된다. 신청은 신청의 취지와 이유 및 사실상의 주장을 소명하기 위한 증거방법을 적어 서면으로 하여야 한다(279조, 민사집행규칙 203조. 전산정보처리시스템을 이용하여 전자문서로도 제출 가능). 신청의 취지는 결론적으로 채권자가 구하는 가처분의 내용으로서 소장에서의 청구의 취지에 해당한다. 그리고 앞에서 설명한 신청요건(=발령요건)이 신청의 이유가 된다. 그런데 법원은 신청목적을 이루는 데 필요한 처분을 직권으로 정할 수 있다고 규정하고 있고(305조 1항), 한편 보전절차에도 민사소송법 203조 처분권주의가 준용된다고 한다면(23조 1항), 이에 따른 신청의 구속력과 관련하여 위 법 305조 1항과의 관계가 문제될 수 있다(☞22-17). 채권자가 신청에서 제시한 가처분

---

12) 이사직무집행정지 및 대행자선임가처분은 이사의 직무가 이루어지는 곳, 즉 회사의 영업소가 다툼의 대상이 있는 곳이고, 그 본안이 이사 개인이 아닌 주식회사를 상대로 하여야 하는 주주총회결의취소, 무효 또는 부존재확인소송, 이사해임소송인 경우에는 본안의 관할법원은 회사 본점 소재지의 관할법원에 전속하므로(상법 376조 2항, 380조, 385조 3항, 186조) 이사 개인의 주소지 관할법원이라는 이유만으로는 위와 같은 가처분의 관할법원이 될 수 없다.

13) 2002년 이전의 구 민사소송법은 가처분사건의 관할법원은 원칙적으로 본안의 관할법원이 되도록 하고, 예외적으로 급박한 경우에 한하여 다툼의 대상(계쟁물)이 있는 곳을 관할하는 지방법원이 임시적 관할법원이 되도록 규정하고 있었으나, 민사집행법은 가처분도 변론을 거쳐 판결로 재판하는 예가 드문 실무를 반영하여 다툼의 대상이 있는 곳을 관할하는 지방법원도 본안의 관할법원과 함께 가처분사건의 일반적 관할법원으로 규정하였다.

에 의하여 실현하려고 한 목적의 한도 내에서 법원은 처분의 내용을 결정할 수 있다고 볼 것이다.

신청의 효과로, 절차법상 중복된 신청의 금지효(민사집행법 23조 1항, 민사소송법 259조)와[14] 실체법상 시효중단효(민법 168조)가 생긴다.

3. 심 리

제304조(임시의 지위를 정하기 위한 가처분) 제300조 제2항의 규정에 의한 가처분의 재판에는 변론기일 또는 채무자가 참석할 수 있는 심문기일을 열어야 한다. 다만, 그 기일을 열어 심리하면 가처분의 목적을 달성할 수 없는 사정이 있는 때에는 그러하지 아니하다.

가압류신청에 대한 심리와 마찬가지로, 재판은 **결정절차**에 의하여 이루어진다 (281조 1항). 신청에 대한 재판은 변론 없이 할 수 있다(280조 1항, 301조). **임의적 변론**이다. 22-14

한편 가처분 가운데 **임시의 지위를 정하기 위한 가처분**에서는 그 결과의 중대성(발령되면 채무자에게 막대한 영향을 미치므로)을 고려하여 사전에 채무자에게 절차보장을 부여하는 것이 대단히 중요하므로 **반드시 변론기일 또는 채무자가 참석할 수 있는 심문기일을 여는 것을 원칙**으로 하고 있다(304조 본문).[15] 일반적으로

14) 이 경우 보전처분신청이 중복신청에 해당하는지 여부는 후행 보전처분신청의 심리종결시를 기준으로 판단하여야 하고, 보전명령에 대한 **이의신청이 제기된 경우**에는 그 **이의소송의 심리종결시**가 기준이 된다. ① 채권자가 2013. 12. 26. 선행 가처분결정을 받았고, 같은 날 그 가처분등기까지 마쳐졌다. ② 이후 3년간 본안의 소를 제기하지 아니하자 채무자는 2017. 1. 4. 사정변경에 따른 가처분취소신청을 하였다. ③ 이에 채권자는 2017. 1. 9. 선행 가처분결정과 같은 내용의 가처분신청을 하는 한편 채무자를 상대로 본안의 소를 제기하였다. ④ 2017. 2. 6. 채무자의 위 가처분취소신청을 인용하는 결정과 채권자의 이 사건 가처분신청을 인용하는 결정이 내려지고, 위 가처분취소결정은 2017. 2. 14. 그대로 확정되었다. ⑤ 채무자는 위 후행 가처분결정에 대한 이의신청을 하였으나, 제1심은 2017. 4. 28. 위 결정을 인가하는 결정을 하였고, 원심은 2017. 11. 6. 채무자의 항고를 기각하는 결정을 하였다. 이에 의하면, 원심결정 당시는 물론 제1심 결정 당시에도 이미 이 사건 선행 가처분결정에 대한 취소결정이 확정되었으므로, 이 사건 가처분신청이 중복신청에 해당하여 부적법하다고 볼 수는 없다(대법원 2018. 10. 4.자 2017마6308 결정. 한편, 법 288조 1항 3호(가처분집행 후 3년 도과로 인한 취소) 사유에 해당하여 가처분이 취소사유가 발생한 이후 채권자가 다시 동일한 내용의 가처분을 신청한 경우, 그 보전의 필요성 유무는 ☞22-41).

15) 민사소송법 134조는 '법원은 결정으로 완결할 사건에 대하여 변론을 열지 아니하는 경우에는 당사자, 이해관계인 기타 참고인을 심문할 수 있다'고 규정하고 있는바 위 규정은 법 23조에 의하여 보전소송에 준용되며, 민사집행규칙 2조에서도 이를 직접 규정하고 있다. 따라서 서면심리 중 소명방법이 부족하거나 당사자의 주장이 분명하지 아니하여 이를 명확히 할 필요가 있을 때에는 당사자로 하여금 주장을 석명하게 하거나 소명방법을 보충하도록 하고, 경우에 따라서는

다툼의 대상에 관한 가처분에 대해서는 밀행의 필요가 강한 데 반하여, 임시의 지위를 정하기 위한 가처분에서는 밀행의 필요가 있는 사건은 많지 않고, 따라서 그 심리에 있어서는 채무자의 심문을 실시하여도 채권자에게 불리함을 생기게 할 우려가 적다고 할 수 있다. 다만, 그 기일을 열어 심리하면 가처분의 목적을 달성할 수 없는 사정이 있는 때에는 그러하지 아니한데(동조 단서),[16] 그 판단은 기본적으로 법원의 절차재량에 맡겨져 있다고 할 것이고, 기일을 열지 않은 경우에는 가처분결정을 곧바로 채무자에게 송달하여 채무자의 이의신청을 통하여 채무자에게 심문을 받을 기회를 주는 것이 바람직할 것이다.[17]

피보전권리의 존재나 보전의 필요성을 소명하여야 하는데, 신청인에게 소명에 갈음하거나 그와 함께 담보제공을 하게 할 수 있다(301조, 279조, 280조).

> **◈ 담보액의 기준 ◈** 담보액을 결정함에 있어 채무자가 입을 것으로 예상되는 손해가 실질적으로 고려되지 않는다는 것은 문제이다. 예를 들어(2003. 11. 1.부터 전국 법원의 신청판사들이 합의한 담보기준), 부동산에 대한 처분금지가처분을 발령받기 위해서는 목적물가액의 1/10에 해당하는 담보를 제공하여야 하는 반면, 유체동산에 대한 처분금지가처분을 발령받기 위해서는 목적물가액의 1/3에 해당하는 담보를 제공하여야 하는데, 담보액 기준의 근거가 충분히 설명되고 있지 못하다. 담보를 정액화함으로써 많은 보전처분신청사건을 신속하고 획일적으로 처리할 수 있다는 장점이 있지만, 이는 담보제도의 목적이나 본질과 무관하다는 점에서 문제가 있다.

이해관계인 그 밖의 참고인의 진술을 들음으로써 필요한 자료를 수집하는 경우가 있는데 이를 심문절차라고 한다. 심문절차는 임시의 지위를 정하기 위한 가처분에 흔히 이용되어 왔으며, 필요에 따라 가압류와 다툼의 대상에 관한 가처분에도 활용된다.

16) 관련하여 **미국** 연방민사소송규칙의 interlocutory injunction가 우리의 가처분에 해당하는데, 이에는 상대방 당사자에게 미리 통지(notice)를 하고, 심문(hearing)을 한 뒤에 발령하는 preliminary injunction(예비적 금지명령. 65조 a항)과 즉각적인 회복할 수 없는 손해를 방지하기 위하여 그러한 통지가 필요하지 않은 temporary restraining order(잠정적 제지명령. 65조 b항)의 두 가지를 규정하고 있다. 가처분의 효율성 제고를 위하여 잠정적 제지명령(TRO)을 도입하는 방안도 주장되고 있다. 그런데 예외적으로 심문 없는 심리(304조 단서)와 급박한 경우의 재판장의 재판으로 처리하면 위 temporaty restraining order와 비슷한 처리가 될 것이므로 굳이 새 제도의 도입보다는 오히려 현행 제도의 적절한 활용을 강조하는 입장으로는 이시윤, 662면.

17) 법적 심문청구권과 관련하여, **독일**은 가처분사건의 심리에 있어서 원칙적으로 **변론을 여는 것을 전제**로 신청을 각하하는 경우 외에 긴급한 경우에는 변론을 열지 않아도 된다고 규정하고 있다(§937 Abs.2 ZPO). 또한 가처분의 신청이 있을 것이 예상되는 경우에 채무자는 사전에 법원에 채권자로부터의 가처분의 신청에 이유가 없는 것, 또는 해당 가처분의 심리에서는 변론에서 진술의 기회를 주어야 한다는 취지를 분명히 한 서면, 즉 **보호서면**(Schutzschrift. 방어서면이라고도 번역)를 제출할 수 있다(§945 a ZPO). 그 제출절차에 대하여는 MüKoZPO/Drescher ZPO §945a Rn. 4-7.

4. 소송상 화해

민사소송법의 준용에 의하여(23조 1항) 소송상 화해를 할 수 있는지 여부에 대하여 다툼이 있을 수 있다. 화해를 할 수 있다고 볼 것이다.[18] 본안소송으로 철저하게 사실을 규명하는 것은 비용·시간을 들이는 점에서 당사자에게 큰 부담이 되므로 그것보다 잠정적이고 무겁지 않은 심리인 가처분에서 소송의 부담을 피하면서 조기에 분쟁을 종료시키고자 하는 의도도 없지 않을 것이기 때문이다. 다만, 임시의 지위를 정하는 가처분의 경우에는 일반적으로 심문을 열지만, 예외적으로 심문 없이 가처분명령이 발할 때에는 채무자로부터 사정을 들을 기회가 없으므로 그 단계에서는 화해의 여지가 없게 된다. 22-15

Ⅳ. 신청에 대한 재판

제281조(재판의 형식) ① 가압류신청에 대한 재판은 결정으로 한다.

제301조(가압류절차의 준용) 가처분절차에는 가압류절차에 관한 규정을 준용한다. 다만, 아래의 여러 조문과 같이 차이가 나는 경우에는 그러하지 아니하다.

가처분명령은 변론을 열었는지 여부와 관계없이 **결정**으로 하는 재판이다(301조, 281조 1항). 가처분신청이 소송요건(가령 당사자능력, 소송능력 등)을 결여하여 부적법한 경우, 피보전권리나 보전의 필요성이 인정되지 않아 신청이유가 없는 경우 또는 채권자가 법원이 명한 담보를 제공하지 않은 경우에는 그 신청이 배척(각하·기각)되게 된다. 한편 신청이 이유 있는, 즉 신청을 인용하는 재판을 가처분명령이라고 하는데, 신청이 피보전권리와 보전의 필요성이 소명되면, 법원은 가처분명령을 하게 된다. 가처분명령의 형식 및 내용·기재사항 등에 대하여는 가압류명령 부분 및 각 해당 부분에서의 설명도 참조하라(☞21-32 이하). 22-16

18) 이시윤, 603면. 한편, 청구의 포기에 관한 민사소송법 규정은 준용하되, 청구의 인낙에 관한 민사소송법 규정의 준용 여부에 대하여는, 보전처분에서의 신청취지는 실체법상의 권리주장이 아니고, 특히 가처분신청에서 가처분명령은 법원이 그 목적을 달성할 수 있기 위해 필요하다고 인정되는 범위 안에서 결정하는 점 등에 비추어 민사소송법 220조 청구인낙 규정의 준용 여부는 검토의 여지가 크다.

1. 가처분의 방법

(1) 의 의

제305조(가처분의 방법) ① 법원은 신청목적을 이루는 데 필요한 처분을 직권으로 정한다.

22-17 다툼의 대상에 관한 가처분은 특정물 또는 특정한 급부의 집행보전을 위한 것이므로 비교적 그 형태가 단순하다. 한편, 임시의 지위를 정하기 위한 가처분에 있어서는 피보전권리나 그 방지하려는 하는 위험의 형태가 다양하므로 그 방법이 복잡한 모습을 띄게 되고, 따라서 개개의 유형을 떠나 일반적으로 설명하는 것은 어렵다. 관련하여 민사집행법은 특칙을 두어 법 305조 1항에서 법원이 신청목적을 이루는 데 필요한 처분을 **직권**으로 정하도록 하였다. 이렇게 가압류의 경우와는 대조적으로 가처분방법은 법원의 **자유재량**(freiem Ermessen)에 속하나,[19] 이에 대하여 아무런 제한이 없는 것은 아니며, 피보전권리의 종류와 성질, 보전의 필요성, 강제집행과의 관련성 등에 의하여 일정한 제한을 받게 된다.[20] 그리고 신청의 범위 내이어야 한다는 원칙(민사소송법에서의 처분권주의)과 관련하여 법원은 채권자의 신청의 취지를 무시하고, 신청을 넘는 내용의 가처분을 발령하거나(가령, 단순한 건물점유이전금지의 가처분 신청에 대하여 건물인도의 단행가처분을 명하는 것), 신청과는 전혀 다른 별개의 가처분을 발령하는 것(가령, 가압류의 신청에 대하여 가처분을 명하는 것), 주장된 피보전권리와는 별개의 권리를 근거로 가처분을 명하는 것은 할 수 없다고 할 것이다(☞22-13).

(2) 민사집행법이 규정하는 가처분방법

제305조(가처분의 방법) ② 가처분으로 보관인을 정하거나, 상대방에게 어떠한 행위를 하거나 하지 말도록, 또는 급여를 지급하도록 명할 수 있다. ③ 가처분으로 부동산의 양도나 저당을 금지한 때에는 법원은 제293조의 규정을 준용하여 등기부에 그 금지한 사실을 기입하게 하여야 한다.

22-18 위에서와 같이 가처분방법은 법원의 재량에 맡겨져 있는데, 그 전형적 예로 민

19) 이는 **독일** ZPO §938를 도입한 것인데, 피보전권리, 보전의 필요성 그리고 계쟁물에 관련된 사실 등 가처분의 기초사실은 신청한 채권자가 정하고, 이의 보전에 필요한 보전명령은 법원이 자유재량으로 정한다는 것으로 풀이될 수 있다고 한다. 이시윤, 666면.

20) Stein/Jonas/Grunsky, Kommentar zur ZPO, §938 Rn. 2; MüKoZPO/Drescher ZPO §938 Rn. 1-4.

사집행법은 기본적 가처분 방법으로 보관인을 정하거나, 상대방에게 어떠한 행위를 하거나 하지 말도록, 또는 급여를 지급하도록 명할 수 있다고 규정하고 있고(305조 2항), 또한 가처분으로 부동산의 양도나 저당을 금지한 때에는 법원은 법 293조(부동산가압류집행)의 규정을 준용하여 등기부에 그 금지한 사실을 기입하게 하여야 한다고 규정하고 있다(동조 3항).

1) 보관인을 정하는 것

가처분으로 보관인을 정할 수 있다. 보관인은 가처분목적물을 보존·관리하는 사람으로, 그 지위는 강제관리에 있어서의 관리인과 비슷하다. 실무상 집행관이 보관인이 된다고 한다. 가처분의 목적이 동산, 부동산인 경우에 보관인을 정하는 경우가 많은데, 어업권과 같은 계속적 권리이거나 유아일 경우에도 그 필요성이 있다. 그러나 영업에 관하여는 보관인을 정하는 것이 적절하지 않을 것이다.[21] 보관인은 채무자로부터 목적물을 인도받아 보관하게 되나, 채무자가 이를 인도하지 않을 때에는 채권자의 신청에 의하여 집행관이 법 257조, 258조의 동산과 부동산인도청구의 집행방법에 의하여 채무자로부터 점유를 빼앗아 보관인에게 인도하여야 한다. 22-19

2) 상대방에게 어떠한 행위를 하거나 하지 말도록 명하는 것

사실상 행위이든 법률상 행위이든, 그리고 행위의 내용이나 종류는 불문한다. 사실상 행위(건물의 인도·철거, 공사금지 등), 법률상 행위(동산·부동산의 처분금지, 채권의 추심 및 처분금지 등) 또는 복합적 행위(이사직무집행정지 등)를 명하거나 금지할 수 있다. 법률상 행위에는 재판상 또는 재판외의 행위가 모두 포함된다. 22-20

3) 급여를 지급하도록 명하는 것

채무자에게 동산, 부동산, 그 밖의 물건이나 금전의 인도 또는 지급을 명하는 것이다. 이에는 채권자로 하여금 임시로 본안의 결과와 마찬가지의 만족을 얻게 하는 것(가령 소송이 완결될 때까지의 부양료나 임금의 지급 등)과 그렇지 아니한 것이 있다. 22-21

(3) 부수적 처분

가처분 자체의 목적달성을 위하여 반드시 필요한 것은 아니나, 가처분집행으로 인하여 생길 수 있는 영향을 고려하여 부수적으로 명하는 처분을 말한다. 가령, 이사직무집행정지가처분에 부수하는 직무대행자선임가처분이 그것이다. 대행자선임 22-22

21) 이시윤, 669면.

은 법원의 자유재량으로서 어느 특정인의 선임, 개임 등의 신청권은 인정되지 않으며 그에 관한 법원의 처분에 불복할 수도 없다.[22]

2. 해방공탁금의 표시

제282조(가압류해방금액) 가압류명령에는 가압류의 집행을 정지시키거나 집행한 가압류를 취소시키기 위하여 채무자가 공탁할 금액을 적어야 한다.

제301조(가압류절차의 준용) 가처분절차에는 가압류절차에 관한 규정을 준용한다. 다만, 아래의 여러 조문과 같이 차이가 나는 경우에는 그러하지 아니하다.

22-23 가처분명령에도 가압류명령과 마찬가지로(☞21-40) 해방금액을 적을 수 있는지 여부에(301조, 282조 참조) 대하여 견해가 대립하고 있다. 가처분에 있어서도 피보전권리가 금전보상에 의하여 목적을 달성할 수 있는 성질의 것인 때에는 법 282조를 준용하여 해방금액을 정할 수 있다는 입장이 유력하나,[23] **판례**는 금전채권이나 금전으로 환산할 수 있는 채권의 보전을 목적으로 하는 가압류와 달리, 가처분은 금전채권을 제외한 특정물에 대한 이행청구권 또는 다툼이 있는 권리관계의 보전에 그 본래의 목적이 있다는 점과 법 307조에서 특별사정으로 인한 가처분의 취소를 별도로 규정한 법의 등에 비추어 볼 때 해방공탁금에 관한 법 282조의 규정은 가처분에는 준용할 수 없다고 본다.[24]

◈ 사해행위취소권을 피보전권리로 한 처분금지가처분에서의 해방공탁금 ◈ 甲은 乙에 대하여 대여금채권을 가지고 있다. 그러나 乙은 甲뿐만 아니라 여러 사람에게 다액의 채무를 지고 있음에도 자신 소유의 토지를 처인 丙에게 증여하여 丙에게 소유권이전등기절차를 마쳤다. 甲은 수익자인 丙에 대하여 처분금지가처분신청을 할 수 있는가. 법원은 처분금지가처분을 발령할 때에 가처분해방금을 정할 수 있는가. 다액의 채무를 지고 있으면서 토지를 증여하여 그 등기를 丙에게 이전한 행위는 사해행위라고 풀이할 수 있다(민법 406조). 따라서 일단 甲은 丙에 대하여 사해행위취소권을 행사할 수 있는데, 여기서 사해행위취소권을 피보전권리로 한 처분금지가처분을 신청할 수 있는가가 문제된다. 만약 처분금지가처분을 할 수 있다고 본다면, 또한 가처분해방금을 정할 수 있는가도 문제된다. 사해행위취소권은 일반적으로 사해행위의 취소와 원상회복이 결합된 형태로 본다. 취소의 효과는 상대적이고, 또 사

22) 대법원 1979. 7. 19. 선고 79마198 판결.
23) 김연, 128면; 김홍엽, 483면.
24) 대법원 2002. 9. 25.자 2000마282 결정.

해행위취소소송의 상대방은 수익자 또는 전득자이다. 이렇게 본다면, 사해행위취소권은 채무자의 재산상태를 사해행위 이전의 상태로 회복시켜 이탈한 재산의 환취청구권, 즉 특정재산(위 사안에서 乙 소유의 토지)에 대한 반환청구권을 포함하게 된다. 따라서 채권자 甲은 사해행위취소권 행사의 요건을 충족하는 경우로, 사해행위취소권의 행사에 있어서 위와 같은 특정재산반환청구권을 피보전권리로 하여 丙을 채무자로 한 처분금지가처분과 같은 다툼의 대상에 관한 가처분을 구할 수 있게 된다.[25) 한편, 가처분명령에도 가압류명령과 마찬가지로 해방금을 정할 수 있는가에 대하여는 견해가 대립하고 있는데, 위 사안은 채권자 甲이 사해행위의 수익자에 해당하는 丙에 대하여 사해행위취소권의 행사에 기한 목적물반환청구권을 피보전권리로 하여 丙을 채무자로 한 처분금지가처분의 신청을 한 경우인데, 다툼의 대상에 관한 가처분이고, 甲은 금전의 지급을 받는 것에 의하여 그 목적을 달성할 수 있으므로 해방금을 정할 수 있다고 생각한다.[26)]

3. 가처분의 전형적 예 – 다툼의 대상에 관한 가처분

(1) 의 의

가처분의 전형적인 것은 다툼의 대상에 관한 가처분으로서 ① 점유이전금지가처분과 ② 처분금지가처분이 있는데, 민사집행법은 기본적 가처분방법으로 보관인을 정하거나 상대방에게 어떠한 행위를 하지 말도록 명할 수 있고(305조 2항), 부동산의 양도나 저당을 금지할 수 있다고 규정하고 있다(동조 3항). 가령, 채권에 대한 처분금지 등은 법 305조에서 열거하고 있는 가처분방법 가운데 상대방에게 어떠한 행위를 하지 말도록 하는 것에 해당된다. 22-24

한편 임시의 지위를 정하기 위한 가처분으로서 부동산인도단행가처분과 같이 채무자에게 작위를 명하는 가처분, 건축금지가처분, 출판금지가처분과 같이 채무자에게 부작위(금지)를 명하는 가처분 등이 있는데, 항을 바꾸어 후술한다.

25) 참고로 보면, 채권자가 수익자를 상대로 사해행위취소로 인한 원상회복을 위하여 소유권이전등기 말소등기청구권을 피보전권리로 하여 그 목적부동산에 대한 처분금지가처분을 발령받은 경우, 그 후 수익자가 계약의 해제 또는 해지 등의 사유로 채무자에게 그 부동산을 반환하는 것은 가처분채권자의 피보전권리인 채권자취소권에 의한 원상회복청구권을 침해하는 것이 아니라 오히려 그 피보전권리에 부합하는 것이므로 위 가처분의 처분금지 효력에 저촉된다고 할 수 없다(대법원 2008. 3. 27. 선고 2007다85157 판결).

26) 김홍엽, 483면. 이시윤, 673면도 가처분해방공탁금은 사행행위취소권에 기한 가처분이 주된 이용대상일 것이라고 한다.

제305조(가처분의 방법) ① 법원은 신청목적을 이루는 데 필요한 처분을 직권으로 정한다. ② 가처분으로 보관인을 정하거나, 상대방에게 어떠한 행위를 하거나 하지 말도록, 또는 급여를 지급하도록 명할 수 있다. ③ 가처분으로 부동산의 양도나 저당을 금지한 때에는 법원은 제293조의 규정을 준용하여 등기부에 그 금지한 사실을 기입하게 하여야 한다.	그 밖의 가처분(효력정지, 임의이행) 점유이전금지가처분 작위를 명하는 가처분(건물인도단행) 금지를 명하는 가처분(채무자의 행위금지, 방해금지) 작위를 명하는 가처분(급여가지급) 처분금지가처분

(2) 점유이전금지가처분

22-25 점유이전금지가처분은 물건의 인도청구권을 보전하기 위하여 목적물의 점유상태의 변동을 저지하여 현상을 고정하는 것을 목적으로 하는 가처분으로서 다툼의 대상에 관한 가처분에 속한다. 점유이전이 있을지도 모르는 상황이 예상되는 경우에는 특정물에 대한 인도청구의 소를 제기하기(본안소송) 전에 점유이전금지가처분을 하는 것이 중요하다는 것은 이미 앞에서 설명하였다.27)

◈ **구체적 예** ◈ 甲은 그 소유의 건물임차인인 乙이 차임을 수개월째 지급하지 않자, 임대차계약을 해지하고 2015. 7. 1. 乙을 상대로 건물인도청구의 소를 제기하였다. 이 소송은 2015. 10. 20. 변론을 종결하고, 그 뒤에 甲 승소의 판결이 확정되었다. 이에 기하여 甲은 스스로를 채권자, 乙을 채무자로 하여 건물인도의 강제집행을 신청하였다. 그런데 위 건물에 거주하고 있는 사람은 乙이 아니라, 丙이었다. 丙은 2015. 8. 1.부터 위 건물에 거주하고 있었다. 강제집행을 할 수 있는가. 이러한 사태를 막기 위하여 어떠한 방법을 취하여야 하는가. 소송이 있은 뒤에 실체법상의 권리관계 등이 변동하여, 당사자적격 내지 분쟁주체인 지위가 이전된 경우에는 이것이 변론종결 전의 이전이라면 소송승계(민사소송법 81조, 82조)의 문제로 처리하면 되고, 변론종결 뒤의 이전에 대하여는 판결효(민사소송법 218조 1항)의 확장에 의하여 처리하면 된다. 다만 소송승계에는 일정한 절차가 필요한데, 한쪽 당사자가 다른 쪽 당

27) 우리 민사소송법은 소의 제기 뒤 변론종결까지 사이에 목적물의 양도를 금지하지 않고, 또 그 사이에 목적물의 양도가 있더라도 그 뒤에 양도인을 당사자로 하는 판결의 효력을 양수인에게는 미치지 않는다. **당사자항정**(恒定)**주의**를 취하고 있지 않다. 독일은 당사자항정주의를 취하고 있어 소송계속 중에 목적물의 양도가 있더라도 당사자의 소송상 지위에 변동을 미치지 않고, 전주(前主)가 소송담당이라는 형태로 당사자로 소송을 속행하고, 그 기판력의 주관적 범위는 원칙적으로 소송계속 뒤의 승계인에게까지도 확장된다.

사자의 지위의 이전을 알아채지 못하는 경우도 많고, 소송승계가 이루어지지 않은 사이에 종래의 피고를 당사자로 한 채 판결이 선고되는 경우도 실제 생기게 된다. 이러한 경우에 대비하여 당사자의 지위를 묶어두고 소송을 수행하는 것이 필요하므로 가처분이 가지고 있는 당사자항정효가 큰 역할을 담당하게 된다.

1) 기본적 유형

피보전권리가 목적물의 인도청구권인 점유이전금지의 가처분에는 그 명령 주문 가운데 지시되는 점유보관의 형태에 따라 집행관 보관형, 채무자 보관형(사용허락형)의 유형이 있다. 그리고 예외적으로 채권자 보관형(사용허락형)의 유형이 있는데,[28] 이는 보전단계에서 채권자의 권리행사를 인정하는 것과 같게 되어 실질적으로는 임시의 지위를 정하는 가처분인 인도단행가처분과 동일한 것이 된다. 22-26

어느 유형에 의하든지 점유이전금지가처분에 반드시 들어가야 하는 기본 주문은 "① 채무자는 별지목록 기재 물건의 점유를 풀고, 채권자가 위임하는 집행관에게 이를 인도하여야 한다."와 "④ 집행관은 위 명령의 취지를 적당한 방법으로 공시하여야 한다."이다.

집행관 보관형의 점유이전금지가처분의 경우는 위 2개의 주문만으로 충분하다.

채무자 보관형(사용허락형)인 경우에는, 위 ①과 ④의 두 주문을 기본으로 하여, "② 집행관은 현상을 변경하지 않을 것을 조건으로 채무자에게 이를 사용하게 하여야 한다"는[29] 주문과, "③ 채무자는 (위 물건에 관하여 양도, 질권설정, 그 밖의 처분을 하거나) 그 점유를 타인에게 이전하거나 또는 점유명의를 변경하여서는 아니 된다"는 처분제한의 주문이 추가된다. 기재례는 다음과 같다.[30]

---

28) 가옥인도청구권에 대한 보전방법으로서 집행관으로 하여금 계쟁목적물인 가옥을 보관케 하고 현상을 변경하지 아니함을 조건으로 신청인에게 거주사용케 함이 권리보전의 범위를 일탈한 것이라고는 볼 수 없다(대법원 1964. 7. 16. 선고 64다69 전원합의체 판결).

29) 집행관은 위 물건을 사용하지 않을 것을 조건으로 채권자에게 이를 보관하게 할 수 있다는 채권자 보관형의 주문과 달리, 채무자 보관형에서는 이 경우 집행관에게 재량의 여지를 주지 않고 채무자의 사용을 반드시 허가하여야 한다는 주문을 내고 있다.

30) 기본적인 주문 이외에도 경우에 따라서는, 채무자에게 일정한 작위 또는 부작위를 명하거나, 집행관에게 채무자의 위반행위를 제거할 수 있도록 명하는 주문을 부기할 수 있으나, 이는 임시의 지위를 정하기 위한 가처분으로 별도의 심문절차를 거쳐야 명할 수 있는 것으로, 그렇지 않은 점유이전금지가처분에서 위와 같은 주문의 부기는 적절한 것은 아니다.

◈ 주문 기재례 ◈

채무자는 별지목록 기재 부동산에 대한 점유를 풀고 이를 채권자가 위임하는 집행관에게 인도하여야 한다.
집행관은 현상을 변경하지 않을 것을 조건으로 하여 채무자에게 이를 사용하게 하여야 한다.
채무자는 그 점유를 타인에게 이전하거나 또는 점유명의를 변경하여서는 아니 된다.
집행관은 위 명령의 취지를 적당한 방법으로 공시하여야 한다.

2) 부동산의 점유이전금지가처분

22-27 점유이전금지가처분에 있어서 **동산**은 부동산과는 달리, 사용에 따라 소모되는 성질의 것이 있고, 그렇지 않더라도 가동성이 있어 소재불명이 되거나 제3자에게 선의취득될 가능성이 있으므로 채무자의 사용을 허락하는 경우는 많지 않다. 한편 **부동산**의 점유이전금지가처분은 통상 부동산의 소유자, 경매절차의 매수인, 임대인 등이 현재 부동산을 점유하고 있는 전 소유자, 임차인 등을 상대로 신청하는 경우가 대부분인데,[31] 이 경우에는 대부분 **채무자 보관형**의 점유이전금지가처분의 주문을 내고 있다.

부동산의 점유이전금지가처분은 발령과 동시에 집행력이 생기고, 채무자에게 송달되기 전에도 집행할 수 있으며, 그 집행은 채무자가 점유하고 있는 물건의 압류에 관한 규정인 법 189조 1항에 준하여 집행하는 것으로 보고 있다. 따라서 집행관은 채권자에게 가처분결정문이 송달된 때로부터 14일 이내에 가처분 목적물 소재지에 가서, 채권자, 채무자 또는 그 대리인의 참여하에 목적물의 동일성 및 채무자의 점유 여부를 확인한 다음, 목적물이 집행관의 보관하에 있음을 밝히는 공시를 목적물의 적당한 곳에 붙이고, 채무자에게 가처분의 취지를 고지함으로써 집행을 실시한다.

이러한 채무자 보관형의 경우는 채무자의 점유를 박탈하는 현실적인 행위가 이루어지지 않는 점이 특징이며, 위 공시는 제3자에 의한 집행상태의 침해가능성을 감소시키고, 제3자에게 위 가처분으로 인하여 불이익을 입을 수 있다는 경고의 효과를 가질 뿐 가처분효력의 발생요건이나 대항요건은 아니다. 그러나 위 공시를 훼

31) 여기서 임대인이 소유자인 경우의 점유이전금지가처분을 인정할 것인지 여부에 대하여, 임대인은 소유자로서 제3자를 상대로 언제든지 인도청구를 할 수 있으므로 점유이전금지가처분을 인정할 보전의 필요성이 없다는 입장과 현재 점유자인 임차인이 그 점유를 제3자에게 이전한 경우에 새로운 점유자로 인하여 법률관계가 복잡해지는 것은 당연하므로 점유이전금지가처분으로 당사자를 항정할 필요가 있어서 점유이전금지가처분에서 임대인이 소유자인지 여부를 굳이 따질 필요 없이 보전의 필요성을 판단하여야 한다는 입장으로 나뉜다.

손하면 「형법」 140조 1항 규정의 공무상표시무효죄에 해당한다.[32]

3) 점유이전금지가처분의 효력

점유이전금지가처분이 있은 뒤에 가처분채무자가 제3자에게 점유를 이전한 경우, 점유를 이전받은 제3자는 가처분채권자에게 대항할 수 없다. 다만, 점유이전금지가처분은 그 목적물의 점유이전을 금지하는 것으로서, 그럼에도 불구하고 점유가 이전되었을 때에는 채무자는 채권자에 대한 관계에 있어서 여전히 그 점유자의 지위에 있다는 의미로서의 **당사자항정(恒定)의 효력**이 인정될 뿐이므로 채권자는 채무자를 상대로 한 본안소송(가령 건물인도청구소송)에서 승소한 뒤, 이를 집행권원으로 하여 제3자에 대하여 **승계집행문**을 부여받아 제3자에 대하여 인도집행을 할 수 있다(다만, 가처분 자체의 효력이 아님에 주의).[33] 나아가, 당사자항정효에 의하여 강제집행을 수인할 사람의 범위에 선의의 제3자도 포함되는지 여부에 대하여 견해가 나뉘고 있다. 22-28

◈ **일본 민사보전법상의 당사자항정효 및 상대방 특정성의 완화** ◈ [당사자항정효] 점유이전금지의 가처분명령의 집행이 이루어진 때에, 채권자는 본안의 집행권원에 기하여 해당 점유이전금지의 가처분명령의 집행이 있은 것을 알고 해당 계쟁물을 점유한 사람이나 해당 점유이전금지의 가처분명령의 집행 뒤에 그 집행이 있은 것을 알지 못하고 해당 계쟁물에 대하여 채무자의 점유를 승계한 사람에 대하여 계쟁물의 인도나 명도의 강제집행을 할 수 있다(일본 민사보전법 62조 1항). 그런데 점유이전금지의 가처분명령의 집행 뒤에 해당 계쟁물을 점유한 사람은 그 집행이 이루어진 것을 알고 점유한 것으로 추정한다(동법 동조 2항). 물론 이 사람에 대하여 집행을 함에 있어서는 승계집행문의 부여를 받을 필요가 있다. [상대방 특정성의 완화] 집행방해의 전형적 예의 하나로, 점유자를 바꾸는 것에 의해 점유자의 특정을 곤란하게 하고 보전처분의 신청을 단념하도록 하는 것이 종종 있으므로 점유이전금지가처분에서 채무자의 특정을 요하지 않고, 가처분명령을 발할 수 있다(일본 민사보전법 25조의 2 신설).

32) 이에 대하여 「형법」 140조 1항 규정은 그 표시 자체의 효력을 사실상 훼손하는 것을 의미하는 것이지, 그 표시의 근거 처분의 법률상 효력까지 상실케 한다는 의미로 보기는 어렵다고 반대할 수 있지만, 판례에 의하면, 점유이전금지가처분의 취지가 기재된 고시문이 부착된 이후 채무자가 그 점유를 제3자에게 이전하는 경우에도 공무상표시무효죄에 해당한다고 한다(대법원 2004. 10. 28. 선고 2003도8238 판결).

33) 가처분 이후에 매매나 임대차 등에 기하여 가처분채무자로부터 점유를 이전받은 제3자에 대하여 가처분채권자가 가처분 자체의 효력으로 직접 퇴거를 강제할 수는 없고, 가처분채권자로서는 본안판결의 집행단계에서 승계집행문을 부여받아서 그 제3자의 점유를 배제할 수 있을 뿐이다(대법원 1999. 3. 23. 선고 98다59118 판결).

한편 점유이전금지가처분에 있어서 그 집행은 직접점유자에 대하여 실시하여야 하고, 또한 그것으로 충분하기 때문에 간접점유자를 채무자로 하는 것은 인정되지 않는다.

대전지방법원 논산지원

신청단독

결 정

사 건 2025카단961 부동산점유이전금지가처분

채 권 자 전 ○ 온
안양시 만안구 ○○동 168-4 ○○○빌 106동 ○○호

채 무 자 오 ○ 환
논산시 ○○면 ○○리 ○6-75

주 문

채무자의 별지목록 기재 부동산에 대한 점유를 풀고 채권자가 위임하는 집행관에게 인도하여야 한다.
집행관은 현상을 변경하지 아니한 것을 조건으로 하여 채무자에게 사용을 허가하여야 한다.
채무자는 그 점유를 타에 이전하거나 또는 점유명의를 변경하여서는 아니 된다.
집행관은 위 취지를 적당한 방법으로 공시하여야 한다.

피보전권리의 내용 소유권에 기한 토지인도청구권

이 유

이 사건 부동산점유이전금지가처분 신청은 이유 있으므로 담보로 공탁보증보험증권(서울보증보험주식회사 증권번호 제 100000201104642652호)을 제출받고 주문과 같이 결정한다.

2025. 5. 7.

판 사 문 ○ 주

---

(3) 처분금지가처분

22-29 처분금지가처분은 목적물에 대한 채무자의 소유권이전, 저당권 · 전세권 · 임차권의 설정 그 밖에 일체의 처분행위를 금지하고자 하는 가처분이다.[34] 부동산

34) 일본 最高裁判所 令和5(2023) · 10 · 6 판결은 1필의 토지의 일부분에 대한 소유권을 시효에 의하여 취득한 사람은 해당 토지의 등기명의인에게 해당 일부분을 특정하는 것에 의하여 시효

이나 유체동산에 대한 처분금지가처분, 채권의 추심 및 처분금지가처분, 건축허가명의 처분금지가처분 등이 있는데, 목적물은 주로 부동산에 대한 것이고, 한편 피보전권리의 대부분은 목적물에 대한 이전등기청구권 같은 특정물에 대한 이전등기청구권이다.[35)]

부동산에 대한 처분금지가처분은 등기된 부동산에 한하여 허용되므로 미등기 부동산과 같이 채무자의 권리가 등기되지 않은 경우에는 그 등기를 병행하거나 선행할 수 있는 때에 한하여 처분금지가처분이 허용된다. 부동산에 대한 처분금지가처분의 공시방법은 **가처분등기의 기입**으로, 공시방법이 수반되어야 하기 때문이다.[36)] 그리고 상속등기를 하지 않은 부동산에 대한 가처분은 가처분채권자가 가처분결정을 부동산등기법 28조의 대위원인을 증명하는 서면으로 하여 대위상속등기를 신청하고, 이어서 가처분기입등기를 하는 방법에 따라 집행한다.

한편 자기 소유 토지상의 채무자 소유 건물의 철거청구를 본안으로 할 때와 같이 방해배제청구권의 보전을 위하여도 처분금지가처분을 할 수 있다.

처분금지가처분 신청서

신 청 인
피신청인

취득을 원인으로 한 소유권이전등기절차를 청구할 수 있는데, 해당 채권자가 해당 일부분에 대하여 분필의 등기의 신청을 할 수 없거나 현저하게 곤란하다는 등의 특별한 사정이 인정되는 때에는 해당 가처분신청은 해당 토지의 전부에 대한 것임을 이유로 즉시 보전의 필요성이 없는 것은 아니라고 한다.

35) 가처분의 본안소송에서 그 청구취지와 청구원인을 원래의 원인무효로 인한 말소등기청구에서 명의신탁해지로 인한 이전등기청구로 변경한 것은 동일한 생활사실 또는 동일한 경제적 이익에 관한 분쟁에 관하여 그 해결방법을 다르게 한 것일 뿐이어서 청구의 기초에 변경이 있다고 볼 수 없고, 이와 같이 가처분의 본안소송에서 청구의 기초에 변경이 없는 범위 내에서 적법하게 청구의 변경이 이루어진 이상, 변경 전의 말소등기청구권을 피보전권리로 한 위 가처분의 효력은 후에 본안소송에서 청구변경된 이전등기청구권의 보전에도 미친다(대법원 2001. 3. 13. 선고 99다11328 판결).

36) 완공되지 아니하여 보존등기가 경료되지 아니하였거나 사용승인되지 아니한 건물이라고 하더라도 채무자의 소유로서 건물로서의 실질과 외관을 갖추고 그의 지번·구조·면적 등이 건축허가 또는 건축신고의 내용과 사회통념상 동일하다고 인정되는 경우에는 가처분의 대상으로 삼을 수 있다고 할 것이다(대법원 2009. 5. 19.자 2009마406 결정 참조). 미등기부동산이더라도, 가처분 발령법원이 가처분등기의 촉탁을 하면 등기관이 직권으로 소유권보존등기를 마친 뒤에 가처분등기를 하는 방법으로 집행한다. 부동산등기법 66조(미등기부동산의 처분제한의 등기와 직권보존) 참조.

목적물의 가액 :
피보전권리의 요지 :

신청취지

피신청인은 별지목록 기재 부동산에 대하여 매매, 증여, 전세권, 저당권이나 임차권의 설정 기타 일체의 처분을 하여서는 아니 된다.

신청이유

…

첨부서류

1. 매매계약서 사본
1. 부동산등기부등본

20 . . .

위 신청인 (날인 또는 서명)

지방법원 귀중

서 울 중 앙 지 방 법 원

결 정

사 건	2025카단743 소유권이전청구권처분금지가처분
채 권 자	강영빈(******－*******) 서울 강남구 논현동 ○○
채 무 자	장보고(******－*******) 대전시 서구 둔산동 ○○○ ○○아파트 205동 ○○○○호
제3채무자	고유승(******－*******) 서울 용산구 ○○동 28－4

주 문

채무자는 제3채무자에 대한 별지목록 기재 각 부동산에 관한 2025. 5. 1.자 매매를 원인으로 한 각 소유권이전등기청구권에 관하여 양도, 질권설정 기타 일체의 처분행위를 하여서는 아니 된다.
제3채무자는 채무자에 대하여 위 각 부동산에 대한 소유권이전등기절차를 이행하여서는 아니 된다.

피보전 권리의 내용 2025. 1. 6. 대금 6억 원의 매매를 원인으로 한 각 소유권이전등기청구권.

이 유

이 사건 가처분 신청은 이유 있으므로 담보로 공탁보증보험증권(서울보증보험 주식회사 증권번호 101-202-3004005009876)을 제출받고 주문과 같이 결정한다.

2025. 1. 8.

판 사 ○ ○ ○

4. 임시의 지위를 정하기 위한 가처분

(1) 의 의

임시의 지위를 정하기 위한 가처분은 대상이 되는 권리관계에 따라 그 내용도 정하여진 바 없고, 따라서 그 방법도 정형적이지 않고 다양하다. 법 305조 2항에서 주요한 유형의 가처분을 예시하여 '가처분으로 보관인을 정하거나, 상대방에게 어떠한 행위를 하거나 하지 말도록, 또는 급여를 지급하도록 명할 수 있다'고 하면서, 나아가 동조 1항에서 '법원은 신청목적을 이루는 데 필요한 처분을 직권으로 정한다'라고 하여 법원이 가처분의 내용을 적절히 정할 수 있도록 재량으로 하고 있다. 22-30

실무상 많이 이용되는 가처분은 공사금지가처분, 출판금지가처분, 직무집행정지가처분(법 306조), 특허 · 실용신안 · 상표와 저작권 등 지식재산권침해금지가처분, 총회 · 이사회개최금지나 결의의 효력정지가처분, 인격권침해금지가처분, 업무방해금지가처분, 부정경쟁행위금지가처분, 국가 등이 실시하는 입찰절차속행금지가처분, 유체동산사용금지가처분, 치료비임시지급가처분, 인도 · 철거 · 수거단행가처분 등이 있다.

위와 같이 임시의 지위를 가처분은 그 목적, 내용이 다양하고 비전형적이므로 그 전부를 일률적으로 설명하기 곤란하다. 이하에서 자주 보이는 몇 가지 대표적 유형에 대하여 살펴보기로 한다.

◈ **만족적 가처분 또는 단행가처분** ◈ 가처분 가운데 본안판결을 통하여 얻을 것과 실질적으로 동일한 내용의 권리 또는 법률관계를 형성하는 것이 있는데, 이를 만족적 가처분 또는 단행(斷行)가처분이라고 한다(309조 참조).[37] 이는 실질상 피보전권

37) 한편, 만족적 가처분과 단행가처분을 구별하여, 만족적 가처분의 의미를 이행소송을 본안으로 하는 단행적 가처분과 형성소송을 본안으로 하는 형성적 가처분을 포함하는 것으로 단행적 가처분보다 넓은 의미로 보는 입장도 있다. 가령 김홍엽, 472~473면.

리에 대하여 직접적 만족에까지 이른다. 가령 건물인도청구권을 가진 사람에게 건물 점유자의 지위를 주는 것, 해고무효를 주장하는 사람에게 임금지급을 명하는 가처분 등이 그것이다. 그러나 이 경우에도 권리자의 지위는 임시적인 것이므로 제소명령이 있으면 본안의 소를 제기하여야 하고, 채권자가 본안소송에서 패소하면 원상회복을 하여야 한다.

(2) 주요한 유형

1) 부동산인도단행의 가처분

◈ 신청취지 기재례 ◈

채무자는 채권자에게 별지목록 기재 건물을 인도하라.

22-31 부동산인도단행가처분은 부동산의 인도청구권을 보전하기 위하여 부동산의 점유를 채권자에게 이전할 것을 명하는 만족적 가처분이다.[38] 인도단행가처분이 집행되면, 가처분채권자는 사실상 본안소송에 의하여 실현하려는 목적을 달성하는 한편, 가처분채무자는 본안소송에서 다투어 볼 기회조차 없이 부동산에 대한 현재의 이용 상태를 박탈당하여 생활이나 영업에 막대한 지장을 받을 위험이 있으므로 실무상 이를 인용하는 예는 그리 많지 않다. 이러한 단행가처분을 인용하기 위해서는 피보전권리는 물론 보전의 필요성에 관하여 **고도의 소명**이 있어야 한다.

2) 건물철거단행의 가처분

◈ 신청취지 기재례 ◈

1. 채무자는 채권자에게 별지 제1목록 기재 토지 위에 있는 별지 제2목록 기재 가건물을 철거하고 위 토지를 (임시로) 인도하라. 2. 채무자가 이 명령 송달일부터 OO일 내에 위 가건물을 철거하지 않을 때에는 채권자는 집행관에게 위임하여 채무자의 비용으로 이를 철거하게 할 수 있다.

22-32 건물철거단행가처분이 집행되면 원상회복이 불가능하게 되는 점 때문에 실무상 건물철거단행가처분을 인용하는 예는 많지 않다고 한다(위 예는 대체집행도 동시에 신청한 기재례).

---

38) 한편, 집행관 보관·채무자 사용형의 원칙적 형태가 아닌, 예외적으로 집행관 보관·채권자 사용형의 점유이전금지가처분도 있을 수 있는데, 이는 보전단계에서 채권자의 권리행사를 인정하는 것과 같아져 실질적으로는 위 인도단행가처분과 동일한 것이 된다.

3) 직무집행정지 · 대행자선임의 가처분

제306조(법인임원의 직무집행정지 등 가처분의 등기촉탁) 법원사무관등은 법원이 법인의 대표자 그 밖의 임원으로 등기된 사람에 대하여 직무의 집행을 정지하거나 그 직무를 대행할 사람을 선임하는 가처분을 하거나 ...

상법 제407조(직무집행정지, 직무대행자선임) ① 이사선임결의의 무효나 취소 또는 이사해임의 소가 제기된 경우에는 법원은 당사자의 신청에 의하여 가처분으로써 이사의 직무집행을 정지할 수 있고 또는 직무대행자를 선임할 수 있다. 급박한 사정이 있는 때에는 본안소송의 제기 전에도 그 처분을 할 수 있다.

◈ 신청취지 기재례 ◈

1. 본안판결의 확정에 이르기까지 채무자 회사의 이사 겸 대표이사 A, 이사 B의 각 직무의 집행을 정지한다.
2. 상기 직무집행정지의 기간 중, 대표이사 및 이사의 각 직무를 행하기 위해서 법원이 선임하는 자를 각각 직무대행자로 선임한다.

회사, 그 밖의 법인 등 임원의 지위에 대하여 다툼이 있는 경우에 잠정조치로서, 임원의 직무집행정지 · 대행자선임의 가처분이 있을 수 있다. 가령 주식회사의 이사선임의 주주총회결의의 무효 · 취소 또는 이사해임의 소가 제기된 경우 또는 급박한 사정이 있는 때에 본안소송 제기 전에 「상법」 407조에 의하여 하는 이사직무집행정지 및 직무대행자선임가처분은 임시의 지위를 정하기 위한 가처분의 하나이다.[39] 신청의 채권자가 되는 사람은 본안소송의 원고적격을 가지는 사람이다. 한편, 신청의 채무자가 되는 사람에 대해서는 본안소송의 피고적격을 가지는 사람이 다양하기 때문에 다툼이 있는데, **판례**는 이사 등 임원만이 채무자적격을 가진다고 보는데,[40] 본안소송의 피고는 회사등 단체인데, 가처분에서는 채무자가 이사 등 개인으로 당사자가 다르게 된다는 단점이 있다. 법 306조는 이 가처분결정이 내려진 경우에 법원사무관등은 그 등기를 촉탁하여야 한다고 하여 집행방법을 정하고 있 22-33

39) 대법원 1989. 5. 23. 선고 88다카9883 판결; 대법원 1997. 1. 10.자 95마837 결정. **법률상 해임청구권 규정이 없는 경우**인 민법상 조합의 청산인 해임청구권을 피보전권리로 하여 청산인에 대한 직무집행정지 및 직무집행대행자 선임의 가처분 신청은 **부적법**하다(대법원 2020. 4. 24.자 2019마6918 결정).

40) 이사직무집행정지가처분에 있어서 피신청인이 될 수 있는 자는 그 성질상 당해 이사이고, 회사에게는 피신청인의 적격이 없다(대법원 1982. 2. 9. 선고 80다2424 판결).

다. 가처분의 효력은 형성적으로 당사자뿐만 아니라 제3자에게도 미치므로 제3자 보호를 위하여 가처분의 내용을 공시할 필요가 있기 때문이다(☞22-49).

이사의 직무집행정지 및 직무대행자선임의 가처분이 이루어진 이상, 그 후 이사가 해임되고 새로운 이사가 선임되었다 하더라도 가처분결정이 취소되지 아니하는 한, 직무대행자의 권한은 유효하게 존속하는 반면 새로이 선임된 이사는 그 선임결의의 적법 여부에 관계없이 이사로서의 권한을 가지지 못한다 할 것이고, 한편 위 가처분은 그 성질상 당사자 사이에서뿐만 아니라 제3자에게도 효력이 미치므로 가령 새로이 선임된 대표이사가 가처분에 반하여 회사 대표자의 자격에서 한 법률행위는 결국 제3자에 대한 관계에서도 무효이고, 이때 가처분에 위반하여 대표권 없는 대표이사와 법률행위를 한 거래상대방은 자신이 선의였음을 들어 위 법률행위의 유효를 주장할 수는 없다.[41] 직무대행자가 그 권한에 기하여 행한 행위의 효력은 추후 가처분명령이 취소되더라도 영향이 없다. 집행의 효력은 장래를 향하여 소멸할 뿐, 소급적으로 소멸하는 것은 아니다.[42]

4) 부작위를 명하는 가처분

22-34 부작위를 명하는 가처분은 작위를 명하는 가처분과 함께 임시의 지위를 정하는 가처분의 양대 축을 형성하고 있다. 몇 가지 가처분의 예를 살펴보면 아래의 같다.

① 공사금지가처분

◈ 신청취지 기재례 ◈

채무자는 별지목록 기재 토지의 가. 나. 다. 라. 가. 각 점을 직선으로 연결한 부분에 건축하려고 하는 3층 건물 중 지면에서 높이 OOm를 넘는 부분의 건축공사를 하여서는 아니 된다.

22-35 가령 건물의 건축에 의하여 일조권이나 조망권이 침해되는 경우에 그 피해를 주장하는 사람은 공사금지의 가처분을 구할 수 있다. 이 가처분은 부작위를 명하는 가처분의 하나이고, 피보전권리가 본안의 부작위권리와 동일한 내용이므로 **만족적** 가처분의 하나이다. 이러한 가처분명령에 대하여 위반이 있는 경우에는 간접강제, 그리고 대체집행이 이루어진다.[43] 그런데 공사금지가처분은 다른 유형의 가처분사

41) 대법원 1992. 5. 12. 선고 92다5638 판결.
42) 대법원 2008. 5. 29. 선고 2008다4537 판결.
43) 그런데 간접강제결정은 가처분결정의 집행방법에 불과하므로, 채권자가 채무자의 의무위반행

건에 비하여 인용률이 낮은 편이라고 한다. 그 이유는 ① 공사금지가처분은 가처분이 발령될 경우, 건축주 내지 시공자로서는 「헌법」상 보장된 재산권의 행사가 전면적으로 불가능하게 되는 점에 비추어 그러한 공사가 수인한도를 넘는지 여부와 보전의 필요성이 있는지 여부에 대하여 엄격한 심사가 필요하며, 손해배상을 명할 수 있을 것으로 보이는 사안에 있어서도 공사금지 자체에 대한 수인한도는 더욱 높은 기준으로 판단되어야 하는 점, ② 피보전권리가 인정되더라도 이미 침해행위가 종료되었다거나 침해의 확대가 없을 것으로 보이는 경우에는 보전의 필요성을 인정하기 어려운 점, ③ 본안에서 손해배상을 받기조차 어려울 것으로 보임에도 공사금지가처분신청을 하여 분쟁 상태를 만든 다음 합의금을 받을 목적의 부당한 신청 또는 이른바 '민원성 신청'도 적지 않은 점에 기인한다. 당사자는 가처분 대상 공사의 진행 정도를 알 수 있는 자료(공사현장 사진 등)를 제출하여 가처분 대상 공사의 진행 정도를 소명하는 것이 필요하다.

② 총회개최금지가처분

◈ 신청취지 기재례 ◈

채무자는 20OO. OO. OO. 11:00부터 OOO에서 개최 예정인 (별지목록 기재 결의사항을 위한) 주민 총회를 개최하여서는 아니 된다.

총회의 소집이 법령이나 정관에 위반한 경우에 그 결의취소의 소, 결의무효의 소로써 사후에 구제받기에 앞서, 미리 총회의 개최를 가처분으로 금지하고자 하는 경우이다. 그런데 가처분에 위반하여 총회가 개최되었는데, 이후 채권자가 본안에서 패소한 판결이 확정된 경우에 그 위반된 행위의 효력이 문제가 된다. 본안소송에서 피보전권리가 인정되지 않는 경우에는 가처분에 위반하여 개최되었다는 사유만으로 총회의 결의가 무효 또는 취소라고 보기 어렵다고 할 것이다.[44] 22-36

위로 인하여 간접강제결정에서 정한 배상금채권을 취득하고, 나아가 그 배상금채권의 강제집행 절차에 나아갔다 하더라도, 그러한 사정만으로 가처분신청에 있어서 보전의 필요성이 존재한다거나, 가처분결정이 계속 유지되어야 한다고 볼 수는 없으며, 간접강제결정 효력의 계속존속 여부는 보전의 필요성 여부를 판단함에 있어 참작하여야 할 사유가 되지 않는다(대법원 2003. 10. 24. 선고 2003다36331 판결).

44) 법원실무제요[Ⅴ], 500면.

③ 명칭사용금지가처분

◈ 신청취지 기재례 ◈

1. 피신청인은 신청인의 의사에 반하여, 매주 월요일부터 금요일까지 오후 7:45부터 KBS 2TV에서 방영 중인 드라마의 제목으로 "닥치고 패밀리"를 사용하여서는 아니 된다.
2. 피신청인이 위 명령을 위반할 경우, 피신청인은 위반행위 1회당 100,000원의 비율로 계산한 돈을 신청인에게 지급하라.

22-37 가령 법무법인 '원'이 법무법인 '더원'을 상대로 사무소가 지리적으로 가깝고 업무도 서로 비슷하여 표지의 유사성으로 혼동을 일으킬 수 있다고 하여 법무법인 '더원'을 명칭으로 사용하는 것의 금지를 구하는 가처분을 신청하는 경우이다(위 예는 간접강제도 동시에 신청한 기재례).45)

④ 업무방해금지가처분

◈ 신청취지 기재례 ◈

1. 채무자들은 별지목록 기재 행위를 하여서는 아니 된다.
2. 집행관은 위 명령의 취지를 적당한 방법으로 공시하여야 한다.
3. 제1항의 명령을 위반한 채무자들은 각 그 채무자별로 위반행위 1회당 각 50만 원씩을 채권자에게 지급하라.

목 록

1. 채권자 의사에 반하여 서울 동작구 OOO에 있는 채권자의 건물에 진입하거나 위 건물 내에서 농성을 하는 행위.
2. 위 건물에 페인트, 스프레이 등으로 구호를 적어 놓거나 칠을 해놓는 행위.
3. ...

22-38 폭력 등 물리력을 수반한 업무방해행위에 대하여 그 금지를 구하는 가처분이다. 심리 중에 업무방해행위가 계속되리라 예상되는 경우, 즉 부작위의무의 이행을 위반할 개연성이 높다고 판단되면 위 기재례와 같이 **간접강제**를 동시에 신청할 수 있다.

45) 더원의 '더'는 영어 단어인 'the'를 발음 나는 대로 한글로 표현하고 '원'을 수식하는 의미로 받아들여져 식별력이 없고, '원' 부분만이 중요 부분에 해당하여, 결국 법무법인 원과 법무법인 더원의 한글명칭 중 중요 부분인 '원'과 '더원'은 서로 그 호칭이 동일하고 같은 의미를 표현한 것으로 보아야 하므로 명칭사용금지가처분신청을 받아들였다. 다만, 법무법인 더원이 가처분결정을 위반할 것으로 보이지 않아 하루 100만 원의 가처분 간접강제신청은 받아들이지 않았다(서울중앙지방법원 2013. 10. 25.자 2013카합1255 결정).

V. 가처분재판에 대한 구제

제281조(재판의 형식) ② 채권자는 가압류신청을 기각하거나 각하하는 결정에 대하여 즉시항고를 할 수 있다.

제283조(가압류결정에 대한 채무자의 이의신청) ① 채무자는 가압류결정에 대하여 이의를 신청할 수 있다.

제287조(본안의 제소명령) ③ 채권자가 제1항의 기간 이내에 제1항의 서류를 제출하지 아니한 때에는 법원은 채무자의 신청에 따라 결정으로 가압류를 취소하여야 한다.

제288조(사정변경 등에 따른 가압류취소) ① 채무자는 다음 각호의 어느 하나에 해당하는 사유가 있는 경우에는 가압류가 인가된 뒤에도 그 취소를 신청할 수 있다. 제3호에 해당하는 경우에는 이해관계인도 신청할 수 있다. 1. 가압류이유가 소멸되거나 그 밖에 사정이 바뀐 때 2. 법원이 정한 담보를 제공한 때 3. 가압류가 집행된 뒤에 3년간 본안의 소를 제기하지 아니한 때

제307조(가처분의 취소) ① 특별한 사정이 있는 때에는 담보를 제공하게 하고 가처분을 취소할 수 있다. ② 제1항의 경우에는 제284조, 제285조 및 제286조제1항 내지 제4항·제6항·제7항의 규정을 준용한다.

제308조(원상회복재판) 가처분을 명한 재판에 기초하여 채권자가 물건을 인도받거나, 금전을 지급받거나 또는 물건을 사용·보관하고 있는 경우에는, 법원은 가처분을 취소하는 재판에서 채무자의 신청에 따라 채권자에 대하여 그 물건이나 금전을 반환하도록 명할 수 있다.

제309조(가처분의 집행정지) ① 소송물인 권리 또는 법률관계가 이행되는 것과 같은 내용의 가처분을 명한 재판에 대하여 이의신청이 있는 경우에, 이의신청으로 주장한 사유가 법률상 정당한 사유가 있다고 인정되고 주장사실에 대한 소명이 있으며, 그 집행에 의하여 회복할 수 없는 손해가 생길 위험이 있다는 사정에 대한 소명이 있는 때에는, 법원은 당사자의 신청에 따라 담보를 제공하게 하거나 담보를 제공하게 하지 아니하고 가처분의 집행을 정지하도록 명할 수 있고, 담보를 제공하게 하고 집행한 처분을 취소하도록 명할 수 있다. ② 제1항에서 규정한 소명은 보증금을 공탁하거나 주장이 진실함을 선서하는 방법으로 대신할 수 없다.

제310조(준용규정) 제301조에 따라 준용되는 제287조제3항, 제288조제1항 또는 제307조의 규정에 따른 가처분취소신청이 있는 경우에는 제309조의 규정을 준용한다.

가처분재판에 대한 구제도 원칙적으로 가압류절차에 관한 규정을 준용한다(301조). 한편 가처분의 경우에만 적용이 있는 특별한 사정에 의한 가처분취소(307조) 등 22-39

이 있는데, 여기서는 이에 대하여 따로 설명한다.

1. 가처분신청이 배척된 경우

22-40 가처분신청을 **배척하는 재판**(각하 · 기각)에 대하여는 **즉시항고**를 할 수 있다(301조, 281조 2항. ☞21-46). 긴급성의 요청에 부응하고, 사건의 조속한 확정을 통한 기록처리상의 편의를 도모하기 위하여, 신청을 배척한 결정에 대한 불복은 즉시항고에 의하도록 한 것이다.

2. 가처분명령이 있은 경우

22-41 ① 가처분신청이 **인용되어 가처분명령**이 있은 경우에 이에 대한 불복신청에는 **이의절차와 취소절차**가 있다(301조, 283조 1항, 287조, 288조 1항 1호, 3호).

② 신청을 인용한 가처분명령에 대하여 채무자는 가처분의 취소 · 변경을 구하는 이유를 밝혀 이의신청을 할 수 있다(가압류이의에 대하여는 ☞21-56). 통상의 결정에 대한 불복방법인 항고 · 재항고가 허용되지 않는다. 이의신청은 가처분의 집행을 정지하지 않는다(301조, 283조 3항). 이의신청에 대한 재판은 결정으로 한다(301조, 286조 3항). **가령 이의신청이 이유 있으면 가처분명령을 취소 · 변경하고, 채권자의 가처분신청을 기각 · 각하한다.** 이의신청에 대한 재판에 대하여는 즉시항고를 할 수 있다(301조, 286조 7항). 즉 가처분결정에 대하여 이의신청을 하고, 다시 이 재판에 대하여 즉시항고의 불복이 전개될 수 있다.

> **◈ 구체적 예 - 어도어와 뉴진스 사이의 가처분 ◈** 어도어가 뉴진스를 상대로 낸 '기획사 지위보전 및 광고계약 체결 등 금지' **가처분신청**을 법원이 받아들여 가처분결정을 내렸다. 가처분을 신청한 당사자는 **기각**될 경우에 불복하여 항고할 수 있고, 한편 가처분신청을 인용한 경우에 반대 측 상대방은 **이의신청**을 하고, 신청이 안 받아들여질 때 **즉시항고**할 수 있다. 뉴진스 멤버는 가처분결정이 내려진 당일 법원에 이의신청을 냈으나, 법원은 앞서 내린 위 결정이 정당하다고 판단하였다. 뉴진스 멤버들은 이의신청이 기각됨에 따라 **즉시항고**할 예정이다. 이 경우 제2심에서 다시 판단이 내려질 전망이다. 이와 별도로 어도어가 뉴진스 멤버를 상대로 낸 전속계약 유효확인 **본안소송제 1심은 진행** 중이다(신문기사 참조).

③ 한편 가처분 발령절차의 속심으로서(발령한 법원의 전속관할) 그 명령의 당부를 심리 · 판단하는 이의절차와 달리, 취소절차는 가처분의 당부(가령 피보전권리의 존

부, 보전의 필요성의 유무) 자체를 재심사하는 것이 아니라, 가처분명령이 있은 뒤의 사정을 고려하여 현재 가처분을 유지할 필요가 없게 되었다는 것을 이유로 가처분명령의 취소를 구하는 절차이다. 가처분명령을 취소하는 이유로는 ㉮ 본안의 제소명령·제소기간 도과로 인한 취소(287조, 301조), ㉯ 사정변경에 따른 취소(288조 1항 1호. 301조), ㉰ 가처분집행 후 3년 도과로 인한 취소(288조 1항 3호, 301조) 등이 있다.[46] 위 불복방법에 대하여 자세히는 이미 가압류 해당 부분에서 설명한 바 있다 (☞21-60). 한편 가압류취소에 있어서 ㉱ 법원이 정한 담보제공에 의한 취소(288조 1항 2호)는 가처분에 준용되지 않는다.[47]

④ 그리고 가처분명령에 대한 불복으로 청구이의의 소(44조)나 가처분취소의 소는 허용되지 않는다.[48]

3. 특별한 사정에 의한 가처분취소

(1) 의 의

법 307조 1항은 특별한 사정이 있는 때에는 담보를 제공하게 하고 가처분을 취소할 수 있다고 규정하고 있다. 가처분은 가압류와는 달리 금전채권의 집행보전을 위한 것이 아니므로 원칙적으로 담보제공으로 인한 가처분취소(288조 1항 2호)는 허용될 수 없다. 그러나 가처분에 의하여 보전되는 권리가 금전적 보상으로써 종국적인 목적을 달성할 수 있다는 사정이 있거나 또는 가처분집행으로 인하여 가처분 22-42

46) 채권자가 가처분결정이 있은 후 그 보전의사를 포기하였거나 상실하였다고 볼 만한 사정이 있는 경우에는 위 1호 사유인 '사정이 바뀐 때'에 해당하여 가처분을 취소할 수 있는데, 위 3호 사유는 채권자가 보전의사를 포기 또는 상실하였다고 볼 수 있는 전형적인 경우로 보아 이를 가처분취소사유로 규정한 것이다. 그 취지는 가처분은 권리관계가 최종적으로 실현될 때까지 긴급하고 잠정적으로 권리를 보전하는 조치에 불과하므로 채권자로 하여금 채권의 보전에만 머물러 있지 말고 채권의 회수·만족이라는 절차까지 진행하여 법률관계를 신속히 마무리 짓도록 하고, 채권자가 이를 게을리 한 경우에는 채무자가 가처분으로 인한 제약으로부터 벗어날 수 있도록 하려는 데에 있다. 그 규정의 내용과 취지에 비추어 보면, 가처분이 위 3호 사유에 해당하여 취소사유가 발생한 이후 채권자가 다시 동일한 내용의 가처분을 신청한 경우, 그 보전의 필요성 유무는 최초의 가처분 신청과 동일한 기준으로 판단하여서는 안 되고, 채권자와 채무자의 관계, 선행 가처분의 집행 후 발생한 사정의 변경 기타 제반 사정을 종합하여, 채권자가 선행 가처분의 집행 후 3년이 지나도록 본안소송을 제기하지 아니하였음에도 불구하고 채권자가 보전의사를 포기 또는 상실하였다고 볼 수 없는 특별한 사정이 인정되는 경우에 한하여 그 보전의 필요성을 인정할 수 있다. 그렇지 않으면 위 3호 사유가 발생한 경우를 채권자가 보전의사를 포기 또는 상실한 전형적인 사정으로 보아 채무자로 하여금 가처분취소를 통해 가처분으로 인한 제약으로부터 벗어날 수 있도록 하려는 법의 취지를 형해화시키기 때문이다(대법원 2018. 10. 4.자 2017마6308 결정).

47) 김홍엽, 484~485면; 이시윤, 624면.

48) 이시윤, 686면.

채무자가 통상 입는 손해보다 특히 현저한 손해를 입고 있는 사정, 즉 특별한 사정이 있는 때에는 담보를 제공하게 하고 가처분을 취소함으로써 채권자와 채무자 사이의 공평을 도모하기 위한 것이 여기에서의 특별한 사정에 의한 가처분취소이다.

(2) 특별한 사정

22-43 법 307조 1항에서 말하는 특별한 사정이란 가처분을 존속시키는 것이 공평의 관념상 부당하다고 생각되는 경우, 즉 ① 가처분에 의하여 보전되는 권리가 금전적 보상으로써 그 종국의 목적을 달할 수 있는 사정이 있거나, 또는 ② 가처분집행으로 인하여 가처분채무자가 특히 현저한 손해를 받고 있는 경우를 말하며 위 두 가지 요건 중 어느 하나의 요건이 충족되면 위 조항에서 말하는 특별한 사정이 있는 때에 해당한다고 본다.[49]

> **◈ 구체적 예 ◈** 甲은 건물 소유를 목적으로 한 乙에게 토지를 임대하였는데, 그 뒤 乙이 건물에 대하여 개축공사를 개시하므로 甲은 무단증개축금지특약 위반을 주장하여 위 임대차계약을 해제한 뒤, 공사속행금지의 가처분을 신청하여 그 발령이 있었다. 乙은 위 토지상의 건물을 자택 겸 가게로 사용하였는데, 위 가처분명령에 의한 개축공사의 중단 결과, 생활상의 불편은 물론 수입도 줄어들게 되어 중대한 손해를 입고 있다. 이 경우에 위 가처분명령의 취소를 구할 수 있는가. 공사속행금지의 가처분이 취소되면, 개축건물이 완성될 것이고 그 경우에 건물철거비용 등의 증가가 채권자가 입을 손해이지만, 이 손해는 금전적 보상에 의한 전보가 가능하다고 볼 수 있다. 한편, 채무자는 개축의 공사내용, 진척상황 이외에 공사를 중지한 때에 채무자가 입을 손해에 대하여 개축재료의 사용불능의 손해, 수급인에게 위약금 손해, 개축공사가 완성되었을 때 얻을 이익의 손실 등 현저한 손해를 받고 있다고 할 수 있다. 결국 특별한 사정의 유무에 대하여, 甲, 乙 양쪽의 손해를 비교형량하고, 개축의 규모, 공사 진척 상황 및 건물임대차 목적 등을 고려하여 판단하여야 할 것이다.

(3) 심리와 재판

22-44 신청에 대한 재판은 변론기일 또는 당사자 쌍방이 참여할 수 있는 **심문기일**을 열어 결정으로 재판한다(301조, 288조).

(4) 담보의 제공

22-45 특별한 사정에 의한 가처분취소에서 가처분채무자가 제공하는 담보는 가처분

49) 대법원 1992. 4. 14. 선고 91다31210 판결; 대법원 1997. 3. 14. 선고 96다21188 판결 등. 그러나 실제에 있어서는 양자를 모두 고려하기도 한다.

채권자가 본안소송에서 승소하였음에도 가처분의 취소로 말미암아 가처분 목적물이 존재하지 않게 되는 손해를 담보하기 위한 것이므로, 가처분채권자는 가처분취소로 인하여 입은 손해배상청구소송의 승소판결을 얻은 뒤에 민사소송법 502조 3항, 123조에 의하여 그 담보에 대하여 질권자와 동일한 권리를 가지고 우선변제를 받을 수 있다.[50)]

4. 가처분명령의 이의·취소신청과 집행정지 등

가처분명령에 대한 이의신청이 있더라도 그 이의신청은 가처분의 집행을 정지 22-46
하지 않는다(301조, 283조 3항). 그러나 가처분의 내용이 소송물인 권리 또는 법률관계의 내용이 이행된 것과 같은 종국적 만족을 얻게 하는 것으로서(즉, 만족적 가처분 내지는 단행가처분), 그 집행에 의하여 채무자에게 회복할 수 없는 손해를 생기게 할 우려가 있는 때에는 집행정지를 생각할 수 있다. 그리하여 집행정지에 관한 법 309조의 특례가 있다.[51)] 즉 소송물인 권리 또는 법률관계가 이행되는 것과 같은 내용의 가처분을 명한 재판에 대하여 이의신청이 있는 경우에, 이의신청으로 주장한 사유가 법률상 정당한 사유가 있다고 인정되고 주장사실에 대한 소명이 있으며, 그 집행에 의하여 회복할 수 없는 손해가 생길 위험이 있다는 사정에 대한 소명이 있는 때에는, 법원은 당사자의 신청에 따라 담보를 제공하게 하거나 담보를 제공하게 하지 아니하고 가처분의 집행을 정지하도록 명할 수 있고, 담보를 제공하게 하고 집행한 처분을 취소하도록 명할 수 있다(309조 1항).

위 소명은 보증금을 공탁하거나 주장이 진실함을 선서하는 방법으로 대신할 수 없다(309조 2항). 재판기록이 원심법원에 있는 때에는 원심법원이 위 규정에 의한 재판을 한다(동조 3항). 법원은 이의신청에 대한 결정에서 위 집행정지명령을 인가·변경 또는 취소하여야 한다(동조 4항). 위 규정에 의한 재판에 대하여는 불복할 수 없다(동조 5항). 집행정지 등의 재판은 부수적인 임시의 재판으로 독립한 불복신청을 인정할 필요는 없기 때문이다.

제한적으로 집행정지 등을 허용하는 이러한 법 309조의 특칙은 후술하듯이(☞ 22-66) 제소명령을 어기고 본안의 소를 제기하지 않은 경우의 가처분취소의 신청

50) 대법원 1998. 5. 15. 선고 97다58316 판결.

51) 만족적 가처분이면 널리 위 집행정지를 허용하여야 한다는 입장과(김연, 150면) 집행이 필요한 단행가처분(이행적 가처분)에 한정하는 것이 타당하다는 입장이 있다(김홍엽, 489면; 이시윤, 691면).

(301조, 287조 3항), 사정변경 등에 따른 가처분취소의 신청(301조, 288조 1항), 특별한 사정에 의한 가처분취소의 신청(307조)이 있는 경우에도 준용된다(310조).

5. 가처분명령의 취소로 인한 원상회복재판

22-47 가처분을 명한 재판에 기하여 채권자가 물건을 인도받거나, 금전을 지급받거나 또는 물건을 사용·보관하고 있는 경우에 법원은 가처분을 **취소하는 재판**에서 채무자의 **신청**에 따라 채권자에 대하여 그 물건이나 금전을 반환하도록 명할 수 있다(308조). 가압류나 만족적 가처분을 제외한 가처분에 있어서는 보전명령이 취소되는 것에 기하여 보전집행을 취소하면, 채무자는 보전집행 전의 상태를 회복할 수 있기 때문에 위와 같은 원상회복이 문제되는 것은 **만족적 가처분에 한정**된다. 만족적 가처분에서는 물건의 인도를 명한 가처분명령과 같이 그 집행이 종료하면, 집행의 취소를 생각할 수 없거나 채권자에게 사용을 허용하는 점유이전금지가처분명령과 같이 집행을 취소하는 것만으로는 채무자가 원상을 회복할 수 없는 경우도 있다. 그리하여 위와 같은 규정을 둔 것이다. 이에 의하여 채무자는 간편·신속한 절차로 원상회복을 구할 수 있다. 가압류에는 없는 규정이다. 가처분명령을 취소하는 재판의 원인은 가처분에 대한 이의신청이든 취소신청이든 상관없다.

채무자가 행사하는 원상회복청구권은 피보전권리의 부존재를 이유로 하는 실체법상 부당이득반환청구권과는 별개로, 가처분의 취소라는 소송법상 사실만을 요건으로 주어지는 소송법상 반환청구권으로 풀이한다. 손해배상까지 허용되는 것은 아니다.

원상회복재판은 채무자의 신청에 기하여 행하여지는 것으로, 법원은 직권으로 할 수 없다. 원상회복를 구하는 신청은 가처분이의·취소신청에 부수하는 신청이다. 반드시 이의신청·취소신청과 동시에 할 필요는 없으므로 심리종결에 이를 때까지 추가적으로 신청할 수 있다. 원상회복재판은 가처분을 취소하는 재판과 함께 한다. 원상회복재판은 가처분에 대한 이의·취소하는 재판에 부수하는 것으로서 집행을 함에 있어서 법 56조 1호 소정의 항고로만 불복할 수 있는 재판에 해당하므로 집행문부여를 받지 않아도 되고, 집행기간도 2주 이내로 제한되지 않는다.

> ◈ **구체적 예** ◈ 임금가지급의 가처분명령에 기하여 乙 회사가 甲에게 2천만 원을 지급하였다고 하자. 그 뒤, 본안소송에서 해고는 유효하다고 하여 甲의 청구가 기각

되어 위 가처분이 취소된 경우에 甲은 이미 수령한 2천만 원을 乙 회사에게 반환하여야 하는가. 드문 경우이지만, 종업원인 것의 지위보전 및 임금가지급의 가처분명령이 내려진 것에 의하여 실제로 종업원이 고용주 밑에서 업무를 한 경우에는 근로의 대가로 임금이 지급되는 것이므로 가령 본안소송에서 피보전권리가 부정되더라도 이미 수령한 임금의 반환이 인정되지 않는 것은 당연하다. 이에 대하여 실제 근로를 제공하지 않은 경우는 근로의 사실이 없는 이상, 임금의 반환이 인정되어도 무방할 것으로 보인다. 다만, 이 경우에 종업원이 근로를 못한 것은 고용주가 근로를 거절한 탓이므로 위험부담에 관한 「민법」 538조(채권자 귀책사유로 인한 이행불능)의 법리에 비추어 종업원에게 임금을 청구할 권리가 발생하고 있다고도 볼 수 있다.

Ⅵ. 가처분의 집행

1. 의 의

가처분을 포함한 보전처분의 집행은 보전명령의 내용을 집행기관의 강제력을 이용하여 강제적으로 실현하는 것을 말하는데, 통상 가처분을 신청할 때에 **집행신청이 함께 있는 것으로 보아** 따로 집행신청을 하지 않는다. 22-48

한편 가처분 가운데 **임시의 지위를 정하기 위한 가처분**은 관념적인 법률상태를 형성하면 그 목적이 달성되므로 별도의 **집행이 필요하지 않은 것이 일반적이다**. 가령 직무집행정지가처분, 공사금지가처분 등 부작위를 명하는 가처분은 채무자에게 그 명령이 송달되는 것에 의하여 효력이 생기고, 가처분명령의 내용을 실현하기 위한 별도의 집행행위는 없으며, 채무자가 그 명령을 준수하는 한 집행의 필요성은 없다. 채무자가 부작위의무를 위반하는 행위를 한 경우에 비로소 위반으로 생긴 물적 상태를 제거하고 장래에 대하여 적당한 처분을 하여야 하므로 그 즈음에 집행이 문제되는 것이어서 대체집행이나 간접강제의 문제가 생긴다(☞22-50 이하).

그런데 사정에 따라서는 위반이 없더라도 그 **개연성이 큰 경우**에는 가처분명령과 **동시에** 대체집행을 위한 수권결정, 간접강제결정을 구할 수 있다. 가령 부작위를 명하는 가처분을 하면서 위반의 개연성이 커서 가처분과 동시에 위반할 때의 간접강제결정이 행하여지는 경우가 실무상 많아지고 있다(☞22-38). 대체집행을 위한 수권결정, 간접강제결정은 원칙적으로 가처분명령에 위반한 사정이 발생하였을 때 별도로 구할 수 있는 강제집행결정이므로 이를 동시에 가처분명령의 주문에 포함시키기 위해서는 가처분명령을 따르지 않을 것이라는 의심이 강하게 들고, 그 위법상태를 신속하게 제거할 필요성이 충분히 소명되어야 한다. 원칙적으로 간접강제결정을 하기 위해서는 반드시 채무자를 심문하여야 하므로(262조) 만약 채무자 심문 없이 가처분명령을 하는 경우에는 간접강제결정을 가처분명령과 동시에 하는 것은 타당하지 않다고 할 것이다.

가처분의 집행에 관하여 직접 규정한 것 이외에 가압류절차에 관한 규정을 준용하므로(301조), 가처분의 집행력은 채권자에게 재판을 고지한 날로부터 **2주** 안에 집행에 착수하지 않으면 소멸된다(292조 2항). 보전처분은 발령 당시의 사정만을 고려하여 임시적·잠정적으로 집행하게 하는 것인데, 발령이 있은 뒤 상당한 기간이 경과함으로써 여러 가지 사정이 변경되었음에도 불구하고 언제까지라도 집행할 수 있도록 하는 것은 부당하기 때문에 위와 같이 집행기간의 제한을 둔 것이다 (☞20-46).

2. 가처분집행의 방법

(1) 의 의

제305조(가처분의 방법) ③ 가처분으로 부동산의 양도나 저당을 금지한 때에는 법원은 제293조의 규정을 준용하여 등기부에 그 금지한 사실을 기입하게 하여야 한다.

제306조(법인임원의 직무집행정지 등 가처분의 등기촉탁) 법원사무관등은 법원이 법인의 대표자 그 밖의 임원으로 등기된 사람에 대하여 직무의 집행을 정지하거나 그 직무를 대행할 사람을 선임하는 가처분을 하거나 그 가처분을 변경·취소한 때에는, 법인의 주사무소 및 분사무소 또는 본점 및 지점이 있는 곳의 등기소에 그 등기를 촉탁하여야 한다. 다만, 이 사항이 등기하여야 할 사항이 아닌 경우에는 그러하지 아니하다.

민사집행규칙 제215조(처분금지가처분의 집행) 물건 또는 권리의 양도, 담보권 설정, 그 밖의 처분을 금지하는 가처분의 집행은 그 성질에 어긋나지 아니하는 범위 안에서 가압류의 집행의 예에 따라 실시한다.

민사집행규칙 제216조(그 밖의 재산권에 대한 가처분) 권리이전에 등기 또는 등록이 필요한 그 밖의 재산권에 대한 가처분에는 제213조 제1항의 규정을 준용한다.

22-49 ① 가처분의 집행에 관하여 직접 규정한 것 이외에 가압류절차에 관한 규정을 준용하고(301조), 나아가 강제집행의 예에 의한다(291조). 그리하여 가령 채무자 사용형의 **점유이전금지가처분의 집행**은 실무상 가처분의 목적물에 대한 점유의 외형에 변동을 주지 않고, 집행의 현장에서 점유이전금지가처분의 취지를 공시하는 것에 의하여 이루어진다.

② 한편 가압류집행절차 또는 강제집행절차의 준용이 아니라, 가처분의 집행으로 직접 규정한 것으로는, 가령 부동산의 **처분금지가처분**의 집행방법은 부동산 가압류의 집행과 마찬가지로 가처분재판을 한 법원이 집행법원으로서, 등기부에 그 금지한 사실을 기입하게 하여야 한다는 규정을 두고 있다(305조 3항. 또한 민사집행규칙 215조 참조). 가처분등기의 촉탁은 집행법원의 법원사무관등이 한다(305조 3항, 293조 3항). 위와 같이 가처분으로 부동산의 양도나 저당을 금지한 때에는 법원은 법 293조의 규정을 준용하여 등기사항증명서에 그 금지한 사실을 기입하게 하여야 한다고 하고 있는데, 이러한 처분금지가처분은 「부동산등기법」 3조의 '처분의 제한'으로서 등기할 사항이라는 점에서 등기와 대단히 밀접한 관계를 가지고 있고, 이와 관련하여 「부동산등기법」에도 규정이 있다.

또한 법인의 대표자 그 밖의 임원으로 등기된 사람에 대하여 **직무의 집행을 정지**하거나 그 직무를 **대행할 사람을 선임**하는 가처분을 한 때에 특별히 그 사항이 등기할 것이 아닌 경우를 제외하고, 법원사무관등은 그 등기를 촉탁하여야 한다는 규정을 두고 있다(306조. ☞22-33).[52)]

(2) 개별적 집행방법

가처분 가운데 임시의 지위를 정하기 위한 가처분은 비정형적으로 사안에 따라 여러 가지이므로 그 집행방법도 개개의 가처분에 따라 다양하다. 22-50

52) 등기할 사항은 이를 등기하지 아니하면 선의의 제3자에게 대항하지 못하고(상법 37조 1항), 등기한 후라도 제3자가 정당한 사유로 인하여 이를 알지 못한 때에는 위와 같다(동조 2항). 그런데 주식회사의 대표이사와 이사에 대한 직무집행을 정지하고 직무대행자를 선임하는 가처분결정이 내려지기 전에 직무집행이 정지된 대표이사의 퇴임등기와 직무집행이 정지된 이사가 대표이사로 취임하는 등기가 마쳐진 경우, 가처분결정에 의하여 선임된 직무대행자의 권한이 유효하게 존속하는지 여부 등에 대하여, 판례는 등기할 사항인 직무집행정지 및 직무대행자선임 가처분은 「상법」 제37조 제1항에 의하여 이를 등기하지 아니하면 위 가처분으로 선의의 제3자에게 대항하지 못하지만, 악의의 제3자에게는 대항할 수 있고, 주식회사의 대표이사 및 이사에 대한 직무집행을 정지하고 직무대행자를 선임하는 법원의 가처분결정은 그 결정 이전에 직무집행이 정지된 주식회사 대표이사의 퇴임등기와 직무집행이 정지된 이사가 대표이사로 취임하는 등기가 경료되었다고 할지라도 직무집행이 정지된 이사에 대하여는 여전히 효력이 있으므로 가처분결정에 의하여 선임된 대표이사 및 이사 직무대행자의 권한은 유효하게 존속하고, 반면에 가처분결정 이전에 직무집행이 정지된 이사가 대표이사로 선임되었다고 할지라도 그 선임결의의 적법 여부에 관계없이 대표이사로서의 권한을 가지지 못한다고 보았다(대법원 2014. 3. 27. 선고 2013다39551 판결).

1) 작위를 명하는 가처분

22-51 채무자에게 일정한 작위를 명하는 가처분의 집행은 그 작위가 대체적인 경우에는 **대체집행**에 의하고(301조, 291조, 260조), 부대체적인 경우에는 **간접강제**에 의하게 된다(301조, 291조, 261조).[53)]

대체집행에 있어서 대체집행을 할 수 있는 구체적인 행위(가령 현수막 제거, 간판 철거 등)를 특정하여야 하고, 그러한 특정 없이 단순히 '위반상태를 제거하기 위한 적당한 조치'라는 식의 추상적인 수권결정을 신청하는 것은 허용되지 않는다.

집행기간의 제한과 관련하여, 부대체적 작위의무의 이행을 명하는 가처분결정을 받은 채권자가 간접강제의 방법으로 그 가처분결정에 대한 집행을 함에 있어서도 특별한 사정이 없는 한, 가처분결정이 채권자에게 **고지된 날부터 2주** 이내에 간접강제를 신청하여야 함이 원칙이고(301조, 292조 2항), 그 집행기간이 지난 후의 간접강제 신청은 부적법한데, 다만 부대체적 작위의무가 일정 기간 계속되는 경우라면, 채무자가 성실하게 그 작위의무를 이행함으로써 강제집행을 신청할 필요 자체가 없는 동안에는 위 집행기간이 진행하지 않고, 채무자의 태도에 비추어 작위의무의 불이행으로 인하여 **간접강제가 필요한 것으로 인정되는 때**에 그 시점부터 위 2주의 집행기간이 기산된다고 할 것이다.

◈ **구체적 예** ◈ 甲은 乙이 甲 소유의 토지상에 권한 없이 건물을 소유하고 있으므로 乙을 채무자, 위 토지의 소유권을 피보전권리로 하여 위 건물철거 및 위 토지인도의 단행가처분을 신청한바, 인용되어 가처분명령의 송달일로부터 10일 이내에 위 건물을 철거하여 위 토지를 임시로 인도하라는 가처분명령이 있었다. 이에 대하여 乙이 이의신청을 함과 동시에 위 가처분명령의 집행정지를 신청하였으므로 법원은 담보를 제공시켜 이를 받아들였다. 그리고 乙의 이의신청에 대한 심리 결과, 위 가처분명령은 인가되었다. 이 경우 甲은 언제까지 대체집행을 착수하여야 하는가. 건물철거 및 토지인도의 단행가처분이 발령된 뒤, 가처분명령의 집행정지결정이 있었는데, 이의소송에서 위 가처분이 인가된 때에는 그 인가의 고지(송달)시로부터 새롭게 집행기간의 진행이 시작한다. 집행기간의 기산에 있어서 그 초일은 산입하지 않는다. 방해물을 배제하는 대체적 작위를 명하는 가처분에 대하여는 수권결정의 신청을 집행의 착수로 보아 이를 2주 내에 하면 충분하므로 사안에서 甲은 대체집행의 신청을 본건

53) 부대체적 작위의무에 관한 가처분결정에서 정한 의무이행 기간이 경과한 후에 이러한 가처분결정에 기초하여 간접강제결정이 발령되어 확정되었더라도, 간접강제결정은 무효인 집행권원에 기초한 것으로서 강제집행의 요건을 갖추지 못하였으므로, 간접강제결정에서 정한 배상금에 대하여 집행권원으로서의 효력을 가질 수 없다(대법원 2017. 4. 7. 선고 2013다80627 판결).

가처분의 인가의 고지(송달)를 받은 날의 다음 날부터 2주 안에 하면 충분하다. 한편, 만약 가처분명령 중에 채무자가 일정 기간 내에 작위의무를 이행하지 않는 경우에 채권자는 대체집행을 할 수 있다는 집행명령이 병기되어 있는 경우에는 위 일정 기간의 경과 뒤(위 사안에서 10일 뒤)에 집행기간이 개시되므로 가처분명령의 송달일로부터 10일이 경과한 날의 다음 날로부터 2주 안에 대체집행을 하여야 한다.

2) 부작위를 명하는 가처분

이미 설명하였듯이, 가령 통행방해금지가처분과 같이 채무자에 대하여 단순한 22-52
부작위를 명하는 가처분은 고지된 것에 의하여 채무자가 자신에게 발생한 부작위의무의 내용에 따르는 한, 강제적 실현이라는 의미에 있어서 집행은 있을 수 없다. 그러나 채무자가 위 부작위의무를 위반한 때에는 대체집행(301조, 291조, 260조)의 방법에 의하여 위반결과의 제거를 할 수 있는 취지의 수권결정이나 간접강제(301조, 291조, 261조)의 방법에 의하여 부작위 상태를 실현시킬 필요가 생기므로 집행기간 내에 대체집행이나 간접강제를 신청하여야 한다(가처분명령과 동시에 신청하는 경우에 대하여는 ☞22-48).

간접강제 신청

신청인(채권자) ○○○

피신청인(채무자) 1. ◇◇◇
2. □□□

신 청 취 지

1. 피신청인들은 ○○지방법원 ○○지원 20○○카합○○○호 영업금지가처분결정에 따라 ○○ ○○군 ○○면 ○○리 ○○ 지상 식육판매업소 ▣▣▣에서 식육판매업의 영업을 계속하거나, 제3자에게 그 영업의 임대, 양도 기타 처분을 하여서는 아니 된다.
2. 만약 피신청인들이 이를 이행하지 않을 때에는 채권자에게 이 사건 결정의 고지를 받은 날로부터 그 이행 완료시까지 1일 금 ○○○원의 비율에 의한 돈을 지급하라.
3. 신청비용은 피신청인들의 부담으로 한다.

라는 재판을 구합니다.

신 청 원 인

1. 신청인(채권자)는 피신청인(채무자)들을 상대로 귀원 20○○. ○. ○. 20○○카합○○○호로 영업금지 가처분결정을 받아, 같은 달 14. 집행신청을 하여 집행한 바 있습니다. 그렇다면 채무자들은 영업을 계속

하지 말아야 할 의무가 있음에도 불구하고, 지금까지도 이를 이행하지 않고 버젓이 영업을 계속하고 있습니다.

2. 그러므로 신청인은 피신청인의 영업금지의무의 이행지체로 인하여 입는 신청인의 1일 순수입손실액인 금 ○○○원 및 정신적 고통을 감안하고 채무이행을 강제하는데 상당한 금액으로는 1일 금 ○○○원이 상당하다고 사료되어 신청취지와 같은 재판을 구하기에 이른 것입니다.

첨 부 서 류

1. 영업금지가처분결정정본 1통
1. 가처분집행신청서 1통
1. 집행조서 1통
1. 영수증(영업행위로 인한 영수증) 1통
1. 손해액계산서 1통
1. 신청서부본 1통
1. 송달료납부서 1통

20○○. ○. ○.

위 채권자 ○○○

○○지방법원 ○○지원 귀중

집행기간의 기산과 관련하여, 채무자에 대하여 단순한 부작위를 명하는 가처분은 그 가처분재판이 채무자에게 고지됨으로써 효력이 발생하는 것이지만, 채무자가 그 **명령 위반의 행위**를 한 때에 비로소 간접강제의 방법에 의하여 부작위 상태를 실현시킬 필요가 생기는 것이므로 그 때부터 2주 이내에 간접강제를 신청하여야 함이 원칙이고(301조, 292조 2항), 다만 채무자가 가처분재판이 **고지되기 전부터** 가처분재판에서 명한 부작위에 위반되는 행위를 계속하고 있는 경우라면, 그 가처분결정이 채권자에게 **고지**된 날부터 2주 이내에 간접강제를 신청하여야 하고, 그 집행기간이 지난 후의 간접강제 신청은 부적법하다고 할 것이다.[54)]

◈ 만족적 가처분의 집행 뒤의 목적물의 멸실 ◈ 甲은 자신 소유의 건물을 불법으로 점유하는 乙에 대하여 위 건물의 소유권에 기하여 인도청구의 소를 제기하면서 본안소송의 청구권을 피보전권리로 하는 만족적 가처분을 얻어 집행을 하고, 위 건물을 인도받았는데, 그 직후 위 건물이 대지의 싱크홀 때문에 붕괴되면서 멸실되었다. 甲은 위 본안소송에서 위 건물의 멸실사실을 참작하지 않고 본안청구의 당부에

54) 대법원 2010. 12. 30.자 2010마985 결정.

대하여 판단하여야 한다고 주장하였다. 甲의 주장은 인정될 것인가. 만족적 가처분의 집행 및 그 뒤의 새로운 사태의 발생과 본안소송에의 영향에 대하여, 만족적 가처분의 집행에 의하여 작출된 임시의 이행상태는 본안소송에서 참작하여서는 안 되지만,[55] 임시의 이행상태의 계속 중에 생긴 새로운 사태의 발생에 대하여는 특별한 사정이 없는 한, 본안소송에서 참작되게 된다. 건물의 붕괴에 의한 멸실은 만족적 가처분의 집행에 의하여 작출된 임시의 이행상태와는 별개의 새로운 사태의 발생이다. 위 건물의 멸실이 실질적으로 만족적 가처분의 집행의 일부를 이룬다고 보이는 등의 특별한 사정이 주장·증명되지 않는 한, 甲의 주장은 인정되지 않고, 위 건물의 멸실사실은 본안소송에서 참작되어 甲의 乙에 대한 위 건물의 인도청구는 기각되게 된다. 한편, 甲이 청구의 내용을 위 건물이 멸실한 때에 있어서 乙에 대한 손해배상채무 또는 부당이득반환채무의 부존재확인청구로 변경한 경우에는 해당 채무의 존부가 판단된다.

◈ 구체적 예 ◈ S회사 영업부장으로 근무하던 서씨는 2014년 9월 퇴직하는 과정에서 회사와 마찰을 빚자 업무용 컴퓨터 비밀번호를 알려주지 않고, 위 컴퓨터를 사용하지 못하게 하였다. 서씨가 계속 비밀번호를 풀어주지 않자, S회사는 법원에 업무를 방해하지 말라는 취지의 가처분을 신청하였고, 법원은 2015년 8월 9일 "서씨는 사무실 내 컴퓨터에 설정한 비밀번호를 해제하고, 명령을 송달받고도 이행하지 않으면 1일당 50만 원씩을 S회사에게 지급하라"는 가처분결정을 내렸다. S회사는 같은 해 10월 "서씨가 가처분결정을 송달받은 2015년 8월 13일부터 2015년 10월 4일까지 의무를 이행하지 않았다"며 서씨의 임금과 퇴직금채권 1억 원에 대해 채권압류 및 추심명령의 신청을 하였고, 법원은 이를 받아들였다. 서씨는 2016년 4월 15일 비로소 비밀번호를 해제한 뒤, 의무를 이행하였으니 위 가처분에 기한 강제집행을 허가하지 말아 달라며 S회사를 상대로 청구이의의 소를 제기하였다. 민사집행법상 간접강제결정에 기한 배상금은 채무자로 하여금 그 이행기간 이내에 이행을 하도록 하는 심리적 강제수단이라는 성격뿐만 아니라 채무자의 채무불이행에 대한 법정 제재금의 성격도 가진다.[56] 따라서 채무자가 간접강제결정에서 명한 이행기간이 지난 후에 채무를 이행한 경우에는 다른 특별한 사정이 없는 한, 채무의 이행이 지연된 기간에 상응하는 배상금의 추심을 위한 강제집행을 할 수 있다. 위 가처분결정 중 위 작위의무의 지체기간(채무의 이행이 지연된 기간)에 상응하는 배상금에 대하여 집행력의 배제를 구하는 부분은 이유 없다 할 것이지만, 채무자가 컴퓨터의 비밀번호를 해제함으로써 이를 이행한 이상 그로써 위 작위의무는 소멸되었다 할 것이므로 작위의

55) 이른바 단행가처분의 집행에 의하여 피보전권리가 실현된 것과 마찬가지의 상태가 사실상 달성되었다 하더라도 그것은 어디까지나 임시적인 것에 지나지 않으므로, 가처분이 집행됨으로써 그 목적물이 채권자에게 인도된 경우에도 본안소송의 심리에서는 그와 같은 임시적, 잠정적 이행상태를 고려함이 없이 그 목적물의 점유는 여전히 채무자에게 있는 것으로 보아야 한다(대법원 2007. 10. 25. 선고 2007다29515 판결).

56) 대법원 2013. 2. 14. 선고 2012다26398 판결.

무가 소멸된 이후부터는 그 집행력은 배제되어야 할 것이다. 결국 위 가처분결정의 집행력의 배제를 구하는 원고의 청구를 전부 기각하여서는 안 된다.

◈ 계속적 부작위의무를 명한 가처분에 기하여 간접강제결정 발령 후 의무위반행위가 계속되던 중 그 행위를 중지한 경우에 채무자가 행한 의무위반행위에 대하여 배상금 지급의무를 면하는지 여부(소극) ◈ 계속적 부작위의무를 명한 가처분에 기한 간접강제결정이 발령된 상태에서 의무위반행위가 계속되던 중 채무자가 그 행위를 중지하고 장래의 의무위반행위를 방지하기 위한 **적당한 조치를 취했**다거나 가처분에서 정한 **금지기간이 경과**하였다고 하더라도, 그러한 사정만으로는 처음부터 가처분위반행위를 하지 않은 것과 같이 볼 수 없고 간접강제결정 발령 후에 행해진 가처분위반행위의 효과가 소급적으로 소멸하는 것도 아니므로, 채무자는 간접강제결정 발령 후에 행한 의무위반행위에 대하여 배상금의 지급의무를 면하지 못하고 채권자는 위반행위에 상응하는 배상금의 추심을 위한 강제집행을 할 수 있다.[57]

3. 가처분집행의 효력

22-53 가처분의 효력을 가처분집행의 효력으로 설명하기도 한다. 가처분(집행)의 효력은 대부분의 경우에 가처분집행의 효력이지만, 집행이 필요하지 않은 가처분에서는 가처분명령 자체의 효력으로서 가처분의 효력이 설명된다. 전형적 예로 들고 있는 가처분의 효력에 대하여 살펴본다.

(1) 점유이전금지가처분의 효력

22-54 점유이전금지가처분에 의하여 채무자는 대상 목적물의 주관적 현상변경(이전)이나 객관적 현상변경을 할 수 없다.

1) 주관적 현상변경에 대하여

22-55 주관적 현상변경의 경우(집행관 보관, 채무자 사용형의 점유이전금지가처분이 집행된 뒤에 채무자가 임대 · 전대 · 임차권양도 · 사용대차 · 매도 · 증여 등으로 제3자에게 목적물의 전부 또는 일부의 점유를 이전하거나 제3자가 채무자의 의사와는 상관없이 점유하게 된 것)에 본집행 전 가처분 단계에서 직접 점유취득자인 제3자의 퇴거를 강제할 수 있는가를 둘러싸고 견해의 대립이 있다.

판례는 점유이전금지가처분은 그 목적물의 점유이전을 금지하는 것으로서, 그럼에도 불구하고 점유가 이전되었을 때에는 가처분채무자는 가처분채권자에 대한

57) 대법원 2012. 4. 13. 선고 2011다92916 판결.

관계에 있어서 여전히 그 점유자의 지위에 있다는[58] 의미로서의 당사자항정(恒定)의 효력이 인정될 뿐이므로, 가처분 이후에 매매나 임대차 등에 기하여 가처분채무자로부터 점유를 이전받은 제3자에 대하여 가처분채권자가 가처분 자체의 효력으로 직접 퇴거를 강제할 수는 없고, 가처분채권자로서는 본안판결의 집행단계에서 승계집행문을 부여받아서 그 제3자의 점유를 배제할 수 있을 뿐이라고 하여[59] 소극적 입장이다.

이에 대하여 채무자와의 의사연락 없이 무단 점유하는 비승계점유자도 마찬가지로 볼 것인가 하는 문제가 남는다는 지적이 있는데,[60] 판례는 점유이전금지가처분이 집행된 뒤에, 제3자가 점유를 침탈하는 등의 방법으로 가처분채무자를 통하지 아니하고 부동산에 대한 점유를 취득한 것이라면, 설령 점유를 취득할 당시에 점유이전금지가처분이 집행된 사실을 알고 있었다고 하더라도, 실제로는 가처분채무자로부터 점유를 승계받고도 점유이전금지가처분의 효력이 미치는 것을 회피하기 위하여 채무자와 통모하여 점유를 침탈한 것처럼 가장하였다는 등의 특별한 사정이 없는 한 제3자를 승계집행문에서의 정한 승계인이라고 할 수 없다고 보았다.[61] 퇴거를 명하는 새로운 가처분이 필요하다.

2) 객관적 현상변경에 대하여

점유이전금지가처분의 집행 뒤, 본안에서 집행력 있는 집행권원의 성립 전에 목적물의 객관적 현상이 변경된 경우에 목적물의 동일성을 잃지 않는다면, 물건의 인도청구권의 집행이 불능 내지는 곤란하게 되는 것은 아니므로 통상은 현상변경을 금지할 필요는 없다 할 것이다. 만약, 건물의 증축 등 동일성이 상실되는 객관적 현상변경을 저지하여야 한다면, 별도의 가처분을 얻어야 할 것이다. 한편, 객관적 현상변경이 22-56

---

58) 한편, 채무자는 가처분채권자에 대한 관계에 있어서 여전히 그 점유자의 지위에 있지만, 채무자가 가처분채권자 아닌 제3자에 대한 관계에서도 점유자의 지위에 있다고 볼 수는 없다(대법원 1996. 6. 7.자 96마27 결정). 그리고 가처분집행만으로 소유자에 의한 목적물의 처분을 금지 또는 제한하는 것은 아니므로 점유이전금지가처분의 대상 목적물의 소유자가 그 의사에 기하여 채무자에게 직접점유를 하게 한 경우에는 그 점유에 관한 현상을 고정시키는 것만으로 소유권이 침해되거나 침해될 우려가 있다고 할 수는 없고 소유자의 간접점유권이 침해되는 것도 아니라고 할 것이며, 따라서 간접점유자에 불과한 소유자는 직접점유자를 채무자로 하는 점유이전금지가처분의 집행에 대하여 제3자이의의 소를 제기할 수 없다(대법원 2002. 3. 29. 선고 2000다33010 판결).

59) 대법원 1999. 3. 23. 선고 98다59118 판결.

60) 이시윤, 708면.

61) 대법원 2015. 1. 29. 선고 2012다111630 판결.

있을 때에 집행관이 이에 대하여 경고·주의를 주는 등의 조치도 생각할 수 있다.

(2) 처분금지가처분의 효력

1) 처분행위의 상대적 무효

22-57 가압류의 경우와 마찬가지로 가처분의 처분금지의 효력은 상대적이므로(☞ 21-84) 이에 위반하는 처분행위도 절대적으로 무효가 되는 것이 아니라, 가처분이 존속하는 한, 가처분채권자에게 대항할 수 없는 데 그친다. **상대적 효력**을 가진다. 따라서 가령, 처분금지가처분의 등기가 있더라도 나아가 채무자는 제3자에게 이전등기를 할 수 있는데, 한편 가처분채권자가 본안소송에서 승소판결을 받아 그 승소판결이 확정되면, 그 피보전권리의 범위 내에서 그 가처분에 저촉되는 처분행위의 효력을 부정할 수 있고,[62] 이때 그 처분행위가 가처분에 저촉되는 것인지 여부는 그 **처분행위에 따른 등기와 가처분등기의 선후**에 의하여 정하여진다.[63] 가령, 저당권설정등기청구권을 보전하기 위한 처분금지가처분의 등기가 이미 되어 있는 부동산에 관하여 그 후 소유권이전등기나 처분제한의 등기 등이 이루어지고, 그 뒤 가처분채권자가 본안소송의 승소확정으로 피보전권리 실현을 위한 저당권설정등기를 하는 경우에, 가처분등기 후에 이루어진 소유권이전등기나 처분제한의 등기 등 자체가 가처분채권자의 저당권 취득에 장애가 되는 것은 아니어서 **등기가 말소되지는 않지만**, 가처분채권자의 저당권 취득과 저촉되는 범위에서는 가처분등기 후에 등기된 권리의 취득이나 처분의 제한으로 가처분채권자에게 **대항할 수 없게 된다**.[64]

◈ **저당권설정등기청구권을 보전하기 위한 처분금지가처분** ◈ 저당권설정등기청구권을 보전하기 위한 처분금지가처분의 등기가 이미 되어 있는 부동산에 관하여 강제경매개시결정 기입등기가 이루어지고, 그 뒤 가처분채권자인 원고가 본안소송의 승소확정으로 그 피보전권리 실현을 위한 **저당권설정등기를 한 다음, 가처분발령법**

62) 가처분채권자가 가처분채무자의 공유 지분에 관하여 처분금지가처분등기를 마친 후에 가처분채무자가 나머지 공유자와 사이에 경매를 통한 공유물분할을 내용으로 하는 화해권고결정을 받아 이를 확정시켰다면, 다른 특별한 사정이 없는 한 이는 처분금지가처분에서 금하는 처분행위에 해당한다(대법원 2017. 5. 31. 선고 2017다216981 판결).

63) 대법원 2003. 2. 28. 선고 2000다65802, 65819 판결 등.

64) 대법원 2015. 7. 9. 선고 2015다202360 판결. 이러한 법리는 **소유권이전청구권가등기 청구채권**을 보전하기 위한 처분금지가처분의 등기가 마쳐진 부동산에 관하여 그 피보전권리 실현을 위한 가등기와 그에 의한 소유권이전의 본등기가 마쳐진 때에도 마찬가지로 적용되어야 한다(대법원 2022. 6. 30. 선고 2018다276218 판결).

원의 말소등기촉탁으로 위 가처분등기가 말소된 사안에서, 가처분등기가 말소되었다는 이유로 저당권의 피담보채권과 경매신청채권자의 채권이 동순위로 안분배당되는 것은 아니고, 저당권의 피담보채권은 우선 배당되어야 한다. 피보전권리 실현을 위한 저당권설정등기가 되면, 가처분은 목적을 달성하여 효력을 잃고 가처분등기는 존치할 필요가 없는 것에 불과하게 된다.[65]

2) 당사자항정효

가령 등기청구권을 보전하기 위하여 목적 부동산에 대한 처분금지가처분의 등기가 마쳐진 뒤에는, 가처분채권자는 (가처분채권자의 지위만으로는 말소청구권은 없고) 본안소송에서 승소판결을 받아 그 승소판결이 확정되면, 가처분등기 뒤에 경료된 가처분 내용에 위반된 제3자의 이전등기를 단독으로 말소할 수 있다.[66] 이로부터 당사자가 항정(恒定)되는 효과가 있게 된다. 한편 유체동산에 대한 처분금지가처분은 제3자의 선의취득과 관련하여(민법 249조) 가처분의 실효성이 크지 않다. 22-58

◈ 건물의 철거 및 토지인도청구권을 보전하기 위한 건물의 처분금지가처분 ◈ 건물의 처분금지가처분의 등기가 행하여지면 추후 채권자는 그 건물을 **양수**한 사람에 대하여 본안소송인 건물철거 및 토지인도청구의 집행권원에 기하여 건물철거 및 토지인도의 강제집행을 할 수 있다. 건물을 양수하여 소유권이전등기를 한 제3취득자는 건물의 소유권을 취득하지만, 채권자의 건물철거 및 토지인도청구권의 실현을 감수하여야 한다. 그 결과 당사자를 **항정**하는 기능을 가진다. 채권자는 건물 양수인에 대하여 집행하기 위하여 승계집행문의 부여(31조)를 받으면 된다. 다만, 이 경우에는 등기청구권이 아니라, 건물철거 및 토지인도청구권을 보전하기 위한 것이므로 당연 처분금지의 등기 뒤에 이루어진 양수인의 등기를 말소하는 효력은 없다. 한편, 건물 소유자가 건물의 **점유**를 제3자에게 이전한 때에는 그 제3자를 퇴거시키지 않으면 건물을 철거할 수 없고, 이 제3자에게 별도로 다시 건물퇴거를 구하는 소를 제기하여야 한다. 그래서 건물소유자가 건물의 점유를 제3자에게 이전할 우려가 있는 때에는 당사자항정을 도모하기 위하여 건물의 소유자에게 건물에 대한 점유이전금지의 가처분을 병합하여 할 필요가 있다.

---

65) 앞의 대법원 2015. 7. 9. 선고 2015다202360 판결.

66) 대법원 1992. 2. 14. 선고 91다12349 판결. 가처분취소결정의 집행에 의하여 처분금지가처분 등기가 말소된 경우 그 효력은 확정적인 것이다. 따라서 처분금지가처분결정에 따른 가처분등기가 마쳐져 있던 상태에서 부동산을 양수하여 소유권이전등기를 마친 제3자라 하더라도 위와 같이 가처분등기가 말소된 이후에는 더 이상 처분금지효의 제한을 받지 않고 소유권취득의 효력으로 가처분채권자에게 대항할 수 있게 된다. 이러한 경우 가처분채권자는 더 이상 처분금지가처분을 신청할 이익이 없게 된다(대법원 2017. 10. 19.자 2015마1383 결정).

3) 채권자대위권에 기한 처분금지가처분의 효력

22-59 채권자대위권에 기한 처분금지가처분의 예로, 부동산의 소유권이 甲 → 乙 → 丙으로 순차 이전하였지만, 등기명의가 甲에 머무르고 있는 경우에, 丙이 乙에 대한 소유권이전등기청구권을 보전하기 위하여 乙에 대위하여 甲을 상대로 처분금지가처분을 신청하는 경우가 있다. 만약, 甲 소유의 X 부동산이 甲 → 乙 → 丙 → 丁 순으로 순차 매도되었으나, 甲이 소유권이전등기절차를 이행하지 않자, 丁이 丙과 乙을 순차 대위하여 甲을 상대로 X 부동산에 관한 처분금지가처분결정을 받아 그 등기가 마쳐졌다고 하자. 위 처분금지가처분은 丁의 丙에 대한 소유권이전등기청구권을 보전하기 위하여 丙 및 乙을 순차 대위하여 甲이 乙 이외의 사람에게 그 소유권의 이전 등 처분행위를 못하게 하는 데 그 목적이 있는 것으로서, 위 처분금지가처분의 **피보전권리**는 오직 乙의 甲에 대한 **소유권이전등기청구권**이고, 丙의 乙에 대한 소유권이전등기청구권이나 丁의 丙에 대한 소유권이전등기청구권까지 포함하는 것은 아니므로 위 처분금지가처분 이후에 가처분채무자인 甲으로부터 丙 앞으로 경료된 중간생략의 소유권이전등기는 비록 그 등기가 가처분채권자인 丁에 대하여 소유권이전등기의무를 부담하고 있는 사람에게로의 처분이라 하여도 위 처분금지가처분의 효력에 위배되어 가처분채권자인 丁에게 대항할 수 없고,[67] 또한 위 처분금지가처분 뒤에 乙이 甲으로부터 소유권이전등기를 넘겨받는 것은 위 처분금지가처분의 효력에 위배되는 것은 아니고, 이에 터 잡아 다른 등기가 경료되었다고 하여도 그 각 등기는 위 가처분의 효력에 위배되는 것이 아니므로[68] 위 처분금지가처분 이후에 乙이 甲으로부터 소유권이전등기를 넘겨받아, 丙이 아닌 戊에게 소유권이전등기를 마쳐주더라도 戊 명의의 소유권이전등기는 유효한 등기이다.[69]

4) 가처분의 유용

22-60 처분금지가처분의 피보전권리(가령 매매계약에 기한 소유권이전등기청구권)와 본안에서 인용된 권리(가령 시효취득에 기한 소유권이전등기청구권)가 다르더라도 청구의 기초가 동일하다면, 보전처분의 긴급성에 비추어 가처분의 유용(流用)은 인정된다.[70]

---

67) 그러므로 丁의 말소신청에 따라 처분금지가처분의 본안에 관한 확정판결에 기하여 丙 명의의 소유권이전등기를 말소한 것은 적법하다(대법원 1998. 2. 13. 선고 97다47897 판결).

68) 대법원 1989. 4. 11. 선고 87다카3155 판결; 대법원 1994. 3. 8. 선고 93다42665 판결.

69) 이 경우에 戊에게 등기이전하는 것을 막으려면 丙이 乙을 상대로 직접 처분금지가처분을 함께 하여 두어야 할 것이나, 이는 등기할 방도가 없어 문제라는 지적으로는 이시윤, 713면.

(3) 피보전권리의 존부에 대한 기판력

잠정적 · 부수적 성격으로부터 가처분명령의 기판력이 부정된다. 그리하여 피보전권리에 관하여 기판력이 생기는 것은 아니다.[71] 가령 가처분신청이 기각된 채권자가 제기한 본안소송이 부적법하게 되는 것은 아니다. 한편, 동일한 재소를 금지한다는 의미에서의 기판력 내지는 이에 유사한 효력을 인정하고자 하는 입장도 있을 수 있으나,[72] 이러한 입장에서도 그 내용은 상당히 제한적 의미에서의 효력으로 보고 있고, 한편 현행법에서는 재판의 형식으로 결정주의를 채택하였으므로 기판력에 대하여 부정적으로 보아야 한다. 22-61

(4) 가처분의 경합

1) 동일한 당사자 사이에서의 가처분의 경합

가령 채무자로부터 채권자에 대한 반대 가처분과 같이 선행하는 가처분에 의하여 생긴 가처분의 효력을 해치거나 그 집행의 결과를 배제하려는 후행 가처분은 선행 가처분에 저촉하는 것으로 허용되지 않는다. 이 경우에 채무자는 선행 가처분명령 자체를 이의신청절차나 취소절차로 다툴 수 있으므로 그것이 적절한 방법이고, 그 방법에 의하지 않고 사실상 마찬가지 목적을 달성하려고 하는 것은 허용되지 않기 때문이다. 22-62

2) 다른 채권자로부터 채무자에 대한 가처분의 경합

여러 채권자로부터 동일한 채무자에 대한 가처분이 경합하는 경우는 주로 다툼의 대상에 관한 가처분에서의 문제이고, 임시의 지위를 정하기 위한 가처분의 경우에는 현실적으로 저촉하는 사례가 나오기 어렵다. 처분금지가처분은 점유라는 사실에 관계없는 관념적 집행을 수반하는 가처분이므로 선행, 후행의 가처분은 양립할 수 있지만, 가령 선행 가처분채권자는 본안에서 확정의 승소판결을 받으면, 피보전권리인 등기청구권을 행사함에 있어서 후행 가처분의 등기를 말소할 수 있다. 22-63

3) 동일 목적물에 대한 점유이전금지가처분과 처분금지가처분의 경합

동일 목적물에 대한 점유이전금지가처분과 처분금지가처분은 양립할 수 있다. 22-64

70) 대법원 1982. 3. 9. 선고 81다1223, 81다카991 판결.
71) 대법원 1977. 12. 27. 선고 77다1698 판결.
72) 김일룡, 643면; 김홍엽, 496면; 이시윤, 705면.

집행절차에서도 서로 배척하는 것은 아니다.

(5) 가압류와의 경합

22-65 가압류와 가처분은 그 내용이 서로 모순되거나 저촉되지 않는 한 경합될 수 있으나, 그렇지 않은 경우에 그 우열은 가령 부동산에 대한 가압류와 가처분의 경합에 있어서는 **집행의 시간적 선후**에 의하여 정하여진다.73)

판례도 공탁금출급청구권과 같은 **금전채권**에 대한 처분금지가처분결정(그 후 본안소송에서 승소확정)의 송달 이후에 실시된 가압류 등의 보전처분으로 가처분채권자에게 대항할 수 없다고 본다.74) 또한 **판례**는 **골프회원권**의 양수인이 양도인에 대하여 가지는 골프회원권 명의변경청구권 등에 기하여 하는 골프회원권 처분금지가처분결정(그 후 골프클럽 운영회사의 승인을 얻었을 뿐만 아니라 본안소송 승소확정)이 제3채무자인 골프클럽 운영회사에 먼저 송달되고, 그 송달 이후에 실시된 가압류 등의 보전처분 또는 그에 기한 강제집행은 그 가처분의 처분금지 효력에 반하는 범위 내에서는 가처분채권자에게 대항할 수 없다고 보아,75) 그 양쪽 사이의 우열을 **시**

73) 김홍엽, 508면; 이시윤, 720면. 동일한 부동산에 대하여 가압류등기와 이에 선행하는 처분금지가처분등기가 기입된 후 가처분채권자인 전 소유자가 매매계약 해제를 원인으로 한 본안소송에서 승소판결을 받아 확정된 경우, 위 가압류는 결국 말소될 수밖에 없고, 따라서 이러한 경우 가압류채권자는 「민법」 548조 1항 단서에서 말하는 제3자로 볼 수 없다(대법원 2005. 1. 14. 선고 2003다33004 판결). 대상판결은 해제된 계약에 의하여 채무자의 책임재산이 된 계약의 목적 부동산을 가압류 집행한 가압류채권자도 「민법」 548조 1항 단서에서 말하는 제3자에 포함되는 것으로 본 기존 판례의 적용범위를 선행 가처분이나 그 본안소송 결과와의 관계에서 명백히 밝힌 점에서 의미가 있다는 해설로 심준보, "선행가처분 있는 가압류의 채권자가 민법 제548조 제1항 단서의 제3자에 해당하는지", 대법원판례해설(2005년 상반기), 321면 이하 참조. 한편 등기공무원이 법원으로부터 동일한 부동산에 관한 가압류등기 촉탁서와 처분금지가처분등기 촉탁서를 동시에 받았다면 양 등기에 대하여 동일 접수번호와 순위번호를 기재하여 처리하여야 하고 그 등기의 순위는 동일하다고 할 것이며, 이와 같이 동일한 부동산에 관하여 동일 순위로 등기된 가압류와 처분금지가처분의 효력은 그 당해 채권자 상호간에 한해서는 처분금지적 효력을 서로 주장할 수 없다고 하여야 할 것이다(대법원 1998. 10. 30.자 98마475 결정).

74) 대법원 2014. 6. 26. 선고 2012다116260 판결. 대상판결은 선행의 가처분권자가 본안소송에서도 승소하여 확정되었다면 후행 가압류권자는 그 가압류로 선행 가처분권자에게 대항할 수 없다고 명시적으로 선언한 **최초의 판례**이다. 앞으로 금전채권에 대한 처분금지가처분과 가압류 등이 경합하는 경우 그 우열관계는 대상판결의 취지에 따라 제3채무자에 대한 송달의 선후에 따라 결정되어야 할 것으로 보인다(공도일, "금전채권에 대한 처분금지가처분결정과 그 송달 이후 실시된 가압류 사이의 우열관계", 대법원판례해설(2014년 상), 271면). 한편 금전채권뿐 아니라 소유권이전등기청구권 등 **채권 일반**에 관하여도 집행의 순서에 따라 일률적으로 해결함이 타당하다는 점을 밝힐 필요가 있었다는 지적으로는 구태회, "가압류와 가처분의 경합－대법원 2014. 6. 26. 선고 2012다116260 판결을 중심으로" 재판자료(제131집, 2015), 430면.

75) 대법원 2009. 12. 24. 선고 2008다10884 판결. 김홍엽, 510면 각주 5)는 골프회원권은 골프클럽 회원명부의 기재에 의하여 사실상 공시되는 경우라고 본다. 대상판결은 골프회원권에 한정

간적 선후에 의하고 있는데, 그러나 한편 **소유권이전등기청구권**에 대한 가압류가 있기 전에 소유권이전등기청구권을 보전하기 위한 소유권이전등기청구권 처분금지 가처분이 있었다고 하더라도 그 가처분이 뒤에 이루어진 가압류에 **우선하는 효력은 없으므로** 그 가압류는 가처분채권자와 사이의 관계에서도 유효하다고 본다.[76]

4. 집행의 정지·취소

제283조(가압류결정에 대한 채무자의 이의신청) ① 채무자는 가압류결정에 대하여 이의를 신청할 수 있다. ③ 이의신청은 가압류의 집행을 정지하지 아니한다.

제309조(가처분의 집행정지) ① 소송물인 권리 또는 법률관계가 이행되는 것과 같은 내용의 가처분을 명한 재판에 대하여 이의신청이 있는 경우에, 이의신청으로 주장한 사유가 법률상 정당한 사유가 있다고 인정되고 주장사실에 대한 소명이 있으며, 그 집행에 의하여 회복할 수 없는 손해가 생길 위험이 있다는 사정에 대한 소명이 있는 때에는, 법원은 당사자의 신청에 따라 담보를 제공하게 하거나 담보를 제공하게 하지 아니하고 가처분의 집행을 정지하도록 명할 수 있고, 담보를 제공하게 하고 집행한 처분을 취소하도록 명할 수 있다.

제310조(준용규정) 제301조에 따라 준용되는 제287조제3항, 제288조제1항 또는 제307조의 규정에 따른 가처분취소신청이 있는 경우에는 제309조의 규정을 준용한다.

(1) 집행의 정지

가처분명령에 대한 이의신청이 있더라도 그 이의신청은 가처분의 집행을 정지하지 않는다(301조, 283조 3항). 집행력을 정지시키기 위해서는 법원으로부터 집행정지결정을 받아야 한다. 22-66

가처분의 내용이 소송물인 권리 또는 법률관계의 내용이 이행된 것과 같은 종국적 만족을 얻게 하는 것으로서(즉, 만족적 가처분 내지는 단행가처분), 그 집행에 의하여 채무자에게 회복할 수 없는 손해를 생기게 할 우려가 있는 때에는 법 309조 집

하여 판시하고 있기 때문에 일반 채권 전체에도 같은 취지의 판단내용이 그대로 적용될 수 있는 것인지 여부는 분명하지 않다는 해설로 안정호, "골프회원권에 대한 처분금지가처분결정과 그 송달 이후 실시된 가압류와 사이의 우열관계", 대법원판례해설(2009년 하반기), 464면 참조.

76) 대법원 2001. 10. 9. 선고 2000다51216 판결. **압류권자우선설**을 취한 것으로 보는 입장으로는 윤경, "소유권이전등기청구권에 대한 가처분과 가압류의 경합시의 우열관계", 민사집행법연구(2006), 406면. 한편 이시윤, 721면은 부동산이전등기청구권에 대한 처분금지가처분은 등기공시의 방법이 없어 대물적 효력이 없다는 것이므로 제3자에 대하여 가처분이 효력을 주장할 수 없고 가처분에 위반하는 행위라도 효력을 부정할 수 없다는 일관된 판례의 입장에 따라 위 결론에 이른 것으로 보고 있다.

행정지의 특례가 있다. 만족적 가처분 내지는 단행가처분의 집행정지의 특례를 인정한 것이다(☞22-46).

(2) 집행의 취소

22-67 가처분집행의 취소는 이미 실시한 집행처분의 전부 또는 일부의 효력을 상실시키는 것을 말한다. 가처분에 대한 이의신청 또는 취소신청에 의하여 가처분명령을 취소하는 결정이 있으면, 이에 의하여 가처분집행을 취소할 수 있지만(49조 5호, 50조), 그렇더라도 가처분명령 자체의 취소(301조, 287조, 288조)와 가처분집행의 취소는 구별하여야 한다. 집행기관에 의하여 집행이 현실적으로 취소되어야만 가처분명령의 효력이 상실되는 것이다.

그런데 만족적 가처분 내지는 단행가처분의 경우에 제소명령을 어기고 본안의 소를 제기하지 않은 경우의 가처분취소의 신청(301조, 287조 3항), 사정변경 등에 따른 가처분취소의 신청(301조, 288조 1항), 특별한 사정에 의한 가처분취소의 신청(307조)이 있는 경우에도 법 309조를 준용한다(310조, 301조). 따라서 위와 같은 취소신청이 있는 경우에, 취소신청으로 주장한 사유가 법률상 정당한 사유가 있다고 인정되고 주장사실에 대한 소명이 있으며, 그 집행에 의하여 회복할 수 없는 손해가 생길 위험이 있다는 사정에 대한 소명이 있는 때에는, 법원은 당사자의 신청에 따라 담보를 제공하게 하고 **집행한 처분을 취소**하도록 명할 수 있다(309조 1항).

5. 본집행으로의 이전

22-68 **다툼의 대상에 관한 가처분**의 경우에 이전(=이행)의 문제는 기본적으로는 가압류의 경우와 마찬가지인데, 이 가처분에 대하여는 가처분의 효력의 실현 절차가 본집행이고, 이전의 문제는 결국 가처분의 효력의 실현의 문제에 흡수된다. 한편 **임시의 지위를 정하는 가처분**의 경우에는 현재의 권리관계를 설정(존부나 조정)하는 문제가 되므로 본집행으로의 이전의 문제는 생기지 않는다. **단행가처분**에 대하여는 본집행 자체가 관념적인 것이 된다. 결국 가처분에 있어서는 본집행으로의 이전의 문제를 논할 실익은 크지 않은데, 이에 대하여도 가압류의 경우를 참조하면 된다(☞21-104).

판례색인

[대법원]

[지방법원]

[헌법재판소]

[일본 법원]

사항색인

[ㄱ]

[ㅈ]

[저자 약력]

서울 배문고 졸업
서울대 법대 졸업
사법시험 합격
대법원 법무사자격심의위원회 위원 역임
대법원 개인회생절차 자문단 위원 역임
법무부 법조직역 제도개선 특별분과위원회 위원 역임
변리사시험위원, 입법고시위원, 공인노무사시험위원 역임
사법시험위원, 변호사시험위원 역임
한국민사집행법학회 회장 역임
(현재) 대한변호사협회지「인권과 정의」편집위원
(현재) 법무부 공증제도개선위원회 위원
(현재) 한국민사소송법학회 부회장
(현재) 중앙대학교 법학전문대학원 교수

[저 서]
강의 민사소송법[제5판], 박영사
도산법[제5판], 박영사
민사소송 가이드 · 매뉴얼[제2판], 박영사
비송사건절차법, 유스티치아
민사소송법 핵심판례 셀렉션, 박영사
민사소송법연습[제7판], 법문사
분쟁유형별 민사법[제4판], 법문사
공증법제의 새로운 전개, 중앙대학교 출판부
제로(0) 스타트 법학[제6판], 문우사
[e북] 민사소송법 판례, 유스티치아
[e북] 민사소송법 연습, 유스티치아
[e북] 민사소송법 선택형 문제, 유스티치아
[e북] 분쟁유형별 요건사실, 유스티치아

[플랫폼 주소] http://justitia.kr http://walaw.kr

[QR코드]

제6판

민사집행법

초판발행 2019년 2월 20일
제6판발행 2025년 6월 30일

지은이 전병서
펴낸이 안종만·안상준

편 집 이수연
기획/마케팅 조성호
표지디자인 권아린
제 작 고철민·김원표

펴낸곳 (주) 박영사
서울특별시 금천구 가산디지털2로 53, 210호(가산동, 한라시그마밸리)
등록 1959. 3. 11. 제300-1959-1호(倫)
전 화 02)733-6771
f a x 02)736-4818
e-mail pys@pybook.co.kr
homepage www.pybook.co.kr
ISBN 979-11-303-4994-7 93360

정 가 45,000원